Ulrich Küntzel

Nervus Rerum

Die Geschäfte berühmter Männer

Ulrich Küntzel

Nervus Rerum

Die Geschäfte berühmter Männer

ISP-Verlag
Frankfurt am Main

Internationale Sozialistische Publikationen
ISP-Verlag GmbH, Postfach 111017, D-6000 Frankfurt am Main 1
1. Auflage September 1991

Umschlaggestaltung: Petra Zimmer, Mainz
Gesamtherstellung: CARO Druck GmbH, Frankfurt am Main

1 2 3 4 5 — 95 94 93 92 91

CIP-Kurztitelaufnahme der Deutschen Bibliothek

Küntzel, Ulrich:
Nervus Rerum – Die Geschäfte berühmter Männer / Ulrich Küntzel. – 1. Aufl. –
Frankfurt am Main : ISP-Verl., 1991
ISBN 3-88332-185-0

Inhaltsverzeichnis

Einführung

Stendhals Roman „Lucien Leuwen“ beginnt im Frühjahr 1834 mit dem Eintritt des Helden als Unterleutnant in ein Kavallerieregiment. Zwei Jahre zuvor ist er mit zahlreichen Kameraden von der Elite-Hochschule Ecole Polytechnique geflogen: Sie sind trotz Verbot dem Sarg des Generals Lamarque gefolgt. Der Trauerzug war eine republikanische Demonstration, er gipfelte in einem – von Heinrich Heine beschriebenen – Putschversuch. Danach waren die Leidtragenden des Generals Lamarque jahrelang ebenso abgestempelt wie in Westdeutschland nach 1968 die Apo-Studenten. Übrigens hat sich Lucien nicht politisch betätigt, er ist nur stiller Republikaner. Die Offizierstelle verdankt er den Verbindungen seines Vaters, der als Bankier mit Louis Philipps Ministern Börsengeschäfte macht.

Damit sich Militär und Bevölkerung nicht zu innig anfreunden, verlegt der Kriegsminister jeden Truppenteil alle zwei Jahre in eine andere Garnison. Luciens Regiment vollzieht gerade den Ortswechsel, er erreicht es wenige Kilometer vor dem neuen Standort. Als Reitpferd gibt man ihm eine Schindmähre, mit der er alsbald stürzt, natürlich unter dem Fenster der vornehmen Dame, in die er sich demnächst verlieben wird. Kaum hat sich die Truppe in der Kaserne eingerichtet, so reitet Lucien zur Post. Denn die Postmeister pflegen käufliche Pferde an der Hand zu haben.

In der Tat steht ein Rassepferd zum Verkauf. Es gehört dem Präfekten und hat ihn erst viermal abgeworfen – er hat es viermal zu besteigen versucht. Preis: 3000 Francs, damals viel Geld. Lucien ist sofort darauf aus. Der Postmeister führt ihn zur Präfektur und unterrichtet ihn unterwegs über die geschäftlichen und politischen Verhältnisse in Stadt und Umgegend. Er bekommt vom Präfekten den Hengst Lara zu einem Proberitt. Begeistert von dem prachtvollen Tier dehnt er ihn über die vereinbarte Zeit aus. Der Diener des Präfekten zittert: Er wähnt Ross und Reiter über alle Berge.Hingegen schwelgt der Postmeister in Schadens-Vorfreude. Denn als weiland napoleonischer Kürassier-Wachtmeister, bei Waterloo verwundet, verachtet er den Pariser Stutzer, der als Kavallerieoffzier daherkommt. Er hofft, Lara werde allein zurückkommen – doch nein. Der Postmeister sieht ein: „Der ist nicht so ungeschickt.“ Lucien zahlt und reitet stundenlang durch die Straßen. Seine Reitkunst findet weitere Kritiker.

Das Regiment erweckt allgemeine Aufmerksamkeit. Die Ladenbesitzer hoffen auf Kundschaft, ihre Frauen auf Schwiegersöhne unter den Unteroffizieren. Der legitimistische Adel ist im Salon d'Hocquincourt versammelt, beobachtet den wohlbekannten Lara und taxiert dessen Reiter. Der Marquis de St. Réal, reichster, dickster und dümmster Gutsbesitzer der Gegend, kennt den Diener des Präfekten, denn der war vorher in seinen Diensten. Also hat er in der Präfektur vorgesprochen und erfahren, daß die Haferpreise steigen – aber davon muß er schweigen, denn die anderen Gutsbesitzer haben auch welchen zu verkaufen –, ferner, daß Laras neuer Reiter einen Pariser Finanzmann zum Vater hat, also wohl einen Orléanisten. Junge Herren, die nach der Julirevolution aus politischem Protest ihren Abschied aus der Armee genommen haben und seitdem ohne Gehalt, Beschäftigung und Gesprächsstoff sind, mäkeln an Luciens Reitkunst, aber maßgebend ist in diesem Kreis der Oberstleutnant a.D. Graf de Vassignies, und der urteilt: Lucien reite gut, es fehle ihm nur an Übung. Nun, die wird er im Regiment nachholen.

Auf dem Marsch und beim Einrücken in die Kaserne ist Lucien von seinen nunmehrigen Vorgesetzten, Kameraden und Untergebenen taxiert worden. Den Offizieren ist er als Protektionskind unsympathisch, als reicher Weltmann reizt er ihren Neid und ihr Minderwertigkeitsgefühl. Desto sympathischer ist er den heimlichen Republikanern unter den Unteroffizieren. Das Regiment wird im Marsch vom Generalinspekteur überholt. Dieser holt sich beim Kommandeur des Militärbezirks diskrete Auskünfte über die politische Unzuverlässigkeit der Einwohner, insbesondere über die republikanischen Provokationen der bürgerlichen Jugend und die Hochnäsigkeit des legitimistischen Adels. Es stellt sich heraus, daß der Präfekt schönfärberisch nach Paris berichtet. Typische Vertreter fast aller Klassen und Stände sind aufgetreten, aktiv: handelnd und sprechend, wie passiv: als Gegenstand von Klatsch und dienstlicher Meldung, und werden nach wirtschaftlicher und politischer Stellung gekennzeichnet.

Und zwar hat der Erzähler 1800-1814 als Kavallerieoffzier, dann als Beamter der Heeres- und inneren Verwaltung die Geschäftsinteressen praktisch kennengelernt, um die in seinem Roman mit militärischen, Geschäfts-, Verwaltungs- und politischen Kniffen gekämpft wird, und die den Rahmen der Liebesbeziehung bilden.

Im zweiten Teil des Romans hat, nach einer Kabinettskrise, Vater Leuwen seinen Sohn zum persönlichen Referenten des Innenministers gemacht, und Lucien erledigt die dienstlichen und außerdienstlichen, schrägen bis korrupten Aufträge seines Ministers, kommt in Beziehungen zu anderen Ministerien und deren Chefs, insbesondere zu den vier gegeneinander operierenden Geheimdiensten des Kriegs-, Innen-, Finanzministers und des Königs selbst, mit gekaufen Journalisten, Spitzeln, Börsenmaklern und anderen Geschäftsleuten, auch mit unabhängigen Angehörigen mancher Lebenskreise. Fast die gesamte französische Gesellschaft tritt auf, von dem „gekrönten Rechenmeister" Louis Philipp bis zu den streikenden Webern. Der Stand der wirtschaftlichen, sozialen und politischen Konflikte im Jahre 1834 erscheint den Beteiligten als Übergangsstadium nach fünfzig Jahren unaufhörlichen, schroffen Wandels vom Ancien Régime zu konstitutioneller Monarchie, jakobinischer Republik, Kaiserreich, Restauration, Julirevolution. Darüber hegen sie sehr bestimmte, feststehende Ansichten. Denn da es noch nicht die heutige Partei- und Pressedemagogie gibt, von denen das Publikum irregeführt wird, sind ihnen die eigenen wirtschaftlichen und politischen Interessen ebenso klar wie die Stellung der politischen Parteien dazu in Gegenwart und jüngerer Vergangenheit. Einig sind sie nur über eines: Die nächste Revolution kommt bestimmt, und jeder erwartet eine vermehrte, je nach Standpunkt verbesserte oder verschlimmerte Neuauflage des Jahres 1793. Ängstliche Legitimisten sichern sich bereits Kutschpferde zur Flucht über den Rhein. Vater Leuwen läßt sich Wahlschiebungen berichten – viel schlimmere als heute in der deutschen Bundesrepublik – und fordert: „Ausführlicher, ausführlicher! Wahrheit und Ursprünglichkeit (originalité) liegen in den Einzelheiten!"

Ebenso anschaulich soll hier – so weit möglich – die geschäftliche Stellung zehn berühmter Männer dargestellt werden, von Odysseus bis Gandhi. Ruhm wird begründet in großen historischen, das heißt sozialen Krisen. Ruhm erwirbt, wer soziale oder geistige Fragen löst, die durch eine solche Krise gestellt werden. Das ist den Zeitgenossen mehr oder weniger unklar. Ihr Gesichtskreis wird beschränkt durch die Interessen; deren Zeitbedingtheit vermögen sie nicht zu durchschauen. Daher nehmen sie leidenschaftlich, aber mit Scheuklappen Stellung zu den Fragen und Geschehnissen der Zeit. Das Bild, das sie sich von den führenden Männern machen, ist Legende. Will man hinter diese Legenden, zum wirklichen Grund des Ruhms, gelangen, so hat man die Stellung der berühmten Männer in der Gesellschaft ihrer Zeit zu bestimmen. Der sicherste und anschaulichste Weg dazu führt über die Ermittlung ihrer Geschäfte. Die wirtschaftlichen Tatsachen erweisen sich nicht nur als die härtesten, sondern auch als die interessantesten, denn sie führen auf das Alltagsleben, hochtrabend ausgedrückt auf die „menschliche Existenz".

Nicht die Geschäfte reicher Männer sollen hier geschildert werden – solche Schilderungen gibt es genug –, sondern diejenigen berühmter Männer, also nicht die von Fugger und Rothschild, Krupp und Ballin, Morgan und Rockefeller, sondern von Berühmten, gleich ob sie arm waren wie Sokrates und Gandhi oder die reichsten Männer ihrer Zeit wie Caesar, Washington oder Napoleon. Gandhi wußte sehr wohl, daß er nicht von der Luft lebte, und daß seine Finanzen ein entscheidender Teil seiner Lebensführung und seines öffentlichen Wirkens waren. Will man Platon glauben, so hat sich Sokrates ebensowenig darüber getäuscht. Auch sollen nicht die Geschäfte von Herrschern erörtert werden, denn die Geschäfte Alexanders oder Friedrichs des Großen gehören in die Geschichte der öffentlichen Finanzen. Hier dagegen ist die Rede von privaten Geschäften, von Herrschern also nur, wenn sie wie Caesar und Napoleon als Privatleute geboren sind und sich zu Herrschern aufgeschwungen haben. Freilich, wer eine öffentliche Rolle spielt, dessen private Geschäfte geraten unvermeidlich in Beziehung zu den öffentlichen Finanzen. Niemand wußte das so gut wie Gandhi: daher sein Protest 1942, sein Gefängnis sei zu luxuriös, aber das arme Volk trage die Kosten.

Aus dreitausend Jahren Weltgeschichte haben wir berühmte Männer aus möglichst vielen Lebenskreisen nach zwei Kriterien ausgewählt: ob sie noch heute berühmt und ob ihre Geschäfte klar genug zu erfassen sind, um als biographischer Spiegel zu dienen. Damit stand für das „klassische Altertum" die Auswahl fest: Der heute noch berühmteste Mann der griechischen Geschichte ist Sokrates, der der römischen Geschichte Caesar. Ferner haben wir Odysseus behandelt, stellvertretend für alle homerischen Helden, denn über seine Wirtschaft macht Homer fundierte, kontrollierbare Angaben, die sinngemäß auch für die anderen Helden gelten.

Für das biblische Altertum fühlte sich der Verfasser unzuständig. Anderenfalls hätten der Beduinenscheich Abraham und der Zeltmacher Paulus hergehört.

Die reiche antike Überlieferung erweist sich bei philologischer Kritik als rhetorisch-poetisch, ihre historisch-biographische Zuverlässigkeit gering. Besser sind wir nur bei Caesar und dessen Zeitgenossen daran, denn die römischen Gesetze und Ciceros Reden sowie mehr noch seine Briefe bilden eine aktenmäßige Unterlage. Dagegen wird die „legendäre Trübung" mit dem Eintritt in das Mittelalter noch größer als im Altertum, trotz des Aktengerüsts, das Urkunden und Gesetze bieten.

Für die letzten fünfhundert Jahre ist die Verlegenheit entgegengesetzt. Die Überlieferung ist denkbar umfassend und reich, die Zahl berühmter Namen überwältigend. An Entdeckern wäre nicht nur Columbus darzustellen, sondern beispielsweise Magalhaes, Cook, Bougainville, Alexander v. Humboldt, Livingstone, Amundsen; die großen Naturforscher von Kopernikus bis Einstein, die Gründer des modernen bürgerlichen und Arbeiterstaats von Machiavelli bis Lenin und Trotzki, Feldherren von Wallenstein und Turenne bis Moltke, Seehelden von Drake bis Nelson, von großen Dichtern nicht nur Shakespeare und Goethe, sondern etwa Cervantes, Stendhal, Dickens, Tolstoi, Philosophen wie Spinoza, Diderot, Hegel, Komponisten wie Bach und Mozart, Maler wie Dürer, Michelangelo, Rembrandt, Goya, Monet. Übrig geblieben sind nur Columbus, Shakespeare, Washington, Goethe, Napoleon, Bismarck und Gandhi. Deren Auswahl bestimmte in hohem Maß der Zufall.

Gleichwohl ist die Auswahl nicht willkürlich. Sie illustriert in typischen Bildern das Werden der heutigen menschlichen Gesellschaft, nicht nur in Europa und Nordamerika, sondern auch in den zum Hohne so genannten „Entwicklungsländern", und die für große Teile von ihnen bis in das vorige Jahrhundert kennzeichnende Sklaverei. Diese wirkt namentlich in Nordamerika viel tiefer und verhängnisvoller nach, als das behördlich approbierte Geschichtsbild verrät.

In den meisten Kapiteln war der Verfasser selber vom Ergebnis überrascht. Nur bei Odysseus, Goethe, Gandhi und allenfalls bei Washington wußte er ungefähr, was herauskommen würde; am wenigsten hat er es bei Shakespeare geahnt.

I

ODYSSEUS

Sein Vieh

Die eben noch feuchtfröhliche Versammlung ist jäh ernüchtert. Mitten im Genuß des lecker bereiteten Mahles ist ihr Anführer im Guten, und mehr noch im Schlimmen, Antinoos, von einem Pfeil in die Kehle getroffen worden und tot hintenübergesunken. Die Festgenossen fahren empor und wollen zu den Waffen greifen. Die sind zwar rätselhafterweise nicht zur Hand, aber wenigstens verkündigen die Zecher dem Mörder, was ihm bevorsteht. Es ist der hartnäckige Bettler, der sie schon seit acht Tagen belästigt. Jetzt ist sein Maß voll:

> „Denn jetzt hast du den Mann getötet, der weitaus der beste unter den jungen Männern von Ithaka war. Dafür werden dich hier die Geier fressen!" (*Odyssee* 22, 29-30)

Zeus der Rächer hat es anders bestimmt. Der Todesschütze ist der Spätheimkehrer Odysseus, der Herr des Hauses. Zwanzig Jahre sind seit seiner Ausfahrt gegen Troja, zehn Jahre seit der Zerstörung der heiligen Feste vergangen, seidem ist keine Nachricht mehr von ihm gekommen. Man betrachtet ihn als verschollen, und so hat sich die heiratsfähige Adelsjugend der Ionischen Inseln und der gegenüberliegenden Gaue des Festlands in seiner Halle zu Gast geladen: 108 junge Männer mit kräftigem Appetit, die Odysseus' Wein und Schlachtvieh aufzehren und die gastliche Stätte nicht verlassen wollen, bis die – wie sie meinen – Witwe des Odysseus einen von ihnen geheiratet habe. Nun steht der Totgeglaubte unter ihnen, verheißt ihnen das Schicksal, das er soeben dem Antinoos bereitet hat, und alle packt bleiches Entsetzen.

Nur der nächst Antinoos vornehmste der Freier, Eurymachos, behält die Ruhe. Er tut, was ihm und seinen Mitzechern das Leben retten kann: Er bietet einen *Vergleich* an. Odysseus, so räumt er ein, sei allerdings tödlich beleidigt durch den Frevel, den die Freier in seinem Haus und Hof verübt haben. Aber der Hauptschuldige sei doch Antinoos, und der liege schon da:

„... nach Gebühr getötet. Du aber schone der Männer deines Volkes! Wir wollen dir dafür alles Verzehrte erstatten, indem jeder als Busse ein Eikosaboion sowie Bronze- und Goldgefäße hingibt, bis dein Herz besänftigt ist. Bis dahin ist dir deine Wut nicht zu verargen." (22, 54-59)

Eikosi bedeutet zwanzig, der Stamm bov, boi bedeutet Rind; ältere Übersetzer haben Eikosaboion mit „zwanzig Rindern" wiedergegeben, die moderneren korrekter mit „dem Wert von zwanzig Rindern". Als Normalrind gilt heute in Deutschland die Zehnzentnerkuh. Homerisches Vieh war kleiner, etwa wie heutiges Gebirgsvieh; das damalige Normalrind mochte sieben Zentner wiegen. Kämen auf die 107 Freier, die nach Antinoos' Tod noch übrig sind, je 20 solche Normalrinder, so wären das 2140 Stück = rund 15000 Zentner Lebendgewicht. Der Zentner Lebendgewicht an Rindern, Schweinen oder Schafen erbrachte vor 30 Jahren an deutschen Großviehmärkten etwa 100 Deutsche Mark West. Das Angebot des Eurymachos hätte damals *anderthalb Millionen DM* entsprochen.

Der heutige Wert ist schwer zu ermitteln. Der Marktpreis ist auf ein Drittel gefallen; aber was man dafür erhält, erschiene Odysseus und den Freiern nicht als Fleisch, sondern als ein unappetitliches Kunstprodukt auf Kadavermehl-Grundlage, zusätzlich vergiftet mit Antibioticis, anderen Medikamenten sowie, wenn man Pech hat, Salmonellen. Urteilsfähige deutsche Zeitgenossen leben vegetarisch oder versorgen sich mit „Fleisch aus artgerechter Tierhaltung". Dafür zahlen sie erheblich mehr als beim Fleischer, jedoch im Durchschnitt weniger als vor einem Menschenalter. Da man uns nicht haftbar machen wird, wollen wir das Angebot des Eurymachos auf 1-1,2 heutige Millionen DM beziffern; Feinschmeckerlokale bieten vielleicht mehr.

Odysseus vergäbe sich nichts, wenn er diese Buße annähme. Seine berühmte Klugheit müßte ihm dazu raten. Denn die 107 Freier, die zu töten er im Begriff steht, gehören zu den wohlhabendsten, einflußreichsten Familien weit und breit. Es sind Häuptlingsfamilien, denen die Bauernschaft in Treue verbunden ist. Durch das Gesetz der Blutrache sind sie verpflichtet, den Tod der Ihrigen zu rächen, und sie können für ihre Rache die Einwohnerschaft eines weiten Umkreises aufbieten. Durch den Freiermord verfeindet sich also Odysseus mit der Gesamtbevölkerung, und in den verlorengegangenen Teilen der Odysseus-Sage enden denn auch seine

Irrfahrten keineswegs mit der Heimkehr nach Ithaka. Vielmehr wird er weiter umhergetrieben, nur das zweite Mal gemeinsam mit den Seinen und zu Lande (11, 119-128).

Auch kann er unmöglich mit nur drei Gefährten die vielfache Übermacht überwältigen. Zwar hat er deren Waffen bei Seite gebracht, aber es sind lauter tapfere, kampfgewohnte Männer, sie brauchen nur zu Schemeln und anderen, harten Gegenständen zu greifen. Stürmen alle zusammen an, so werden sie die kleine Schar an der Pforte des Saales unfehlbar überrennen, denn Odysseus und seine drei Gefolgsleute haben keine Maschinenpistolen, sondern können nur je einen Gegner auf einmal abfertigen.

Mittelbar gibt Homer die Unlösbarkeit beider Schwierigkeiten zu: Beide Male, beim Freiermord und bei der Empörung der Sippen, die den Freiermord rächen wollen, wird Odysseus nur durch die Hilfe der Göttin Athene gerettet.

Homers Dichtungen sind höchst realistisch. Nur zwei in unserem Sinne unreale Elemente drängen sich ständig ein: das Eingreifen der Götter, das den Helden phantastische Leistungen ermöglicht, und eine phantastische Arithmetik. Die 2140 Stück Rindvieh und ihr Wert von einer bis anderthalb Millionen DM *sprengen die Proportionen*, in denen sich die Wirtschaft des Odysseus bewegt haben kann.

Die Zahl von 2140 Stück Rindvieh ist das *Produkt* aus einem *phantastischen* und einem *realistischen Faktor*. Phantastisch ist die Zahl von 107 Freiern. Das kleine Gebiet, das in der Hauptsache nur die vier Inseln Zakynthos, Kephallenia, Ithaka und Leukas sowie den einen oder anderen Gau der gegenüberliegenden Küste umfaßt, hat weder so viele Häuptlingsfamilien, noch könnte Odysseus so viele Freier auf einmal umbringen. Realistisch ist dagegen die Buße von einem Eikosaboion. Denn Odysseus ist tödlich beleidigt. Eine sehr hohe Buße entspricht seiner gesellschaftlichen Stellung und der Schwere der Beleidigung. Auch gehört jeder Freier einer Häuptlingsfamilie an, muß also zur Aufbringung einer so bedeutenden Buße imstande sein.

Will man heute in Deutschland die Größe eines landwirtschaftlichen Betriebes kennzeichnen, so nennt man *Hektarzahl und Bodenart*. Ein vertriebener ostpreußischer Bauer antwortete im Jahre 1950 dem Verfasser auf die Frage nach seinem ehemaligen Besitz: „160 ha in der Tilsiter Niederung". Was 100 ha übersteigt, pflegte in Westdeutschland als Rittergut zu gelten, selbst auf verhältnismäßig schlechten Böden. 160 ha waren nach hiesigen Begriffen für einen Bauern sehr stattlich, besonders aber auf dem ausgezeichneten Boden der Tilsiter Niederung.

Homerische Betriebsgrößen werden anders gemessen. Noch ist die Bevölkerung dünn, bei weitem nicht der gesamte Boden als abgegrenztes Privateigentum okkupiert. Umfang und Wert des Betriebes werden gekennzeichnet durch Aufzählung der Herden, wie *Tacitus* von den Germanen berichtet: „*Zahlreiche Herden* sind ihre Wonne und *ihr einziger, liebster Besitz.*" (Germania 5)

Entsprechend rühmt der Rinderhirt Philoitios seinen Herrn Odysseus durch die Angabe: „Keinem anderen Mann vermehrt sich in gleichem Maß das Geschlecht breitstirniger Rinder." (20, 211-212)

Der *„göttliche Sauhirt" Eumaios* zählt auf:

„Kein anderer von den Heroen hatte so viel ..., nicht einmal zwanzig Männer zusammen besitzen einen derartigen Reichtum ...: auf dem Festland je zwölf Herden Rinder, Schweine, Schafe und zerstreut weidende Ziegen, die teils von fremden Hirten, teils von seinen Eigenleuten gehütet werden. Hier aber weiden insgesamt elf Ziegenherden, auf dem entferntesten Teil der Insel, und tüchtige Männer wachen darüber ... Ich aber hüte und hege diese Schweine." (14, 96-107)

Es waren zwölf Herden (14, 13-20).

Das Vorwerk des Eumaios befindet sich

„auf einem Platz mit umfassender Fernsicht. Die Einfriedigung hatte der Sauhirt aus herangeschleppten Steinen selbst erbaut, sie außen durch ein dichtes Pfahlwerk befestigt und oben mit wilden Birnbäumen bepflanzt. Im Hof hatte er zwölf Abteilungen eingerichtet, nahe beieinander, als Lagerstatt für je fünfzig Muttersauen. Die Keiler ruhten außerhalb des Geheges, viel weniger, denn ihre Zahl verminderte sich, weil ständig die gottgleichen Freier davon aßen. Denn ihnen sandte (täglich) der Sauhirt den besten Masteber, so daß nur 360 übrig waren." (14, 5-20)

Die letzte Zahl besagt: Zu Beginn des Wirtschaftsjahres, nach dem Ferkeln, zu Frühjahrsanfang, waren pro Herde je 50 Muttersauen und je 50 „fünfjährige Masteber" vorhanden. Wir sind im Herbst, acht Monate lang haben die Freier täglich immer den besten dieser Keiler verzehrt, insgesamt 240 Stück, so daß 360 verbleiben.

Für die gottgleichen Freier sind nur diese Masteber gut genug; die Hirten müssen sich mit Ferkelfleisch begnügen (14, 80-81). Tagsüber weiden die Schweine draußen im Wald, beaufsichtigt von Eumaios' drei Unterhirten – den vierten sendet er mit dem täglichen Schlachtschwein zur Stadt – und einigen Hunden. Abends werden Muttersauen und Jungtiere in das

Gehege getrieben, die Keiler werden an ihrem Platz außerhalb des Geheges zusammengehalten, die Hirten bereiten ihr Nachtmahl, indem sie ein Ferkel oder Läuferschwein schlachten, am Spieß grillen und verzehren, wozu sie das Erforderliche trinken. Dann legen sich die Hirten und der geehrte Gast unter Decken rund um das Feuer.

„Doch dem Sauhirten mißfiel es, entfernt von den Schweinen zu ruhen ... Er warf das Wehrgehenk mit dem scharfen Schwert um die starken Schultern, dann legte er den dichten Mantel um, der vor dem Winde schützte, nahm (als Lager) ein dichtes Ziegenfell mit und ... legte sich dort nieder, wo die weißzahnigen Keiler im Schutz vor dem Nordwind lagen." (14, 524-533)

Eumaios' Schweinerei besteht, wie man sieht, nicht aus neuzeitlichen Hausschweinen, sondern einer Rasse, die nach Körperbau und Lebensgewohnheiten dem Wildschwein noch sehr nahesteht. Sie ist erst nach vier Jahren ausgewachsen, gegen Ende ihres vierten Lebensjahres werden die Tiere geschlechtsreif, im Frühjahr wirft jede Muttersau durchschnittlich acht Frischlinge, und erst im fünften Lebensjahr können die Keiler fettgemacht werden, soweit es die kräftige Bewegung dieser lebhaften, cholerischen Tiere zuläßt.

Wie Wildschweine weiden diese Schweine im Wald. Der Unterschied zum Wildschwein und die Möglichkeit eines erheblichen Fleischertrages liegt darin, daß der Hirt sie schützt. Die Hauptgefahr droht von menschlichen Räubern, auf dem Festland außerdem von Bär, Wolf und Löwe – wie die mykenischen Löwenbilder dokumentieren, waren die großen Raubtiere noch keineswegs ausgerottet. Auf der Insel sind jederzeit und von allen Seiten *Seeräuber* zu gewärtigen. Ihretwegen hat Eumaios sein Vorwerk in dominierender Lage errichtet, so daß er weithin den Strand kontrollieren kann. Heute jagt der Weststurm – etwas später spricht Homer freilich von Nordwind – dichte Wolken in geringer Höhe über die Insel (14, 457-458). Infolgedessen kann Eumaios nicht, wie in klaren Nächten, erkennen, was am Strand geschieht, und faßt vorsichtshalber außerhalb des Geheges Posten, kampfbereit, seine Hunde bei sich.

Das Hüten erfordert einen ganzen Kerl, einen unerschrockenen Krieger und Jäger. Königssöhne sind nicht zu schlecht dafür. Paris ist beim Hüten, als ihm die Wahl der Miss Olymp übertragen wird. Wenn sich übrigens ein römisches Patriziergeschlecht Porcius nannte, bedeutete das nicht „Sauhirt", sondern bezeichnete das Totemtier. Eumaios ist Sklave; gleichwohl wird er von Homer als entschlossener, tüchtiger, hervorragend tapferer Mann gerühmt. Als Sohn eines Königs, der wie alle Heroen seinen Stammbaum auf einen Gott zurückführte, hat Eumaios trotz seines Sklavenstandes Anspruch auf das Prädikat „göttlich". Er ist als Kind geraubt und verkauft worden. Aber er ist nicht zeitlebens zum Sklavenstande verurteilt: Seine Tüchtigkeit und Treue verschaffen ihm den *moralischen Anspruch auf Freilassung*, und zwar nicht ohne Besitz wie die nordamerikanischen Sklaven 1863, sondern mit einem Bauerngut. Daher beklagt Eumaios das Unglück des Odysseus als sein eigenes. Wäre Odysseus zu Hause, so würde er dem Eumaios

> „sorgsam Liebes getan und ihm einen Besitz verliehen haben: Haus, Land und eine vielumworbene Frau, wie solches ein gütiger Herr seinem Diener gibt, der sich viel für seinen Herrn gemüht, und dessen Mühen ein Gott gelohnt hat." (14, 62-64)

Und wirklich: Als sich Odysseus vor dem Freiermord den beiden treuen Hirten Philoitios und Eumaios zu erkennen gibt und sich ihres Beistandes versichert, verspricht er ihnen Freiheit, Haus, Land, Gattin und darüber hinaus Blutsbrüderschaft (21, 213-215). Die von Eumaios erhoffte Stellung war nur die eines hörigen Bauern, das heißt, daß er seinem Herrn zinspflichtig geblieben und kein zur Teilnahme an der Volksversammlung berechtigter *Vollfreier* geworden wäre; Blutsbrüderschaft hingegen bedeutete Aufnahme in die edle Sippe des Odysseus, mithin Vollfreiheit.

Unter den Freien der homerischen Gesellschaft stehen einander zwei Stände gegenüber: einerseits die *„gemeinfreien"* Bauern, jeder nur mit so viel Vieh, wie er selbst mit seinen Söhnen hüten kann, für sich allein oder gemeinschaftlich mit seinen Nachbarn; andererseits sind da die *„Helden"* (germanisch Häuptlinge), die über Lohnhirten oder Hirtensklaven verfügen, mit deren Hilfe *große Herden* unterhalten und vom Fleischertrag eine *Kriegergefolgschaft* ernähren: Achilleus seine *„Myrmidonen"*, Odysseus seine *„teuren Gefährten"*. Je berühmter der Held, desto bedeutender seine Gefolgschaft, desto zahlreicher auch sein Vieh. *Wenn Philoitios und Eumaios die Herden des Odysseus aufzählen, verkünden sie seinen Ruhm.* Sie sind stolz, einem solchen Helden anzugehören. Daher die phantastische Übertreibung der Stückzahlen und besonders, daß nicht nur, wie gewöhnlich bei damaliger Schweinezucht, ein paar ausgewachsene Keiler angekört sind, von denen bei besonderen Festen einmal ein „fünfjähriger Masteber" auf die Tafel kommt, sondern daß Odysseus' Reichtum gestattet, Tag für Tag einen „fünfjährigen Masteber" zu schlachten.

Homer gibt für Odysseus' Viehstapel scheinbar präzise Zahlen: je 12

Rinder- und Schafherden, 23 Ziegen- und 24 Schweineherden. Die Rinder- und Schafherde des Gottes Helios auf der Insel Trinakria werden auf je 50 Stück beziffert, diese Stückzahl scheint auch für Odysseus' Herden gemeint zu sein; zu jeder Schweineherde des Eumaios gehören bei Beginn des Wirtschaftsjahres je 50 Muttersauen und fünfjährige Masteber. Man braucht also nur Herden- und Stückzahl für die vier Haustierarten zu multiplizieren, das durchschnittliche Lebendgewicht zugrunde zu legen und hat die Gesamtzahl für den Viehbestand des listenreichen Odysseus.

Diese Gesamtzahl zu berechnen, wäre indes *betriebswirtschaftlicher Widersinn*. Für Arten von so verschiedener Vermehrung, Wachstumsdauer und Lebensweise Herden von gleicher Stückzahl zu bilden, hat keinen Sinn. Wie groß muß eine Schweineherde sein, wenn sie 50 fünfjährige Masteber zählt? Unterstellen wir eine Verlustrate von 20% im ersten Lebensjahr und nur 10% in den folgenden sowie durchschnittlich 8 Frischlinge auf den Wurf, so sind im Frühjahr, nach dem Ferkeln, vorhanden:

50	5jährige Keiler
56	4jährige Keiler
62	3jährige Keiler
69	2jährige Keiler
77	1jährige Keiler
92	männliche Frischlinge
184	Frischlinge überhaupt
23	Muttersauen
521	Schweine (vorläufige Summe).

Dazu kommt eine Anzahl weiblicher Läuferschweine, zum größeren Teil zum Schlachten, einige aber auch zur Nachzucht. Kurz, die Stückzahl einer solchen Herde liegt nicht unter 600, und die zwölf Herden des Eumaios umfassen bei Frühjahrsanfang rund 7200 Stück. Bei Odysseus' Heimkehr, im Herbst, ist durch Verlust und normale Nutzung der Bestand unter 6000 gesunken. Diese gewaltige Masse cholerischer Rüsseltiere allabendlich mit Hilfe von nur drei oder vier Unterhirten und ein paar Hunden in ein verhältnismäßig kleines Gehege zu treiben, das ist eine Leistung, die dem Eumaios auch in unseren Augen Anspruch auf das Prädikat „göttlich" verliehe.

Die Insel Ithaka hat etwa die gleiche Fläche wie der Sachsenwald. Neben so vielen Schweinen würden die Menschen auf Ithaka kaum noch Platz finden. Hielte heute Fürst Bismarck im Sachsenwald 6000 Stück

Schwarzwild, so würden die wanderlustigen Tiere alsbald ausbrechen, sich über Mecklenburg, Holstein und das Lüneburgische ergießen, Chausseebäume und Telegraphenmasten umlegen, Autounfälle verursachen, Kartoffel- und Rübenäcker umwühlen – wir wollen die Katastrophe nicht weiter ausmalen.

Ähnlich widersinnige Resultate ergeben sich fast jedesmal, wenn Homer seine *Imponierzahlen* 12 oder 50 nennt. Selten sind diese Zahlen realistisch. Beispielsweise soll Odysseus (Ilias 2, 631-637) mit 12 Schiffen zu je 120 Mann Besatzung vor Troja gezogen sein. Nach unseren landwirtschaftlichen Erwägungen kann es *nur ein Schiff* mit einer Mannschaft von *fünfzig Mann* gewesen sein. Aus seemännischen Gründen rechnet auch Bradford mit fünfzig Mann je Schiff, hält aber zehn Schiffe zu 50 Mann für denkbar.

Ebenso konnte Eumaios nur eine Schweineherde hüten und hatte äußerstenfalls einen Bestand von fünf, aber gewiß nicht fünfzig ausgewachsenen Keilern. Diese realistische Zahl läßt sich gewinnen, weil Homer realistisch ausgemalte Bilder aus dem Betrieb des Eumaios bietet und dabei plausible Zahlen nennt – beispielsweise daß Eumaios vier Unterhirten hat, daß also einschließlich des Eumaios fünf Sauhirten da sind. Unterstellt man auch für Rinder, Schafe und Ziegen je fünf Hirten, so ergibt sich ungefähr das Maximum dessen, was Odysseus an Vieh gehalten haben kann.

Genutzt werden fast nur Fleisch und Häute. Gemolken werden lediglich Ziegen, und auch sie nicht viel. Bei Vieharten mit mehrjähriger Wachstumsdauer wie Rind und Schwein wird ziemlich viel unausgewachsenes Jungvieh geschlachtet, denn anderenfalls wüchsen die Kopfzahl der Herde und damit die unvermeidlichen Verluste viel zu hoch an. Am vorteilhaftesten ist infolge der hohen Fruchtbarkeit die Schweine- und danach die Schafhaltung. Eine Sau wirft acht Frischlinge, die im ersten und noch im zweiten Lebensjahr so rasch wachsen, daß sie bereits mit erheblichem Nutzen geschlachtet werden können. Ein Mutterschaf wirft zwar nur zwei Lämmer, aber sie sind schon nach einem Jahr ausgewachsen. Auch sind Schafte leicht zusammenzuhalten, eine gleiche Anzahl Schafe erfordert daher viel weniger Hütepersonal als Schweine und Ziegen mit ihrem individualistischen Temperament. Das Schaf liefert zudem noch Wolle.

Rindvieh erscheint demnach als diejenige Viehart, deren Zucht am meisten Arbeit und Risiko verursacht. Demgemäß erfreut es sich besonderer Wertschätzung und *fungiert als Geld,* insbesondere als Wertmesser, in gewissem Umfang auch als Zahlungsmittel. Analog berichtet Tacitus von den Germanen: „Wer überführt wird, büßt mit einer Anzahl Pferde oder Rinder." (Germania 12)

Entsprechend bietet Eurymachos für jeden Freier eine Buße „im Werte von zwanzig (vermutlich ausgewachsenen) Rindern" an. Denn kaum jemand kann beliebig in soundsoviel ausgewachsenen Rindern zahlen, sondern nur in deren Wert. Selbst ein Wohlhabender kann nicht ohne weiteres 20 Siebenzentnerkühe und -ochsen aussortieren und liefern. Das meiste Vieh wird jünger geschlachtet, die vorhandenen Kühe und Bullen sind für die Zucht erforderlich. Eine Herde von 20 Stück mag bestehen aus 5 Kühen, ebensovielen Kälbern, 1 oder 2 Ochsen und Bullen und 8 bis 9 Stück Jungvieh, und eine Herde im Wert von 20 ausgewachsenen Rindern mag 8 Kühe, 2 Ochsen oder Bullen, 8 Kälber, 18 Stück Jungvieh umfassen, das heißt nicht 20, sondern 36 Köpfe.

In einer Herde, die den Wert von 20 ausgewachsenen Rindern hat, sind in Wirklichkeit nur 10 ausgewachsene Rinder. Wenn Philoitios vier Unterhirten hat, kann er äußerstenfalls einen Bestand von 250 Stück Rindvieh hegen, das heißt etwa das Siebenfache des Wertes von 20 ausgewachsenen Rindern, und darunter werden schwerlich mehr als 70 ausgewachsene Tiere sein. Müßte er 20 Kühe auf einmal liefern, so würde ihn das nicht in Verlegenheit setzen, aber im kommenden Jahr hätte er einen Fehlbetrag von mindestens 10 Kälbern, selbst bei einem erheblichen Bestand an Stärken und Jungkühen. Erst nach zwei Jahren hätte er wieder die für die Aufrechterhaltung des Bestandes nötige Anzahl Kühe. Umgekehrt könnte er nichts mit 1000 oder 2000 Bußerindern anfangen. Da diese Tiere weder aneinander noch an die Herden des Philoitios gewöhnt sind, könnte er sie nicht in Ordnung halten, auch hat er weder genug Weide noch Hirten für so viele Tiere.

Nach solchen betriebswirtschaftlichen Erwägungen ergeben sich etwa folgende Höchstwerte für Odysseus' Viehstapel und jährliche Fleischentnahme:

Viehart	Stückzahl zu Frühjahrsanfang	Bestand in Zentnern Lebendgewicht	Jahresertrag in Zentern Lebendgewicht
Rindvieh	250	1000	160
Schweine	400	100	60
Schafe	750	300	200
Ziegen	160	60	30
Insgesamt		rund 1500	450

In Notierungen heutiger westdeutscher Großviehmärkte entspräche der Viehbestand etwa 45 000 DM, der Jahresertrag an Fleisch und Häuten 15 000 DM mit dem Vorbehalt: Ziegen haben bei uns keinen Wert als Schlachtvieh, und Odysseus erzielte unvergleichlich besseres Fleisch als heutige deutsche Durchschnittsmäster, wenngleich er keine Simmenthaler oder Shorthorn-Ochsen züchtete.

Odysseus' Kriegergefolgschaft

Die Viehzucht bildet das Kapital seines zweiten und eigentlichen Betriebes: der Kriegergefolgschaft. Sie dient zu „Krieg, Handel und Piraterie", schlicht gesagt zum Raub. Die großen Heerfahrten der griechischen Heldensagen sind Raubzüge, teils eines einzelnen Helden wie Jason mit seiner Gefolgschaft, gelegentlich mit Beteiligung des Volksaufgebots seines Gaues – dann geht der Zug natürlich nur in die Nachbarschaft –, teils einer Anzahl Helden mit ihren vereinigten Gefolgschaften, wobei der angesehenste, das heißt in der Regel der reichste, den Vorsitz im Kriegsrat, also eine Art konstitutionell beschränkten Oberbefehl, führt: so Polyneikes beim Zug der „Sieben gegen Theben" und Agamemnon bei der Fahrt gegen Troja.

Um diesen eigentlichen Betrieb des Odysseus, die Häuptlingswürde und die damit verbundene Kriegergefolgschaft geht es den Freiern. Sie suchen, wie jener Heiratsinserent der Westdeutschen Allgemeinen Zeitung vom Februar 1955, *„Vermögen mit etwas Dame"*. Eurymachos spricht offen aus, dem Antinoos sei es gar nicht auf die Heirat mit Penelope angekommen, sondern auf Häuptlingswürde und Häuptlingsbesitz, und als kürztesten, sichersten Weg dazu habe er die Ermordung des Telemachos betrachtet (22, 50-52). Um Penelope bewerben sich die Freier nicht wegen ihrer Persönlichkeit oder körperlichen Vorzüge, sondern wegen des Besitzes und der Würde, die sie ihrem neuen Gatten zubringen soll. Als Zugabe ist sie aber angenehm, und als sie unter die Freier tritt, „erbeben jedem die Knie, von Verlangen wird sein Herz bezaubert, und er begehrt bei ihr im Bett zu liegen." (18, 212-231 und 1, 367)

Wie groß ist dieses eigentliche Heiratsobjekt? Deutlicher: Wie viele Krieger können aus dem laufenden Ertrag der Herden des Odysseus ernährt werden? Einen Anhalt bietet die Faustregel der königlich preußischen Intendanten von 1819 bis 1918. Damals betrug die Kriegsstärke eines Infanteriebataillons 1000 Mann unter einem Major oder Oberstleutnant („Stabsoffizier"), gegliedert in 4 Kompanien unter je einem Hauptmann und 12 Züge unter je einem Leutnant, und der Intendant sagte: „Ein Bataillon braucht an einem Tag soviel Ochsen wie Stabsoffiziere, soviel Schweine wie Hauptleute, oder soviel Hammel wie Leutnants", anders ausgedrückt etwa 10-12 Zentner Lebendgewicht für das Bataillon und 1 Pfund Lebendgewicht = 1/2 Pfund Nettogewicht pro Mann.

Diese Regel läßt sich nicht mechanisch auf Odysseus' teure Gefährten übertragen, denn der preußische Musketier bekam auch Kommißbrot, Wurst, Erbsensuppe und Kartoffeln. Mangels solcher Kraftnahrung brauchte der homerische Krieger mindestens doppelt soviel Fleisch wie ein preußischer Infanterist. Die 450 Zentner maximaler Jahresertrag, auf die wir Odysseus' Viehzucht geschätzt haben, bildeten also die Grundlage für 45000 preußische, aber nur für 22500 homerische Rationen, das heißt für den Jahresunterhalt von 65 teuren Gefährten.

Davon müssen aber noch 20 Hirten und ein zahlreiches Hausgesinde abgesetzt werden. Allerdings essen die Hirten häufig notgeschlachtetes oder von Raubtieren gerissenes Vieh, und das weibliche Gesinde verlangt bescheidenere Rationen. So ergeben sich 50 Mann als diejenige Heeresstärke, die Odysseus bestenfalls unterhalten kann. Damit steht die Größe seiner Häuptlingshalle in Einklang: 120 Gäste (108 Freier nebst Bedienten) haben bequem darin Platz, Odysseus kann in ihr außer seinem Anhang noch mindestens einen hohen Besucher mit gleich starkem Gefolge bewirten. Die 1440 Mann, mit denen Odysseus (Ilias 2, 631-637), und vollends die 133430 Mann, mit denen Agamemnon vor Troja gezogen sein soll (Ilias 2, 494-759), sind Imponierzahlen. Dem Umfang des von Schliemann ausgegrabenen, homerischen Troja würden *Heeresstärken* von mehr als *1000 Mann* schwerlich entsprechen, und in den dunklen Jahrhunderten nach dem Fall Mykenes, in denen die homerischen Gesänge ihre Gestalt gewannen, waren die Expeditionsheere sicherlich schwächer. Unter solchen Bedingungen war ein Häuptling mit einer mobilen Streitmacht von 50 oder auch nur 40 Mann als Bundesgenosse geschätzt und als Gegner unerwünscht.

Odysseus' sonstiges Vermögen

Außer seinen Herden besitzt Odysseus Sklaven, Sklavinnen, Äcker, Obst- und Gemüsegärten, einen Weinberg, Ölhain und eine wohlgefüllte Schatzkammer. Seine rasch aufgezimmerten Wohngebäude repräsentieren keinen bedeutenden Wert – anders wäre das, wenn er eine steinerne Burg hätte. Der Umfang des Acker- und Gartenbaus ist aus Homer nicht zu erschließen. Der als Bettler verkleidete Odysseus fordert den Eurymachos zum Wettpflügen und Wettmähen heraus, er trifft seinen Vater Laertes bei der Gartenarbeit an, die Helden trinken zum Braten stets Wein, den sie mit viel Wasser mischen, sie essen Brot zum Braten und panieren das Fleisch, ehe sie es an den Spieß stecken, sie massieren sich ausgiebig mit Olivenöl. Gleichwohl bleibt die Bedeutung der Pflanzenprodukte hinter derjenigen der tierischen weit zurück.

Der für den Betrieb *wichtigste Vermögensbestandteil* sind die *Sklaven*. Ohne sie wäre die Viehzucht kaum durchführbar, sie tragen den Betrieb. Welchen Beschaffungspreis und Kapitalwert sie repräsentieren, läßt sich nur indirekt und ungefähr erschließen, aus dem Preis für Sklavinnen. Denn an Männersklaven herrscht Mangel, an Sklavinnen Überfluß, was sich aus dem homerischen Völkerrecht erklärt:

> „Von Ilion her trug mich der Wind und brachte mich zu den Kikonen. Dort zerstörte ich die Stadt, und wir erschlugen die Männer. Und als wir aus der Stadt die Weiber und viele Güter genommen hatten, verteilten wir sie unter uns, so daß keiner des gleichen Anteils verlustig ging." (Odyssee, 9, 39-43)

Gefangene werden nicht gemacht. *Ein anständiger Krieger* ergibt sich nicht. Gerät er in Gefangenschaft, so hat er keinen Anspruch auf Schonung, sondern *wird getötet*, beispielsweise als Totenopfer (Ilias 23, 175-176). Nur selten wird ein gefangener Krieger geschont, beispielsweise der Trottel Lykaon, Sohn des Priamos, als Achilleus ihn zum ersten Mal gefangennimmt und ihn um den Wert von 100 Stück Rindvieh nach Lemnos verkauft; die Lemnier bekommen von Priamos ein Lösegeld im Wert von 300 Stück Rindvieh. Als Lykaon wenige Tage nach seiner Auslösung erneut dem mutigen Renner Achilleus in die Hände fällt, hofft er wieder so teuren Kaufs davonzukommen, aber Achilleus ist zu seinem Bedauern außerstande, auf dieses für ihn vorteilhafte Geschäft einzugehen, da er auf Grund eines Gelübdes und einer Freundespflicht gerade mit der Rache für Patroklos beschäftigt und infolgedessen außerstande ist, einen Troer zu schonen. Lykaon müsse einsehen, daß für ihn keine Ausnahme gemacht werden kann: „Stirb denn, Lieber, auch du!" (Ilias 21, 34-119)

Diejenigen Männersklaven, deren Herkunft Homer erwähnt, sind *als Kinder geraubt* worden wie Eumaios. Ziemlich erheblich muß die Zahl der in Sklaverei geborenen Männer gewesen sein, aber sie verminderte sich ständig, weil *die tüchtigsten freigelassen* wurden.

Dagegen sind Frauen regelmäßige Kriegsbeute. Ein Häuptling mit leidlichem Kriegsglück besitzt daher stets eine gewisse Anzahl, im Feldlager vor Troja mehr als er verwenden kann. Wohin mit dem Überschuß an Sklavinnen? Einen ins Gewicht fallenden Preis erzielten sie nicht. Also setzt der Held einige bessere Exemplare *als Sportpreise* aus, beispielsweise Achilleus bei den Leichenspielen für Patroklos. Erster Preis im Ringkampf ist ein noch unbenutzter Bronzedreifuß im Wert von 12 Rindern, Trostpreis ein knuspriges, in den wichtigeren Hausarbeiten (Spinnen, Weben) geschicktes Mädchen im Wert von 4 Rindern – nebenbei bemerkt für ein Mädchen ein hoher Preis, der wie eine Imponierzahl wirkt. Erster Preis im Wagenrennen ist ein hübsches, geschicktes Mädchen, aber da das für den ersten Preis nicht genügt, stellt Achilleus einen großen Bronzekessel dazu; zweiter Preis im Wagenrennen ist eine von einem Eselshengst gedeckte Stute.

Eine andere beliebte Verwendung für hübsche Mädchen ist die *als Gastgeschenk*. Odysseus erzählt dem Laertes in einer seiner Lügengeschichten, er habe vor einiger Zeit den Odysseus zu Gast gehabt:

> „Ich gab ihm sieben Talente gut gearbeiteten Goldes, einen getriebenen Silber-Mischkrug mit einem Blumenornament, je zwölf einfache Decken, Mäntel, schöne Oberkleider und Leibröcke, überdies vier Frauen, die untadelige Arbeiten wußten, und die er sich selbst aussuchen konnte." (24, 274-279)

Die *Sklavinnen* sind *das am wenigsten wertvolle Geschenk* und werden daher zuletzt erwähnt. Die zwölf Decken, Mäntel, Oberkleider und Leibröcke sind aus echter Wolle, selbstgesponnen, selbstgewebt, selbstgefärbt; während Bronze-Gegenstände, die verschenkt werden, fast immer ungebraucht und überhaupt mehr als Wertgeschenke denn zum Eigengebrauch bestimmt sind, handelt es sich bei den wertvollen, hochgeschätzten Textilien um den Überschuß der eigenen Erzeugung über den Verbrauch. Herstellung solcher Textilien ist, neben der Hausarbeit, die Hauptaufgabe der Sklavinnen. Odysseus besitzt insgesamt 50 Sklavinnen, davon 12 an den Handmühlen. Bei 20 Männersklaven wären 50 Sklavinnen nicht besonders viel, die Zahl wirkt in diesem Fall realistisch.

Über den Wert durchschnittlicher Sklavinnen erfahren wir bei Homer nichts; daß die Mädchen, die Achilleus als Sportpreise verschenkt, vier Rinder wert sind, bedeutet, daß ihr Wert hoch über dem Durchschnitt liegt. Vollends ist das der Fall bei Eurykleia, die Laertes, als beide noch jung waren, für den Wert von 20 Rindern erstanden hat, wobei er nicht einmal auf seine Kosten kam, da er sie in Anbetracht einer eifersüchtigen Gemahlin nicht zu berühren wagte (1, 430-434). Ebensowenig besagen für den Wert einer Durchschnittssklavin die Versöhnungsgeschenke, die Agamemnon dem Achilleus bei Rückgabe der Beutesklavin macht, durch deren Wegnahme er den Zorn des Peliden erregt hat (Ilias 19, 243-245).

Ein anderer, nicht mehr zu bewertender Teil von Odysseus' Vermögen lagert in

> „der hochgebauten Halle ..., der weiten, wo aufgehäuft das Gold und die Bronze lag, und Gewänder in Truhen, und genug wohlriechenden Öles. Und darinnen standen Fässer von altem Wein, süß zu trinken ..., in Reihen an die Wand gelehnt." (2, 338-343)

Das bei solchen Gelegenheiten aufgezählte Gold ist in der Regel nicht verarbeitet, sondern besteht aus Klümpchen von durchschnittlich 8,5 g, dem homerischen *Gold-Talent*. Das gleiche Gewicht an Gold wurde in klassischer Zeit zum *Statér* und *Dareikós*, und an Silber zur *Doppel-Drachme* ausgeprägt.

Spielerei oder historische Realität?

Die Ausgrabungen, vor allem in Troja, Mykene und auf Kreta sowie die hethitischen Urkunden und die kretisch-mykenischen Tontäfelchen haben bewiesen: Das homerische Troja und Mykene hat es gegeben, insbesondere einen in der Ägäis mächtigen König Atreus (hethitisch: Atarisias) von Mykene. Troja ist wirklich in einem Brande zugrunde gegangen, und das mag sehr wohl bei der Eroberung durch Atreus oder durch Fürsten aus seinem Hause geschehen sein. Die von Homer korrekt beschriebenen Gebäude, Waffen, Helme, Schilde und andere Gebrauchsgegenstände der mykenischen Kultur sind wieder zutage gekommen. Kurz, die Ilias hat einen historischen Kern wie die deutsche Sage vom Untergang der Burgunden unter ihrem König Gundahari bei Worms. Indes sind weder Gundaharis oder Attilas Finanzen aus dem Nibelungenlied zu erschließen noch Priamos' oder Atreus' Finanzen aus Homer, denn zur „legendären Trübung" kommt der Wandel der gesellschaftlichen Verhältnisse.

Drei streng zu unterscheidende sozialhistorische Schichten lagern in den Homerischen Epen übereinander: die älteste finden wir im *historischen Mykene und Troja* vor 1200 v. Chr. Diese Schicht hat ihren Niederschlag gefunden in den Namen der Helden und Städte sowie in den durch feststehende Formeln beschriebenen Waffen und Gebrauchsgegenständen. In mykenischer Zeit war die Besiedlung dichter, materielle Kultur und Reichtum waren höher als in nachmykenischer Zeit: Heereszüge über See, wie der Trojanische Krieg, waren damals also eher auszuführen als in der Folgezeit.

Um 1200 v. Chr. oder wenig später erlag die mykenische Kultur dem Ansturm barbarischer Bauerntrecks, der *„dorischen Wanderung"*, ähnlich wie anderthalb Jahrtausende später das Römerreich der germanischen *„Völkerwanderung"*. An die Stelle dichterer Besiedlung, ausgedehnteren Ackerbaus und namhafter, städtischer Zentren trat eine wesentlich *dünnere Bevölkerung* vorwiegend viehzüchtender Bauern. Über deren mit einem Schein von Demokratie in der Volksversammlung organisiertes Heeresaufgebot erhob sich die Schicht der Häuptlinge, der von Homer verherrlichten „Helden". An deren Höfen lebten und sangen die homerischen Sänger, in dieses Milieu wurden die Lieder von den Atreussöhnen transponiert, in ihm gewannen die Bestandteile der Lieder ihre endgültige Gestalt, und diese nachmykenische Heldengesellschaft ist es, die in den Homerischen Epen fortlebt. Dagegen fällt die Komposition der Homerischen Epen, annähernd in heutiger Gestalt, in noch spätere Zeit, in der sich die städtische Zivilisation dem Stand der klassischen Epoche näherte.

Wir haben Homers landwirtschaftliche Angaben mit den Methoden der landwirtschaftlichen Betriebswirtschaftslehre nachgepüft. Das ist ein *Gedankenspiel*, aber kein müßiges: Es erhellt grundlegende statistische Verhältnisse der nachmykenischen Heldengesellschaft und bestimmte Stilmittel Homers. Dabei bestätigt sich Homers Realismus, und es findet sich ein *statistischer Maßstab* für die Verzerrung durch seine *„epischen Zahlen"*. Sollte es uns gelungen sein, die sozialgeschichtliche Wißbegier des Lesers zu reizen, so verweisen wir ihn vornehmlich auf George Thomsons *Studies in Ancient Greek Society*. Am Beginn der Forschungsarbeit, aus der sie hervorgegangen sind, stand eine Freilichtaufführung in Athen: Thomson und seine Studenten spielten die neben den homerischen Epen großartigste altgriechische Dichtung, die uns überliefert ist: die Orestie des *Aischylos*, in der Ursprache.

Es ist kein friedliches Idyll, das uns in den homerischen Epen entgegentritt, sondern eine Welt von brutaler Raub- und Rachgier. Die Gesellschaft gliedert sich in Klassen, die auf Besitz beruhen: Entscheidend ist der Besitz an Sklaven. Trotz ausgeprägter Arbeitsteilung und weitverbreiteter Unfreiheit sind aber weder Herren und Herrinnen noch Sklaven und Sklavinnen *selbstentfremdet*, in ihrer Würde, ihren Gefühlen, ihrem Willen geknickt, keine als Persönlichkeit gebrochenen Zivilisationsameisen, sondern folgen als ganze Menschen ihren elementaren Impulsen. So brutal das Geschehen ist, so liegt die Brutalität doch fast ausschließlich in einmaligen Gewaltausbrüchen, nicht, wie in der heutigen Gesellschaft, in lebenslanger, vergiftender Quälerei. Selbst die Sklaverei erscheint als ein in der Regel freundliches, auf Achtung beruhendes Verhältnis – jedenfalls wird sie so von Homer geschildert. Denn seine Darstellung ist dadurch gefärbt, daß er sich auf den Standpunkt der Herren stellt, an deren Höfen er sang. Jedenfalls wird die Schilderung auch der Unfreiheit und der Greuel gemildert durch die *Humanität* des Dichters, der nicht nur die Tapferkeit der Helden verherrlicht, sondern auch Mitgefühl mit menschlichem Elend hegt, Achtung vor der Menschennatur, und jeden charaktervollen Menschen respektiert, sei er auch nur Bettler, Sklave oder – der verachtetste Stand – freier Tagelöhner („Thes"). Darin liegt die unverwelkliche Schönheit der homerischen Gesänge, die über drei Jahrtausende zu uns herüberleuchtet.

2

SOKRATES

Der verarmte athenische Mittelstand

„Verehrte Anwesende! Besonders bemerkenswert war das Verhalten des Sokrates nach der Schlacht bei Delion, als unser Heer floh. Ich konnte ihn ungestört beobachten, denn ich war zu Pferde, er aber in schwerer Rüstung zu Fuß. Vom Kampfe hatte er erst abgelassen, als die Unseren schon zersprengt waren. Ich erkannte ihn, wie er ganz ruhig daherkam, zusammen mit Laches; ich versprach beiden, sie nicht zu verlassen. Unbekümmert marschierte er Schritt für Schritt und sah sich kampfbereit nach allen Seiten um, ganz wie du ihn besungen hast, Aristophanes: ‚Er blähte sich stolz und stierte umher.' Schon aus der Entfernung sah jeder, dieser Krieger werde sein Leben teuer verkaufen. Daher band keiner mit ihm an, sondern die Verfolger waren hinter denen her, die atemlos davonrannten."

So rühmt der leichtfertige, aber hochherzige *Alkibiades* seinen Freund Sokrates (Platon, *Gastmahl* 221 a, b), und in allen anderen Schilderungen werden dem Sokrates die gleiche gelassene Unerschrockenheit und Selbstbeherrschung nachgerühmt, außerdem Humor und überlegener Geist, der sich hinter scheinbar banalen Unterhaltungen versteckt, scharfer Blick für die Schwächen der Mitbürger und listige Bescheidenheit, vermittels derer er sie aufs Glatteis lockt und lächerlich macht. Damit ärgerte er seine Mitbürger derartig, daß sie ihn zum Tode verurteilten. Ferner stimmen alle Quellen überein, Sokrates habe die Feldzüge von Poteidaia (431 v. Chr.) und Delion (424 v. Chr.) als „Hoplit" mitgemacht, das heißt als Schwergerüsteter zu Fuß.

Demnach besaß Sokrates von Hause aus ein mittelständisches Vermögen. Der Hoplit mußte seine kostspielige Rüstung auf eigene Kosten beschaffen und mit etwa 20 Jahren eine infanteristische und leichtathletische Ausbildung als Rekrut („Peripolos") durchmachen, auf eigene Kosten, versteht sich. Kein Mittelloser hätte das gekonnt. Während des Peloponnesischen Krieges (431-404 v. Chr.), der die Erwachsenenjahre des Sokrates großenteils ausfüllte, sind zwar Mittellose auf Kosten des athenischen Staates als Hopliten ausgerüstet worden, jedoch nicht für den Infanteriedienst, sondern lediglich als Seesoldaten. Aus den Anekdoten, in denen Sokrates als Hoplit auftritt, geht hervor, daß ihn die Schriftsteller zum Mittelstand rechneten.

Andererseits heben sie seine Armut hervor, wenn auch erst für die Jahrzehnte seiner philosophischen Wirksamkeit. Er starb 399 v. Chr.; 24 Jahre zuvor, 423 v. Chr., war er im Kabarett wegen seiner Armut und seines schäbigen Auftretens karikiert worden. Die Stelle in Aristophanes' *Wolken*, auf die Platon im *Gastmahl* anspielt, lautet:

> „Du Priester des sitzfindigsten Quarks,
> Sag klar uns an, was begehrst du?
> Denn wir schenken so leicht sonst keinem Gehör
> Aus der Schar der Windphilosophen ...
> Nur dir, weil du so stolz
> Auf den Gassen dich blähst und umherstierst
> Und die maßlose Armut barfüßig trägst
> Und uns so feierlich anglotzt."

In der von Platon verfaßten *Verteidigungsrede (Apologie)* wird dem Sokrates geradezu in den Mund gelegt, er sei verarmt, weil er sich um die Philosophie und nicht um seine Wirtschaft gekümmert habe. Dies soll den Widerspruch zwischen Sokrates' ursprünglicher Zugehörigkeit zum Mittelstand und seiner späteren Armut erklären. Bei Libanios wird auch überliefert, wodurch Sokrates verarmt sei: er habe das ererbte väterliche Vermögen von 80 Minen beim Bankrott eines Schuldners eingebüßt.

Sokrates' mittelständische Herkunft und seine spätere Armut hängen eng mit seiner Existenz als Philosoph zusammen. Der Mittelstand und die Reichen von alter Familie, mit denen der Mittelstand politisch und weltanschaulich solidarisch war, betrachteten nur die Landwirtschaft als standesgemäßen Erwerb, wobei sie sich mit der Betriebsleitung begnügten und ihren Sklaven die Arbeit überließen; dagegen wurde handwerklicher und kaufmännischer Erwerb vom „schönen und guten" (kalós k'agathós) Athener als Sache der „Handwerker" *(Banausen)* verachtet. Die nach Athen eingewanderten Weisheitslehrer forderten für ihren Unterricht Honorar: das wurde ihnen als „banausisch" verdacht. Sokrates hingegen war Athener von echtem Schrot und Korn, er nahm kein Honorar.

Die athenische Reaktion gegen die griechische Aufklärung

Die prahlerische Reklame mancher Philosophen, der gestelzte, für den Mann auf der Straße unverständliche Stil, worin sie über „das Sein“ und andere Dinge oder Undinge sprachen, die Wortklauberei, Verdrehungskunst und Demagogie der von ihnen gelehrten forensischen Beredsamkeit erweckten das Mißtrauen und die Feindschaft des eingesessenen athenischen Bürgers, etwa wie die Schwabinger Schlawiner bei Ludwig Thoma das Mißtrauen des Münchener Postsekretärs erregen. Den ärgsten Anstoß gaben Naturforschung und Naturphilosophie: Jeder hatte gelernt, daß Zeus den Blitz schleudert und dazu donnert. Ebenso erklärten sich alle anderen Naturvorgänge durch das mehr oder weniger willkürliche Eingreifen von Gottheiten. Nun auf einmal sollte das anders sein. Die „Zugroasten“ behaupteten vielmehr, Donner, Blitz und andere Naturerscheinungen seien aus „Naturgesetzen“ zu erklären, sie wollten Vater Zeus in Pension schicken. Auf diese *Gottlosigkeit* reagierte das klassische Athen mit Philosophenverfolgungen, als deren berühmtestes Opfer Sokrates fiel.

Natürlich erwischten die Athener den Verkehrten; Sokrates war genau so konservativ wie seine Ankläger. Naturphilosophie und exakte Naturforschung waren ihm gleichgültig, vielmehr begann mit ihm die *reaktionäre Gegenströmung gegen die „Atomistik“*. Diese war ohne Experiment, lediglich durch denkerische Konsequenz, zu der Hypothese gelangt, die stoffliche Vielfalt der Erscheinungswelt bestehe letzten Endes aus unteilbaren, kleinsten, gleichen Teilchen, den Atomen: *„Es gibt nur die Atome und den leeren Raum; alles andere ist Meinung.“* (Demokrit) Die Atomisten verkündeten bereits die Grundüberzeugung der modernen Naturwissenschaft: *„Nichts geschieht zufällig, sondern alles aus einem Grunde und mit Notwendigkeit.“*

Sokrates und seinem Schüler Platon scheint die Atomistik unbekannt, jedenfalls aber unverständlich geblieben zu sein. Platons Schüler Aristoteles stellt ihr dann das Gegensystem entgegen, das die überkommenen Vorurteile durch unleugbare, umfassende Gelehrsamkeit mit der Strahlenkrone der Wissenschaftlichkeit verklärte und die Ätzwirkung der atomistischen Problemstellungen noch einmal für zwei Jahrtausende neutralisierte. Daraus erwuchs den Begründern der modernen Physik und Astronomie – *Kopernikus, Bruno, Galilei, Gassendi* – die Doppelaufgabe: während sie mit der rechten Hand die grundlegenden Beobachtungen, Deduktionen und Experimente anstellten, mußten sie mit der Linken das aristotelische Dornengestrüpp fortreißen, und dabei drohte ihnen die gleiche Todesgefahr wie im klassischen Athen. Kopernikus publizierte sein Werk erst auf dem Totenbett, mit einer verschleiernden Widmung an den Papst; Bruno wurde verbrannt, Galilei zum Widerruf gezwungen, Gassendi verbrannte vorsichtshalber das Manuskript seiner *Aristotelischen Paradoxien.* Wie nachmals Bruno war schon Sokrates wegen „Gottlosigkeit“ hingerichtet worden.

Die tödliche Denunziation gegen Sokrates stammte aus den *Wolken. Aristophanes* wollte darin die Philosophen karikieren: ihre unverschämten Honorarforderungen, ihre Charlatanerie, ihre rechtsverdrehende Spitzfindigkeit und Quasselei, die gottlose Naturphilosophie, kurz das, was später Platon mit polemischer Vereinfachung als Sophistik lächerlich machte. Um seiner Absicht gemäß das Kind mit dem Bade auszuschütten, durfte Aristophanes von dem Gegenstand seines Angriffs ebensowenig verstehen wie heute die Durchschnittskritiker von Marx und Freud. Da er durch Kenntnisse ungetrübt war, konnte er für die Hauptfigur keinen Passenderen finden als jenes schäbige Individuum, jenen Schwabinger Schlawiner, der ehrenwerte Leute auf dem Markt anquatschte, ihnen durch banale Fragen banale Antworten entlockte und sie der Heiterkeit herumstehender junger Snobs preisgab. Sokrates mußte stelltvertretend für seine und Aristophanes' gemeinsame Gegner büßen, erst als komischer Held auf der Bühne, dann sogar mit dem Giftbecher. Die Karikatur, die Aristophanes von ihm zeichnete, wirkte tödlich.

In den *Wolken* sagt „Sokrates“, was dem Aristophanes als Gipfel der Albernheit erscheinen mußte: daß nämlich Blitz und Donner durch Luftbewegungen verursacht würden wie gewisse Darmgeräusche. In Wirklichkeit gingen Sokrates' wissenschaftliche Interessen in ganz andere Richtung. Leider kennen wir seine Auffassungen im einzelnen nicht. Von seinen Schülern wurden widersprechende Schulen begründet, allen gemeinsam ist nur das Prinzip der Wissenschaftlichkeit in der „praktischen“ Philosophie: die Überzeugung, *„das Gute“ müsse sich wissenschaftlich erkennen und vermittels wissenschaftlicher Erkenntnis lehren lassen.* Im übrigen legen die sokratischen Schriftsteller dem Sokrates die entgegengesetztesten Meinungen in den Mund.

Sokrates' historisch nachweisbare Leistung bestand darin, daß er die Philosophie in Athen heimisch machte. Dies konnte ihm gelingen, weil er ein echter „schöner und guter“ Athener war, mit allen konservativen Vorurteilen wie Aristophanes auch. Innerhalb dieser Wertmaßstäbe bewegten sich seine ethischen und politischen Überzeugungen, ihnen entsprang auch seine naturwissenschaftliche Gleichgültigkeit. Ein weiterer Grund seines Erfolgs lag in seiner Lehr- und Darstellungsmethode. Er verzichtete auf den abgelesenen Lehrvortrag und auf Traktate in schwerfälliger, wissenschaftlicher Terminologie, vielmehr unternahm er den großartigen Versuch, abstrakte wissenschaftliche Fragen in der Sprache und den Vorstellungen des Mannes auf der Straße abzuhandeln und sie dadurch verständlich zu machen. Auch hielt er mit seiner eigenen Meinung hinter dem Berge, sondern fragte das, worauf er hinaus wollte, aus seinen Gesprächspartnern heraus. Diese Diskussions- und Lehrmethode wurde von seinen Schülern zur literarischen Form erhoben: zum *Sokratischen Dialog*.

Die soziale Umwälzung in Athen

Die Konflikte, in denen Sokrates lebte und die den Hintergrund seiner wissenschaftlichen, sozialen und wirtschaftlichen Stellung bildeten, entsprangen aus zwei umwälzenden Vorgängen:

1. dem plötzlichen Aufstieg Athens zum geistigen Zentrum der griechischen Welt;
2. der wirtschaftlichen und sozialen Katastrophe des Peloponnesischen Krieges.

Für uns ist Athen das altgriechische Kulturzentrum; in Wirklichkeit wurde es erst nach 480 v. Chr. dazu. In den zwei Jahrhunderten vorher lag das wirtschaftliche und geistige Schwergewicht vielmehr in den Kolonialstädten: an den Küsten Kleinasiens (Smyrna, Milet, Ephesos) und „Großgriechenlands“ (Sizilien und Unteritalien mit Syrakus und Elea). Die Handelsverbindungen der Kolonialgriechen reichten weit hinaus nach Afrika, Asien, Südrußland einerseits und jenseits der Straße von Gibraltar bis zu den Kanarischen Inseln und Cornwall andererseits. Sie wurden früh mit orientalischer Mathematik und Astronomie bekannt, ihr geographisch-naturwissenschaftlicher wie ethnographischer Horizont erweiterte sich außerordentlich, sie waren bereits mitten in dem Zeitalter der Entdeckungen, das für uns erst mit Columbus und Kopernikus begann. Zur Zeit der Perserkriege befanden sie sich bereits in der Aufklärung.

In den griechischen Kolonialstädten nahm die Öffentlichkeit teil an dieser unaufhaltsamen Erweiterung des geistigen Horizonts. Mit dem Wandel der Kenntnisse, der sich nicht jäh, nicht auf einmal, sondern tropfenweise vollzog, veränderten sich unmerklich die Anschauungen, auch diejenigen, die der offiziellen Kultreligion zu Grunde lagen. Die offizielle

Religion blieb duldsam und aufgeschlossen. Anders in Athen nach 480: dort brach die neue Wissenschaft über Nacht in eine Gesellschaft, die von der geistigen Revolution des Kolonialgriechentums unberührt war und den hergebrachten Götterglauben streng bewahrt hatte. Aus diesem Dornröschenschlaf wurde die Stadt jäh herausgerissen und übernahm die politische, mithin auch wirtschaftliche und geistige Führung in der ostwärts gewandten Hälfte der griechischen Welt. Drei Glücksumstände lagen diesem Wechsel zu Grunde:

1. als erste Stadt des griechischen Mutterlandes wurde Athen von den Persern angegriffen, und indem es den Angriff abschlug (Marathon, 490 v. Chr.), begründete es sein Ansehen;
2. es fand in dieser Krise und den folgenden Jahrzehnten bedeutende politische und militärische Führer;
3. kurz vor 483 v. Chr. wurde ein besonders reicher Teil des Kupfer-Blei-Zink-Erzlagers von Laureion angefahren.

Man lege ein Stück Eisen, beispielsweise einen Nagel, in eine Lösung von Kupfervitriol. Dann geht Eisen in Lösung, Kupfer fällt in schwarzen Flocken aus. Der gleiche Prozeß vollzieht sich im Oberflächenbereich eines Buntmetallerzlagers. In dem mit Sauerstoff und Kohlensäure beladenen Sickerwasser lösen sich Kupfer und das in solchen Erzen stets vorhandene Silber; im Grundwasserhorizont fallen beide Metalle an den stets auch vorhandenen Eisenverbindungen aus, beispielsweise als gediegen Kupfer und Silber („Zementationserze"). Wird ein Lager von Buntmetallerzen entdeckt, so wird zunächst die Zementationszone angefahren. Der an sich geringe Silbergehalt ist in ihr angereichert. Daher konnte sich Athen jahrzehntelang aus dem Silber von Laureion finanzieren, so wie später die Sachsen- und Frankenkaiser aus dem Silber des Rammelsberges bei Goslar und die Spanier aus dem mexikanischen und bolivianischen Silber.

Auf den Rat des Themistokles beschlossen die Athener 483 v. Chr., das laurische Silber in einer Kriegsflotte zu investieren. Mit dieser Flotte gewannen sie 480 v. Chr. die Schlacht bei Salamis, ruderten im folgenden Jahr über das Ägäische Meer und befreiten die kleinasiatischen Griechenstädte von der Perserherrschaft. Gegen feste Jahreszahlungen übertrugen diese Städte ihre Verteidigung der athenischen Wehrmacht. Nach Kriegsende liefen die Zahlungen der Bundesgenossen weiter, und so erwarb Athen zu dem laurischen Silber eine zweite, noch bedeutendere Einnahmequelle.

Diese Einnahmen flossen nicht mehr in den Krieg, sondern in die Bauten der Akropolis. Die berühmtesten bildenden Künstler der griechischen Welt strömten nach Athen, und lohnende Beschäftigung fand sich für die athenischen Handwerker, beispielsweise für Sokrates, falls die unbeglaubigte Überlieferung zutrifft, er habe eine Steinmetz- und Bildhauereiwerkstatt betrieben.

Mit den Künstlern kamen die Gelehrten und Redner. Athens weitgespannte neue Unternehmungen und Verbindungen nötigten die jungen Athener aus vermögender Familie, sich die neue Bildung der Kolonialgriechen anzueignen, sie waren bereit, kolonialgriechischen Lehrern die geforderten, zum Teil gesalzenen Honorare zu zahlen. So stieß die neue Bildung in ihrer am weitesten fortgeschrittenen Form unvermittelt mit dem alten Götterglauben zusammen, um den sich alle antiphilosophischen Ressentiments kristallisierten. Diese weltanschaulichen Konflikte lieferten das ideologische Kostüm für die sozialen Konflikte, als im Peloponnesischen Krieg die Finanzbeiträge der Bundesgenossen aufgekündigt wurden, Athens Wohlstand zusammenbrach und die noch gestern an den Prachtbauten des Perikles beschäftigten Handwerker und Tagelöhner arbeitslos wurden. Gereizt durch nagenden Hunger, verurteilten diese Arbeitslosen ihren politischen Gegner Sokrates zum Tode „wegen Gottlosigkeit und Verführung der Jugend".

Bis zu den Perserkriegen waren aktives (Stimme in der Volksversammlung) und passives Wahlrecht (Wählbarkeit für alle Staatsämter) im wesentlichen den Vermögenden vorbehalten, die als schwerbewaffnete Reiter oder als Hopliten das in Reih und Glied fechtende Volksaufgebot bildeten. Auf der Flotte kamen auch die Besitzlosen, zunächst als Matrosen, dann sogar als Seesoldaten, zu militärischer Bedeutung, und damit zu vollem Wahlrecht; lediglich das Schatzmeisteramt blieb weiterhin an angemessenes Vermögen gebunden.

Die so entstandene athenische (und überhaupt antike) Demokratie darf mit der modernen nicht verwechselt werden. Die meisten Werktätigen waren Sklaven ohne alle Rechte. Auch die Frauen, mit Ausnahme der Hetären, besaßen nur sehr beschränkte zivile und keinerlei politische Rechte. Besitzlose Freie bildeten die Mehrheit der Volskversammlung, beherrschten den Staat und beuteten ihn aus, beispielsweise durch Schaffung vieler bezahlter Ämter. Der Gerichtshof, der den Sokrates zum Tode verurteilte, bestand aus einem Vorsitzenden und 500 Beisitzern, jeder mit einem kümmerlichen Tagegeld. Entsprechend gab es Tagegelder für die Teilnahme an der Volksversammlung und an Theateraufführungen, die ja Kulthandlungen der Gemeinde waren. Vor allem zog die in der Volksversammlung maßgebende besitzlose Masse Vorteil aus aus dem Imperialismus: ihr kamen die Tribute der Bundesgenossen zugute, im Frieden als Arbeitslohn bei den Bauten, im Krieg als Matrosensold sowie als Lohn bei Schiffbau und sonstiger Rüstungsproduktion. Daher in Athen, wie später in Rom, die kraß imperialistische Tendenz der Volksversammlung, ihre Kriegs- und Eroberungslust, und im Krieg ihre Neigung zu energischen Maßnahmen, zu weitreichenden Flottenexpeditionen – wie gegen Syrakus 415 v. Chr. – sowie zu brutalen Rechtsverletzungen jeder Art. Das kaufmännische Kapital, das aus dem weitreichenden Handel und den Perserkriegen erwuchs, gehörte in der Hauptsache zugewanderten „Metoiken", die das Bürgerrecht nicht besaßen. Ihr Interesse am athenischen Imperialismus wurde in der Volksversammlung von kleinbürgerlichen Demagogen vertreten – ganz wie heute: damals Kleon, heute Hitler oder Reagan.

Umgekehrt waren der Kern des Mittelstandes und die wohlhabenden Grundbesitzer von alter Familie friedliebend. Sie verachteten Handel und Gewerbe, hielten vielmehr an aristokratischer Wertschätzung der Landwirtschaft fest. Sparta war in der Griechenwelt der Hort der Aristokratie, Krieg gegen Sparta war also den konservativen, grundbesitzenden Bürgern Athens zuwider, zumal sie das Landheer bildeten. Dieses war dem von den Spartanern geführten Heer des Peloponnesischen Bundes weit unterlegen; als die Spartaner in Attika einfielen und es verwüsteten, mußte es von den Mauern Athens aus zusehen. Auch waren im athenischen Heer die Niederlagen unvergessen, die es in den späteren Phasen des Perserkrieges von den Spartanern und deren Bundesgenossen bei Tanagra und Koroneia erlitten hatte. Noch ernster war die Erinnerung an den *Untergang eines athenischen Expeditionskorps in Ägypten* (455 v. Chr.), von dem es in Aischylos' *Agamemnon* warnend heißt: „Nur die Asche und die Rüstung des Helden kehren zurück."

Der Besitzlose, der nur auf der Flotte diente, mochte leichten Herzens für Krieg und überseeische Expeditionen stimmen, denn die Hauptgefahr drohte immer der Infanterie.

In Xenophons Wirtschaftsdialog *(Oikonomikos)* wird dem Sokrates der Ausspruch in den Mund gelegt, im Peloponnesischen Krieg habe es zahlreiche Kriegsgewinnler gegeben; die Zahl der Kriegsverlierer ist stets eine vielfache. Der attische Mittelstand, insbesondere der landwirtschaftliche, konnte sich die Kriegsverluste vorher ausrechnen, beispielsweise in dem Bildhauergewerbe, dem Sokrates angehört haben soll. Zimmerleute mochten auf Beschäftigung im Kriegsschiffbau hoffen, Maurer mochten sich mit kleineren Privatbauten durchhelfen und im schlimmsten Fall als Matrosen dienen, aber ein auf die Akropolisbauten eingestellter Bildhauer konnte seinen Betrieb schließen, und der Bauer, dessen Weinstöcke ausgerissen, dessen Ölbäume umgehackt waren, hatte auf Jahre keinen Wein und auf ein Menschenalter keine Oliven mehr.

Die vorauszusehende Verwüstung durch den spartanischen Einfall bedeutete zudem Nahrungsmangel und Teuerung. Zwar war Athen für seine Ernährung nicht mehr ausschließlich auf die attische Landwirtschaft angewiesen. Die Bevölkerung hatte sich seit den Perserkriegen um eine sechsstellige Anzahl Sklaven und eine fünfstellige Anzahl Handels- und Gewerbetreibende ohne Bürgerrecht *(Metoiken)* vermehrt, und Athen deckte den erhöhten Bedarf durch großzügige Weizeneinfuhr, vornehmlich von der Krim. Mehr als ein Drittel des Lebensmittelbedarfs wurde aber schwerlich durch diese Einfuhr gedeckt, die Ernährung in Athen wurde also nach Kriegsbeginn knapp und teuer.

Der besitzlose Athener schnürte den Riemen enger und forderte mehr Lohn. Den konnte er durchsetzen, denn Hauptarbeitgeber war Vater Staat, über den der besitzlose Bürger durch Handaufheben verfügte. Zudem stieg die Nachfrage nach freien Lohnarbeitern, denn viele dienten auf der Flotte, und Massen von Sklaven flohen zum peloponnesischen Heer. Der Besitzlose duldete also nur vorübergehend Entbehrungen, hingegen büßte der alte Mittelstand ganz oder großenteils das Vermögen ein, soweit es in Weinbergen, Ölhainen, Obstplantagen und vor allem in Sklaven angelegt war, und diese Art der Vermögensanlage müssen wir bei Sokrates voraussetzen; die Obst- und Ölbäume wurden von den Spartanern umgehackt, die Weinstöcke ausgerissen, ein großer Teil der Sklaven befreit. Selbst wenn es zutrifft, daß Sokrates sein Grund- und Gewerbsvermögen versilbert, sein Geld als Darlehen angelegt und durch den Bankrott des Hauptschuldners verloren hatte, war dieser Bankrott durch die Vermögensvernichtung des athenischen Mittelstandes zu Beginn des Peloponnesischen Krieges verursacht. Acht Jahre nach Kriegsbeginn, 423 v. Chr., wird Sokrates in den *Wolken* als völlig verarmt geschildert.

Nach Kriegsende fand sich, daß nicht nur der alte Mittelstand für immer verarmt, sondern daß auch die in der Volksversammlung maßgebende Masse der Besitzlosen ihrer früheren Einkünfte beraubt war. Denn der Athenische Bund war aufgelöst, die ehemaligen Bundesgenossen zahlten keine Tribute mehr, mithin fehlte das Geld für große öffentliche Bauten, und das laurische Silber kam zwar weiter ein, hatte aber bedeutend an Wert verloren. Die Silbergewinnung der vorangegangenen acht Jahrzehnte hatte in Athen eine Silberinflation bewirkt, die Preise kehrten nicht wieder auf den niedrigen Vorkriegsstand zurück, und die 3 Oboloi Tagegeld, welche die Richter bezogen, die über Sokrates zu Gericht zu sitzen hatten, waren nur noch wenig wert. Vor dem Krieg hatte man davon mehr als einen Tag leben können, nach dem Krieg konnte sich allenfalls der Richter dafür einmal anständig sattessen, für die Tagesration seiner Familie langten sie nicht mehr.

Hunger macht reizbar. 500 Hungerleider sind reizbarer als ein einzelner, und Sokrates scheint es in seinem Prozeß darauf abgesehen zu haben, die Richter zu reizen. Er ließ sie nicht im Zweifel, daß er sich nicht zu ihnen rechnete, obwohl er wirtschaftlich womöglich noch schäbiger daran war als sie selbst, ließ jeden Anschein von Reue und Demut sowie die übliche Demagogie vermissen, gestand vielmehr mit schöner Offenheit, ihre Art der Geschäftsabmachung finde seinen Beifall nicht. Seine Verachtung war begreiflich, aber es war kaum angebracht, sie den Richtern ins Gesicht zu werfen, und Sokrates war schwerlich überrascht durch das Todesurteil, das er provoziert hatte.

Umgekehrt hatte auch die Volkspartei, durch deren Einfluß er zum Tode verurteilt wurde, Anlaß zu berechtigtem Groll. Die politische Verwilderung des Peloponnesischen Krieges beschränkte sich keineswegs auf Athen, sie erzeugte die für die spätere Antike kennzeichnende Institution der Ächtung, zuerst, wie es scheint, auf Kerkyra (Korfu). Dort hatte man bis kurz vor dem Peloponnesischen Krieg an einer aristokratischen Verfassung festgehalten. Den Kriegsgrund bildete eine demokratische Revolution auf der Insel: die kerkyräischen Demokraten suchten Rückhalt bei Athen, aber Korinth und das verbündete Sparta konnten das Eindringen des athenischen Imperialismus in das Ionische Meer nicht hinnehmen. Die siegreichen kerkyräischen Demokraten ächteten die Aristokraten, das heißt jeden, bei dem ein Vermögen vorausgesetzt wurden, das zu rauben lohnte. Als die Aristokraten mit korinthischer Hilfe vorübergehend die Macht zurückgewannen, ächteten sie ihrerseits die Demokraten, das heißt diejenigen, auf deren Vermögen sie es ihrerseits abgesehen hatten. Ihre großartigste Blüte entfaltete diese Institution bekanntlich in den römischen Bürgerkriegen bis auf Augustus, und einem von Sokrates' problematischen Freunden, Kritias, gebührte das Verdienst, die anderwärts bewährte Einrichtung 404 v. Chr. auch in Athen heimisch zu machen, als ihn die spartanische Militärregierung zum athenischen Ministerpräsidenten machte.

Es ist so gut wie sicher, daß dem Sokrates im Prozeß die Verbindung mit den anrüchigsten Aristokraten vorgeworfen wurde: dem zynischen Abenteurer Alkibiades und dem „Tyrannen" Kritias. Beide treten in Platons Dialogen häufig als Gesprächspartner des Sokrates auf, und Xenophon entschuldigt ihn mit der Ausrede: solange Alkibiades und Kritias unter Sokrates' Einfluß standen, hätten sie sich anständig verhalten.

Die aristokratische Tendenz der Kreise, in denen Sokrates verkehrte, wird noch drastischer durch das spätere Verhalten seiner Schüler Platon und Xenophon belegt. Platons Staatstheorie ist aristokratisch, wenn auch nicht im Sinn der konkreten aristokratischen Parteien seiner Zeit, und gleich in Platons erster Schrift, der *Verteidigungsrede (Apologie) des Sokrates*, wird dessen bewußter Gegensatz gegen die Pöbelherrschaft herausgearbeitet. Auch Xenophon hatte den Unterricht des Sokrates genossen, wenngleich ohne Nutzen, denn er war immun gegen Philosophie. In Sokrates' Todesjahr, 399 v. Chr., beendigte Xenophon als Generalstabsoffizier den berühmten „Rückzug der Zehntausend" durch Armenien und trat mit den 7000 Überlebenden in spartanische Dienste, in denen er auch blieb, als seine Vaterstadt Athen Krieg gegen Sparta führte – gewiß die äußerste Konsequenz, die ein athenischer Aristokrat ziehen konnte.

Sokrates' Prozeß

Außer Sokrates' Karikierung in Aristophanes' *Wolken* (423 v. Chr.) ist nur ein Ereignis aus seinem Leben sicher datiert und belegt: das Todesurteil und die Hinrichtung 399 v. Chr. Auch über die Verurteilung stehen mehrere Einzelheiten fest:

1. der Wortlaut der Anklage: „Verführung der Jugend" und „Einführung neuer Götter" – was damit gemeint war, ist freilich unklar;
2. das Stimmverhältnis beim Schuldspruch (281 gegen 220) und beim Todesurteil (300 gegen 201); 19 Stimmen, die bei der Schuldfrage noch für Sokrates gefallen waren, fielen bei der Abstimmung über das Strafmaß gegen ihn; offensichtlich hatte er das Richterkollegium bei der Verhandlung über das Strafmaß gereizt.
3. in Athen, wie später in Rom, durfte sich der Angeklagte bis zur Eröffnung der Gerichtsverhandlung dem Prozeß durch Auswanderung entziehen, und die Schriftsteller – als erster Platon – versichern glaubhaft, Sokrates habe nur 36 km weit zu gehen brauchen, um in Megara bei guten Freunden Aufnahme zu finden; Sokrates wußte, daß es auf seinen Tod abgesehen war.

Ein Hauptproblem der sokratischen Literatur ist daher, *weshalb er sich dennoch gestellt und die Richter gereizt hat.*

Xenophons Lösung ist von der für diesen Schriftsteller kennzeichnenden, bestechenden Einfachheit: Sokrates habe an der Schwelle des Alters gestanden und es gewissermaßen als dankenswerten Ratschluß der Götter betrachtet, daß sie ihm die Bürde des Alters vermittels einer angenehmen Hinrichtung abnahmen. In Wirklichkeit ist die Vergiftung durch Schierling qualvoll.

Einleuchtend wirkt dagegen die von *Platon* verfaßte *Verteidigungsrede des Sokrates*. Platon hat darin nicht etwa versucht, die Rede zu rekonstruieren, die Sokrates wirklich gehalten hat. Er schrieb vielmehr ein literarisches Werk, worin er den Angriff des Polykrates auf das Andenken des Sokrates abzuwehren sucht und dem Polykrates seine eigene Auffassung von Sokrates' Persönlichkeit und Lehrmethode entgegenstellt.

Platon zufolge war Sokrates zu stolz, sich den Anklägern zu entziehen oder dem Gerichtshof seine Verachtung zu verhehlen; die Folgen waren ihm gleichgültig. Auch war er zu anhänglich an seine Vaterstadt, um sie als alter Mann zu verlassen, zumal er es vorher nur auf Kriegsfahrten getan hatte. Überdies meinte er, man müsse die Entscheidungen der Vaterstadt hinnehmen: ein auf die Spitze getriebener Bürgersinn. Endlich wurde Sokrates nach allen (einander sonst widersprechenden) Berichten durch einen nicht klar erkennbaren Fatalismus bestimmt, durch den Glauben an eine innere Stimme, sein „Daimonion". Dieses scheint mit einer keineswegs primitiven Gläubigkeit zusammengehangen zu haben, einer bewußten Unterwerfung unter den Ratschluß der Götter.

Durch Platons *Apologie* geht ein ähnlicher Ton wie durch Giordano Brunos Schlußwort an seine Richter: Sie sprächen das Urteil vielleicht mit mehr Furcht aus, als er es empfange. Bruno scheint das platonische Schlußwort des Sokrates bewußt variiert zu haben.

Bei der Verhandlung über das Strafmaß hat Sokrates vermutlich eine Geldstrafe vorgeschlagen. Die Herausforderung an den Gerichtshof mag darin gelegen haben, daß er einen sehr niedrigen Betrag nannte. So stellt es denn auch Platon dar. Ihm zufolge hat Sokrates zunächst einmal vorgeschlagen, ihn wegen seiner Verdienste zu lebenslänglichem Freitisch auf dem Prytaneion zu verurteilen, der üblichen Ehrung für Olympiasieger. Das behandelt Sokrates in Platons Darstellung zwar nur als Gedankenspiel – es war allerdings geeignet, die Richter zu reizen – und schlägt dann, seiner Armut wegen, eine Mine Silber vor. Dabei bleibt er indessen nicht. Denn die neben ihm stehenden Freunde, darunter Platon, sichern ihm ihre

Geldhilfe zu und überreden ihn, eine Strafe von 30 Minen zu beantragen.

So mag es wirklich zugegangen sein. Mindestens hat Platon die Szene mit schriftstellerischer Meisterschaft gestaltet, so daß sie echt wirkt. Auch in anderen Versionen beantragt Sokrates eine Geldstrafe von einer Mine, ja nur einer Viertelmine, oder stellt überhaupt keinen Gegenantrag gegen die von den Anklägern beantragte Todesstrafe.

Sokrates' wirtschaftliche Lage

Mehr ist nicht mit Sicherheit über Leben und Persönlichkeit des Sokrates auszumachen. Die Magerkeit unseres Wissens über ihn überrascht, denn eine reiche sokratische Literatur ist auf uns gekommen, beispielsweise die Werke Xenophons, besonders aber Platons. Welch lebendiges Bild des Philosophen vermittelt allein die *Apologie*! Xenophon vollends hat *Sokrates-Erinnerungen* geschrieben, in seinem *Wirtschaftsdialog* läßt sich Sokrates unter anderem über sein eigenes Vermögen aus. Nur ist all das nicht historischer Bericht, sondern Dichtung.

Von dem Zwang, sich an die Tatsachen zu halten, war der antike Publizist ziemlich frei. Die heute durch Archive, Buchdruck, Bibliotheken und Presse gebotene Möglichkeit der Kontrolle gab es nicht. Die Geschichtsschreibung ging vom Markt aus, sie entsprang aus der Volksversammlung, die darin wurzelnde literarische Tradition erlegte dem Schriftsteller einen anderen Zwang als den der Wahrhaftigkeit auf: Er hatte wie der Redner Stimmungseffekte zu erzielen. Stenographie gab es nicht, die Reden des Perikles und seiner Zeitgenossen wurden nicht aktenmäßig festgehalten. Dennoch gibt Thukydides sie wieder, und er gesteht ganz unbefangen, er habe sie selber komponiert und beispielweise dem Perikles in den Mund gelegt, was ihm, dem Thukydides, der Lage zu entsprechen schien. Authentisch sind die von Thukydides überlieferten Reden demnach nicht.

Noch weniger authentisch sind die Reden und Gespräche, die dem Sokrates in den Mund gelegt werden. Kurz nach seinem Tode wurde das von ihm erfundene Lehrgespräch zur literarischen Form erhoben. Diese neue Form wurde alsbald zur Mitteilung der verschiedenartigsten, oft gegensätzlichsten Inhalte verwendet. Die Verfasser entwickelten darin ihre eigenen Auffassungen und legten sie dem Sokrates in den Mund. Die Rahmenhandlung war ihre Erfindung, sie enthielt nicht etwa historische Mitteilungen über ihn. Er trat stets als Hauptsprecher und Diskussionsleiter auf. Motive der älteren Volksdichtung wurden auf ihn übertragen, beispielsweise aus der Spruchdichtung oder aus der Überlieferung der Sieben Weisen, aber der Hauptredner der sokratischen Dialoge verbreitete sich auch über politische, literarische, wirtschaftliche, militärische Fragen. Nur in einer Hinsicht war der Phantasie der Verfasser eine Grenze gezogen: Sie schrieben für ein Publikum, das den Sokrates noch gekannt hatte, mußten sich also innerhalb eines Rahmens halten, der den Vorstellungen über ihn nicht widersprach. Dazu gehörte beispielsweise, daß er Hoplit gewesen, also dem alten Mittelstand angehört hatte (ob er dagegen, wie in Platons *Gastmahl* berichtet wird, wirklich bei Poteidaia und Delion mitgekämpft hat, ist natürlich ungewiß). Dazu gehörte offensichtlich auch sein Umgang mit den bekanntesten Aristokraten – andernfalls hätte Xenophon keinen Anlaß gehabt, seinen Lehrer gegen diesen Vorwurf zu verteidigen. Die sokratischen Schriftsteller respektierten ausschließlich Sokrates' soziale Stellung. Dagegen nahmen sie auf seine wissenschaftlichen Anschauungen keine Rücksicht. Er war tot und konnte sich nicht wehren.

Teilweise ist dies immer durchschaut worden. Die wirtschaftlichen Ansichten, die Xenophon dem Sokrates im *Wirtschaftsdialog*, oder die militärischen, die er ihm im dritten Buch der *Sokrates-Erinnerungen* in den Mund legt, haben immer nur als die Ansichten des Verfassers gegolten. Andererseits hat Xenophon so getan, als enthalte die umfangreiche Sokrates-Literatur seiner Zeit Tatsachen über den Meister. In den *Sokrates-Erinnerungen* hat er Exzerpte aus dieser Literatur zu etwas verschmolzen, das mit dem Anspruch eines Erinnerungs- und Geschichtswerks auftritt und bis in die neueste Zeit als solches betrachtet worden ist.

Dieses Mißverständnis liegt um so näher, als ja Xenophons berühmteste Werke, die *Anabasis und Katabasis* der Zehntausend sowie die *Hellenika*, die griechische Geschichte seiner eigenen Zeit bis zum Tode des Epameinondas, echte, wertvolle Geschichtsschreibung sind. Als ehemaliger Schüler des Sokrates wäre er zur Sammlung und Sichtung der biographischen Tatsachen sehr wohl in der Lage gewesen. Man betrachtete ihn als Historiker, sein Sokrates-Werk also als echte Erinnerungsschrift. Ein zusätzliches Motiv dafür war, daß die denkerische Entwicklung des Sokrates in den von Platon verfaßten Dialogen offensichtlich nicht diejenige des Sokrates selbst war, sondern diejenige Platons. Die philosophische Analyse dieser Entwicklung bewies, daß Platon sein eigenes Denken dem Sokrates untergeschoben hatte. Xenophon hingegen hatte sich im Stande philosophischer Unschuld befunden. Daher erwartete man von ihm einen durch eigene philosophische Bestrebungen nicht gefärbten, gewissermaßen unparteiischen Bericht. Die philosophisch-philologische Analyse zeigt indessen, daß Xenophons *Sokrates-Erinnerungen* aus zahlreichen, erfundenen Sokrates-Darstellungen zusammengeflickt sind, und daß seine stilistische Glätte ein Potpourri der widersprechendsten Zitate verschleiert.

Dennoch bleibt der Versuch interessant, Einkommen und Vermögen des Sokrates aus den Angaben der Schriftsteller, hauptsächlich Xenophons, zu erschließen, den August *Böckh* in seinem immer noch klassischen Werk *Die Staatshaushaltung der Athener*, zum ersten Male 1817, unternommen hat. Böckh konnte nicht die modernen Forschungen kennen, aus denen die Sinnlosigkeit eines solchen Versuchs hervorgeht; er kannte lediglich die krassen Widersprüche und Ungereimtheiten der sokratischen Überlieferung. Wie die gleichzeitig mit Böckhs Werk in den *Monumenta Germaniae historica* beginnende deutsche Quellenherausgabe und Quellenkritik – in Frankreich war diese Disziplin älter – darauf ausging, aus den Widersprüchen und scheinbaren Ungereimtheiten der Quellen die tatsächlichen historischen Vorgänge zu rekonstruieren, so suchte Böckh aus den Widersprüchen und Ungereimtheiten der sokratischen Überlieferung die wirkliche wirtschaftliche Lage des Sokrates herauszuschälen. Er fußte auf vier Quellenstellen:

1. in der platonischen *Apologie* erklärt Sokrates: 1 Mine könne er äußerstenfalls aus eigenen Mitteln zahlen;
2. in Xenophons *Wirtschaftsdialog* beziffert er sein Vermögen einschließlich des Hauses auf 5 Minen;
3. nach Demetrios von Phaleron, einem wohlunterrichteten Schriftsteller um 300 v. Chr., hatte Sokrates bei seinem Freund Kriton 70 Minen auf Zins stehen;
4. nach dem späthellenistischen Schriftsteller Libanios hat er von seinem Vater 80 Minen geerbt, dieses Vermögen aber durch den Bankrott eines Schuldners eingebüßt.

Wir verweisen den Leser auf die Währungstabelle und rekapitulieren nur: 6 Oboloi = 1 Drachme, 100 Drachmen = 1 Mine zu 435 g Silber. Der Obolos hatte eine ähnliche Funktion wie vor achtzig Jahren bei uns der Groschen oder heute die DM, nur kam man im damaligen Athen erheblich weiter damit als wir mit Groschen und DM. Böckh berechnete, ein erwachsener Athener habe zu Sokrates' Zeiten seinen täglichen Nahrungsbedarf notdürftig für 1 1/4 Oboloi (nach dem Silbergehalt 18 Pfennige) kaufen können, und zwar

1. für 1/4 Obolos 640 g Gerste zu Grütze oder Brot;
2. für 1 Obolos „Opson" – Zukost: Obst, Gemüse, Fleisch, Fisch, Gewürze.

Den jährlichen Nahrungsbedarf eines Erwachsenen bei bescheidensten Ansprüchen veranschlagt Böckh demnach auf 450 Oboloi = 75 Drachmen. Dazu rechnet er als mindesten Kleidungsbedarf 15 Drachmen, und indem er von Reinigung, Wohnung, Kulturbedarf jeder Art absieht, kommt er auf ein Minimum von 90 Drachmen für eine einzelne Person. Die Familie des Sokrates zur Zeit seines Todes setzt Böckh gleich vier Erwachsenen: Sokrates, seine zweite Frau Xanthippe, einen erwachsenen Sohn Lamprokles, zwei kleine Knaben.

Konnte Sokrates den Unterhalt dieser Familie aus den Einkünften des Vermögens von 5 Minen decken, das er nach Xenophon besaß? Böckh verneint die Frage. Denn selbst das ärmlichste Haus habe gewiß 3 Minen gekostet. Sokrates habe in seinen späteren Jahren weder ein Gewerbe noch Landwirtschaft getrieben, müsse also die restlichen 2 Minen auf Zins ausgeliehen haben. Bei dem üblichen Zinsfuß von 12% hätten sie ihm 24 Drachmen eingebracht, den fünfzehnten Teils des absoluten, schäbigen Existenzminimums seiner Familie.

Böckh sah die *Unmöglichkeit* der von Xenophon angegebenen Zahl. Indessen stand die Autorität eines so angesehenen Gymnasialautors wie Xenophon für ihn noch fest, und so suchte er nach Bedingungen, unter denen die anscheinend unmögliche Angabe Xenophons dennoch gelten könne:

> „So muß man bedenken, daß entweder die Mutter der jungen Söhne sich und beide Kinder mit Arbeit oder aus ihrer Mitgift nährte, und Lamprokles sich selbst, und die berühmte Haushaltungskunst des Sokrates wahrscheinlich auch darin bestand, daß er diese zur Arbeit anhielt."

Das rät jedenfalls Sokrates in Xenophons *Sokrates-Erinnerungen* (II, 6) seinem Freund Aristarch.

> „Mag er dann immerhin von seinen 24 Drachmen mit einem Zuschuß der Freunde gelebt haben: niemand konnte so leben wie er. Zwar soll er öfter zu Hause und auf öffentlichen Altären geopfert haben, aber ohne Zweifel nur gebackene Tiere nach der Art der Armen, eigentlich Brote, welche großenteils selbst mit verzehrt wurden, und wozu auch seine Familie beitrug. Er lebte im strengsten Sinne von Wasser und Brot, ausgenommen bei fremden Gastmahlen, und konnte sich deshalb, wie er getan haben soll, des wohlfeilen Preises der Gerste *(640 g = 1/4 Obolos)* ganz besonders freuen.

Er trug kein Unterkleid, auch das Oberkleid war schlecht, sommers und winters dasselbe. Gewöhnlich ging er barfuß, und seine Staatssohlen, welche er bisweilen unterband, mochten für seine Lebenszeit dieselben sein. Statt des Opsons zur Mahlzeit diente ihm Lustwandeln vor seinem Hause: kurz kein Sklave war so schlecht wie er unterhalten, und ohne der Größe seines Geistes zu nahe zu treten, darf man wohl behaupten, daß in Rücksicht der Armseligkeit und eines gewissen Kynismus die Darstellung des Aristophanes nicht sehr übertrieben ist."

Hätte Böckh, der in den Haushaltsrechnungen des athenischen Staates und der athenischen Privatleute so hervorragend bewandert war, die Xenophonstelle mit gleicher Aufmerksamkeit weitergelesen, so wäre er auf den zahlenmäßigen Beweis dafür gestoßen, daß die Zahlenangaben des Xenophon nicht ernst zu nehmen sind. Xenophon fährt nämlich fort, der reiche Kritobulos besitze zwar hundertmal soviel wie Sokrates, dennoch sei er wirtschaftlich schlechter daran. Sokrates habe genug zum Leben, Kritobulos hingegen als reicher Mann müsse kostspielige Opfer bringen, ein großes und teures Haus führen, öffentliche Aufgaben auf seine Tasche nehmen – die Veranstaltung einer Tragödienaufführung oder im Kriegsfall die Ausrüstung eines Kriegsschiffs nebst Soldzahlung für die Besatzung –, ferner müsse er Pferde halten und Ämter übernehmen, die mit erheblichem Aufwand verbunden seien. Dazu komme Kritobulos' Unfähigkeit, sein Geld zusammenzuhalten, seine Amouren, kurz Kritobulos benötige das Dreihundertfache von Sokrates' Vermögen, um gerade auszukommen. Da er indes weit weniger besitze, befinde er sich ständig in Verlegenheit, während Sokrates sein, wenn auch bescheidenes, Auskommen habe.

Böckh brauchte nur nachzurechnen, daß Kritobulos mit dem Hundertfachen von Sokrates' angeblichen 5 Minen nur bescheiden, und selbst mit dem Dreihundertfachen bei weitem nicht luxuriös leben konnte. An Tragödienaufführungen, Ausrüstung eines Kriegsschiffs, kostspielige Weibergeschichten war dabei nicht zu denken. Die Erklärung ist nicht schwierig. Seit 401 v. Chr., als er mit Kyros nach Persien zog, hatte Xenophon nicht mehr in Athen gelebt. Er saß auf dem Landgut in der Gegend von Olympia, das ihm die Spartaner geschenkt hatten als Entschädigung für sein väterliches Gut, das in Athen eingezogen worden war, als er im Heer des Landesfeindes diente. Dort trieb er die sogenannte geschlossene Hauswirtschaft, das heißt, er erzeugte vermittels Sklavenarbeit auf Acker und Weide sowie in der Werkstatt seinen und seines Gesindes Eigenbedarf an Nahrung, Kleidung, Geräten. Wieviel Geld ein armer und ein reicher

Athener zum Leben brauchte, davon hatte er nicht mehr die mindeste Vorstellung. Ohnehin bereitete ihm der Umgang mit Zahlen Schwierigkeiten. In der *Anabasis* bezifferte er die Stärke der Perser in der Schlacht bei Kunaxa auf 900000 Mann: einem ehemaligen Obersten im Generalstab hätte das nicht passieren dürfen. In diesem Fall wollte er den abgeleierten Vergleich zwischen dem armen Mann, der seine Mittel zu Rate hält, und dem Reichen, der über seine Verhältnisse lebt, mit Zahlen illustrieren, griff für Sokrates eine Zahl, die ihm niedrig schien, in Wirklichkeit aber vielleicht ein Hundertstel des Minimums betrug, und mulitplizierte sie mit 100, um die Gegenvorstellung eines bedeutenden Vermögens hervorzurufen.

Wie Böckhs statistischen Angaben zu entnehmen, ist dies die richtige Deutung. Böckh erklärt denn auch die Angabe des Demtrios von Phaleron, Sokrates habe 70 Minen bei Kriton auf Zins stehen gehabt, für weit plausibler als Xenophons Angabe: „5 Minen Vermögen einschließlich des Hauses". 12% Zins von 70 Minen waren jährlich 840 Drachmen = 8,4 Minen, mehr als das Doppelte des von Böckh errechneten, absoluten Existenzminimums: immer noch ein äußerst bescheidenes Einkommen, aber doch so viel, daß der Ausspruch einen vernünftigen Sinn hätte, den Xenophon dem Sokrates zuschreibt: „Mein Besitz bietet mir genug für meinen Lebensunterhalt." (*Wirtschaftsdialog*, Kapitel 2)

Wenn Xenophon korrekt berichtete, müßte Sokrates ein größerer Hungerkünstler gewesen sein als Ghandi, aber dergleichen wird nirgends angedeutet. Nachgerühmt wird ihm nur die Unerschütterlichkeit, womit er Entbehrungen ertrug, ohne sich in seinen philosophischen Bestrebungen oder in seiner gesellschaftlichen Sicherheit stören zu lassen. Aristophanes hat ihn als schäbig, aber nicht als ausgemergelt verspottet, und die erhaltenen Sokrates-Büsten – keine Porträts, sondern bekanntlich Idealbilder – zeigen, daß man ihn sich als jemanden vorstellte, der zugriff, wenn es ihm schmeckte. Platons *Gastmahl* schließt mit einer Lobpreisung von Sokrates' Trinkfestigkeit.

Die *Armut des Sokrates* war nicht in gleichem Maß selbstgewählt wie die *Ghandis,* aber sie wurde von ihm akzeptiert als notwendige *Bedingung seiner geistigen Unabhängigkeit,* sie war für Sokrates wie für Ghandi *integrierender Teil seiner Existenz.*

Paradoxerweise sind wir über die Wirtschaft des Odysseus anschaulich und im einzelnen unterrichtet, obwohl er vermutlich überhaupt nicht gelebt hat, sondern mythisch den nach Neumond wiederkehrenden Mond verkörpert wie Siegfried die nach der Wintersonnenwende wiederkehrende Sonne. Dagegen haben wir von der Wirtschaft des Sokrates nur schattenhafte Kenntnis, obgleich seine Existenz wohlbezeugt ist, und er anscheinend eine geschichtlich bedeutende Persönlichkeit war: *Die epische Anschaulichkeit kann von der historischen Überlieferung, wenigstens in deren Anfängen, nicht erreicht werden.*

3

CAESAR

Caesars Triumph

Beim Triumphzug hatten die Legionäre das Vorrecht, Spottlieder auf den Feldherrn zu singen. Caesars Soldaten besangen seine politischen Maßnahmen als Chef der römischen Militärregierung in Frankreich („Wir machen die Gallier zu Gefangenen, du machst sie zu Senatoren"), seine wahren und erdichteten Bettgeschichten sowie seine von ihnen angezweifelte Zahlungsfähigkeit. Eines ihrer kreditschädigenden Schnadahüpfl läßt sich in deutschen Knittelversen etwa so wiedergeben:

„Verschließt eure Frauen und Töchter daheim!
Der kahlköpfige Wüstling zieht mit uns ein.
In Gallien tatst du dein Geld verlumpen,
Drum mußt du immer noch weiter pumpen."

Die *Zweifel an Caesars finanzieller Bonität* hatten seine Siegesbahn begleitet und sind bis heute nicht verstummt: Noch T. R. Holmes, einer der urteilsfähigsten modernen Historiker, teilte sie, Bert Brecht hat einen Roman darüber geschrieben. Während des Bürgerkrieges erhielten sie ständig neue Nahrung durch die Erfindungsgabe und Energie, womit Caesar überall im Römerreich Tribute erpreßte, womit er sogar bei römischen Bürgern Zwangsanleihen erhob. Daß er immer noch weiter pumpe, warfen ihm die Soldaten vor, weil er von seinen Offizieren Depositen annahm.

Das Mißtrauen der Legionäre wurde verschärft durch Caesars *Freigebigkeit für „das römische Volk"*, das heißt die in der Hauptstadt lebenden römischen Bürger. Die Soldaten fürchteten leer auszugehen. Es kam sogar zu einer Meuterei; Caesar soll die Hinrichtung eines Rädelsführers angeordnet haben.

Die Bürger ohne Uniform waren wirklich reich bedacht worden. Bis zu Caesars Triumph wurden selbst bei den großartigsten Massenspeisungen nur die Minderbemittelten geladen, und die Quantität der Speisen wurde durch geringere Qualität ausgeglichen. Dagegen lud Caesar alle in

Rom anwesenden Bürger zu Gast, auch die Vermögenden. Crassus hatte als Konsul „das römische Volk" an 10000 Tischen bewirtet, Caesar stellte 22000 auf. An Speisen und Getränken gab es das Beste. Wer die richtige Tafel erwischte, bekam Muränen, die höchstgeschätzten Fische, und als Wein den berühmten Falerner oder Chier.

Ebenso unerhört waren die *Paraden und Schauspiele*. Caesar hielt vier Paraden ab: Triumphe über Gallien, Ägypten, den König Pharnaces von Armenien und den König Juba von Numidien (etwa West-Tunesien und Ost-Algerien). Es gab Theateraufführungen, Gladiatorenspiele und als Höhepunkt eine Seeschlacht, auf einem eigens dafür im Stadtgebiet ausgehobenen See, zwischen einem „ägyptischen" und einem „tyrischen" Kriegsschiffgeschwader mit je 2000 Ruderern und 1000 Gladiatoren.

Dazu kamen *Geschenke an die minderbemittelten römischen Bürger*. Das bedeutendste dieser Geschenke war die Erstattung einer *Jahresmiete*; Caesar zahlte sie direkt an die Hauswirte, in Rom bis zum Betrage von 2000, außerhalb Roms bis zu 500 Sesterzen.

320000 minderbemittelte Bürger waren damals in der Hauptstadt zum Gratisempfang von monatlich 33 kg Weizenkörnern berechtigt. Diesen *Unterstützungsempfängern* hatte Caesar bei Beginn des Bürgerkrieges, 49 v. Chr., aus der gallischen Beute *je* 300 *Silbersesterzen* versprochen. Der Bürgerkrieg hatte sich dreieinhalb Jahre hingezogen, länger als Caesar vorausgesehen hatte, infolgedessen war die Zahlung verschoben worden. Um seine Mitbürger für die Verzögerung zu entschädigen, erhöhte er die Quote auf 400 Sesterzen für jeden Unterstützungsempfänger.

Welchen Wert diese 400 Sesterzen in heutiger Kaufkraft repräsentieren, läßt sich schwer sagen. Mit allem Vorbehalt setzen wir die Kaufkraft eines Sesterzes = 18 DM von 1990. Da aber im caesarischen Rom die bitterste Armut herrschte, und die minderbemittelten Römer so bescheiden lebten, wie man es sich bei uns schwer vorstellen kann, kamen die Empfänger mit ihren 400 Sesterzen sehr viel weiter als heute bei uns ein Hilfsarbeiter mit 7200 DM. Eines kostete in Rom mehr Sesterzen als noch vor dreißig Jahren bei uns DM: die Miete. Löcher, die in Rom für mehr als 1000 Sesterzen jährlich vermietet wurden, fänden bei uns überhaupt niemanden, der Geld für sie bezahlte, vielmehr würde die Baupolizei ihren Abbruch anordnen. Daß Caesar allen minderbemittelten Bürgern, nicht nur den Unterstützungsempfängern, eine Jahresmiete ersetzte, entlastete sie für ein Jahr von der am härtesten drückenden Ausgabe. Der Silbergehalt der 400 Sesterzen ist nach unserem Begriff nicht hoch; er entspricht dem von 78 Mark nach deutscher Währung von 1871 (390 g Silber).

Zu Caesars Geldgeschenken kamen Naturalgeschenke: je 87 1/3 Liter Weizenkörner und Olivenöl für jeden hauptstädtischen Unterstützungsempfänger.

Wasser- und Windmühle waren noch nicht erfunden. Wie zu Odysseus' Zeiten mahlte man sein Getreide auf der Handmühle, und wer das Geld für den Bäcker sparen wollte oder nicht hatte, buk selber oder kochte Grütze. Kartoffeln waren der alten Welt noch unbekannt. In den zivilisierten Ländern war auf dem Speisezettel des gemeinen Mannes Fleisch ziemlich vollständig durch Getreide verdrängt; der Legionär scheint in der Regel gar kein Fleisch gegessen zu haben. Caesar erwähnt als etwas Ungewöhnliches, daß er vor Dyrrhachion (Durazzo) seine Truppen mit Rindfleisch verpflegen mußte, weil ihm der Getreidenachschub abgeschnitten war (*Bürgerkrieg* III, 47-48).

Die 87 1/3 Liter Weizenkörner, die jeder Unterstützungsempfänger erhielt, mochten etwa 66 kg wiegen und 140 Pfund Brot entsprechen. Eine fünfköpfige Familie, die weder Fleisch noch Kartoffeln hat, wird damit in einigen Wochen fertig. Der Unterstützungsempfänger erhielt die Hälfte dieser Menge ohnehin als Monatsunterstützung. War seine Familie klein, so konnte er einen Teil seines Korns auf dem grauen Markt verkaufen. Dieser Teil von Caesars Geschenken war ohne allzu erhebliche Bedeutung für die Empfänger – anders das Öl. Es machte etwa 90 kg aus, sein Fettgehalt entsprach dem von 2 Zentnern Butter (heutiger Preis im Einzelhandel etwa 900 DM), nur wird Öl nicht so rasch ranzig, und 90 kg Öl bilden für genügsame Italiener einen Jahresvorrat.

Endlich offerierte Caesar jedem römischen Bürger, der es wünschte, insbesondere jedem seiner entlassenen Legionäre, den *Grund und Boden eines Bauerngutes*, zwar nicht als privates Geschenk, sondern als staatliche Leistung. Die Dankbarkeit war darum nicht geringer, denn diese staatliche Leistung gehörte zu den wichtigsten politischen Errungenschaften von Caesars Sieg im Bürgerkrieg.

Wunderbar ist der Optimismus des Brutus, der beim „römischen Volk" Begeisterung über die Ermordung des „Tyrannen" und die Wiederherstellung der „Freiheit" voraussetzte: Wenige Monate zuvor war das „Volk" vom „Tyrannen" so reich beschenkt worden, in seinem Testament hatte er nochmals jedem römischen Bürger 300 Sesterzen ausgesetzt, vor allem aber handelte es sich bei der von Caesars Mördern wiederhergestellten „Freiheit" lediglich um die Freiheit der Großgrundbesitzer, Bauernland an sich zu bringen, die bäuerliche Ansiedlung zu verhindern und die Bodenreformer zu ermorden. Der tüchtigste Teil der zur Zeit von Caesars Tod in

Rom anwesenden Volksmasse waren die Veteranen und zivilen Bürger, die auf die Zuteilung ihres Siedlungslandes warteten. Diese Männer wußten sehr genau, wessen sie sich von Brutus & Co zu versehen hatten: *ihre Ansiedlung sollte verhindert werden.*

Daß so ungeheure Geschenke für die Zivilbevölkerung den Neid und das Mißtrauen der Soldaten erweckten, ist begreiflich. Aber auch für die Armee blieb noch genug. Nach dem Triumph wurden etwa 40000 Mann entlassen und erhielten, außer dem staatlich gewährten Bauerngut, der Gemeine 20000, der Centurio 40000, der Offizier („Militärtribun") 80000 Sesterzen, also Abfindungen, deren Kaufkraft in heutiger Währung 300000, 600000 *beziehungsweise* 1 *Million DM übersteigt.* Wer es verstand, diese Bargratifikation zusammenzuhalten, war ein gemachter Mann. Nur waren sechs bis dreizehn Jahre Krieg nicht unbedingt die Schule der Sparsamkeit.

Bei etwa 40000 Mann Truppenstärke betrug die Gratifikationssumme *rund* 1 *Milliarde Sesterzen*, ihr Metallgehalt nach deutschem Münzfuß von 1871 rund 200 Millionen Mark, ihre Gegenwartskaufkraft 18 Milliarden DM oder mehr. Für 320000 Unterstützungsempfänger mit je 400 Sesterzen betrug die Gratifikationssumme 128 Millionen Sesterzen (vielleicht 23 Milliarden DM). Die Summe von Caesars Mietzuschüssen ist unbekannt; allein in der Hauptstadt mag sie zwischen 300 und 500 Millionen Sesterzen gelegen haben, sie kann auch höher gewesen sein. Für die Summe der Mieterstattungen außerhalb der Hauptstadt gibt es keinerlei Anhalt. Trotz der Unsicherheit im einzelnen läßt sich mit einiger Gewißheit sagen, daß die Summe der Bargeschenke bei Caesars Triumph *zwischen* 1 1/2 *und* 2 *Millarden Sesterzen* lag, der Kaufkraft nach bei 30 *Milliarden DM* oder darüber.

Der Geldwert von Caesars Naturalgeschenken ist in zeitgenössischer Währung nicht zu schätzen, denn während wir für das Athen des Sokrates viele ausführliche Preisangaben besitzen, fehlt es daran für das klassische Rom; die überlieferten Preisangaben betreffen teils Notzeiten, teils sind es Höchstpreise. Beide gestatten keine oder nur unsichere Rückschlüsse auf die wirklichen Preisverhältnisse. In heutigem Geld entsprechen die 21000 Tonnen Weizen, die Caesar den römischen Unterstützungsempfängern schenkte, bescheidenen 6 Millionen DM und die von ihm gespendeten 290000 hl Olivenöl 50 Millionen DM. Die dieser Ölmenge entsprechende Butter hätte heute in der Bundesrepublik einen Einzelhandelswert von 135 Millionen DM. In Sizilien, einem Weizenausfuhrland, mochte das verteilte Getreide im freien Verkehr 10 Millionen Sesterzen wert sein, in Rom mit seinem gespaltenen Markt im regulären Verkehr das Doppelte. Jedoch erhielten viele Unterstützungsempfänger mehr als ihren Bedarf und verkauften den Überschuß zu ermäßigtem Preis auf dem „grauen Markt“.

Caesars Aufwand für Volksbewirtung und -belustigung entzieht sich jeder Schätzung.

In den Staatsschatz legte Caesar 600 Millionen Sesterzen. Weitere 100 Millionen Sesterzen legte er als Privatschatz in seiner Amtswohnung nieder. Was er sonst als Privatvermögen zurückbehielt, war nach den Maßstäben reicher Römer unerheblich: hauptsächlich das kleine Schloß nebst Park in dem Stadtteil jeneits des Tiber (*trans Tiberim*, heute Trastevere), wo er Cleopatra bei ihrem Besuch in Rom unterbrachte, außerdem drei Landsitze.

Mit einer gewissen Wahrscheinlichkeit läßt sich sagen, daß Caesar bei seinem Triumph ein Vermögen von 3-4 Milliarden Sesterzen, vielleicht sogar mehr als 4, aber schwerlich weniger als 3 Milliarden verschenkt, und vermutlich weniger als 200 Millionen an Geld und Liegenschaften zurückbehalten hat. Über den Wert von Caesars Geschenken in modernen Währungen läßt sich sagen: *es war eine Milliardensumme*, jedoch nicht in britischen Pfunden von 1914.

Fest steht, daß *Caesar seine Milliarden* zum allergrößten Teil *verschenkte*. Ein heutiger Milliardär tut das nicht. Er hält sein Geld zusammen und legt es gewinnbringend an, damit es noch mehr Milliarden heckt. Den gleichen Zweck verfolgten die römischen Milliardäre, wenn sie ihre Milliarden verstreuten. Denn damals vollzog sich das Milliardenhecken nicht wie heute in der Produktion, sondern schlicht durch Raub. Zum Milliardenrauben benötigte man ein Mandat des römischen Volkes. Dieses sowie die kärglich besoldeten Soldaten hatten Anspruch auf einen erheblichen Teil der Beute. Andere Triumphatoren behielten einen größeren Beuteanteil als Caesar für sich selbst zurück. Caesar war großzügiger. Dadurch sicherte er die politische Stabilität seiner Herrschaft, wie Brutus alsbald gewahr wurde. Diese Stabilisierung wiederum ermöglichte Reformen, durch welche das Römerreich auch wirtschaftlich und sozial stabilisiert wurde. Überdies rechnete er damit, bei dem geplanten neuen Krieg gegen die Parther im Irak seine Kassen erneut zu füllen.

Andere römische Riesenvermögen

Caesars Milliardenaufwand beim Triumph stellte zwar jede Konkurrenz in den Schatten, war aber kein Einzelfall. Sein Bundesgenosse und späterer Rivale Pompejus hatte im Herbst 62 v. Chr. *seinen Truppen 440 Millionen Sesterzen geschenkt* und bei seinem Triumph, im folgenden Jahr, 550 *Millionen Sesterzen im Staatsschatz niedergelegt.* Auch diese 550 Millionen waren in der Hauptsache seinen Soldaten zugedacht, denn nach dem Bodenreformgesetz, das er, wenn auch mit einer Verzögerung von zwei Jahren durchsetzte, sollte für sie aus dem Staatsschatz Siedlungsland gekauft werden. Pompejus' Triumphaufwand mochte ein Drittel von demjenigen Caesars ausmachen, dafür behielt Pompejus ein gewaltiges Vermögen zurück, das sich jeder Schätzung entzieht. Allein der Rest, den Caesar im Herbst 46 v.Chr. liquidierte, soll noch 70 Millionen Sesterzen erbracht haben, wobei zu bedenken ist, daß es hauptsächlich Grundbesitz war, und die Grundstückspreise durch den Bürgerkrieg tief gestürzt waren; ferner daß Pompejus sein Vermögen großenteils zur Finanzierung dieses Krieges verwandt hatte, und ein bedeutender Teil des Restes aus Forderungen bestand, die von den Schuldnern nicht mehr anerkannt wurden.

Als reichster Mann der Zeit pflegt *Crassus* gerühmt zu werden. Den Schriftstellern zufolge hinterließ er Grundbesitz im Wert von mehr als 200 Millionen Sesterzen und 170 Millionen an liquiden Werten: im Vergleich zu den Milliarden von Caesar und Pompejus *nur ein Vermögen zweiten Ranges*, wie ja Crassus auch als Politiker nur von zweiter Klasse war. Als Konsul speiste Crassus das römische Volk an 10000 Tischen und gewährte den Unterstützungsempfängern drei Monatsrationen Getreide, etwa 131 Liter, nicht ganz 2 Zentner, sofern es Weizen war. Die Zahl der Unterstützungsempfänger betrug damals nur etwa 40000, ein Achtel des Standes zur Zeit von Caesars Triumph. Auch schenkte Crassus nicht die drei Monatsrationen, sondern bot sie feil, allerdings zu dem stark herabgesetzten Preis von nicht ganz 1 Sesterz für 4 kg, das heißt nach deutschem Münzfuß von 1871 weniger als 2 1/2 Pfennig für das Pfund. Crassus' Aufwand für das „römische Volk" betrug also nur einen Bruchteil von Caesars Triumphaufwand. Allerdings brauchte Crassus keinen großen Aufwand zu treiben; er hatte wirtschaftlichere, gleichfalls wirksame Methoden, um die Abstimmungen in der Volksversammlung nach seinen Wünschen zu lenken.

Heute gilt ein Bankrotteur als ungeeignet für die Bekleidung öffentlicher Ämter. Zu Caesars Zeiten in Rom war das umgekehrt: jeder Bewerber um ein höheres Staatsamt war überschuldet. Selbst wer vorher ein Nettovermögen besessen hatte, verschuldete sich spätestens durch seine Bewerbung. Die Vergebung höherer Staatsämter war an zwei Bedingungen geknüpft: Der Bewerber mußte von senatorischem Stand sein und *von der Volksversammlung gewählt* werden. Die Gunst der Volksversammlung hatte er durch *„Brot und Spiele"* zu erkaufen: durch Massenspeisungen, Getreidegeschenke, kostspielige Gladiatorenspiele und sonstige Darbietungen. Der dafür erforderliche Aufwand scheint sich bis zum Jahre 65 v. Chr. in gewissen Grenzen gehalten zu haben. Aber in diesem Jahr war *Caesar* Spielwart *(Aedil)* und imponierte dem Volk durch einen nach dem hergebrachten Maßstab *phantastischen Aufwand*, wodurch er die Ansprüche in schwindelnde Höhen trieb.

Roms Mammutwucherer waren zu den nötigen Darlehen an den Kandidaten bereit. Zwar durften sie offiziell nur 12% Zinsen fordern. Indessen mußte mancher Schuldner eine höhere Schuldsumme quittieren, als ihm wirklich ausgezahlt wurde. Auch dann war das Geschäft noch riskant, denn der Kandidat konnte wiederholt durchfallen wie Catilina, den hauptsächlich die durch mehrere mißlungene Bewerbungen verursachte Verschuldung zu seinem berühmten Putsch trieb – natürlich hatte er auch sonst nicht sparsam gelebt.

Gemildert wurde das Risiko der Geldverleiher durch die Standessolidarität der Senatoren und die geschäftliche Verbundenheit der hinter den verschiedenen, senatorischen Bewerbern stehenden Finanzfirmen. Man strebte dahin, jedes Mitglied des Vereins einmal an die Krippe zu lassen, sofern es sich im Rahmen hielt. Die Ämter in der Hauptstadt waren ohne Gehalt – daher ihre Beschränkung auf den reichen Senatorenstand. Zur Entschädigung für ein Amtsjahr in Rom ohne Einkünfte bekam ein Praetor und Konsul im Anschluß an sein Amtsjahr als Propraetor oder Prokonsul die Verwaltung – das heißt *die Plünderung – einer Provinz. Übrigens war schon das bloße Gouverneursgehalt mitunter recht ansehnlich. Caesars letzter Schwiegervater, Lucius Calpurnius Piso, erhielt ein Gehalt von* 18 *Millionen Sesterzen. Dem Gouverneur war ein Quaestor* (Generalzahlmeister) beigegeben, der Gelegenheit hatte, in die eigene Tasche zu wirtschaften. Die Quaestur war das Amt, womit bessere Herren ihre Laufbahn zu beginnen pflegten. So Caesar und Cicero, wahrscheinlich im gleichen

Jahr: Caesar in *Hispania Ulterior* (Südspanien), Cicero in *Lilybaeum* (Marsala), Cicero jedenfalls im Jahre 69, Caesar 69 oder 68.

Wer es zum Praetor und vollends zum Konsul gebracht hatte, war überschuldet, erholte sich aber anschließend in seiner Provinz und trug die Schulden, mindestens einen Teil davon, nach der Rückkehr ab. Dem Propraetor *Verres* wies Cicero in dem berühmten Prozeß im Jahre 70 nach, daß er in drei Jahren in Sizilien 40 Millionen Sesterzen geraubt und hinterzogen hatte.

Es war nicht möglich, einen Prokonsul oder Propraetor während des Amtsjahres in seiner Provinz zu belangen, dagegen war es üblich, ihn nach der Rückkehr in Rom anzuklagen. Durch solche Anklagen suchten sich angehende Politiker einen Namen zu machen (beispielsweise Cicero gegen Verres). Waren sie arriviert, so gaben sie sich nicht mehr mit *„Repetundenprozessen"* ab; höchstens verteidigten sie dann die Räuber. So erwog Cicero im Jahre 66, ob er die Verteidigung Catilinas übernehmen solle, dem wegen der Räubereien als Propraetor in der Provinz *Africa* (Tunesien) ein Prozeß drohte. Allzu gefährlich waren solche Prozesse für den Angeklagten übrigens nicht. Es fehlte ihnen nicht an Geld, wohl aber manchen Richtern, und im äußersten Fall konnte man sich Unannehmlichkeiten durch Auswanderung entziehen wie Verres.

Daß es diesem, wenn auch nicht an den Kopf, so doch an den Kragen zu gehen drohte, hatte er der Unklugheit zu verdanken, daß er nicht nur die Sizilianer geschädigt hatte, sondern auch die römischen Geldleute, die sogenannten Ritter. Deren namhafteste Firmen befaßten sich mit der Steuerpacht in den Provinzen, und Verres hatte einen Teil seines Raubes unter Zollhinterziehung aus Sizilien herausgeschmuggelt. Während seiner Amtsführung war das ungefährlich. Aber im Jahre 70 erlangte die Ritterschaft wieder die Richterämter an den zuständigen Gerichten, die ihr zwölf Jahre zuvor bei Sullas Gegenrevolution entzogen worden waren.

Wie entsetzlich die römischen Gouverneure in den Provinzen hausten, ist in Ciceros Reden gegen Verres dokumentarisch belegt. Der *Parasitismus* der römischen Verwaltung war *so maßlos*, daß nicht viel Geist zu der Einsicht gehörte, auf diese Weise werde das Römerreich binnen weniger Jahrzehnte gesprengt werden. Genial an Caesar war nicht, daß er dies einsah, sondern daß er einen praktischen Weg fand, den Parasitismus zu mildern. Seine Methode bestand darin, mehr zu rauben und zu erpressen als irgendein anderer Römer vor oder nach ihm, aber die vermittels dieses Raubes *gewonnene Macht zu einer durchgreifenden Abgabenmilderung zu benutzen.*

Mit der Einsicht in die Unhaltbarkeit der römischen Räuberei stand

Caesar keineswegs allein; sogar in seinem Bemühen um Abhilfe hatte er Bundesgenossen, vornehmlich Cicero und Lucullus. Als Oberkommandierender im Krieg gegen Mithradates versuchte Lucullus zu verhindern, daß die Provinz *Asien* (etwa das westliche Sechstel Kleinasiens) den Steuerpächtern, die sie vor dem Kriege ausgesogen hatten, erneut ausgeliefert werde. Dafür stürzte ihn die „City" – ein lehrreiches Beispiel für künftige Reformer. Für Lucullus kam Pompejus; von ihm wußten die Steuerpächter, daß er plünderte und plündern ließ.

Zwar verfuhr Lucullus schonend, immerhin sorgte aber auch er für seine Kasse. Cicero als Gouverneur von *Cicilien* (Landschaft südlich des Taurus), 51-50 v. Chr., unterließ selbst das. Er begnügte sich mit seiner vorschriftsmäßigen Aufwandsentschädigung und erstattete sogar einen Teil davon zurück. Er wirkte auch auf seine Untergebenen ein, auf die üblichen Erpressungen und Ehren-„Geschenke" zu verzichten. Zudem suchte er, wie Lucullus, den Erpressungen der römischen Wucherer Grenzen zu setzen. Die beiden Großwucherer, mit denen er hauptsächlich zu tun hatte, waren Pompejus und Brutus.

Eine von Ciceros ersten Amtshandlungen als Gouverneur war der Befehl an eine in Salamis auf Zypern stationierte Kavallerieeinheit, sofort abzumarschieren. Unter dem Befehl des Bankiers Marcus Scaptius, der sich eigens dafür zum Offizier hatte ernennen lassen, hatten diese Reiter den Stadtrat von Salamis im Rathaus eingeschlossen und hungerten ihn dort aus; fünf Stadtväter waren bereits gestorben. Auf diese drastische Weise sollten die Forderungen des *„edelsten Römers"* Marcus Junius Brutus eingetrieben werden.

Dessen Schwiegervater, der gleichfalls *„edle Römer"* Marcus Porcius Cato, hatte sieben Jahre zuvor die Insel in römische Verwaltung übernommen. Dabei scheint er der Stadt Salamis einen so hohen Tribut auferlegt zu haben, daß er aus ihren Mitteln nicht aufzubringen war. Er half ihr jedoch, indem er ihr zu diesem Zweck ein Darlehen seines Schwiegersohnes verschaffte. Dieser bedang sich 48% Zinsen aus, und da das nach römischem Recht verboten war, verschaffte er sich die erforderliche Genehmigung durch ein Sondergesetz. Bei dessen Abfassung war man indes flüchtig vorgegangen und hatte so offen seine Absicht gezeigt, daß Cicero als gewiegter Jurist in dem Gesetz selbst Handhaben fand, Brutus auf 12% zu beschränken.

Ciceros Briefe gehören zu den berühmtesten antiken Literaturdenkmälern, dieses wahrhaft „Brutale" Geschäft ist daher wohlbekannt. Dennoch haben Generationen von Lateinlehrern den Brutus und Cato als „edle Römer" gepriesen.

Nördlich von *Cicilien* lag *Cappadocien*. Dessen König, Ariobarzanes, war Schuldner des Pompejus, denn dieser hatte vier Jahre lang als Lucullus' Nachfolger den Oberbefehl gegen Mithradates geführt. Ebenso entschieden, wie er den Brutus in Salamis auf 12% Prozent beschränkte, erklärte Cicero dem Pompejus, *Cappadocien* sei zu Zahlungen völlig außerstande. Pompejus sah das wirklich ein und begnügte sich mit Abschlagszahlungen von 883000 Sesterzen, aber nicht einmal die gelangten an ihn. Denn auch Brutus hatte Forderungen an Ariobarzanes, und Cicero fand, er habe in Salamis den „edlen Römer" so sehr geschröpft, daß er durch unausgesetzte Mahnungen den Ariobarzanes dahin bringen müsse, den Brutus abzufinden. Während der ersten Hälfte von Ciceros Amtsjahr zahlte der König 2,7 Millionen Sesterzen an Brutus, während dem Pompejus 5,3 Millionen zwar versprochen, aber nicht gezahlt wurden.

Man möchte nun wohl glauben, die Abgabenmilderung sei den Einwohnern der Provinz zugute gekommen – weit gefehlt! Cicero war *homo novus*, das heißt, ein zu senatorischem Stand aufgestiegener Mann von ursprünglich geringerer Herkunft; er entstammte der Ritterschaft und blieb während seiner ganzen politischen Laufbahn eng mit ihr verbunden. Sein Ideal von republikanischer Freiheit bestand in dem Bündnis der ritterlichen mit den senatorischen Räubern und einer gewissen Milderung in den Unsitten beider. Seine engsten Freunde, die Steuerpächter, hatten fünf Jahre keinerlei „Zehnten" aus *Cilicien* ziehen können, da es von Senatoren wie Brutus abgerahmt wurde. Cicero ermittelte noch einen anderen Grund, weshalb die Steuerpächter nichts bekommen hatten: die cicilischen Stadtkassen wurden von den eigenen Beamten angebohrt. Cicero jagte diesen den Raub ab und befriedigte davon die Steuerpächter.

Selbst ein Gouverneur, der sich wie Cicero rühmte, „die Rechtspflege mit bewunderungswürdiger Milde und Leutseligkeit zu handhaben", konnte den Einwohnern vor dem Würgegriff der römischen Wucherer nur das nackte Leben retten.

Der Hämoglobingehalt der großen römischen Vermögen

Die großen römischen Vermögen waren *Blutkonserven*. Pompejus hatte sein Vermögen gebildet aus dem Blut von römischen Demokraten, aufständischen Spaniern und Sklaven, kleinasiatischen Seeräubern, Bauern und Hirten. Caesars Vermögen bestand dagegen vornehmlich aus dem Blut von Galliern und Germanen; im Bürgerkrieg kamen noch einige ansehnliche Blutströme römischer Reichsuntertanen hinzu.

Auf Tafeln, die *Pompejus* in seinem Triumphzug, 61 v. Chr., mitführte, wurden die von ihm unterworfenen Länder aufgezählt und die Anzahl der von ihm genommenen oder versenkten Schiffe sowie der erstürmten oder durch Übergabe genommenen Städte und festen Schlösser genannt. Diesen Tafeln zufolge hat er 12830000 *Menschen getötet oder unterworfen.* Beides war ungefähr gleich schlimm für die Betroffenen.

Ebenso hat Caesar, nach Plutarch, in Gallien gegen 3 Millionen Menschen gekämpft und davon *je 1 Million umgebracht, als Sklaven verkauft und unterworfen.* Plutarchs Angabe dürfte auf Caesars Triumphtafeln zurückgehen.

Caesars Bewunderer halten seine militärischen Zahlenangaben für korrekt, so noch in unserem Jahrhundert der Oberleutnant Veith vom österreichischen Generalstab. Wirklich tragen Caesars Zahlen ein realistisches Gepräge, wenigstens wenn man sie mit den sinnlosen Übertreibungen der griechischen Historiker vergleicht, beispielsweise mit denen Xenophons. Was indes Caesars Angaben über die Verluste angeht, die er seinen Gegnern zugefügt haben will, so hätte sich der Herr Leutnant durch Clausewitz warnen lassen sollen. Dieser bemerkt, auf Grund umfassender Erfahrung in der napoleonischen Zeit, daß man selten eine zutreffende Vorstellung von den Verlusten des Gegners hat, selbst wenn man Sieger ist und die Toten zählen könnte. Man hat nach der Schlacht Dringenderes zu tun.

Caesar will in den ersten Wochen eines neunjährigen – überaus blutigen – Krieges 240000 Helvetier liquidiert haben. Für das vierte Kriegsjahr, 55 v. Chr., gibt er an, 430000 Usipeter und Tenkterer massakriert zu haben. Für die übrigen, zweifellos auch nicht gerade friedlichen Feldzüge bliebe demnach nur eine kümmerliche Drittelmillion getöteter Gegner.

Präzise Zahlenangaben über die Waffenfähigen eines Gallierstammes, die er zu ungefähr einem Viertel der Einwohnerzahl rechnet, sowie über die dem Gegner zugefügten Verluste macht Caesar zwar nur ausnahmsweise, aber doch häufig genug, um nach der Bedeutung, die er den einzelnen Stämmen zumißt, sowohl die Kopfzahl der einzelnen Stämme wie ganz Galliens zu schätzen. Das Ergebnis einer solchen Lektüre seines *Gallischen Krieges* durch die statistische Brille beläuft sich auf 6 bis 9 Millionen Einwohner Galliens zwischen Rhein und Römergrenze (einschließlich der eindringenden Germanen) um das Jahr 60 v. Chr., bevor Caesar seinen mörderischen Einfall unternahm. Für die von Caesar Umgebrachten kommt man auf eine Zahl, die bei 2 Millionen liegen muß, für die Gesamtzahl der als Sklaven Fortgeführten läßt sich kein Anhalt gewinnen. Caesar selbst beziffert präzise die Aduatuker (in Namur), die er zugunsten des römischen Fiskus verkaufte – gewöhnlich steckte er den Erlös selber ein –, auf 53 000. Ferner ergibt sich nach Veiths zutreffender Berechnung, daß Caesar nach der Kapitulation von Alesia (in der Nähe von Sémur) 40 000 Mann der Besatzung als Sklaven seinen Soldaten schenkte. Sonst gibt er nur an, er habe den ganzen Stamm der Veneter (im Gebiet der heutigen Vendée) als Sklaven verkauft, und nach seinen Angaben für andere Stämme von gleicher Bedeutung hätte die Kopfzahl der Veneter zwischen 100 000 und 400 000 gelegen. Endlich macht er eine unbestimmte Angabe, im Gebiet der Nervier (im Hennegau), die nach seiner Angabe vor dem ersten Zusammenstoß mit ihm 240 000 Köpfe stark waren, eine erhebliche Anzahl Sklaven fortgeführt zu haben.

Von diesen Zahlen ist eine sicher richtig: die 40 000 Versklavten von Alesia. Die Zahl für die 53 000 versklavten Aduatuker mag gleichfalls zutreffen. Die anderen angeführten *Zahlenangaben im Gallischen Krieg sind falsch.* Dies ist leicht zu beweisen. Die Stammesgrenzen aus Caesars Zeit haben sich als die Grenzen römischer, fränkischer und schließlich französischer Verwaltungsbezirke sowie kirchlicher Diözesen bis heute erhalten, und die Namen der gallischen Stämme leben in Städtenamen fort, beispielsweise der Name Bellovaker in Beauvais; ihr Gebiet ist heute das Département Oise. Caesar gibt den Bellovakern 100 000 Bewaffnete, also eine Kopfzahl von 400 000. Im Jahre 1876 hatte das Département Oise 402 000 Einwohner: die Bellovaker hatten in Wirklichkeit vielleicht ein Zehntel der Kopfzahl, die Caesar indirekt nennt. Noch ärger hat er Kopfzahl und Mannschaftsstärke der Seduner und Veragrer im heutigen Kanton Wallis übertrieben. *Beloch* kam zu dem - schwer anzufechtenden – Ergebnis, Caesar könne äußerstenfalls 40 000 Helvetier umgebracht haben, das heißt, er hat deren Verluste mindestens versechsfacht.

Gleichwohl trügt der *realistische* Eindruck nicht, den man vielfach von *Caesars Zahlenangaben* gewinnt. Zuverlässig erscheinen besonders diejenigen über die gesamtgallische Entsatzarmee für Alesia (*Gallischer Krieg* 7, 75). In mehr als sechs Jahren hatte Caesar Land und Leute gründlich kennengelernt. Natürlich kannte er die tatsächliche Stärke der einzelnen Kontingente nicht genau, aber er schätzte ihr Verhältnis zueinander nach seinem Urteil über die Bedeutung der einzelnen Stämme. Beloch unterstellte,

Caesars Stärkenangabe entspreche durchschnittlich 10% der Einwohnerzahl. Er kam bei dieser Annahme auf *etwa 3 Millionen Einwohner für ganz Gallien*, also eine Zahl, die Caesar an anderer Stelle selbst genannt zu haben scheint, und die zu unseren sonstigen Kenntnissen stimmt. Er konnte nachweisen, daß die so gewonnenen Einwohnerzahlen der einzelnen Landschaften unserer Kenntnis von deren wirtschaftlicher Entwicklung entsprechen.

Damit ist ein Maßstab gewonnen, an dem sich die einzelnen Übertreibungen Caesars korrigieren lassen. Rechnet man damit den *Gallischen Krieg* durch, so gelangt man zu der Schätzung, daß Caesar jedenfalls 1/2 Million Menschen, vielleicht auch wesentlich mehr in Gallien umgebracht oder versklavt hat, daß die Gesamtzahl der Getöteten und Versklavten aber unter 1 Million geblieben sein muß. Ein Sechstel oder Viertel der Bevölkerung zu vernichten, beziehungsweise als Fremdarbeiter nach Rom zu verschleppen, wo sie auch noch zu Zehn- oder Hunderttausenden umkamen, ist selbst nach dem Maßstab totalitärer Diktaturen beachtlich.

Manche Forscher, beispielsweise Holmes, halten die Verwüstungen Galliens durch Caesar für nicht so schlimm. Holmes war in Indien, gehörte zu den angesehensten Historikern des Sepoy-Aufstandes und wandte die dortigen Erfahrungen auf Caesars Gallischen Krieg an. Wie jeder einsichtige Inder 1857 den Sieg der Engländer gewünscht habe, so meinte er, habe auch jeder einsichtige Gallier den Sieg der Römer gewünscht. Holmes ließ das 1923 drucken, als die indische Nationalbewegung eigentlich schon einen ausreichenden Realkommentar lieferte; sie hat das weiter getan. Ganz gewiß aber unterschätzt Holmes die Wirkung eines Krieges, in dem Caesar selber prahlte, je ein Drittel der vorgefundenen Bevölkerung umgebracht und in Sklaverei verkauft zu haben. Die Verwüstung muß so entsetzlich gewesen sein wie in Polen 1939-44 oder in Vietnam 1963-75.

Das gallische Gold

Theodor Mommsen setzt die Gallier von 58 v. Chr. und die Franzosen von 1870 einander gleich und stimmt einen chauvinistischen Siegeshymnus an auf Caesars Siege über die „faule und poetische, schwachmütige und innige, neugierige, leichtsinnige, gescheite, aber politisch durch und durch unbrauchbare“ gallische „Nation“. Gegenüber der welthistorischen Bedeutung des Gallischen Krieges für das germanisch-römische beziehungsweise deutsch-französische Verhältnis sei seine Bedeutung für Caesars Aufstieg nebensächlich:

> „Es ist mehr als ein Irrtum, es ist ein Frevel gegen den in der Geschichte mächtigen heiligen Geist, wenn man Gallien einzig als den Exerzierplatz betrachtet, auf dem Caesar sich und seine Legionen für den bevorstehenden Bürgerkrieg übte." (*Römische Geschichte* III)

Stimmt. Caesar füllte in Gallien vor allem auch seine Bürgerkriegskasse.

Das Verfahren war ganz einfach. Von den „barbarischen" (von den Römern noch nicht unterworfenen) Ländern war Gallien das wirtschaftlich entwickeltste, *der gallische Adel war reich an Gold und Geschmeiden.* Vor dem Kampf pflegten die Gallier die etwaige Beute an Gold den Göttern zu geloben, und da sich – anders als im klassischen Griechenland – kein Frevler an den Tempelschätzen vergriff, häuften sich in ihnen ansehnliche Werte. Caesar brauchte nur die Hand danach und nach den Schätzen der Häuptlinge auszustrecken, falls der betreffende Stamm gerade feindlich war. Die minder wertvolle und schwerer zu verwertende Beute plünderte der Soldat, falls es ihm nicht mehr Vergnügen bereitete, sie zu zerstören.

Rom hatte Silberwährung. Für manche seiner Geschäfte in Rom benötigte Caesar Kurantgeld und tauschte sein Beutegold dagegen, in solchem Umfang, daß der Kurs von Gold gegen Silber von 1:11,9 auf 1:8,9 stürzte, *den niedrigsten Goldkurs der Geschichte* (genau: 3000 statt 4000 Sesterzen Silber für ein römisches Pfund Gold zu 327 g).

Zweitwichtigstes Beutegut waren Sklaven. Die römischen Kriege von den Kämpfen gegen Hannibal bis zu Caesars Gallischem Krieg waren *die größte Sklavenjagd vor Columbus.* Im Gallischen Krieg fanden sie ihren Höhepunkt und in der Hauptsache zugleich ihr Ende. Durch Caesars Massenangebot wurde nicht nur der Preis für Gold, sondern auch für Sklaven gedrückt. Römischen Prominenten schenkte Caesar Beutesklaven zu Hunderten und Tausenden, bei seinem Triumphzug ließ er allein bei der Seeschlacht 6000 Beutesklaven einander zum Ergötzen des römischen Volkes umbringen.

Bis zu Beginn des Gallischen Krieges hatte Caesar Schulden gemacht und selten etwas zurückgezahlt. Obgleich er in den beiden ersten Kriegsjahren, 58 und 57, noch nicht gegen die reichen Stämme des eigentlichen Gallien kämpfte, sondern gegen Helvetier, Germanen und Belgier, genügte die Beute dieser Jahre, um *Caesars Schulden zu decken* und darüber hinaus einen *Kapitalfonds zu bilden*, mit dem er von der Passiv- auf die Aktivseite des politischen Kreditgeschäfts hinüberwechselte. Auf der Gipfelkonferenz von Luca (heute Lucca), April 56, wo er die Meinungsverschiedenheiten zwischen Crassus und Pompejus bereinigte und mit ihnen das weitere Vorgehen festlegte, paradierten vor ihm 200 Senatoren mit ausgestreckter Bettlerhand.

Caesars Milde

Wir deutschen Gymnasiasten vergangener Jahrzehnte staunten nicht wenig, wenn wir von der *blutrünstigen Lektüre des Bellum Gallicum* zu *Ostermanns lateinischem Übungsbuch* übergingen und darin das überschwengliche *Lob der spätantiken Rhetorik auf Caesars Milde* fanden. Caesar hat diese Milde wirklich geübt, vor allem im Bürgerkrieg zugunsten römischer Bürger, in geringerem Umfang auch zugunsten sonstiger Reichsuntertanen, in Gallien dagegen nur gelegentlich, und mehr gegen Ende seiner neunjährigen Anwesenheit in diesem unglücklichen Land, etwa seit der Kapitulation von Alesia.

Mit der Milde verfolgte er den gleichen Zweck wie mit seinen sadistischen Ausschreitungen. Noch in seinem letzten Feldzug schenkte er zwar, wider seine Gewohnheit, den Verteidigern von Uxellodunum (Puy d'Issolu an der Dordogne) Leben und Freiheit; er ließ nur jedem Mann beide Hände abhacken. Allerdings pflegte der Verstümmelte zu verbluten. Columbus' Strafe für Tainos, die kein Gold gewaschen hatten, war gleichfalls das Abhacken beider Hände.

Dagegen schaffte er die geheiligte griechisch-römische Sitte ab, die Angehörigen der unterlegenen Bürgerkriegspartei zu ächten. Hätten seine Gegner gesiegt, so hätten sie zweifellos ihn und seine Parteigänger geächtet, aber ihre Torheit berührte ihn nicht. Er ging in den Kampf nicht nur um zu siegen, sondern um durch seinen Sieg *dauerhafte Verhältnisse herzustellen*. Dazu war die *Aussöhnung mit seinen Gegnern* erforderlich. Jeder sollte wissen: man konnte sich ungefährdet Caesar unterwerfen.

Als er 49 v. Chr. Rom einnahm und keinem seiner dort verbliebenen Gegner ein Haar krümmte, ja, nicht einmal das Vermögen des Pompejus und der vielen mit ihm nach Mazedonien geflohenen Gegner antastete, machte das zwar tiefen Eindruck, aber aus Ciceros Briefen ist zu entnehmen, daß man nur überrascht war, aber sich keinen Vers darauf machen konnte und den Verdacht hegte, das dicke Ende käme nach. Caesars Gegner fürchteten, seine Anhänger erhofften dieses dicke Ende, aber Caesar beherrschte sich. Erst nach dreieinhalb Jahren Bürgerkrieg, im Herbst 46, verstand er sich dazu, die Vermögen der hartnäckigen Fanatiker zu beschlagnahmen, die immer noch den Kampf fortsetzten und ersichtlich durch keinerlei Schonung zu gewinnen waren. Auch dann noch gab er jedoch den Frauen und Witwen der Betroffenen die Mitgift heraus.

Anhängern der Senatspartei oder des Pompejus, die sich unterwarfen, trug er in der Regel ihren Widerstand nicht nach. Brutus und Cassius unterwarfen sich erst nach der Katastrophe von Pharsalos, aber bald nach Kriegsende übertrug er ihnen hohe Staatsämter. Cicero vollends, der im Bürgerkrieg zwar für Caesars Gegner optiert, aber doch mehr eine vermittelnde Stellung eingenommen hatte, wurde von Caesar mit der vornehmsten Rücksicht behandelt, wie Ciceros Briefwechsel belegt.

Wie bei seinen fürchterlichsten Schreckensmaßnahmen in Gallien bewies Caesar auch in seiner Bürgerkriegsmilde *Geist und Phantasie* – diesen ihm sympathischen Zug hat *Shaw* in *Caesar und Cleopatra* herausgearbeitet. Gleich bei Ausbruch des Bürgerkriegs ging Caesars langjähriger wichtigster politischer und militärischer Mitarbeiter, der Legat (General) Labienus, zum Feinde über. Caesar, den dies nicht überraschte, sandte ihm sein Geld und seine Equipage nach.

Noch origineller verfuhr er einen Monat später bei Corfinium. Mehr als drei noch nicht vereidigte Rekrutenlegionen, insgesamt 20 000 Mann, die der Konsular Ahenobarbus dort versammelt hatte, *gingen* geschlossen *zu Caesar über* und *lieferten* ihm *ihre Kommandeure* sowie die zahlreich nach Corfinium geflohene *Prominenz der Senatspartei* aus. Caesar empfing die Herren liebenswürdig, versicherte sie seiner Versöhnlichkeit, insbesondere seiner Bereitschaft, jederzeit Frieden zu schließen, und gestattete ihnen, mit ihrer Habe zu reisen, wohin sie wollten – sie gingen zu Pompejus nach Brundisium (Brindisi) und danach mit ihm nach Mazedonien. Ahenobarbus erhielt von Caesar *sogar seine Kriegskasse mit 6 Millionen Sesterzen.*

Von dieser Mildtätigkeit erholte sich Caesar in Rom. Als er den Rubicon überschritt, hatte sich bleiches Entsetzen seiner Gegner bemächtigt. Selbst die militärisch Erfahrenen glaubten den Gerüchten, wonach seine Reiter schon vor Rom stünden. Die caesarfeindliche Prominenz hielt sich erst in Capua für sicher. In der Eile hinterließ man den Staatsschatz im Saturntempel, wohlverschlossen und versiegelt, indes *die Axt erspart den Schlüssel,* wie Cicero kommentierte. Caesar schwang sie, unbeirrt durch das Murren der Römer auf dem Forum, wovon Cicero seinem Freunde

Atticus berichtete. Über das Motiv der Murrenden mag sich Cicero getäuscht haben. Vielleicht meinten sie, Caesar solle lieber die versprochenen 300 Sesterzen zahlen, statt Geld in seinen Beutel zu tun.

Wieviel Caesar im Staatsschatz vorfand, ist von dem wohlunterrichteten Plinius überliefert, nur steht nicht fest, wie die Handschriften zu lesen sind. Die Lesarten schwanken zwischen 144 und 90 Millionen Sesterzen: jedenfalls wenig im Vergleich mit Caesars gallischer Beute, nicht mehr, als er später den römischen Unterstützungsempfängern als Bargratifikation zahlte. Indes ging Caesars Kriegskasse schweren Zeiten entgegen, er mußte auch mit geringer Beute zufrieden sein. Die 600 Millionen Sesterzen, die er beim Triumph im Staatsschatz niederlegte, waren ein Mehrfaches seiner eigenmächtigen Entnahme im Jahre 49.

Ähnlich milde wie gegenüber Labienus und Ahenobarbus verfuhr Caesar im Sommer 49 bei Ilerda (heute Lerida in Nordspanien). Schon taktisch war dies einer seiner bemerkenswertesten Siege. 30000-40000 Mann tapferer, disziplinierter römischer Truppen unter tüchtigen Führern ergaben sich im offenen Felde, ohne Schlacht, ausgehungert wie eine blockierte Festung. Sie waren zum Kampf bereit und hätten sich mit der gewohnten Tapferkeit geschlagen, aber Caesar nahm die Schlacht nicht an, zur Enttäuschung seiner eigenen Truppen, die nach harten Strapazen gern ihren Spaß gehabt hätten.

Nach den brutalen Bräuchen der Zeit mußten die Unterlegenen auf das Schlimmste gefaßt sein. Das mindeste, was die Soldaten erwarteten, war, daß sie von Caesar gegen ihren Fahneneid zum Dienst unter seinen Feldzeichen gepreßt würden. Aber die Soldaten wurden nach Hause entlassen. Die meisten von ihnen waren in Oberitalien beheimatet; Caesar übernahm für sie die Verpflegung auf dem Heimmarsch bis Nizza. Den Offizieren wurde freigestellt zu reisen, wohin sie wollten, wie bei Corfinium. Offizieren und Soldaten der besiegten Armee wurden die persönlichen Besitztümer zurückerstattet, die in den vorangegangenen Kämpfen von Caesars Soldaten erbeutet worden waren. Caesar kaufte seinen Soldaten diese Beute ab, um seinen Feinden wohlzutun.

Anderer Art war *Caesars Milde gegen die Einwohner im Bürgerkrieg*; sie kam den Begünstigten *teuer zu stehen*. Jeder Kriegsschauplatz war von seinen Gegnern bereits mit kundiger Hand ausgepreßt; gleichwohl hielt er eine ergiebige Nachlese. Beispielsweise belegte er nach der Schlacht bei Pharsalos die griechischen Städte mit erdrückenden Kontributionen, mit der Begründung, sie hätten sich seinen Gegnern angeschlossen – als hätten sie anders gekonnt. Nur Athen schonte er; seine Achtung vor dessen geistiger Tradition bekundete er auch finanziell.

Härter als die anderen Städte, aber wiederum milder, als den Unsitten der Zeit entsprach, wurde Megara behandelt. Als einzige griechische Stadt war es nach der Schlacht bei Pharsalos nicht übergeben, sondern hartnäckig verteidigt worden, natürlich nicht von den Einwohnern, sondern von der pompejanischen Besatzung. Es wurde von Caesars Truppen erstürmt. Beim Sturm pflegten die Soldaten im Blutrausch niederzumetzeln, was ihnen vor die Klinge kam. Beispielsweise gibt Caesar glaubhaft an, bei der Erstürmung von Avaricum (Bourges), im Feldzug gegen Vercingetorix (52 v. Chr), seien 40000 Menschen niedergemacht worden. In Megara haben die Caesarianer nicht so gehaust, vielleicht weil ja nur die verhältnismäßig schwache, römische Besatzung Widerstand leistete; jedenfalls blieb ein Teil der Einwohner am Leben. Diese Überlebenden schenkte Caesar einigen seiner Günstlinge als Sklaven, jedoch nur auf dem Papier. Jedem Megarer wurde gestattet, sich mit einer mäßigen Summe loszukaufen: eine nicht ungebräuchliche Form der Tributerhebung, in der zum Ausdruck kam, der Sieger könne nach Belieben mit den Unterworfenen verfahren, begnüge sich aber schonungsvoll mit einer Geldzahlung.

Am Maßstab seiner Zeit gemssen, war Caesar wirklich milde, und seine Gegner sorgten dafür, daß dieser Maßstab im allgemeinen Bewußtsein blieb. In der Provinz *Africa* (heute Tunesien) war die Senatspartei verbündet mit König Juba von Numidien, der gern die Küstenstädte zerstört, die männlichen Einwohner abgeschlachtet und die Frauen versklavt hätte. Daß wenigstens ein Teil der Senatstruppen gleiches Wohlwollen für die Einwohner empfand, bewies die Reiterei der Senatspartei auf ihrer Flucht nach der Schlacht bei Thapsus. In der Stadt Parada soll sie einen Scheiterhaufen auf dem Marktplatz errichtet und die Einwohner lebend hineingeworfen haben. Sie ritt weiter nach Utica. Das Gemetzel, das sie dort veranstaltete, hielt sich in Grenzen, denn ein großer Teil der Bewohner war der Sympathie mit Caesar verdächtig, deshalb in einem Lager vor der Stadt interniert und schlug den Angriff ab. Als sich die Reiter mit den Wehrlosen in der Stadt befaßten, wurden sie durch die Nachricht von Caesars Anmarsch gestört.

Dieser wurde begreiflicherweise von den Einwohnern mit Begeisterung empfangen. Auch die 300 Großkaufleute römischer Nationalität und ritterlichen Standes, die in Utica einen republikanischen Verwaltungsausschuß gebildet und das Republikheer finanziert hatten, waren ihm dankbar. Denn die Senatspartei hätte mit Leuten, die Caesar solche Dienste leisteten, kurzen Prozeß gemacht. Er hingegen begnügte sich mit 200 Millionen Sesterzen, zahlbar in sechs Halbjahresraten, einer hinlänglichen Frist, um die Kontribution auf die caesarbegeisterte Menge abzuwälzen.

Die anderen Städte der Provinz waren weniger leistungsfähig. Hadrumetum und Thapsus brauchten daher nur je 3 Millionen Sesterzen zu zahlen. Die Stadt Leptis war von Juba so gewissenhaft ausgepreßt worden, daß selbst Caesars hochentwickeltes Witterungsvermögen keine Spur von barem Gelde fand. Er begnügte sich mit einer Jahresabgabe von 3 Millionen Pfund Öl.

3 römische Pfund = 1 kg; 3 Millionen römische Pfund = 1000 t. Die ganze Olivenölernte im heutigen Norwestafrika, von Libyen bis Marokko, schwankt zwischen 25000 und 150000 t, in dem heute bedeutendsten Olivenland, Spanien, zwischen 150000 und 600000 t. 1000 t von einem einzelnen, keineswegs allzu großen Bezirk machen den Eindruck einer erdrückenden Abgabe, und man fragt sich, ob den Einwohnern noch etwas blieb, wovon sie existieren konnten. Die Kontribution für Leptis bildet einen materiellen Maßstab für Caesars Milde gegen Reichsuntertanen.

Er übte diese Milde auch schon in Gallien, so merkwürdig dies dem flüchtigen Leser seiner blutdampfenden *Commentarii de bello Gallico* erscheinen mag. Entgegen Theodor Mommsens Formulierung fand Caesar in Gallien keineswegs eine „keltische Nation" vor, sondern unabhängige, einander befehdende Einzelstämme, die, ähnlich wie die griechischen Stämme der klassischen Zeit, in einer Kultgemeinschaft miteinander verbunden waren. Die Mehrzahl der gallischen Stämme begrüßte Caesar als Befreier, erst von der Bedrohung durch die Helvetier, dann durch Ariovist. Seit dem zweiten Kriegsjahr erwies sich der Befreier mehr und mehr als Unterdrücker, aber verschiedene Stämme, darunter drei der bedeutendsten, die Arverner (Auvergne), Haeduer (Autun) und Remer (Reims) waren und blieben mit ihm verbündet, denn sie fanden ihren Vorteil dabei. Seine Kriegführung bestand darin, einem Stamm nach dem anderen Treueid und Geiselstellung aufzuerlegen und im Umherziehen die Erhebungen niederzutreten, die bald hier, bald dort aufflammten.

Nicht nur standen die gallischen und germanischen Stämme unverbunden nebeneinander, sondern innerhalb jedes Stammes war der Adel durch Parteiungen zerrissen. Diese Parteiungen richteten sich auf Caesar aus; infolgedessen standen in jedem Stamm romfreundliche und antirömische Häuptlinge einander gegenüber. Je brutaler Caesar die Unterworfenen auspreßte, je härter er gegen die isolierten Erhebungen vorging, desto stärker wurde die antirömische Partei. Die allgemeine Empörung, Verzweiflung und Kampfbereitschaft wurde von Vercingetorix mit einer Kühnheit, Umsicht und Energie ausgenutzt, die in Caesars Darstellung imponierend hervortritt. Vercingetorix kam dem Siege nahe, auf der Höhe des Erfolges riß er fast ganz Gallien mit sich fort, aber als er sich in Alesia ergeben hatte, waren die Kräfte der nationalen Erhebung verbraucht: in nahezu jedem Stamme erhielt die romfreundliche Partei die Oberhand. Es kam nur noch zu isolierten Aufstandsversuchen.

Caesars *Hauptsorge* lag nun *nicht mehr in Gallien*, sondern *in Rom*. Die Siege des Vercingetorix hatten seinen dortigen Gegnern Mut gemacht, und Pompejus hatte nach der Kapitulation von Alesia nur vorübergehend eingelenkt. Es galt die Ruhe Galliens auch dann zu sichern, wenn Caesar nicht mehr mit einer Feuerwehr bereit stand, jeden Brand zu löschen. Daher legte er *mehr Gewicht als zuvor auf Schonung* und beendigte seine Erpressungen. Die gesamtgallische Erhebung unter Vercingetorix hatte den erwünschten Vorwand geboten, auch bei den bisher treuen Stämmen Tempel- und Häuptlingsschätze zu beschlagnahmen, aber danach war nichts mehr übrig. Caesar setzte die Tribute des neu unterworfenen Gallien auf insgesamt 40 Millionen Sesterzen jährlich fest: eine sehr bescheidene Summe und zugleich ein Maßstab dafür, wie vollständig er das Land ausgesogen hatte. Erst fünfzig Jahre später waren die Kriegsschäden überwunden.

Mit der Politik allgemeiner Schonung hing bereits die Behandlung der Gefangenen von Alesia zusammen. Vercingetorix ergab sich mit 60000 Mann, darunter 20000 Arverner und Haeduer. Caesar schien es angezeigt, den Haeduern und Arvernern, die sonst immer zu ihm gestanden hatten, ihren einmaligen Abfall nicht nachzutragen. Daher ließ er die Gefangenen dieser beiden Stämme frei.

Zugleich aber zeigte er, was vom Standpunkt des Siegers rechtens war. Die übrigen 40000 Gefangenen schenkte er als Sklaven seinen Soldaten, jedem Legionär einen Gallier. Der Soldat konnte seinen Sklaven natürlich nur verkaufen, der Erlös war bei einem solchen Massenverkauf sehr gering. Das Geld beim Quaestor zu deponieren, als Grundstock eines späteren Siedlungskapitals, lohnte kaum. Nach so schweren Kämpfen lag es näher, ihn zu vertrinken.

Am Bürgerkrieg nahmen nicht wenige *Gallier* teil. Sie *bildeten die Hauptmasse von Caesars Kavallerie*. Den *Offizieren* verschaffte er das *römische Bürgerrecht*, angesehene *gallische Häuptlinge berief er sogar in den römischen Senat*. Dies lag in dem politischen System, nach dem er schon zehn Jahre vor dem Gallischen Krieg gehandelt hatte. Seit dem Jahre 68 kämpfte er dafür, die Rechtstellung der schon länger im Reichsverband befindlichen cisalpinen Gallier zu verbessern. Die Soldaten, mit denen er das bis dahin freie, transalpine Gallien unterwarf, waren überwiegend Gallier aus Oberitalien, mit denen Caesar schon vorher innenpolitisch verbündet war. Durch sein schonendes Verhalten seit Alesia ermöglichte er das rasche *Hineinwachsen der neuen Provinz ins Römerreich.*

Die Klassenkämpfe der republikanischen Spätzeit

Als Caesar auftrat, war die soziale Krise auf dem Höhepunkt. Seine Reformen *milderten die sozialen Konflikte* so weit, daß der *Zerfall* des Reichs *um Jahrhunderte hinausgeschoben* wurde.

Bis zum Zweiten Punischen Krieg war Rom ein Bauernstaat gewesen. In den anderthalb Jahrzehnten des Kampfes gegen Hannibal standen zahlreiche römische und bundesgenössische („italische") Bauern jahrein, jahraus im Felde. Nach Kriegsende waren ihre Höfe heruntergewirtschaftet und überschuldet, sie mußten verkaufen. Seitdem wuchs, wie eine Krebsgeschwulst mit zahlreichen Metastasen, der Großgrundbesitz der *Latifundien.* Die gelegten Bauern zogen in die Städte, vornehmlich nach Rom selbst, und suchten dort eine Existenz als Handwerker, Kleinhändler, Fuhrleute, Wirte oder was sich sonst bot. Die Nachfrage nach den Diensten dieser plebejischen Berufe wurde indes eingeengt durch die rasch wachsenden *Sklavenkolonnen der reichen Leute.* Die Masse der Freien in der Stadt sank herab zu *proletarii,* die nur *proles* (Nachkommenschaft) „besaßen".

Wie erwähnt, waren die Eroberungskriege der Römer in den anderthalb Jahrhunderten nach ihrem Sieg über Hannibal eine ungeheure *Sklavenjagd.* Italien wurde mit Sklaven überfüllt. Sie waren *billig,* also wurde mit ihrer Arbeitskraft und ihrem Leben gleichgültig und rücksichtslos umgegangen. Ihre Behandlung schwankte in großer Variationsbreite: einerseits genossen gebildete Griechen, die man als Hauslehrer, Sekretäre und in ähnlichen Funktionen verwandte, eine ähnlich angenehme, vielleicht sogar eine angenehmere Stellung als die Familienangehörigen ihres Herrn; andererseits herrschte häufig eine *KZ-ähnliche Unmenschlichkeit.*

Der Besitz konzentrierte sich in verhältnismäßig wenigen Händen, vornehmlich bei zwei Ständen: den Senatoren, deren Vermögen überwiegend in Grundbesitz angelegt wurde, und den „Rittern", das heißt, den vermögenderen Kaufleuten. Wie groß der Grundbesitz einzelner Senatoren war, sieht man an Caesars Gegner Ahenobarbus, der als Kommandierender in Corfinium, Februar 49, die Treue seiner 20 000 Legionäre zu festigen suchte, indem er jedem Gemeinen einen Hektar Siedlungsland aus seinem Eigentum versprach, Centurionen und Offizieren entsprechend mehr. Allein das den Gemeinen zugesagt Land betrug 200 qkm, *so viel wie der Landkreis Duderstadt*, ehe er durch die Territorialreform im Landkreis Göttingen aufging. Ein derartiges Areal konnte Ahenobarbus offensichtlich verschenken, ohne daß sich sein Besitz fühlbar verminderte. Von ähnlicher Größenordnung war der ererbte Besitz des Pompejus in Picenum. Dank dieses Grundbesitzes hatte Pompejus derartigen Einfluß auf Honoratioren und Behörden sowie seine Pächter, daß er als junger Mann, im Jahre 83 v. Chr., drei Legionen ausheben und Sulla zuführen konnte. Die Liegenschaften des Pompejus und Ahenobarbus waren kleine Herzogtümer, etwa wie die Latifundien weiland oberschlesischer Magnaten oder des Fürsten Schwarzenberg.

Die Gesamtheit der Kaufleute des „Ritter"-Standes wird von Cicero und den römischen Geschichtsschreibern selten erwähnt. Häufig ist dagegen die Rede von den reichsten Mitgliedern, die sich beispielsweise mit der *Steuerpacht* befaßten, einem sehr lukrativen Geschäftszweig, der jedoch erhebliches Eigenkapital erforderte. Der Kapitalbedarf führte zur Bildung von Kapitalgesellschaften, an denen sich auch Senatoren beteiligten, allerdings nur als stille Gesellschafter, denn alle Handelsberufe waren ihnen untersagt. Die *Mitglieder des Senatorenstandes* als Beamte und die *„Ritter" als Steuerpächter wirkten* bei der Plünderung der Provinzen *brüderlich zusammen*.

Im hellenistischen Ostmittelmeergebiet hatte sich eine Industrie entwickelt, die in mancher Hinsicht der frühkapitalistischen Industrie vom 16. bis ins 18. Jahrhundert, der *Manufaktur*, ähnelte. Während die frühkapitalistische Industrie vorzugsweise Armenhäusler beschäftigte, stützte sich die hellenistische Industrie auf Sklavenarbeit. Die oft beträchtliche handwerkliche Qualifikation der Sklaven und die weitgetriebene Arbeitsteilung innerhalb der Belegschaft, endlich die Entwicklung von Mathematik und Mechanik bewirkten vielfach einen hohen, wenn auch – ähnlich wie im Frühkapitalismus – extrem ungleichmäßigen Stand der Technik.

Wie die materielle und geistige Kultur des Hellenismus, meist vergröbert, von den Römern übernommen wurde, so auch die hellenistische Industrie. Auch diese verschlechterte sich im Westmittelmeergebiet infolge der dort üblichen brutalen Mißhandlung der Arbeiter. Die kapitalkräftigsten Römer bevorzugten daher *primitive, extensive Produktionsmethoden*, beispielsweise in der Landwirtschaft den Weidebetrieb, wofür sie jugendliche, körperlich kräftige Sklaven kauften. Die *weniger kapitalstarken*, infolgedessen politisch weniger hervortretenden und von Cicero sowie den Historikern gewöhnlich übersehenen Ritter suchten dagegen durch *intensivere Arbeitsmethoden* die geringere Größe ihres Kapitals auszugleichen. Sie *investierten* ihr Geld nicht nur in rohe Fäuste, sondern auch *in industrielle Fachleute*, wie sie bei den Raubzügen des Aemilius Paullus, Memmius, Lucullus und anderer *edler Römer* in Griechenland und dem Vorderen Orient massenhaft fortgeschleppt wurden. *Mit dieser industriellen Fraktion des Ritterstandes waren Crassus und Caesar verbunden.* Crassus war der hervorragendste dieser Industriellen.

Die gelegten und erst recht die noch auf ihren Höfen sitzenden römischen und bundesgenössischen *Bauern* strebten nach *Wiedererstattung* beziehungsweise *Sicherung ihres Besitzes*. Das war der Inhalt der römischen Volksbewegung unter den Brüdern *Gracchus*, dann unter *Marius* und *Cinna*, endlich im *Bundesgenossenkrieg* (133-83 v. Chr.). Die von den Gracchen angestrebte *Wiederansiedlung der römischen proletarii*, hauptsächlich auf den Staatsländereien, die die Senatoren widerrechtlich an sich gebracht hatten, scheiterte. Dagegen erlangten die bundesgenössischen Bauernschaften im Bundesgenossenkrieg das römische Bürgerrecht und damit eine gewisse Rechtsgarantie gegen die Übergriffe der römischen Grundbesitzer, Wucherer und Beamten.

Infolge der durch Rechtsformen kaum verhüllten Gewalttätigkeit, womit die großen römischen Grund- und Wuchervermögen zusammengebracht wurden, vollzog sich die *Konzentration des Besitzes* einerseits, die Freisetzung einer ständig wachsenden Masse Depossedierter und Deklassierter andererseits, *sehr rasch*. Es entstand ein *Lumpenproletariat* von bunt schillernder Standeszugehörigkeit: *überschuldete Senatoren* wie Catilina und seine Mitverschworenen, *gelegte Bauern*, *entflohene Sklaven*, die gefährlich, aber gut von der Wegelagerei lebten, endlich *Veteranen*, die infolge der Verwilderung im Feldlager zur Verschwendung neigten und die ihnen verliehenen Bauernhöfe wieder verloren hatten. Die Hirtensklaven auf den großen Weidetriften wurden schlecht entlohnt, oft in der Voraussetzung, sie würden sich schon irgendwie das Fehlende beschaffen. *Catilina* zeigte, daß man aus diesen Massen schlagfertige Heere aufstellen konnte. Er scheiterte, weil eine *Standesgrenze durch das Lumpenproletariat* hindurchlief. Auch die verlumptesten Freien hegten einen unüberwindlichen Widerwillen gegen Kameradschaft mit Sklaven, infolgedessen konnte Catilina keine Sklaven rekrutieren; andererseits waren die Aufstände, welche die Sklaven für sich allein unternahmen, gleichfalls zum Scheitern verurteilt. Es war ähnlich wie heute in Südafrika und dem Südosten der Vereinigten Staaten, wo die *armen Weißen* mit Nazimethoden *gegen die Gleichberechtigung der Farbigen* kämpfen.

Ähnliche Massenenteignung und Pauperisierung herrschten auch in den römischen Provinzen sowie den formell unabhängigen Nachbarkönigreichen. Besonders in Kleinasien und auf den griechischen Inseln hatten die durchmarschierenden Heere nicht viel übrig gelassen. Daher trieb man dort weniger als in Italien Wegelagerei, sondern *Seeraub* und organisierte ihn im großartigsten Maßstab. Die Seeräuber waren mit Mithradates verbündet. Als der römische Oberkommandierende im Krieg gegen Mithradates, Lucullus, Athen belagerte, wurde sein Proviantnachschub von den Seeräubern abgefangen. Caesar selber wurde als junger Mann von ihnen gefangen und erpreßt, was von der Überlieferung legendär ausgeschmückt worden ist.

Die Brutalität, die der Senatorenstand selbst übte und durch die ganze Gesellschaft verbreitete, und das ungeheure Elend, das er durch seine Räuberei hervorbrachte, führten von Tiberius Gracchus bis Catilina (133-62 v. Chr.) zu *Erhebungen aller bedrückten Klassen und Stände*: der römischen *proletarii* unter den Gracchen, Marius und Cinna, der Bundesgenossen-Bauern im Bundesgenossenkrieg, der Sklaven in verschiedenen Aufständen, besonders unter Spartacus (73-71), des italischen Lumpenproletariats unter Catilina, endlich der Seeräuber im ganzen Mittelmeer (bis 67 v. Chr.). Mit Ausnahme des Bundesgenossenkrieges scheiterten alle diese Erhebungen, weil jede soziale Gruppe auf eigene Faust vorging. Eine einheitliche Revolution, wie die proletarische in der Neuzeit, war unmöglich.

Die Klassengegensätze wurden kompliziert und differenziert durch Standesunterschiede, die quer durch alle Klassen hindurchliefen und auf Besitz oder Nichtbesitz des römischen Bürgerrechts und mancherlei ähnlichen Abstufungen unter den Untertanen und Bundesgenossen sowie Standesunterschieden innerhalb der römischen Bürgerschaft beruhten. Ein weiterer *komplizierender Faktor* war das *Berufsmilitär.*

In der klassischen Zeit der römischen Republik war das Heer eine Miliz, ein Bürgeraufgebot. Berufsmilitär gab es nicht, nach dem Feldzug kehrte der Legionär an seinen Pflug zurück. Als die römische Bauernschaft zugrunde gerichtet war, griff man bei der Rekrutierung auf die italisch-etruskischen Bauernschaften Süd- und Mittelitaliens zurück. Caesar und Pompejus rekrutierten ihre Heere vornehmlich unter den Galliern Oberitaliens. Ausnahmsweise wurden zu Caesars Zeit auch schon im transalpinen Gallien (Südfrankreich), Spanien, Griechenland, Kleinasien und Afrika (Tunesien) Legionen ausgehoben und nach römischer Art ausgerüstet und ausgebildet. Sie leisteten nicht weniger als die aus Italern, Etruskern und cisalpinischen Galliern rekrutierten.

Diese Soldaten kämpften nicht für den Schutz des eigenen Herdes – mitunter wurden ihre Familien von Haus und Hof gejagt, während sie im Felde standen. Ihr Sold war kläglich: bis zum Jahre 50 erhielten sie 480 Sesterzen jährlich, wovon ein Betrag für Verpflegung und Kleidung abgezogen wurde. Caesar erhöhte den Sold bei Ausbruch des Bürgerkriegs auf fast das Doppelte. Auch dann lohnte der Sold nicht die Gefahren und Entbehrungen. Wohl aber lockte die *Aussicht auf Beute und Versorgung*, denn bei der Entlassung erhielten die Veteranen, die es noch nicht besaßen, das römische Bürgerrecht, das ganz erhebliche materielle Vorteile mit sich brachte. Außerdem erwartete der Veteran den Grund und Boden eines Bauerngutes und eine anständige Bargratifikation.

Es gab nicht, wie in modernen Heeren, stehende Truppenteile, die ihre alten Soldaten entließen und laufend Ersatz einstellten. Vielmehr bestand *jede Legion aus einem einzigen Jahrgang*, blieb bis zur Entlassung zusammen und wurde *bei der Entlassung aufgelöst*. Sie bildete einen sehr exklusiven Verein, dessen Mitglieder die gleichen Feldzüge mitgemacht und die gleichen Ansprüche an den Feldherrn bei dessen Triumph erworben hatten. Ersatz erhielten sie so gut wie nie. In kaiserlicher Zeit änderte sich das.

Truppen wie die 7. bis 14. Legion, mit denen Caesar den Gallischen Krieg ausfocht, die also eine Reihe von Jahren unter Waffen blieben, wurden sich ihrer Unwiderstehlichkeit und Unentbehrlichkeit bewußt und infolgedessen anspruchsvoll und unbequem. Sie *meuterten sogar gegen Caesar*. Er wurde noch mit ihnen fertig, aber nach den Antoninen-Kaisern sprengten die Legionen das Reich. Damals wollten sie es nicht mehr nur verteidigen, sie wollten es auch beherrschen. Jede Armee rief ihren Befehlshaber zum Kaiser aus, zog nach Rom, ließ ihren eigenen Grenzabschnitt unbewacht, kämpfte gegen die Armeen der anderen Grenzabschnitte, und inzwischen wurden die schutzlos gelassenen Grenzprovinzen von den „Barbaren“ verheert und schließlich vom Reich losgerissen. Durch die ständige Verwüstung *sank die antike Wirtschaft* auf das *primitivere Niveau des Frühmittelalters* herab.

Ein Grundwiderspruch, der alle sozialen Konflikte komplizierte, lag darin, daß das Römerreich bereits ein *Weltreich* war, aber noch *in den überlebten Formen des Stadtstaates regiert* wurde: durch das Zusammenwirken des verlumpten und wankelmütigen „römischen Volkes“ mit dem womöglich noch mehr verlumpten Senat. Ähnlich wird die Politik der heutigen

Weltführungsmacht, der USA, in hohem Maß von Kirchturminteressen bestimmt.

Seit den Gracchen wurde dieses Zusammenwirken reguliert durch periodische Bürgerkriege. Um der Senatspartei eine möglichst breite Front entgegenzustellen, trat die Volkspartei für die Rechte der Bundesgenossen ein. Die süd- und mittelitalischen Bauernschaften sowie die Gallier südlich des Po hatten im Bundesgenossenkrieg das römische Bürgerrecht erlangt. Als Führer der Volkspartei kämpfte Caesar hartnäckig und konsequent dafür, es weiteren Provinzen zu verleihen, zunächst den Galliern nördlich des Po, später auch anderen Reichsuntertanen. Daß die bäuerliche Bevölkerung ganz Italiens diese Tendenz der Volkspartei und besonders Caesars verstand, dafür sorgten die unausgesetzten rechtswidrigen Übergriffe der senatorischen Großgrundbesitzer. Männer wie Pompejus und Ahenobarbus glaubten, vermöge ihres riesenhaften Grundbesitzes in der Landschaft Picenum und den Abruzzen wie Herzöge schalten zu können. Zu ihrer peinlichen Überraschung traten die Rekrutenaufgebote gerade ihrer Herzogtümer bei Beginn des Bürgerkrieges geschlossen zu Caesar über.

Sulla hatte der Senatspartei in den Jahren 83/82 zu einem vollständigen Sieg verholfen. Durch Massenächtungen schlug er die Volkspartei so völlig nieder, daß sie nie wieder als revolutionäre Kraft aufzutreten vermochte. Ferner ächtete er mehr als anderthalbtausend der vermögendsten Ritter und sanierte aus dem Raub seinen Anhang, die ruinierten Senatoren. Die Volksversammlung entmachtete er, indem er ihren amtlichen Vertretern, den Volkstribunen, die hergebrachten verfassungsmäßigen Rechte nahm. Den Rittern entzog er die hohen Richterstellen. Die *Sullanische Verfassung schien* ihrem Urheber *so dauerhaft*, daß er seine Diktatur in die Hände des Senats zurücklegte. In Wirklichkeit hatte er ihren *baldigen Sturz unausbleiblich* gemacht, indem er alle politischen Kräfte in Rom, lediglich den Senat ausgenommen, zu ihren unbedingten Gegnern machte. *Im Kampf gegen diese Verfassung kamen die vier Politiker empor*, in denen sich die römische Geschichte nach Sulla verkörpert: *Crassus* (geboren 113 v. Chr.), *Pompejus* (106), *Cicero* (104), *Caesar* (zwischen 102 und 100). In engem Zusammenwirken setzten sie im Jahre 70 die Aufhebung von Sullas Gesetzen durch. Damit war die *Grundlage für Caesars Aufstieg* gelegt.

Zwanzig Jahre lang, von 83 bis 62, spielte Pompejus von diesen vier Männern die bedeutendste Rolle. Wie erwähnt, begann er seine Laufbahn im Jahre 83, indem er in Picenum drei Legionen aushob. Mit dieser militärischen Hausmacht ertrotzte er, gegen das Gesetz und gegen den ausdrücklichen Willen Sullas, Vollmachten, die an ein höheres Alter gebunden waren. Erst mit fünfunddreißig Jahren durfte man Praetor werden, und um einen Triumph zu erhalten, mußte man mindestens Praetor oder Propraetor sein. Pompejus erzwang dagegen in weit jüngeren Jahren einen Triumph, ohne Praetor gewesen zu sein, und im Jahre 77 erzwang er das Kommando als Prokonsul in Spanien gegen Sertorius, einen Führer der römischen Volkspartei, der nach Sullas Sieg nach Spanien entkommen war und den Senatsheeren erfolgreich trotzte. Auch dem Pompejus war Sertorius an militärischem Erfolg und Können überlegen, wurde aber von seinen eigenen Leuten ermordet, und so kehrte Pompejus dennoch als Sieger im Jahre 71 zurück, gerade richtig, um die Reste des von Crassus zersprengten Spartacus-Heeres zu vernichten.

Bei seiner Rückkehr im Jahre 71 hatte Pompejus zwei Anliegen: Er wollte für das Jahr 70 Konsul werden, und um seine Veteranen anzusiedeln, brauchte er ein „Ackergesetz". Die *senatorischen Grundbesitzer* waren *unbedingte Gegner* auch des bescheidensten Ackergesetzes. Also mußte sich *Pompejus mit ihren Gegnern* zusammentun.

Er fand Verbündete: zunächst *Crassus*, der mit ihm zusammen Konsul wurde und zuvor den Befehl gegen Spartacus geführt hatte, also für seine eigenen Veteranen gleichfalls ein Ackergesetz brauchte; dann *die von Cicero vertretenen Ritter*, die ihre *Richterstellen* zurückwünschten; endlich *die von Caesar reorganisierte Volkspartei*. Diese war für jedes Ackergesetz, sofern außer den Soldaten auch eine Anzahl römischer *proletarii* angesiedelt wurde.

Seitdem suchte Pompejus nach einem neuen lukrativen Krieg. Gemeinsam mit Crassus und Caesar richtete er die Augen auf Ägypten, wo die Thronwirren einen bequemen Vorwand boten. Aber der Senat hatte die Lektion des Jahres 70 verstanden. Pompejus, dem das Kommando gegen Ägypten zugefallen wäre, hätte dort eine neue, schlagkräftige Armee sowie ein Milliardenvermögen erworben. Dem Senat schien jeder siegreiche Feldherr gefährlich, er wußte den ägyptischen Feldzug zu hintertreiben.

Aus dem gleichen Grund duldete er das freche Treiben der Seeräuber. Als sie sich indessen im Jahre 67 an Getreideschiffen vergriffen, die für die

Stadt Rom bestimmt waren, begann das römische Volk zu hungern und zu murren, und der Senat konnte nicht länger verhindern, daß ein großer Feldzug gegen sie beschlossen, und *Pompejus mit dem Oberbefehl* betraut wurde.

In wenigen Monaten liquidierte Pompejus die Seeräuber. Die Vollständigkeit des Erfolges war ihm unerwünscht, denn so rasch wollte er seine Streitkräfte nicht entlassen. Glücklicherweise war der Krieg gegen Mithradates noch im Gange, und Lucullus bereits abgesetzt. Pompejus ließ sich durch seine Agenten und Klienten in der Volksversammlung den *Oberbefehl gegen Mithradates* zuwenden, besiegte ihn und erpreßte in Griechenland, Kleinasien, Syrien und den Nachbargebieten das größte Milliardenvermögen, das es bis dahin gegeben hatte. Im Dezember 62 landete er in Brundisium (Brindisi). Der Senat nahm an, *Pompejus werde* mit seinem siegreichen Heer nach Rom marschieren und *sich zum Monarchen machen.*

Wie das Beispiel des preußischen Königs Friedrich Wilhelm I. zeigt, haben brutale Machthaber mitunter einen Hang zur Sentimentalität. Daran litt auch Pompejus. Er war unter Sulla, gemeinsam mit der Senatspartei, emporgestiegen und meinte, er sei doch immer gut mit ihr ausgekommen. Daß das nur gelungen war, weil – und solange – er dem Senat den Daumen aufs Auge drücken konnte, entging seiner Aufmerksamkeit. In der Erwartung, der Senat werde seine Anträge aus Dankbarkeit und Vertrauen bewilligen, und zwar um so mehr, wenn er ohne Heeresmacht komme, entließ er die Armee in Brundisium; ausgezahlt war sie schon in Ephesos.

Drei Ziele hatte Pompejus bei seiner Rückkehr: einen Triumph, ein Ackergesetz für die Veteranen des Mithradates-Krieges, endlich die Ratifizierung der territorialen und dynastischen Anordnungen, die er in Kleinasien, Syrien und Pontus getroffen hatte.

Der Triumph war kaum zu verweigern und vom Standpunkt des Senates harmlos. Dagegen bereitete es den Senatoren, die eben noch vor Pompejus gezittert hatten, ein diebisches Vergnügen, seine beiden anderen Anträge abzulehnen. Pompejus fand sich bloßgestellt, sowohl vor seinen Soldaten, die um die versprochene Ansiedlung gebracht wurden, wie vor den Honoratioren im Kriegsgebiet, die gestern noch in ihm den mächtigsten Mann der Welt gesehen hatten. Jeder von ihm eingesetzte lokale Machthaber sah sich im Geist schon wieder abgesetzt.

Doch Pompejus konnte nichts tun. Die Koalition vom Jahre 70 existierte nicht mehr. In seinem Hochmut hatte er sowohl Crassus als auch Cicero gekränkt. Crassus war überhaupt nicht für ihn zu sprechen, und wenn er mit Cicero verhandelte, kam nichts dabei heraus, denn der hielt jetzt zur Senatspartei. Ohne Caesar war die Volksversammlung nicht in Pompejus' Sinn zu lenken, aber dieser Unentbehrliche war abwesend: er war soeben nach Spanien abgereist.

Crassus

Nach Herkommen, Methode und Geschäftsumfang war Crassus weit bescheidener als sein großer Rivale. Sein Vater war bei Marius' Ächtung umgekommen, Crassus selber begann seine Laufbahn mit einem verhältnismäßig bescheidenen Vermögen von 8 Millionen Sesterzen. Als Führer selbständiger Heeresabteilungen kämpfte er erfolgreich für Sulla und schlug Kapital aus dessen Gunst, indem er sich bei Auktionen die Liegenschaften Geächteter billig zuschlagen und in manchen Fällen die Zahlung des ohnehin niedrigen Kaufpreises erlassen ließ. Seitdem war er Multimillionär.

Wie erwähnt, hatte er Sinn für intensive, namentlich industrielle Produktionsmethoden. Er bildete seine Sklaven systematisch aus, unter anderem organisierte er aus Sklaven einen Baustab, mit Architekten, Bauführern, Vorarbeitern und Handwerkern aller Art. Ständige Beschäftigung verschaffte er seiner Bauhütte vermittels seiner 500 Mann starken Feuerwehr.

Diese wurde nicht tätig, bevor der Eigentümer des gerade brennenden Hauses billig an Crassus verkauft hatte. Die römischen Mietskasernen waren unsäglich schlecht gebaut und brannten leicht. Crassus hielt sich nicht mit Kleinigkeiten auf. Er wartete mit dem Löschen, bis auch die Nachbarn verkauft hatten, denn wenn ein Haus brannte, stand gewöhnlich alsbald der ganze Block in Flammen. So besaß Crassus bald ganze Stadtviertel, und zahlreiche Brände bahnten ihm den Weg zu weiterem Haus- und Grundbesitz.

Sein Hausbesitz verschaffte ihm Einfluß in der Volksversammlung, und zwar billig, ohne die sonst dafür erforderlichen Brote und Spiele. Seine Mieter wußten, wie sie abzustimmen hatten.

Ein großer, weitverzweigter Geschäftsbetrieb wie der des Crassus bedarf zu seinem Gedeihen gesetzgeberischer und administrativer Förderung. Crassus beeinflußte daher nicht nur die Volksversammlung, sondern bestach auch Senatoren, Beamte, Richter und Geschworene in großem Stil, beispielsweise bei der Strafverfolgung des Clodius wegen Religionsfrevel.

Angesichts der vielfältigen Verwendbarkeit von Sturmabteilungen in der hauptstädtischen Politik schien es Crassus angezeigt, auch deren Führern, Catilina und Clodius, etwas zukommen zu lassen. Im Gegensatz zu Cicero hatte er solche Leute lieber zu Geschäftsfreunden als zu Feinden.

Caesars Aufstieg bis zum Konsulat

Pompejus und Crassus hatten zu *Sullas* Generälen, Henkern und *Nutznießern gehört, Caesar zu seinen Opfern.* Wie die Brüder Gracchus stammte er aus altpatrizischer Senatorenfamilie, war aber in die Volkspartei hineingeboren: eine Schwester seines Vaters war verheiratet mit Marius, dem berühmtesten Demokraten, er selbst mit einer Tochter Cinnas, des nächst Marius namhaftesten demokratischen Führers.

Als Sulla im Jahre 83 aus Asien zurückkehrte, den Bürgerkrieg neu entfachte und die Herrschaft der Volkspartei stürzte, beteiligte sich Caesar nicht am Kampf. Er war erst siebzehn oder neunzehn Jahre alt; seine Jugend mochte als Entschuldigung seiner politischen Enthaltsamkeit dienen, hätte ihn aber schwerlich zurückgehalten, wenn er demokratisches oder revolutionäres Temperament besessen hätte.

Gleichwohl fiel er auf, vermutlich durch seine verwandtschaftlichen Verbindungen mit den verrufensten Demokraten. Sulla verlangte, er solle seine Frau verstoßen; Caesar weigerte sich und wurde prompt geächtet. Auf der Flucht soll er im Sabinerland einem sullanischen Mordkommando in die Hände gefallen sein und sich mit 2 Talenten (etwa 13000 Sesterzen) losgekauft haben. Das klingt plausibel, denn zwei Talente pflegte Sulla den Kopfjägern für den Kopf eines Geächteten zu zahlen.

Zwar gelang es Caesars Fürsprechern, Sulla zur Rücknahme der Ächtung zu bewegen. Aber für das nächste Jahrzehnt fand Caesar den Boden in Rom zu heiß, er ging also zum Studium nach Griechenland und beteiligte sich vorübergehend als Freiwilliger am Kampf gegen Mithradates. Seine Erlebnisse in der Ägäis, beispielsweise seine Gefangennahme durch Seeräuber, sind zum Gegenstand von Klatsch und Legende geworden. Vorübergehend, im Jahre 77, war Caesar in Rom und betrieb seinen politischen Debütantenprozeß, ein Repetundenverfahren gegen den Konsular Dolabella.

Im Jahre 73 wurde er in Abwesenheit zum *Pontifex* gewählt, das heißt, zum Mitglied des Priesterkollegiums der *Pontifices*, kehrte endgültig nach Rom zurück und begann, in aller Stille, die Volkspartei zu reorganisieren.

Seine Stunde schlug *im Jahre 70, als Pompejus, Crassus und Cicero eines Rückhalts in der Volksversammlung bedurften.*

Den beiden Seniorpartnern der großen Koalition vom Jahre 70 brachte sie das Konsulat, den beiden Juniorpartnern nur das – allerdings auch kassenstärkende – Debütantenamt der Quaestur. *Caesar* ging 69 oder 68 *als Quaestor nach Spanien.* Auf der Rückreise verweilte er einige Zeit in Oberitalien und knüpfte dort Verbindungen an, die für seine Laufbahn grundlegend wurden. Er trat seitdem *unausgesetzt für die Gallier nördlich des Po* ein, die im Gegensatz zu denen südlich des Po im Bundesgenossenkrieg nicht das volle römische Bürgerrecht, sondern nur das „latinische Recht" erlangt hatten. Sein erster, gemeinsam mit Crassus unternommener Versuch, es ihnen ohne alles Aufsehen durch Eintragung in die Bürgerlisten zu verschaffen, scheiterte in den Jahren 65-54, aber eine seiner ersten, bleibenden Anordnungen bei Beginn des Bürgerkrieges war die *Verleihung des Bürgerrechts an sie.*

Bald nach der Rückkehr aus Spanien und Oberitalien sah sich Caesar wieder in der angenehmen Lage, dem Pompejus einen Dienst erweisen zu können: Er trug entscheidend bei, ihm den Oberbefehl gegen die Seeräuber und Mithradates zu verschaffen. Während Caesars Spanienaufenthalt war seine Frau, Cornelia, gestorben; er heiratete in zweiter Ehe Pompeja, eine wenn auch nur entfernte Verwandte des Pompejus, offensichtlich, um wenigstens nach außen hin das Bündnis mit diesem zu unterstreichen.

Acht Jahre später, 59 v.Chr., erscheint Caesar als Beherrscher der politischen Szene, als der Seniorpartner des Pompejus und Crassus. Sein Aufstieg beruhte zum Teil auf dem Niedergang des Pompejus, zum Teil darauf, daß er in den Jahren 66- 62 seine eigene Stellung weiter ausgebaut hatte. Wie, läßt sich nicht genau erkennen, nur kombinieren. Bert Brecht *(Die Geschäfte des Herrn Julius Cäsar)* hat das Dunkel auf seine Weise aufgehellt. Die größeren Projekte Caesars in diesen Jahren mißlangen: das Ackergesetz und der Kampf für die Gallier nördlich des Po. Beide mußten so überlegenen Widerstand hervorrufen, daß die Vermutung naheliegt, es sei Caesar nicht auf unmittelbares Gelingen angekommen, sondern nur darauf, seinen Ruf als zäher, unermüdlicher, einfallsreicher Anwalt der Volksrechte zu festigen. War dies seine Absicht, so ist sie ihm gelungen.

Brecht hält sich an die feststehende Tatsache, daß sich Caesar in diesen Jahren maßlos verschuldete, und stellt es so dar, als habe das Übermaß seiner Schulden die Gläubiger gezwungen, einen Erfolg aus ihm zu machen. Geschäftlich und politisch sei er lediglich uneingeweihter Strohmann der um „Großbanken", Steuerpacht-Syndikate und „Börse" gruppierten „City" gewesen und bei Grundstücksspekulationen von dieser auch geschäftlich hereingelegt worden. Brecht besaß eine umfassende altklassische Belesenheit, insbesondere kannte er Cicero genau, er konnte daher seine Börsenintrigenstory an die überlieferten Tatsachen anknüpfen und tat diesen nur sanfte Gewalt an. Wenige Historiker haben die Epoche gleich realistisch dargestellt. Gleichwohl ist seine Darstellung nur ein Spiel: Übungsbeispiel seiner *Fünf Schwierigkeiten beim Schreiben der Wahrheit*. Will man von Brecht auf streng historischen Boden gelangen, so braucht man nur wenige Anachronismen auszuscheiden, beispielsweise, daß es keine Großbanken gab, und daß sich die Catilinarier, bei aller Ähnlichkeit mit der SA der „Kampfzeit", natürlich nicht deren revolutionärer Phraseologie bedienten.

In dem Streben, aus dem Schieber einen Geschobenen zu machen, hat Brecht seinem Helden Caesar nicht so ruchlos mitgespielt wie dem Sokrates in seiner Kalendergeschichte über dessen Tapferkeit bei Delion. Daher sind nur wenige Richtigstellungen nötig. Caesar konnte bei Grundstücksspekulationen nicht hereinfallen, weil er damals keine tätigte. Großbanken, die ihn finanziell hätten hineinlegen können, gab es nicht. Die potenteste Finanzmacht, mit der Caesar in den von Brecht dargestellten Jahren zu rechnen hatte, war Crassus. Mit dem war Caesar eng verbunden. Ein noch potenterer Finanzmann als Crassus war Pompejus, nur war er abwesend, konnte also nicht in die von Brecht erfundenen Börsenfischzüge eingreifen. Möglicherweise deckten die Vorschüsse und Garantieerklärungen des Crassus den außerordentlichen Finanzbedarf des Herrn Julius Caesar nicht. In diesem Falle wäre wahrscheinlich Pompejus eingesprungen, doch darüber ist nichts überliefert. Ein großer Zank um die Herabsetzung der angeblich überhöhten Steuerpacht für Kleinasien, der die Jahre 61-59 erschütterte, ist von Brecht um zwei Jahre vorverlegt worden. Sonst stimmen seine Fakten, nur die Hauptsache nicht: wir sind auch weiterhin berechtigt, Caesar als Schieber, nicht als Geschobenen zu betrachten. Dies war fraglos die Meinung Ciceros, den Brecht teils wirklich, teils scheinbar als Gewährsmann vorschiebt.

Auch hat *Caesar die ungeheuren Schulden*, von denen Brecht ausgeht, *zwei Jahre früher kontrahiert*, und zwar im Jahre 65 *als Aedil*, das heißt, als einer der beiden Beamten, die die öffentliche Ordnung in der Stadt Rom aufrechtzuerhalten, vor allem aber die großen Feste auszurichten hatten. Dies bot erwünschte Gelegenheit, sich der Volksversammlung zu empfehlen: durch Massenabfütterungen, Getreideverteilungen, namentlich aber durch Fechter-„Spiele", die noch beliebter waren als heute die großen internationalen Fußballentscheidungen. Bei denen kann man ja kaum mehr den Schiedsrichter verprügeln, damals dagegen konnte das Publikum mit den Daumen abwärts zeigen und den Anblick genießen, wie ein unbeliebter Fechter abgestochen wurde.

Ein anständiges Fechterspiel wurde bis zum Jahre 66 auf 720000 Sesterzen geschätzt. Caesar hob das Niveau. Seine Vorbereitungen stellten alles Dagewesene in den Schatten. Er bildete *eine vierstellige Anzahl Gladiatoren* aus – als vorzüglicher Fechter widmete er sich ihrer Ausbildung persönlich. Um Caesars Werbung zu hemmen, beschränkte der Senat die Höchstzahl der bei einer Veranstaltung auftretenden Fechter auf 320 Paare – schon das ein Vielfaches des Herkömmlichen. Caesar glich die ihm auferlegte Bescheidenheit der Zahl durch desto glamoureusere Aufmachung aus: seine Gladiatoren starben in Silberrüstungen.

Nicht weniger Aufsehen erregten seine sonstigen Darbietungen, namentlich die *bauliche Ausschmückung* der Versammlungsplätze auf *Forum* und *Kapitol*. Eines Nachts stellte er auf dem Kapitol die von Sulla beseitigten Trophäen und Statuen seines Oheims Marius wieder auf – der Senat mußte die Herausforderung einstecken, denn die Volksstimmung war für Caesar. Die Anekdote lief um, Caesar habe seinen Aedilitätskollegen, Bibulus, zu der Hälfte seiner eigenen Ausgaben als Aedil herangezogen. Sie spiegelt den Eindruck, den Caesars dreistes Draufgehen machte, ist aber schon deshalb unmöglich, weil Bibulus nicht reich genug war. Sie ist augenscheinlich erst nachträglich entstanden, infolge der kläglichen Rolle, die Bibulus sechs Jahre später als Caesars Kollege im Konsulat spielte.

Manche Gegner Caesars suchten Trost in dem Gedanken, er ruiniere sich. Sie übersahen, daß er in den Jahren 70-58 die beiden größten Finanzmagnaten hinter sich hatte, Pompejus und Crassus. Während jener abwesend war, gingen Caesar und Crassus bei einer Reihe wichtiger, politischer Unternehmungen Hand in hand: bei ihrem gemeinsamen Ackergesetz, den Versuchen, den Galliern nördlich des Po das Bürgerrecht und Caesar den Auftrag zu einer militärischen Expedition gegen Ägypten zu verschaffen, dann bei einer nicht ganz aufgeklärten Affäre, der sogenannten ersten Verschwörung Catilinas, endlich bei dessen wirklichem Putschversuch Ende 63.

Demnach dürfte Crassus auch Caesars Hauptgläubiger gewesen sein. Zwar hatte er schwerlich selber genug Bargeld für Caesars ausschweifende Unternehmungen, wird aber die erforderlichen Kredite bei Dritten beschafft haben. Dahin deuten einige (für sich genommen belanglose) Mitteilungen Plutarchs. Ihm zufolge soll Caesar schon vor Antritt seines ersten Amtes – wörtlich genommen wäre das die Quaestur im Jahre 69 oder 68 – 34 Millionen Sesterzen Schulden gehabt haben; als er Anfang 61 sein Amt als Propraetor in Südspanien antreten wollte, hätten ihn die Gläubiger nicht fortgelassen. Damals habe sich Crassus für Caesar bis zum Betrage von 22 Millionen Sesterzen verbürgt und die stürmischsten Gläubiger sofort befriedigt. Von der Verhandlung über diese Bürgschaft weiß *Appian*, Caesar habe den Überschuß seiner Schulden über die Aktiva auf 100 Millionen Sesterzen beziffert – eine durchaus glaubliche Zahl. Brecht macht aus dieser Verhandlung eine muntere Szene.

In dem gleichen Jahr 63, in dem Catilina zum dritten und letzten Mal bei der Wahl zum Konsul durchfiel, gewann Caesar *zwei Wahlen*: die zum *Praetor für das Jahr* 62 und zum *Pontifex Maximus* auf Lebenszeit. Von der Bewerbung zu diesem Amt wird die wenig glaubwürdige Anekdote berichtet, Caesar habe sich am Morgen vor der Wahl von seiner Mutter mit den trostreichen Worten verabschiedet: „Heute siehst du mich als Pontifex Maximus oder als Flüchtling wieder!" Letzteres wegen der Überschuldung. Besser erfunden ist die Geschichte, sein Gegenkandidat, Quintus Lutatius Catulus, einer der verbissensten Führer der Senatspartei, habe eingesehen, wie viel besser Caesars Wahlaussichten waren, und Caesar unter Hinweis auf dessen stadtbekannte Überschuldung Geld angeboten. Caesar habe gelassen erwidert, er werde nicht von der Wahl zurücktreten, sondern noch mehr borgen.

Über Caesars Amtsführung als Propraetor in Südspanien, etwa vom Frühjahr 61 bis Sommer 60, urteilt Brecht, auf Grund exakter Quellenkenntnis:

> „Caesars Verwaltung Spaniens war tatsächlich die erste, die nach vernünftigen, das heißt geschäftlichen Grundsätzen erfolgte. Bei den Historikern können Sie das nicht ohne weiteres erkennen ... Das eigentlich Neue war, daß er die spanischen Geschäftsleute nicht nur als Spanier, sondern auch als Geschäftsleute behandelte. Er unterstützte sie, wo er konnte, auch gegen seine eigenen Landsleute ... Das Verhältnis der römischen Steuerpächter und damit der City zum einheimischen Bürgertum war ebenfalls das denkbar herzlichste. Es gelang Caesar ..., Steuernachlässe für seine Provinz durchzusetzen ... Er ließ die *(Betriebe)* in den Händen des einheimischen Handels und verschaffte den Lusitanern ein Schuldenmoratorium. Er fand einen erträglichen Modus, durch den die einheimische Industrie in den Stand gesetzt wurde, weiterzuarbeiten und ihre Schulden durch vollen Einsatz der Arbeitskräfte des Landes abzuarbeiten. Zwei Drittel des Ertrages ... gingen laufend an die City."

In Spanien hatte Caesar den *Lucius Cornelius Balbus* als *Praefectus Fabrum* (etwa Oberst der Pioniere) in seinem Gefolge, einen spanischen

Geschäftsmann, der zum römischen Ritter aufgestiegen war; durch ihn stellte Caesar offensichtlich *Kontakt zur einheimischen Kaufmannschaft* her. Balbus begegnet uns in Ciceros Briefen in den fünfziger Jahren ständig als einer von Caesars hauptsächlichen geschäftlichen Agenten. Caesar erließ eine Verordnung, derzufolge der (römische) *Gläubiger nicht mehr als zwei Drittel des Einkommens der* (spanischen) *Schuldner* beschlagnahmen durfte: der erste Schutz von Reichsuntertanen *gegen* die Maßlosigkeit der römischen Wucherer, ein Schlag in das Gesicht der Senatoren und Steuerpächter, den ihm beide nie verziehen – Brechts Wendung von dem „herzlichen Verhältnis der Steuerpächter und damit der City zum einheimischen Bürgertum" widerspricht den Tatsachen.

Caesar blieb bei dieser Politik. Nach Gallien ließ er die Steuerpächter nicht herein, und er hatte bereits angeordnet, daß sie auch aus Kleinasien verschwinden sollten, als er ermordet wurde. Die *Feindschaft der Steuerpächter*, und damit einer mächtigen Fraktion in der „City", nahm er in Kauf. Dafür begründete er seinen Ruf, die *Reichsuntertanen gegen den Wucher der Senatoren und Steuerpächter zu schützen*: dieser Ruf gewann ihm im Bürgerkrieg allenthalben die Einwohner, obwohl er sie einer letzten, furchtbaren Kontribution unterwarf.

Die Quellenstelle, auf der Brecht hauptsächlich fußt, ist eine Ansprache Caesars an die Honoratioren von Hispalis (Sevilla) im Jahre 46, die im *Commentarius de bello Hispaniense* folgendermaßen wiedergegeben wird:

> „Gleich zu Beginn meiner Quaestur habe ich ... mein Augenmerk auf diese Provinz gerichtet und ihr so viele Wohltaten wie möglich erwiesen. Als ich dann hier ... Propraetor war, habe ich beim Senat erwirkt, daß der Zoll, den Metellus *(im Krieg gegen Sertorius)* ihr auferlegt hatte, erlassen wurde. Auch habe ich als Vertreter Südspaniens viele eurer Gesandtschaften beim Senat eingeführt und mir durch Besorgung von Rechtsgeschäften für einzelne Gemeindeverwaltungen eine große Anzahl Feinde gemacht. Als Konsul ... habe ich die Wohlfahrt des Landes nach Kräften gefördert."

Die Behauptungen in dieser Rede dürften den Tatsachen entsprechen. Gegenüber den Galliern Oberitaliens verhielt sich Caesar ebenso. Es steht fest, daß er sich durch sein Eintreten für beide mächtige Feinde in Rom machte. Natürlich ließ er sich seine Wohltaten gehörig bezahlen. Deshalb blieben es aber doch Wohltaten. Sueton behauptet, Caesar habe in Spanien befreundete Stämme und solche, die freiwillig ihre Unterwerfung anboten, ausgeplündert. Dies ist mindestens zum Teil Klatsch, wie so vieles bei Sueton. Gewiß hat Caesar für seine Kasse gesorgt und ist dabei nicht so zartfühlend vorgegangen wie Cicero in Cicilien. Wenn jedoch der Hauptzweck der Provinzialverwaltung darin bestand, dem von Jahr zu Jahr wechselnden römischen Gouverneur die Bezahlung seiner Schulden zu ermöglichen, so hat Caesar seine Aufgabe in Südspanien verfehlt; seine Schulden waren zu hoch für diese unbedeutende Provinz. Man darf unterstellen, daß er nach der Rückkehr in Rom etwas von seinen Schulden abzahlte, aber in dem Feldzug gegen die noch nicht unterworfenen Lusitanier, den er unternahm, war nicht viel zu holen, und er hatte schon damals höhere Ziele, als zehn lumpige Millionen Sesterzen mehr oder weniger abzuzahlen.

Das Triumvirat

Noch von Spanien aus leitete Caesar seine Bewerbung um das Konsulat für das Jahr 59 ein, und zwar so, daß sie ihn nichts kostete. Er verband sich mit einem anderen Bewerber, Lucceius; dieser übernahm die Kosten, Caesar die politische Durchführung der Wahlkampagne. Sie gelang nur halb. Die Senatspartei bot alles auf, damit Caesar, wenn überhaupt, nur allein durchkäme, und wirklich wurde an Lucceius' Stelle Marcus Calpurnius Bibulus gewählt, der schon 65 als Aedil und 62 als Praetor Caesars Kollege gewesen war und beim Senat in dem Ruf stand, ihn bremsen zu können. Als Konsul mißlang ihm das, die Witze darüber sind bis auf uns gekommen. Man pflegte nicht in der offiziellen Form vom Amtsjahr des Julius und Calpurnius zu sprechen, sondern von dem des Gaius und Julius (*(Gaio Julio consulibus)*.

Von den Verbündeten im Jahre 70 spielten die Ritter in Caesars Konsulatsjahr nicht wieder mit; sonst herrschte die damalige Harmonie, wenigstens äußerlich. Allerdings waren Pompejus und Crassus nur widerwillig an einen Tisch zu bringen. Aber keiner von beiden hatte seine politischen Zwecke erreichen können, solange jeder für sich vorging, insbesondere war jeder mit einem Ackergesetz gescheitert. Crassus war intelligent genug einzusehen, daß seine und Caesars unangefochtene Führung in der Volksversammlung nicht genügte, und daß ein hinreichender Teil des Senats nicht ohne Mitwirkung der größten Finanzmacht, Pompejus, zu bestechen war. Dessen Hochmut war wenigstens für den Augenblick gemildert durch die Ablehnung, die er vom Senat erfahren hatte. Er war so blamiert, daß er jede Hilfe annahm, sogar die des Crassus. Der große *Pompejus unterwarf sich Caesars Führung;* es entstand das sogenannte *Triumvirat*.

Die Führung hatte Caesar, Pompejus erschien den Zeitgenossen als sein Klient. Sehr scharf und bitter äußert sich in diesem Sinne Cicero, und er mußte es wissen, denn er war die einzige wirkliche Opposition, wenngleich er sie nach einem Widerstandsjahr nur noch privatim äußern konnte, beispielsweise in den Briefen, die sich erhalten haben. Ciceros Opposition hing damit zusammen, daß auch seine Hintermänner, die Ritter, Opposition markierten. Als Caesar sein Konsulat antrat, lagen sie seit mehr als einem Jahr im Zwist mit dem Senat um *die Herabsetzung* der angeblich überhöhten *Steuerpacht in Kleinasien.* Caesar verschaffte den „unglücklichen" (so Cicero in seinen Briefen) Steuerpächtern den jahrelang erflehten Nachlaß, aber sie wußten ihm keinen Dank. Voll Freude berichtet Cicero von einer Demonstration der Ritter im Theater für Caesars Gegner Curio. Der von Caesar in Spanien eingeführte Schuldnerschutz konnte ihm nicht verziehen werden, mindestens nicht schon nach einem vereinzelten Akt der Besserung.

Als Konsul und Chef des Triumvirats brachte Caesar mehrere Gesetze durch, die in den Augen der Senatspartei und Ciceros empörend waren: zwei Ackergesetze zur Ansiedlung von Pompejus' Veteranen sowie einer Anzahl römischer *proletarii*, die Bestätigung von Pompejus' Anordnungen im Vorderen Orient, endlich die *Verteilung der Provinzen vom Jahre* 58 *ab. Er selbst erhielt* durch Gesetz auf fünf Jahre Illyrien, Gallia Cisalpina (Oberitalien) und *Gallia Narbonensis* (Südfrankreich) – mit der Narbonensis verschaffte er sich den *lukrativen Krieg*, den er zur Begründung einer militärischen und finanziellen Hausmacht benötigte. Dagegen verzichteten er und seine beiden Kompagnons auf das langgehegte Projekt gegen Ägypten. Aus diesem Verzicht schlugen sie beträchtliches Kapital. Gegen ein Honorar, dessen Höhe und Bedingungen nicht bekannt sind, erwirkten sie beim Senat die Anerkennung König Ptolemaios' XIV., den seine treuen Untertanen verjagt hatten.

Ohne unmittelbare Bedeutung war die von Caesar beantragte und durchgesetzte *lex Julia de repetundis*, die Provinzgouverneuren die Annahme von Geschenken von mehr als insgesamt 10000 Sesterzen verbot und die Strafbestimmungen gegen offizielle Erpressungen in den Provinzen verschärfte, insbesondere deren Verjährung aufhob. Nach dem Bürgerkrieg zeigte sich, daß dieses Gesetz nicht als bloßes Papier gemeint war. *Sallust*, den Caesar als Gouverneur von Neu- Afrika (Ost-Algerien) eingesetzt hatte, wurde *dieses Amtes wegen Epressung enthoben*.

Im Jahre 61 hatten sowohl Caesar als auch Pompejus ihre Frauen verstoßen. Während seines Konsulats verheiratete Caesar seine geliebte Tochter

Julia mit Pompejus. Solange sie lebte, hatte sie entscheidenden Einfluß auf ihren Mann. Erst nachdem sie 54 v. Chr. im Wochenbett gestorben war, wandte sich Pompejus gegen seinen jungen Schwiegervater.

Durch die beiden *ersten Kriegsjahre in Gallien* befreite sich Caesar von der *Hauptmasse seiner Schulden*. Vielleicht um den Pompejus auch weiter für sich zu interessieren, ließ er bei diesem einen Schuldposten stehen, der im Verhältnis zu dem Milliardenvermögen beider nicht erheblich gewesen sein kann. Auf diese Schuld spielt Cicero in einem Brief an Atticus vom Februar 50 v. Chr. an:

> „Habt ihr wirklich dem Caesar ... 50 Talente *(etwas über 1,3 Millionen Sesterzen)* abgejagt? Damit habt ihr euch dem Pompejus schlecht empfohlen. Er meint, ihr hättet ihm sein Geld fortgeschnappt. Caesar werde um so mehr bedacht sein, die Bauten auf seiner Villa in Aricia *(in den Albanerbergen)* zu vollenden."

Dies war Ironie. Cicero hatte Einblick in Caesars Vermögenslage, besonders in seine Grundstückskäufe und Bauten; er wußte, wie geringfügig im Vergleich damit eine Schuldrückzahlung von 1,3 Millionen oder die Bauten auf einem einzelnen Landsitz waren.

Prominentenkauf

Das Triumvirat von 59 war auf Dauer berechnet. Doch kaum hatte sich Caesar als Prokonsul nach Gallien begeben, so flammte der *Zank zwischen Pompejus und Crassus* wieder auf. Caesar benutzte nach Möglichkeit jeden Winter, um die Einigkeit wiederherzustellen. Dies geschah beispielsweise auf der Gipfelkonferenz von Luca, April 56. Dort verabredete man, Caesars Prokonsulat über Gallien um weitere fünf Jahre zu verlängern. In Luca zeigte sich zum ersten Mal, daß er reich war im Sinne von Crassus' Definition: reich sei nur, wer aus seinem Vermögen ein Heer besolden könne. Im Jahre 59 führte Caesar die Dreimännerfirma nur durch seine geistige Überlegenheit; seit Luca trat er auch *finanziell gleichrangig* neben seine Partner.

Wie erwähnt, kamen 200 Senatoren nach Luca, um ihre Bestechungssummen bei Caesar abzuheben. Freigebig streute er rechts und links im Senat Darlehen aus, deren Wirkung sich indes als wenig dauerhaft erwies. Denn als sich Pompejus in den Jahren 51/50 mit der Senatspartei gegen Caesar verbündete, folgten Caesars Pensionäre fast sämtlich ihrem Standesinstinkt und stellten sich gegen ihn: beispielsweise Cicero, namentlich aber Pompejus' letzter Schwiegervater Publius Metellus Scipio, der bei Thapsus die letzte Senatsarmee gegen Caesar befehligte.

Von den politischen Gegnern, die Caesar in den Jahren 56-60 zeitweise durch Darlehen neutralisierte, war *Cicero* mit 800 000 Sesterzen *die billigste*, der Konsul *Lucius Aemilius Paullus* mit annähernd 40 Millionen Sesterzen *die kostspieligste Acquisition*. Das Darlehen für diesen wurde nicht für die normalen Zwecke der Verschwendung gewährt, sondern zur Verschönerung der Hauptstadt, für den Neubau der *Basilica Aemilia* am Fischmarkt *(Piscarium)*, dicht neben Caesars eigenen Erweiterungsbauten für das Forum.

Das Darlehen an Cicero behandelt Caesar äußerst vornehm. Er mahnte nicht einmal die Zinsen, deren Bezahlung Cicero zu vergessen pflegte. Er spielte nie darauf an, wenn er von Cicero politische Dienste erbat. Bei Ausbruch des Bürgerkrieges fühlte sich Cicero durch das Darlehen geniert und hätte es gern zurückgezahlt, um moralisch frei zu sein. Seinem Freunde Atticus wäre es ein leichtes gewesen, ihm mit dieser, für ihn bescheidenen Summe auszuhelfen, aber er war schwerhörig für Ciceros briefliche Winke mit dem Zaunpfahl.

Caesar wußte, daß *Cicero integer* und ein Mann von Grundsätzen, also nicht einfach mittels einer Handsalbe in den Clan der Caesarianer einzugliedern war. Cicero hatte eine Sonderstellung: er war im Senat als Vertrauensmann der Steuerpächter und damit, wie er meinte, der ganzen Ritterschaft; das republikanische Ideal, das er vertrat, war das einmütige Zusammenwirken von Senatoren und Steuerpächtern in der Ausplünderung der Untertanen, gemildert durch Achtung vor dem Gesetz und ein bescheidenes Maß von Humanität. Demnach war er *nur Verbündeter, nicht Angehöriger der Senatspartei* und hatte in dieser keinen nennenswerten Einfluß. Immerhin besaß er einen geachteten Namen und war durch seine Mittelstellung *zur Vermittlung geeignet*, in gewissem Maß auch bereit. Als nach Ausbruch des Bürgerkrieges die meisten Senatoren zu Pompejus nach Mazedonien gingen, hätte es Caesar gern gesehen, wenn sich Cicero an den Beratungen des Rumpfsenats beteiligt und dessen Ansehen dadurch gehoben hätte. Nach einigem Schwanken erklärte sich Cicero dazu bereit, bedang sich aber das Recht zur Opposition aus. Caesar verzichtete auf Ciceros störende Beiträge, und dieser floh zu Pompejus. Caesar mochte es nicht unlieb sein, einen möglichen Vermittler in dessen Lager zu wissen.

Indirekt hatte Ciceros Opposition den Anlaß zu Caesars Darlehen an ihn geliefert. Als nahezu einziger namhafter Politiker neben Leuten wie Marcus Porcius Cato, die Narrenfreiheit genossen, hatte sich Cicero im Jahre 59 dem Triumvirat widersetzt. Dafür ließen die Triumvirn den Sturmbannführer Clodius auf ihn los, dessen innige Feindschaft sich Cicero zugezogen hatte. Cicero ließ sich einschüchtern, floh vor Clodius' Sturmabteilungen aus Rom und wurde in aller Form verbannt. Clodius ließ Ciceros Stadhaus und die Bauten auf Ciceros Landsitzen bei Rom abreißen, das Grundstück des Stadthauses stiftete er für einen Tempel.

Als Cicero nach einjähriger Abwesenheit im Jahre 58 zurückkehrte, wurden ihm von Staats wegen Wiederaufbauzuschüsse für seine Häuser bewilligt: für das Stadthaus zwei, für das in Tusculum (bei Frascati) eine halbe, für das in Formiae eine Viertelmillion Sesterzen. In seinen Briefen bezeichnet Cicero den Zuschuß als schäbig, denn die wirklichen Baukosten waren höher. Zur Deckung des Fehlbetrags *entlieh* er die erwähnten 800000 Sesterzen bei Caesar.

Dieser gab ihm auch Provisionen zu verdienen: Cicero betätigte sich als Agent bei Caesars Grundstückskäufen. Bürgerschaft und Verkehr waren gewachsen, das Gedränge auf dem Forum wurde unerträglich. Caesar verlegte die Volksversammlung vom Forum auf das Marsfeld und umgab den neuen Versammlungsplatz, statt der herkömmlichen Holzschranken, mit einem überdachten Säulengang von nahezu 1500 m Länge, den *Saepta Julia*. Nördlich an das alte Forum anschließend legte er sein neues *Forum Julium* an und erbaute darauf einen *Tempel* für die Stammutter des Julischen Geschlechts, die *Venus Genetrix* (Erzeugerin, Mutter). *In diesen Tempel und auf sein neues Forum verlegte er die Börse*, die bis dahin in und um den Kastortempel getagt hatte.

Die *Privatgrundstücke* für sein neues Forum *kaufte Caesar* während des Gallischen Kriegs *freihändig auf*, und zwar *durch* seinen Bankier *Oppius* sowie *durch Cicero*. Schon im Jahre 54 rühmt sich Cicero in einem Brief, er und Oppius hätten bereits für 60 Millionen Grundstücke gekauft; anderen Schriftstellern zufolge ist Caesars Ausgabe allein für das Terrain auf 100 Millionen Sesterzen gestiegen. Ferner traf Caesar Vorbereitungen, um eine geräumige Basilika als Verhandlungslokal für die Gerichte zu erbauen.

Vermittels der Grundstücksprovisionen wurde Cicero an einem silbernen und doch honorigen Band gehalten. Zum gleichen Zweck bot ihm Caesar vor Beginn des Gallischen Krieges an, ihn als Legaten (General) mitzunehmen und ihn so den Verfolgungen des Clodius zu entziehen. In den Jahren 54/53 beschäftigte er wenigstens Ciceros jüngeren Bruder Quintus als Legaten. In Caesars Kommentaren wird an Quintus Cicero eine verdeckte, aber unmißverständliche Kritik geübt. Nachdem eine von Quintus befehligte Rekrutenlegion nur knapp der Vernichtung entronnen war, wird er in Caesars Kommentaren nicht mehr erwähnt. Ciceros Briefe an seinen Bruder nach Gallien waren indirekt für Caesar bestimmt.

Als Machtausgleich gegen Caesar hatte sich Pompejus im Jahre 55 die beiden Provinzen Spanien verschafft und hielt dort sieben Legionen. Als er sich in den Jahren 53-50, anfangs zögernd, zuletzt unversöhnlich gegen Caesar stellte, hielt er seine auf Spanien, die Ostmittelmeergebiete und dazu Italien gestützte Stellung für so stark, daß er glaubte, Caesar zur Entlassung seiner Truppen und zum Verzicht auf seine Provinzen zwingen zu können, das heißt zur vollständigen Unterwerfung. Er suchte den Kampf und hatte dabei die Senatsmehrheit hinter sich, mit Einschluß von Caesars Pensionären.

Dieser bestellte bei seinen Finanzagenten Oppius und Balbus *neue Pensionäre*. In Ciceros Briefen aus Cilicien an seinen jüngeren Freund Caelius wird besprochen und belacht, daß sich ausgerechnet ihr gemeinsamer Freund *Curio* von Caesar hat kaufen lassen, derselbe, dem auf Caesars Kosten im Theater, Juli 59, von den Rittern jene Ovation dargebracht wurde, über die sich Cicero so freute. Noch kurz zuvor hatte Cicero dem Curio anläßlich seiner Wahl zum Volkstribunen einen Glückwunsch mit weisen Ratschlägen übersandt. Einige Monate später stellt Caelius in einem Brief an Cicero Betrachtungen darüber an, im Bürgerkrieg müsse man bedacht sein, auf der stärkeren Seite zu stehen – *auch er war von Caesar gekauft*.

Wieviel Caesar an diese neuerworbenen Gefolgsleute wandte, steht nicht fest. Für Curio schwanken die Angaben zwischen 10 und 60 Millionen, aber es heißt auch ausdrücklich, Curio habe mehr gekostet als die 40 Millionen, die der Konsul Aemilius Paullus erhalten hatte. Jedenfalls hat Caesar die Schulden des Curio gedeckt, und bei dessen unternehmendem Charakter mögen sie 60 Millionen betragen haben.

Caelius war weniger tüchtig und unternehmend. Der Preis, den er erzielte, deckte seine Schulden nicht, aber er tröstete sich mit der Aussicht auf Ächtungen im nahenden Bürgerkrieg. Zu seiner herben Enttäuschung erließ Caesar keine Ächtungen und gewährte auch sonst in Italien keine Gelegenheit zum Plündern oder Stehlen. Daher versuchte er, als von Caesar eingesetzter Praetor, in Rom auf eigene Faust Politik zu machen, wurde seines Amtes enthoben, zettelte in Süditalien einen Aufstand gegen Caesar an und wurde wie ein Räuber totgeschlagen.

Auch Curio fand ein rasches und gewaltsames Ende, aber honorig und als tapferer Mann. Durch das Jahr 50 hindurch hatte er als politischer Vertreter Caesars in Rom eine Entschlossenheit, Gewandtheit und Erfindungsgabe an den Tag gelegt, die seines Meisters würdig war. Caesar brachte ihm daher so hohe Wertschätzung entgegen, daß er ihn an die Spitze einer selbständigen Armee stellte, mit der Curio nach Afrika ging. Dort legte er unbestreitbare Beweise auch von militärischer Begabung an den Tag, aber seine Erfolge machten ihn unvorsichtig, und ungenügend vertraut mit den Tücken des Steppen- und Wüstenkrieges, ging er mit seiner Armee zu Grunde.

Caesars Villen

Caesars Ausgaben für politische Zwecke, einschließlich Verschönerung der Hauptstadt, übertrafen alles Dagewesene. Dagegen blieben seine Privatausgaben hinter denen seiner aristokratischen Zeitgenossen weit zurück. Seine letzte Frau holte er aus einem Haus von schlichtem Stil. Sein letzter Schwiegervater, Lucius Calpurnius Piso Caesoninus, unterließ die bei Senatoren übliche Protzerei so vollständig, daß ihm Cicero in seiner Senatsrede gegen Piso, einem Prachtstück hemmungsloser Schmähung, die Bescheidenheit seiner Tafel vorwarf. Piso hatte ähnliche Geschäftsmethoden wie Crassus: kein nutzbringender Erwerb war ihm zu schmutzig, aber außer Raub, Wucher und Erpressungen neigte er zu intensiven, insbesondere industriellen Methoden. Parrains Deutung Caesars knüpft daran an, daß dieser Zeit seines Lebens in nahen Beziehungen zu Männern stand, die sparten, um industrielles Kapital zu bilden.

Daß Caesars Privathaushalt bescheiden war, zeigt handgreiflich sein Grundbesitz. Entgegen Bert Brechts Roman hat sich Caesar kaum mit Grundstücksgeschäften befaßt, außer um die römische City aufzulockern und zu verschönern. Bei seinem Tode besaß er in der Stadt Rom die *Amtswohnung als Pontifex Maximus*, in der er residierte, sowie *jenseits des Tiber* am Janiculus *einen Park mit kleinem Schloß* – dort wohnte Cleopatra bei ihren beiden Besuchen – und außerhalb Roms *drei Landsitze (villae)*, davon zwei in den Albanerbergen und einen bei Bajae am Golf von Neapel.

Das ist geringfügig nicht nur neben den kleinen Herzogtümern des Pompejus und Ahenobarbus, sondern selbst neben dem Grundbesitz des Cicero, der doch nicht reich im Sinn von Crassus' Definition war. Cicero konnte von Rom aus südlich längs der Küste in sehr gemächlichem Tempo bis jenseits Neapel reisen und überall unter eigenem Dach übernachten, wenn nicht auf ausgedehnten Landsitzen, dann wenigstens in herrschaftlichen Rasthäusern.

Die *villae*, die Caesar und Cicero in den Albanerbergen und an der Küste besaßen, waren nicht Villen in unserem Sinn, sondern etwa *Rittergüter, die von einem Hof aus bewirtschaftet wurden.* Auf diesem Hof befanden sich ein schloßartiges Wohngebäude für den Besitzer, Sklavenkasernen, Wirtschaftsgebäude und Werkstätten, worin der Betrieb seinen industriellen Eigenbedarf größtenteils selbst erzeugte, von Woll- und Leinentüchern bis zu eisernen Pflügen, Fahrzeugen, Möbeln, ganz wie zu Zeiten des göttlichen Dulders Odysseus.

In Modeorten wie den Albanerbergen und am Golf von Neapel mochte der Wirtschaftsbetrieb Nebensache, Wohngebäude und Park die Hauptsache sein. Geräumige Empfangs- und Speisesäle, Statuen im Park und den Gemächern, Gemälde in der Bibliothek, Säulengänge, Wandelhallen, Lande- und Badeplätze am Strand: so hat man sie sich vorzustellen.

Als Beispiel seien *Ciceros Häuser und Güter* aufgezählt. Anfangs besaß er nur die ererbte, väterliche Villa in Arpinum, die er später seinem Bruder Quintus abtrat. Auf dem Weg dahin mußte er in *Anagnia* (Anagni) bei Fremden übernachten; um das zu vermeiden, erwarb er dort ein Rasthaus, das er auch nach der Abtretung der Villa in Arpinum behielt.

In Rom kaufte er für 4 1/2 Millionen Sesterzen ein *Haus auf dem Palatin*, in den Albanerbergen seine berühmte Villa in *Tusculum* (Frascati), an der Küste in fortlaufender Kette sieben Villen bei *Antium* (Anzio), *Astura*, *Formiae*, *Minturnae*, *Cumae*, *Puteoli*, *Pompeji*, ferner Rasthäuser und kleinere Villen an den Hauptstraßen in Latium in *Atina*, *Frusino* (Frosinone), *Lanuvium*, *Sinuessa*. Im Vergleich damit war der Grundbesitz des Milliardärs Caesar unerheblich.

Bis zum Jahre 63 wohnte dieser in dem einfachen, väterlichen Haus im Stadtteil Subura. Dann bezog er als *Pontifex Maximus* die mit diesem Amt verbundene Dienstwohnung. Sein Vaterhaus dürfte er verkauft haben, worauf Bert Brecht anspielt. Als Eroberer Galliens kaufte er das Gelände jenseits des Flusses, wo er den Park anlegte. Testamentarisch vermachte er diesen Park dem römischen Volk. Im Süden spielt sich mehr als bei uns das Leben auf der Straße ab, und für die Mieter von Crassus' Wohnhöhlen war es unschätzbar, sich aus dem Staub und der Sonnenglut der Straßen unter die hohen Bäume eines Parks zu retten: begreiflich daß Marcus Antonius durch die Mitteilung solcher Legate seine „Freunde, Römer und Landsleute" zur Empörung gegen die Caesarmörder hinzureißen vermochte.

Die auf Caesars Anordnung auf der Villa in Aricia errichteten Gebäude genügten dem Geschmack des Bauherrn nicht. Er ließ sie abreißen und neu aufführen; bei seinem Sklavenbestand machten ihm die Baukosten nichts aus. Das sind die Bauten, auf die Cicero in dem erwähnten Brief an Atticus anspielt.

Sonstige Ausgabeposten

Wie nachmals *Napoleon* ließ *Caesar* seine *Truppen auf Staatskosten ausheben, ausrüsten, versorgen, besolden; die Beute steckte er selbst ein.* Aber ihre gewaltigen Ausmaße überstiegen die Grenze eines Privatvermögens. Napoleon steckte die in seinem Hausvermögen zusammenkommenden Kontributionen besetzter Gebiete und besiegter Staaten in's Kriegsgeschäft, wo sie in Rauch aufgingen. Caesar investierte seine Milliarden in politischer Macht, hauptsächlich indem er sie beim Triumph verteilte. Solange seine Truppen unter Waffen standen, kosteten sie außerordentlich wenig. Die Hauptkosten der Armee erwuchsen bei ihrer Entlassung, wenn jeder Soldat seine Triumphgratifikation aus der Kasse des Feldherrn, und anschließend auf Staatskosten Siedlungsland als Bauer bekam.

Die im Dienst befindlichen Truppen kosteten den Staat wenig, den Feldherrn gar nichts. Am kostspieligsten waren Waffen und Rüstung, die bei der Aufstellung eines Truppenteils beschafft werden mußten. Die *Mannschafts-* und Material*verluste* waren *unwahrscheinlich niedrig.* Im Lauf eines Jahrzehnts ununterbrochener Kriegsführung schmolz eine Legion nur etwa auf halbe Stärke zusammen. Die Geringfügigkeit der Verluste verdankte man einer bei anderen Völkern nie erzielten Wirksamkeit der Schutzwaffen und Verschanzungen sowie einem sinnvollen Exerzierreglement. In der Geringfügigkeit der Verluste lag eine Hauptursache der unausgesetzten Siege über nichtrömische Heere; sie hielt überdies die Heereskosten niedrig. Der größte laufende Kostenfaktor war die Verpflegung, die hauptsächlich aus Getreidekörnern bestand. Alle halbe Monate wurde Getreide auf 17 Tage ausgegeben, pro Tag und Kopf 1250 g, möglichst Weizen. Am ersten Marschtag schleppte jeder Legionär 21,25 kg Körner auf dem Rücken, fast einen halben Zentner, außerdem noch Waffen, Schanzzeug, Zelt. Nie in der Geschichte war eine Infanterie so schwer bepackt. Der Troß wurde rigoros beschränkt. Als Offiziere der berühmten zehnten Legion bei der Überfahrt nach Afrika im Jahre 46 mehr als das vorgeschriebene Gepäck mitführten, jagte sie Caesar mit Schande vor versammeltem Offizierkorps davon.

Kosten für Caesars Privatkasse verursachte das Heer während des Krieges fast nur durch außerordentliche Belohnungen. Beispielsweise gewährte Caesar einer Kohorte der 6. Legion Soldverdoppelung und verbesserte Verpflegung und einem ihrer Centurionen, Scaeva, 200 0000 Sesterzen Barauszahlung. Diese Kohorte hatte vor Dyrrhachion (Durazzo, Frühjahr 48) eine Schanze gegen vier von Pompejus persönlich geführte Legionen sowie Massen von leichter Infanterie gehalten, eine mindestens fünfzigfache Übermacht. Scaevas Schild wies 120 Pfeiltreffer auf, vier Centurionen hatten beide Augen verloren, kein Mann der Kohorte war unverwundet. Für Caesars Etat schlugen solche Belohnungen kaum zu Buch, zudem wurden sie durch Strafen aufgewogen, die er für Meuterei und Ungehorsam verhängte, und die auf Kürzung der Triumphgratifikation hinausliefen.

Gering waren auch die Geldrücklagen, die Caesar beim Triumph im Staatsschatz und seinem Privatvermögen zurückbehielt: 600 beziehungsweise 100 Millionen Sesterzen. Vergleicht man das zurückgehaltene private Barvermögen mit den 60 Millionen, die allein für Curios Sanierung ausgegeben worden waren, so wirkt es sehr bescheiden. Caesar genügte es, unbeschränkt über den Staat zu verfügen.

Soziale Stabilisierung

Den überwältigenden Eindruck seiner Triumphspenden auf das „römische Volk" benutzte Caesar, um die Anzahl der Unterstützungsempfänger von 320 000 auf 150 000 zu verringern. Die ausgesteuerten 170 000 *proletarii* wurden als Bauern angesiedelt; anderenfalls wäre die durchgreifende *Verminderung der Unterstützungsempfänger* unmöglich gewesen.

Die laufende Getreideverteilung an die hauptstädtischen Unterstützungsempfänger war der Hauptausgabeposten des römischen Staatshaushalts. Cicero bezeichnete daher die Unterstützungsempfänger als *Staatsblutsauger.* Das war ganz richtig. Denn die von ihm vertretenen Blutsauger, die Senatoren und vor allem die Steuerpächter, sogen Blut nicht aus dem römischen Staat, sondern unmittelbar aus den Reichsuntertanen, anders ausgedrückt aus den Provinzen. Caesars Verbrechen in den Augen der Republikaner war, daß er auch diese, die eigentliche Blutsaugerei zu mildern suchte.

Da der wichtigste Ausgabeposten des römischen Staates mehr als halbiert wurde, konnte Caesar die Abgaben der Provinzen entsprechend mildern. Vor allem begann er die Erhebung der Abgaben *von der Steuerpacht,* die auf offene Plünderung hinauslief, auf eine schonende Form der Erhebung umzustellen: *auf feste „Tribute"*, die von den eigenen Behörden jedes Stammes eingezogen und abgeliefert wurden. Den Anfang machte er damit in Gallien. Kurz vor seinem Tode hob er in den Provinzen Asia (westliches Sechstel von Kleinasien) und Judaea die verpachteten Zehnten und Zölle auf und ersetzte sie durch Tribute. Infolge seiner Ermordung wurde diese Anordnung nicht ausgeführt, beiden Provinzen blieben daher die räuberischen Vollzugsbeamten erhalten, die *Zöllner*, die im Neuen Testament *Gegenstand des allgemeinen Hasses* sind. Dem „römischen Volk" entzog er die Beamtenernennung. Damit entfielen die Bewerbungskosten und die Notwendigkeit für die Beamten, diese Kosten durch Plünderung der Provinzen zu decken.

Oft und von den verschiedensten Standpunkten ist das Römerreich überhaupt, und insbesondere die Gesellschaft der römischen Kaiserzeit idealisiert worden. Den Barbaren, das heißt hauptsächlich den Germanen, hat man die Zerstörung dieser angeblich blühenden Zivilisation zum Vorwurf gemacht. Dabei hat man den extrem *parasitischen Charakter der spätrömischen Gesellschaft* übersehen, den Caesar zwar zu mildern versuchte und in gewissem Umfang tatsächlich gemildert, aber doch nicht aufgehoben hat. Zu seinen Zeiten verkörperte sich der Parasitismus vornehmlich in den senatorischen Beamten und den Steuerpächtern. Ihre maßlosen Erpressungen hätten das Reich in kurzer Zeit gesprengt, hätte Caesar sie nicht gemildert.

Als Caesars historische Leistungen werden die Begründung der römischen Universalmonarchie und die Gewinnung der Rheingrenze betrachtet. Beides wäre nicht von Dauer gewesen ohne die von ihm gebrachte Milderung des Abgabendrucks. Nur diese Steuererleichterung hat die *Pax Romana* ermöglicht und dazu geführt, daß die bis dahin von den Römern nur verheerten Provinzen zu einer wirtschaftlichen und kulturellen Einheit zusammenwuchsen, daß sich von Spanien bis Rumänien noch heute die Einheit der romanischen Sprachen, und von Cadiz bis Paderborn, Budapest und Tarent die Einheit des katholischen Glaubens spannt.

Der *Parasitismus* blieb. Mit erdrückendem Gewicht lastete er *auf den Sklaven*, die zu niedrigen Preisen durch das ganze Reich verkauft, und wenn sie Pech hatten, als Bergleute in den Gruben totgeschunden oder als Gladiatoren auf dem Theater totgeschlagen wurden. Allerdings war Gallien das letzte Land, wo die Römer eine lohnende Sklavenjagd abhalten konnten. Das Reich dehnte sich nicht mehr nennenswert aus, *der Sklavennachschub versiegte*, der Wert der Sklaven stieg, ihre Behandlung wurde besser. Schließlich hoben die Eigentümer der *villae* ihre Sklavenkasernen auf und siedelten die bisherigen Sklaven als hörige Bauern in genossenschaftlich, mit Flurzwang, organisierten Dörfern an. Als Hörige waren die nunmehrigen Bauern „an die Scholle gebunden", zu Naturalabgaben und Fronarbeiten verpflichtet, zwar keine Leibeigenen mehr, aber im Gegensatz zu freien Bauern von der Heeresfolge befreit, also auch nicht Mitglieder der Volksversammlung. Die neuen Dörfer wurden nach ihren Stiftern benannt, also im französischen Sprachgebiet beispielsweise Hannonville, Bruville, Vionville, Tronville, Rezonville, Verneville, Plappeville und Amanvillers, im deutschen Sprachgebiet Rottweil, Badenweiler oder Rappoltsweiler. Den Wandel der spätrömischen Gesellschaft zur Feudalgesellschaft hat *Fustel de Coulanges* aufgedeckt; *Dopsch* hat Fustels Betrachtungsweise auf das außerrömische Mitteleuropa angewandt und gezeigt, wie hier die Feudalgesellschaft aus freien Bauernschaften hervorgegangen ist. Daß Dopsch jahrzehntelang in Deutschland nicht verstanden wurde, lag daran, daß er bei seinen Lesern die Kenntnis Fustels voraussetzte. In Deutschland wurde jedoch nur dessen *Cité Antique* gelesen.

Im letzten Jahrhundert der römischen Republik und im Kaiserreich lastete ein furchtbarer Druck auch auf der verarmten freien Bevölkerung, mochte sie um den Preis härtester Entbehrungen ihren bäuerlichen oder handwerklichen Betrieb behaupten oder als *proletarii* von Haus und Hof gejagt sein und „nicht haben, wohin sie ihr Haupt legte". Moralisch schlimmer als Armut und Entbehrungen war aber die entwürdigende Notwendigkeit, vor den Blutsaugern zu kriechen, das Fehlen jeder Hoffnung auf bessere Zeiten, kurz die trostlose Existenz im Diesseits. Darin lag das Motiv, auf Erlösung und ein besseres Jenseits zu hoffen. Diese Hoffnung wurde für Proletarier und Sklaven Zentrum einer neuen Massenreligion.

Die Degradierung in einer Gesellschaft wie der spätrömischen wirkt keineswegs nur von oben nach unten, sie wirkt mit nicht geringerer Kraft von unten nach oben. Auch die herrschenden Klassen der römischen Kaiserzeit empfanden sie und verliehen ihr Ausdruck in der spätantiken Stoa. Sie verrieten damit ebenfalls ihre *Bereitschaft für das Christentum.*

Mittelbar mag Caesar das Elend der „proletarischen" Massen außerhalb Roms gemildert haben. Unmittelbar bezweckte er, die besitzenden Schichten der Provinzbevölkerung vor der Ausplünderung durch die hauptstädtischen Senatoren und Steuerpächter zu schützen, sie darüber hinaus am römischen Bürgerrecht zu beteiligen und zu Mitträgern der politischen und kulturellen Einheit zu machen. In zweiter Linie wollte er auch, wo noch vorhanden, die Bauernschaft erhalten, denn ihr entnahm er seine Rekruten. *Bei den Historikern können Sie das nicht ohne weiteres erkennen.* (Brecht)

Daß Caesar mehr als jemand sonst zu der romanisch-katholischen Kultureinheit beigetragen hat, ist im allgemeinen Bewußtsein geblieben und fand darin Ausdruck, daß sein Name den Träger der höchsten Gewalt bezeichnete, im deutschen Lautwandel als „*Kaiser*", im russischen als „*Zar*"; beide verschwanden erst zu Beginn unseres Jahrhunderts. Wie er aber zu Werke gegangen ist, und welch entscheidenden Anteil sein geschäftliches Vorgehen hatte, hat niemand gesehen, auch nicht *Brecht* in seinen *Geschäften des Herrn Julius Cäsar.* Ohne Caesars wirkliche Geschäfte residierte schwerlich noch heute in Rom eine Instanz, deren Amtstitel schon Caesar führte: der Pontifex Maximus.

Dieser feiert demnächst das Halbjahrtausend der römisch-katholischen Mission in der Neuen Welt, die ebenso mit Genocid verbunden war und ist wie Caesars gallischer Krieg. Davon im nächsten Kapitel.

4

COLUMBUS

Wer hat Amerika entdeckt?

„Man leugnet zuvörderst die Entdeckung selbst oder die Richtigkeit der Wahrnehmung; späterhin leugnet man ihre Wichtigkeit, endlich ihre Neuheit. Dies sind die drei Stufen des Zweifels, welcher – wenigstens auf einige Zeit – den durch Anwandlung des Neides hervorgerufenen Ärger mindert und verscheucht."

So *Alexander v. Humboldt (Kritische Untersuchungen)* über die mangelnde Anerkennung, die Columbus zu seinen Lebzeiten fand.

Denn wirklich ist Columbus 1506 in nahezu völliger Vergessenheit gestorben. Im folgenden Jahre wurde (Süd-)Amerika nach einem Entdecker zweiten Ranges benannt, und wieder ein Jahr später, 1508, nahm Columbus' Sohn Diego seine Zuflucht zu den Gerichten, um zu beweisen,

1. sein Vater Christoph habe die „Neue Welt" entdeckt;
2. niemand sonst habe einen ähnlich entscheidenden Anteil an der Entdeckung;
3. die dem Christoph Columbus zugesicherten Urheberrechte an der Entdeckung bestünden demnach zu Recht und gehörten dem Kläger als Erben.

Diese Urheberrechte waren allerdings bedeutend, und der Neid auf sie geeignet, Ärger hervorzurufen. Vor der Ausreise 1492 hatte sich Columbus zusichern lassen:

1. Ein Fünftel des Nettoertrages an Edelmetallen, Juwelen und sonstigen Welthandelswaren in den von ihm zu entdeckenden Gebieten;
2. die erbliche Verwaltung und Gerichtsbarkeit über sie und über den Seehandel mit ihnen;
3. den erblichen Adel („Don Cristobal Colón") nebst dem Admiralstitel.

Columbus' Entdeckungen begannen auf einer Linie, die sich von Trinidad zu den Bahamas erstreckt, und reichten von Haiti-San Domingo längs der Südküste Cubas an die Ostküste Mittelamerikas von Honduras bis Panama. Sein Hauptinteresse erstreckte sich auf die Insel Haiti-San Domingo *(Hispaniola)*, denn dort gab es Gold, das er für sich selbst und für die Krone Castilien zu gewinnen suchte.

Seine Untergebenen auf der Insel waren Raubgesindel, das nur mit der eisernen Faust von Männern wie Cortez oder Magalhães in Disziplin zu halten war. Columbus fehlte eine solche Eisenfaust. Bald ging unter ihm alles drunter und drüber, und so ersetzten ihn Isabella und Ferdinand durch Persönlichkeiten, die wenigstens scheinbar mit meuterischen Spaniern fertig wurden. Auch waren die Majestäten stets knapp bei Kasse, also ungeduldig, weil sich die Anlaufzeit der Goldgewinnung länger hinzog, als Columbus versprochen hatte. Die an seiner Stelle entsandten Gouverneure legten die Hand auf seinen Besitz, behielten die ihm zustehenden Abgaben ein und schoben ihn in Ketten nach Spanien ab.

Dort wurde er den Majestäten als unerwünschter Bittsteller lästig. Er forderte die Wiedereinsetzung in seine vollen Rechte, jedoch vergeblich. Denn er hatte gegen sich:

1. Diejenigen, die sich seiner lukrativen Ämter bemächtigt hatten, samt ihren wohlgeschmierten Hintermännern bei Hofe;
2. pflichtgetreue Kronbeamte, die ihm aus Ressorteifer die verbrieften Abgaben streitig machten;
3. die Träger der Krone, denen die Regulierung seiner hohen Ansprüche nicht dringend schien;
4. den Widerspruch zwischen dem traurigen Zustand der königlichen Finanzen und der Höhe seiner Ansprüche;
5. die Landessitte, alles zu verschleppen;
6. den Makel seiner nicht-spanischen Herkunft.

Diesen Makel tilgte sein Sohn Diego durch die Heirat mit einer Prinzessin von Alba und Toledo. Gestützt auf den Einfluß dieses Hauses, bahnte Don Diego Colón eine Regelung an, durch welche die Ansprüche seines Vaters grundsätzlich anerkannt und auf ihn übertragen wurden, allerdings beschränkt hinsichtlich der Höhe der Abgaben und des Umfangs der Gebiete, von denen sie erhoben werden sollten. Columbus und seine Erben bezogen seine Rechte auf den ganzen Kontinent, dessen Entdeckung er eingeleitet hatte; die Krone erkannte Columbus' Rechte nur für diejenigen Gebiete an, die er wirklich entdeckt hatte: also für einen unerheblichen Teil der Antillen und der Ostküste von Mittelamerika. Die Spanier entdeckten bald reichere und ergiebigere Gebiete als die von Columbus selbst erschlossenen; diese verloren rasch an Bedeutung, und damit verlor sich ein Hauptmotiv, seinen Anspruch zu bestreiten; eine für ihn vorteilhafte Version der Entdeckungsgeschichte setzte sich durch.

Erschüttert wurde diese Version erst vor hundertundzwanzig Jahren durch die archivalische Erforschung seiner Herkunft und seiner ersten vierzig Lebensjahre. An dem adelsstolzen spanischen Königshof hatte Columbus etwas Hochstapelei für angebracht gehalten. Zwar bezeichnete er stets Genua als seine Vaterstadt, verschleierte aber seine Herkunft aus einer Handwerkerfamilie. Er selbst – oder was praktisch gleichbedeutend ist, die auf seinen Angaben fußenden Biographen und Historiker – schrieben ihm vielmehr eine zwar bürgerliche, aber doch vornehme Herkunft aus reicher, erst neuerdings verarmter Kaufmanns- und Reederfamilie zu. Auch soll er nach Angaben seines Sohnes in Padua studiert haben und prahlte ständig mit seiner wissenschaftlichen Bildung. Wie es um diese stand, zeigt indes schon sein originelles Latein.

Typisch ist seine briefliche Äußerung: „Ich bin nicht der erste Admiral meines Namens und meiner Familie." Hinsichtlich des Namens stimmt sie sogar. Denn die kastilische Form des Names ist *Colón*, die katalonische *Colom* oder *Colomo*, die südfranzösische *Coullon*, die italienische *Colombo*, und mancherorts ist der Name so häufig wie bei uns *Lehmann*. Und wirklich gab es 1461-82 den französischen Admiral und Seeräuber Guillaume de Casenove, der sich aus unbekannten Gründen *Coullon* nannte und auch so unterschrieb. Sein Untergebener und Nachfolger war ein Grieche aus dem Kaiserhaus der Paläologen, der nach dem Fall Konstantinopels nach Frankreich ausgewandert war, sich dort *Georg von Bissipat* nannte, aber als Coullons Nachfolger im Kommando so berüchtigt wurde, daß er von seinen italienischen Gegnern fast ausschließlich als der *jüngere Colombo (Coullon)* bezeichnet wurde.

Von Columbus oder seiner Umgebung wurde die Andeutung seiner Verwandtschaft mit einem oder mehreren gleichnamigen Admiralen zu der Fabel aufgebauscht, er habe unter seinem angeblichen Onkel, dem *jüngeren Coullon*, gedient und unter ihm eine Seeschlacht bei Kap St. Vincent (1485) gegen die Venetianer mitgemacht. Diese Behauptung ist sicher falsch. Wohl aber hat Columbus neun Jahre früher mit dem älteren Admiral *Coullon-Colombo* Kontakt gehabt, allerdings anderer Art.

Damals segelte ein Geschwader von vier genuesischen und einem flandrischen Kauffahrer durch die Straße von Gibraltar, mit dem Ziel England. Das flandrische Schiff fuhr unter der Flagge Burgunds, mit dem sich Frankreich im Krieg befand. Am 13. August 1476 begegneten sie bei Kap St. Vincent einem Geschwader von 13 französischen und portugiesischen Schiffen. Der französische Befehlshaber, Admiral *Coullon*, betrachtete das flandrische Schiff als gute Beute, und bei seiner Übermacht glaubte er, auch die vier genuesischen Schiffe leichten Kaufes einstecken zu können. Das war ein Irrtum. Zwar sanken in der Schlacht das flandrische Schiff und zwei genuesische, aber nehmen konnte er kein Schiff und verlor selber vier.

Auf einem der beiden gesunkenen genuesischen Schiffe fuhr Columbus, vermutlich als Matrose. Er wurde gerettet, kam in dem benachbarten Hafen Lagos an Land und wanderte von dort nach Lissabon: so kam er nach Portugal.

In zahlreichen Fällen stehen die auf Columbus zurückgehenden Angaben in ähnlichem Widerspruch zu den Tatsachen. Indem die archivalische Forschung, etwa in den vier Jahrzehnten 1870-1910, diese Widersprüche aufdeckte, erhielt sie eine columbusfeindliche Tendenz. Es schien sich herauszustellen, daß Columbus immer gelogen habe. *Vignaud*, der mit viel Scharfsinn und Gründlichkeit die Ergebnisse der archivalischen Nachforschungen zusammenfaßte, bezweifelte schließlich sogar, ob Columbus wirklich den westlichen Seeweg nach Indien gesucht habe. Er glaubte beweisen zu können, Columbus habe lediglich irgendwelche sagenhaften Inseln im Atlantik gesucht und erst nachträglich die von ihm entdeckten Gebiete für Teile der südostasiatischen Inselwelt erklärt.

Besonders gelegen kam diese Auffassung den spanischen Historikern. Dem spanischen Nationalstolz war es unerträglich, daß die beiden berühmtesten spanischen Entdeckungsfahrten von den Nicht-Spaniern Columbus und Magalhães geführt worden sind. Es genügt den Spaniern nicht, daß ihre Entdeckungen großartiger und erfolgreicher waren als diejenigen irgendeiner anderen Nation. Sie hätten stolz darauf sein können, daß die außerordentlichsten, nicht-spanischen Entdecker unter spanischer Flagge gesegelt sind. Dieser Stolz genügt ihnen indessen nicht: daher in Spanien die unausrottbare Überzeugung, der wirkliche geheime Entdecker Amerikas sei der Nationalspanier Martin Alonso Pinzón; Columbus sei lediglich dessen Strohmann gewesen.

In den wichtigsten Punkten widerspricht die Pinzón-Legende den Urkunden noch schroffer als der legendäre Teil der Columbus-Überlieferung. Aber sie teilt mit ihr den Vorzug ehrwürdigen Alters: Bereits zwei Jahre nach dem Tode des Columbus, im Columbus-Prozeß, ist die Pinzón-Legende aufgestellt worden, durch Martin Alonso Pinzóns Sohn und den Kronanwalt Villalobos. Auch ist die Pinzón-Legende, wie jede wirkungsvolle Legende, um einen Wahrheitskern herumgedichtet. Martin Alonso war Columbus' Stellvertreter auf dessen berühmter Expedition 1492/93 und teilte von Hause aus Columbus' Überzeugung, Asien sei in einer

Segelfahrt von wenigen Wochen von Westafrika aus zu erreichen. Daß Columbus für sein Geld Schiffe zu mieten und Matrosen anzuheuern bekam, verdankte er wesentlich oder ausschließlich Martin Alonsos Hilfe. Die Pinzón-Legende wird in dem heute in Deutschland meistgelesenen Columbusbuch vertreten, dem *Leben des sehr hochmögenden Señor Don Cristobal Colón* von *Madariaga*, das bereits im Titel auf den *scharfsinnigen Hidalgo Don Quixote von la Mancha* anspielt und wirklich mehr historischer Roman als wissenschaftliche Biographie ist.

Zur archivalischen Kritik und der Pinzón-Legende kam, da die Skepsis einmal wach geworden war, der Zweifel an Columbus' nautischer Qualifikation. Denn Columbus hat nur selten astronomische Ortsbestimmungen vorgenommen und sehr erhebliche Fehler gemacht. Zwar hatte Alexander v. Humboldt, der ein wenig von Astronomie, Erdvermessung und Nautik sowie von der Geschichte dieser Wissenschaften verstand, Columbus' nautische Leistungen hoch bewertet; aber man meinte, Humboldt habe das nötige Mißtrauen gefehlt, weil zu seiner Zeit die archivalische Durchleuchtung des Columbus noch nicht begonnen hatte.

Auf eine befriedigende Grundlage ist die Columbusforschung erst 1941 gestellt worden durch den Harvard-Professor Samuel Eliot *Morison*. Dessen Buch riecht nicht, wie die Werke Vignauds, nach Aktenstaub, sondern nach Teer und Salzwasser. Es ist aus praktischer Seemannschaft erwachsen. Im Verlauf von mehr als zwei Jahren hat Morison auf kleinen Fahrzeugen, die nach Größe und Segeleigenschaften den Karavellen des Columbus ähnelten, dessen wichtigste Kurse in Westindien sowie zwischen den Kanarischen Inseln und Spanien einerseits, Westindien andererseits abgesegelt und Segeltag für Segeltag, Ortsbestimmung für Ortsbestimmung, Küstenpunkt für Küstenpunkt, Jahreszeit für Jahreszeit die vorgefundenen Verhältnisse mit den Angaben des Columbus' und seiner Begleiter verglichen. Das Ergebnis war Columbus' vollständige Ehren- und Ruhmesrettung.

Entgegen den Zweifeln der von ihm verachteten Schreibtisch-Seeleute bewies *Morison*, daß Columbus ein meisterhafter Seemann und Nautiker gewesen ist. Mit unzulänglichen Instrumenten fand er sich erstaunlich gut auf See zurecht, seine auf Koppelung (Besteck-Fortrechnung) aufgebauten Ortsbestimmungen rissen Morison zu dem bewundernden Ausruf hin, Columbus habe seinen Kurs in unbekannten Gewässern *„gewissermaßen gerochen."* In seinen astronomischen Ortsbestimmungen beging Columbus zwar Fehler bis zu 20 Grad, aber Morison konnte zeigen, auf welchen optischen Schwierigkeiten und auf welchen Unvollkommenheiten der Instrumente diese Fehler beruhten und daß sie von Mal zu Mal geringer wurden. Columbus' letzte Ortsbestimmungen gehören zu den besten aus der ersten Hälfte des 16. Jahrhunderts. Morison trifft sich mit *Humboldt*. Dieser kam als nahezu erster mit astronomischen Präzisionsinstrumenten nach Südamerika und wies an seinem ersten Tag in Südamerika, im Jahre 1799, auf den besten damaligen Karten Fehler bis zu einem Drittelgrad nach – dreihundert Jahre nach Columbus. Daher neigte Humboldt zu einem milden Urteil über Columbus' astronomische Fehler.

Vor allem erwiesen sich Columbus' seemännische Angaben auf Morisons Fahrt als korrekt und zuverlässig. Selbstverständlich hat sich Columbus gelegentlich getäuscht, wie jedermann auf See. Manche seiner Täuschungen hat er erkannt, aber obwohl seine Logbücher nicht im Original vorliegen, sondern nur in kommentierten Auszügen, läßt sich erkennen, daß er keine nachträglich als falsch erkannte Eintragung strich oder änderte, daß er seine Logbücher vielmehr korrekt führte. Morison empört sich darüber, daß man Columbus Lügenhaftigkeit nachsagt. Jeder Seemann spinne sein Garn, aber es sei weltfremde Pedanterie, deshalb die Seeleute im allgemeinen und Columbus im besonderen für Lügner zu erklären.

Schon Humboldt hatte die Frische und Richtigkeit von Columbus' Beschreibung der neuentdeckten Länder bewundert. Morison belegt darüber hinaus, daß manche Angaben des Columbus über Buchten und Häfen wörtlich in heutigen Segelanweisungen weiterleben: ein handgreiflicher Beweis für Columbus' raschen und sicheren *seemännischen Blick*. Morison hat nicht nur von den Passaten, Land- und Seewinden, Wirbelstürmen und Meeresströmungen, Fels- und Korallenriffen, Sandbänken und Mangrovesümpfen, Inseln, Fahrwässern und Häfen, optischen Täuschungen und irreführenden Angaben der Eingeborenen Rechnung gelegt, in denen sich Columbus bewegte, sondern aus seiner seemännischen Erfahrung heraus auch ein realistisches Bild von den Lieferanten, Auktionatoren, Hafenbehörden, Wirten, Mädchen und sonstigen Ungeheuern gezeichnet, die dem Seemann an Land auflauern und ihn um sein Geld bringen, wie es Columbus widerfuhr.

Dieses Kapitel war gesetzt, da erhielten wir die nicht weniger bedeutsame Neu-Interpretation des Columbus, die ein anderer nordamerikanischer Forscher ein halbes Jahrhundert nach Morison unternimmt, gleichfalls von einem praktischen Gesichtspunkt, dem des Umweltschutzes: *Kirkpatrick Sale*. Sale stellt Morisons grundsätzliche Ergebnisse nicht in Frage, zeigt allerdings, daß einzelne Urteile Morisons voreilig sind, ferner daß Columbus und die Entdecker der folgenden hundert Jahre keine

Freude an der Natur hatten und weder von Pflanzen, insbesondere von Bäumen, oder von Tieren etwas verstanden, so daß ihre Naturschilderungen so dürftig sind wie diejenigen „eines Geschäftsmanns, der Materialquellen zur Belieferung möglicher Märkte beschreibt" (Iglesias).

Columbus' Vater

Wie sich aus Genueser Urkunden ergibt, ist Columbus zwischen dem 26. August und 31. Oktober 1451 als Sohn des Wollwebermeisters Domenico Colombo geboren. 1469 siedelte Domenico Colombo in die westliche Nachbarstadt Savona über und betrieb dort außer seiner Weberwerkstatt eine Schenke. Ein Jahr lang gingen seine Geschäfte in Savona gut, aber auf seiner Schenke horstete der Pleitegeier. Seit 1470 zeigen ihn die Urkunden im Handgemenge mit Gläubigern, und selbst über seinem Grabe tobte der Kampf fort. 1470 und 1472 springt ihm sein ältester Sohn Christoph bei, indem er sich als Juniorpartner und Mitschuldner verpflichtet, das eine Mal für eine rückständige Weinrechnung, das andere Mal für einen Posten Rohwolle.

Drei Grundstücke in und bei Savona hat Domenico besessen. Eines verkaufte er 1473 freihändig, ein zweites wurde ihm 1492 von seinem Schwiegersohn weggenommen, weil er die vertraglich zugesagte Mitgift nicht bezahlte, das dritte wurde nach seinem Tode 1499 von Gläubigern beansprucht. In dem Rechtsstreit darüber wurde 1501 von Zeugen beschworen, Domenicos drei Söhne, Christoph, Bartholomäus und Jakob, lebten seit langem in Spanien. Zwar waren seit 1493 die Vermögensverhältnisse der drei Brüder ungewiß, aber mindestens Christoph hatte Kredit, und ihrem alten Vater beizuspringen, insbesondere seinen Grundbesitz zu sichern, wäre ihnen zweifellos möglich gewesen. Offensichtlich haben sie sich nicht einmal um das väterliche Erbe gekümmert. Columbus' letztwillige Verfügung, sein Erbe solle in Genua ein Haus als würdigen Sitz für ein Mitglied der Familie unterhalten, hängt eigenartig in der Luft.

Domenico Colombo rechnete ständig mit bedeutenden, künftigen Einnahmen und wußte sie seinen Kontrahenten so glaubhaft zu machen, daß sie ihm auf Kredit Wein, Wolle, Häuser überließen, ja ihm auf Kredit seine Tochter abnahmen. Darin ähnelte ihm sein berühmter Sohn, nur daß dieser auf bedeutendere Objekte ausging und in der Hauptsache recht behielt, wenngleich sich die von ihm verheißenen Goldfunde langsamer verwirklichten, als er und seine Geldgeber erwartet hatten.

Bis tief in das Jahr 1473, also jedenfalls bis zur Vollendung seines zweiundzwanzigsten Lebensjahres, ist Columbus als Wollweber und Gastwirt, erst in Genua, dann in Savona, nachgewiesen. Lesen und Schreiben hat er in Genua offenbar nicht gelernt, wohl aber rudern, segeln, takeln, kalfatern, stauen, Schiffszimmermannsarbeiten, Wetter und Gestirne beobachten, Garn spinnen und andere salzige Künste. Er war zu Lande beheimatet und hatte dort seinen Beruf. Das brauchte ihn nicht zu hindern, viel Zeit auf dem Wasser zuzubringen. Es ist möglich, daß er wirklich, wie er angibt, mit vierzehn Jahren *zur See gegangen* und daß er 1471 auf einem genuesischen Kaperschiff in Diensten des Königs René von Provence gefahren ist, natürlich als Matrose, nicht, wie er schreibt, als Kapitän.

1474/75 entsandten die miteinander verwandten und verschwägerten Genueser Unternehmer *Centurione, di Negro und Spinola* zwei größere bewaffnete Handelsexpeditionen nach Chios, wo sie bedeutende Besitzungen hatten. Daß Columbus auf Chios gewesen ist, ist ziemlich sicher, ferner sind *von 1478 bis zu seinem Tod* seine *guten geschäftlichen Beziehungen zu diesen Unternehmern* belegt, und andere Jahre kommen für seinen Aufenthalt auf Chios nicht in Frage. Ungewiß ist eigentlich nur, in welcher Eigenschaft er dorthin kam: als Seemann oder als Weber; denn eine Anzahl Weber aus Savona ging mit.

Ziemlich sicher ist dagegen, daß sich Columbus als Seemann auf einem der beiden Schiffe der gleichen Kapitalgruppe Centurione – di Negro – Spinola befand, die am 13. August 1476 von *Coullon* bei *Kap St. Vincent versenkt* wurden. Die beiden genuesischen Schiffe, die sich retten konnten, suchten zunächst Zuflucht in Cadiz. Da der portugiesische König sie schützte und Coullon von diesem abhängig war, konnten sie ihre Fahrt fortsetzen. Zunächst wurden sie in Lissabon wieder instandgesetzt, und dann segelten sie weiter an ihren Bestimmungsort nach England. Columbus dürfte in Lissabon wieder an Bord gegangen und *nach England mitgesegelt* sein. Im Februar 1477 ist er in *Island* gewesen, mutmaßlich als Matrose oder Maat auf einem englischen Schiff von Bristol oder Galway aus. Im Lauf des Jahres 1477 ist Columbus – vielleicht auf einem der beiden genuesischen Schiffe – nach *Portugal* zurückgelangt und hat sich *dort ansässig* gemacht.

Im Jahre 1478 weilte Columbus einige Zeit auf *Madeira*, um für Centurione und di Negro Zucker einzukaufen. Wegen Zahlungsverzuges seiner Auftraggeber wurde nur ein Teil der von ihm bestellten Menge geliefert. Darüber kam es zu einem Prozeß Centuriones gegen die Lieferanten. Zu diesem Rechtsstreit wurde Columbus im August 1497, während eines kurzen Aufenthalts in der Heimat, von einem Genueser Notar vernommen. Das notarielle Protokoll ist erhalten.

Columbus' Stellung als *Agent und Superkargo* macht keinen großartigen Eindruck. Immerhin führte sie ihn auf die portugiesischen Atlantik-Inseln. Auch muß Columbus einen hinreichend wohlhabenden Eindruck erweckt haben, um in eine der besten portugiesischen Familien einzuheiraten. Zwar wissen wir von seiner Frau kaum mehr als den Namen *Felipa* (Philippa) *Moniz-Perestrello*, aber damit sind die Verbindungen gegeben, die sie ihrem Mann verschaffte. Ihre mütterliche Familie, Moniz, war bedeutend, ihre väterliche Familie, Perestrello, war eine oder zwei Generationen zuvor aus Italien eingewandert und sonnte sich in höfischer Gunst. Zwei Schwestern ihres Vaters, Isabella und Branca Perestrello, waren Geliebte des Erzbischofs von Lissabon, Dom Pedro de Noronha. Der Prälat hatte die Tochter und die drei Söhne, die er von ihnen hatte, legitimiert und seine Tochter in das Haus Braganza verheiratet, eine gleichfalls uneheliche Seitenlinie des Königshauses, der bekanntlich später die Krone zufiel. Demnach war Columbus *mit den portugiesischen Königen verschwägert* – sein Sohn wurde es auch mit den spanischen. Einer von des Erzbischofs Söhnen, also ein Schwager zweiten Grades des Columbus, befehligte 1497 ein Schiff in dem Geschwader Vasco da Gamas auf dessen Fahrt nach Ostindien. Columbus' Schwiegervater, Bartolomeu Perestrello, war ein unbedeutender Höfling, aber die Schönheit seiner Schwestern hatte ihm die Erbstatthalterschaft *(Kapitänerie)* der kleinen Insel Porto Santo bei Madeira verschafft. Zur Zeit von Columbus' portugiesischem Aufenthalt gehörte die Erbstatthalterschaft Perestrellos Söhnen, mit denen jedoch Columbus in keinem näheren Kontakt stand. Daß ihm seine Schwäger einen Wohnsitz auf Porto Santo eingeräumt hätten, ist eine unbewiesene Legende. Seine Schwäger selber hielten sich nicht auf Porto Santo auf, sondern verzehrten die Einkünfte, die sie von dort bezogen, als elegante Herren in Lissabon.

Columbus war mithin *gesellschaftlich arriviert*. Dementsprechend lernte er *Lesen und Schreiben*, und zwar in castilischer Sprache. Eine spanische, von der portugiesischen endgültig geschiedene Nationalität existierte noch nicht; vielmehr standen die christlichen Königreiche der Insel und die drei Hauptdialekte – Portugiesisch, Castilisch, Catalonisch – gleichberechtigt nebeneinander. Damals wurde zwar die Krone Aragon durch Heirat mit den vereinigten Kronen von Castilien und León verbunden, aber es war keineswegs ausgemacht, ob es nicht durch andere Fürstenheiraten zu einer dauernden Verbindung Portugals mit Castilien und León oder auch mit ganz Spanien kommen werde. Immerhin war Castilien-León die politische Zentralmacht, das Castilische genoß daher den Vorrang. Der portugiesische Nationaldichter Camões schrieb seine Sonette Castilisch, und so erklärt sich, daß Columbus in Lissabon Castilisch lesen und schreiben lernte, übrigens ein verderbtes Castilisch mit portugiesischer Färbung.

In unserem Jahrhundert sind viele Italiener als Analphabeten nach Amerika ausgewandert und haben dort Lesen und Schreiben gelernt, je nach ihrer neuen Heimat Englisch, Spanisch oder Portugiesisch. Sie lesen und schreiben nur diese Sprache, nicht Italienisch. Ebenso schrieb Columbus nur Castilisch und daneben ein castilisch verderbtes Latein, aber selbst seine Randbemerkungen zu italienischen Büchern sind nicht italienisch, sondern meist castilisch, ausnahmsweise auch lateinisch. Sein Latein eignet sich nicht als Schulvorbild. Beispielsweise bildet er den Nominativ Pluralis der ersten und zweiten Deklination mit den kastilischen Endungen -as und -os statt mit den lateinischen -ae und -i.

Bekanntlich haben die spanischen Juden *(Sephardim)* überall, auch außerhalb Spaniens, ihre spanische Muttersprache mitgenommen, wie die Ostjuden *(Aschkenasim)* ihren süddeutschen („jiddischen“) Dialekt; noch heute kann man sich in Istanbul und anderwärts mit ihnen auf Spanisch unterhalten. Daß Spanisch die Muttersprache des Columbus zu sein schien, obgleich er aus Genua stammte, hat Madariaga auf die Vermutung geführt, *er stamme aus einer jüdischen Familie,* die sich zu Ende des 14. Jahrhunderts, bei dem furchtbaren, spanischen Riesenprogrom, zwangsweise habe taufen lassen, die doppelte Religionszugehörigkeit vieler „Getaufter (Marrannen)“ angenommen habe, aber wegen der Verfolgung, denen auch die „Getauften“ ausgesetzt waren, nach Oberitalien auswanderte. Madariagas Gründe:

1. Columbus' Bibelkenntnis;
2. seine engen Beziehungen zu den Bettelorden, seit er in Spanien war;
3. seine Gold- und Geldgier.

Zu 1: Das Christentum ist aus dem Judentum hervorgegangen, beide haben Altes Testament nebst Apokryphen gemein. Madariaga unterstellt, damals hätten nur die Juden das Alte Testament gekannt, die Christen nicht. Für Italien, Mitteleuropa, Frankreich und England stimmt das nicht. Wir zweifeln, ob es auch nur für Spanien zutrifft.

Zu 2: Die *Dominikaner waren Träger der Inquisition.* In den Wochen vor Columbus' Auslaufen zu seiner ersten Expedition vollzog die spanische Krone ihre *Endlösung* durch vollständige Vertreibung der Juden. Eng verbunden damit war die Inquisition: Denunziation, Folterung und Verbrennung der Zwangsbekehrten („Marrannen"). Madariagas Deutung für Columbus' Hinneigung zu den Dominikanern und Franziskanern: In der Höhle des Löwen habe er sich am sichersten gefühlt.

Zu 3: Ist dieses Argument ernst gemeint? Die Judenverfolger litten an dem gleichen Symptom, besonders König Ferdinand. Es war eines seiner Hauptmotive; Madariaga weiß es.

Madariagas Beweise sind fragwürdig. Gleichwohl hat er recht: *Columbus gehörte dem Judentum an.* Der Beweis ist natürlich erst gelungen, als ihn ein Jude in die Hand nahm. Mit an Sicherheit grenzender Wahrscheinlichkeit hat *Simon Wiesenthal* bewiesen:

1. *Columbus konnte Hebräisch in Sprache und Schrift;*
2. in einer Reihe von Briefen an seinen Sohn Diego, so weit datiert zwischen November 1504 und Februar 1505, dem Vierteljahr nach der Rückkehr von seiner letzten Expedition, setzte er nach jüdischer Sitte über das erste Wort die hebräischen Schriftzeichen Beth und Hei, „was *‚Baruch Haschem' (‚Gelobt sei der Herr') bedeutet* ... Natürlich ist das Zeichen nicht so deutlich, daß es jeder lesen konnte, ... vielmehr in Form eines Schnörkels getarnt ..." (Wiesenthal S. 112 und 116f)

Nach Wiesenthal entspricht das dem Brauch der „Marrannen", d.h. getaufter Juden, die den christlichen Glauben angenommen hatten, mindestens scheinbar, im Lauf der Jahre aber auch mit Überzeugung, die jedoch an den überkommenen jüdischen Bräuchen und hebräischer Schrift festhielten. Bei den Gemeinsamkeiten der jüdischen und christlichen Tradition brauchte darin ja kein Widerspruch zu liegen.

Ein weniger zwingendes Argument Wiesenthals besagt:

3. In der Zeit unmittelbar vor Columbus gab es an manchen Orten in Oberitalien Juden mit dem Namen Colon. Wiesenthal deutet diesen Namen als Hinweis auf Herkunft der betreffenden Familien aus Köln, wie vor drei Jahrhunderten „Friedlaender" die Herkunft einer jüdischen Familie aus Friedland in Oberschlesien bezeichnete.

Wiesenthal mutmaßt, Columbus stamme von solchen Colons. Seine unmittelbaren Vorfahren hätten diesen Namen in „Colombo" verwandelt, er selbst sei also in Spanien halb zufällig zu der ursprünglichen Namensform zurückgekehrt.

Desto zwingender ist Wiesenthals letztes Argument:

4. Die *Kartographie,* die Columbus in Lissabon als Beruf ausübte, lag dort fast ausschliesslich *in der Hand von Juden,* deren Können direkt oder indirekt auf die jüdische *Kartographenschule von Palma de Mallorca* zurückging. Die Familie von Columbus' Frau, Moniz, soll jüdisch gewesen sein.

Damit wäre erklärt, wo und wie Columbus zu Lesen, Schreiben, Zeichnen sowie seinen alttestamentarischen Quellen und Überzeugungen gekommen ist, ferner daß ein zusätzliches, mächtiges Motiv seiner Suche des westlichen Seewegs nach „Indien" – gemeint war Ostasien – in der Hoffnung gelegen haben mag, dort jüdische Kolonien zu finden – die sagenhaften „verlorenen zehn Stämme Israels" – und damit Zuflucht für die verfolgten Juden Spaniens, und Europas überhaupt.

Daran knüpft sich ein Eindruck Wiesenthals, der in seiner – Wiesenthals – Verfolgung von 1933 ab wurzelt und einen Grundzug des Columbus aufdecken dürfte:

„Ich sagte mir: ... Vergleiche ihn mit Menschen, denen du begegnet bist; vielleicht bekommst du dann ein Bild ... So sah ich ihn in zerlumpter Kleidung, seinen kleinen Sohn an der Hand führend, an die Pforte des Klosters La Rabida klopfen und um Einlass bitten. Wie oft in der Geschichte der letzten Zeit haben sich solche Bilder wiederholt ...

(Ich) begegnete ... in der Zeit der Verfolgung Menschen, die eifrigst bemüht waren, ihre Herkunft ... zu verdunkeln ... Sie trumpften auf, sie lenkten ab ..., daß ein derartiges Verhalten immer dann charakteristisch war und ... ist, wenn Menschen gejagt und gehetzt werden. Ich bin Juden begegnet, die sich, um ihr Leben zu retten, als Arier ausgegeben haben ...

Columbus ist ein Heimatloser, der von Land zu Land zieht, der nirgends zu Hause ist ... Er kam mir genau so wie die Menschen vor, denen ich während der Zeit des Leidens persönlich begegnet bin." (Wiesenthal S. 122-124)

Dies ist *ein subjektiver Eindruck,* und Wiesenthal schließt daraus mehr, als unseres Erachtens berechtigt ist. Aber offensichtlich ist dieser Eindruck richtig und deckt *einen grundlegenden Charakterzug des Columbus* auf, den kein Forscher finden kann, dem die Erlebnisse Wiesenthals fehlen.

Wie erwähnt, lernte Columbus in Lissabon Lesen, Schreiben und das Zeichnen von Seekarten. Karten wurden noch nicht gedruckt, die aufstrebende Schiffahrt hatte erheblichen Bedarf daran; so konnte das Kartenzeichnen etwas eintragen. Die einzige erhaltene Kartenskizze von Columbus' Hand belegt nach sachverständigem Urteil sein zeichnerisches Können. Seine genuesischen Gönner hatten bedeutenden Einfluß in der portugiesischen Schiffahrt und werden ihm Aufträge verschafft haben.

Ferner soll sich Columbus dem *Buchhandel* gewidmet haben. Es waren die ersten Jahre des Buchdrucks; gedruckt wurden vornehmlich wissenschaftliche Texte in lateinischer Sprache. Für eine spätere Zeit berichtet der Pfarrer Bernaldez ausdrücklich, er habe Columbus als Buchhändler in Andalusien gekannt. Der Widerspruch zwischen Columbus' Mangel an gelehrter Bildung und seinem Buchhändlerberuf fiel dem Pfarrer auf.

Jedenfalls erwarb Columbus Bücher zu eigenem Gebrauch; einige davon sind mit seinen Randbemerkungen auf uns gekommen. Seine Randbemerkungen belegen Inhalt und Umfang seiner wissenschaftlichen Kenntnisse und deren Herkunft. Vornehmlich drei Bücher beschäftigten ihn: eine lateinische Bearbeitung *Marco Polos,* die Weltgeschichte des *Aeneas Sylvius Piccolomini,* des späteren Papstes Pius II., vor allem aber *Imago Mundi* („Bild der Welt"), ein *kosmographisches* (geographisches) Lehrbuch des Kardinals *Pierre d'Ailly,* geschrieben zu Anfang des 15. Jahrhunderts, gedruckt in Löwen zwischen 1480 und 1483. Über den wissenschaftlichen Horizont d'Aillys ist Columbus auch auf seinen Entdeckungsfahrten nicht hinausgelangt.

Die wirtschaftsgeographische Denkweise d'Aillys (und seines Schülers Columbus) folgt dem Uhland-Stil:

> „Herrlich, sprach der Fürst von Sachsen,
> Ist mein Land und seine Macht.
> Silber hegen seine Berge
> Wohl in manchem tiefen Schacht."

Beispielsweise berichtet d'Ailly, in Deutschland seien die Menschen ungeschlacht, es gebe dort Kristalle und Edelsteine; Columbus notiert an den Rand, in Deutschland gebe es Kristalle und Edelsteine. Ebenso bemerkt d'Ailly für jedes Land, ob es Edelmetalle, Perlen, Edelsteine, Gewürze oder andere Welthandelswaren führe, und Columbus wiederholt diese Notizen am Rand. „Diese Freude am glänzenden Metall ist typisch jüdisch." (Madariaga)

Die Schwierigkeiten und Kosten der Gewinnung waren für d'Ailly, Columbus und ihre Zeitgenossen kein Problem. Sie vertrauten auf die Unwiderstehlichkeit der christlichen Waffen und waren überzeugt, die Schätze des Orients würden den Christen umsonst zufallen, wenn sie nur erst den Weg dorthin wüßten. Daß der Bergbau, selbst in der primitiven Form der Goldwäscherei, Mühe, Zeit und Geld kostet, war der Grund für Columbus' Entdeckertragödie.

D'Aillys *Bild der Welt* war kein aus wissenschaftlicher Forschung hervorgegangenes Lehrbuch im heutigen Sinn, sondern eine *Kompilation* im damaligen Stil, zusammengestückt aus Kirchenvätern, Bibel- und Apokryphenstellen, vor allem aber aus antiken und arabischen Autoren. Die *Kugelgestalt der Erde* war seit etwa zweitausend Jahren in der ernsteren wissenschaftlichen Literatur *anerkannt*, wurde von der Kirche keineswegs bestritten und bildete die Grundlage von d'Aillys Darstellung.

Das Problem für ihn und Columbus war *nicht die Kugelgestalt, sondern der Umfang der Erde.* Manche alexandrinischen und arabischen Forscher waren der wirklichen Größe des Erdumfangs bereits nahegekommen. D'Ailly folgte einer älteren Lehrmeinung, die den Erdumfang erheblich unterschätzte, die Osterstreckung Asiens hingegen überschätzte und daraus folgerte, Ostasien liege nur wenige Tagesreisen oder Wochen jenseits des Atlantik. Aristoteles hatte diese Lehrmeinung mit dem tiergeographischen Argument gestützt, mit der geringen Entfernung beider Enden der bewohnten Welt voneinander hänge es zusammen, daß der Elefant an beiden Enden, in Marokko und Indien, vorkommt.

D'Ailly referierte diesen einprägsamen Satz. Ferner gab er die etwas zu kleinen, aber der Größenordnung nach richtigen Zahlen wieder, die der arabische Astronom Al Ferghani *(Alfraganus)* für Erdumfang und Meridiangrad gefunden hatte: 20400 bzw. 56 2/3 Meilen. Al Ferghani meinte natürlich arabische Meilen (knapp 2 km), Columbus las italienische (weniger als 1,5 km),wurde also durch Ferghanis richige Zahlen in seiner falschen Meinung bestärkt. Auf einer Reise nach Guinea hat er die angebliche Zahl des Ferghani nachgeprüft, aber da er die westliche Länge Afrikas unterschätzte, legte er seiner Berechnung zu niedrige Werte zu Grunde und fand seine fehlerhafte Zahl bestätigt. Das 1482 von den Portugiesen an der Goldküste erbaute Fort San Jorge de la Mina hat er besucht; wann und ob mehr als einmal, ist ungewiß.

Gewiß ist dagegen, daß er in seinen portugiesischen Jahren die *seemännische Meisterschaft* erworben hat, die ihn später auszeichnete. Während seiner ersten sieben Jahre in Spanien, 1485-91, ist er allem Anschein nach nicht zur See gefahren, und die Jahre in Italien und auf Chios, vor 1476, können ihm nur eine seemännische Elementarschule vermittelt haben. Demnach muß er einen wesentlichen Teil der Jahre 1477-84 zur See gefahren sein, und zwar in der portugiesischen Ozeanschiffahrt. In ihr wurzelten sein geographisches und wirtschaftliches Denken und seine Entdeckerpraxis.

Einzelheiten über seine Seefahrten 1477-84 kennen wir nicht, außer daß er Anfang 1477 in Island, 1478 auf Madeira und zwischen 1482 und 1484 an der Goldküste gewesen ist.

Mit den Verhältnissen auf den Azoren erwies sich Columbus 1493 als vertraut, doch kann er deren Kenntnis aus mündlichen oder schriftlichen Mitteilungen Dritter gehabt haben. Mindestens mit einem hervorragenden Bewohner der Azoren muß er persönlich bekannt gewesen sein, mit Martin Beheim. Höchstwarscheinlich haben die beiden über Nautik und Geographie diskutiert.

Als Entdecker fußte Columbus auf portugiesischer Tradition, nur in drei Punkten ging er über sie hinaus:

1. Die Portugiesen beschränkten sich darauf, sich längs der afrikanischen Westküste Hafen für Hafen nach Süden zu hangeln, in der Erwartung, eines Tages südlich um Afrika herum den *östlichen* Weg nach *Indien* (Asien) zu finden. Die portugiesischen Atlantikinseln waren unbeabsichtigt gefunden worden. Columbus proklamierte dagegen die *Fahrt außer Sicht von Land, nur nach Instrumenten,* auf dem offenen Ozean, in westlicher Richtung nach *Indien.*

2. Die portugiesischen Entdeckungen waren Nebenerzeugnis ihrer Kauffahrtei. Jede Reise war ein kaufmännisches Unternehmen und mußte dem Unternehmer Gewinn abwerfen. Columbus dagegen plante seine Expeditionen 1492 und 1502 als *reine Entdeckungsfahrten,* auf verlorene Kosten. Allerdings rechnete er damit, daß sie sich durch die erwarteten Entdeckungen um so mehr lohnen würden.

3. Die Portugiesen beschränkten sich auf die Errichtung von Handelsstationen, wo sie Gold, Elfenbein, Tropenhölzer, Sklaven und andere Landesprodukte billig, das heißt gegen messingne Falkenglöckchen, Metallspiegel, bunte Lappen oder Mützen und anderen Tand, erwarben. Anders Columbus: Er war spanischer Kreuzfahrer, die von ihm angelegten Hafenstädte waren zugleich Hauptstädte, von denen aus das ganze Gebiet mit *weißen Siedlungen überzogen* wurde. Die weißen Siedler sollten die Eingeborenen zur Arbeit zwingen.

Die *portugiesischen Entdeckungsfahrten* beruhten auf freier Unternehmerinitiative. Entgegen der Marktwirtschaftsdoktrin waren sie jedoch *weder ungeplant noch ungelenkt.* Denn noch mehr als heute war der Kaufmann auf den Schutz seiner Flagge angewiesen und daher bereit, einschränkende Vorschriften seiner Regierung hinsichtlich der Häfen, die er zu meiden oder in denen er zu löschen hatte, zu befolgen. Infolgedessen konnte die Krone Portugal nicht nur sehr bedeutende Abgaben erheben – ein Fünftel vom Nettowert der Ladung –, sondern auch für die Fahrtziele sehr bestimmte Vorschriften erlassen. Auf Grund dieser Kompetenzen konnten der *Infant Henrique (Prinz Heinrich der Seefahrer,* so genannt, weil er *nicht* zur See fuhr, sondern vom grünen Tisch auf Kap St. Vincent die portugiesische Afrikafahrt dirigierte) und nach ihm die Könige Alfons V. und João (Johann) II. die Entdeckungen, die für den einzelnen Kapitän und Reeder Nebensache waren, national planen und lenken.

Die Guineafahrer waren hauptsächlich auf Gold, Elfenbein und andere, wenig sperrige Güter von hohem Werte aus. Notfalls nahmen sie aber auch Sklaven ganz gern. Auch diese waren billig zu kaufen – man regte die Kriegslust der Eingeborenen durch die Zusage an, ihnen die Gefangenen gegen ein paar Messingglöckchen abzukaufen – und gut abzusetzen. Denn an der Südküste des Mittelmeeres hatte die Sklaverei weiterbestanden, während sie in Europa anderen Formen der Unfreiheit gewichen war. Spanier und Portugiesen verkehrten mit den Mauren, Türken und Arabern in Krieg, Handel und Piraterie, beteiligten sich also tätig am Sklavenhandel, und namentlich in Portugal bürgerte sich die Sklaverei ein. Indem Columbus die Sklaverei in der Neuen Welt einführte, setzte er lediglich eine portugiesische Tradition fort, die den Spaniern keineswegs so fremd war, wie manche spanischen Columbus-Kritiker vorgeben.

Um 1483, möglicherweise auch erst 1484, hat *Columbus seinen Plan gefaßt* und dem portugiesischen *König Johann II.* vorgelegt. Dieser hatte bereits eine Kommission dreier nautischer Fachleute zur Verbesserung und Vereinfachung der nautischen Instrumente berufen, der zeitweilig Martin Beheim als viertes Mitglied angehörte. König Johann forderte ein Gutachten dieser Kommission über Columbus' Projekt an. Wie das Gutachten ausfiel, ist unbekannt. Jedenfalls *lehnte der König ab.*

Die Ablehnung war nicht endgültig. Er behielt sich vor, auf Columbus zurückzukommen. Vielleicht war ihm dessen Person unangenehm – später betrachtete er den Genuesen als Schwätzer –, jedenfalls aber verlangte Columbus, der König solle die Kosten übernehmen, und dazu sah dieser noch keinen Anlaß. Denn zwei Männer von den Azoren, *Dulmo* und *Estreito,* wollten *die Fahrt auf eigene Kosten* unternehmen und spätestens Frühjahr 1487 absegeln. Einem der königlichen Patente für Dulmo und Estreito ist zu entnehmen, daß *Martin Beheim* mit ihnen segeln wollte und sollte. Ob sie wirklich abgesegelt sind, ist unbekannt.

Übrigens ist es gleichgültig. Denn Erfolg konnten sie nicht haben. Sie wollten von den Azoren in westlicher Richtung fahren, also in einer Zone reiner Westwinde und gegen den Golfstrom. Die portugiesischen Karavellen waren sehr seetüchtig, aber gegen Dauerwinde konnte man mit ihnen nicht ansegeln. Columbus gelangte ans Ziel, weil er weiter südlich, im Bereich des Nordostpassats nach Amerika und in der Breite der Azoren, mit dem Westwind im Rücken, nach Spanien zurücksegelte.

Ende 1484 oder Anfang 1485 *floh Columbus aus Portugal.* Er wurde von den Gerichten gesucht, vermutlich schuldenhalber. Seine Frau war einige Zeit zuvor gestorben; damit werden die Gründe seiner Flucht nach Spanien zusammenhängen. Seine Verbindung mit dem portugiesischen König riß jedoch nicht ab. Vielmehr wandte er sich Anfang 1488 erneut an ihn, und die huldvolle Antwort Seiner Majestät ist erhalten. Darin wird Columbus unter Zusicherung freien Geleits zur Rückkehr nach Portugal eingeladen. Das wiedererwachte Interesse des Königs erklärt sich leicht: Die Expedition Dulmos und Estreitos war entweder gescheitert oder nicht zustande gekommen. Gleichwohl scheiterte auch diesmal die Bewerbung des Columbus in Lissabon. Denn im Dezember 1488 kehrte Bartholomäus Diaz vom Kap der Guten Hoffnung zurück. Der *östliche Seeweg nach Indien lag offen* vor den Portugiesen: wozu also noch kostspielige Aufwendungen für den westlichen?

Columbus dürfte die Verhandlung von 1488 mit dem portugiesischen König nicht selbst geführt haben, sondern durch seinen Bruder Bartholomäus. Eine Randnotiz in Columbus' Exemplar des Weltbildes von d'Ailly besagt, der Schreiber sei bei Diaz' Rückkehr vom Kap der Guten Hoffnung in Lissabon anwesend gewesen. Für uns sind die Handschriften des Columbus' und seines Bruders Bartholomäus nicht zu unterscheiden, aber der Bischof Las Casas, der beide Handschriften gut kannte und viele, seitdem verlorene Infomationen hatte, bezeichnet in seiner Geschichte der indischen Lande ausdrücklich Bartholomäus als den Urheber dieser Notiz.

Columbus hatte gute Gründe, nicht nach Portugal zu kommen. Der König sah es nicht gern, wenn Guinea-Piloten auswanderten. Einen entwichenen Guinea-Piloten ließ er in Spanien aufheben. Die mit ihm geflohenen Matrosen wurden von den Häschern kurzerhand umgebracht, dem Steuermann wurde der Mund zugenäht und er so nach Portugal geschleppt, wo man ihn durch Vierteilen von seinen Qualen erlöste.

Columbus hat den König doch noch einmal wiedergesehen. Auf der Rückreise von seiner ersten Expedition, März 1493, trieb ihn ein furchtbarer Orkan gegen die portugiesische Steilküste bei Cintra. Knapp hielt er sich die Nacht über gegen den Sturm und segelte morgens mit seinem letzten Focksegel über die Tejo-Barre. Der Sturm und der zerfetzte Zustand seiner Takelage ließen ihm keine Wahl. Er lief vollends ein und meldete sich beim König, so sehr er diesem mißtraute.

Wie begründet dieses Mißtrauen war, hat Johanns Vertrauter und Historiker Pina überliefert. Der König empfing den castilischen Admiral mit allen Ehren und höchster Liebenswürdigkeit.

Die Höflinge lasen ihrem Herren dessen wirkliche Gefühle vom Gesicht und erboten sich, mit dem prahlerischen Parvenu Händel anzufangen und ihn zu töten. Das wäre ganz nach Johanns II. Renaissance-Geschmack gewesen, aber er bezwang seine Wut. Denn er hatte vertragliche Abmachungen mit Castilien über die Abgrenzung der beiderseitigen Ozeansphären und hoffte, auf Grund dieser Abmachungen die von Columbus entdeckten Gebiete durch Verhandlungen zu erwerben. Die Verhandlung mit der Ermordung des castilischen Admirals und Entdeckers einzuleiten, empfahl sich nicht.

Johanns Selbstvorwürfe, das Projekt des Columbus nicht rechtzeitig akzeptiert zu haben, erhielten im Sommer 1493 frische Nahrung durch den Vorschlag des Hieronymus Münzer, der Monarch möge seinen Freund Beheim auf eben die Expedition entsenden, von der Columbus gerade zurückgekehrt war. Beheim weilte damals in Erbschaftsangelegenheiten in Nürnberg; dort hatte er im Jahre zuvor, 1492, seinen berühmten Globus angefertigt.

Die Phantasiekarte, die Columbus auf seiner Reise 1492 benutzte, muß in den entscheidenden Zügen dem Beheim-Globus entsprochen haben. China ragt auf ihm als nahezu rechter, leicht zugespitzter Winkel nach Osten in den Atlantik, von der Winkelspitze aus verläuft die chinesische Südküste ziemlich genau nach Westen, die Ostküste etwa nach NNW. Japan liegt östlich von China und reicht mit seiner Nordspitze etwa bis zum 30. Breitengrad.

Demgemäß hielt sich Columbus 1492 von den Kanarischen Inseln aus ziemlich genau auf dem 28. Breitengrad. Dieser Kurs erschien ihm, und vermutlich auch Beheim, als der kürzeste Weg nach China *(Cathay)*, und auf dem Weg dorthin mußte er Japan *(Cipangu)* finden, wo nach Marco Polo die Tempel goldene Dächer haben sollten. Haiti-San Domingo, wo es Gold gab, hielt Columbus denn auch zeitlebens für Japan und betrachtete den Namen der dominikanischen Landschaft *Cibao* als den gleichen namen wie *Cipangu*. Das spitz vorspringede Ostende Cubas hielt er für das

Südostkap Chinas, wie es auf dem Beheim-Globus dargestellt ist, die genau ostwestlich verlaufende Südküste Cubas hielt er für die Südküste Chinas und erwartete überall, mit Vertretern des Kaisers von China Kontakt aufzunehmen. Als er auf seiner Fahrt 1502/03 erfuhr, jenseits der Landenge von Panama sei offenes Weltmeer, setzte er Mittelamerika gleich der Halbinsel Malakka und suchte die westliche Durchfahrt zum Indischen Ozean im Golf von Darien. Gegenwind, Gegenstrom und der Bohrwurm zwangen Columbus zur Umkehr, so daß er seinen Irrtum nicht mehr selbst erkennen konnte – er stand unmittelbar an der Schwelle des Nachweises, daß die von ihm entdeckten Länder nicht zu Asien, sondern zu einem neuen Kontinent gehörten. Als erster Europäer hatte er im Golf von Paria Südamerika betreten und bemerkt, wie weit hinaus in die See das Wasser süß ist, infolge der ungeheuren Wassermassen des Orinoco. Columbus ahnte noch nicht, daß er einen Südkontinent von gewaltiger Erstreckung vor sich habe, sondern glaubte sich in der Nähe des Gartens Eden.

Diese Irrdeutungen erklären sich durch einen flüchtigen Blick auf den Globus Beheims, dessen Leben auch die merkwürdigste Parallele zu dem des Columbus bildet. Aus ihren übereinstimmenden geographischen Überzeugungen entwickelten sie das gleiche Entdeckungsprojekt, und mangels ausreichenden eigenen Kapitals wandten sich beide an den König von Portugal. Auch ihr ferneres Leben verlief parallel. Columbus starb vergessen 1506 in Valladolid, Beheim, ebenso vergessen, 1507 in Lissabon. Mehr äußerlich ist die Übereinstimmung, daß beide den Erbkapitän einer portugiesischen Atlantikinsel zum Schwiegervater hatten. Beheim war von Hause aus wohlhabend und galt als Schüler des angesehensten Astronomen der Zeit, Regiomontan; deshalb wurde er in die nautische Kommission des portugiesischen Königs berufen. Er schien der Bevorzugte. Es ist so gut wie sicher, daß er mit Dulmo und Estreito verbunden war. Trotz allem lief ihm Columbus den Rang ab. Denn Columbus hatte Glück – mindestens Entdeckerglück, obgleich er sich vom Unglück verfolgt glaubte.

Columbus in Spanien

Aus Not kam Columbus nach Spanien. Freiwillig hätte er es nicht getan, denn dort war *weniger Aussicht* auf Verwirklichung seines Planes als in Portugal. Dieses war in erster Linie atlantische Seemacht, seine Dynastie war eng mit der Ozean-Schiffahrt verbunden. Hingegen hatten die beiden spanischen Königreiche zwar namhafte maritime Interessen, waren aber doch *in erster Linie Landmächte.* Auch waren sie für den Augenblick durch einen Landkrieg in Anspruch genommen, die *Eroberung Granadas.*

In dem achthundertjährigen Kampf um die Halbinsel litten beide Parteien unter feudaler Zersplitterung: die Mauren jedoch noch mehr, denn infolge der islamischen Vielweiberei gab es bei ihnen mehr Thronanwärter und Kleinfürsten. Auf spanischer Seite endete die Zerrissenheit durch die Heirat Isabellas und Ferdinands und ihren anschließenden Sieg über die anderen Anwärter auf den castilischen Thron. Ihr gemeinsamer Angriff auf Granada war ein echter Nationalkrieg: in ihm begründeten Ferdinand und Isabella die spanische Armee, den spanischen Nationalstaat, kurz die spanische Nationalität.

Mit ihrem ungestümen Draufgängertum, ihrem taktischen Drill, ihren umsichtigen Führern, ihrer ständig mit amerikanischem Edelmetall gefüllten Kriegskasse, ihrer Raub- und Mordgier, ihrem Fanatismus und Sadismus war diese Armee mehr als ein Jahrhundert lang der Schrecken Europas, durch ihre ewigen Meutereien außerdem der Schrecken ihrer eigenen Führer. Diese bewunderungswürdigen und widerwärtigen Eigenschaften finden sich wieder bei den spanischen Entdeckern und Conquistadoren, sowohl ihre beispiellose Kühnheit und Härte wie ihre unvorstellbare Treulosigkeit und Grausamkeit.

Ferdinand und Isabella waren von der Aufgabe absorbiert, dem noch frischen, von allen Seiten her gefährdeten *Zusammenhalt ihrer Staaten Dauer zu verleihen,* weniger durch innere Reform und Ordnung als vielmehr *durch äußere Kriege*, zunächst um *Granada*, dann um das aragonische Erbe in Sizilien und Neapel, daneben um Grenzstriche an den Pyrenäen. Später standen im Vordergrund des königlichen Interesses die mehrfachen Heiratsverbindungen mit dem *Hause Habsburg,* durch die sie einen festen *Verbündeten gegen Frankreich* zu gewinnen suchten, das sowohl an den Pyrenäen wie in Italien der Erbfeind war. Dafür die Mittel aufzutreiben, die bislang streitenden Fraktionen im Inneren zu vereinen, absorbierte ihre Aufmerksamkeit. Damit verwob sich das diplomatische, militärisch-maritime und kommerzielle Spiel auf dem Mittelmeer, in Italien und im übrigen Europa. In welchem Ausmaß Columbus dazu beitragen würde, die künftige spanische Vormacht in Europa finanziell zu untermauern, konnten sie nicht ahnen. Die hartnäckig fortgesetzte Bewerbung dieses abgerissenen, schulmeisternden Autodidakten interessierte sie nicht so sehr wie das diplomatische Spiel mit dem gerissenen König Ludwig XI. von Frankreich und dessen einfältigem Nachfolger, Ludwig XII.

Sicherlich hätte sich Columbus als Kaufmann, Seemann, Kartenzeichner, allenfalls als Buchhändler auch in Spanien eine auskömmliche Existenz schaffen können, zumal die genuesische Kapitalgruppe Centurione-Spinola weiter hinter ihm stand und auch in Andalusien geschäftliches Gewicht besaß. Vermutlich hätten ihm auch seine marranisch-jüdischen Verbindungen geholfen. Aber er ordnete alles der Bewerbung bei der Königin Isabella unter, die er um die Finanzierung seines Entdeckungsprojekts anging. Dafür nahm er es auf sich, sieben Jahre lang die verachtete Rolle des irrenden Ritters zu spielen und von der Gastfreundschaft des Königshofes, der großen Aristokraten und der Bettelmönche abhängig zu bleiben.

Nur die Gastfreundschaft der Bettelmönche wurde ihm ohne Demütigung gewährt: daher Columbus' Dankbarkeit für sie, besonders für die Franziskaner, deren Kutte er seit 1496 zu tragen pflegte, wenn er in Spanien war. Sein Lieblingsaufenthalt in Spanien war seit 1493 die Karthause Las Cuevas in Sevilla.

Zu Beginn seines Spanienaufenthalts, Ende 1484 oder in der ersten Jahreshälfte 1485, nahmen die *Franziskaner von La Rabida* bei Palos den fünf- oder sechsjährigen Sohn des Columbus, Diego, in Pflege und verschafften dadurch dem Columbus die für seine Bewerbungen erforderliche Bewegungsfreiheit. Von Palos aus wandte er sich an zwei der namhaftesten andalusischen Granden: zunächst an den Herzog von *Medina-Sidonia* in Sevilla, der indessen Columbus' Antrag nach kurzer Überlegung ablehnte, dann an den Grafen (nachmaligen Herzog) von *Medina-Celi* in Puerto de Santa Maria an der Bucht von Cadiz. Dieser erbat nach etwa acht Jahren, im März 1493, als königliche Gunst die Genehmigung, alljährlich ein paar Karavellen zu den von Columbus entdeckten Inseln senden zu dürfen. Als Begründung führte er an, er habe den Columbus nach dessen Ankunft aus Portugal aufgenommen und ihm drei oder vier Karavellen ausrüsten wollen, *denn mehr verlangte er nicht.* Indessen falle Columbus' Projekt in königliche Zuständigkeit; daher habe er den Entdecker an die Königin verwiesen und von dieser die Zusage erhalten, er solle im Fall des Erfolges am Handel mit den von Columbus entdeckten Gebieten beteiligt werden. Eine nicht ganz klare Wendung wird gewöhnlich dahin gedeutet, Graf Medina-Celi habe Columbus davon abgehalten, sich mit seinem Projekt an den König von Frankreich zu wenden.

In welche Monate und Jahre Columbus' Aufenthalt beim Grafen Medina-Celi fällt und wann dieser Columbus von der Bewerbungsreise an den französischen Königshof abgehalten hat, steht nicht fest. Jedenfalls hat der Graf die Lust verloren und Columbus an den Hof der Königin abgeschoben. Am 20. Januar 1486 meldete sich Columbus in Cordoba bei dem Kämmerer der Königin, Alonso de Quintanilla. Diesen *jammerte Columbus' Armut,* und er ließ ihm das Nötigste zu essen reichen (Oviedo). Demnach hatte sich Graf Medina-Celis Freigebigkeit in Grenzen gehalten.

Die *spanischen Könige übten ihr Gewerbe im Umherziehen.* Um das vom Krieg ausgesogene Andalusien zu schonen, verlegten sie für den Winter ihren Aufenthalt nach Norden. *Cordoba* war Hauptetappenplatz für den Angriff auf Granada. Mitte April 1486 kamen sie wieder dort an, Anfang Mai gingen sie an die Front, um den Feldzug des Jahres zu eröffnen. Vorher wurde ihnen Columbus' vorgestellt, und die Königin entschied, sein Projekt solle einer Kommission vorgelegt werden, deren Vorsitz sie ihrem Beichtvater, *Hernando de Talavera*, übertrug. Wiesenthal zufolge war Talavera jüdischer Herkunft und wurde später ein Scheiterhaufenopfer der Inquisition.

Beide spanische Königreiche hatten sich südlich ausgedehnt: Das Königreich Aragon-Catalonien hatte den Mauren Valencia und Murcia sowie die Balearen entrissen, war also eine Mittelmeermacht geblieben. *Castilien-León* hatte Andalusien und Estremadura erobert, war mithin durch seine andalusischen und galicisch-asturischen Häfen eine *Atlantikmacht* und besaß bereits die Kanarischen Inseln, wenngleich diese erst teilweise unterworfen waren; die Guanchen von Teneriffa wahrten noch ihre Unabhängigkeit.

Demnach war die *spanische Ozeanschiffahrt castilische Sache.* An dieses Königreich hatte sich Columbus zu wenden, und später hieß es in seinem Wappenspruch:

„Für Castilien und León
Fand eine neue Welt Colón."

Columbus' Kommen und Gehen ist in Spanien bis zum Herbst 1491 kaum besser belegt als vorher in Portugal. Nur so viel läßt sich erkennen, daß seit Anfang 1486 Cordoba sein Hauptaufenthalt war. Dort kannte ihn Bernaldez als Buchhändler, dort lebte seine Geliebte, Beatriz de Arana, und gebar ihm im August 1488 seinen zweiten Sohn, Ferdinand, dort verbrachte er anscheinend die warme Jahreszeit 1486. Im Winter 1486/87 folgte er dem Hof nach Salamanca, wo ihn die Talavera-Kommission anhörte.

Die Universität Salamanca war ähnlich organisiert wie noch heute Oxford und Cambridge: als eine Anzahl von Studienkollegs, in denen die Studenten, teilweise auch die Professoren zusammenwohnten. In einem dieser Kollegs, dem *Dominikaner-Kolleg St. Stephan,* fand Columbus Aufnahme und an dem Prior, *Diego de Deza,* einen lebenslangen Förderer. Deza wurde später Bischof von Palencia, dann Erzbischof von Sevilla, daneben seit 1487 Erzieher des Thronfolgers Don Juan und später, als Nachfolger Torquemadas, der zweite Großinquisitor. Dezas unermüdlicher Fürsprache verdankte Columbus zum entscheidenden Teil, daß er nach fünf mühseligen Bittstellerjahren ans Ziel gelangte und seine Expedition ausrüsten konnte.

Ein Mitglied der Talavera-Kommission, der Verwaltungsbeamte Rodrigo Maldonado, war zur Zeit des Columbus-Prozesses Gouverneur von Salamanca und sagte in diesem Prozeß summarisch aus, er habe „zusammen mit Talavera sowie anderen Gelehrten und Seeleuten den Columbus über sein Entdeckungsprojekt befragt", und sie hätten es einstimmig für undurchführbar erklärt. Indes wurde dieses Votum nicht als endgültig betrachtet, vielmehr wurde Columbus in den folgenden Jahren mindestens zweimal *zu Hofe geladen* und erhielt eine Zeitlang Bezüge, ein *Monatsgehalt von 1000 Maravedi* – die Monatsheuer eines Vollmatrosen. Demnach war bei Hofe jemand zu seinen Gunsten tätig: vermutlich de Deza. Am 5. Mai und 3. Juli 1487 sowie am 16. Juni 1488 erhielt Columbus je 3000 Maravedi, am 27. August 1487 4000 Maravedi. Ferner wurde er im August 1487 in das Hoflager vor Malaga und Mai 1489 in das vor Baza berufen. Die Belagerungen von Malaga, 1487, von Baza, 1489, und von Granada, 1491, waren die Entscheidungskämpfe des Krieges. Zugleich mit der Berufung nach Baza erhielt Columbus einen unbefristeten Ausweis, auf Grund dessen er für sich und etwaiges Gefolge jederzeit in königlichen Häusern und Schlössern freie Unterkunft sowie zu ortsüblichen Preisen Verpflegung fordern durfte. Die Zahlung vom 16. Juni 1488 beweist, daß er sich in Spanien befand, der Einladung nach Portugal also nicht oder noch nicht gefolgt war.

Die Entscheidung über Columbus' Projekt zog sich bis zum Sommer 1491 hin. Zu diesem Zeitpunkt rückte das Kriegsende in greifbare Nähe, und die Königin entschied sich – gegen Columbus.

Dieser hatte Zeit gehabt, zu überlegen, was in diesem Fall zu tun sei. Sein zehn Jahre *jüngerer Bruder, Bartholomäus,* war gleichfalls ein ausgezeichneter Seemann und Kartograph, teilte seine Anschauungen und hatte wahrscheinlich für ihn *1488 mit dem portugiesischen König verhandelt.* Vermutlich war Bartholomäus 1489 nach England gegangen, hatte sich auch bei Heinrich VII. eine Ablehnung geholt und sich weiter an den französischen Hof gewandt. Dort war zwar erst recht keine Aussicht auf Verwirklichung des Columbus-Planes, aber Bartholomäus wurde von der Regentin, Anna von Beaujeu, so huldvoll aufgenommen, daß sich auch Columbus etwas erhoffte. Vorher begab er sich nach La Rabida, um seinen Sohn Diego abzuholen.

Da führte der Prior von La Rabida, *Juan Perez,* die entscheidende Wendung herbei. Er hatte das Ohr der Königin und schrieb ihr wegen Columbus, wurde an den Hof berufen und erwirkte dort, daß *Columbus erneut zu Hof geladen* und ihm 20 000 Maravedi übersandt wurden, damit er sich anständig einkleiden konnte. Die Übersendung des Geldes ging durch die Hände des Arztes Garcia Fernandez in Palos, der darüber 1515 im Columbus-Prozeß aussagte. In anderen Einzelheiten sind dem Arzt nachweisliche Verwechslungen und Gedächtnisfehler unterlaufen, dieser Teil seiner Aussage scheint korrekt zu sein.

Der Hof befand sich in der improvisierten Lagerfestung Santa Fé vor Granada. Soweit nach den widersprechenden Nachrichten erkennbar, wurde dort nochmals ein Fachgremium von Astrologen, das heißt Astronomen und anderen Experten, berufen, das sich zu Columbus' Gunsten geäußert zu haben scheint, und dann eine Art Kronrat, in dem eine eindrucksvolle Anzahl spanischer Bischöfe Columbus' Projekt als ketzerisch verwarf. Alessandro Geraldini, als Italiener Gönner des Columbus und nachmals erster Bischof von Santo Domingo, wandte ein, der Heilige Augustin, der gegen Columbus angeführt wurde, könne doch nur in Fragen der Theologie als Autorität gelten, *seine kosmographischen Lehrmeinungen* seien *durch die portugiesischen Entdeckungen widerlegt.*

Mitten in diese Beratungen fiel der feierliche Einzug in Granada am 2. Januar 1492. Kurz darauf entschieden Königin und König abermals gegen Columbus. Grundsätzlich war sein Vorhaben akzeptiert, man hielt es nicht mehr für unmöglich, aber man wollte nicht auf seine finanziellen Bedingungen eingehen. Das war begreiflich.

Columbus und sein Fürsprecher Juan Perez bestiegen ihre Maultiere, aber noch waren sie keine sieben Kilometer weit, noch befanden sie sich diesseits der Pinienbrücke im Angesicht von Granada, da kam des Königs reitender Bote hinter ihnen hergesprengt und holte sie zu Hofe zurück. Columbus' Gönner hatten der Königin vorgestellt, die von ihm geforderten drei kleinen Schiffe auf ein Jahr seien kein nennenswertes Risiko, und wenn er den verheißenen Weg nach Indien wirklich finde, stehe der

Gewinn außer allem Verhältnis zu den Bedingungen, derentwegen man ihm die Expedition verweigert habe.

Damit war nach achtjährigem Hin und Her, nach vergeblichen Verhandlungen mit den Königen von Portugal, Castilien, England, Frankreich und dem Grafen von Medina-Sidonia *Columbus an seinem vorläufigen Ziel*. Freilich auch dann ging es nur in gravitätischem Tempo. Ein volles Vierteljahr, bis zum 17. April, mußte er warten, bis er Brief und Siegel seiner Kapitulation von Granada in Händen hielt, und weitere zwei Wochen, bis zum 30. April, bis ihm auch seine Bestallung, seine Beglaubigungen und Ermächtigungen ausgestellt waren. Nochmals zwei Wochen vergingen, bis er auch die nötigen Wechsel erhielt, um nach Palos abzugehen, wo er seine Schiffe mieten, ausrüsten und bemannen sollte.

Columbus' Kapitulation von Granada

Columbus forderte in den von ihm zu entdeckenden Gebieten eine *Machtstellung*, die der *der Krone nahekam* oder ihr sogar überlegen war. Ferdinand und Isabella hatten den spanischen Absolutismus durchgesetzt, die Großen gebändigt, aber immer noch mußten die *Herzöge von Alba, Medina-Sidonia* und andere Territorialherren als *die eigentlichen Machthaber* betrachtet werden. Die Königsmacht war derjenigen des Hochadels noch nicht endgültig überlegen. Nur von Fall zu Fall überredete sie die Großen, ihre Heeresaufgebote für den Krieg gegen Granada zu stellen, statt wie gewohnt auf Fehde und Straßenraub auszuziehen. Jeden Augenblick drohte der Rückfall in die hergebrachte Anarchie. Königin und König trugen daher Bedenken, einem *Mann von ungewissen Qualitäten* eine *Macht* zu übertragen, die ihn im Falle des Gelingens *hoch über die* mühsam in Schach gehaltenen *Herzöge* emporheben würde.

Columbus' Bedingungen bilden ein wohldurchdachtes Ganzes. Er ging davon aus, das Königreich Castilien werde durch ihn um eine unvorstellbar reiche Provinz vergrößert, und deren Verwaltung bedang er sich aus: nicht als bürokratisches Amt auf Zeit, sondern nach feudalem Herkommen als *erbliches Fürstentum.* Die Beamten der neuen Provinz sollten zwar von der Krone ernannt werden, aber Columbus behielt sich das Vorschlagsrecht vor, ferner die Rechtsprechung zu Lande als *Vizekönig* sowie zur See und in Seehandelssachen als *Almirante* („Herr zur See"), zu deutsch Admiral, als Gerichtsherr jener Gerichte, die noch heute in England admiralty courts heißen. Nach dem in Spanien und Portugal rezipierten islamischen Recht stand dem Herrscher *ein Fünftel der Beute* zu. Krieg, Handel und Piraterie galten rechtlich als gleich, also erhoben die portugiesischen und spanischen Könige je ein Fünftel von der Ladung, beispielsweise ihrer Afrikafahrer. Um diese Abgabe zu sichern, war die Kauffahrtei auf wenige, streng beaufsichtigte Häfen beschränkt, und der König hatte das Recht, auf jedem Schiff einen Inspektor mitfahren zu lassen, der darauf achtete, daß die gesamte Ladung in die Ladeliste aufgenommen, also keine Abgaben hinterzogen wurden.

Columbus bedang sich nun aus:

1. das halbe Königsfünftel: ein Zehntel aller Perlen, Edelsteine, Gold, Silber, Gewürze und anderen Waren, die in den von ihm zu entdeckenden Gebieten anfallen würden, abzüglich der Kosten;
2. das Recht, auch seinerseits Inspektoren auf den Schiffen von und nach seinem Herrschaftsbereich mitfahren zu lassen;
3. das Recht, sich an allen Handelsexpeditionen dorthin mit einem Achtel des Kapitals zu beteiligen, anders ausgedrückt ein Achtel des Gewinns zu beziehen.

Dieses letzte Recht wurde 1497 dahin erweitert, daß ihm ein *Achtel des Gewinns* zustand, ohne daß er ein Achtel des Kapitals zuzuschießen brauchte.

Columbus' Rechnung ist undurchsichtig, ihre Fußangeln sind ihm selber nie klar geworden. Anscheinend dachte er es sich so: Von dem Wert jeder Ladung bei der Ankunft in Sevilla sollten die Kosten abgesetzt werden (Miete und Ausrüstung des Schiffes, Heuer und Verpflegung der Besatzung, ferner die für den Kauf der Ladung aufgewandten Messingglöckchen, Glasperlen usw.). Dann ergab sich der Bruttogewinn, der nicht allzu tief unter dem Bruttowert der Ladung zu liegen pflegte.

Von dem Bruttogewinn (100%) sollte das Königsfünftel (20%) abgezogen und je zur Hälfte an den Kronschatz und an Columbus abgeführt werden. Übrig blieb zur Verteilung an die Unternehmer der Nettogewinn (80%). Ein Achtel davon, also 10% des Bruttogewinns, sollte nochmals an Columbus fallen, dieser also 20%, die Krone nur 10% des Bruttogewinns erhalten.

Über seine Rechte als Admiral wurde ausgemacht, für sie solle im Zweifel die Bestallung eines früheren castilischen Admirals maßgebend sein. Beim Aktenstudium entdeckte Columbus, jenem Admiral habe ein Drittel der Beite zugestanden. Sonach beanspruchte er selber außer seinem

Zehnten und Achtel noch ein Drittel, und da ihm als Vizekönig und Admiral Verwaltungsgebühren zustanden, die er zusammen auf etwa 5% schätzte, kam er dahin, nahezu 60% (genau 58 1/3%) des Bruttogewinns für sich zu verlangen. *Nur die Lumpe sind bescheiden.*

Die späteren Streitigkeiten entstanden daraus, daß *weder Columbus* selber *noch die königlichen Unterhändler* genau *verstanden*, was sie in Granada unterschrieben. Die Auseinandersetzung entwickelte sich wie folgt:

Die Goldgewinnung auf Haiti-San Domingo wurde zunächst 1494-96 den Eingeborenen in eigener Regie aufgebürdet. Jeder Eingeborene sollte vierteljährlich anderthalb Unzen Gold (etwa 44 g) abliefern. Das abgelieferte Gold floß unmittelbar dem Kronschatz zu, ein Zehntel davon war Columbus' Anteil.

Dieses System erwies sich als undurchführbar: Die Eingeborenen konnten nicht so viel Gold waschen. Darauf gelangte Columbus, mehr durch eigenmächtiges Vorgehen seiner Ungetreuen als durch eigene Initiative, zu einem Goldmonopol. Gegen die Verpflichtung, alles Gold an die Münze in Santo Domingo abzuführen, erhielten spanische Kolonisten die Lizenz, mit versklavten Indianern Gold zu waschen. Vier Fünftel des erschmolzenen Goldes wurden ihnen gutgeschrieben, ein Fünftel bildete den Gewinn des Kronschatzes, wovon Columbus die Hälfte für sich beanspruchte, also wieder 10% des gewonnenen Goldes.

In ihrem Streit mit Columbus 1500-06 stellte sich die Krone auf den Standpunkt, Columbus stehe wie 1494-96 ein Zehntel des Kronanteils zu, das heißt, sie *drückte seinen Anteil* von den vertraglich ausbedungenen 10% *auf 2% der Goldgewinnung.* Auf seine weitergehenden Ansprüche ging die Krone überhaupt nicht ein.

Hätten seine Erben diese 2% von der gesamten Gold- und Silberförderung Spanisch-Amerikas durchsetzen können, so wäre Columbus' letztwillige Absicht nicht phantastisch gewesen, die Einkünfte seines Hauses für die Rückeroberung des Heiligen Grabes zu stiften. Sein Sohn, Don Diego Colón, und dessen Witwe, Maria von Toledo, haben bis 1536 an dieser Forderung festgehalten, mußten sich aber schließlich zu einem Kompromiß bequemen, worin das Haus Colón auf seine Rechte aus der Kapitulation von 1492 verzichtete und dafür bestimmte, nicht geringe Leibrenten, das Ernennungsrecht für ein einträgliches Amt in der Kolonie Hispaniola, ferner als Lehen die Insel Jamaica sowie ein noch größeres, künftig auszulegendes Gebiet in Mittelamerika erhielt.

Soetbeer hat geschätzt, daß von 1500 bis 1520 im Jahresdurchschnitt 700 kg Gold auf der Insel Haiti-San Domingo gewonnen worden sind, insgesamt also 14000-15000 kg. 2 % davon, das heißt der dem Entdecker tatsächlich zugestandene Anteil, hätten nach verschiedenen Abzügen etwa 275 kg Gold betragen, nach heutigem Goldpreis (Ende 1990) knapp 5,6 Millionen Deutsche Mark. Die damalige Kaufkraft des Goldes war hundertfünfzig bis dreihundertmal so hoch wie heute, 275 kg Gold mochten damals also so viel gelten wie heute 1 1/4 Milliarden DM. Derartige Vermögen sind heute nicht häufig, damals waren sie ganz ungewöhnlich. Dasjenige des Don Diego Colón qualifizierte ihn jedenfalls, eine Cousine des spanischen Königs zu heiraten. Der Gewinn blieb weit hinter den phantastischen Erwartungen des Columbus zurück, aber für seine Erben haben sich seine Mühen und Entbehrungen gelohnt.

Die Finanzierung der Expedition von 1492

Noch mehr gelohnt hat sich die Entdeckung allerdings für die Krone Castilien. Sie zog das große Los. Die dreieinviertel Millionen Maravedi, die sie aufzuwenden hatte, waren = 30,225 g Gold, nach heutigem Goldpreis etwa 655000 DM, nach damaliger Kaufkraft eine Zahl in der Größenordnung von 150 Millionen DM. Aber nur eineinviertel Millionen Maravedi brauchte sie bar zu zahlen, eine Million wurde ihr vorgestreckt, die dritte Million wurde erst 1493 fällig. Zwar hatte sie 1493-1500 die Kosten für Columbus' zweite und dritte Expedition größtenteils aufzubringen, dazu kamen in diesen Jahren noch ein paar weitere Entwicklungsmillionen, die dem Kronschatz sehr sauer wurden. Aber seit dem Sommer 1500 war Spanisch-Amerika für den spanischen Hof und Staat Kapital im Sinne der Marxschen Definition: *Mehrwert heckender Wert*. Spanien brauchte nichts mehr in die Entwicklung seiner amerikanischen Kolonien zu stecken, sie entwickelten sich und expandierten aus eigener Kraft und warfen der Krone laufend Einnahmen ab, die nach damaligem europäischem Maßstab ungeheuer waren. Für die spanische Nation wirkte dieser Reichtum allerdings verheerend. Er ersparte den spanischen Königen jede Rücksicht auf die Wirtschaft des Landes und ermöglichte es ihnen, scheinbar ungestraft das Land zu der sozialen und wirtschaftlichen Ruine zu machen, als die es in unser Jahrhundert ragte. Erst seit seinem Beitritt zur EG beginnt es den Rückstand gegenüber den entwickelten europäischen Industrieländern aufzuholen.

Die damalige Kaufkraft eines Maravedi läßt sich durch ein paar Zahlen veranschaulichen: 1 kg Weizen kostete in Andalusien 1493 etwa 2,9 Maravedi; die Monatsheuer eines Vollmatrosen betrug 1000 Maravedi; Don Quixote, der nicht so zahlungsfähig war wie andalusische Kapitäne, zahlte neunzig Jahre später seinem treuen Sancho Pansa monatlich 780 Maravedi.

Columbus hatte sich in der Kapitulation von 1492 das Recht ausbedungen, sich mit einem Kapitalachtel an Handelsexpeditionen in die zu entdeckenden Gebiete zu beteiligen. Zwar war seine Expedition von 1492 keine Handelsexpedition; dennoch brachte er sein Kapitalachtel dafür auf, und dieses Kapitalachtel wird von seinem, gewöhnlich zuverlässig unterrichteten Historiker, dem Bischof Las Casas, auf eine halbe Million Maravedi beziffert.

Den spanischen Forschern paßt diese Angabe aus durchsichtigen Gründen nicht, sie wird von ihnen unter den Tisch gewischt. Da indessen niemals ernsthafte Gründe gegen Las Casas' Glaubwürdigkeit in solchen Dingen vorgebracht worden sind, muß man annehmen, daß die Gesamtkosten der Expedition 4 Millionen und Columbus' Anteil 500000 Maravedi betragen hat.

Die Expeditionskosten verteilten sich ungefähr zu gleichen Teilen auf Sach- und Personalkosten. Von den Sachkosten war am wichtigsten die Miete der Schiffe auf je ein Jahr. Die Miete dürfte insgesamt eine halbe Million Maravedi betragen haben, und zwar etwa eine Viertelmillion für das Flaggschiff „Santa Maria" und je eine Achtelmillion für die beiden Karavellen „Pinta" und „Niña". Die Miete der Karavellen sollte von der Stadt Palos aufgebracht werden. „Santa Maria" dürfte 100 bis 150 BRT, die beiden Karavellen je etwa 60 BRT gemessen haben, soweit damalige Schiffsmaße mit heutigen vergleichbar sind.

Die sonstigen Sachkosten entfielen auf Grundreparatur und Ausrüstung der Schiffe, Verpflegung – angeblich für ein ganzes Jahr –, den üblichen Tauschtand an Messingglöckchen usw.; ferner muß ein erheblicher Barschatz mitgenommen worden sein, denn man rechnete damit, japanische und chinesische Häfen zu erreichen, wo man ohne Edelmetallgeld den Ritter von der traurigen Gestalt gespielt hätte.

Heute haben so kleine Fahrzeuge nur wenige Mann Besatzung, dafür aber eine Maschine und eine Bunkerlast von Brenn- und anderen Betriebsstoffen. Die damaligen Schiffe entnahmen ihre Antriebskraft aus der Luft, indes kostete es harte Arbeit, sie einzufangen, man brauchte dazu eine ziemlich zahlreiche Besatzung. Demgemäß hatte „Santa Maria" 40, „Pinta" 26, „Niña" 24 Mann seemännische Besatzung einschließlich des Generalkapitäns Columbus. Dazu kamen 30 Nicht-Seeleute, beispielsweise der Page des Columbus, ein Sekretär für völkerrechtliche Zwecke

(Beurkundung der Inbesitznahme von Inseln oder diplomatischer Verkehr mit dem chinesischen Kaiser), ein Dolmetscher für Arabisch, da die Kenntnis dieser Sprache beim chinesischen Hof vorausgesetzt wurde, ein Stabskoch für den Fall, daß man ausländische Fürstlichkeiten zu bewirten hatte, ein Profoß und zahlreiche andere.

Die Unterbringung war nach heutigen Begriffen unzumutbar. Kojen gab es nicht. Für die Ruhe mußte sich jeder einen Winkel an Deck suchen. Lediglich der Geschwaderchef erhielt als Kajüte ein eigens erbautes Hüttchen an Deck. Wurden Sklaven transportiert, so wurden sie unter Deck verstaut und womöglich die Luken zugemacht. Sie starben gewöhnlich.

Die Expeditionsteilnehmer wurden aus der königlichen Kasse besoldet und erhielten vorweg die Heuer für vier Monate. Die Heuersätze betrugen 666 Maravedi monatlich für den Grometo (Schiffsjungen und Leichtmatrosen), 1000 Maravedi für den Vollmatrosen, 2000 Maravedi für den Steuermann. Martin Alonso Pinzón als ältester Kapitän und Stellvertreter des Geschwaderchefs erhielt 4000 Maravedi monatlich, Columbus mag 10000 Maravedi bezogen haben, doch ist dies nicht bekannt. Die Gesamtheuer des Geschwaders betrug monatlich 250180 Maravedi, überraschend viel bei 120 Expeditionsteilnehmern, von denen die meisten nicht mehr als 1000 Maravedi zu beanspruchen hatten.

Die Fahrt dauerte etwa acht Monate. Dazu kam die Dienstdauer der Besatzung in den Wochen vor der Ausreise und nach der Rückkehr. Demnach machte die Gesamtheuer rechnerisch mehr als zwei Millionen Maravedi aus, wovon etwas mehr als eine Million vorausbezahlt wurde. Auf San Domingo blieben 40 Mann zurück, für die die zweite Rate der Heuer zunächst nicht gezahlt zu werden brauchte. Erst nachträglich wird sie den Erben ausbezahlt worden sein – die Zurückgebliebenen wurden vor Columbus' Rückkehr von den Eingeborenen umgebracht.

Columbus hat die von ihm selbst aufzubringende halbe Million Maravedi entliehen, vermutlich bei den italienischen Kaufleuten in Andalusien. Für 180000 Maravedi ist dies belegt: Sie stammten von dem Florentiner Juanoto Berardi in Sevilla, dessen damaliger Faktor der nachmalige Pate des neuen Kontinents, Amerigo Vespucci, war. Am 15. Dezember 1495 hat Berardi gemahnt. Er lag auf dem Totenbett und flehte Columbus um Zahlung an, da er seine Tochter arm hinterlasse. Berardi erklärte, dem Columbus die 180000 Maravedi drei Jahre zuvor geliehen zu haben.

Ein weiterer, nicht ganz so eindeutiger Hinweis findet sich in der Geschäftsinstruktion, die Columbus vor Antritt seiner vierten Amerikareise, 1502, seinem Sohn Diego hinterließ. Er schreibt darin:

„Micer Francisco de Rivarol, Micer Francisco Doria, Micer Francisco Cataneo und Micer Caspar Spinola haben mir Geld geliehen, damit ich den achten Teil der Waren, die nach Indien gesandt wurden, aufbringen konnte, und außerdem 118 000 Maravedi, die in Sevilla, 50 000, die in Jerez, und 25 000, die in Granada ausgegeben wurden."

Die Genannten waren sämtlich Genuesen, und mindestens Caspar Spinola gehörte zu der Kapitalgruppe, mit der Columbus von 1474 bis zu seinem Tod verbunden war. Das Datum der erwähnten Zahlungen gibt Columbus nicht an. Harrisse, der das Dokument zuerst veröffentlichte, bezieht sie sämtlich auf die Ausrüstung der zweiten Expedition, Sommer 1493. Für den „achten Teil der Waren, die nach Indien gesandt wurden", wird das zutreffen. Dagegen können sich die einzeln aufgeführten 193 000 Maravedi auch auf die erste Expedition bezogen haben, und ein portugiesischer Genealoge des 16. Jahrhunderts, Nuncibay, behauptet das ausdrücklich; leider hat er seine Quellen nicht genannt.

Da die gleiche Behauptung sich auch bei dem spanischen Historiker Aspa findet, gewinnt sie an Wahrscheinlichkeit. Nur nennt Aspa andere Personen, darunter Jacopo di Negro, Nuncibay dagegen die gleichen Personen wie Columbus selbst in seiner Instruktion.

Demnach bleiben nur 117 000 Maravedi unaufgeklärt. Man darf annehmen, daß er auch sie von ihm befreundeten italienischen Kaufleuten in Sevilla oder anderen andalusischen Handelsplätzen erhalten hat.

Von den schätzungsweise 2 1/4 Millionen Maravedi, die die Krone vor der Ausreise 1492 aufzubringen hatte, deckte sie eine Million oder etwas mehr durch einen Kredit der aragonischen Hermandad, das heißt der Verbrüderung der Städte, einer Art spanischer Hanse. Die darin zusammengeschlossenen Städte sorgten für die Sicherheit auf den Landstraßen, und zwar durch ihre, aus Don Quixote berühmte Landstraßenpolizei. In den Büchern der Hermandad sind nach 1492 königliche Rückzahlungen von 1 140 000 Maravedi eingetragen. Entweder hat der Kreditbetrag eine Million überstiegen, oder die 140 000 Maravedi sind Zinsen. Der eine der beiden Kassenführer der Hermandad, Baron Luis de Santangel, aus „bekehrter" Judenfamlie, gilt als derjenige, der bei Königin Isabella die Rückberufung des Columbus durchsetzte, als dieser im Januar 1492 bereits von Santa Fé abgereist war.

Am 23. Mai 1492 überbrachte Columbus der Stadtverwaltung von Palos den königlichen Befehl, ihm zwei Karavellen auf ein Jahr zu stellen, das heißt, für ihn zu mieten. Es existiert kein Beleg, daß die Stadt diese Ausgabe geleistet hat, andererseits aber auch kein sachlicher Grund, es zu bezweifeln. Wenn dies seitens der spanischen Forscher gewöhnlich dennoch geschieht, liegt das durchsichtige Motiv zu Grunde, Columbus als Nicht-Spanier zu verkleinern und den National-Spanier Martin Alonso Pinzón nicht nur als die Seele der Expedition, sondern auch als den Kapitalgeber des Columbus hinzustellen. Insbesondere wird er, den Dokumenten zuwider, als Eigentümer oder Miteigentümer der Expeditionsschiffe bezeichnet. In Wirklichkeit gehörte keines von ihnen nach Palos, vielmehr war die „Santa Maria" in dem nordspanischen Hafen Santona (östlich von Santandér) beheimatet, die beiden Karavellen in Moguér, einem Nachbarhafen von Palos; „Santa Maria" gehörte einem gewissen Juan de la Cosa, der namensgleich, aber nicht identisch ist mit dem berühmten Kartographen, der auf Columbus' zweiter Expedition mitfuhr; die Karavellen gehörten Cristobal Quintero und Juan Niño, Miteigentümer der „Pinta" war Gomez Rascon aus Moguér.

Martin Alonso Pinzón

Ende Mai 1492 war Columbus in Palos angekommen und erwartete, sofort Schiffe mieten, Seeleute anheuern und binnen zehn Tagen in See gehen zu können. Jedoch stieß er auf *passiven Widerstand.* Auch eine königliche Ermächtigung, Schiffe zu beschlagnahmen und Häftlinge aus den Gefängnissen zwangsweise und gegen Amnestie anzumustern, half ihm nicht weiter. Hauptgrund der Verzögerung dürfte gewesen sein, daß Columbus der seefahrenden Bevölkerung Andalusiens unbekannt war, also kein Schiffseigner ihm ein Schiff vermieten und kein Seemann mit ihm auf ein gänzlich ungewohntes und ungewisses Unternehmen ausgehen wollte. Erst der *Beitritt Martin Alonso Pinzóns überwand diese letzte Verzögerung.* Dieser war an der andalusischen Wasserkante wohlbekannt, auf seinen Aufruf hin fand sich rasch eine Besatzung zusammen, die ihre hervorragende Tüchtigkeit in furchtbaren Stürmen bewährte und zu einem erheblichen Teil auch die späteren Expeditionen des Columbus mitmachte. Martin Alonsos Eintreten dürfte dem Columbus – beziehungsweise der Stadt Palos – auch die Miete von Schiffen erleichtert und den schamlosen Lieferantenbetrug verhindert haben, unter dem Columbus bei seiner zweiten und dritten Expedition zu leiden hatte.

Martin Alonsos Beitritt war kein Zufall. Höchstwahrscheinlich teilte er Columbus' Überzeugung, man werde in wenigen Wochen, 750 Leguas westlich der Kanarischen Inseln, dort wo sich in Wirklichkeit die Sargasso-

See befindet, Japan und in einem gewissen Abstand weiter westlich China finden. Martin Alonso selber übernahm das Kommando der Karavelle „Pinta", sein jüngerer Bruder, Vicente Yañez Pinzón, das der kleineren „Niña".

Das gute Einvernehmen zwischen Columbus und seinem Stellvertreter kam am 22. November 1492 vor der Nordküste Cubas zu einem plötzlichen Ende. Columbus hielt an diesem Tage mit Westsüdwestkurs auf die Küste zu; da ging die „Pinta" auf Ostkurs, um die Insel Groß-Inagua (Babecque) in Augenschein zu nehmen, wo es nach Aussage der Eingeborenen Gold gab. Martin Alonso wollte auf eigene Faust Entdeckerruhm und Gold erwerben. Die spanischen Schriftsteller, die Martin Alonso als den eigentlichen Urheber und Führer der Expedition betrachten, geben sich keine Mühe, seine *Desertion* zu entschuldigen.

Martin Alonsos Verhalten vor Cuba war in Spanien *landesüblicher Brauch*. Die Geschichte der spanischen Entdeckungsfahrten bietet zahlreiche, meist weit schlimmere Treulosigkeiten. Glücklicherweise schloß sich Vicente Yañez der Desertion seines älteren Bruders nicht an. Anderenfalls wäre Columbus in eine verzweifelte Lage geraten, als sein Flaggschiff zu Weihnachten 1492 vor Haiti strandete. Erst am 6. Januar 1492 holte Columbus, nur noch mit der„Niña", nördlich von San Domingo die „Pinta" wieder ein. Martin Alonso starb unmittelbar nach der Rückkehr, März oder April 1493, in Palos. Daher konnte er selbst seinen Konflikt mit Columbus nicht mehr fortsetzen, hinterließ aber eine *columbusfeindliche Tradition*, die von 1408 ab im Columbus-Prozeß ausgebeutet wurde und noch heute, romanhaft ausgemalt, von Madariaga aufgewärmt wird. Gegen die Pinzón-Legende spricht, außer einer Anzahl positiver Gegenangaben in den Dokumenten, daß sich Vicente Yañez Pinzón nie zu irgendwelchen Aussagen gegen Columbus hergegeben hat, obwohl er den Columbus-Prozeß noch erlebte.

Zu den berühmtesten Einzelheiten der Expedition von 1492 gehört die Meuterei der Besatzung, zwei Tage vor der Entdeckung der Bahama-Inseln, am 10. Oktober. Die meisten Zeugen im Columbus-Prozeß schrieben dem Martin Alonso das Verdienst am Durchhalten und der Erledigung dieser Meuterei zu; Columbus selbst sei schwankend gewesen. Den wichtigsten noch am Leben befindlichen Zeugen, Vicente Yañez Pinzón, hat man aber nicht vorgeladen, und einer der Zeugen beschwor, Vicente Yañez habe sich auf seiner Fahrt zur Amazonas-Mündung 1499 dahin geäußert: Die Brüder Pinzón hätten im Gegenteil unmittelbar vor der Entdeckung Amerikas von Columbus verlangt, das Geschwader solle umkehren. Eine ähnliche Äußerung des Eigners der „Niña", Juan Niño, hatte ein anderer Zeuge gehört. Mit Sicherheit ist der Tatbestand nach so vielen Jahren und aus so widerspruchsvollen Aussagen nicht mehr zu ermitteln. Die seemännischen Gründe, aus denen Morison die Pinzón-Legende ablehnt, wiegen aber am schwersten.

Die Jagd nach dem Gold

Columbus hatte Finderglück. Nicht nur fand er Amerika überhaupt, sondern vor allem fand er an dessen Ostrand eine Basis, von der aus der Weg zu den ungeheuren amerikanischen Edelmetallvorkommen offenstand. Hätte er seinen anfänglichen Kurs, etwas weiter nördlich, durchgehalten, so hätte er die unwirtliche, unzugängliche Küste Floridas erreicht, vor der widrige Winde und Strömungen jedes Vordringen in westlicher Richtung ausschlossen.

Die Hauptmasse der amerikanischen Edelmetalle besteht aus *Silber* und ist an die riesigen Buntmetall-Erzlager der *Cordilleren und des westlichen Hochlandes*, von British-Columbia bis Chile, gebunden. Das Silber findet sich ursprünglich als Beimengung zu Kupfer und Blei; angereichert ist es nur in den oberflächlichen Zementationserzen. Von diesem Silberreichtum ahnte Columbus noch nichts; er fand lediglich zwei unbedeutende Vorkommen von *Seifengold* auf *Haiti – San Domingo* („Hispaniola") und in *Panama* („Veragua").

Dem Goldvorkommen von Hispaniola widmete Columbus bis 1500 seine Tätigkeit als *Kolonisator*. Wie erwähnt, lieferte es bis 1520 bescheidene Erträge; dann war es erschöpft. Seitdem beruht die wirtschaftliche Bedeutung der Insel auf Baumwolle, die einheimisch ist, und Zuckerrohr, das die Spanier einführten; schon Columbus' Enkel besaßen dort Zuckerrohrpflanzungen. Die Goldseifen von Panama sind möglicherweise bedeutend, lassen sich aber nur im Kleinbetrieb ausbeuten. Baut man eine Goldwäsche für die Gewinnung im großen, so wird sie unweigerlich durch einen Gewittersturm zerstört, ehe die Gewinnung begonnen hat. Diese Gewitterstürme machten schon die letzte Expedition des Columbus, 1502/03, zu einer furchtbaren Prüfung.

Daß Columbus beide Goldvorkommen für bedeutend hielt, ist begreiflich. Denn seit vielen Generationen hatten die Indianer Gold gewaschen, mehr als Zeitvertreib, nicht als angespannte Arbeit. Im Besitz der Häuptlinge hatte sich prachtvoller Goldschmuck angesammelt, aber auch viele schlichte Volksgenossen besaßen etwas Blattgold, das sie den weißen Männern mit der Gastfreundschaft von Naturkindern schenkten, zumal sie sie für Götter hielten. Was Columbus und die Seinen nicht freiwillig erhielten, nahmen sie, als sie erst Fuß gefaßt hatten, gewaltsam weg, und so erbrachten seine *ersten Unternehmungen ansehnliche Golderträge.* Allein auf seinem ersten Marsch in das Längstal von San Domingo, die Vega Real, im März 1494, erhielt Columbus an freiwilligen Gaben Gold im Gesamtgewicht von etwa 9 kg (heute rund 195 000 DM) – was seine Untergebenen unterschlugen, ist unbekannt. Jene 9 kg Gold entsprachen 968 000 Maravedi, deckten also ein Viertel der Expeditionskosten von 1492. Als sich Columbus nach der Rückkehr von seiner zweiten Amerikareise 1496 zu Hof begab, trug einer seiner indianischen Begleiter eine kragenartige Goldkette von 2 3/4 kg: eine publikumswirksame Widerlegung der Verleumdung, auf Hispaniola gebe es gar kein Gold, nur schlechte Legierungen.

Anders stellte sich die Sache dar, als die Spanier sich das im Besitz der Eingeborenen befindliche Gold angeeignet hatten und Columbus an die *regelmäßige Produktion* ging. Anfangs hinderte ihn daran die ungünstige Lage der ersten Niederlassung: sumpfig, also ungesund, zudem durch die Nordkette von den im Landesinneren gelegenen Goldseifen getrennt. Erst die heutige Stadt Santo Domingo, die 1496/97 als neues Zentrum der Kolonie entstand, war zweckmäßig gelegen.

Die Hauptschwierigkeit lag indes in den beiden Bevölkerungsteilen. Die Spanier – auch die eingewanderten Landarbeiter und Handwerker – wollten nicht arbeiten, sondern rasch reich werden und in die Heimat zurückkehren. Zu ihrem ungeduldigen Verlangen nach Gold und Weibern kam ihre Gewalttätigkeit. Die Indianer jedoch waren an ausdauernde Arbeit nicht gewöhnt, und als man sie gewaltsam dazu zwang, starben sie. Das Massensterben wurde durch die Antreiber-Methoden der Spanier beschleunigt.

Schon in Columbus' erster Siedlung an der Nordküste flammte die *spanische Unbotmäßigkeit* sehr bald offen empor, denn Hunger und Krankheit wüteten. Sie wurzelten darin, daß der stolze Conquistador, wie später die englischen Siedler von Virginia und Plymouth, die Landesprodukte verachtete, mit denen er sich gesund und reichlich hätte verpflegen können, sondern auf europäischer Kost bestand. Columbus wußte, daß man auf die Dauer von den einheimischen Lebensmitteln werde leben müssen. Zugleich aber war sein Bestreben, die Eingewöhnung durch Beibehaltung der im Mutterland gewohnten Kost zu erleichtern. Um diese auch drüben zu produzieren, nahm er auf seiner zweiten Expedition, 1493, Milchkühe, Schafe, Ziegen, Schweine, Hühner, Saatgetreide und vor allem Landarbeiter mit. Womit er nicht gerechnet hatte, war, daß seine Landarbeiter drüben eine Anzahl Indianer versklaven, sich zu *Caballeros* aufschwingen und die Arbeit verweigern würden. Die Eigenproduktion an europäischen Nahrungsmitteln kam nur schleppend in Gang, die Kolonie blieb auf *Nachschub* an Rindfleisch, Schinken, Öl, Wein und Weizen angewiesen, die heimischen Behörden, knapp bei Kasse und durch das Ausbleiben der verheißenen Goldmassen ungeduldig, sandten nicht genug, und so hungerte der stolze Conquistadór auf der fruchtbaren, lachenden Insel. Für Columbus lag darin ein erwünschtes Zwangsmittel; Widerspenstigen kürzte er die Ration, aber die Widerspenstigen beschwerten sich bei der Königin, und sie verbot es.

Auf seinen Entdeckungsreisen hielt Columbus streng auf *gute Behandlung der Eingeborenen,* insbesondere auf Unterlassung jeder Gewalttat. Er wußte, daß er auf seinen Entdeckungsfahrten wie bei der Erschließung seiner Insel von der Freundschaft der Eingeborenen abhängig war. Aber nur bei kurzem Verweilen war die Brutalität seiner Leute zu zügeln. Wo er zu längerem Aufenthalt gezwungen war, legten sie bald ihre unnatürliche Selbstbeherrschung ab. Namentlich auf seiner letzten (vierten) Reise geriet er dadurch in Panama und vor Jamaica in unerquickliche Situationen. Die Besatzung, die er Januar 1493 in seiner ersten Niederlassung auf Haiti zurückließ, muß durch Frauenraub und andere Gewalttaten die Taino-Indianer gereizt haben; jedenfalls wurde sie von diesem gutmütigen Völkchen umgebracht.

Die Tainos bewohnten damals den Bahama-Archipel, Haiti-San Domingo, Jamaica und Teile von Cuba. Columbus schildert sie als liebenswürdig, harmlos, gutmütig, unkriegerisch. Schon an seinem ersten Tag auf Guanahani notiert er, sie würden leicht zum Christentum zu bekehren sein und eigneten sich dank ihrer Folgsamkeit als „gute Diener" (lies: Sklaven). Das war zwar nur ein Gedanke für die fernere Zukunft. Vorerst dachte er nur an Menschenjagd auf die Kariben, die er regelmäßig auf den Sklavenmarkt von Sevilla zu liefern beabsichtigte.

Denn wie er glaubte, betrieben die Kariben Jagd auf „seine" Tainos, um sie als Wildbret zu verzehren oder sie zu mästen und zu schlachten. Übrigens fand Columbus Dringenderes zu tun, er kam nicht zur Karibenjagd, auch waren die Kariben mit ihren Bögen flinker als die Spanier mit ihren Donnerbüchsen, sie trafen besser, und ihr Pfeilgift tötete unfehlbar.

Statt dessen kam Columbus bereits Ende 1494, früher als in seiner

Absicht gelegen hatte, auf seinen anfänglichen Gedanken zurück, die *Tainos zu versklaven und zu verkaufen.* Den Anlaß bot der erste große Ausbruch spanischer Gewaltätigkeit auf Hispaniola, bei dem er zwar nicht zugegen war, den er aber weder zu verhindern noch zu sühnen beabsichtigte. Vielmehr akzeptierte er die von seinen Untergebenen geschaffene Lage, bestrafte nach Kolonialart nicht die Frevler, sondern deren Opfer und unternahm gegen diese die *erste Befriedung* der modernen Kolonialgeschichte – wenn man von der damals schon seit Jahrzehnten im Gang befindlichen Befriedung der Kanarischen Inseln absieht. Den Eingeborenen schienen die spanischen Lanzenreiter zentaurische Ungeheuer. Vor diesen Zentauren, vor dem Pulverknall und den spanischen Bluthunden ergriffen sie die Flucht. Columbus zersprengte die Tainoheere durch den bloßen Schrecken, wütete mit Feuer und Schwert und trieb mehr als anderthalbtausend Tainos aller Altersstufen und beiderlei Geschlechts in seiner damaligen Hauptstadt Isabella zusammen.

Die fünfhundert Kräftigsten suchte er für sich selber aus und verfrachtete sie auf drei oder vier gerade zur Hand befindliche Karavellen. Seinen Leuten erlaubte er, sich aus den übrigen passende Ware auszusuchen und gleichfalls zu verladen; der spanische Sklavenkäufer mußte jedoch für die Verpflegung seines Sklaven auf der Überfahrt aufkommen. Zwischen fünfhundert und tausend Indios wurden so auf den winzigen Fahrzeugen zusammengepfercht und *starben fast sämtlich* auf der Reise; die wenigen Überlebenden brachten auf dem Markt in Sevilla schlechte Erlöse, denn sie waren sehr vom Fleisch gefallen.

In den folgenden Jahren sandte Columbus wiederholt Sklaventransporte, da andere, wertvolle Ware nicht verfügbar war. Jedoch haben die Indianer eine unerwünschte Eigentümlichkeit: in Sklaverei verfallen sie in Schwermut und sterben. Kommt ihnen der Tod nicht rasch genug, so helfen sie durch Selbstmord nach, oft indem sie einander aus Kameradschaft umbringen. Daher gingen selbst die lebend nach Spanien gelangten Indios rasch ein, und Königin Isabella fand *theologische Gründe gegen die Versklavung von Indios* – gegen die von Negern, Guanchen, Mauren, Türken, Arabern hatte sie nichts – und ließ die 21 überlebenden Indios zurücktransportieren.

Columbus war von Glaubenseifer erfüllt und mit Moraltheologie vertraut. Diese rechtfertigte die Versklavung von Nicht-Christen mit der Begründung, Heiden seien ohnehin zu ewiger Verdammnis verurteilt. Warum also, fragte Columbus, nicht auch Indios versklaven?

Die Sterblichkeit der nach Sevilla übersandten Indios beeindruckte ihn wenig. In einer Denkschrift vom September oder Oktober 1498 wendet er ein, die nach Spanien gesandten Kanarier (Guanchen) und Neger hätten sich anfangs auch schlecht gehalten, blieben aber jetzt am Leben. Die Indios seien dreimal so viel wert wie der schlechteste Negersklave, und der erbringe auf dem Sklavenmarkt der Kapverdischen Inseln 8000 Maravedi. Vermutlich weil auf absehbare Zeit nur ein Bruchteil der in Santo Domingo verladenen Indios lebend ankommen werde, bezifferte Columbus den voraussichtlichen Durchschnittserlös für das aus Hispaniola abgesandte Stück Sklave auf 5000 Maravedi.

Selbst unter dieser vorsichtigen Voraussetzung erklärt Columbus die Kalkulation für überaus günstig. Es sei nur nötig, aus Spanien ständig eine hinreichende Anzahl Schiffe zu senden. Kapitäne wie Matrosen kämen gern, denn jeder könne auf Hispaniola billig Sklaven erstehen und auf eigene Rechnung mitnehmen. In Santo Domingo koste ein Sklave durchschnittlich zwar 1500 Maravedi, auch müsse man ihn auf der Reise verpflegen, trotzdem erziele man bei einem Erlös von mindestens 5000 Maravedi genug Gewinn, „um bald sehr reich zu werden."

Columbus machte seine Angaben nicht leichthin; er hatte *Marktforschung* getrieben. Er hatte ermittelt, die Anfuhr von Sklaven aus Guinea lasse gegenwärtig nach, dagegen bestehe lebhafte Nachfrage „in Castilien, Portugal, Aragon, Italien, Sizilien, auf den zu Portugal gehörigen Inseln und den Kanarischen Inseln". 4000 Sklaven würden sich jährlich absetzen lassen; mit ihnen zusammen könnten je 4000 Zentner Brasilholz verschifft werden. Die Transportkosten bezifferte er auf je 3 Millionen Maravedi, den Erlös auf je 20 Millionen, die Gewinnungskosten auf Hispaniola auf null. Mithin sah seine Rechnung so aus:

Kalkulation für den jährlichen Versand von je 4000 Sklaven und 4000 Zentnern Holz von Santo Domingo nach Sevilla

Transportkosten	6 Millionen Maravedi	
Erlös	40 Millionen Maravedi	
Reingewinn	34 Millionen Maravedi	= (85 % des Erlöses; = das Sechsfache des eingesetzten Kapitals)

Das dürfte der *tatsächlichen Profitrate im Kolonialhandel* entsprochen haben. Vergleicht man damit die bescheidenen, modernen Durchschnitts-Gewinnquoten, so leuchtet ein, daß Ricardos Gesetz vom tendentiellen Fall der Profitrate, wie vieles in seinen Schriften, auf richtiger Beobachtung beruht, wenngleich die theoretische Ableitung nicht stimmt; Marx hat die richtige geliefert.

Columbus hatte guten Grund, seit 1494, besonders aber seit 1498 Gewicht auf den Sklavenhandel zu legen. Die Hoffnungen, die er sich und den Königen auf das Gold von Hispaniola gemacht hatte, erfüllten sich zu langsam, die auf Tropengewürze überhaupt nicht. Daher stieg die Ungeduld der Krone, die Machenschaften von Columbus' Gegnern bei Hofe wurden immer gefährlicher. Mindestens war es nötig, hinreichende Einnahmen aus der Kolonie zu erzielen, um dem Kronschatz fernere Zuschüsse zu ersparen. Wenn die Guineafahrer nicht genügend Gold, Elfenbein und andere Wertsachen bekamen und Laderaum frei hatten, luden sie Sklaven; was konnte für ihren Schüler Columbus näher liegen, als das gleiche zu tun? Die außerordentlichen Geldschwierigkeiten bei der Ausrüstung seiner dritten Expedition 1498 hatten ihm die Dringlichkeit eigener Einnahmen sehr deutlich gemacht.

Der Versand von Indiosklaven nach Europa wurde 1500 durch königliches Verbot beendigt. Doch auch ohne dieses umständliche und verhältnismaßig kostspielige Verfahren gelang es den drei Nachfolgern des Columbus – der dritte war sein eigener Sohn –, *die Tainos auszusrotten.* Das Bekehrungswerk wurde in einem Menschenalter vollendet. 1492 lebten auf Haiti-San Domingo schätzungsweise 200 000 oder 300 000 Tainos; 1520 waren noch wenige tausend übrig. Als sie auf Haiti-San Domingo knapp wurden, holte man sie schiffsladungsweise von den Bahamas und den übrigen Nachbarinseln. Die ansteckenden Krankheiten aus Europa – Masern, Grippe, Lungenentzündung, Tuberkulose, seit 1518 auch Pocken – beschleunigten ihr Aussterben. Ein Menschenalter nach ihrer Entdeckung waren sie ausgerottet. An ihrer Stelle importierte man *afrikanische Neger,* die Arbeitsschinderei, Unterernährung, Mißhandlungen und die ganze Trostlosigkeit der *Sklavenexistenz zähe aushielten.*

Mit den Tainos verschwand auch ihre umweltschonende Landwirtschaft. Sie bauten Getreide nicht in pfluggezogenen Furchen, die der Tropenerosion durch gewaltige Sturzregen Ansatz boten, sondern in Beeten, die sie mit niedrigen Erdwällen umgaben, und auf denen sie verschiedene Pflanzen im Gemenge zogen, beispielsweise Bohnen, die am Mais emporrankten: eine Kulturform, wodurch die Bodenerschöpfung hintangehalten wird. Gleichwohl erforderte sie dank der tropischen Fruchtbarkeit wenig Arbeit. Dagegen bahnten der europäische Ackerbau mit dem Pflug und die Abholzung der Umweltzerstörung die Bahn.

Als Columbus nach der Befriedung, 1494, mit dem Sklavenversand begann, führte er für die an Ort und Stelle verbliebene Bevölkerung noch nicht die Sklaverei ein – schon wegen der geringen Zahl der vorhandenen Spanier wäre das unmöglich gewesen. Er begnügte sich mit einem Kopfgeld. In den goldführenden Bezirken der Insel erhob er von jedem erwachsenen Einwohner, Mann und Frau, vierteljährlich einen Fingerhut (genauer: ein Falkenglöckchen) voll Goldstaub (etwa 44 g). Als Steuerquittung erhielten der und die Eingeborene eine gestanzte Kupfer- und Messingscheibe, an einer Schnur um den Hals zu tragen. Wer sich ohne diesen Halsschmuck antreffen ließ, wurde niedergemacht. Das Jahr 1495 verbrachte Columbus hauptsächlich damit, auf der Insel umherzuziehen und Bezirk für Bezirk diesem Fingerhutsystem zu unterwerfen. „Alle waren gern dazu bereit" (Columbus). In goldfreien Bezirken begnügte er sich mit gewissen Mengen Baumwollgarn oder Baumwollgeweben.

Leider war *keineswegs so viel Gold auf der Insel*, wie Columbus nach dem Erfolg einiger Goldsucher glaubte. Nur durch angespannte Arbeit, woran sie nicht gewöhnt waren, und unter Vernachlässigung ihres Ackerbaus hätte ein Teil der Tainos die verlangten Goldmassen gewinnen können, den meisten war es unmöglich. Das Fingerhutsystem lief sich rasch unter furchtbaren Blutopfern tot.

Es kam darauf an, die *Goldproduktion als laufenden Betrieb* zu organisieren. Regelmäßig und unter Aufsicht, tagaus, tagein mußte Gold gewaschen und unter Kontrolle abgeliefert werden. Dies wurde erreicht durch das Ripartimiento- oder, wie man es später nannte, *Encomienda*-System. Das heißt: meuternde Untergebene des Columbus rotteten sich zusammen, zogen aufs flache Land, hielten einem Häuptling die geladene Pistole unter die Nase und erzwangen die Stellung erstens von Arbeitssklaven und -sklavinnen, zweitens von jungen, hübschen Mädchen und Frauen. Die Zwangsarbeiter mußten ihre Verpflegung selbst mitbringen, waren aber dazu außerstande. Sie wurden zur Arbeit gepeitscht, und da sie nicht verpflegt wurden, in kurzer Zeit totgeschunden. Dann wurden weitere Sklaven geholt und in gleicher Weise abgearbeitet. Der Entvölkerung wirkten die Encomienderos entgegen, indem sie mit ihrem Indio-Harem eine massenhafte, leibeigene, spanisch sprechende und katholisch betende *Mestizenbevölkerung* erzeugten: das war ihre hauptsächliche Kulturleistung, ihr Beitrag zur Hispanidad. Als Encomiendero stieg der eingewanderte spanische Landarbeiter, Handwerker, Soldat und Seemann zum *kleinen Feudalherren*, zum Caballero und Hidalgo, auf.

Columbus hatte nur die Wahl, abzudanken oder das von seinen Ungetreuen begründete Encomienda-System zu sanktionieren. Er tat das letztere und verwandelte ganz Hispaniola in ein Konzentrationslager. (Der Verfasser war lange genug in Gestapo-Haft, um die Bedeutung dieses Ausdrucks konkretestens zu kennen. Nur stand Hispaniola unter einem anderen als dem Hakenkreuz.)

Wenn auch ungeduldige Untergebene die Hand des Columbus führten und seine Griffe beschleunigten, so trägt er doch die Verantwortung. Sein Widerstreben war gering. Er wollte sehr schnell ungeheuer reich werden, und sein Sklavenversand zeigt, daß er zu diesem Zweck qualvollen Massenmord auch aus eigener Initiative beging. Er wurde vorwärtsgetrieben von einer Tendenz, die mächtiger war als er und seitdem die Kolonialgeschichte beherrscht hat, bis auf Hitlers und Stalins Sklavenjagden, die Befriedungs-Aktionen der Franzosen, beispielsweise in Algerien 1954-62, und die Kriege haitischer, dominikanischer, mittelamerikanischer und chilenischer Diktatoren gegen ihre Untertanen. Hinter diesen Diktatoren stehen heute durchweg die USA.

Einen Maßstab liefert das Verhalten eines anderen berühmten Entdeckers, des Kapitäns Lemuel Gulliver. Dieser unterließ die Meldung seiner Entdeckung an die königlich englische Regierung aus

> „Bedenken wegen der Gerechtigkeit, womit Fürsten bei solcher Gelegenheit vorgehen. Beispielsweise wird eine Piratenmannschaft vom Sturm in eine unbekannte Gegend verschlagen. Zuletzt entdeckt ein Matrose Land vom Hauptmast aus. Die Piraten landen, um zu rauben und zu plündern. Sie finden ein harmloses Volk und werden gastlich bewirtet. Sie geben dem Land einen Namen, ergreifen davon in aller Form Besitz für ihren König, stellen ein morsches Brett oder einen Stein als Denkzeichen auf, ermorden ein bis zwei Dutzend Eingeborene, schleppen ein paar andere als Muster mit und erhalten daheim Pardon.
>
> Damit beginnt eine neue Herrschaft, die unter dem Besitztitel des göttlichen Rechts erworben ist. Bei nächster Gelegenheit werden Schiffe hingesandt, die Eingeborenen vertrieben oder ausgerottet, ihre Häuptlinge gefoltert, um ihr Gold zu entdecken. Für alle Handlungen der Unmenschlichkeit und Begierde wird vollständige Straflosigkeit gewährt, so daß die Erde von dem Blut der Eingeborenen dampft, und diese abscheuerregende Schlächterbande führte eine fromme Expedition aus und begründet eine moderne, zur Bekehrung und Zivilisierung eines barbarischen und götzendienerischen Volkes bestimmte Kolonie."

Columbus scheitert als Vizekönig

Das Gold, das Columbus 1493 von Hispaniola mitbrachte, schien zu beweisen, daß er wirklich ein reiches Goldland gefunden habe. Das halbe Jahr bis zu seiner zweiten Ausreise war die einzige Epoche seines Lebens, da er sich im Ruhme sonnen konnte. Bei Königin und König stand er in Gunst, und diese Gunst fand den überzeugenden – den finanziellen – Ausdruck in den reichen Mitteln, die ihm für die Ausrüstung seiner zweiten Expedition gewährt wurden. Freiwillige drängten sich in Massen heran.

In den ersten zweieinhalb Jahren von Columbus' Daueraufenthalt auf Haiti-San Domingo erfolgte der Rückschlag. Die Goldgewinnung kam noch nicht in Gang, Hunger und Krankheiten wüteten in der Kolonie, und den verwilderten Kreuzfahrern wurde zugemutet, den Eingeborenen anständig zu begegnen. Kaum wandte indes Columbus den Rücken – im Frühjahr und Sommer 1494 unternahm er eine Entdeckungsfahrt längs der Südküste von Cuba und nach Jamaica –, da erfolgte der erste Ausbruch spanischer Mannhaftigkeit. Einer seiner beiden Stellvertreter, Pedro Margarite, war mit nahezu 400 Kriegern in die Vega Real gezogen. Die Eingeborenen konnten nicht genug Nahrung für den enormen Appetit seiner Truppe heranschleppen, und so begann er nach Kriegerart zu rauben, zu morden, zu notzüchtigen und zu brennen. Columbus hatte als zweiten Stellvertreter seinen Bruder Jakob (Diego) eingesetzt. Dieser erhob gegen die Mordbrennerei Bedenken, Margarite ergrimmte darüber in Zorn, zog gegen die Residenz, kaperte drei frisch aus Spanien angekommene Schiffe, lud jedermann zur Heimfahrt ein, segelte nach Spanien und verbreitete dort Greuelmärchen über die Mißwirtschaft des Columbus und darüber, daß es auf Haiti-San Domingo gar kein Gold gebe. Auch der zur Bekehrung der Indios nach Haiti entsandte Frater Buil beteiligte sich an Meuterei, Heimfahrt und Verleumdung.

Hieran war nach *damaligem spanischem Maßstab nichts Ungewöhnliches.* Wortbruch, Treulosigkeit, eigenmächtige Gewalttaten waren die Grundlagen damaliger europäischer Politik und sind als solche von kühlen Beobachtern wie Philippe von Commines oder Macchiavelli beschrieben worden. Ein hohes Maß von Niedertracht und Brutalität kennzeichnet die ganze menschliche Geschichte, wird aber in barbarischen Gesellschaften gemildert durch den magischen Glauben an die *Heiligkeit des Gastrechts und des Eides,* während im *Verkehr moderner Großmächte* miteinander Verträge und Gesetze auf dem *Ausgleich so bedeutender Interessen* zu beruhen pflegen und ein solches Schwergewicht sozialer Institutionen an ihnen hängt, daß ihr leichtfertiger Bruch töricht ist und sich in der Regel rasch bestraft.

Anders im Spätmittelalter und in der Renaissance. Einerseits war der magische Glaube an die Heiligkeit von Eid, Gastrecht und anderen Rechten abgewetzt durch die Behendigkeit, womit *die Kirche Eide löste* und exkommunizierte, wenn das für ihre weltlichen Zwecke angebracht schien. Andererseits waren die politischen, militärischen und kommerziellen Kontrahenten nach heutigem Maßstab Zwerge, das Schwergewicht der umstrittenen Interessen entsprechend gering. Eine große Zahl verhältnismäßig kleiner Handelsstädte führte einen erbarmungslosen Konkurrenzkampf miteinander, und mit ihm verschmolz der Kampf des englischen, französischen, spanischen Königtums um die Begründung des Nationalstaats und der modernen, kapitalistischen Großmachtpolitik gegen die Fronde des hohen und niederen Adels. Die mit der *Verweltlichung der Kirche* verbundene Korruption, die urwüchsig-kleinlichen Maßstäbe der *politischen Zersplitterung*, endlich die Durchsetzung des Kapitalismus und die damit verbundene *soziale Krise*, insbesondere die Freisetzung eines *massenhaften Lumpenproletariats von Raubrittern, Bettlern, Landsknechten und Huren:* das alles *untergrub Treu und Glauben.* Wer mit offenen Augen in die Zeit blickte, hatte keine andere Wahl als den vielgeschmähten Zynismus Machiavellis.

So blasiert man daher allerorts über Eid und Meineid dachte: die eigene Partei zu verraten galt als unfein. Über diese letzte Rücksicht waren vornehmlich die Spanier hinausgewachsen. In ihren Bürgerkriegen hatten sie eine anderswo ungebräuchliche Behendigkeit im Parteiwechsel erlangt. Auch war nicht ohne Einfluß, daß die Kirche predigte, *Ungläubigen brauche man das gegebene Wort nicht zu halten*, und daß die Spanier ständig im Kampf mit Muselmanen lagen.

Daher bietet die spanische Kolonialgeschichte, neben den Greueln gegen die Eingeborenen, wie sie überall verübt wurden, als besonderen Reiz die *Niedertracht der Conquistadoren gegeneinander.* Der Verrat der Brüder Pizarro an Almagro ist ein besonders bekanntes und abstoßendes, aber keineswegs ungewöhnliches Beispiel. Magalhães verdankte die Durchführung seiner Weltumsegelung vornehmlich der Härte und Kühnheit, womit er seinen meuternden spanischen Kapitänen zu Leibe ging. Gleichwohl entwich eines seiner fünf Schiffe. Es war auf eine Erkundung entsandt, und der an Bord befindliche Geschwaderpilot verschwor sich mit der Mannschaft, den pflichttreuen Kommandanten in Ketten zu legen und von Feuerland nach Hause zu segeln. Dort wurde der Pilot nicht, wie sich gehörte hätte, an die nächste Rahe geknüpft, sondern als Führer einer eigenen Expedition auf die Suche nach der westlichen Durchfahrt im Bereich der nordamerikanischen Ostküste entsandt. Schließlich war Magalhães, den er verraten hatte, ebensowenig Spanier wie Columbus.

Ferdinand und Isabella gingen zwar noch nicht so weit in der Begünstigung des Treubruchs wie ihre Nachfolger, aber sie verwiesen die Meuterer unter Margarite nicht vom Hof. Wo sich der König außerhalb seiner Privatgemächer bewegte, wurde er von den Meuterern mit dem Ruf: „Zahlen! Zahlen!“ begrüßt; die beiden Söhne des Columbus, die als Pagen in seinem Gefolge waren, wurden angepöbelt. Die berechtigten und noch mehr die unberechtigten Klagen dieses Gesindels sowie seine gemeinen Lügen fanden ihren Weg zu den Höflingen und blieben nicht ohne Einfluß auf die Majestäten. Columbus war dagegen wehrlos, denn er war erstens abwesend, zweitens Nicht-Spanier, drittens vermochte er den Verleumdern nicht den Mund durch Goldsendungen zu stopfen. Wenn noch heute, allen Dokumenten zum Trotz, die Pinzón-Legende Gläubige findet, kann man daran den Neid abmessen, womit die Nationalspanier den Columbus zu seinen Lebzeiten verfolgten.

Späteren spanischen Königen war es gleichgültig, ob die Conquistadoren einander den Hals oder andere Körperteile abschnitten, denn die wechselnden Machthaber in den Kolonien expedierten laufend Silber und Gold für den Kronschatz nach Hause. Für Isabella und Ferdinand war die Kolonialanarchie noch etwas Neues, zudem beging Columbus eine von keinem Conquistador wiederholte Ungeschicklichkeit: er rief um Hilfe und bat die Majestäten um einen Juristen, der Ordnung stiften solle.

Dieser Bitte entsprachen sie. Sie entsandten den Komtur *Bobadilla*, natürlich nicht, wie Columbus gemeint hatte, als seinen Untergebenen, sondern um im Auftrag der Krone alle Beschwerden zu untersuchen, in erster Linie also die gegen Columbus, und mit der Ermächtigung, nach den Umständen zu handeln. Die Umstände nötigten Bobadilla, den Columbus und dessen Brüder in Ketten zu legen und nach Spanien abzuschieben. Ferner beschlagnahmte Bobadilla das gesamte Eigentum und die Papiere des Columbus – gerade als die regelmäßige Goldproduktion in Gang gekommen war und Columbus zum ersten Mal namhaften Goldbesitz hatte.

Als Columbus in Ketten nach Sevilla zurückkehrte, ließen ihm die Majestäten, wenn auch ohne Eile, die Ketten abnehmen, luden ihn zu Hof und sandten ihm 2000 Golddukaten (6,96 kg Gold = 750000 Maravedi, Ende 1990 etwa 146000 DM). Die verbleibenden fünfeinhalb Jahre seines Lebens petitionierte er um Herausgabe seiner beschlagnahmten Habe, regelmäßige Zahlung der ihm zustehenden Abgaben und Wiedereinsetzung in seine Ämter. Isabella und Ferdinand – und nach dem Tod der Königin Ferdinand allein – hielten ihn hin. Das war nicht nobel, aber begreiflich. Denn Columbus' Nachfolger – anfangs Bobadilla, und nach fünf Vierteljahren Ovando – ernteten die Früchte von Columbus' kolonialer Aufbauarbeit: die Goldwäscherei erbrachte laufende Erträge, die Gouverneure lieferten laufend Gold an den Kronschatz, und es schien, als hätten sie nur zu kommen brauchen, damit der Kronschatz etwas bekäme – vorher sei das nur an Columbus' Unfähigkeit gescheitert. Auch wurden die neuen Gouverneure mit den meuterischen Kolonisten fertig, und mit Sicherheit war deren erneute Auflehnung vorauszusehen, falls Columbus wieder Vizekönig wurde.

Zu Columbus' Lebzeiten beschränkte sich die Krone auf wenige, zum Teil nur scheinbare *Konzessionen an den lästigen Bittsteller.* Unter anderem versprach sie ihm die Herausgabe seines 1500 von Bobadilla *beschlagnahmten Besitzes,* befahl jedoch dem Bobadilla unter der Hand, den Besitz des Columbus zu veräußern, um dessen Schulden an die Krone zu decken. Ferner sicherte sie Columbus die laufende Abführung seiner Abgaben zu, reduzierte sie jedoch von den vertraglichen 10 % auf 2 %. Ob sie diese 2 % korrekt gezahlt hat, ist nicht belegt.

Die wichtigste Konzession an Columbus war die Genehmigung, daß er *eigene Agenten nach San Domingo* entsenden durfte, die dort die richtige Berechnung des Zehnten kontrollieren und sein Gold entgegennehmen durften. Ohne seine Agenten hätte er schwerlich etwas bekommen. Seine ersten beiden Agenten waren Alonso Sanchez Carvajal, einer von Columbus' tüchtigsten Mitarbeitern, und sein Vetter Giovanni Colombo. Ihnen gelang es, 1502 den Gouverneur Ovando zur Zahlung von 4000 Castellanos (18,2 kg Gold = 382000 DM) an Columbus zu veranlassen. Welche weiteren Zahlungen sie für Columbus herausholten, läßt sich nicht belegen, aber möglicherweise haben sie noch weitere 8000 Castellanos für ihn erhalten. Mit ihren beiden Nachfolgern war Columbus weniger zufrieden. Was ihm Caravajal und Giovanni Colombo verschafften, war so viel, daß er in seinen letzten Lebensjahren nicht so arm war, wie er heuchelte.

Die vierte Expedition 1502-04

Columbus hätte nicht Columbus sein müssen, wenn er mit so mageren Zugeständnissen zufrieden gewesen wäre. Er belagerte die Majestäten mit jener Hartnäckigkeit, ohne die auch seine Expedition von 1492 nie zustandegekommen wäre. Da Isabella und Ferdinand seinen Peditionen nicht entsprechen wollten, begrüßten sie um so lebhafter seine Absicht, erneut auf

Entdeckung zu fahren, zumal er sich die Aufgabe stellte, die noch für Jahrzehnte die spanischen Entdecker beschäftigten sollte: die *Suche nach der westlichen Durchfahrt in den indischen Ozean.* Seine Absicht war, vom Golf von Paria, wo er auf seiner dritten Ausreise das südamerikanische Festland gefunden hatte (gegenüber der Insel Trinidad), westlich zu steuern, mit Wind und Strömung im Rücken.

Um den unerwünschten Bittsteller rasch loszuwerden und ihn möglichst weit zu entfernen, unterstützten, ja überhasteten die Majestäten die Ausrüstung und Abreise von Columbus' vierter Expedition ebensosehr, wie sie die der dritten verzögert hatten, mit der unerwünschten Folge, daß sich eines der vier Expeditionsschiffe, die „Santiago de Palos", als zu groß und schwerfällig für Entdeckungszwecke erwies. Daher änderte Columbus bei Martinique den beabsichtigten Kurs und steuerte Santo Domingo an. Zwar hatten ihm die Majestäten nur auf seiner Rückreise gestattet, seine ehemalige Hauptstadt zu berühren, aber er wußte, daß sich im Hafen eine große Flotte für die Heimreise nach Spanien sammelte, und er hoffte die „Santiago de Palos" gegen ein für seine Zwecke passenderes Fahrzeug einzutauschen.

Gouverneur Ovando ging weder auf diesen Tauschantrag ein, noch ließ er ein Mitglied von Columbus' Besatzungen an Land. Den Unterhändler des Columbus lachte er aus. Dieser Hochmut sollte sich schnell rächen.

Es gibt Menschen mit nachtwandlerischer Sicherheit der Wettervorhersage. Ein solcher Mann war Kapitän Peter Strasser, im Ersten Weltkrieg Führer der deutschen Zeppeline. Columbus besaß gleichfalls diese Fähigkeit. Sie hatte ihm im März 1497 zur Finanzierung seiner dritten Expedition verholfen.

Damals wurde Columbus bereits ein Jahr lang bei Hofe hingehalten. Den Majestäten war die bankrotte Kolonie jenseits des Atlantik gleichgültig, desto lebhafter interessierte sie die bevorstehende Ankunft der Erzherzogin Margarethe; deren Heirat mit dem Thronerben, Don Juan, war ein wichtiges Glied in Isabellas und Ferdinands Bündnispolitik. Die Erzherzogin kam zu Schiff aus Flandern, und dank seines sicheren Urteils über die Stürme auf dem Kanal und der Biscaya *sagte Columbus auf den Tag genau ihre Ankunft in* dem nordspanischen Hafen *Laredo voraus.* Ein so wichtiger Dienst in einer so wichtigen Angelegenheit berechtigte einen so vortrefflichen Verkehrsexperten zu königlicher Huld, und so wurden ihm endlich die Gelder für die dritte Expedition zugesagt. Allerdings tröpfelten sie so langsam, daß Columbus erst nach vierzehn Monaten, am 30. Mai 1498, in See gehen konnte.

Vor Santo Domingo, Ende Juni 1502, leistete Columbus dem abreisenden Gouverneur Bobadilla und dem im Amt befindlichen Gouverneur Ovando einen weit bedeutenderen Dienst: er benachrichtigte sie, daß *ein Taifun bevorstehe*, und warnte sie, die abfahrbereite Flotte auslaufen zu lassen. Spanischer Stolz gebot, den unerbetenen Warner auszulachen. Aber kaum aus dem Hafen, noch in der Mona-Passage zwischen San Domingo und Portorico, wurde das Geschwader vom Sturm gefaßt und fast vollständig vernichtet. Mehr als zwanzig Schiffe sanken, drei oder vier retteten sich schwer beschädigt in den Ausgangshafen, ein einziges erreichte Spanien. Mit dem Flaggschiff ertrank Columbus' bestgehaßter Feind, Bobadilla, und noch im Monat seines Todes, Mai 1506, schrieb Columbus dem König Ferdinand einen jener taktlosen Briefe, durch die er das Gegenteil seiner Absicht zu erreichen pflegte, und bezeichnete darin Bobadillas Untergang als Gottesurteil.

Mit Bobadilla versanken 200 000 Castellanos (910 kg Gold, nicht viel weniger als 20 Millionen DM), vermutlich für die Krone ein noch herberer Verlust als die Schiffe und Bobadilla. Wenn 700 kg, wie Soetbeer vermutet, eine durchschnittliche Jahresförderung war, handelte es sich um das Förderergebnis von fünf Vierteljahren. Das nach Spanien gelangte Schiff hatte Ovando für das schlechteste des Geschwaders gehalten und deshalb den Agenten des Columbus für die *Übersendung von 4 000 Castellanos* (18,2 kg Gold) zur Verfügung gestellt. Diese Sendung machte ziemlich genau 2 % des für den Kronschatz bestimmten Goldes aus.

So wenig diese 18,2 kg den Ansprüchen des Columbus entsprachen, so *kamen sie doch wenigstens durch*. Auch er selbst kam durch. Zwar der von ihm begründete Hafen Santo Domingo, der sicheren Schutz gewährt hätte, war ihm verboten, und der nächste gleich sichere Hafen, im Inneren der Bucht von Ocoa, war zu weit entfernt, um ihn noch vor Losbruch des Taifuns zu erreichen. So blieb dem Columbus nur übrig, in irgendeiner kleinen näher gelegenen Bucht Schutz zu suchen, wo indes drei seiner Schiffe von den Ankerketten gerissen und hinaus in die kochende See getrieben wurden. Nur auf seinem Flaggschiff hielten die Ankerketten. Seine anderen Schiffe hielt er für verloren, aber zu seiner Überraschung fand sich das Geschwader auf dem angesagten *Treffpunkt in der Buch von Ocoa* vollzählig zusammen und erledigte binnen weniger Tage die nötigen Reparaturen.

Dieser Sturm bildete die Ouvertüre einer gleich stürmischen Fahrt gegen Wind und Strömung. Was aus dem Golf von Mexiko nördlich von Cuba als Golfstrom herausfließt, ist zuvor nördlich von Venezuela als Äquatorialstrom nach Westen in die karibische See hineingedrückt worden und vor der Küste von Panama und Honduras nach Norden geflossen. Zu diesem Gegenstrom kommen vorherrschende Südostwinde, die Columbus bereits dreimal für die Fahrt von Dominica, Trinidad bzw. Martinique nach Haiti-San Domingo ausgenutzt hatte. Durch den vergeblichen Abstecher war er weit nach Nordwesten versetzt, und als er sein Ziel mit südlichen Kursen *von Honduras bis Panama* zu erreichen suchte, kam er so langsam vorwärts, daß der Bohrwurm Zeit genug hatte, den Boden der vier Schiffe zu Schweizerkäse zu verarbeiten. *Zwei Schiffe* mußte Columbus schon *vor Panama aufgeben*, die *beiden letzten* setzte er am 25. Juni 1503 *vor Jamaica auf Strand*, ein Jahr nach seiner Abweisung vor Santo Domingo.

Hierzu macht Sale zwei kritische Anmerkungen:

Einmal kann die „Santiago de Palos" für Expeditionszwecke nicht so ungeeignet gewesen sein, wie Columbus behauptet, denn auf der Weiterreise von Santo Domingo klagt er nicht über ihre See-Eigenschaften.

Zweitens stimmt es nicht zu der seemännischen Meisterschaft, die ihm Morison nachrühmt, daß er nicht sofort bei der Ankunft in Mittelamerika die Schiffsböden kalfatert hat. Das hätte den Bohrwurm abgehalten.

Seine ergebenen Freunde *Diego Mendez* und *Bartolommeo Fieschi* erreichten in einer überaus schwierigen Fahrt, beim zweiten Versuch, *mit Indio-Einbäumen San Domingo.* Diego Mendez war beauftragt, aus dem beträchtlichen Goldguthaben des Columbus in Santo Domingo eine Karavelle zu chartern und Columbus damit vor Jamaica herauszuholen. Gouverneur Ovando, der gerade mit einer besonders scheußlichen Befriedung (matanza, zu deutsch Schlachthaus) beschäftigt war, hielt Diego Mendez in seinem Feldlager fest.

Ovando wußte, wie sehr Columbus gealtert war. Ließ man dem alten Mann genug Zeit, so war vorauszusehen, daß er auf Jamaica sterben werde, sei es durch Hunger, Krankheit, feindliche Indianer oder durch den schlimmsten Feind jedes spanischen Entdeckers, die eigene Mannschaft, die auch wirklich meuterte. Acht Monate nach Columbus' Strandung entsandte Ovando eine Karavelle, um sich vom Ableben des Verhaßten zu überzeugen.

Aber die Karavelle kehrte mit unerwünschten Nachrichten zurück. Sie meldete, Columbus sei am Leben und nicht gefährlich krank, der meuternde Teil seiner Besatzung habe das Schiffslager verlassen und bedrohe den Columbus nicht mehr, mit den Indianern stehe er in freundlichen Beziehungen und werde von ihnen verpflegt, und so gestattete Ovando widerwillig dem Diego Mendez, ein *Rettungsschiff für Columbus zu char-*

tern. Indes gab er die Regierungskaravelle nicht dazu her, und Mendez mußte zwei Monate warten, bis andere Schiffe aus Spanien ankamen. Erst ein volles Jahr nach seiner Strandung, am 29. Juni 1504, konnte Columbus Jamaica verlassen. Nach einer langen, schwierigen Fahrt mit Gegenwind, schweren Stürmen und schweren Havarien erreichte er Spanien am 7. November 1504, nun allerdings so krank, wie Ovando gehofft hatte, und außerstande, zu Hofe zu reisen, wo man auch nicht von ihm Notiz nahm. Der Tod der Königin lieferte den erwünschten Vorwand, ihn zu ignorieren.

Erst im Mai 1505 gestatteten das Wetter und Columbus' Kräfte *die Reise zum Hof* nach Segovia. Er folgte dem Hof nach Salamanca, dann nach Valladolid, meist bettlägerig, und verhandelte mit dem König, anfänglich durch Vertrauensleute, insbesondere seinen zum Leibwächter (Garde du Corps) des Königs beförderten Sohn Diego, später persönlich, stets mit gleichem Mißerfolg. Er war bereits vergessen, und als er am 20. Mai 1506 in Valladolid starb, wurde das ebensowenig beachtet wie 110 Jahre später der Tod William Shaksperes. Man weiß nicht, in welchem Haus zu Valladolid er zuletzt wohnte. Nur sieben Diener waren bei seinem Tode um ihn, eine dürftige Zahl vom Standpunkt des spanischen Hochadels, in den aufzusteigen sein Ehrgeiz gewesen war.

Columbus' Soll und Haben 1493-1506

Die Belege über Columbus' Finanzen seit der Entdeckung Amerikas, 1493-1506, sind lückenhaft und teilweise nicht sicher zu deuten. Das Bild ist im einzelnen nebelhaft, läßt sich aber im ganzen einigermaßen rekonstruieren.

Diejenige Einnahme des Columbus, die sich durch die ganze Zeit verfolgen läßt, ist eine *Rente von 10 000 Maravedi* jährlich, die ihm 1493 verliehen wurde. Sie war von der Königin für denjenigen ausgesetzt, der als erster Land erblicken würde. Nach Columbus' Bordbuch hat der Matrose Rodrigo de Triana auf der Karavelle „Pinta" am 12. Oktober 1492, 2 Uhr morgens, als erster Land zu sehen geglaubt; wahrscheinlich war es Meeresleuchten. Aber nach Columbus' Aufzeichnungen war es die erste Landmeldung.

Columbus war mit gutem Grund überzeugt, durch die Entdeckung zu außerordentlichem Reichtum zu gelangen. Daß er dennoch einen Matrosen um solch bescheidene Rente brachte, setzt selbst seine entschiedensten

Lobredner in Verlegenheit und bestärkt die Verfechter der Pinzón-Legende in dem Urteil, Columbus sei stets schäbig und undankbar gewesen.

Die 10 000 Maravedi waren von dem Schlachthaus von Cordoba zu zahlen; Columbus ließ sie auf seine Geliebte, Beatriz de Arana, umschreiben.

Mindestens auf seiner ersten (acht Monate, 1492/93) und vierten Expedition (zweieinhalb Jahre, 1502-04) hat Columbus *Sold als Geschwaderchef* (Capitan general) bezogen, ferner während seiner Amtszeit als Vizekönig von Hispaniola, 1493-1500, *Verwaltungsgebühren* verschiedenster Art. Über diese Bezüge ist nichts im einzelnen bekannt. Columbus spielt in seinen Briefen auf sie an, macht aber keine genaueren Angaben.

Derartige Bezüge, oder wahrscheinlicher ein Achtel ihrer laufenden Entwicklungszuschüsse für die Kolonie in den Jahren 1493-1500, hat *die Krone dem Columbus auf Rechnung gesetzt* und von seinem, im Herbst 1500 in Santo Domingo beschlagnahmten Vermögen abgezogen. Art und Höhe dieser Schuldbeträge werden nicht genannt. Ebenso ungewiß ist, ob man dem Columbus über diese Abzüge Rechnung gelegt hat. Seiner Korrespondenz zufolge ist es unterblieben.

Seit seiner Absetzung als Vizekönig hat Columbus mit Sicherheit *drei größere Zahlungen* erhalten:

1. 2 000 Dukaten (6,96 kg Gold, 750 000 Maravedi, 146 000 DM) am 12. Dezember 1500 zugleich mit der Einladung an den Hof. Der Charakter dieser Zahlung ist ungewiß. Vielleicht war sie gemeint als Abschlagszahlung auf das beschlagnahmte Vermögen, vielleicht als eine Art einmaliger Ehrensold, vielleicht als Schmerzensgeld für die nicht gerade ehrenvolle Behandlung, die man ihm zugefügt hatte.
2. 4 000 Castellanos (18,2 kg Gold, 1 740 000 Maravedi, nicht ganz 382 000 DM) wurden für ihn im Sommer 1502 von Santo Domingo nach Spanien gesandt.
3. Weitere 4 000 Castellanos ließ er sich im Sommer 1504 in Santo Domingo auszahlen.

Die beiden Beträge von 4 000 Castellanos waren *die ihm zustehenden „Zehnten"* von der dominikanischen Goldproduktion, wie die Krone sie berechnete.

Etwa ein Drittel der 4 000 Castellanos, die er 1504 in Santo Domingo erhob, und zwar genau 1 200 Castellanos (522 000 Maravedi) wandte er auf, um die gesamte Besatzung der vierten Expedition von Jamaica nach Santo Domingo und den Bruchteil, der es wünschte, weiter nach Spanien zu befördern. Diese Ausgaben hatte die Überseekammer (Casa de Contratación) in Sevilla zu tragen; Columbus schoß sie nur vor. Von diesen Vorschüssen ist ihm etwas ersetzt worden; wieviel, wissen wir nicht. Im April 1505 wurden ihm 20 000 Maravedi darauf angezahlt, ein ganz geringer

Bruchteil; bereits im Januar 1505 war ihm ein Betrag gezahlt worden, dessen Höhe wir nicht kennen. Ob er voll entschädigt worden ist, kann man nicht sagen.

Columbus bemühte sich nicht nur darum, sondern auch um die Nachzahlung der rückständigen Heuer für seine Besatzung. Diese hatte nur 6 Monate im voraus bekommen; die Auszahlung der rückständigen 26 Monate wurde von der Casa verschleppt. Man sieht: Columbus war abgeschrieben. Er selber hat sich bei dieser Gelegenheit, gegen seine Gewohnheit, generös benommen. Die Meuterer hatten sich in Jamaica auf die Bedingung unterworfen, daß er für ihren Rücktransport sorge. Nicht nur hielt er sein Wort, was in Spanien nicht üblich war, sondern er setzte sich auch im Mutterland gleichermaßen für die treugebliebene Hälfte seiner Mannschaft wie für die Meuterer ein. Es scheint sogar, daß er beide mit Geld unterstützt hat. Sein Motiv mag gewesen sein, die Meuterer von ihren Führern zu trennen, den vom Hof protegierten Brüdern Porras, die sofort wieder am Hof gegen Columbus intrigierten.

Nur von einem Mitglied der vierten Expedition wissen wir bestimmt, daß ihm die Bezüge für die Expeditionsdauer nachgezahlt wurden: Hernando Colón, dem unehelichen jüngeren Sohn des Columbus. Er hatte nicht auf der Heuerliste der Expedition gestanden, sondern dem Hofstaat der Königin bis zu deren Tod als Page angehört. Deren Kasse zahlte ihm sein Pagengehalt nach.

Am 18. Januar 1505 schreibt Columbus seinem Sohn Diego unter anderem:

> „Die aus Indien zurückgekommenen Schiffe sind noch nicht von Lissabon aus angelangt. Sie bringen viel Gold mit, aber nichts davon für mich. Das ist ein unerhörter Betrug. Denn ich hatte drüben 60 000 Castellanos geschmolzenes Gold zurückgelassen."

Gegenüber den Zahlungen von je *4 000 Castellanos,* die Columbus tatsächlich erhielt, und die *wahrscheinlich je 2 % einer Jahresförderung* ausmachten, bedeuten 60 000 Castellanos den Sprung in eine andere Größenklasse. Dieser Sprung erklärt sich daraus, daß Columbus nicht wie die Behörden 2 %, sondern 10 % der Förderung als seinen Anteil betrachtete, wozu er nach dem Wortlaut seiner Kapitulation berechtigt war.

Im Vormonat hatte er geschrieben:

> „Mit dem gegenwärtig im Amt befindlichen Gouverneur habe ich drüben in Indien gewisse, ärgerliche Auseinandersetzungen gehabt. Allgemein wurde mir gesagt, ich

müsse 11000 oder 12000 Castellanos vorfinden, aber es waren nur 4000. Er wollte mit mir eine schriftliche Auseinandersetzung anfangen, aber ... ich verschob die Abrechnung auf später, denn früher oder später muß er Rechnung legen. Ich besitze also Gold drüben, nur ist seine Haltung so anmaßend, daß niemand es von ihm zu fordern wagt. Andererseits habe ich erfahren, daß er seit meiner Abreise mehr als 5000 Castellanos (für mich) eingenommen hat." (13. Dezember 1504)

„Dieser Zehnte, den man mir zahlt, ist nicht der mir versprochene Zehnte. Meine Privilegien besagen das ganz klar ...

Meines Erachtens muß man mehr als 7000 oder 8000 Pesos (Castellanos) seit meiner Abreise (für mich) eingenommen haben, zusätzlich zu dem, was man mir (scil. infolge falscher Berechnung) bereits schuldete." (21. Dezember 1504)

Weil dem Columbus nur 2 % statt 10 % der Förderung gezahlt wurden,

„erleide ich auf meinen Eid ... einen Schaden von mindestens 10 Millionen Maravedi jährlich."

10 Millionen Maravedi waren rund 100 kg Gold. Sie würden dem Zehnten des Columbus entsprechen, wenn die Jahresförderung 1000 kg betrug. Vermutlich setzte er sie nicht so hoch an, sondern begriff unter den mindestens 100 kg Gold, um die er sich alljährlich betrogen fühlte, sein Gewinnachtel an den Kauffahrteifahrten von Santo Domingo mit ein, das der König und die Casa de Contratación allerdings ignorierten. Wie seine Rechnung im einzelnen aussah, läßt sich nicht mehr erraten.

Mit Sicherheit muß Columbus noch vor der Absendung der ersten 4000 Castellanos von Santo Domingo *mindestens eine Sendung ungemünztes Gold* von dort erhalten haben, denn es hat sich eine Aufstellung von seiner Hand erhalten über etwas mehr als 22 Marcos (etwas über 5 kg Gold), die von Carvajal und Giovanni Colombo für ihn an Goldschmiede, meist in Burgos, verkauft worden sind. Die einzelnen Verkäufe sind datiert, allerdings ohne Angabe des Jahres, aber es scheint festzustehen, daß sie in die Zeit seiner vierten Expedition fallen und sich von Juli 1502 bis März 1504 erstrecken. Aus welcher Quelle sie erfolgten, ist ungewiß. Der erste Verkauf liegt höchstwahrscheinlich vor der Ankunft des Ende Juni 1502 für ihn abgesandten Goldtransports, die folgenden Verkäufe mögen aus diesem Transport stammen. Die wahrscheinlichste Annahme ist, daß Carvajal auf zwei Reisen im Sommer 1502 und Dezember 1503 von Santo Domingo nach Spanien persönlich für Columbus Goldsummen mitbrachte, deren Betrag wir nicht kennen.

Darauf deutet auch hin, daß die Schulden, die Columbus 1492 und 1493 für seine erste und zweite Expedition aufgenommen hatte, anscheinend vor seinem Tod bezahlt worden sind. In der Geschäftsinstruktion für seinen Sohn Diego vor Antritt der vierten Expedition zählte er 193 000 Maravedi auf, die vermutlich für die erste Expedition aufgenommen waren, und spricht weiter, ohne Nennung einer Zahl, von dem Kapitalachtel „für die Waren, die nach Indien gesandt worden sind". Dieses Achtel muß bei der zweiten Expedition 1493 mehrere Millionen Maravedi betragen haben. Über diese Schulden verfügte Columbus 1502:

> „Ich habe Carvajal angewiesen, sie sämtlich zu bezahlen. Achte darauf, daß dies geschieht, und daß auch alle anderen Summen beglichen werden, für die ich (eigenhändige) Empfangsbescheinigungen ausgestellt habe."

Weder in Columbus' geschäftlicher Korrespondenz nach der Rückkehr von seiner letzten Expedition noch in dem Kodizill zu seinem Testament sind diese Schulden mehr erwähnt, sie dürften also um 1503 von Carvajal beglichen worden sein. Die 4 000 Castellanos vom Juni 1502 reichten dazu schwerlich aus; es liegt nahe zu vermuten, daß schon im Frühjahr 1502 und dann wieder Ende 1503 Zahlungen in gleicher Größenordnung erfolgt sind und daß sie sowie die 4 000 Castellanos vom Juni 1502 dazu gedient haben, Columbus' Schulden zu begleichen.

Daß seine Schulden größtenteils oder vollständig bezahlt worden sind, dafür sprechen auch Columbus' wolkenlos heitere Beziehungen zu den Genueser Bankiers in Spanien, die ihm mit Kredit geholfen hatten und bereit waren, ihm auf sein noch in Santo Domingo befindliches Gold Darlehn zu gewähren.

Posthume Wiedergutmachung

Columbus *klagte* in seinen letzten Jahren *über Armut*. Dies mag seine Überzeugung gewesen sein; ein gewisses Maß von *geschäftlicher Heuchelei* war jedoch auch dabei. Übrigens berührte ihn die triste Gegenwart verhältnismäßig wenig, denn er *lebte vor allem in der glänzenden Zukunft*. Über diese war er genau unterrichtet. Schon bevor er „Indien" entdeckte, wußte er aus Seneca und biblischen Schriften, es werde entdeckt werden. Er war Gottes Werkzeug für diese Entdeckung gewesen. Nach Gottes

Heilsplan werde die Neue Welt die Mittel zur Befreiung des Heiligen Grabes liefern, und da seine eigenen Einnahmen zu diesem Zweck verwandt werden sollten, unterlag es für ihn keinem Zweifel, Gott werde dem Hause Colón zu seinem Recht aus der Kapitulation von 1492 verhelfen. Auf dieser Überzeugung beruhte namentlich das Majorat des Columbus.

Die Wiederherstellung des Hauses Colón begann in der Tat bald nach seinem Tod. 1508 wurde sein Sohn, der zweite Admiral *Don Diego Colón*, zum *Vizekönig von „Indien"* ernannt, 1509 reiste er dorthin ab und übernahm in Santo Domingo von Ovando die Regierungsgeschäfte. Damit waren zwei Punkte des Streits zwischen Columbus und der Krone erledigt: um Columbus' erbliches Amt als Vizekönig, ferner um die regelmäßige Abführung des Gold-Zehnten an seinen Erben.

Allerdings akzeptierte Don Diego die Wiedereinsetzung in seine Erbrechte *nur mit Vorbehalt*. Denn der König gestand ihm offensichtlich nur 2 %, nicht 10 % der Goldförderung von Hispaniola als Zehnten zu und verweigerte das Gewinnachtel vom Handel zwischen Spanien und Hispaniola, Don Diego hielt dagegen an beiden Forderungen fest. Er und der König schlossen ein „agreement to disagree" und setzten ihren Streit vor den Gerichten fort. Don Diego verdankte seinen Erfolg der Konzilianz, woran es seinem Vater allzusehr gefehlt hatte, ferner seiner Verbindung mit dem Hause Alba und seiner Verschwägerung mit dem König.

Die vollen Rechte des Hauses Colón aus der Kapitulation von 1492 hätten sich nur dann aufrechterhalten lassen, wenn die weiteren Chefs des Hauses bedeutende Persönlichkeiten gewesen wären. Das war nicht der Fall. Infolgedessen reduzierte sich der Gegenstand des Streites mit der Krone immer mehr auf einzelne Abgaben und Hoheitsrechte; die Befreiung des Heiligen Grabes war für Columbus' Erben keine reale Perspektive mehr. Nach dem Vergleich von 1536 erhielt das Haus Colón:

1. Eine *ewige Rente* von 10 000 Dukaten (34,8 kg Gold, 3750 000 Maravedi oder etwa 754 000 DM jährlich aus den Einnahmen der Kolonie Hispaniola;
2. *Jamaica* sowie ein noch größeres, künftig festzulegendes Gebiet *(Veragua)* als *erbliches Lehen;*
3. *gewisse Hoheitsrechte* auf Hispaniola, namentlich das Ernennungsrecht für den Posten des Polizeichefs (Alguacil) der Insel – sogleich wurde ein Enkel des Columbus dazu ernannt;
4. einige weitere Rechte, namentlich *Leibrenten* von je 1 Million Maravedi für drei Enkelinnen des Columbus;
5. den *Rang als Admiral* (selbst wenn er nur den Dienst eines Fähnrichs tut) und den Adelstitel als *Herzog von Veragua* für den Senior des Hauses.

Nur der letzte Punkt wird heute noch erfüllt. Der derzeitige Herzog von Veragua trug bereits als Fähnrich zur See die Admiralsuniform. Auf Haiti-San Domingo (Hispaniola), Jamaica oder in Panama (Veragua) haben weder er noch der König von Spanien mehr irgendwelche Rechte.

Testamentarische Bestimmungen

„Denn darum habe ich mich Euren Hoheiten verpflichtet, auf daß der Ertrag meines Unternehmens zur Eroberung Jerusalems verwendet werde. Eure Hoheiten konnten sich vor Lachen nicht halten und sagten mir, Sie seien ganz meiner Meinung und hätten die größte Lust dazu, selbst ohne dieses Gold."

So schrieb Columbus in einem bei Las Casas überlieferten Brief an Königin und König, und in gleichem Sinn verpflichtete er in dem Majorat, das er 1498 errichtete, den jeweiligen Senior seines Hauses, so viel Gold wie möglich bei der Bank von San Giorgio in Genua auf Zinseszins zu deponieren, bis das Kapital ausreiche, um ein Heer zur Befreiung des Heiligen Grabes aufzustellen. Vor Antritt seiner ersten Expedition habe er König und Königin gebeten, ihre Einkünfte aus den von ihm zu entdeckenden Gebieten für diesen Kreuzzug zu verwenden. Entsprechen sie diesem Wunsch, so soll der Senior des Hauses Colón seine sämtlichen frei verfügbaren Mittel verwenden, um den Kreuzzug der Könige zu unterstützen. Anderenfalls soll er ihn auf eigene Faust ausführen.

Viel Zeit bleibe dazu nicht mehr. Denn 7000 Jahre nach Erschaffung der Welt komme das Jüngste Gericht. Christus sei 5343 Jahre nach Erschaffung der Welt geboren, das Jüngste Gericht sei also um 1656 zu erwarten. Bis dahin müßten alle Verheißungen der Heiligen Schrift erfüllt und das Heilige Grab befreit sein.

Über Columbus selber waltete prophetischer Geist, und so spricht er weiterhin in der Begründungsurkunde seines Majorats die Befürchtung aus, durch unsere Sünden könne sich eine Kirchenspaltung ereignen, oder irgendein Mann von irgendwelchem Rang könne Tyrannenmacht gebrauchen, um der Kirche ihre Ehren und Reichtümer zu rauben. In diesem Fall solle sich der jeweilige Inhaber des Majorats, bei Strafe von dessen Verlust, dem Heiligen Vater mit dem Mann oder den Männern anbieten, die ihm mit ihren Kräften und Reichtümern dienen wollten, um die Kirchenspaltung zu beenden und die Kirche vor Beraubung zu schützen.

Nächst der Kirche soll sein Erbe den spanischen Königen treu und rückhaltlos dienen und, soweit es der Dienst der Kirche und der spanischen Könige zuläßt, auch für die Ehre und die Wohlfahrt Genuas eintreten.

Als Columbus nach seiner Absetzung, 1500, fürchtete, die spanischen Könige würden seine Privilegien dauernd aberkennen, ging er in seinen Legaten zugunsten Genuas so weit, ein Zehntel aller künftigen Einkünfte seines Hauses dieser Stadt zu vermachen. Dieses Zehntel seiner Einkünfte solle für die Armen von Genua verwendet werden, und zwar indem zu ihren Gunsten die Einfuhrzölle auf Lebensmittel aufgehoben werden. Allerdings haben sich keine Urkunden erhalten, durch welche diese Bestimmungen Rechtskraft erlangten, sondern lediglich Begleitschreiben an den genuesischen Gestandten und die Signoria, worin davon die Rede ist. Offensichtlich wollte Columbus seine Vaterstadt an der Anerkennung seiner Privilegien durch die spanischen Könige interessieren.

Kirchlicher Geist spricht auch aus Columbus' letztwilligen Bestimmungen zugunsten der Armen. Allerdings bedenkt er nur diejenigen Armen, die seinem Haus angehören und geringe Einkünfte haben: falls jemand von seinen Verwandten weniger als 50 000 Maravedi jährlich einnimmt, soll er den ersten Anspruch haben, anderenfalls der oder die Nächstarmen.

Eingehende Bestimmungen erläßt er zugunsten seines Bruders Bartholomäus und danach zugunsten seines Sohnes Ferdinand und seines Bruders Diego. Ferner verpflichtet er seinen Erben, für Beatriz de Arana zu sorgen, die Mutter seines Sohnes Ferdinand. Aus dem Testament von Columbus' Erben, Don Diego Colón, geht hervor, daß dies nicht geschehen ist.

Dem Codizill vom 19. Mai 1506 fügt Columbus eine kurze Liste von Legaten bei, und zwar:

125 Dukaten an die Erben des genuesischen Kaufmanns Luigi Centurione;
50 Dukaten an die Erben Paolo di Negros;
20 Dukaten für die Erben des ehemaligen Kanzlers von Genua Jeronimo del Porto;
20 Dukaten an Baptista Spinola oder dessen Erben;
7 Dukaten für Antonio Basso, genuesischen Kaufmann in Lissabon;
1/2 Mark (115 g) Silber für einen Juden, der an der Pforte des Judenviertels in Lissabon wohnt, oder an eine Person, die ein Priester bezeichnen wird.

Gold ist unvorstellbar köstlich

Als Columbus im Sommer 1503 seine Schiffe vor Jamaica auf den Strand gesetzt hatte, gab er dem Diego Mendez Briefe mit, vor allem einen an die katholischen Könige. Dieser Brief ist mit fliegender Feder im Zustand der Erschöpfung, der Aufregung und wahrscheinlich des Fiebers geschrieben. Daher drückt sich Columbus darin noch offener und rückhaltloser aus, als ohnehin seine Art war. Unter anderem schreibt er:

„Endlich kam ich in das Land Cariay (in Costarica) ... Zwei Indios führten mich nach Caramburu, wo die Menschen ganz nackt sind, lediglich mit einem Goldspiegel um den Hals, den sie aber weder verkaufen noch eintauschen wollten.

Man nannte mir viele Orte an der Ozeanküste, wo es, wie man mir sagte, Goldgruben und Gold gibt. Der am weitesten entfernte dieser Orte, etwa 25 Leguas (114 km) weit, ist Veragua. Als ich absegelte, hegte ich noch die Absicht, alle diese Orte aufzusuchen ... Aber in der Nacht erhoben sich Wind und Meer mit solcher Wut, daß wir zusehen mußten, wohin uns der Sturm verschlüge ...

Wo ich mich aufhielt, konnte ich nachprüfen, daß die Mitteilungen der Eingeborenen zutrafen. Daher glaube ich das auch von der Provinz Ciguara, die sich nach ihren Beschreibungen neun Tagesmärsche weiter westlich befindet. Wie sie sagen, gibt es dort unendlich viel Gold ... (In der Chiriqui-Bucht) beschloß ich, nicht mehr zur Besichtigung der Goldgruben umzukehren, denn sie sind ja so gut wie unser ...

Ich erreichte Veragua völlig außer Atem am Epiphaniastage ... Am 6. Februar sandte ich 70 Mann in das Innere. In 5 Leguas (23 km) Entfernung entdeckten sie eine große Anzahl Goldgruben. Ihre indianischen Führer führten sie auf einen sehr hohen Berg, wiesen weit in die Runde und sagten, dort überall gebe es Gold, westlich bis zu einer Entfernung von zwanzig Tagesmärschen ...

Wie ich später erfuhr, hatte der Quibian (Häuptling), der uns diese Führer gestellt hatte, befohlen, uns so zu führen, daß uns nur die entferntesten Goldgruben gezeigt wurden. Sie liegen in dem Gebiet eines anderen, mit ihm verfeindeten Häuptlings. Aber wenn man in seinem eigenen Lande den Befehl dazu gab, brachte ein einziger Mann binnen eines Tages so viel Gold zusammen, wie er fortschleppen konnte ... Mein Bruder kam schließlich mit seinen Leuten und dem Gold zurück, das sie ohne Anstrengung in vier Stunden zusammengebracht hatten. Die Qualität war ausgezeichnet ...

Als ich die indischen Lande entdeckte, erklärte ich sie für das größte und reichste Reich der Welt ... Aber er kam nicht alles sofort zum Vorschein, und daher wurde ich verleumdet. Dies veranlaßt mich, jetzt nur mitzuteilen, was mir die Eingeborenen gesagt haben. Dennoch kann ich eines mit Bestimmtheit sagen, da ich dafür hinreichende Beweise besitze: an den beiden ersten Tagen habe ich in diesem Lande Veragua mehr Anzeichen von Gold gesehen als auf der Insel Hispaniola in vier Jahren ...

Die Reise (von Spanien nach Panama) ist ebenso kurz wie nach Hispaniola, wenn man sie mit günstigem Winde (von Trinidad aus westlich steuernd, K.) unternimmt. Euren Hoheiten gehört dieses Gebiet bereits ebenso sicher wie Jerez oder Toledo ...

Der Quibian von Veragua und die anderen Bewohner seiner Gegend besitzen große

Mengen Gold ... Aber es erschien mir unzweckmäßig ..., es ihnen mit Gewalt fortzunehmen. Geht man ordnungsmäßig vor, so vermeidet man Ärgernis und üblen Ruf, und alles wird an den Kronschatz abgeliefert werden, kein Karat wird verloren gehen ...

Ich behaupte keineswegs, ich hätte mich nie geirrt ... Die Genuesen, Venezianer und alle anderen, die Perlen besitzen, reisen bis an das Ende der Welt, um sie gegen Gold zu verkaufen oder einzutauschen. Gold ist unvorstellbar köstlich. Wer es besitzt, vermag alles in der Welt. Man kann damit sogar den armen Seelen den Zutritt zum Paradies verschaffen."

Kann der Warenfetischismus weiter getrieben werden?

Die Unterentwicklung

Mit Columbus begann ein Zustand, den die Menschheit seit 1950 vorgeblich, und jedenfalls vergeblich zu überwinden sucht: die *Unterentwicklung.* Ihren Urhebern erschien sie so selbstverständlich, daß sie gewissermaßen von selbst erwuchs, als das System des portugesisch-castilischen Ozeanhandels vom bloßen Handel mit Tropenerzeugnissen und Edelmetallen zu deren ständiger Produktion fortschritt, das heißt von bloßen Handelsfaktoreien zu *Kolonien.*

Columbus war der erste Gründer einer Kolonie.

Die Kolonien waren und blieben beschränkt auf *„Urproduktion":* tropische Landwirtschaft und Bergbau auf Edelmetalle, beides im weiteren Verlauf überwiegend im Großbetrieb *(„Plantagen")* mit unfreien Arbeitern, in der Regel *Sklaven.* Für deren Ernährung und sonstigen Unterhalt wandte man sehr wenig auf. Ihre hohe Sterblichkeit glich man durch Fang von Negern, Indonesiern und anderen „Kanaken" aus.

Entsprechend hoch war der Kolonialprofit.

Im Sinn dieser einseitigen Produktionsstruktur motivierte Hitler in den dreißiger Jahren seine Forderung nach Rückgabe deutscher Afrikakolonien mit den Erfordernissen der deutschen Rohstoffversorgung. Den Kolonialprofit wünschte er auch, ließ ihn aber unerwähnt. Verf. wunderte sich damals, daß der *Economist* dies nicht durchschaute. Wenn Hitler Juden, politische Gegner und slawische Völker als „Untermenschen" bezeichnete, meinte er damit ihre Versklavung; die betrieb er ebenso genocid wie Columbus. Seine KZs und Stalins Gulags waren Re-Import kolonialer Methoden nach Europa.

Einseitige Produktionsstruktur, in Verbindung mit primitiv-brutalen

Ausbeutungsmethoden wie Sklaverei, machen die Unterentwicklung aus. Sie würdigt nicht nur die Sklaven herab, sondern degradiert auch die Besitzenden der unterentwickelten Länder zu einer *Lumpenbourgeoisie,* die sich – wofern Gelegenheit besteht – imperialistischen Kapitalmächten verkauft, vor hundert Jahren meist britischen, heute vorwiegend nordamerikanischen. Ihren parasitären Charakter manifestiert sie unter anderem durch Kapitalflucht in Milliardenmaßstab (Paradigma: Marcos) und Drogenhandel.

Seit Columbus beanspruchten die Kolonialmächte das *Monopol am Handel mit ihren Kolonien.* Vermittels Seeherrschaft schlossen sie die Schiffe anderer Europäer von ihren Kolonien aus und verwehrten diesen den Handel mit anderen europäischen Häfen.

Auf die Dauer konnte das nicht gelingen. Der hohe Kolonialprofit lockte die Konkurrenz an. Die europäischen Kriege der drei Jahrhunderte nach Columbus verschmolzen mit dem *Kampf der westeuropäischen Kolonialmächte* – Spanien, Portugal, Niederlande, England, Frankreich – *um See- und Kolonialherrschaft.* Sie endeten 1815 mit der *Pax Britannica.* Im letzten Drittel des 18. und ersten Drittel des 19. Jahrhunderts machten sich die amerikanischen Kolonien, außer Canada und Cuba, von den „Mutter"-Ländern unabhängig. Seitdem und seit der industriellen Revolution traten *Waren-Freihandel und Kapitalausfuhr* als *indirekte Methoden imperialistischer Kontrolle* neben die direkte Kolonialherrschaft:

> „Die wohlfeilen Preise (der Industrieerzeugnisse, K.) sind die schwere Artillerie, womit sie (die Bourgeoisie, K.) alle chinesischen Mauern in den Grund schießt." (Kommunistisches Manifest)

Seit dem zweiten Weltkrieg werden nur noch diese indirekten Methoden geübt. Denn eigentlicher Gewinner dieses Krieges waren die USA. Sie hatten keine Kolonien außer Portorico und den Philippinen, bereiteten aber seit den dreißiger Jahren selbst die völkerrechtliche Unabhängigkeit der Philippinen vor. In und nach dem zweiten Weltkrieg trugen sie entscheidend zu dem politischen Druck bei, unter dem ihre Kriegsverbündeten – Großbritannien, Frankreich, Belgien, die Niederlande – ihren bisherigen Kolonien die Unabhängigkeit gewähren mußten. Die wichtigste der damals frei gewordenen Kolonien war Britisch Indien.

Die seit 1945 unabhängig gewordenen Kolonien, die „halbkolonialen" Republiken Lateinamerikas, ferner völkerrechtlich unabhängig gebliebene Reiche wie China, deren eigenes Gewerbe durch den freihändlerischen Imperialismus des vorigen Jahrhunderts ruiniert worden war, endlich die Gebiete des weiland osmanischen und persischen Kaiserreichs sind schicksalsverbunden durch das Verhängnis der Unterentwicklung. Als *„Dritte Welt"* stehen sie den Industrieländern gegenüber: den kapitalistischen Europas, Nordamerikas, Japans („Erste Welt") und denen des, wie sich jetzt auch für unbewaffnete Augen erweist, irreal existierenden Sozialismus („Zweite Welt"). Seit den beiden Weltkriegen hat sie der nordamerikanische Imperialismus durch Kapitalausfuhr unterworfen und hält sie auf dem Krüppelstadium wirtschaftlicher und sozialer Unterentwicklung fest.

Zwar haben *Hilferding* und *Lenin* diese paradoxe Beziehung *ökonomisch analysiert,* aber beide sind vergessen. Lenins Buch über den Imperialismus gilt seit Chruschtschow offiziell als „überholt", denn der *„Marxismus-Leninismus"* bewahrt von Marx ein paar *sinnentleerte Schlagworte,* von *Lenin nichts.* Kein Einzelfall. Das offizielle Christentum hat auch nicht viel mit Christus gemein.

Andere Kritiker *fragen gar nicht nach den Gründen,* weshalb die politische Befreiung nicht zur Überwindung der Unterentwicklung führt. Sie behelfen sich mit dem Begriff *„Neokolonialismus"*. Durch ihn wird konstatiert, daß wirtschaftliche Kontrolle durch die kapitalistischen Industrieländer und Unterentwicklung trotz völkerrechtlicher Unabhängigkeit der Dritten Welt andauern. Die damit verbundenen Katastrophen, insbesondere Hunger und Säuglingssterblichkeit werden als Gefahr für die gesamte Menschheit empfunden, und diese Überzeugung findet in Sammlungen von Brot für die Welt praktischen, und in Demonstrationen gegen den Krieg im Irak akustischen Ausdruck. Leider sind diese Sammlungen ein Tropfen auf den heißen Stein, und hinter den Demonstrationen steht kein klarer Wille.

Die Politik trägt dieser Überzeugung Rechnung durch die *Entwicklungshilfe.* Sie wurde 1949 von Präsident Truman proklamiert unter dem *Eindruck des Marshallplans.* Dessen Erfolg beruhte scheinbar auf einer Handvoll Dollarmilliarden, in Wirklichkeit jedoch auf einer ganz anderen Ursache: dem Abbruch der Morgenthaupolitik. Der war ein Programm im brutalsten Kolonialstil, ähnlich wie Hitlers Verheerung Polens und der Sowjetunion: das zentrale europäische Industriegebiet sollte Ziegenweide werden. Da die deutsche Industrie still lag, fehlte der süd- und westeuropäischen Landwirtschaft, den niederländischen Häfen, der niederländischen Binnenschiffahrt der Partner, mit dem sie vor dem Kriege ihre Produkte und Dienstleistungen gegen Fertigwaren getauscht hatten. Die nordamerikanische Industrie konnte diese Rolle nicht übernehmen, denn der nordamerikanische Markt bezog Gemüse und Südfrüchte aus Kalifornien; erst recht hatte er keine Verwendung für die Dienste der niederländischen Häfen und Wasserstraßen. Das war die „Dollarlücke", den der Marshallplan vermittels einiger Dollarmilliarden schließen sollte.

Ohne daß die Weltöffentlichkeit es bemerkt hätte, ging die Konstituierung des Marshallplans mit dem Abbruch der Morgenthaupolitik einher. Infolgedessen renkte sich die kontinentaleuropäische Arbeitsteilung wieder ein, und es entstand die Illusion, der europäische Wiederaufbau sei vermittels einiger Dollarmilliarden ausgelöst worden. Daraus erwuchs die weitere Illusion, mit ein paar weiteren Dollarmilliarden könne die Entwicklung der unterentwickelten Länder in Gang gebracht werden.

Das ist der Ursprung der Entwicklungshilfe. Bezeichnet man ihn so grob und geradezu, so spricht man aus, daß sie *unwirksam bleiben mußte*, wenigstens hinsichtlich ihres proklamierten Zwecks. Nach Andre Gunder Franks treffendem Ausdruck ist durch sie lediglich die *Unterentwicklung entwickelt* worden. Vor allem aber hat sie die wirkliche Politik der USA gegenüber den zum Hohne so genannten Entwicklungsländern *verschleiern* helfen, und die Beihilfe des kapitalistischen Europa zu diesem Trug ermöglicht. Wohlmeindende Europäer wie Erhard Eppler – als „Minister für wirtschaftliche Zusammenarbeit" – haben sich mitschuldig gemacht und nichts gemerkt.

Die tatsächliche „Entwicklung unterentwickelter Länder" seit 1949 beschränkte sich auf

1. *„Schwellenländer"* wie Singapore, Taiwan, Südkorea;
2. *Rotchina* und *Nordkorea*. Dort wird sie jedoch durch den Mangel an Demokratie, die primitiven Zwangsmethoden und den totalitären Selbstbetrug der Herrschenden verkrüppelt;
3. die *asiatischen OPEC-Länder*.

Deren „Entwicklung" begann mit einem ähnlichen Schwindel wie Präsident Trumans Proklamation der Entwicklungshilfe. Die angloamerikanischen Erdölkonzerne waren in ausschließlichem Besitz der Organisation und technischen Vorkehrungen für Rohöltransport, Raffination und den Absatz der Raffinationsprodukte. Dank ihrer geringen Anzahl bilden sie ein wirksames „Oligopol". Ihm gegenüber war die *OPEC* im ersten Jahrzehnt ihres Bestehens *ohnmächtig*. Der Rohölpreis sank langsam, aber stetig.

Doch Ende 1972 schien den Erdölkonzernen die *Verzehnfachung des Rohölpreises* erforderlich, um das Erdöl der Nordsee und Nordalaskas bauwürdig zu machen. Hätten sie die erforderliche Preistreiberei selbst und unverschleiert vorgenommen, so wären sie an dem Aufschrei der öffentlichen Meinung in den USA und an Gerichtsverfahren nach den Antitrustgesetzen gescheitert. Daher *schickten sie die OPEC-Regierungen vor.*

Die Dollarmilliarden, die an die OPEC-Regierungen abgezweigt werden mußten, ließen sich dank der Preiserhöhung für Benzin und die anderen Raffinationsprodukte wieder hereinholen. Am Nordseeöl wird gut verdient. Auch ist für die Erdölkonzerne erwünscht, daß an der iranischen, irakischen, saudischen und libyschen Aufrüstung verdient wird, der Kreis der Nutznießer also groß, der der Kritiker klein ist. Unter anderem verengt er sich dadurch, daß die nordamerikanische Presse weniger als früher „investigativen Journalismus" pflegt. Die Erdölkonzerne, beziehungsweise ihre Großaktionäre, sind auch an der Rüstungsindustrie beteiligt.

Gegenwärtig explodiert die vom nordamerikanischen Erdölkapital bewirkte Aufrüstung der OPEC-Staaten, infolge der Besetzung Kuwaits, ihren Urhebern, den USA, ins Gesicht. Uns allen mit.

So ist die Schöpfung des Columbus gediehen. Vor einem halben Jahrtausend hat er die unansehnliche, kleine Raupe auf Hispaniola ausgesetzt. Drei Jahrhunderte hat sie brav gefressen, ganze Völker verdaut, andere über die Ozeane verpflanzt und versklavt, neue Herrenvölker hervorgezaubert. Dann verpuppte sie sich zu dem freihändlerischen Imperialismus des 19. Jahrhunderts und endlich, vor hundert Jahren, entpuppte sie sich zu dem voll entfalteten Schmetterling, dem Imperialismus des Finanzkapitals. Dieser hat zwei Weltkriege sowie viele kleinere Kriege entfesselt und scheint heute im Begriff, im Irak eine noch entsetzlichere Katastrophe auszulösen. Columbus – man muß es gestehen – ist höchst aktuell.

Da der Papst sich als Caesars Nachfolger bekennt, indem er dessen Amtstitel „Pontifex Maximus" führt, und Columbus vor fünfhundert Jahren der römischen Kirche eine neue Hemisphäre erschlossen hat, gewinnt die alte Frage vermehrtes Gewicht, ob Columbus heilig gesprochen wird. Die erforderlichen schriftlichen Arbeiten hat der Vatikan vor hundert Jahren abgeschlossen, hält das Ergebnis jedoch geheim.

5

SHAKESPEARE

Shakespeares Persönlichkeit

Dem Zuschauer mancher Theaterstücke oder Filme drängt sich die Frage auf nach den Absichten und der Persönlichkeit des Verfassers, beispielsweise Bert Brechts. Dieser Dichter will durch unerwartete Wendungen und einen hölzernen Ton befremden, oder mit einem Fremdwort: provozieren. In ihm ist etwas Feindseliges, das sowohl bürgerlichen wie marxistischen Humanitätsvorstellungen widerspricht. Er ruft sachliche, aber auch persönliche Abwehr hervor. Unvermeidlich fragt man, was ihn so verletzt hat, daß er uns verletzen muß? Ist sein höhnischer Grimm aufrichtig? Wie weit sind seine Gestaltung und seine Formulierungen ehrlich, wieviel List und Hintersinn stecken darin?

Anders *Shakespeare*. Wo sein echter Text vorliegt, wirkt er so fesselnd, die Leidenschaften seiner Personen so echt, ihre Konflikte so erschütternd, daß niemand nach der Persönlichkeit des Autors fragt – die Shakespeare-Philologen ebensowenig wie die Zuschauer. Vielmehr ist Shakespeares Persönlichkeit ein Problem für Außenseiter, beispielsweise vor 125 Jahren für Gustav *Rümelin*. Anderthalb Jahre zuvor hatte dieser sein Außenseitertum durch den Rücktritt von seinem Amt als württembergischer Kultusminister bekundet, er drückte es auch aus durch den Titel seiner *Shakespeare-Studien eines Realisten*. Shakespeare habe für das englische Theaterpublikum seiner Zeit geschrieben, nicht für deutsche Professoren, spottete er über Gervinus, Vischer, Ulrici, über die von ihnen begründete öffentliche Meinung und Shakespeare-Gesellschaft.

Als Ministerialbeamter, dann als Minister hatte sich Rümelin gewöhnt, die materiellen, insbesondere finanziellen, administrativen und geschäftlichen Voraussetzungen der geistigen Kultur zu beachten und nötigenfalls herzustellen. Auch an Shakespeare trat er vom praktischen Standpunkt heran. Der deutschen Shakespeare-Philologie blieb diese Einstellung fremd, sie strafte Rümelin mit Nichtachtung. Infolgedessen blieb er auch den beiden englischen Forschern unbekannt, die zur Zeit des ersten Weltkrieges seine Forschungsrichtung wieder aufnahmen, *Looney* und *Winstanley*. Übrigens waren ihre Fragestellungen philologisch, nicht praktisch.

Dank ihres Publikumserfolges hat zwar Rümelins durch landsmannschaftliche Verbindung angestammter Verlag Cotta bis 1914 die „Shakespeare-Studien“ ständig wieder aufgelegt, hörte aber in der Großen Zeit von 1914 ab damit auf, vergaß, wie gut er an Rümelin verdient hatte, und überlieferte ihn für die deutsche Öffentlichkeit der gleichen Unbekanntheit, deren er sich seitens der deutschen Shakespeare-Philologie ohnehin erfreute. Gleichwohl sind Rümelins Beobachtungen für deutsche Leser noch heute der plausibelste Ausgangspunkt, um Shakespeares Persönlichkeit zu erfassen. Hören wir ihn:

„So gross die Mannigfaltigkeit seiner Gestalten ist, so finden sich doch nirgends bei ihm gemütliche, behagliche, harmlose Naturen; es fehlen unter den Temperamenten ganz die Vertreter des Phlegmas. Wo er idyllische Bilder gibt, verlegt er sie in die Märchenwelt ...

Ebensowenig zeichnet er ... ein eigentliches, praktisches Berufsleben. Er stellt weder Gelehrte, noch Künstler, noch die erwerbenden Klassen, den Landmann, den Gewerbetreibenden dar ... Er hat nur mit den herrschenden und geniessenden, nicht mit den arbeitenden und leidenden Klassen zu tun ...

Seine Personen sind fast alle von beschränkten Zielen lebhaft erregt; sie wissen, was sie wollen, aber sie gehen den Forderungen einer edleren oder gemeineren Natur mit einer kurzsichtigen Hast, ohne freien Überblick, ohne zur vollen Besinnung zu kommen, nach. Sie haben eine Fülle von Leben innerhalb eines engen Gesichtskreises. Es ist etwas Unruhiges, Vibrierendes, Zuckendes in der Art, wie sie sich beeilen ..., ihre Lage und Eigentümlichkeit voll und scharf zur Geltung zu bringen.“ (S. 134 f.)

„Man fühlt es bei den ersten Worten, dass (Shakespeare) die Leidenschaften, die er darstellt, nicht durch einen künstlichen mentalen Prozess in sich zu erregen brauchte, sondern dass sie wirklich ... seine eigene Brust erschüttert haben ... Der äussere Lebensgang ist ... Shakespeares dichterischer Entwicklung günstig gewesen ... Und doch können wir ihm ... nicht jene harmonische, glückliche Vereinigung (des aktiven und beschaulichen Elements) beilegen, wie sie Goethe zu Teil geworden. Er war kein so hochbegünstigter Liebling des Glücks und wohl auch von stürmischeren Leidenschaften umgetrieben. Der Erfahrungskreis, in dem er wirkte und sich bildete, war ... heftiger bewegt. Das Leben nach aussen liess ihn nicht zu gleicher Ruhe, nicht zum schliesslichen Sieg des beschaulichen Elements gelangen. Sein Inneres war noch nicht so beschwichtigt, wenn es zum Dichten kam. Die Anfechtungen des Tages, die wechselnden Affekte zittern noch nach.“ (S. 142 f.)

„Wie der junge Prinz von Dänemark, arglos von der deutschen Hochschule ... zurückkehrend, das Entsetzliche vernimmt ..., so war der Dichter vielleicht selbst ... arglos und mit idealem Anspruche in das Weltleben hineingetreten, und es hatte sich vor ihm ein Abgrund von Verkehrtheit, Schwäche und Schlechtigkeit aufgetan ... Auch ihm versagte eine bornierte und vorurteilsvolle Gegenwart die Dichterkrone ... Auch seiner Seele hatte sich über diesen Erfahrungen eine Schwermut, eine weltverachtende Schärfe und Bitterkeit, ein Humor der Verzweiflung bemächtigt (wie Hamlet).“ (S. 78 f.)

Hamlets Monologe erinnern Rümelin an das 66. Sonett Shakespeares:

„Nach Grabesruhe sehn' ich mich ermattet,
Denn das Verdienst erblick' ich bettelarm,
Das leere Nichts mit Reichtum ausgestattet,
Die reinste Treue in des Mitleids Arm ...

Die Kunst im Zungenzaume der Beamten,
Die Weisheit in der Toren Vormundschaft,
Die Wahrheit stets als Unverstand verdammten,
Und alles Gute in des Bösen Haft.

Des bin ich satt und stürbe gern. Ach bliebe
Da nur nicht völlig einsam meine Liebe!"

„Die Gestalt Hamlets ... erinnert so deutlich an das zartbesaitete und von Stimmungen einer lebenssatten Bitterkeit heimgesuchte Gemüt des Sonettendichters ... Hamlet ist ... der geistvollste und sensitivste Mensch, den uns Shakespeare zeichnet. Ja, der Dichter zeigt sich nicht einmal bemüht, das Incognito ängstlich zu verstecken. Es ist das einzige Stück, in welchem Shakespeare lokale Verhältnisse, in die er persönlich verwickelt war, offen zur Sprache bringt, das Londoner Theaterwesen ..., seine Fehden wie seine Freundschaften mit bestimmten Persönlichkeiten, und wo er das, was er längst über die Schauspielkunst auf dem Herzen hatte, in jene bekannten goldenen Regeln fasst." (S. 80 f.)

Rümelin weiß, daß die Dichtung „auch für die kleinste Leistung einen Akt der Zeugung und die reinste Freiheit", anders ausgedrückt ruhiges Wachsen erfordert, und daß dies dem Theaterdichter verwehrt ist, wenn er im Tagesbetrieb des Theaters als Schauspieler, Dramaturg, Regisseur und Intendant beansprucht wird. Er müsse dann, wie der Theaterdirektor im Faust-Prolog fordert, „die Poesie kommandieren". Ein weniger begabter Theaterdichter gehe dabei zu Grunde, einem hochbegabten drohe die Gefahr, zum Virtuosen zu entarten.

„Seine Phantasie wird sich an der nötigen Schlummerzeit abbrechen und diesen Ausfall durch verstärkte Reize ersetzen müssen ... Das Theaterleben gehört ... für alle feiner organisierten Naturen zu den ungemütlichsten Berufsarten ..." (S. 153, 150)

„Man braucht ja nur eine einzige Zeile des Dichters zu lesen, um ein höchst sensibles und nervöses Naturell herauszufühlen. Musste da nicht das Theaterleben ... etwas den frischen Lebensmut langsam Aufzehrendes für ihn haben? ... Damit (mag es) zusammenhängen, dass Shakespeare nur Dramatiker, nicht zugleich auch grosser Lyriker war. Das Talent dazu konnte ihm unmöglich fehlen ... In Romeo, dem Kaufmann von Venedig, im Sommernachtstraum ist gerade das Schönste lyrischer Natur ... Es will uns scheinen, Shakespeare habe die innere und äussere Ruhe nicht mehr finden können, die zur Lyrik und zum Epos erforderlich ist ... Es sollte ihm nicht mehr so wohl ums Herz, so frei im Gemüte werden ..."

„Das Vorurteil, die Verfolgung, die Verachtung, mit welcher die bürgerliche Gesellschaft seinen Beruf, die Institute, in denen er seine ganze Stellung gefunden hatte, belastete, lasteten wie ein schwerer Druck auf ihm. Es war keine Spur von Phlegma und wenig Sanguinisches in ihm. Dagegen scheint er reizbar, sorglich, ja zur Melancholie, zum Pessimismus geneigt gewesen zu sein. Die sonnige Heiterkeit seiner Lustspiele würde dem durchaus nicht widersprechen. Das Talent zur Komik findet sich sogar häufiger bei ernsteren und sorglichen Naturen ...

Seine dramatischen Charaktere haben daher ... fast alle, und namentlich die aus der späteren Zeit, einen übernormalen Pulsschlag, der nicht selten an die Grenze des Fieberhaften geht ..." (S. 154 f.)

Wenn Hamlet Horatios Unerschütterlichkeit hervorhebt,

„zeichnet der Dichter damit ..., was ihm fehlt, wonach er ringt, die Stille und ungebrochene Fassung des Gemüts gegenüber ... den Wechselfällen des menschlichen Schicksals." (S. 170)

Für August Wilhelm von Schlegel und die ihm hierin folgende deutsche Shakespeare-Philologie waren Shakespeares Theaterstücke Lesedramen. Rümelin hingegen hatte ein für jemanden, der nicht selbst zum Theater gehört, erstaunliches Verständnis für das Theater und wußte, wie vollständig Shakespeares Dramen in der Theaterwelt wurzeln. Darauf beruhen die Merkmale, die er an Shakespeares Arbeitsweise findet:

1. „ Shakespeare hat szenenweise gearbeitet; die einzelne Szene erweitert sich zum selbständigen Genrebild. Er wusste wohl, dass der Zusammenhang des Ganzen übersichtlich und verständlich sein müsse, hielt es aber damit im Einzelnen nicht allzu ängstlich. In den Königsdramen geht die Selbständigkeit der Teile bis zum Übermass; mit Ausnahme von *Richard III.* haben sie kaum eine weitere Einheit als die in den Titeln der Stücke enthaltene." (S. 36)

2. „Wenn ein Theaterstück das ... Eigentum einer einzigen Bühne war ..., der Verfasser als Regisseur und Schauspieler bei jeder neuen Vorstellung mitwirkte, (konnte es) ... nicht leicht seine erste Gestalt durch alle weiteren Aufführungen behaupten, und je reicher und unerschöpflicher die Phantasie des Dichters ..., umso näher ... die Versuchung, der neuen Vorstellung wieder einen neuen Reiz zu leihen. Äussere Gründe der Zweckmässigkeit ... (verhinderten eine vollständige Umarbeitung), aber umso leichter war es, im Einzelnen zu ändern ... durch Streichung unwirksamer Stellen ... oder durch Zutat ... neuer witziger Wendungen im vorhandenen Text ... oder Einfügung neuer Szenen ... (Daher) fehlt es an den lahmen und schwunglosen Stellen ..., (die in den Stücken anderer Dichter) ein zeitweises Ausruhen gestatten ... Der Geist und das Feuer des Dichters schlägt immer aus allen Poren. Die poetische Diction wird prägnant und fast überreich an Gleichnis, Witz und Sinnspruch, an Glanz und Fülle ... (Zwar

verschiebt sich unmerklich der dramatische Zusammenhang, aber) ... grosse Widersprüche sind dabei nicht denkbar, und die kleinen können ... unbeachtet bleiben ... Sie werden bald die Handlung, bald die Charakteristik, oft beide berühren. Dem Publikum ... ergeht es wie dem Dichter; es nimmt das Gebotene hin, ohne auf die Kongruenz aller Teile so haarscharf zu achten wie der kritische Leser späterer Jahrhunderte." (S. 36 f.)

Hier findet Rümelin bereits das, was in unserem Jahrhundert *Hans Rothe* als *„Shakespeares offene Form"* bezeichnet hat.

3. Shakespeares Sentenzen beschränken sich auf praktische Lebensweisheit. „Neben der ausserordentlichen Vielseitigkeit, Tiefe und Originalität der Goetheschen Spruchweisheit" erscheine ihr gedanklicher Inhalt dürftig.

4. Shakespeare betrachte Politik und Geschichte vom Standpunkt des Hofaristokraten, für den sie aus seinen, seiner Herrscher, Nebenbuhler und auswärtigen Feinde Intrigen, Kriegen, Werbungen, Liebschaften, Todes- und Erbfällen besteht. Soziale und politische Konflikte und Entwicklungen existieren nicht für ihn. Daß die englischen Bogenschützen die Schlacht bei Azincourt entschieden hatten, wisse er nicht; für ihn existieren nur die aristokratischen Häupter beider Parteien. Auch lasse Shakespeare seine Helden handeln, wie es ihnen gerade in den Sinn kommt, ohne Rücksicht auf die Kompliziertheit der Gesellschaft, die kein derart unbedingtes Handeln zuläßt.

5. Unmöglich könne der Schöpfer so leidenschaftlich bewegter Dramen ein ruhiger Tugendbold gewesen sein. Wohl aber müsse er als reifer Mann, spätestens mit dreißig Jahren, zu geregelter Lebensweise und konzentrierter Arbeit übergegangen sein, um ein allein der Masse nach so bedeutendes Lebenswerk hervorzubringen.

6. In Heinrichs V. unvermitteltem Übergang von einer wilden Jugend zu seriöser Lebensführung liege demnach eine Selbstdarstellung des Autors. Auch die Umgebung des Prinzen sei Selbstdarstellung: der Dichter habe sich anfänglich unter heruntergekommenen Aristokraten wie Falstaff und Sir Toby Belch sowie einer räuberisch verlumpten Plebs bewegt.

7. Der lebhafte Wettbewerb eines kleinen Kreises begabter, energischer Männer, die aus Neigung, oder weil sie in einer anderen Laufbahn gescheitert waren, für die Bühne schrieben, habe einen mächtigen Antrieb gebildet, neue Stile und Formen zu entwickeln, sie zu steigern, ebenso rasch aber auch wieder aufzugeben, zu experimentieren, unaufhörlich nach neuen Effekten zu suchen.

Eine Shakespeare-Biographie, die von diesen Beobachtungen absieht, bleibt belanglos. Aber sie ersetzen nicht die biographischen Tatsachen. Deren wichtigste betreffen die privaten Finanzen.

Diese bilden eine Art Abdruck oder Abguß, worin sich die Stellung ausprägt, die die dargestellte Persönlichkeit in der Gesellschaft ihrer Zeit und ihres Landes eingenommen hat. Auch und gerade ihre geistigen, etwa weltanschaulichen, künstlerischen, wissenschaftlichen und vollends politischen oder sozialen Bestrebungen bilden sich in ihren Geschäften ab. Diese leiten zu einer objektiven Auffassung, die unabhängig ist von den subjektiven Auffassungen des Helden selber, seiner Umgebung, seiner Anhänger, Widersacher und Biographen. Die wirtschaftlichen Tatsachen sind nicht nur die härtesten, sondern falls sie im Zusammenhang mit der sozialen und geistigen Stellung des Helden betrachtet werden, auch die aufschlußreichsten: sie führen auf seine Alltagsexistenz.

Shakespeares Leben von seinen Geschäften her zu betrachten, ist an sich nicht neu. Schon 1849 klagte *Gervinus*, die englischen Philologen hätten sich auf Shakepeares Geschäfte beschränkt. Er selber ging von Shakespeares Werken als biographischem Denkmal aus, nach dem Vorbild Goethes, der in „Wahrheit und Dichtung" seine eigenen Werke als „eine große Konfession" interpretiert hatte.

Übrigens lag die Beschränkung auf Shakespeares Geschäfte nicht nur an materialistischer Engherzigkeit der englischen Forscher. Vielmehr betreffen die Urkunden – neben Familienverhältnissen und Schauspielerberuf – ausschließlich Shakespeares Geschäfte, und zwar einseitig: lediglich seine Vermögensanlagen, nicht die Herkunft seines Vermögens. Insbesondere decken die Urkunden keinerlei Zusammenhang zwischen Shakespeares Werken und Geschäften auf.

Gervinus sah richtig, daß die englischen Shakespeare-Forscher seiner Zeit im antiquarischen Sammeln stecken blieben, und wie dabei fast unvermeidlich, hat einer von ihnen falsche Shakespeare-Urkunden fabriziert, beispielsweise eine Verwendung des Grafen Southampton für Shakespeare. Die Empfindung für Shakespeares Eigenart und Größe ging ihnen ab. Die urkundlich belegten geschäftlichen Tatsachen allein können nicht Shakespeares Biographie bilden, sondern lediglich deren materiellen Rahmen. Bedeutungsvoll werden sie erst durch den Zusammenhang mit seinem Werk. Dieses war den von Gervinus Getadelten wirklich recht gleichgültig.

Heute ist Gervinus' Forderung, Shakespeares Persönlichkeit und Lebensgeschichte aus seinen Werken zu erschließen, besser verwirklicht. Doch je weiter wir darin gelangen, desto fraglicher wird es, ob Shakespeares Werke von dem Mann verfaßt sein können, unter dessen Namen sie gehen. Es scheint daher zweckmäßig, den Dichter wie herkömmlich Shakespeare zu schreiben, gleich wer sich hinter diesem Namen verbirgt, den Mann aus Stratford dagegen *Shakspere*, wie er sich gewöhnlich schrieb.

Herkunft, Kapitalanlagen und gesellschaftliche Stellung *Shaksperes*, wie sie aus den Urkunden erkennbar sind, müssen unseren Ausgangspunkt bilden.

Der Vater John Shakspere

William Shakspere wurde am 26. April 1564 in dem mittelenglischen Marktflecken Stratford am Avon getauft und starb ebendort fast auf den Tag zweiundfünfzig Jahre später, am 23. April 1616.

Sein Großvater Richard Shakspere war Pächter in Snittersfield, nördlich von Stratford, sein Vater *John Shakspere* ließ sich um 1550 als Handschuhmacher in Stratford nieder und trieb außerdem noch das Gewerbe eines Weißgerbers, das heißt die Herstellung der feineren Ledersorten, aus denen Handschuhe hergestellt werden, ferner Landwirtschaft und Handelsgeschäfte verschiedener Art; kurz er war Ackerbürger.

Zum ersten Male urkundlich nachgewiesen ist John Shakspere im Jahre 1552. Damals hatte er vor seinem (vermutlich gemieteten) Hause einen Haufen Mist und Müll *(sterquinarium)* auf der Straße liegen und wurde zusammen mit anderen Hausbesitzern in Strafe genommen. Er hatte 1 s zu entrichten, einen für damalige Zeit erheblichen Betrag. Noch nach Jahren, als er längst geachteter Bürger war, wurde er nochmals aus dem gleichen Grund bestraft. Man begann zu ahnen, daß die bis dahin in europäischen Städten übliche Verjauchung der Brunnen etwas mit den ständigen, verheerenden Seuchen zu tun hatte.

Zwanzig Jahre hindurch läßt sich John Shaksperes geschäftlicher und gesellschaftlicher Aufstieg verfolgen. 1556 kaufte er ein Haus an der Greenhill street und vor allem ein Haus an der Henley street, das noch heute vorhandene Shakespeare-Geburtshaus, und später zwei angrenzende Parzellen, um die er das Grundstück vergrößerte. 1557 wurde er als Bürger von Stratford aufgenommen und heiratete.

Seine Frau, Mary Arden, stammte aus einem Geschlecht, das sich bis in sächsische Zeit als Adelsgeschlecht zurückverfolgen läßt. Der älteste Ahn war Graf von Warwick unter König Alfred. Auch unter normannischer Herrschaft behauptete die Familie ihren Adelsrang, und im Gegensatz zu den meisten normannischen Adelsgeschlechtern ging sie nicht einmal im Rosenkrieg zugrunde, sie verarmte nur durch ihre Parteinahme für das Haus York. Der Name Arden, den sie unter Wilhelm dem Eroberer annahm, bedeutet „Wald" und kommt insbesondere dem durch Grünland unterbrochenen Waldgebiet nordwestlich von Stratford zu. *Wie es euch gefällt* spielt im *forest of Arden*; damit könnte dieses Waldgebiet gemeint sein, nicht die Ardennen, wie die deutschen Übersetzer glauben – vorausgesetzt William Shakspere wäre der Verfasser. In diesem Falle wäre es die einzige Stratforder Anspielung in seinen Werken. Noch Mary Ardens Vater hatte einigen Grundbesitz in dem Gebiet nördlich und nordwestlich von Stratford. Richard Shakspere in Snittersfield war sein Pächter, seiner Tochter Mary hinterließ er einen Hof namens Asbies in Wilmcote, weiteren Grundbesitz scheint sie von zwei Schwestern geerbt zu haben, die jung und unverheiratet starben. Daß John Shakspere in diese Familie heiraten durfte, spricht für den soliden Eindruck, den seine wirtschaftliche Stellung machte.

Seit John Shakspere Bürger war, verwaltete er Jahr für Jahr irgendein städtisches Amt, erst als Bierschmecker, dann zweimal als Constable (Gendarm), danach als Affeeror, das heißt, er hatte Strafen zu verhängen für Übertretungen und geringere Vergehen. 1561-64 war er zwei Jahre nacheinander einer der beiden Stadtkämmerer und weitere zwei Jahre einer der beiden stellvertretenden Stadtkämmerer, was seinen Wohlstand bezeugt. Als Stadtkämmerer und stellvertretender Stadtkämmerer hat er aktiv die Übertünchung der Wandmalerei in der Stratforder Gildenkapelle, den Abbruch des Chors oder Lettners und die Beseitigung des sonstigen katholischen Schmucks betrieben, so daß die katholischen Überzeugungen, die man ihm nachsagt, wenig wahrscheinlich sind. Da er mit einem Kreuz unterzeichnete, konnte er schwerlich lesen und schreiben, aber diese Künste waren für Kommunalbeamte entbehrlich. Übrigens kam es vor, daß auch Leute, die schreiben konnten, nur ein Kreuz machten.

1565 wurde John Shakspere Alderman (Ratsherr), 1568 übernahm er für ein Jahr das höchste Amt der Stadt, das des High Bailiff (Schultheiß), 1577 wurde er auf ein Jahr Friedensrichter.

William Shaksperes Stolz auf diese *Tradition städtischen Honoratiorentums* dokumentiert sich namentlich in seines Vaters Antrag auf Erteilung eines Wappens im Jahre 1596. Daß William hinter dem Antrag stand, ergibt sich nicht nur aus anderen Umständen, es war offensichtlich auch die Überzeugung der Londoner Theaterwelt. Denn *Shaksperes* Wappenspruch war *Non Sans Droict* (Nicht ohne Recht), und prompt verlieh *Ben Jonson* dem Narren Sogliardo in seiner Komödie *Every Man Out of his Humour* ein Wappen mit der Devise *Nicht Ohne Mostrich*. Sogliardo prahlt, 20 £ habe er dafür bezahlt.

John Shakspere machte in seinem Antrag geltend, als Bailiff von Stratford sei er zum Rang eines *Gentleman* aufgestiegen, das heißt in die begüterte, teilweise auch schon akademisch gebildete Honoratiorenschaft, die *gentry*, eine großbürgerliche Zwischenschicht zwischen eigentlichem Adel *(nobility)* und bäuerlich-bürgerlichem Kleinbesitz *(yeomanry)*. Wie der Adel hielt auch die Gentry den Familienbesitz in männlicher Linie zusammen, in der Hand des ältesten Sohnes. Dieses Bestreben hat William *Shaksperes* Testament diktiert.

Hier liegt der erste Widerspruch zwischen *William Shakspere* und *Shakespeares Werken*. Diese spielen an Fürsten- und Adelshöfen, einzig die *Lustigen Weiber von Windsor* ausgenommen, die wohl auch nicht von Shakespeare sind. Durchgehend identifiziert sich der Dichter mit Fürsten und Edelleuten. Es treten fast nur Aristokraten, ihre Hofleute und Diener auf. Den Bürgern werden Narrenrollen zugeteilt, beispielsweise den Handwerkern, die *Pyramus und Thisbe* aufführen, oder den Stadtbeamten in *Viel Lärm um nichts*. Der Friedensrichter Dogberry (Schlegel-Tieck: Holzapfel) bezeichnet sich als fürstlichen Beamten, ist es aber, wie John Shakspere als Schultheiß von Stratford, nur mittelbar, indem er als Stadtbeamter zugleich Hoheitsaufgaben wahrnimmt. Dogberry kann ebensowenig lesen und schreiben wie mutmaßlich John Shakspere. Er jammert, daß der Schreiber schon fortgegangen ist, denn infolgedessen kann nicht protokolliert werden, daß er von dem Untersuchungsgefangenen als Esel bezeichnet wird:

> „Hast du keine Verachtung vor meinem Amt? Und keine Verachtung vor meinen weißen Haaren? Ach wäre der Schreiber noch da und könnte aufschreiben, daß ich ein Esel bin! Mitbürger, vergeßt ja nicht, daß ich ein Esel bin, wenn's auch noch nicht aufgeschrieben ist!
>
> Nein, du Schuft, wir sind unerbittlerlich! Die Zeugen werden dich schon entlasten! Ich bin ein kluger Bursche – und was noch mehr ist: ich bin Hausbesitzer!"

Goethe-Texte sind von Goethe, Zeile für Zeile. Ob ein Shakespeare-Zitat von Shakespeare ist, muß erst festgestellt werden. Deshalb darf man nicht zu viel aus den einzelnen Stellen schließen. Die überlieferten Texte beruhen nicht auf Manuskripten des Autors, sondern meist auf Bühnenbearbeitungen, sie sind von Schauspielern und Redakteuren verändert worden, oft bis zur Unkenntlichkeit. Noch heute gehen Schauspieler, namentlich Komiker, eigenwillig mit dem Text um. Gerhart Hauptmann schien der *Biberpelz* seltsam verwandelt, als *Max Pallenberg* darin mitspielte; Pallenberg zwang durch seine Improvisationen auch die Spieler der anderen Rollen zu radikalen Änderungen. Dogberry ist, wie die ältesten Drucke bezeugen, von dem Komiker *Kempe* gespielt worden, und Kempe betrachtete es als sein gutes Recht, die Rolle auszugestalten.

Den elisabethanischen Komikern waren die Bürger, und besonders die Stadtbeamten zur Karikierung preisgegeben, denn das Theater lebte in Kriegszustand mit den Londoner Kommunalbehörden, die ihm jede erdenkliche Schwierigkeit bereiteten. Im Frühkapitalismus war es wichtig, erst einmal Kapital zu bilden, und keine Methode erschien dafür unzweckmäßig, auch solche Methoden, die den Kapitalisten auf späteren Entwicklungsstufen lächerlich scheinen: so der Geiz, der Verzicht auf Lebensfreude, die man natürlich auch anderen mißgönnt. Die Puritaner hatten die Entdeckung gemacht, daß man andere für sich arbeiten lassen kann. Mithin sollten andere sich nicht amüsieren, mindestens nicht die Seeleute, Handwerksgesellen, Bedienten, Tagelöhner, kurz die Großstadtplebs, und schon gar nicht in der Arbeitszeit – die öffentlichen Theateraufführungen pflegten mittags um zwei Uhr zu beginnen. Umgekehrt war das Elisabethanische Theater gegen das puritanische Bürgertum und für Königtum und Adel, für Lebensfreude und Fleischeslust.

John Shakspere hat als Bailiff den Stratforder Gildensaal für durchreisende Schauspieler zur Verfügung gestellt und als Kämmerer für Theateraufführungen Zahlung geleistet. Sein Sohn William gehörte beiden Parteien an: dem städtischen Honoratiorentum – aber nicht dem von London, er war Stratforder – und zugleich dem Theater. Da das Londoner Bürgertum dem Theater so viele Schwierigkeiten bereitete, mochten ihn die antibürgerlichen Späße der Komiker erbauen.

Dogberry als Karikatur des Bürgertums beweist also noch nicht eine antibürgerliche Tendenz Shakespeares. Entscheidend ist der Widerspruch zwischen dem durch die Urkunden belegten *bürgerlichen Standesbewußtsein Shaksperes* und dem *aristokratischen Standesbewußtsein Shakespeares.*

Um 1577 geriet John Shakspere in wirtschaftliche Schwierigkeiten, die der beste Sachkenner, Lewis, aus einer Krise des Wollmarktes erklärt. John Shakspere wird in erheblichem Umfang mit Rohwolle gehandelt haben, seine Abnehmer konnten ihren Zahlungsverpflichtungen nicht nachkommen, er geriet infolgedessen selbst vielfach in Zahlungsverzug. In den beiden folgenden Jahrzehnten, ja bis 1599, prozessierte er gegen eine Anzahl säumiger Schuldner, in einer seiner Klagen wird ausdrücklich eine unbeglichene Wollieferung als Grund der Forderung bezeichnet. Auch wurde John Shakspere seinerseits von Gläubigern verklagt. 1578/79 verkaufte er drei Grundstücke in Snittersfield und Aston Cantlow, verpfändete den Hof seiner Frau in Wilmcote und verpachtete 86 acres (36 ha), gleichfalls in Wilmcote. Vier von diesen fünf Komplexen scheint seine Frau von ihren Schwestern geerbt zu haben. Zu einem uns bislang unbekannten Zeitpunkt muß John Shakspere auch die 86 acres Ackerland in Wilmcote und das Haus in Stratford an der Greenhill street verkauft haben, denn in seinen letzten Lebensjahren besaß er beide nicht mehr. Zu seinen Handelsverlusten, die demnach sehr erheblich waren, kamen Geldstrafen für Nichterscheinen vor königlichen Gerichten, insgesamt 40 £. Worum es dabei ging, ist unbekannt.

Infolge seiner Geldschwierigkeiten beantragte und erhielt John Shakspere im Jahre 1578 den Erlaß zweier städtischer Abgaben: einer einmaligen Umlage zur Ausrüstung von sechs Stadtsoldaten und der Armensteuer. Dies war die kommunale Hauptsteuer. Aus ihr wurde die Armenpflege bestritten, die bis zur Reformation hauptsächlich von kirchlichen Stiftungen getragen worden war. Wirtschaftlicher Inhalt der Reformation war die Wegnahme des kirchlichen Grundbesitzes durch die Fürsten; seitdem fiel die Armenpflege den Gemeinden zur Last. Ihre Belastung war um so fühlbarer, als die Zahl der Besitz- und Erwerbslosen außerordentlich gestiegen war. Die Massenarbeitslosigkeit erstreckte sich auf ganz West- und Mitteleuropa und hatte verschiedene Ursachen; in England war sie namentlich durch die Einhegungen verursacht. Das heißt, das bis dahin wie zu germanischer Zeit in Gemengelage liegende Ackerland wurde durch Flurbereinigung zu einheitlichen Schlägen zusammengefaßt und zu privatem, vom Flurzwang befreitem Grundeigentum. Die Grundeigentümer verwandelten das Ackerland, das sie bis dahin an bäuerliche Pächter ausgetan hatten, in Schafweide, so daß Thomas Morus sagen konnte, in England würden die Menschen von den Schafen gefressen. Zugleich wurden die Gemeindeweiden und Gemeindewälder aufgeteilt, und die kleinen Leute, die bis dahin eine Kuh auf die Gemeindeweide getrieben und Bauholz aus dem Wald entnommen hatten, wurden mit so winzigen Zwergparzellen abgefunden, daß sie aus Kleinbesitzern zu Besitzlosen wurden. Außerdem verloren sie ihre Beschäftigung als Tagelöhner bei den bisherigen Pächtern.

In ganz Europa suchte man sich der wachsenden Zahl von Besitz- und Erwerbslosen vermittels des Henkers zu entledigen. Darin waren Protestanten und Katholiken einig. Die deutsche Ausgabe der gesamteuropäischen Blutgesetzgebung war die *Carolina*. Hinrichtungen wurden im sechzehnten Jahrhundert zu einer ähnlich beliebten Volksbelustigung wie im alten Rom die Gladiatorenspiele, und eine ähnlich berühmte Figur wie heute ein guter Torwart oder Mittelstürmer war ein flinker Henker, der den Gehenkten so rasch vom Strick schnitt und ihm das Herz aus der Brust riß, daß es noch zuckte. Nach *Holinshed*, dessen Chronik als Quelle von Shakespeares Königsdramen viel genannt, aber natürlich nicht gelesen wird, sind allein unter Heinrich VIII. in *merry old England* 72000 Bettler gehängt worden. Übrigens kamen nur arbeitsfähige Männer – *sturdy beggars* – zu dieser Ehre. Kinder, Frauen, Krüppel, Greise wurden auf Gemeindekosten notdürftig durchgefüttert. Jeder bessere Herr vermachte ihnen ein paar Shillinge oder Pfunde, *William Shakspere* beispielsweise 10 £.

Vom Herbst 1614 an versuchten die Brüder William und Thomas Combe fünf Jahre hindurch, einen Teil der Stratforder Flur einzuhegen. Ohne den von ihnen nachgesuchten Parlamentsbeschluß abzuwarten, begannen sie Ende 1614 die Einhegung gewaltsam durchzuführen. Die *Corporation*, das heißt die in ihr zusammengeschlossenen grundbesitzenden Bürger, bekämpfte die Einhegung, weil ihr daraus eine höhere Unterstützungspflicht, und mithin eine Erhöhung der Armensteuer erwachsen wäre. Die kleinen Leute bekämpften sie, weil dadurch die Pächter und Tagelöhner ihre wirtschaftliche Existenz an die Schafe der Gebrüder Combe verloren hätten. *William Shakspere* hatte einen weiteren Grund, sich am Widerstand zu beteiligen: Auf dem Gemarkungsteil, der eingehegt werden sollte, ruhten Zehntlasten, die ihm gehörten, zu deren Zahlung aber nur die darauf wirtschaftenden Pächter, nicht die Schafe verpflichtet waren. Trotz dieser kleinen Differenz vermachte *Shakspere* dem Thomas Combe seinen Degen.

Vermutlich weit übertrieben ist die Annahme der Shakespeare-Philologen, John Shakspere sei völlig verarmt. Die drei Parzellen seines Hausgrundstücks an der *Henley street* hat er jedenfalls behauptet, nur fühlte er sich durch Schulden in seiner Bewegungsfreiheit beengt und mied die Öffentlichkeit. Insbesondere erschien er nicht mehr in den Ratssitzungen, und nach acht Jahren vergeblicher Ladungen wurde 1586 sein Alderman-Sitz neu besetzt. Immerhin fungierte er im gleichen Jahr zweimal als Schöffe bei Gericht. Als 1592 ein erneuter spanischer Angriff drohte, ließ Königin Elisabeth im ganzen Land die mutmaßlichen Katholiken und Puritaner ermitteln – auch den Puritanern traute sie nicht. Merkmal der

Gesinnung war der Kirchenbesuch. In den Stratforder Listen der Verdächtigen vom Frühjahr und Herbst 1592 figuriert John Shakspere, jedoch mit dem Zusatz, daß er und acht andere den Gottesdienst vermutlich wegen der *Gefahr eines Schuldprozesses* mieden. Damals lauerten sonntags die Gläubiger an der Kirche und konnten durch summarisches Verfahren den Schuldner in Schuldhaft nehmen lassen, wenn er nicht zahlte.

Von 1596 an ging es mit John Shaksperes Geschäften wieder aufwärts; offensichtlich hatte ihn sein Sohn William saniert. Wie erwähnt, beantragte er 1596 ein *Wappen*, 1597 klagte er auf Herausgabe des verpfändeten Hofes seiner Frau in Wilmcote – anscheinend ist die Klage abgewiesen worden –, in seinem Todesjahr 1601 war er wieder in *Stratforder Ratsgeschäften* tätig.

William Shaksperes Jugend

Ende April 1564 wurde *William Shakspere* getauft, Ende November 1582 wurde ihm eine Heiratslizenz erteilt, Ende Mai 1583 ließ er seine *Tochter Susanna*, Anfang Februar 1585 seine *Zwillinge Hamnet und Judith* taufen. Dann reißen die Nachrichten ab, 1592 ist er als Schauspieler und Dichter in London bezeugt, wenigstens nach herkömmlicher Meinung.

Je dürftiger die Nachrichten, desto bestimmter die Behauptungen der Biographen, mindestens über *Shaksperes Schulbildung*. Sein angeblicher Freund Ben Jonson hat in einem sonst inhaltslosen Versprolog behauptet, Shakespeares „Latein sei dürftig und sein Griechisch noch schwächer" gewesen. Daraus ist geschlossen worden, *Shaksperes* klassische Bildung sei lückenhaft geblieben, weil er vierzehnjährig, bei seines Vaters Verarmung, habe aus der Schule genommen werden müssen. Überhaupt habe man auf damaligen Lateinschulen wenig lernen können, zumal in einem entlegenen Provinznest wie Stratford. Da jedoch aus Shakespeares *Venus und Adonis* unbestreitbar die Bekanntschaft mit Ovid, aus *Lucretia* die mit Vergil, aus *Hamlet* die mit Juvenal spricht, wird argumentiert, mangels Abitur habe *Shakspere* nicht die höhere Reife zur Verfertigung von Shakespeares Werken besessen, also habe jemand anders sie verfaßt.

Nichts von alledem ist sicher. Erstens war John Shakspere keineswegs völlig verarmt, er hätte seinen Sohn noch nach dessen vierzehntem Lebensjahr in der Schule lassen können. Zweitens ging man ohnehin spätestens mit sechzehn Jahren ab, man konnte dann so viel Latein, wie man wollte und brauchte. Wer überhaupt den Trieb zum Lernen hatte, war schon mit vierzehn Jahren ein guter Lateiner, mindestens nach dem Maßstab unseres heutigen Abiturs. In Stratford dürfte der Unterricht nicht schlecht gewesen sein. Die dortige Lateinschule war gut dotiert, das Jahresgehalt des Lehrers betrug 20 £ – in Eton nur 10 £. Stratford bezog seine Lehrer frisch aus dem nahen Oxford. Simon Hunt, der 1571-77 in Stratford Latein lehrte, war offensichtlich ein denkender Kopf und vermutlich ein guter Lehrer. Als er 1577 nach Frankreich ging, wo er Jesuit wurde, trat zwar an seine Stelle ein weniger tüchtiger Oxforder, dem indes bereits 1579 gekündigt wurde, worauf wieder eine gute Kraft kam.

Endlich, mit welchem Recht beruft man sich auf Ben Jonson? Dessen ästhetischem Urteil zufolge „fehlte es" Shakespeare „ an Kunst" *(„he wanted arte")*. War sein philologisches Urteil über *Shakesperes* Schulbildung ebenso unanfechtbar? Und was wollte er mit seiner abfälligen Bemerkung sagen? Vermutlich nur, es habe dem Kollegen an derjenigen Eleganz und Sicherheit des lateinischen Ausdrucks sowie der klassischen Belesenheit und gelehrten Pedanterie gefehlt, deren er selbst sich rühmte. Wenn dies die richtige Deutung ist, so dürfen wir fragen: Na und? – Die Luft war lateinisch geschwängert, Latein war die juristische, medizinische, theologische Fachsprache, ein großer Teil der öffentlichen Urkunden war lateinisch, jeder Schreiber beherrschte es schlecht und recht, wenn auch nicht das von den Humanisten wieder ausgegrabene klassische, so doch das von ihnen verachtete Mittellatein. Jonson kann gemeint haben, *Shakspere* sei im Mittellatein stecken geblieben. Selbst wenn das zutraf, mochte *Shakspere* mit Ovid, Vergil und Juvenal besser fertig werden als heutige Abiturienten. Sein „dürftiges Griechisch" war nach damaligen Maßstäben überhaupt keine Bildungslücke, denn die Kenntnis des Altgriechischen beschränkte sich bis ins 18. Jahrhundert auf sehr enge Kreise. Selbst Theologen und humanistisch Interessierte lasen das Neue Testament, Plutarch und Aristoteles in lateinischer Übersetzung. Um andere griechische Autoren kümmerte sich kaum jemand, griechische Sagen wie die vom Trojanischen Krieg kannte man durch mittelalterliche Dichter wie Chaucer sowie Vergil, Homer wurde erst allmählich wieder bekannt.

Auch die zweite siebenjährige Nachrichtenlücke von 1585 bis 1592 hat die Phantasie beflügelt. Fest steht nur: In diesen sieben Jahren kam *Shakspere* an das Theater und gewann dort eine geachtete Stellung. Von 1592 an laufen drei Urkundenreihenen nebeneinander her: 1. über *William Shaksperes* Familien- und Geschäftsverhältnisse, 2. über seinen Schauspielberuf, 3. über Shakespeares Werke.

Die Familie Shakspere 1596-1616

1596 starb in Stratford *Shakesperes* Sohn Hamnet, 1601 sein Vater, 1608 seine Mutter, 1616 er selbst. Seine Geschwister waren vor ihm gestorben, ausgenommen seine Schwester Joan Hart. 1607 heiratete seine ältere Tochter Susanna in Stratford den Arzt John Hall, 1608 wurde ihre Tochter Elizabeth Hall geboren, im Februar 1616 heiratete seine jüngere Tochter Susanna den Gastwirt Thomas Quiney, ihr ältester Sohn wurde erst im November 1616, mehr als ein halbes Jahr nach *Shaksperes* Tod geboren. Nach London fällt nur ein *Shaksperesches* Familienereignis: der Tod *Edmund Shaksperes*, eines von Williams jüngeren Brüdern. Edmund war Schauspieler und wurde in der Erlöserkirche beerdigt, eine Auszeichnung, die *William Shaksperes* gesellschaftlichem Ansehen zuzuschreiben ist. Außer Taufe, Beerdigung und Beruf ist über Edmund Shakspere nichts beurkundet.

William Shaksperes geschäftliche Verhältnisse 1596-1616

Über *Shaksperes* Zivil- und Geschäftsverhältnisse haben wir folgende urkundliche Nachrichten:

1596 Der Wappenantrag.

1597 1. *Shakspere* kauft für etwa 60 £ das ansehnlichste Haus im damaligen Stratford, Newplace gegenüber der Gildenkapelle. Dort ist er neunzehn Jahre später gestorben. Daß es herrschaftlichen Charakter hatte, erhellt daraus, daß im Bürgerkrieg, 1643, die Königin darin vier Tage lang ihr Quartier nahm.

2. John Shakspere klagt auf Herausgabe des verpfändeten Hofes in Wilmcote.

3. Im Londoner Kirchspiel St. Helen's, wo *Shakspere* anscheinend noch 1596 gewohnt hatte, wird vergeblich versucht, das Subsidium von ihm einzuziehen.

Das Subsidium war dem Wesen nach eine Einkommens-, der Form nach eine Vermögenssteuer. In der Stadt sollte ein Zehntel des beweglichen, auf dem Land ein Fünfzehntel des unbeweglichen Vermögens entrichtet werden. Natürlich blieben diese enormen Sätze fiktiv, veranlagt wurde vielmehr nur ein sehr geringer Bruchteil des tatsächlichen Wertes.

Das Subsidium war keine stehende Steuer wie die heutigen, sondern wurde vom Parlament stets nur auf ein Jahr oder wenige Jahre bewilligt; in den fünfundvierzig Jahren ihrer gefahrvollen Regierung wurden der

Königin Elisabeth dreizehnmal Subsidien bewilligt, unter anderem 1588, dem Armadajahr, 4 „Zehntel und Fünfzehntel", 1593 waren es 6, 1597 wieder 6 und 1601 sogar 8 „Zehntel und Fünfzehntel".

Shakspere war mit 5 £ beweglicher Habe veranlagt, sein letztes, 1597 fälliges „Zehntel" auf das Subsidium von 1593 betrug 5 s. 1598 kamen dazu 13 s 4 d auf das Subsidium von 1597. Weder 1597 noch 1598 oder 1599 konnten die Steuereinnehmer ihn auffinden, 1600 erfuhren sie wenigstens, daß der *berühmteste Dichter der Nation* südlich der Themse wohnte, in dem Stadtteil *Southwark* unter der Gerichtsbarkeit des Bischofs von Winchester, dessen Finanzamt im folgenden Jahr *Shaksperes* Steuerrückstände anscheinend eingetrieben hat.

1598 1. Der Stratforder Bürger Richard Quiney richtet ein *Kreditgesuch* um 30 £ an *William Shakspere* – das einzige erhaltene Stück von dessen Korrespondenz. Anscheinend hat er einen namhaften Kredit erhalten; ob von *Shakspere*, ist ungewiß.

2. Bereits zwei Mißernten waren vorangegangen und hatten die durch die Umwandlung von Ackerland in Schaftriften verursachte Getreideknappheit verschärft. Die Regierung versuchte daher, gehortete Getreidevorräte zu erfassen. In einer Stratforder Liste findet sich unter 120 Namen auch derjenige von *Shakspere* mit etwa 50 *Zentnern* (100 bushels) Getreide in der Liste; Vorräte von 20 bis 40 Zentnern fanden sich bei einer erheblichen Anzahl, 50 Zentner und mehr dagegen nur bei zehn Stratfordern. Demnach scheint *Shakspere* in einer Hungersnot gehamstert zu haben. Wenn man ihn wegen dieses Getreidevorrats als Getreidehändler, und wegen jenes Kreditgesuchs als Bankier bezeichnet hat, so ist daran so viel richtig, daß alle Bürger eines Marktfleckens wie Stratford mit Landprodukten handelten, keineswegs nur mit Getreide, und da es noch keine Banken gab, einander gelegentlich mit Kredit aushalfen.

1599 *Shakspere* wird Miteigentümer des *Globus-Theaters* in London.

Einen Gesellschaftsanteil der *Burbage-Truppe* muß er schon 1594 erworben haben. Dazu kam 1599 ein Eigentumsanteil an dem neuen Theatergebäude. Die Brüder Burbage pachteten das Grundstück auf 31 Jahre, errichteten darauf das *Globus-Theater*, trugen selbst die Hälfte der Grundstücks- und Baukosten und zogen für die andere Hälfte fünf Mitglieder ihrer Truppe heran, darunter *Shakspere*. Die *Familie Burbage* behielt stets das *halbe Gesellschafts-Kapital* in der Hand, die andere Hälfte verteilte sich zu gleichen Teilen auf eine wechselnde Anzahl von Gesellschaftern, so daß *Shaksperes* Anteil zwischen *einem Achtel für die Jahre* 1600 *bis* 1604 *und einem Vierzehntel* für die Jahre von 1612 ab schwankte. In Prozeßakten vom Jahre 1615 wird er noch als Gesellschafter namhaft gemacht.

1608 pachtete die Burbage-Truppe das Refektorium des ehemaligen *Klosters Blackfriars* in der Stadt London selbst, nördlich der Themse, als zweites Theater. Dort war *Shakspere* zunächst mit einem *Siebentel des Kapitals* beteiligt.

Auf den Wert eines solchen Anteils lassen sich Rückschlüsse daraus ziehen, daß John Heminge der Witwe des Gesellschafters Augustine Phillips gegen Verpfändung ihres Anteils am Globus-Theater einen Kredit von 50 £ gewährte.

In *Shaksperes* Testament werden seine Theateranteile nicht erwähnt; er muß sie im Lauf des Jahres 1615 oder in den ersten Wochen des Jahres 1616 an die Gesellschafter abgetreten haben.

1602 1. *Für 320* £ kauft Shakspere 107 acres (etwa 45 ha) *Ackerland* in der Stratforder Flur, wozu 20 acres (8,4 ha) Weiderechte auf der Allmende gehörten.

2. Er erwirbt in Stratford eine Hütte gegenüber seinem Wohnhaus Newplace, auf der die in der Grundherrschaft *(manor)* Rowington geltenden Dienstbarkeiten lasteten *(copyhold)*, was von manchen deutschen Schriftstellern mit Pacht verwechselt wird. Möglicherweise verwendete *Shakspere* die Hütte als Arbeiterwohnung. Zur Zeit seines Todes war sie im Besitz seiner jüngeren Tochter Judith.

1604 *Shakspere* klagt auf Zahlung gegen den Apotheker Rogers in Stratford, dem er nach und nach in kleineren Mengen für 39 s 10 d Malz geliefert und überdies 2 s Geld geliehen hatte, wovon der Apotheker nur 6 s bezahlt hatte. Die Klage wird erhoben durch *Shaksperes* Anwalt. Offensichtlich hat der Apotheker laufend kleinere Mengen Bier gebraut und ausgeschenkt.

1605 1. Der Schauspieler Augustine Philips von der Burbage-Truppe vermacht *Shakspere* 30 s.

2. *Shakspere* nimmt die bedeutendste Kapitalanlage seines Lebens vor, und zwar kauft er für 440 £ auf 31 Jahre (bis einschließlich 1536) *eine Rente* von nominell 60 £ jährlich, einen auf bestimmten Teilen der Stratforder Flur lastenden Anteil an ehemaligen Kirchenzehnten. Der tatsächliche Ertrag auf *Shaksperes* Anteil betrug anfänglich nur 38 £ und stieg erst allmählich auf volle Höhe.

Bei Heinrichs VIII. Abfall von Rom wurden die Zehnten weiter entrichtet, zunächst an die Krone, dann an die Günstlinge, denen er die bis dahin kirchlichen Liegenschaften und Einkünfte schenkte; diese Schenkungen begründeten den Aufstieg solcher Familien wie Bacon und Cromwell. In der englischen Revolution war die Aufrechterhaltung der Zehnten umkämpft; die Leveller wollten sie nicht weiterzahlen, aber das Bürgertum verteidigte mit Erfolg dieses Eigentum als wohlerworben. Wie man heute Festverzinsliche kauft, kaufte Shakspere Zehnten.

1608/09 klagt *Shakspere* mit Erfolg gegen John Addenbroke auf Zahlung von 6 £. Aus welcher Art Lieferungsgeschäften die Forderung stammte, wird nicht ersichtlich, wohl aber hat es den Anschein, als habe *Shakspere* seine Klage an sechs verschiedenen Terminen vom 17. August 1608 bis 7. Juni 1609 in Stratford selbst vertreten.

1610 rundet *Shakspere* das 1602 von ihm gekaufte Acker- und Weideland ab durch den Kauf von weiteren 20 acres Weide (8,4 ha) für 100 £.

1611 petitionieren einige Stratforder Bürger, darunter *Shakspere*, wegen einer Landstraßensache an das Parlament.

1612 wird „Master *William Shakspere of Stratford, Gentleman*" als Zeuge in der Erbschaftssache Mountjoy in London vernommen; er hatte 1604 zur Miete bei Mountjoy gewohnt.

1613
1. kauft *Shakspere* für 140 £ das Pförtnerhaus im ehemaligen Kloster Blackfriars in London. 80 £ zahlt er bar, den Rest anscheinend nach einem halben Jahr.
2. Für eine Hoffestlichkeit läßt sich Graf Rutland ein Turnierschild malen, und zwar läßt er den Wappenspruch von *Shakspere* verfassen, die malerische Ausführung überträgt er dessen berühmtem Kollegen Richard Burbage. An *Shakspere* zahlt er für die Arbeit 2 £ 4 s, an Burbage das Dreifache, insgesamt 6 £ 12 s.

1614
1. Der Stratforder Bürger John Combe setzt *Shakspere* ein Legat von 5 £ aus. Das Legat ist nicht mehr zu seinen Lebzeiten ausgezahlt worden. *Shakspere* hat daher dieses Geld nicht erhalten.
2. *Shakspere* beteiligt sich an dem Widerstand gegen den Einhegungsversuch der Brüder Combe.

Die Urkunden lassen erkennen, daß *Shakspere* in London nur in möblierten Zimmern lebte, seine Familie in *Stratford* ließ, es als *Hauptwohnsitz* betrachtete und, abgesehen von einem einzelnen Hauserwerb in London 1613, *nur in Stratford Grundeigentum und Renten* erwarb. Obwohl er weit mehr Zeit in London als in Stratford verbrachte, wurde er von einem Londoner Gericht ausdrücklich als *„Gentleman aus Stratford"* bezeichnet. Er hatte das Bürgerrecht nur in Stratford, nicht in London.

Weiter lassen die Urkunden erkennen, daß er *in Geschäften sorgfältig und umsichtig* zu Werke ging, frei von Sentimentalität. Der Vorwurf, daß er in einer Hungersnot gehamstert habe, scheint unwiderleglich. Lewis bemerkt, daß die scheinbare Umständlichkeit von *Shaksperes* Grunderwerbs- und Rentenurkunden sowie die Wachsamkeit, womit er die Initiative ergriff, wenn er seine Ansprüche gefährdet sah, zwar den Shakespeare-Philologen *weitschweifig* scheint, aber jedesmal für den geschäftlichen Zweck juristisch *erforderlich* war.

Wo sich *Shakspere* in den einzelnen Jahren aufhielt, ob in London oder Stratford, ist den Urkunden nur teilweise und meist nicht für längere Zeitabschnitte zu entnehmen. Immerhin steht fest:

1. Die Grunderwerbsurkunde von 1602 über 107 acres Ackerland wurde nicht ihm selbst übergeben, sondern seinem Bruder Gilbert; auch bei der Beurkundung über die Hütte gegenüber Newplace im selben Jahr scheint er nicht zugegen gewesen zu sein.
2. Die Klage gegen Rogers im Jahre 1604 ließ *Shakspere* durch seinen Anwalt durchfechten.
3. Der Rentenkauf von 1605 war ein viel zu kniffliges Geschäft, als daß er in Abwesenheit durchzuführen gewesen wäre. Jedoch braucht *Shakspere* nicht das ganze Jahr in Stratford gewesen zu sein, gelegentliche, kürzere Aufenthalte würden genügt haben.
4. In der Zeit vom Herbst 1608 bis Frühjahr 1609 war *Shakspere* wahrscheinlich ständig in Stratford.
5. Die Petition von 1611 hat er erst nachträglich unterschrieben, pendelte also zwischen London und Stratford hin und her.
6. Für die Jahre 1612 und 1613 ist seine Anwesenheit in London wiederholt, in Stratford überhaupt nicht beurkundet.
7. Von Anfang Oktober bis Mitte November 1614 ist seine Anwesenheit in Stratford bezeugt, am 16. November kam er nach London.
8. In einer Klage gegen die Burbage-Truppe vom Jahre 1615 wird angegeben, *Shakspere* sei noch Gesellschafter des Globus-Theaters.

Die meisten Shakespeare-Biographen behandeln es als feststehende Tatsache, der Dichter habe sich 1604 oder bald danach vom Theater nach Stratford zurückgezogen. Den Urkunden zufolge trifft das nicht zu. Man gewinnt vielmehr den Eindruck, daß er sich *auch in seinem letzten Lebensjahrzehnt mehr in London als in Stratford* aufhielt, daß er nur um 1608/09 längere Zeit in Stratford war – aber damals herrschte in London die Pest, die Theater waren geschlossen–, und daß er die geschäftliche Zugehörigkeit zur Burbage-Truppe erst wenige Monate vor seinem Tode gelöst hat.

Die nach der Höhe des Kaufpreises bekannten Objekte, die *Shakspere* im Lauf seines Lebens erworben und zur Zeit seines Todes noch besessen hat, kosteten ihm 1060 £ nach folgender Aufstellung:

Jahr des Erwerbs	Objekt	Kaufpreis (£)
1597	Newplace	etwa 60
1602	Ackerland und Weiderechte	320
1602	Hütte gegenüber Newplace	?
1605	Zehnt-Anteil	440
1610	Weide	100
1613	Pförtnerhaus von Blackfriars	140
	bar bezahlt insgesamt	1060

Da die Hütte gegenüber Newplace kaum viel weniger als 40 £ gekostet hat, machen *Shaksperes Grundstücks- und Rentenkäufe* insgesamt nahezu 1100 £ aus. Die Gesamtsumme seiner Investitionen und Ersparnisse war höher, denn er hat seinen Vater entschuldet, dessen Wappen bezahlt – Ben Jonsons Angabe, es habe 20 £ gekostet, braucht nicht sehr übertrieben zu sein – und dafür seines Vaters Hausgrundstück an der Henley street geerbt, einen Genossenschaftsanteil der Burbage-Truppe und je einen Eigentumsanteil am Globus- und Blackfriars-Theater erworben, freilich auch kurz vor seinem Tode verkauft. Endlich hinterließ er bares Geld, das vermutlich zu einem Teil aus dem Verkauf seiner Theateranteile stammte.

Daß er Bargeld hinterließ, ist daraus zu schließen, daß die binnen Jahresfrist nach Errichtung des Testaments fälligen Legate 223 £ 13 s 6 d betrugen, und daß nach weiteren zwei Jahren weitere 150 £ bedingt fällig wurden. Die laufenden Einnahmen aus *Shaksperes* Grundbesitz und Renten können aber erst gegen Ende seines Lebens die Größenordnung von 200 £ jährlich erreicht und kaum nennenswert überschritten haben. Die Begräbniskosten waren damals bei angesehenen Leuten beträchtlich, die Haupterbin hatte zudem für etwa ausstehende Rechnungen und andere Schulden aufzukommen, und er hat sie doch wohl nicht völlig ohne Nettoeinnahmen aus der Erbschaft lassen wollen. Erwägt man den Maßstab, nach dem er seine Legate bemaß, so kommt man zu dem Ergebnis, daß die nachgelassene Barschaft nicht unter 100 £ gelegen haben kann. Andererseits kann es auch nicht viel mehr als 200 £ gewesen sein, da er sonst die sofortige Auszahlung seiner Legate hätte verfügen können. Danach ergibt sich für die Gesamtsumme von *Shaksperes* Ersparnissen und Investitionen eine untere Grenze bei 1300 £ und eine obere bei 1400 £.

In heutige westdeutsche Währung umgerechnet ist das wenig: das Anfangs-Jahresgehalt eines höheren Angestellten, zwischen 70000 und 80000 DM. Die von Columbus in Gang gesetzte Edelmetallinflation war während *Shaksperes* Lebenszeit allmählich in rascheren Fluß gekommen. 1602 hatte er für den acre (0,42 ha) noch 2 1/2 £ bezahlt, 1610 bereits 5 £. Der höhere Preis 1610 mag sich aus seinem Bemühen erklären, den vorhandenen Grundbesitz abzurunden. Aber ganz unbeteiligt daran war die *allgemeine Preiserhöhung* kaum.

Einen realistischen Vergleichsmaßstab liefert die *landwirtschaftliche Nutzfläche*. Zwar ist sie nicht völlig sicher festzulegen, denn *Shaksperes* Grundstückskäufe beschränkten sich auf den Gemarkungsteil Oldstratford, während er in seinem Testament auch Eigentum in den Stratforder Gemarkungsteilen Welcombe und Bishopton erwähnt, aber damit waren wahrscheinlich nur seine Zehntanteile gemeint. Die 1602 und 1610 von ihm erworbenen 62 ha Acker und Weide entsprechen bei gutem Boden nach westdeutschen Begriffen um 1965 einem *stattlichen Bauernhof*. Wer 1950 in Dithmarschen einen solchen Hof besaß und bewirtschaftete sowie die sonstigen Voraussetzungen erfüllte, wurde Landrat oder Landtagsabgeordneter, mindestens Bürgermeister. *Shaksperes* Boden scheint mindestens zum Teil Weizenboden gewesen zu sein. Vermutlich hat er ihn in herkömmlicher Weise verpachtet und nur die in seinem Testament erwähnten Obstgärten selbst bewirtschaftet.

Bedeutend war *Shaksperes* Vermögen nicht. Es verschaffte ihm zwar den *Rang des Gentleman*, aber er blieb an der unteren Grenze der *Gentry*. Mit wirklich reichen Leuten wie Francis Bacons älteren Brüdern oder dessen Vater konnte sich *Shakspere* nicht vergleichen. Selbst mehrere seiner Schauspielerkollegen waren wohlhabender als er, mindestens die Brüder Burbage und der Heldendarsteller der Konkurrenz, Sir Edward Alleyn.

Shaksperes Testament ist viel erörtert worden, denn es ist die *einzige, persönlich gefärbte Urkunde*, die sich erhalten hat. Es ist, wie damals üblich, keine Kanzlei-Reinschrift, sondern ein mit nachträglichen Einschaltungen durchschossener Entwurf auf drei Seiten; jede Seite ist von *Shakspere* eigenhändig unterzeichnet. Unterschriften *William Shaksperes* sind ferner auf drei Londoner Urkunden erhalten. *Shaksperes* Handschrift, wie sie in diesen sechs Unterschriften erscheint, macht Shaksperes Autorschaft von *Shakespeares* Werken sehr unwahrscheinlich.

Leitgedanke des Testaments ist die *Stiftung einer Gentry-Familie* durch Errichtung eines Majorats. Zwar *Shaksperes* Sohn war tot, aber beide Töchter waren verheiratet, männliche Enkel also zu erhoffen. Die ältere Tochter, *Judith Hall*, wurde als *Haupterbin* eingesetzt und ihr summarisch das ganze Grund- und Kapitalvermögen übertragen. *Nur ein Teil der Grundstücke* wird ausdrücklich erwähnt, und zwar Newplace, „zwei Häuser an der Henley street", die Hütte gegenüber Newplace und das Haus in Blackfriars, London.

Das Testament hat viel Anstoß erregt, hauptsächlich wegen des nachträglich eingeschalteten Legats für die Witwe – das berühmte *„zweitbeste Bett"* –, und weil *Shakspere* angeblich keine Bücher oder Manuskripte hinterließ.

Beide Vorwürfe erledigen sich von selbst. Die Witwe war zur Zeit von *Shaksperes* Tod sechzig Jahre alt, nach damaligen Begriffen ein sehr hohes Alter. Offensichtlich lebte sie nach seinem Tod im Haushalt ihrer ältesten Tochter, mithin war besondere Fürsorge für sie nicht erforderlich. Bemerkenswert ist lediglich, daß sie nur nebenbei, und auch nur durch eine nachträglich eingeschaltete Verfügung bedacht wird, und daß innige Gattenliebe sich allerdings in dem Testament nicht dokumentiert. Aber da grundsätzlich alles, also auch das beste Bett an den Haupterben fiel, war die Reservierung des „zweitbesten Bettes“ für die Witwe *weder so ungewöhnlich noch so auffallend*, wie es für moderne Ohren klingt.

Als schlagendes Argument gegen *Shaksperes* Autorschaft an den Shakespeare-Stücken pflegt angeführt zu werden, daß er weder Bücher noch Manuskripte hinterließ. Das ist jedoch nicht zu beweisen, denn wenn er Bücher hatte, fielen sie wie die ganze nicht spezifizierte Habe seinem gelehrten Schwiegersohn John Hall zu. Wenn er schon seinen Grundbesitz und seine Renten *nur ganz summarisch* erwähnte – beispielsweise wird die Zehntrente nicht ausdrücklich aufgeführt –, so sprach er von beweglichen Gütern natürlich nur, wenn jemand anders als die Haupterbin sie erhalten sollte. Die Erwähnung von Manuskripten kann man noch weniger als von Büchern erwarten. Elisabethanische Bühnenmanuskripte wurden überwiegend auf Bestellung verfaßt, einen Nachlaß von Manuskripten darf man daher bei damaligen Dramatikern in der Regel *nicht voraussetzen*. Vielleicht machte *Shakspere* eine Ausnahme, aber dann wäre bei seiner engen Verbindung mit der Burbage-Truppe anzunehmen, daß er sich mit dieser vor seinem Tod über die Verwertung seiner nachgelassenen Bühnenwerke verständigt hatte, und daß die Truppe unvollendete Shakespeare-Stücke von Berufsdramatikern für die Aufführung herrichten ließ.

Für *Shakespeares* jüngere Tochter, *Susanna Quiney*, werden 300 £ ausgesetzt, zahlbar in drei Raten:

1. 100 £ Mitgift, zahlbar binnen Jahresfrist und vom Tage der Testamentserrichtung an mit 10% zu verzinsen;
2. 50 £, gleichfalls binnen eines Jahres zahlbar, aber nur nachdem Judith die in ihrem Besitz befindliche Hütte gegenüber Newplace an die Haupterbin abgetreten hat;
3. 150 £, die drei Jahre nach der Testamentserrichtung für sie angelegt werden sollen und deren Nutznießung sie erhalten soll. Die Anlage dieser 150 £ ist gebunden an zwei Bedingungen: dass ihr derzeitiger oder ein etwaiger zweiter Gatte sich zu jenem Zeitpunkt in gesicherten Verhältnissen befindet und seinerseits für sie die gleiche Summe anlegt.

Das *Mißtrauen gegen den Schwiegersohn Quiney* erwies sich als begründet. Er kam auf keinen grünen Zweig und verließ schließlich seine Frau, die demnach die ihr vermachten letzten 150 £ nie erhalten haben dürfte.

Judith Quineys drei Söhne starben jung, Susanna Halls Tochter, Elisabeth, starb kinderlos. Damit erlosch die von *Shakspere* begründete Dynastie.

Unter den kleineren Legaten sind biographisch interessant diejenigen für seine langjährigen *Schauspielerkollegen Richard Burbage* – den berühmtesten Schauspieler der Zeit –, sowie *John Heminge und Henry Condell*, die sieben Jahre später als Herausgeber von Shakespeares Werken auftraten.

Seiner überlebenden Schwester Joan Hart vermacht *Shakspere* 20 £, das Wohnrecht in dem bereits von ihr bewohnten Haus an der Henley street, wofür sie jedoch 12 Shilling Jahresmiete an die Haupterbin zahlen soll, sowie seine Kleidung. Da die Oberbekleidung damals aus dauerhaftem Tuch bestand, ließ sie sich umarbeiten oder zu Kinderzeug zurecht schneidern; ein solches Legat war daher keinswegs ohne Wert für den Erben.

Die sonstigen Legate bieten für uns kein Interesse. *Mark Twain* bezeichnete das Testament als

> „ein richtiges Geschäftsmanns-Testament. Ganz genau führt er jedes Besitzstück auf, das ihm irgendwie gehörte: Häuser, Grundstücke, Degen, vergoldetes Silbertablett usw. – bis herunter zu seinem zweitbesten Bett und seinen Möbeln.
>
> Seinen Reichtum verteilte er nach sorgfältiger Überlegung unter alle Mitglieder seiner Familie und vergaß keines – nicht einmal seine Frau ...! Ihr hinterließ er jenes zweitbeste Bett.
>
> Aber mehr nicht! Keinen Pfennig, um ihre glückliche Witwenschaft zu segnen.
>
> Nicht ein einziges Buch wird in dem Testament erwähnt ..., auch kein Schauspiel, kein Gedicht, keine unvollendete literarische Arbeit, nicht ein einziger Fetzen irgendeines Manuskripts.
>
> Viele Dichter sind arm gestorben – aber so arm keiner."

Was Mark Twain über *Shaksperes* Testament und Geschäfte schreibt, ist teils schief, teils *geradezu falsch*. In der Hauptsache hat er *trotzdem recht*: durch Shakespeares Werke weht ein anderer Geist als durch dieses Testament. Dessen Urheber soll den *Kaufmann von Venedig* gedichtet haben?

Shakspere war ein *vorsichtiger, umsichtiger, von Gefühlen unbelasteter Geschäftsmann*. Keine leidenschaftlichen Gefühle gingen mit ihm durch, er schlug sich nicht wie seine Dichterkollegen mit Konstablern und privaten Feinden, saß nie wie sie im Gefängnis und *fiel auch sonst nicht auf*, sondern suchte seinen Nachruhm in der Stiftung einer Dynastie *betuchter Kleinstadthonoratioren*. Unbegreiflich muß ihm der *Kaufmann von Venedig* gewesen sein, dem die *Geschäfte gleichgültig* sind, der sie nachlässig und nebenher betreibt und seiner Schwermut nachhängt, Leben und sogar Geld für seine leichtsinnigen, jungen Freunde opfernd.

Wie erwähnt, existieren sechs Unterschriften *Shakesperes*, die ersten drei auf Londoner Urkunden von 1612-13, die letzten drei auf dem Testament vom 25. März 1616. Auf den ersten Blick meint man sie leicht lesen zu können, bei näherem Zusehen scheitert man an den ungewohnten Formen der Buchstaben und ihrer Verschlingung. Insbesondere sind das kleine r und e am Schluß ineinander verschlungen wie das e und t zu dem Zeichen & = „et" der Merowingerschrift. *Shaksperes* Unterschriften sind in der *„gotischen" Schrift*, die sich noch im Rechts- und Geschäftsverkehr behauptete und den merowingischen Buchstabensalat gemildert bewahrte. Bei Hof und bei den Schriftstellern hatte sich die von der italienischen Renaissance entwickelte „lateinische" Schrift („Renaissance-Minuskel") durchgesetzt. Shakespeares Werke atmen Hofluft und Humanismus; bei ihrem Verfasser muß man Lateinschrift erwarten. Master William Shakspere of Stratford hingegen schrieb „gotisch", seiner *plebejischen Herkunft* entsprechend.

Zu den fremdartigen Formen und Verbindungen der Buchstaben kommen Abkürzungen. In mittelalterlichen Urkunden bezeichnet ein *p mit Schnörkel* die Präpositionen per, prae (mittellateinisch pre) und pro – der Schnörkel ist natürlich für jede der drei Präpositionen verschieden. Shakspere pflegte die zweite Silbe seines Namens durch p mit Schnörkel zu bezeichnen, was „Shaksper" ergäbe. Aber er meinte es nicht so genau, denn wenn er die Silbe ausschrieb, schloß er meist mit re.

In vier der Unterschriften kommt der Schnörkel vor, aber jedesmal ein anderer. In der Urkunde von 1612 ist quer durch die Unterlänge des p ein flotter Querstrich gezogen, in den beiden Urkunden von 1613 steht Shakspe, und über dem e zwei Haken: am 10. März bilden sie eine waagerechte Wellenlinie, am 11. ein a, weshalb diese Unterschrift zu Unrecht „Shakspeare" gelesen worden ist. In der Schlußunterschrift des Testaments (Shakspe) hängt an der oberen Ecke des e eine waagerechte Wellenlinie. Aber anscheinend hat der Notar verlangt, daß der Name voll ausgeschrieben würde, und so fügte Shakspere an dieselbe obere Ecke des e, dicht unter den Schnörkel, die Buchstaben are, Ergebnis: Shakspeare. Anschließend beglaubigte er Blatt 1 und 2 des Testaments durch je ein „William Shakspere" ohne Schnörkel.

Kurz, wie Shakespeares Dramen glänzen Shaksperes Unterschriften durch *Vielseitigkeit*, dergestalt daß der Paläograph *Sir Edward Maunde Thompson* 1916 urteilte, die Unterschrift vom 11. März 1613 erwecke durch ihre Blockbuchstaben den Eindruck *„absichtlicher Verstellung* (wilful perversity)“, und man würde die drei Unterschriften des Testaments

> „drei verschiedenen Personen zuschreiben, stünden sie nicht sämtlich auf der gleichen Urkunde.“

Shakspere starb am 23. April. Unterzeichnet hat er das Testament am 25. März, offensichtlich schwer krank und mit großer Mühe, ausgenommen die ersten drei Worte der Schlußunterschrift „By me William“. Diese sind in klarer, persönlich geprägter Schönschrift geschrieben, deren

> „Sicherheit und Lesbarkeit scharf abstìcht von der Zittrigkeit und mangelhaften Schriftform des darauf folgenden Familiennamens und der beiden anderen Unterschriften, in denen sich zweifellos der Zustand des Sterbenden verrät ... In der Sicherheit der ersten drei Worte prägt sich nach unserem Urteil aus, daß sich der Invalide zusammennahm, aber die Anspannung nicht durchhalten konnte.“

Diese Deutung erfordert einen *starken Glauben*. Näher liegt die Vermutung, daß jemand anders für den todkranken Shakspere die ersten drei Worte der Unterschrift vollzogen hat, zumal sie keinerlei Ähnlichkeit aufweisen mit Master Shaksperes Unterschrift von 1612, die Thompson gleichfalls sicher und ungezwungen schien, wenngleich mit einer Einschränkung. In jener ältesten erhaltenen Unterschrift passierte Master Shakspere auf dem k ein Tintenklecks, und Thompson meint: um einen zweiten zu vermeiden, habe Shakspere so rasch als möglich weitergeschrieben und das s in der Eile fortgelassen, Ergebnis: „Shakper“. In der Unterschrift vom 10. März 1613 ist das W des Vornamens durch einen Klecks verunziert und der obere Balken des gotischen S so dick, als sei schon wieder zu viel Tinte im Gänsekiel gewesen.

Die beiden Unterschriften vom 10. und 11. März 1613 mißrieten, weil Master Shakspere *nicht mit dem Raum auskam*. Er hatte auf der Oblate zu unterschreiben, deren unteres, über das Schriftblatt hinabreichendes Ende das Siegel tragen sollte. In der, wie Thompson schreibt, irrtümlichen Annahme, nicht nach rechts über den Rand der Oblate hinausschreiben zu dürfen, und ohne ausreichende Schriftgewandtheit, um Größe und Abstand der Buchstaben der Enge des Raumes anzupassen, stolperte er am 10. März mit dem pe an und sogar etwas über den Rand der Oblate, und um anderen Tages besser zurecht zu kommen, bildete er die unkursiven Buchstaben, die ihm Thompsons Verdacht „willkürlicher Verstellung“ zuzogen.

Die rechtlich wichtigste der drei Urkunden von 1613 über den Erwerb des Pförtnerhauses von Blackfriars ist nur gesiegelt, nicht unterschrieben, und der Warwicker Notariatsschreiber, der das Testament aufsetzte, war offensichtlich gewohnt, daß Master Shakspere nicht zu unterschreiben, sondern *nur zu siegeln pflegte*. Denn am Schluß schrieb er: „In witness thereof I put my seal (Siegel)", aber als es ihm anders diktiert wurde, strich er „seal" durch und fuhr dahinter fort mit „hand". Drei Bemerkungen scheinen angebracht:

1. Shaksperes Unterschriften sind von guten Sachkennern anders gelesen worden. Thompsons Lesarten sind jedoch paläographisch besonders sorgfältig begründet.

2. Master Shakspere *wußte nicht, wie er zu unterschreiben hatte*. Hingegen sind in Shakespeares Werken juristische Wendungen häufig und treffend, sie kommen ihm ebenso ungesucht wie Bilder aus der Falknerei oder Vergleiche aus Ovid. Von Malone (vor zwei Jahrhunderten) bis G.G. Greenwood (erste Hälfte dieses Jahrhunderts) hat daher Shakespeare als *guter Jurist* gegolten. Daß er und andere elisabethanische Bühnenautoren sich juristischer Termini mit Gewandtheit bedienen, belegt sowohl die Verbreitung von Rechtskenntnis im Publikum wie die Verwurzelung des Theaters im praktischen Leben.

Während das Buch des Reichsgerichtsrats Georg Müller über *das Recht in Goethes Faust* letzten Endes pedantisch bleibt, betreffen manche juristische Wendungen bei Shakespeare materielle Aspekte des dramatischen Konflikts, bedürfen also zu ihrem Verständnis der Interpretation durch historisch unterrichtete Juristen. Mitunter haben Shakespeares juristische Ausdrücke natürlich nur übertragene Bedeutung, etwa wie im Munde des verstorbenen Göttinger Staatsrechtlers Rudolf Smend. Dieser bezeichnete Droysens *Geschichte der preußischen Politik* als „strafbare Handlung".

In unserem Jahrhundert ist Shakespeares juristische Qualifikation bestritten worden. Der Zweifel war provoziert durch Greenwoods Ketzerei, Master Shaksperes Autorschaft anzuzweifeln. Juristen leben in noch höherem Maß als Professoren davon, einander ins Unrecht zu setzen. Ihre Rolle in der Justiz zwingt sie dazu.

Gleich wie das Schlußurteil über Shakespeares Rechtskenntnisse ausfällt, besteht ein unleugbarer *Widerspruch* zwischen seinem *Gebrauch juristischer Ausdrücke* und *Master Shaksperes Unterschriften*.

Wäre Master Shaksperes Testament von dem Autor Shakespeare verfaßt, so müßte darin dessen Stil und Denkungsart zum Ausdruck kommen. Das ist nicht der Fall. Vielmehr ist das Testament ein Normalerzeugnis juristischer Routine und stammt von dem Warwicker Anwalt Collyns. Zweifelhaft ist allenfalls, ob dieser es diktiert hat, wie fast alle Rechts- und Urkundenkenner meinen, oder ob er es selbst geschrieben hat.

3. Entgegen extremen Kritikern steht so gut wie fest, daß Master Shakspere of Stratford schreiben konnte, wenn auch unsicher. Denkbar wäre, daß zufällig nur mißglückte Schreibübungen von ihm erhalten sind, und er sonst glücklicher in dieser Kunst war; dies war E.M. Thompsons Meinung. Thompson war ein ehrlicher Mann und hat selbst die schlagendsten Gegenbeweise geliefert. Eine Person von *Shaksperes kümmerlicher Handschrift* kann Shakespeares Weltdichtung nicht verfaßt haben.

Master Shaksperes Töchter haben in ihrer Jugend *nicht lesen und schreiben* gelernt. Judith Hall lernte wenigstens nachträglich, ihren Namen notdürftig zu schreiben, Susanna Quiney blieb völlige Analphabetin. Kann man sich im Ernst vorstellen, der Schöpfer einer Heldin wie Portia im *Kaufmann von Venedig* habe seine Töchter ohne Unterricht aufwachsen lassen?

Shaksperes Schwiegersohn Dr. John Hall verwendete zwar herkömmliche Heilmittel wie Aufgüsse von Froschlaich und Gänsekot sowie pulverisierte Menschenknochen, strebte aber nach einer rationelleren Medizin. Er konnte Französisch und übernahm von der französischen Medizin Kräuterkuren. Die Wirkung seiner Verschreibungen kontrollierte er in seinem Tagebuch. Darin hielt er auch fest, was ihn menschlich und gesellschaftlich an seinen Patienten interessierte, z.B. an einer hochgestellten Persönlichkeit wie dem Bischof von Worcester. Einer seiner Patienten war der von ihm als Dichter hochgeschätzte Dramatiker *Michael Drayton*, wie Shakspere in der Grafschaft Warwick geboren, nur ein Jahr vor Shakspere: 1563. Hall hat seine Unterhaltungen mit Drayton aufgezeichnet; von Shakespeare haben sie nicht gesprochen. Der Übersetzer und Herausgeber von Halls lateinisch geschriebenem medizinischem Nachlaß lag während des Bürgerkriegs 1643 vorübergehend als Stabsarzt in Stratford und besuchte Halls Witwe Judith geb. Shakspere; auch sie scheint sich nicht über Shakespeare geäußert zu haben.

Urkunden über Shakespeares Schauspielerberuf

Als ältester Beleg für Shakspere als Schauspieler und seine Identität mit dem Dramatiker Shakespeare gilt die Schmähschrift *A Groatsworth of Wit* (groat war eine kleine Silbermünze im Wert von 4 Pence), die im Spätherbst 1592 im *Verlag Chettle* unter dem Verfassernamen des kurz zuvor verstorbenen *Robert Greene* erschienen ist. Dessen Gesundheit und geschäftliche Verhältnisse waren in seinen beiden letzten Lebensjahren traurig, er ging in sich, bereute sein gottloses Leben und richtete in „Groatsworth" an seine Mitdramatiker die tränenreiche Aufforderung, zu Gott und anständiger Lebensführung zurückzukehren. Die Adressaten nannte er nicht namentlich, scheint aber *Marlowe, Lodge und Peele* gemeint zu haben. Sie warnt er vor den Schauspielern, die sich mit ihren Federn schmücken, aber ihre Zahlungsverpflichtungen gegenüber den Schauspieldichtern vergessen; Greene wünscht seinen Kollegen für die Zukunft anständigere Brotgeber („maisters"). Insbesondere warnt er vor einem Schauspieler, den er als „upstart crow" bezeichnet. Diese Krähe meine, einen Blankvers ebenso gut wie sie herausschmettern („bombast out", eigentlich ausstopfen) zu können, und da er in allen Fächern zu Hause sei („Johannes Factotum"), halte er sich für den einzigen Bühnenerschütterer („Shake-scene"). Für sich allein genommen kann diese Wendung auf einen Schauspieler bezogen werden, der zugleich Dramatiker war, aber diese Deutung erscheint unhaltbar, da das Ganze eine Warnung an die Dramatiker vor den Schauspielern ist. „Shake-scene" wird zuversichtlich als Hinweis auf Shakespeare aufgefaßt, und die Bestätigung dafür wird in einem parodierten Zitat aus *Heinrich VI.* Teil III (Akt I Szene 4) gesehen („O tiger's heart wrapp'd in a player's hide").

Ein Vierteljahr später schickte der Verleger Chettle in seiner Schrift *Kind-Heart's Dream* eine Ehrenerklärung hinterher. Darin sagt er, durch Greenes Brief an mehrere Schauspieldichter („play makers") in *Groatsworth* hätten sich ein oder zwei der Adressaten beleidigt gefunden, und hinsichtlich des einen spricht Chettle sein Bedauern aus. Diesem bescheinigt er „Ansehen bei hochgestellten Persönlichkeiten (diverse of worship), offenes, ehrenhaftes Verhalten, ausgezeichnete Leistungen in seinem Beruf und geistvollen Stil". Diese Ehrenerklärung ist gleichfalls auf Shakspere-Shakespeare bezogen worden, kann sich aber nur an Marlowe, Lodge oder Peele gerichtet haben.

Die Oxfordianer haben durch Computerauszählung nachgewiesen, daß *Groatsworth von Chettle verfaßt* ist: der Wortschatz ist derselbe wie in Chettles Schriften – er war nicht nur Verleger, sondern auch Schriftsteller, unter anderem Dramatiker –. nicht derjenige Greenes. Sie glauben, dadurch die Glaubwürdigkeit von *Groatsworth* und *Kind Heart's Dream* beseitigt zu haben. Falls Shakspere mit „Shake-scene" gemeint war, ist es indessen gleichgültig, ob er von Chettle oder Greene erst gescholten, dann gepriesen worden ist. (Vgl. *Shakespeare Newsletter*, Dezember 1970, zitiert nach Looney, *Shakespeare Identified*, 3. Aufl. Bd. I S. 340 f.).

Bühnennamen, die mit „Shake" zusammengesetzt sind, kommen auch sonst in elisabethanischen Theaterstücken vor, beispielsweise „Shake-bag" in der Tragödie *Arden of Faversham* (1592 gedruckt, von einigen Forschern Shakespeare zugeschrieben). „Shake-scene" braucht also nicht unbedingt auf Shakespeare zu weisen.

Auch das parodierte Zitat aus *Heinrich VI.* ist kein Beweis, denn einmal findet es sich bereits in der anonymen *Contention of the two famous houses of York and Lancaster*, die später zu *Heinrich VI.* verarbeitet worden ist. Daß *Heinrich VI.* wirklich von Shakespeare sei, glauben die wenigsten, die *Contention* wird ihm jedenfalls nicht zugeschrieben. Greene könnte der Verfasser sein. Träfe das zu, so wäre verständlich, wie das Zitat in *Groatsworth* geraten ist. Denn auch wenn Chettle dessen Verfasser ist, hatte er Grund, die Schrift als Greenes posthumes Werk auszugeben: Greene war sein Erfolgsautor gewesen, Chettle soll sich auf ein nachgelassenes Manuskript Greenes gestützt haben, und jedenfalls setzte *Groatsworth* die Reihe von Greenes buchhändlerisch erfolgreichen Pamphleten fort.

Im Ergebnis ist ungewiß, ob Shakspere-Shakespeare mit „Shake-scene" gemeint war, und wenn ja, erfahren wir daraus nichts Gewisses; *die Stelle ist vieldeutig*.

Von 1593 bis Frühsommer 1594 herrschte in London die Pest, die Theater blieben infolgedessen geschlossen. Ende 1594 ist Shakspere (Schreibung: *Shakespeare*) als Mitglied der Burbage-Truppe belegt. In der Weihnachtszeit spielte diese Truppe zweimal vor der Königin, und dafür wurden am 15. März 1595 20 £ gezahlt an *„William Kempe, William Shakespeare und Richard Burbage"*. Demnach muß *Shakspere* der Burbage-Truppe bei der Wiedereröffnung der Londoner Theater im Sommer 1594 beigetreten sein, und zwar als *Gesellschafter*. Das blieb er bis kurz vor seinem Tode. Die Werke seiner Reifezeit sind nur von dieser Truppe aufgeführt worden, und zwar spielte Richard Burbage die Helden, William Kempe die komischen Rollen, allerdings nur bis 1600. Dann schied Kempe aus der Truppe aus, und im *Hamlet*, der ungefähr zur gleichen Zeit entstanden ist, wird ihm die Ermahnung nachgerufen, die Schauspieler sollten nur sprechen, was im Text steht. Welche Rollen *Shakspere* selbst spielte, wissen wir nicht.

Die von *James Burbage* geführte Truppe hatte fast dreißig Jahre in den Diensten des *Grafen Leicester* gestanden, von 1560 bis zu Leicesters Tod 1588. Dann trat sie unter das Patronat Ferdinando Stanleys, des fünften *Grafen Derby*. Als dieser 1594 ermordet wurde, fand sie sich unter der Führung von James Burbages Söhnen wieder zusammen, und zwar wurde *Richard* zum künstlerischen, *Cuthbert*, der Jura studiert hatte, zum geschäftlichen Führer. Bis 1603 stand die neue Burbage-Truppe unter dem Patronat des Lord-Kämmerers *Lord Hunsdon, nach dessen Tod übernahm der neue König, Jakob I.*, das Patronat. Die Truppe existierte bis 1641, also bis in den Bürgerkrieg: eine Kontinuität, die in der Elisabethanisch-Jakobitischen Theatergeschichte einzig dasteht und zu einem entscheidenden Teil in dem Geschäftsprinzip der Burbages wurzelte, gute Schauspieler zu Kompagnons zu machen, statt allein die Gewinne zu beziehen, wie sie es bei ihrem Vermögen gekonnt hätten. Sie haben am Theater erheblich mehr verdient als William Shakspere.

In den gerichtlichen *Urkunden über die Burbage-Truppe* von 1599 bis 1615 wird *Shakspere stets vor allen anderen Mitgliedern* genannt: offensichtlich war er der berühmteste Mann der Truppe. In den Hofurkunden von 1594 und 1603 wird er an zweiter Stelle genannt, erst 1604 ist er auch in den Hofakten an die vorderste Stelle gerückt, wird aber nur noch einmal genannt. Sein Verschwinden aus den Hofakten hat zu der Annahme geführt, er habe sich 1604 nach Stratford zurückgezogen.

Über die bekannteren Schauspieler der Zeit, beispielsweise Augustine Phillips, die Heldendarsteller Sir Edward Alleyn und Richard Burbage, den Komiker Kempe haben wir viele Nachrichten, wann und in welchen Rollen sie in London und der Provinz aufgetreten sind. Es gibt über sie Nekrologe, Gedichte, kritische Äußerungen, über *Shakspere beinahe nichts* von alledem. Daher ist nicht nur seine Autorschaft, sondern sogar sein Schauspielerberuf angezweifelt worden.

Zu Unrecht. Die urkundlichen Erwähnungen sind zahlreich und passen gut zueinander, zudem sind auch für ihn ein paar Anekdoten und Frozzeleien überliefert, beispielsweise der Tagebuchvermerk eines Londoner Jurastudenten von 1602:

> „Eine wohlhabende Londonerin verliebte sich in Richard Burbage, als er ‚Richard III.' spielte. Sie verabredete mit ihm, er solle sie zum Abend besuchen und sich an der Tür als Richard III. anmelden. Shakspere hatte das mit angehört, kam Burbage zuvor, und als der gemeldet wurde, ließ er ihm bestellen, Wilhelm der Eroberer komme vor Richard III."

Sittenstrenge Gemüter dürfen sich damit trösten, daß die Anekdote nicht zu stimmen braucht. Worauf es ankommt, ist, daß solche Anekdoten über *Shakspere* als Schauspieler umliefen. Etwas früher, zwischen 1598 und

1601, beschäftigten sich die Cambridger Studenten zu Weihnachten in zwei Kabarett-Sketches *(Die Rückkehr vom Parnaß)* mit *Shakspere* sowohl als Schauspieler wie als Autor. In einer Szene beraten Kempe und Burbage über die Bewerbung zweier Cambridger Graduierter:

„Burbage: Ich meine, wir sollten sie nehmen, wenn wir sie billig kriegen. Manchmal fällt ihnen etwas Brauchbares ein ... Vielleicht könnten sie sogar Rollen schreiben.

Kempe: Wenige Studierte schreiben gut. Sie riechen zu sehr nach dem Dichter Ovid, und dann nach dem anderen Dichter Metamorphose, sie quasseln beständig von Jupiter und Proserpina. Aber unser Genosse Shakspere sticht sie alle aus, sogar den ... Halunken, den Ben Jonson ... Dem hat er es besorgt."

Shakespeares Werke

Die Belege über *Shaksperes* Familien-, Geschäfts- und Berufsverhältnisse sind so dürftig, daß sie nahezu vollzählig angeführt werden können, ja müssen. Dagegen sind über Shakespeares Werke in diesem Rahmen nur Andeutungen möglich.

Auf die problematische Erwähnung Shakespeares als Dramatiker durch Greene und Chettle folgten in den beiden folgenden Jahren, 1593 und 1594, zwei Gedichte, die unter *Shakespeares Namen* erschienen und dem *Grafen Southampton* gewidmet waren. Wie der Autor in der Widmung des ersten schreibt, hatte er Muße für solche Stilübungen, und das ist begreiflich. Denn seit Anfang 1593 waren die Theater wegen der Pest geschlossen, und als richtiger Theatermann schrieb Shakespeare keine Bühnentexte auf Vorrat, wenigstens damals nicht. Andererseits betrachtete er literarischen Ruhm als etwas Vornehmes, aber dazu gelangte man nicht durch Dramen, so wenig wie heute durch Drehbücher. Hingegen brachten Gedichte literarischen Ruhm ein. Jahrzehntelang war Shakespeare in den sogenannten literarischen Kreisen nicht durch seine Dramen bekannt, sondern durch die beiden Gedichte von 1593/94. In deutschen Shakespeare-Ausgaben fehlen sie glücklicherweise. Die Form ist eine Kreuzung aus handlungslosem Kurzepos und breitgetretener Elegie.

Trotzdem erzielte das erste der beiden Gedichte, *Venus und Adonis*, einen Erfolg, den Gervinus ohne allzuviel Übertreibung mit dem von *Werthers Leiden* verglich. Denn es erfüllte ein Zeitbedürfnis. Noch der vielgefeierte Spenser (um 1552-1599) hatte der jungfräulichen Königin keusche

Minnedichtung gewidmet; *Venus und Adonis* sprengte diesen Zauberkreis. Darin wurde die fleischliche Liebe in glühenden Farben gemalt. Unter dem Druck des Puritanismus behielt das Epos befreiende Wirkung und *buchhändlerischen Erfolg*.

Ermutigt durch den Erfolg des ersten Gedichts, schickte Shakespeare *Die Schändung der Lucretia* hinterher. *Venus und Adonis* hatte, wie die Cambridger bei ihrer *Rückkehr vom Parnaß* kritisierten, nach den beiden Dichtern Ovid und Metamorphose geduftet, dagegen stammte der Stoff der *Lucretia* aus Livius und Vergil, nur stritten die Gelehrten, ob direkt oder auf dem Umweg über ein Buch des englischen Dichters Samuel Daniel. Die Cambridger glaubten, Shakespeare vom Parnaß mit einem ganzen Buch von *Samuel Daniel* enteilen zu sehen.

Shakespeares Dramatiker-Ruhm drang erst 1598 an die breitere Öffentlichkeit. Diesen Durchbruch verdankte er einem pedantischen Wälzer namens *Palladis Tamia, Schätze der Bildung*, worin er als der bedeutendste englische Dramatiker gepriesen und zwölf seiner Stücke aufgezählt wurden: *Die beiden Herren aus Verona, die Komödie der Irrungen, Verlorene Liebesmüh, Gewonnene Liebesmüh, Ein Sommernachtstraum, der Kaufmann von Venedig, Richard II., Richard III., König Heinrich IV., König Johann, Titus Andronicus, Romeo und Julia*. Was mit *Gewonnene Liebesmüh* gemeint ist, ob *Ende gut, alles gut, Der Widerspenstigen Zähmung* oder ein anderes Stück, ist ungewiß.

Schon 1594-98 waren einige Stücke des späteren Shakespeare-Kanons *anonym gedruckt* worden, so *Titus Andronicus*, der zweite und dritte Teil von *Heinrich VI., Richard II., Richard III., Romeo und Julia, Heinrich IV.* (Teil I). Bald nach *Palladis Tamia* erschien zum ersten Mal auch ein Shakespeare-Stück unter seinem Namen, und zwar *Verlorene Liebesmüh*. Von da an war *Shakespeare als Herstellermarke durchgesetzt*, weitere zehn Stücke des Shakespeare-Kanons erschienen, meist unter seinem Namen, und da der Name so gut zog, publizierten die Verleger auch zwanzig Stücke anderer Verfasser darunter.

Den Abschluß der Urausgaben bildete die berühmte *Gesamtausgabe in Folioformat* von 1623, herausgegeben von *Shaksperes* Kollegen aus der Burbage-Truppe, Heminge und Condell, gewidmet den Grafen von Pembroke und Montgomery, die jedenfalls den größten Teil der Kosten trugen, mit verschiedenen Prosavorworten und Versprologen, darunter dem von Ben Jonson. Von den neunzehn bereits in Einzelausgaben erschienenen Stücken des Shakespeare-Kanons fehlte verständlicherweise *Fürst Pericles von Tyrus*, das heißt, von den bereits gedruckten Shakespeare-Stücken kehren nur achtzehn in der Folio wieder; weitere achtzehn nie zuvor gedruckte erschienen erstmals in der Folio.

Der Zustand der meisten Texte ist schändlich. Höchstens dem Druck von *Troilus und Cresssida* sowie *Hamlet* kann das Manuskript des Autors zugrunde liegen, und daß *Troilus und Cressida* der Verstümmelung so ziemlich entgangen ist, verdankt es seiner Unerquicklichkeit: Bis nach dem Ersten Weltkrieg konnte das Theater nichts damit anfangen, es blieb zu Shakespeares Zeiten unaufgeführt. Alle anderen Shakespeare-Texte sind *vom Theater verarbeitet*. Die Schauspieler, Dramaturgen und leider auch die Verleger haben ganze Szenen und Akte eingefügt und damit die verschiedenartigsten Zwecke verfolgt. Beispielsweise sind in *Macbeth* die Hexen- und Pförtnerszenen, die bei Shakespeare nur wenige Zeilen umfaßt haben dürften, zur Erbauung des hexengläubigen Königs Jakob I. breit ausgewalzt. Der vorliegende Text ist derjenige einer Hofaufführung. Um Raum für Hexen und betrunkene Komiker zu gewinnen, ist *Shakespeares Text* brutal *verstümmelt* worden. *Julius Caesar* ist aus einem Caesar- und einem Brutus-Drama zusammengestückt. Umgekehrt enthalten die *Hamlet-Drucke einen echten Text*, der durch Einfügung echter Varianten bis zur doppelten Länge einer Aufführung angeschwollen ist.

Es ging noch gut, wenn die Burbage-Truppe aus irgendwelchen Gründen ein Souffleurbuch oder eine andere authentische Unterlage zur Verfügung stellte. Häufig wurden aber unberechtigte Drucke veranstaltet, und zwar ohne solche Unterlagen. Dann hielt sich der Verleger etwa an einen gestrandeten Schauspieler, der eine oder mehrere Rollen auswendig wußte. Um solche Fragmente herum schrieb der Verleger oder sein Redakteur das Fehlende selbst. Einer der urteilsfähigsten elisabethanischen Theaterleute, Thomas Heywood, wirft den Verlegern vor, sie schickten Stenographen in die Aufführung.

Obwohl die *Texte schlecht* sind, herrscht Shakespeares Genie durch sie über das Theater. Auch sind manche Texte besser als ihr Ruf. Allgemeiner Meinung nach sind die von 1594 bis 1622 erschienenen Einzelausgaben in Kleinformat (Quart) durchweg schlecht, die Folio-Texte durchweg gut. Es gibt aber auch gute Quart- und miserable Folio-Texte. Die eigentliche Aufgabe der Shakespeare- Philologie, die Herstellung eines von allen Druckfehlern und sonstigen Entstellungen gereinigten, authentischen Textes ist unlösbar, denn sobald die Texte von der Truppe angenommen waren, begannen sie sich zu verändern, und das hörte auch dann nicht auf, wenn gute oder leidliche Drucke vorlagen. Der Verfasser selber beteiligte sich an der ständigen Weiterentwicklung und Umformung. Kein Shakespeare-Text kann in dem Sinne *authentisch* hergestellt werden wie ein Goethe-Text. Die Philologie hat eine bescheidenere, freilich auch interessantere Aufgabe: die *verschiedenen Schichten* herauszuarbeiten, die in jedem Bühnentext von Shakespeare übereinander lagern – in jedem, selbst in einem nahezu authentischen wie *Troilus und Cressida*. Es geht nicht darum, abgeschlossene Redaktionen, vom Dichter autorisierte Ausgaben für das Museum zu präparieren, sondern die Shakespeare-Texte zu begreifen als *geprägte Form, die lebend sich entwickelt*.

Man kann sich das verdeutlichen am zweiten Teil *von Goethes Faust*. Nehmen wir an, das deutsche Theater sei so kühn, so avantgardistisch, es habe eine so lebendige Verbindung mit dem klassischen Kulturerbe, daß es den zweiten Teil auch nur gelegentlich spielte. Dabei gingen zunächst einmal zwei Drittel oder vier Fünftel des Textes über Bord. Mit dem verbleibenden Drittel oder Fünftel würden die Dramaturgen frei schalten, und es würde sich eine Theatertradition herausbilden, die dem zweiten Teil eine ebensowenig feststehende, sondern „offene Form" verliehe, wie sie die Shakespeare-Texte von allem Anfang an hatten. Diese offene Form paßt sich den wechselnden Bedürfnissen des Theaters an, und so schlecht viele Shakespeare-Texte sind, so lebensfähig erweisen sie sich trotzdem auf der Bühne, von der Goethe durch seine „geschlossene Form" so gut wie völlig ausgeschlossen bleibt. Hätte der zweite Teil einmal auf der Bühne Fuß gefaßt, so wäre ihm der ständige Vergleich mit dem gedruckten, vollständigen Text eher hinderlich als förderlich, was immer die Philologen klagen mögen.

Für die Datierung der meisten Shakespeare-Stücke gibt es einen terminus ante quem: Erstdrucke, Anmeldungen zum Verlagsregister, Aufführungs- und Zahlungsvermerke in den Hofakten, das Tagebuch des großen Konkurrenten, des Theaterdirektors Henslowe, zeitgenössische Briefe, Tagebücher, endlich den ehrwürdigen Schinken *Palladis Tamia*. Spätestens zum Zeitpunkt eines solchen Beleges existierte das betreffende Stück. Aber erstens: Es konnte auch älter sein. Und zweitens: Wenn nicht der Text vorliegt, steht oft nicht fest, um welches Entwicklungsstadium eines bestimmten Stückes es sich handelt. Für fünf Shakespeare-Stücke fehlt jeder solche Beleg. Dadurch kommt in die Chronologie eine *gewisse Unsicherheit*, aber ihr Rahmen steht ungefähr fest.

Der Rahmen läßt nach herkömmlicher Auffassung vier Schaffensperioden des Dichters erkennen: Seine *Jugendproduktion* fiel in die Jahre vor der furchtbaren Londoner Pestepidemie von 1593. Ihr gehören an die Tetralogie *Heinrich VI. – Richard III.*, das Greuelmärchen *Titus Andronicus* und mehrere Komödien: die *Komödie der Irrungen*, *Der Widerspenstigen Zähmung*, *Die beiden Herren aus Verona*, *Verlorene Liebesmüh* und als reifstes Frühwerk der *Sommernachtstraum*.

Die zweite Periode begann nach der Wiedereröffnung der Theater im Herbst 1594 und *Shakspere*s Beitritt zur Burbage-Truppe, die die Reihe ihrer Shakespeare-Uraufführungen mit *Romeo und Julia* eröffnete. Man mag diese zweite Epoche auf sechs bis neun Jahre bemessen. Ihr gehören die bedeutendsten Königsdramen an – nur *Richard III.* ist älter –, ferner die bedeutendsten Lustspiele, endlich *Julius Caesar*.

Nach der Jahrhundertwende wandelt sich der Charakter von Shakespeares Produktion. Zwar erscheinen die letzten Komödien – *Die lustigen Weiber von Windsor*, *Was ihr wollt*, *Wie es euch gefällt* –, aber *Maß für Maß* bezeichnet den Übergang zu einer *düster-skeptischen Auffassung* vom Wesen des Menschen, die sich in keinem Stück so bitter ausprägt wie in *Troilus und Cressida*. In diesem düsteren Menschenbild wurzeln die Gestalten des *Macbeth*, *Othello*, *Lear*, *Coriolan*, *Timon*, *Antonius* und der *Cleopatra* und die grandiose Einseitigkeit und Maßlosigkeit der Leidenschaften, die sie in den Untergang treiben. Ihr Untergang vollzieht sich in dem wahrhaft *dramatischen Tempo*, das Shakespeare schon in *Richard III.* und *Romeo und Julia* erreicht hatte. *Hamlet* leitet diese Periode der großen Tragödien ein.

Als letzte Periode wird die der Märchenspiele aufgefaßt. Deren bedeutendstes, der *Sturm*, ist seit Gervinus meist als versöhnender Ausgang aufgefaßt worden: Wie Prospero seinen Zauberstab, habe Shakespeare um 1610/11 seine dramatische Feder begraben und sich nach Stratford zurückgezogen.

Wie Shakespeare arbeitete, darüber haben wir nur Heminges und Condells Aussage im Vorwort zur Folio-Ausgabe, er habe in seinen Manuskripten *weder gestrichen noch verbessert* (Ben Jonson: „Hätte er nur!"). Ihnen erschien das als Ausdruck genialer Sicherheit: er habe nicht zu feilen brauchen. Aber vielleicht waren jene Manuskripte Reinschriften von Schreiberhand? Ben Jonson erinnerte sich, *Shakspere* wiederholt auf seine groben Verstöße gegen alle Kunstregeln und gegen die Wahrscheinlichkeit hingewiesen zu haben, aber *Shakspere* habe allen Anzapfungen getrotzt und sich *nicht auf eine Diskussion eingelassen*. Vielleicht war er dazu gar nicht in der Lage?

Das sind die zeitgenössischen Nachrichten. Seit der zweiten Hälfte des 17. Jahrhunderts sind einige Anekdoten hinzugekommen, beispielsweise *Shakspere* habe als junger Mann in dem Wildpark Sir Thomas Lucys bei

Charlecote, östlich von Stratford gewildert. Sir Thomas Lucy hatte zwar keinen Wildpark, wohl aber eine Schauspielertruppe – in ihr mag *Shakspere* gewildert haben, falls sie etwa ein Wildererdrama spielte.

Überhaupt bemächtigte sich die *Lokallegende* des großen Mitbürgers, von dessen Bedeutung man in Straford *zu seinen Lebzeiten nichts geahnt* zu haben scheint. Posthumer Legende zufolge hat Shakespeare als Ehrengeschenk des Grafen Southampton für seine Gedichte 1593/94 1000 £ erhalten, seine Jahreseinnahme und Ausgabe habe 1000 £ betragen, billiger taten es die Stratforder nicht mehr, und noch in unserem Jahrhundert gab es Philologen, die diese 1000 £ ernst nahmen.

Das Elisabethanische Theater

Die meisten und hartnäckigsten Irrtümer über Shakespeare beruhen auf *Unkenntnis des Theaters*, insbesondere des Elisabethanischen. Für das Theater oder für den Druck zu schreiben, sind zwei völlig verschiedene Dinge. Shakespeare selbst, wer er auch gewesen ist, hat seine Bühnentexte offensichtlich nicht als Literatur betrachtet: Andernfalls hätte er dafür gesorgt, daß sie der Nachwelt treu überliefert würden. Er war Theatermann.

Das Elisabethanische Theater war hauptsächlich aus den kirchlichen *Mysterienspielen* erwachsen. Nur an wenigen Stellen und in versteinerter Form haben sie sich bis in die Jetztzeit erhalten, beispielsweise in *Oberammergau*. Für Goethe waren sie noch lebendige Gegenwart: Serlo als Knabe

> „spielte darauf sukzessive in den Mysterien die wichtigsten Rollen und wußte sich endlich nicht wenig, da er endlich gar als Heiland der Welt verspottet, geschlagen und ans Kreuz geheftet wurde.
>
> Einige Kriegsknechte mochten bei dieser Gelegenheit ihre Rollen gar zu natürlich spielen; daher er sie, um sich auf die schicklichste Art an ihnen zu rächen, bei Gelegenheit des jüngsten Gerichts in die prächtigsten Kleider von Kaisern und Königen steckte und ihnen ... unvermutet in Teufelsgestalt begegnete und sie mit der Ofengabel, zur herzlichsten Erbauung sämtlicher Zuschauer ... weidlich durchdrosch ...
>
> Er war klug genug einzusehen, daß die gekrönten Häupter sein freches Unternehmen nicht wohl vermerken ... würden; er machte sich daher, noch ehe das tausendjährige Reich anging, in aller Stille davon." (*Wilhelm Meisters Lehrjahre*, Buch IV, Kap. 18)

Es bedarf keines langen Nachdenkens, um auszurechnen, was entsteht, wenn auf diese Weise nicht die Anbetung der Heiligen Drei Könige oder die Kreuzigung gespielt wird, sondern die *Berühmten Siege König Heinrichs V.*, der Rosenkrieg, kurz die Kämpfe, Siege, Niederlagen der verschiedenen Heinriche, Richarde, Eduarde. Gespielt wurde zwar nicht mehr in der Kirche, sondern auf den Höfen von Gastwirtschaften, und seit sich auch die Aristokratie für das Theater interessierte, in den Sälen von Schlössern. Man kann davon eine gute Vorstellung gewinnen in dem Rankschen *Hamlet-Film* von 1948 *(Sir Laurence Olivier* in der Titelrolle), wo das Schauspiel im Schauspiel in einer Halle des Schlosses Kronborg in Helsingör aufgeführt wird. Kulissen gab es also nicht, vielmehr dachte sich das Publikum den Schauplatz, wie in den Mysterienspielen. Es empfand das nicht als Zumutung, sondern war zufrieden, wenn ein Wald durch einen grünen Baum, ein Wirtshaus oder Beratungszimmer durch einen Tisch und ein paar Stühle, ein Schlafzimmer durch ein Bett angedeutet wurde; für das Rüpelspiel im *Sommernachtstraum* behalf es sich auch ohne solche Eselsbrücken.

Da der Bibeltext einigermaßen bekannt war, konnten sich die Mysterienspiele nicht weit von ihm entfernen. Anders auf dem weltlichen Theater: Die allgemeine Kenntnis der englischen Geschichte war nicht allzu präzise, italienische Novellen vollends konnte man beliebig verändern, nur in Römerdramen mußte man sich streng an Plutarch halten, seit sich auch die akademisch Gebildeten mit dem Theater befaßten und die Universität Cambridge eine ganze Korporalschaft von Stückeschreibern auf das Londoner Theaterleben losließ.

Vor allem entstammt den Mysterienspielen der *derb volkstümliche Charakter* des Elisabethanischen Theaters, seine Tendenz zu *drastischer Aktion*, die *Abwesenheit jedes Naturalismus*, nicht nur im Bühnenbild. Das Theater wirkte nur durch zweierlei: durch das gesprochene Wort und durch das Spiel der Darsteller – das moderne *Kabarett* ist wieder da angelangt, wo das Elisabethanische Theater anfing. Naturalistischer Aufwand wurde lediglich mit Kostümen getrieben; die Krönungsmäntel für Könige kosteten bis zu 20 £, im Fundus pflegte mehr Kapital zu stecken als in den Manuskripten. Erst als man zum Bau regelrechter Theatergebäude überging, wurden in ihnen höhere Werte als im Fundus investiert, und die geschäftliche Weisheit der Brüder Burbage zeigte sich darin, daß sie ihre Genossen beim Bau des Globus-Theaters zu Miteigentümern machten. Übrigens repräsentierte dieser roh aufgezimmerte Holzbau keinen übermäßigen Wert. Bei seinem Brande 1613 wurde die Burbage-Truppe nicht ruiniert. Nur dürften dabei die wertvollsten Shakespeare-Texte zugrunde gegangen sein.

Die klassischen *Einheiten von Ort und Zeit* zu wahren, dazu hatten weder die Mysterien noch das Elisabethanische Theater irgendwelchen Anlaß. Dennoch wurde diese Forderung erhoben, und zwar von den Akademikern. Diese kannten zwar nicht die attische und hellenistische Tragödie und Komödie, aber immerhin Plautus, Terenz, Seneca, denn deren Stücke pflegte man auf Lateinschule und Universität in lateinischer Sprache aufzuführen. Teilnahme am Theaterspiel war Pflicht.

„Hamlet: Nicht wahr, würdiger Herr, du hast auf der Universität Theater gespielt?
Polonius: Ja, würdiger Prinz, ich galt sogar als guter Schauspieler.
Hamlet: Und in welchen Rollen hast du geglänzt?
Polonius: Ich spielte Caesar; ich wurde von Brutus getötet.
Hamlet: Wahrhaft Brutal, solch kapitales Kalb abzukehlen."

Wie *die Thomaner noch heute* die Lateinschule besuchen und zugleich einen stehenden Kirchenchor bilden, so bildeten Lateinschüler die Kirchenchöre der St. Pauls-Kathedrale und der königlichen Kapelle und zudem noch eine stehende Schauspieltruppe. Es lag in der Natur der Sache, daß „die Kinder von St. Paul" die klassizistische Richtung einschlugen. *Ben Jonson* schrieb für sie, und bis die Brüder Burbage 1608 das *Refektorium von Blackfriars*, wo bis dahin die Pauliner gespielt hatten, für sich selbst als Bühne einrichteten, standen sich zwei Theaterparteien in London gegenüber: die um die Pauliner gescharten Klassizisten und die um die Burbage-Truppe gescharten Elisabethaner. *Hamlet* erfährt von *Rosenkranz*, die *Burbage-Truppe* habe sehr in der Gunst des Publikums gelitten:

„Rosenkranz: Denn da ist eine Brut von Knaben, halbflügge Küken, die aber den Mund desto lauter aufreißen und wie besessen dafür beklatscht werden. Sie verlästern die anderen Theater derart, daß sich mancher Kavalier, trotz seines Degens, zu sehr vor den Gänsekielen ihrer Textdichter fürchtet und sich nicht mehr *(ins Globus-Theater)* traut.
Hamlet: Werden die Knaben, wenn sie nach dem Stimmwechsel richtige Schauspieler werden, nicht den Schaden einsehen, den ihre Stückeschreiber ihnen zufügen, indem sie sie gegen das deklamieren lassen, was ihre Zukunft ist?
Rosenkranz: Dem Publikum macht es Spaß, die Parteien gegeneinander zu hetzen. Eine Zeitlang nahmen die Theater keine Texte mehr, außer wenn Dichter und Schauspieler sich am Streit beteiligten.
Hamlet: Und die Knaben tragen den Preis davon?
Rosenkranz: Ja, Herr, und dazu den Herkules samt seiner Last."
(Herkules, der den Globus trägt, war das Wappen des Globus-Theaters.)

Weitere Elemente der Elisabethanischen Bühnen waren *Narr und Jahrmarktsgaukler*. Narren gehörten zum Gefolge großer Herren, sie waren ein anerkannter Beruf; auf dem Theater wandelten sie sich zum Komiker. Der Bühnenautor brauchte sich, mindestens mit den komischen Rollen, nicht viel Mühe zu machen, sondern konnte sie als „bezifferten Baß" schreiben: die Schauspieler improvisierten ohnehin. In Deutschland lebte der shakespearesche Clown noch lange als zotenreißender Hanswurst weiter.

Als im ersten Drittel des Jahrhunderts die *Blutgesetzgebung* gegen die „arbeitsfähigen Bettler" begann, drohte Gauklern und Schauspielern die Gefahr, als solche gebrandmarkt und beim zweiten Rückfall gehängt zu werden. Daher suchten die Schauspieler den Schutz großer Herren. Beispielsweise war Graf Leicester von 1560 bis 1588 *Patron* der von James Burbage geführten Truppe, und diese Truppe wurde in Urkunden und auf Quartdrucken der von ihr gespielten Stücke *„die Diener des Grafen Leicester"* genannt. Analog nannte sich jede elisabethanische Schauspielertruppe nach ihrem Patron. Darin lag ein wichtiger Schutz gegen die puritanischen Kommunalbehörden.

Daß die Schauspieler seit 1558 ohne Schwierigkeit aristokratische Patrone fanden, verdankten sie der *Königin Elisabeth*, die in diesem Jahr auf den Thron kam. Sie hatte Sinn für Kunst und Wissenschaft. Alsbald wurde es guter Ton bei Hofe, den Oxforder oder Cambridger Magistergrad zu erwerben, und auch als Patron von Theatertruppen aufzutreten, wurde nun erst allgemein üblich. Ein Motiv, aus dem heraus die Königin dazu ermunterte, lag in ihrer *Geldknappheit*. Das im Unterhaus zusammengeschlossene Bürgertum geizte mit Steuerbewilligungen. Um nicht von ihm abhängig zu werden, hielt sich die Königign in ihren Steuerforderungen sehr zurück. Ihre verschwenderischen Nachfolger aus dem Hause Stuart versuchten es angesichts der bürgerlichen Strenge mit eigenmächtiger Steuerausschreibung, machten damit aber ungünstige Erfahrungen. Elisabeth vermied derartige Konflikte durch Sparsamkeit. Dazu gehörte es, *Staats- und Hofausgaben auf andere Schultern zu wälzen*. Höhere Staatsämter waren mit so kümmerlichem Gehalt verbunden, daß man darin sein Vermögen zusetzte, falls man keinen Weg fand, die Untertanen in Kontribution zu setzen wie *Francis Bacon*, der als Richter Geschenke – gewissermaßen Gebühren – von den Parteien nahm und kein Arg dabei fand. Denn die offiziell zugelassene Korruption war ein wichtiges Mittel, Staatsaufgaben ohne Steuern durchzuführen. Elisabethanische Diplomaten im Ausland, denen keine derartigen Möglichkeiten offenstanden, ruinierten sich, beispielsweise Sir *Francis Walsingham*. Auch Hoffeste *bezahlte die*

Königin möglichst nicht selbst, sondern leistete allenfalls einen Zuschuß von 6 2/3 £ für eine Theateraufführung, oder wenn sie ihr besonders gefallen hatte, auch 10 £. Aber die Hauptausgaben für das Hoftheater oblagen den Schauspielern selbst und allenfalls noch deren Patronen.

Seit das Theater am königlichen Hof einen festen Platz gewonnen hatte, war jede gute Truppe darauf eingestellt, abwechselnd öffentlich – in Gasthöfen, später auch in eigentlichen Theatergebäuden – und bei Hofe oder in den Schlössern ihrer Patrone zu spielen, ganz wie *die Truppe Wilhelm Meisters* es schätzt, eine Zeitlang auf dem gräflichen Schloß zu spielen. *Sommernachtstraum* und *Sturm* sind offensichtlich *Festspiele für aristokratische Hochzeiten*; der *Sommernachtstraum* wurde wahrscheinlich unter anderem am 26. Januar 1595, bei der *Hochzeit des sechsten Grafen Derby mit Elizabeth de Vere*, der Tochter des Grafen Oxford, aufgeführt. Hier berühren sich schon in Elisabethanischer Zeit *Theater und Maskenzug*.

In alten deutschen Städten findet man noch heute Höfe wie die, in denen das Elisabethanische Theater erwuchs. Diese *Höfe sind ringsum umbaut*, aber die den Hof umziehenden Gebäude haben keine Flure, sondern nach dem Hof zu offene umlaufende Galerien; auch die Treppen zu diesen Galerien sind offen und aus Holz. Die Bauern und Kaufleute, die zum Wochen- oder Jahrmarkt kamen, stellten in diesen Höfen ihre Wagen ab, beispielsweise in Naumburg an der Saale im „Hof zum Löwen". Dessen umlaufende Galerien sind allerdings 1945 in den Ofen gewandert und nicht wiederhergestellt. Sehr ansehnliche, noch heute erhaltene Beispiele bietet Bamberg.

Solche echten *Gast-Höfe* hatten auch die englischen Gastwirtschaften, beispielsweise die aus *Heinrich IV.* berühmte Schenke *Zum wilden Eberkopf*, wahrscheinlich in Eastcheap, wo 1602 „Graf Oxfords Diener" spielten.

Nach dem Modell solcher offenen Höfe mit umlaufenden, überdachten Galerien wurden die berühmten Elisabethanischen Theater erbaut, beispielsweise das *Globus- Theater*. Der nicht überdachte Hof zu ebener Erde war Stehparterre, dort machten sich die unruhige Jugend und das einfache Volk breit. Das Eintrittsgeld, das am Eingang erhoben wurde, berechtigte nur zum Eintritt in den Hof. Für die Galerien wurde an deren Eingängen gesondert kassiert. Das ermöglichte eine direkte Trennung der Einnahmen zwischen Hauswirt und Schauspielertruppe: die eine Partei kassierte am Eingang, die andere an den Galerien. Bessere Herrschaften setzten sich auf die Galerien; zu Shakespeares Zeiten begann auch schon der Mißbrauch, daß sich die Kavaliere auf die Bühne selber setzten, wie es noch Goethe während des Siebenjährigen Krieges auf dem Französischen Theater in Frankfurt sah.

In den eigentlichen Theatergebäuden lag am einen Ende eine Plattform zu ebener Erde oder in Höhe des ersten Stocks, die Bühne. Auf sie gelangte man durch mehrere Türen aus dem dahinterliegenden Bühnengebäude. Über der Bühne, etwas zurückgezogen, befand sich in der Höhe des ersten bzw. zweiten Stockes ein Balkon, der je nachdem einen Berg, einen Turm, die Mauer einer Burg oder Stadt, ein Frauengemach, in *Romeo und Julia* sogar schlicht einen Balkon zu bedeuten hatte.

Die elisabethanische Schauspieltruppe war eine *Genossenschaft von Schauspielern*, die gleichberechtig und kollektiv ihre Firma leiteten. Sechs bis zehn Schauspieler – sehr selten mehr – vereinigten sich, mieteten von einem Gastwirt oder Theaterbesitzer ein Lokal, überließen ihm denjenigen Teil der Eintrittsgelder, der am Eingang oder auf den Galerien erhoben wurde, deckten ihre Selbstkosten aus ihrem Teil der Eintrittsgelder und verteilten den Reingewinn zu gleichen Teilen untereinander. Der Genossenschaftsanteil hieß *share* wie die moderne Aktie, der Genosse also *sharer. Shakspere* muß seit 1594 *sharer der Burbage-Truppe* gewesen sein, 1599 erwarb er einen Eigentumsanteil am Globus-, 1608 auch am Blackfriars-Theater.

Treffender als mit einer Aktie wäre der elisabethanische Bühnen-Anteil mit dem *Kux einer Berggewerkschaft* zu vergleichen. Diese war von Hause gleichfalls eine Genossenschaft, und zwar von Bergleuten, die eigenhändig in der eigenen Grube arbeiteten. Für jedes Bergwerk kamen Zeiten, in denen es keinen Reinertrag brachte, sondern Zuschüsse erforderte, um die Grube auszubauen, Wassereinbrüche zu bewältigen, neue Erzadern aufzusuchen. Dann mußten die Gewerken Zubuße leisten; konnten sie das nicht, so verfiel der Kux. Üblich wurde es, die Kuxe an Persönlichkeiten zu verkaufen, die die erforderlichen Zuschüsse leisten konnten. Die ursprünglichen Genossen sanken zu Lohnarbeitern herab, die Gewerkschaft wurde zu einer kapitalistischen Unternehmungsform – ebenso die elisabethanische Bühnengenossenschaft.

Diese befand sich ständig in drückender *Abhängigkeit* von Wirten, Hauseigentümern, Geldleuten; andererseits trat sie ihren eigenen Lohnarbeitern – Bühnenhandwerkern, Musikern, Lehrlingen, sogar dem Souffleur – als *Arbeitgeber* gegenüber. In den Händen jeder Truppe sammelte sich ein gewisses *Betriebsvermögen* an, das im Fundus und beispielsweise in Manuskripten angelegt war. Mitunter gehörte der Fundus einem der Genossen, die Manuskripte einem anderen. Beide erhoben Gebühren für die Benutzung von der Truppe. Zu eigenem *Hauseigentum an einem Theatergebäude* ist keine elisabethanische Theatertruppe gelangt, wohl aber gehörten das Globus- und Blackfriars-Theater Mitgliedern der Burbage-Truppe.

Wohin die Entwicklung ging, zeigt das Beispiel *Philip Henslowes*, des bedeutenden Geschäftsmanns, der das elisabethanische Theater zu seinem Operationsbereich machte. Sein Tagebuch gehört zu den wichtigsten historischen Dokumenten der englischen Bühne. Er erbaute die beiden Theatergebäude „Rosa" und „Fortuna", er finanzierte Schauspielertruppen, kaufte alle vierzehn Tage ein Theaterstück, gab die Neufassung oder Neubearbeitung von Bühnentexten in Auftrag und veräußerte die Manuskripte weiter an die von ihm abhängigen Truppen. Beispielsweise ließ er 1602 Marlowes *Doctor Faustus* von den Bühnenschriftstellern Bird und Rowley überarbeiten; in deren Bearbeitung ist das Stück auf uns gekommen.

Schauspielerinnen gab es nicht. Frauenrollen wurden von den Knaben gespielt, die der Truppe als Lehrlinge angehörten. Deshalb waren auf dem elisabethanischen Theater Verwechslungen wie zwischen Viola und Sebastian in *Was ihr wollt* nicht so unglaubwürdig wie auf dem modernen Theater. Die Abwesenheit von Schauspielerinnen bedeutete das Fehlen eines Explosivstoffes. Aber es blieben genug Gefahrenquellen. Die würgenden Forderungen von Gast- und Hauswirten sowie Geldgebern, die Verfolgungen durch die puritanischen Kommunalverwaltungen, die langwierigen Theaterpausen infolge der Pestepidemien kürzten die Existenz jeder Truppe ab. Die Zuschüsse des Patrons und die Zahlungen für Hofaufführungen deckten das *Risiko* nicht.

Nur eine elisabethanische Schauspielertruppe überstand länger als drei Vierteljahrhunderte diese wirtschaftlichen Gefahren: die der *Burbages*. Strenggenommen waren es zwei: die des James Burbage und seit 1594 diejenige seiner Söhne. Das Geschäftsgeheimnis ihrer Langlebigkeit lag darin, daß die Brüder Burbage selber kapitalkräftig genug waren, das Unternehmen zu tragen, daß sie aber *nicht mehr als 50% des Kapitals* für sich nahmen und die anderen 50% guten Schauspielern überließen, mit denen sie jahrzehntelang zusammenhielten. Ihre Genossen schieden durch den Tod aus, nur William Kempe als echter Komiker fühlte sich beleidigt und trat aus.

Auch bei den Burbages wandelte sich der Genossenschaftsanteil des mitarbeitenden Schauspielers zu einem kapitalistischen Wertpapier. Dies zeigt sich bereits an *Shakspere*. Soweit wir erkennen können, hat er seinen Genossenschaftsanteil und wohl auch die Eigentumsanteile am Globus-

und Blackfriars-Theater bis kurz vor seinem Tod besessen, nur ist ungewiß, ob er in seinen letzten Lebensjahren noch als Schauspieler arbeitete. Rothe hat gezeigt, daß Shakespeare als Bühnenautor etwa seit 1606 durch den Hoftheaterstil König Jakobs I. aus der Mode kam; daß es bei *Shaksperes* Tod *keinerlei Nachrufe, Nekrologe, Elegien* gab, möchte Rothe daraus erklären, daß er in der Burbage-Truppe nicht mehr mitwirkte, sondern nur noch die auf seine Anteile entfallenden Dividenden bezog.

Cuthbert Burbage betrachtete später ganz offen seine 50% Genossenschaftsanteil *als Aktien*. Jüngere Schauspieler, die als Genossen in die Burbage-Truppe aufgenommen zu werden wünschten, riefen 1635 den Lordkämmerer gegen ihn an.

Texte und Drucke

Hatte ein Stückeschreiber ein Manuskript an eine Schauspielertruppe oder an Henslowe verkauft, so hatte er an seinem Werk keinen Eigentumsanspruch mehr, und sein Interesse beschränkte sich auf die Reklamewirkung des Theatererfolgs. Das Stück gehörte dann der Truppe, er selber war mit seinen Gedanken nur noch beim nächsten Stück.

Wie Henslowes Tagebuch zu entnehmen, betrug der Durchschnittspreis eines Dramen- Manuskripts vor 1600 4 £ und stieg nur in seltenen Ausnahmen auf 8 £. Ein wertvolles Kostüm durfte das Fünffache eines Manuskriptes kosten. Nach 1600 stiegen die Honorare in Ausnahmefällen bis 20 £. Nach einer unverbürgten Nachricht hat Shakespeare für *Hamlet* 5 £ erhalten. Das Stück kam bald nach 1600 heraus, dieser Satz hätte sich also nicht weit vom Durchschnitt entfernt.

Bei so *niedrigen Honoraren* konnten die Manuskripte nicht dichterisch ausgereift sein, sondern waren mit heißer Nadel genäht. Oft taten sich zwei und mehr Verfasser zusammen, jeder schrieb einen Akt. Das Theater verbrauchte gefräßig neue Stücke, denn es war hauptsächlich auf das Londoner Publikum angewiesen. Dieses war wenig zahlreich, die Zahl der Aufführungen also selbst bei einem Erfolgsstück gering. Die Aufführungszahl ließ sich vergrößern, indem man auch bei Hofe, in den Schlössern des Patrons und anderer Aristokraten spielte und regelmäßig auf Tournee ging, aber der *Bedarf an neuen Manuskripten* war dennoch groß. An die Erzeugnisse des Theaterdichters stellte man dieselben Forderungen wie der Theaterdirektor im *Vorspiel auf dem Theater* zu *Faust*.

Daß sich unter den siebenunddreißig Theaterstücken, die Shakespeare nach herrschender Meinung in wenig mehr als zwei Jahrzehnten geschrieben hat, eine so große Anzahl *ausgereifter Kunstwerke* findet, ist bewunderungswürdig, zumal wenn man *Shaksperes* Inanspruchnahme als Schauspieler bedenkt.

Rothe hat elisabethanische Bühnentexte treffend mit *Drehbüchern* verglichen. Bei denen weiß man, daß der im Vorspann genannte Autor allenfalls für einen Teil verantwortlich ist, und daß der Verleih sowie andere Unberufene hineingepfuscht haben. Daher denkt niemand daran, Drehbücher zu veröffentlichen – Ausnahmen bestätigen die Regel. Ebenso wurden elisabethanische Bühnentexte betrachtet. Die Tendenz zu ausgereiften, literarischen Kunstwerken, die man der Nachwelt durch den Druck zu überliefern suchte, wurde nicht von Shakespeare repräsentiert, sondern von seinen klassizistischen Gegnern. Sie hatten sich geschult an Texten von literarischem Rang, an *Plautus, Terenz, Seneca*, sie wollten es ihren literarischen Vorbildern gleichtun, also *druckreife Bühnentexte* liefern. Konsequenterweise gab *Ben Jonson* als erster englischer Dramatiker seine *Gesammelten Werke* in Folioformat selbst heraus, im Sommer 1616, ein paar Monate nach *Shaksperes* Tod. Er verletzte damit das Eigentum der Schauspielertruppe und erntete Spott: Dramen seien keine „Werke".

Der Ehrgeiz der Textdichter erschöpfte sich in wirkungsvollen Aufführungen, die ihrem Ansehen bei den Schauspielern zugute kamen. Den Ruhm hatten, wie heute beim Film, die *Hauptdarsteller*. Man sieht das noch auf den *Titelblättern* elisabethanischer Dramen im Quartformat. Außer dem Titel wird vor allem die Truppe genannt, die das Stück gespielt hatte. Waren es „die Diener des Lordkämmerers", so erinnerte sich der Leser, daß er darin Richard Burbage und William Kempe gesehen hatte. Wie es heute einzelnen Filmregisseuren gelingt, ihren Namen neben dem der Stars als Firmenmarke beim Publikum durchzusetzen, so gelang das auch einzelnen elisabethanischen Dramatikern: Shakespeare war seit 1598 ebenso ein Begriff wie heute Hitchcock.

Wie heute *Krieg und Frieden* einige Monate im Buchhandel gut verkauft wird, wenn zuvor der Film gelaufen ist, so gingen im englischen Buchhandel der Elisabethanischen Zeit die gedruckten Texte von Erfolgsstücken. Was einmal gedruckt war, konnte jeder spielen; *Autorenschutz* gab es im Buchhandel nur, wenn ein Verfasser dem Verleger Verlegenheiten bereiten konnte, auf dem Theater gab es überhaupt keinen Autorenschutz. Mithin war jede Truppe daran interessiert, daß ihre *Erfolgsstücke ungedruckt* blieben. *Shakspere* als Gesellschafter der Burbage-Truppe hatte also ein geschäftliches Interesse daran, daß Shakespeares Werke ungedruckt blieben. Lediglich am Druck von Shakespeares Gedichten war er interessiert, weil sie sein Ansehen hoben.

Gutwillig gaben also die Schauspieler ihre Texte den Verlegern nur ausnahmsweise preis. Diese suchten hintenherum zu den Texten zu kommen, beispielsweise, wie erwähnt, vermittels gestrandeter Schauspieler. Bei der beschränkten Mitgliederzahl jeder Truppe übernahmen manche Schauspieler *in einem Stück zwei und noch mehr Rollen*; beispielsweise kehrt der Darsteller des *Polonius* nach dessen Tod als *Osrick* wieder. Zudem mochte ein Schauspieler ersatzweise die Rolle oder Rollen eines anderen gelernt haben, kurz, er konnte mitunter dem Verleger mehrere Rollen eines Stückes und damit eine Art Gerippe liefern.

Es kann daher nicht wundernehmen, daß manche Quartdrucke von Shakespeare-Stücken so erbärmlich sind. Überraschend ist vielmehr der vorzügliche Zustand mancher Quartausgaben, beispielsweise von *Hamlet*. In solchen Fällen scheint die Truppe die Manuskripte dem Verleger selbst verkauft zu haben: Als 1603 ein Raubdruck von *Hamlet* erschienen, dieses Stück also für andere Truppen frei geworden war, scheint die Burbage-Truppe einem anderen Verleger einen besseren Text verkauft zu haben, um wenigstens ein Schmerzensgeld zu erhalten.

Mehrere Shakespeare-Erstdrucke fallen in das Jahr 1594: Damals lösten sich verschiedene Schauspielertruppen auf, sei es daß sie Mitglieder durch die Pest verloren hatten, sei es daß sie durch die anderthalbjährige Spielruhe geschäftlich ruiniert waren. Bei ihrer Liquidierung wurden Theatermanuskripte an Verleger verkauft. Andere Shakespeare-Drucke fallen in das Jahr 1598 und kurz danach: damals bereitete die Burbage-Truppe den *Bau des Globus-Theaters* vor, brauchte also Geld und verkaufte Manuskripte von Stücken, von denen sie annahm, daß sie in den nächsten Jahren nicht gespielt würden.

Nach den heutigen Begriffen muß Shakespeare sehr *rasch gearbeitet* haben. Nach den finanziellen Maßstäben eines elisabethanischen Dramatikers war sein Tempo langsam. Angenommen er hätte für seine 37 angeblichen Stücke je 5 £ erhalten, so wären das 185 £ in mehr als zwei Jahrzehnten gewesen. Die Ehrengeschenke des Grafen Southampton eingerechnet, hätte sein Gesamthonorar bei 200 £ gelegen, also bei 10 £ pro Jahr; knapp ausreichend für Junggesellen wie Marlowe, aber keinesfalls genug, um 1000 oder 1400 £ zu sparen und zu investieren. Selbst wenn er dank seiner Stellung als Gesellschafter höhere Honorare erlangte, konnte sich *Shakspere* durch seine Autorenhonorare nicht zum *Gentleman* emporverdienen.

Die Hauptquelle seiner Einnahmen muß daher in seinen Gewinnen als Schauspieler gesucht werden. Diese sind noch von modernen Philologen unter dem Eindruck der Stratforder Lokallegende auf 1000 £ oder wenigstens 700 £ jährlich angeschlagen worden. Lewis hat sehr viel richtiger gesagt, allenfalls könne man ein Drittel oder zwei Fünftel der letztgenannten Zahl akzeptieren, aber seine eigene Schätzung liegt bei einem Jahresdurchschnitt von 90 £; das ist eine Größenordnung, die zu einer vernünftigen Abwägung der Zeitumstände paßt.

Augustine Phillips, der die gleichen Gewinne wie *Shakspere* aus der Mitgliedschaft in der Burbage-Truppe und dem Miteigentum am Globus-Theater gezogen haben dürfte, hinterließ seiner Witwe 300 £. Andere Schauspieler waren sogar noch vermögender als *Shakspere*; sie werden mehr als er geerbt oder an Heiratsgut gewonnen haben. Mit einiger Wahrscheinlichkeit ergibt sich, daß die Summe seiner Einnahmen aus Autorenhonoraren und Schauspielergewinnen in den zwei Jahrzehnten 1594-1615 bei 2000 £ gelegen hat. Diesen Einnahmen, zu denen 1605 Pachten und Kapitaleinkünfte kamen, die allmählich von jährlich 50-80 £ auf 150-200 £ emporgewachsen sein dürften, stehen Investitionen von 1400 £ gegenüber. Kann die Differenz seinen Lebensunterhalt gedeckt haben? Das ist sehr fraglich.

Schon zu der Zeit, als Augustine Phillips starb, müssen *Shaksperes* Investitionen etwa das Dreifach dessen betragen haben, was Phillips hinterließ. Phillips war offensichtlich ebensowenig Verschwender wie *Shakspere*, und dieser kam durch seine Autorenhonorare kaum auf ein wesentlich höheres Einkommen als Phillips. Also gibt es zwei Erklärungen: Entweder entwickelte *Shakspere* eine an Geiz grenzende Sparsamkeit – aber dazu stimmen die Urkunden nicht; ihnen zufolge beanspruchte er den Rang eines Gentleman, trat also auch als solcher auf -, oder er hatte noch weitere Einnahmen.

Den *Shakspere*-Urkunden ist die Herkunft dieser Einnahmen nicht zu entnehmen. Wohl aber läßt sich ihre Spur finden, wenn *Shakespeares Werke als biographische Quelle* erschlossen werden. Dazu muß man ihren gesellschaftlichen und politischen Gehalt verstehen.

Den ersten Schritt zu dessen Aufdeckung hat *Rümelin* getan. Wie erwähnt, haben zur Zeit des ersten Weltkrieges *Winstanley* und *Looney* seinen Ansatz wieder aufgenommen. Wo Rümelin bei genialen Ahnungen stecken geblieben war, erschlossen sie ein umfassendes, in der Hauptsache nur Engländern zugängliches Beweismaterial.

Der zeitgeschichtliche Gehalt von Hamlet, Macbeth, Othello und König Lear

Schon Rümelin wußte, daß Shakespeares Werke voll *zeitgeschichtlicher Anspielungen* stecken, namentlich *Hamlet*, nur seien sie uns nicht mehr verständlich. Einzelne dieser Anspielungen waren schon im 18. Jahrhundert von Herausgebern wie Malone erkannt worden, aber in ihrer Gesamtheit blieben sie unerkannt, solange man nach Philologenart Shakespeares Quellen nur bei Plutarch, Ovid, Halls und Holinsheds Chroniken sowie in englischen und italienischen Gedichten und Novellen suchte. Erst *Lilian Winstanley* deckte 1921 auf, daß die politisch-religiösen Auseinandersetzungen der Gegenreformationszeit Shakespeares Intentionen in den großen Tragödien *Hamlet, Macbeth, Lear* und *Othello* zu Grunde liegen. In ihrer Abhandlung über *Othello als Tragödie Italiens* (1924) referiert Winstanley aus einem französischen Geschichtswerk die Erzählung von einem Vater und seinen zwei Söhnen (S. 10 f.):

> „Der ältere Sohn ist ehelicher Geburt, dem Vater treu und unbedingt ehrenhaft. Der jüngere, uneheliche ist ehrgeizig, gewissenlos und intrigiert, um sich das Erbe seines älteren Bruders zu verschaffen, und zwar schon zu Lebzeiten des Vaters. Er macht den Vater glauben, der ältere Sohn intrigiere gegen ihn. Der Vater neigt zur Überstürzung, lässt sich täuschen und bricht in Wut aus. Der ältere Sohn flieht. Er erduldet das schlimmste Elend, lebt mit Bettlern, nächtigt unter freiem Himmel, furchtbarem Unwetter preisgegeben. Indes bemächtigt sich der jüngere Sohn des väterlichen Vermögens, lässt dem Vater die Augen ausstechen und verjagt ihn. Der Vater steht im Begriff, sich von einem Felskliff herabzustürzen, wird aber von seinem älteren Sohn gerettet. Dieser verzeiht das ihm widerfahrene Unrecht. Man erkennt auf einen Blick die Übereinstimmung mit Gloucester und dessen Söhnen im *Lear*."

Die offizielle Shakespeare-Forschung unterstellt, diese Erzählung habe für Shakespeare dasselbe bedeutet wie für uns. Falsch! sagt Winstanley. Die Erzählung stammt aus

> „Pierre Mathieus *Ruhmreichem Leben und beklagenswertem Tod Heinrichs IV.* von 1610. Mathieu war französischer Hofhistoriograph, die Erzählung ist seine Art, die Geschichte Frankreichs zu schreiben. Der eheliche ältere Sohn, der dem Edgar im ‚Lear' entspricht, ist Heinrich von Navarra; der jüngere, uneheliche ist Heinrich von Guise. Der Vater bedeutet einmal Frankreich, ein andermal dessen König Heinrich III. Die Blindheit bedeutet die moralische Blindheit eines Menschen, der seinem wirklichen Freund die Tür weist und seinem Feind vertraut, aber auch die Blindheit der französischen Nation. Die furchtbaren Stürme, in denen der ältere Sohn und sein erblindeter Vater in Lumpen und ohne Obdach umherirren, bedeuten den französischen Bürger-

krieg. Der Abgrund, in den der Vater springen will, bedeutet die Vernichtung des französischen Staates. Frankreich, das seinen legitimen Erben in moralischer Blindheit mißhandelt, ist im Begriff, in den Abgrund zu springen, wird aber durch Heinrich von Navarra gerettet ... Die Übereinstimmung (scil. mit der Gloucester-Handlung im *Lear*) ist nicht zufällig."

Winstanley nennt diese *Methode, Geschichte in lebensvollen Metaphern zu schreiben*,

„Mythologie. Sie wird nicht nur von Mathieu auf den Hugenottenkrieg angewandt, sondern auch von Scharen zeitgenössischer französischer Dichter, Panegyriker, Geschichtsschreiber und Pamphletisten,"

beispielsweise Malherbe, Salluste de Bartas, Agrippa d'Aubigné, den anonymen Verfassern der *Mémoires de l'Estat de France sous Charles IX.* von 1576.

„Der ‚Rand des Abgrunds' ... ist wörtliche Übersetzung der lateinischen Wendung ‚stare in praecipito loco' und im 16. Jahrhundert eines der verbreitetsten Symbole für ein Land am Rande völliger Zerstörung ... Das gleiche gilt für ‚Nacktheit' in Stürmen: ein gebräuchliches Symbol dafür, furchtbarem Unglück ausgesetzt zu sein. Es gibt buchstäbliche Beispiele wie das des Admirals Coligny, dessen Leiche nackt durch die Gossen von Paris geschleppt, in die Seine geworfen, dann an den Galgen gehängt und durch ein Feuer darunter halb verkohlt wurde ... In den *Mémoires de l'Estat de France sous Charles IX.* wird diese Greueltat durch die Wendung symbolisiert, Colignys nackter Leichnam sei dem Angriff der drei Elemente Luft, Wasser und Feuer ausgesetzt worden, und Frankreich wird als undankbare Tochter personifiziert, die ihren alten grossmütigen Vater nackt in die Stürme hinausgestossen habe. Er wird hingestellt als liebevoller Vater, der nur für diese Tochter gelebt habe, aber von ihr mit den Fingernägeln zerkratzt wird ... Bisweilen wird Frankreich selber personifiziert als alter Mann, der von seinen undankbaren Kindern nackt in den Sturm hinausgestossen wird: den Sturm der Bartholomäusnacht und des Bürgerkriegs ... Ausdrücke leidenschaftlicher Empörung im Werk der Dichter ...

Die Metapher ‚Bettler' oder ‚nackte Bettler' war in ganz Europa für die Protestanten verbreitet; die niederländischen Protestanten hatten sich ausdrücklich den Namen ‚Les Gueux' beigelegt ..., um auszudrücken, sie hätten nichts mehr zu verlieren ...

Die Königinmutter von Navarra, Jeanne d'Albret, wird in den *Mémoires de l'Estat de France* als die treue Tochter Frankreichs hingestellt, die wegen ihrer Wahrhaftigkeit = Treue zur protestantischen Religion verleugnet und enterbt wird, aber ... ihrem Vaterland bis ans Ende dient und in diesem Dienst ermordet wird."

Jeanne d'Albret ist nach Überzeugung der hugenottischen Schriftsteller vergiftet worden; in Wirklichkeit dürfte sie an Tuberkulose gestorben sein. Das Bild, das die hugenottischen Schriftsteller von ihr zeichnen, könnte als Vorbild für *Cordelia* gedient haben, die ja auch *Königin von Frankreich* ist (genauer: desjenigen Teils von Frankreich, den die englischen Könige im hundertjährigen Krieg beanspruchten). An Beispielen aus England, Schottland, Italien zeigt Winstanley, daß ganz Europa die zeitgenössische Geschichte in dieser Weise auffaßte. Das geschieht selbst in Staatsdokumenten wie Wilhelm von Oraniens *Défense* von 1580.

Dann geht Winstanley zu dem Nachweis über, daß die elisabethanische *Bühne zu politischen Zwecken benutzt* wurde. Als Beispiel dient ihr Hamlet. Durch das Schauspiel im Schauspiel testet er die Reaktion des Königs. Ausdrücklich betont er, die Fabel des Stückes sei *in erlesenem Italienisch gedruckt* wie manche Fabeln Shakespearescher Stücke. Die Shakespeare-Philologen lassen sich durch die ostensiblen Quellen von der wirklichen Bedeutung der Fabel *ablenken*, König Claudius hingegen nicht. Hamlets Berufung auf seine italienische Quelle ist auch nur ein *formaler Vorwand*. Durch diese Aufführung führt Hamlet seinen Untergang herbei wie Essex den seinigen durch die Aufführung *Richards II.* von Shakespeare. Am Vorabend des Essex-Putsches – es war in Wirklichkeit mehr eine planlose Unmutsäußerung – bewogen Gefolgsleute seines Verbündeten Southhampton die Burbage-Truppe trotz deren Widerstreben, durch Zusage eines Zuschusses von 40 Shilling, „Richard II." aufzuführen. Damit wollte man die Königin warnen, sie solle sich nicht wie Richard II. durch Emporkömmlinge – die Cecil-Partei und Raleigh – gegen den Hochadel („die Großen des Reiches") einnehmen lassen. Bei etwas Verstand wäre den Aufrührern klar gewesen, daß das Stück auf die Königin anders wirken mußte. Sie mußte meinen, ihr werde *mit Absetzung und Mord* gedroht, noch dazu mit Waffengeräusch mitten in der Hauptstadt: so weit war es nicht einmal bei Maria Stuarts Verschwörungen mit dem Herzog von Norfolk und Babington gekommen. Also ließ Elisabeth gegen ihre Gewohnheit das *Todesurteil* wenigstens *an Essex* ohne Zögern vollstrecken. Schon vor ihrer wirklichen oder scheinbaren Revolte hatten Essex und Southampton Allerhöchstes Mißfallen erregt, indem sie sich zwar in London aufhielten, aber nicht zu Hofe gingen, sondern ins Theater – es war eben politisch (Wyndham in der Einleitung zu seiner Ausgabe von Shakespeares Gedichten S. XXXI). Winstanley zitiert aus Phoebe Sheavyns Kapitel „Autoren und Zensur":

„Selbst die unschuldigste aktuell politische Anspielung war für die Zensur tabu: Die Regierung wusste sich auf allen Seiten von geheimen Feinden bedroht ... Auf die Tendenz der angedeuteten Meinung kam es gar nicht an, vielmehr durften Gegenstände, deren Erörterung nach allerhöchstem Urteil den Untertanen nicht zustand, überhaupt nicht berührt werden ... Wegen ihrer besonderen Wirkung auf die Volksstimmung war die Bühne bevorzugtes Zensuropfer. In Essex' letzten Lebensjahren mit ihrem häufigen, jähen Wechsel der Situation war die Regierung besonders empfindlich. Ben Jonsons *Sejan* und Daniels' *Philotas* wurden als Sympathiekundgebungen für Essex verstanden und zogen den Verfassern politische Verfolgung zu" (Sheavyn S. 45-47),

obwohl die politische Deutung an den Haaren herbeigezogen war. Insbesondere war Philotas durch seinen akademischen Charakter harmlos. *Ben Jonson* und seinem Mitverfasser *Chapman* wurde wegen Erwähnung schottischer Angelegenheiten in *Eastward Ho* das *Abschneiden von Nasen und Ohren* angedroht. Ben Jonsons Mutter schickte ihm für den schlimmsten Fall Gift ins Gefängnis und bereitete ihren eigenen Selbstmord vor. Die Dramatiker *Kyd* und *Marlowe* wurden wegen Verdacht des Sozinianismus verfolgt. Kyd starb anscheinend an den Folgen der Folter, Marlowe wurde der Verfolgung anscheinend durch einen vorgetäuschten Mord entzogen.

Dabei handelte es sich allerdings um religiöse Verdächtigungen – sie galten als Unitarier oder „Sozinianer", d.h. als Leugner der Dreieinigkeit. Alle elisabethanischen Schriftsteller lebten in *Angst vor der Zensur. Shakespeare selber* gibt diesem Gefühl Ausdruck in dem Sonnett 66 („art made tongue-tied by authority"). *Spenser* schickt seiner *Fairy Queen* einen Brief an Raleigh voraus und bekennt darin, König Arthurs sagenhaftes Zeitalter habe er gewählt, weil es *„für Verdächtigungen am fernsten liege"*, und um „Mißdeutungen vorzubeugen".

„Angesichts der Intensität, womit sich trotzdem sein Interesse auf die grossen Persönlichkeiten der Zeit konzentriert, stellt sich die Frage, ob eine argwöhnische Regierung die englische Literatur um ein grosses Epos gebracht hat, das die zeitgenössische Nationalgeschichte zum Gegenstand hatte?" (Sheavyn S. 62)

Winstanley resümiert:

„8. Unter Elisabeth und Jakob I. nahm das Theater lebhaften Anteil an der Politik. Viele Dramatiker – Lyly, Marlowe, Chapman, Ben Jonson, Middleton, Daniels – verfassten nachweislich Stücke mit politischer Tendenz und wurden politisch verfolgt.

9. Shakespeares eigene Schauspielergesellschaft geriet zweimal wegen Shakespearescher Stücke in politische Schwierigkeiten. In dem Prozess gegen Essex und Southampton wurde den Angeklagten ausdrücklich vorgeworfen, sie hätten sich dieser Schauspielertruppe zu einem politischen Zweck bedient." (Winstanley, *Macbeth and Lear* S. 24 f.)

Nach dem Essex-Putsch hat die Burbage-Truppe nur noch einmal vor der Königin spielen dürfen – sicherlich eine geschäftliche Einbuße. Umgekehrt übernahm *Jakob I.* sofort nach seinem Regierungsantritt ihr *Patronat*: Essex und mit ihm die Burbage-Truppe waren *für seine Thronfolge eingetreten*, *Hamlet* und *Macbeth* für sie gedichtet.

„Wie heute die Presse, war damals die Bühne Hauptforum der religiösen und literarischen Diskussion." (Wyndham S. XXXI)

„Mithin hatten die Dramatiker den stärksten Grund,
1. Politik und Zeitgeschichte auf die Bühne zu bringen,
2. beides wegen der Zensur zu verhüllen."

„Dabei diente die literarische Fabel einerseits als Handlungsrahmen, andererseits als Verhüllung." (Winstanley, *Macbeth and Lear* S. 4 und 58).

Die Zeitbezüge wurden in zwei Formen eingeführt:
1. in der *politischen Symbolik*, die Winstanley mit einem wenig glücklichen Terminus als „Mythologie" bezeichnet,
2. *in Form kennzeichnender*, dem Publikum geläufiger *Einzelheiten.*

Auch als man Shakepeares „spezifisch temporären Gehalt" nicht mehr bzw. noch nicht ahnte, verstand man die *Zeitbezüge in Macbeth*, denn die *Geister künftiger schottischer Könige* treten auf, deren letzte je zwei Reichsäpfel und drei Szepter tragen wie *Jakob I.*, und daß dieses Stück vor ihm aufgeführt worden war, wußte man. Schon durch die – wenn auch nur passive – Rolle Banquos und seines Sohnes bezieht sich der Handlungsrahmen auf diesen König, und Winstanley belegt das auch für weitere Einzelheiten:

Nur Jakobs Mutter, *Maria Stuart*, gehörte der älteren *Hauptlinie* des Hauses an, dagegen ihr zweiter Gatte Darnley der jüngeren Linie *Lennox*. Sie räumte Darnley zwar den Königstitel ein, nicht aber das Recht zur Mitregierung. Er fühlte sich gedemütigt und beteiligte sich 1566 aus Eifersucht an der Ermordung ihres italienischen Sekretärs *Rizzio*. Seitdem wurde Darnley von Maria vollends geduckt. Ihr nunmehriger Günstling *James Hepburn, Graf von Bothwell*, brachte Darnley Anfang 1567 in seinem Hof Kirk of the Fields vor den Toren von Edinburgh unter und ließ ihn dort nächtlich ermorden. Am Abend vor dem Mord kam Bothwell angeritten, klopfte wiederholt laut ans Tor, so daß verschiedene Zeugen aufmerksam wurden und darüber vor Gericht aussagten. Der *Pförtner in Macbeth* wundert sich über dieses laute, wiederholte Klopfen; es hatte als Teil von *Bothwells Alibi* gedient. Das Hauptalibi bestand darin, daß sich Bothwell vor

Zeugen einen *Schlaftrunk* geben ließ *wie Macbeth* und sich dann in sein Zimmer zurückzog.

Im Traum sagt Lady Macbeth: „Uns braucht nicht zu kümmern, wer es weiß, denn *niemand kann uns zur Verantwortung ziehen*": ebensowenig Darnleys Mörder. Das Gericht, das über den Mord befinden sollte, war mit Bothwells Bewaffneten umstellt. Dem Vater des Ermordeten, dem *Grafen Lennox*, wurden nur sechs Bewaffnete zugestanden; er fand es ratsam fernzubleiben. Entsprechend äußert in *Macbeth* der *Than von Lennox* Verdacht: aber man müsse sich vorsehen und nicht den Argwohn des Tyrannen erregen. *König Jakob war ein Lennox*. Weder er noch sein Hof konnten die Anspielungen auf seinen Vater und Großvater mißverstehen. Auch nicht die dritte Erscheinung in der Hexenszene IV 1: das gekrönte Kind mit dem Zweig in der Hand, das weissagt:

> „Nie wird Macbeth erliegen, ausser wann
> Der Birnamwald zum hohen Dunsinan
> Auf ihn hereindringt."

Das *gekrönte Kind mit dem Zweig in der Hand* symbolisierte in Holzschnitten und anderen zeitgenössischen Bildern Jakob VI. selber, der bei seines Vaters Tod noch nicht neun Monate alt war. Als sich die protestantischen Lords gegen Bothwell erhoben, führten sie dieses Bild auf ihren Fahnen.

Die Morde, auf die in *Macbeth* angespielt wird, sind nicht nur schottische von 1567, sondern auch die *Bartholomäusnacht* von 1572. Katharina von Medici ließ mit der *Kirchenglocke von St. Germain l'Auxerrois* das Signal zum Beginn des Mordens geben: ebenso gibt *Lady Macbeth mit einer Glocke* das Zeichen zur Ermordung Duncans. Karl IX. soll nach der Untat *Halluzinationen* gehabt haben, Macbeth vorher. Beide schauderten im letzten Augenblick vor der Tat zurück, wurden aber von Frauen vorwärts getrieben: *Karl IX. von seiner Mutter, Macbeth von seiner Frau*. Nach den zeitgenössischen Berichten hatte *Coligny zwanzig oder noch mehr Wunden* – noch auf seine Leiche wurde eingestochen –, wurde von Pferden durch die Straßen geschleift und zunächst in einen Graben geworfen – ebenso Banquo:

> „Im Graben liegt er sicher, in seinem Kopfe zwanzig tiefe Wunden."

Leicht durchschaubar und daher gelegentlich schon im 18. Jahrhundert erkannt ist Hamlets Identität mit König Jakob VI. von Schottland. Carl und Anima Schmitts deutsche Ausgabe von Winstanleys Hamlet-Buch führt den guten Titel: *Hamlet, Sohn der Maria Stuart. Drei Monate nach der Ermordung seines Vaters Darnley heiratete Jakobs Mutter den Mörder.* Hamlets Mutter benötigt nur zwei: „*Sparsamkeit, Horatio!* Der Braten vom Leichenschmaus gab die kalte Platte zum Hochzeitsmahl!"

„Ist Shakespeares Dänemark ein wirkliches Land ... und welches? Das elisabethanische Theaterpublikum musste darin auf einen Blick Schottland erkennen: ... dieselbe feudale Anarchie; die Krone im Besitz eines Usurpators; nahezu jede namhafte Persönlichkeit stirbt gewaltsam oder wird ermordet ... Analog drohte die schottische Krone Usurpatoren in ... die Hand zu fallen: erst dem älteren, dann dem jüngeren Bothwell. Jeder Monarch und namhafte Machthaber kam vorzeitig um ... oder wurde ermordet: Jakob V., Maria Stuart, Rizzio, Darnley, Marias Halbbruder (der Regent) Murray ... Man hat Shakespeare den Massenmord in ‚Hamlet' verdacht, aber im Vergleich mit den vielen Morden in Schottland ist er nicht übertrieben ...

Andererseits ist Shakespeares Dänemark nicht barbarisch, sondern zeichnet sich durch Bildung aus ... In der dänischen Saga ist davon keine Spur, wohl aber kennzeichnete sie das damalige Schottland ...

Ferner ... bestehen katholischer und protestantischer Glaube nebeneinander: der Geist ist offensichtlich katholisch. Er beklagt, dass er nicht vor dem Tod die Absolution erhalten hat ... Ebenso offensichtlich ist Hamlet Protestant. Er hat mit Horatio in Wittenberg studiert und strebt dorthin zurück ... Genauso damals in Schottland: die Partei der Königin war katholisch. Ihre Gegner waren die protestantischen Lords, zwischen Schottland und den deutschen Universitäten bestanden enge Verbindungen. Knox hatte eine Gemeinde in Frankfurt am Main gehabt ...

Auch scheint bei Shakespeare der dänische König über kein Heer zu verfügen. Wünscht ein missvergnügter Edelmann Abstellung seiner Beschwerden, so dringt er kurzerhand an der Spitze eines bewaffneten Haufens in den Palast wie Laertes und bedroht den König. Eben dies war das landesübliche Verfahren für politische Opposition in Schottland ...

Dann wird in Shakespeares Dänemark stark getrunken ... Den älteren Bothwell bezeichnet Buchanan ständig als betrunkenes Tier ...

Und was ist daran erstaunlich? ... Shakespeares Publikum musste sich für Schottland interessieren: von dorther sollte der nächste König kommen." (Winstanley, *Hamlet and the Scottish Succession* S. 6 f.)

In Hamlet spiegelt sich Jakobs Charakter. Wie Hamlet schob Jakob die *Ausführung seiner Beschlüsse vor sich her*, bewies aber *in kritischen Augenblicken Geistesgegenwart*, Mut, List, raschen Entschluß. Das *Zartgefühl*, womit Hamlet über den toten Polonius spricht („er wird warten"), legte Jakob an den Tag, als Königin Elisabeth sondieren ließ, wie er die Hinrichtung seiner Mutter aufnehmen werde. Sein Bescheid: werde seine Thronfolge in England dadurch nicht in Frage gestellt, so könne er die Hinrichtung seiner Mutter „verdauen“ (digest).

Wie Hamlet war Jakob ein Meister darin, seine unzuverlässige, stets zu Verschwörung und Mord bereite Umgebung durch *geistreich sprühende Unterhaltung irrezuführen und zugleich auszuhorchen*. Wie Hamlet war er nachlässig in seiner Kleidung. Nur spiegelt sich in Hamlet noch eine andere Persönlichkeit. Auf sie deutet Ophelias unvermittelte Klage:

„O welch ein edler Geist ist hier zerstört!
Blick, Mut und Zunge eines Fürstensohnes,
Des Kriegers und Gelehrten, schönste Rose
Und Hoffnung eines Staates, Spiegel der Sitte
Und Vorbild der Gesittung, jedem Auge
Die wahre Augenfreude – gestürzt, zerstört!“

Hier meint Winstanley das Bild des *Grafen Essex* durchscheinen zu sehen. Dieser war ein glänzender, liebenswürdiger, allbeliebter Hofmann und Krieger, suchte andererseits das Bücherstudium in der Zurückgezogenheit und verglich sich darin mit Francis Bacon. In seinen letzten Lebensjahren hegte er *Todessehnsucht wie Hamlet*: „To die, to sleep!“ Auf dem Schaffott betete er: „Wenn mein Leib und meine Seele voneinander scheiden, dann sende deine Engel, daß sie mich zu den Freuden des Himmels geleiten.“ Es gab eine Ballade: „Essex’ letzter Gute-Nacht-Gruß“. Beides scheint in Horatios Abschiedsworten zusammenzufließen:

„Gute Nacht, lieber Prinz,
Und Engelscharen singen dich zur Ruh!“

Vor dem Tod verzieh Essex seinen Feinden, insbesondere demjenigen, gegen den sich seine Rebellion vornehmlich gerichtete hatte: Raleigh. Der Verdacht, Raleigh laure ihm mit Bewaffneten auf, um ihn zu ermorden, war eines der Motive für Essex’ Rebellion gewesen. Die Parallele zu *Hamlets Verzeihung für Laertes* springt ins Auge. Essex pflegte – subjektiv ehrlich – zu beteuern, für sich selber hege er keinen Ehrgeiz. Zwar waren er und sein Freund Southampton überschuldete Abenteurer, sie suchten für sich und ihr ebenso bankrottes Gefolge wohldotierte Hof- und Staatsämter, nur gestanden sie sich dies nicht ein. Seiner Erklärung nach sollte seine Rebellion nicht ihm selber Macht verschaffen, sondern die *Thronfolge des schottischen Königs* sichern. Analog wird auch Hamlet nicht durch den Wunsch nach der Krone angetrieben, und sterbend votiert er für Fortinbras' Thronfolge: *Für den Fürsten eines Nachbarlandes.*

Vergiftung war ein *dichterisches Symbol für Verleumdung.* Ein Motiv für Essex' Rebellion war, daß er sich bei der Königin verleumdet glaubte. Hamlet und Laertes finden den Tod durch vergiftete Degen. Trifft es zu, daß Hamlet in ihrem Duell den Grafen Essex verkörpert, so wäre Laertes = Raleigh. In diesem Fall hätte der Dichter gut prophezeit: Raleigh endete wie Essex auf dem Schaffott, infolge seiner Verstrickung in die Hofintrigen. Nach Elisabeths Tod schlug seine Feindschaft gegen denjenigen, der für die schottische Thronfolge gestorben war, auf ihn selbst zurück. Jakob I. setzte ihn alsbald in Haft.

Auch andere Shakespearesche Figuren *spiegeln mehr als eine zeitgenössische Persönlichkeit.* In Macbeth steckt außer König Karl IX. von Frankreich und dem älteren Bothwell, James Hepburn, auch dessen Neffe Francis Stuart, seit 1591 gleichfalls Graf von Bothwell und Jakobs VI. Hauptgegner. Wie Laertes überfiel der jüngere Bothwell Jakob VI. mit einem bewaffneten Haufen im Edinburgher Schloß Holyrood und war nach Überzeugung nicht nur des Königs, sondern auch der schottischen Gerichte *oberster schottischer Hexenmeister* – daher Macbeths Verbindung mit den Hexen. König Duncan in „Macbeth" steht sowohl *für Darnley wie für Coligny,* Laertes hauptsächlich *für Raleigh,* aber in mehreren Szenen für Lord Burghleys ältesten Sohn *Thomas Cecil,* wie wir sehen werden.

Scheinbar repräsentiert *Polonius nur den Schatzkanzler William Cecil, Baron Burghley.* Dessen Name ist eng verbunden mit den Erfolgen der Königin Elisabeth, also deren Historikern und Biographen teuer. Desto verhaßter und lächerlicher machten ihn zu Lebzeiten seine philiströse Pedanterie und intrigante Schnüffelei. Er selbst und seine rechte Hand, der Staatssekretär Sir Francis Walsingham – Sidneys Schwiegervater – leiteten einen äußerst leistungsfähigen Geheimdienst und haben durch ihn wirklich alle Umsturz- und Mordverschwörungen gegen ihre Herrin aufgedeckt und vereitelt: keine geringe Leistung angesichts der *imposanten Strecke katholischer Morde* mit und ohne spanische, jesuitische, ligistische Beteiligung: an *Coligny, Wilhelm von Oranien,* dem fünften *Grafen Derby, Heinrich IV.* Wie Burghley *beschnüffelt Polonius all und jeden* teils selbst, teils durch bezahlte Lauscher, trieft von engherzigen Weisheitslehren, ist sparsam, legt Wert auf humanistische Bildung, muß sich von Hamlet wegen seiner bürgerlichen Herkunft verhöhnen lasen – das Wort „fishmonger", das ihm Hamlet an den Kopf wirft, hat die Nebenbedeutung

„Kuppler" –, benutzt seine Tochter, um den Prinzen auszuspionieren – Burghley bediente sich anscheinend seiner Tochter Anna in gleicher Weise gegen seinen Schwiegersohn Graf Oxford. Burghleys ältester Sohn *Thomas Cecil* studierte in Paris, genoß dort die Freuden der Tafel und des Fleisches und wurde wie Laertes von seines Vaters Spähern überwacht – die einschlägigen Akten sind erhalten.

„Allerdings litt Burghley vom dramaturgischen Standpunkt an einem ausserordentlichen Nachteil: nie war ihm etwas Besonderes zugestossen, er starb geachtet und ruhig in seinem Bett ... Also kombiniert Shakespeare Burghleys Charakter mit Rizzios Ende." (Winstanley, *Hamlet* S. 128)

Die *Königin Maria* aß zu Abend und hatte ihren *Sekretär Rizzio* zu Gast. Darnley kam mit seinen Mitverschworenen die Wendeltreppe von seinen zu ihren Gemächern herauf. In ihrer Gegenwart wurde Rizzio von Darnley, oder mindestens mit dessen Dolch *erstochen und dann die Treppe hinabgeschleift*. Ebenso schleift Hamlet die Leiche des Polonius eine Treppe hinab, und auf die Frage nach Polonius' Verbleib erwidert er, Polonius sei „beim Diner", allerdings speise er nicht, sondern werde verspeist. Daß Hamlet seine Mutter besucht, daß er argwöhnt, belauscht zu werden, den Lauscher findet, tötet, zerstückelt und für die Schweine kocht – als Diner, wobei er verspeist wird –, steht schon in der dänischen Quelle, *Saxo Grammaticus*, wird aber bei Shakespeare mit *Anspielungen auf Rizzio und Burghley* gewürzt. Burghley war nämlich während des *Wormser Reichstags* (englisch: diet) geboren und ritt zu jedermanns Verdruß darauf herum. Darauf zielt Hamlets unübersetzbarer Kalauer (IV 4, Zeile 21), mit dem toten Polonius befasse sich „eine gewisse Zusammenkunft politischer Würmer *(worms)*. Euer Wurm (worm) ist euer einziger Kaiser zum *Reichstag* bzw. zur *Speise (diet)*."

Spanien hatte jahrhundertelang unter maurischer Herrschaft gelebt; daher erscheinen die Spanier, ihr Staat und ihr König in der zeitgenössischen „Symbolik" als „Mohren". Desdemona symbolisiert die Republik Venedig. Durch den Fall von Famagusta 1570 war Cypern an die Türken verloren gegangen. Um es wiederzugewinnen, war Venedig auf das *Bündnis mit Spanien* unter Philipp II. (= *Heirat Desdemonas mit Othello*) angewiesen, das 1571 zu dem Sieg von Lepanto führte. Zeitlich unkorrekt, aber symbolisch einleuchtend verkündet der Herold (II 2), *Othellos Hochzeitstag falle auf den Siegestag von Lepanto*. Venedig galt als letzter, von Spanien unabhängiger italienischer Staat: daher die Sorge, durch dieses Bündnis gerate Venedig in spanische Abhängigkeit. Diese Befürchtung wird dadurch symbolisiert, daß *Desdemona von Othello erdrosselt* wird: daß *Philipp* in seinem Herrschaftsbereich *alles freie Leben erstickte*, war feststehendes „mythologisches" Symbol und als solches noch heute verständlich. Dieser Symbolik entsprechend muß Desdemonas Heirat (= Bündnis mit Spanien) vom venezianischen Senat beschlossen werden, und der Staat Venedig ist bei allen weiteren Wendungen von Desdemonas Schicksal vertreten.

Neben anderen, teils wahren, teils erfundenen Enthüllungen hat Philipps II. langjähriger Staatssekretär Antonio Perez die unzutreffende Anschuldigung verbeitet, Philipp habe seine dritte Gemahlin, *Elisabeth von Valois* (spanisch Isabella), aus Eifersucht *ermordet*. Eine Hofdame der Königin solle nächtliche Besuche eines Hofmannes, des *Marquis von Poza* empfangen haben. Der König habe gemeint, diese Besuche gälten der Königin. Als sie versehentlich ein Taschentuch fallen ließ, und der Marquis es aufhob – dieses Motiv *kehrt in „Othello"* leicht abgewandelt *wieder* –, habe der König darin die Bestätigung seines Verdachts gesehen und befohlen, den Marquis nachts auf der Straße zu erdolchen und die Königin zu vergiften. Sie sei nicht gestorben; darauf habe der König sie eigenhändig gezwungen, ein stärkeres Gift zu nehmen. Durch Wilhelm von Oraniens „Défense" wurde diese Anklage in ganz Europa bekannt, falls sie es nicht schon war. Demnach *verkörpert Desdemona außer Venedig auch Elisabeth von Valois*, und deren Charakter scheint Desdemona in der Tat nachgebildet. Othellos Stellvertreter („Leutnant") Cassio verkörpert den *Sieger von Lepanto, Don Juan d'Austria*. Nach seinem Sieg wurde Don Juan von Perez beim König verdächtigt und starb nach allgemeiner Überzeugung an Philipps Gift, in Wirklichkeit wohl an Typhus. Die Ermordung seines Sekretärs Escobedo steht jedoch fest. Analog wird Cassio nach Othellos Heirat bei diesem von Jago (= Perez) verleumdet, allerdings mißlingt der Mordanschlag auf Cassio.

Emilia ist nach Winstanleys Deutung die *Fürstin Eboli*. Diese wurde von Philipp dem Hofstaat seiner Gemahlin zugeteilt, der sonst nur aus Französinnen bestand; durch sie habe er seine Gemahlin überwachen lassen. Angeblich war die Fürstin Perez' Geliebte, dann auch diejenige Philipps: Aus dieser Rivalität seien die Todfeindschaft zwischen beiden, Perez' Enthüllungen über Philipp und die Ermordung der Fürstin auf Philipps Befehl erwachsen. Analog ist Emilia Hofdame bei Desdemona, wird von Jago benutzt, um Othello auszuspionieren, und als Jago den Verdacht faßt, Othello betrüge ihn mit Emilia, verleumdet er Desdemona bei Othello und führt die Katastrophe herbei.

Für diejenigen, denen diese *Othello-Deutung* an den Haaren herbeigezogen scheint, hält Winstanley eine Überraschung bereit: Dekkers „Match-mee in London" von 1631:

> „Das Stück hat zwei Handlungen. Die Nebenhandlung beruht auf Philipps II. Eifersucht gegen Don Juan d'Austria. Gegen ihn bedient sich Philipp eines gewissen Jago, der Freundschaft zu Don Juan heuchelt, ihn jedoch verrät und zugleich Vertrauter des Königs in seiner Eifersucht auf die Königin ist.
>
> Die Haupthandlung beruht auf Philipps Beziehungen zur Königin und Tormiella. Den König quält grundlose Eifersucht auf die Königin, zugleich unterhält er selbst ein Liebesverhältnis zu Tormiella, verschafft ihr eine Stelle im Gefolge der Königin und will diese durch sie ausspähen. Die Königin ist empört über die grundlose Eifersucht und die Untreue des Königs und bedroht Tormiella mit dem Tod. Doch diese überzeugt die Königin von ihrer Unschuld, beide Frauen verschwören sich ..., aber der König befiehlt, die Königin zu ermorden" (Winstanley, *Othello als Tragödie Italiens* S. 147 f.),

nur wird der Mord nicht ausgeführt, sondern es folgt ein happy end. Die historischen Persönlichkeiten, die bei Shakespeare unter den Namen Othello und Cassio versteckt sind, erscheinen bei Dekker in wirklicher Gestalt; und Tormiella = Emilia steht offensichtlich für die Fürstin Eboli.

Diese Bruchstücke gewähren nur einen blassen Eindruck der reichen Nachweise, die Winstanley ausbreitet. Aber sie genügen für gesicherte Rückschlüsse auf

1. *Shakespeares Arbeitsweise*,
2. seine *Anteilnahme an den politisch-konfessionellen Kämpfen*,
3. die *Quelle vieler Widersprüche* in seiner Charakterzeichnung: seine Figuren repräsentieren in einer Szene eine, in anderen Szenen eine zweite, dritte, ja vierte historische Persönlichkeit. Beispielsweise scheint durch eine vom Autor erfundene Figur wie Falstaff unvermittelt die historische Persönlichkeit hindurch, deren Namen er ursprünglich trug: der Held und Märtyrer Sir John Oldcastle. Diesem – nicht unserem dicken Freunde Falstaff – ergibt sich Sir John Coleville of the Dale („Heinrich IV." Teil II, IV 3).

Der wirkliche Verfasser war Aristokrat

Man hat es philiströs gefunden, Master William Shakspere of Stratford mangels Abitur die Reife zur Verfertigung von Shakespeares Werken abzusprechen. Andererseits ist es kein Beweis von Urteilskraft, Master Shaksperes Autorschaft für erwiesen zu halten. Die dafür sprechenden Urkunden genügen nicht für den Beweis, und wesentliche Urkunden, voran die Unterschriften, sprechen dagegen. Vor allem besteht ein unlösbarer Widerspruch zwischen Master Shaksperes Existenz als Stratforder Ackerbürger und daneben noch als Londoner Schauspieler einerseits, der aristokratischen Atmosphäre in Shakespeares Werken andererseits. Diesen Widerspruch nicht zu empfinden, verrät einen philiströsen Mangel an bürgerlichem Klassenbewußtsein. Eindrucksvoller, als wir selbst vermöchten, hat Gilbert Slater diesen Widerspruch formuliert (*Seven Shakespeares* S. 207 f.):

„Mein literaturhistorisches Interesse ist eigentlich sozialhistorisch ... Als Panorama der elisabethanischen Gesellschaft vom Standpunkt eines Kaufmanns und Schauspielers blieben mir Shakespeares Dramen unverständlich ... Eines Nachmittags sah ich Shakespeares ‚Julius Caesar' und am gleichen Abend ‚Schusters Feierabend' von Dekker. Die erste Aufführung belebte meine alte Erbitterung über den Hochmut der römischen Aristokraten in der ersten Szene und über die Unterwürfigkeit, womit Zimmermann und Schuhmacher die Beleidigungen des Flavius und Marullus einstecken. Dekkers Stück ist im Vergleich zu ‚Julius Caesar' dürftig, aber es stellt einen richtigen Schuster dar, den Stolz des anständigen Handwerkers auf seine Arbeit. Wie erklärt sich, dass Dekker in das Herz eines Schusters sehen konnte, der geniale Dichter aber nicht? Offenbar, weil Dekker ein Mann aus dem Volke war ... Caesar, Brutus, Cassius, Antonius, Octavian erweisen sich bei genauerem Zusehen als elisabethanische Gentlemen, Calpurnia und Portia als elisabethanische Ladies. Shakespeare verstand sie, weil sie seinesgleichen waren. Steigt er von der Aristokratie zu den niederen Ständen herab, so gelingen ihm am besten Dienende ...: Hofmeister wie Malvolio, Kammerzofen wie Maria und Nerissa, Kammerdiener wie Speed und Lance (in den ‚Zwei Herren aus Verona'). Dagegen wirken bei ihm die Vielen, die von ihrer Hände Arbeit leben, alle gleich: Quince (Keil) der Zimmermann, Snug (Fuge) der Tischler, Flute (Puste) der Blasebalgflicker, Snout (Funke) der Kupferschmied, Starveling (Schmalhans) der Schneider und selbst Bottom (Zettel) der Weber haben nichts von der Eigentümlichkeit ihres Handwerks, lediglich die Namen. Mir ging auf: ... Wer immer Shakespeare gewesen sein mag, jedenfalls war er Aristokrat ...

Ich begann zu fragen: Was für eine gesellschaftliche Stellung hatte Shakespeare? Was für eine Art Mensch war er? Woher stammte er sozial und geographisch? ... Ließe sich das ermitteln, so würfe sein Werk neues Licht auf die Sozialpsychologie des elisabethanischen England."

Der *aristokratische Charakter* fällt besonders an dem Shakespeareschen Helden auf, dem im Titel ein bürgerlicher Beruf beigelegt wird: dem *Kaufmann von Venedig, Antonio.* Er hat ein Gefolge wie ein großer Herr, und sein Gefolgsmann Solanio spricht von „eurem edlen Verwandten Bassanio". Dieser kennzeichnet sich selbst als einen Edelmann, der über sein ererbtes Vermögen gelebt hat und sich durch eine reiche Heirat sanieren will, wie Essex seine Sanierung von Elisabeths Gnade erhoffte. *Essex-Bassa-*

nio war ja auch politischer Bundesgenosse des portugiesischen Kronprätendenten *Dom Antonio*. Dieser hatte in London seine Juwelen verpfändet, um mit dem Erlös Schiffe für den Kampf um seinen Thron zu beschaffen. Essex' Rivale, der vorsichtige Burghley, war dagegen, Spanien herauszufordern. Auf seinen Rat hintertrieb die Königin die Überlassung von Schiffen an Dom Antonio. Der Prätendent saß ebenso fest wie der bankrotte Kaufmann von Venedig, dem die Schiffe ausbleiben. Und wie diesem der Jude Shylock nach dem Leben stellt, so dem Dom Antonio angeblich der Jude Rodrigo Lopez, der deshalb 1594 in London hingerichtet wurde. Wie Portia Milde gegen Shylock übt, so *Elisabeth* gegen Lopez. Monatelang verweigerte sie die Unterschrift unter das Todesurteil, denn sie glaubte nicht an Lopez' Schuld, sondern sah in der Anklage ein politisches Manöver des Grafen Essex. Zwar unterschrieb sie schließlich, nahm aber zu Gunsten von Lopez' Familie einen Teil des Vermögens von der gerichtlichen Einziehung aus, wie Portia das Vermögen des Verurteilten dessen Tochter Jessica zuwendet. Der Prozeß hatte London längere Zeit erregt, und als wenig später der *Kaufmann von Venedig* aufgeführt wurde, mochten die Londoner in ihm einen *Antonio* sehen, aber *kaum einen Kaufmann*. Übrigens war *Dom Antonios Mutter Jüdin*; seine Eltern waren ein gemischt-konfessionelles Paar wie Lorenzo und Jessica. Der beste deutsche Kenner des *Kaufmann von Venedig* in unseren Tagen, Hans Rothe, bezog den Titel des Stückes auf *„Scheilock"*, nicht auf Antonio.

War der Verfasser von Shakespeares Werken ein Aristokrat, so hatte er guten Grund, einen *bürgerlichen Strohmann* vorzuschieben. Der Berufsschriftsteller war im elisabethanischen England Paria. In ihrem grundlegenden Buch über den Schriftstellerberuf im elisabethanischen England von 1909 schreibt Phoebe Sheavyn (S. 157-162):

> „Der elisabethanische Gentleman erklärte sich für einen Verehrer der Dichtung, verachtete aber den Berufsdichter. Vom Standpunkt des *Snobismus*, der die englische Nation ... seit je kennzeichnet, war es *standeswidrig*, von der eigenen Arbeit zu leben, gleich ob Kopf- oder Handarbeit. Nur für Verfasser gelehrter oder kontroverser Schriften machte man eine Ausnahme, denn die erforderliche Gelehrsamkeit, schriftstellerische Gewandtheit oder praktische Verwertbarkeit des Ergebnisses imponierten. Aber ‚sein Leben mit Versen zu verdienen', galt als schimpflich. ‚Du nennst mich Dichter und verwendest das Wort als Schimpfwort', sagt Ben Jonson in dem Epigramm an ‚Lord Ignorant' ...
>
> Unbestreitbar ... wurde in diesem Zeitalter grosser Dichtung das Dichten ... verachtet. Ein Gedicht zu verfassen, wurde kaum so hoch geachtet wie ehrliche Handarbeit. Allerdings waren Dichter nicht übler dran als Kunstmaler ...

> Doch Dramatiker waren womöglich noch verachteter als Dichter oder Maler. Denn manche Dramatiker waren Schauspieler oder nahmen aktiv an Theaterproben teil. Also wurden beide Berufe zusammengeworfen, und der Dramatiker bekam seinen Anteil an dem Verruf, der auf den Schauspielern lastete ...
>
> Der Gentleman-Dichter durfte sich nicht dem Verdacht aussetzen, er lebe von seiner Feder. *Daher liess er gar nichts drucken* ... Der gelehrte Selden schreibt: ‚Es ist lächerlich, wenn ein Herr von Stande Verse drucken lässt. Er mag sie zu seinem Vergnügen verfassen, aber sie zu veröffentlichen, ist Unsinn.'" (Sheavyn S. 157-162)

Sheavyn zählt die elisabethanischen Dichter auf, die bei Lebzeiten nichts unter eigenem Namen veröffentlicht haben, weil sie das wegen ihrer aristokratischen Herkunft oder als Mitglieder des Hofes nicht durften: Sir Edward *Dyer*, John *Fletcher*, Fulke *Greville* (später Lord Brooke), George *Herbert*, Alexander *Hume*, Sir Walter *Raleigh*, Thomas *Sackville*, Sir Philip *Sidney*, Graf *Oxford* und Sir Henry *Wotton*. Als einziger trotzte Königin Elisabeths Patenkind Sir John Harington dem Vorurteil. Zum *Snobismus* kam der *Puritanismus*:

> „Nüchterne Engländer betrachteten die Dichtung entweder geradezu als unmoralisch oder wenigstens als schädlich, weil es ihr an Ernst fehle und sie zu unnützen Vergnügungen reize. Spenser zufolge gehörte Lord Burghley zu denen, die Dichtung für unnütz oder schlimmer hielten ... ‚Für solche Leute singe ich nicht', sagt der Dichter." (Sheavyn S. 170-171)

In seinem Werk über Shakespeares Kampf mit den Raubdruckern schreibt zum gleichen Thema *Pollard* (zitiert nach Sheavyn):

> „Das System der Theaterpatrone ... unterdrückte die Entwicklung der Bühnenschriftstellerei als Beruf ... Infolgedessen war das Ansehen der Schriftsteller, die von ihrer Feder lebten, so gering, dass niemand Honorar forderte, der Anspruch auf Rang und Ansehen erhob. Selbst Modeschriftsteller liessen ihre Werke lediglich als Manuskript kursieren, um dem Verdacht zu entgehen, sie nähmen Geld für ihre Werke ... Dieser Missbrauch begünstigte mehr als jeder andere Umstand die Raubdrucke ... Sir Philip Sidney war trotz der Beschränktheit seiner Mittel ein freigebiger Mäcen, durfte aber nicht durch Annahme von Honorar auf das gesellschaftliche Niveau der von ihm Geförderten herabsteigen ... Seine Erben konnten nicht geltend machen, sein Nachlass werde durch die Raubdrucke gemindert ... Vor keinem Gericht hätten sie irgendwelche Aussicht gehabt."

Aus Sidneys Beerdigung wurde ein *patriotisches Fest* gemacht, das in der öffentlichen Meinung die Hinrichtung Maria Stuarts überstrahlen sollte.

Aber Sidney war überschuldet, er konnte nicht unter die Erde kommen, ehe seine Gläubiger befriedigt waren, und seine Beerdigung vollendete den finanziellen *Ruin seines Schwiegervaters* Sir Francis Walsingham. Dasselbe Verhängnis hat auf den Finanzen des Verfassers von Shakespeares Werken gelastet.

Vermutet man in dem Wirklichen Geheimen Shakespeare ein Mitglied von Hof und/oder Hochadel, so ist die Suche nicht schwer. Denn es handelt sich um einen beschränkten Personenkreis, über den – anders als über Master William Shakspere - *reichlich Dokumente* vorliegen. Um den Kreis einzuengen, kann man sich an das Merkmal *Theaterkennerschaft* halten. Unter Elisabeth gab es eine Anzahl aristokratischer Theaterpatrone. Doch nur zwei von ihnen verfolgten eigene künstlerische Bestrebungen: William Stanley, seit 1594 sechster *Graf Derby*, vor allem aber sein Schwiegervater Edward de Vere, siebzehnter *Graf Oxford*. Wie erwähnt, hat Dover *Wilson* wahrscheinlich gemacht, daß die zweite Aufführung des *Sommernachtstraums* als Festspiel bei *Graf Derbys Hochzeit mit Elizabeth de Vere* im Januar 1595 stattgefunden hat. Daß nicht nur die Hochzeit, sondern mutmaßlich auch der „Sommernachtstraum" eine Stanley-de Veresche Familiensache war, hat Wilson nicht geahnt (Nachwort zur Cambridge-Ausgabe des Sommernachtstraums).

Schon William Stanleys älterer Bruder Ferdinando, fünfter Graf Derby, war Theaterpatron. Nach Leicesters Tod 1588 hatte er an dessen Stelle das *Patronat der Burbage-Truppe* übernommen. Beide Brüder Stanley waren katholisch und als Urenkel Heinrichs VII. thronfolgeberechtigt. 1593 stellte das *Komitee der englischen Jesuiten* in Reims Ferdinando als katholischen Kronprätendenten auf und benachrichtigte ihn. Als loyaler Untertan zeigte Ferdinando den Boten als Hochverräter an; der Bote wurde hingerichtet. Wenig später starb Ferdinando plötzlich, vermutlich an Gift. Mindestens war das die Meinung der Eingeweihten. Der sechste Graf Derby hatte mithin Grund zur Zurückhaltung: beiden Parteien war er verdächtig. Das Reimser Jesuitenkomitee behielt ihn im Auge. Es ließ sich 1599 berichten, er lebe zurückgezogen und *schreibe Komödien*. Man will seine Hand in einem Shakespeareschen Nebenwerk finden, *Verlorene Liebesmüh*. Diese frühe Shakespeare-Komödie liegt dem deutschen Theaterbesucher oder Leser zu fern, um ihre Bedeutung für die Suche nach dem Verfasser hier zu erörtern.

Der englische Adel, namentlich *der Hochadel, hielt* überwiegend *am Katholizismus fest*, jedoch auch der katholische Teil des Adels stand in seiner Gesamtheit *treu zur Königin Elisabeth*. Ein Katholik, *Charles Howard*

Graf von Effingham (später Nottingham) war 1588 Oberbefehlshaber der englischen Flotte gegen die spanische Armada. Daher behandelte die Monarchin den katholischen Adel rücksichtsvoll. Dessen Festhalten am Väterglauben ist verständlich. Der katholische Himmel ist das Abbild mittelalterlicher Königshöfe. Wird eine königliche Landschenkung beurkundet, so nennt die Urkunde ausdrücklich denjenigen Großen, dessen Fürsprache die Gunst bewirkt hat: er hat Zutritt beim Monarchen, Untertanen niederen Standes nicht. Analog wendet sich der Gläubige mit seinen Gebeten an einen Heiligen, der Zutritt beim Allerhöchsten genießt. Für den Hochadel ist die Gleichheit vor Gott, die protestantische Anmaßung, unmittelbar zu Gott zu beten und von ihm Vergebung der Sünden zu erbitten, ein plebejischer Frevel gegen die hergebrachte Standesordnung. Nur wenn es Kirchengüter zu *„säkularisieren“* gab, gewann der neue Glaube dennoch Reiz für den Hochadel, beispielsweise für die deutschen Territorialfürsten. Den Übertritt des Hauses Wittelsbach zum Protestantismus wendeten die Jesuiten ab, indem sie den freiwilligen Verzicht der Kirche auf einen großen Teil ihrer bayrischen Ländereien bewirkten. Umgekehrt machte Kaiser Ferdinand II. 1629 die Siege, die Wallenstein und Tilly für ihn erfochten hatten, durch das Restitutionsedikt zunichte, demzufolge die protestantischen Fürsten die seit 1555 „säkularisierten“ Kirchengüter und Herrschaften wieder ausspucken sollten. Analog machte Alba alle seine Erfolge durch die erdrückenden Steuern zunichte, die er im März 1572 ausschrieb, und die sofort den überraschenden Übertritt der meisten Städte in den nördlichen Niederlanden zu den Geusen nach sich zogen.

Für den Hochadel Englands gab es keine solchen Verlockungen. Dort war alles Säkularisierbare von Heinrich VIII. säkularisiert und dann *an seine Parvenu-Höflinge verschleudert* worden, beispielsweise an Thomas Cromwell und Nicholas Bacon. Hingegen hatten die Familien *Howard*, *Stanley*, *Seymour* und *de Vere* Grund, der Königin Elisabeth dankbar zu sein, denn sie bewahrte das Land vor konfessionellem Bürgerkrieg und überhaupt vor konfessioneller Verfolgung – mindestens litt der katholische *Adel Englands unter keinerlei Verfolgung*. „Sozinianern“ oder „Unitariern“, die die Dreieinigkeit leugneten, etwa Marlowe und seinen plebejischen Freunden, drohte natürlich der Scheiterhaufen wegen *„Atheismus“*.

Auf gegenreformatorische Tendenzen im englischen Hochadel wirkte auch abkühlend, daß ausgerechnet die katholischen Häupter des niederländischen Adels, *Egmont* und *Hoorne*, von spanischen Blutgerichten aufs Schaffott geschickt wurden. Womöglich noch peinlicher erschien die *Bartholomäusnacht* dem englischen Hochadel. Gewiß, die Opfer waren Protestanten, aber Edelleute, und ermordet ohne den leisesten Anschein von Justiz, vielmehr niedergemetzelt von der Pariser Bürgerschaft. Und diese war aufgehetzt von den Guisen, also *Parvenus*; auch deren Verbündete waren Parvenus, beispielweise die Retz. Von den Führern des katholischen Fanatismus in Frankreich war lediglich der Connétable de Montmorency von altem Adel, umgekehrt gehörte die Familie Châtillon, deren Senior *Coligny* war, zum *alten Adel*. Wenn sich die Wiederherstellung des Katholizismus in solchen Formen vollzog, war denn doch das Regime der Königin Elisabeth vorzuziehen, zumal sich dessen protestantischer Charakter erst sehr allmählich herausstellte. So kooperierten nur wenige Abenteurer aus dem englischen Hochadel mit den Spaniern und den Jesuiten. Kluge Herren wie die Grafen Ferdinando und William Stanley und Graf Oxford widmeten sich vielmehr dem Theater.

Weit bedeutender als die Theaterinteressen der beiden Brüder Stanley waren diejenigen von William Stanleys Schwiegervater, *Graf Oxford*. Dieser war zwischen 1580 und 1590 *Patron zweier Schauspielertruppen*: einer Truppe erwachsener Schauspieler und einer Knabentruppe, die aus der Vereinigung des Knabenchors der Paulskathedrale mit dem der königlichen Hofkapelle hervorgegangen war. Überdies spielte seit 1583 bei Hofe eine Truppe aus den besten Mitgliedern mehrerer Truppen, darunter mindestens einem des Grafen Oxford; Regisseur dieses Hoftheaters war *Graf Oxfords Sekretär, John Lyly*, der bekannteste früh-elisabethanische Komödiendichter. Außer ihm war auch der Komödiendichter *Anthony Munday* Angestellter des Grafen Oxford. Jenes Krondokument der Shakespeare-Philologie, *Palladis Tamia*, bezeichnet ausdrücklich den Grafen Oxford als den *führenden Komödiendichter* der Zeit; leider nennt es keines seiner Stücke mit Namen.

Um 1590 verschwanden Graf Oxfords Schauspieltruppen. Weder das Hoftheater noch seine Truppe erwachsener Schauspieler werden noch in den Urkunden genannt. Seine Knabentruppe wurde aufgelöst, weil sie sich an der kirchlichen Polemik beteiligt hatte, und zwar durch Angriffe gegen „Martin Marprelate". Dieser Journalist war dem Hof und der Königin unangenehm, denn mit schlagendem, plebejischem Witz verhöhnte er den Klerus, insbesondere die Bischöfe – also eine Hauptstütze der Regierung – als Schmarotzer.

„Martin Marprelate" war ein Pseudonym. Der Verfasser der unter diesem Namen erschienenen Flugschriften ist unbekannt geblieben. Der Drucker genoß dieses Glück nicht und wurde gehängt.

1600-1602 ist nochmals eine Oxfordsche Theatertruppe nachgewiesen, und zwar spielte sie im Gasthof zum Eberkopf. Es gab fünf Gasthöfe dieses Namens in London; wahrscheinlich handelte es sich um *The Boars' Head Tavern in Eastcheap, Falstaffs Hauptquartier.* Graf Oxford führte den Eberkopf im Wappen, Francis Bacon übrigens auch.

Graf Oxfords Schwiegervater war *Polonius persönlich*, Lord Burghley, der Lord Treasurer. Dieser klagte über den Ruin seines Schwiegersohns und erklärte ihn mit dessen Verschwendung, insbesondere dessen Umgang mit „lewd persons (gemeinem Pack)", das heißt Künstlern und Schriftstellern. Und wirklich: der Narr in *Ende gut, alles gut* spricht von einem Melancholiker, der eine „stattliche Grundherrschaft (manor, bei Schlegel-Tieck nicht ganz korrekt mit ‚Meierhof' wiedergegeben) für ein Lied fortgegeben" habe; das trifft wörtlich auf den Grafen Oxford zu: er hatte seinem Sekretär Lyly Grundeigentum mit einem Jahresertrag von 30 2/3 £ geschenkt. Graf Oxfords Mäzenatentum hat aber schwerlich so wesentlich zu seinem Ruin beigetragen, wie Lord Burghley vorgab.

Daß Graf Oxford seinem Theaterinteresse nach als wirklicher geheimer Shakespeare in Frage kommt, und zwar vor allen anderen elisabethanischen Hofaristokraten, steht demnach fest. Treffen auch andere der von Looney aufgestellten Eigenschaften des Verfassers auf ihn zu? Looney hat bewiesen, daß es der Fall ist.

Graf Oxford

Looney war während des ersten Weltkrieges durch eine andere Spur zum Grafen Oxford geführt worden. Als Lehrer an höheren Schulen hatte er häufig mit seinen Klassen den „Kaufmann von Venedig" gelesen, war über den Widerspruch zwischen dem aristokratischen Charakter dieses Stücks und William Shaksperes bürgerlicher Existenz gestolpert und war bezaubert von *Shakespeares Lyrik*. Er entdeckte deren Übereinstimmung mit den überlieferten *Gedichten des Grafen Oxford* aus der Zeit vor 1573 nach Sprache, Versbau und Stil. Er hätte auch andere Merkmale wählen können, denn wie vor 120 Jahren Rümelin hatte er einen Katalog von Charakterzügen des Verfassers der unter Shakespeares Namen gehenden Werke aufgestellt, jedoch spezieller als Rümelin und auf Merkmale zielend, durch die sich die Identität ermitteln läßt. Looney bezeichnete ihn als

1. reifen Mann von anerkanntem Genie,
2. offensichtlich exzentrisch und geheimnisumwittert,
3. höchst sensibel und einzelgängerisch,

4. unkonventionell,
5. nicht angemessen anerkannt,
6. „von ausgesprochen literarischem Geschmack",
7. Theaterenthusiast,
8. als Lyriker anerkannt – das war Looneys Ausgangspunkt –,
9. von umfassender klassischer Belesenheit, an den Umgang mit humanistisch Gebildeten gewöhnt,
10. Mitglied des Hochadels, und zwar eng verbunden mit Familien, die im Rosenkrieg auf Seiten des Hauses Lancaster-Tudor gestanden hatten,
11. Italienkenner und Enthusiast,
12. Sportsmann, unter anderem Falkner,
13. Kenner und Liebhaber der Musik,
14. in Geldsachen großzügig, gleichgültig und nachlässig,
15. in seiner Einstellung zu Frauen widerspruchsvoll: leicht entflammt, aber ebenso leicht in Mißtrauen umschlagend,
16. sowohl zum Katholizismus wie zu religiöser Skepsis neigend.

Zu dem letzten Punkt ein Aperçu von Lilian *Winstanley*: die englische Öffentlichkeit, das Parlament und die Gemeindeverwaltungen wurden unter Königin Elisabeths langer Regierung immer entschiedener puritanisch. Ein protestantischer Autor hätte in ihrem letzten Regierungsjahrzehnt keinen Anlaß gehabt, seine konfessionelle Überzeugung zu verschleiern, wohl aber ein katholischer.

Als Selbstdarstellung des Dichters erscheinen Looney vernehmlich Hamlet, Bertram in *Ende gut, alles gut* und Antonio im *Kaufmann von Venedig*. Looney deckt vielfache, oft verblüffende Übereinstimmungen auf zwischen den Schicksalen des Grafen Oxford und denen von Shakespeares Personen. Die Enthüllung solcher Beziehungen hat nicht mit Looney aufgehört.

Alter Adel

Dem aus Shakespeares Werken sprechenden Adelsstolz entspricht, daß die Familie de Vere als einziges Geschlecht des normannischen Adels nicht im Rosenkrieg ausgerottet, ihr Senior mithin nächst dem Träger der Krone *vornehmster Mann des Reiches* war. Der Graf Oxford war erblich *Lord Great Chamberlain of England* – nicht zu verwechseln mit dem Lord Chamberlain of the Household, der die laufenden Geschäfte des Hofstaats verwaltete. Der Lord Great Chamberlain trug bei Parlamentseröffnung und ähnlichen Staatsakten der Königin das *Reichsschwert* vor; auf einem angeblichen Ölportrait von William Shakespeare ist nach Abtragung späterer Übermalung dieses Reichsschwert zum Vorschein gekommen, das *rechts getragen* wurde. Beim Dankumzug nach dem Sieg über die spanische Armada 1588 trug Graf Oxford zusammen mit einem anderen Edelmann den Thronhimmel über der Königin und spielt darauf in dem Shakespeare-Sonett Nr. 125 an:

„Were 't aught to me I bore the canopy?“

Aggressiv äußerte sich Graf Oxfords Adelsstolz nicht gegen die Künstler und anderen bürgerlichen Intellektuellen, mit denen er umging, sondern gegen die Parvenus von bürgerlicher Herkunft, auf die sich die Tudor-Könige vorzugsweise stützten, mit denen er also um einträgliche Hof- und Staatsämter rivalisierte, beispielsweise den Kanzler Sir Christopher Hatton. Malvolio in *Was ihr wollt* wird als dessen Karikatur betrachtet. In einem erhalten gebliebenen Brief an Hatton von 1572 wird diesem der Rat erteilt, bei der Königin den Grafen Oxford anzuschwärzen, der sich damals besonderer Gunst erfreute, und dem bis 1580 viel nachgesehen wurde.

Mit der Roten Rose

Im Rosenkrieg hatten die Grafen Oxford auf Seiten des Hauses *Lancaster-Tudor* gestanden. Wie in *Heinrich VI.* Teil III von Shakespeare erwähnt, wurden der *zwölfte Graf Oxford* und dessen *ältester Sohn* wegen ihres Eintretens für diesen unglücklichen König *hingerichtet*. An der Schilderhebung Heinrichs VII. Tudor und dessen *Sieg bei Bosworth* hatte der *dreizehnte Graf Oxford* entscheidenden Anteil. In *Richard III.* werden sein Anteil und derjenige des Hauses Stanley hervorgehoben.

Früher Verlust des Vaters

Der siebzehnte Graf Oxford war 1550 geboren. Achtjährig war er Zuschauer, wie sein Vater bei Königin Elisabeths Krönung amtierte, und im selben Jahr besuchte sie den Landsitz der Grafen Oxford, Schloß

Hedingham in Essex. 1562 verlor Graf Oxford seinen Vater. *Schmerz um den frühen Verlust des Vaters* ist ein Hauptmotiv in *Hamlet* und *Ende gut, alles gut*. Graf Oxfords Mutter heiratete rasch wieder, und es gibt keine Andeutung in den Dokumenten, daß sie sich um ihren Sohn gekümmert hätte. Hamlet ist über die *Wiederverheiratung seiner Mutter* außer sich.

Vormundschaft und Schwiegervater

Ende gut, alles gut beginnt damit, daß *Bertram*, der seinen Vater, den regierenden Grafen von Roussillon, unmittelbar zuvor verloren hat und noch nicht volljährig ist, wenngleich er sich wie ein Erwachsener verhält, unter die *Vormundschaft des Königs von Frankreich* gestellt wird. Dieser zwingt ihn alsbald zur Heirat mit Helena, einer Arzttochter, die zusammen mit Bertram von dessen Mutter erzogen worden ist.

Es handelt sich um eine *englische Institution*. Seit Heinrich VII. Tudor waren Waisen aus dem Hochadel *Mündel des Königs*; dieser wollte an ihr Vermögen. Seit Heinrich VIII. ging es mit den Königsmündeln wie mit dem säkularisierten Kirchengut: die Höflinge bemächtigten sich ihrer, so auch des Oxfordschen Vermögens. In dieses teilten sich drei Hofleute: *Graf Leicester* riß die Verwaltung der Oxfordschen Ländereien in Essex an sich und gab sie bei Graf Oxfords Volljährigkeit nicht heraus. Graf Oxford gelangte erst bei Leicesters Tod 1588 in den Genuß dieses Eigentums, mit 38 Jahren. *Sir Charles Tyrrell* bekam die Witwe nebst deren Wohnsitz Schloß Hedingham – Hamlet verübelt seiner Mutter die Wiederverheiratung und haßt seinen Stiefvater wegen der Usurpation. Übrigens starben Graf Oxfords Mutter und Stiefvater binnen weniger Jahre, so daß er wenigstens Schloß Hedingham herausbekam, wenn auch nur für zwei Jahrzehnte.

Seine *Vormundschaft* fiel dem Lord Treasurer *Sir William Cecil* zu. Dieser war ohnehin Präsident des Mündelhofs und brachte die Vormundschaft über die vornehmsten Mündel an sich: außer Graf Oxford *Arthur Hall*, den dritten und fünften Grafen *Grafen Rutland*, Philip Howard *Grafen von Surrey*, auch die *Grafen Essex und Southampton*; zudem kaufte er um 200 Pfund die Vormundschaft über Baron Zouche für seinen eigenen Sohn Thomas Cecil. Mit dem Grafen Oxford hat er erst 1590 abgerechnet, und da dieser überschuldet war, woran Cecil nicht unschuldig gewesen sein kann, benutzte Cecil die Gelegenheit, die *Oxfordschen Liegenschaften in Essex* einschließlich Hedingham für seine Enkelinnen, Graf Oxfords

Töchter, an sich zu bringen. Denn wirklich war es ihm gelungen, *seine Tochter Anna Cecil* mit dem Grafen Oxford *zu verheiraten.*

Allerdings war ein Fräulein Cecil dem Senior des ältesten Geschlechts im englischen Hochadel ebensowenig ebenbürtig wie Helena dem Erben der Grafschaft Roussillon, Bertram. Vielmehr mußte zuvor ihr Vater zum *Baron Burghley* erhoben werden. Seine *älteste Enkelin, Elizabeth de Vere,* wollte er 1592 *mit seinem Mündel Graf Southampton verheiraten.* Als dieses Projekt scheiterte, der fünfte Graf Derby ermordet wurde, und dessen nachgeborenes Kind sich als Tochter erwies, William Stanley also sechster Graf Derby und reichster Mann Englands wurde, gab er seine Zustimmung zu *Elizabeth de Veres Heirat* mit dem nunmehr sechsten *Grafen Derby.* Sein ältester Sohn Thomas wurde *Graf Exeter,* sein zweiter Sohn Robert *Graf Salisbury.* Kurz, in wenigen Jahrzehnten schaffte er den Aufstieg seiner Familie in den englischen Hochadel.

Doch erkaufte er ihn mit viel Ärger. Mit seinem Schwiegersohn Oxford lebte er namentlich in den fünfzehn Jahren 1576-90 in Unfrieden, wobei er für seine Enkelinnen, und man muß unterstellen: auch für sich zu sorgen wußte; die *Akten hat er vernichtet.* Von 1590 ab waren die Reibungen mit dem Grafen Oxford anscheinend geringfügig, seine Söhne scheinen mit ihrem Schwager gut gestanden zu haben. Desto unbedingtere Feinde gewann Lord Burghley an seinen letzten Mündeln, *Southampton und Essex*; noch 1601, nach Lord Burghleys Tod, putschten sie gegen die Fortdauer der Cecil-Raleighschen Vorherrschaft bei Hof, und eines von Lord Burghleys ersten Mündeln hat *diesen Vormund symbolisch* in der Person des Polonius auf der Bühne *erstochen.*

Als Raleigh der Königin Elisabeth den Vollzug von Essex' Hinrichtung meldete, fuhr sie unbekümmert im Spinettspiel fort. Graf Oxford sah zu und machte den unübersetzbaren Witz: „When jacks go up, heads go down." „Jacks" bedeuten einmal die Klavierhämmer, die im Emporschnellen die Saiten anreißen, dann Menschen geringeren Standes, in diesem Fall Emporkömmlinge wie Raleigh; „heads" bedeuten die Klaviertasten, ferner die „Häupter" des Adels, das heißt den Hochadel, also Essex: damit sind wir mitten in den Kämpfen auf Leben und Tod, die durch Shakespeares Königsdramen toben.

Klassische Bildung und Rechtsstudium

Daß Graf Oxford in klassischer römischer Literatur, in englischer Dichtung, in höfischer Lektüre wie Castiglione, in Musik, Tanz, standesgemäßen Sportarten sowie in der Beschäftigung mit dem Recht lebte, teilweise als *anerkannter Meister*, ist umfassend belegt. Den Urkunden zufolge war er ein begabter, frühreifer Schüler. Durch seiner Mutter Bruder *Arthur Golding* wurde er in lateinische Sprache und Literatur eingeführt. Golding hat als erster *Ovid* ins Englische übersetzt, den lateinischen Schriftsteller, den Shakespeare am meisten in seinen Werken benutzt hat; aber Graf Oxford war nicht auf Übersetzungen angewiesen. Für einen Hofmann, der Anspruch auf leitende Staatsstellungen erhob, waren Jura, und als juristisches Handwerkszeug Latein unerläßlich. Sein *Rechtsunterricht begann ebenso früh* wie derjenige Goethes. Vierzehnjährig erhielt er den *Cambridger*, sechzehnjährig den *Oxforder Magistergrad*, und von 1567 ab bildete er sich weiter in der *Juristengilde Gray's Inn*, der er bis zu seinem Tode angehörte. Daß der Verfasser von Shakespeares Werken all diese Voraussetzungen erfüllte, scheint zuzutreffen und wird nur hinsichtlich der juristischen Kenntnisse bestritten. Master William Shakspere of Stratford hat sie mit Sicherheit nicht erfüllt.

Ehezwist

1571 spottete Lord St. John, Graf Oxford habe eine Frau, oder vielmehr eine Frau habe ihn genommen – damit soll nicht die nunmehrige Lady Oxford, sondern ihre Mutter gemeint gewesen sein. Daß Graf Oxford später seine Frau als *ihm vom Vormund aufgenötigt* ansah, verrät *Ende gut, alles gut*, falls er der Verfasser ist. Der Held dieses Stückes, Bertram, sträubt sich gegen die bürgerliche Braut, die zusammen mit him erzogen worden ist und ihm vom König als seinem Vormund aufgenötigt wird; er flieht, ohne die Ehe zu vollziehen: *wie Graf Oxford 1573 in die Niederlande floh und 1576-81 von seiner Frau getrennt lebte.* Übrigens scheint Lord Burghley von seinem Schwiegersohn eine Art Kaufgeld für seine Tochter erhoben zu haben, Praktiken, die von Burghleys Biographen verschleiert werden. Umgekehrt bezeichnet Hamlet dieserhalb seinen präsumtiven Schwiegervater als *„fishmonger"*.

Graf Southampton

Die beiden Versepen Shakespeares von 1592 und 1593, die dem *Grafen Southampton* gewidmet sind, fallen in die Zeit von dessen *Verlöbnis mit Graf Oxfords ältester Tochter*. In den ersten 13 Shakespeare-Sonnetten wird dem Grafen Southampton zu dieser Hochzeit zugeredet.

Italienische Reisepläne und Kriegslust

Wie noch zweihundert Jahre später für Goethe, Vater und Sohn, bildeten schon damals *Auslandsreisen*, insbesondere nach Italien, den Studienabschluß junger Herren von Stande und Vermögen. Ferner erstrebte Graf Oxford, wie für einen unternehmenden und ehrgeizigen Edelmann selbstverständlich, eine *kriegerische* oder mindestens *diplomatische Mission*. Beides wurde nicht nur durch die Rivalen von Leicesters Coterie, sondern vor allem durch Graf Oxfords eigenen *Schwiegervater hintertrieben*, ganz wie Polonius dahin wirkt, daß *Hamlet die Rückkehr nach Wittenberg verweigert* wird. Allerdings erhielt Graf Oxford 1585, bei Beginn des offenen Kriegszustandes mit Spanien, das Kommando der Kavallerie in dem englischen Expeditionskorps für die Niederlande. Graf Leicester, der bei Hof geblieben war, jagte indes dem Oberkommandierenden Sir John Norris bereits nach einigen Wochen das Kommando ab und gab Graf Oxfords Stelle als Kavalleriekommandeur seinem eigenen Schützling Sir Philip Sidney. Graf Oxford hat zeitlebens bedauert, keinen Kriegsruhm erworben zu haben, und seine Vettern Francis und besonders Horace – wohl das Urbild Horatios in *Hamlet* - idealisiert, denen er vergönnt war. Mangels Kriegsruhm schien ihm sein Leben unvollendet,

> „Sodaß man finster nickt, wenn man erfährt:
> Er hätte sich, wär er hinaufgelangt,
> Unzweifelhaft höchst königlich bewährt."

Trotz allerhöchsten Reiseverbots entwich Graf Oxford 1574 in die Niederlande, wurde jedoch mit vorgehaltenem königlichem Befehl zu unverzüglicher Rückkehr gezwungen. Die Königin hatte einen Boten gewählt, der Graf Oxfords Vertrauen genoß: Thomas Bedingfield, dessen englische Übersetzung einer lateinischen Sammlung von Trostsprüchen aus Bibel, Antike und mittelalterlichen Erbauungsbüchern *(Cardanus Comfort)* mit einem ausführlichen *Vorwort des Grafen* veröffentlicht worden war.

Gad's Hill

An einem Mittwoch im Mai 1573 lauerten drei namentlich genannte Diener des Grafen Oxford den Finanzbeamten Faunt und Wotton vor deren Wohnung in London auf. Die beiden flohen nach Rochester. Tags darauf wollten sie nach London zurückkehren, wurden aber schon vor Gravesend von ihren Verfolgern überfallen. Diese schossen, trafen aber nicht; Faunt und Wotton entkamen unverletzt. Ihre Verfolger stiegen zu Pferd und galoppierten in Richtung London davon. Anscheinend war der Ort des Überfalls *Gad's Hill*. Urkundlich belegt ist der Vorfall durch einen schriftlichen Hilferuf, den Faunt noch am gleichen Donnerstag aus Rochester an Lord Burghley richtete (Ward, *17th Earl of Oxford* S. 90 f), ferner dadurch, daß Graf Oxford die Begnadigung der Schuldigen erwirkte.

Am gleichen Ort werden in *Heinrich IV.* Teil I Akt II Szene 1-3 Reisende, unter ihnen Finanzbeamte, insbesondere ein „Auditor" von Falstaff und Genossen überfallen; Falstaffs Kundschafter trägt den Namen Gadshill. Er meldet: „Geld, das dem König gehört, kommt den Hügel herunter; es geht ins Schatzamt." Anschließend jagt Prinz Heinz Falstaff den Raub ab und entschädigt die Beraubten.

Nach Looneys ungezwungener Deutung hat Graf Oxford diese Szene im Winter 1573-74 zu einem Hauptspaß der *Berühmten Siege Heinrichs V.* gemacht, der vorshakespeareschen Urform der Shakespeare-Trilogie *Heinrich IV. – Heinrich V.*. Er habe damit bezweckt und erreicht, seine Streiche und die seiner Leute in ein heiteres Licht zu rücken.

Paris, Straßburg, Italien

Ende 1574 sahen Lord Burghley und die Königin ein, daß Graf Oxford nicht dauernd zurückzuhalten war. Sie willigten in seine Reise. Als Begleiter hatte er zwei Gentlemen und sechs Bediente, für einen Mann von seinem Rang sehr bescheiden. Mindestens ein Teil dieses Gefolges, wenn nicht alle waren mit fremden Sprachen und Verhältnissen vertraut. Graf Oxford konnte bereits Französisch und Latein. Ob er Italienisch erst in Italien lernte oder es schon vorher konnte, ist unbekannt. Möglicherweise war ein Dolmetscher für orientalische Sprachen in seinem Gefolge; jedenfalls wollte er auch in die Türkei.

Sein erster Aufenthalt war in *Paris*, wo ihn der englische Gesandte dem König vorstellte. Dort erhielt er die Bestätigung für die Schwangerschaft seiner Frau, kehrte aber entgegen Lord Burghleys Hoffnung nicht um. Das Bildungserlebnis der Reise war ihm zu wichtig.

Den nächsten Halt machte er in Straßburg bei Sturm, einem protestantischen Gelehrten von internationalem Ansehen, der Agent der englischen Regierung war und sich erlauben durfte, der Königin Ratschläge zu erteilen. Seinem Unterricht wurden vornehme junge Engländer anvertraut, beispielsweise ein Bruder Sir Philip Sidneys. Wenn Hamlet und Horatio in *Wittenberg* studieren, ist *Straßburg* gemeint.

Ende Mai war Graf Oxford in Oberitalien und bereiste es etwa ein halbes Jahr. Venedig, Mailand und andere norditalienische Städte werden in Shakespeares Stücken korrekt geschildert, auch in Einzelheiten, deren Richtigkeit heute nicht mehr einleuchtet, beispielsweise daß sich Prospero in Mailand einschifft. Da es vor vierhundert Jahren keinen Baedeker gab, wäre das zutreffende Lokalkolorit unerklärlich, wofern man an Master Shakspere als Verfasser festhält. Übrigens kommt in einem italienischen Theaterstück von 1669 ein Turnier in Bologna vor, bei dem ein Graf Oxford und eine „Gräfin Alvida von Edemburg" einander aus dem Sattel werfen – die anderen Turnierteilnehmer sind ebenso legendär wie die Gräfin. Man fühlt sich an das Turnier zwischen Amazonen und Rittern in *Verlorene Liebesmüh* erinnert; überhaupt bestanden enge *Beziehungen zwischen der italienischen Bühne und Shakespeares Werk*. So bilden die stehenden Dekorationen der italienischen Bühne die Szenerie im *Sturm*, und mit den *beiden Herren aus Verona* sind wir in derselben Welt wie in Macchiavellis *Mandragora*.

Die Postübermittlung und die Überweisung der Reisegelder während Graf Oxfords Reise verzögerten sich zeitweise, unter anderem durch Quarantäne. Überdies wurden Graf Oxfords Gläubiger zudringlich. Daher wies er in zwei Briefen vom 27. November 1575 und 3. Januar 1576 seinen Schwiegervater an, die von ihm zum Verkauf bestimmten Ländereien in Cornwall, und falls Lord Burghley es zweckmäßig fände, noch weitere zu verkaufen. Analog reagieren Timon von Athen auf die Nachricht von seinem Bankrott und Cassio auf Jagos Rat: „Tu Geld in deinen Beutel" mit den Worten:

„Let all my lands be sold."

Anfang 1576 ging Graf Oxford nach Sizilien und erließ dort eine *Turnierherausforderung*, deren nicht namentlich genannter Adressat nach allgemeinem Eindruck der Sieger von Lepanto war, *Don Juan d'Austria*. Dieser galt als der glänzendste Kavalier, den es damals in Italien gab. Demnach hätte Graf Oxford wenigstens einen indirekten Kontakt mit dem Urbild des Cassio in *Othello* gehabt. Dem einen Urbild des Jago, dem spanischen Staatssekretär *Antonio Perez*, dürfte er während dessen Londoner Aufenthalts 1593- 1595 begegnet sein; Perez war dort Gast des Grafen Essex. Auf Sizilien – in Messina – spielt *Viel Lärm um nichts*. Im ersten Vierteljahr 1576 war Graf Oxford wieder in Frankreich und stand im Begriff, über Spanien in den Orient zu gehen. Da traf ihn unerwartet der königliche *Befehl zur Heimkehr*.

Verleumdung, katholische Verschwörung

Gleichzeitig wurde ihm die *Verleumdung* zugetragen, seine Frau sei ihm untreu. Er fiel darauf herein wie *Othello, Gloucester, Leontes (Wintermärchen)* und *Claudio (Viel Lärm um nichts)*. Verleumder erster Instanz war Graf Oxfords Zinseinnehmer *Roland Yorke*, ein katholischer Abenteurer, aber hinter diesem standen zwei von Graf Oxfords katholischen Vettern Howard: *Henry Howard, Graf von Northampton* und *Charles Howard, Graf von Arundel*. Bei der Ankunft in London ließ Graf Oxford Frau und Schwiegervater stehen, ging vielmehr stracks zur Königin. Länger als fünf Jahre, bis Herbst 1581, lebte er *von seiner Frau getrennt*.

Wie der französische und katholische Gesandte ihren Monarchen berichteten, beklagte 1571 die katholische Partei Graf Oxfords Heirat, da er durch seine Verbindung mit den Cecils dem Katholizismus verloren ging. Umgekehrt wurde er ihm durch die Trennung von seiner Frau wiedergewonnen und schloß alsbald mit seinen Vettern Howard einen *Bund zur Wiederherstellung des Katholizismus* in England. Ende 1580 ging ihm auf, daß es auf Königin Elisabeths Ermordung, mindestens ihren Sturz abgesehen war. Er *warf sich der Königin zu Füßen* und beichtete. Die Beschuldigten antworteten mit Gegenanklagen, die ebenso erlogen waren wie ihre Verdächtigung der Lady Oxford. Die Königin fand durch die widersprechenden Anschuldigungen nicht hindurch und setzte erst einmal beide Parteien in Haft. Einige der Howardschen Beschuldigungen, z.B. Graf Oxford habe sich abfällig über die Singstimme Ihrer Majestät geäußert, mögen gesessen haben. Jedenfalls wurden die Howards vor Graf Oxford freigelassen. Ob dieser die königliche Gunst in gleichem Maß wie vor Weihnachten 1580 wiedererlangt hat, ist fraglich.

Immerhin ließ sich Königin Elisabeth von dem Ernst der katholischen Verschwörungen überzeugen und gab dem Unterhaus das lang ersehnte grüne Licht zu einer *antikatholischen Ausnahmegesetzgebung*. Seitdem wurden die Jesuiten in England ohne Gnade gejagt. *Lord Henry* („Harry") *Howard* – Graf Oxfords Jago – trotzte den Beschuldigungen mit eiserner Stirn, fünf Jahre lang auch *Roland Yorke*; nur *Graf Arundel* floh sofort und lebte für den Rest seines Lebens im Ausland von einer spanischen Pension. Als Unterführer Leicesters in den Niederlanden 1586 verriet Yorke ein Außenwerk von Zutphen an die Spanier. Diese würdigten Yorkes Bereitschaft, abwechselnd die eine Partei an die andere zu verraten, und vergifteten ihn. Mit den antikatholischen Gesetzen von Januar 1581 war die *antispanische Wendung der englischen Politik* ein entscheidendes Stück vorwärts gebracht. Graf Oxfords Anteil daran wird von den Historikern ignoriert. Er verstärkte eine ohnehin obsiegende Tendenz.

Polonius und Ophelia

Offensichtlich hat Graf Oxford aus Liebe geheiratet, aber da seine Frau an ihre Eltern gebunden blieb, wurde diese Liebe ambivalent. Ihre Mutter griff noch entschiedener ein als ihr Vater. Lady Burghley nahm sich heraus, der Königin Vorhaltungen zu machen, daß sie mit Graf Oxford flirte, und bekam die gehörige Antwort. In Shakespeares Stücken erscheint *Lady Oxford* als *Ophelia, Desdemona* und *Helena (Ende gut, alles gut)*. Graf Oxford dürfte seinen Schwiegervater und indirekt seine Frau für die vorzeitige Rückberufung verantwortlich gemacht haben. Gegen diesen Vorwurf verteidigt sich Desdemona:

> „Du meinst vielleicht, dass es mein Vater sei,
> Der seinen Einfluß nützt, dich heimzurufen –
> Gib mir die Schuld nicht!"

Hamlets Zorn bricht gegen Ophelia los, als sie sich zum *Werkzeug für ihres Vaters Lauscherei* hergibt. Daß Graf Oxford seiner Frau noch nach der Aussöhnung von 1581 *Szenen machte wie der Hamlet der Ophelia*, belegt ein Brief Burghleys an Walsingham vom Mai 1587:

> „Gestern abend war ich völlig ratlos. Meine arme Tochter war ausser sich über die Vorwürfe, die ihr Mann ihr meinetwegen macht. Er wirft mir vor, ich kümmere mich

nicht um seine Angelegenheiten, sondern nur um diejenigen anderer – ausdrücklich erwähnt er Raleigh und Graf Cumberland. Sie weinte und klagte den ganzen Abend. Ich habe sie natürlich getröstet und ihr Hoffnung gemacht. Aber sie ist hochschwanger und sieht das Elend ihres Mannes und ihrer Kinder ständig vor sich. Er wird ihr nicht für einen Farthing Land hinterlassen. Deshalb muß ich (scil. eine Grundstückssache zu Graf Oxfords Gunsten) dringend betreiben und bitte Sie . . ., sich nicht ohne eine bestimmte Zusage Ihrer Majestät bescheiden zu lassen . . .

Kein Feind kann mich um diese Familienverbindung beneiden. Weder Ehre, noch Land, noch Geld wird ihren Kindern verbleiben. Drei sind schon da, das vierte unterwegs, und ich . . . muss für sie sorgen. Wäre er wenigstens noch dankbar . . .“

Graf Oxfords Gattin hatte es gewiß nicht leicht. Andererseits wußten Absender und Adressat dieses Briefes, daß es denn *doch nicht so verzweifelt* um die Oxfordschen Finanzen stand, und daß Graf Oxfords Schwiegervater einen Anteil daran hatte, wenn sie nicht so waren, wie sie hätten sein sollen.

In *Ende gut, alles gut* richtet Helena es so ein, daß ihr angetrauter Bertram mit ihr im Dunklen schläft, ohne sie zu erkennen; auch in *Zweierlei Maß* gewinnt auf diese Weise eine Braut ihren Geliebten zurück, der sie verlassen hat. Dies ist ein beispielsweise für Boccaccio typisches Renaissance-Motiv. Nach Francis Osbornes Erinnerungen soll Lord Burghley in gleicher Weise die Aussöhnung des Ehepaares Oxford herbeigeführt haben. Wir brauchen dies nicht ernst zu nehmen. Aber Osborne war Stallmeister beim Grafen Montgomery, dem Gatten von Graf Oxfords jüngster Tochter Susanna. Diesem Grafen und seinem älteren Bruder, Graf Pembroke, ist bekanntlich die Folio-Ausgabe von Shakespeares Werken gewidmet. Offensichtlich wußten die Urheber des Gerüchts, daß Shakespeares Werke von Graf Oxford verfaßt sind, und *schlossen von Bertram auf dessen Schöpfer.*

Wie Graf Oxford letzten Endes für seine Frau empfand, mag daraus hervorgehen, daß sich *Hamlet bei Ophelias Begräbnis zu ihr bekennt*. Sie ist *gestorben, während er auf See ist*. Anna de Vere starb im Kindbett am 6. Juni 1588. Ihr Mann war in Plymouth mit seinem Schiff „Edward Bonaventure“. Es gehörte zur Kriegsflotte. Diese erwartete die spanische Armada. Die Armada lief sieben Wochen später in den Kanal ein. Graf Oxfords Schiff wurde anscheinend in der Kampfwoche im Ärmelkanal außer Gefecht gesetzt, so daß es an der Entscheidungsschlacht vor der flandrischen Küste, am 8. August, nicht teilnehmen konnte. Übrigens ist Graf Oxford bei seiner Heimreise über den Kanal, April 1576, *von Seeräubern* – Geusen – *ausgeplündert* worden, und *Hamlet wird durch Seeräuber an der Durchführung seiner Reise nach England gehindert*.

Ende 1580 saß Graf Oxford zwischen allen Stühlen. Zwar entließ ihn die Königin zu Frühjahrsbeginn 1581 aus dem Tower, aber *schon im April saß er wieder in der Festung.* Denn eine königliche Hofdame, *Anna Vavasour,* war von einem Sohn entbunden worden, der den Namen *Edward Vere* erhielt, und zu dem sich Graf Oxford als Vater bekannte. Mit der Keuschheit ihrer Ehrenjungfrauen nahm es Königin Elisabeth aber sehr ernst. Noch 1598 sagte sie ihr Kommen zu der Hochzeit des Grafen Southampton ab, denn die Schwangerschaft der Braut, der Hofdame Elizabeth Vernon, war fortgeschritten. Das Brautpaar wurde vorerst vom Hofe verwiesen. Für Shakespeares Werke war die Absage von Bedeutung, denn die als Festspiel für diese Hochzeit gedachte dritte, *endgültige Fassung des Sommernachtstraums* blieb vorerst unaufgeführt, wurde aber 1600 als Quarto gedruckt. Wenigstens ist das *Dover Wilsons* wohlbegründete These.

Auch Edward Veres glückliche Mutter büßte einige Zeit im Tower. In *Zweierlei Maß (Measure for measure)* gelten die „blauen Gesetze" in noch schärferer Form: Claudio soll wegen vorehelichen Verkehrs mit seiner Braut enthauptet werden. Die *autobiographische Anspielung* ist unverkennbar. Nicht nur die Königin zürnte wegen Anna Vavasours Verführung, sondern auch der Bruder von Annas Mutter, der königliche Kammerherr *Sir Thomas Knyvet.* Dieser samt Gefolge lieferte Graf Oxford und dessen Gefolge von Juni 1582 bis März 1583 sechsmal *Kämpfe auf Tod und Leben.* Zwei der Oxfordschen Gefolgsleute und ein Knyvetscher fanden dabei den Tod, Knyvet und Oxford verletzten einander im Duell, *Graf Oxford war seitdem lahm.* In den Shakespeare-Sonetten, deren Abfassung zehn Jahre später begann, bezeichnet er sich als lahm. Für ihn war die Fehde der Montagus und Capulets nicht Veroneser Sage, sondern *Londoner Alltag.* „Tybalt" soll ein Anagramm von „Knyvet" sein.

Übrigens blieb seine Julia Capulet dem Grafen Oxford nicht treu. Sie war 1560 oder 1562 geboren, lebte bis 1658, hatte beträchtlichen Verbrauch an Männern, und dieser Verbrauch soll in den folgenden siebzig Jahren das Who's Who des Hofes umfaßt haben. Allerdings gab es in ihren letzten zwölf Lebensjahren keinen Hof mehr. Von König Jakob I. erhielt sie 1604 eine Jahrespension von 100 Mark Silber, aber eine so geachtete und unabhängige Stellung wie ihre jüngere Zeitgenossin *Ninon de l'Enclos* hat sie sich nicht zu schaffen gewußt. *Ninon wußte die Genies zu schätzen,* die ihren Weg kreuzten, von Richelieu bis Voltaire.

Anna Vavasours beide uneheliche Söhne erlangten geachtete Stellungen. Der ältere, Sir Edward Vere, wurde von seinem Vater und der Familie von dessen zweiter Frau, den Trenthams, akzeptiert und gefördert. Er studierte in Leyden, wo ihm der Makel seiner unehelichen Geburt nicht im Wege war, wurde zum Ritter geschlagen, durch Trenthamschen Einfluß *Unterhausmitglied für Newcastle on Lyme* (Northamptonshire), diente als Offizier unter seines Vaters Vettern, den „fighting Veres" Francis und Horace und fiel 1629 bei der Belagerung von Hertogenbosch. Aus den Shakespeare-Sonetten erhellt, daß Anna Vavasour Vater und Sohn voneinander zu trennen suchte, daß sie aber fest aneinander hingen. Anna Vavasour ist offensichtlich die *„dark lady"* der Sonette, nicht schön, aber berückend. Der Gedanke an diesen Sohn mag „Shakespeares" Anlaß gewesen sein, den *Bastard Faulconbridge* in *König Johann* zu erfinden, der ebensowenig historisch ist wie Falstaff.

Geheimdienstgelder

In seinen beiden ersten Jahrzehnten bei Hofe, von 1570 an, stand Graf Oxford außerhalb der Hofcoterien und hatte sie gegen sich, insbesondere

a. alle Parvenus von bürgerlicher Herkunft oder niederem Adel, also vor allem die *Leicester-Clique*, der Sidney, Raleigh, Hatton angehörten, andererseits die Protestanten, an deren Spitze *sein eigener Schwiegervater* stand;

b. die *entschiedenen Katholiken*, die ihm seinen Parteiwechsel Ende 1580 verübelten.

Aus diesen Lagern stammen die Nachrichten über ihn, die ihren Weg in die offizielle Geschichte sowie die Biographien Lord Burghleys und der Königin gefunden haben. Daher in Shakespeares Sonetten die ständige Klage des Autors über den Verlust seines guten Namens. Was ihn *gegen so viele Neider* hielt, war die *Gunst der Königin*. Ihr war er unersetzlich als *belebendes Element des Hoflebens*: durch seine sprühende Unterhaltung, durch seine künstlerische und organisatorische Begabung bei der Veranstaltung von Hoffestlichkeiten, wobei er als Autor, Regisseur, Schauspieler, Tänzer, vielleicht sogar als Musiker, mindestens als Veranstalter musikalischer Darbietungen glänzte.

In seinen letzten 18 Lebensjahren war seine Stellung bei Hof und in der Regierung gewandelt. Am 26. Juni 1586 erhielt er einen *Geheimauftrag mit einem Jahresetat von 1000 Pfund*. Die Gesamtausgaben der Krone in dem Finanzjahr von Michaelis 1585 bis Michaelis 1586 erreichten nicht ganz

320000 £, davon etwa 225000 für den Krieg, für die innere Verwaltung nicht einmal 100000, d.h. Graf Oxfords Bezüge überstiegen 1% der inneren Ausgaben. Selbst Lord Huntingdon als Lord President of the Council of the North, d.h. als Militärgouverneur an der schottischen Grenze, erhielt für sich selbst und seinen Stab nur 1000 Pfund. Graf Oxford brauchte für die ihm gezahlten Gelder *nicht Rechnung zu legen*, d.h. sie galten administrativ als *Geheimdienstfonds*. Die Erteilung des Geheimauftrags erfolgte auf *Antrag Walsinghams*, der vorher eher mit Graf Oxfords Gegnern verbunden war – einerseits mit seinem Schwiegersohn Sidney, andererseits mit seinem Chef Burghley. Drei Tage zuvor hatte *Walsingham für sich selbst eine umfassende Zensurvollmacht* erlangt: demnach darf zwischen seiner Vollmacht und Graf Oxfords Auftrag ein Zusammenhang unterstellt werden. Dieser Auftrag ist mit *äußerster Diskretion* behandelt worden. Nur ein ausdrücklich darauf bezügliches Aktenstück ist erhalten, und zwar vom 7. Juli 1594. Darin ersucht Graf Oxford seinen Schwiegervater um die Abstellung von Behinderungen in seinem Amt, gegen die er schon ein halbes Jahr zuvor protestiert habe. Anscheinend handelt es sich um das Verbot von Theateraufführungen wegen der Pest, das um die Wende 1593/94 ergangen war. Graf Oxford lebte in diesen 18 Jahren *zurückgezogen*, kam selten zu Hofe, erschien lediglich zur Eröffnung und Vertagung der Parlamentstagungen – bei diesen Gelegenheiten hatte er als *Lord Great Chamberlain* zu fungieren –, nahm hingegen an den Verhandlungen des Oberhauses selten teil, trat öffentlich vielmehr fast nur als *Beisitzer der beiden Pairshöfe* hervor, die 1586 *Maria Stuart* sowie 1601 die beiden *Grafen Essex und Southampton zum Tode verurteilten*. Auch in das Privy Council wurde er nicht berufen. Offensichtlich stand sein Auftrag in keinerlei Zusammenhang mit den laufenden Regierungsgeschäften. In der derzeit als maßgebend betrachteten Biographie der Königin Elisabeth, von Neale, heißt es:

> „An der Heimatfront befand sich der berühmte Bettelorden: Hof und Adel. Die Königin konnte ... den Ruin des Adels nicht zulassen. Burghleys Schwiegersohn, der Graf von Oxford, hatte sein Vermögen durch fürstliche Lebenshaltung und Torheit vergeudet und mußte durch ein Jahrgeld von 1000 £ ... saniert werden."

Das leuchtet nicht ein. Elisabeths Gleichmut gegenüber Sir Francis Walsinghams Ruin spricht dagegen. Weit plausibler ist die Deutung von B.M. Ward und G. Slater: dem Grafen Oxford sei die *Leitung der Kriegspropaganda auf dem Theater* übertragen worden.

Das bei weitem wichtigste Instrument der Kriegspropaganda war *die Kirche*. Ihr Haupt, der Erzbischof von Canterbury, war Mitglied des Regierungskabinetts und nahm ein- bis zweimal wöchentlich an den Sitzungen des Privy Council teil. Durch die Bischöfe und den niederen Klerus wirkte er auf Landvolk und kleinere Städte. Aber drei Bevölkerungsgruppen waren gegen seinen Einfluß immun: Adel, Londoner Bürgerschaft und Londoner Plebs. Der *Landadel* hielt großenteils eigene, *katholische Geistliche*. Das *Londoner Bürgertum* folgte *puritanischen Predigern*. Die *Londoner Plebs* ging ins *Theater* – der freier denkende Teil des Hofadels hielt zum Teil Theatertruppen.

Der Londoner Plebs fiel eine Schlüsselrolle zu: als Kanonenfutter. Sold und Verpflegung pflegten auszubleiben. Kamen sie doch, dann zu spät und nur teilweise – auf allen Flotten und bei allen Heeren der Zeit; an Land behalf sich der Soldat durch Plündern, zur See war das nur ausnahmsweise möglich. Hunger, Krankheit, Verwahrlosung der Verwundeten und Entlassenen – „laß sie betteln gehn, wenn sie hungrig sind" hieß es noch zweihundert Jahre später – wirkten abschreckend. Desto dringender war der Bedarf.

Denn 1585 war der Krieg in seine heiße Phase getreten und begann, wie seitdem üblich, mit *englischen Niederlagen*. Die Engländer „verlieren die Schlacht, *gewinnen aber den Krieg*." Leicesters Scheitern in den Niederlanden und der Abzug der Schweizer und der deutschen Landsknechte, die Königin Elisabeth den Hugenotten zu Hilfe gesandt hatte, nach der Schlacht bei Aunau zeigten, daß ernstlichere Anstrengungen nötig waren. Also sollte den Londonern durch eines ihrer Hauptvergnügen Lust zum Krieg gemacht und die Größe der spanischen Gefahr nahe gebracht werden: dazu beispielsweise die Schilderung der Verwüstung durch fremde Eroberer in Marlowes „Tamerlan": uns wenigstens befriedigt diese Erklärung Slaters. Shakespeares Königsdramen stehen in diesem Zusammenhang nicht allein. Auch Marlowe und andere haben Königsdramen verfaßt, besipielsweise über Eduard I., Eduard II. und Eduard III.; später folgte Heywoods *Eduard IV.*.

Ein Sündenbock

Königin Elisabeth unterschrieb zwar den Hinrichtungsbefehl für ihre Cousine Maria Stuart, aber mit Rücksicht auf das Ausland und die englischen Katholiken suchte sie das Odium abzuwälzen. Dem für Marias

Unterbringung Verantwortlichen, Sir Amyas Paulet, legte sie nahe, Maria zu ermorden. Aber der englische Hof und Adel wurden im Gegensatz zum französischen, spanischen und italienischen durch Ehrenhaftigkeit am Mord gehindert, sehr zu Elisabeths Spott über die zarten Gewissen. So blieb ihr nur eine Komödie übrig. Burghley war vom Pferd gefallen, Walsingham krank. Das hinderte die beiden nicht an der Kontrolle der Geschäfte; nichts geschah ohne ihr Wissen und ihre Mitwirkung, aber um der Königin den Hinrichtungsbefehl zur Unterschrift zu unterbreiten, wurde der *Sekretär Davison* vorgeschoben. Diesem war das Bedenkliche der Sache klar. Er ging mit äußerster Vorsicht und Gewissenhaftigkeit zu Werke, aber das half ihm nicht. *Elisabeth* ließ ihn zu Haft verurteilen und *verbannte ihn vom Hof.*

Ebenso verfährt in Shakespeares *Richard II.* König Heinrich IV., nur versteht und erfüllt Sir Peirce Exton den Wunsch des regierenden Königs und ermordet den abgesetzten. Dafür wird er vom Hof verwiesen. Nach außen hin erscheint *Heinrich IV. noch sauberer als Elisabeth.*

Dem elisabethanischen Publikum blieb diese Komödie unbekannt. Dem Grafen Oxford, der dem Pairshof über Maria Stuart angehört hatte, kann sie um so weniger verborgen geblieben sein. Merkwürdigerweise ist diese Analogie weder *Lilian Winstanley* noch den *Oxfordianern* aufgefallen.

Die Metamorphose von Shakespeares Bühnenstücken

Trifft Wards und Slaters Annahme zu, war also Graf Oxford seit 1586 Geheimer Finanzier der Elisabethanischen Bühne, im Staatsauftrag mit Staatsgeldern und zwecks nationaler Propaganda, so wäre, in noch höherem Maß als nach hergebrachter Meinung, Shakespeare die beherrschende Figur der englischen Theatergeschichte 1570-1604 gewesen.

Schon bisher stand fest, daß er von 1580 an zwei, einige Zeit sogar drei Schauspielertruppen besaß. Deren Repertoire kann er nicht selbst verfaßt haben. Vielmehr hatte er einerseits die beiden anerkannten Komödienverfasser Lyly und Munday angestellt und beschäftigte später auch seine jüngeren Cambridger Commilitonen *Greene, Nash, Kyd, Watson* und *Marlowe*, gelegentlich auch andere gegen Honorar. Ferner dürfte er die Damen und Herren vom Hofe herangezogen haben, die schon in den siebziger Jahren, wie er selber, *„masks and devices“* für Hoffestlichkeiten verfaßten und selber darin mitspielten: Sir Philip *Sidneys Schwester Mary*, verehelichte Herbert, Gräfin Pembroke und Mutter der beiden Grafen, denen die Folio-Ausgabe von Shakespeares Werken gewidmet ist; ferner *Francis Bacon*, die Grafen *Ferdinando und William Stanley*, die *Grafen Rutland, Sir Walter Raleigh*: sie alle und später hinzugekommene Autoren hätten gemeinsam *die Firma „Shakespeare"* gebildet. Graf Oxford wäre *Hauptautor* und Seele des Vereins gewesen. Man darf voraussetzen, daß er *Themen stellte*, Anregungen gab, *Regie führte wie Hamlet*, *schwache Stellen neu schrieb* – Lyly-Kennern fallen in dessen sonst schwachem Werk shakespearisch schwungvolle Stellen auf –, das *juristische Eigentum* an vielen Texten erwarb, von denen einige zu Unrecht in *Shakespeares Werke* geraten sind *(Titus Andronicus, Heinrich VI.)*, an dem einen oder anderen aber auch das geistige.

Diese Auffassung ist mit den Ergebnissen der letzten hundert Jahre Shakespeare-Philologie sehr wohl vereinbar und keineswegs so umstürzend, wie es scheinen könnte. Denn auch Forscher wie J.M. Robertson, die nicht an der Autorschaft des Gentleman aus Stratford zweifeln, wußten, daß noch andere Federn an Shakespeares Werk beteiligt waren. Roberston hält beispielsweise *Cymbelin* zu wesentlichen Teilen für das Werk Chapmans, *Richard II.* und *Richard III.* schreibt er Marlowe zu.

Die genannten Aristokraten gehören sämtlich zu den Kandidaten für die wirkliche geheime Verfasserschaft von Shakespeares Werken. Von den Cambridger „University Wits" ist nur Marlowe (1955 von Calvin Hoffman) als Wirklicher Geheimer Shakespeare aufgestellt worden.

Die Enstehungsphasen von Shakespeares Bühnenwerken hat man sich nach Slater folgendermaßen vorzustellen:

a. höfische „masks" und „devices", aufgeführt von Hofherren und Damen, von 1572, spätestens 1573 an;

b. Ausarbeitung dieser Spiele zu regelrechten Dramen für die öffentlichen Bühnen;

c. Umschmelzung der so entstandenen, mehr oder weniger ungehobelten Rohstücke in der Zurückgezogenheit am Schreibtisch. Dabei wurde die ursprüngliche Fabel auf den Kopf gestellt. Aus dem „happy end" des Urhamlet und Urlear wurde ein tragisches. Shakespeares Genie, das bis dahin nur einzelne Szenen geprägt hatte, schuf nun die großen Tragödien, aber auch Komödien und die dazwischen stehende Satire *Troilus und Cressida*;

d. die Verarbeitung durch das Theater, wobei namentlich in den Komödien viel Shakespearsche Substanz durch Komiker-Kohl verdrängt wurde – diesem Verderb sind im wesentlichen nur *Hamlet* sowie *Troilus und Cressida* entgangen.

Slater denkt beim vierten Stadium lediglich an Textverderb und Zutaten der Verleger.

Slater verweist darauf, daß Graf Oxfords italienische Reise zu einem Hauptferment dieser Entwicklung geworden sein muß. In Italien wurde der Graf mit einer entwickelteren Bühne bekannt. Nach seiner Rückkehr wurde er von seinen zahlreichen Neidern bei Hof als „italienisiert“ verspottet.

Die Baconianer verweisen darauf, daß nicht nur bei Hof, sondern auch in den vier Londoner Juristengilden Theateraufführungen stattfanden, und daß die Spieler teils Gildenmitglieder, gelegentlich aber auch Berufsschauspieler waren. Sowohl Graf Oxford wie Francis Bacon gehörten Gray's Inn an. Daß die Stücke von Gildenmitgliedern verfaßt waren, unter anderem von Bacon, leuchtet ein.

Marlowe

Christopher Marlowe ist vor vierzig Jahren als neuester Geheimer Shakespeare aufgestellt worden. Für ihn sprechen eigenartige Umstände: Angeblich oder tatsächlich wurde er am 31. Mai 1593 ermordet: im Sommer des gleichen Jahres taucht der Verfassername Shakespeare auf, und zwar mit einem Kurzepos, das Marlowes *Hero und Leander* ähnelt.

Ferner ist der im Leichenschau-Protokoll vom 1. Juni 1593 referierte Tathergang unglaubwürdig. Der Leichenbeschauer war nicht der örtlich Zuständige, sondern derjenige des Hofes, die Geschworenen waren besonders ausgesucht; Leichenbeschauer und/oder Jury mögen instruiert gewesen sein. Der angebliche Täter und die beiden Zeugen waren *Geheimdienstagenten*, Marlowe selbst war vor seiner Dramatiker-Laufbahn, noch als Cambridger Student ihr Kollege gewesen, und zwar scheint er in Reims gegen das dortige Jesuitenzentrum angesetzt gewesen zu sein. Der eine Zeuge war jener Robert Poley, der als Provokateur Babington und Maria Stuart in ihre Verschwörung und damit ins Verderben gestürzt hatte. Marlowe war an den Tagen vor seiner wirklichen oder angeblichen Ermordung Gast Thomas Walsinghams in Chislehurst, südlich von London gewesen. Dieser Walsingham war ein Neffe des 1589 verstorbenen Geheimdienstchefs Sir Francis Walsinghams und selber *leitendes Mitglied des Geheimdienstes*; offensichtlich war er Marlowes Gönner. War der Mord nur vorgetäuscht, so ist der Zweck ersichtlich: Marlowe der gegen ihn schwebenden Untersuchung wegen Atheismus zu entziehen. Trifft dies zu, so war der Tatort zweckgemäß: Deptford an der Themse. Für den lebenden Marlowe mag die Leiche des unbekannten Opfers einer Hafenrauferei untergeschoben worden sein.

Die Verfechter von Marlowes Kandidatur als Wirklicher Geheimer Shakespeare nehmen an, er habe insgeheim weiter Dramen verfaßt. Sie stützen sich vornehmlich auf *Wie es euch gefällt*, Akt III Szene 3. Dort sagt Prüfstein:

> „Wenn weder die Verse eines Mannes verstanden werden, noch sein Geist Verständnis findet, tötet es ihn mehr als eine große Abrechnung in einem kleinen Zimmer."

Dem Leichenschau-Protokoll zufolge war Marlowe in einem Zimmer, beim Streit um die Rechnung für vorangegangene Bewirtung, erstochen worden. Kurz nach Prüfsteins merkwürdigem Hinweis darauf tritt der Geistliche Sir Oliver Mar-Text auf; in seinem Namen wird eine Anspielung auf Marlowe gesehen. Sir Oliver hat nur wenige Sätze, als letzten:

> „Kein Schurke soll mich aus meinem Beruf verdrängen."

Die letzte Szene des dritten Akts enthält ein Zitat aus Marlowes *Hero und Leander*:

> „Wer liebte je, wenn nicht auf den ersten Blick?"

Hilpert behandelte in seinen Göttinger Shakespeare-Inszenierungen den Text so sorgfältig, daß sich beispielsweise in „Was ihr wollt" nicht nur der echte Shakespeare Zeile für Zeile von der Komödiantenverderbnis unterscheiden ließ, sondern auch die tragische Anlage der Rolle des Malvolio klar wurde. Dessen Darsteller war das auch bewußt. In Hilperts Aufführung von *Wie es euch gefällt* wirkte alles von dem Marlowe-Zitat ab unecht.

Daß es *enge Berührungen zwischen Marlowe und Shakespeares Werken* gibt, ist altbekannt und unbestritten. Auch zielen die merkwürdigen Stellen in *Wie es euch gefällt* unbestreitbar auf Marlowe. Indes handelt es sich um äußerliche Zutaten; sie gehören nicht zur Substanz des Stückes. Als Beweis für Marlowes Urheberschaft von Shakespeares Gesamtwerk sind sie ungenügend.

Andere Mitarbeiter

Überzeugend hat Looney dargetan, der *Sturm* könne unmöglich von dem gleichen Verfasser herrühren wie *Romeo und Julia*: allzu matt steche das schachspielende Paar Ferdinand und Miranda von Romeos und Julias glühender Leidenschaft ab. Slaters Kandidat als Autor des *Sturm* ist die Gräfin Pembroke, Sir Philip Sidneys Schwester. Daß sie gedichtet hat, ist bekannt. Ihren Söhnen ist die Shakespeare-Folio gewidmet, ihr jüngerer Sohn heiratete Graf Oxfords jüngste Tochter.

Daß Graf Oxford wünschte, auch nach seinem Tod solle „Shakespeare" als Verfasser seiner Werke gelten, geht unter anderem aus den Shakespeare-Sonetten hervor. Seine Nachkommen haben diesen Wunsch geachtet. Die Beteiligung anderer Autoren mochte ein zusätzliches Motiv dafür sein, besonders falls Sir Francis Bacon zu ihnen gehörte und seinen Anteil weit überschätzte, wofür es Hinweise gibt. Auch Nichtbaconianer halten seine Mitarbeit an *Richard II.* und *Richard III.* für denkbar, und zu der Zeit, als die Folio vorbereitet wurde, stand er auf dem Gipfel seines Einflusses. Es kann auch mitgesprochen haben, daß „Shakespeare" – wenn Slaters Deutung stimmt – eine Abteilung des Geheimdienstes gewesen war.

Freuds Hamlet-Deutung

Hamlet will den Mörder seines Vaters umbringen. Weshalb kann er seinen Entschluß nicht ausführen? Die einzige in sich geschlossene Lösung dieses Rätsels hat *Freud* geliefert. Ihm zufolge hat sich *Hamlets Oedipus-Komplex* gewandelt. Ohne daß es ihm bewußt sein könnte, ist sein Kinderwunsch, die Mutter zu besitzen, nicht nur lebendig geblieben, sondern erzeugt zudem Selbstvorwürfe,

> „die ihm vorhalten, dass er ... selbst nicht besser sei als der von ihm zu strafende Sünder. Ich habe ... ins Bewußtsein übersetzt, was in der Seele des Helden unbewusst bleiben muss. Im *Oedipus* wird die zugrundeliegende Wunschphantasie des Kindes wie im Traum ans Licht gezogen und realisiert: im *Hamlet* bleibt sie verdrängt, und wir erfahren von ihr ... wie bei einer Neurose nur durch die von ihr ausgehenden Hemmungswirkungen. Mit der überwältigenden Wirkung ... hat es sich ... vereinbar gezeigt, daß man über den Charakter des Helden in voller Unklarheit bleiben könne."

Wer auf Freud eingestellt ist, muß diese Beweisführung als Offenbarung empfinden. Wie Looney gezeigt hat, drückt sich in *Hamlet* und *Ende gut, alles gut* Graf Oxfords *Anhänglichkeit an seinen Vater*, Schmerz über dessen frühen Tod und Erbitterung über die Folgen aus: den zeitweiligen Verlust des Vermögens, die Vormundschaft samt ihren Folgen, namentlich die Heirat mit Anna Cecil, die rasche Wiederverheiratung der Mutter. Freud teilte Looneys Auffassung, Graf Oxford sei der Schöpfer von Shakespeares Werken – sie ist ja auch vom Standpunkt der Psychoanalyse zwingend. In seinem letzten Lebensjahr, in England, war Freud mit Looney befreundet und verfocht Graf Oxfords Autorschaft in seinen Briefen an Arnold Zweig.

Dauert die Mutterbindung über die Pubertät hinaus, so kann oder muß sie eine *Neurose* verursachen. Räumliche Trennung von der Mutter und leidenschaftliche Konflikte mit ihr brauchen die Mutterbindung – mithin die Neurose – keineswegs aufzuheben. Freud dürfte gemeint haben, darin habe Graf Oxfords „Trauma" bestanden, und in *Hamlet* habe er es gestaltet. Diese Auffassung würde sowohl die Fortdauer von Graf Oxfords Oedipuskomplex wie seine – der Annahme dieses Komplexes *scheinbar* widersprechende – leidenschaftliche Anhänglichkeit an den früh verstorbenen Vater erklären, und damit die Eifersucht auf den Stiefvater, die aus *Hamlet* spricht, sowie darüber hinaus den leidenschaftlichen, quälenden Charakter dieser Eifersucht. In Graf Oxfords Bewußtsein mußte sie dadurch abgestützt sein, daß sein Stiefvater zu seinen Plünderern gehörte und außer seiner Mutter auch seine Jugendheimat, Schloß Hedingham, genommen hatte. Die damit verbundene Haßliebe auf seine Mutter wurde dadurch verstärkt, daß sich ihr Bruder um seinen Neffen kümmerte und ihm wichtige Grundlagen seiner geistigen Existenz vermittelte.

Warnung: *Nicht Freud hat diese Ableitung niedergeschrieben,* sondern wir unterstellen sie ihm. Wir können ihn mißverstanden haben. Überhaupt fordert die Formulierung des Oedipus- und Hamletkomplexes in Freuds zitiertem Text Bedenken heraus. Sie hängt mit einer Grundlage seines Lebenswerks zusammen, die er zu verschleiern suchte: seiner Selbstanalyse. Nicht nur deshalb ist sie verdächtig. Offensichtlich hat *Freud das Hamlet-Problem richtig gestellt*. Hat er es aber auch korrekt formuliert?

Da der Oedipus-Komplex in frühester Kindheit wurzelt, früher als sexuelle Aufklärung, und vollends früher als sexuelles Verlangen, ist er primär nur auf Alleingenuß der mütterlichen Zärtlichkeit gerichtet, nicht notwendig auch auf geschlechtliche Vereinigung mit ihr. Dieser Wunsch mag, in aller Regel unbewußt, hinzutreten, wenn der Oedipus-Komplex in und über die Pubertät hinaus bestehen bleibt, wobei die Fortdauer der Mutterbindung eine Neurose verursacht.

Psychische Motive – Wünsche, Ängste, neutrale Eindrücke – werden durch einen Umwandlungsprozeß (Freud: „Traumarbeit“) zum „manifesten Trauminhalt“, dessen man sich mitunter beim Aufwachen erinnert, den man aber in der Regel rasch vergißt. Die „Traumarbeit“ verwandelt die – oft unbewußten – *„latenten Traumgedanken“* in symbolische Bilder, in denen die „latenten Traumgedanken“ undeutlich oder gar nicht wiederzuerkennen sind. Die Traumarbeit *„verdichtet“* verwickelte Vorgänge zu einfachen, zwei oder mehr Personen zu einer einzigen. Der Träumende kann sich mit einer Person des eigenen Geschlechts identifizieren, zu Personen des anderen Geschlechts in eine erotische Beziehung treten. *Analog* geschieht all das *im künstlerischen Schaffen.* Ohne es zu ahnen, träumt der Zuschauer, Zuhörer, Leser, Betrachter eines Kunstwerks mit dessen Schöpfer. Insbesondere vollzieht der Zuschauer einer Tragödie die *Selbstidentifizierung des Dichters mit dem Helden* nach. Daß sich verschiedene historische Persönlichkeiten wie Coligny und Darnley zum König Duncan in *Macbeth* verdichten, entspricht den Methoden der „Traumarbeit“.

Wenn hauptsächlich der schottische König Jakob VI. zu Hamlet „verarbeitet“ ist, so liegt das Motiv zu Tage, aus dem sich Graf Oxford mit ihm identifizierte: auch der König hatte früh seinen Vater verloren, die Mutter hatte rasch wieder geheiratet, noch dazu den Mörder des Vaters, so daß der Haß gegen den Stiefvater auch im wachen Bewußtsein überzeugend gerechtfertigt war. Hinzu kam Graf Oxfords Identifizierung mit Jakob als dem gewünschten englischen Thronerben. Trifft es zu, daß Hamlet auch den Grafen Essex repräsentiert, so galt dessen – wenngleich nur eingebildete – Erklärung, er erstrebe nichts für sich, aber alles für den Thronerben, aufrichtig und uneingeschränkt für den Grafen Oxford selbst. Dieser hegte wirklich in den letzten anderthalb Jahrzehnten seines Lebens keinen politischen oder militärischen Ehrgeiz mehr. Sonst wäre er zu Hofe gegangen und hätte sich an den Sitzungen des Oberhauses beteiligt.

Master Shakspere hingegen verlor seinen Vater erst mit 37 Jahren und nicht gewaltsam. *Für ihn gab es kein ersichtliches Motiv,* sich mit Jakob oder Essex zu identifizieren.

Auch Kitsch ist ein Traumgebilde, aber nur des Wachtraums, nicht durch die Traumarbeit hindurchgegangen. Daher sind in ihm die Nöte des Lebens nur durch Schönfärberei „verdrängt“, nicht verarbeitet, nicht überwunden oder „aufgehoben“ wie in echter Kunst. Von dieser gesteht der Dichter:

„Und wenn der Mensch in seiner Qual verstummt,
Gab mir ein Gott, zu sagen was ich leide."

Dieselbe befreiende Wirkung erzielt die Psychoanalyse, indem sie *das „Trauma" bewußt macht, das der Neurose zu Grunde liegt.* 1928 brachte das Buch „Im Westen nichts Neues" diese Wirkung in Millionenauflage, indem es das Entsetzliche des „Fronterlebnisses" durch die Traumarbeit gestaltete. Aristoteles nennt das aufwühlende und befreiende Erlebnis des Tragödien-Zuschauers treffend *„Katharsis"* = Reinigung.

Weder Winstanley noch Looney kannten vor der Veröffentlichung ihrer Entdeckungen die Psychoanalyse, hatten aber Antennen für die von ihr aufgedeckten Zusammenhänge. Daher vermochten sie, tief in „Shakespeares" Schaffensprozeß hinabzutauchen. Das verleiht ihrer Beweisführung die düster zwingende Kraft Shakespearescher Tragödien. In unserem Referat ist diese Wirkung abgeschwächt: zu fern liegen uns die Verhältnisse des ausgehenden 16. Jahrhunderts, zumal in England ein halbes Jahrhundert vor der englischen Revolution. Auch können Looneys und Winstanleys Beweise hier nur teilweise referiert werden; ihre Überzeugungskraft beruht aber nicht zum wenigsten auf ihrer Fülle. Indessen können wir die Beweisführung weiterführen, indem wir Lilian Winstanleys Ergebnisse zusammenfassen – sie selber hat das unterlassen. Übrigens haben die Oxfordianer sie nahezu völlig ignoriert – und umgekehrt.

Die Gefahr von Einkreisung und Umsturz

Die Ereignisse, die *Hamlet, König Lear, Macbeth* und *Othello* zu Grunde liegen, waren von Graf Oxfords Standpunkt Tragödien, denn sie bedrohten die von Königin Elisabeth verkörperte Unabhängigkeit Englands. Die *Ermordung Darnleys* 1567, der Massenmord an Coligny und dem hugenottischen Adel in der *Bartholomäusnacht* 1572 sowie *Venedigs Bündnis mit Spanien* 1571 bedeuteten in den Augen Graf Oxfords und überhaupt des englischen Hofadels die Gefahr der Isolierung und *Einkreisung für das elisabethanische England.* Graf Oxford war 1550 geboren. Also war er zur Zeit dieser Katastrophen in seinen eindrucksfähigsten Jugendjahren. Daher konnte damals in seiner Seele die Kristallisation und Identifizierung beginnen, die sich ein Menschenalter später, in seinen letzten fünf Lebensjahren, in den vier großen Shakespeare-Tragödien niederschlug. Winstanley hat nachgewiesen, daß noch um 1600 diese Katastrophen und ihre symbolische Verkleidung dem englischen Theaterpublikum gegenwärtig waren. Daher bildeten diese Tragödien wirkungsvolle Beiträge zu der nationalen Propaganda, die das elisabethanische Theater unter Graf Oxfords Leitung anscheinend in königlichem Auftrag betrieben hat.

Dies wird belegt durch einen historischen Rückblick, den übrigens Slater ähnlich angestellt hat. Königin Elisabeths ältere Halbschwester Maria war von 1553 bis 1558 *Königin und mit Philipp II. von Spanien verheiratet.* Wäre dieser zur Zeit ihres Todes in England gewesen, so wäre ihm dessen Krone zugefallen. Elisabeths Thronbesteigung beseitigte diese Gefahr nur für den Augenblick, nicht endgültig.

Eine noch nähere Gefahr drohte von Frankreich. Dessen König 1559-60, *Franz II.*, war *verheiratet mit Maria Stuart.* Zwar starb Franz II. 1560, und als Maria ihre Regierung in Schottland antrat, war ihre Stellung gegenüber dem schottischen protestantischen Adel schwach. Marias zweiter Gatte, *Darnley*, war zwar katholisch, stützte sich aber offen auf den *protestantischen Adel* Schottlands und insgeheim auf englische Subsidiengelder. Daher fürchtete man nach seiner Ermordung am englischen Hof die *Restauration von Katholizismus und französischem Einfluß in Schottland*; Marias Mutter, eine Prinzessin aus dem fanatisch katholischen Hause Guise, hatte sich als Regentin für ihre minderjährige Tochter auf eine französische Garnison gestützt.

Maria Stuart wurde von den Maßgebenden vorgespiegelt, ihre Heirat mit Bothwell, drei Monate nach Darnleys Ermordung, entspreche den Wünschen des schottischen Adels. Den Urhebern dieser Täuschung diente alsbald die Ungeheuerlichkeit dieser Heirat als Vorwand einer Erhebung, durch die sie den Säugling Jakob VI. auf den Thron erhoben, mit Marias Halbbruder James Murray als Regent; Murray wurde seinerseits drei Jahre später, 1570, ermordet. Maria Stuart wurde 1567 in Schloß Lochleven eingekerkert, entkam zwar im folgenden Jahr, wechselte dadurch jedoch nur das Gefängnis. Als Gefangene in England wurde sie *zu einer noch größeren Gefahr für die englische Königin Elisabeth* und für die englische Unabhängigkeit. 1570 erhob sich der katholische Adel Nordenglands, um Maria Stuart auf den englischen Thorn zu setzen und sie mit dem Herzog von Norfolk zu verheiraten, dem ältesten von Graf Oxfords katholischen Verwandten Howard und Vater jenes Grafen Arundel, der 1580 nach Graf Oxfords Enthüllungen über die fortdauernde katholische Verschwörung floh.

Burghley und Walsingham hatten gewacht. Ein königliches Heer unter Graf Sussex, dem der damals zwanzigjährige Graf Oxford angehörte, war versammelt, ehe die Rebellen bereit waren, und jagte sie über die schottische Grenze. Der Herzog von Norfolk, der von der Verschwörung gewußt, aber nicht selber losgeschlagen hatte, wurde zum Tode verurteilt; nach zweijährigem Zaudern ließ ihn Königin Elisabeth 1572 hinrichten. Er ist das Urbild des *Grafen Northumberland* in *Heinrich IV.* Teil I. Entgegen den historischen Tatsachen sitzt dieser bei Shakespeare still, während sich sein Sohn *Percy Heißsporn* und dessen Mitverschworene erheben und untergehen, aber die *Strafe ereilt ihn ebenso wie den Herzog von Norfolk.*

Darnleys Ermordung erwies sich in ihren Folgen nicht so bedenklich für die englische Unabhängigkeit, wie Graf Oxford und dessen Umgebung gefürchtet hatten. Desto bedrohlicher erschien ihnen fünf Jahre später die *Bartholomäusnacht* (24. August 1572).

Vorangegangen war eine der jähen Wendungen, die für den niederländischen Unabhängigkeitskampf charakteristisch waren. Wie erwähnt, fielen im März 1572 Albas wahnwitzige Steuerausschreibung und die Einnahme von Briel durch die Geusen zusammen, und sofort *erhoben sich fast alle Städte* in den nördlichen sieben Provinzen. Zudem nahm im Südwesten Ludwig von Nassau *Mons.* Dieses erschien Alba als der strategische Schlüssel. Ohnehin waren seine Truppen viel zu schwach für das Ausmaß, das der Krieg über Nacht angenommen hatte. Also entblößte er weite Gebiete und konzentrierte die verfügbaren Streitkräfte vor Mons.

Dort drohte ihm Vernichtung. Von Osten rückte unaufgehalten *Wilhelm von Oranien in Brabant* vor, und von Westen drohte der vereinigte Angriff *des königlich französischen Heeres und der Hugenotten.* Die Verhandlungen Colignys und des Königshofes darüber waren ernsthaft. Greifbar nahe schienen die endgültige Vertreibung der Spanier aus den Niederlanden und ein *Bündnis Frankreichs, der Niederlande und Englands* auf der Grundlage konfessionellen Friedens in Frankreich und den Niederlanden. Diese Perspektive wurde über Nacht, genauer: die Bartholomäusnacht, zunichte.

Was den französischen Königshof – soweit er sie überhaupt geplant hat – zu ihr veranlaßte, ist nur zu erraten. Sie lief seinem langfristigen Ziel zuwider, durch Ausgleich mit den Hugenotten von dem Haus Guise unabhängig zu werden. Jedenfalls übernahm der französische König wenige Tage später öffentlich die Verantwortung, und das machte die Protestanten zu seinen und seiner Mutter unversöhnlichen Feinden. *Jahrzehntelang tobte der Bürgerkrieg,* wenn auch nicht so verheerend wie im folgenden Jahrhundert in Deutschland. *England* einerseits, die sieben Provinzen andererseits waren *wieder isoliert.* Alba nahm Mons und stellte die strategische Lage für die Spanier wieder her.

Zu diesen beiden Katastrophen – dem Mord an Darnley und der Bartholomäusnacht - war schon 1571 das *Bündnis Venedigs mit Spanien* gekommen, von dem man besonders in Italien, wo Graf Oxford es 1575 hörte, die Unterwerfung des letzten, noch unabhängigen italienischen Staates unter spanische Kontrolle fürchtete. Um Philipps II. angebliche Ermordung seiner Gemahlin Elisabeth von Valois und seines Halbbruders Don Juan kristallisiert sich in *Othello* das Bild der spanischen Gefahr, für damalige Zuschauer unverkennbar.

Zwar waren Coligny und die mit ihm ermordeten Hugenotten Protestanten, aber Darnley, Elisabeth von Valois, Don Juan d'Austria, die Republik Venedig und bis 1573 sogar Wilhelm von Oranien Katholiken, wie bis 1580 Graf Oxford selbst. Oraniens Übertritt zum Kalvinismus 1573 änderte nichts an seinem *überkonfessionellen, toleranten Christentum*, das sich seit 1581 auch Graf Oxford zu eigen machte, und das *aus Shakespeares Werken spricht*. Vielmehr trug Oranien durch seinen Konfessionswechsel der Führung Rechnung, die das Bürgertum der nördlichen sieben Provinzen durch seine Erhebung 1572 übernommen hatte. Durch sie war die niederländische Erhebung aus der Verteidigung der überkommenen Stände-„Freiheiten" *in die bürgerliche Revolution umgeschlagen.*

Hingegen war England von der bürgerlichen Revolution noch ein halbes Jahrhundert entfernt, als 1593 „Shakespeares" epische und Bühnendichtung begann. Graf Oxford rezipierte die in ihrem Kern bürgerliche Kultur der italienischen Renaissance und trug entscheidend bei, sie nach England zu übertragen. Dabei arbeitete er mit bürgerlichen Intellektuellen als aristokratischer Mäzen zusammen. Wie Wilhelm von Oranien gehörte er zum Hochadel, beider Ländereien waren überschuldet, aber dadurch ließen sie sich nicht in ihrer politischen Parteinahme fesseln.

Im zweiten Weltkrieg wurde nach und nach fast die ganze nicht unter deutscher, italienischer oder japanischer Herrschaft stehende Menschheit in dem Abwehrkampf gegen Hitler und dessen Verbündete vereinigt, trotz der Feindschaft der „Vereinten" Nationen und politischen Bewegungen gegeneinander. Analog sahen sich vor vierhundert Jahren *die einander feindlichsten Staaten und politisch-konfessionellen Bewegungen* in den Kampf gegen Spanien *zusammengezwungen*. Für Wilhelm von Oranien und den Grafen Oxford sowie dessen Sprachrohr „Shakespeare" war dieser Kampf *eine gesamteuropäische*, oder spezieller: westeuropäische *Aufgabe*. Was Lilian Winstanley aufgedeckt hat, ist dieser gesamteuropäische Aspekt von Shakespeares Hauptwerken. Looney und Winstanley haben gezeigt, was der Dichter mit seinen Gestalten, Konflikten, Worten ausdrücken wollte, und wie seine Werke die Kämpfe der Zeit spiegeln: Darin wurzelt ihre Überlegenheit über die herkömmliche Stratford-Orthodoxie, deren deutsche Vertreter vor hundert Jahren Rümelin, in unserem Jahrhundert Looney sowie Winstanley ignoriert und die Nazis zum Berufsverbot gegen Hans Rothe angestiftet haben.

Graf Oxfords Shakespeare-Jahre

Daß sich William Shakspere, Gentleman, um 1604 nach Stratford zurückgezogen habe, trifft entgegen der herrschenden Meinung nicht zu. *Wohl aber hat sich Graf Oxford um 1590 zurückgezogen.* Nachdem er in der Dankprozession für den Sieg über die spanische Armada, 24. November 1588, den Thronhimmel über der Königin mitgetragen hatte, verschwindet er aus den Hofnachrichten. Nach seiner Heirat mit Elizabeth Trentham, Winter 1592-93, war sein gewöhnlicher Aufenthalt auf deren Landsitzen, erst in Stoke Newington, dann in Hackney, Dörfern nordöstlich von London, die längst eingemeindet und zu Teilen der Innenstadt geworden sind. Die wenigen Nachrichten besagen, daß er wiederholt seinen Schwiegersohn Graf Derby besuchte und dessen Besuch empfing, sowie daß Graf Derby *„in der Zurückgezogenheit Komödien schrieb“*.

Kein Rivale kämpfte mehr auf Tod und Leben mit Graf Oxford und dessen Gefolge, keines Hofmannes Ehrgeiz stand er mehr im Wege, er erregte kein Ärgernis mehr mit Hofdamen, und kein Schwiegervater beklagte mehr seinen geschäftlichen Ruin. Übrigens waren diese Klagen übertrieben. 1570 muß Graf Oxfords Vermögenslage noch gut gewesen sein: sonst hätte ihm Lord Burghley nicht seine Tochter gegeben. Als Burghleys Mündel lebte Graf Oxford nicht kostspieliger, als sein Vormund für erforderlich hielt. Graf Oxfords Gönnerschaft für „lewd friends“, das heißt die elisabethanische Kunst und Literatur, war keinesfalls verschwenderisch genug, um ein wirklich bedeutendes Vermögen zu ruinieren, sie irritierte in erster Linie Lord Burghleys Philistrosität. Verhängnisvoll für Graf Oxfords Vermögen waren eher seine Italienreise, seine Aktienzeichnung für Frobishers Entdeckungsfahrten – 2500 £ –, der nicht nur für ihn ruinöse *Aufwand für Repräsentation bei Hofe*, vor allem aber *seine Plünderung durch* das Konsortium *Leicester-Tyrrell-Burghley*. Wenn Graf Oxford seit der Verleihung des königlichen Jahrgelds von 1000 £ und seiner zweiten Heirat geschäftlich saniert war, so lag es daran, daß er weder mehr faule Aktien zeichnete, noch zu Hofe ging, noch daß feindliche Verwandte die

Hände in seine Taschen steckten. Gegen den für ihn gefährlichsten Skandal, das Bekanntwerden seines dichterischen Schaffens, schützte er sich vermittels seines Strohmanns Shakspere.

In dem Shakespeare-Sonett 48 ist die Rede von der „Sorgfalt, womit ich jede (scil. dichterische) Kleinigkeit hinter festen Riegeln verwahrt" habe:

> „How careful was I, when I took my way,
> Each trifle under truest bars to thrust!"

In den siebziger Jahren hatte sich Graf Oyford eines Pseudonyms bedient, aber Pseudonyme werden unfehlbar durchschaut, wenn der Literaturbetrieb sich auf einen kleinen, überschaubaren Personenkreis beschränkt und von Gärung, Eifersucht und Polemik beherrscht wird. Deshalb, und weil er besonders exponiert war, wird Graf Oxford 1593 ein Mittel gewählt haben, das sicherer schien: einen Strohmann, der so unauffällig war, daß nicht einmal belegt ist, welche Rollen er auf der Bühne gespielt hat, und so diskret, daß er Ben Jonsons kunstkritischen Anzapfungen trotzte, ohne sich aus der Reserve locken zu lassen.

Die Widmung der beiden Versepen von 1593 und 1594 an den Grafen Southampton kann dem Doppelzweck gedient haben, Shakspere-Shakespeare als Dichter zu legitimieren und Southampton als Vermittler zwischen den wirklichen Dichter und das Mitglied der Burbage-Truppe zu schalten. Graf Southampton war der Schriftstellerei unverdächtig, seine enge Verbindung mit dem Grafen Oxford ist belegt, während Charlotte Stopes' jahrelange Suche nach Belegen für Southamptons Verbindungen mit Shakspere ergebnislos geblieben ist. 1601, am Vorabend des Essex-Putsches, bestellte Graf Southampton *Richard II.* bei der Burbage-Truppe, und 1603, unmittelbar nach Jakobs I. Thronbesteigung und seiner eigenen Freilassung aus dem Tower, führte er *Verlorene Liebesmüh* vor der neuen Königin auf. Auch stammt der Aktenvermerk über Shakspere (Schreibung: William Shakespeare, wie auf den Drucken von *Venus und Adonis* sowie *Lucretia*) als Mitglied der Burbage-Truppe in den Hofakten, Winter 1594/95, von *Graf Southamptons Mutter, verwitweter Lady Heneage.*

Shakspere wird – vielleicht durch Southamptons Vermittlung – Reinschriften von Schreiberhand entgegengenommen und als eigene Werke an die Burbage-Truppe veräußert haben. Bei Graf Oxfords noblen Gewohnheiten darf unterstellt werden, daß Shakspere die Honorare einstecken durfte und darüber hinaus namhafte Ehrengeschenke erhielt: Sie waren vermutlich die Keimzelle seines Vermögens.

Eine Schwierigkeit für die Zuschreibung von Shakespeares Werken an den Grafen Oxford liegt darin, daß der Graf im Sommer 1604 starb, Shakespeares Produktion aber weitere sechs Jahre andauerte. Die Erklärung wird darin liegen, daß sich *Othello* und *Troilus und Cressida* vollendet, *Cymbelin, Timon von Athen*, das *Wintermärchen*, vielleicht auch Entwürfe zum *Sturm* unvollendet in seinem Nachlaß vorfanden, und daß die Lücken der unvollendeten Stücke von Chapman und anderen ausgefüllt wurden. Die dramatischen Nachlaßverwalter werden sich an den eingeführten Geschäftsgang gehalten haben. Sie verkauften die Dramen Stück für Stück, je nachdem sie fertig waren oder wurden, durch Shakspere an die Burbage-Truppe.

Als der Vorrat erschöpft war, stellte *Shakspere* seine dichterische Produktion ein, oder wie die Shakespeare-Biographen das ausdrücken: Er zog sich nach Stratford zurück, was ihn indes nach Ausweis der Urkunden nicht abhielt, überwiegend in London zu leben, fast bis zuletzt in Geschäftsbeziehungen zur Burbage-Truppe, so daß die Möglichkeit nicht auszuschließen ist, daß er auch noch als Schauspieler tätig war.

Für uns sind an Graf Oxfords Nachlaß am interessantesten die Dramen; für *Master William Shakspere, Gentleman* dürften die Legate mindestens ebenso interessant gewesen sein. Wenn Graf Oxford in einer Zeit finanzieller Bedrängnis Grundbesitz verschenkte, der eine ewige Rente von 30 2/3 £ abwarf, so fiel es nicht aus dem Rahmen, *Shakspere* so viel Geld auszusetzen, daß dieser dafür eine einunddreißigjährige Rente von 60 £ kaufen konnte. Im Juni 1604 war Graf Oxford gestorben. Im Sommer 1605 nahm *Shakspere* die größte Kapitalanlage seines Lebens vor: den Kauf jener Stratforder Zehntrechte für 440 £. Vermutlich stammte die Kaufsumme ganz oder teilweise aus einem Oxfordschen Legat.

Im März 1613 nahm William *Shakspere* seine letzte Kapitalanlage vor: den Kauf des Pförtnerhauses von Blackfriars für 140 £, wovon er 80 £ bar, den Rest nach einem halben Jahr zahlte. Im Januar 1613 war Graf Oxfords Witwe gestorben. Wieder stammte vermutlich ein Teil der Kaufsumme aus einem Oxfordschen Legat, und zwar die Restzahlung von 60 £, denn das Testament wurde schwerlich so rasch vollstreckt, daß *Shakspere* schon in wenigen Wochen über das Geld verfügen konnte.

Beide Investitionen machen zusammen 580 £ aus, reichlich zwei Fünftel von *Shaksperes* mutmaßlichen Gesamtersparnissen und Investitionen.

Vermutlich hatte *Shakspere* schon vor 1600 substantielle Geldgeschenke erhalten – unter anderem vom Grafen Southampton für die beiden Gedichte – und daraus seinen Vater saniert, das Familienwappen bestritten und Newplace gekauft. Selbst wenn er den Rentenkauf von 1605 und den Hauskauf von 1613 zum Teil aus eigenen Mitteln bestritt, dürfte doch mehr als die Hälfte seines Vermögens aus Oxfordschen Geschenken und Legaten stammen.

Shakspere gilt immer noch als Shakespeare

Daß Graf Oxford Hauptautor und Geschäftsführer der Firma „Shakespeare" gewesen sein muß, ist zwingend bewiesen. Die Öffentlichkeit ignoriert es. Weshalb?

Daran ist nichts Ungewöhnliches. Vor vierhundert Jahren konnte sich *das kopernikanische Weltbild* nur in langem, buchstäblich blutigem Kampf durchsetzen. Noch vor vierzig Jahren verschlossen sich fast alle Geologen Alfred Wegeners Beweisen für die *„Kontinentalverschiebung"*. Heute bildet sie in Form der „Plattentektonik" eine unentbehrliche, unumstrittene Arbeitshypothese.

Das *geistige Beharrungsvermögen* widerstrebt dem Umsturz eingewurzelter Vorstellungen; der Mensch ist konservativ. Auch knüpfen sich *„vested interests"*, Besitzansprüche, an das Bestehende, im Falle Shakespeares vor allem die Autorenrechte und Rechthaberei der Professorenzunft.

Eine Vorbedingung liegt darin, daß kein Theaterbesucher Anlaß findet, an Master *Shaksperes* Autorschaft zu zweifeln: Wie eingangs erwähnt, fesseln Shakespeares Bühnenstücke von Anfang an derart, daß kein Zuschauer nach dem Verfasser fragt. Dazu kommt die Umsicht, womit Graf Oxford die Spuren verwischt hat.

Shakespeare ist ein englischer Klassiker, und in England genießt Graf Oxford den denkbar schlechtesten Ruf. Desto besser ist dort *Lord Burghleys Ruf* bei den politischen, und *Sir Philip Sidneys Ruf* bei den Literatur-Historikern. Mithin werden dort Burghleys Klagen über seinen Schwiegersohn und Fulke Grevilles Bericht über Oxfords und Sidneys „Tennis-Streit" zum Nennwert diskontiert, wie bei uns Bismarcks Negativreklame für Diest-Daber oder Stosch.

Um die Beweise für Graf Oxfords Verfasserschaft zu begreifen, ist *bürgerliches Klassenbewußtsein* vonnöten. Es war in Deutschland immer schwach. In England lag es vor 175 Jahren in großbürgerlicher Version Ricardos Analyse der kapitalistischen Gesellschaft zu Grunde, in kleinbürgerlicher der plebejischen Agitation, besonders derjenigen Cobbetts. Heute hat der britische Großgrundbesitz keine politische Macht mehr, seine wirtschaftliche Stellung ist prekär. Ihm gegenüber ist das bürgerliche Klassenbewußtsein mangels Konflikt eingeschlafen.

Eine weitere Hemmung liegt in der literarischen Form, oder vielmehr Formlosigkeit. *Greenwood* vor achtzig, *Winstanley* und *Looney* vor siebzig Jahren *schrieben schwerfällig*. Von Looneys Anhängern hatte nur Slater eine schlanke, klare literarische Form, schrieb aber für Leser, die ohnehin nicht mehr an Master *Shakspere* glaubten. Infolgedessen blieb der Glaube an Graf Oxford auf einen kleinen Kreis beschränkt, der gelegentlich in Sektierertum verfällt. Es war auch ein Nachteil, daß weder Winstanley noch Looney lebendigen *Kontakt mit dem Theater* hatten. Zu allem Überfluß waren sie *Außenseiter*, wie Alfred Wegener.

Hinderlich war auch, daß sich die marxistischen Literaturhistoriker und Kritiker nicht mit Shakespeare beschäftigt haben: weder Franz Mehring, Trotzki, Lukacs, Walter Benjamin noch die Frankfurter Schule. Freud ist für Graf Oxfords Autorschaft eingetreten, aber nur in Briefen. Hingegen stand und steht die Professorenzunft treu zum alleinseligmachenden, „stratfordianischen" Glauben, und die Professoren bilden bei uns die maßgebende, in angelsächsischen Ländern immerhin eine wichtige Instanz.

Goethe *(Sprüche in Prosa)* mag uns lehren:

> „In Wissenschaften, so wie auch sonst, wenn man sich über das Ganze verbreiten will, bleibt zur Vollständigkeit am Ende nur übrig, als Wahrheit für Irrtum, Irrtum für Wahrheit gelten zu machen. Er kann nicht alles selbst untersuchen, muß sich an Überlieferung halten und, wenn er ein Amt haben will, den Meinungen seiner Gönner fröhnen. Mögen sich die sämtlichen akademischen Lehrer hiernach prüfen!"
>
> „Das Wahre fördert; aus dem Irrtum entwickelt sich nichts, er verwickelt uns nur."
>
> „Zum Ergreifen der Wahrheit braucht es ein viel höheres Organ als zur Verteidigung des Irrtums."
>
> „Das Falsche (der Irrtum) ist meistens der Schwäche bequemer."
>
> „Ganze, Halb- und Viertelsirrtümer sind gar schwer und mühsam zurechtzulegen, zu sichten und das Wahre daran dahin zu stellen, wohin es gehört."
>
> „Der Scharfsinn verläßt geistreiche Männer am wenigsten, wenn sie unrecht haben."
>
> „Das Absurde, Falsche läßt sich jedermann gefallen: denn es schleicht sich ein; das Wahre, Derbe nicht: denn es schließt aus."

6

GEORGE WASHINGTON

„Hervorragende Menschen sind höchst selten Biedermänner. In dem ganzen Jahrundert kenne ich nur zwei: den älteren Pitt und Washington. Die anderen haben alle gemogelt, und die gegenwärtigen mogeln erst recht."

Theodor Fontane

Geländeerschließung durch große Politik

George Washington starb am 16. Dezember 1799, vierzehn Tage vor Beginn des neuen Jahrhunderts. Das Vermögen, das er hinterließ, belief sich auf etwa eine Million Dollar. Damit war er zwar *nicht der erste amerikanische Millionär*, wohl aber der erste, der es blieb.

Heutige Dollarmillionäre – falls sie etwas bedeuten – begnügen sich nicht mehr mit einer lumpigen Million. Ihre Vermögen stecken in Industrie-, Bergbau-, Verkehrs-, Handels-, Bank-, Versicherungs- und sonstigen Unternehmungen oder städtischem Grundbesitz und erreichen mitunter das Milliardenmaß. Washingtons Vermögen hingegen bestand aus landwirtschaftlichem oder noch gar nicht genutztem *Boden* im Umfang von etwa 26900 ha. Das Staatsgebiet von Hamburg umfaßt etwa 74700 ha, knapp dreimal soviel, wie Washington hinterließ. Er hatte den acre (1 acre = 0,42 ha) durchschnittlich zu 1 Dollar erworben, nach seinem Tode erbrachte sein Land durchschnittlich 5 Dollar je acre.

Demnach erschiene Washington als der erfolgreichste Terrainspekulant seiner Zeit. Und wirklich lag seinem Grunderwerb ein spekulatives Element zugrunde: die Erwartung, der Verkehr werde die Bahn längs des Ohio einschlagen, wo die Hauptmasse der von ihm erworbenen Ländereien lag. Gleichwohl wird man schwerlich den Ausdruck „Spekulation" wählen, denn die Hälfte seines Grundbesitzes am Ohio erhielt Washington als seinen Anteil an der Landprämie, die den Teilnehmern der Ohio-Expedition von 1754 zugesagt war. Als Kommandeur dieser Expedition und von 1755 bis 1758 als Kommandeur des ersten, und bis 1757 einzigen virginischen Infanterieregiments hatte Washington darum gekämpft, das *Ohio-Becken* für Virginia und Pennsylvania *zu erobern*, und sein späteres politisches Wirken hatte das Ziel, es den beiden Kolonien auch nach ihrem

Abfall von England und ihrem Beitritt zu den Vereinigten Staaten *zu sichern. Das Gelingen seiner Politik sicherte zugleich sein Eigentum und dessen Wertsteigerung.*

Seine *Geschäfte* und seine *Politik hingen* so eng *miteinander zusammen*, daß der *Spiegel* vor dreißig Jahren den Vergleich wagte: wie Adenauer die westdeutsche Bundeshauptstadt in die möglichste Nähe von Rhöndorf, so habe Washington die amerikanische in die möglichste Nähe von Mount Vernon verlegt. Indessen hat Washington auf den Beschluß, die künftige Hauptstadt auf das Nordufer des Potomac zu verlegen, keinen Einfluß gehabt. Er selbst hatte lediglich auf dem Nordufer den geeignetsten Platz zu wählen und ging davon aus, der durch seine Initiative begonnene Kanal Potomac-Pittsburgh werde zur Hauptschlagader des nationalen Verkehrs, und der an seinem Ostende gelegene Seehafen zum nationalen Verkehrszentrum werden. Dieser Hafen war der Punkt, bis zu dem Seeschiffe stromauf fahren konnten; dort mußte ihre Fracht auf Flußkähne umgeschlagen werden. Dieser Nationalhafen sollte nach Washingtons Meinung zugleich zum politischen Zentrum werden.

Daß sein Gut Mount Vernon in nächster Nähe der künftigen Hauptstadt lag, war für Washington höchstens insofern erheblich, als er seine engere Heimat liebte und ihr, wie er sehr anziehend in seinen landwirtschaftlichen Briefen an Arthur Young und Sir John Sinclair darlegte, das landwirtschaftlich günstigste Klima der Vereinigten Staaten zuschrieb. Dagegen dachte er nicht daran, von Mount Vernon aus das politische Treiben der künftigen Hauptstadt zu beeinflussen, zumal sie erst nach einigen Jahren, nach seinem Ausscheiden aus der Politik, beziehbar werden konnte.

Überhaupt wird unsere Darstellung zeigen, wie unbedingt er seinen *Privatnutzen* stets dem *gemeinsamen und öffentlichen Wohl* unterordnete, wie streng er Politik und Geschäft trennte, wie integer er war, obgleich andererseits seiner Politik und seinen Geschäften weitgehend die gleiche, großzügige Auffassung der wirtschaftlichen Entwicklung zugrunde lag. Daher ist seine Politik ohne Kenntnis seiner Geschäfte kaum zu verstehen.

Die Washingtons und das „Alte Dominion“

George Washington wurde am 22. Februar 1732 in Wakefield (Virginia) geboren. Dieses Datum fällt in eine sehr frühe Epoche der amerikanischen Geschichte; gleichwohl war er bereits Amerikaner in vierter Generation.

Schon sein Urgroßvater war 1657 als Matrose nach Virginia gekommen und hatte sich dort als Pflanzer niedergelassen.

Westlich des Hudson biegt das Gebirge um und streicht nach Südwesten. Die *Küstenflüsse fließen also ungefähr nach Südosten*, und da der Vormarsch der Siedlung den Flüssen aufwärts folgte, ging er ungefähr nordwestlich. Das war insbesondere die Richtung von Washingtons Feldzügen und Grunderwerb.

Die englische Krone hatte auf diese natürliche Richtung in den Gründungsurkunden der einzelnen Kolonien keine Rücksicht genommen, sondern ihnen künstliche, genau nach Westen verlaufende Grenzen verliehen. Indem Washington der natürlichen Richtung des Vormarsches folgte, sah er sich bald als Vertreter *gemeinsamer Interessen der drei Kolonien Virginia, Maryland und Pennsylvania*.

Jahrhundertelang blieben die einzelnen Kolonien unbedeutende Niederlassungen an der Küste, und das Mißliche der künstlichen Grenzen wurde nicht empfunden. Die ersten Siedler, die dem neuen Gemeinwesen den Stempel aufdrückten, waren in Pennsylvania und Neu-England vornehmlich Bauern und Kleinbürger, in den fünf Kolonien südlich von Pennsylvania dagegen *Pflanzer*, die ihre Güter mit *Sklaven* bewirtschafteten.

Einen *Staatsapparat gab es nicht*, vielmehr bildeten die Bürger in Gemeinde, Landkreis *(county)* und Kolonie einen *Verein sozial Gleichgestellter*, der seine Angelegenheiten selbst verwaltete: durch Generalversammlungen in Gemeinde und Landkreis, durch einen gewählten Ausschuß für die ganze Kolonie und zahlreiche, auf ein oder zwei Jahre aus der eigenen Mitte gewählte Beamte. Soweit als möglich regierten sich die Bürger in *direkter Demokratie*, nur ein Mindestmaß von Zuständigkeiten wurde gewählten Vertretern und Beamten übertragen. Zwar war jeder Vertreter und Beamte unbegrenzt wiederwählbar, aber der Gedanke, ein öffentliches Amt durch ständige Wiederwahl zu monopolisieren, kam keinem Kolonisten.

Jede Kolonie bildete einen solchen geschlossenen Verein. Untereinander hatten die Kolonien wenig Beziehungen. Sie waren nebeneinander längs der Küste aufgereiht und noch nicht durch brauchbare Landstraßen miteinander verbunden. Handel trieb jede einerseits mit dem Mutterland, andererseits mit den Indianern und weißen Jägern im Landesinneren. Ein Gemeinschaftsgefühl der Kolonien untereinander konnte sich daher nur langsam entwickeln, und noch in dem gemeinsam durchgefochtenen Unabhängigkeitskrieg blieben das *gegenseitige Mißtrauen* und die separatistische Abneigung gegen einen festen, permanenten staatlichen Zusammenschluß unüberwindlich.

New York liegt auf der Breite von Neapel. Weiter südlich gelangt man in subtropisches Klima, das den europäischen Siedlern verderblich wurde. Ihre durchschnittliche *Lebenserwartung* war überaus *gering*. Männer verloren ihre Frauen, Frauen ihre Männer gewöhnlich nach kurzer Ehe. Ohne Mann konnte eine Witwe die Kinder und die Pflanzungen ihres verstorbenen Mannes kaum aufziehen und bewirtschaften, ohne Frau konnte ein verwitweter Pflanzer den Haushalt und die Erziehung der Kinder nicht aufrechterhalten. Witwer und Witwen *heirateten* also in der Regel *binnen weniger Wochen oder Monate wieder*. Es entsprach mithin dem Landesbrauch, daß George Washingtons Urgroßvater, John Washington, in dritter Ehe eine Frau heiratete, deren vierter Mann er war. Scheidungen kamen dagegen kaum vor.

Die Verwandtschaftsbeziehungen der alten Pflanzerfamilien in Virginia waren infolgedessen außerordentlich verwickelt. *Jeder war mit jedem verwandt* oder mindestens verschwägert, meist in einer ganzen Anzahl verschiedener Linien. Nicht weniger *verwickelt waren die Erbschaftsverhältnisse*, denn ein Erblasser hatte in der Regel Kinder aus mehreren Ehen, die er der Altersfolge nach zu versorgen suchte, die aber außerdem das Erbteil ihrer verschiedenen Mütter zu beanspruchen hatten. Jeder Pflanzer hatte daher außer der Verwaltung des eigenen Betriebs und Vermögens und seinen öffentlichen Ämtern stets auch eine Anzahl *Testamentsvollstreckungen*. Pflanzer von George Washingtons geschäftlichem Können und seiner Zuverlässigkeit konnten sich davor kaum retten.

Die enge und allgemeine Verwandtschaft und geschäftliche Verbundenheit stärkte außerordentlich die Solidarität der Pflanzer und verschärfte die Abschließung gegen die Nachbarkolonie. Die Solidarität war auch nötig. Denn die Pflanzer liebten Wein, Weib, Gesang, Tanz, Kartenspiel, Pferderennen, Hahnenkämpfe und Jagd: lauter Gelegenheiten, Geld auszugeben. Mit wenigen Ausnahmen lebten sie über ihre Verhältnisse, waren ständig bei ihren englischen Kommissionären verschuldet, jederzeit konnte eine Mißernte, eine Überschwemmung oder der Verlust einer unversicherten Schiffsladung ihren Bankrott herbeiführen. Ohne allzu große Übertreibung hat man gesagt, *jede Pflanzerfamilie habe in jeder Generation einmal falliert*. Dennoch behaupteten sie sämtlich ihre soziale Existenz – durch ihre Solidarität.

Die Solidarität ging zu Lasten derjenigen, die – wie George Washington – gewöhnlich Geld hatten. Er sah sich ständig mit Darlehensgesuchen in Anspruch genommen, und es galt als peinlicher, sie abzulehnen als sie zu stellen. George Washington war als Gläubiger sehr geduldig, erlitt also manche Verluste, sowohl von Schuldnern, die ganz einfach nicht zahlten, wie von solchen, die die Inflation in und nach dem Unabhängigkeitskrieg benutzten, um seine Forderungen in wertlosem Inflationsgeld abzutragen.

Wie unerwartet die Pflanzer vom Tod ereilt wurden, zeigt Washingtons eigenes Ende. Er und der ehemalige Finanzier des Unabhängigkeitskrieges, der Bankier Robert Morris, hatten einander versprochen, das neue Jahrhundert gemeinsam zu erleben. Diese Verabredung hat Washington nicht gehalten, und das war vermutlich das einzige Wort, das er brach. Am 14. Dezember 1799 geriet Washington beim Bereiten seines weitgedehnten Besitzes Mount Vernon (9200 acres = 3900 ha, 6,12 km im Geviert, das Areal mehrerer, stattlicher deutscher Bauerndörfer) in einen Hagelsturm und wurde durchnäßt. Zum Diner zog er sich trotzdem nicht um und war anderen Tages erkältet. Er sagte nur: „Die Erkältung vergeht auch wieder", nahm das Beil und zeichnete vor dem Herrenhaus Bäume an, die er fortschlagen lassen wollte, um einen freieren Blick auf den Fluß zu bekommen. Am 16. Dezember, 2 Uhr morgens, erwachte er mit den bekannten Herzbeklemmungen – Herzinfarkt –, hatte einen sehr qualvollen Tag und schlief bald nach 22 Uhr ohne Todeskampf ein.

Sein Vater, Hauptmann Augustine Washington, war ziemlich ähnlich gestorben. Ebenfalls bei einem Ritt im Unwetter zog er sich anscheinend eine Lungenentzündung zu und starb mit neunundvierzig Jahren – George Washington brachte es immerhin auf achtundsechzig.

Im Laufe des 18. Jahrhunderts war Virginia zivilisierter geworden. Wohnungen, Verkehrswege, ärztliche Versorgung hatten sich gebessert, und damit verlängerte sich die durchschnittliche Lebensdauer. Witwen konnten – wenn auch schwierig – Verwalter und Hauslehrer finden, sie mußten nicht mehr unbedingt sofort wieder heiraten, auch Witwer waren nicht mehr so unbedingt auf sofortige Wiederverheiratung angewiesen. Eine der ersten Frauen, die nicht wieder heirateten, was George Washingtons Mutter. Sie überlebte den Vater um sechsundvierzig Jahre und erlebte noch die Gründung der Vereinigten Staaten und die Präsidentenwahl ihres Sohnes, wenn auch unter Protest.

Arbeit und Freizeitvergnügen der Pflanzer vollzog sich überwiegend zu Pferd und in freier Luft. Da aber die Verwaltung von Gemeinde, Kreis und Kolonie zu ihren Hauptbeschäftigungen zählten, waren sie *weniger bücherfeindlich* als der deutsche Landadel jener Zeit. In der Familie Washington war *Bildungsstreben* herkömmlich. George Washingtons letzter englischer Ahn in männlicher Linie, sein Ur-Urgroßvater Lawrence Washington, war Pfarrer. Wahrscheinlich sind auch die beiden ersten amerikanischen Generationen Washington in England zur Schule gegangen, fest steht dies jedenfalls für George Washingtons Vater, Augustine, und seine älteren Brüder.

Augustine Washington war vom sechsten bis neunten Lebensjahr auf dem *Gymnasium (grammar school) in Appleby* am Eden-Fluß (südöstlich von Carlisle, östlich des Seendistrikts) gewesen und sandte dorthin seine Söhne aus erster Ehe, Lawrence und Austin. Als die Reihe auch an George kam, den ältesten Sohn aus der zweiten Ehe, starb Augustine Washington plötzlich, und *Georges Schulbesuch unterblieb zu seinem lebenslangen Bedauern.*

Denn Augustine und seine beiden Ältesten waren gern in Appleby gewesen, George freute sich schon darauf. Aber seine Mutter, Mary Ball, war von bescheidener Herkunft, selbst ungebildet und aus Minderwertigkeitsbewußtsein bildungsfeindlich. Sie *verhinderte den Schulbesuch* ihrer Kinder, sie ärgerte sich über den gesellschaftlichen und politischen Aufstieg ihres Sohnes George, und als er längst amerikanischer Oberbefehlshaber war, tat sie, als bedeute er nicht mehr als der Tischler um die Ecke. Die Nachricht von dem Entscheidungssieg im Unabhängigkeitskrieg, von der Kapitulation bei Yorktown, tat sie als „sicher übertrieben" ab, und als sie ihren Sohn nach diesem Siege sah, hat sie ihn nicht einmal beglückwünscht.

George Washington bewertete humanistische Bildung sehr hoch und empfand es schmerzlich, daß ihn die Unkenntnis des Lateinischen und Französischen auch praktisch benachteiligte. Daher entging ihm zum Beispiel, daß die Urkunde seiner Kapitulation auf Great Meadows, 1754, das Bekenntnis zur Schuld an der Ermordung französischer Emissäre enthielt.

Die ersten Siedler ließen sich an der Küste nieder. Gegen eine bescheidene Zahlung an die Kasse der Kolonie erhielten sie das Eigentum an Grundstücken, die in der Konzessionsurkunde mehr oder weniger präzise bezeichnet wurden.

Hauptkulturen waren in Virginia *Baumwolle* und *Tabak*. Deren Anbau wurde von *Negersklaven* geleistet, unter Aufsicht weißer Aufseher. Diese *armen Weißen* waren verachtet und nahmen an der kolonialen Selbstregierung nicht teil.

Jeder Pflanzer suchte vor allem seine Landkonzessionen zu erweitern. Das Land an der Küste war bald besetzt, also meldete man die weiteren Konzessionen im Inneren an. Der Landweg war schwierig, also folgte man dem Lauf der Flüsse, die Siedlung breitete sich mithin nach Nordwesten aus.

Diesem geographischen Gesetz folgte das Vorschreiten des Washingtonschen Grundbesitzes. Seine Keimzelle lag unmittelbar südlich der Potomac-Mündung im Landkreis Westmoreland. Dort liegt noch Washingtons Geburtsort Wakefield. Unmittelbar neben Wakefield auf dem Gute Chotank saßen die Nachkommen Lawrence Washingtons, des Bruders von Georges Urgroßvater John. Bei diesen Chotanker Vettern war George in seiner Jugend häufig zu Besuch. Einer seiner Chotanker Vettern, Lund Washington, verwaltete George Washingtons Gut Mount Vernon während des Unabhängigkeitskrieges.

Augustine Washington hatte nicht so lange auf der Schule in England bleiben können wie beabsichtigt; ungeklärte Erbschaftsverhältnisse machten seine vorzeitige Heimkehr erforderlich. In dem Streit zwischen einem Stiefvater, der sein Erbe unterschlagen wollte, und einem Vormund, der es zwar verteidigte, aber ohne die erforderliche Sorgfalt, hatte sein Erbteil nicht gewuchert. Er begann mit bescheidenen 1100 acres (etwa 460 ha); 650 acres brachte ihm seine erste Frau zu, in rund dreißig Jahren brachte er es auf 30000 acres (12600 ha).

Seine ersten Erwerbungen lagen noch im Kreis Westmoreland, dann griff er weiter nach Nordwesten, immer im „Northern Neck", dem Gebiet *zwischen dem Potomac und* dem nächsten südlichen Parallelfluß, *dem Rappahannock*. Der bedeutendste seiner Landkäufe betraf ein Grundstück von 2500 acres in Epsewasson, flußabwärts der heutigen Bundeshauptstadt auf dem südlichen Potomac- Ufer: *das heutige Mount Vernon*. Das Grundstück war schon seit dem Urgroßvater John Washington in der Familie; Augustine kaufte es für 180 Pfund Sterling von seiner Schwester. Vier Jahre, 1735-38, hat er auf Epsewasson gewirtschaftet, dann rückte er weiter.

Einen knappen Tagesritt südlich von Epsewasson besaß er ein Grundstück mit abbauwürdigem *Eisenerz*. Eine englisch-amerikanische Gesellschaft hatte dort 1730 einen *Hochofen* errichtet, Augustine Washington lieferte das Erz und erhielt als Preis 1 Pfund Sterling je ton (1 short ton = 907,2 kg) erschmolzenes Roheisen. Die Gesellschaft besaß noch ein anderes Hüttenwerk und führte im Durchschnitt 3000 tons jährlich nach England aus. Wie hoch der Anteil aus Augustine Washingtons Eisenerz war, ist nicht ersichtlich. Jedenfalls besaß er an seiner Erzgrube eine *stetig fließende Quelle baren Geldes*.

Damit war er unvergleich *besser gestellt* als andere Pflanzer. Deren Haupteinnahme war der Tabak, dessen Ernte extrem nach Menge und

Güte schwankte, und dessen Transport nach England Kosten verursachte, die häufig den Erlös überstiegen. Dagegen bot Augustine Washingtons Eisenerz eine zuverlässige Nettoeinnahme, noch dazu in englischen Pfunden, nicht in virginischen, die mindestens 10% niedriger notierten. Als George Washington im Unabhängigkeitskrieg Waffen und deren Rohstoff, Eisen, beschaffen mußte, war es für ihn von Nutzen, daß er schon *als Knabe* mit den Anfängen der *amerikanischen Hüttenindustrie verbunden* gewesen war.

Um 1750 kam der Washingtonsche Erzbergbau zum Erliegen, da der Oberkonzessionär des Gebiets, Lord Fairfax, von der Gesellschaft ein Sechstel der Bruttoeinnahmen als Konzessionsabgabe forderte.

Unweit von Augustine Washingtons Erz-Tagebau liegt auf dem Südufer des Rappahannock die Stadt Fredericksburg. Über den Fluß führte eine Fähre; den dazugehörigen „Fährenhof" (Ferry Farm) erwarb Augustine Washington 1738 und zog alsbald dorthin um. Während ihn die 2500 acres von Epsewasson nur 180 Pfund Sterling gekostet hatten, mußte er für die 260 acres des Fährenhofes 317 Pfund Sterling aufwenden, allerdings nur virginische Währung. Der Preisunterschied dürfte sich daraus erklären, daß er auf dem Fährenhof bereits einen voll eingerichteten Betrieb vorfand.

Beim Unzug auf den Fährenhof übergab er Epsewasson seinem damals zwanzigjährigen ältesten Sohn, Lawrence, der kurz zuvor nach siebenjährigem Schulbesuch aus Appleby zurückgekommen war.

Als Augustine Washington Ende 1743 plötzlich starb, konnte er trotz seiner 30000 acres nur seine beiden ältesten Söhne anständig ausstatten. Lawrence hatte bereits Epsewasson, er bekam dazu noch die Erzgrube und einige kleinere Objekte. Der zweite, Austin, erhielt in der Hauptsache die Besitzungen im Kreise Westmoreland, vornehmlich den Hof Wakefield. Die zweite Frau und deren Kinder wurden im wesentlichen auf den Fährenhof und einige kleinere Grundstücke in und bei Fredericksburg beschränkt. Der älteste Sohn aus der zweiten Ehe, George, sollte bei Volljährigkeit den Fährenhof erhalten. Bis dahin sollte sich seine Mutter ein Haus auf einem ihrer eigenen Grundstücke bauen. Diese testamentarische Verpflichtung erfüllte sie nicht. Erst 1771 statt 1751 hat sie George den Fährenhof übergeben, und auch dann nicht, weil es sein Eigentum war, sondern weil sie nicht zu wirtschaften verstand.

George Washington hielt stets auf korrekte Vertragserfüllung. Über den Vertragsbruch seiner Mutter war er unwillig, zeigte es aber nicht offen, sondern erfüllte seine Sohnespflichten großzügig. Insbesondere kam er ihren oft wenig rücksichtsvollen Hilfsgesuchen stets nach und verbat sich nur, daß sie, wie sie es einmal tat, sich direkt an den Landtag von Virginia wandte und fälschlich angab, sie sei von dem Oberkommandierenden der Bundesarmee im Stich gelassen. Da sie seine persönlichen Bestrebungen seit seines Vaters Tod stets zu stören suchte, ging er ihr schon als Knabe aus dem Weg.

Noch wichtiger als Grundeigentum waren die Arbeitskräfte zu seiner Bewirtschaftung. Augustine Washington hinterließ 49 *Sklaven*, aber zu rund einem Drittel waren das *arbeitsunfähige Invaliden*, und die arbeitsfähigen Männer machten kaum mehr als ein Drittel aus. Selbst unter Hinzurechnung einiger weißer Aufseher, Handwerker und Teilpächter ist dies eine sehr schwache Belegschaft; das heißt, daß *nur ein Bruchteil* des riesigen Besitzes *wirklich bewirtschaftet* wurde. Zudem ist *Sklavenarbeit unergiebig*, der Ertrag der Ländereien war also gering. Der Hauptertrag entfiel bei Augustine Washingtons Ableben zweifellos noch auf den Erzbergbau.

Lawrence Washington und die Familie Fairfax

Schon als Elfjähriger stand George Washington in bewußtem Gegensatz zu seiner Mutter. Er wollte auf die Schule nach Appleby, sie verhinderte es. Im Herbst 1743, ein halbes Jahr nach seines Vaters Tod, siedelte er zu seinem Halbbruder Lawrence nach Epsewasson über. Ihm verdankt er die entscheidenden Impulse und Verbindungen seines Lebens.

Lawrence war der Held und das *Vorbild seines jüngeren Bruders*. 1740-42 hatte er in dem anfangs glücklichen *Feldzug des Admirals Vernon* in Westindien als *Hauptmann mit königlichem Patent* eine virginische Kompagnie geführt. Aus Verehrung für seinen Kommandeur nannte er sein Gut „Mount Vernon".

Im heutigen Deutschland kommt man nicht ohne Doktortitel aus; im „Alten Dominion" mußte man einen *militärischen Titel* vor seinen Namen setzen. Diese Gewohnheit hat sich bis auf unsere Tage behauptet, sehr zur Täuschung von Deutschen, die „Oberst House" und „General Dawes" fälschlich für Offiziere hielten. Schon „Hauptmann Augustine Washington" war ein gewöhnlicher Zivilist. Sein Hauptmannsrang galt für die Miliz, das heißt die Schützengilde, die bei einer Gemeingefahr, etwa bei einem Indianereinfall, Haus und Hof schützen sollte, sich aber mehr durch Fortlaufen auszeichnete.

Abenteuerdurstigen Kolonialjünglingen wie George Washington

genügte daher der Offiziersrang in der Miliz nicht. Sie strebten nach einem königlichen Patent als *Offizier der regulären Truppen*. Lawrence Washington als königlicher Offizier erregte Neid und Nacheiferung. Wurden königliche Truppen eingesetzt, so erhielten nur Offiziere mit königlichem Patent Rang und Tätigkeit, und der älteste Milizoffizier rangierte hinter dem jüngsten regulären Fähnrich. Wenn General Forbes in seinem Feldzug gegen Fort Duquesne (1758) dem Milizobersten George Washington Rang und Kompetenzen eines regulären Obersten einräumte, was das eine Ausnahme, durch die Washingtons ungewöhnliche Tüchtigkeit anerkannt wurde. In den Jahren vorher war Washington als bloßer Milizoffizier zahlreichen Zurücksetzungen ausgesetzt.

Die Verachtung der Linienoffiziere für das Milizoffizierkorps war Kasten-Vorurteil, denn wie Scharnhorst in seiner Abhandlung über die Siege der französischen Revolutionsheere konstatierte, besaßen auch die Linienoffiziere des Ancien Régime keine nennenswerten militärischen Kenntnisse.

Lawrence Washington hatte nichts von der faulen Routine der stehenden Heere seines Jahrhunderts, er kannte nicht den Garnisondienst, sondern hatte *unter einem hervorragenden Führer* und *unter schwierigen Bedingungen gekämpft*. Seinem jüngeren Bruder gab er Kenntnisse und Anregungen für die *Praxis von Kolonialkrieg und Landungsunternehmen* mit.

Nicht nur militärisch bestimmte er dessen Anfänge. Das östliche Nachbargut von Mount Vernon hieß Belvoir und gehörte dem „Obersten" William Fairfax. 1743 heiratete Lawrence Washington dessen Tochter Anna. Dadurch kam George selbst in nächste Beziehungen zu einer der einflußreichsten virginischen Familien. Ein Hauptinteresse aller Washington-Biographen gilt der leidenschaftlichen Zuneigung, die ihr Held der *Frau seines Schwagers George William Fairfax* gewidmet hat. Noch in seinem Todesjahr schrieb er an *Sally Fairfax*, in ihrer Nähe habe er die glücklichsten Augenblicke seines Lebens verbracht.

Schon seit Generationen genoß die *Familie Fairfax* hohes Ansehen in England. Graf Thomas Fairfax hatte – als Cromwells Vorgesetzter – den Oberbefehl über das Parlamentsheer im ersten Bürgerkrieg. George Washingtons älterer Zeitgenosse, der fünfte Graf Fairfax, hatte von einem Günstling des Stuart-Königs Karl II. eine Landkonzession über nominell 5 Millionen acres (2,1 Millionen ha, etwa soviel wie das heutige Land Hessen) geerbt.

Nominell war diese Konzession ungeheuer. Ihr praktischer Wert für den Konzessionär war jedoch gering. In einem Land, wo so viel herrenloser Boden gegen eine bloße Anerkennungsgebühr zu erwerben war, ließ sich niemand auf Pachtung ein, und die Bodenpreise für unerschlossenes Land waren niedrig. Wollte der Konzessionär nennenswerte Einnahmen erzielen, so mußte er laufend größere Flächen an Siedler oder Pflanzer verschleudern, zu einem Preis, der kaum höher lag als die Anerkennungsgebühr für herrenlosen Boden.

Bis 1747 hatte keiner der Konzessionäre den neuen Kontinent betreten. Sie hatten in England residiert und ihre Interessen in Virginia durch einen angesehenen Pflanzer wahrnehmen lassen, den sie als Agenten einsetzten. Es lag in der Natur der Sache, daß diese Agenten zunächst für sich selbst sorgten und für sich sowie ihre Kinder die besten Stücke aus dem Braten schnitten. So hatte „Oberst" William Fairfax bis 1747 als Agent seines Vetters, des Oberkonzessionärs Graf Fairfax, fungiert und für sich, seine Kinder und seinen Schwager die bescheidene Fläche von 57000 acres (24000 ha, etwas mehr als der Landkreis Duderstadt vor der Territorialreform) registrieren lassen. Graf Fairfax kam 1747 nach Amerika, um dieser Entfremdung seines Eigentums Einhalt zu gebieten. Nur kurze Zeit verweilte er auf Belvoir, dann siedelte er sich auf einem eigenen Gute an, dem „Greenway Court" bei Winchester im Shenandoah-Tal.

Im Jahre 1748 war George Washington sechzehn Jahre alt. Damals trat er zum ersten Mal in geschäftliche Beziehungen zu den Fairfax', und zwar begleitete er seinen Schwager George William Fairfax, der im März und April, bei denkbar schlechtem Wetter, im Shenandoah- und oberen Potomac-Tal *Vermessungen* vornahm. Vier Wochen waren die beiden unterwegs, davon neun Tage als Gehilfen eines amtlichen Landmessers. Seine Vermessungsinstrumente hatte George Washington von seinem Vater geerbt.

Zu Jahresende besuchte er einen *Landmesserkursus* am William's und Mary's College in Williamsburg (im Südosten Virginias, zwischen Pamunkey und James River), der damaligen Landeshauptstadt. Mit dem *Prüfungsdiplom* dieser Anstalt ausgerüstet, durfte er selbständig Vermessungsaufträge ausführen. Im folgenden Jahr, 1749, wurde er bei der *Auslegung der Hafenstadt Alexandria* (gegenüber der heutigen Bundeshauptstadt auf dem Südufer des Potomac) zugezogen, dann erhielt er den Posten eines *Kreis-Landmessers* im Kreis Culpepper (flußaufwärts von Fredericksburg am oberen Rappahannock, am Fuß des Appalachengebirges). Sein Diplom berechtigte ihn, in ganz Virgina als selbständiger Landmesser zu fungieren. Wiederholt arbeitete er im Gebirge, sowohl im Shenandoah-Tal wie weiter westlich, zeitweise im Auftrag seines Bruders Lawrence und des Grafen Fairfax.

An den Tagen, an denen George Washington Vermessungen vornahm, schwankte sein *Brutto-Honorar* zwischen 35 und 105 Shilling englischer Währung, wovon nur geringe Unkosten abgingen, hauptsächlich der Gehilfenlohn – schwerlich mehr als einige Shillinge. Den Hauptteil seines Verdienstes legte Washington zurück und *kaufte davon Land*, unter anderem im Oktober 1750 zwei Parzellen von zusammen nahezu 1000 acres am unteren Shenandoah (420 ha; zum Vergleich: die größte Domäne des Landes Niedersachsen, das Klostergut Reinhausen bei Göttingen, hatte bis 1948 nur 300 ha, heute noch weniger). Nennenswerte Erträge zog Washington natürlich nicht aus diesem Riesenbesitz. Der größte Teil blieb unberührt als Wald liegen. Washington errichtete lediglich einen kleinen Landwirtschaftsbetrieb, den er durch Verwalter und wenige Sklaven bewirtschaftete. Als sein Chotanker Vetter, Lund Washington, in seine Dienste trat, übernahm er zunächst die Leitung dieses Betriebes am Shenandoah. Der Hauptgewinn, den Washington aus diesem Betrieb erzielte, fällt in das Jahr 1770. Damals verkaufte er 180 acres davon für 400 Pfund Sterling.

Die Vermessungsarbeiten im Gebirge versetzten George Washington in ein anderes soziales Milieu, das man in Nordamerika als *die Grenze* bezeichnete: an die Grenze der weißen Siedlungen. Gleich an seinem ersten Arbeitstag 1748 umdrängten ihn die Frauen und Kinder der Siedler und bestaunten seine Instrumente. In sein Tagebuch schrieb er: *„Sie sind ebenso ungebildet wie die Indianer. Redet man sie auf englisch an, so antworten sie deutsch.“*

Schätzungsweise ein Drittel der pennsylvanischen Einwanderer kam im 18. Jahrhundert aus der Pfalz und anderen Gegenden Süddeutschlands. Daß große Teile des Libanon-Tals anfänglich fast nur von Deutschen besiedelt worden sind, entnimmt noch heute selbst der flüchtige Autoreisende den Ortsnamen. Nimmt er sich die Zeit, einen Friedhof zu besuchen, so findet er etwa bis 1916 auf den Grabsteinen ausschließlich deutsche Inschriften: es ist das Siedlungszentrum der „Pennsylvania Dutch“. Bei bescheidenen Kulturansprüchen konnte man dort vor sechzig Jahren noch leben, ohne Englisch zu können.

Die Berührung mit den deutschen („dutch“) Hinterwäldlern war Washingtons erster Kontakt mit der plebejischen, *bäuerlich-kleinbürgerlichen Demokratie*, die weitgehend die Kolonien der nördlichen und mittleren Atlantikküste kennzeichnete. Er selbst war *Demokrat in einem anderen*

Sinne: dem der unmittelbaren Verwaltung aller gemeinsamen Angelegenheiten durch die Vollbürger. Da in den fünf Südstaaten nur die Pflanzer Vollbürger waren, traten sie den armen Weißen und Sklaven gegenüber als Aristokratie auf.

Für Washingtons Zeit waren bestimmend der Gegensatz der südlichen Pflanzer und der nord- und mittelstaatlichen Bauern gegeneinander und ihr gemeinsamer *Gegensatz gegen die Kaufmannschaft* der amerikanischen Städte (Philadelphia, Boston, New York) und des englischen Mutterlandes. Indem die *bäuerlichen Siedler von Pennsylvania her*, dem Streichen der Täler folgend, *nach Virginia vorrückten*, drang ihr Konflikt mit den Pflanzern auch in das Innere dieser Kolonie. Hundert Jahre später riß sich der bäuerliche Nordwesten Virginias als *West Virginia* vom *Alten Dominion* los und trat *auf die Seite der Nordstaaten*, während das Pflanzer-Virginia der Küstenebene die Führung der abgefallenen Südstaaten übernahm. Washington empfand zwar aristokratisch, wie sein Tagebuch von 1748 zeigt, aber gegenüber Tiefergestellten kehrte er sein Standesgefühl nicht verletzend heraus und entging für seine Person den Klassen- und Standeskonflikten; solange er sie führte, hielt er auch seine Partei heraus. Er errang eine ausgleichende *Stellung über den Parteien.*

Ein entscheidender Schritt vorwärts auf George Washingtons Lebensbahn war die Ernennung seines Bruders Lawrence zum Manager der *Ohio Company* 1750. Der Name dieser Gesellschaft bedeutete ein Programm: das Appalachengebirge überschreiten und das Tiefland jenseits sichern – gegen die Franzosen.

Vor 1748 wurde das Ohio-Gebiet noch von keiner europäischen Macht beansprucht, und im Aachener Frieden (1748) war zwischen England und Frankreich nichts darüber vereinbart worden. Unmittelbar danach nahmen beide Mächte den Vormarsch zum Ohio in Angriff, die Franzosen jedoch viel energischer und sachgemäßer. Zudem waren sie hydrographisch im Vorteil.

Wie die Ostsee sind auch die Großen Seen Nordamerikas von den mächtigen Endmoränenwällen der letzten Vereisung umgeben. Die dortigen Verhältnisse werden verständlich durch einen Blick auf die Karte Schleswig-Holsteins. Dessen Flüsse entpringen sämtlich in dem verhältnismäßig hoch gelegenen Hügelland der Grund- und Endmoränen und fließen der Ostsee zu. Unmittelbar vorher werden jedoch fast alle von einem Endmoränenwall abgelenkt – nur die Schwentine bricht in einer schroffen Schlucht bei Rastorf durch – und wenden sich westlich zur Nordsee. Daher brauchte man in alter Zeit die Boote nur wenige Kilometer über

Land zu rollen: dann konnte man sie in einen Zufluß der Nordsee setzen. Analog brauchten die *Franzosen* nur den hohen *Moränenwall südlich des Erie-Sees* zu übersteigen, dann paddelten sie bereits in einem *Nebenfluß des Ohio*. Der Erie-See aber gehörte zu der *Wasserstraße des Lorenzstromes*, die sie unbedingt *beherrschten*.

Dagegen führte der *Weg von Virginia zum Ohio quer über das Appalachengebirge*. Die Flüsse in dessen Durchbruchstälern waren infolge ihres Gefälles und ihrer Stromschnellen für Kanus nicht schiffbar. Mithin waren die Engländer – beziehungsweise Virginier – auf *Fußmarsch und Tragetiere* angewiesen. Überdies hatten sie bei Ende des österreichischen Erbfolgekrieges ihre Absprungstelle auf dem Kamm des Appalachengebirges noch keineswegs erreicht.

Englische Jäger und Pelzhändler befanden sich zwar schon im Ohio-Gebiet. Dennoch blieb man auf englischer Seite lange im unklaren über die *Vorteile und Fortschritte der Franzosen*. Zudem war die Ohio-Kompagnie ein Verein von Kaufleuten. Diese waren geizig, der Verein litt an Kapitalmangel, und sein Manager, Lawrence Washington, an Lungenschwindsucht. 1751 suchte er Heilung auf *Barbados*, wohin ihn sein jüngerer Bruder George begleitete.

Es war dies *das einzige Mal*, daß George Washington den *nordamerikanischen Kontinent verließ*. Die Reise erweiterte seinen Horizont wesentlich, sie machte ihn mit einem Hauptabsatzmarkt Virginias und mit der ozeanischen Schiffahrt bekannt.

Im Juni 1752 *starb Lawrence Washington*. Seinem Bruder George *hinterließ er Mount Vernon* zunächst auf Pacht. Da aber Lawrences Tochter und Witwe in den folgenden Jahren gleichfalls starben, erbte George das Gut 1761 als Eigentum. Durch Zukauf weiteren Geländes hat er das anfängliche Areal von 2500 acres im Lauf der Jahre nahezu vervierfacht.

George Washington im Kampf um den Ohio

Als Lawrence Washington 1742 aus Westindien zurückkehrte, in der Glorie des regulären Offiziers und Frontkämpfers, errichtete für ihn die Kolonie Virginia den Posten eines *Adjudanten der Miliz*. Als solcher hatte er Majorsrang und sollte in ganz Virginia die regelmäßigen Musterungen der Miliz überwachen. Nach seinem Tode (1752) wurde die Stelle aufgespalten in vier Adjutantenstellen für die einzelnen Teile der Kolonie. George

Washington wurde Adjudant für den nördlichen Teil. Mit zwanzig Jahren hatte er bereits Rang und Stellung in der militärischen Organisation der Kolonie, wenngleich vorerst wenig dabei zu tun war.

Manche Verwaltungsposten waren Ehrenposten, mit anderen war ein Gehalt verbunden; als Adjutant der Miliz hatte George Washington jähr lich 100 £.

Ebenso wichtig war seine Verbindung mit der Ohio Company. Außer Londoner Unternehmern gehörten zu ihren Gründern und Aktionären auch maßgebende virginische Pflanzer, darunter Graf Fairfax und Lawrence Washington. Die Gesellschaft plante eine befestigte Niederlassung am Ursprung des Ohio, dort, wo heute Pittsburgh steht. Dicht südlich von Erie City am Erie-See entspringt der Allegheny Creek und fließt ungefähr in südlicher Richtung; auf heute westvirginischem Gebiet entspringt der Monongahela und fließt ungefähr nördlich. Beide nehmen unterwegs verschiedene Nebenflüsse auf und vereinigen sich beim heutigen Pittsburgh zum Ohio. Dieser Punkt wurde von beiden Parteien als der beherrschende betrachtet: Dort wollten sie sich festsetzen und befestigen.

Die Franzosen gingen methodisch zu Werke. Seit 1749 erkundeten sie das Gebiet, dann schoben sie ihre Depotplätze längs des Allegheny Creek Schritt für Schritt vor, vertrieben die englischen Jäger und Pelzhändler, sicherten sich das Wohlwollen der Indianer durch ständigen Nachschub derjenigen Waren, die von den Indianern als Gegenleistung für ihre Dienste gefordert wurden, und versammelten Ende 1753 Truppen, Geschütze, Kanus, Boote und Indianer in so beträchtlicher Zahl und guter Organisation, daß ihr Vormarsch an den Ursprung des Ohio im Frühjahr 1754 nur noch ein kleiner Schritt war.

Ihr Hauptetappenplatz war das Fort Presqu'Ile am Erie-See, heute Erie City. Von dort bis Pittsburgh sind es 190 km, aber am Alleghenny Creek hatten sie bereits die Forts Venango und Leboeuf, letzteres nur noch 70 km von Pittsburgh. Erst im Oktober 1753 erfuhr man in Virginia, wie weit die französischen Vorbereitungen gediehen waren.

Auf die Dauer war die englische Kolonialmacht überlegen, denn die französische Regierung war in Händen des Hochadels und nur indirekt unter dem Einfluß der Unternehmerschaft, während die regierende Schicht in England zwar nach Rang und Stand gleichfalls adlig, in Wirklichkeit jedoch eine Clique bürgerlicher Grundbesitzer war. Zudem war die Verfassung der englischen Landwirtschaft kapitalistisch, das *Bauernlegen* durch Einhegung *setzte ständig Kleinbauern und Häusler frei,* die einerseits die englische Industriearbeiterschaft vermehrten, andererseits die *bürgerlichen*

Siedler für die nordamerikanischen Kolonien stellten. Dagegen blieb die *französische Bauernschaft* durch die *Leibeigenschaft* an die Scholle gefesselt. Die Auswanderung nach Französisch-Kanada blieb hinter der Auswanderung in die englischen Kolonien um so weiter zurück, als dorthin auch ein breiter Strom prostestantischer deutscher Auswanderer flutete, für die aus Konfessionsgründen Kanada nicht in Frage kam.

Zudem war die französische Kolonialwirtschaft durch das *Monopolsystem* behindert, das seit Columbus von allen Mächten geübt wurde – die Schiffahrt war streng beaufsichtigt und reguliert, der Handel an vorgeschriebene Wege gebunden, so daß die Regierung und ihre Konzessionäre Monopolgewinne aus dem Kolonialhandel ziehen konnten. In England bestand dieses Monopolsystem zwar auch und führte zwanzig Jahre später zum Abfall der nordamerikanischen Kolonien, wurde jedoch im zweiten Viertel des 18. Jahrhunderts praktisch nicht durchgeführt. Die dritte, mit England und Frankreich in Nordamerika und am karibischen Meer konkurrierende europäische Kolonialmacht, Spanien, schaltet sich durch das Monopolsystem in noch höherem Maß als Frankreich aus dem wirksamen Wettbewerb aus.

Eine *Kaufmannsrepublik*, als die England trotz aristokratischem Parlament und monarchischer Spitze gelten konnte, hat allerdings auch ihre Schwächen, in der frühkapitalistischen Ära hauptsächlich diejenige *unzeitigen Geizes:* daher sowohl in Holland wie England der Verfall der Wehrmacht im Frieden.

Die Vernachlässigung der Wehrmacht im Frieden, oft genug auch noch im Kriege, hatte außer dem Geiz eine zweite, womöglich noch stärkere Wurzel: die *Furcht vor der Diktatur*, die sich auf eine starke Militärgewalt stützte. Die Kaufmannschaft setzte Militärgewalt gleich Monarchie. Von Führern einer starken Wehrmacht befürchtete sie die Errichtung einer absoluten Monarchie. Demgemäß sind auch Washington und Hamilton während des Unabhängigkeitskriegs und in den ersten Jahren der Vereinigten Staaten „monarchischer" Bestrebungen beschuldigt worden.

Zu der Furcht vor dem Militarismus kam die *Verachtung für das Militär*. Seit den Landsknechten des 16. Jahrhunderts waren die Soldaten eine Art Proletarier oder Lumpenproletarier, die freiwillig oder gezwungen für schäbigen Sold ihre Haut zu Markte trugen. Außer Gefahren, Entbehrungen und Verachtung genossen sie in Rußland, England und Preußen, aber auch anderswo eine scharf gesalzene Prügelsuppe. Wie der Soldat war das Heer überhaupt verachtet. Zugunsten der Offiziere wurde eine gewisse Ausnahme gemacht: Sie waren der guten Gesellschaft entnommen, also

Kavaliere und Gentlemen; einen oder zwei Feldzüge mitzumachen, war chic für abenteuerlustige, junge Herren. Das ging natürlich nicht so weit, das Waffenhandwerk ernstzunehmen, außer auf der Flotte. Die souveräne Verachtung, womit im Siebenjährigen Krieg der virginische Gouverneur Dinwiddie und im Unabhängigkeitskrieg der amerikanische Kongreß über Washingtons sachliche, militärische Argumente hinweggingen, entsprang der Verachtung für alles Militärische. Ein maßgebender Teil des Kongresses *fürchtete die eigene,* von Washington befehligte *Wehrmacht mehr als den Feind.*

Eine Leistung Washingtons, die noch heute in den USA kaum gewürdigt wird, ist seine Loyalität gegenüber einer Zivilgewalt, der Sachlichkeit, Verantwortungsbewußtsein und guter Wille völlig abgingen. Im Unabhängigkeitskrieg stand er bereits einem Hauptproblem des demokratischen Staates gegenüber: der negativen Führerauslese.

Damals bildeten das *Versagen und die Korruption der politischen Spitze* eine ständige Versuchung für Washington, mit seinen Truppen gegen den Kongreß zu marschieren wie Cromwell. Immer wieder ist er dazu von seinen Offizieren aufgefordert worden, die mit ihren Mannschaften bittere Not litten, während sich im Kongreß ein Mob von Kriegsgewinnlern breitmachte. Hätte Washington dieser Versuchung nachgegeben, so würde er in den USA dieselbe Tradition der „Pronunciamentos", das heißt der regelmäßig aufeinanderfolgenden Militärputsche und Militärdiktaturen begründet haben, die in Lateinamerika herrscht. Daß er statt dessen die Tradition republikanischer Legalität begründete, war keineswegs so selbstverständlich, wie die amerikanische Geschichtsschreibung unterstellt. In sentimentaler Breite malt die gängige amerikanische Geschichtsschreibung die Leiden Washingtons und seiner Truppen in dem trostlosen Winterbiwak von Valley Forge aus, übergeht jedoch die naheliegende Frage, ob diese Leiden nötig waren, und wer sie verschuldete.

Die USA können unseren Neid erregen durch das hohe Maß von Objektivität ihrer Geschichtswissenschaft. Die bedeutenden Männer und Ereignisse der deutschen Geschichte sind begraben unter legendärer Verfälschung, während die Amerikaner von den großen Persönlichkeiten und Ereignissen ihrer Geschichte ein verhältnismäßig legendenfreies Bild besitzen.

Vornehmlich in diesem Punkt aber hat auch das amerikanische Geschichtsbild *Legendencharakter.* Die Einzeltatsachen werden zwar richtig registriert, aber indem das schmachvolle Versagen der demokratisch konstituierten, politischen Führung unterbetont wird, ergibt sich eine legendenartige Unterbetonung derjenigen Leistung Washingtons, die vom Standpunkt der amerikanischen Demokratie seine bewunderungswürdigste ist.

Bei dieser Unterbetonung wird davon ausgegangen, daß Washington in den Kampf getreten war gegen das diktatorische Verhalten der Londoner Regierung. Daher, schließt man, sei es für ihn undenkbar gewesen, den Kongreß unter militärischen Druck zu setzen, denn das wäre in seinen Augen Militärdiktatur gewesen, wenn auch vielleicht nur verschleierte. Bei diesem Schluß wird übersehen, wie ungewöhnlich derartige Grundsatztreue ist. Im Konflikt zwischen Grundsatz und Interesse wird der Mensch gewöhnlich seinen Grundsätzen untreu. Washingtons Grundsatztreue war etwas ganz Ungewöhnliches. Er vermied nicht nur jeden militärischen Druck, sondern ließ sich, da er häufige Wiederwahl des Staatsoberhauptes für ein diktatorisches Element in der Verfassung hielt, nur mit Widerstreben ein zweites Mal zum Präsidenten der Vereinigten Staaten wählen. Damit begründete er den Brauch, daß niemand öfter als zweimal nacheinander als Präsident amtiert. Politik und hohe Ämter betrachtete er als eine gesellschaftliche Pflicht verantwortungsbewußter Gentlemen, sie sollten weder zum Beruf noch zu persönlicher Herrschaft entarten.

Übung im Umgang mit verantwortungslosen Zivilvorgesetzten erlangte Washington schon in jungen Jahren. An der Spitze jeder Kolonie stand ein aus England entsandter königlicher Gouverneur, beraten von einigen Notabeln, dem „Council". Gouverneur von Virginia war bis 1757 Dinwiddie, ein Mann von extremer, falsch angebrachter Sparsamkeit.

Selbst mit den nötigsten Geldbewilligungen war er zurückhaltend, und wenn er sie doch gewährt hatte, reute es ihn und er vergaß zu zahlen. Diese Haltung wirkte in Virginia, wo geringe Geldmittel erforderlich waren, um eine kleine, aber schlagfähige Militärmacht aufzustellen, verhängnisvoll. Zunächst sabotierte der Gouverneur die Kriegführung, dann schob er die Schuld auf das Militär. Übrigens war er nicht nur Regierungschef von Virginia, sondern auch Manager der Ohio Company. Deren englische Aktionäre hatten ihn nach Virginia entsandt, ihr Vertrauen hatte er in der Zollverwaltung errungen, wo er umfangreiche Unterschlagungen aufgedeckt hatte.

Als man im Oktober 1753 in Virginia erfuhr, wie weit die Vorbereitungen der Franzosen gediehen waren, sandte man ihnen einen Parlamentär entgegen, mit einer Note, worin sie vor dem Betreten des Ohio-Ufers gewarnt wurden. Als *Parlamentär* wurde *Washington* ausersehen. In einer abenteuerlichen Winterreise zu Pferde, im Kanu und zu Fuß gelangte er bis Fort Leboeuf, dicht südlich des Erie-Sees, überlieferte dort seine Note, erhielt eine trotzige Antwort und überzeugte sich von der Masse militärischen und schwimmenden Materials, das für den Vormarsch zum Ohio bereitgestellt war.

Am 17. Januar 1754 war er zurück in Williamsburg und schrieb in der folgenden Nacht mit fliegender Feder den *Bericht über seine Expedition*, der anderen Tages zum Setzer wanderte und umgehend der Heimatregierung, den Regierungen der anderen Kolonien und einem breiten Kreis interessierter Persönlichkeiten zuging. Seitdem war der Name George Washington nicht nur in den Augen einiger virginischer Pflanzer, sondern der englisch-amerikanischen Öffentlichkeit mit dem Kampf um Ohio verbunden.

Die Franzosen am Ohio: das bedeutete für die virginische „Grenze" am Shenandoah die Drohung eines französischen und – schlimmer – indianischen Überfalls. Zwar mißbilligten die Kolonisten an der Küste, daß die Kolonie Virginia die Kastanien für eine Privatgesellschaft aus dem Feuer holte. Dennoch bewilligte der virginische Landtag im Februar 1754 10000 £ für die Aufstellung einer stehenden Truppe von 600 Mann, die den Franzosen am Ohio zuvorkommen sollte. Den Befehl erhielt der Milizoberst Frey, als sein Stellvertreter – im Rang eines Oberstleutnants – wurde Washington bestellt. Oberst Frey trat das Kommando nicht an, da er tödlich verunglückte. So wurde *George Washington* schon nach kurzer Frist *Oberst und Kommandeur.*

Für den beabsichtigten Zweck wäre mindestens das Vierfache der bewilligten 10000 £ erforderlich gewesen, und zwar bar zur Verfügung des Kommandeurs. Dinwiddie zahlte jedoch selbst das wenige, was bewilligt war, nur stotternd. Er rechnete fest mit Hilfstruppen aus New York, Maryland und den beiden Carolinas; also meinte er, Virginia brauche sich nicht so anzustrengen. 150 Mann aus North Carolina kamen auch wirklich.

Das Gebirge lag bis in den April im Schnee, vorher war kein Straßenbau möglich, ein rascher Vormarsch im Wagen war also undurchführbar. Es kam folglich darauf an, unverzüglich Tragtierkolonnen zusammenzustellen und reichliche Vorräte zu sammeln, insbesondere an Indianerwaren. Denn ohne Indianer war kein leistungsfähiger Kundschafterdienst möglich, und die Indianer mußte man auf der Stelle entlohnen, um so mehr, als die meisten bereits von den Franzosen gewonnen waren.

Dinwiddie verharrte in *europäischen Vorstellungen.* Auf dem alten Kontinent waren durch freie Werbung und durch Zwang jederzeit genügend

Arme zu finden, die man drillen und gegen den Feind führen konnte. Dagegen waren in der Kolonie die „armen Weißen" ein rarer Artikel, sie fanden jederzeit als Sklavenaufseher oder Verwalter anständig bezahlte Beschäftigung oder machten sich als Handwerker oder Siedler selbständig. Trotzdem ließ Dinwiddie monatelang im ungewissen, welchen Sold die Soldaten erhalten sollten. Er meinte, überhaupt ohne bare Zahlung auszukommen, 200 000 acres am Ohio sollten der Lohn sein. Jedenfalls zahlte er zunächst nichts, die Offiziere mußten das Handgeld aus ihrer Tasche vorschießen. Zwar übernahm jener George Croghan, von dem später William Cooper das Gelände am Otsego-See kaufte (dort ließ sein Sohn *James Fenimore Cooper* die erste und vierte *Lederstrumpf-Erzählung* spielen), die Verpflegung der Expedition, aber auch er wurde nicht pünktlich bezahlt, und so blieb er seinerseits mit den Lieferungen im Rückstand. Uniformen und sonstige Ausrüstung, Verpflegung und Indianerwaren, alles blieb aus. Man kann sich keinen krasseren Gegensatz zu der heutigen, opulent ausgestatteten Wehrmacht der USA denken.

Statt der bewilligten 600 Mann kamen daher nur 300 zusammen, nach Washingtons Urteil lediglich Landstreicher und Tagediebe („loose and idle persons"), die angelockt waren von dem verheißenen Land am Ohio. Wer eine noch so bescheidene Anstellung oder eigene Wirtschaft besaß, rechnete sich aus, er könne von seinen Ersparnissen diesseits des Gebirges Land genug kaufen und brauche die ungewissen Versprechungen der Regierung nicht. Die „Landstreicher und Tagediebe" schlugen sich übrigens besser, als nach Washingtons absprechendem Urteil zu erwarten gewesen wäre.

Das Verdienst daran dürfte in erster Linie Washington selbst zufallen. Offensichtlich flößte er seinen Untergebenen ausnahmslos Achtung und Vertrauen ein. Er hielt aristokratisch auf Abstand, beurteilte seine Leute mißtrauisch, war aber rückhaltlos kameradschaftlich und hat ihnen nach langen Jahren, unter außerordentlichen Schwierigkeiten, auch zu dem versprochenen Land verholfen.

Jahrelang war überhaupt nichts geschehen. Nun wurde die Sache zwar mit unzulänglichen Mitteln und halben Maßnahmen, aber dafür *mit Hast angepackt.* Ein Vorkommando von 40 Mann unter einem Fähnrich gelangte wirklich Anfang April an den Ursprung des Ohio und machte sich daran, ein Fort zu errichten. Doch ehe die Verschanzung gegen Infanterie sturmfrei war, erschien eine Streitmacht, die von den Virginiern auf 1000 Franzosen und Hunderte Indianer geschätzt wurde, mit 19 Geschützen. Zwar war es nur leichte Artillerie – allein 9 Dreipfünder. Aber die 40 Virginier mußten dankbar sein, auf freien Abzug kapitulieren zu dürfen und nicht einmal von den Indianern angegriffen zu werden.

Die Basis für den Vormarsch zum Ohio war Cumberland am oberen Potomac. Von dort führte der Weg über die Wasserscheide zum oberen Youghiogenny, einem Nebenfluß des Monongahela. Aus Gründen der Unzweckmäßigkeit hatte sich die Kolonialregierung für *Wagen statt Tragtiere* entschieden. Washington requirierte also, so gut es ging, am oberen Potomac Wagen und Gespanne und baute täglich ein paar Kilometer Rollbahn durch den Wald. Etwa zwei Drittel des Weges bis zum Ursprung des Ohio legte er auf diese Weise wirklich zurück. Da jedoch von den angekündigten Verstärkungen nur die 150 Mann aus North Carolina eintrafen, der Verpflegungsnachschub fast völlig ausblieb und die wenigen verbündeten Indianer sich mangels Indianerwaren still entfernten, erkannte Washington das Aussichtslose des Vorhabens und zog sich auf eine Waldlichtung („Great Meadows") auf der Wasserscheide zurück. Dort baute er eine, wie sich alsbald zeigte, vom nahen Wald dominierte Verschanzung, *Fort Necessity*. In dieser Verschanzung nahm er den Angriff der Franzosen und Indianer an, sah sich aber nach eintägigem, verlustreichem Feuergefecht zur *Kapitulation auf freien Abzug* gezwungen.

Die Caroliner kehrten in ihre Heimat zurück, und Washingtons Regiment, weiterhin von Sold, Verpflegung und Ausrüstung entblößt, schmolz auf 150 Mann zusammen. Da traf die Nachricht ein, die Franzosen hätten ihr neues Fort Duquesne am Ohio-Ursprung nahezu von aller Besatzung entblößt. Dinwiddie gab daher Befehl, unverzüglich an den Ohio vorzurücken; er könne nicht dulden, daß die Soldaten ihr Brot umsonst erhielten. Selbst Washingtons Geduld fand ihr Ende, er forderte seine Entlassung wegen ehrenrühriger Behandlung durch den Gouverneur.

1755 übernahm die Londoner Regierung die militärische Last des Vormarschs zum Ohio. Sie entsandte eine *reguläre Brigade* unter *General Braddock*. *Washington* schloß sich als Freiwilliger ohne Sold an und fungierte als *Adjutant des Generals*. Dieser rückte auf der von Washington im Jahr zuvor gebauten Straße vor, vollendete sie bis *dicht vor Fort Duquesne*, und als er in die Flußniederung vor diesem Fort gelangte, marschierte er mit Trommelschall und fliegenden Fahnen darauf zu. Als die Spitze seiner Marschkolonne von französischen und indianischen Schützen beschossen wurde, bestand er darauf, Linie zu formieren und im Busch die europäische Lineartaktik anzuwenden. Zwar fehlte der freie Raum zum Aufmarsch, aber wenigstens prügelte der General diejenigen seiner Musketiere, die wie der Feind gedeckt hinter Bäumen hervorschossen, in die stolze Linienformation und führte seine vordersten Rotten zum Bajonettangriff vor. Schließlich wurde er tödlich verwundet, und seine Brigade löste sich in *Panik* auf.

Neunzig Jahre später beschrieb *Cooper* im *Wildtöter*, wie plötzlich eine Kompanie rotröckiger englischer Linieninfanterie vom Himmel in den Urwald am Otsego-See fällt und im Gleichschritt mit gefälltem Bajonett anrückt, um die schurkischen Indianer niederzumachen und Falkenauge vom Marterpfahl zu befreien. Wenn Cooper solchen Unsinn noch mitten im 19. Jahrhundert schreiben konnte, wird man General Braddocks Sturheit verzeihlicher finden.

Die unmittelbaren Folgen der Niederlage waren nicht so schlimm, wie sie hätten sein können. Weder die Franzosen noch ihre indianischen Verbündeten waren diszipliniert genug, um zu verfolgen. Sie sammelten lediglich die Beute auf dem Gefechtsfeld auf, und die Indianer schmückten sich mit den Skalps. General Braddock selber wurde gerettet und starb auf der Flucht. *Washington* trug wesentlich bei, die immer noch starken *Trümmer* der Brigade *zu sammeln* und in leidlicher *Ordnung zurückzuführen.*

Die mittelbaren Folgen waren desto peinlicher. Eine Bande von schätzungsweise 150 Indianern brach in die Nordwest-„Grenze" Virginias am Shenandoah ein, *skalpierte 75 Siedler* und veranlaßte gegen 10 000 Siedler zu kopfloser Flucht. Selbst ihr Vieh ließen sie großenteils zurück. Anders als die neuenglischen Puritaner hatten sie sich nicht in Dorfschaften niedergelassen, die zur Verteidigung geeignet waren, sondern siedelten zerstreut. In Pennsylvania hatten die Quäker Frieden mit den Indianern gehalten; daher waren die von dort gekommenen Grenzsiedler nicht auf Kampf und Verteidigung eingestellt.

In dieser Not wurde *Washington* wieder geholt und *als Regimentskommandeur* an die Spitze der virginischen Landesverteidigung gestellt. Dinwiddie wollte ihm zumuten, die „Grenze" durch eine über viele Meilen hingezogene Linie von Blockhäusern zu schützen. Vergeblich machte Washington die Sinnlosigkeit reiner Defensive geltend: Verteidigen könne man die „Grenze" nur durch nachdrückliche, mit hinreichenden Mitteln unternommene Offensive gegen Fort Duquesne. Statt dessen wurde mit unzulänglichen Mitteln fortgewurstelt, also immer wieder ein Siedler von den Indianern umgebracht. Die virginische Miliz verrichtete Heldentaten wie die sieben Schwaben. Einmal brannten drei betrunkene Milizmänner bei Winchester ihre Pistolen ab. Der dreifache Knall wurde für die Ankündigung eines Indianereinfalls gehalten, am anderen Morgen waren 400 Milizmänner östlich des Gebirges im Gebiet von Culpepper. Infolge des Ausbleibens von Sold und Verpflegung schmolz Washingtons stehende

Truppe zu jedem Jahresende auf etwa 300 Mann zusammen. Er leistete eine Sisyphusarbeit.

1758 brachte die Wende des Krieges. Bis dahin waren die englisch-amerikanischen Waffen überall unglücklich gewesen. 1756 war *Fort Oswego von den Franzosen genommen* worden, 1757, wie im *Letzten Mohikaner* geschildert, auch *Fort William Henry.* In Deutschland brachte dieses Jahr die *Kapitulation* (höflich „Konvention" genannt) *von Kloster Zeven.* Nun aber trat *Pitt* an die Spitze der englischen Regierung, und *Herzog Ferdinand von Braunschweig* an die Spitze der hannöverschen und verbündeten Armee. Der Herzog fesselte die militärischen Hauptkräfte der Franzosen in Westdeutschland, und Pitt setzte die englischen Streitkräfte planvoll gegen die Schlüsselpunkte der französischen Stellung in Nordamerika an. Die *britische Seemacht* schnitt den Frankokanadiern den Nachschub aus dem Mutterland ab, kombinierte *Heeres- und Flottenverbände* von hinreichender Stärke und Ausrüstung wurden in die Wasserstraße des *Lorenzstroms* entsandt und jugendlichen, kühnen, begabten Führern unterstellt, den Generälen *Wolfe* und *Amherst.* Diese nahmen 1758 *Louisbourg,* 1759 *Quebec,* 1760 *Montreal.*

Auch im Zentrum und auf dem linken Flügel ihrer amerikanischen Front ergriffen die Engländer die Offensive: im Zentrum nahm General Bradstreet das *Fort Oswego* wieder und überwältigte durch einen unerwarteten Angriff das *Fort Frontenac* (nördlich der tausend Inseln am Ausfluß aus dem Ontario-See, wo der zweite Teil von Coopers *Pfadfinder* spielt). Der linke Flügel wurde, übler Erinnerungen halber, nicht auf Virginia, sondern auf Pennsylvania basiert. Dort arbeitete sich eine 4000 Mann starke *englische Division unter General Forbes* in der *Richtung auf Fort Duquesne* vor. Dessen Besatzung war zugunsten wichtigerer, von den Engländern angegriffener Punkte geschwächt und daher außerstande, eine Belagerung auszuhalten. Am 25. November erreichte die Division Forbes Fort Duquesne; sie fand nur noch rauchende Trümmer. Zwei Tage zuvor waren die Franzosen abgezogen.

Auch in Virginia kam ein Wandel. Gouverneur Dinwiddie wurde abberufen, an seiner Stelle kam ein einsichtiger Gouverneur, fortan standen hinreichende Mittel für die Kriegsführung zur Verfügung; es wurde möglich, Washingtons Regiment auf 1000 Mann zu bringen und regelmäßig zu versorgen, ja es wurde noch ein zweites, ebenso starkes virginisches Regiment aufgestellt. Beide Regimenter wurden General Forbes unterstellt. Unter ihm befehligte *Washington als Oberst-Brigadier* eine der drei Marschstaffeln, in die Forbes seine Division gegliedert hatte. Sein eigenes

Regiment führte Washington *von Fort Duquesne heim zur Entlassung.* Bis zur Eroberung dieses Schlüsselpunktes hatte Washington weiter dienen wollen, aber damit war sein militärischer Ehrgeiz befriedigt. Als dreizehn Jahre früher Friedrich der Große aus dem zweiten Schlesischen Krieg heimkehrte, war sein Entschluß, „keine Katze wieder anzugreifen". Washington faßte denselben Entschluß und konnte ihn ebensowenig ausführen. Das zweite virginische Regiment blieb im Dienst und beteiligte sich noch 1760 am Angriff auf Montreal.

Vor siebzig Jahren erregte ein Historiker Anstoß in den Vereinigten Staaten durch die Feststellung, Washington habe weit mehr Niederlagen erlitten als Siege errungen. In der Tat liegt seine militäriche Größe nicht, wie diejenige Friedrichs des Großen oder Napoleons, in siegreichen Schlachten und Feldzügen, sondern darin, daß er unter verzweifelten Bedingungen, vom Nötigsten entblößt, trozt der unter solchen Verhältnissen unvermeidlichen Rückschläge seine Truppen zusammenhielt und im Felde blieb. Das erforderte eine ungewöhnliche Hartnäckigkeit. Zu ihr gesellten sich imponierende Haltung, völlige Furchtlosigkeit, klares Denken, Fähigkeit zu raschem Entschluß, technische und geschäftliche Geschicklichkeit, Hilfsbereitschaft für seine Untergebenen und unbedingte Integrität. Prahlerische Wendungen in seinem ersten Gefechtsbericht 1754 erregten die Heiterkeit des kriegsgewohnten Königs Georg II., aber in den folgenden Jahren gewann Washington durch seine soliden Eigenschaften die Achtung und Anhänglichkeit seiner Heimatkolonie. 1775 machten diese Eigenschaften so tiefen Eindruck auf den zweiten Kontinental-Kongreß, daß sich Washington zu seiner eigenen Überraschung in das amerikanische Oberkommando katapultiert sah. Es erwies sich bald, daß diese Stellung ohne seine ungewöhnlichen Eigenschaften und Erfahrungen nicht auszufüllen war. Eigener Ehrgeiz hatte ihn nicht zum General gemacht.

Washingtons Sold als Offizier 1754-58

Geschäftlich waren die fünf Jahre Kampf um den Ohio für Washington unvorteilhaft. Mount Vernon ließ er durch seinen jüngeren Lieblingsbruder, John Augustine („Jack"), verwalten. Zweimal zog er auf eigene Kosten als Freiwilliger aus: das erste Mal als Parlamentär im November 1753, das zweite Mal mit Braddock 1755. Beide Male beschloß der Landtag eine Entschädigung für ihn, ohne daß er darum gebeten hätte: das erste Mal 50 £ als

Anerkennung für seinen Parlamentärsritt, das zweite Mal 300 £, weil er zweimal – auf Great Meadows 1754 und mit Braddock 1755 – seine Pferde und sein Gepäck verloren hatte.

Für den Feldzug 1754 hatte Gouverneur Dinwiddie 15 sh Tagessold für den Kommandeur zugesagt, zahlte jedoch nur 12 1/2 sh, und auch die natürlich nur in der minderwertigen virginischen Währung. Als Washington im Sommer 1755 erneut als Kommandeur eintrat, erhielt er dagegen die seinem Oberstenrang in England entsprechende Besoldung: 30 sh Tagessold, ferner 100 £ jährliche Tafelgelder, außerdem, solange er die Kasse seines Regiments führte, eine Verwaltungsgebühr von 2 % der bei ihm durchlaufenden Gelder – derartige Beteiligungen der Offiziere an der Wirtschaftsführung ihrer Truppen stammten aus der Landsknechtszeit und behaupteten sich allgemein bis zur Französischen Revolution, in manchen Armeen, beispielsweise der österreichischen, sogar bis über die Mitte des 19. Jahrhunderts hinaus.

Ende 1756 fiel für Washington diese Verwaltungsgebühr fort. Dafür wurden seine Tafelgelder auf 200 £ erhöht, seine Dienstbezüge erreichten demnach jährlich 750 £, dem Goldgehalt nach 24200 DM, der Kaufkraft nach allerdings ein Vielfaches davon.

Hiervon kann er nichts erübrigt haben, denn er mußte als Kavalier auftreten, brauchte Uniformen, Pferde, Waffen, hielt freien Tisch für seine Adjutanten, seinen Sekretär und die gerade anwesenden Offiziere.

Der bleibende materielle Gewinn für ihn selber und die überlebenden Mitkämpfer von 1754 waren die von Dinwiddie versprochenen 200000 acres *Landprämie* („bounty land") am Ohio. Realisiert wurde diese Zusage erst neunzehn Jahre nach der unglücklichen Expedition – durch Washingtons eigene Bemühung.

Während des Krieges konnte grundsätzlich nichts zur Verwirklichung geschehen, erst der Friedensschluß mit Frankreich 1763 stellte die völkerrechtlichen Voraussetzungen her. Gerade damals stoppte jdoch die englische Regierung die Landzuweisungen jenseits des Appalachengebirges mit Rücksicht auf die Unruhe der Indianer, die in dem Pontiac-Aufstand 1763 zum Ausbruch gekommen war und sich jederzeit erneut entladen konnte. Dann bemächtigten sich pennsylvanische Siedler des Gebiets am oberen Ohio um Pittsburgh, wo nach der virginischen Proklamation von 1754 das „bounty land" ausgelegt werden sollte.

Die beiden Kolonien einigten sich, Pennsylvania solle das Gebiet von Pittsburgh erhalten, Virginia dagegen das Gebiet weiter stromab auf dem Südufer des Ohio. Aber *erst* 1770 stand fest, daß Virginia nun, da es über das Land verfügen konnte, auch zu dem Wort seines früheren Gouverneurs stehen werde.

Um nun endlich den Frontkämpfern von 1754 Eigentumspatente für das versprochene Land zu verschaffen, berief Washington eine Versammlung aller Berechtigten ein und verschaffte sich deren *Vollmacht*. Dann erkundete er im Herbst 1770 *in neunwöchiger Reise zu Pferde und im Kanu* die Gegend und legte das zu erwerbende Land vorläufig fest, hauptsächlich am *Great Kanawha*, einem linken Nebenfluß des Ohio, und etwas weiter stromaufwärts *in der Talaue des Ohio selbst*. Daran schlossen sich *langwierige Einzelvermessungen* – 84 000 ha im Urwald (das Gebiet zweier durchschnittlicher deutscher Landkreise vor der Territorialreform) vermessen sich nicht von selbst –, die George Washington durch einen Beauftragten vornehmen ließ, und *zweieinhalbjährige Verhandlungen* mit Gouverneur und Council von Virginia. Im Sommer 1773 wurden von dieser Instanz die beantragten Grundbuchpatente erteilt, *neunzehn Jahre nach der Expedition*.

Der Anteil des einzelnen sollte sich nach dem Rang von 1754 staffeln, und zwar je 400 acres für die Gemeinen, 500 für die Gefreiten *(corporals)*, 600 für Unteroffiziere, 2 500 für Kadetten, 6 000 für Leutnants, 9 000 für Hauptleute, 15 000 für Stabsoffiziere. Auch die Erben des vor Beginn der Feindseligkeiten verunglückten Obersten Frey erhielten 15 000 acres.

In einer vorläufigen Verteilung wurden 170 000 acres vergeben und aus dem Rest eine Reserve gebildet zugunsten derjenigen, deren Verbleib unbekannt war oder die sich noch nicht gemeldet hatten. (Die Kosten hatte Washington, wie gewöhnlich, überwiegend selbst getragen.)

Da sich niemand nachträglich meldete, erhöhte sich Washingtons eigener Anteil auf 18 500 acres. Ferner kaufte er zweien seiner Kameraden 5 600 acres ab und erwarb weitere 16 000 acres im Ohio-Gebiet, überwiegend im heutigen West Virginia. So brachte er sein Grundeigentum im Ohio-Gebiet auf insgesamt rund 40 000 acres *(etwa 17 000 ha)*, wovon er nach und nach 7 000 acres verkaufte, so daß bei seinem Tode noch 33 000 acres in seinem Besitz waren: ungefähr die Hälfte seines gesamten Grundeigentums, *sein größtes Grundstücksgeschäft und sein bedeutendster Vermögensposten*.

Washington verzichtete vorläufig auf die Patentierung seines Anteils am „bounty land", hielt ihn vielmehr zur Verfügung der Regierung für den Fall, daß sich doch noch ein Berechtigter melden oder eine Beschwerde gegen seine Geschäftsführung bei der Vermessung und Verteilung erhoben würde. Von dieser Haftung wurde Washington befreit auf Antrag seiner ehemaligen Offiziere, die am 28. und 29. November 1773 in Fredericksburg zusammenkamen und ihm Entlastung erteilten. Beides, die *freiwillig über-*

nommene Haftung wie der von ihm nicht erbetene *Antrag* seiner Offiziere, *ihn daraus zu entlassen,* sind *charakteristisch für Washingtons unbedingte Korrektheit* wie für das ebenso *unbedingte Vertrauen,* das er bei seinen Untergebenen genoß. Selten kommen so bedeutende Vermögen so korrekt zusammen.

Gutsherr auf Mount Vernon

Ende 1758 nahm Washington nach fünf aufreibenden, enttäuschenden Kriegsjahren seinen *Beruf als Landwirt* wieder auf, fest entschlossen, ihn nie wieder aufzugeben. Gleichwohl mußte er noch zweimal für mehr als acht Jahre seinen landwirtschaftlichen Beruf unterbrechen, als amerikanischer Oberbefehlshaber und als Präsident.

Washington war damals gegen siebenundzwanzig Jahre alt, nach virginischen Begriffen seiner Zeit also ein alter Hagestolz. Er blieb es nicht mehr lange; schon im Januar 1759 heiratete er Martha Custis, die reichste Witwe Virginias. Ihr Mann hatte 15000 acres in mehreren Betrieben, 200 Sklaven, das entsprechende Vieh, vor allem aber 25000 £ in Wertpapieren, vornehmlich in *Obligationen der Bank von England,* hinterlassen. Ein derartiger Besitz an liquiden Mitteln stand im damaligen Virginia einzig da. Der Nachlaß war zu gleichen Teilen der Witwe, dem Sohn und der Tochter Custis zugefallen. Durch die Heirat wurde der Witwenteil George Washingtons Eigentum, aber da er die Vormundschaft seiner Stiefkinder erhielt, kamen auch die anderen beiden Drittel unter seine Verwaltung; die Vermögensverwaltung stärkte seine wirtschaftliche Stellung bedeutend.

Die nunmehrige Familie Washington-Custis nahm ihren Wohnsitz auf Mount Vernon. Martha Custis brachte ihre Sklaven in den dortigen Betrieb ein. Die ihrer Kinder blieben in den väterlichen Betrieben, hauptsächlich White House am Pamunkey River, dem nächsten südlichen Parallelfluß zum Rappahannock. White House blieb unter der Leitung des tüchtigen Verwalters Valentine. Zuverlässige Verwalter waren rar.

Das Effektenvermögen seiner Frau rührte Washington nicht an; er behielt es als Reserve zurück. Die Sklavenkäufe, besonders aber die *Ausgaben für Grunderwerb* – hauptsächlich Erstpatentierung herrenlosen Landes, nur in beschränktem Umfang Grundstückskäufe, die er bis zum Unabhängigkeitskrieg unausgesetzt vornahm –, beglich er *aus laufenden Einnahmen,* gelegentlich auch durch Kredit, indem er auf seinen Londoner Kommissionär zog.

Die Grundstückskäufe dienten vornehmlich der *Abrundung von Mount Vernon.* Dieses wuchs im Lauf der Zeit auf fast das Vierfache, von 2500 auf 9200 acres (nahezu 4000 ha). Zwar lagen zwei Drittel dieser Fläche unter ungerodetem Urwald; dennoch hatte Washington beim Bereiten des ganzen Betriebes gegen 30 km zurückzulegen. Ein so großes Areal war nicht als Einzelbetrieb zu bewirtschaften, Washington zerlegte ihn daher in vier Vorwerke und einen Betrieb, den er vom Herrenhaus aus leitete, jeder der fünf Teilbetriebe unter einem weißen, ausnahmsweise auch farbigen Inspektor.

Zunächst mußte Washington die bestehende Betriebsorganisation weiterführen. Deren Hauptgewicht lag auf *Tabak.* Sieben Jahre hindurch versuchte Washington hartnäckig, eine erstklassige, gleichmäßige Qualität zu erzielen. Dies mißlang; der Boden war Weizenboden, aber vielleicht infolge ungenügender Düngung für Tabak ungeeignet und zudem *durch mehrjährigen Tabakanbau erschöpft.* Auf Washingtons Betrieb am Shenandoah verhielt es sich ebenso, obgleich dort der Boden jungfräulich war. Jahrelang litt Washingtons Tabakbau auch darunter, daß 1761 versehentlich falscher Samen verwendet und noch zwei Jahre später die daraus stammende kleinblättrige Sorte nicht ausgemerzt war, die in England einen schlechten Preis erzielte.

Das Risiko beim Tabak war doppelt: *Mißernten* waren häufig und folgten oft mehrere Jahre hindurch aufeinander. *Noch riskanter war der Absatz.* Er ging ausschließlich nach England. Der Seetransport unterlag im Segelschiffszeitalter erheblichen Gefahren und Ungewißheiten. Mitunter gingen *Schiffe mit einer Tabakladung unversichert verloren* oder wurden beschädigt, und der Tabak verdorben. Von 1739 bis 1748, und dann wieder von 1754 bis 1763, also rund siebzehn Jahre, herrschte Krieg mit Frankreich: Schiffe wurden von den Franzosen gekapert. Mindestens einmal, 1759, verlor Washington eine Tabakladung durch *Kaperung.* Indes waren die Verluste durch französische Kaperei nicht annähernd so schwer wie die auf dem englischen Markt.

Soweit die englischen Kommissionäre handgreiflich betrogen hatten, indem sie Qualität und Gewicht falsch berechneten, war ihnen das seit 1730 durch die *öffentlichen Lagerhäuser* Virginias erschwert. Dort lieferte der Pflanzer seinen fertig fermentierten Tabak in großen Ballen (hogsheads) zu 300-500 kg auf, sie wurden gewogen, von einem vereidigten Schätzer bewertet, mit Gewichts- und Güteangabe abgestempelt und unter Verschluß genommen. Den Lagerschein konnte der Pflanzer beleihen und verkaufen; *Lagerscheine zirkulierten statt Geld.*

Nur ausnahmsweise fand man schon in Virginia einen Käufer; dann schwankte der Preis zwischen 2,4 und 3,5 d je Pound (1 lb = 453,6 g), das heißt durchschnittlich 1/4 sh. In England soll der Preis zwischen 1/4 und 1 sh geschwankt haben; jedoch erzielte Washington 1759 in Bristol nur 8 £ für das Hogshead, also vermutlich nicht einmal 2 d (1/6 sh) je lb.

Dabei betrugen Fracht und Versicherung etwa 1 d je lb, Zölle und andere englische Abgaben etwa 7 d, Hafengebühren, Maklerprovision und ähnliche Gebühren nochmals 1 bis 2 d, die Gesamtkosten vor dem Verkauf also 10 bis 11 d. Einen Gewinn erzielte der Pflanzer nur, wenn der Erlös in England 11 d, eigentlich erst wenn er 1 sh überstieg. Die Durchschnittserlöse blieben darunter, häufig betrugen sie nur einen Bruchteil davon. Den *Hauptgewinn* am virginischen Tabakbau hatte das *britische Schatzamt.*

Die britische Regierung rechtfertigte ihr Vorgehen gegen die amerikanischen Kolonien nach dem Siebenjährigen Krieg mit dem Argument, die Kolonien hätten zu den Kosten ihrer Verteidigung in diesem Krieg nicht angemessen beigetragen; da die Regierung ihre Einnahmen aus dem Zoll von amerikansichen Erzeugnissen nicht auswies, kann ihre Behauptung nicht als bewiesen gelten. Den Amerikanern war der Umfang dieser Abgaben desto gegenwärtiger, sie fühlten sich *von der englischen Regierung* wie *von den englischen Kaufleuten ausgeplündert.*

Am südlichen Teil der amerikansichen Ostküste gab es noch keine nennenswerte Handelsstadt, ja nicht einmal nennenswerte Handelsfirmen. Transporte unmittelbar nach dem europäischen Kontinent waren verboten und fanden auch wirklich nicht in nennenswertem Umfang statt. Es gab nur einen möglichen Absatz für virginischen Tabak: durch englische (beziehungsweise schottische) Kommissionäre in London, Bristol, Liverpool oder Glasgow.

In der Regel hatte jeder Pflanzer seinen festen *Kommissionär.* Diesem übertrug er regelmäßig den Verkauf seines Tabaks, durch ihn ließ er auch alles einkaufen, was es in der Kolonie nicht gab, von Spielkarten, Kosmetika, eleganter Kleidung und Karossen bis zu Nägeln, Feilen und Schmiedestahl. Auf Gnade und Ungnade war der Pflanzer darauf angewiesen, daß der Kommissionär gute, preiswerte Ware für ihn beschaffte, eine Kontrolle hatte er nicht. Fühlte er sich betrogen, mochte er zur Konkurrenz gehen, fuhr bei ihr aber nicht besser.

Washington, der mit dem Ausdruck seines Mißtrauens und seiner Mißbilligung vorsichtig war, bedeutete doch schon im ersten Jahr seiner eigenen Betriebsführung seinem Kommissionär, die von diesem eingesetzten *Preise* seien durchschnittlich *um ein Viertel zu hoch.* 1761 fand er bei der

Nachprüfung einer Rechnung, daß *ein Posten von 151 £ doppelt aufgeführt* war. Daß ihm Waren berechnet wurden, die in der Sendung gar nicht mitgekommen waren, scheint die Regel oder mindestens sehr häufig gewesen zu sein. Dem konnte er zwar durch eigene Aufmerksamkeit begegnen. Aber wehrlos war er dagegen, daß *sein Tabak in England ungünstiger bewertet wurde* als von den vereidigten Schätzern in Virginia. Dies mochte sich mit der Zeitdifferenz und Marktschwankungen entschuldigen lassen, aber keinerlei Entschuldigung gab es dafür, daß Washington für den Tabak von seinem Drittel der Custisgüter 1/2 d je lb weniger erhielt als sein Stiefsohn, obgleich der Tabak aus dem gleichen Samen, auf dem gleichen Boden, unter den gleichen Wetterbedingungen in dem gleichen Betrieb unter gleicher Leitung von den gleichen Arbeitern gesät, gesetzt, gepflegt, geerntet, fermentiert und verpackt, im Lagerhaus von dem gleichen Schätzer gleich bewertet worden war wie der von „Jackie" Custis. Offensichtlich galt dieser als ein besserer Kunde und wurde deshalb besser gestellt.

Alle Pflanzer litten unter diesen Usancen: daher die Erbitterung, die sich von 1765 an in Boykotten entlud und zehn Jahre später im Abfall vom Mutterland gipfelte. Daß ein zurückhaltender Mann von konservativer Haltung wie Washington an die Spitze der Boykottbewegung in Virginia und später an die Spitze der Erhebung trat, hatte einen Hauptgrund in der *ständigen Übervorteilung durch die britischen Kommisionäre.*

Nicht als hätten nicht auch die virginischen Pflanzer Anlaß zu Klagen geboten. Die Konkurrenz der britischen Kommissionäre führte zwar nicht zu reeller Bedienung der Pflanzer, wohl aber zur Einräumung sehr bedeutender Kredite. In den siebzehn Jahren von 1759 bis 1775 war Washington, der doch weit vorsichtiger wirtschaftete als die meisten seiner Standesgenossen, ständig mit etwa 2 000 £ bei Robert Cary & Co. verschuldet. Kredite in solcher Größenordnung an oft recht unzuverlässige Schuldner mußten hin und wieder zu empfindlichen Verlusten führen, nur waren dies *strenggenommen Buchverluste*, die längst durch Übervorteilung der Bankrotteure aufgewogen waren.

Washington als Landwirt

Umfang und Ertrag von Washingtons Tabakbau ist nicht mehr direkt festzustellen. Wohl aber läßt sich schätzen, was er nach England versandt hat. Unterstellt man mit Freeman, daß Washingtons Hogsheads je 450 kg hielten, so waren es:

Washingtons Tabakversand

1760	etwa 42 t
1761	etwa 51 t
1762	etwa 35 t
1763	etwa 30 t
1764	?
1765	vielleicht noch 20 t

Davon entfielen jährlich etwa 5 t auf den Tabak von Pächtern, denen Washington kleine Ackerflächen gegen eine fixe Tabakmenge verpachtet hatte.

In alten Kulturländern ist Tabak eine Kleinbauernkultur, denn um den Preis intesivster Arbeit und Düngung erbringt er von einer kleinen Fläche einen hohen Bruttowert. Wo die Arbeitslöhne ins Gewicht fallen, ist Tabak für den größeren Betrieb unvorteilhaft; im alten Virginia war er es, weil sorgfältige Arbeit von den Sklaven und ihren Aufsehern schwer zu erlangen war. Beide hatten kein Interesse an der Arbeit.

Zieht man die 5 t, die Washington als Pachtzins von kleinen Pächtern erhielt, ab, so ergibt sich für 1761 ein Ertrag von etwa 45 t, für 1765 von etwa 15 t das heißt nur noch ein Drittel. 1766 stellte Washington auf Mount Vernon und seiner Farm am unteren Shenandoah den Tabakbau ganz ein. Auf White House und den anderen Custisgütern am Pamunkey River muß der Boden ungewöhnlich gut gewesen sein, denn dort blieb die Tabakqualität gleichmäßig gut, obgleich auch dort nicht ausreichend gedüngt werden konnte. Die Verwertung selbst vorzüglicher Tabake in England war indes so prekär, daß Washington um 1770 erwog, auch auf den Custisgütern vom Tabak abzugehen.

Seit Beginn seiner eigenen Betriebsführung auf Mount Vernon hatte er sich das Ziel gesetzt, eine erstklassige, *gleichmäßige, also gut verkäufliche Qualität* zu erzielen. Bei Tabak mißlang es ihm, desto besseren Erfolg hatte er bei den Kulturen, auf die er sich seit 1763 warf , vor allem bei *Weizen.*

Bevor er auf Weizen als Hauptkultur kam, experimentierte er mit anderen Kulturen, hauptsächlich mit Flachs und Hanf.

Überhaupt hat Washington ziemlich früh, nach dem Vorbild der besten englischen Landwirte, *systematisch experimentiert.* Seine peinlich genauen *Protokolle* darüber haben sich zum Teil erhalten. Seine Experimente bezogen sich auf Düngung und andere Methoden zur Verbesserung des Bodens, beispielsweise mit Mergel, ferner auf Fruchtwechsel, Saatreinigung, Saatzucht. Er beschaffte Saaten und Zuchtvieh aus den verschiedensten Teilen Amerikas und Europas.

Vor dem Unabhängigkeitskrieg beschränkte er sich auf die Lektüre englischer Bücher und Zeischriften; nach Kriegsende trat er in *Briefwechsel mit führenden englischen Landwirten*, namentlich mit dem angesehensten englischen Argrarschriftsteller, *Arthur Young*. Für diesen hat er als Präsident der Vereinigten Staaten eine *förmliche Enquete* über die nordamerikanische Landwirtschaft veranstaltet, die 1803, nach Washingtons Tod, von Young veröffentlicht worden ist. Durch Youngs Vermittlung suchte er einen Verwalter, der wie Midas alles, was er anfasse, verwandeln könnte, zwar nicht in Gold, sondern in Mist.

Damit stand er im Gegensatz zur herrschenden Richtung in der amerikanischen Landwirtschaft. Diese hat etwa bis 1930 Düngung und Bodenpflege verachtet, noch in den dreißiger Jahren verteidigte die Republikanische Partei wütend das *Recht auf Raubbau und Bodenverwüstung* als unveräußerliches Menschenrecht *gegen das New Deal*. Besonders charakteristisch für den herkömmlichen nordamerikanischen Bodenfrevel war das System des Baumwollbaus in den sechs Jahrzehnten bis zum Bürgerkrieg.

Hatte der Baumwollpflanzer den Boden auf seiner alten Farm erschöpft, so ließ er sich fünfzig Meilen weiter westlich nieder, hielt sich nicht mit Roden auf, sondern schälte die Urwaldbäume dicht über dem Boden und baute Baumwolle zwischen den toten Stämmen, bis der Boden erschöpft war. Dann ließ er den Geisterwald hinter sich und wiederholte das grausame Spiel weiter westlich. So wurde die Landschaft bis an den Mississippi verwüstet.

Die Landschaftsverwüstung, gegen die seit 1933 in Nordamerika mit ungeheurem Kostenaufwand, aber auch mit bedeutendem Erfolg gekämpft wird, hat ihre Ursache in dem subtropischen Klima mit seinen Wolkenbrüchen und der infolgedessen sehr wirksamen Erosion. Ist der Boden durch Raubau der schützenden Pflanzendecke beraubt, so wird er fortgeschwemmt, der Mutterboden zerstört, die Flüsse versanden, die verbleibende bäuerliche Bevölkerung verelendet. Nur durch umfassenden Wiederaufbau, zuerst im Stromsystem des Tennessee River, hat sich die Zerstörung rückgängig machen lassen.

Raubbau am Boden und an der menschlichen Substanz gehen in der Landwirtschaft zusammen. Daß in der Haussklaverei menschliche Behandlung der Sklaven möglich und verbreitet ist, lehren die *Odyssee* und die Märchen aus *Tausendundeiner* Nacht. Bei voll entfalteter Geld- und Warenwirtschaft leben die Sklaven aber nicht unter einem Dach mit ihrem Herrn, sondern in eigenen Hütten oder Sklavenkasernen. Ihre *Ernährung* ist Geldeswert, soll also *billig* sein, und die fehlende Arbeitslust wird durch *brutale Antreiberei* ersetzt, die nicht nur die Arbeiter, sondern *noch mehr die Antreiber degradiert,* bespielsweise das SS-Personal der Konzentrationslager.

Bei der Negersklaverei in Nordamerika kam zur Entkräftung der Arbeiter die Interesselosigkeit. Die amerikanischen Negersklaven waren der afrikanischen Kultur entrissen, von der europäischen wurden sie nur in Form der Knute erreicht. Sie gingen mit äußerstem *Widerwillen* an die Arbeit und *ließen ihn an Werkzeugen und Tieren aus.* Auf dem Höhepunkt der nordamerikanischen Sklaverei, um 1850, erfolgte daher ein krasser technischer Rückschritt: Man gab dem Sklaven nur noch primitive, plumpe, unwirksame, aber schwer zu zerstörende Werkzeuge in die Hand. Zu Washingtons Zeiten war das noch nicht der Fall. Ihn sieht man vielmehr mit technischen Experimenten beschäftigt, beispielsweise mit der Konstruktion einer Drillmaschine.

Er scheiterte nur in seiner Viehzucht. Es erwies sich als *unmöglich, Rindvieh mit Sklaven gut zu halten.* Infolgedessen fehlte es an Kuhdung, und da anderer Humusdünger nicht verfügbar war, ließ sich die Bodenfruchtbarkeit nicht aufrechterhalten. Die Erträge der Äcker und Wiesen blieben unbefriedigend, die Pflanzendecke dünn, die Gefahr der Erosion akut.

Washington gelangte durch seine landwirtschaftlichen Erfahrungen zu der Forderung nach Abschaffung der Sklaverei und hat testamentarisch die Freilassung seiner Sklaven angeordnet.

Aber ihm war klar: Mit deren bloßer Freilassung war es nicht getan. Sie waren ihrer afrikanischen Kultur entrissen. Sie zu Bürgern der amerikanischen Demokratie zu machen, war eine Kulturaufgabe.

Mit dieser Einsicht stand er hoch über der heutigen nordamerikanischen Gesellschaft und ihrem Streben, „to keep him in his place", den „Farbigen" in Unterwürfigkeit zu halten.

Erleichtert wird das durch die Massenarbeitslosigkeit. Ein bedeutender Teil der „Farbigen" ist in grauenhaften „Slums" konzentriert, wo gar nicht selten kleine Kinder von Ratten angenagt werden. Im allgemeinen erhalten nur Weiße Sozialfürsorge, und wenn sie ausnahmsweise „farbigen" Müttern bewilligt wird, dann gewöhnlich unter der Bedingung, daß kein Mann in der Familie ist; gegebenenfalls muß er verschwinden. Beim Sklavenverkauf wurden die Familien auseinandergerissen. Noch 130 Jahre nach der Sklavenbefreiung wird den Sklavennachkommen das Recht auf Familie verweigert.

Es ist unvermeidlich, daß in den Slums unorganisiertes und organisiertes Verbrechen wuchern. Das organisierte durchsetzt die nordamerikanische Gesellschaft und Politik wie der Schimmel das Brot. Gemeinsam mit Polizei und Geheimdiensten hat es vor dreißig Jahren die „Schwarzen Panther" ausgerottet, die einzige Auflehnung des Ghettos gegen die Tradition der Sklaverei.

> „Die Männer der Familie Kennedy verkörpern die amerikanische Dreifaltigkeit Geld – Macht – Sex. Sie brachten es zu ungeheurem Reichtum, dann auch zu grösstmöglicher politischer Macht, dank derer sie sich Frauen wie Marilyn Monroe leisten konnten.
>
> Aber sie machten einen Fehler: sie verrieten die amerikanische Erfolgsreligion, indem sie – innerhalb der engen Grenzen, die dafür in Amerika bestehen – für die Armen und die Schwarzen eintraten. Man hängt nicht an der Wand jeder schwarzen Behausung, wenn man nicht in gewissem Mass die Herren- und Sklaven-Gesellschaft verraten hat." (Jacob Holdt)

Aus der Sklaverei stammt die Tradition sexueller Verfügbarkeit der Frau; sie degradiert auch die weiße Amerikanerin zum sexuellen Konsumartikel.

Kehrseite: puritanische und fundamentalistische Heuchelei und Demagogie. Unter deren Druck wird in vielen nordamerikanischen Schulen die Abstammungslehre vom Schulunterricht ausgeschlossen, weil sie der Bibel widerspricht. Ohne diese Richtung wären weder Nixon noch Reagan oder Bush ins Weiße Haus gelangt.

Auch Washingtons landwirtschaftliche Bestrebungen haben wenig Nachfolge gefunden. Von 1933 ab verteidigte die Republikanische Partei wütend das Menschenrecht auf Umweltverwüstung gegen das New Deal und dessen Tennessee Valley Authority, die staatsübergreifend im Stromgebiet des Tennessee River die Umwelt sanierte, indem sie durch ein System von Staudämmen, Aufforstung und Bodenkonservierung die Erosion rückgängig machte und den dort verbliebenen Resten der Bauernschaft zu wirtschaftlicher und sozialer Wiedergeburt verhalf. Aber die Errungenschaften des New Deal sind partiell und prekär.

Erst in seinen letzten Lebensjahren wurde Washington zum Vorkämpfer der Sklavenbefreiung und -erziehung. Er hat nichts Wesentliches mehr dafür leisten können. In seinen ersten fünfzehn Jahren als Landwirt, vom Siebenjährigen bis zum Unabhängigkeitskrieg, vermehrte er noch ständig seine schwarze Belegschaft durch Zukauf. So zahlte er 1761 259 £ und ein andermal 130 £ für Sklaven. 1763 kaufte er einmal 4 Neger für 131 £. Lediglich darin unterschied er sich schon damals von der Mehrzahl seiner Standesgenossen, daß er sich für die Sklaven, die er einmal besaß, verantwortlich fühlte und sie grundsätzlich nicht verkaufte, nicht einmal vermietete.

Nur einmal handelte er gegen diesen Grundsatz. Es ging um einen an sich tüchtigen Arbeiter, der jedoch ständig durchbrannte und dumme Streiche verübte. Man konnte ihn nicht behalten, ohne die Disziplin zu untergraben. Die Sklavenschinderei in Westindien war bei den nordamerikanischen Sklaven besonders verrufen. Daher erwartete Washington einen heilsamen Eindruck auf die Belegschaft davon, den Tunichtgut nach Jamaica zu verkaufen. Es war buchstäblich Flüssigmachung: Der Erlös des Negers wurden in 300 l Rum sowie einigen Delikatessen angelegt. Eine andere Ausnahme machte, anscheinend auf eigene Faust, Lund Washington gegen Ende des Unabhängigkeitskrieges als Verwalter auf Mount Vernon: In einem Augenblick dringenden Bargeldbedarfs veräußerte er neun Sklaven für 2303 £ Inflationsgeld.

Wie stets bei einem derartigen Arbeitssystem taugte das *Aufsichtspersonal* wenig. Washington urteilte über seine Aufseher:

> „Sie sind alle auf Jahresgehalt angestellt und ... deshalb gleichgültig, denn Ehre und Ehrlichkeit zählen für sie nicht. Ob ich auf meinen Nutzen komme oder nicht – ihr Verdienst bleibt gleich, ob sie nun bei einem Pferderennen oder auf dem Hof sind, ob sie die Sklaven auf dem Acker beaufsichtigen oder Gäste bei sich haben, was nach meinem Eindruck viel zu oft der Fall ist ... Man muß sie ruhig, aber bestimmt auf die Folgen hinweisen und sie, wenn das nicht verfängt, ohne Zaudern und ohne einen Penny auf die Straße setzen."

Lästig war unter anderen die Stehlerei der Schwarzen: Alles mußte fortgeschlossen werden. Aber man konnte nicht verhindern, daß ganze Schweine „zwischen den Hütten und den Zähnen der Schwarzen verschwanden". Washington dürfte seine Leute ausreichend ernährt haben, aber ihnen schien die Kost einseitig und ergänzungsbedürftig. Übrigens wurde für Erntearbeiten stets Rum und selbstgebrannter Pfirsich- und Apfelschnaps in angemessener Menge bereitgehalten.

Wie erwähnt, war die Sklaverei ein Fluch vor allem für die Viehzucht. So große Mühe sich Washington gab, sein Vieh war schlecht gehalten. In einem Jahr ohne Viehseuchen fielen ihm 33 von 130 Pferden. *Haworth* berichtet in seinem Buch *Washington als Landwirt*, bei 101 Milchkühen habe Washington noch *Butter zukaufen* müssen – leider bleibt uns Haworth, wie gewöhnlich, genauere Zeit- und Terminangaben schuldig, so daß man sie nicht sieht, ob es die Zeit kurz vor dem Kalben war.

Englische Schafzüchter erzielten um 1780 durchschnittliche Schlachtgewichte von 100 lbs und Wollgewichte von 8 lbs. Washington kam vor dem Unabhängigkeitskrieg über 50 lbs Schlachtgewicht und 3 1/2 lbs Wolle nicht hinaus. Nach dem Unabhängigkeitskrieg kaufte er *gute Zuchtböcke*, merzte die schlechten Muttertiere aus und kam bis 1788 auf 5 1/2 lbs Wolle: ein unbestreitbarer Fortschritt, aber doch sehr unbefriedigend in den Augen des englischen Landwirts Parkinson, dem Washington 1791, während seiner ersten Amtszeit als Präsident, Mount Vernon zur Pacht anbot.

1791 war ein Dürrejahr. Parkinson zählte in den Haferrispen durchschnittlich vier Körner, das Weizenstroh war so kurz, daß er es anfangs für Häcksel hielt. Klee und Gras schienen ihm auf manchen Schlägen völlig vertrocknet, kurz, es war noch schlimmer als in Westdeutschland 1947. Die Schäden waren mehr noch auf *ungenügende Düngung* als auf Dürre zurückzuführen. Den Beweis bildet der Vergleich der Dürrejahre 1947 und 1959 in Deutschland. Meteorologisch war die Dürre 1959 schlimmer als die von 1947, aber da der Boden wieder in gutem Kulturzustand war und insbesondere wieder genug Phosphor erhalten hatte, war die Mißernte nicht entfernt so schlimm wie 1947. Die Zahl der Negersklaven schätzte Parkinson auf 400, davon kaum 100 arbeitsfähig; mit dieser widerspenstigen Gesellschaft zu arbeiten, hatte Parkinson wenig Neigung.

Nur ein Betriebszweig auf Mount Vernon erweckte seine Hochachtung: die *Maultierzucht*. Als Geschenke des Königs von Spanien und Lafayettes hatte Washington zwei ausgezeichnete Eselhengste bekommen, ferner mehrere Eselstuten. Die Maultiere, die Washington mit seinen Eselhengsten züchtete, waren leistungsfähigere Zugtiere als Pferde, zudem gegen rohe Behandlung durch die Sklaven weniger empfindlich. Nicht nur Washington selber verwandte in seinen späteren Jahren ausschließlich *Maultiere als Zugvieh*, er verkaufte sie auch laufend aus seiner Zucht und erzielte weitere Einnahmen aus seiner Deckstation mit Eselhengsten. Gute Zuchttiere an Pferden und Rindern hatte er schon vor dem Unabhängigkeitskrieg aus England und Belgien bezogen.

Heute gelten in Deutschland 0,7 Großvieheinheiten (GVE) je ha – davon mindestens die Hälfte Milchkühe – als Norm, um einerseits genügend Stallmist, andererseits genügend laufende Einnahmen aus der Milch zu erzielen. Washingtons Viehstapel scheint etwa 130 Pferde und 250 Stück Rindvieh, davon 100 Milchkühe, nicht überschritten zu haben. Die landwirtschaftliche Betriebsfläche scheint etwa 1500 ha betragen zu haben, der Besatz also höchsten 0,2 GVE je ha. Selbst bei Stallfütterung wäre das ungenügend. Washingtons Vieh weidete fast das ganze Jahr im Freien und erhielt kaum Kraftfutter, lieferte also kaum Stallmist. Die einzige Möglichkeit, wenigstens durch den Fruchtwechsel Mist in den Boden zu bringen, bestand in der Einschaltung von *Ackergrünland* (Klee, Gras) *als Weide.* Darauf scheint Washington um 1794 verfallen zu sein.

Im Gebiet der letzten und vorletzten Vereisung pflegte man in Nordwestdeutschland bis weit in unser Jahrhundert an tiefgelegenen Stellen der Flur Mergelgruben anzulegen und darin den, in seinen tieferen Schichten noch nicht entkalkten Geschiebemergel zu gewinnen, um ihn auf Äcker und Weiden zu streuen. Washington fand bereits naturgegebene *Mergelgruben* vor in Gestalt von Bachrissen. Allerdings bildeten diese gefährliche Ansatzpunkte für die Erosion. Daher ordnete Washington 1789 bei Übernahme der Präsidentschaft an, die Bachrisse einzuebnen und über ihnen so gründlich zu düngen, daß die Pflanzendecke Wurzel fassen und den Boden festhalten könne. Mergel solle künftig nur noch durch Baggern aus dem Potomac gewonnen werden, der aus dem Apalachengebirge reichlich Kalkgeschiebe mitbringt. Das Baggern konnte auf die arbeitsstillen Jahreszeiten verlegt werden.

Wie Washington in seiner Privatenquete an Arthur Young berichtete, war die verbreitetste Fruchtfolge im alten Virginia:

1. Jahr	Mais
2. Jahr	Weizen
3. Jahr	Brache

Und das bis zur Erschöpfung des Bodens. Er selber führte 1794 auf Mount Vernon folgende Fruchtfolge ein:

1. Jahr	Mais oder Kartoffeln (Hackfrucht)
2. Jahr	Weizen
3. Jahr	Buchweizen (als Gründünger untergepflügt)
4. Jahr	Weizen
5.-7. Jahr	Klee oder Gras, als Wiese oder Weide

Dies war indessen nur das Schema. Die tatsächliche Fruchtfolge umfaßte weit mehr Kulturen. Washingtons arbeitswirtschaftliche Kontrollbögen für 1789 verzeichnen je 375 acres (157,5 ha) Mais, Roggen, Gerste, Weizen, Buchweizen und „verschiedenes“ (Kürbis, Erbsen, Flachs u.a.), ferner hatte er zwei Brachschläge zu 375 acres, so daß die Betriebsfläche 1500 ha betrug.

Auch Washingtons neue Fruchtfolge von 1794 ist nach heutigen europäischen Begriffen noch ziemlich extensiv, zumal die für die Bodenverbesserung wichtigste seiner Ackerkulturen, Klee, mangels Düngung schlechte Erträge brachte und zur Bodenverbesserung wenig beitrug. Immerhin ist der entscheidende Schritt zu einer konservierenden Fruchtfolge getan, und die für den Boden schädliche, noch heute in Deutschland keineswegs überwundene Aufeinanderfolge von Getreide ist grundsätzlich aufgegeben – denn Mais vor Weizen ist nicht als Halm-, sondern als Hackfrucht zu betrachten. Der fehlerhafte Kreislauf des Raubbaus am Boden ist gebrochen.

Nach groben Faustschätzungen scheint es, daß Washington einen Hektarertrag von 2 1/2 dz GWE (Getreidewerteinheiten) erzielte. Zum Vergleich: um 1950 erzielten die fortschrittlichsten Rittergüter in Schleswig-Holstein auf ähnlichen Böden wie Washington 24, die besten mittelbäuerlichen Betriebe (25-35 ha) im schleswig-holsteinischen Hügelland 32-33 und durchschnittliche dänische Bauernbetriebe 40 dz GWE je ha. Man sieht: Bei intensivem Ackerbau steigt der Flächenertrag mit der Intensität der Viehhaltung, also dem Betriebszweig, in dem Washington durch die Auswirkungen der Sklaverei behindert wurde. Demnach hätten seine Flächenerträge etwa ein Zehntel derjenigen gutgeleiteter schleswig-holsteinischer Rittergüter und ein Sechzehntel dänischer Durchschnittserträge erreicht. Ohne den Hemmschuh der Sklaverei würde er ein Mehrfaches aus dem Boden herausgeholt haben. Die empirischen Methoden, die er von den führenden englischen Landwirten seiner Zeit übernahm und in Verbindung mit ihnen weiter entwickelte, sind seitdem durch Agrikulturchemie und Bodenkunde als sachgemäß erwiesen worden.

Gewerbliche Nebenbetriebe

Die Urproduktion pflegt weniger abzuwerfen als die Verarbeitung. Daher gliedern sich Hüttenwerke nach Möglichkeit Verarbeitungsbetriebe in Schwerkonstruktion und Maschinenbau an, die holländischen und skandinavischen Bauern haben ihren Wohlstand vornehmlich auf ihre genossenschaftlichen Verwertungsbetriebe begründet, und wie deutsche

Gutsbesitzer sich auf leichten Böden eine Brennerei, auf schweren eine Zuckerfabrik zulegten, so auch Washington, nur daß er in einem Land, wo es noch keine Industrie gab, viel weiter ging. Schon sein Vater hatte eine Erzgrube betrieben, er selbst betrieb zeitweise eine Spinn-, eine Web-, eine Schmiede- und eine Schuhmacherwerkstatt, ferner Brennerei, Mühle, Fischerei und Fähre. Davon erbrachte die Fischerei eine Zeitlang besonders hohe Jahreserträge, die Mühle dagegen die höchsten Dauereinnahmen.

Welch wesentlichen Teil seiner Einnahmen er aus gewerblichen Nebenbetrieben zog, ergibt sich aus einer Gewinn- und Verlustrechnung, die Washington für das letzte Jahr, dessen Ende er erlebte, 1798, für Mount Vernon aufstellte:

Gewinn- und Verlustrechnung für die einzelnen Betriebe auf Mount Vernon 1798

Gewinnbetriebe				Verlustbetriebe			
3 Farmen	1161 £	7 s	1/2 d	2 Farmen	526 £	19 s	6 d
Schmiede	34	12	9 1/2	Spinnerei	51	2	0
Brennerei	83	13	1	Gehalt des Inspektors für den			
Esel-Deckstation	56	1	0				
Gestüt	9	17	0	Gesamtbetrieb	104	0	0
Schuhmacherei	28	17	0	Reingewinn	898	16	4 1/4
Fischerei	165	12	3/4				
Molkerei	30	12	3				

Buchhalterisch stimmt die Rechnung nicht ganz. Die Summe der linken Seite beträgt 1570 £ 12 s 2 3/4 d, die der rechten 1616 £ 17 s 10 1/4 d, das heißt: In dem Gewinn stecken 46 £ 5 s 7 1/2 d aus unerklärter Quelle, vielleicht aus der Mühle. Selbst wenn der mußmaßliche Mühlengewinn unberücksichtigt bleibt, stammen 29 % der rund 900 £ Reingewinn aus gewerblicher Tätigkeit. Vor dem Unabhängigkeitskrieg gewann Washington allein aus der Fischerei fast so viel wie aus der Landwirtschaft.

Mount Vernon liegt im Gezeitenbereich. Ende April stiegen mächtige Heringsschwärme den Potomac zum Laichen aufwärts. Vier Wochen später folgte ein ähnlicher, jedoch größerer Fisch, der Alsen (englisch *shad*, zoologisch *alosa sapidissima*), der fast 3 kg schwer ist, ferner eine Maränen- oder Renkenart, der Whitefish *(Seehering, Coregonus clupeiformis)*.

Washington fischte zunächst mit einem alten Fahrzeug, dann baute er 1769 eigens einen Schoner für seine Flußfischerei und erzielte damit sehr bedeutende Gewinne. 1770 lieferte er an die Handelsfirma Carlyle & Adam in Alexandria 473 000 Heringe zu 3 sh 4 d. 1771 lieferte Washington 900 000 Heringe, muß also allein an ihnen 1350 £ verdient haben. Außerdem wurde auf Mount Vernon reichlich Fisch verzehrt. Von dem Umfang der Fischkonservierung zeugt der Ankauf von 562 Faß Salz durch Washington im Jahre 1769, hauptsächlich zum Pökeln von Heringen.

1774, unmittelbar vor dem Unabhängigkeitskrieg, wuchs Washingtons Fischereiflotte um die Brigg „Farmer". Washington jagte sie mit erheblichen Schwierigkeiten seinem Schuldner, Kapitän Adams aus Alexandria, ab. Dieser hatte für Washington eine Ladung Weizenmehl nach Jamaika befördert, aber statt auftragsgemäß den Erlös in Rum und Melasse anzulegen, kaufte er seinen Miteigentümer an der Brigg aus und segelte damit auf Trampfahrt in Westindien umher, bis sich Washington mit Hilfe der englischen Gerichte auf Jamaika des Fahrzeugs bemächtigte und es zur Zwangsversteigerung nach Virginia zurückschicken ließ. Auf der Heimfahrt wurde es im Sturm beschädigt, fand infolgedessen auf der Auktion keinen Käufer, und Washington ersteigerte es, erheblich unter dem Wert, für 175 £. Nachdem er es repariert hatte, wies er ein Kaufangebot von 300 £ als zu niedrig ab.

Dieses unbeabsichtigte Geschäft hatte sich aus Washingtons Müllerei ergeben, und diese wieder aus seinem Weizenbau. 1763 hatte er mit Carlyle & Adam einen Vertrag geschlossen, nach dem sie seinen gesamten Weizen zu 3 1/2 sh je bushel abnahmen. Washington war allerdings mit diesem Abnehmer nicht ganz zufrieden, denn Carlyle & Adam zahlten schlecht – einmal traten sie ihm an Zahlungsstatt ein Grundstück in Alexandria ab – und nahmen eigenmächtig Preisabschläge vor, wegen Mindergewicht, obgleich im Vertrag über das Bushelgewicht nichts ausbedungen war.

Washington begann 1764 mit der Lieferung von 257 bu und kam 1769 auf 6241 bu, also wohl auf mehr als 1000 £. Falls der damalige bushel Weizen, wie der heutige, durchschnittlich 27,2 kg hielt, wären die 6241 bu von 1769 rund 1700 dz gewesen, im heutigen Deutschland der Ertrag von 68 ha leidlichem Weizenboden, und selbst im damaligen Virginia keine beachtliche Menge.

Immerhin war es eine sichere Bareinnahme, und Washington scheint den Weizenanbau noch ausgedehnt zu haben, wenngleich er dafür nicht mehr viel Spielraum hatte. Vor allem steigerte er seinen Gewinn aus dem Weizen. 1770 lief sein Vertrag mit Carlyle & Adam aus, und Washington beschloß, deren Handelsgewinn sowie den Müllerlohn selbst zu verdienen. Durch Ankauf einiger Grundstücke sicherte er sich dagegen, daß ihm das Wasserrecht bestritten würde; dann staute er zwei Bäche auf und baute 1769 eine Mühle.

Von 1771 ab verkaufte Washington *nicht mehr Weizen, sondern Mehl.* Im ersten Jahr war dessen Qualität noch unbefriedigend, zum Teil weil das Korn von Rost befallen war. 1771 verkaufte Washington 497 Faß Mehl (wieviel kg das waren, ist eine Aufgabe für Spezialisten) zu 12 sh, also für 287 £ 4 sh – im Vergleich mit dem Ergebnis von 1769 nicht sonderlich beglückend. Aber von 1772 ab erzielte Washington eine erstklassige, gleichbleibende, modern ausgedrückt: *Standardqualität*, und schon im selben Jahr gingen seine Säcke ohne Nachprüfung von Güte oder Gewicht in Westindien durch den Zoll: Was ihm mit seinem Tabak acht Jahre hindurch mißlungen war, glückte ihm mit seinem Mehl im ersten Anlauf.

Jedoch fiel auf Mount Vernon stets auch Weizen geringerer Qualität an; das minderwertige Mehl daraus ließ sich an Ort und Stelle nicht absetzen. Sein Primamehl verkaufte Washington an Großhändler in Alexandria, die es hauptsächlich nach Westindien versandt haben dürften, dagegen gab es für schlechteres Mehl in Virginia keinen Abnehmer. Washington sandte daher wiederholt – zuletzt 1773 durch Kapitän Adams – Schiffsladungen seines Sekundamehls direkt nach Westindien oder Madeira. Dort ließ es sich unmittelbar an die Pflanzer absetzen, die ihre Sklaven gern mit billigem Mehl ernährten, auch wenn es etwas dumpfig war. Als Rückfracht von Westindien oder Madeira bestellte Washington stets Rum oder Melasse, von Madeira auch Madeirawein. Mit Port und Sherry scheint er nur flüchtig, mit anderen Weinen gar nicht bekannt geworden zu sein. Adams erzielte 1763 auf Jamaica für Washingtons Sekundamehl 20 sh je Barrel, erheblich mehr als die 12 sh, die Washington 1771 in Alexandria erhielt.

Im Jahre 1774 lieferte Washington von seinem Primamehl an Hoe & Co in Alexandria für 1054 £, an Robert Cary, ebendort, für 407 £, also allein an diese beiden Firmen für nahezu 1500 £: der Übergang von Tabak auf Weizen als Hauptprodukt war gelungen. Washingtons sonstige Nebenbetriebe konnten mit seiner Fischerei und seiner Mühle nicht wetteifern. Zeitweise während des Boykotts 1769/70 hatte er fünf Negerinnen unter Aufsicht einer weißen Weberin am Webstuhl sitzen, und da er Löhne oder sonstige Arbeitskosten nicht zu rechnen brauchte – die Negerinnen mußte er verpflegen, ob sie nun arbeiteten oder nicht –, berechnete er, das selbstgewebte Zeug habe ihn 28 £ weniger gekostet, als wenn er es hätte kaufen müssen. Seine Schmiede und seine Schuhmacherei arbeiteten im Lohnwerk auch für Nachbarn, und gelegentlich scheint er als Unternehmer seinen Maurer und seinen Zimmermann vermietet zu haben. Seine Potomac-Fähre brachte ihm namentlich im Unabhängigkeitskrieg zeitweise bedeutende Einnahmen ein, allerdings in entwertetem Inflationsgeld.

Im Unabhängigkeitskrieg hat Mount Vernon nach Halstead Ritters Angaben *laufend bedeutende Gewinne* abgeworfen. Denn es war von Washington in siebzehnjähriger systematischer Arbeit auf hohe Erträge gebracht worden, und die nicht-englischen Auslandsmärkte standen offen. Der englische Einfall in Virginia *1780 bereitete diesen hohen Erträgen ein Ende.* Die *Engländer nahmen die Fischereifahrzeuge fort,* anscheinend machte sich auch die *Bodenerschöpfung* geltend. Jedenfalls fand Washington bei der Rückkehr aus dem Kriege Mount Vernon heruntergewirtschaftet vor und mußte, wie nach dem Siebenjährigen Krieg, von vorn anfangen, diemal unter höchst *ungünstigen Marktverhältnissen.*

Als Washington um 1773 aus Mehl und Fisch die Gewinne erzielte, die er fünfzehn Jahre zuvor vom Tabak erhofft hatte, ging er daran, seine *Schuld* bei Cary & Co in London *abzutragen.* Dies wurde ihm wesentlich erleichtert durch den Tod seiner Schwiegertochter. Sie starb 1773 und hinterließ ihren Wertpapierbesitz je zur Hälfte ihrem Bruder und ihrer Mutter, so daß Washington unerwartet über mehr als 4000 £ britischer Wertpapiere verfügen konnte. Er beauftragte also Cary & Co, im Betrag seiner Schuld für ihn Wertpapiere zu verkaufen und sich davon bezahlt zu machen. Die damaligen britischen Kommissionäre hielten ihre amerikanischen Auftraggeber stets im Minus. Demgemäß unterließ der Kommissionär die Ausführung dieses Auftrags, so daß Washington bei Kriegsausbruch 1775 immer noch bei ihm in der Kreide stand.

Die Wertpapiere lagen in England im Depot, und Washington setzte voraus, die englische Regierung werde sie beschlagnahmen oder mindestens sperren. Daß sein Stiefsohn glimpflicher behandelt werde, nahm er nicht an, kaufte also dessen englische Wertpapiere, um ihn schadlos zu halten. Indessen gab es noch keine zuverlässig arbeitende Devisenüberwachung, Washingtons Depot wurde nicht angetastet, und 1784 konnte er endlich, nach einem Vierteljahrhundert, seine Schuld bei Cary & Co tilgen.

Trotz der unüberwindlich scheinenden Hindernisse erzielte Washington *von Anfang an Gewinne,* die Haworth mit durchschnittlich 10000–15000 $ (2500–3000 £) angibt, beispielsweise:

Washingtons Jahresgewinne 1759-91

1759 (zehn Monate)	1839 £
1760	2535 £
1772	3213 £
3.8.1775–30.8.1776 (erste 13 Kriegsmonate)	2119 £
1786	2025 £
1791	etwa 2025 £

Der Reingewinn auf Mount Vernon war zwar infolge der dortigen Schwierigkeiten wesentlich niedriger, aber andere Einnahmen glichen das aus. So beziffert Haworth die in dem Gesamtgewinn für 1786 enthaltenen Pachteinnahmen auf nicht ganz 308 £, davon nicht ganz 238 £ aus 60 in verschiedenen Teilen der USA verstreuten einzelnen Grundstücken und 25 £ aus der Verpachtung der Fischerei auf dem Potomac. Der Rückgang der Fischereierträge auf ein Sechzigstel war verursacht durch den Verlust der Fahrzeuge. Ein wesentlicher Teil des Reingewinns für 1759 und 1760 stammt jedenfalls aus den *Custis-Betrieben am Pamunkey.*

Washingtons sonstiger Grundbesitz

Daß Washington selbst in den landwirtschaftlich auf Mount Vernon schwierigsten Jahren, 1759–64, Reingewinne erzielt hat, wird indirekt bestätigt durch seine stets vorzügliche Liquidität. Eigentliche Geldsorgen scheint er nie gehabt zu haben, immer konnte er notleidenden Standesgenossen beispringen, und ständig erwarb er neue Kapitalanlagen, insbesondere neuen Grundbesitz. Er begann 1759 mit rund 8700 acres (3650 ha), und zwar rund 5000 acres am Pamunkey, die ihm seine Frau zubrachte, 2500 auf Mount Vernon, 1000 in seinem Betrieb am unteren Shenandoah, endlich dem „Fährenhof" bei Fredericksburg, der ihm gehörte, dessen Besitz er aber erst viel später antrat.

Von 1761 ab vergrößerte er Mount Vernon durch Zukäufe und erwarb auch anderswo Grundbesitz. 1765 belief sich sein Grundeigentum bereits auf 9500 acres, 1771 auf nicht viel weniger als 17500 acres, davon allein 12436 acres im „Northern Neck", dem Gebietsstreifen südlich des Potomac, zu dem Mount Vernon gehört. Dazu kam sein noch nicht ausgesonderter Anteil am „Great Dismal Swamp“, einem riesigen Sumpfgebiet in wenig mehr als Meereshöhe, südlich der Chesapeake Bay im Grenzgebiet von Virginia und North Carolina. 1772-74 kamen 40000 acres am Ohio hinzu, vor Kriegsausbruch 1775 gehörten Washington gegen 60000 acres, mehr als 24000 ha, die Fläche von 160 heutigen schleswig-holsteinischen Durchschnitts-Rittergütern.

Der „Schreckliche Sumpf“ gehörte zu Washingtons bedeutenderen Objekten. Eine Anzahl Farmer hatte sich zusammengetan, um dieses Sumpfgebiet zu entwässern und zu erschließen; Washington selber hatte einen erheblichen Teil der Vermessung und Nivellierung geleistet. Für die Kanalisierungsarbeiten entsandte er einige Sklaven und einen Aufseher, ebenso andere Pflanzer. Wenn er zu Landtagssitzungen in Williamsburg war, pflegte er einen Abstecher in den „Schrecklichen Sumpf“ zu unternehmen. Indes war das Projekt viel zu groß für die beschränkte Zahl verfügbarer Arbeitskräfte, es kam höchst langsam voran.

Bei seinem Tode besaß Washington Grundeigentum in folgenden Gebieten:

Mount Vernon	9200 acres	(3900 ha)
am Ohio und Great Kanawha	33000 acres	(14000 ha)
Great Dismal Swamp	4000 acres	(1680 ha)
sonstiges Land in Virginia	7500 acres	(2940 ha)
in Maryland	1000 acres	(420 ha)
in Pennsylvania	234 acres	(100 ha)
in Kentucky	5000 acres	(2100 ha)
am Mohawk bei Rome (Staat New York)	1000 acres	(420 ha)
bei Cincinnati	3000 acres	(1260 ha)
	63934 acres	(26900 ha)

Das ist ein Geviert von 16,4 × 16,4 km, bescheiden im Vergleich mit den 97000 ha, die Kaiser Wilhelm II. hinterließ, zumal dessen Ländereien in vorzüglichem Kulturzustand, gut bewirtschaftet und marktnah waren.

Washingtons Geschäftsgewohnheiten

Washington stand um 4 Uhr morgens auf und verbrachte drei Stunden am Schreibtisch mit Korrespondenz, Buchhaltung, Protokollierung seiner landwirtschaftlichen Versuchsreihen. Um 7 Uhr frühstückte er, dann stieg er zu Pferde und beritt seine Liegenschaften. Um 6 Uhr abends ging es zum Diner, er selbst und seine in späteren Jahren zahlreichen Gäste in Gala. Dann verbrachte er zwei Stunden in Gesellschaft, oder wenn der Andrang der Geschäfte es erforderte, am Schreibtisch.

Seine Zeit nutzte er scharf aus. Er muß außerordentlich rasch und konzentriert gearbeitet haben, denn obgleich er den Hauptteil seiner Zeit im Freien verbrachte, nehmen seine veröffentlichten Korrespondenzen kaum weniger Raum ein als diejenigen Goethes, der schon in jungen Jahren mehr diktierte als schrieb. Washington hat dagegen noch als amerikanischer Oberkommandierender einen wesentlichen Teil seiner amtlichen Korrespondenz eigenhändig geschrieben. Erst allmählich wurde ein angemessener Teil des Schriftverkehrs von seinem Sekretär und den Adjutanten übernommen, und nach 1783 kam Washington nicht mehr ohne Sekretär aus.

Seit der Übernahme von Mount Vernon im Jahre 1752 war Washington oft abwesend, mußte es also durch Verwalter bewirtschaften – erst recht natürlich die Betriebe am Shenandoah und Pamunkey, die er nur in unregelmäßigen Zeitabständen besuchte. Selbst in den siebzehn Jahren 1759-75, in denen er nicht durch militärische oder politische Ämter ständig ferngehalten wurde, nahm er doch häufig an Landtagssitzungen teil, reiste in den „Great Dismal Swamp", an den Shenandoah oder Ohio oder ritt zum Pferderennen nach Annapolis. Inzwischen mußte der Betrieb weitergehen.

Während des Siebenjährigen Krieges wurde Mount Vernon von seinem jüngeren Bruder „Jack" verwaltet. Dann diente ihm zwanzig Jahre lang, erst am Shenandoah, später auf Mount Vernon, sein Chotanker Vetter Lund. 1786 gewann er als Verwalter für Mount Vernon einen englischen Landwirt, Bloxham, der gegenüber Washington eigene Ansichten vertrat und in der Regel durchsetzte – Washington war nicht eigensinnig. Auch als General im Unabhängigkeitskrieg hat er, mindestens in den ersten Kriegsjahren, seinem eigenen Urteil zu wenig getraut und den Rat von Männern erbeten und befolgt, deren Sachkenntnis der seinigen keineswegs überlegen war.

Ein berühmtes Beispiel für Washingtons Genauigkeit bei Vertragsabschlüssen ist sein Anstellungsvertrag für einen Gärtner auf Mount Vernon. Ausdrücklich wird festgesetzt, daß der Mann zu Weihnachten eine Sonderzahlung von 4 $ erhält nebst dem Recht, vier Tage betrunken zu sein; zu Ostern hat er 2 $ extra und zwei Tage blau, zu Pfingsten 1 $ und einen Tag Ausgießung des Heiligen Geistes.

Kritik findet heute Washingtons Buchhaltung, denn sie war nicht auf betriebswirtschaftliche Erfolgs- und Vermögenskontrolle abgestellt – die kannte man noch nicht –, sondern lediglich auf den Ein- und Ausgang von Geld. Auch darin war er nicht übergenau. Zu einem Jahresende notierte er 143 £ an nicht ausgewiesenen Ausgaben und Verlusten, auch zu anderen Jahresenden 140 £ und noch mehr. Am Schluß der Landtagssitzung 1771 notierte er 24 £ Verlust im Kartenspiel, ein andermal, wieviel er in Annapolis verwettet hatte, denn im Spiel und beim Wetten hatte er kein Glück.

Als historische Quelle ist Washingtons Buchhaltung aufschlußreich. Beispielsweise bietet sie die wichtigsten Belege für den geheimen Nachrichtendienst im Unabhängigkeitskrieg, den Washington zum Teil aus seiner Tasche bestritt.

Daß Washington in den Landtag, den Kirchenrat der Gemeinde, das Kreisgericht gewählt, mit zahlreichen Testamentsvollstreckungen, Vormundschaften und der Vertretung seiner Feldzugskameraden von 1754 beauftragt wurde, lag zunächst an seiner sozialen Stellung. Jeder seiner Standesgenossen, der nicht als geschäftlich unzuverlässig bekannt war, mußte zahlreiche solcher Anträge übernehmen. Daß Washington damit geradezu überhäuft wurde, lag aber an seiner ungewöhnlichen Geschäftskenntnis, Sorgfalt, Korrektheit und Energie. Seine Überlastung war derart, daß er seinem Bruder Austin bei dessen frühem Tod die Bitte abschlagen mußte, die Vollstreckung des Testaments zu übernehmen, zumal er so gut wie nie im Landkreis Westmoreland zu tun hatte. Selten war ein Testament zu vollstrecken, ohne daß Zweifel gerichtlich geklärt werden mußten.

Ebenso wie mit Testamentsvollstreckungen ging es ihm später mit militärischen und politischen Ämtern. Er suchte sie nicht, die Ämter suchten ihn. Hatte er allerdings einmal ein Amt übernommen, so wahrte er seine Kompetenzen mit dem erforderlichen Nachdruck.

Der Abfall der Kolonien von England

Zu dem Aufblühen der englischen Kolonien in Nordamerika bis zum Schluß des Siebenjährigen Krieges trug entscheidend bei, daß die freie Unternehmerinitiative kaum mehr als im Mutterland selber beeinträchtigt wurde. Der englische Merkantilismus richtete seine Schikanen fast nur gegen das eigentliche Ausland.

Das änderte sich 1763. Unter dem Vorwand, die Kolonien hätten im Siebenjährigen Krieg nicht angemessen zu den Kosten ihrer Verteidigung beigetragen, wurden auch sie den merkantilistischen Eingriffen unterworfen. Ein Motiv mag darin gelegen haben, daß in den dreizehn Kolonien infolge ihres wirtschaftlichen Aufschwungs etwas zu holen war. Um 1775 mögen sie 2 3/4 Millionen (Virginia allein 300 000) Einwohner gehabt haben.

Washingtons auswärtige Geschäftsbeziehungen waren seit seiner Umstellung von Tabak auf Weizen repräsentativ für die Auslandsbeziehungen der dreizehn Kolonien, insbesondere der südlichen. Ihr Absatz ging in erster Linie nach Westindien, nur in zweiter nach England; dagegen war England der Hauptlieferant, Westindien kam als Lieferant in zweiter Linie: daher bis Ende des 18. Jahrhunderts die ständige Pfundknappheit in Nordamerika und das Nebeneinander zweier Währungen: der Pfundwährung, als Währung des Hauptgläubigers, und des Dollar, als der Währung des Hauptschuldners: Denn der Dollar war in Westindien Universalwährung, auch in den englischen Besitzungen. Manche ständigen Verlegenheiten und Geschäftsbräuche der Kolonien wurzelten darin, beispielsweise das Disagio des virginischen Pfundes gegenüber dem englischen, die Geldfunktion virginischer Lagerhausscheine und die Neigung zur Papiergeldemission.

Der Dreieckshandel war den Kolonien durch die geltenden Gesetze untersagt, namentlich durch die Navigationsakte und das Zuckersteuergesetz von 1733. Nach diesen Gesetzen sollten die dreizehn Kolonien ihre Einfuhr an Melasse und Rum ausschließlich aus den britisch-westindischen Kolonien (vornehmlich Jamaica) beziehen und außer dem Ausfuhrzoll dieser Kolonien den exorbitanten britisch-nordamerikanischen Einfuhrzoll von 6 d je Gallone tragen. Der Bezug von Melasse, Zucker und Rum aus den spanischen und französischen-westindischen Kolonien war verboten.

Dreißig Jahre hindurch hatte kaum jemand an die Durchführung dieser Vorschriften gedacht. Gelegentlich nahm ein neu hinübergesandter Zollbeamter einen Anlauf, aber das gewöhnte man ihm bald ab.

Die westindischen Pflanzer gewannen so viel aus Melasse, Zucker und Rum, daß die Erzeugung von Lebensmitteln für sie nicht lohnte. Westindien bezog daher seine Lebensmittel vornehmlich aus dem benachbarten Agrargebiet, den britisch-nordamerikanischen Kolonien. Den Rum, den die Nordamerikaner im Austausch aus Westindien einführten, benutzten sie als Tauschware gegen Felle – von den Indianern –, gegen Südwein – von Madeira und den Azoren – und gegen Sklaven – von Afrika.

Neuengland, wo sich der Pelzhandel konzentrierte, brannte den dafür erforderlichen Rum selber, bezog also aus Westindien nur Melasse. Jamaica exportierte vornehmlich Rum, kaum Melasse. Mithin handelten die neuenglischen Kolonien – weitgehend auch die südlicheren – vorzugsweise mit den spanischen und französischen Kolonien, die mehr Melasse als Rum verkauften. Auch waren die Bezüge von dort mit geringeren Ausfuhrabgaben belastet.

Daß der unvermittelte Übergang zu strenger Gesetzeserfüllung die Kolonien wirtschaftlich abwürgen müsse, sah die königliche Regierung ein. Sie ermäßigte daher den nordamerikanischen Einfuhrzoll von 6 d auf 2 d je Gallone und versuchte, Navigationsakte und Zuckersteuer auf Grund des ermäßigten Tarifs durchzusetzen. Das lief darauf hinaus, den westindischen Handel auf die Hälfte oder ein Drittel zu reduzieren und den kümmerlichen Rest empfindlich zu belasten.

Da die britisch-nordamerikanischen Zollbehörden bis dahin beide Augen zugedrückt hatte, hegten die amerikanischen Kauffahrer bei ihrem verbotenen Handel kein Arg. Ihre Fahrzeuge waren sehr zahlreich und sehr klein – meist unter 90 BRT – also kaum zu überwachen. Sie behielten ihre Handelswege bei, nur betrieben sie seit 1763 bewußten Schmuggel, den sie als ihr gutes Recht ansahen. Natürlich fanden sie Rückhalt an der Bevölkerung, am entschiedensten in Rhode Island. Dort waren schon früher zwei Zollkutter von den Eingeborenen zerstört worden, und als 1773 der Zollschoner „Gaspee" in der Bucht von Providence auf Grund lief, wurde auch er geentert und verbrannt. Die Besatzung leistete keinen Widerstand, nur der Kapitän, der denn auch verletzt wurde. Zum Schaden bekam er noch den Spott. Die Rhode Isländer Gerichte verurteilten ihn zu 300000 £ Schadensersatz wegen widerrechtlicher Aufbringung von Fahrzeugen. Bis zur Zahlung wurde er in Haft behalten. Die Seemacht England war gegenüber der Zwergkolonie Rhode Island so ohnmächtig, daß sie die 300000 £ erlegte, um den Offizier frei zu bekommen.

Gegen die Strangulierungszölle erhob sich zwar Widerstand, aber kein rechtliches Bedenken. Sie beruhten auf Gesetzen aus einer Zeit, als die Kolonien viel zu klein waren, um gegenüber der Heimatregierung legislative Rechte zu beanspruchen. Anders verhielt es sich mit der Stempelsteuer, die 1765 von der Heimatregierung in allen dreizehn Kolonien eingeführt wurde. Sie sollte von jedem Vertragsabschluß erhoben werden und in jedem Fall mindestens 1 sh betragen. Wurde einem kleinem Mann ein Darlehen von 1 £ dreimal prolongiert, so hatte er 3 sh (15%!) Stempelsteuer zu zahlen. Die Oberschicht aller Kolonien machte dagegen den in der englischen Revolution durchgesetzten Verfassungsgrundsatz geltend: *No taxation without repesentation* – Besteuerung nur mit Bewilligung einer parlamentarischen Vertretung der Besteuerten. Die gesamte Bevölkerung stand hinter den Führern.

Die Kolonien boykottierten die Stempelsteuer. Gerichtliche Urteile sollten nur auf Stempelpapier ergehen – die Gerichte tagten nicht. Die Lokale der Steuereinnehmer wurden angegriffen, das vorgefundene Stempelpapier verbrannt. Zum ersten Mal handelten die Kolonien gemeinsam, wenn auch ohne Verabredung. Bereits 1766 widerriefen die englische Regierung und das englische Parlament die Stempelsteuer.

Aber sie gaben nicht auf. Sie ließen sich einen Finanzzoll einfallen, der von allen englischen Waren bei der Einfuhr in nordamerikanischen Häfen erhoben werden sollte. Der Schatzkanzler Townshend erhoffte daraus 400000 £ und war so offenherzig, im Unterhaus zu gestehen, der Zoll sei hauptsächlich zur Versorgung von Postenjägern aus dem Mutterland gedacht. Ein etwaiger Überschuß solle zur Unterhaltung von 10000 Mann stehenden Truppen dienen, die erforderlichenfalls den Widerstand der Kolonien brechen würden.

Nichts berechtigte die Regierung Sr. Majestät zu der Erwartung, die Kolonien würden sich gefügiger zeigen als hundertunddreißig Jahre früher das Mutterland. Georg III. schien entfallen zu sein, daß einem seiner Vorgänger der Kopf abgeschlagen worden war, nachdem er durch solche Praktiken einen Bürgerkrieg provoziert hatte. Angefangen mit Virginia, wo Washington den Anstoß gab, bildeten sich alsbald in den dreizehn Kolonien Boykottverbrüderungen, deren Mitglieder sich verpflichteten, keine englischen Waren zu importieren. Damals richtete Washington auf Mount Vernon eine Weberei ein, um ohne englische Tuche auszukommen. Viele englische Produkte ließen sich gänzlich oder vorübergehend entbehren. Unter dem Schutz der Einfuhrzölle erwuchs eine amerikanische Glas- und Papierindustrie, und selbst dem schwer zu erweichenden Begriffsvermögen der englischen Minister wurde klar, daß weitere amerikanische Industrien folgen würden. Daher hob 1771 das Parlament die meisten Zölle auf und hielt nur die auf Erzeugnisse anderer Länder als des Mutterlandes aufrecht, vornehmlich auf Wein, Melasse, Rum und Tee.

Gegen den Wein-, Melasse- und Rumzoll kämpften siegreich die Schmuggler, gegen den Teezoll die Bostoner Großkaufleute. Bis 1773 hatte es für Tee einen einzigen Handelskanal gegeben: Die East India Company verschiffte ihn nach England und versteigerte ihn dort. Die nordamerikanischen Großhändler ließen ihn durch ihre englischen Kommissionäre ersteigern oder bezogen ihn vom englischen Exporthandel. 1773 machte die East India Company den Versuch, die dabei anfallenden Großhandelsgewinne selbst einzustreichen: Sie richtete eigene Filialen in Nordamerika ein, die Tee unmittelbar von der Stammgesellschaft aus Ostindien bezogen und ihn unmittelbar an den nordamerikanischen Einzelhandel absetzen sollten.

Die Bostoner Großkaufleute wollten sich nicht ausschalten lassen. Sie verkleideten die tatendurstige Jugend als Indianer, und die Scheinindianer warfen nächtlich eine Schiffsladung Tee in den Hafen. In dieser widerspenstigen Stadt waren schon seit Jahren die englischen Truppen zusammengezogen. Da sie bei weitem nicht die projektierte Stärke von 10000 Mann erreichten, fühlte sich die Regierung gegen Boston ebenso wehrlos wie gegen Rhode Island und wußte nichts Besseres, als den Bostoner Hafen zu schließen und durch ein Kriegsschiffgeschwader zu blockieren.

Schrittweise verschärfte sich der Konflikt, am 18. April 1775 brach der Krieg offen aus. An diesem Tage marschierte eine englische Infanterieabteilung 30 km weit über Land, um in Concord das Miliz-Zeughaus auszuräumen. Unterwegs sprengte sie in Lexington die harmlos an der Kirche aufmarschierte Lexingtoner Miliz durch eine Salve auseinander. Darauf begannen rings im Land die Sturmglocken zu läuten.

Der Rückmarsch von Concord wurde zum Spießrutenlaufen. Beiderseits der Straße postierten sich die Milizmänner mit geladenem Vorderlader hinter Büschen und Bäumen und warteten, bis die englische Kolonne, die sich peinlich an die Straße hielt, heran war. Dann schossen sie auf 20 oder 30 m in das schwer zu fehlende Ziel. Die englischen Offiziere erwarteten, der Gegner solle ebenso exerzierplatzmäßig fechten wie sie selbst. Spielte er statt dessen *foul,* so waren sie wehrlos.

Da sich die Engländer bei Concord und Lexington so leicht geschlagen gaben, erfaßte Siegesjubel den neuenglischen Landsturm, und er lagerte sich rings um Boston. Die englischen Führer wagten nicht, den Spuk auseinanderzutreiben. Da die Engländer nichts taten, glaubte die Miliz etwas unternehmen zu sollen und erbaute eine Schanze auf dem Bunker's Hill, gegenüber der Stadt Boston, auf der Spitze einer Halbinsel, die von Norden in die Bucht hineinragt.

Die Engländer brauchten lediglich auf dem Hals dieser Halbinsel zu landen und die Miliz auf dem Bunker's Hill zu verhaften. Aber das war ihnen zu einfach. Sie griffen den Bunker's Hill in der Front an.

Die glatte Vorderladermuskete gestattete kein gezieltes Feuer. Auf mehr als 50 m war sie wirkungslos; kaltblütige Leute fingen Kugeln, die weiter her kamen, mit der Hand auf. Dies war selbst undisziplinierten Soldaten so wohlbekannt, daß auch die unausgebildete amerikanische Miliz auf dem Bunker's Hill ihr Feuer bis zum letzten Augenblick zurückhielt. Dann gab sie eine Salve, und die Rotröcke wandten sich zur Flucht.

Weiter als bis zum Strand konnten sie nicht laufen. Dort wurden sie gesammelt, erneut vorgeführt, bekamen die zweite Salve, denn die Amerikaner hatten Zeit zum Laden gehabt, und flohen abermals. Für eine dritte Salve hatten die Amerikaner kein Pulver mehr, und da ihnen der Drill der Linieninfanterie fehlte, konnten sie den Bajonettangriff nicht aushalten, sondern flohen ihrerseits. Aber die Engländer hatten den Sieg teuer erkauft. Von 2500 Angreifern lagen 1000 tot oder verwundet vor der Unglücksschanze.

In ähnlichen Formen hat sich der ganze Unabhängigkeitskrieg abgespielt. Immer wieder bot sich den englischen Führern die Chance, ihren Gegner geschlossen zu verhaften oder völlig zu zersprengen. Aber unter dem lähmenden Eindruck der Verluste von Concord und vom Bunker's Hill entschlossen sie sich schwer zum Angriff, den die Amerikaner schon infolge ihres permanenten Pulvermangels in den ersten Jahren nicht hätten aushalten können.

Washingtons Kriegführung bestand vornehmlich darin, den englischen Führern einen Vorwand für Untätigkeit zu bieten. Dies tat er, indem er sich in schwer angreifbaren Defensivstellungen eingrub. Diese Stellungen waren mehr oder weniger Bluff, denn die beste Stellung ist wenig wert, wenn sie nicht besetzt ist.

Washington kannte genauestens seinen Mangel an Soldaten, Pulver und sonstigem Kriegsbedarf, ersetzte ihn indes durch stramme Haltung und täuschte dadurch die englischen Führer. Man hat ihm vorgeworfen, er habe Fehler begangen. Das ist richtig. Denn mehrmals bluffte er länger, als bei der Einstellung der englischen Generäle angebracht war. Indes konnte er ja nicht ahnen, wann sie sich zum Handeln aufrafften. Wer auf Bluffen angewiesen ist, fällt gelegentlich herein. Schließlich konnte ja das Kräfteverhältnis den englischen Generälen nicht ganz verborgen bleiben.

Indes wurde der Krieg von den Engländern ebenso unzweckmäßig geführt, wie sie ihn provoziert hatten. Bei der Provozierung und Führung des Krieges stützte sich Georg III. nicht auf die tüchtigen Minister und Generäle, die den Siebenjährigen Krieg gewonnen hatten, sondern übertrug die militärische Leitung Lord Sackville, der als ehemaliger Kavalleriegeneral in seinen Augen mit dem Odium der Sachkunde behaftet war. Indes war Lord Sackville wegen seines schmachvollen Versagens in der Schlacht bei Minden von einem Kriegsgericht in Unehren aus der Armee ausgestoßen worden. Als Leiter der Operationen von 1775 ab entsprach er den Erwartungen, die man in einen Mann von seinen Verdiensten setzen durfte. Er rettete die dreizehn Kolonien vor der Niederlage, zu der sie durch das Versagen ihrer eigenen politischen Leitung verurteilt schienen.

Washington hatte 1766 und 1771 zu den Führern der Boykottbewegung gehört. Angesichts des Erfolges in beiden Fällen wünschten weder er noch die anderen führenden Persönlichkeiten, über den passiven Widerstand hinauszugehen, um so weniger, als im Mutterland gleichfalls eine revolutionäre Situation bestand und sie mit gutem Grund erwarteten, den verfassungswidrigen Übergriffen der obersten Gewalt werde durch einen dritten Akt der englischen Revolution – nach dem Bürgerkrieg von 1640 und der *Glorreichen Revolution* – ein Ende bereitet werden. Es handelte sich darum, die 1640-88 erkämpften Rechte englischer Staatsbürger abermals zu verteidigen, diesmal nicht gegen den König, sondern gegen das Parlament. Dieses war es, das diesmal Steuern ohne parlamentarische Vertretung der Besteuerten zu erheben versuchte, und Washington erklärte: Er selbst greife nicht in anderer Leute Tasche, er lasse sich auch von niemandem in seine Taschen greifen.

Er betrachtete den Konflikt als einen innerenglischen. Noch als er im Juni 1775 nach Boston ging, um den Befehl über die Einschließungsarmee zu übernehmen, tat er dies als getreuer Untertan König Georgs III., um die Verfassung gegen dessen ungetreue Ratgeber zu verteidigen. Aber die erwartete Revolution im Mutterland blieb aus, und so wurde die amerikanische Erhebung zum Unabhängigkeitskrieg.

Washington als Oberbefehlshaber

Am 17. Mai 1769 hatte der virginische Landtag eine scharfe Entschließung gegen die verfassungswidrige Besteuerung angenommen. Darauf löste der Gouverneur den Landtag auf. Die Abgeordneten traten ein Haus weiter in der Raleigh Tavern wieder zusammen, tranken auf den König und organisierten auf Washingtons Vorschlag den Boykott. Ebenso tagten die Landtage der anderen Kolonien weiter, unbekümmert um die Auflösungsdekrete der Gouverneure. Seitdem besaß jede Kolonie bereits ihre revolutionäre Regierung.

Bis dahin hatte kein gemeinsames Interesse die nebeneinander an dem schmalen Küstensaum aufgereihten Kolonien miteinander verbunden. Dies war jetzt der Fall. Jede hatte den gleichen Konflikt mit London, es lag nahe, miteinander Fühlung zu nehmen. Zu diesem Zweck entsandten die dreizehn Landtage im Frühjahr 1774 Delegierte zu einem *Kontinental-Kongreß* nach Philadelphia, damals der bedeutendsten Stadt Nordamerikas. Einen äußerlichen Niederschlag in irgendeinem Dokument fand dieser Kongreß nicht; aber er hatte die Fühlung der Kolonien miteinander hergestellt.

Im Frühjahr 1775 trat in Philadelphia ein *zweiter Kontinental-Kongreß* zusammen. Er fand den Krieg bereits im Gange, konstituierte sich also als *revolutionäre Bundesregierung* und unterstellte sich den vor Boston liegenden neuenglischen Landsturm. Der Kontinental-Kongreß bildete natürlich einen *Militärausschuß*. In dessen Beratungen war Washington der einzige mit umfassenden, praktischen Kenntnissen vom Kriege und mit Urteil über das, was militärisch nötig war und was fehlte.

Es hätte am nächsten gelegen, dem neuenglischen General Ward den Oberbefehl aller amerikanischen Streitkräfte zu übertragen, denn er befehligte bereits vor Boston. Gerade den Neuengländern war jedoch ein *Oberbefehlshaber aus einer südlicheren Kolonie* erwünscht, um deren Teilnahme am Kampf zu symbolisieren. Washingtons parlamentarisches Auftreten hatte einen ausgezeichneten Eindruck gemacht, zudem gab es keine andere namhafte Persönlichkeit mit erwähnenswerten militärischen Kenntnissen. Daher wurde *Washington von einem neuenglischen Delegierten vorgeschlagen* – als er merkte, daß es auf ihn abgesehen war, verließ er mit rotem Kopf die Sitzung – und einstimmig gewählt.

Washington widerstrebte. Schließlich nahm er an, jedoch mit der ausdrücklichen Erklärung, er sei der Aufgabe nicht gewachsen. Er hatte zwar aus dem Siebenjährigen Krieg umfassende Erfahrungen im Grenzkrieg gegen die Indianer und dem kleinen Krieg gegen unverantwortliche zivile Vorgesetzte, in den Aufgaben der Pionierwaffe, der Zahlmeisterei und Intendantur. Aber er wußte, daß er auf die Führung einer Armee nicht vorbereitet sei. Bewußt hat er daher den Oberbefehl nicht gesucht. Daß er ihn vielleicht unbewußt wünschte, wird durch die blaue Uniform eines virginischen Milizobersten angedeutet, die er auf dem Kongreß trug.

Ritter hat Washington als „business general" bezeichnet. Er hat damit nicht sagen wollen, Washington sei in der engen Dienstauffassung eines Bürogenerals stecken geblieben, sondern daß er für seine im engeren Sinne militärischen Aufgaben zu wenig Zeit erübrigte, vielmehr hauptsächlich gegen den inneren Feind kämpfte, gegen die Sabotage der Kriegführung durch die maßgebenden Zivilinstanzen. Wie wenig auf dem Gebiet militärischer Ausbildung und Organisation in den ersten zweieinhalb Jahren des Krieges geleistet worden war, hat *Steuben* geschildert:

„Mein Entschluß muß sehr fest gewesen sein; sonst hätte ich ihn angesichts der Truppen aufgegeben ...

Die Mannschaften waren auf ein, zwei oder drei Vierteljahre verpflichtet. Ihr unaufhörliches Kommen und Gehen machte es unmöglich, jemals ein Regiment oder eine Kompagnie komplett zu haben. Die Ausdrücke Kompagnie, Regiment, Brigade hatten solch unbestimmte Bedeutung, daß sich aus einer Liste der Truppenteile nie die Stärke eines Korps oder der Armee ersehen ließ ...

Mitunter war ein Regiment stärker als eine Brigade. Ich habe aber auch ein Regiment mit 30 Mann, und eine Kompagnie lediglich mit einem Gefreiten antreten sehen ...

Wenn schon die Obersten und Hauptleute ihre Mannschaften nicht kannten, so hatten sie erst recht keine Ahnung von dem Bestand an Waffen, Schuhwerk, Uniformen, Munititon, Lagergerät ...

Militärische Disziplin – so etwas gab es nicht ...

Die innere Verwaltung einer Kompagnie oder eines Regiments war etwas Unbekanntes ...

Wollte man alle Mißstände aufzählen, die die Armee an den Rand der Vernichtung brachten, man käme nie zu Ende." (Zitiert nach Freemann)

Daß dieser ungeordnete Haufen überhaupt beisammen war, verdankte man Washingtons namenlosen Mühen. Daß sich noch mehr leisten ließ, bewies Steuben durch die Tat. *Bei Monmouth Court House,* am 28. Juni 1778, bestanden die von ihm gedrillten Truppen „das große Examen"; es war die einzige „rangierte Schlacht", in der Washington *angriff und siegte.* Strategische Bedeutung hatte sie übrigens nicht. In der Folge wurde seine Armee durch die Zivilbehörden noch mehr ausgehungert und verlor die Beweglichkeit, dank der sie bei Monmouth Court House hatte siegen können.

Einem modernen deutschen Konversationslexikon zufolge war Washington „als Stratege nicht begabt". Commander Frothingham, der Verfasser des maßgebenden militärischen Werkes über Washington, scheint gleicher Meinung zu sein, denn er würdigt Washingtons strategische Anschauungen keiner Erwähnung, und seine Urteile widersprechen denen seines Helden. Er behauptet, der Kriegsschauplatz habe die Amerikaner derart begünstigt, daß ihr Sieg eigentlich nicht in Frage stand: Washington habe nicht so sehr als Feldherr gewirkt, sondern als „moralische Kraft".

Für uns ist *Washingtons strategische Auffassung* um so bemerkenswerter, als ihr die gleiche großzügige Auffassung der *amerikanischen Verkehrsverhältnisse zugrunde liegt* wie seiner Politik und seinem Grunderwerb. Er ging davon aus, daß die Kolonien nur eine brauchbare Verkehrsverbindung miteinander hatten: über See; sie war von der englischen Flotte beherrscht. Der schmale *Siedlungsstreifen längs der Küste* war zudem *zerrissen* durch die tief eingreifenden, ertrunkenen Täler des *Hudson,* des *Delaware* und der *Chesapeake Bay,* die hoch herauf – der Hudson bis Albany – für große Kriegsschiffe und Transporter befahrbar waren. Die englischen Truppen erreichten 1776 die Stärke von 40000 Mann. Washington setzte voraus, sie würden New York besetzen – das geschah –, dann *Neuengland überwältigen* und *abschnittsweise das Land* zwischen Hudson und Delaware, zwischen Delaware und Chesapeake Bay, an der Chesapeake Bay und schließlich weiter südlich *befrieden.*

Fraglos war dies möglich und wurde von den Engländern 1777 versucht, freilich ohne Konsequenz. Es wäre ihnen gelungen, hätten sie sich nicht schon beim ersten Akt verzettelt. Nur ein schwaches Korps unter Burgoyne wurde für die Hauptaufgabe angesetzt, die *Linie Hudson-Champlain zu sperren,* noch dazu von Kanada her, so daß es während seines Vormarschs von Montreal keinerlei Einfluß auf die Operationen hatte. Die in New York konzentrierte Hauptmacht unter Howe segelte zum Delaware, schlug Washington am „Schnapsfluß" *(Brandywine)* und bei Germantown und nahm Philadelphia. General Clinton, der mit einer Truppenabteilung in New York geblieben war, fühlte sich zu schwach, Burgoyne die Hand zu reichen; dieser mußte sich bei *Saratoga* den New Yorker und neuenglischen Milizen ergeben. Das war entscheidend: Es führte den *Kriegseintritt Frankreichs* herbei, und französische Land- und Seestreitkräfte stellten das Gleichgewicht, durch den *Sieg von Yorktown* sogar das Übergewicht der militärischen Kräfte in Nordamerika her.

Schon 1776 waren die Engländer dem Endsieg nahe gewesen. Als sich ihnen Washigton erst auf Long Island, dann bei New York mit gesenkter Stirn stellte, befolgten sie ausnahmsweise das Rezept, *den Feind aufzusuchen und zu schlagen.* Sie verfolgten sogar, die amerikanische Armee war nahezu aufgelöst – da gingen sie in Winterquartiere und wurden alsbald von Washington darin überfallen. Durch *seine Siege bei Trenton und Princeton* verhinderte er im letzten Augenblick, daß seine Armee auseinanderlief.

Die *Sabotage der eigenen Kriegführung* wurzelte tief in der amerikanischen Verfassung. Noch im Bürgerkrieg, 1861-65, wurde unsachgemäß von Niederlage zu Niederlage fortgewurstelt und der Sieg durch General Grants stumpfsinnige Schlächterei in Virginia gesucht. Drei Erbübel trafen zusammen:

1. *Das Vorurteil gegen ein stehendes Heer:* Trotz aller Fehlschläge und sachlichen Vorstellungen beschränkte man sich auf *kurzdienende Freiwillige* sowie, wenn der Feind eine Kolonie betrat, auf deren Miliz. Man meinte, der Führer eines stehenden Heeres werde alsbald monarchische Gewalt erlangen, kurz, *man fürchtete die eigene Armee mehr als den Feind.*

2. Der *Partikularismus:* Wenn man schon der Regierung des Mutterlandes keine innere Einmischung mehr gestatten wollte, so schon gar nicht den vielfach andersgläubigen Nachbarn.

3. *Falsche Sparsamkeit:* Aus dem antimilitärischen Vorurteil weigerte man sich, die Größe der Kriegsaufgabe zu erkennen und die erforderlichen Mittel durch scharfe Besteuerung zu beschaffen. Jeder Landtag war geängstigt durch die partikularistische Furcht, die Kastanien für die Nachbarn aus dem Feuer zu holen. Die einzelnen Kolonien leisteten ihre Zahlungen an den Kongreß teils gar nicht, teils verspätet und unvollständig. Auch griffen sie zur Notenpresse, der Kongreß desgleichen: so hatten die dreizehn Kolonien vierzehn Inflationen.

Die Eigenbrötelei der einzelnen Kolonien degradierte den Kongreß zu einer bloßen Gesandtenkonferenz ohne eigene Einnahmen. Die bedeutenden Männer, die ihm anfangs angehört hatten, zogen sich zurück; beispielsweise ging Jefferson als Gouverneur nach Virginia. *Schiebertum und stumpfsinniger Antimilitarismus* gewannen im Kongreß die Oberhand.

Washington forderte, 40 000 Mann reguläres Militär aufzustellen und den einzelnen Soldaten auf mehrere Jahre oder auf Kriegsdauer zu verpflichten. Preußen hatte 1813 anderthalbmal so viel Einwohner wie die dreizehn Kolonien 1775, war aufs äußerste ausgesogen, fraglos viel ärmer, stellte aber dennoch 270 000 Mann ins Feld und rüstete sie notdürftig aus. Demnach hätten die dreizehn Kolonien zweifellos 40 000 Mann aufstellen und ausrüsten können. Washington war zu Recht überzeugt, angesichts eines so starken Heeres werde die Aufgabe der Engländer in Nordamerika aussichtslos sein.

Das Übelste war die *Verpflichtung der Soldaten auf kurze Termine;* zu Silvester lief sie stets ab. Die Heerestrümmer, die Washington Weihnachten 1776 noch bei sich hatte, standen unmittelbar vor der Entlassung. Es gelang ihm, sie in der Weihnachtsnacht *bei Eisgang über den Delaware* zu führen. Der gelungene Überfall auf die Hessen in *Trenton* am Weihnachtstage hob die Stimmung, und indem Washington jedem Soldaten, der weiterdiente, 10 $ *Handgeld aus seiner eigenen Tasche* versprach, hielt er den größten Teil der Mannschaft zusammen. Er riskierte sein eigenes Vermögen, denn ob der Kongreß ihm derartige, nicht autorisierte Auslagen erstatten würde, war nach dem Verhalten dieser Körperschaft ungewiß. Mit den aus seiner

Tasche neu verpflichteten Mannschaft, erfocht er *den nächsten Sieg, bei Princeton,* am 3. Januar 1777.

Ferner stellten Kongreß und Einzelkolonien so beschränkte Mittel zur Verfügung, daß Washington *nie mehr als* 5000 *bis* 20000 *Mann* unter seinem Befehl hatte und diese schwache Armee ständig *vom Nötigsten entblößt* war. Ohne Munition, ohne Schuhwerk, schlecht gekleidet, wurde die Armee gezwungen, den Winter 1777/78 in Valley Forge zu biwakieren. Washington wollte in der Stadt Wilmington (Delaware) Winterquartiere nehmen, aber der pennsylvanische Landtag beschloß, in diesem Fall seine Finanzbeiträge einzustellen. Washington selber erkrankte lebensgefährlich. Seine Frau, die in einem Nachbardorf Unterkunft gefunden hatte, pflegte ihn gesund.

Anfang 1781 meuterte ein Teil der Truppen, die durch das Ausbleiben von Sold, Verpflegung und Ausrüstung zur Verzweiflung getrieben waren. Die meuternden beiden pennsylvanischen Kontinentalregimenter wurden auf der Stelle vom Staate Pennsylvania neu eingekleidet und auch sonst befriedigt. *Es ging also, nur der gute Wille hatte gefehlt.*

Das ganze Jahr 1779 waren Washigtons Truppen *nicht operationsfähig.* Sie hatten keinen mitlitärischen Train. Für Märsche wurden Fuhrleute gemietet, aber die nahmen das kontinentale Papiergeld nicht an. Das war der Normalzustand während des ganzen Krieges. Nach dem entscheidenden Sieg von Yorktown, wo im Oktober 1781 ein zweites englisches Armeekorps unter Cornwallis kapitulierte, wurde die Lage der amerikanischen Armee noch verzweifelter als zuvor, denn die Zivilinstanzen meinten, der Krieg sei gewonnen, man brauche nichts mehr zu tun.

Die Korruption griff vom Kongreß und den Landtagen auf die Heeresverwaltung über. Robert Morris, der als Bankier den Krieg finanzierte, wurde schon 1779 dabei ertappt, daß er Heereslieferungen zu teuer berechnete. Der zeitweilige Generalquartiermeister, General Greene, schob auf Kosten der Armee, wie sich nach seinem Tod herausstellte. Daß es auch Intrigen in den oberen Kommandostellen gab, darf nicht überraschen.

Überraschen kann auch nicht, daß im Winter 1777/78 die pennsylvanischen Bauern gern an die bar und prompt zahlenden englischen Truppen lieferten, ungern dagegen an die eigenen. Diese fingen natürlich manche für die Engländer bestimmten Lieferungen ab und bezahlten gar nichts.

„Gemessen an der unglaublichen Untüchtigkeit, Mißwirtschaft, Korruption, Verräterei, Desertion, Meuterei und allgemeinen Gleichgültigkeit auf amerikanischer Seite erscheint der schließliche Erfolg um so außerordentlicher." (Freeman)

Als sich das Jahresende 1783, und damit der formelle Friedensschluß, näherte, ohne daß den Truppen etwas von dem rückständigen Sold gezahlt war, sahen die Offiziere voraus, man werde sie demnächst entlassen und sie auslachen, daß sie acht Jahre lang Entbehrungen und Gefahren umsonst ertragen hatten. Sie beschlossen eine *Adresse an Washington*, er solle die Armee außer Landes führen und sie irgendwo ansiedeln, keinesfalls in diesem Land, das ihre Opfer mit solchem Undank lohne. Erst auf diese Resolution gestützt, vermochte Washington den Kongreß dahin zu bringen, daß er mit 9 gegen 4 Staaten die *Fortzahlung von Halbsold an Offiziere und Soldaten auf fünf Jahre* beschloß. Dieser Halbsold wurde wirklich gezahlt, allerdings in erwertetem Papiergeld. Wer es bis zur Aufwertung festzuhalten vermochte, hatte etwas davon.

Washingtons Privatgeschäfte im Unabhängigkeitskrieg

Inmitten der allgemeinen Korruption und Mißwirtschaft blieb *Washington integer und korrekt.* Bei Übernahme des Oberbefehls hatte er mit dem Kongreß vereinbart, er werde ohne Sold dienen, jedoch *seine Spesen einreichen.* Dabei wurde vorausgesetzt, daß er den gewohnten Lebenszuschnitt beibehielt. Er hatte täglich seinen Stab zu Tisch, hielt Pferde, Uniformen, Bediente, bezahlte gelegentlich den geheimen Nachrichtendienst, das Handgeld der Armee für das Weiterdienen Neujahr 1777 und hatte andere dienstliche Ausgaben. So lief eine *Rechnung von rund* 15 000 £ (64 355,30 $) auf, die er bei Rückgabe seiner Bestallung, Weihnachten 1783, *dem Kongreß einreichte.*

Bezahlt wurde Washington in *entwertetem kontinentalem Papiergeld,* das er größtenteils in seinem Portefeuille behielt, in der ungewissen Hoffnung einer Aufwertung. Allerdings berichtete im Februar 1787 der französische Geschäftsträger in Philadelphia, General Washington habe kontinentale Papiere zum Kurs von 5 % verkaufen müssen. Er war mit der Steuerzahlung zwei Jahre im Rückstand.

Woher hat Washington 15 000 £ genommen, um achteinhalb Jahre seinen Lebens- und Dienstaufwand als Oberkommandierender zu bestreiten? *Bis 1780 scheint Mount Vernon den Hauptteil seines Geldbedarfs gedeckt* zu haben, vielleicht sogar den ganzen. Mit dem englischen Einfall in Virginia 1780 änderte sich das. Seitdem dürfte Washington *Wechsel gezogen* haben, wohl *auf Robert Morris,* und dieser dürfte die Wechsel bis zur Aufwertung 1791 prolongiert haben; damals, 1791, wurde Washington und seinen Kampfgefährten *der Nennwert* der ihnen als Sold beziehungsweise Halbsold und ihm als Spesen gezahlten *Kontinentalpapiere erstattet,* soweit sie diese Papiere noch besaßen.

In seinem ausgezeichneten Werk *Die wirtschaftliche Interpretation der* (nordamerikanischen) *Bundesverfassung* hat *Charles Beard* darauf hingewiesen, daß für Washington und seine Offiziere seit 1783 der Besitz kontinentalen Papiergeldes ein Motiv war, für eine Bundesregierung mit eigenen Einnahmen und ausreichenden Kompetenzen zu kämpfen, die dieses Papiergeld honorieren könne. Das trifft zu, nur waren Washington und seine Offiziere von der Notwendigkeit eines festen staatlichen Zusammenschlusses der dreizehn Kolonien überzeugt und hatten dafür große Opfer gebracht, lange bevor sie durch den Besitz von Papiergeld auch materiell daran interessiert wurden.

Zweimal hat Washington während des Krieges sein Vermögen ganz oder großenteils für die Kriegführung riskiert, das erste Mal Silvester 1776, als er den zur Entlassung anstehenden Soldaten je 10 $ Handgeld für den Fall des Weiterdienens zusicherte. Bei mehr als 2000 Mann waren das 20000 bis 30000 $, auch für einen vermögenden Mann eine gefährliche Belastung.

Das zweite Mal handelte es sich um den Unterhalt der zahlreichen Amerikaner, die in dem unglücklichen Sommer- und Herbstfeldzug 1776 in New York und New Jersey in Kriegsgefangenschaft geraten waren. Die Engländer ließen sie verkommen, denn Rebellen gegenüber fühlten sie sich nicht an das Kriegsrecht gebunden. Dem Kongreß war das Schicksal der Vaterlandsverteidiger gleichgültig. Washington bestimmte den Gefangenenkommissar des Kongresses, Elias Boudinot, aus eigener Tasche und vermittels seines Kredits bei New Yorker Kaufleuten für die Gefangenen zu sorgen und versprach, Boudinots Verlust zur Hälfte zu tragen, falls der Kongreß auf seiner Weigerung beharre. Diese Verpflichtung überstieg weit die von Silvester 1776, aber da sich auch diesmal der Kongreß umstimmen ließ, wurde Washington nicht in Anspruch genommen.

Der hochherzige Einsatz des Lebens ist nicht selten; daß aber *auch das Vermögen so hochherzig eingesetzt wird,* ist ganz ungewöhnlich.

Sehr bedeutende *Verluste* erlitt Washington *durch die Inflation.* Von 1777 ab wurde sowohl Kontinentalgeld wie das Geld der einzelnen Kolonien nur noch zu 4 bis 5 % oder gar nicht in Zahlung genommen. Viele Schuldner Washingtons entledigten sich ihrer Verpflichtung in Inflationsgeld – er selbst verschmähte diese Art des Betruges. Er erlitt nicht nur einmalige Verluste, sondern auch laufende Verluste, beispielsweise weil seine Pächter die Pacht in Inflationsgeld bezahlten.

Unwillig wurde Washington nur, als er von Lafayette erfuhr, sein Verwalter auf Mount Vernon habe den Engländern bei deren Einfall in Virginia freiwillig Proviantlieferung angeboten. Washington bedeutete seinen Verwalter, die Zerstörung von Mount Vernon würde er vorgezogen haben – die Engländer pflegten die Gebäude und Vorräte widerspenstiger Besitzer niederzubrennen.

„Ausreichende Zuständigkeiten für den Kongreß"

Am Vorabend der feierlichen Sitzung, in der Washington dem Kongreß seine Bestallung als Oberkommandierender zurückgab, brachte er den Trinkspruch aus *„Competent powers for congress for general purposes!"* – Ausreichende Zuständigkeiten für den Kongreß für die gemeinsamen Aufgaben der Kolonien. Dieses Stichwort bezeichnet Washingtons politische Bestrebungen im folgenden Jahrzehnt.

Er kehrte in das Privatleben zurück und erklärte, *keinerlei öffentliches Amt wieder übernehmen* zu wollen. Lediglich zum Vorsitzenden des Cincinnati-Ordens, im dem sich seine ehemaligen Offiziere zusammengeschlossen hatten, ließ er sich wählen. 1787 stand er im Begriff, selbst diese Funktion niederzulegen. Nach achteinhalb qualvollen Jahren als Feldherr wünschte er nur noch, in Zurückgezogenheit zu leben.

Dies mißlang. Die dringenden politischen Aufgaben suchten ihn, er konnte sich ihnen nicht entziehen. Ständig kamen Amerikaner nach Mount Vernon, um wegen wichtiger geschäftlicher und politischer Fragen seinen Rat einzuholen. Seiner Mutter bot Washington damals an, sie in Mount Vernon aufzunehmen. Allerdings sei es in Wirklichkeit ein gutbesuchtes Hotel. Sie müsse sich schon vormittags in Gala zeigen, was ihr, oder sich in ihren Gemächern einschließen, was ihm unlieb sein werde.

Zwar kamen die meisten Besucher aus sachlichen Gründen, aber er wurde auch, wie später Goethe, von solchen überlaufen, die nur das seltene Tier besichtigen wollten. Goethe konnte sich von solchen Besuchern mit einer halbstündigen Unterhaltung loskaufen, Washington mußte sie beherbergen. Ein solcher Besucher, der zweiundzwanzigjährige Sohn des niederländischen Geschäftsträgers, entwirft folgende Schilderung:

> „Ich wünschte lebhaft, Zuneigung für ihn zu empfinden, aber sein Gesichtsausdruck und seine Unterhaltung waren so platt, daß ich ganz bestürzt war ...
>
> Ich mußte mich überzeugen, daß er kein Genie ist und keine bedeutenden Talente hat ... Er ist von langsamem Verstand und drückt sich schwerfällig aus. Auf einen anderen Gegenstand umzuschalten, wird ihm schwer. Er geht nicht gründlich auf die Dinge ein und teilt die Gleichgültigkeit der meisten Amerikaner, die Fleiß und Eifer in sich ertöten. Lebhaftigkeit und Begeisterung gehen ihm völlig ab, und wenn er solche Eigenschaften an anderen bemerkt, gerät er in Verlegenheit ... Er drückt seine Meinung nur vage aus und zieht sich auf seine ... ständige Ausflucht zurück: ›Um die Wahrheit zu gestehen, ich weiß nichts darüber‹ ..."

Ist das nicht, leicht vergröbert, die deutsche Normalbeschreibung des „steifen, egoistischen Geheimrats Goethe"?

Diese Gastfreundschaft verursachte beträchtliche Kosten. Jefferson, der nach seiner Präsidentschaft ähnlich überlaufen war, wurde dadurch bankrott.

Washingtons geschäftliche und zugleich politische Hauptsorgen nach Friedensschluß betrafen drei Hauptfragen:

1. Sein Grundeigentum an der „Grenze", hauptsächlich am Ohio;
2. Seinen Besitz an entwertetem kontinentalem Papiergeld;
3. Den Absatz seiner landwirtschaftlichen Erzeugnisse.

Durch den Frieden von 1783 hatte England das Ohio-Becken und „Illinois" (die heutigen Staaten Wisconsin, Michigan, Indiana und Illinois) an die Vereinigten Staaten abgetreten. Diese erfüllten indessen gewisse Vertragsbestimmungen nicht, und so beließ England seine Garnisonen in „Illinois".

Washington ging davon aus, daß Canada englisch blieb, und die Engländer sich auf Grund der hydrographischen Verhältnisse leicht die Kontrolle der Gewässer und Gebiete weiter südlich verschaffen konnten. Zwar strömten Massen von Siedlern aus den Vereinigten Staaten – hauptsächlich Pennsylvania – in dieses Gebiet, aber diese Siedler waren großenteils unmittelbar aus Europa gekommen und durch keinerlei Tradition an die Vereinigten Staaten geknüpft; die Erfahrungen im Unabhängigkeitskrieg sprachen nicht einmal für die nationale Zuverlässigkeit der eingeborenen pennsylvanischen Siedler. *Fiel das Gebiet westlich der Appalachen an England, so war Washingtons dortiges Grundeigentum verloren.*

Nicht nur England bedrohte dieses Eigentum. Durch den Versailler Frieden von 1783 war „Louisiana“ (das Gebiet westlich des Mississippi) von Frankreich an Spanien abgetreten worden. Die Gewässer des Ohio-Beckens und von „Illinois“ fließen sämtlich dem Mississippi zu: Als dessen Herren konnten sich die Spanier der ungewissen Gebiete bemächtigen. Sie verspielten ihre Chance, indem sie den Mississippi für die Amerikaner sperrten.

Um Ohio und „Illinois“ für die USA zu sichern, forderte Washington dreierlei:

1. Erfüllung des Friedensvertrages durch die Amerikaner;
2. Festen staatlichen Zusammenschluß der dreizehn Kolonien;
3. Ausbau des Wasserweges Potomac-Pittsburgh.

Zu 1. (Vertragserfüllung): Die von amerikanischer Seite nicht erfüllte Friedensbestimmung war die *Abtragung der privaten amerikanischen Schulden in England.* Solange diese Schulden nicht beglichen waren, blieben die englischen Garnisonen in „Illinois“. Washington hatte bereits 1784 seine eigenen Schulden in England abgetragen. Dagegen waren seine virginischen Standesgenossen knapp bei Kasse und meinten, durch die Verwüstung Virginias und die Fortführung vieler Sklaven hätten die Engländer ihnen zu viel geschadet, als daß die Forderungen berechtigt seien. Dagegen meinte Washington, man habe seine Geschäftsverpflichtungen und das gegebene Wort zu halten, auch einem Indianer – ein höchst unamerikanischer Gedanke.

Zu 2. (staatlicher Zusammenschluß): Über das Gebiet am Ohio bestand ein Abkommen zwischen Virginia und Pennsylvania, auf Grund dessen es beiden Staaten gemeinsam gehörte. Aber Washington hielt es für *ausgeschlossen,* daß die *beiden Staaten allein das Ohio-Becken, geschweige „Illinois“,* erwerben, behaupten und erschließen könnten: *nur die Vereinigten Staaten,* staatlich fest zusammengeschlossen, seien *dazu imstande.*

Zu 3. (Wasserweg Potomac-Pittsburgh): Durch diesen Kanal hoffte Washington *die Siedler jenseits der Berge an das Verkehrssystem der Ostküste anzuschließen.*

Der Kanalbau war die einzige Maßnahme, die sogleich angepackt werden konnte. Washington setzte sich nachdrücklich dafür ein, er sprach unter anderem darüber vor dem Plenum des virginischen Landtags und brachte wirklich die „Potomac Navigation Company“ zustande, an deren Spitze die virginische Staatsregierung trat. Der Nachbarstaat Maryland schloß sich an. Mangels barer Mittel konnte Washington keine Anteile zeichnen, versuchte aber durch seinen Freund Lafayette, holländisches Kapital heranzuziehen. In Anerkennung seiner Verdienste um das Zustandekommen der Gründung beschloß der virginische Landtag, Washington solle Gratisaktien erhalten, die in Doppelwährung auf 5000 £ und zugleich auf 20000 $ lauteten.

Ebensowenig wie bei den Entschädigungen für Pferde, Gepäck und sonstige Ausrüstung, die der Landtag im Siebenjährigen Krieg für Washington beschlossen hatte, war er auch diesmal gefragt worden. Er geriet in einen *Gewissenskonflikt*, denn er wußte nicht, *ob er die Gratisaktien annehmen dürfe* und erkundigte sich bei Jefferson, der damals amerikanischer Gesandter in Paris war, ob die Annahme des Geschenks korrekt sei. Jefferson erklärte sie für unbedenklich. Verweigere Washington die Annahme, so vermehre er den Ruf seiner unbedingten Uneigennützigkeit, aber dieser Ruf stehe ohnehin fest. Washington fand den Ausweg, die Aktien zwar anzunehmen, sie aber *für eine Bildungsinstitution zu stiften* – seine eigenen Bildungsmängel waren ihm ständig bewußt, um so mehr suchte er die heimischen Schulen und Universitäten zu fördern.

Wie das Ilmenauer Bergwerk das einzige namhafte Geschäft war, das Goethe mißglückte, so war die Kanalisierung des Potomac und Youghiogenny das einzige größere mißlungene Geschäft Washingtons. Die beiden Flüsse haben zu viel Gefälle, als daß sich der Kanal ohne unverhältnismäßige Kosten bauen und betreiben ließe. Auch fiel das politische Motiv des Kanalbaus 1803 durch den Ankauf des Mississippi-Gebiets („Louisiana“) fort. Gleichwohl wurden die Bauarbeiten am Potomac-Kanal erst 1820 eingestellt.

Nichtsdestoweniger hatte die Inangriffnahme des Kanals bedeutende Folgen. Der virginische Landtag hatte von vornherein die Notwendigkeit eingesehen, die Nachbarstaaten Maryland und Pennsylvania zu beteiligen, und man einigte sich auf einen Handelsvertrag zu dritt. Dem stand indes das Verbot von Sonderverträgen der Einzelstaaten miteinander in den noch in Kraft befindlichen „articles of confederation“ von 1776 entgegen. So wurden die drei Staaten über ihr Projekt eines Handelsvertrages hinaus zu dem *Projekt einer Bundesreform* getrieben. Sie luden die anderen zehn Staaten ein, Delegierte zu einem Verfassungskonvent nach Philadelphia zu entsenden, um eine arbeitsfähige Bundesverfassung auszuarbeiten.

1784, unmittelbar nach Kriegsende, wäre ein solcher Gedanke unausführbar gewesen. Denn im Krieg hatte nur die Armee gehungert, gedarbt, gefroren; ein erheblicher Teil der Zivilbevölkerung hatte im Wirtschaftswunder gelebt. Ein Wirtschaftswunder geht meist auf Kosten vieler

Schwacher und Benachteiligter: Das amerikanische im Unabhängigkeitskrieg ging auf Kosten der Armee und der Farmer, namentlich im Süden, denen die Engländer Vieh und Sklaven fortführten, denen sie Haus und Scheune abbrannten, ferner auf Kosten derjenigen Schiffer, deren Schiffe gekapert wurden. Diesen Verlusten standen jedoch außerordentliche Gewinne gegenüber. Zwar waren die britischen Häfen in Europa und Westindien für den amerikanischen Handel geschlossen, und die Engländer brachten jedes amerikanische Schiff auf, dessen sie habhaft wurden. Indes war dies in den 125 Jahren Seekrieg von 1688 bis 1815 die einzige Epoche, in der die englische Seemacht der französischen ständig unterlegen war – nur den Feldzug des letzten Jahres in Ost- und Westindien ausgenommen. Die Amerikaner brachen massenhaft die englische Blockade, die französischen und spanischen Häfen in Europa und Westindien standen ihnen offen, und die Preise, die dort für nordamerikanische Erzeugnisse gezahlt wurden, enthielten eine Risikoprämie, durch welche die Kaperverluste aufgewogen wurden. Diese Handelsverhältnisse enthalten das Geheimnis der Gewinne, die Mount Vernon bis zu dem englischen Einfall 1780 abwarf, und woraus der amerikanische Oberkommandierende seinen dienstlichen Aufwand bestritt. Auch oblagen die Amerikaner selbst erfolgreich der Kaperei. Der amerikanische Seeheld John Paul Jones war kein Geschwaderchef, der feindliche Häfen blockierte und Seeschlachten gewann, sondern ein glückhafter Kaperkapitän.

Der Frieden bereitete diesem Wirtschaftswunder ein jähes Ende. J.P. Jones' Kaperfirma wurde geschlossen. Alle drei Seemächte, das feindliche England wie das verbündete Frankreich und Spanien, knebelten den amerikanischen Handel durch hohe Einfuhrzölle, Einfuhrverbote, schikanöse Schiffahrtsbestimmungen, Nichtzulassung der amerikanischen Flagge in den Häfen und dergleichen. Aus Häfen, wo die amerikanische Flagge im Krieg willkommen gewesen war, verschwand sie. *Der Wiederaufbau der im Krieg verwüsteten virginischen und carolinischen Plantagen stockte mangels Absatz.* Auch Mount Vernon war nicht wieder auf den Stand von 1774 zu bringen. Durch alle dreizehn Kolonien breitete sich die Handelsstockung aus und traf jeden, der für den Markt produzierte. In den Südstaaten gedieh bis dahin der Partikularismus durch das Mißtrauen der Pflanzer gegen die Kaufleute. Sie mißtrauten denen von Philadelphia nicht weniger als denen von London und wollten von den einen ebensowenig regiert werden wie von den andern. Nun aber wurde einem überwiegenden Teil der Pflanzer klar, daß sie mit den Kaufleuten von Philadelphia im gleichen Boot saßen, daß ihre gemeinsame Not in staatlicher Ohnmacht wurzelte und daß *die-*

ser Ohnmacht nur durch einen festen staatlichen Zusammenschluß abzuhelfen war. Mit dem Ruf danach stand *Washington nicht mehr allein* unter seinen Standesgenossen.

Anders die Bauern. Was immer schief ging: Sie schoben die *Schuld* auf *business* und *big business,* auf die Kaufleute in den Hafenstädten, und kannten auch das Allheilmittel gegen die Pest von Pfeffersäcken: *Papiergeld.* Im Wirtshaus hieben sie mit der Faust auf den Tisch und fluchten auch auf jene andere Pest, die Großgrundeigentümer wie Washington und Croghan, die überall, wohin man im unberührten Urwald kam, bereits Grundbuchpatente für den besten Boden hatten und Pacht forderten, wenn sich ein *Squatter* darauf niederließ. Der Bauer forderte das Grundeigentum für den, der das Land bebaute, also *für den Squatter statt für den Inhaber eines Grundbuchpatents.* An verschiedenen Stellen kam es zu Bauernerhebungen, insbesondere zum *Shays-Aufstand* im westlichen Massachusetts.

Diese Bauernaufstände waren sehr harmlose Veranstaltungen. Sie waren eine Belästigung, aber keine Gefahr. Dennoch scheuchten sie die Besitzenden in den Verfassungskonvent. Die Besitzenden fürchteten einen eigentumsfeindlichen Aufstand größten Stils, im Süden eine Sklavenerhebung, und da sie aus dem Unabhängigkeitskrieg wußten, daß die Miliz außerhalb Neuenglands keinen Schuß Pulver wert war, leuchtete ihnen der Gedanke ein, *ihr Eigentumsrecht an Sklaven und Grundbuchpatenten sowie ihre Geldkassette durch eine starke, wohlbewaffnete Bundesregierung schützen zu lassen.*

So wurde die Einladung nach Philadelphia von neun Staaten angenommen, und der Verfassungskonvent von zwölf Staaten einschließlich der drei einladenden beschickt. Nur Rhode Island schloß sich aus. An Rhode Islands Veto war 1782 der von den anderen zwölf Staaten akzeptierte Plan gescheitert, einen zweiprozentigen Einfuhrzoll zu erheben und den Ertrag dem Kongreß zur Verfügung zu stellen. Das Fernbleiben der Quertreiber aus Rhode Island konnte die Arbeit des Verfassungskonvents nur erleichtern.

Washington wollte nicht nach Philadelphia, um so weniger, als der Cincinnati-Orden für den gleichen Termin eine Mitgliederversammlung nach Philadelphia einberufen hatte, und Washington den Vorsitz dieses Vereins niederlegen wollte, denn dort hatten sich Intrigen breitgemacht. Nach den Erfahrungen im Krieg und den vier Nachkriegsjahren erhoffte er nichts mehr von dem Verfassungskonvent. Schließlich nahm er aber wahr, daß sich die Stimmung gewandelt hatte, und akzeptierte ein Mandat des virginischen Landtags für den Konvent. In Philadelphia wurde er ohne einen Augenblick des Schwankens oder der Debatte *einstimmig zum Vorsitzenden des Konvents gewählt.*

Kein Bauer, Handwerker oder Einzelhändler gehörte dem Konvent an, jedoch wurde das Interesse der weniger begüterten Klassen von *einigen demokratisch gesinnten Delegierten* vertreten. Die plebejische, insbesondere die Bauernbewegung, war unbedingt *gegen eine starke Zentralgewalt,* ihr waren bereits die Regierungen der Einzelstaaten zuviel. Auch manche *südstaatlichen Pflanzer* waren unbelehrbare *Partikularisten.* Zu dieser Feindschaft gegen den Hauptzweck des Kongresses kamen die *Gegensätze zwischen großen und kleinen Staaten,* zwischen Pflanzern, Kaufleuten und anderen Klassen des Geld-, Sklaven- und Grundbesitzes, allgemein gesprochen zwischen *Grundbesitz und mobilem Kapital,* endlich, wie nach so schweren und langwierigen Kämpfen unvermeidlich, doktrinäre Meinungsverschiedenheiten. Die Verfassung, wie sie schließlich zustande kam, war ein *komplizierter Kompromiß.*

Zu ihrem Zustandekommen hat *Washington* entscheidend beigetragen, nicht durch konstruktive Vorschläge, geistvolle Debattereden, staatsrechtliche Deduktionen, sondern indem er *die auseinanderstrebenden Tendenzen zusammenhielt.* Zu dieser Leistung war er wirtschaftlich prädestiniert, weil er in seiner privaten Wirtschaft einen *großen Teil der streitenden Interessen vereinigte und ausglich.* Er war Sklavenhalter, aber bereits Gegner der Sklaverei; er war Pflanzer, teilte aber nicht den Widerwillen seiner Standesgenossen gegen die Zusammenarbeit mit der Kaufmannschaft, sondern war selbst so weit Kaufmann und Industrieller, daß er durch Zusammenarbeit mit Kaufmannschaft und Industriellen den Zusammenbruch der Heeresversorgung hatte verhindern können. Als Schuldner teilte er die Interessen derjenigen, die sich ihrer Verpflichtungen in wertlosem Inflationsgeld zu entledigen suchten, wenngleich er selbst diesen betrügerischen Brauch nicht mitmachte. Als Gläubiger und als Inhaber entwerteten Papiergeldes vertrat er das Interesse an stabiler Währung und Aufwertung. Obwohl er gegenüber den Squattern und überhaupt den plebejischen Klassen aristokratische Distanz wahrte, so besaß er doch unter ihnen einen ähnlichen Anhang wie in noch ausgeprägterem Maß sein jüngerer Standesgenosse Jefferson. Schon 1759 hatte ihn der bäuerliche „Grenz"-Kreis Winchester in den virginischen Landtag gewählt, denn die Bauern von Winchester wußten seine Leistungen zur Verteidigung der „Grenze" zu würdigen. Wenn er endlich nicht das geniale Verständnis seines ehemaligen Adjudanten Alexander Hamilton für Bankwesen und Finanzen besaß, so hatte er doch aus eigener Erfahrung Verständnis für die Bedeutung von Finanz-, Währungs- und Handelspolitik, wußte, was für das finanzielle Funktionieren einer Regierung erforderlich ist, und wollte, daß die künftige Regierung der USA funktioniere. Er teilte das Mißtrauen aller Amerikaner gegen die Neigung einer starken Regierung, die Freiheit der Nation und der einzelnen Bürger zu schmälern, wußte aber auch, daß eine schwache Regierung außerstande ist, die Nation und die einzelnen Bürger zu schützen, und daß mit Ausnahme einiger Schieber alle unter ihrer Schwäche leiden.

Die schließlich zustande gekommene Bundesverfassung gewährte der Zentralregierung die seit vierzehn Jahren von Washington und seinen Mitkämpfern geforderten Zuständigkeiten, und unter seiner Präsidentschaft ist durch seinen genialen Schatzsekretär, Alexander Hamilton, das gemeinsame Finanzprogramm verwirklicht worden:

1. Erhebliche Einfuhrzölle und Verbrauchsteuern, die von und zugunsten der Bundesregierung erhoben werden;
2. Verwendung dieser Einnahmen zur Übenahme der Anleihen und des Papiergeldes von Koninentalkongreß und Einzelstaaten und zur Tilgung dieser Schulden zum Nennwert;
3. Befriedigung der privaten englischen Vorkriegsgläubiger durch die Bundesregierung, um die Räumung von „Illinois" durch die Engländer zu erkaufen;
4. Errichtung einer Zentral-Notenbank, straffe Währungspolitik.

Diese Politik entsprach auch Washingtons Privatinteressen.

Washington als Präsident

Dreimal sind siegreiche Generäle zu Präsidenten der Vereinigten Staaten gewählt worden. Grant und Eisenhower waren keine bedeutenden Persönlichkeiten, aber als Vaterfiguren publikumswirksam und dadurch geeignet, der republikanischen Partei zum Wahlsieg zu verhelfen.

Anders Washington. Für seine Wahl war nicht maßgebend, daß irgendeine Organisation davon Vorteile erhoffte. Er suchte die Wahl zum Präsidenten ebensowenig wie 1758 die zum Landtagsabgeordneten für Winchester, 1775 die zum Oberkommandierenden, 1784 zum Vorsitzenden der Cincinnati, 1786 zum Vorsitzenden des Verfassungskonvents. Im Unabhängigkeitskrieg haben mehrfach Intriganten versucht, sich an seine Stelle zu drängen; später hat niemand mehr mit ihm rivalisiert. Er verkörperte das, was die Nation über alle Gegensätze hinweg einigte. Diese Einigkeit war allerdings zerbrechlich; sie zerbrach noch während seiner ersten Amtsperiode als Präsident.

Dies lag an dem sozialen Inhalt seiner Regierung, der nicht von ihm, sondern von Alexander Hamilton als Schatzsekretär geprägt wurde. Hamilton wollte eine starke Zentralregierung. Diese schien ihm nur dann gesichert, wenn eine wirtschaftlich starke Klasse dahinter stand, und durch die Aufwertung schuf er eine solche wirtschaftlich starke Klasse: die Finanzoligarchie („big business").

Alles Papiergeld und die Anleihen von Kongreß und Einzelstaaten aus dem Unabhängigkeitskrieg wurden voll aufgewertet, gleich, ob der Einreicher die Stücke zu Beginn der Inflation erworben hatte, als sie noch einen erheblichen Wert repäsentierten, oder ob der Einreicher ein Spekulant war, der erst einige Wochen vor dem Gesetz, auf Grund guter Informationen über die Absichten der Regierung, das Papier zu einem verschwindend niedrigen Kurs bei Hinterwäldlern jenseits des Gebirges gekauft hatte. Die Hauptmasse des aufzuwertenden Papiergeldes befand sich im Besitz der Kaufmannschaft. Zu ihren Gunsten wurde ein großzügiger Akt ursprünglicher Akkumulation vollzogen. Washington billigte dieses Vorgehen aus seinem Grundatz unbedingter Vertragserfüllung heraus. Er sah nicht, daß die uneingeschränkte Übertragung dieses Grundsatzes auf die öffentlichen Finanzen schreiende Widersprüche birgt, daß dabei ein Umschlag der Quantität in die Qualität stattfindet, daß die Bevorzugten dieses Verfahrens am allerwenigsten auf Grund von Vertragstreue dazu berechtigt waren – es waren dieselben Schieber, die im Unabhängigkeitskrieg die Kriegführung sabotiert hatten. Vielmehr stellte er sich mit voller Überzeugung und Autorität hinter Hamilton.

Die neugeschaffene Finanzoligarchie fand in der Zentralbank ihre Organisation und in Alexander Hamilton ihren politischen Führer. Die unnötig gewalttätigen, provozierenden Formen Hamiltons und die Korruption, die zwar nicht ihn persönlich, wohl aber die von ihm geführte föderalistische Partei kennzeichnete, riefen eine allgemeine, leidenschaftliche Opposition hervor, durch die bei der Präsidentschaftswahl 1800 die Föderalisten fortgespült wurden. In dieser Opposition, der republikanischen Partei (mit den heutigen Republikanern hat sie nichts gemein), vereinigten sich sehr heterogene Elemente: die Sklavenhalter des Südens, die Bauern der Mitte und des Nordens, der städtische Mittelstand; sie kristallisierten sich um Thomas Jefferson. Hamiltonianer wie Jeffersonianer taten bei ihrem erbitterten Streit, als sei Washington nicht mehr da.

Und wirklich: in der alten Klassenkombination, bis 1790, ehe die

Finanzoligarchie als störendes neues Element ins Leben getreten war, hatte er auf Grund seiner eigenen Wirtschaftsführung das ausgleichende Element, die politische Klammer, bilden können, die die auseinanderstrebenden Tendenzen zusammenhielt. Dagegen war ihm das Wesen der Finanzoligarchie und der Hamiltonschen Finanzpolitik innerlich fremd, in der neuen Situation fand er sich nicht mehr zurecht. Bei Ablauf seiner ersten Amtsperiode, 1792, mochte es scheinen, als sei der neue Bundesstaat noch nicht konsolidiert, und es gelang, ihn sehr gegen seine Neigung zur Annahme der Präsidentschaft für einen zweiten Amtstermin zu überreden. 1793-97 stellte sich jedoch für alle Beteiligten, auch für ihn selbst, heraus, daß er aufhörte, die zentrale politische Figur zu sein. Sein Ausscheiden im Januar 1797 schuf keinen Riß, klärte vielmehr die Situation, führte die Spaltung und Katastrophe der föderalistischen Partei herbei.

Noch heute tobt der Kampf der Jeffersonianer und Hamiltonianer in der amerikanischen Geschichtswissenschaft mit unverminderter Heftigkeit weiter, wobei die jeffersonianischen Historiker die Taktik der Jeffersonianer von 1796 fortsetzen: Sie lassen Washington aus dem Spiel. Das war unter seiner Präsidentschaft politisch angebracht. Wenn es heute noch geübt wird, nicht politisch, sondern wissenschaftlich, so bezeichnet es einen blinden Fleck im Auge der Jeffersonianer, einen Mangel an Wirklichkeitssinn und Konsequenz, der sein Motiv zwar in dem unbedingten Respekt vor Washington findet, die Wissenschaft aber zugleich daran hindert, Washingtons Grenzen zu erkennen und sein wirkliches Verdienst herauszuarbeiten.

Der Konflikt zwischen Hamiltonianern und Jeffersonianern erhielt zusätzlichen Zündstoff durch die Außenpolitik. Die Jeffersonianer sympathisierten mit der französischen Revolution, die Hamiltonianer mit England. Frankreich wie England nahmen um die Wette amerikanische Ladungen und Schiffe weg, die Engländer machten sich außerdem den Spaß, amerikanische Matrosen zum Dienst in der Royal Navy zu pressen. Die USA waren mangels einer Kriegsflotte gegen beide kriegführende Parteien wehrlos – die Abtragung der Bundes- und Staatsschulden schien Hamilton wichtiger als die Schaffung einer Kriegsflotte. Trotz der englischen Übergriffe schloß Washington den Jay-Vertrag, durch den die USA die Abtragung der privaten amerikanischen Schulden an England übernahmen – sie selber trieben die Zahlung bei den amerikanischen Schuldnern ein. Darüber erhob sich eine nationale Empörung, die noch heute nicht abgeklungen ist, wobei nur die Kleinigkeit übersehen wird, daß ohne diese scheinbare Unterwürfigkeit gegen England das Gebiet der heutigen Staaten Illinois, Indiana, Wisconsin und Michigan nicht in den Besitz der Vereinigten Staaten gekommen, und der Besitz des Ohio-Beckens nicht endgültig gesichert worden wäre. Das heißt: Hinter dem Jay-Vertrag standen eine von Washington zehn Jahre lang hartnäckig verfolgte Politik und sein Interesse als Grundbesitzer.

Als Präsident der USA hat Washington ebensowenig ein Gehalt annehmen wollen wie ehedem als Oberkommandierender, sondern wünschte lediglich den Ersatz seiner Spesen. Damit verharrte er in den Vorstellungen des Land-Gentleman, der in der nationalen Not einen öffentlichen Auftrag übernimmt und sich wie Cincinnatus vom Pfluge fort an die Spitze des Heeres und Staates holen läßt, dafür aber keinerlei Engelt beansprucht.

Für rebellierende Kolonien, die noch keinen eigenen Staatsapparat hatten, also im Jahre 1775, mochte Washingtons Einstellung angebracht sein. Der Kongreß von 1789 hingegen hatte das Bewußtsein, einen modernen Großstaat aufzubauen, und dessen Leitung war nicht mehr ehrenamtlich durchzuführen. Es wurde ein Präsidentengehalt von 25000 $ festgesetzt. Washington hat es restlos für seine Amtspflichten und seine nach amerikanischen Begriffen unnötig „monarchische" Repräsentation ausgegeben und nichts zurückgelegt oder nach Mount Vernon überwiesen, obwohl er dort durch seine Abwesenheit Mindererträge hatte. Im Gegensatz zu Hindenburg hätte er es für unanständig gehalten, einen Dollar seines Gehalts zu Vermögen zu machen und nicht im Dienst zu verbrauchen.

Je eingehender man Washington kennenlernt – und das kann man kaum besser als durch das Studium seiner Privatgeschäfte, seiner landwirtschaftlichen Betriebsführung und seiner militärischen Praxis –, desto unbedingtere Achtung flößt er ein. Indem dieser Respekt die jeffersonianische Polemik lähmt, hindert er die amerikanische Öffentlichkeit, sich ein rückhaltlos klares Bild von seiner Wirksamkeit als Präsident zu machen, ganz wie sie sich durch ähnliche Rücksichten und Einseitigkeiten abhalten läßt, seine politische und militärische Wirksamkeit vor 1789 rückhaltlos zu würdigen. Er war noch bedeutender, als seine eigene Nation ihren Nationalhelden sieht.

7

GOETHE

Vermögen und Politik

„Man muß alt werden, um dies alles zu übersehen, und Geld genug haben, seine Erfahrungen bezahlen zu können. Jedes Bonmot, das ich sage, kostet mich eine Börse voll Gold. Eine halbe Million meines Privatvermögens ist durch meine Hände gegangen, um das zu lernen, was ich jetzt weiß – nicht allein das Vermögen meines Vaters, sondern auch mein Gehalt und mein bedeutendes literarisches Einkommen seit mehr als fünfzig Jahren. Außerdem habe ich anderthalb Millionen zu großen Zwecken von fürstlichen Personen ausgeben sehen, denen ich nahe verbunden war, und an deren Schritten, Gelingen und Mißlingen ich teilnahm.

Es ist nicht genug, daß man Talent habe; es gehört mehr dazu, um gescheit zu werden. Man muß auch in großen Verhältnissen leben und Gelegenheit haben, den spielenden Figuren der Zeit in die Karten zu sehen und selber zu Gewinn und Verlust mitzuspielen."

Goethe zu Eckermann, 13. Februar 1829

So also sah Goethe sich selbst: als einen Mann, der *in großen Verhältnissen gelebt, den spielenden Figuren der Zeit in die Karten gesehen und selber zu Gewinn und Verlust mitgespielt* hatte. Mögen seine Worte ein gewisses Maß poetischer Ausschmückung enthalten, mag die Börse voll Gold, die er bei jedem Bonmot zusetzte, die allzu materielle Verkörperung einer Sorge sein, die den Geheimrat zum ständigen Zensor des Dichters machte, jedenfalls erhebt hier Goethe den – für unsere Germanisten und Historiker befremdlichen – Anspruch, er habe eine politische Rolle gespielt; nur dadurch sei er „gescheit" geworden. Anderen deutschen Schriftstellern seiner Zeit billigte er Talent zu, aber sie hätten nie in großen Verhältnissen gelebt, ihr Gesichtskreis sei daher beschränkt geblieben. Um aber die bewegenden Fragen der Zeit zu verstehen, müsse der Schriftsteller das Räderwerk der Geschäfte, und zwar der großen Geschäfte aus eigener Anschauung kennen, und dazu gelange man nicht ohne Vermögen.

Diese Bedingung galt fast unbedingt in der Kaufmannsrepublik, aus der Goethe hervorgegangen war. Noch hundert Jahre später beobachtete Bismarck in Frankfurt

„das neidische Gleichheitsgefühl, welches den wohlhabenden Handwerker antreibt, mit dem Handelsherrn und Bankier an Luxus, oder mit dem Studierten der hiesigen Republik an Einfluß zu wetteifern." (An Wagener, 27. April 1853)

„Die Studierten der hiesigen Republik" waren Juristen, meist Söhne und Enkel reicher „Handelsherrn und Bankiers", die sich nicht der ererbten Firma, sondern der Verwaltung ihrer Vaterstadt widmeten. Solche „Studierten" waren der kaiserliche Rat Johann Caspar Goethe und sein Sohn, nur daß dieser im Dienst eines aufgeklärten Fürsten die *Weltrolle* suchte, für die ihm Frankfurt zu eng schien. Zehn Jahre hat Goethe als aufgeklärter Reformminister in Weimar zu wirken versucht. Zwar hat er 1786 diesen Versuch als utopisch aufgegeben, aber seine Einstellung zu der Umwälzung, die dann über Europa hereinbrach, beruhte *auf praktischen Erfahrungen*, die er nicht als weltabgewandter Schöngeist, sondern als Politiker, in der Staatsverwaltung gewonnen hatte. 1788 machte er zwar die Verwaltung zum Neben- und die Schriftstellerei zum Hauptberuf, aber dadurch schied er aus der Verwaltung keineswegs aus, sondern zog sich nur in die zweite Linie zurück.

Goethes einzigartige Stellung im deutschen Geistesleben beruht nicht nur auf seinem Genie, sondern auch auf seiner Zugehörigkeit zum Patriziat einer freien Reichsstadt, also einer der herrschenden Klassen. Von Hause aus war er keines Fürsten Untertan, sondern freier Bürger einer Republik; unter unseren klassischen Dichtern und Philosophen war er der einzige Wohlhabende und Staatsmann.

Das Vermögen, das ihn zum Frankfurter Patrizier machte, war begründet von seinem Großvater Georg Goethe. Dieser war als Schneidergeselle nach Frankfurt zugewandert und heiratete dort die *Erbtochter eines Schneidermeisters* – der einzige Weg zu einer Meisterstelle, wenn man nicht selbst Erbe einer solchen war. Georg Goethe schneiderte Prachtroben und sonstige Staatskleidung für die Frankfurter Patrizierinnen. Dank guter Verbindungen auf dem Römer brachte er es fertig, sechs Gesellen statt der von der Zunft erlaubten drei zu halten – die unerlaubten drei Gesellen arbeiteten in den hinteren Räumen. Von seinem Schwiegervater erbte er 19000 Gulden bar.

Den eigentlichen Aufstieg erzielte Georg Goethe durch seine zweite Heirat. Die zweite Frau brachte ihm einen Gasthof zu, und er scheint die Notzeiten des spanischen Erbfolgekrieges geschickt genutzt zu haben, um an Rhein und Mosel gute Weine billig zu kaufen. Das Goethesche *Familienvermögen* stammte aus dem *Weinhandel der Freien Reichstadt Frankfurt* wie das Mannsche aus dem Getreidehandel der Freien und Hansestadt Lübeck. Außer Haus und Hof, Einrichtungen und Vorräten hinterließ Georg Goethe 90000 Gulden bares Geld, jede Münzsorte in einem Sack für sich. In der sächsichen Münze, in der sein Enkel rechnen mußte, waren 90000 Gulden 50625 Taler.

Georg Goethe starb 1730. Nach Beutler gab es damals in Frankfurt bereits 83 Vermögen über 100000 Gulden, das heißt, daß Georg Goethe nicht in vorderster Linie stand. In Städten von geringerer Bedeutung, beispielsweise Wetzlar, fiel sein Enkel jedoch noch nach vierzig Jahren durch seinen Reichtum auf. Ein geschäftskundiger Beobachter, Kestner, der Bräutigam Charlotte Buffs, schreibt 1772 von

„einem gewissen Goethe, einzigem Sohn eines sehr reichen Mannes – er hat nicht nötig, des Unterhalts wegen zu studieren."

Und der bekannte Arzt Ritter von Zimmermann berichtet:

„Herr Goethe ist einziger Sohn eines sehr reichen Mannes, der den Titel von einem kaiserlichen Rat hat und in Frankfurt von seinen Renten lebt. Sein Vater hat verlangt, daß er einen Beruf ergreife; deshalb ist er Doktor der Rechte geworden und macht zuweilen, willig oder widerwillig, den Advokaten, wobei er sich vorzüglich gut bewährt."

Der kaiserliche Rat

In Berufsauffassung und Berufsziel standen der kaiserliche Rat und sein Sohn einander viel näher, als Goethe in *Dichtung und Wahrheit* hat zugeben wollen. Sie waren Juristen, wollten sich aber nicht mit dem Anwaltsberuf begnügen, der auch kleinbürgerlichen Kollegen offenstand, sondern gingen auf leitende Posten in der Verwaltung aus, auf die sie als Patrizier Anspruch hatten.

Beide Goethes studierten in Leipzig. Dieses war die bedeutendste deutsche Handelsstadt, wurde seitens der kurfürstlich sächsischen Regierung nicht durch nennenswerte Eingriffe gestört, genoß vielmehr beinahe die gleiche republikanische Freiheit wie Frankfurt und hegte als nahezu einzige deutsche Stadt eine selbständig aufstrebende bürgerliche Kultur: es war *„ein klein Paris"*, allerdings wirklich nur ein kleines. Das Selbstbewußtsein der Leipziger Bürger, das heißt in erster Linie der Kaufmannschaft, durchwehte auch die Universität und machte sie zu der weitaus besten deutschen Hochschule; erst allmählich gelangte Göttingen zu ähnlicher Bedeutung.

Frankfurt war damals und noch bis 1870 der wichtigste deutsche Finanzplatz; Amschel Mayer Rothschild begann dort seinen Aufstieg gleichzeitig mit Goethe. Die deutschen Kaiser ließen sich in Frankfurt krönen, in naher Nachbarschaft befand sich das Reichskammergericht zu Wetzlar. Daher konzentrierten sich in Frankfurt viele Rechts- und Finanzgeschäfte deutscher Reichstände. Das Gebiet der Freien Reichstadt lag im Gemenge mit dem der Nachbarstaaten; für einen Frankfurter Senator war mithin die praktische Kenntnis des Reichsrechts hinsichtlich Grundstücks- und Pachtsachen, Feudalgerechtsamkeiten, Zinsen, Zöllen und anderen Abgaben, Post-, Brücken-, Wege-, Wasser- und Kirchenrechten, Konfessionsfragen, Rechtshilfe bei Fahndung nach Verbrechern und vielem anderen erwünscht. Daher arbeitete Johann Caspar Goethe nach Abschluß seines Studiums nicht nur, was damals keineswegs üblich war, zwei Jahre *unentgeltlich in einem Frankfurter Anwaltsbüro*, sondern auch *drei Jahre am Reichskammergericht* zu Wetzlar, promovierte nebenher in Gießen und arbeitete schließlich noch *ein Jahr beim Reichstag in Regensburg* und beim *Reichshofrat in Wien*. Damit besaß er das umfassende praktisch-juristische Rüstzeug und die Kenntnis des reichsrechtlichen Räderwerks, die ihm für seine Zukunft als Frankfurter Senator erforderlich schienen.

Johann Caspar Goethe war 1710 geboren. Im Todesjahr seines Vaters, 1730, verließ er, zwanzigjährig, das Gymnasium zu Coburg; 1740 hatte er seine Ausbildung als praktischer Jurist beendet. Bevor er in den Beruf eintrat, unternahm er eine einjährige *Italienreise*, um sich mit der großen Kunst der Antike auseinanderzusetzen; ohne das schien ihm das Studium nicht abgeschlossen. Nach den gleichen Grundsätzen hat er das Studium und die Ausbildung seines Sohnes geleitet.

1741 kehrte Johann Caspar Goethe nach Frankfurt zurück und beantragte seine Aufnahme in den höheren Dienst der Stadtverwaltung. Obwohl er bereits sechs Jahre, wie wir sagen würden als Referendar, gearbeitet hatte, wünschte er auf dem Römer nochmals informatorisch und ohne Gehalt zu arbeiten, verlangte jedoch als Gegenleistung das Vorrecht, sich um einen höheren Posten *ohne Auslosung zu bewerben*. Grundsätzlich wurde jede höhere Stelle in Frankfurt durch Auslosung besetzt, daher glaubte man seinen Antrag nicht bewilligen zu können.

Seine Gönner im Reichshofrat befanden sich damals zur Kaiserwahl und Krönung des Wittelsbachers Karl VII. in Frankfurt. Dies benutzte er, um sich den *Titel eines kaiserlichen Rats* zu verschaffen. Damit war er den höchsten Frankfurter Stadtbeamten ranggleich und meldete in dieser Form seine Kandidatur als Senator an. Seine Bewerbungsaussichten verbesserte er, indem er die älteste *Tochter des höchsten Stadtbeamten*, des Stadtschultheißen Textor, heiratete. Dieser war nicht aus dem Frankfurter Patriziat hervorgegangen, sondern stammte von auswärts. Vermögen hatte er nicht, dafür Töchter. Einen so vorzüglich qualifizierten Freier hieß er gern willkommen.

Sein *Berufsziel als Frankfurter Senator* hat Johann Caspar Goethe *nicht erreicht*; er sah sich bald im Konflikt mit dem Senator *Johann Erasmus Senckenberg*, der zwar auch mit der Mehrzahl seiner Kollegen verfeindet war, aber gleichwohl entscheidenden Einfluß behauptete.

Bezeichnend dafür, was in der Freien Reichsstadt „passieren mußte, bis etwas passierte", war der Fall Agricola. 1747 vergewaltigte mit vorgehaltener Pistole Johann Erasmus Senckenberg seine Köchin, die Pfarrerstochter Johanna Agricola; als sie guter Hoffnung war, beschuldigte er seinen Schreiber Bredekow. Als sie gegen ihn klagte, stellte er ein gefälschtes Protokoll her, worin er ihr Anstiftung zum Meineid in den Mund legte. Er setzte durch, daß Bredekow und Johanna Agricola verhaftet und zwei Jahre hindurch in Haft gehalten wurden. Erst nach langwierigem Prozeßverfahren erging ein Urteil, durch das die beiden in Freiheit gesetzt und *Senckenberg der Urkundenfälschung für überführt* erklärt wurde.

Seitdem war Senckenbergs Sturz nur eine Frage der Zeit. Aber Zeit verstand er zu gewinnen. Zu diesem Zweck erwirkte er im Siebenjährigen Krieg beim Reichshofrat die Suspension der Bestimmungen, durch welche die Stadtregierung zugunsten der Bürgerschaft beschränkt wurde. Seine Gegenleistung war, *die Stadt an* Österreichs Verbündete, *die Franzosen*, zu verraten. Johann Caspar Goethe betrachtete als Senckenbergs Mittäter seinen Schwiegervater Textor und warf diesem offen vor, Geld für den Verrat genommen zu haben. Das geschah bei einer Taufe. Textor erwiderte auf die scharfen Worte des kaiserlichen Rats, indem er diesem ein scharfes Messer an den Kopf warf. Der kaiserliche Rat zog blank, aber der weibliche Teil der Festversammlung trennte die Gegner. Der Geheimrat Goethe in *Dichtung und Wahrheit* übergeht diskret solche, für die Entwicklung seiner politischen Persönlichkeit grundlegenden Konflikte, und die Goethe-Biographen folgen ihm darin.

Die französische Armee betrug sich in Frankfurt wie in Feindesland.

Sie forderte Lieferungen, an deren Bezahlung sie nicht dachte, nahm Häuser ſür ihre Lazarette in Anspruch, und Johann Erasmus Senckenbergs Bruder und Gegner, der Freund des kaiserlichen Rats und Arzt, Christian Senckenberg, der Stifter der Senckenbergischen Anstalten, warf ihnen vor, *die Unreinlichkeit ihrer Lazarette und ihrer Heeresschlächterei habe die Ruhr-Epidemie von 1759 verursacht, in der zwei Geschwister Goethes starben.*

Da sich Johann Erasmus Senckenberg und seine Partei auf Österreich stützten, suchten seine Gegner Rückhalt bei Preußen: daher die *„preußische, oder vielmehr fritzische"* Gesinnung der Familie Goethe. Noch im Siebenjährigen Krieg, 1761, wurde der *Senator Senckenberg* endlich abgesetzt und für den Rest seines Lebens in Hausarrest gehalten. Für den kaiserlichen Rat wäre damit der Weg aufs Rathaus frei gewesen; aber er war nun einundfünfzig Jahre alt. In einer Hinsicht wirkt Johann Erasmus Senckenberg noch heute weiter. 1753 vertrat er Voltaire in dessen Streit mit dem preußischen Residenten; Voltaires Angaben über die Vorstrafen der preußischen Vertreter, die sich immer noch durch die französische Voltaire-Literatur fortschleppen, entstammen Senckenbergs Lügenküche.

Infolge seines Ranges als kaiserlicher Rat konnte sich Johann Caspar Goethe *nicht als Rechtsanwalt niederlassen.* Daher mußte er sich auf die Verwaltung seines Vermögens beschränken. Er legte es in Grundeigentum, Hypotheken und Schuldverschreibungen deutscher Reichstände an. Seine Einkünfte aus diesen festverzinslichen Werten beliefen sich auf jährlich 2700 Gulden, nach deutschem Münzfuß von 1871 5308 Mark. Zwar waren im 18. Jahrhundert die Lebenshaltungskosten geringer als im folgenden, aber daß man mit diesem Einkommen als reicher Mann galt, kennzeichnet doch vor allem die Armut Deutschlands: die *deutsche Misère.* Unter Johann Caspars Verwaltung minderte sich das Kapitalvermögen von 90000 auf 70000 Gulden durch den Umbau des Hauses (14000 Gulden) und die Ausbildung des Sohnes (6000 Gulden).

Da er in dem angestrebten Beruf nicht Fuß fassen konnte, benutzte der kaiserliche Rat die aufgezwungene Muße unter anderem dazu, seine Kinder selbst zu unterrichten. Seinem Sohn gab er eine handfeste juristische Ausbildung und reiche Anregungen und Kenntnisse über Architektur und bildende Kunst mit; nur tadelte Johann Wolfgang die Pedanterie, womit seine Schwester gedrillt wurde. Daneben betätigte sich der kaiserliche Rat als „geheimer Referendar", das heißt, er half Freunden unentgeltlich mit juristischem Rat, oft auch mit Schriftsätzen; das dafür zu erlegende Honorar strichen die Anwälte ein, unter deren Namen sie bei Gericht eingereicht wurden.

Johann Caspar Goethes wirkliche Berufslaufbahn begann erst 1771, mit der Niederlassung seines Sohnes als Anwalt. Der Dichter war damals zweiundzwanzig Jahre alt – sein Vater hatte sich erst mit dreißig Jahren als fertig ausgebildeten Juristen betrachtet. Johann Wolfgang Goethe setzte sich ins gemachte Nest. Sein Vater besorgte die Hauptarbeit; zudem war ein umsichtiger, gewandter Schreiber da, ein Jurist, der auf der Universität gebummelt hatte. Der Herr Doktor brauchte nur zu unterschreiben. Zwar hat er nach Ausweis der Akten manche Schriftsätze diktiert, die sich durch schneidigen Ton auszeichnen und ihm gelegentlich einen Verweis des Gerichts eintrugen, weil er den Gegenanwalt persönlich angegriffen und ihm unredliche Verschleppung vorgeworfen hatte, aber hauptsächlich benutzte er seine Zeit, um *Götz*, *Werther*, *Clavigo*, *Stella* sowie zahlreiche Gedichte, Rezensionen, Abhandlungen zu schreiben, *Egmont*, *Faust*, *Prometheus* zu entwerfen, ein halbes jahr *am Reichskammergericht zu praktizieren*, die in *Dichtung und Wahrheit* beschriebenen *Reisen an Lahn und Rhein* sowie in die *Schweiz* zu unternehmen – daher Kestners und Zimmermanns Eindruck, *für seinen Anwaltsberuf interessiere sich Goethe wenig*.

Man begreift den Widerstand, den Johann Caspar Goethe der Übersiedlung seines Sohnes nach Weimar entgegensetzte: Er selbst verlor zum zweiten Mal und endgültig seinen Beruf, und damit seinen Lebensinhalt.

Doktor Goethe

Johann Wolfgang Goethes Ausbildung unterschied sich von der seines Vaters in drei Punkten: Er bezog die Universität mit sechzehn statt zwanzig Jahren, da er durch Privatunterricht und seinen Vater rasch gefördert und wohl auch begabter und vielseitiger interessiert als dieser war. Sodann nahm er weder das Fachstudium noch die praktische juristische Arbeit so ernst wie dieser, denn sein Vater hatte ihm schon vorweg einen wesentlichen Teil des juristischen Handwerks beigebracht, das noch nicht so hochgezüchtet und spezialisiert war wie heute, und die Pedanterie des Universitätsunterrichts wie die Zopfigkeit der Gerichte langweilten ihn um so mehr. Endlich praktizierte er zwar, wie sein Vater, eine Zeitlang am Reichskammergericht, aber nicht am Reichstag und Reichshofrat. Diese Instanzen hatten ihren Reiz für die „fritzische" Familie Goethe verloren; die ohnehin fragwürdige Existenz des Heiligen Römischen Reiches hatte bei Roßbach und Freiberg gelitten.

Statt dessen scheint Goethe eine Laufbahn an der *deutschen Kanzlei in Versailles* ins Auge gefaßt zu haben. Elsaß-Lothringen gehörte noch zum Reich, der französische König war dort deutscher Reichsfürst, Goethes Studium in Straßburg entsprang offensichtlich der Absicht, sich mit französischen Verhältnissen, französischem Recht, besonders aber mit dem Verhältnis der deutschen Standesherren im Elsaß zur Krone Frankreich bekannt zu machen.

Als Goethe seine Anwaltspraxis in Frankfurt eröffnete, verschaffte ihm sein Vater Klienten und suchte ihn in einen rasch wachsenden Geschäftskreis einzuspinnen. Auch hatte Goethe Gönner, die ihm die *Vertretung deutscher Reichstände* als deren Frankfurter „Agent" verschaffen konnten und wollten. Aus dieser für Frankfurter Juristenbegriffe höchst angenehmen beruflichen Stellung brach der Dichter im Herbst 1775 aus und ging nach Weimar.

Nicht entscheidend, wenn auch kaum ganz gleichgültig war, daß die *Gehälter in Weimar wesentlich höher waren* als die Frankfurter – denn Goethe wollte ja nicht als Anwalt in den Geldschneidereien von Gevatter Schneider und Handschuhmacher oder den Erbschleichereien irgendwelcher reichsgräflicher Deszendenten steckenbleiben, sondern in die, auf das Ganze gesehen, bedeutenderen Geschäfte der Stadtverwaltung. Der bestbezahlte Frankfurter Beamte war Goethes Großvater Textor mit jährlich 1800 Gulden (1012,5 Taler); der erste Bürgermeister bezog 1700, der Stadtpfarrer 500 Gulden (261 1/4 Taler; zum Vergleich: 200 Taler setzte Goethe später aus Wohltätigkeit für seinen Schützling Kraft in Ilmenau aus). Dagegen bezog in Weimar der erste Minister, Freiherr v. Fritsch, 2000 Taler, nahezu das Doppelte des Frankfurter Schultheißen; der Oberstallmeister v. Stein, Charlottes Gatte, bezog 1600 Taler, die Kammerherren je 1000, die Hofdamen je 300 Taler. Als Goethe die Schauspielerin Corona Schröter nach Weimar zog, bekam sie 400 Taler, Goethe selber erhielt als Anfangsgehalt 1200 Taler, also auch mehr als sein Großvater in Frankfurt, er stieg 1779 auf 1400, 1781 auf 1600, 1785 auf 1800 und endlich 1816 auf 3000 Taler.

Für Herder holte Goethe bei dessen Anstellung als Superintendent in Weimar 1100 Taler heraus, mehr als das Vierfache des Gehaltes des Frankfurter Stadtpfarrers. Allerdings war der Amtsbereich umfangreicher, Herder wurde Oberhirte von 150 Pfarrern:

„Und wie denn unser Herr und Christ
Auf einem Esel geritten ist,
So werdet Ihr zu diesen Zeiten
Auf hundert und fünfzig Esel reiten."

Goethe war stets davor auf der Hut, „eine Börse voll Gold" durch Sarkasmen auf weltliche Behörden zu riskieren. Bosheiten gegen geistliche Behörden schienen ihm ungefährlich, zumal der protestantische Klerus überwiegend von kleinbürgerlicher Herkunft, also weder beim Adel noch beim eigentlichen Bürgertum besonders angesehen war.

Die höheren Gehälter waren, wie gesagt, ein zusätzliches Motiv für die Übersiedlung nach Weimar. Entscheidend waren:

1. Der Wunsch, Lili Schönemann auszuweichen,
2. Abscheu vor der Frankfurter Enge und Korruption,
3. Hoffnung auf eine Wirksamkeit als aufgeklärter Reformminister, statt bloßer Anwalts- und Agententätigkeit in Geschäften, deren Erbärmlichkeit ihn anwiderte.

Lili Schönemann

Beide Familien, Goethe wie Schönemann, waren gegen Goethes Verlobung mit Lili. Die Brüder Schönemann wollten ihre Schwester mit irgendeinem Geschäftsfreund ihrer Firma verheiraten; die Eltern Goethes fanden, Lili sei eine „Staatsdame", sie passe nicht in den bescheideneren Zuschnitt des Goethehauses. Auch entdeckte der kaiserliche Rat, der eigentlich aufgeklärt war, die Familie Schönemann sei nur reformiert, nicht lutherisch, und mithin nicht des rechten Glaubens. Goethe gab nach.

Später hat Goethe in seiner Trennung von Lili eine Tragödie gesehen. Als er Anfang 1830 die letzten fünf Bücher von *Dichtung und Wahrheit* niederschrieb, stand er unter der Überzeugung: *Lili* sei unter all seinen Geliebten *diejenige* gewesen, *mit der ihm die beiderseitige, volle Entfaltung der Persönlichkeit hätte gelingen können*, die ihm als Ideal vorschwebte, und die er in der Helena-Episode (*Faust* II, 3) und dem Verhältnis Wilhelm Meisters zu Natalie schattenhaft gestaltet hat. Daß er sein Verhältnis zu Lili so ansah, hat er am 5. März 1830 ausdrücklich zu Eckermann gesagt; die Goethe-Philologie weiß es allerdings besser.

Für Lili bedeutete die Trennung von Goethe den Abstieg in eine Konvenienz-Ehe und die Beschränkung ihres gesellschaftlichen Verkehrs auf die Kaufmannschaft, eine, wie sie sich ausdrückte, „nicht belebende Menschenklasse".

Goethe erfuhr von Zeit zu Zeit von ihren ferneren Schicksalen, insbesondere von ihrer Tapferkeit in den Stürmen der französischen Revolution. Bei Dorothea hat er an seine landflüchtige ehemalige Braut gedacht. Als auch über Mitteldeutschland der Krieg hereingebrochen war, schrieb er ihr (13. Dezember 1807) von

> „so vielen äußeren Leiden und Prüfungen, die zu uns später gelangt sind, und bei denen ich oft Ursache habe, an Ihre Standhaftigkeit und ausdauernde Großheit zu denken".

Schon 1775 hatte Lili diese Eigenschaften bewährt. Sie ließ Goethe sagen,

> „indem alle die Hindernisse unserer Verbindung ihr vorgetragen worden, sie unternehme wohl aus Neigung zu mir, alle dermaligen Zustände und Verhältnisse aufzugeben und mit mir nach Amerika zu gehen ...
>
> Aber eben das, was meine Hoffnungen hätte beleben sollen, drückte sie nieder. Mein schönes väterliches Haus ... war noch immer ein leidlicherer zu gewinnender Zustand als die über das Meer entfernte, ungewisse Zukunft ... Freilich sehr verbietend und bestimmt waren die Gebote meiner Schwester." (*Dichtung und Wahrheit*)

Beutler, der Goethes materielle Lebensverhältnisse so anschaulich dargestellt und ihre Bedeutung für sein dichterisches Schaffen aufgedeckt hat, ist durch seine reaktionäre Einstellung dazu verführt worden, Lilis Aufforderung zu gemeinsamer Auswanderung nach Amerika als Erinnerungsfehler des alten Goethe abzutun:

> „Daß die Staaten drüben noch kein Zufluchtsort für unglücklich Liebende waren, daß sich vielmehr damals Washingtons Farmer, oft ohne Verpflegung, vielfach ohne Montur und ohne Schuhwerk, mit Huronen, Engländern und Hessen herumschossen, das wurde 1830 nicht in Betracht gezogen."

Das wäre freilich auch viel verlangt gewesen. Denn Beutler projiziert die verzweifelte Lage der amerikanischen Armee in den späteren Kriegsjahren auf den Sommer und Herbst 1775 zurück, als sie sich in äußerlich höchst imponierender Lage befand: Washington hielt die englische Nordamerika-Armee in Boston eingeschlossen, Hessen, Huronen und Mangel belästigten ihn noch nicht. Einleuchtender ist Beutlers Einwand:

> „Welch seltsame Verzeichnung! Der Dichter des *Götz*, des *Faust*, des *Prometheus*, der Führer des ‚Sturms und Drangs' und des Geniekults, ein ... von allen guten und bösen Geistern gehetzter, zu jedem Aufbruch nur allzu bereiter Mensch, einer mutigen Geliebten gegenüber als behaglicher Hausbesitzersohn ..." (*Essays um Goethe* II, S. 69 f.)

Beutler verteidigt Goethe gegen Goethe, weil Goethe Goethe der Philistrosität beschuldigt. Indessen Goethe muß das doch gewußt haben. *Er hatte wirklich eine philiströse Seite*, nur wird sie von Beutler und anderen Goethe-Verehrern an der verkehrten Stelle gesucht: Sie betrachten Goethes Mißbilligung der Erhebung von 1813 als philiströs.

Viel schlagender wäre der Einwand, Goethe habe den „leidlicheren zu gewinnenden Zustand", sein „schönes väterliches Haus", ja doch alsbald aufgegeben und sei nach Weimar gegangen – wie leicht hätte er Lili dorthin mitnehmen können, wenn er schon nicht mit ihr nach Amerika gehen wollte! Sein *Grund für die Trennung lag eben tiefer*, und gerade weil er ihn nicht kannte, fuhr ihm der verräterische Hinweis auf die *„verbietenden Gebote meiner Schwester"* heraus. Die erotische Jugendbindung an sie – nicht an die Mutter – war der Goethe unbewußte Grund, der ihn vor der italienischen Reise an der Vollendung seiner Liebesbeziehungen hinderte und ihm ein halbes Verhältnis, wie das zu Frau v. Stein, erträglich machte.

Die Auswanderung nach Amerika hätte Goethe das bringen können, was er in Weimar vergeblich suchte und in seinem späteren Leben schmerzlich entbehrte: den Sprung in freie Verhältnisse mit der Gelegenheit zu großzügigem Wirken. Drüben wäre er vermutlich zu einem Kampfgefährten Washingtons und Jeffersons geworden und hätte die Möglichkeit gewonnen, über die philiströsen Anwandlungen hinauszuwachsen, denen er in der deutschen Enge immer wieder unterlag.

Die Übersiedlung nach Weimar

Die entscheidenden Motive für seine Übersiedlung nach Weimar hat Goethe, wie in anderen Fällen, in *Dichtung und Wahrheit* überhaupt nicht, in seinen Briefen nur teilweise erwähnt. Daß ihm die Frankfurter Verwaltung *wegen der Korruption* zuwider war, gegen die sein Vater vergeblich gekämpft hatte, scheint er nie ausgesprochen zu haben. Lediglich über die *Frankfurter Enge* entlud er seinen Zorn:

> „Sie erinnern sich der letzten Zeiten, die ich bei Ihnen, ehe ich hierherging, zubrachte: unter solchen fortwährenden Umständen würde ich gewiß zu Grunde gegangen sein. Das Unverhältnis des engen und langsam bewegten bürgerlichen Kreises zu der Weite und Geschwindigkeit meines Wesens hätte mich rasend gemacht." (An die Mutter, 11. August 1781)

Er hatte es satt,

> „auf diesem Bassin herumzugondolieren und auf die Frösch- und Spinnenjagd mit großer Feierlichkeit auszuziehen." (An Merck, 8. August 1775)

Ob ihm Weimar die erhoffte großzügige Wirksamkeit bieten werde, war ihm zweifelhaft; immerhin schien ihm der Versuch lohnend:

> „Ich bin nun ganz in alle Hof- und politische Händel verwickelt und werde fast nicht mehr weg können. Meine Lage ist vorteilhaft genug, und die Herzogtümer Weimar und Eisenach immer ein Schauplatz um zu versuchen, wie einem die Weltrolle zu Gesicht stünde ... Freiheit und Gnüge werden die Hauptconditionen der neuen Einrichtung sein, ob ich gleich mehr als jemals am Platze bin, das durchaus Scheisige dieser zeitlichen Herrlichkeit zu erkennen." (An Merck, 22. Januar 1776)

Taktvoller Weise unterschlagen die Biographen und Historiker solche *Ungehörigkeiten.*

Den Streit mit seinem Vater erwähnt Goethe in *Dichtung und Wahrheit* nur, soweit es sich um dessen bürgerlichen Widerwillen gegen die Fürstenhöfe handelt; daß ihm selbst dieses Gefühl nicht fremd war, hatte Goethe durch die Darstellung des Bamberger Bischofshofes in *Götz* belegt. Dessen Gesamttendenz ging allerdings dahin, einzelne Edelleute – die Führer der Reichsritterschaft – zu verherrlichen, mit der Tendenz: Mit solchen Aristokraten könne man etwas ausrichten, *vielleicht auch mit* einem aufgeklärten Fürsten wie *dem jungen Herzog von Weimar.*

Für diese Folgerung schien *das Beispiel Frankreichs* zu sprechen: Auch dort war ein junger Monarch an die Spitze des Staates getreten und hatte 1774 den angesehensten, aufgeklärten Volkswirt, *Turgot, an die Spitze der Finanzverwaltung* gestellt. Dessen Berufung war ein Programm: rationelle

Verwaltung, freiwilliger Verzicht von Monarch und Adel auf überlebte, für das Ganze schädliche Privilegien, die Herstellung eines einheitlichen, nationalen Marktes innerhalb der Reichsgrenzen, die Verwirklichung jenes *aufgeklärten Zusammenwirkens von Bürgertum und Aristokratie*, das den Kern der freimaurerischen Idee bildete. Wenn das in Frankreich möglich war, warum nicht in Weimar?

Das französische Beispiel wird zwar in *Dichtung und Wahrheit* nicht erwähnt, ja nicht einmal in Goethes Briefen. Aber Goethe pflegte schon in seinen jungen Jahren *entscheidende Motive zu verschweigen.*

Seine Frankfurter Anwaltspraxis hatte Goethe „heimlich leise getrieben, als triebe ich Schleichhandel" (an Knebel, 14. April 1774); herkömmlich schreibt man ihm die gleiche Einstellung gegenüber seinen Weimarer Amtspflichten zu. Adolf Stern hat geradezu erklärt, die Frage nach Goethes Verwaltungsarbeit sei ebenso interessant wie die nach Goethes Hosenknopf. Demgemäß hat man Goethes literarische und wissenschaftliche Werke, seine Tagebücher und Briefe mit allen Lesarten und Paralipomena herausgegeben, einschließlich der vom Staatsanwalt verfolgten erotischen Gedichte. Aber die *Publikationen der Goethe-Akten* hat erst 1950 begonnen und scheint über den ersten Band noch nicht hinausgediehen. Außer diesem Band existiert an ernstzunehmender Literatur nur Hartungs *Großherzogtum Sachsen unter der Regierung Carl Augusts 1775-1828.* Das Buch von Bürgin, *Der Minister Goethe vor der italienischen Reise,* ist unschätzbar durch das verarbeitete Material, entspricht dem Titel aber nur zum Teil und behandelt das Thema nur fragmentarisch.

Zahlreiche Zornesausbrüche in Goethes Briefen aus den ersten zehn Weimarer Jahren belegen die *Leidenschaft,* mit der Goethe seine *Verwaltungsaufgaben* betrieb. Allerdings richteten sich die *Zornesausbrüche gegen den Herzog Karl August und den feudalen Charakter des Staates,* waren also im wilhelminischen Deutschland tabu und blieben es auch nach dem Sturz der Monarchie. Nur die wenigen Achtundvierziger, die wie Hermann Hettner und Gustav Rümelin trotz des Scheiterns der Revolution an den Idealen der Aufklärung und der bürgerlichen Revolution festhielten, haben in der deutschen Zunftgelehrsamkeit die Wahrheit über Goethes politische Einstellung und administrative Wirksamkeit ausgesprochen.

In der Verwaltung wollte Goethe Vernunft, Gerechtigkeit, Wohlstand verwirklichen; wie, dafür hatte er kein konkretes, insbesondere kein doktrinäres Programm. Das wäre auch nicht möglich gewesen. Denn nur für die Wirtschaftspolitik merkantiler Großstaaten gab es eine, beispielsweise von Turgot vertretene, aufgeklärte und ernstzunehmende Wissenschaft.

Hingegen war die deutsche Kameralistik keine Theorie der vom kapitalistischen Unternehmertum getragenen Wirtschaft und ihrer staatlichen Förderung, sondern ein unverdaulicher Mischmasch heterogener, platt empirischer Vorschriften und Ratschläge für die Verwaltung deutscher Zaunkönigtümer. Die Schriften Turgots und Adam Smiths sind Goethe unbekannt geblieben; sie hätten ihm auch nichts genützt. Die Kameralistik strafte er mit Nichtachtung. Seine Schule war die gewissenhafte Erledigung seiner praktischen Aufgaben in der Weimarer Verwaltung, an die er ohne vorgefaßte Grundsätze heranging.

Herzog Karl August pflegte die ihm vorgelegten Verwaltungs- und Rechtssachen zu entscheiden, nachdem in seinem Geheim-Conseil darüber referiert und beraten worden war. Den vier Räten im Conseil wurden die Vorgänge in der Reihenfolge des Eingangs zugewiesen, nicht nach Sachgebieten. In den zweieinhalb Jahren (Sommer 1776 bis Ende 1778), die Goethe fast nur im Conseil arbeitete, lernte er also praktisch den ganzen Geschäftskreis der Weimarer Verwaltung und Rechtspflege kennen. Nur eine Sonderaufgabe übernahm er von Anfang an: die Aufsicht über die Verwaltung der weimarischen Enklave Ilmenau.

Im Januar 1779 erhielt Goethe zwei „Kommissionen" – in einem heutigen Staat würden sie Ministerien heißen: Straßenbau und Heer. Zu ihnen kam im Sommer 1782 die Oberleitung der Finanzen. Neben vier Einzelaufgaben von solchem Umfang schlief Goethes Mitarbeit im Conseil ein. Von Sommer 1786 bis Frühjahr 1788 war Goethe auf Urlaub in Italien, danach machte er die Verwaltung zum Nebenberuf, dem er nur vormittags oblag, und suchte sich Sonderaufgaben heraus, die ihn befriedigten, hauptsächlich die „Weimarischen Anstalten für Kunst und Wissenschaft". Das heißt, er übte die Funktion eines Kurators der Universität Jena aus. Daneben war er der „ältere Staatsmann", dessen Rat in allen wichtigen Fragen gesucht wurde.

Goethe als Straßenbauer

Deutschland war ein altes, ziemlich dicht besiedeltes Kulturland; dennoch waren seine Landstraße kaum besser als diejenigen, auf denen damals George Washington ritt. Auch Goethe ritt wo irgend möglich; fahren war mißlich. Auf den Straßen, die 1779 seiner Obhut anvertraut wurden, gab es Stellen, wo in der Frühjahrs-, oder Herbstüberschwemmung gelegentlich ein Gespann, mitunter sogar der Kutscher ertrank. Selbst auf dem

Straßenabschnitt Weimar-Erfurt, der heute so harmlos aussieht, gab es einen Bachübergang, dessen glückliche Passierung Goethe von seinen Ritten an Frau v. Stein zu melden pflegte. Diese Straßen waren nach unserem Wortgebrauch *Rollbahnen*.

Der Straßenbauetat belief sich auf 3600 Taler, davon 600 Taler für Park und Gehälter, 3000 zum Bauen. Ein Drittel der Bausumme für 1779 war vorweg verbraucht. Nach Schluß des Jahres reichten andere Behörden Rechnungen ein; ohne Goethes Wissen hatten sie ein weiteres Drittel seines Etats ausgegeben und seine Dispositionen umgeworfen. Fast das ganze Jahr 1780 verbrachte Goethe mit dem *Kampf um die Kompetenz*. Erst gegen Ende 1780 verfügte der Herzog, daß niemand außer Goethe Straßenbauarbeiten anordnen durfte. Um die geringfügigen Mittel nicht mit Flickerei zu verzetteln, unterließ Goethe noch jahrelang alle beträchtlichen Arbeiten und sparte. Erst 1783, also mit etwa vier Jahresetats, ging er ans Werk und benutzte seine Stellung als Leiter der Staatsfinanzen, um den Etat noch gleich um 2000 Taler zu überschreiten. 1784 und 1785 baute er energisch weiter, seine Energie schlug sich nochmals in Etatüberschreitungen von je 1000 Talern nieder. In diesen drei Jahren stattete er die Landkreise Weimar und Jena sowie die Strecke Erfurt-Ilmenau mit dem *Skelett eines neuzeitlichen Straßennetzes* aus.

Wären die neuerbauten Straßen ohne Pflege liegengeblieben, so war vorauszusehen, daß sie bald wieder ruiniert sein würden. Goethe errichtete daher für jede fertige Straße einen *Stab von Aufsehern und „Wegeknechten"*, die die Straßen täglich begingen und jeden Schaden gleich im Entstehen ausbesserten. Im Jahre 1786 hatte Goethe 4 Aufseher und 20 ständige Arbeiter. Die Kosten dieses Stabes beliefen sich auf jährlich 2000 Taler. Um diese Belegschaft kümmerte sich Goethe eingehend und wohlwollend. Ohne aufmerksame Fürsorge hätte er bei so bescheidenen Mitteln keine befriedigenden Leistungen erzielen können.

Zu seinen Etatüberschreitungen entschloß sich Goethe, weil der Normaletat nicht zu lohnenden Straßenbauten ausreichte, und bei tropfenweisem Bau zu viele Reparaturen schon während des Baus nötig wurden; ferner weil ihn die Erfahrung lehrte, daß, *was er am Straßenbau sparte, anderswo unnütz vertan wurde*, beispielsweise für des Herzogs ungezügelte Jagdleidenschaft („Gott weiß, ob er lernen wird, daß ein Feuerwerk, um Mittag abgebrannt, keinen Effekt tut", Goethe an Frau v. Stein, 10. Dezember 1781).

Die 2000 Taler Etatüberschreitung von 1783 wurden vom Herzog nachträglich genehmigt; der Erfolg zeigte augenfällig, wie wohlangelegt diese Gelder waren. Als Goethe 1786 nach Italien fuhr, setzte er voraus, der Herzog werde auch die 2000 Taler Etatüberschreitung für 1784/85 nachträglich genehmigen. Statt dessen entschied der Herzog, diese 2000 Taler einzusparen und zu diesem Zweck Goethes Aufseher und Wegeknechte zu entlassen. Besser konnten Goethes Klagen über die *Gleichgültigkeit des Herzogs* nicht gerechtfertigt werden.

Goethe als Kriegs- und Finanzminister

Im März 1779, zwei Monate nach Übernahme der Wegebau- und Kriegskommission, ritt Goethe durch das Herzogtum in Begleitung seines Hauptgehilfen, des Artillerie- und Ingenieurhauptmanns de Castrop. Er inspizierte das Straßennetz und *hob Rekruten aus.*

Die Aushebung hat Goethe selbst in einer karikierenden Zeichnung dargestellt: Castrop „klassifiziert die junge Pursche nach der Physiognomik des rheinischen Strichmaßes" (Goethe an den Herzog, 8. März 1779), das Längenmaß ruft ihm ein Korporal zu. Der Wehrpflichtige, dem gerade Maß genommen wird, krümmt sich zusammen, um womöglich unter das Mindestmaß zu kommen. Aber der Unteroffizier reißt ihm mit kundiger Hand das Kinn in die Höhe. Vorn rechts wird eine Braut angeschnauzt und fortgewiesen, die ihren Bräutigam losbitten will; vorn links verbindet ein Wehrpflichtiger die Füße, die er sich auf dem Weg zur Musterung aufgelaufen hat. Im Hintergrund prangt die Inschrift „Tor des Ruhms" über einer Tür, durch die ein neuer Vaterlandsverteidiger hinausgeleitet wird. Goethes Kommentar (aus Apolda an Frau v. Stein, 6. März 1779):

> „Kein sonderlich Vergnügen ist bei der Ausnehmung, da die Krüppel gerne dienten, und die schönen Leute meist Ehehaften *(Befreiung)* haben wollen.
>
> Doch ist ein Trost: mein Flügelmann (11 Zoll 1 Strich) kommt mit Vergnügen, und sein Vater gibt den Segen dazu.
>
> Hier will das Drama gar nicht fort. Es ist verflucht, der König von Tauris soll reden, als wenn kein Strumpfwürker in Apolde hungerte."

Die Abneigung der „schönen Leute" gegen den Heeresdienst war verständlich, denn der Dienst war lebenslänglich, also für Handwerksgesellen und andere tüchtige Menschen, die Aussicht auf bürgerliches Fortkommen hatten, eine Art *bürgerlicher Tod.* Den Erben auskömmlichen, auch bescheidenen Haus- und Grundbesitzes wurde der Militärdienst überhaupt nicht zugemutet. Eine solche Truppe ist stets überaltert, einen vernünftigen Sinn hat sie nicht.

Bei Goethes Amtsantritt betrug die „Heeres"-Stärke 690 Streiter, außerdem einige Beamte und Pensionäre. Die aktive Truppe kostete jährlich 56000 Taler, die Pensionen weitere 10000 Taler. *Nutzen* von dem Heer hatte allenfalls *der Adel des Landes*, der darin ein paar jüngere Söhne sehr dürftig als Offiziere versorgen konnte. Bei der Infanterie betrug der Jahressold eines Seconde-Lieutenants 180, eines Lieutenants 204 Taler, und da jeder bis zum Tode diente, also selten ein Vordermann ausschied, beschloß mancher Offizier sein Leben als Lieutenant.

Selbstverständlich waren *die Herren verschuldet*. Ihre Sanierung und die Entwirrung ihrer Nachlässe gehörte zu Goethes unerquicklichen Obliegenheiten als „Kriegsminister". Bei der Kavallerie (36 Husaren) erhielt ein Lieutenant 360 Taler, der Hauptmann v. Ritter in der Kriegskommission 300 Taler.

Die herzoglich weimarische Artillerie bestand aus dem Hauptmann de Castrop, einem Schreiber, einem Unteroffizier und vier Kanonieren. Bei herzöglichen Familienfesten brannte sie Böller und Feuerwerk ab. Nützlich machten sich die Husaren als reitende Boten und Gendarmen, die Infanterie als Posten an Brücken und Schlössern sowie als Wachen und Zolleinnehmer an den Toren. Die einzige Militärperson, die sicher ihren Sold wert war, war der *Hauptmann de Castrop als Tiefbauingenieur*. Mit 200 Talern Jahresgehalt rangierte er entsprechend kläglich hinter dem Kavalleriekommandeur mit 360 Talern. Als Junggeselle kam er damit halbwegs durch, aber bei seinem Tod 1785 erwies auch er sich als überschuldet.

Militärischen Ehrgeiz hatte Goethe als Kriegsminister nicht, er suchte lediglich *Ordnung* herzustellen, *Klarheit in der Abrechnung* zu schaffen, *den letzten Groschen nachzuweisen*. Sein militärischer Hauptgehilfe, Kriegsrat v. Volgstedt, versuchte ständig Goethes Arbeit zu sabotieren.

Im Sommer 1782 stand *der Herzog vor dem Bankrott*. Bis zu seinem Regierungsantritt hatten die Einnahmen und Ausgaben der herzoglichen Kammer mit je 200000 Talern balanciert. Bei seinem Regierungsantritt erhöhte er die Ausgaben für den Hof von 48000 auf 88000 Taler, und wenn er auch diese Verschwendung nicht durchhielt, laborierte er doch seitdem ständig daran, die Mehrausgaben für den Hof durch Einsparung dringender Staatsausgaben sowie durch Kreditaufnahme zu decken. In seinen ersten sieben Jahren machte er durchschnittlich je 20000 Taler Schulden: im Sommer 1782 ging es nicht mehr weiter. Die älteren Routinebeamten – dieselben, die 1776 gegen Goethes Eintritt in die weimarische Verwaltung protestiert hatten – waren gescheitert, der Kammerpräsident v. Kalb trat zurück. Goethe sollte das Kammerpräsidium übernehmen, trat es jedoch nicht an. Mit dem Detail der Steuererhebung wollte er sich nicht belasten, zumal er eine *wirkliche Verbesserung* dieses verworrenen Verwaltungszweiges *nicht für möglich hielt* –

> „Das arme Volk muß immer den Sack tragen, und es ist ziemlich einerlei, ob er auf der linken oder rechten Seite zu schwer wird“ (An das Ehepaar Herder, 20. Juni 1784)–

und die Hände für seine *Hauptaufgabe als Sanierungskommissar* freibehalten wollte. Diese Hauptaufgabe hat er gelöst.

In Weimar, Eisenach und Jena bestanden je zwei, der Fiktion nach voneinander unabhängige, aber durch Personalunion miteinander verbundene Finanzverwaltungen: die *herzogliche „Kammer“* und die „Landschaft“, die *ständische Selbstverwaltung*. Diese Selbstverwaltung litt im Gegensatz zur amerikanischen unter völligem Mangel an Gemeingeist. Der Herzog konnte sie leicht lenken, die einzelnen Mitglieder waren durch geringfügige Gunstbeweise wohlfeil zu kaufen.

Bislang sind wir lediglich über die Kammerverwaltung unterrichtet, über die Hartung hinreichende Angaben macht; Angaben über die Landschaften, und damit über die gesamte Staatshaushaltung sind erst von den künftigen Bänden der Goethe-Akten zu erhoffen. Was Goethe geleistet hat, ist jedoch auch so erkennbar.

Er halbierte das Heer und *verminderte* dadurch die *Rüstungskosten von 56000 auf 30000 Taler*. Zugleich erhöhten sich zwar die Pensionen von 10000 auf 18000 Taler, aber er überredete die Landschaften, die Pensionen und die Schulden des Herzogs zu übernehmen, das heißt, er entlastete die Kammer um 36000 Taler jährliche Ausgaben und etwa 140000 Taler herzogliche Schulden. Damit war der Bankrott abgewandt und sogar ein Jahresüberschuß von 20000 Talern erzielt, der freilich von 1792 ab durch den Krieg aufgezehrt wurde.

Das klingt einfach, war aber schwierig und zeitraubend durchzusetzen. Denn so klein das Herzogtum war, so war es doch keine staatliche Einheit, vielmehr bildeten Weimar, Jena und Eisenach je ein besonderes Herzogtum mit eigenen Ständen und eigener Landschaft. Goethe mußte also mit den weimarischen, jenaischen und eisenachischen Ständen einzeln verhandeln, bei jeder Konzession darauf Rücksicht nehmen, daß die anderen Landesteile noch mehr fordern würden, auf Grund jeder Konzession, die er in Weimar zugestanden hatte, in Jena und Eisenach von vorn anfangen. Für eine so einfach gedachte Operation benötigte er vier Jahre bei unausgesetzter Anspannung. *Dann hatte er genug von der deutschen Kleinstaaterei.*

Die berufliche Bilanz

Im Sommer 1786 waren Goethes Hauptaufgaben gelöst: Die Finanzen waren geordnet, ein leidliches Landstraßennetz wenigstens in den Landesteilen Weimar und Jena erbaut. Aber der Gedanke einer *Wirksamkeit als aufgeklärter Reformminister* hatte sich als *Utopie* erwiesen:

> „Wer sich mit der Administration abgibt, ohne regierender Herr zu sein, muß entweder ein Philister, oder ein Narr, oder ein Schelm sein." (An Frau v. Stein, 9. Juli 1786)

„*Philister*" ist in Goethes Ausdrucksweise, wer seine Arbeit ohne innere Anteilnahme tut, also das, als was Goethe von der deutschen Gelehrten- und Lehrerzunft betrachtet wird; „*Narr*", wer sich wie Goethe einbildet, in der Verwaltung aufgeklärte Ideale verwirklichen zu können; „*Schelm*", wer seine Macht mißbraucht.

Goethe nahm einen Urlaub von unbestimmter Dauer, ungewiß, ob er überhaupt nach der Italienreise zurückkehren werde. Er selbst hat diese italienische Reise als *Flucht aus Weimar* bezeichnet, natürlich nicht in einem seiner Werke, sondern in leidenschaftlicher Aufwallung anläßlich eines Besuchs des französischen Schriftstellers Ampère, der manches, worüber Goethe zu schweigen pflegte, in der Einleitung zu einer französischen Goethe-Ausgabe ausgesprochen hatte:

> „Wie richtig hat er bemerkt, daß ich in den ersten zehn Jahren meines weimarischen Dienst- und Hoflebens so gut wie garnichts gemacht, daß mich die Verzweiflung nach Italien getrieben, und daß ich dort, mit neuer Lust zum Schaffen, die Geschichte des Tasso ergriffen, um mich in Behandlung dieses angemessenen Stoffes von demjenigen freizumachen, was mir immer noch aus meinen weimarischen Eindrücken ... Schmerzliches ... anklebte. Sehr treffend nennt er daher auch den ‚Tasso' einen gesteigerten ‚Werther'." (Zu Eckermann, 3. Mai 1827)

Goethe hatte zwar alle Einzelaufgaben gelöst – und besser als die Routinebeamten -, nur sein *eigentliches Ziel* hatte sich als *unerreichbar* erwiesen. Überrascht war er davon nicht. Das wird nicht nur bewiesen durch seine skeptischen Äußerungen schon im Winter 1775/76. Es konnte auch nichts anders sein. Sein Dienstantritt stand bereits unter üblen Vorzeichen, denn einen Monat zuvor, am 12. Mai 1776, war *Turgot entlassen* worden. Der Versuch, das französische Königtum zu seinen sozialen Ursprüngen, dem Bündnis mit dem Bürgertum, zurückzuführen, war gescheitert, die Reform aus eigenem Entschluß mißlungen, die schiefe Ebene zur Revolution betreten.

In seinen klassischen Zeiten – von Ludwig XI. bis in die Regierung Ludwigs XIV. hinein - hatte das französische Königtum, gestützt auf die Pariser und überhaupt die französische Bürger-, das heißt Kaufmannschaft, den frondierenden Adel unterworfen. Dann verriet Ludwig XIV. den Verbündeten, dem er seinen Sieg verdankte, er feudalisierte seinen Hof, der König wurde zum Werkzeug des Adels, und zwar um so mehr, je machtvoller sich das Bürgertum, das heißt der Handel und die Industrie, entfaltete.

Goethe scheiterte wie Turgot *an dem feudalen*, antibürgerlichen *Charakter der Herrschaft*; dazu kam als zweiter Hemmklotz die *Territorialzersplitterung*, die schon technisch jede vernünftige Verwaltungsarbeit unabsehbar erschwerte. Seine Finanzsanierung gestaltete sich zur Sisyphusarbeit, weil selbst ein Zaunkönigtum wie Sachsen-Weimar noch in drei winzige Territorien mit eigenen Landständen zerfiel. Er hatte wohl die weimarischen und jenaischen, aber nicht die eisenachischen Straßen zu verwalten, statt dessen die Straßen Erfurt-Eckartsberga und Erfurt-Ilmenau, die großenteils auf Mainzer, nicht Weimarer Gebiet verliefen. An einer Stelle im Saaletal bei Jena, wo eine von Goethe gebaute Straße an kursächsisches Gebiet grenzte, wurden seine Straßenarbeiter von dem benachbarten sächsischen Rittergutsbesitzer fortgejagt. Den hungernden „Strumpfwürkern“ von Apolda Absatz zu verschaffen, scheiterte an dem Großstaat Preußen und dem Mittelstaat Kursachsen, die die Einfuhr Apoldaer Strümpfe erschwerten beziehungsweise verboten.

Goethes Vorgänger in der Finanzverwaltung hatten zusätzliche Einnahmen durch Steuerreformen beschaffen wollen. Sie hatten es mit einer Akzise versucht, das heißt einem Zoll, der von allen Waren bei der Einfuhr in die Städte erhoben wurde, also einer Verbrauchssteuer, die im Gegensatz zur neuzeitlichen Einkommensteuer das Einkommen degressiv belastete, im Gegensatz zur damaligen Einkommensbesteuerung die privilegierten Stände aber überhaupt heranzog. Dies war an sich ein richtiger Gedanke. Ihn lediglich in Weimar, Jena, Eisenach, Apolda und noch dem einen oder anderen Landstädtchen durchzuführen, solange es nirgendwo sonst in Thüringen üblich war, erwies sich aber als undurchführbar. Die Folgen waren Abwanderung und Unterschleif; der Versuch mißlang.

Daß jeder Reformversuch scheiterte, lag, wie gesagt, vornehmlich an der Territorialzersplitterung, daß die Zustände so reformbedürftig waren, an dem Feudalcharakter der deutschen Staaten und der Ohnmacht des deutschen Bürgertums, einer Ohnmacht, die sich in revolutionären Dramen wie *Kabale und Liebe* und *Emilia Galotti* deutlich ausprägt. In *Figaros Hochzeit* triumphiert der Plebejer über den Aristokraten, während bei Schiller der kleinbürgerliche, bei Lessing sogar der adlige Untertan ohnmächtig untergeht. Der deutsche Feudalismus befand sich längst in dem Stadium der Entartung und des Verfalls, das Goethe im zweiten Teil des *Faust* (I. und IV. Akt) satirisch dargestellt hat; aber wie die englische Herrschaft in Indien 1919-45 war er noch kräftig genug, die Ansätze einer zeitgemäßen Wirtschaftsentwicklung niederzuhalten:

> „Die Verdammnis, daß wir des Landes Mark verzehren, läßt keinen Segen der Behaglichkeit grünen." (An Frau v. Stein, 3. April 1782)
>
> „Wir haben's so weit gebracht, daß oben in einem Tag mehr verzehrt wird, als unten beigebracht werden kann." (An Knebel, 17. April 1782)
>
> „Mich wundert nun gar nicht mehr, daß Fürsten meist so toll, so albern sind. Nicht leicht hat einer so gute Anlagen als der Herzog, nicht leicht hat einer so gute und verständige Menschen um sich ... und doch, wenn er sich etwas zu Gute tun will, muß er etwas Albernes vornehmen ... Leider sieht man daraus, daß es in der tiefsten Natur steckt, und daß der Frosch für's Wasser gemacht ist, wenn er gleich auch eine Zeitlang sich auf der Erde befinden kann." (An Frau v. Stein, 10. März 1781)
>
> „Der Herzog hat seine Existenz im Hetzen und Jagen. Der Schlendrian der Geschäfte geht ordentlich, er nimmt einen willigen und leidlichen Anteil dran und läßt sich hie und da ein Gutes angelegen sein, pflanzt und reißt aus pp ... Der Wahn, die schönen Körner, die in meinem und meiner Freunde Dasein reiften, müßten auf diesem Boden gesät, und jene himmlischen Juwelen könnten in die irdischen Kronen dieser Fürsten geflochten werden, hat mich ganz verlassen." (An Knebel, 21. November 1781)

Den unmittelbaren Anlaß zu Goethes Flucht nach Italien bot „die Kriegslust, die wie eine Art Krätze unseren Fürsten unter der Haut sitzt" (an Knebel, 2. April 1785): der Herzog wurde preußischer Offizier.

Allbekannt ist die Stelle aus *Dichtung und Wahrheit*, wo Goethe die Familie seines Vaters als „fritzisch" bezeichnet. Weniger beachtet wird das Geständnis in Buch VII, als Leipziger Student habe er *„nach und nach die unbedingte Verehrung erkalten gefühlt, die ich diesem merkwürdigen Fürsten von Jugend auf gewidmet hatte"*. Als handelnder Politiker war Goethe ein *erbitterter Gegner Friedrichs des Großen*, und über dessen Tod hinaus *des friderizianischen Preußen.*

Im böhmischen Feldzug („Kartoffelkrieg") 1778 hatte die preußische Armee ohne Schlacht, nur durch Hunger, Seuchen und Fahnenflucht, schwere Verluste erlitten und verstärkte ihre sogenannte Werbung – richtiger müßte man sagen: Menschenjagd. Im Januar 1779 – kurz nachdem Goethe die Kriegskommission übernommen hatte – forderte Friedrich der Große die Zulassung seiner Werber in Sachsen-Weimar oder statt dessen die freiwiliige Stellung von Rekruten. Am 9. und 10. Februar wurde darüber im Conseil beraten; noch am 9. legte Goethe sein vormittags abgegebenes Votum schriftlich nieder.

Von der Zulassung preußischer Werber befürchtet er:

„Sie werden auf alle Weise die beste junge Mannschaft an sich zu ziehen versuchen, sie werden mit List und heimlicher Gewalt eine große Anzahl wegnehmen, sie werden's an nichts fehlen lassen, selbst die Soldaten Ew. Durchlaucht untreu zu machen."

Werde aber die preußische Forderung abgewiesen, und preußisches Militär dringe gewaltsam ein, so würde es

„Truppen gleichsam hie und da einquartieren, die alsdenn auf Unkosten des Landes unterhalten werden müßten. Bei der Unordnung, die ein solcher Trupp verursacht, und unter seinem Schutze würden dann alle Übel der Werbung sich gehäuft ausbreiten, und die Rache, die dazu käme, würde alle Mäßigung aufheben und alle Übereinkunft abweisen. Sie würden alsdenn mit offenbarer Gewalt brauchbare, verheuratete, angesessene Leute mit wegnehmen, man würde den Untertan vor Prellereien und Bevorteilungen nicht schützen können."

Selbst für Preußen Rekruten auszuheben und zu stellen, sei „wohl für's erste das geringste Übel, aber doch ... ein unangenehmes, verhaßtes und schamvolles Geschäft" und überdies ein Präjudiz – Preußen werde dann auf regelmäßiger Rekrutenlieferung bestehen, Österreich werde für sich das gleiche fordern – und eine Quelle unabsehbarer Konflikte, wenn weimarische Landeskinder aus preußischen Diensten desertieren: liefere man sie nicht aus, so werde Preußen Ersatz verlangen.

Ein näheres Verhältnis zu Preußen erschien Goethe selbst dann als ein Verhängnis für die Landeswohlfahrt, wenn Preußen befreundete Macht sei. Er übertrieb die Gewalttätigkeit preußischer Werber und Truppen keineswegs, sondern führte an, was gemeindeutsche Erfahrung war. Was sei nen anfänglichen Friedrich-Kult in Leipzig abgekühlt hatte, war, was er dort über die preußische Besatzung während des Siebenjährigen Krieges erfuhr.

Als eine bürgerliche, hauptsächlich in Sachsen und Westdeutschland beheimatete Bewegung stand *die klassische deutsche Literatur dem friderizianischen Preußen in unversöhnlicher Feindschaft gegenüber*, am entschiedensten diejenigen unserer klassischen Schriftsteller, die, wie Winckelmann und Herder, aus preußischen Landen stammten. Winckelmann schauderte „die Haut vom Wirbel bis zur Zehe, wenn ich an den preußischen Despotismus und den Schinder der Völker denke ... Lieber ein beschnittener Türke als ein Preuße!" Lessing riet seinem Freunde Nicolai:

> „Lassen Sie es ... einmal einen in Berlin versuchen ..., dem vornehmen Hofpöbel so die Wahrheit zu sagen, als *(Sonnenfels in Wien)* sie ihm gesagt hat; lassen Sie einen in Berlin auftreten, der für die Rechte der Untertanen, der gegen Aussaugung und Despotismus seine Stimme erheben wollte, wie es itzt sogar in Frankreich und Dänemark geschieht, und Sie werden bald die Erfahrung haben, welches Land bis auf den heutigen Tag das sklavischste von Europa ist." (25. August 1769)

Goethe hat sich kaum weniger leidenschaftlich geäußert. Den ersten Anlaß bot eine Reise an den Hof Friedrichs des Großen im Mai 1778, vor Ausbruch des bayerischen Erbfolgekrieges, als Begleiter des Herzogs. Von dieser Reise schrieb er an Frau v. Stein:

> „Wenn ich nur könnte bei meiner Rückkehr Ihnen alles erzählen – wenn ich nur dürfte! Aber ach, die eisernen Reifen, mit denen mein Herz eingefaßt wird, treiben sich täglich fester, daß endlich gar nichts mehr durchrinnen wird ...
>
> Je größer die Welt, desto garstiger die Farce, und ich schwöre, keine Zote und keine Eselei der Hanswurstiaden ist so ekelhaft ... Aber den Wert, den dieses Abenteuer für mich hat, nenn' ich nicht mit Namen."

In der Conseil-Beratung vom 9. und 10. Februar 1779 schlugen Karl Augusts Berater, darunter auch Goethe, vor, sich mit anderen deutschen Staaten, besonders den sächsischen Herzogtümern, Kurmainz und Braunschweig zur Abwehr der preußischen Zumutungen zusammenzuschließen – viel sei freilich davon nicht zu hoffen.

Dies war eine der ersten Anregungen zu dem späteren „Fürstenbund" von 1784. In seinen Anfängen war er, wie man sieht, gegen Fridrich den Großen gerichtet. Glücklicherweise verfolgte dieser seine Rekrutenforderungen gegenüber Sachsen-Weimar nicht weiter.

Wohl aber verfolgte Karl August den Fürstenbund-Plan seiner Räte, denn das bot einen Vorwand, der Enge seines kleinen Herzogtums zu entfliehen und die mittel- sowie süddeutschen Höfe zu bereisen. Auf manchen dieser Fahrten war Goethe sein Begleiter und Sekretär. Entscheidend war der Besuch in Braunschweig. Der eng mit Preußen verbundene Herzog Karl Wilhelm Ferdinand verriet das Projekt an Friedrich den Großen, der sich seiner bemächtigte und es gegen Österreich umdrehte.

Auf diese Wendung reagierten Goethe und sein Herzog entgegengesetzt. Der diplomatische Eifer des Herzogs für den Fürstenbund stieg noch, *der Herzog machte sich zum diplomatischen Agenten Friedrichs des Großen*, trat in enge Fühlung zu dessen Nachfolger und übernahm unmittelbar nach Friedrichs des Großen Tod als Generalmajor *das Kommando eines preußischen Kürassierregiments*. Er hat der preußischen Armee zwanzig Jahre angehört, bis zum 26. Oktober 1806, an dem er bei Sandau sein bis dahin nicht geschlagenes Korps über die Elbe führte. Dann schied er aus, um womöglich sein Herzogtum zu erhalten.

Anders Goethe. In seinen ersten Weimarer Jahren war er dem Herzog häufig nachdrücklich entgegengetreten, aber das schien ihm immer nutzloser, er wurde verschlossen. Des Herzogs Übergang ins preußische Lager bestärkte Goethe in seiner Zurückhaltung. In seinem Brief an den Herzog vom zweiten Weihnachtsfeiertag 1784 bemerkt er einleitend, er entschließe sich schwer zum Schreiben – „vor vier Wochen hätte ich es nicht geschrieben". Dann aber faßt er sich doch ein Herz und bittet den Herzog, die Wildschweine auf dem Ettersberg abzuschießen, die den Bauern so viel Schaden tun. Für seine osteologischen Studien bitte er sich den Schädel der „Stammutter" aus. *Des Herzogs Eintritt in die preußische Armee fällt zeitlich mit Goethes Flucht nach Italien zusammen.*

Zwar verurteilte Goethe nachträglich seine Weimarer Bestrebungen als die eines „Narren", aber schwerlich hätte er das Bekenntnis zurückgenommen, das er seiner Mutter (17. August 1781) über die Bedeutung der Berufsarbeit für seine geistige Existenz abgelegt hatte:

> „Was meine Lage betrifft, so hat sie, ohnerachtet großer Beschwernisse, auch sehr viel Erwünschtes für mich, wovon der beste Beweis ist, daß ich mir keine andere mögliche denken kann, in die ich gegenwärtig hinübergehen möchte ... Merck und andere beurteilen meinen Zustand ganz falsch. Sie sehen nur, was ich aufopfre, und nicht was ich gewinne, und sie können nicht begreifen, daß ich täglich reicher werde, indem ich täglich so viel hingebe ... Bei der lebhaften Einbildung und Ahndung menschlicher Dinge wäre ich doch immer unbekannt mit der Welt und in einer ewigen Kindheit geblieben, welche meist durch Eigendünkel und alle verwandte Fehler sich und andern unerträglich wird.

Wie viel glücklicher war es, mich in ein Verhältnis gesetzt zu sehen, dem ich von keiner Seite gewachsen war, wo ich durch manchen Fehler des Unbegriffs und der Übereilung mich und andere kennen zu lernen Gelegenheit genug hatte, wo ich mir selbst und dem Schicksal überlassen, durch so viele Prüfungen ging, die vielen hundert Menschen nicht nötig sein mögen, deren ich aber zu meiner Ausbildung äußerst bedürftig war."

Als eine praktische Natur bedurfte Goethe zu seinem Wohlbefinden und zur Vollendung seiner Persönlichkeit praktischer Arbeit, seine Dichtung war Teil seiner Auseinandersetzung mit der Außenwelt und konnte nach seiner Überzeugung nur verdorren, wenn sie den Mutterboden seiner praktischen Betätigung verlor. Der innere Gewinn, den er von seiner Berufsarbeit erhoffte, war nur durch Hingabe an die Sache zu ernten, durch *treue, unphiliströse Pflichterfüllung*. In diesem Sinn schrieb er an Knebel (27. Juli 1782), fünf Wochen nach Übernahme der finanziellen Leitung:

„Jeden Tag, je tiefer ich in die Sachen eindringe, seh' ich, wie notwendig dieser Schritt war ...

Nun hab' ich von Johanni an zwei volle Jahre aufzuopfern, bis die Fäden nur so weit gesammelt sind, daß ich mit Ehren bleiben oder abdanken kann. Ich sehe aber auch weder rechts noch links, und mein alter Wahlspruch wird wieder über eine neue Expeditionsstube geschrieben: hic est aut nusquam quod quaerimus ...

Dabei bin ich vergnügter als jemals, denn nun hab' ich nicht mehr, wenigstens in diesem Fache, das Gute zu wünschen und halb zu tun, und das Böse zu verabscheuen und ganz zu leiden. Was nun geschieht, muß ich mir selbst zuschreiben.

Daß ich bisher so treu und fleißig im Stillen fortgearbeitet habe, hilft mir nun unendlich, und ich habe nun anschauliche Begriffe fast von allen Dingen und kleinen Verhältnissen, und komme durch ..."

Welche *Anerkennung* Goethes Verwaltungsarbeit *bei Dritten* fand, berichtet *Schiller* von seinem ersten Besuch in Weimar an Körner (am 12. August 1787):

„Goethe ... wird von sehr vielen Menschen – auch außer Herder – mit einer Art von Anbetung genannt und mehr noch als Mensch, denn als Schriftsteller geliebt und bewundert ... Alles was er ist, ist er ganz, und er kann, wie Julius Caesar, vieles zugleich sein. Nach Herders Behauptung ist er frei von allem Intrige-Geist; er hat wissentlich noch niemanden verfolgt, noch keines andern Glück untergraben. Er liebt in allen Dingen Klarheit und Helle, und mit eben dem Eifer haßt er Mystik, Geschraubtheit, Verworrenheit.

Herder will ihn ebenso und mehr noch als Geschäftsmann *(Verwaltungsbeamter)* denn als Dichter bewundert wissen. Ihm ist er ein allumfassender Geist."

Goethe selbst war von seiner administrativen Vortrefflichkeit nicht ganz so überzeugt. Er wußte und gestand, daß ihm in manchen Verwaltungszweigen die Kenntnis des Details fehlte. Zwei Briefe an den Herzog, die er in seine *Italienische Reise* aufgenommen hat, handeln davon (20. Juli 1787 und 17. März 1788). Die darin wurzelnde Unsicherheit war einer der Gründe gewesen, derentwegen er das Kammerpräsidium nicht angetreten hatte. Während seiner Italienischen Reise hatte *der Herzog selber* fertiggebracht, woran seine sämtlichen Ratgeber einschließlich Goethes gescheitert waren: er hatte *Ordnung in die Steuererhebung gebracht* und den darin herrschenden, *korrupten Schlendrian abgestellt*:

> „Die Kassenrevision und die neue Ordnung ist ein treffliches Institut; dadurch wird dem übelgesinnten Diener das Mittel genommen, sich mit dem ungerechten Mammon Freunde zu machen, dem redlichen wird auf einmal aus allen Verlegenheiten geholfen. Hätte ich beim Antritt meiner Interimsadministration mehr Kenntnis des Details, in denen damals einigermaßen verworrenen Zuständen mehr Entschlossenheit, bei einem allgemeinen, öffentlichen und heimlichen Widerstand mehr Festigkeit gehabt, so hätte ich Ihnen manchen Verlust und mir manche Sorge, Verdruß und Schiefheit ersparen können. Es war Ihnen selbst ... vorbehalten zu tun, was ... andre nur gewünscht hatten."

Der Vorwurf mangelnder Detailkenntnis traf nur zum Teil zu; gegen Goethes Straßenverwaltung kann er nicht erhoben werden.

Goethes Finanzen 1775-86

Daß Goethe im Herbst 1775 beschloß, seiner Braut aus dem Wege zu gehen, fand die Billigung des kaiserlichen Rats. Dieser stellte das Reisegeld für Italien zur Verfügung. Wie für ihn selber, so sollte auch für seinen Sohn die italienische Reise den Abschluß der Berufsausbildung und des Studiums bilden. Dagegen verweigerte er jeden Zuschuß für die Übersiedlung nach Weimar. Wolle der Herzog seinen Sohn bei sich haben, so solle der Herzog auch die Kosten tragen. Goethe lebte zwar seit November 1775 als Gast des Herzogs, konnte aber natürlich nicht ohne Bargeld auskommen. Er lieh von Merck 200 Gulden, deren Rest er erst nach anderthalb Jahren abtragen konnte.

Erst aus dieser Zeit stammt Goethes Gereiztheit gegen seinen Vater.

Von 1777 an erlitt der kaiserliche Rat eine Reihe von Schlaganfällen und verfiel völlig. Die Eindrücke dieser Jahre haben das Bild bestimmt, das Goethe in *Dichtung und Wahrheit* von ihm entwirft, worauf Kretschmer *(Geniale Menschen)* die psychiatrische Diagnose gründet: „Berufsloser Sonderling, der zum Schluß an einer arteriosklerotischen Seelenstörung litt."

1782 starb der kaiserliche Rat. Schon während seiner Krankheit war die Vermögensverwaltung auf seine Frau übergegangen, und diese gab ihrem „Hätschelhans", was er verlangte.

Wir haben bereits das Gehalt genannt, das Goethe in Weimar bezog: Sommer 1776 bis Ende 1778 ein Jahresgehalt von 1200, 1779/80 von 1400, 1781-84 von 1600, seit 1785 von 1800, seit 1816 von 3000 Talern.

Der Herzog hatte einen Dispositionsfond, aus dem er beispielsweise Goethes Vorgänger in der finanziellen Leitung, dem Kammerpräsidenten v. Kalb, „Verluste im Spiel" ersetzte. Goethe nahm solche Zuwendungen nicht in Anspruch, denn „einen Parvenu wie mich konnte bloß die strengste Uneigennützigkeit aufrecht erhalten" (zum Kanzler Müller, 31. März 1824).

Gleichwohl erhielt auch er solche Zuwendungen:

1. Im April 1776 das Gartenhaus; für seinen Ankauf, die Instandsetzung und Einrichtung hatte der Herzog 1295 Taler gezahlt.
2. Im Juni 1776 die nachträgliche Zahlung eines halben Jahresgehalts in Höhe von 600 Talern für die sechs Monate Januar-Juni 1776, in denen Goethe bereits in der Verwaltung des Landes mitgearbeitet, ihr aber formell noch nicht angehört hatte. Da Goethe nicht formell angestellt gewesen war, wollte der Herzog das Gehalt nicht der Kammer aufbürden, sondern bezahlte es aus seiner Privatschatulle.
3. In den Jahren 1786-88 einen Reisekostenzuschuß für Italien, der zusammen mit dem Honorar der ersten Gesamtausgabe (2000 Talern) Goethes zusätzliche Ausgaben deckte.
4. 1794 das Haus am Frauenplan, das der Herzog 1792 für 6000 Meissner Gulden (4050 Taler, wenn wir richtig rechnen) gekauft hatte.

Das Gehalt bildete seit 1776 das Rückgrat von Goethes Haushaltung, deckte aber stets nur einen Teil seiner Ausgaben. In den ersten zehn Weimarer Jahren nahm er nur je 1200 bis 1800 Taler ein, gab aber 1800 bis 3000 aus; den Fehlbetrag deckte er durch Entnahmen aus dem väterlichen Vermögen. Etwa ein Zehntel seiner damaligen Ausgaben entfiel auf private Wohltätigkeit: für Kraft, Peter im Baumgarten, unter anderem auch für August Vulpius.

Daß ihm die Tätigkeit in der Weimarer Verwaltung so lange erträglich blieb, verdankte er wesentlich dem Bewußtsein finanzieller Unabhängigkeit:

„Glauben Sie mir, daß ein großer Teil des guten Muts, womit ich trage und würke, aus dem Gedanken quillt, daß alle diese Aufopferungen freiwillig sind, und daß ich nur dürfte Postpferde anspannen lassen, um das Notdürftigste und Angenehme des Lebens, mit einer unbedingten Ruhe, bei Ihnen wiederzufinden. Denn ohne diese Aussicht, und wenn ich mich in Stunden des Verdrusses als Leibeignen und Tagelöhner um der Bedürfnisse willen ansehen müßte, würde mir manches viel saurer werden." (An die Mutter, 11. August 1782)

Neuer Anfang in Italien

„Die Hauptabsicht meiner Reise war: mich von den physisch moralischen Übeln zu heilen, die mich in Deutschland quälten und mich zuletzt unbrauchbar machten; sodann den heißen Durst nach wahrer Kunst zu stillen – das erste ist mir ziemlich, das letzte ganz geglückt." (An den Herzog aus Rom, 25. Januar 1788)

Wie er seine künftige berufliche Existenz einrichten, ja ob er nach Weimar zurückkehren werde, wußte Goethe bei der Abreise nach Italien nicht. Der Verwaltungsberuf war ihm verleidet; der Herzog rechnete mit der Möglichkeit von Goethes Ausscheiden. Für diesen Fall hatte er ihm den Fortbezug von zwei Dritteln seines Gehalts zugesichert und diese Bestimmung in seinem Testament verankert.

Zur politisch-administrativen Selbstbesinnung kam die künstlerische. Zehn Jahre lang hatte Goethe seine künstlerischen Arbeiten und Interessen den amtlichen Pflichten untergeordnet – nicht aus philiströser, sondern aus sinnvoller, überzeugter Pflichterfüllung. Nun – mit dem Bewußtsein, zwar als „Narr" gehandelt, aber doch seine Pflicht erfüllt zu haben – holte er das Aufgeschobene nach: die Vollendung der meist schon vor elf Jahren in Frankfurt angefangenen Dichtungen und vor allem das Studium der antiken Plastik und Architektur sowie die eigene Ausbildung zum Maler.

Denn die Malerei kam für einen deutschen Patrizier als Beruf in Frage, Goethe hatte sie schon in seiner Leipziger und Frankfurter Zeit ins Auge gefaßt. Seit Jahrhunderten nährte sie ihren Mann; sie war hoffähig. Die Schriftstellerei war das nur in Westeuropa und Italien, dagegen ließen die traurigen Lebensumstände selbst der bedeutendsten und erfolgreichsten deutschen Schriftsteller seiner Zeit bei Goethe nicht den Gedanken aufkommen, davon zu leben: *„Ein deutscher Schriftsteller – ein deutscher Märtyrer!"* (zu Eckermann, 14. März 1830). *Dichten* war für ihn eine selbstverständliche Lebensäußerung, aber *kein denkbarer Beruf.*

1786 lag das für ihn anders. Vor der Abreise nach Italien schloß er mit dem Verleger Göschen einen Vertrag über seine erste, achtbändige Gesamtausgabe. Die 2000 Taler Honorar dafür bildeten einen verheißungsvollen Anfang, die Redaktion seiner gesammelten Werke eine seiner Hauptaufgaben auf der Reise. Demnach kam die *Schriftstellerei* nun doch *als Beruf* für ihn in Frage, und ob er sie dazu machen werde, hing für Goethe von zwei Fragen ab: ob er am Ende doch hauptberuflich in der Verwaltung bleiben, und wenn nicht, *ob sich seine Begabung für die Malerei als ausreichend* erweisen werde. Beide Fragen entschied Goethe in Rom verneinend.

Als er sich einmal für die Schriftstellerei als Hauptberuf entschieden hatte, machte er sie auch zu einem lohnenden Erwerb. Er blieb in Weimar, weil er nur dort die Verwaltung als Nebenberuf am Vormittag weitertreiben konnte, und weil es seiner praktischen Natur widerstrebte, die Verwaltung ganz aufzugeben. Auch betrachtete er *den Herzog* nun einmal, trotz aller Spannungen, *als seinen „nächsten Freund und Schicksalsverwandten"* (an Frau v. Stein, 27. August 1782), mit ihm war er eingelebt – und ob er irgendwo sonst gedeihlichere Arbeitsbedingungen in der Verwaltung finden werde, war fraglich: in Preußen oder Österreich gewiß nicht, allenfalls in Baden. Den Wünschen des Herzogs, der Goethe bei seiner Rückkehr aus Italien endlich zum Kammerpräsidenten machen wollte, wußte er sich zu entziehen:

> „Mein bestes Verhältnis zu Ihrem Ökonomischen wird immer die Freundschaft zu meinem Nachfolger bleiben, die sich, wie ich hoffe, künftig in einem genaueren Umgange immer fester schließen und zu Ihrem Dienste enger verbinden soll." (An den Herzog, 17. März 1788)

Statt dessen wählte er die Verwaltung der „Weimarischen Anstalten für Kunst und Wissenschaft", das heißt, *er verwaltete die Universität Jena* und erwarb sich bleibende Verdienste um den Ausbau namentlich der naturwissenschaftlichen Institute.

Das Verhältnis zum Herzog besserte sich: Goethe litt weniger unter dessen Verkehrtheiten, weil ihm seine berufliche Neueinrichtung die Möglichkeit verschaffte, Abstand zu halten; monatelang war er überhaupt in Jena und für laufende Routinearbeiten unerreichbar. Auch *kam der Herzog innerlich zur Ruhe.* Er hatte das schon in einer so wichtigen Frage wie der Kassenordnung und Revision der Steuerverwaltung gezeigt. Seine positiven Charaktereigenschaften traten je länger, je klarer hervor, besonders nach 1815. Damals rief Goethe ständig nach Zensur, weil Sachsen-Weimar „nicht über 100000 Bajonette zu verfügen habe" und der reaktionären Politik der beiden deutschen Großmächte keinen offenen Widerstand leisten könne. Aber Karl August wahrte seiner Landesuniversität ein im damaligen Deutschland unerhörtes Maß von Geistesfreiheit, ließ sich weder von Österreich noch von Preußen einschüchtern, und es würde ihm Spaß gemacht haben nachzulesen, wie Gentz und Metternich in ihrem Briefwechsel über den „*Altburschen von Weimar*" knurrten. Unter einem solchen Fürsten die Universitätsverwaltung zu leiten und ihn in schwierigen Fragen zu beraten, bot Goethe die beste Gelegenheit, auch weiterhin „in großen Verhältnissen zu leben" und „den spielenden Figuren der Zeit in die Karten zu sehen".

Nachdem Goethe 1788 seine Verhältnisse so geregelt hatte, hielt er daran fest und lehnte 1792 die offizielle Aufforderung, als Frankfurter Senator zu kandidieren, mit freundlichem Dank ab.

Honorareinnahmen

In seinem Dichterfrühling, 1773-75, fand es Goethe „abscheulich", die Gedichte, die ihm als Geschenk der Natur zuflogen, „gegen Geld umzutauschen" (*Dichtung und Wahrheit*, Buch XVI). *Desto besser verdienten die Nachdrucker.* Autorenschutz gab es bereits, jedoch nur innerhalb der Einzelstaaten. Was in Frankfurt als dortiges Original geschützt war, war in Darmstadt und Karlsruhe frei, ja manche deutsche Staaten begünstigten den Nachdruck aus merkantilistischen Grundsätzen, „und es war ausgesprochen, daß die Rechte sowie das Eigentum des Genies dem Handwerker und Fabrikanten unbedingt preisgegeben seien".

Deshalb mißtraute Goethe den Buchhändlern; Merck schlug ihm daher den *Selbstverlag* vor. Beide taten sich zusammen und verlegten zunächst drei kleinere Aufsätze Goethes, darunter *Von deutscher Baukunst*, dann den *Götz*. Schon dabei zeigte sich die Eigenart, an der Merck später scheiterte: Er besaß Phantasie und Unternehmungsgeist, aber nicht die organisatorische Begabung, um durchzuhalten, wenn die Schwierigkeiten begannen. Daß er den geschäftlichen Überblick verlor, hat ihn, das Urbild des Mephistopheles, in den Selbstmord getrieben.

Auch der Verlag des Götz mißglückte.

Damals waren Sortiment und Verlag noch nicht geschieden. Ein Sortimenter, dem ein lockendes Manuskript angeboten wurde, ließ es drucken und binden und fuhr mit dem Bücherballen zur Leipziger Messe. Dort vollzog sich der Absatz hauptsächlich, indem die Buchhändler an Ort und Stelle ihre Waren miteinander tauschten. Bare Zahlung oder auch nur Überweisung spielten eine untergeordnete Rolle. Merck glaubte zwar, durch seine Zeitschrift, die *Frankfurter Gelehrten Anzeigen* (bekannt durch Goethes darin veröffentlichte Rezensionen), hinreichende Buchhandelsverbindungen zu besitzen. Trotzdem konnte er den *Götz* nur langsam absetzen und mußte viel Ware statt Geld annehmen, die er mangels Sortiment nicht verkaufen konnte. Noch hatten die beiden Verleger bei weitem nicht die ganze Auflage abgesetzt, da rief der ungeheure Publikumserfolg *die Nachdrucker* auf den Plan. Die Nachdrucker erfreuten sich der erforderlichen Absatzorganisation und verdienten gut, Goethe und Merck setzten zu. Seitdem widmete Goethe dem Buchhandel eine Abneigung, die sich noch 1829, nach Jahrzehnten überwiegend günstiger Erfahrungen, in dem Fluch entlud: „Die Buchhändler (gemeint waren die Verleger) sind alle des Teufels. Für sie muß es eine eigene Hölle geben." (Zum Kanzler Müller, 17. Mai 1829.) Einverstanden.

Das Experiment mit dem Selbstverlag wiederholte Goethe nicht. *Clavigo* und *Werther* gab er dem Verleger Weygand in Leipzig; die Honorare dafür glichen den Verlust an *Götz* wieder aus, obwohl natürlich auch *Werther* den Nachdruckern zum Opfer fiel.

Stella übernahm der Berliner Buchhändler Mylius, wenngleich mit düsteren Vorahnungen; Goethe verlangte 20 Taler bar auf den Tisch vor Einblick in das Manuskript. Vertragsabschluß vor Einblick in das Manuskript war eine Bedingung, die Goethe noch 1827, nach einer Geschäftsbeziehung von mehr als drei Jahrzehnten, Cotta zumuten wollte. Mylius machte seinem bedrängten Herzen Luft:

> „Denn da er nun für diese, vielleicht kleine und nicht so sehr interessante Pièce 20 Taler bekommt, wird das folgende Stück vielleicht 50 Taler und der ‚Doktor Faust' vielleicht 100 Louisdor *(500 Taler)* gelten sollen. Dies ist aber wider die Natur der Sache und nicht auszuhalten, und ich tue von ganzem Herzen Verzicht darauf.
>
> Mich wundert übrigens, daß der Herr Dr. Goethe die Buchhändler so quälen will, da er, wie ich gehört habe, solches aus ökonomischen Gründen nicht nötig hat. Soll es also vielleicht der Ruhm sein, daß ihm seine Manuskripte so teuer bezahlt werden?
>
> ‚Doktor Faust' wäre mir für einen proportionierlichen Preis lieber gewesen." (An Merck, 24. Oktober 1775)

Daß auch der Autor etwas verdienen wollte, und daß ein vermögender Autor eher angemessene Honorare erzielen konnte, war *für Mylius unbegreiflich*.

Damals erwarb der Verleger durch den Verlagsvertrag das Verlagsrecht an dem Werk gewöhnlich auf acht Jahre. Die Auflagenhöhe pflegte nicht beschränkt zu werden, und der Verleger durfte Restbestände, die er nach dem Ablauf von acht Jahren noch besaß, weiterhin veräußern. *Goethes rechtmäßige Verleger* nutzten das aus, indem sie *insgeheim selber nachdruckten* und dabei Druck, Format, Papier ähnlich wie bei der Originalausgabe wählten, so daß der Betrug schwer zu entdecken war. Gleich Goethes erster rechtmäßiger Verleger, Weygand, scheint das getan zu haben, und auch sein letzter, Cotta. Eine Ausnahme machte nur Ettlinger, der 1790 die *Metamorphose der Pflanzen* verlegte; sie ging schlecht.

Von der Übersiedlung nach Weimar an veröffentlichte Goethe zehn Jahre lang fast nichts und kümmerte sich nicht um das buchhändlerische Schicksal seiner Werke; die Nachdrucker blieben ungestört. In *Dichtung und Wahrheit* entlädt der Dichter seinen Zorn vornehmlich über den *Hamburger Verleger Himburg*, der die Unverfrorenheit so weit trieb, dem Autor *D. Göthens Schriften* zuzusenden, sich dieser Ausgabe als eines Verdienstes um den Autor zu rühmen und ihm, falls er es wünsche, etwas Berliner Porzellan anzubieten. Trotz seiner Entrüstung legte Goethe die Himburgsche Ausgabe seiner ersten, rechtmäßigen Gesamtausgabe zugrunde. Dadurch gerieten Himburgs Druckfehler in die von Goethe selbst besorgten Ausgaben und schleppten sich lange fort.

Ehe Goethe 1786 nach Italien ging, schloß er einen Vertrag mit *Göschen über eine achtbändige Gesamtausgabe*. Insgeheim beteiligten sich an Göschens Goethe-Unternehmen Schillers Dresdener Freund *Körner* und der Weimarer Kaufmann *Bertuch*. Dieser führte die Verhandlungen und erwiderte auf Goethes Honorarforderung von 2000 Talern: „Sie haben die Schraube sehr scharf angezogen; Göschen wird zucken." Der zuckende Göschen erhielt das Recht, auch Einzelausgaben zu veranstalten. In der Höhe der Auflage wurde er nicht beschränkt, nur verpflichtete er sich zu weiterer Honorazahlung für den Fall, daß er eine neue Auflage von 2000 oder mehr Stück veranstaltete.

Das Geschäft ließ sich unbefriedigend an. Der Markt war durch die Nachdrucke gesättigt, das Erscheinen zog sich vier Jahre, von 1787 bis 1790, hin, und in der Verlagsankündigung waren *Faust*, *Egmont* und *Tasso* als Fragmente bezeichnet, was die Käufer abschreckte. So *verlor Göschen das Interesse* noch während des Erscheinens, und ehe die achtbändige Göschen-

Ausgabe abgeschlossen war, mußte sich Goethe für neue, noch nicht an Göschen vergebene Werke nach anderen Verlegern umsehen.

Gleichwohl kam Göschen auf seine Rechnung. Kein Nachdrucker unternahm mehr eine Gesamtausgabe Goethes, und Göschen machte vom eigenen, geheimen Nachdruck für die meistgefragten Werke ausgiebigen Gebrauch, ohne das vereinbarte Honorar zu zahlen. 1790 erschien in seiner Ausgabe *Faust, ein Fragment*.

Schon damals war Göschens Ausgabe nicht mehr vollständig, denn 1789 war bei Unger der *Römische Karneval* erschienen, und für das folgende Jahrzehnt war Unger der Hauptverleger von Goethes neuen Werken. Bei ihm erschienen 1792 der *Groß-Cophta*, 1793 der *Bürgergeneral*, 1794 *Reineke Fuchs*, 1795 bis 1796 *Wilhelm Meisters Lehrjahre*, 1800 *Neueste Gedichte*, all dies gesammelt in *Goethes Neue Schriften*. Die *Lehrjahre* bilden deren dritten bis sechsten Band, jeder zu 600 Talern Honorar: Mylius' traurigste Vorahnungen waren binnen zwanzig Jahren übertroffen, und Ungers Korrektor, Biester, fragte sich, ob Goethe es auf den Ruin des Verlegers abgesehen habe.

Neben seinen Dichtungen gab Goethe naturwissenschaftliche Abhandlungen heraus: 1790 die *Metamorphose der Pflanzen* bei Ettlinger, 1791 *Beiträge zur Optik* bei Bertuch in Weimar.

Ein charakteristisches Beispiel für Goethes Art der Verlagsverhandlung ist die über *Hermann und Dorothea*. Vieweg, damals noch in Berlin, hatte Goethe um einen Beitrag für seinen Almanach auf das Jahr 1798 gebeten. Darauf bot Goethe im Jahr 1797 das damals noch unvollendete Epos an, und zwar das unbeschränkte Verlagsrecht auf zwei Jahre, so daß Vieweg auch eine Einzelausgabe veranstalten konnte; sein Verlag hat das noch bis spät in das 19. Jahrhundert fortgesetzt. Seine Honorarforderung deponierte Goethe in einem verschlossenen Umschlag bei dem Leipziger Gymnasialdirektor und Konsistorialrat Böttiger. Bleibe Vieweg mit seinem Gebot unter Goethes Forderung, so erhalte er das Werk nicht; biete er mehr, so bleibe es bei Goethes Forderung. Diese betrug 1000 Taler. Vieweg bot genau diese Summe – vielleicht auf einen Wink Böttigers.

Beutler beziffert die durchschnittlichen jährlichen Honorareinnahmen für „Goethes mittlere Lebensperiode" auf „1500 bis 2000 Taler und mehr": *das erste Mal, daß ein ernsthafter deutscher Schriftsteller an seinen Werken genug verdiente, um anständig davon zu leben.* Lessing war das nur gelungen, solange er unverheiratet blieb. Übrigens dürfte Goethe in den Jahren 1798- 1801 unter 1500 Talern jährlicher Honorareinnahmen geblieben sein.

Derartige Einnahmen erzielte er vornehmlich durch hochhonorierte Mitarbeit an periodischen Druckschriften wie Schillers *Musenalmanach* (darin 1797 die *Xenien*), Viewegs *Almanach auf das Jahr 1798* (darin *Hermann und Dorothea*), Cottas *Taschenbuch auf das Jahr 1804* (darin die *Natürliche Tochter*), vor allem aber Zeitschriften wie Schillers *Horen* (1795-97) und *Propyläen* (1798-1800). In den *Propyläen* entwickelte Goethe die Ergebnisse, zu denen er in und seit Italien über bildende Kunst gelangt war, in den *Horen* erschienen seine Übersetzung des *Benvenuto Cellini*, die *Römischen Elegien* (selbstzensierte Ausgabe) und die *Unterhaltungen deutscher Ausgewanderten* – letztere für die Leser ähnlich verblüffend wie 1828 *Wilhelm Meisters Wanderjahre*.

Die Buchhändler boten Goethe berechtigten Grund zur Klage, er ihnen aber auch. Schon die Leser der *Horen* hatten oft den Eindruck der Honorarschinderei, und dreißig Jahre später haben wir *Eckermanns freimütiges Geständnis* über die Redaktion der *Wanderjahre*:

„Bei der ... Vervollständigung dieses früher in einem Bande erschienenen Romans hatte Goethe seinen Anschlag auf zwei Bände gemacht ... Im Fortgange der Arbeit jedoch wuchs ihm das Manuskript über die Erwartung, und da sein Schreiber etwas weitläufig geschrieben, so täuschte sich Goethe und glaubte statt zwei Bänden zu dreien genug zu haben ... Als nun aber der Druck bis zu einem gewissen Punkte gediehen war, fand es sich, daß Goethe sich verrechnet hatte ... Man bat um weiteres Manuskript ...

Unter diesen Umständen ließ er mich rufen ...

‚In diesen beiden Packeten', sagte er, ‚werden Sie verschiedene, bisher ungedruckte Schriften finden, Einzelheiten, vollendete und unvollendete Sachen, Aussprüche über Naturforschung, Kunst, Literatur und Leben, alles durcheinander, um damit vorläufig die Lücken der Wanderjahre zu füllen ... Es läßt sich damit rechtfertigen, daß bei Makarien von einem Archiv gesprochen wird, worin sich dergleichen Einzelheiten befinden ...'

Ich ... vollendete die Redaktion ..., und da Goethe gerade zu dieser Zeit zwei bedeutende Gedichte vollendet hatte, ‚Auf Schillers Schädel' und ‚Kein Wesen kann zu nichts zerfallen', so ... fügten wir sie dem Schluß der beiden Abteilungen an.

Als ... die ‚Wanderjahre' erschienen, wußte niemand wie ihm geschah. Den Gang des Romans sah man durch eine Menge rätselhafter Sprüche unterbrochen, deren Lösung nur von Männern vom Fache, d.h. von Künstlern, Naturforschern und Literatoren zu erwarten war, und die allen übrigen Lesern, zumal Leserinnen, sehr unbequem fallen mußten. Auch wurden die beiden Gedichte so wenig verstanden, als es geahnt wurde, wie sie nur möchten an solche Stelle geraten sein.

Goethe lachte dazu ... ‚Es bleibt jetzt weiter nichts, als daß Sie bei Herausgabe meines Nachlasses diese ... Sachen dahin stellen, wohin sie gehören ... und die ‚Wanderjahre' ... in zwei Bände zusammenrücken ... wie anfänglich die Intention war."

Im einzelnen erzielte Goethe in seiner „mittleren Lebensperiode" folgende Honorare:

Jahre	*Schriften*	*Honorar (Taler)*
1795/96	*Wilhelm Meisters Lehrjahre*	2400
Mai 96/April 97	Mitarbeit an den *Horen*	640
1797	*Hermann und Dorothea*	1000
1802	Übersetzung von Voltaires *Tancred*	500
	Übersetzung von Voltaires *Mahhomet*	500
	Theatertantiemen für beide Stücke etwas über	192
1803	Beiträge zu Cottas *Taschenbuch* 1804 darunter die *Natürliche Tochter*, 400 Karolin =	2200
	Theatertantiemen für die *Natürliche Tochter*	162 2/3
1805	*Winckelmann und sein Jahrhundert* 400 Karolin =	2200
	Deutsche Bearbeitung von *Rameaus Neffe* 100 Karolin =	550

1798 hörten Goethes eigene Dichtungen für einige Zeit auf. 1798-1800 beschränkte er sich auf die Mitarbeit an den *Propyläen*, 1800-05 waren Jahre *wiederholter, lebensgefährlicher Erkrankungen*. Gleichwohl stiegen von 1802 ab Goethes Honorare höher als um 1796, und zwar durch Bearbeitungen: die unkommentierten *Voltaire-Übersetzungen* – für den Kommentar sorgte Schiller –, eine Ausgabe von *Winckelmanns Briefen* mit einer Einleitung von Goethe, endlich die eingehend kommentierte Übersetzung von *Rameaus Neffe*.

Rameaus Neffe war die letzte Arbeit Goethes, die *Göschen* verlegte; er wurde ein vollständiger buchhändlerischer Mißerfolg, und bis auf den heutigen Tag wird – mit wenigen Ausnahmen – das Stück in Deutschland nicht beachtet. Das scheint unerklärlich, denn weder unter Diderots noch unter Goethes eigenen Werken findet sich vieles mit so mephistophelisch sprühendem Geist. Würde Goethes Bearbeitung dieses Werkes nach Gebühr gelesen, so hätte sich nie die alberne Legende von der Feindschaft unserer Klassiker gegen die französische Literatur ausbreiten können. Diese Legende verallgemeinert *Lessings und Schillers Polemik gegen die tragédie classique*, vornehmlich diejenige *Voltaires* – als ob unsere Klassiker alle Verirrungen der deutschen Literatur gebilligt hätten.

Mit dem Jahr 1786 hatten Goethes literarische Einnahmen als regelmäßige Einnahmequelle begonnen. Genau zwanzig Jahre später, 1806, erreichten sie zum ersten Mal einen fünfstelligen Betrag: Cotta zahlte für die zweite Gesamtausgabe 10000 Taler. Sie erschien in dreizehn Bänden von 1806 bis 1810.

Von 1806 ab hat Goethe nur noch Gelegenheitsschriften an andere Verleger als Cotta gegeben, so 1807 eine *geologische Schrift über Karlsbad* an einen dortigen Buchhändler und 1815 das für Berlin bestimmte Festspiel *Des Epimenides Erwachen* an den dortigen Verlag Duncker & Humblot.

In diese zweite Gesamtausgabe fallen an neuen dichterischen Werken die Vollendung des *ersten Teils des Faust* (1808), ferner die *Wahlverwandtschaften* (1809). An Bedeutung, und jedenfalls an Umfang, kommt dieser Roman den *Lehrjahren* nicht gleich. Diese hatten um die Mitte der neunziger Jahre das für damalige Verhältnisse phantastische Honorar von 2400 Talern erbracht; die *Wahlverwandtschaften* brachten 2500 Taler.

In die Zeit der Befreiungskriege fallen die ersten drei Bände (Buch I–XV) von *Dichtung und Wahrheit*, jeder Band zu 2000 Talern. Nach W. Krieg hat das Gesamtwerk *Aus meinem Leben* 12000 Taler Honorar eingetragen; die zweite Hälfte dieses Gesamthonorars dürfte entfallen auf *Aus meinem Leben – zweite Abteilung*, das heißt die späteren autobiographischen Schriften, hauptsächlich die *Italienische Reise* (1816) und die *Campagne in Frankreich* (1822).

Dazu kamen 1812 600 Taler Honorar vom Berliner Königlichen Schauspielhaus für eine Bühnenbearbeitung von *Romeo und Julia*, die das Schauspielhaus seinerseits gegen Tantiemen anderen Bühnen zur Verfügung stellte. An Aufführungshonoraren und Tantiemen für seine *Voltaire- und Shakespeare-Bearbeitungen* hat Goethe *mehr verdient* als an der *Aufführung seiner eigenen Bühnenwerke*. Denn was gedruckt vorlag, war für das Theater frei. Für die Uraufführung des ersten Teils des *Faust* (1828) erhielt Goethe keinen Pfennig, wohl aber bezog der Braunschweiger Dramaturg Klingemann Tantiemen, weil seine ungedruckte Verstümmelung zugrunde gelegt wurde.

1814 war nicht nur Deutschland von Napoleon befreit, sondern auch Goethe von dem achtjährigen Vertrag mit Cotta. Dieser zahlte 16000 Taler für eine dritte Gesamtausgabe, die in einer zwanzig- und einer sechsundzwanzigbändigen Redaktion erschienen. An neuen dichterischen Werken fiel in das Erscheinen dieser Ausgabe der *West-Östliche Divan* (1819) und die einbändige Ausgabe von *Wilhelm Meisters Wanderjahren* (1821). Eine Plantage, die ohne allzu großen Aufwand laufende Einnahmen abwarf, bildete seit 1816 Goethes Zeitschrift *Kunst und Altertum*.

Als gegen 1825 die beiden Gesamtausgaben von 1815/16 ausliefen, veranstaltete Goethe eine Art Auktion über die berühmte *Ausgabe letzter Hand*. Eines der Gebote betrug 200000 Taler. Goethe wünschte 100000 Taler, und zwar wenn irgend möglich von Cotta, den er auf Grund fünfundzwanzigjähriger Erfahrung für zuverlässig hielt. August v. Goethe als Erbe führte die Verhandlungen, und nach längerem Hin und Her bot Cotta für eine Auflage von 20000 Stück auf zwölf Jahre 60000 Taler, und falls eine höhere Auflage abgesetzt werde, Zuschläge, so daß das Honorar bei 40000 Stück 120000 Taler erreichen sollte. Nach Beutler hat Cotta zu Goethes Lebzeiten tatsächlich gezahlt: 72500 Taler und an die Erben bis 1867 noch 460000 Mark, was etwa 138000 Talern entsprechen dürfte.

Möglich wurde dieser Abschluß, weil Goethe *für das Gesamtgebiet des Deutschen Bundes* bis fünfunddreißig Jahre nach seinem Tod *Urheberschutz* erwirkt hatte. Nachdem er schon vorher mit Metternich darüber Fühlung genommen hatte, stellte er Januar 1825 beim Bundestag den Antrag auf dieses „Privileg". Indessen erblickten alle Bundesstaaten außer Österreich in einem solchen Privileg ein Präjudiz für Kompetenzerweiterungen des Deutschen Bundes, und der Bundestag lehnte ab. Wohl aber erwirkten die Bundestagsgesandten, aus Kollegialität gegen ihren Weimarer Kollegen, bei ihren Regierungen, daß jeder Einzelstaat den beantragten Urheberschutz für Goethe gewährte. Wenn die *Ausgabe letzter Hand* auf dem Titelblatt den Vermerk trägt: „Unter des Deutschen Bundes allerdurchlauchtigsten Privilegien", so ist das zwar materiell richtig, aber *formal ebenso unberechtigt wie der „Doctor"-Titel*, mit dem sich Goethe schmückte, obgleich er lediglich das Lizentiaten-Examen abgelegt hatte – seine verwegene Dissertation war von der Straßburger Fakultät nicht angenommen worden. Das Privileg, zwar nicht des Deutschen Bundes, aber doch seiner sämtlichen Mitglieder, bedeutete für Goethe den *Übergang von fünf- zu sechsstelligen Honorarforderungen* sowie, wenn auch nicht eine Sicherung, so doch eine anständige Finanzgrundlage für seine Enkel.

Die *Ausgabe letzter Hand* umfaßte vierzig Bände, die noch zu Goethes Lebzeiten erschienen, ferner zwanzig Bände Supplement, die *von Eckermann aus dem Nachlaß herausgegeben* wurden. Für die Nachlaßbände erhielt Eckermann eine Honorarbeteiligung; bis dahin hatte er umsonst gearbeitet.

Auch in die Erscheinungsjahre der *Ausgabe letzter Hand* fielen noch weitere namhafte literarische Einnahmen, vornehmlich aus dem Briefwechsel Schiller-Goethe. Soweit der bisherigen Literatur zu entnehmen, haben Goethe und Cotta zunächst 6000 Taler Honorar vereinbart, aber dann hat Goethe die Forderung auf 8000 Taler erhöht und weitere 2000 für eine gekürzte Ausgabe verlangt. Die gesamte, recht umfangreiche Redaktionsarbeit besorgte Goethe selbst als korrekter Beamter, denn alles auf Lebende Bezügliche oder sonst Anstößige sollte ausgemerzt und erst später zur Veröffentlichung freigegeben werden. Das Gesamthonorar sollte an ihn gezahlt und die Hälfte von ihm an Schillers Erben weitergegeben werden. Da Schillers Anteil am Briefwechsel größer war, aber Goethe die Herausgabe besorgte, schien dieser Teilungssatz angemessen.

Wir Nachgeborenen müssen beklagen, daß Goethe die verminderte Arbeitskraft seines letzten Lebensjahrzehnts aus wirtschaftlichen Gründen an eine Aufgabe wandte, die verhältnismäßig bald auch ohne ihn erledigt worden wäre, statt an die beiden großen Aufgaben: die Vollendung des *Faust* und die Fortsetzung von *Dichtung und Wahrheit*. Denn seit 1823 waren seine Kräfte beschränkt. Der Korb von Ulrike v. Levetzow war nicht ohne Folgen geblieben: im *November* 1823 *erlitt er einen Herzinfarkt*. Er überstand ihn, aber naturgemäß nicht ohne Narben. Seine Produktivität war ungebrochen, wie der zweite Teil des *Faust* und seine Altersgedichte belegen; aber *seine Kraft war geschwächt*. Er kam nur noch langsam mit seinen Arbeiten vorwärts; die produktiven Stunden, in denen er noch zu dichterischem Schaffen fähig war, beschränkten sich auf den Vormittag, ehe ihn die „Fratzen des Alltags" verwirrt hatten. Mehr und mehr von seinen Arbeiten wälzte er auf Hilfskräfte ab: private Geschäfte auf seinen Sohn, Redaktionsarbeiten auf Eckermann, amtliche auf seinen Assistenten, Hofrat Vogel.

Nachgelassen hatte außer der Arbeitskraft *auch Goethes Formwille*. Welcher Abstand zwischen der balladenhaft schlanken Form des ersten Teils des *Faust* und dem Überwuchern von Einzelheiten, die zur Handlung nur eine entfernte oder gar keine Beziehung haben, im zweiten Teil, oder zwischen *Wilhelm Meisters Lehrjahren*, in denen ein weitverzweigtes Detail von der Formkraft des Erzählers gebändigt wird, und der zusammengeflickten Komposition der *Wanderjahre*! Die Erklärung auch dafür liegt zum Teil in wirtschaftlichen Motiven. Hätte das damalige deutsche Theater einem Dichter von Goethes Rang für ein Werk wie *Faust* Aufführungsmöglichkeit und auch nur bescheidene Honorare oder Tantiemen gewährt, so hätte darin ein Ansporn gelegen, dem zweiten Teil die technisch theatermögliche Form des ersten zu verleihen. Daß Goethe *Dichtung und Wahrheit* nur bis zu seiner Abreise nach Weimar fortsetzte, hat selbstverständlich innere Gründe: der *Geheimrat v. Goethe wollte und konnte nicht offen über sein politisch-administratives Scheitern sprechen.* Hinzu kam aber, daß aus weiteren fünf Büchern *Dichtung und Wahrheit* wieder nur ein Honorar in der Größenordnung von 2000 Talern oder nicht viel mehr zu erwarten war, weit weniger als die fünfstellige Summe, die er aus dem Briefwechsel mit Schiller zu gewinnen hoffte.

Goethes Vermögen

Goethe hat in seinem Leben nicht gespart. Wie er am 13. Februar 1829 zu Eckermann sagte, hatte für ihn das Vermögen nur Bedeutung, soweit es ihm die tätige Teilnahme am Weltgeschehen ermöglichte. Solcher Teilnahme hat er das väterliche Vermögen größtenteils aufgeopfert. Es minderte sich in den ersten zehn Weimarer Jahren durch seine ständigen Entnahmen, dann während des Koalitionskrieges seit 1792 durch die ungüstige Konjunktur und den dadurch bedingten niedrigen Erlös beim Verkauf des Hauses in der Hirschgasse. 1808, beim Tode seiner Mutter, waren nur noch 44000 Gulden (24750 Taler) vorhanden, wovon Goethe und die Nachkommen seiner Schwester je die Hälfte erhielten.

Im Jahr zuvor, 1807, hatte die Kriegsnot in Weimar dazu gezwungen, die bis dahin steuerfreien Stände zur Steuer heranzuziehen. Goethe deklarierte damals 4600 Taler Vermögen – die beiden Häuser von zusammen mehr als 5000 Talern Wert wurden nicht berücksichtigt. Durch die Erbschaft von 1808 kam Goethe auf ein Barvermögen von etwa 17000 und ein Gesamtvermögen von mehr als 22000 Talern.

Bei seinem Tode hinterließ er ein Barvermögen von 30000 Talern, außerdem die beiden Häuser und seine wertvollen Sammlungen. Den wertvollsten Teil des Nachlasses bildeten seine Werke, und indem er seine letzten acht Lebensjahre hauptsächlich an deren Abschluß wandte – einen großen Teil der Redaktionsarbeiten übertrug er Eckermann –, sorgte er für seine Nachkommen, soweit es ihm bei seiner fürstlichen, oder besser gräflichen Lebenshaltung möglich war.

Goethes Wohltätigkeit

Unmittelbar vor seinem Tod verlangte Goethe die Akte Eckermann; er wollte diesem eine staatliche Versorgung sichern. *Eckermann* hatte bis dahin *ohne Entgelt für Goethe gearbeitet*. In jüngeren Jahren zeigte Goethe Mitgefühl und Fürsorge für Menschen geringeren Standes und bedrängter Lebenslage. Eckermann kam dergleichen nicht zugute; vielmehr akzeptierte es der Geheime Rat, daß jener ein Jahrzehnt hindurch Goethe zu seinem Lebensinhalt machte, daß er Arbeiten leistete, die Goethe bares Geld einbrachten, seinen eigenen Lebensunterhalt aber kümmerlich durch Privatstunden deckte – so kümmerlich, daß er *erst nach dreizehnjähriger Verlobung heiraten konnte*.

Diese Art Ökonomie war Goethe in seinen jüngeren Jahren fremd. Damals war er vielmehr hilfsbereit und belud sich wiederholt mit Pflegebefohlenen wie Wilhelm Meister mit Mignon und dem Harfner – das Autobiographische in *Wilhelm Meisters Lehrjahren* geht sehr weit, denn wirklich war unter Goethes Pfleglingen ein Harfner, wenngleich ein jugendlicher (*Dichtung und Wahrheit*, Buch XII); auch war ein Teil von Goethes Schützlingen ebenso psychopathisch wie Mignon und der Harfner.

Der namhafteste von ihnen war ein gescheiterter Verwaltungsbeamter namens *Kraft*, dessen Herkunft und Vorleben unbekannt sind. Ende 1778 wandte er sich an Goethe um Hilfe und wurde von ihm in Ilmenau untergebracht. Goethe zahlte ihm eine Pension von jährlich 200 Talern, mit denen Kraft jedoch nicht auskam; Goethe deckte auch die Fehlbeträge. Schon *Lewes* hat in seinem *Leben Goethes* darauf hingewiesen, wie *zartfühlend* sich Goethe gegenüber Kraft verhielt und wie wenig das zu dem Normalbild von dem steifen, kalten, egoistischen Geheimrat Goethe stimmt. Als sich Kraft unter den Schutz des Dichters begab und auf dessen Kosten, anfänglich in Jena, lebte, schickte ihm Goethe abgelegte, aber noch gute Kleidungsstücke, jedoch kein Stück, daß dort als Goethe gehörig hätte auffallen und auf Krafts Verbindung mit ihm hätte deuten können.

Kraft war ein gebildeter Mensch. Goethe versuchte, ihn seelisch wieder aufzurichten und ihn zu nützlichen Arbeiten heranzuziehen, beispielsweise zu Aktenauszügen über den Herzog Bernhard von Weimar, dessen Geschichte oder Biographie Goethe vom Herzog übertragen worden war – eines von den interessantesten *Gesprächen Goethes mit Luden* betrifft diese Biographie, an der *Luden aus denselben Gründen wie Goethe gescheitert* war. Ferner sollte Kraft an der Erziehung „Peters im Baumgarten" mitwirken. Indessen konnte er nichts leisten, er hatte den besten Willen, faßte aber alles verkehrt an. Kraft war es, der Goethe auf die *Wiedereröffnung des Ilmenauer Kupferbergwerks* als die einzige Möglichkeit aufmerksam machte, der dortigen Armut und Stagnation abzuhelfen. Kraft starb 1785. Auf seinen, übrigens wertlosen, Nachlaß erhob niemand Anspruch.

Ein Freund Goethes von seiner ersten Schweizer Reise, v. Lindau, hatte aus unbestimmten Vorstellungen der Menschheitsbeglückung heraus eine

Sammlung und Stiftung veranstaltet, um einem Hütebuben aus dem Berner Oberland auf einem der berühmtesten damaligen Schweizer Internate eine erstklassige Erziehung zu gewähren. Lindau selber zog aus Liebeskummer in den Krieg nach Nordamerika, kämpfte im englischen Heer und hatte das Mißgeschick, beim Sturm auf Fort Washington, November 1776, zu fallen, obwohl sich die amerikanische Besatzung so gut wie gar nicht wehrte. Er hatte auch Goethe an seiner Stiftung beteiligt.

Dem Hütebuben namens „Peter im Baumgarten" mißhagte es im Internat. Ungeachtet seines zarten Alters von elf Jahren machte er sich auf den Weg, wanderte mit Spitz, Knotenstock und Tabakspfeife quer durch Süddeutschland, quartierte sich in Goethes Gartenhaus ein, lebte dort nach der Melodie „Ein freies Leben führen wir", trieb sich nachts herum und veredelte die alabasterne Lavaterbüste mit Tinte.

Darauf tat ihn Goethe als Försterlehrling nach Ilmenau, aber auch in dieser Stellung war er störrisch, faul, liederlich, trank, spielte, machte Schulden, schwängerte die Pfarrerstochter von Ilmenau, heiratete sie und hatte mit ihr sechs Kinder. Schließlich brachte er Goethe dahin, ihm eine zweite Ausbildung zu bezahlen: als Kupferstecher. Darin brachte er es zu korrekten, sogar schwungvollen Arbeiten. Eines Tages – das sechste Kind war unterwegs – ergriff ihn wieder der Wandertrieb und er verschwand, mutmaßlich nach Amerika. Ärgernis stiftete er unter anderem durch genealogische Vermutungen. Herzog Karl August pflegte seine außerehelichen Söhne als Förster zu versorgen; daher hielt sich Peter für einen wettinischen Bastard.

Zu den von Goethe Unterstützten gehörte *August Vulpius*, der nachmals als Verfasser von Räuberromanen gut verdiente. Goethe hatte ihm vor der Reise nach Italien geholfen. Als Goethe wieder in Weimar war, ging ihn Vulpius von Bayreuth aus erneut um Hilfe an und ließ sein Gesuch durch *seine Schwester Christiane* überreichen; so lernten Goethe und Christiane einander kennen.

Von der italienischen Reise schrieb Goethe selbstkritisch an den Herzog, sie sei wieder auf eine „Wilhelmiade" hinausgelaufen (25. Januar 1788 aus Rom), er habe daher mehr als beabsichtigt ausgegeben. Indes traf diese Selbstkritik kaum zu, denn mit den deutschen Künstlern, die er in seinen römischen Haushalt aufgenommen hatte, arbeitete er zusammen: *mit dem Komponisten Kayser verfaßte er Singspiele*, die Maler *Heinrich Meyer* aus Stäfa und *Bury* halfen ihm bei seinen Mal- und Zeichenstudien. Er urteilt denn auch über das Zusammenleben mit ihnen, „er könne völlig zufrieden sein, *seine Zwecke aus dem Grund erreicht zu haben.*"

Noch zur Zeit der Befreiungskriege, in *Dichtung und Wahrheit* (Buch XII), klagte Goethe sich an, gelegentlich unnütze Unterstützungen zu geben. Ähnliche Äußerungen tat er auch zu Eckermann (21. August 1830).

Nicht ohne Grund hat man Goethe *Gleichgültigkeit gegen Schillers Notlage* vorgeworfen. Er stellte 1789 Schiller ohne Gehalt als Professor in Jena an - die etatmäßigen Professuren waren besetzt. Übrigens stellte er zur gleichen Zeit auch den Chemiker Göttling ohne Gehalt als Professor an, allerdings mit einem Zuschuß des Herzogs; Schiller verschaffte er einen solchen Zuschuß erst 1790. Unter dem Zwang, durch Schriftstellerei und Vorlesungen Geld für seinen jungen Haushalt zu verdienen und die Lücken seiner herzoglich württembergischen Bildung in kürzester Zeit auszufüllen, hat sich *Schiller* überarbeitet und sich eine Krankheit zugezogen, die ihn 1791 dreimal an den Rand des Grabes brachte. Die vierzehn Jahre, die ihm noch blieben, war er *ständig krank*. Der Erbprinz von Augustenburg und dessen Minister, Graf Schimmelmann, setzten damals Schiller auf drei Jahre je 1000 Taler aus, nur damit er sich erholen könne. Der nächstbetroffene Mäzen, Karl August, spendete ein paar hundert Taler zu einer Badereise nach Karlsbad.

Indessen hat Goethe eine Entschuldigung, die in Schillers Briefwechsel, beispielsweise mit Körner, an zahlreichen Stellen peinlich auffällt. Der Dichter der *Räuber* hatte eine Dame aus dem thüringischen Kleinadel geheiratet, die sich an Frau v. Steins *Klatschkrieg gegen Goethes „dicke Hälfte"* beteiligte, und *Schiller verbreitete diesen Klatsch* bis Dresden:

„Übrigens geht's ihm närrisch genug. Er fängt an alt zu werden, und die von ihm so oft gelästerte Weiberliebe scheint sich an ihm rächen zu wollen. Er wird, wie ich fürchte, eine Torheit begehen und das gewöhnliche Schicksal eines alten Hagestolzen haben. Sein Mädchen ist eine Mamsell Vulpius, die ein Kind von ihm hat und sich nun in seinem Haus so gut als etabliert hat. Es ist sehr wahrscheinlich, daß er sie in wenigen Jahren heiratet. Sein Kind soll er sehr lieb haben, und er wird sich bereden, daß wenn er das Mädchen heiratet, es dem Kinde zu Liebe geschehe, und daß dieses wenigstens das Lächerliche dabei vermindern könne." (An Körner, 1. November 1790; Körners vernünftige Einwände prallten an Schiller ab.)

Man sah einander in Weimar so genau in die Fenster, daß auch Goethe unmöglich übersehen konnte, wie dicht

„Hinter ihm, im wesenlose Scheine,
Lag, was uns alle bändigt, das Gemeine."

Auf Frau v. Schiller führte Goethe auch die Moralpauke gegen politischen Mord zurück, womit Schiller den *Wilhelm Tell* schließt (zu Eckermann, 16. März 1831). An anderer Stelle sagte er mit Bezug darauf: *„Es ist unglaublich, wie der Einfluß der Weiber herabzieht."*

Der steife Herr Geheimrat

Wer durch Weimar reiste und den höheren Ständen angehörte, sei es auch nur als Student, gab in dem Haus am Frauenplan seine Visitenkarte ab und erwarb um diesen billigen Preis das Recht, das seltene Tier eine halbe Stunde lang zu besichtigen. Soweit die Besucher deutsch konnten, waren sie durch Lektüre von Goethes Werken von dessen sprühendem Geist überzeugt, fanden indessen einen vielbeschäftigten, an Jahren vorgeschrittenen Beamten und verbreiteten die Legende von dem „kalten, egoistischen, steifen Geheimrat".

Wie jede dauerhafte Legende enthält auch diese einen richtigen Kern. Nur haben ihre Erfinder und Nachbeter nicht einsehen wollen, wie nötig für Fürsten der Schutz ist, den ihnen das Hofzeremoniell gewährt, und daß ein alter Mann wie Goethe sich nicht mehr rasch auf jeden beliebigen Fremden einstellen konnte, also in einer Zurückhaltung Schutz suchte, die ihm als Befangenheit, Steifheit, Kälte, Egoismus ausgelegt wurde.

In der Zwangssituation, unerwünschten Besuch annehmen zu müssen, wird Goethe von Thomas Mann dargestellt. Dieser teilte das Vorurteil der deutschen Historiker- und Germanistenzunft, Goethes Abneigung gegen die Erhebung von 1813 sei die philiströse Schrulle eines sonst bedeutenden Menschen; billigt indessen kollegialerweise seinem Helden mildernde Umstände zu.

Zu den Studenten, die 1825 Goethe ihre Aufwartung machten, gehörte Heinrich Heine. Er fand

> „das Gesicht gelb und mumienhaft, der zahnlose Mund in ängstlicher Bewegung, die ganze Gestalt ein Bild menschlicher Hinfälligkeit, vielleicht Folge seiner letzten Krankheit. Nur sein Auge war klar und glänzend. Dieses Auge ist die einzige Merkwürdigkeit, die Weimar jetzt besitzt."

Durch den Schein ließ Heine sich nicht täuschen. Vielmehr hielt er in seiner *Geschichte der Religion und Philosophie in Deutschland* Goethes Kritikern entgegen:

„Sie berücksichtigten nicht Goethes Lage. Dieser Riese war Minister in einem deutschen Zwergstaate. Er konnte sich nie natürlich bewegen. Man sagte von dem sitzenden Jupiter des Phidias zu Olympia, daß er das Dachgewölbe des Tempels zersprengen würde, wenn er einmal plötzlich aufstünde. Das war ganz die Lage Goethes zu Weimar; wenn er aus seiner stillsitzenden Ruhe einmal plötzlich in die Höhe gefahren wäre, er hätte den Staatsgiebel durchbrochen, oder was noch wahrscheinlicher, er hätte sich daran den Kopf zerstoßen ...

Um seinen Mund will man einen kalten Zug von Egoismus bemerkt haben; auch dieser Zug ist den ewigen Göttern eigen, und gar dem Vater der Götter, dem großen Jupiter, mit welchem ich Goethe schon ... verglichen. Wahrlich, als ich ihn in Weimar besuchte und ihm gegenüberstand, blickte ich unwillkürlich zur Seite, ob ich nicht auch neben ihm den Adler sähe mit den Blitzen im Schnabel."

Die deutsche Misère

Dreimal hat sich Goethe rückhaltlos über „die deutsche Misère" geäußert: das zweite und dritte Mal bezeichnender Weise mündlich in leidenschaftlicher Aufwallung, gegen Luden (November 1813) und Eckermann (3. Mai 1827), das erste Mal sogar in einem Druckwerk, der Streitschrift gegen Friedrich den Großen. Zwar mußte der Herr Geheimrat sie über ein Jahrzehnt aus Rücksicht auf den hohen Verbündeten in der Schublade zurückhalten, und unsere Universitätsgelehrten wollen uns glauben machen, sie sei ungedruckt geblieben. Doch kann sich jeder leicht vom Gegenteil überzeugen, nur ist die Adresse geändert, und der Inhalt entsprechend redigiert. Formell geht es gegen einen belanglosen Berliner Journalisten, der im März 1795 die Schmähungen aus Friedrichs des Großen „dissertation" gegen die deutsche Literatur plagiiert hatte, und so nannte Goethe seinen Aufsatz *„Literarischen Sanscülottismus"*. Über den wirklichen Adressaten bestand bei den Zeitgenossen kein Zweifel.

„Der Verfasser bedauert die Armseligkeit der Deutschen an vortrefflich klassisch-prosaischen Werken ... Wann und wo entsteht ein klassischer Nationalautor? Wenn er in der Geschichte seiner Nation große Begebenheiten und ihre Folgen in einer glücklichen und bedeutenden Einheit vorfindet; wenn er in den Gesinnungen seiner Landsleute Größe, in ihren Empfindungen Tiefe und in ihren Handlungen Stärke und Konsequenz nicht vermißt; wenn er selbst, vom Nationalgeiste durchdrungen, durch ein einwohnendes Genie sich fähig fühlt, mit dem Vergangenen wie dem Gegenwärtigen zu sympathisieren; wenn er seine Nation auf einem hohen Grade der Kultur findet, sodaß ihm seine eigene Bildung leicht wird; wenn er viele Materialien gesammelt, vollkommene oder unvollkommene Versuche seiner Vorgänger vor sich sieht, und so viel äußere und innere Umstände zusammentreffen, daß er kein schweres Lehrgeld zu zahlen braucht, daß er in den besten Jahren seines Lebens ein großes Werk zu übersehen, zu ordnen und in Einem Sinne auszuführen fähig ist.

Man halte diese Bedingungen ... gegen die Umstände, unter denen die besten Deutschen dieses Jahrhunderts gearbeitet haben, so wird, wer klar sieht und billig denkt, dasjenige was ihnen gelungen ist, mit Ehrfurcht bewundern, und das was ihnen mißraten ist, anständig bedauern ... Man betrachte die individuellen Verhältnisse, in denen sich deutsche Schriftsteller bildeten, so wird man auch den Standpunkt, aus dem sie zu beurteilen sind, leicht finden. Nirgends ist in Deutschland ein Mittelpunkt gesellschaftlicher Lebensbildung, wo sich Schriftsteller zusammenfänden und nach Einer Art, in Einem Sinne, jeder in seinem Fach sich ausbilden könnten. Zerstreut geboren, höchst verschieden erzogen, meist nur sich selbst und den Eindrücken ganz verschiedener Verhältnisse überlassen; von der Vorliebe für dieses oder jenes Beispiel einheimischer oder fremder Literatur hingerissen; zu allerlei Versuchen, ja Pfuschereien genötigt, um ohne Anleitung seine eigenen Kräfte zu prüfen; erst nach und nach durch Nachdenken von dem überzeugt, was man machen soll, durch Praktik unterrichtet, was man machen kann; immer wieder irre gemacht durch ein großes Publikum ohne Geschmack ...; dann wieder ermuntert durch Bekanntschaft mit der gebildeten, aber durch alle Teile des großen Reichs zerstreuten Menge, gestärkt durch mitarbeitende, mitstrebende Zeitgenossen – so findet sich der deutsche Schriftsteller endlich in dem männlichen Alter, wo ihn Sorge ... für eine Familie sich nach außen umzusehen zwingt, und wo er oft mit dem traurigsten Gefühl durch Arbeiten, die er selbst nicht achtet, sich die Mittel verschaffen muß, dasjenige hervorzubringen, womit sein ausgebildeter Geist sich allein zu beschäftigen strebt. Welcher geschätzte deutsche Schriftsteller wird sich nicht in diesem Bilde erkennen, und welcher wird nicht mit bescheidener Trauer gestehen, daß er oft genug nach Gelegenheit geseufzt habe, früher die Eigenheiten seines originellen Genius einer allgemeinen Nationalkultur, die er leider nicht vorfand, zu unterwerfen! Denn die Bildung der höhern Klassen durch fremde Sitten und ausländische Literatur, so viel Vorteil sie uns auch gebracht hat, hinderte doch den Deutschen, als Deutschen sich früher zu entwickeln.

Und nun betrachte man die Arbeiten deutscher Poeten und Prosaisten von verschiedenem Namen! Mit welcher Sorgfalt, mit welcher Religion folgen sie auf ihrer Bahn einer aufgeklärten Überzeugung! So ist es zum Beispiel nicht zu viel gesagt ..., daß ein verständiger, fleißiger Literator durch Vergleichung der sämtlichen Ausgaben unseres Wieland ... allein aus den stufenweisen Korrekturen dieses unermüdet zum Besten strebenden Schriftstellers die ganze Lehre des Geschmacks würde entwickeln können ...

Denn worauf ungeschickte Tadler am wenigsten merken, das Glück das junge Männer von Talent jetzt genießen, indem sie sich früher ausbilden, eher zu einem, dem Gegenstande angemessenen Stil gelangen können, wem sind sie es schuldig als ihren Vorgängern, die in der letzten Hälfte dieses Jahrhunderts ... unter mancherlei Hindernissen, sich jeder auf seine Weise ausgebildet haben. Dadurch ist eine Art von unsichtbarer Schule entstanden, und der junge Mann, der jetzt hineintritt, kommt in einen viel größeren und lichteren Kreis ... Viel zu spät kommt der Halbkritiker, der uns mit seinem Lämpchen vorleuchten will; der Tag ist angebrochen, und wir werden die Läden nicht wieder zumachen ...

So sieht ein heiterer, billiger Deutscher die Schriftsteller seiner Nation auf einer schönen Stufe und ist überzeugt, daß sich das Publikum nicht durch einen mißlaunischen Kritiker werde irre machen lassen. Man entferne ihn aus der Gesellschaft, aus der man jeden ausschließen sollte, dessen vernichtende Bemühungen nur die Handelnden mißmutig, die Teilnehmenden lässig und die Zuschauer mißtrauisch und gleichgültig machen könnten."

Nicht weniger bemerkenswert als der posthume *Bannfluch gegen Friedrich den Großen* („man entferne ihn aus der Gesellschaft") sind an diesen Zeilen die *Solidarität mit den anderen Trägern der deutschen klassischen Literatur, das Verständnis für die Hindernisse und das Elend, das ihnen aus ihrer plebejischen Herkunft erwuchs, und das Bekenntnis zur Aufklärung*.

Wie eingangs erwähnt, erhob Goethe 1829 den Anspruch, auf Grund seines Vermögens und Einkommens in der Lage gewesen zu sein, „in großen Verhältnissen zu leben", „den spielenden Figuren der Zeit in die Karten zu sehen und selber zu Gewinn und Verlust mitzuspielen." Fünfzig Jahre zuvor hatte er eher skeptisch über die „Frösch- und Spinnenjagd" als Frankfurter Anwalt und „das durchaus Scheisige dieser irdischen Herrlichkeit" im Herzogtum Weimar geurteilt. Für die beiden historisch wichtigsten Jahrzehnte seines Lebens, die französische Revolution und den Umsturz Deutschlands durch Napoleon, mochte Bourrienne einen solchen Anspruch erheben wie Goethe 1829, dieser hingegen saß in einem Nebenwinkel und maß die ungeheuren Zeitereignisse an dem Maßstab seiner „scheisigen" Erfahrungen 1776-1786. *Daher sah er an Napoleon nur das Positive*: den Verhältnissen und der Macht wurde ein Ende gemacht, an denen er 1776-1786 gescheitert war – der deutschen Territorialzersplitterung und dem friderizianischen Preußen. *Ihm entging das Mephistophelische*, daß Napoleons Räuberhand untergrub, was er als Staatsmann aufbaute, und daß *die freiheitliche Erhebung* ausgerechnet *aus dem* Goethe *verhaßten Preußen* kam. Ausnahmsweise ist eine Diskussion überliefert, die Goethe darüber im November 1813 mit dem Jenenser Historiker *Heinrich Luden* geführt hat. Dieser hat *seine drei wichtigsten Gespräche mit Goethe* mit einer seltenen Gewissenhaftigkeit aufgezeichnet, aber in den üblichen Sammlungen von dessen Gesprächen *fehlen* sie bezeichnender Weise.

Luden wollte nach der Schlacht bei Leipzig als freiwilliger Jäger in die preußische Armee eintreten, durch Vermittlung Grolmanns, mit dem er befreundet war. Dieser war im Herbst 1813, unter anderem in den Schlachten bei Dresden und Kulm, Generalstabschef bei Kleist, in dem schwersten Kampf dieses Krieges, bei Wachau am 16. Oktober, führte er eine kombinierte russisch-preußische Division, 1815 war er als Generalquartiermeister Gneisenaus rechte Hand, 1816-19 Gneisenaus Nachfolger als Chef des Generalstabs, kurz er „lebte in großen Verhältnissen“ und „sah den spielenden Figuren der Zeit in die Karten“, nicht zum wenigsten Napoleon selbst. Grolmann redete Luden die Teilnahme am Kriege aus, veranlaßte ihn vielmehr zur Gründung einer politischen Zeitschrift, die im Sinn der preußischen Reformer für die freiheitliche Neugestaltung Deutschlands wirken sollte. Goethe:

„... Sie werden alles gegen sich haben, was groß und vornehm in der Welt ist, denn Sie werden die Hütten vertreten gegen die Paläste ... Sie werden in mannigfache Händel verwickelt werden ... Mit den Mächtigen und Großen ... ist nicht gut Kirschen zu essen ... Ich möchte unser Gouvernement, das nicht über 100000 Bajonette zu verfügen hat, in keine verdrießlichen Verhandlungen verwickelt sehen; ich möchte von der Universität, deren Mitglied Sie sind, jeden Nachteil abwenden; ich denke endlich ... auch an meine Ruhe und an Ihr Wohl ...

Glauben Sie ja nicht, daß ich gleichgültig wäre gegen die großen Ideen Freiheit, Volk, Vaterland ... Ich habe oft einen bitteren Schmerz empfunden bei dem Gedanken an das teutsche Volk, das so achtbar im Einzelnen und so miserabel im Ganzen ist ... In der Wissenschaft und der Kunst habe ich die Schwingen gefunden, durch welche man sich darüber hinwegzuheben vermag ... Aber der Trost, den sie gewähren, ist doch nur ein leidiger Trost und ersetzt das stolze Bewußtsein nicht, einem großen, starken, geachteten und gefürchteten Volke anzugehören ...

Sie sprechen von dem Erwachen, der Erhebung des teutschen Volkes und meinen, dieses Volk werde sich nicht wieder entreißen lassen, was es errungen und mit Gut und Blut teuer erkauft hat, nämlich die Freiheit. Ist denn wirklich das Volk erwacht? Weiß es, was es will und vermag? ... Und was ist denn errungen ... worden? Sie sagen die Freiheit; vielleicht würden wir es richtiger Befreiung nennen ... Franzosen sehe ich nicht mehr ..., dafür aber sehe ich Kosaken, Baschkiren, Kroaten, Magyaren, Kasuben, Samländer, braune und andere Husaren.“

Den weiteren Verlauf des Gesprächs hat Luden nicht mitteilen wollen; er

„wüßte nicht, wozu es dienen sollte. Nur das eine will ich bemerken, daß diejenigen im ärgsten Irrtum sind, welche Goethe beschuldigen, er habe keine Vaterlandsliebe gehabt ... Sein Schweigen bei den großen Ereignissen und wirren Verhandlungen dieser Zeit war lediglich eine schmerzliche Resignation, zu welcher er sich in seiner Stellung und bei seiner genauen Kenntnis von den Menschen und von den Dingen wohl entschließen mußte.“

Kurz, Luden hat uns zwar die interessantesten Goethe-Gespräche überliefert, aber das Interessanteste daraus für sich behalten. Noch einmal hat Goethe von der *deutschen Misère* gesprochen, zu Eckermann am 3. Mai 1827:

„Wir führen doch ... alle ein isoliertes, armseliges Leben. Aus dem eigentlichen Volke kommt uns sehr wenige Kultur entgegen, und unsere sämtlichen Talente und guten Köpfe sind über ganz Deutschland ausgesäet. Da sitzt einer in Wien, ein anderer in Berlin, ein anderer in Königsberg, ein anderer in Bonn oder Düsseldorf, alle durch fünfzig bis hundert Meilen voneinander getrennt, sodaß ... ein persönlicher Austausch von Gedanken zu den Seltenheiten gehört. Was dies aber wäre, empfinde ich, wenn Männer wie Alexander von Humboldt hier durchkommen und mich ... in einem einzigen Tage weiter bringen, als ich sonst auf meinem einsamen Wege in Jahren nicht erreicht hätte.

Nun aber denken Sie sich eine Stadt wie Paris, wo die vorzüglichsten Köpfe eines großen Reichs auf einem einzigen Fleck beisammen sind und in täglichem Verkehr, Kampf und Wetteifer sich gegenseitig belehren und steigern, wo das Beste aus allen Reichen der Natur und Kunst des ganzen Erdbodens der täglichen Anschauung offen steht ..., in welchem seit drei Menschenaltern durch Männer wie Molière, Voltaire, Diderot und ihresgleichen eine solche Fülle von Geist in Kurs gesetzt ist ..., und Sie werden begreifen, daß ein guter Kopf wie Ampère ... in seinem vierundzwanzigsten Jahre wohl etwas sein kann“ ...

Dann vergleicht Goethe den Mangel an Widerhall, den er selbst und andere deutsche Liederdichter „beim eigentlichen Volke“, den arbeitenden Klassen fanden, mit dem Beifall, den seine Zeitgenossen Béranger und Burns genossen, aber trotz ihrer plebejischen Herkunft sind Bérangers Lieder

„so voll reifer Bildung, so voll Grazie und feinster Ironie und von einer solchen Kunstbehandlung und meisterhaften Behandlung der Sprache“, und „Burns. Wodurch ist er groß, als daß die alten Lieder seiner Vorfahren im Munde des Volkes lebten, daß sie ihm sozusagen an der Wiege gesungen wurden ... und die hohe Vortrefflichkeit dieser Muster sich so in ihm einlebte ... Und ferner, wodurch ist er groß, als daß seine eigenen Lieder ... ihm alsbald im Felde von Schnittern und Binderinnen entgegenklangen, und er in der Schenke von heiteren Gesellen damit begrüßt wurde. Da konnte es freilich etwas werden!

Wie ärmlich sieht es dagegen bei uns Deutschen aus ... Was haben nicht Bürger und Voss für Lieder gedichtet, wer wollte sagen, daß sie geringer und weniger volkstümlich wären als die des vortrefflichen Burns! Allein was ist davon lebendig geworden ... Von meinen eigenen Liedern was lebt denn? Es wird wohl eins und das andere einmal von einem hübschen Mädchen am Klavier gesungen, allein im eigentlichen Volke ist alles stille. Mit welchen Empfindungen muß ich der Zeit gedenken, wo italienische Fischer mir Stellen des Tasso sangen!

Wir Deutschen sind von gestern ... Es können noch ein paar Jahrhunderte hingehen, ehe bei unseren Landsleuten so viel ... höhere Kultur ... allgemein werde, daß sie sich für ein hübsches Lied begeistern, und daß man von ihnen wird sagen können, es sei lange her, daß sie Barbaren gewesen."

Die Bedenken, die Goethe im November 1813 gegen Luden aussprach, sind in der Reaktionszeit von 1819 ab bestätigt worden. Allerdings übersah Goethe das halb unterirdische Fortwirken der preußischen Reform und Erhebung, ihre Bedeutung als Vorstadium der bürgerlichen Revolution. Mit derselben Treue, mit der Luden Goethes unphiliströse Grundstimmung 1813 wiedergibt, berichtet er allerdings in den späteren Kapiteln seiner Autobiographie von Goethes philiströsem Auftreten als Hofmann und Beamter in den beiden folgenden Jahrzehnten. 1816 wurde Luden durch Goethe mit dem preußischen Staatsrat Schulze bekannt gemacht, der Luden unter der Maske der Freundschaft aushorchte und ihn 1823 vor der Mainzer Zentral-Untersuchungskommission wegen „Demagogie" anklagte. Etwa zur gleichen Zeit wohnte Schulze auf Durchreise in Weimar bei Goethe. Seit 1823 war Luden Mitglied des Landtages und seit 1826 von dessen Präsidium. In beiden Eigenschaften machte er bei Goethe Visite, wurde jedoch das erste Mal nicht angenommen, das zweite Mal mit einer Unterhaltung über das Wetter abgespeist und schildert die komische Verwicklung, die Goethe herbeiführte, indem er sich als einziger Behördenchef weigerte, dem Landtag Rechnung zu legen. 1829 war Luden auf einer Soirée bei Goethe:

„Die ganze vornehme Welt Weimars versammelte sich sowie die ausgezeichneten Fremden ... Meinen Blick zog nur der Herr des Festes auf sich. Und er, der alte Herr, stand da, fest und gerade, in der besten Haltung, den Hut unter dem Arm, mit allen seinen Orden geschmückt, und empfing, immer auf derselben Stelle, die Huldigung aller Gäste mit großer Liebenswürdigkeit. Ich bewunderte und bedauerte ihn. Aber nach etwa anderthalb Stunden hatte ich der Sache genug."

Ludens „Rückblicke in mein Leben" erschienen Anfang 1847. Ein halbes Jahr später veranlaßten sie Friedrich Engels zu einer Charakteristik, die für 85 Jahre – bis auf Georg Lukács – das Beste blieb, was über Goethe geschrieben worden ist:

„Goethe verhält sich in seinen Werken auf eine zweifache Weise zur deutschen Gesellschaft seiner Zeit. Bald ist er ihr feindselig; er sucht der ihm widerwärtigen zu entfliehen wie in der ‚Iphigenie' und überhaupt während der italienischen Reise, er rebelliert gegen sie als Götz, Prometheus und Faust, er schüttet als Mephistopheles seinen bittersten Spott über sie aus. Bald dagegen ist er ihr befreundet, ‚schickt' sich in sie wie in der Mehrzahl der ‚Zahmen Xenien'und vielen prosaischen Schriften, feiert sie wie in den ‚Maskenzügen', ja verteidigt sie gegen die andrängende geschichtliche Bewegung, wie namentlich in allen Schriften, wo er auf die französische Revolution zu sprechen kommt. Es sind nicht nur einzelne Seiten des deutschen Lebens, die Goethe anerkennt, gegen andre, die ihm widerstreben. Es sind häufiger verschiedene Stimmungen, in denen er sich befindet. Es ist ein fortwährender Kampf in ihm zwischen dem genialen Dichter, den die Misère seiner Umgebung anekelt, und dem behutsamen Frankfurter Ratsherrnkind resp. Weimarschen Geheimrat, der sich genötigt sieht, Waffenstillstand mit ihr zu schließen und sich an sie zu gewöhnen. So ist Goethe bald kolossal, bald kleinlich; bald trotziges, spottendes, weltverachtendes Genie, bald rücksichtsvoller, genügsamer, enger Philister. Auch Goethe war nicht imstande, die deutsche Misère zu besiegen; im Gegenteil, sie besiegte ihn, und dieser Sieg der Misère über den größten Deutschen ist der beste Beweis, daß sie ‚von innen heraus' garnicht zu überwinden ist. Goethe war zu universell, zu aktiver Natur, zu fleischlich, um in einer Schillerschen Flucht ins Kantsche Ideal Rettung vor der Misère zu suchen; er war zu scharfblickend, um nicht zu sehen, wie diese Flucht sich schließlich auf die Vertauschung der platten mit der überschwenglichen Misère reduzierte. Sein Temperament, seine Kräfte, seine ganze geistige Richtung wiesen ihn auf's praktische Leben an, und das praktische Leben, das er vorfand, war miserabel. In diesem Dilemma, in einer Lebenssphäre zu existieren, die er verachten mußte, und doch an diese Sphäre als die einzige, in der er sich betätigen konnte, gefesselt zu sein, in diesem Dilemma hat sich Goethe fortwährend befunden, und je älter er wurde, desto mehr zog sich der gewaltige Poet, de guerre lasse, hinter den unbedeutenden Weimarschen Minister zurück. Wir werfen Goethe nicht à la Börne und Menzel vor, daß er nicht liberal war, sondern daß er zu Zeiten auch Philister sein konnte; nicht daß er keines Enthusiasmus für deutsche Freiheit fähig war, sondern daß er einer spießbürgerlichen Scheu vor aller gegenwärtigen, großen Geschichtsbewegung sein stellenweise hervorbrechendes, richtigeres ästhetisches Gefühl opferte; nicht daß er Hofmann war, sondern daß er zur Zeit, wo ein Napoleon den großen deutschen Augiasstall ausschwemmte, die winzigsten Angelegenheiten und menus plaisirs eines der winzigsten deutschen Höflein mit feierlichem Ernst betreiben konnte. Wir machen überhaupt weder vom moralischen noch vom Parteistandpunkte, sondern höchstens vom ästhetischen und historischen Standpunkte aus Vorwürfe ..."

8

NAPOLEON

„Bürger Thouin, soeben haben Sie Bonapartes erhabene Reden und Gesinnungen vernommen. Glauben Sie kein Wort davon! Er belügt sich selbst und seine Zuhörer. Niemand hat einen unruhigeren Geist, grösseren Tätigkeitsdrang, fruchtbarere Erfindungskraft für Projekte, blühendere Phantasie und hartnäckigere Ausdauer. Ohne die Staatsgeschäfte würde er jeden Tag das Haus auf den Kopf stellen. Es wäre garnicht mit ihm auszuhalten.“ Josephine 1797 in Mombello

„Die Partei der Militärs hat die Republik gestürzt, zusammen mit den grossen Dieben.“ Larevellière

„Ich kenne meine Franzosen. (Sie haben gern) jemanden an ihrer Spitze, der sie von Zeit zu Zeit in's Ausland auf Raub führt.“ Napoleon zu Lucien

Ende 1812 hätte die Ostgrenze von Napoleons Imperium gehalten werden können, falls das von *Yorck* befehligte preußische Hilfskorps beim französischen Bündnis blieb. Napoleon stellte dem General v. Yorck den französischen Marschallrang nebst 20000 Francs Rente in Aussicht: Er wollte Yorcks *Kollaboration* erkaufen, übrigens, an seinem Maßstab gemessen, sehr billig.

Das entsprach einer Familientradition, die Napoleon noch als Leutnant mißbilligt hatte. Sein Vater war *als Kollaborateur* der französischen Besatzungsregierung emporgekommen.

Nach dem Sprachgebrauch der Aufklärung waren die damaligen Korsen Wilde. Sie lebten von kleinbäuerlicher Landwirtschaft, Jagd und Fischfang. Aber zur Feldarbeit gaben sich korsische Tagelöhner nicht her; die überließen sie den verachteten Saisonarbeitern vom italienischen Festland. Diese Einstellung verhinderte den Landesausbau. Das beste, als Acker geeignete Gelände blieb Malariasumpf. Wichtigstes Haustier war die Ziege. Die Ziegenherden hielten den Wald nieder; er ist zu Busch verkrüppelt, italienisch macchia, französisch maquis. Die Ziegen verhinderten auch allzu üppiges Gedeihen von Obstbäumen und Getreide.

Mangels landwirtschaftlichen Mehrwerts gab es auf Korsika keinen Feudalismus: weder Leibeigenschaft noch auch nur Hörigkeit, mithin keinen Feudaladel. Bei der Geringfügigkeit des in kleine Flächen zersplitterten Ackerbaus wurde der korsische Individualismus nicht einmal durch Flurgemeinschaft beschränkt. Nur die Fremdherrschaft beeinträchtigte ihn. Denn Korsikas Lage im Mittelmeer und die dünne Besiedlung lockte kontinentale Eroberer an. Doch nicht einmal die Römer hatten das gebirgige Innere der Insel unterwerfen können. Im Spätmittelalter und der frühen Neuzeit scheiterten Pisa, Genua, Aragon an dem unwirtlichen Gelände und der korsischen Unzähmbarkeit. Erst Frankreich als moderne Militärmacht konnte seiner Herrschaft über Korsika Dauer verleihen. Es begründete sie durch die Schlacht bei *Pontenuovo* am 9. Mai 1769. Ein Vierteljahr später wurde Napoleon geboren.

Seit undenklichen Zeiten bestand eine ungebrochene demokratische Tradition. Um die Mitte des 18. Jahrhunderts hatte ihr *Pasquale Paoli*, im Kampf gegen Genua, einfache, zweckmäßige Formen verliehen, die an die Schweizer Urkantone und Island erinnerten und Rousseaus Beifall fanden. Paoli suchte das schlimmste Erbübel auszurotten: die *Blutrache*. Er stellte ihr eine *demokratische Justiz* entgegen. Ferner begründete er Schulen und akademische Einrichtungen. Nach seiner Vertreibung war davon keine Rede mehr. Jedenfalls aber war Korsika frei von der geistigen Verkrüppelung, die in Klassengesellschaften keineswegs nur auf den „unteren" Gesellschaftsschichten lastet: daher trotz fehlender Bildungseinrichtungen eine bemerkenswerte *geistige Regsamkeit*. Daher auch die bemerkenswerte Anzahl junger Korsen, die gleichzeitig mit Napoleon die Aufstiegsmöglichkeiten nutzten, welche die *französische Revolution* eröffnete.

Keinerlei feudale oder zünftlerische Vorurteile hinderten sie, ihren Vorteil kaltblütig wahrzunehmen; allenfalls sündigten sie durch die auf der Insel übliche, gewalttätige Rücksichtslosigkeit. Napoleon selbst hat übrigens bis Sommer 1793 seine Chancen in Frankreich verachtet. Vielmehr suchte er in seiner korsischen Heimat aufzusteigen. Erst als er dort gescheitert war, spielte er die französische Karte.

Als Plebejer geboren – auch wenn sie ein Adelsdiplom hatten –, nahmen die Korsen in der französischen Revolution für die Linke Partei, versteht sich für die bürgerliche Linke, meist als Jakobiner. Dann gingen sie als *Parvenus* mit der Gegenrevolution, zumal ihr Landsmann Napoleon an deren Spitze trat. Im allgemeinen wurden sie in der Ausnutzung politischer und geschäftlicher Situationen auch nicht durch Kirchlichkeit oder Religiosität gehemmt.

> „Niemals haben kirchlicher Fanatismus, Schwärmerei oder gar Pfaffenherrschaft unter den Korsen Wurzeln geschlagen. Wenigstens von diesen Plagen blieb die Insel verschont. (Gregorovius)

Weder an Grundbesitz noch sonstigem Vermögen erhoben sich die korsischen Häuptlingsfamilien nennenswert über die Kleinbauern. Es gab

Leute von Adelsrang, die als Tagelöhner lebten. Die Arbeiter aßen mit am Tisch des Herren, redeten ihn mit du und mit Vornamen an. Ebenso unbefangen verhielten sich Napoleon und dessen Brüder gegenüber Höhergestellten. Achtzehnjährig schrieb er selber an Paoli und später an den Kriegsminister, und vierzehnjährig erkundigte sich sein jüngerer Bruder Louis bei Bernardin de St. Pierre, was in dessen Buch „Paul und Virginie" erfunden, und was Tatsache sei.

Die *Buonapartes* waren eine *Häuptlingsfamilie zweiten Ranges* in *Ajaccio*. Ihr Grundeigentum lag größerenteils flußaufwärts im Landesinneren bei Boccagnano. Ihre wirtschaftliche Basis war wesentlich schmaler als nach Homer die des listenreichen Odysseus. Napoleons Eltern besaßen ein Haus in der ehemaligen Landeshauptstadt Corte, ein zweites in der neuen Hauptstadt Ajaccio, 12 ha Ackerland, Weinberge, Grünland, eine Kastanienpflanzung, endlich Ziegen, die nach homerischer Art unter Aufsicht treuer Hirten im „Busch", in den Bergen weideten. Ob Geld einkam, hing davon ab, wie weit die Ernte den Eigenverzehr von Familie und Gesinde überstieg.

Der Überschuß war in manchen Jahren größer, als die sentimentale Legende von der Armut der Buonapartes wahrhaben will. In dem gleichen Jahr 1775, als sich Carlo Buonaparte für seine Gesuche um königliche Geldzuwendungen das Armenrecht bescheinigen ließ, bezog er aus der Vermietung seines Hauses in Corte 400, aus Getreideverkauf 3000, aus Wein 4000 Livres, eine Summe, die in einem armen Land wie Korsika gewiß nicht weniger Kaufkraft hatte, als heute bei uns 150000 DM, womit man aber sehr viel weiter kam als bei uns mit diesem Betrag, denn Wohnung und Verpflegung waren vorhanden. Ein bewaffnetes Gefolge von 30 oder 50 Mann wie Odysseus hätte Carlo Buonaparte allerdings nicht unterhalten können; aber auch Paoli war dazu außerstande, und trotz seiner bescheidenen Lage gehörte Carlo Buonaparte zu den wohlhabendsten Korsen.

Zudem hoffte er auf *Erbschaften*. Seit Jahrzehnten prozessierten seine Eltern, dann er selbst um den Nachlaß des kinderlos verstorbenen Bruders seiner Mutter, den Jesuiten – wie Tartuffe – durch Erbschleicherei an sich zu bringen versucht hatten. Aber die Zeiten waren ungünstig für den Orden. In den sechziger und siebziger Jahren des Jahrhunderts wurde er in der ganzen lateinischen Welt aufgehoben, und 1786, ein Jahr nach dem Tode ihres Mannes, erlangte Laetitia Buonaparte die heißumstrittene *Erbschaft*, nach Abzug aller Kosten immer noch 13359 Livres bar. Das vorhandene Vermögen Carlo und Laetitia Buonapartes belief sich vorher auf etwa 14000 Livres bar, also verdoppelte sich das Barvermögen durch die Erbschaft. Dazu kam 1791 noch der Schatz, den bis dahin der Erzdiakon von Ajaccio, *Luciano Buonaparte*, in seinem Bettstroh gehütet hatte. Schon vorher hatte der sparsame Onkel dem vielversprechenden Leutnant Napolione („der Neapolitaner") gelegentlich bescheidene Beihilfen gewährt. Wieviel der Erzdiakon hinterlassen hat, ist unbekannt. Der Nachlaß soll in Grundbesitz angelegt worden sein. Jedenfalls hat Napoleon einen gewissen Betrag daraus in seiner Wahl als stellvertretender Kommandeur eines Freiwilligen-Bataillons der Nationalgarden im März-April 1792 angelegt.

Nach dem Maßstab des französischen Adels, selbst in den hinterwäldlerischen Bezirken der Bretagne und der Vendée, waren diese Verhältnisse sehr ärmlich. Nach korsischem Maßstab waren sie recht anständig, aber um das Vermögen zusammenzuhalten, bedurfte es der *strengsten Sparsamkeit*, denn gleichzeitig sollte repräsentiert und den Kindern eine gute Erziehung nach französischem Maßstab verschafft werden. Die Sparsamkeit war das Ressort von Mutter Laetitia. Noch als Kaiserinmutter, mit beträchtlichen, ihr vom Sohne auferlegten Repräsentationspflichten, legte sie jährlich 600000 Frs von ihrer Million Frs Zivilliste zurück, denn *„ich habe acht Souveräne zu Kindern, sie werden mir alle eines Tages auf der Tasche liegen"*. Diese Voraussicht erfüllte sich zwar nicht, denn die Sieger von 1814 und 1815 ließen den acht Souveränen namhafte Vermögen. Ob man Laetitia als geizig bezeichnen will, ist eine Frage der Definition. Jedenfalls gab sie alles, wenn es die Ehre und die Stellung der Familie galt. 1815 bot sie Napoleon ihr gesamtes Vermögen an.

Napoleon erbte sowohl die Sparsamkeit seiner Mutter wie die Neigung seines Vaters zu wohlberechneter Verschwendung. Vater und Sohn warfen sozusagen mit der Wurst nach der Speckseite. Aber selbst in den Tagen größter Fülle und scheinbar unbekümmerter Verschwendung rechnete und kontrollierte Napoleon mit der mißtrauischen Genauigkeit einer Hausfrau, die ihrer Köchin das Marktgeld nachzählt.

Väterliche Verschwendung und mütterliche Sparsamkeit wechselten miteinander ab, beispielsweise wenn es angezeigt schien, dem königlichen Intendanten von Korsika ein Diner zu geben. Dafür lieh Carlo Buonaparte aus der ganzen Bekanntschaft Möbel, Tischwäsche, Tischgeschirr, vermutlich auch Geld zusammen. Nach vollbrachter Tat wurde alles an Ort und Stelle zurückgebracht, und um die einmalige Riesenausgabe wieder einzusparen, teilte die Familie Buonaparte für Monate das Leben ihrer Ziegenhirten im Gebirge.

Carlo Buonapartes kostspielige Repräsentation machte sich bezahlt.

Der bourbonische Feudalabsolutismus behielt die höheren Laufbahnen dem Feudal- und Robenadel vor. Um Korsika zu assimilieren, legte also die französische Kolonialregierung Wert auf den *Adelsrang* ihrer eingeborenen Kollaborateure. Sie sollten den Adel ihrer Familie belegen, möglichst für die vorangegangenen zweihundert Jahre; die Urkunden darüber wurden sehr wohlwollend geprüft. Nur ein Teil der korsischen Notabeln ließ sich den Adel bestätigen und bewarb sich damit um öffentliche Ämter.

Vor allem qualifizierte man sich durch *Jurastudium*, herkömmlich an der Universität Pisa. *Carlo Maria Buonaparte*, sein ältester Sohn *Joseph* und beispielsweise Napoleons Kontrahenten Cristoforo *Salicetti* und Carlo Andrea *Pozzo di Borgo* besaßen deren Doktortitel. Carlo Maria Buonapartes Anwaltspraxis warf wenig ab, verschaffte ihm jedoch den Vorwand zu Geschäftsreisen in Italien. Von einer solchen Reise floh er mit geborgtem Geld unter Hinterlassung einer außerehelichen Schwangerschaft. Er war ein schöner Mann von gefälligen Manieren und, wie später Napoleon, ein *hartnäckiger*, nicht abzuschüttelnder *Bittsteller*. Er erlangte

1. ein Adelspatent – unerläßliches Fortbewegungsmittel im damaligen Frankreich;
2. einen Sitz in dem Zwölferausschuß zur Repartierung der Abgaben auf die Bezirke und Gemeinden der Insel;
3. eine Assessorenstelle mit 900 Livres Gehalt am königlichen Gericht in Ajaccio;
4. auf seiner ersten Pariser Reise (1779) nicht weniger als 6000 Livres einmalige Gratifikationen – solche Zuwendungen waren ein Hauptmittel damaliger Feudalherrscher zur Aufrechterhaltung ihres notleidenden Adels;
5. die Konzession für eine Maulbeer-Baumschule sowie einen Zuschuss zu deren Anlage- und Betriebskosten. Dieser Zuschuss wurde 1786 eingestellt; Napoleon hat sich bis 1792 ausdauernd, aber vergeblich um die Weiterzahlung bemüht, namentlich auf einem Parisaufenthalt im letzten Vierteljahr 1787;
6. vier Freistellen für einen jugendlichen Schwager *Fesch* und drei seiner eigenen Kinder: die beiden ältesten Söhne, *Joseph* und *Napoleon*, und die älteste Tochter, *Elisa*, nachmals Großherzogin von Toskana. Joseph Fesch, der spätere Kardinal, besuchte seit 1779 das theologische Seminar zu Aix-en-Provence; Joseph Bonaparte seit 1779 die geistliche Schule zu Autun; Napoleon von 1779 bis 1784 die Militärschule zu Brienne und 1784/85 die Ecole Militaire zu Paris; Elisa Bonaparte von 1784 bis 1792 das adlige Mädchenpensionat Saint Cyr bei Paris.

Als Carlo Buonaparte 1784 auch seinen dritten Sohn, *Lucien*, nach Brienne brachte, mußte er dessen Pension allerdings selbst tragen, und nach seinem Tode 1785 flossen den Buonapartes königliche Gelder nicht weiter zu: Der erste französische Gouverneur von Korsika, Graf Marboeuf, der die Familie gefördert hatte, starb 1786, jener von Carlo Buonaparte bewirtete Intendant war schon 1785 versetzt worden, die Nachfolger hatten aber kein Interesse an den Buonapartes, denn diese waren vorerst weder in der korsischen Ständeversammlung noch in anderen maßgebenden Stellungen vertreten, hatten also keine *Kollaboration* mehr anzubieten.

Indessen war erreicht, was sich später als entscheidend für den Aufstieg der Familie Buonaparte erwiesen hat: Napoleon war sechzehnjährig *Leutnant der Artillerie* geworden.

Napoleon als Kadett und Subalternoffizier 1779-93

Die Militärschule von *Brienne* wurde von Minoritenbrüdern geleitet, die den lateinischen und den Literaturunterricht selbst erteilten; dagegen wurde der Unterricht in den militärisch wichtigen Fächern – Deutsch, Mathematik, Zeichnen – sowie in Musik und Tanz von Laien gegeben. Die Knaben waren zwischen acht und fünfzehn Jahren alt, sie führten ein *klösterlich hartes Leben*, sie schliefen auf Gurtbetten in offenen Zellen, während ein Mönch auf dem Korridor wandelte. Ferien, oder auch nur Urlaub nach Hause oder Ausflüge gab es nicht. Sechzig von den hundertundzehn Schülern waren in Brienne auf Kosten ihrer Eltern, für die übrigen fünfzig zahlte der König die Pensionskosten von 700 Livres im Jahr. Geschenke der Eltern an die Stipendiaten waren verboten, insbesondere durfte ihnen kein Geld geschickt werden.

Der materielle *Gegensatz zwischen reichen und armen Zöglingen* war noch ausgeprägter auf der École Militaire in Paris. Deren 120 Kadetten waren genau zur Hälfte Reiche, die 2 000 Livres jährlich zahlten, die andere Hälfte waren Stipendiaten. Napoleon fühlte die relative Beengtheit seiner Lage besonders nach dem *Tod seines Vaters* an Magenkrebs 1785.

Sichere Aussicht auf Einstellung als Unterleutnant hatten nur diejenigen Kadetten, die sich bei der *Artillerie* bewarben. Dafür waren erhebliche Kenntnisse nötig: die hatte Napoleon. Als Schüler und Kadett, aber auch später sein Leben hindurch hat er angespannt gearbeitet. Er bestand das Offiziersexamen im August 1785, zur Zeit seines sechzehnten Geburtstages.

Der *Legende* zufolge war seine materielle Lage in seinen Leutnantsjahren sehr *ärmlich*, so daß er sich in der Regel mit einer warmen Mahlzeit täglich begnügen mußte und sonst nur trocken Brot hatte. Dies *trifft nicht zu*. Denn die damaligen französischen Leutnants bezogen hinreichenden Sold, um als Junggesellen bescheiden, aber durchaus angenehm zu leben, und in seiner ersten Garnison, Valence, speiste Napoleon an dem besseren der beiden Mittagstische, die es dort für Offiziere gab. Auch hat er sich keineswegs mit Büchern eingeschlossen, er wurde vielmehr in der Gesellschaft aufgenommen. Was Bücher anlangte, so verschlang er sie allerdings wirklich: *Rousseaus* Contrat Social, *Goethes* Werther, *Plutarch*, *Friedrichs des Großen* Histoire de mon temps und *Blackstones* Commentaries on the Laws of England. Sich von der Gesellschaft fernzuhalten, bestand für ihn auch keinerlei Grund, denn seit seine Mutter 1786 die langumstrittene Erbschaft Odone angetreten hatte, erhielt Napoleon von ihr einen monatlichen Zuschuß von 100 Livres, wodurch sich seine Barbezüge – er erhielt 93 Livres Sold – mehr als verdoppelten. Für die Miete eines möblierten Zimmers zahlte er monatlich 8, als Pensionspreis im Hotel „Zu den drei Tauben" 35 Livres, weitere 35 Livres wurden ihm als Kasinobeitrag einbehalten, somit blieben ihn von seinen Dienstbezügen 15 Livres zum Amüsieren. Manche seiner Kameraden erhielten weniger Sold, so daß er nach dem Maßstab seines Regiments mit dem häuslichen Zuschuß gut leben konnte.

Wirklich knapp lebte Napoleon nur in dem halben Jahr von *Februar bis Juni 1791 als Secondelieutenant in Auxonne*, da er seinem damals dreizehnjährigen Bruder *Louis* bei sich aufgenommen hatte, lediglich auf seinen Sold angewiesen war und Louis nicht nur unterrichtete, sondern auch beherbergte und verpflegte.

Gleichwohl trifft zu, daß Napoleon ein armer Offizier war, zwar nicht im Vergleich mit der Mehrzahl seiner Kameraden, wohl aber mit der hochadligen Minderheit, die den ausschließlichen Zugang zu den leitenden zivilen und militärischen Staatsämtern hatte. Napoleon hatte *kaum Aussicht auf die Laufbahn*, die seinen überlegenen Fähigkeiten entsprach: daher sein *Haß gegen das Ancien Régime* und dessen vielfach wenig befähigte Nutznießer, daher seine *Bereitschaft zum Anschluß an die Revolution*. In ähnlicher Lage wie er befanden sich zahlreiche andere Offiziere des *Generalstabes* und der beiden Intelligenzwaffen: *Artillerie* und *Pioniere*. Zwar vollzug auch in diesen Dienstzweigen nur eine Minderheit den Parteiwechsel, aber schon Scharnhorst hat in seinen Untersuchungen von 1797 über die Überlegenheit der französischen Revolutionsarmeen ausgesprochen, daß diese Minderheit hinreichte, um der französischen Revolutionsarmee die geistige Überlegenheit über die Heere des Ancien Régime zu verschaffen.

Napoleons mehr angebliche als wirkliche häusliche Schwierigkeiten milderten sich durch die ausgedehnten, mehr oder weniger eigenmächtigen Urlaube, zumal ihm jedesmal bei der Rückkehr zum Regiment der rückständige Sold nachgezahlt wurde. Seit Ausbruch der Revolution und Beginn der Emigration genoß er einen rasch wachsenden Seltenheitswert als gelernter Offizier mit umfassendem Fachwissen; dazu kam die ererbte Fähigkeit, so lange bei den direkt oder indirekt Zuständigen herumzulaufen, bis er hatte, was er wollte.

Napoleons korsischer Ehrgeiz

Französische Offiziere des Ancien Régime waren weniger als die Hälfte ihrer Dienstzeit in der Garnison. Spätestens nach einem Jahr stand ihnen ein „Semester" zu, das heißt *siebeneinhalb Monate Urlaub*, der bereitwillig verlängert wurde. Napoleon trat sein erstes „Semester" zehn Monate nach Eintritt ins Regiment an und dehnte es auf fast zweiundzwanzig Monate aus. Seine ersten sechseinhalb Dienstjahre, November 1785 bis Mai 1792, umfaßten 79 Monate. Davon war er 31 1/2 Monate = 40 % zum Dienst anwesend. Vor Toulon hat er bewiesen, welch *gründliche Dienstkenntnis* er in diesen zweieinhalb Jahren erworben hatte.

Als er im Mai 1792, nach Kriegsbeginn, von seinem dritten Heimaturlaub nach Frankreich zurückkehrte, würdigte er seine Garnison keines Besuches, sondern fuhr direkt nach Paris zum Antichambrieren – man mußte doch die politische Krise ausnutzen. In der Tat erlangte er die Entsendung als Artilleriekommandeur bei einem, auf Korsika basierten Landungsunternehmen gegen Sardinien; es wurde sein unglücklicher erster Feldzug. Kurz darauf mußte er aus Korsika fliehen. Nach dieser Flucht, Ende Juni 1793, meldete er sich bei seinem damaligen Regiment und diente dann ununterbrochen bis April 1814.

Abgesehen von einem Parisaufenthalt 1787 – um die Weiterzahlung des Zuschusses zur Baumschule zu erwirken – verbrachte Napoleon seinen *Urlaub stets zu Hause*. Der Dienst im französischen Heer war für ihn nur Notbehelf; als Lebensaufgabe schwebte ihm eine Rolle im öffentlichen Leben Korsikas vor, woran jedoch vor der französischen Revolution nicht zu denken war. Er betrachtete sich als Korse und *haßte die Franzosen als Unterdrücker*, wozu die Besatzungsregierung Anlaß bot. Ob er jemals Franzose wurde, ist eine Frage der Definition. Jedenfalls hat er nie korrekt Französisch gelernt; sein französischer Wortschatz enthielt unfreiwillige

Witze wie die Verwechselung von amnistie (Amnestie) und armistice (Waffenstillstand). Die Hauptbedeutung der französischen Revolution lag für ihn zunächst darin, daß sie in seiner Heimat ein öffentliches Leben eröffnete, an dem er sich beteiligen konnte. Seinen Heimaturlaub 1789-1790 benutzte er, um als jakobinischer Agitator die *französichen Kolonialeinrichtungen zu stürzen.* Voraussetzung einer festen politischen Stellung auf Korsika war *Einvernehmen mit Paoli.*

Als achtzehnjähriger Leutnant auf Heimaturlaub, im November 1787, begann Napoleon eine Geschichte Korsikas. Paoli war sein Held, und diesem Helden schrieb er am 12. Juni 1789 nach London:

„Zur Zeit meiner Geburt ging Korsika zugrunde. Dreissigtausend Franzosen überschwemmten unsere Küsten ... Mit der dreifachen Kette von Militär, Juristen und Steuereintreibern wurden wir gefesselt."

Das *Schülerhafte* von Napoleons damaliger Gelehrsamkeit sprang ins Auge, und Napoleons Franzosenhaß war für Paoli überholt. Es war die erste Phase der französischen Revolution. Sie fand begeisterte Zustimmung beim europäischen Bürgertum und der aufgeklärten Fraktion des Adels. Die damaligen Repräsentanten der Revolution – *Lafayette, Mirabeau, Talleyrand* – waren *verbürgerte Edelleute.* Paoli erwartete die Aufhebung der französischen Kolonialherrschaft in Korsika. Die Insel werde ein Teil des freien Frankreich, auf dieser Grundlage werde er erneut ihre politische Führung übernehmen. Seit Herbst 1789 agitierte Napoleon selber in diesem Sinne. Paoli blieb jedoch zurückhaltend gegenüber *„Carlos Söhnen".*

Seit Sommer 1790 war Paoli *Militärgouverneur.* Er war jedoch ein alter Mann, delegierte seine zivilen Aufgaben und leitete das öffentliche Leben Korsikas *wie ein konstitutioneller Monarch:* an langer Leine. Seine Anschauungen waren so sachgemäß, demokratisch und maßvoll, sein Verhalten gegenüber allen Mitbürgern so fair und das *Vertrauen seiner Landsleute so unbedingt,* daß sich seine Wünsche ohne Streit erfüllten. Jedoch fehlte in Provinzialverwaltung und Vertretungskörperschaften fast völlig die Zwischengeneration zwischen ihm und Napoleon. Napoleon und dessen Altersgenossen waren zwanzig Jahre alt oder wenig älter. Sie ersetzten die Erfahrung, die ihnen fehlte, durch hemmungslosen Ehrgeiz und korsische Reizbarkeit. Zwar fehlten auf Korsika die sozialen Konflikte und weltgeschichtlichen Auseinandersetzungen der französischen Revolution. Aber die *persönlichen Konflikte* der Protagonisten waren nicht weniger dramatisch.

Anfang 1792 ging Napoleon an die Begründung einer privaten Militärmacht: Er kandidierte als *zweiter Oberstleutnant* (stellvertretender Kommandeur) des zweiten korsischen *Freiwilligenbataillons*. Es rekrutierte sich je zur Hälfte aus dem Südzipfel der Insel (Sartena, Bonifacio und Porto Vecchio) und dem Gebiet von Ajaccio. Kandidat des Südzipfels war Giovanni Battista Quenza. Dagegen war das Wahlvolk von Ajaccio gespalten. Maßgebend war die *Familie Peraldi*: deren Kandidat war Mattia *Pozzo di Borgo* – die Pozzo di Borgo saßen in Alato (nördlich Ajaccio) als eine Honoratiorenfamilie zweiten Ranges. Der Buonapartesche Familienanhang war natürlich für Napoleon. Dieser tat sich mit Quenza zusammen. Quenza sollte erster, Napoleon zweiter Oberstleutnant werden. Napoleon war sicher, Quenza lenken zu können. Zu dem Clangegensatz kam der religiöse. Napoleon und seine Anhänger waren jakobinische Kirchengegner, die von den Peraldi geführte *Bevölkerungsmehrheit* der Stadt Ajaccio dagegen *kirchentreu*.

Kurz zuvor war Napoleons Onkel Luciano gestorben. Einen Teil des Schatzes aus dessen Bettstroh verwandte Napoleon, um einen Teil von Quenzas Anhängern und vor allem seine eigenen in der Casa Buonaparte zu Ajaccio zu beherbergen und zu verpflegen. Am Wahltag, dem 1. April 1792, *füllten sie das Wahllokal*, eine Kirche, wählten in tumultuarischem Verfahren Quenza und Napoleon und wollten den Gegenkandidaten lynchen. Das haben Quenza und Napoleon verhindert. Aber an den folgenden Tagen schossen sich ihre Leute mit der kirchentreuen Einwohnermehrheit von Ajaccio herum und *verwundeten einen Geistlichen tödlich*, ausgerechnet einen *Peraldi*.

Für Quenza war es nicht so schlimm. Er galt nicht als der Scharfmacher und genoß Paolis Vertrauen. Dagegen wurde *Napoleons Stellung unmöglich*. In Ajaccio hatte er die Kirche und die Peraldi gegen sich. Zudem war der ältere Bruder des Gegenkandidaten, *Carlo Andrea Pozzo di Borgo*, ein ungewöhnlich fähiger und energischer Politiker und Paolis namhaftester Vertrauensmann. Er ist 1796 mit Paoli nach London emigriert, trat 1802 in die russische Diplomatie ein und hatte dort ausgiebig Gelegenheit, dem Kaiser Napoleon zu schaden. 1814-1835 war er *russischer Botschafter in Paris*, abgesehen von einer hunderttägigen Unterbrechung 1815. Wenn *Stendhal* in seinem Roman *Lucien Leuwen* den russischen Botschafter erwähnt, meint er Pozzo di Borgo. Um einen Begriff von der gesellschaftlichen Stellung des Bankiers François Leuwen zu geben, führt er an, daß Pozzo di Borgo Leuwens Bälle besucht und dessen politische Witze verbreitet.

Im Frühjahr 1792 betrachtete Napoleon selber seine Stellung auf Korsika als unhaltbar. Er zog sich nach Paris zurück, kehrte zwar im Oktober nach Korsika zurück, jedoch mit einem militärischen, politisch unverfänglichen Auftrag.

Aus dieser *Jugendtorheit* hat Napoleon *gelernt.* Als sich ihm 1797-1799 die Diktatur über Frankreich bot, betrieb er seine Machtergreifung umsichtig und besonnen. Er nahm die Frucht erst, als sie reif war, und er kaum mehr zu schütteln brauchte. Dann befestigte er sich an der Macht durch rasche, umfassende, konsequent durchdachte, großzügige Reformen, durch die unerträgliche Mißstände abgestellt wurden. Insbesondere stellte er den *Kirchenfrieden* her. Kurz, er benahm sich nicht mehr wie ein ungestümer Korse. Hingegen hätte ihn sein Aprilputsch 1792 selbst in Frankreich unmöglich gemacht, da er versucht hatte, die *französiche Garnison aus der Citadelle von Ajaccio* zu verdrängen. Dem Kriegsministerium in Paris war das bekannt. Dank des jakobinischen Umsturzes bekam er dennoch in Frankreich eine neue Chance.

Napoleons korsische Laufbahn endete endgültig durch eine *zweite Buonapartesche Jugendtorheit*, und zwar seines jüngeren Bruders Lucien. Bei den provençalischen Jakobinern liefen hetzerische Anklagen gegen Paolis angebliche „Despotie" um. Lucien griff sie auf und riß den Jakobinerclub von Toulon dazu hin, Paoli beim Konvent in Paris zu denunzieren. Am 2. April 1792 tat der Konvent *Paoli in die Acht.*

Alle Verständigen, Anhänger wie Gegner Paolis, auf Korsika selber wie in Paris, waren entsetzt und suchten auf den Konvent einzuwirken. Auch Napoleon beteiligte sich an diesen Ausgleichsversuchen. Bei Gregorovius findet man Napoleons Eingabe in deutscher Übersetzung. Der Konvent ließ sich überzeugen und entsandte nach Korsika Bevollmächtige, von denen zu erwarten war, daß sie jeder Verdächtigung Paolis entgegentreten würden. Doch diese Bevollmächtigten kamen nur bis Marseille. Sie wurden von den dortigen Jakobinern festgehalten. Auf Korsika selbst wurde die Aussöhnung hintertrieben von *Salicetti*, der sich als Konventsbevollmächtigter bereits dort befand. Seine und der Marseiller Unversöhnlichkeit entfesselten auf Korsika den *Bürgerkrieg*. Die Insel stellte sich hinter Paoli, nur die Hafenstädte Bastia, Calvi und San Fiorenzo ausgenommen; mit Ausnahme von Calvi waren sie genuesische Gründungen und hatten schon in früheren Konflikten zu der jeweiligen Kolonialmacht gehalten. Unter Leitung Napoleons und der Konventsbevollmächtigten wurde von See her ein Angriff auf Ajaccio unternommen, mißlang aber. Der Buonapartesche Familienanhang war schwächer, als Napoleon immer noch glaubte. *Die Buonapartes mußten fliehen.*

Am 13. Juni 1793 landeten sie in Toulon. Außer ihrer beweglichen Habe, ihrem Haus- und Grundbesitz ließen sie das u ihrer ersten Namenssilbe zurück. Fortan waren sie Franzosen, Bonapartes und fürs erste Jakobiner. Übrigens war Napoleons Option für Frankreich nicht endgültig. Als er 1795 Schwierigkeiten in seinem dortigen Fortkommen fand, wollte er als militärischer Ratgeber – „*Müsteschar*" – in die Türkei, wie ein Halbjahrhundert später Moltke. Aber Paris ließ ihn nicht fort. Kurz darauf erhielt er das Oberkommando einer französischen Armee. Dann wurde *Frankreich von ihm adoptiert*.

Soweit die ehrgeizigen jungen Korsen nicht wie Pozzo di Borgo an Paoli gebunden waren, suchten sie im französischen Militär- und Verwaltungsdienst emporzukommen und bildeten eine zuverlässige Gefolgschaft Napoleons, insbesondere 1794-1797 in der Armée de l'Italie und 1798-1799 in Ägypten. Der Bedeutendste von ihnen war *Salicetti*. Er war zwölf Jahre älter als Napoleon, 1789 Abgeordneter zu den Etats Généraux und 1791-1792 procureur général syndic, in deutscher Ausdrucksweise Regierungspräsident auf Korsika gewesen, wurde im Herbst 1792 in den Konvent gewählt und vertrat diesen als Kommissar nacheinander auf Korsika, vor Toulon und bei der Armée de l'Italie. Die gemeinsame *Rivalität gegen Paoli* führte ihn mit den Buonapartes zusammen. Im August 1794 dürfte er Napoleon das Leben gerettet haben. Denn auch Augustin Robespierre, Maximilien Robespierres jüngerer Bruder, war Konventskommissar vor Toulon und bei der Armeée de l'Italie gewesen, hatte eng mit Napoleon zusammengearbeitet und ihn dadurch den Thermidorianern verdächtig gemacht. Den *Haftbefehl gegen Napoleon* vom 6. August 1794 hat Salicetti mitunterzeichnet, aber anscheinend hat er verhindert, daß der Häftling nach Paris geschafft wurde, wo die *Guillotine* auf ihn wartete. Napoleon kam nur auf Festung nach Fort Carré bei Antibes. Die Untersuchung ergab nichts Belastendes, und nach zwölf Tagen *kam Napoleon wieder frei*.

Ein anderer, für Napoleons Aufstieg wichtiger Korse war *Sebastiani*. Eine der wenigen Truppeneinheiten in Paris im November 1799 war das Dragonerregiment Nr. 9; dessen Kommandeur war Sebastiani. An der Spitze der neunten Dragoner ritt Napoleon am 18. Brumaire (9. November) zu den Tuilerien. 1813 lag die Führung der französischen Kavallerie zu einem erheblichen Teil in korsischen Händen: *Ornano* hatte die 1. Gardekavalleriedivision, *Sebastiani* das 2., *Arrighi* das 3. Kavalleriekorps. Sebstianis 2. Kavalleriekorps war derjenige Truppenteil, der am 26. August 1813 an der Katzbach hauptsächlich geschlagen wurde, was Sebastiani zehn Tage später bei Görlitz die vulgären Flüche seines Kriegsherren eintrug. Unter Louis Philippe war Sebastiani Marschall, Außen- und Marineminister. Daumier hat ihn in Wachs modelliert, in Stendhals *Lucien Leuwen* ist er als Graf Beausobre abgebildet. Noch heute begegnet man in der französischen Verwaltung und der Führung der Rechtsparteien den Trägern korsischer Namen, deren Vorfahren mit Napoleon emporgekommen sind, wie Arrighi, Chiappe, Ornano.

Übrigens hegte Napoleon seit seinem Scheitern Sommer 1793 Ressentiments gegen die Korsen. Außer einem durch Gegenwind erzwungenen, kurzen Aufenthalt in Ajaccio im Oktober 1799, auf der Rückkehr aus Ägypten, hat er die Insel nicht wieder betreten und sie ebensowenig gefördert wie 1769-1789 die Bourbonen. Diejenigen Korsen, die unter ihm in Italien und Ägypten gedient oder sich sonst um ihn verdient gemacht hatten, begünstigte er, nahm aber keinen von ihnen in seine Umgebung, und

> „für die Entwicklung Korsikas oder das Fortkommen einzelner Korsen tat er nichts. Oft habe ich ihn sagen hören, es gebe kein gewisseres Mittel, alle Korsen gegen sich aufzubringen, als einem von ihnen Gutes zu tun. Da er nicht allen geben konnte, gab er keinem." (Marmont)

Toulon

Nach der Landung in Toulon bauten die Bonapartes rasch eine neue Existenz in Frankreich auf. Am einfachsten war das für Napoleon. Eine Abteilung seines Regiments stand in nächster Nähe, in Nizza. General du Teil, der dort kommandierte, kannte Napoleon als tüchtigen Offizier und wußte nichts von dessen korsischen Abenteuern. Er stellte Napoleon wieder ein, beförderte ihn – in deutscher Ausdrucksweise – zum *Hauptmann* (capitaine commandant = Batteriechef) und wollte ihn zur Küstenartillerie abordnen, übertrug ihm dann aber die Aufstellung einer *Munitionskolonne* in Avignon – auch in anderen Armeen werden neu ernannte Artillerie-Hauptleute und ältere Leutnants häufig als Kolonnenkommandeure verwendet. Napoleon erhielt 3000 Livres rückständigen Sold; was er auf Korsika als Oberstleutnant und Artilleriekommandeur bezogen hatte, wurde nicht angerechnet. – In Avignon geriet Napoleon mitten in den *Bürgerkrieg*.

Haupt der Familie war Napoleons älterer Bruder *Joseph*. Im Gegensatz zu Napoleon und Lucien hatte dieser mit niemandem Streit gehabt, seine

Stellungen in Gemeinde-, Kreis und Departmentsverwaltung befriedigend ausgefüllt und erfreute sich festen *Rückhalts im Konvent*. Um ihn auszunutzen, eilte er nach Paris. Dort erhielt Salicetti den Auftrag, als Konventskommissar eine Militärexpedition zur Rückeroberung Korsikas zu leiten, und wählte Joseph als seinen Begleiter. Da sich eben zu dieser Zeit Lyon, Toulon und Marseille gegen den Konvent erhoben, und die Südarmee zur Unterwerfung der Provençe aufgestellt wurde, verwandelte sich Salicettis Auftrag in eine *Mission bei der Südarmee*. Deren Kommissare ernannten Anfang September 1793 Joseph zum *Kriegskommissar* (commissaire ordonnateur) – in deutscher Amtssprache Intendant – mit 6000 Livres Jahresgehalt, Pferdefutter, Dienstwohnung und Bureau in Marseille.

Das Motiv für den Aufstand von Lyon, Toulon und Marseille lag in den Interessen des Handels. Mithin verfolgten die Jakobiner diejenigen Kaufleute, die sich nicht über See hatten retten können. Sie wurden in großer Zahl guillotiniert, mindestens verhaftet und mit hohen Geldstrafen belegt. Der Textil-Großkaufmann *François Clary* entging dieser Verfolgung durch seinen Tod im Januar 1794. Aber vorher hatte einer seiner Söhne aus Angst vor Verhaftung Selbstmord begangen, einen anderen holte *Joseph Bonaparte* aus dem Gefängnis. Somit war Joseph als Freier willkommen, zumal er sich auch in Marseille nicht am Terror beteiligt hatte und seine Erwählte, *Julie Clary*, unscheinbar, bescheiden und mit ihren 22 Jahren nach damaligen Begriffen ein spätes Mädchen war. Die Hochzeit – sowohl *zivile wie kirchliche Trauung* – fand Anfang August 1794 statt, nach dem Thermidor-Staatsstreich, aber ehe er im Süden bekannt geworden war. Josephs Braut erhielt schätzungsweise 150000 Livres Mitgift, und zwar nicht Assignaten, sondern Sachwerte, die in der Firma steckten. Josephs Kommissarstelle ging Anfang 1795 ein. Er war darauf nicht mehr angewiesen, sondern ließ sich im Genua nieder und trieb dort Außenstände seines verstorbenen Schwiegervaters ein.

Lucien, das Enfant Terrible, das die Buonapartesche Katastrophe auf Korsika ausgelöst hatte, war damals achtzehnjährig, machte sich jedoch bei Bewerbungen sieben Jahre älter vermittels der Papiere seines Bruders Joseph. Zeit seines Lebens blieb er undiszipliniert, eigensinnig, unfähig zu stetiger Arbeit, unberechenbar impulsiv, ungeeignet für die leitenden Stellungen, die seinen Brüdern zufielen. Immerhin verschaffte ihm sein Ruf als „Patriot" wenigstens einen Subalternposten als *Magazinwächter* mit 1200 Livres Jahresgehalt in St. Maximin, 40 Kilometer nördlich von Toulon. Wie der württembergische General v. Scheler 1812 beobachtete, waren die französischen garde magazins

„Leute, welche zu den geringern, aber wichtigen Diensten der Fassungen, der Beischaffung und des Nachspürens gebraucht werden . . ., Gewandtheit, Übung und Tätigkeit in ihren Geschäften haben, übrigens aber mitunter etwas derb sind und auch nach äußerer Autorität gewählt sein sollten, um da nicht verkürzt zu werden, wo man nur durch persönlichen Nachdruck etwas erhalten kann."

Lucien hetzte und denunzierte auch in St. Maximin. Nach dem Thermidor 1794 kamen die von ihm Verfolgten obenauf, und er mußte sich entfernen. Die Rache holte ihn ein, aber seine älteren Brüder holten ihn aus dem *Gefängnis*.

Unmittelbar vor dem Thermidor hat auch er eingeheiratet, und zwar in eine Gastwirtsfamilie, was ihm die Familienacht eintrug. Seine Braut, Cathérine Boyer (er nannte sie Christine, wie er auch seine Schwestern umnannte), konnte weder lesen noch schreiben, aber seine jüngeren Schwestern waren ja auch schwach in diesen Künsten. Cathérine-Christine war jedenfalls gescheit und anziehend, erwies sich ihrer späteren Stellung gewachsen und wurde daher am Ende von der Familie Bonaparte akzeptiert. Die Ehe war sehr gut, endete aber durch Cathérines frühen Tod 1800.

Laetitia mit den drei Töchtern und den beiden jüngsten Söhnen hatte zunächst wechselnden Wohnsitz in Dörfern nördlich von Toulon. Anfang September 1793 kam sie nach *Marseille* und wurde in einer Emigrantenwohnung einquartiert. Im Juli hatte der Konvent auf Josephs Veranlassung 600 000 Livres für die korsischen Flüchtlinge bewilligt. Bei Josephs praktischem und Familiensinn darf man annehmen, daß etwas davon der Familie Bonaparte zu Gute kam, ferner daß Joseph ihr auch Lebensmittel zuwandte – wichtig, denn Assignaten hatten nur noch ein Drittel ihres Nennwerts.

Das *Versagen der Heeresverpflegung* war später eine Hauptursache für Napoleons Untergang. Es ist nicht merkwürdig, daß seine Brüder in diesem Dienstzweig anfingen: Er bot Gelegenheit zum Stehlen.

Als sich die *Marseiller „Föderierten"* Anfang Juli 1793 gegen den Konvent erhoben, entsandten sie ein Heer von beträchtlicher Mannschaftsstärke nach Norden, um den Lyonern die Hand zu reichen. Doch schon in *Avignon* wurde es von der weit schwächeren jakobinischen *„Südarmee"* zur Umkehr veranlaßt. Diese folgte rasch, besetzte Marseille und stand am 7. September vor *Toulon*.

Bei den damaligen französischen Armeen waren maßgebend die Konventskommissare. Sie traten paarweise auf. Um sich bei den Konventskommissaren der Südarmee als zuverlässiger „Patriot" auszuweisen, verfaßte

Napoleon eine jakobinische Flugschrift, das *Gastmahl von Beaucaire*. Zu diesem Gastmahl vereinigt sich ein jakobinischer Offizier mit Geschäftsleuten aus Nîmes, Marseille und Montpellier. Mit Braten und Wein sucht er ihnen auch die Überzeugung von der Unwiderstehlichkeit der jakobinischen Waffen einzuflößen. Napoleon ließ diesen Dialog auf eigene Kosten drucken und überreichte ihn als jakobinische Beglaubigung dem Konventskommissar Rovere.

Dies wird neuerdings von *Guillemin (Napoléon tel quel)* mit einem einleuchtenden Beweisgrund bestritten:

> „Das heisst ihn schlecht kennen! So vergeudet er seine Mittel nicht. Diese loyale Publikation mag der Staat bezahlen. Der ist dazu da, die Familie Bonaparte zu erhalten – das war allezeit ihr Credo."

Beweis: Napoleons Erinnerung auf St. Helena:

> „Rovere fand die Schrift sehr gut und liess sie drucken."

Guillemin übersieht: Nur die zweite Auflage, bei Marc Aurel in Valence, ist auf Staatskosten gedruckt, die erste hingegen auf Kosten Napoleons bei Sabin Tournel in Avignon. Sie erfüllte Napoleons Zweck: *Wohlgefallen bei den Konventskommissaren.*

Von Juli bis September 1793 durchzog Napoleon die Provence, requirierte mit Hilfe der Kommunal- und Departementsbehörden Zugtiere und Fahrzeuge, führte der Südarmee, vielleicht auch der Armée de l'Italie Munition zu. Die Kenntnis der Etappe, die er dadurch erwarb, kam ihn bald darauf als Artilleriekommandeur vor Toulon zustatten. Ehrgeizige Offiziere befriedigt der Etappendienst nicht. Daher ist begreiflich, daß Napoleon seine Versetzung zur Rheinarmee als Oberstleutnant beantragte.

Am 16. September passierte er mit seiner Kolonne Beausset. Dort lag das Oberkommando der Südarmee. Diese hatte eine Woche zuvor bei der Einschließung von Toulon ihren Artilleriekommandeur durch Verwundung verloren. Die beim Oberkommando befindlichen *Konventionskommissare*, der Berufsoffizier *Gasparin* und Napoleons Gönner *Salicetti*, waren erfreut, daß ein gesunder Artillerieoffzier auftauchte. Sie hielten Napoleon fest und machten ihn zum vorläufigen *Artilleriekommandeur*. Sechs Festungsgeschütze nebst Geschützführern und Kanonieren waren vorhanden, Napoleon jedoch der einzige Offizier der Festungsartillerie.

Die Truppe, womit er eine der stärksten damaligen Festungen nehmen sollte, mußte erst aufgestellt werden.

Auch abgesehen von deren Fehlen war seine Aufgabe nicht einfach. Die Armee war eine *Herrenpartie*, keine organisierte Truppe. Der Kommandierende, General Carteaux, war Porträt- und Schlachtenmaler, dann Offizier der Pariser Nationalgarde und Adjutant bei Lafayette gewesen und glaubte, Toulon ohne systematische Beschießung mit dem Bajonett nehmen zu können. Sein Verpflegungsstab requirierte Munitionswagen nebst Bespannung und Fahrern für den Verpflegungsdienst, natürlich ohne den Artilleriekommandeur zu benachrichtigen. Das war verständlich. Denn sowohl der *Verpflegungstrain wie Fahrzeuge, Bespannungen und Fahrer der Artillerie* wurden von *Fuhrunternehmern* gestellt. Die bisherigen Zivilisten im Armee-Oberkommando konnten nicht wissen, daß an die Fahrer und Gespanne bei der Artillerie weit höhere Anforderungen gestellt wurden als beim Train – sie mußten notfalls über Stock und Stein fahren, Geschütze und Munitionswagen bis in die Feuerstellung ziehen – kurz, daß die Artillerie eine *kämpfende Waffe* ist, und daß deshalb Artilleriegespanne und Fahrzeuge nicht für den Train beansprucht werden durften.

Auch sonst gab es Meinungsverschiedenheiten. Die Festungswerke waren gemauert und boten wohlvorbereitete, zweckmäßig ausgesuchte Stellungen, die dem Verteidiger bei sonst gleichen Bedingungen die Überlegenheit über den Angreifer sicherten, zumal die Festungsartilleristen die Entfernung kannten; General Carteaux glaubte jedoch, die Belagerungswissenschaft auf den Kopf stellen zu können.

> „Eines Tages nahm er Bonaparte mit auf eine Anhöhe und schlug ihm vor, eine Batterie zu erbauen, die alle drei Westforts von Toulon zugleich beschiessen könne. Napoleon stellte ihm vor, man müsse vielmehr gegen jedes einzelne Fort drei oder vier Batterien aufstellen, die es flankierend angriffen, dass aber eine einzelne, in die Erde gegrabene Batterie ohnmächtig sei gegen wohlvorbereitete, gemauerte Festungsbatterien und innerhalb einer Viertelstunde zusammengeschossen würde. Carteaux bestand auf seinem Befehl, aber Bonaparte erbaute die Batterie nicht." (Chuquet)

General Carteaux und sein Stab waren gereifte Männer und nahmen keine Belehrungen von einem vierundzwanzigjährigen jungen Mann an. Der junge Mann erlitt einen seiner wenigen Anfälle von Bescheidenheit und beantragte, unter Zustimmung der Konventskommissare, die Entsendung eines Artilleriegenerals mit der nötigen Autorität gegen den inneren Feind.

Das Kriegsministerium sah das auch ein und übertrug einem älteren Regimentskameraden Napoleons, dem General La Salle, die Belagerung von Toulon, adressierte dessen Bestallung jedoch verkehrt. La Salle kam erst an, als sein Stellvertreter Toulon genommen hatte. Überhaupt begriffen Wohlfahrtsausschuß und Ministerium die Bedeutung Toulons und das Ausmaß der gegen einen so bedeutenden Platz erforderlichen Streitkräfte. Carteaux war gegen solche Einsicht immun, wurde aber zur Armée de l'Italie versetzt. Mitte November 1793 bekam die Belagerungsarmee einen tüchtigen Oberkommandierenden, *Dugommier*, dessen Autorität den Artilleriekommandeur stützte. *Über* 30000 *Mann* wurden in Bewegung gesetzt, darunter zuverlässige, reguläre Infanterieregimenter, Pioniere und Artilleristen aller Dienstgrade sowie Geschütze und sonstiger Belagerungsbedarf. Doch infolge der unvorstellbaren Desorganisation konnte die Zentralregierung bei weitem nicht das Nötige an Material aufbringen.

Normalerweise werden dem Kommandeur eines Belagerungskorps Truppen, Geschütze und Material gestellt; er braucht nur zu kämpfen. Hingegen *mußte Napoleon vieles selbst beschaffen*. So kurz seine wirkliche Dienstzeit gewesen war, so hatte sie ihn doch mit dem in Südostfrankreich vorhandenen artilleristischen Personal bekannt gemacht. Daher konnte er Artilleristen heranziehen, die nicht emigriert, aber aus irgendwelchen Gründen nicht im Dienst waren, beispielsweise den Major *Gassendi*. Im Sommer war er selber ambulanter Kolonnenchef gewesen. Nunmehr entsandte er Gassendi als Kolonnenchef nach Grenoble, Briançon und noch weiter zwecks Beschaffung von Gewehrteilen und anderem Kriegsbedarf. Auch wußte er, in welchen Festungen, Küstenbatterien, Arsenalen Geschütze standen, und wo Munition zu finden war. Faschinen und Schanzkörbe ließ er von Kommunalverwaltungen liefern.

Als nach und nach Artilleristen, Pferde, Geschütze und sonstiges Material herankamen, *mußte daraus eine Truppe werden*. Napoleon leistete das, indem er sie einsetzte und führte. *Tags kämpfte er, nachts erledigte er den Schriftverkehr*. Im Dezember standen unter seinem Befehl 64 Geschütze in elf Batterien im Feuer gegen Toulon. Dreimal beteiligte er sich an Infanterieangriffen, das letzte Mal an dem entscheidenden Sturm auf die englische Redoute „Mulgrave" in der Nacht auf den 17. Dezember.

Südwestlich von Toulon springt die *Halbinsel Caire* nach Osten vor und verengt die Ausfahrt aus der Bucht. Von ihr aus konnte Artillerie der englischen Flotte den *Zugang zum Hafen sperren*. Schon vor Napoleons Ankunft hatten die Konventskommissare erkannt, daß dort der schwache Punkt Toulons lag. Napoleon leitete den Angriff auf die Halbinsel ein, indem er schon am 19. September, drei Tage nach seiner Ankunft, mit seiner ersten Batterie das Feuer eröffnete und die englischen Schiffe aus dem Westbecken der Bucht vertrieb. Nach drei weiteren Tagen gingen 400 Mann Infanterie vor, um die Halbinsel zu besetzen. Die Engländer wurden rechtzeitig aufmerksam. Sie landeten Verstärkungen. Da Carteaux seine schwache Infanterie nicht unterstützte, vermochten sie sich einzugraben und auf dem höchsten Punkt der Halbinsel die *Redoute „Mulgrave"* zu errichten. Sie verstärkten sie mit allen Mitteln der Befestigungskunst und armierten sie mit 32 Geschützen. Ein Vierteljahr lang mußte Napoleon die Stellung belagern, deren Besetzung den Franzosen am 22. September durch die Indolenz des Kommandierenden mißlungen war.

Die Verteidiger von Sperrfestungen lassen sich einschließen und behaupten den ihnen anvertrauten Platz bis zur Erschöpfung aller Mittel des Widerstands. Napoleon als einziger auf beiden Seiten bemerkte, daß dies für Toulon nicht galt. Denn es war *nicht Sperrfestung, sondern Kriegshafen* und verlor diese Funktion, sobald die Einfahrt gesperrt wurde. Dann hatte *die Besatzung* – 12000 Spanier und Neapolitaner, 2000 Engländer, 800 französische Royalisten – nur noch eine Aufgabe: *schleunigen Abzug*. Napoleon prophezeite, von der Besetzung der Halbinsel Caire bis zum Fall von Toulon würde es nur achtundvierzig Stunden dauern. Man glaubte ihm nicht, aber tatsächlich nahmen die Franzosen die Halbinsel Caire am Morgen des 17. Dezember, und am Vormittag des 19. drangen sie unaufgehalten in Toulon ein. Die Verteidiger hatten sich auf der Außenreede eingeschifft.

Gefahr drohte ihnen nicht nur von den französischen Sperrbatterien, sondern auch vom Sturm auf See. Daher nahmen sie sich nicht die Zeit, die Geschütze der Festung unbrauchbar zu machen, und von den 27 französischen Linienschiffen im Hafen schleppten sie drei heraus, zerstörten neun, ließen aber 15 zurück, mit denen die französische Flotte 1796 die Seeherrschaft im Mittelmeer errang, allerdings nur bis zur Schlacht bei Abukir.

Der Artillerist nimmt die Festung, der Infanterist hilft ihm dabei. Nach diesem Lehrsatz wurde dem Major Bonaparte das Hauptverdienst zuerkannt, und er wurde zum *Brigadegeneral* befördert. Nun fehlte ihm nur noch das Oberkommando einer Armee.

Die für den Verlauf der Revolution maßgebenden Geschäftsinteressen bestimmten auch das Verhalten Napoleons. 1792 hatte die Führung bei der Gironde-Partei gelegen. Sie hatte unter Roland das erste parlamentarische Kabinett gebildet und den Krieg begonnen. Im amerikanischen Unabhängigkeitskrieg war es Frankreich gelungen, dem britischen Handel und der britischen Seemacht schwere Schläge zu versetzen: Man wollte weiter schlagen. Ferner stand fest, man werde den Krieg nach amerikanischem Vorbild ohne Steuern finanzieren, und zwar durch die Kontributionen besetzter Gebiete: Man wollte Belgien wegnehmen.

Dieses Programm war leicht erdacht, aber der Girondegeneral Dumouriez wurde aus Belgien schneller herausgeworfen, als er hineingegangen war, und der Krieg schädigte weniger den englischen als den französischen Handel. Die französische Kriegsflotte war durch die Emigration zahlreicher Offiziere und Desertion der Mannschaft desorganisiert, die französischen Küsten wurden wirksam blockiert, auch die Landgrenzen mit Ausnahme derjenigen nach der Schweiz wurden gesperrt, den hinter den *Girondisten* stehenden Geschäftskreisen *drohte der Ruin:* dem Exporthandel, den Exportindustrien – die Lyoner Seidenindustrie lag nahezu still – der Schiffahrt. Daher forderte deren Partei, die *„Gironde"*, 1793 *Frieden um jeden Preis*; sie war bereit, den König und die Emigranten zurückzuholen, sie ging zur Konterrevolution über, Gironde und Royalisten einigten sich. Am 31. März 1793 bemächtigte sich die jakobinische „Berg"-Partei vermittels eines wohlgeleiteten Straßenaufstandes der Kontrolle über den Konvent, schloß 27 führende Girondisten aus und verschaffte sich durch diesen Gewaltstreich die Konventsmehrheit. Darauf *erhoben sich das ganze Rhonetal* von Lyon bis Marseille und die *Hafenstädte der Provence* gegen den Konvent, *Toulon ließ die Engländer ein*. Das war die Krise, in welche die Familie Bonaparte aus Korsika hineinfloh.

Indessen waren die wendigeren französischen Geschäftsleute auf das Geschäft ihres Lebens verfallen. Mangels zahlungsfähiger besetzter Gebiete finanzierte Frankreich, nach amerikanischem Vorbild, seinen Krieg durch die Notenpresse, und zwar druckte es, wie Mephistopheles im Faust, Anweisungen auf illiquide Werte: zwar nicht gerade auf vergrabene Schätze, sondern auf *„Nationalgüter"*, das heißt den beschlagnahmten Grundbesitz von Kirche und Emigranten. Ein gewandter Kaufmann konnte also mit „Assignaten"-Geld „Nationalgüter" kaufen, ehe es sich weiter entwertete. Dies geschah in riesigem Umfang. Kehrten Monarchie und Emigranten zurück, so wären ihnen die „Nationalgüter" – nur den ehemaligen Kirchenbesitz ausgenommen – ohne Entschädigung der bürgerlichen Käufer zurückgegeben worden. Die Erwerber von Nationalgütern waren also *an der Revolution interessiert.* Die *Mehrheit der französischen Geschäftswelt* kam rasch auf den Geschmack an billig erworbenem Grundbesitz, wechselte also von der Gironde *zu den Jakobinern.*

Deren Aufgabe war eine verzweifelte: *Das Heer befand sich in voller Auflösung.* Fast alle Truppenoffiziere der Infanterie und Kavallerie waren emigriert, zum Teil mitten im Feldzug zum Feind übergegangen, ebenso ein großer Teil der Artillerie-, Pionier- und Generalstabsoffiziere. Die Disziplin der regulären Truppen war gelockert, bei den neu aufgestellten Freiwilligen-Formationen war von Disziplin überhaupt keine Rede. *Bretagne, Vendée, Provence, Rhonetal* befanden sich in *offenem Aufstand*, in weiteren Gebieten, beispielsweise in Bordeaux, konnte er jede Stunde ausbrechen. Die Truppen der Koalition – Preußen, Österreicher, Engländer, Piemontesen – brauchten nur nach Paris zu marschieren. Zum Glück für die Revolution verdarben sie ihre Zeit damit, einige Festungen zu belagern, die von tüchtigen Kommandanten und einer revolutionär gesinnten Besatzung hartnäckig verteidigt wurden.

Außer der Armee, die nicht im offenen Felde standhalten konnte, besaß die Revolution nur eine leidlich sichere Stütze: die *bewaffneten Bauern* und die *„Sansculotten"*. Die Bauern hatten ihre Fronverpflichtungen aufgekündigt, das mit Fronden belastete Bauernland in freies, bäuerliches Eigen verwandelt, die ehemaligen Herren verjagt und vielfach nicht nur die Feudalurkunden, sondern auch gleich die Schlösser und Klöster verbrannt. Sie waren gewillt, bis zur letzten Sense für die blutig errungene Freiheit zu kämpfen. Nur war ihre militärische Reichweite beschränkt: Über ihr Departement hinaus konnte man sie nicht führen.

Beweglicher waren die Sansculotten, das heißt die kleinen Leute in der Stadt. Sie waren es hauptsächlich gewesen, deren *Straßenaufstände* das – vom Bauernaufstand bankrott gemachte – Feudalregime gestürzt und der Geschäftswelt („bourgeoisie") die politische Macht verschafft hatten. In den Großstädten wie Paris organisierten sie sich in *Bezirksräten* und begannen, durch diese Vertretungen Verwaltung und politische Macht auszuüben. Materiell hatten sie aber beim Umsturz nichts gewonnen, im Gegenteil: Die galoppierende Assignateninflation bedeutete für sie den *Hunger.*

Dennoch oder deswegen konnte der jakobinische Konvent unbedingt auf die Sansculotten rechnen, mußte aber ihre zwei Hauptforderungen bewilligen: *Höchstpreise* für Getreide und *Getreiderequisitionen durch die Sansculottenmiliz*, die „Revolutionsarmee". Beides war der Geschäftswelt, auch der jakobinischen, tief zuwider, denn sie glaubte fest an die „Marktwirtschaft". Vierzig Jahre später hatte sie dafür den ehrlichen Ausdruck „Bereichert euch!" („Enrichissez-vous!"). Aber wichtiger als die Markt- und Preisfreiheit war ihr die Verteidigung der Revolution, und so schluckten die Jakobiner die Kröte. Sie nahmen Höchstpreise, Getreiderequisition, Revolutions-Armee und Robespierres Massen-Guillotinierungen in Kauf.

Jedoch nur bis Ende 1793. Denn noch vor Neujahr 1794 war die Revolution konsolidiert. Die Tatenlosigkeit der Koalitionsheere hatte den Führern der Revolutionsheere Zeit gelassen, aus den Trümmern der alten, regulären Truppen und den Freiwilligenmilizen eine disziplinierte, schlagfähige, den Gegnern innerlich überlegene neue Streitmacht zu schmieden. Die *Schlacht bei Hondschoote*, 8. September 1793, bezeichnete den Umschwung. Wie nachmals bei Auerstädt war Scharnhorst der letzte auf dem Schlachtfeld, mit seiner reitenden Batterie deckte er den Rückzug. Kurz darauf begann der Angriff auf *Toulon*, bei Jahresende waren *Rhonetal und Toulon „befriedet"*, nur der *Vendée-Aufstand fraß weiter*, aber zur Offensive waren die konterrevolutionären Bauern der Vendée ebenso außerstande wie die revolutionären Bauern des übrigen Frankreich. Der Sansculotte hatte seine Schuldigkeit getan und konnte gehen. Auch waren Guillotine und Tugendhaftigkeit auf die Dauer unerträglich.

Robespierre wußte dies sehr wohl. Er wollte die Siege benutzen, um den Frieden wiederherzustellen und damit die Guillotine überflüssig zu machen. Er wollte die Republik, aber im Gegensatz zu den Grundstücks- und Kriegsgewinnlern, die den Kern seiner Partei bildeten, eine *„tugendhafte" Republik* ohne Korruption und Kriegsgewinnler. Er sah ganz richtig, aus dem Krieg werde die Militärdiktatur hervorgehen. Durch den Friedensschluß hoffte er, eine so überwältigende Volkstümlichkeit zu gewinnen, daß er das revolutionäre Frankreich ungestört organisieren könne.

Dem mußte man zuvorkommen, und zwar rasch. Die hinter den Jakobinern stehenden Geschäftskreise liebten das Grundstücksgeschäft mit Assignaten, die fette Weide der Heereslieferungen und die nun endlich – dank des Vormarschs in Belgien – beginnende Ausplünderung der besetzten Gebiete: daher der *Staatsstreich vom 9. Thermidor* (28. Juli) 1794, der Sturz Robespierres. Auch Mephistopheles war Thermidorianer. In einem Paralipomenon zu Faust sagt er:

„Bestünde Weisheit mit der Jugend
Und Republiken ohne Tugend,
So wär' die Welt dem höchsten Ziele nah."

Robespierre war selber schuld an seinem Sturz. In gutbürgerlicher Ungeduld hatte er selbst die Sansculotten außer Gefecht gesetzt, als er ihrer nicht mehr zu bedürfen glaubte: erst hatte er die aus ihrer Mitte hervorgegangenen konsequent demokratischen Führer, die „*Enragés*", guillotinieren lassen oder sonst unschädlich gemacht, dann hatte er die gutbürgerlichen, aber wider ihren Willen von den hungernden Sansculotten zu radikalem Auftreten gezwungenen Führer der Pariser revolutionären Stadtverwaltung („Commune") – *Chaumette, Hébert* und deren Parteigänger – aufs Schaffott geschickt und die sansculottische *Revolutionsarmee aufgelöst*. Die gutbürgerliche Pariser Nationalgarde bot Robespierre keinen Rückhalt. Er stürzte am 9. Thermidor und schien Napoleon in den Tod nachzuziehen.

Artilleriekommandeur der Armée de l'Italie

Anfang Januar 1794 erhielt Napoleon das *Artilleriekommando* der *Armée de l'Italie* nebst dem Auftrag, einen *Feldzugsplan* für diese Armee auszuarbeiten. Ihr nächster Gegner war *Piemont*. Dessen Interesse lief die Teilnahme am Krieg zuwider.

Im Vertrauen auf energische Kriegführung war es 1792 dem monarchischen Kreuzzug gegen die Revolution beigetreten. Aber die Voraussetzung blieb unerfüllt. Piemont verlor seine Provinzen westlich des Alpenkamms, Savoyen und Nizza. Deren Rückeroberung war unmöglich. Allerdings kam auch der französische Angreifer nicht weiter. Denn die Paßstraßen über die Seealpen waren für Artillerie nicht fahrbar und von Oktober bis Mai ständig, von Mai bis Oktober häufig zugeschneit. Jenseits stand die piemontesische Armee in zentraler Stellung bei Turin, bereit, über jeden Angreifer herzufallen, der etwa durch eines der Quertäler in die Ebene herabstieg. In jedem Tal konnte sie sich auf Sperrforts stützen und hatte die Österreicher hinter sich.

Wie Napoleon nachwies, gab es nur eine sinnvolle Angriffsrichtung: über den *Cadibona-Paß*, den niedrigsten Apenninenpaß. Er führt von Savona zur östlichen Bormida bei Cairo und Dego. Die Paßstraße war in leidlichem Zustand und rasch für Feldartillerie fahrbar herzurichten. Bei Dego stand der rechte Flügel der Österreicher. Deren rückwärtige Verbindungen verliefen nordöstlich zur Lombardei, diejenigen der Piemontesen *divergierend* nordwestlich nach Turin. Vor einem Angriff auf Dego würden die Österreicher nordöstlich ausweichen, und ihre Hauptmacht sich etwa bei Acqui sammeln. Das gebe dem Angreifer Zeit, sich links zu wenden und die *Piemontesen abzufertigen*. Deren Kriegsmüdigkeit war bekannt; man werde mit ihnen Waffenstillstand schließen. *Dann kämen die Österreicher dran.*

Nach verschiedenen Verzögerungen, unter anderem durch Napoleons Haft, trat die Armée de l'Italie am 17. September 1794 an und zwang durch das *erste Gefecht bei Dego*, 21. September, den österreichischen rechten Flügel programmgemäß zum Rückzug auf Acqui. Vorerst durfte sie indes nicht auf der von Napoleon vorgezeichneten Siegesbahn fortschreiten, sondern mußte zurück an die Riviera. Denn die maßgebende Stimme im Kriegsrat hatte der Konventskommissar Albitte. Er war nach dem Thermidor gekommen, hatte Napoleons Verhaftung durchgesetzt und verstand dessen Strategie nicht. Daß der sichere *Sieg verschenkt* wurde, und daß Napoleon dessen Urheber gewesen sein würde, war schon damals eine in der Armée de l'Italie verbreitete Überzeugung. Daß sie zutraf, hat Napoleon im April 1796 bewiesen, als er den alten Plan wieder aufnahm. Nur mußte er 1796 den ersten Marsch ein paar Kilometer weiter östlich legen, und zwar über *Montenotte*, den ersten seiner berühmten Schlachtorte.

Die Provence, und mithin die französische Südostarmee war auf die Einfuhr von Getreide und anderen Lebensmitteln aus Oberitalien angewiesen. Der Transport ging zu Land nach *Genua und von dort zur See*. Dort kreuzte die englische Flotte. Aber flachgehenden Küstenfahrzeugen konnte sie nichts anhaben. Diese segelten oder ruderten nachts; tags lagen sie in einer Bucht unter dem Schutz der von Napoleon aufgestellten Küstenbatterien.

Im Juli 1795 übernahm *Kommodore Nelson* das Kommando der Riviera-Blockade und wollte Ernst machen. Er verfügte über das Linienschiff „Agamemnon", dessen Kommandant er war, sowie sechs Fregatten. Da mindestens drei Linienschiffe nötig waren, um die Küstenbatterien einer Bucht niederzukämpfen, beantragte er die Unterstellung zweier weiterer Linienschiffe. Ferner wünschte er flachgehende Kanonenboote, um die Küstenfahrer aufzubringen; solche Kanonenboote hätten die verbündeten Königreiche Neapel und Sardinien. Der Geschwaderchef wies diese übel angebrachte Initiative ab. Admiral Hotham war mit der Blockade des französischen Toulon-Geschwaders beauftragt. Davon dürfe er sich nicht durch Nebenbeschäftigungen ablenken lassen. Nelson hat das stets für einen *verhängnisvollen Fehler* gehalten. Er war überzeugt, er würde Napoleons italienischen Feldzug 1796 verhindert haben, wenn man ihn losgelassen hätte.

Dies leuchtet ein. Die Römerstraße an der Riviera war verfallen. Das Gebirge tritt nahe an die Küste heran, Fahrstraßen über längere Strecken fehlten. Infolgedessen waren die Franzosen sogar für den Marsch ihrer Truppen, insbesondere der Artillerie, auf den Seeweg angewiesen. Mangels brauchbarer Straßen für seinen Aufmarsch hat Napoleon seinen Aprilfeldzug 1796 *fast ohne Feldartillerie* durchführen müssen, hauptsächlich mit einigen Gebirgsschützen, die von Maultieren getragen wurden und die er stück- und tageweise den Infanteriedivisionen zuteilte. Einen Teil des Belagerungstrains gegen Mantua hat Nelson 1796 auf See abgefangen – Napoleon fand Ersatz in den Festungen Modena und Ferrara. Die lagen auch näher an Mantua.

Napoleons Gesamtauffassung war denkbar großzügig. Der *Hauptgegner sei Österreich*. Dieses müsse man *niederwerfen*; die französischen Hauptstreitkräfte müßten *durch Süddeutschland nach Wien* vordringen. Die Nebenkriegsschauplätze müsse man möglichst aussparen. Spanien sei kein ernstzunehmender Gegner. Daher seien die Hauptstreitkräfte aus der Pyrenäenarmee zu verstärken. Die Streitkräfte gegen Piemont könnten halbiert werden, wenn man angreife. Derzeit stünden die französische Alpen- und Italienarmee in einem Halbkreis vom Kleinen St. Bernhard bis Savona um Piemont herum, auf jedem Punkt einem überlegenen Angriff von Turin her ausgesetzt. Greife man seinerseits Piemont an, so komme man gegen dieses *mit der halben Streitmacht* aus. Der Angriff auf Piemont bilde eine höchst wirksame Diversion, denn dadurch werde *Österreich in Italien angegriffen* und müsse seine dortigen Streitkräfte verstärken. Der französische Angriff dürfe sich nicht durch einen Nebenangriff in Mittel- und Süditalien *zersplittern*; diese Zersplitterung schwäche unvermeidlich den Angriff durch Norditalien auf Österreich. Vielmehr müsse die Armée de l'Italie ihre *Kräfte zusammenhalten* und südlich der Alpen gleichfalls *auf Wien marschieren*: eine Strategie von neuartiger Konsequenz und Großzügigkeit: die napoleonische.

Von Januar 1794 bis April 1795 hatte Napoleon sein Stabsquartier in Château Sallé, einer Sommervilla bei Antibes, bezog monatlich 1300 Livres Sold und Aufwandsentschädigung sowie vor allem eine Anzahl Rationen, so daß er seine Adjutanten zu Tisch laden sowie seine Familie ernähren und unterbringen konnte: fünf heranwachsende Kinder, die guten Appetit hatten.

Paris Juni 1795 – März 1796

Wie berichtet, hatte am 22. September 1794 das Votum Albittes verhindert, daß Napoleons Offensivplan gegen Piemont durchgeführt wurde. Das und seine strategische Auffassung haben ihn veranlaßt, sich auf den Hauptkriegsschauplatz in Deutschland zu melden, wo solche Behinderungen von oben weniger zu befürchten waren. Statt dessen wurde er durch Befehl vom 29. März 1795 als Kommandeur einer Infanteriebrigade *zur Westarmee* in die Bretagne versetzt. Ein Vierteljahr später folgte ein weiterer Affront: Er wurde von einem Artillerie- *zum Infanteriegeneral degradiert*. Er war von vornherein entschlossen, keinesfalls zur Westarmee zu gehen.

Denn sie kämpfte gegen die royalistischen Aufständischen der Bretagne und Vendée. Bei einem politischen Umschwung konnte es mißlich sein, Franzosenblut vergossen zu haben. Zudem war der Oberkommandierende im Westen, *Hoche*, als erfolgreicher Jakobinergeneral bekannt. Ihm fiel der Ruhm für die Leistungen seiner Untergebenen zu, anders als unter Dugommier vor Toulon.

Die damaligen französischen Artillerie- und ähnlich die Pionier- („Genie")-Offiziere bildeten einen Orden, der mit Verachtung auf die Infanterie- und Kavallerieoffiziere herabsah, als auf Tagediebe ohne ernstzunehmende Ausbildung. Napoleon wurde im Artillerieregiment Nr. 2 als Major geführt, der zeitweilig als Brigadegeneral zur Italien- bzw. Westarmee abkommandiert war. Sein Adjutant Marmont wurde seit 1796 im reitenden Artillerieregiment Nr. 1 als Oberst geführt, der zeitweilig als Adjutant des Oberkommandierenden zur Armée de l'Italie kommandiert war. Die Umwandlung in einen Infanteristen wurde vom Orden als ehrenrührig betrachtet. Napoleon dachte damals auch so. Später hat er darüber gelacht: „*Kümmern wir uns nicht um die Artilleristen! Das sind Querköpfe*."

Er wartete also zunächst einmal die Ankunft seines Nachfolgers ab und verkaufte seine Equipage. Dann reiste er im Mai höchst gemächlich nach Paris, begleitet von seinen Adjutanten Junot und Marmont. Zwei Tage lang machte man bei Marmonts Eltern in Châtillon sur Seine Station – nicht gerade der nächste Weg. Auf anderen Etappen besichtigte Napoleon *Nationalgüter*, die zum Verkauf standen. Eines davon empfahl er seinem

Bruder Joseph, um 60000 Livres von der Mitgift von dessen Frau anzulegen; ein anderes faßte er für sich selbst ins Auge. Geld spielte keine Rolle; *Barzahlung wurde nicht verlangt.* Endlich, einen Monat nach Erhalt des Versetzungsbefehls, kam er an, zwar nicht bei der Westarmee in Rennes, aber wenigstens in Paris.

Die oberste Heeresleitung lag beim *Wohlfahrtsausschuß.* Um ihm die Allgewalt zu nehmen, die er vor dem Thermidorputsch besessen hatte, war bestimmt, daß alle Vierteljahre ein Drittel seiner fünfzehn Mitglieder ausgewechselt wurde; auch die *Geschäfte* wurden also *alle Vierteljahre neu verteilt.* Infolgedessen war *im Juni Françcois Aubry* und *von September ab Letourneur* für Napoleon zuständig: beide gediente Offiziere der königlichen Armee und älter als Napoleon, Aubry Artillerist, Letourneur Pionier. Beide durchschauten Napoleon als widerspenstigen Untergebenen und Intriganten, seine scheinbar linke Richtung paßte ihnen nicht. Aubry war zwanzig Jahre älter als Napoleon und hatte es nur bis zum Hauptmann gebracht. Daß ein so viel jüngerer Offizier bereits General war, verdroß ihn. Er hielt Napoleon dessen Jugend vor und erhielt die berühmte Antwort: „*Auf Schlachtfeldern altert man rasch, und da komme ich her.*" Aubry degradierte den auf Schlachtfeldern gealterten Napoleon zum Infanteristen und hielt Napoleons Kommandierung zur Westarmee aufrecht.

Dieser *meldete sich krank* und blieb in Paris mit einem Sold von monatlich 1000 Livres. Da ein Pfund Zucker und ein Liter Olivenöl je 100 Livres in Assignaten kosteten, kann man sich ausrechnen, daß mit diesem Sold nicht weit zu kommen war. Wesentlich war aber, daß Napoleon *täglich 6 Rationen* erhielt. Alle Zeugen aus dieser Zeit schildern Napoleons Kleidung als *schäbig*, aber das galt ausnahmslos *für die ganze Armee. Ouvrard* verhalf Napoleon zu einem Bezugschein für Uniformstoff, so daß er sich eine anständige Uniform schneidern lassen konnte.

Aus Napoleons ungepflegtem Äußeren hat die bonapartistische Legende gemacht, er habe sich im äußersten Elend herumgedrückt. Indessen sandte er zweimal vierstellige Summen an die Familie und versuchte, Nationalgüter zu kaufen. Von einer Versteigerung berichtete er Joseph, er habe 1,5 Millionen (Assignaten) bieten wollen, aber das Objekt sei auf drei Millionen getrieben worden. Marmont berichtet in seinen Memoiren, er habe sich von seinem General getrennt und sei zur Rheinarmee gegangen, „*denn ich hatte keinen Sinn für die Geschäfte*". Ob ihn Napoleon hatte, läßt sich nicht beurteilen. Man hört nur von mißglückten Geschäften, aber er *schickte Geld nach Hause.*

Erfolglos war er insbesondere in dem Geschäftszweig, dem er schon als Unterleutnant in Auxonne obgelegen hatte, der *Mitgiftjagd*. Dort hatte er sich um diejenige der Manesca Pillet bemüht, im Sommer 1795 um diejenige von Madame Permon, der Witwe eines kurz zuvor verstorbenen Heereslieferanten. Sie hätte seine Mutter sein können; ihre Tochter heiratete bald darauf Napoleons Adjutanten Junot. Daneben lief immer noch die nie abgebrochene, aber auch nicht förmlich ausgesprochene Bemühung um Josephs Schwägerin Désirée Clary. Madame Clary schätzte Joseph als Schwiegersohn, fand aber, ein Bonaparte in der Familie sei genug. Aus Liebe zu heiraten, hat Napoleon immer für den *Gipfel der Torheit* gehalten, beging aber bald darauf *selbst diese Torheit* in der Einbildung, die Witwe Beauharnais besitze die Mitgift, deren Gerücht sie ausgesprengt hatte; zu seiner Enttäuschung waren nur Schulden da.

Erfolglos blieb auch Napoleons Versuch zur Auswanderung als artilleristischer „Müsteschar" in die Türkei. Aubry und Letourneur mißtrauten ihm, wollten aber einen so tüchtigen Offizier auch nicht fortlassen.

Im Sommer 1795 war im Wohlfahrtsausschuß zuständig *Doulcet de Pontécoulant*. Diesem Ausschußmitglied leuchteten Napoleons strategische Auffassungen ein. Zwar hob er dessen Kommandierung zur Westarmee nicht auf, beschäftigte ihn aber ungeachtet seiner Krankmeldung im topographischen Bureau, das als *Operationsabteilung* diente. Dort verfaßte Napoleon *mehrere Denkschriften*, in denen er seine Auffassungen über die Operationen in Italien weiter entwickelte. Zum Teil sind diese Denkschriften wörtlich in die Weisungen an die Armée de l'Italie übergegangen. Als Letourneur im September die Geschäfte übernahm, verlor er die Geduld. Am 15. September wurden auf seine Veranlassung 61, meist linksverdächtige Generäle *kassiert*, darunter auch Napoleon.

Wie nach seinem Scheitern auf Korsika 1793 kam auch diesmal Napoleons Aufstieg durch eine *jähe Wendung der französischen Revolution*, diesmal allerdings bereits der Gegenrevolution.

General Vendémiaire

Anfang Oktober 1795 fielen zwei politische Ereignisse zusammen: die Bildung des Direktoriums und ein *royalistischer Aufstand*. Es galt die Verfassung von 1795. Ihr lag zugrunde die *Verfassung von* 1793, in der das gleiche Prinzip der *„direkten Demokratie"* verwirklicht war wie in der russischen *Sowjetverfassung* von 1917: Die Souveränität lag bei *Ortsräten*, die von *allen erwachsenen Männern gewählt* waren, öffentlich verhandelten, von ihren Wählern *jederzeit abberufen* und neu gewählt werden konnten. Nach dem Thermidor war zwar das Wahlrecht auf die vermögende „Bourgeoisie" beschränkt worden, aber die extreme *Dezentralisierung* war geblieben, und Zentralregierung wie Kommunalverwaltung blieben gelähmt durch das *Fehlen ausreichender Steuern.*

Die dadurch verursachte Schwäche der staatlichen Ordnung zog nach sich eine *Serie von Putschen* 1795–1799, in denen die Fraktionen der thermidorianischen Jakobiner miteinander um die Macht kämpften. Im Vendémiaire 1795 wurde die gerade an der Macht befindliche Fraktion von Napoleon verteidigt, im Brumaire 1799 machte er sich zum Diktator und *löste dann die Aufgaben*, die von dem thermidorianischen „Direktorium" *unerledigt gelassen* worden waren. Dabei blieb der Terror, milderte sich jedoch, denn die *bürgerliche Klassenherrschaft stabilisierte sich.*

Den finanziellen Fehlbetrag deckte die Zentralregierung durch *Notendruck*. Die Inflation trifft stets am härtesten die *arbeitenden Klassen* in der Stadt. Die Sansculotten waren aber seit März 1794 entwaffnet und konnten sich nicht wehren. Doch auch das *kleine bürgerliche Eigentum* darbte: daher dessen *royalistische Wendung*. Der Royalismus der Pariser Klein- und Mittelbürger hatte mit dem feudalen Emigrantenroyalismus des Londoner Bourbonenhofes nur eines gemein: den jakobinischen Gegner. Ihr Interessengegensatz wurde den bürgerlichen und feudalen Royalisten indes erst 1814 klar, nach der Rückkehr der Bourbonen.

Hauptinflationsgeschädigte „Bourgeois" waren die *Rentiers*. Natürlich gingen nicht sie auf die Straße, sondern die wohlhabendere oder ehemals wohlhabendere Jugend („*jeunesse dorée*"), wie in Deutschland 1919–1923 die Zeitfreiwilligen. Jedenfalls wünschten die gutbürgerlichen Pariser Stadtbezirke, deren *Nationalgarde* sich Anfang Oktober („Vendémiaire") 1795 gegen den Konvent erhob, ein konservatives Regime. Die Raupe Konvent war ihrerseits gerade dabei, sich in die Puppe Direktorialverfassung zu verwandeln, mit einem fünfköpfigen, rotierenden Präsidenten der Republik („*Direktorium*") und zwei gleichfalls rotierenden Parlamenten („*Conseils*") der Alten bzw. der Fünfhundert.

Auf welche Seite sollte Napoleon setzen? Das große Geld, mit dem er gesellschaftlich und geschäftlich verbunden war, stand unverändert hinter dem Konvent, hinter dem Aufstand nur das kleine, notleidende. Auch kontrollierte der Konvent den Staatsapparat, insbesondere die bewaffnete Macht, und *Napoleon hatte Zugang zu dem damaligen Führer des Konvents, Barras.*

Barras und Napoleon kannten einander von Toulon her. Bei der Belagerungsarmee befanden sich zwei Zwillingspaare von Konventskommissaren: im Hauptquartier Ollioules vor Toulon Salicetti und Gasparin, in dem Hauptetappenplatz Marseille Barras und Fréron. Angesichts des Vendémiaire-Aufstandes zeigte sich Barras als der entschlossenste Abgeordnete; der Konvent übertrug ihm das *Kommando über die Truppen in Paris.* Barras wußte, daß er der Aufgabe nicht gewachsen war, und machte zu seinem Stellvertreter, das heißt zum wirklichen Kommandeur *„den kleinen Korsen, der kein Federlesen machen wird"*. In der Nacht auf den 5. Oktober schaffte der Kavallerieoberst Murat Artillerie heran, und als die Aufständischen am 5. Oktober von der Rue St. Honoré gegen die Tuilerien vorrückten, kartätschte der kleine Korse sie nieder.

Der Konvent verwandelte sich in die beiden neuen Parlamente. Diese wählten *Barras in das Direktorium*; dessen Führung fiel ihm für drei Jahre zu. Nach der neuen Verfassung durfte kein Direktoriumsmitglied ein militärisches Kommando ausüben. Also übertrug man *Napoleon* auch formell *das Oberkommando* und ernannte ihn zum *Divisionsgeneral*, dem damals höchsten militärischen Rang – den Marschallsrang hat erst Napoleon als Kaiser 1804 wieder hergestellt.

Wie Napoleon es geschafft hat, zum richtigen Zeitpunkt, am 4. Oktober, an Barras heranzukommen, ist nicht bekannt; die Legenden darüber darf man übergehen. Zufall kann es nicht gewesen sein, denn er schnüffelte in den maßgebenden Salons und Behörden herum.

Treffpunkte des großen Geldes und der politisch Maßgebenden waren die Salons *Tallien, Récamier, Staël, Beauharnais. Josephine* war Barras' Titulargeliebte, Barras „König des Direktoriums": daher stand Ende 1795 ihr Salon an der Spitze. Sie makelte zwischen Heereslieferanten und Behördenchefs; zu Napoleons Verdruß nahm sie diese Tätigkeit 1800, unter dem Konsulat, wieder auf. Mithin machten ihr Heereslieferanten die luxuriösesten Geschenke. Napoleon als Parvenu hielt diese Pracht für echtes Louis Seize. Die Lieferanten schrieben die Geschenke ab, sandten jedoch pro forma Rechnungen über phantastische Beträge: das waren Josephines Schulden. An Nachrechnen oder gar Bezahlen dachte sie nicht; es mahnte auch niemand.

„Zwischen Barras, Bonaparte, Tallien usw. und den Damen Beauharnais, Tallien, Hamelin und anderen bestand eine enge Verbindung mit dem Doppelzweck, Geschäfte zu vermitteln und sich zu amüsieren," (Larevellière) insbesondere Libertinage. Abgelegte Geliebte delegierte Barras in das Bett von Partnern, die er dadurch noch enger binden, kontrollieren oder, wie er prahlte, zu den Kosten verurteilen wollte. Larevellière und neuerdings Guillemin sind auf seine Flunkerei hereingefallen.

Seit dem Vendémiaire war Napoleon ein Hauptbesucher des Salons Beauharnais und

„verliebte sich in Madame de Beauharnais in des Wortes verwegenster Bedeutung. Offensichtlich war dies seine erste Liebe, und er gab sich ihr mit seiner ganzen Energie hin. Er war siebenundzwanzig Jahre alt, sie zweiunddreißig und nicht mehr in der ersten Blüte ...

Schon als er noch den Republikaner spielte, war er vom Adelsvorurteil befangen. Ich verstehe das – ich denke selbst so ... Bei vornehmer Geburt setzt man gute Erziehung voraus ... Dass er sich aber durch diese Verbindung gehoben fühlte, verrät vor allem seine Unkenntnis der französischen Gesellschaft vor der Revolution. Durch diese Heirat glaubte er einen grösseren gesellschaftlichen Schritt aufwärts zu machen als sechzehn Jahre später durch die Heirat mit einer Kaisertochter."

Im italienischen Frühjahrsfeldzug 1796

„dachte er ständig an seine Frau, begehrte sie, erwartete sie mit Ungeduld – sie selber kostete lieber in Paris seine Triumphe aus ... Zu mir sprach er oft von ihr mit der Glut und den Illusionen eines Jünglings ...

Ihr Bild trug er ständig bei sich. Eines Tages, in Tortona, zerbrach das Glas des Rahmens. Er erblich, seine Züge verrieten den heftigsten Schmerz, und er sagte: ‚Marmont, meine Frau ist entweder sehr krank oder untreu ...'

Als sie endlich in Mailand ankam, lebte er nur für sie ... Nie hat eine reinere, wahrere, ausschliesslichere Liebe das Herz eines Mannes beherrscht." (Marmont)

Als Napoleon um Josephine warb, mißfiel er ihr ebenso wie ihren Vorgängerinnen. Auch schien ihr ihre gesellschaftliche Stellung keiner Verbesserung bedürftig. Aber diesmal ließ er sich nicht abweisen, sondern schickte *als Werber Barras* selber vor. Anders als Josephine, die in Wirklichkeit erst elf Jahre nach ihrer Heirat, 1791, also mitten im Niedergang an den Bourbonenhof gekommen war, hatte Barras ihm noch in seinen Glanzzeiten angehört und wußte, daß man solche Talmidamen nicht heiratet. Seinen Geschäfts- und Bettprinzipien gemäß begrüßte er Napoleons Heiratsplan und gewann Josephine dafür. Die Braut schrieb einer Freundin:

„Barras verspricht: wenn ich den General heirate, verschafft er ihm den Oberbefehl der armée de l'Italie."

Das Jahresgehalt eines Armee-Oberbefehlshabers betrug 48000 Frs, also monatlich 4000. Gleichwohl überwies Napoleon in den ersten Novembertagen bereits das *Hundertfache eines Monatsgehaltes*, 400000 Frs, an seinen Bruder Joseph und erläuterte brieflich, für die Familie sei gesorgt, er habe „Geld (das heißt Edelmetall-Münzen), Assignaten und so weiter" geschickt, einen guten Bekannten zum Generalzahlmeister gemacht, und noch mehr solche erfreulichen Geschäftsnachrichten.

Die Herkunft dieser 400000 Frs ist, wie viele andere Einzelheiten von Napoleons Geschäften, ungewiß. Viele Möglichkeiten bestehen. Eine besonders einleuchtende wurzelt in der damaligen „gespaltenen Währung". Die öffentlichen Kassen konnten vollwertiges Metallgeld und entwertete Assignaten zum Nominalwert zahlen und annehmen. War ausnahmsweise Metallgeld in der Kasse, so konnte es der Verfügungsberechtigte tauschen und Assignaten gleichen Betrages in die Kasse legen. Es kann sich auch um Geschenke von Heereslieferanten oder irgend etwas anderes gehandelt haben. Nur *Unterschlagung kommt nicht in Frage*.

Denn von Anbeginn legte Napoleon Wert auf streng korrekte Kassenführung, wenn auch nur zum Schein. *Stendhal*, der napoleonischer Beamter gewesen war, schrieb später im *Lucien Leuwen* über das Weiterleben der von Napoleon begründeten Verwaltungsmethoden:

> „Ein bedauernswerter Ehrenmann, der sich als Innenminister mit nützlicher und ehrlich gemeinter Arbeit beschäftigt hätte, wäre für einen Esel gehalten worden; die ganze Kammer hätte ihn verlacht. Man mußte sich ein Vermögen erwerben, nicht etwa durch gemeine Unterschlagung; aber jedenfalls mußte man sich die Taschen stopfen, um die allgemeine Wertschätzung zu genießen."

Das war schon unter Napoleon so, nur verlangte dieser, im Gegensatz zu Louis Philippe, substantielle Leistungen von seinen Ministern, lediglich den Polizeiminister ausgenommen, der, wie noch heute mancher Geheimdienstchef, auch von bloßer Spiegelfechterei leben konnte.

Siegeslauf in Italien

> „Der Marschall Gouvion St. Cyr sagte im September 1813 zu Napoleon, er betrachte den ersten Feldzug in Italien noch immer als dessen strategisches Meisterstück. Auch der Kaiser hielt ihn wegen der geringen Mittel, die ihm damals zur Verfügung standen, für seinen schönsten Feldzug.

Man hat das Jahr 1805 (Ulm und Austerlitz) ... als das Geburtsjahr des modernen grossen Krieges bezeichnet. Mit demselben Recht kann man das das Jahr 1796 als das Geburtsjahr des modernen Vernichtungskrieges bezeichnen. Wer sich mit der Tätigkeit des damals sechsundzwanzigjährigen Generals beschäftigt, wird gefesselt durch die Ursprünglichkeit und Unmittelbarkeit der Gedanken, durch die Frische der Handlung." (Kuhl)

In der Fachliteratur waren die militärischen Neuerungen der französischen Revolution bereits seit mehr als einem Jahrzehnt vorbereitet, aber in die Praxis umgesetzt wurden sie durch den sozialen Umsturz. Die Massenaufgebote revolutionärer Bürger wurden anfänglich unausgebildet vor den Feind geführt. Auch später blieb für den „Linear"-Drill keine Zeit. Also fochten sie in Bataillonskolonnen, das heißt Linien zu drei Gliedern, normal mit 180 bis 270 Mann Frontbreite, im hinhaltenden Gefecht auch in Schützenlinien. Deren Bedeutung wird durch die „Tirailleur"-Legende übertrieben. Massenwirksam war das Gewehrfeuer nur gebündelt, durch die *Kartätschwirkung* von Bataillons- oder Pelotonsalven. Denn das damalige Infanteriegewehr, die glatte „Muskete", war wenig wirksam: Es trug nicht weit, traf schlecht und war zeitraubend zu laden. Die gezogene „Flinte" (fusil, rifle) der leichten Infanterie („Füsiliere" und „Jäger") traf zwar besser, war aber noch zeitraubender zu laden. Nicht nur *im Gefecht waren die neuen Bataillone beweglicher*, sondern *auch auf dem Marsch*. Das ermöglichte kleinen Verbänden wie der Armée de l'Italie, die selten stärker war als 40000 Mann, eine bis dahin ungekannte Vervielfachung ihrer Wirkung durch raschen Ortswechsel. Die österreichische Heeresleitung wollte umgehen und verteilte die überlegenen Kräfte, die sie zum Entsatz von Mantua aufbot, jedes Mal auf zwei oder gar drei getrennt heranmarschierende Armeekorps. *Napoleon konzentrierte seine Hauptmacht* erst gegen das eine, dann gegen das oder die anderen. *Auf dem Gefechtsfeld* hatte er in der Regel *die Übermacht* und siegte. Gleichzeitig unterlagen in Süddeutschland die französischen Haupttheere und mußten über den Rhein zurück. Um so tieferen Eindruck machten Napoleons Siege, zumal sie rasch aufeinander folgten.

Auch finanziell machte dieser Feldzug Epoche durch seinen *Nettogewinn*. Die Hauptheere der Republik standen seit 1794 überwiegend in Feindesland – Belgien, den Niederlanden, West- und Süddeutschland. Sie erhoben von den besetzten Gebieten weit mehr an *Requisitionen und Kontributionen*, als sie verbrauchten, aber der Überschuß wurde von Kommandeuren, Verwaltungsbeamten und Lieferanten *veruntreut*, nach Paris gelangte nichts. In Italien bereicherte sich gleichfalls dieser „Schwarm von Geiern" (Larevellière), doch von den 120 Millionen Livres (in Silber gerechnet), die Napoleon dort 1796 bis 1797 erhob, zahlte er 50 Millionen an das Direktorium, sandte ihm auch Sachwerte. Was er selber einsteckte, ging ebenfalls nicht verloren, sondern erfüllte einen historischen Zweck:

> „Ohne die Millionen, die Napoleon in Italien gestohlen hat, wäre er nie vorwärtsgekommen." (Stendhal)

Das Land hatte natürlich weit mehr aufzubringen: Lebensmittelrequisitionen, Lieferungen zur Neueinkleidung der Truppen, Quartiergewährung, Vorspann, im April und Mai 1796 auch Plünderung, später nur noch ausnahmsweise.

Grundsätzlich konnte Napoleon *Plündern* nicht dulden. Es stört die Ordnung auf dem Kriegsschauplatz und löst die Disziplin. Indes waren die Verhältnisse stärker. Die Truppen des rechten Flügels hatten am 14. April Dego genommen, die Verteidiger überwiegend gefangengenommen, den Rest nach Norden getrieben. Die Truppe fühlte sich sicher und löste sich plündernd auf, die militärische Ordnung brach zusammen. Am anderen Morgen wurden die Sieger von einer frischen österreichischen Abteilung überfallen und herausgeworfen; sie mußten Dego durch erneuten Angriff wieder nehmen. Ein ganzer Tag ging damit verloren.

Auf dem linken Flügel wiederholte sich das am 19. April noch krasser. Die Division Sérurier hatte San Michele an der Corsaglia genommen. Offensichtlich war das Gefecht noch nicht beendigt, dennoch zerstreute sich die Truppe plündernd im Ort und wurde alsbald durch einen piemontesischen Gegenstoß herausgeworfen; sie griff nicht nochmals an.

Die *Verpflegung war zurückgeblieben*. Die Transportmittel waren ganz ungenügend und die *Intendanturbeamten gleichgültig*. Es *fehlte an allem*: Der Abmarsch einiger Truppenteile von der Riviera hatte sich verzögert, weil sie *erst Gewehre empfingen*. Bei wenig über 40000 Kombattanten fehlten noch mehrere tausend Gewehre. *Ganze Regimenter gingen barfuß*, die Uniformen waren abgerissen. Reiterei, Feldartillerie und Train waren im Winter 1795/1796 wegen Futtermangel in die Provence zurück verlegt worden, hatten viele Pferde verloren und waren erst wieder im Anmarsch. Das Plündern war *Folge quälendsten Hungers*. Selbst ein Führer von Napoleons starkem, mitleidlosen Willen war dagegen ohnmächtig und mußte am 16. und 22. April Ruhetage gewähren.

Man befand sich noch im Gebirge, auf dessen halbverschneiter Nordseite, in einem armen Land, für das die Verwüstung zur *Katastrophe* wurde. Ehrenhafte Offiziere wie der Divisionskommandeur Laharpe und mehrere Regimentskommandeure verzweifelten und forderten ihre Entlassung.

Wegen der Entblößung der Armee vom Nötigsten hatte Napoleons Vorgänger Schérer die Offensive für unmöglich erklärt. Umgekehrt meinte Napoleon, gerade deshalb gebe es keine andere Möglichkeit. Nur durch Vormarsch in die reiche Ebene Oberitaliens sei dem Mangel abzuhelfen. Allerdings durfte es für den Führer das Wort „unmöglich" nicht geben.

> „Sein Selbstvertrauen und das grenzenlose Vertrauen, das er anderen einflösste, verliehen seinen Worten und Handlungen eine Wirkung und Bestimmtheit, die alle mitriss. Er schien beim Erwachen jeden Morgen einen neuen Horizont vor sich zu sehen. Statt über das zu staunen, was er bereits geleistet hatte, schrieb er aus Verona an das Direktorium, es solle ihm Verstärkungen schicken. Dann würde er durch Tirol marschieren und der österreichischen Armee am Rhein in den Rücken fallen. Ich war verblüfft, als er mir das diktierte. So etwas ausdrücklich zu formulieren, schien mir geradezu Wahnsinn. Aber so war er in seiner ganzen Laufbahn. Um die Hindernisse zu überwinden, missachtete er sie zunächst. Aber indem er sie missachtete, häufte er eine solche Masse auf sein Haupt, dass sie ihn schliesslich erdrückte." (Marmont)

Den piemontesischen Unterhändlern gestand Napoleon nach Abschluß des Waffenstillstands, er habe das Plündern seiner Soldaten nicht bestrafen können, sondern sich mit der Erschießung eines Mannes begnügen müssen, der einer Frau Gewalt angetan hatte. Marmont gibt an, bei der Plünderung von Pavia Ende Mai seien solche Greuel unterblieben.

Dafür, daß Napoleon dem Direktorium die Offensive ohne vorherige ausreichende Ausrüstung und Versorgung der Armée de l'Italie versprach, hat Guillemin die schöne Formel, Napoleon habe sich als *Oberkommandierender im Sonderangebot* verkauft.

Seinen Proklamationen zufolge kam Napoleon als Befreier Italiens. Zu ihrem Unglück verstanden das nicht alle Italiener. Die Bewohner von Pavia und Umgegend erhoben sich gegen ihre Befreier. Um solche Aufstände künftig zu verhindern, wollte Napoleon Schrecken verbreiten und *gab Pavia zur Plünderung frei.*

„Der Steuereinnehmer wollte die Plünderer ablenken und warf zu diesem Zweck Geld auf die Strasse. Natürlich zog er sie dadurch erst recht auf sein Haus ... General Bonaparte beauftragte mich, das Geld aufzusammeln ... Um Verdacht zu vermeiden, liess ich mich von Offizieren begleiten ... und lieferte das Geld korrekt ab ... Später warf er mir vor, dass ich es nicht behalten hätte ..., er habe mich bereichern wollen." (Marmont)

das heißt *korrumpieren und mitschuldig machen.*

Gérard Walters Napoleon-Chronologie (in Godechot, *Napoléon*) zählt für 1796-1798 nicht nur Napoleons Gefechte, Schlachten, Republikgründungen, Waffenstillstands- und Friedensschlüsse auf, sondern *auch seine Geldkontributionen, Sachrequisitionen und Strafmaßnahmen* wie die Plünderung von Pavia, die Erschießung von Aufständischen sowie von Beamten, die für die Ermordung französischer Soldaten verantwortlich gemacht wurden, oder in Ägypten die *regelmäßige Köpfung Eingeborener.* Gewürzt wird die trockene Aufzählung durch Zitate aus Napoleons amtlicher Korrespondenz mit Vorgesetzten (Direktorium) und Untergebenen sowie der privaten Korrespondenz mit Josephine und Talleyrand, z.B.:

„Jeden Tag lasse ich in den Strassen von Kairo fünf bis sechs Leute köpfen. Bisher sind wir schonend verfahren ..., aber jetzt muss der Ton eingeführt werden, den das Volk versteht. Es gehorcht nur, wenn es Angst hat." (An Menou, 31. Juli 1798)

Oder der *Glückwunsch an Talleyrand* zu dessen Ernennung als Außenminister:

„Ihre Wahl ehrt die Regierung. Sie erkennt in Ihnen grosse Talente, reinen Bürgersinn und Freiheit von den Ausschreitungen, welche die Revolution entehrt haben." (16. August 1797)

Talleyrand hatte angedeutet, daß er in Napoleon den kommenden Mann sah. Ebenso diskret verkaufte er elfeinhalb Jahre später, Januar-Februar 1809, militärische Informationen an Österreich: Sein letzter Zweifel an Napoleons Selbstzerstörung war behoben, und Napoleon hatte ihn durch Beschimpfung („Kot in einem Seidenstrumpf") und Schikane (Entzug der Würde als Großkammerherr mit 40 000 Franc Gehalt; Talleyrand blieben nur noch kümmerliche 450 000 Fr. aus Hofwürden) gereizt. Napoleons Staatsstreich und Untergang antizipierte er um je zwei bis fünf Jahre.

Die leitenden Politiker Frankreichs wußten sehr wohl, welche *Gefahr ihnen von siegreichen Generälen* drohte. Daher unterhielten sie *auf den Hauptkriegsschauplätzen je zwei Armeen:* in West- und Süddeutschland links die Armée de Sambre et Meuse, rechts die Armée de Rhin et Moselle, gegen Piemont links die Alpenarmee (1796 unter Kellermann), rechts die Armée de l'Italie. Entsprechend befahl das Direktorium, das heißt Carnot, nach dem Sieg über Piemont, die Alpenarmee solle links den Angriff auf Österreich fortsetzen, die Armée de l'Italie dagegen rechts abmarschieren, um Mittel- und Süditalien zu unterwerfen und zu brandschatzen – die Operation, vor der Napoleon 1794 mit Recht gewarnt hatte. Zu politischen Entscheidungen wurde ausschließlich Salicetti bevollmächtigt. Daraus wurde nichts.

Denn *Napoleon bot seinen Rücktritt an* und erzwang dadurch die Unterstellung der Alpenarmee; Kellermann tröstete er mit einer silbernen Million. Er faßte gemäß seinem Operationsplan von 1794-1795 alle Kräfte gegen den Hauptgegner Österreich zusammen und beschränkte die an Geld und anderen Vorteilen ergiebigen Abstecher nach Mittelitalien auf die Operationspausen im Juni 1796 und Februar 1797, die ihm die Österreicher gewährten. Für zehn Monate blieb die Alpenarmee seine einzige Verstärkung. Zu weiteren sah sich das Direktorium infolge der Niederlagen in Süddeutschland außerstande: Erst im März 1797 sandte es der Armée de l'Italie die Division Bernadotte nach.

Salicetti blieb zunächst als Direktoriumskommissar bei der Armée de l'Italie, jedoch *nur noch für die Verpflegung zuständig*, und auch das nicht lange. Geschäftlich arbeitete er zu beiderseitigem Vorteil mit Napoleon zusammen, aber noch gestern war er der Vorgesetzte gewesen: Daher ließ sich eine gewisse Spannung kaum vermeiden, und so war es erwünscht, daß Spanien an Frankreichs Seite in den Krieg trat, und die Engländer ihre Mittelmeerstützpunkte räumten, insbesondere Korsika. Salicetti richtete dort die französische Verwaltung ein. Napoleon seinerseits *gründete Republiken, schloß Waffenstillstände und Friedensverträge* – Februar 1797 in Tolentino mit dem Papst, April 1797 in Leoben mit dem Kaiser. Das Direktorium hatte ihn nicht ermächtigt und mußte sich den *vollendeten Tatsachen* beugen.

Nach den Niederlagen 1796 in Deutschland hatte das Direktorium Friedensgespräche angebahnt. Es wollte die Rheingrenze erkaufen durch territoriale Zugeständnisse in Italien, und zwar durch Rückgabe der Lombardei. Das hätte Napoleons dortiges Proconsulat aufgehoben. Sein kühner *Vormarsch März-April 1797* durch Friaul und Kärnten *bis in die Steiermark* gewährte ihm den Vorteil, Österreich mit dem venezianischen

Gebiet östlich der Etsch – Venezien, Friaul, Istrien, Dalmatien – zu entschädigen. Zuvor *annektierte Napoleon Venetien ein bißchen*, trieb Kontributionen ein und trat es dann an Österreich ab. Josephines Kennzeichnung traf in Venetien und auch anderwärts in Italien zu: Jeden Tag „stellte er das Haus auf den Kopf". Als erster Konsul und Kaiser verfuhr er in Deutschland auch so.

Napoleons Vermögen

> „Bonapartes erster Italienfeldzug hat den Luxus begründet, der unsere Armee korrumpierte. Durch Prachtentfaltung und Habgier wurden unsere Generäle nicht nur für die besetzten Gebiete, sondern auch für ihre französischen Mitbürger zu unverschämten Satrapen, und zugleich gegenüber dem Spender der Ehren und Reichtümer zu feilen Sklaven ... Man stahl schamlos und trug den aufreizenden Luxus zur Schau, den er von seiner Umgebung verlangte. Mit durchsichtiger Charlatanerie kleidete er selbst sich desto einfacher ... Wohin er kam, brachte er Unterdrückung und Beraubung. Die Verschwendung mit den Hilfsmitteln Frankreichs stieg auf den Gipfel. Die Korruption durchdrang auch die ganze Militär- und Zivilverwaltung ... Ein Schwarm Geier fiel über Italien her, voran die Mitglieder seiner Familie." (Larevellière)

Als Mitglied des Direktoriums *suchte Larevellière dem Übel zu steuern*, unterstellte jeden kommandierenden General im Felde der Finanzkontrolle eines Zivilkommissars und ließ den Oberkommandierenden in Rom, Championnet, wegen seiner Räubereien verhaften – kein Wunder, daß *Larevellière selbst* beim nächsten Staatstreich (30. Prairial = 18. Juni 1799) *herausflog*.

Woher stammten Napoleons Millionen, und wie viele waren es? Wie erwähnt, gab es bei ihm keine Unterschlagung, in den Akten sollte nichts Belastendes stehen. Aber im Frühjahr und Sommer 1796, teilweise sogar noch ein Jahr später gab es in Italien Neutrale: den König von Sardinien-Piemont, die Herzöge von Parma und Modena, die Signoria von Venedig; sie zahlten *Schutzgelder*, die durch *keinen offiziellen Kanal* flossen. Die *Million für Kellermann* im Mai 1796 mag aus Piemont gekommen sein. Falls sie aus der Lombardei stammte, war sie vor der Entrichtung eines Tributs an die Armeekasse abgezweigt. Das geschah beispielsweise im April 1797 mit den 1,2 Millionen Livres *Kontribution, die der Stadt Triest* auferlegt wurde. 1% davon gelangte nicht erst in die Armeekasse, sondern wurde *vorweg an Josephine* abgezweigt, „eine sehr delikate Anwendung der neu eingeführten Dezimalrechnung" (Simiot). So etwas war nur mit Hilfe der

Intendantur möglich: daher die *Diebsgemeinschaften*, von denen Jahrzehnte später der korrekte und geschäftserfahrene General *Thiébault* schrieb:

„In Frankreich kosten die Truppen im Frieden ein Drittel mehr als nötig, und im Feld das Doppelte ... (Die Intendanten) sollen selbst nicht stehlen und ausserdem verhindern, dass die Generäle sich bereichern ... Aber man denke an Soult und Mathieu Faviers in Andalusien, an Guilleminot und Bordesoulle, an Ouvrard in Madrid, an Bourmont und Denniée in Algier und hundert andere Paare von gleichem Appetit",

vor allem Napoleon und Salicetti im Frühjahr 1796. Thiébault billigt den Generälen mildernde Umstände zu, denn ihre Bereicherung

„setzte vorangegangene Siege voraus, ging zu Lasten des Feindes oder der besetzten Gebiete ... und minderte nicht ihre kriegerische Energie, regte sie vielmehr an ... Daher hat man das Vermögen, das manche Generäle unter den Gefahren des Krieges zusammenbrachten, entschuldigt",

beispielsweise dasjenige *Massénas*, dem Thiébault nahestand.

„Nach dem Feldzug von Austerlitz war General Solignac in Italien geblieben, unter dem Befehl Massénas. Er hatte eine namhafte Kontribution beizutreiben. Was der Kaiser über den Weg, den Teile dieser Gelder genommen hatten, erfuhr, mag zutreffen oder nicht; jedenfalls wies er den Finanzminister an, auf Masséna einen Wechsel, ich glaube über drei Millionen, und auf Solignac über 800000 Livres zu ziehen. Masséna löste seinen ein, aber Solignac erklärte, von ihm kriege man keinen roten Sou. Daraufhin wurde ihm der Generalsrang aberkannt"

und ihm die Teilnahme an dem Feldzug gegen Preußen abgeschlagen. Dank diskreter Hilfe Thiébaults, Murats und anderer gelangte Solignac gleichwohl auf den Kriegsschauplatz,

„trat als Gemeiner ein ..., machte Kämpfe mit, wurde bei der ersten Besichtigung seines Truppenteils vom Kaiser erkannt und als General wieder angestellt, ohne einen Centime zurückzuerstatten."

Solignac war es gewesen, der am 13. Vendémiaire das Feuer auf die royalistischen Nationalgarden eröffnet hatte.

Im Spanienkrieg war Thiébault zeitweise Militärgouverneur von Burgos und errichtete dort ein Musterlazarett mit den besten damals möglichen hygienischen Einrichtungen und sorgfältig ausgesuchtem Personal, unter einem tüchtigen, integren Verwalter namens Latude. Dieser

> „meldete plötzlich, allnächtlich werde Heizmaterial gestohlen. Ich liess den Dieben auflauern: sie wurden ertappt. Es waren der Ökonom und ein Angestellter ... ich liess sie vor das Kriegsgericht stellen. Aber an dem Morgen des Tages, auf den die Verhandlung anberaumt war, zog der Chef des Generalstabs in Madrid (Marshall Jourdan, K.) den Fall an sich, und der Gipfel: wenig später wurde Latude seines Postens enthoben."

Bei solchen Verwaltungsmethoden, auf einem so ausgedehnten, für damalige Zeit wirtschaftlich entwickelten Kriegsschauplatz wie Ober- und Mittelitalien, mit einer zahlenmäßig so schwachen, also wenig kostspieligen Armee konnte deren Oberkommandierender schon ein namhaftes Vermögen zusammenbringen. Auf St. Helena hat Napoleon den Ertrag des Italienfeldzugs 1796-1797 treuherzig auf bescheidene 300000 Livres beziffert. *Bourrienne* gibt *drei Millionen* an. Anhand der davon getätigten *Immobilienkäufe* 1798-1799 zeigt *Masson*, daß es nicht weniger gewesen sein kann. Gemessen an den Möglichkeiten war das *bescheiden*. Aber *wie ehedem Caesar* kam es auch Napoleon mehr auf politische Macht als auf Privatvermögen an. Politische Macht begründete er, außer durch seine Siege, namentlich indem er seine Armee neu und gut einkleidete, indem er sie endlich gehörig ernährte und ihren *Sold in vollwertigem Metallgeld auszahlen* ließ, indem er seinen *Generälen* ermöglichte, sich zu *bereichern*, endlich indem er sich die Regierung in Paris durch Millionenüberweisungen verpflichtete, indem er Gemälde, Renaissance- und antike Statuen in den Louvre stellte, deren Übereignung in den Kontributionen italienischer Regierungen mit enthalten war, sowie durch Geschenke an politische und geschäftliche Freunde in Paris.

Seinerseits wurde er *von den Potentaten beschenkt*, deren Herrschaft er vorerst nicht angetastet hatte, nicht nur mit barem Geld, sondern auch mit kostbaren Kunstwerken sowie für Josephine mit kostbarem Schmuck. Insbesondere *Se. Heiligkeit der Papst* behing Madame Bonaparte mit Ketten, Perlen, Ringen und Kameen wie einen Weihnachtsbaum.

Bedeutende Ausgaben bürdete Napoleon der Armeekasse auf, beispielsweise für seine fürstliche Hofhaltung auf Schloß Mombello bei Monza, wohin er sich nach dem Vorfrieden von Leoben zurückzog. Das Prestige, das er methodisch aufbaute, erforderte den Eindruck fürstlichen Reichtums – Sparsamkeit hätte es beeinträchtigt: dafür der *prächtige Zuschnitt des Hofes*, insbesondere die Ehrenwache von 300 polnischen

Legionären, dafür die *strenge Etikette*, die den Zutritt zu ihm erschwerte und einer Audienz oder gar Einladung erhöhten Wert verlieh. Nur wenige Gäste lud er zu seiner Tafel, selbst seine Adjutanten nur ausnahmsweise, allerdings wurde diese Ehre durch die Unbequemlichkeit beeinträchtigt, daß man nicht satt wurde. Denn kaum hatten die Gäste sich bedient, so hob er schon die Tafel auf. Später wurde die *Unbehaglichkeit des Kaiserhofs* nur durch Josephines liebenswürdige Aufmerksamkeit für alle Anwesenden gemildert.

In dem frischen Grün des Parks von Mombello und im Schloß selber huldigten italienische Prominente, insbesondere Dichter und Gelehrte, dem „Befreier seines Vaterlandes". Ohne den *Charme, den er ausstrahlte*, wäre seine Wirkung nicht zu verstehen. Damals in Mombello war dieser Charme auf dem Höhepunkt, er war noch jugendlich, froh durch seine märchenhaften Erfolge und heiter mit seinen jugendlichen Ruhmesgefährten, den nachmaligen Marschällen und Herzögen Marmont, Lannes, Murat – nur Alexandre Berthier, der schon den amerikanischen Unabhängigkeitskrieg als Oberst im Generalstab mitgemacht hatte, war bereits in mittleren Jahren, aber der Glanz Alexanders konnte durch die reiferen Jahre Parmenions nur erhöht werden. Neben dem Helden glänzte seine *schöne Frau*, so widerwillig sie sich auch aus Paris und aus Barras' Armen losgerissen hatte, ferner seine Schwestern. Daß von ihnen wenigstens die zweite, Pauline, schön war, bezeugt noch heute ihr *Marmorporträt von Canova, als liegende Venus*. Heinrich Heine sang:

„Da war der Fucks, ein blinder Heid
Und persönlicher Feind des Jehovah.
Glaubt nur an Hegel, und etwa noch
An die Venus des Canova."

Elisa Bonaparte war leider mit dem korsischen Stumpfbock Bacciochi verheiratet. Pauline heiratete in Mombello einen tüchtigen und diskreten Generalstäbler, den General Leclerc. Ihre Brüder, Joseph, Napoleon und Louis, setzten ihr und Elisa Mitgiften von je 40000 Livres aus, anscheinend beider Achtel aus dem Verkaufserlös von korsischem Grundbesitz.

Von nicht geringerer Bedeutung für das Prestige war ein *Pressebüro*, das Napoleon – natürlich auf Armeekosten – in Paris unterhielt, unter Leitung von Regnaud de St. Jean d'Angely. Dessen Aufgabe war nicht allzu schwierig; denn *seit Caesar hatte es keinen derartigen Siegeslauf gegeben*. Mithin rissen sich die Journalisten um Neuigkeiten, und in den Operationspausen um Anekdoten, Hintergrundmaterial, Bilder, Karten. Dieser Pressedienst erfand sentimentale Legenden wie die von dem Degen des Generals Beauharnais und heroische Legenden wie die von der Garde, die stirbt, aber sich nicht ergibt. Nach Beendigung der Operationen arbeitete Napoleons topographisches Büro Tag und Nacht, um die gestochenen Platten zu Karten der Schlachten und Gefechte von Montenotte, Lodi, Arcole, Rivoli, Mantua und seinen sonstigen Siegen herzustellen. Napoleon trieb seine Kartenzeichner rücksichtslos an, denn ihm war gegenwärtig, wie rasch Nachrichten und Informationsmaterial veralten.

Durch seinen Friedensschluß in Campo Formio hatte Napoleon die Leitung der französischen Außenpolitik usurpiert, und so wurde ihm auch die Leitung der nächsten Verhandlungsrunde in Rastatt übertragen. In Campo Formio war ausgemacht, die Habsburger für ihre Gebietsverluste in Italien durch Salzburg und süddeutsche Gebiete zu entschädigen: Das war die Tagesordnung für Rastatt. Das Direktorium rief ihn indes bereits nach wenigen Tagen aus Rastatt ab – Barras kam die verspätete Einsicht:

> „Der kleine Gefreite hat in Italien ein Vermögen gemacht; man darf ihn nicht wieder hinlassen,"

noch weniger nach Rastatt. Dort verteilte er rechts und links Juwelen und andere Wertgegenstände unter die Kongreßdiplomaten und bestieg den Wagen nach Paris.

Wie erzielt dort der sieg- und friedensgekrönte General den tiefsten Eindruck? *Durch Schlichtheit und Bescheidenheit*. Das Direktorium hat nicht das Geld für das Nötigste, repräsentiert aber ebenso pomphaft wie ehedem der gleichfalls bankrotte Königshof – umgekehrt General Bonaparte. *Den Geschäftskreisen braucht er nicht mehr zu imponieren*; sie sind über seine geschäftlichen Erfolge unterrichtet. Jetzt gilt es auf die *Volksmassen und die Intellektuellen* zu wirken.

In Mombello war der Musketier nicht zugelassen, der die Blutarbeit von Castiglione und Rivoli geleistet hatte. Umgekehrt zeigte sich Napoleon den jubelnden Soldaten, die durch die Rue Chantereine zogen. Er ging kaum aus, und wenn, dann in Zivil und nur in die *Sitzungen des Instituts*, um sich von Lagrange und Laplace über deren Forschungen unterrichten zu lassen – Laplace machte er am 20. Brumaire für kurze Zeit zum Innenminister – und betonte, in diesem Kreis werde er noch lange Schüler bleiben. Monge war sein Lehrer an der Ecole Militaire gewesen. Mit ihm trieben Napoleon und mehrere seiner Offiziere analytische Geometrie – den Nachhall findet man noch in Stendhals „Lucien Leuwen" –, *Monge* hatte Napoleons Wahl in das Institut bewerkstelligt, durch Monge warb er *den Gelehrtenstab an*, den er *nach Ägypten* mitnahm.

Das Institut war die republikanische Nachfolgeorganisation der königlichen Académie Française. Ihm gehörten die noch lebenden Mitarbeiter Diderots an der Encyclopédie an, es verkörperte die Aufklärung. Auf die Frage nach seiner Parteizugehörigkeit erwiderte Napoleon: „die des Instituts". Wenn er Goethe gegenüber einen Fehler der gesellschaftlichen Schilderung im „Werther" tadelte, war das nicht Scharlatanerie, im Gegensatz zu der Kritik an Tacitus, womit er oft zu imponieren suchte. Unter den Gästen seines Salons waren Siéyès, Bernardin de St. Pierre, Chénier, Méhul, Legouvé. Nach dem Brumaire fanden mehrere Generäle, sie hätten ebensogut zum Diktator getaugt. Aber abgesehen davon, daß sie nicht den Entschluß aufgebracht hatten, fehlte ihnen auch Napoleons *geistiges Kapital, sich in allen Lebenskreisen Geltung zu verschaffen.*

Napoleons Pariser Wohnsitz befand sich seit seiner Heirat in Josephines Haus in der Rue Chantereine – seit 1797 Rue de la Victoire. Dort wollte er die aus Italien mitgebrachten Kunstschätze aufstellen. Die erforderlichen Umbauten machten das intime Heim unwohnlich. Also beschloß Napoleon, sich bei Paris ebenso fürstlich einzurichten wie in Mombello und beauftragte den Finanzmann Lecouteulx du Moley – nicht zu verwechseln mit dem Mitgründer der Banque de France, Lecouteulx de Canteleu – mit dem Kauf eines passenden Objekts. 1799, während Napoleon in Ägypten festsaß, kaufte Lecouteulx für ihn das Schlößchen *Malmaison* nördlich von Versailles. Ferner beglich Napoleon 1797 die bis dahin aufgelaufenen *Schulden seiner Frau.*

Fructidor und Ägypten

Der Rechtsdrall war durch die Niederschlagung des Royalistenaufstandes im Vendémiaire 1795 nur vorübergehend gebremst. Bei den Wahlen 1797 errangen *Royalisten und Gemäßigte die Parlamentsmehrheit*; mit ihr gingen die Direktoriumsmitglieder Barthélemy und vor allem Carnot. Sie *wollten den Frieden*, insbesondere mit England, und wollten ihn durch *Verzicht auf einen Teil der Eroberungen* erkaufen.

Die Mehrheit des Direktoriums wollte gegen Carnot und die Parlamentsmehrheit putschen. Zu diesem Zweck machte sie den demokratischen General *Hoche zum Kriegsminister*, und Hoche brachte Teile der bis dahin von ihm geführten Sambre-und Maas-Armee, die ihm ebenso anhing wie die Armée de l'Italie Napoleon, in die Nähe von Paris. Hoche hatte noch nicht das von der Verfassung vorgeschriebene Mindestalter, und zur Verhütung von Staatsstreichen verbot die Verfassung die Anwesenheit von Truppen nahe der Hauptstadt. Die Majorität protestierte also, Hoche und die Direktoren ließen sich einschüchtern. *Hoche trat zurück*, Barras und die beiden anderen Direktoren seiner Partei griffen auf Napoleon zurück. Diesem bot sich die Möglichkeit zum Staatsstreich, aber noch hatte er dafür die Hochfinanz nicht hinter sich. Daher *putschte er nur für Barras & Co, und zwar diskret: durch Stellvertreter*, die ihre Rolle nicht durchschauten.

Die Soldaten und Offiziere von 1796 waren trotz Hunger und anderer Entbehrungen aus leidenschaftlicher revolutionärer Überzeugung bei der Fahne geblieben. Sie verachteten das Parlament als Schwatzbude und die Verwaltung als Diebesgesindel, sich selbst betrachteten sie als die wirklichen „Patrioten". Darauf hatte schon Hoches Putschplan beruht. Nach dessen Scheitern beurlaubte Napoleon im Sommer 1797 – es herrschte Waffenstillstand – die nötige Anzahl Offiziere und Soldaten seiner Armee nach Paris, ebenso den Divisionsgeneral Augereau. In der Nacht auf den 18. Fructidor (4. September) 1797 verhaftete dieser die unerwünschten rechten Politiker, insbesondere Barthélemy – Carnot tauchte beizeiten unter. Napoleon forderte einen Sitz im Direktorium. Aber den wollten Barras und dessen Kollegen keinesfalls gewähren. Ebenso vergebliche Hoffnungen machte sich Augereau.

Um beim nächsten Mal eine Chance zu haben, *brauchte Napoleon weiteren Ruhm*. Im Sommer hatte er selbst den Frieden mit England befürwortet. Dieses war des Krieges überdrüssig, aber zum Frieden gehören zwei. Die Direktoren wollten Frankreichs Eroberungen auf dem europäischen Kontinent behalten, mehr noch: Sie forderten die Rheingrenze. Umgekehrt verlangten sie, England solle die französischen und holländischen Kolonien, die es während des Krieges besetzt hatte, ohne Gegenleistung ausspucken. Daran waren die Verhandlugen gescheitert. Mithin dauerte der Krieg an. Napoleon bekam das Oberkommando, nunmehr gegen England. Er inspizierte auch die nordfranzösischen Häfen, von denen die schon damals geplante Landungsarmee nach England übersetzen sollte, war jedoch im klaren über *das Chimärische dieses Planes*. Zum Anschein hielt er ihn aufrecht und organisierte ein Landungsunternehmen, allerdings gegen Ägypten.

Die französische Kriegsflotte war im amerikanischen Unabhängigkeitskrieg der englischen im ganzen überlegen gewesen, hatte aber in der Revolution den größeren Teil ihres Offizierkorps verloren. Infolge des Ausbleibens von Verpflegung und Sold ging auch die tüchtige Mannschaft davon. Die Armeen requirierten ihren Bedarf in Feindesland. Dagegen *verkam das Material der Flotte* durch das Versagen der Verwaltung. Wie an der Riviera, so war auch sonst der Landtransport für Massengüter bedeutungslos. Die Belieferung der Werften mit Bauholz für Schiffe, Masten und Takelage, ja selbst mit Hanf und Teer wurde ausschließlich zu Wasser bewerkstelligt, die französischen Kriegshäfen waren aber durch die englische Flotte blockiert. Dank revolutionärer Energie und fragloser Tüchtigkeit eines Teils der verbliebenen Offiziere liefen zwar *immer wieder französische Geschwader* aus, und in der größten Seeschlacht vor 1798, in den fünf Tagen vom 28. Mai bis 1. Juni 1794 in der Biscaya *(„Schlacht am 1. Juni")* schnitt das französische Geschwader bemerkenswert gut ab. Es wurde am letzten Tag taktisch geschlagen, erlitt aber keine entscheidenden Verluste und erreichte seinen strategischen Zweck: Der Geleitzug von Amerika, den es decken sollte, kam durch. Nach weiteren Niederlagen ging die französische Flotte 1795 zum *Kaperkrieg* über. Zunächst schädigte dieser den englischen Handel. Aber *gegen Geleitzüge* waren die französischen Kaper *ohnmächtig*, und nach anfänglichen Erfolgen wurde jeder von ihnen durch englische Kreuzer genommen. Ein erheblicher Teil der guten französischen Seeleute befand sich infolgedessen in Kriegsgefangenschaft.

Trotzdem erreichte 1796 eine französische Expedition die Bantry Bay in Irland, kehrte jedoch infolge einer Pechsträhne unverrichteter Dinge um. Anfang 1798 wurde wieder zur See mobil gemacht. In Cadiz gab sich ein spanisches Geschwader den Anschein, eine Expedition nach Irland oder England vorzubereiten. Auch die holländische Flotte stellte ihre Schlagkraft wieder her, erlitt jedoch im Oktober 1797 bei Texel so schwere Verluste, daß sie als maritimer Faktor vorerst ausschied. Das französische Geschwader in Brest war so gut wie dienstunfähig, täuschte aber Offensivvorbereitungen vor. Die Mittelmeerflotte segelte zwischen Korfu und Toulon hin und her. Heerestruppenteile wurden nach den Kanalhäfen in Marsch gesetzt, und selbst die wichtigsten Kommandobehörden der französischen Flotte blieben in Unkenntnis über die wirkliche Absicht.

> „Nur liess sich nicht verheimlichen, dass in Toulon, Marseille, Genua, Civitavecchia und auf Korsika lebhaft an den Vorbereitungen für ein grosses Seeunternehmen gearbeitet wurde, und Frankreich für einige Zeit zur See angreifbar sein werde. Die britische Regierung beschloss die Gelegenheit zu ergreifen" (Mahan)

und *entsandte Nelson ins Mittelmeer*, zwar anfänglich nur mit drei Linienschiffen, aber er bekam bald Verstärkung.

Gleichgültigkeit für die Verpflegung

Napoleon hat unmittelbar nacheinander diejenigen Feldzüge geführt, in denen sich seine Strategie von der Licht- und der Schattenseite zeigt: den Italienfeldzug 1796/97 und den ägyptischen 1798/99. In Italien 1796/97 wie später in den Feldzügen von 1800, 1805, 1806, 1809 durchzog Napoleon mit einem Heer von 40000–200000 Mann in raschen Märschen wohlangebaute Gebiete. Bei flüchtigem Verweilen fanden seine Truppen allenthalben genug zu leben. Napoleon verachtete daher die Sorge für *Verpflegungsnachschub* und *rückwärtige Verbindungen* als *überflüssige* und vor allem *kostspielige* Mühe.

Doch die Kriegführung in weniger entwickelten Ländern war von regelmäßigem, reichlichem Nachschub und gesicherten rückwärtigen Verbindungen abhängig. Da sich Napoleon darum nicht kümmern zu müssen glaubte, gingen seine *Expeditionen nach Ägypten 1798/99 und nach Rußland 1812* zugrunde. 1813 in Deutschland boten beide Parteien mehr als je eine halbe Million Mann gegeneinander auf, der Krieg drehte sich auf der Stelle, und Napoleons Große Armee hat mindestens ein Drittel ihres Bestandes durch Krankheit und Fahnenflucht verloren: zum überwiegenden Teil *Folge des Hungers*.

Die Truppenteile, die Napoleon nach Moskau führte, waren beim Übergang über den Njemen, Ende Juni 1812, 280000 Mann stark; in Moskau kamen nur 90000 Mann an. Die Gefechtsverluste, hauptsächlich bei Smolensk und Borodino, können 60000 nicht überstiegen haben, darunter zahlreiche Leichtverwundete, die unter normalen Bedingungen nach einigen Wochen wieder dienstfähig gewesen wären. Rund die *Hälfte der Armee* war bereits *auf dem Hinmarsch verhungert*, und auch der Rest ist in erster Linie durch den Hunger zugrunde gegangen, wenngleich nicht ohne Nachhilfe durch Frost und Kosaken. *Clausewitz* urteilt:

> „Die russische Armee schlagen …, Moskau erobern war ein Ziel, welches … füglich erreicht werden konnte. Aber … diesem Ziel (fehlte) noch eine wesentliche Bedingung …: auch in Moskau noch furchtbar zu bleiben. Wir glauben, dass Bonaparte dieses Eine nur aus dem übermütigen Leichtsinn vernachlässigt hat, der ihm charakteristisch war: Er ist mit 90000 Mann nach Moskau gekommen, und er hätte mit 200000 hinkommen sollen.

Dies wäre möglich gewesen, wenn er sein Heer mit mehr Schonung und Sorgfalt behandelt hätte. Aber das sind Dinge, die ihm ewig fremd geblieben sind ... Mit mehr Vorsorge und besseren Anordnungen in Betreff der Verpflegung, mit einer überlegteren Einrichtung des Marsches, wodurch nicht ... so ungeheure Massen auf einer Strasse zusammengedrängt worden wären, würde er der von Anfang an herrschenden Hungersnot vorgebeugt und dadurch sein Heer vollständiger erhalten haben.

Ferner ist es als eine ... große Nachlässigkeit anzusehen, so wenig für den Rückzug gesorgt zu haben. Wenn Wilna, Minsk, Polozk, Witebsk und Smolensk durch Verschanzungen mit tüchtigen Pallisaden befestigt, und jeder dieser Orte mit 5- bis 6000 Mann Besatzung versehen wurde, so würde der Rückzug auf mehr als eine Art erleichtert worden sein, namentlich durch eine bessere Verpflegung. Wir wollen nur an die 700 Stück Ochsen erinnern, welche die Kosaken am 9. November in der Gegend von Smolensk genommen haben."

Das ist *kein Urteil vom grünen Tisch.* Clausewitz hatte den Feldzug auf russischer Seite mitgemacht, ständig im Sattel und am Feind: auf dem Rückzug als Generalstabsoffizier eines Kavalleriekorps, auf der Verfolgung im Generalkommando Wittgensteins und dann bei Diebitsch, dessen kühner Zug die für den weiteren Verlauf entscheidende Frucht des Krieges von 1812 zeitigte: den Abfall Yorcks. An den Verhandlungen von Tauroggen war er wesentlich beteiligt. Er schildert auch die entsetzlichen russischen Verluste auf der Verfolgung, weil die Verpflegung nicht nachkam: Die erschöpften Soldaten legten sich hin und erfroren im Schlaf. Wittgenstein beteiligte sich nur zwei Tage an der direkten Verfolgung; dann bog er rechts ab, wo er zu leben fand. Entscheidend war indessen nicht, daß sein Armeekorps leidlich intakt die Westgrenze erreichte: entscheidend waren die Verluste der Hauptarmee unter Kutusow. Sie lähmten von der Grenze ab den russischen Vormarsch derart, daß Napoleon vier Monate Zeit gewann, um in Thüringen und bei Magdeburg die neue „Große Armee" aufzustellen, mit der er am 2. Mai 1813 bei Großgörschen und am 20./21. Mai bei Bautzen siegte. Allerdings waren diese Siege ebenso hypothekenbelastet wie diejenigen von Smolensk und Borodino.

Im *Herbstfeldzug 1813* boten beide Parteien in Sachsen und Niederschlesien *je etwa 500000* Mann gegeneinander auf; die Verbündeten mögen ein paar Zehntausende stärker gewesen sein. Napoleon hatte den Vorteil der inneren Linie und der einheitlichen Führung. In früheren Feldzügen, besonders 1796, war er aus seiner zentralen Stellung vorgebrochen und hatte die schwerfälligen Gegner, einen nach dem anderen, abgefertigt.

Daß dies im Herbst 1813 nicht gelang, lag hauptsächlich daran, daß Napoleon, seinen eigenen Lehren zuwider, seine Streitkräfte *zersplitterte.*

Aber auch *Verpflegungsmangel* trug entscheidend zu seiner Niederlage bei. Die Gegner standen im Norden, Osten und Süden um ihn herum, jede der drei Armeen ein weites Hinterland im Rücken, während Napoleon seinen Nachschub nur durch Thüringen und über Magdeburg erhielt. Auf der Straße durch Thüringen trieb seit Anfang September die verbündete Reiterei ihr Unwesen.

Doch schon Monate, ehe diese Kavallerie die Transporte abfing, noch mitten im Waffenstillstand, war die Armee *unterernährt*. Bei Beginn der Operationen, Mitte August, lagen *90 000 Mann in den Lazaretten*, und trotz der entsetzlichen Sterblichkeit blieb ihre Belegung bis zur Schlacht bei Leipzig immer in gleicher Höhe. Die Kranken starben wie die Fliegen, aber neue Entkräftete legten sich in ihre verseuchten Typhusbetten. Das württembergische Divisionskommando rettete seine Kranken, indem es sie ausnahmslos nach der Heimat evakuierte. Auf das Schlachtfeld von Leipzig brachte Napoleon noch 200 000, die Verbündeten dagegen 350 000 Mann: Das anfängliche Kräftegleichgewicht hatte sich in nahezu doppelte Übermacht seiner Gegner verwandelt. Gewiß, die französischen und rheinbündischen Gefechtsverluste im August und September waren schwerer als die der Verbündeten gewesen, aber diese Differenz war nicht entscheidend; die Verbündeten hatten ihre Siege auch mit Blut bezahlt. Was Napoleon bei Leipzig vor allem fehlte, war die *Achtelmillion Menschen*, die – zusätzlich zu den 90 000 Kranken Mitte August – durch Unterernährung *erkrankt* oder wegen Hunger *desertiert* waren.

Schon während des Waffenstillstandes hatten die kommandierenden Generäle laut beim Kaiser über die unzureichende Verpflegung geklagt. In der Nacht auf den 12. Oktober lagen sowohl das Große Hauptquartier wie das Generalkommando des 6. Armeekorps in Düben. Solche Quartiergemeinschaft ist oft lästig für die nachgeordnete Kommandobehörde, und richtig: gegen ein Uhr morgens befahl Napoleon dessen Kommandierenden, *Marmont*, zu sich. Dieser war am 11. Oktober im Marsch nach und von Bitterfeld gewesen, hatte Blüchers Verbleib erkundet, in der ersten Nachthälfte die Meldungen an den Kaiser und die Marschbefehle seines Armeekorps für den folgenden Tag diktiert, *war also im ersten Schlaf*. Seinen Schlaf braucht aber ein Kommandeur im Feld unbedingt, um seine Kräfte zu erhalten. Napoleon wünschte ihn als Gesprächspartner zur Klärung seiner Absichten; der Marschall, erbittert durch die *Gewißheit der bevorstehenden Katastrophe* und gereizt durch die *Störung seiner Nachtruhe*, rechnete ihm vor,

„dass unsere ungeheuren Verluste, abgesehen von den Gefechtsverlusten, hauptsächlich durch den Mangel an Lebensmitteln, Fürsorge und Pflege verursacht seien. Hätte (das Hauptmagazin in) Dresden den nötigen Proviant enthalten, wären die Lazarette mit dem Nötigen für die Pflege der Kranken und Verwundeten ausgestattet gewesen, so wäre die Armee um 50 000 Mann stärker, eine sicher nicht übertriebene Schätzung. Ich fügte hinzu:

‚Ganz abgesehen von der Notwendigkeit, 50 000 Menschen das Leben zu erhalten, wenn man kann, müssten Sie 50 000 Rekruten ausheben, um wieder 50 000 Mann zu haben. Hätten Sie die gestorbenen 50 000 Mann gerettet, so stünden Ihnen jetzt 50 000 krieggewohnte alte Soldaten zur Verfügung, jene 50 000 Rekruten dagegen wären nur eine ungewissen Hoffnung. Sie auszuheben, einzukleiden, zu bewaffnen und auf den Marsch zu bringen, würde zweifellos gute 50 Millionen kosten. Setze man die Mehrkosten, die ein besserer Unterhalt der Armee erfordert haben würde, mit 25 Millionen an – sicher viel zu hoch – so ergebe sich: diese 25 Millionen, an der richtigen Stelle ausgegeben, hätten Ihnen 50 000 Mann und 25 Millionen erspart.‘

Ich bewies ihm das mit der Feder in der Hand. Er hatte darauf keine Antwort und erwiderte übellaunig: ‚Hätte ich diese Summe ausgegeben, so wäre sie unterschlagen worden, und alles beim alten geblieben.‘ Was sollte man darauf antworten? Es kam dem Verzicht auf ordentliche Verwaltung gleich. Napoleon hat immer seine Hilfsmittel verschwendet, um sich neue zu verschaffen, aber nie das Geringste getan, um die vorhandenen zu erhalten.“ (Marmont)

Napoleon selbst hat *dieses Urteil bestätigt*, beispielsweise in seiner Dresdener Unterhaltung mit Metternich 1813: *„Ich gebe monatlich 30 000 Mann aus und bin euch dadurch überlegen.“*

Es war umgekehrt: durch seine 30 000 Mann Monatsausgabe brachte er sich selbst in die Unterlegenheit, denn nur ein verschwindender Teil der 30 000 Mann starb durch Wunden, die weitaus meisten an Hunger und durch Verwahrlosung in den Lazaretten: Keine zeitgenössische Armee, nicht einmal die russische, hatte derartige Verluste durch schlechte Verwaltung.

Marmonts Zahl für die Verluste durch Unterernährung – 50 000 Mann – ist nur als Rechenbeispiel gedacht, nicht als Statistik und stark untertrieben. Wie sehr, belegt sein eigenes Armeekorps: Bei Ablauf des Waffenstillstands zählte es nahezu 28 000 Mann, am Morgen des 16. Oktober bei Möckern noch 16 000. Es hatte keine nennenswerten Gefechtsverluste gehabt, und abgesehen von dem Eilmarsch von Löwenberg nach Dresden, 23.–26. August, keine aufreibenden Strapazen. Die *Verluste der anderen intakten Verbände* wie Gardeinfanterie, 1. Gardekavalleriedivision, schwere Divisionen des 1. Kavalleriekorps, Polen, 2. und 14. Armeekorps werden *gleichfalls etwa zwei Fünftel* ausgemacht haben.

Übler stand es natürlich um die Truppenteile, die bei Großbeeren,

Hagelberg, Luckau, an der Katzbach, bei Kulm, Dennewitz, Wartenburg geschlagen, zum Teil sogar vernichtet waren. Beispielsweise war die *württembergische Infanteriedivision* im August über 7000 Mann stark, am Morgen des 3. Oktober bei Wartenburg noch 1000. Weniger kraß waren die Verluste der Sachsen. Der Legende zufolge ist die Schlacht bei Leipzig durch den Übergang von 12 000 Sachsen zu den Verbündeten entschieden worden. Die Zahl 12 000 stimmt, allerdings für den August. Wegen der Verluste bei Großbeeren, Luckau und vor allem Dennewitz wurden die *beiden sächsischen Infanteriedivisionen zu einer einzigen zusammengelegt*, am Morgen des 18. Oktober noch 4400 Mann, wovon sich gute zwei Drittel am Nachmittag neutral erklärten. Der Rückzug der französischen Heeresteile über Markranstädt und Weißenfels war seit dem Morgen in vollem Gang, *die Schlacht längst entschieden* – ein extremes Beispiel für Clausewitz' Regel,

> „dass der Verlauf der Schlachten mehr ein langsames Umschlagen des Gleichgewichts ist . . ., dass in den meisten Fällen der besiegte Feldherr dies lange schon vor dem Abzug gewahr wird, und dass die Fälle, wo irgendeine Einzelheit unvermutet stark auf den Hergang des Ganzen einwirkt, meistens nur in der Beschönigung ihr Dasein haben, womit jeder seine verlorene Schlacht erzählt."

Wie sehr Marmonts Paradigma durch die „militärische Tonleiter" gedämpft ist, belegt eine *Denkschrift des Hauptmanns Locquin* vom Stabe der 32. Infanteriedivision (Durutte) vom 1. Juni 1813, auf dem Vormarsch nach der Schlacht bei Bautzen:

> „Da die Verteilungen nicht regelmäßig stattfinden können oder sogar überhaupt nicht bei der Truppe stattfinden, so gerät diese, sobald sie im Biwak die Waffen abgelegt hat, in wilde Unordnung. Sie zerstreut sich auf weite Strecken, läuft in die Ortschaften, um Lebensmittel, Holz und Stroh zu suchen, und unter diesem Vorwande verwüstet, plündert und zerstört sie alles Eigentum . . . Kurz nach der Ankunft im Biwak, wenn er sich in Unordnung auflöst, kann ein Truppenteil leicht vernichtet werden"

– beispielsweise die Division Maison am 26. Mai bei Haynau.

> „Das Marodieren hat auch noch andere Unzuträglichkeiten: es werden an einem Abend, in einem einzigen Augenblick alle die Nahrungsmittel verzehrt, von denen eine Armee mehrere Wochen hätte leben können. Man raubt das Heu, Stroh und ungedroschenes Getreide aus mehreren Dörfern, um eine einzige Nacht zu biwakieren. Man schlägt einen Ochsen tot, um ein paar Pfund Fleisch zu haben. Das kleinste Detachement verpflegt sich nach seinem Gutdünken, verschleudert alles, tötet Vieh und verbraucht soviel wie eine ganze Division. Ich habe eine Handvoll Soldaten alle Schweine, Gänse und Schafe eines Dorfes töten sehen, um einen Augenblick später abzumarschieren und dieses Fleisch nicht mitzunehmen, sondern liegen zu lassen. Die verlassenen

Biwaks sind noch bedeckt mit Eingeweiden und Vierteln von Kühen und anderem totgeschlagenem Vieh. Alles das dient nur dazu, die Luft zu verpesten und das Wasser zu verderben. Eine derartige Verschwendung des Überflusses kann der Gesundheit der Truppen nicht förderlich sein. Unter ihr leidet sowohl die Güte der Lebensmittel wie ihre Zubereitung und die Regelmäßigkeit der Verteilung, die ganz dem Zufall überlassen ist. Durch das Zurückbleiben von Marodeuren ... schrumpfen manche Divisionen auf die Hälfte ihres Bestandes.

Eine Armee von Marodeuren ist auch eine Armee von Plünderern und Verwüstern. In einem Augenblick ist alles zerschlagen, zerwühlt und verheert; Heu, Stroh, Garben von ungedroschener Frucht, Türen, Möbel, Betten, Geschirr, Gefäße, Vieh, alles wird geraubt, weggeschleppt, ins Biwak gebracht, und das Glück von 20000 Familien ist für immer vernichtet. Die Sachsen und Schlesier, die beim Herannahen der Franzosen ihre Ortschaften nicht verlassen, werden von unseren Soldaten ebenso vollständig ausgeplündert wie die abwesenden. Sie werden obendrein noch totgeschlagen. Man hat sie schon zwanzigmal beraubt und verlangt von ihnen, daß sie noch etwas finden, wenn sie nichts mehr haben. Ich habe Frauen und Kinder völlig nackt in die Wälder flüchten, junge Weiber sich die Brust zerschlagen und mit ihren Kindern in Tränen zerfließen sehen. Ich habe Familienväter gesehen, die von soviel Unglück vernichtet sich auf der Erde wälzten und sich die Haare rauften. Ich habe verlassene Säuglinge gesehen, die man fern auf dem Felde versteckt hatte. Sie waren auf einige Lumpen gelegt, und selbst diese wollten ihnen die barbarischen Soldaten noch entreißen. Ich habe Sechzigjährige sowohl wie junge Mädchen sich in die Kirchen flüchten sehen, um dort Sicherheit zu finden oder einige Sachen dort zu verbergen. Aber unsere Soldaten achten nicht einmal die Majestät der Altäre ..."

„Die Truppe, die nach einem langen Marsche bei der Ankunft im Biwak gezwungen ist, sich auf die Dörfer zu zerstreuen und ein oder zwei Meilen in der Runde Lebensmittel zu suchen, verbringt mit diesem Suchen und mit der Vorbereitung ihrer Rast eine kostbare Zeit, die der Ruhe gewidmet sein müßte ..." (veröffentlicht von Foucart, zitiert nach Linnebach)

Die Division Durutte bestand aus Strafbataillonen; sie bildete zusammen mit den beiden sächsischen Infanteriedivisionen und der sächsischen leichten Kavalleriebrigade Gablentz das französische 7. Armeekorps (Reynier). Was Hauptmann Locquin beschreibt, ist die Verheerung des eigenen Landes durch die eigenen Kameraden, die Napoleons sächsische Truppen täglich vor Augen hatten. Noch heute bleibt bonapartistischen Autoren unverständlich, daß die sächsische Anhänglichkeit an Napoleon darunter litt. Foucart hat französisch geschrieben; dennoch lesen sie ihn nicht.

Über die Verpflegung der Grande Armée in den vier Wochen vor der Schlacht bei Leipzig referiert *Linnebach*:

„Die Not erreichte den Höhepunkt, als infolge des Vorrückens der Nordarmee und Blüchers die Transporte auf der Elbe eingestellt werden mussten. Es blieb nichts übrig, als die Brotportion auf 0,5 kg herabzusetzen, und auch diese geringe Menge konnte meist nicht ausgegeben werden ... Die Soldaten lebten deshalb fast nur noch von Fleisch und unreifen Kartoffeln, die Krankheiten erzeugten. Nach dem Räumen des rechten Elbufers begann infolge der engen Versammlung der Armee auch das Futter zu fehlen, sodass die ohnehin geringe Leistungsfähigkeit der Kavallerie noch mehr zurückging ...

Die jungen Soldaten besassen bald nicht mehr die nötige Willenskraft, um ihre Schwäche zu überwinden. Nur dort, wo der Kaiser persönlich führte, riss er durch seine gewaltige Tatkraft alles mit sich fort ... (Dass die Armee) sich überhaupt während einer so langen Zeit und auf einem so eng beschränkten Gebiet zu ernähren vermochte, erklärt sich neben dem Reichtum des Landes nur dadurch, dass die Operationen in die Zeit nach der Ernte fielen."

Die Unterernährung vom Frühjahr bis zur Schlacht bei Leipzig hatte eine furchtbare Nachwirkung. Von den 130000 bis 140000 Mann, die Napoleon aus Leipzig rettete, verlor er auf dem dreiwöchigen Rückzug ein volles Drittel durch Infektionskrankheiten. Seine Verfolger, ausreichend und halbwegs regelmäßig ernährt, waren nicht so anfällig.

Auch die 10000 Gefangenen, die der siegreiche Durchbruch bei Hanau kostete, waren durch Entkräftung zurückgeblieben.

Berücksichtigt man diese beiden Posten, so stellen sich die Gesamtverluste durch Hunger im Jahre 1813 in Deutschland auf eine Viertelmillion Mann oder nicht viel weniger.

Linnebachs Gesamtrésumé

„Abgesehen von ... 1812 sind die Operationen Napoleons niemals an der Verpflegungsfrage gescheitert. Andererseits aber wurden seine Truppen ... nur während der Vorwärtsbewegung in gut angebauten Ländern hinreichend ernährt. Bei jedem Stillstande und beim Durchschreiten ärmerer Gebiete traten sofort Schwierigkeiten ein, weil weder die Truppe noch die Verwaltung gelernt hatte, für die Zukunft zu sorgen. Vor allem verstand man es nicht, die vorgefundenen Hilfsmittel auszugleichen. Deshalb herrschte bei der einen Truppe Überfluss, während die andere Mangel litt ...

Der französische Soldat lebte daher bald im Überfluss, bald hungerte er. Es unterliegt keinem Zweifel, dass diese unregelmässige Lebensweise und die meist ungenügende Ernährung der Gesundheit des Soldaten schweren Schatten zufügten. Unzählige sind dem zum Opfer gefallen, fast alle aber trugen ... schwere Schädigung ihrer Gesundheit davon. Namentlich die fast ohne Ausbildung auf die Kriegschauplätze gezogenen Rekruten konnten dem nicht widerstehen ... Von den 1600000 französischen Rekruten, die Napoleon unter seine Fahnen stellte, sind ... sehr viel mehr durch Krankheiten als durch Wunden zugrunde gegangen ...

Heere von damaliger Stärke konnten sich im europäischen Kulturlande bei fortschreitenden Operationen meist ohne Nachschub ernähren, und selbst ärmere Gegenden lieferten bei rücksichtsloser Ausnutzung meist so viel, dass der Nachschub nur gering zu sein brauchte. Dass die Armeen dennoch so häufig Hunger litten, lag meist nicht am Fehlen von Lebensmitteln, sondern an der Unfähigkeit der Verwaltung, sie zweckmässig zu verteilen. Wir können deshalb annehmen, dass auch heute noch ein grosser Teil des Bedarfs im Lande gefunden werden wird. Die Erfahrungen zeigen ... aber auch die hohe Bedeutung der Mannszucht ... Sie allein sichert die wirtschaftliche Ausnutzung der vorgefundenen Vorräte ... Bei straffer Organisation der Verwaltung und guter Disziplin hätte die Grosse Armee wahrscheinlich selbst in Rußland zu leben vermocht. Keinesfalls aber würde sie dann auf dem Rückzuge durch den Hunger vernichtet worden sein."

Linnebachs Urteil hat sich im ersten Weltkrieg bestätigt.

Zurück zu Napoleons ägyptischer Expedition. Seine Expeditionsarmee war verloren, als ihr durch die *Schlacht bei Abukir* (1. August 1798) die *rückwärtigen Verbindungen abgeschnitten* wurden. Nur zog sich ihr Untergang vier Jahre lang hin und wurde in Frankreich kaum bemerkt. Denn er vollzog sich „*hinten, weit in der Türkei*" und war überschattet durch die unmittelbaren und mittelbaren Folgen der Schlacht: den Wiedereintritt Österreichs in den Krieg, gemeinsam mit Rußland und der Türkei, Aufstände in Süditalien, Holland, West- und Südwestfrankreich, den militärischen Zusammenbruch der französischen Armeen in Oberitalien und Süddeutschland; verlorene Schlachten bei *Osterach, Stockach, Magnano, Cassano, Zürich,* an der *Trebbia*, bei *Novi* und infolgedessen eine Dauerkrise des Direktoriums. *Daher wurde Napoleon bei seiner Landung* in Fréjus (9. Oktober 1799) *als Retter begrüßt.*

Napoleons Familie und Vermögen 1796–1799

Der Empfang bewies: Diesmal konnte ihm die Diktatur nicht entgehen. Desto ungewisser waren seine Familienverhältnisse.

Der Clan Bonaparte hat die *Heirat mit Josephine nie verzeihen* können. Napoleon wußte das vorher; daher hat er Mutter und Geschwister erst nach dem Fest benachrichtigt. Sie fürchteten – unbegründet, wie sich erwies –, Napoleons Raub *mit der Familie Beauharnais teilen* zu müssen. Auch ließ sich eine „große Dame" wie Josephine nicht der *Familiendisziplin korsischer Krautjunker* unterwerfen. Während Napoleons Siegeslauf 1796–1797 mußte man das beleidigte Minderwertigkeitsgefühl unterdrücken, aber als er in Ägypten war, erlegte man sich keinen Zwang mehr auf. Joseph als Senior der Familie und Napoleons Vermögensverwalter hatte eine – wie er meinte wirksame – Waffe gegen seine Schwägerin. Er zahlte nur deren, von Napoleon auf 40 000 Livres bemessene Pension, aber fast nichts für ihren Grunderwerb – dabei war es doch derjenige Napoleons selber –, desto mehr dagegen für seinen eigenen sowie denjenigen Luciens und des Ehepaars Leclerc-Pauline. Den Vorwand lieferte Josephines allzu offensichtlicher Ehebruch. Er hatte noch im Hochzeitsmonat begonnen, im März 1796 nach Napoleons Abreise zur Armee. Ihr Spaßmacher („polichinelle") war der Hauptmann Hippolyte Charles. Nur widerwillig folgte sie ihrem verliebten Gatten nach Italien. Desto klarer war der Regierung, ihrem wichtigsten General müsse dessen Gattin schleunig nachgesandt werden. Als sie endlich am 24. Juni nach Mailand abreiste, nahm sie ihren Spaßmacher mit. Napoleon ertappte ihn bei der Beteiligung an Heereslieferungen und fand das gar nicht spaßig – *„alle Heereslieferanten sind Diebe"* –, verbannte ihn also nach Frankreich. *Hippolyt kam bald wieder.*

Als ihr Gatte in Ägypten weilte, ließ sich Josephine wieder von Hippolyt und anderen amüsanten Herren erheitern. Barras vermittelte dem Geliebten seiner ehemaligen Geliebten eine Anstellung bei der *Firma Bodin*, die seit Anfang 1797 die *Armée de l'Italie belieferte. Die vier leitenden Herren der Cie Flachat, die bis dahin diesen Kontrakt gehabt hatten, hatte Napoleon verhaften lassen*, hatte allerdings nur einen erwischt. Die anderen entkamen. Sie waren von ausführenden Organen gewarnt, die sie vorsorglich bestochen hatten. Während Napoleons ägyptischer Reise kehrte Cie Flachat zu ihren italienischen Fleischtöpfen zurück. Für Thiébault

> „und andere blieb Josephine die ehemalige Geliebte Barras', die für den Befehl über die Armée de l'Italie Madame Bonaparte geworden war und für 500 000 Francs Provision die Belieferung der Armée de l'Italie jener entsetzlichen Compagnie Flachat verschafft hatte, deren schamloser Diebstahl die Hungersnot in dem belagerten Genua (1799–1800) und die Kapitulation Massénas verursacht hatte."

Als Chronist dieser Belagerung und Kapitulation war Thiébault aus erster Hand unterrichtet. Für Josephines Provision gilt das zwar nicht, aber seine Angabe darüber kann doch nicht als Klatsch abgetan werden.

Joseph bestrafte Josephine durch Austerity. Wirkliche Verlegenheiten bereitete ihr das nicht. Beispielsweises gewährte *Fouché* regelmäßige Unterstützungen, und *Ouvrard* half beim Erwerb von *Malmaison.* Dieses kostete

225 000	Francs Kaufpreis,
9 111	Francs Gerichtskosten,
37 516	Francs für die Einrichtung,

die beiden letzten Posten sofort fällig. Dafür lieh Ouvrard 25 000, Joseph zahlte immerhin 15000 Francs. Daß er überhaupt etwas herausrückte, erklärt Masson daraus, daß er angesichts von mehr als einer Million, die er für seinen und Luciens Grunderwerb ausgegeben hatte, beim schlechtesten Willen nicht anders konnte.

Fouchés Geldhilfe für Josephine war wohlangelegt. Dank ihrer konnte er Napoleon nach dessen Rückkehr aus Ägypten ausspionieren, und vorerst informierte sie ihn über das politische Spiel ihrer Schwäger Joseph und Lucien. Ebenso lohnend war der Umgang mit Josephine und ihre gelegentliche Unterstützung für die Direktoren Barras, Rewbell (mystifizierende Umschrift des elsässischen Namens Reubel) und Gohier. Das Publikum schloß daraus, Napoleon stehe immer noch hinter ihnen, was ihren *Kredit hob.* Josephine plante eine Zeitlang die Heirat Hortenses mit Rewbell junior. Sie konnte nicht wissen, ob Napoleon lebend aus Ägypten zurückkäme. Häufig liefen Gerüchte um, ihm sei etwas zugestoßen. Den Rückhalt gegen ihre Schwäger, den Josephine für diesen Fall brauchte, suchte sie beim Direktorium.

Napoleons Brüder glaubten nicht, ihm irgendwelchen Dank zu schulden. Louis schrieb seine Ernennungen – mit 15 Jahren zum Leutnant, mit 16 zum Rittmeister – seinen eigenen militärischen Leistungen zu, obgleich er mehr krank und auf Urlaub als an der Front gewesen war. Lucien vergaß, daß ihn seine Brüder aus dem Gefängnis geholt hatten, und daß ihm Napoleon die Posten in der Intendantur verschaffte, die er alsbald wieder aufgab. Josephs Ehrgeiz war zu Beginn des italienischen Feldzugs 1796 nicht über ein Konsulat irgendwo in Italien hinausgegangen; daß daraus erst die Gesandtschaft in Parma, dann sogar in Rom geworden war, erklärte er aus seinen eigenen Talenten und Beziehungen, ebenso seine Wahl in den Rat der Fünfhundert als Vertreter Westkorsikas („Departement Liamone").

„Mitte 1799 sind alle Mitglieder der Familie Bonaparte in Paris oder der Nachbarschaft vereinigt ... Diese kleinen Korsen sind sechs Jahre zuvor in Toulon mittellos an Land gegangen. Jetzt sind sie große Herren und besitzen Hôtels in Paris, Schlösser in der Umgebung. Sie verhandeln von gleich zu gleich mit der Regierung, schreiben gebieterisch an die Minister, laden Schriftsteller zu Tisch, erwecken den Anschein, als verdankten sie ihr Vermögen ausschließlich eigenem Verdienst, und tun, als könne der Bruder nie zurückkehren. Sie leben von dem Geld, das er zurückgelassen hat, betrachten es aber nicht als zu treuen Händen anvertraut, sondern als Nachlass, den sie untereinander verteilen je nach den Ansprüchen, die jeder erheben kann." (Masson)

Im einzelnen hatten erworben:
Joseph ein Hôtel in der Rue de Rocher und das *Schloß Mortefontaine* im

Valois; Lucien ein Hôtel in der Grande Rue Verte und das *Schloß Plessis-Chamant* bei Senlis – allein diese vier Objekte kosteten mehr als eine Million Livres; Leclerc ein Hôtel in der Rue Chantereine und das *Schloß Montgobert bei Villers Cotterets.* Sein Kommando als Generalstabschef der Armée de l'Angleterre mit Sitz in Rennes gestattet ihm häufige Anwesenheiten in Paris und Montgobert. Zu Josephs regelmäßigen Gästen in der Rue Rocher und Mortefontaine gehörten konservative Juristen wie *Roederer* und *Cabanis* und konservative Schriftsteller wie *Benjamin Constant* und *Madame de Staël*, die im Brumaire Napoleons Mitarbeiter und Verbündete waren.

Louis Bonaparte war in Italien und Ägypten einer von Napoleons Adjudanten gewesen, hatte aber wegen Krankheit nach 1796 keine Kämpfe mehr mitgemacht und war im März 1799 nach Frankreich zurückgelangt. Dort forderte er als einziger Bonaparte und nahezu einziger Militär, die Regierung solle sich um die in Ägypten abgeschnittene Armee kümmern, und seine Brüder sollten die Verbindung mit Napoleon herstellen. Niemand beachtete ihn.

Joseph hatte 1794–1795 annehmen dürfen, Napoleon werde seine – Josephs – Schwägerin Désireée Clary heiraten; Napoleons Heirat mit Josephine empfand er als Beleidigung. Indem er *Bernadottes* Werbung um Désirée begünstigte, nahm er *Partei gegen Napoleon,* denn Bernadotte war seit Frühjahr 1797 dessen Rivale. *Bernadotte* hatte gute eigene Verbindungen, benutzte aber auch diejenigen Josephs, um im Sommer 1797 *Kriegsminister* zu werden. Als solcher verbündete er sich jedoch gegen das Direktorium und auch gegen Joseph mit den sogenannten Jakobinern, die zeitweilig zweihundert Mitläufer im Rat der Fünfhundert zählten. Die Direktoren entließen den aufsässigen Minister.

Da erst erinnerte sich Joseph seines Bruders in Ägypten und schickte den Griechen *Bourbaki als Kurier nach Ägypten.* Bourbaki war noch nicht abgereist, als Napoleon zurückkam.

Joseph war im März 1799 *durch Rotation aus dem Rat der Fünfhundert* ausgeschieden und dadurch seiner bisherigen politischen Hebel beraubt. Dafür war *Lucien* im März 1798, gleichzeitig mit Napoleons Ausreise, *hineingekommen* und sogleich zum Hecht im Karpfenteich geworden. Seit 1795 hatten die herrschenden Thermidorianer die meisten Wahlen Andersdenkender annulliert. Sie selber, soweit sie begabt waren, hatten Verwaltungsposten übernommen, die Parlamente waren daher zu Teichen stiller Karpfen heruntergekommen: das war Luciens Chance.

„Seine Reden strotzen von übelsten revolutionären Phrasen, ‚Lorbeerwäldern, die das Genie unserer Kriegsflotte beschatten', ‚Blutegeln des Volkes, die ihr Gift ausschütten'" (Masson)

und so weiter – Masson zieht die ebenso volltönende, aber weniger geschmacklose liberale Rhetorik vor.

„Die offizielle Politik in Frankreich, die Quintessenz bürgerlicher Selbstsucht und Verräterei, hat zwei mächtige Stützen: Tradition und Rhetorik. Miteinander multipliziert umgeben sie jeden bürgerlichen Politiker mit einer Schutzhülle, selbst ein so prosaisches Faktotum des großen Kapitals wie Poincaré." (Trotzki)

Luciens plebejische Tonart berührt Masson peinlich, aber er billigt, daß Lucien den linken Dialekt benutzte, um das Direktorium von rechts anzugreifen, was ihm bürgerliches Prestige verschaffte, ihn allerdings mit den Jakobinern im Rat der Fünfhundert verfeindete. Dank seiner hartnäckigen Dreistigkeit und boshaften Schlagfertigkeit wurde er Schriftführer, dann sogar *Präsident der Fünfhundert*. Napoleon und dessen Armee in Ägypten waren ihm gleichgültig, wie Louis beobachtete. Für Lucien begann die Dynastie Bonaparte mit ihm selbst.

Am 13. Oktober 1799 dinierte Josephine bei dem Direktoriumsmitglied Gohier; da kam die Nachricht von *Napoleons Rückkehr*. Sofort fuhr sie ihm auf der Hauptstrecke Dijon-Lyon entgegen. Joseph, Lucien, Louis und Leclerc fuhren westlich, über Autun, und sie begegneten ihrem Bruder wirklich. Tagelang hatten sie Zeit, ihn von Josephines Untreue und der Unvermeidlichkeit der Trennung zu überzeugen – halb und halb dachte er das ja selbst seit langem. Erst drei Tage nach Napoleon kehrte Josephine in die rue de la victoire zurück. *Das Schlafzimmer blieb verschlossen*. Josephine weinte die ganze Nacht vor der Tür; Hortense und Eugen begleiteten ihre Trauerarie und *morgens war Napoleon durch das Terzett überwunden*.

Talleyrand, Collot und andere Mitverschworene bestärkten ihn. *Es gab Dringenderes als Eheprobleme*. Josephine hatte gesellschaftliche Beziehungen in den leitenden Kreisen, die für die Verschwörung nutzbar gemacht werden konnten. Sie in's feindliche Lager zu treiben, konnte den Putsch nur erschweren. Ihr Salon eignete sich als unverdächtiges Zentrum. Dort konnte man Gegner, Neutrale und Freunde aushorchen und bearbeiten, die militärische und administrative Organisation auf die Beine stellen. Josephine übernahm selbst bestimmte Aufgaben und löste sie geschickt. Für den 18. Brumaire lud sie den Direktor Gohier zum Frühstück ein, so daß er nichts ahnte. Bis dahin war ihr verborgen geblieben, welch ungeheure Rolle ihrem Mann bevorstand. Jetzt begriff sie es und *wandelte sich zur treuen*, innerhalb ihrer Grenzen sogar diskreten *Gattin*.

Der 18. Brumaire

In den Seealpen wird Napoleons Wagen nachts von Bauern mit Fackeln geleitet: zum Schutz gegen *Straßenräuber*. Er selbst eilt rasch vorwärts; sein Gepäck bleibt zurück und fällt wirklich Straßenräubern in die Hand, die sich auf den Grafen von Artois berufen. So ist es in ganz Frankreich auf den Straßen: Allenthalben werden Wagen, und erst recht einzelne Reiter und Wanderer ausgeraubt. Meist schützen die Räuber *Royalismus* vor. Also prüfen sie ihre Opfer, und wenn Beamte, Revolutionäre, Käufer von Nationalgütern als solche erkannt oder fälschlich dafür gehalten werden, bekommen sie eine Pistolenkugel vor die Stirn. Im freundlichsten Fall zieht man sie nackt aus und verprügelt sie. Gendarmen gibt es kaum, mangels Kasse. Auch die mobilen Kolonnen der Nationalgarde reichen zur Sicherung der Straßen nicht aus.

Überdies sind die *Straßen verfallen*. Die für ihren Bau und Unterhalt zuständigen Departements- und Lokalverwaltungen werden beim Finanzausgleich benachteiligt, wie heute bei uns – besonders in der ehemaligen DDR –, und den letzten beißen die Hunde. Auch für *Schulen, Krankenhäuser, Armenfürsorge* ist *kein Geld* da, hat doch selbst die Zentralregierung nicht das Nötigste. Im November 1799 gesteht der Kriegsminister Dubois-Crancé, daß er seit Monaten *nichts für Sold, Verpflegung und Ausrüstung* gezahlt hat, erst recht sehen die Beamten durch die Röhre, sie sind auf Korruption angewiesen. Nur die mit Barras in der Regierung verschanzten Schieber gedeihen, für die Gesamtbevölkerung ist der Zustand unerträglich. Jeder weiß: Der Schaden hat sein derzeitiges Ausmaß erst seit dem Wiederausbruch des Krieges, seit dem Verlust der besetzten Gebiete in Italien und Deutschland erlangt; also wünscht jedermann den Frieden.

Unerträglich ist auch die *Rechtsunsicherheit* infolge politischer und religiöser Verfolgung. Die Kirche ist Hauptstütze des Ancien Régime und Mitträger feudaler Ausbeutung und Unterdrückung, Hauptverbrecher bei Verfolgungen aller Art wie Hexen- und Ketzerverbrennungen gewesen: daher der *Kirchenhaß der* Aufklärer und Revolutionäre, noch 1792 auch des Oberstleutnants Bonaparte. Die Bauernschaft in ihrer Gesamtheit ist durch die Revolution von Frohnden, Zehnten und sonstigen Feudallasten befreit. Die *Bauern* sind freie Eigentümer geworden, manche haben Nationalgüter erworben, aber obwohl sie dadurch mit der Kirche entzweit sind, die der größte feudale Grundherr gewesen ist, bleibt die *Mehrheit kirchentreu*. Der Jakobinerstaat verfolgt den Klerus mit Ausnahme der Minderheit, die den Verfassungseid geleistet hat. Umgekehrt werden Staatsbeamte, Jakobiner, eidleistende Geistliche von royalistischen Räubern und Aufständischen verfolgt und oft *ermordet*.

Alle französischen Verfassungen seit 1791 gewährleisten die Menschen- und Bürgerrechte. Aber infolge des ständigen Bürgerkriegs besteht die Achtung der Menschen- und Bürgerrechte nur in deren ständigem Bruch. Lediglich vermittels *unaufhörlicher Verfassungsbrüche* behauptet sich die herrschende Thermidorianerclique an der Macht.

In beträchtlichen Gebieten verharrt nahezu die ganze Bevölkerung in passivem Widerstand. Sie hat die Waffen niedergelegt, aber *jederzeit kann der Aufstand wieder ausbrechen*: in der Gascogne (Toulouse), vor allem aber in der Bretagne, Vendée und deren östlichen Nachbargebieten Niedernormandie, Maine, Anjou, kurz in dem ganzen Dreieck westlich der Linie Caen-Le Mans-La Rochelle.

Ein einziges Renommée ist intakt: das des unbesiegbaren, jugendlichen Generals *Bonaparte*. Ein provençalischer Clubredner ruft ihm zu: *„General, schlagen Sie den Feind, dann machen wir Sie zum König!“* Napoleon weist diese Ungehörigkeit bescheiden zurück, zumal man von ihm vielmehr erwartet, er werde die Republik retten – natürlich nicht unverändert, nicht in ihrem derzeitigen, unmöglichen Zustand.

So dachte beispielsweise Siéyès, der im Mai 1799 als Mitglied des Direktoriums gewählt und seitdem mit der Vorbereitung zu dessen Sturz beschäftigt war. Er *„brauchte dafür einen Säbel“* und hatte dazu Joubert bestimmt, der 1796–1797 unter Napoleon eine Division geführt und 1798 in den italienischen Satelliten-Republiken Staatsstreich-Routine erworben hatte. Nur militärischen Ruhm brauchte Joubert noch. Dazu bekam er das Oberkommando in Italien, fiel aber bei Novi, und diese Schlacht wurde zur entscheidenden Niederlage; ganz Italien außer der Riviera ging verloren. *Moreau* sollte Jouberts Rolle übernehmen, wollte aber nicht. Als die Nachricht von Napoleons Landung kam, sagte Moreau zu Sieyès: *„Das ist Ihr Mann. Er wird Ihren Staatsstreich besser ausführen als ich.“*

Der Rat der Alten hatte seinen Sitz in den Tuilerien und versammelte sich am Morgen des *18. Brumaire* (9. November); die Oppositionsmitglieder hatte man zu laden vergessen. Dieses Oberhaus schützte einen drohenden Linksputsch vor und vertagte deshalb beide Häuser auf den 19. nach

St. Cloud. Ferner *übertrug es dem General Bonaparte den Befehl* über die Truppen in Paris und verkündete in einer Proklamation, durch die getroffenen Maßnahmen werde *der innere und äußere Frieden hergestellt*.

Zahlreiche, infolge der allgemeinen Desorganisation auf Urlaub in Paris befindliche Offiziere waren von Napoleon brieflich zum *Frühstück in der rue de la victoire* eingeladen, und zwar so, daß jeder glaubte, einer von wenigen Gästen zu sein. Als sie in Menge zusammenströmten, begriffen sie, *daß es losging*, und waren begeistert. *Berthier, Lannes, Murat, Marmont* bewirteten Kameraden ihres Dienstzweiges beziehungsweise ihrer Waffe in ihren Wohnungen, *hielten Reitpferde bereit*, und als Napoleon den Parlamentsbeschluß erhielt, bildeten sie eine *glänzende Eskorte*, an deren Spitze er zu den Tuilerien ritt. *Drei Reiterregimenter*, deren Kommandeure im Einverständnis waren – unter ihnen *Sebastiani* – reihten sich hinter ihnen ein. So trat Napoleon mit imponierendem Gefolge und schönen Truppen vor das Parlament, hielt eine militärisch kurze Ansprache und schwor Treue

> „der auf Freiheit, Gleichheit und nationale Volksvertretung begründeten Republik, die wir schaffen werden."

Sein Gefolge schwor mit, und den wenigen uneingeweihten Abgeordneten ging auf, daß sie *einen Staatsstreich legalisiert* hatten.

Ahnungslos versammelten sich die *Fünfhundert im Palais Bourbon* und erhielten den Vertagungsbeschluß der Alten. Lucien als Präsident schloß die Sitzung, *vertagte das Haus auf den folgenden Tag nach St. Cloud* und ließ die „jakobinischen" Abgeordneten ratlos zurück. Von den *„jakobinischen" Generälen* hatte sich *Augereau* in den Tuilerien an den Sieger herangeschmissen – buchstäblich, mit Umarmung; *Jourdan* und *Moreau* verharrten in *wohlwollender Neutralität*.

Truppen und Nationalgarde zogen an den strategischen Punkten auf. *Fouché* hatte erraten, was bevorstand. Aber obwohl der Putsch auf den 17. angesetzt, um vierundzwanzig Stunden verschoben und zahlreichen Mitwissern bekannt war, erfuhr Fouché den wirklichen Beginn erst am Morgen des 18. durch ein Schreiben Napoleons. Er hielt sich zum Eingreifen bereit, aber weder Polizei noch Nationalgarde oder Truppen bekamen zu tun. *Paris blieb ruhig, die Rente stieg* um mehr als 13 %, von 11,37 Livres auf 12,88. Den Zeitungen zufolge gewährten die Banken dem Finanzminister am 18. und 19. Brumaire 2 Millionen Livres Kredit – in Wirklichkeit nur ein Viertel davon, aber das brauchte die Öffentlichkeit nicht zu wissen. Von den Mitgliedern des Direktoriums waren Siéyès und Ducos am

Putsch beteiligt. Die anderen drei traten zurück: Barras gegen Abfindung, Gohier und Moulins gratis, nach blosser Seelenmassage. Genau einen Monat nach seiner Landung in Fréjus war Napoleon *Staatsoberhaupt, vorerst sogar legal.*

Für die endgültige Legalisierung war die Zustimmung der beiden Kammern am folgenden Tag erforderlich. Daran hat es dann gehapert, denn in St. Cloud war die Opposition zugegen.

Siéyès hatte die vierzig jakobinischen Hauptschreier verhaften wollen, Napoleon verhinderte das, denn er unterschätzte den Widerstand, getäuscht durch die Bereitwilligkeit, die er allgemein gefunden hatte. Lucien verfiel dem gleichen Fehler, getäuscht durch seinen parlamentarischen Erfolg. Die Staatsgewalt war so ohnmächtig, daß Napoleon jeden *vermeidbaren Anschein von Gewalt zu unterlassen* wünschte, so sehr er sonst für kurzen Prozeß war. Indes nahm die parlamentarische Opposition in St. Cloud so drohende Formen an, daß Napoleon sie nur brechen konnte, indem er beide Häuser des Parlaments durch die Truppen auseinanderjagte und von jedem anschließend nur einen Rest wiederversammelte, der die gewünschte Legalisierung nachlieferte. In jeder anderen Hinsicht war der Staatsstreich *saubere Generalstabsarbeit*, klappte ohne Zwischenfälle und kam zudem *sehr preiswert*.

Denn fast alle Beteiligten machten aus Überzeugung mit. Die Kommandeure der drei Infanterieregimenter in Paris waren Napoleon verpflichtet: er hatte sie 1795 nach dem Vendémiaire eingesetzt. Die drei Reiterregimenter hatten zur Armée de l'Italie gehört. Nur die Kommandeure der Direktorial- und Parlamentsgarde mußten gekauft werden. Napoleon erteilte seine Befehle wie gewohnt durch den Generalstabschef Berthier, diesem stellten sich Ordonnanzoffiziere übergenug zur Verfügung. Die im *Einverständnis mit Siéyès* befindlichen *leitenden Beamten* und *maßgebenden Parlamentarier*

> „hatten Hindernisse aus dem Weg geräumt, gefährliche Konkurrenten ausgeschaltet, den Rat der Alten bearbeitet, die Fünfhundert an rechtzeitigen Vorkehrungen gehindert, jedes mögliche Widerstandszentrum in Paris beseitigt und bildeten, mindestens für die ersten Stunden, ein ausreichendes Regierungspersonal." (Vandal)

Demnach spielte *Geld scheinbar keine Rolle*. Allerdings war fast keines da: in der Hauptsache nur die *Kriegskasse der Expeditionsarmee in Ägypten*, die Napoleon mitgenommen hatte: etwa zwei Millionen. Die erste Kasse dieser unglücklichen Armee war mit dem Flaggschiff „L'Orient" bei Abukir gesunken, mit der zweiten, die sie mühsam aus dem armen Land herausgepreßt hatte, brannte der Oberkommandierende durch, weiteres Geld ließ sich auch mit Härte schwer auftreiben. Eine Besatzungsarmee kann unmöglich ihren Gesamtbedarf durch Requisition vermittels der Zivilbehörden auftreiben, ohne bares Geld wird ihre Versorgung bei längerem Verbleib recht schwierig. Der Armeeintendant, Poussielgue, erstattete dem Direktorium eine wahrheitsgemäße Meldung. Als sie in Paris ankam, landete sie auf dem Schreibtisch des ersten Konsuls, der Poussielgues fernere Laufbahn begreiflicherweise nicht begünstigte.

Seine aus Italien mitgebrachten Millionen nützten Napoleon für den Staatsstreich nichts. Joseph hatte sie angelegt, sie waren nicht greifbar. Roederer zufolge konnte Napoleon privat nur über 2000 Francs verfügen. Vandal hält diese Zahl für untertrieben, die Größenordnung aber für korrekt. Allenfalls mochte das Vermögen als Sicherheit dienen; dies blieb indes eine fiktive Ausflucht. Jedenfalls hielt sich der Hauptgeldgeber mit solchen Umständlichkeiten nicht auf. Napoleon erhielt eine halbe Million von dem *Heereslieferanten Collot,*

> „einem verwegenen, einfallsreichen Spekulanten, der einen hohen Einsatz wagte, wenn es lohnte. Man bemühte sich auch um weitere Vorschüsse, in einigen Fällen vergeblich.
>
> Bonaparte war sich nicht zu gut für solche Verhandlungen. Eines Abends kam er sehr befriedigt aus Sèvres zurück, von dem Bankier Nodier ...
>
> Dagegen scheinen die grossen Bankiers nicht beigesteuert zu haben, mindestens nicht im eigenen Namen. Fraglos wünschten sie den Erfolg des Unternehmens und hielten sich bereit, die Schwierigkeiten am Tag danach zu mildern ...
>
> Nur eine Gruppe hatte damals in Frankreich Geld: die Pariser Hochfinanz, Bankiers und Heereslieferanten, teils ehrliche, teils zweideutige Unternehmer. Mehrere von ihnen hatten den Staatsstreich finanzieren helfen. Ihnen gegenüber bestand eine mindestens moralische Verpflichtung" (Vandal)

zu *drei Konzessionen*: Verzicht auf das „Geiselgesetz" und zwei, der Geschäftswelt unerwünschte Gesetzesvorlagen. Das Geiselgesetz ermächtigte die Behörden, säumige Steuerschuldner durch Geiselhaft naher Angehöriger zur Zahlung zu zwingen. Ebenso durften sie politisch Verfolgte durch Geiselhaft von Angehörigen zwingen, sich zu stellen. Der erste unerwünschte Gesetzesvorschlag war der einer progressiven Einkommensteuer. Der andere sollte den Heereslieferanten den Vorgriff auf die Steuerkassen nehmen, den sie damals genossen (die sogenannte „délégation").

Dieser moralischen Verpflichtung entledigten sich die drei Konsuln – Napoleon, Siéyès, Ducos – in den sechs Tagen vom 19. bis 25. Brumaire:

Noch in der Nacht zum 19. lehnte der Rat der Alten das Gesetz zur Aufhebung der délégations ab, am 22. hoben die Rumpfparlamente das Geiselgesetz auf, Napoleon begab sich in die Gefängnisse, um die Geiseln persönlich zu befreien und den politischen Häftlingen Mut zuzusprechen, und am 25. Brumaire brachte der neue Finanzminister Gaudin ein Gesetz ein, das den Ertrag der geplanten progressiven Einkommenssteuer auf weniger unerwünschte Weise einbringen sollte. Die bescheidenen Vorschüsse, zu denen sich die Pariser Hochfinanz herbeiließ, dürften zum kleinsten Teil Napoleon vor seinem Staatsstreich gewährt worden sein, überwiegend dagegen erst seinem neuen Finanzminister Gaudin zur Überbrückung der allerärgsten Staatsverlegenheiten. Gaudin fand ganze 167000 Livres in den Kassen. Aus Geldmangel konnte *nicht einmal ein Kurier* an die Armée de l'Italie abgefertigt werden.

Die politische Neuordnung

Die folgenden Monate waren *Napoleons beste Zeit*. Er ermittelte, wer *die Geeignetsten für die verschiedenen Regierungsaufgaben* waren, berief sie als Minister und Staatsräte und arbeitete mit ihnen die staatliche Neuordnung aus. Er *unterrichtete sich geduldig* und aufmerksam über Einzelheiten, beispielsweise das Staatsschuldbuch und die Methoden der Steuererhebung, über die zweckmäßigsten Wege zur *Erschließung ordentlicher und außerordentlicher Einnahmen*, zur Regelung von *Währung* und *Geschäftsleben*. Dank seiner raschen Auffassung und staunenswerten Arbeitskraft gewann er umfassendes, gründliches *Verständnis für zahlreiche, wichtige Seiten von Verwaltung und Gesetzgebung*, selbstverständlich nicht auf allen Gebieten.

Vor allem war er die *rastlos vorwärts treibende Kraft*, die aus den Mitarbeitern *in kurzer Zeit Resultate* herausholte, die in ihrer Gesamtheit eine *neue, stabile Ordnung* begründeten. Entsprechend dem Bekenntnis, er gehöre keiner Partei an, berief er *Männer jeder Parteirichtung und Vergangenheit:* des Ancien Régime wie des Konvents, der Konstituante wie des Direktoriums, Girondisten, rechte wie linke Jakobiner.

Dabei bewies er *Duldsamkeit, Vorsicht, Takt,* wodurch er sich sonst nicht auszeichnete, besonders bei der Herstellung des *konfessionellen Friedens.* Dieser Friede beruhigte die bis dahin aufstandsbereite, teilweise sogar jahrelang aufständische Bevölkerung des Westens und Südwestens und ermöglichte es Napoleon, die *Bauernmassen von ihren royalistischen Chefs zu trennen.* Sein rasches, entschiedenes und geschicktes Vorgehen isolierte diese Chefs und brachte sie auf den Weg der Verzweiflung, das heißt des *individuellen Terrors.* Durch die *Schlacht bei Marengo* (14. Juni 1800) erlangte Napoleons Diktatur Dauer und Festigkeit. Beides stieg noch durch die *Friedensschlüsse von Lunéville* (9. Februar 1801 mit Österreich) *und Amiens* (26. März 1802 mit England). Napoleon befand sich auf dem *Höhepunkt seiner Laufbahn* – nicht seiner Macht.

Mit der verzweifelten Finanzlage beim Staatsstreich kontrastiert komisch eine Anekdote, die Napoleon auf St. Helena erzählt hat. Danach seien die drei Konsuln am Morgen des 20. Brumaire, nach vollbrachter Tat, im Sitzungszimmer des verewigten Direktoriums zu ihrer ersten Sitzung zusammengetreten. Der zweite und dritte Konsul, Siéyès und Ducos, hatten dem Direktorium angehört. Siéyès wies auf eine Kommode, fragte Napoleon, was wohl darin sei und gab selbst die Antwort: 800000 Frs in Gold, die Vereinskasse des Direktoriums zur Entschädigung der alljährlich ausscheidenden Mitglieder. Siéyès schlug vor, die Summe zu dritt zu teilen.

Napoleon will die Beteiligung abgelehnt haben, denn er sei ja nicht Mitglied des Direktoriums gewesen. Den beiden anderen habe er geraten, sich nur zu bedienen, aber rasch, denn am anderen Morgen werde er den Finanzminister informieren. Siéyès habe dann geteilt und habe sich zunächst eine Extraration genommen, weil er die Idee der Teilung gehabt habe, eine weitere, weil er dem Direktorium am längsten angehört habe. Ducos habe dagegen protestiert, beide hätten Napoleon als Schiedsrichter angerufen, der aber habe nur gelacht und sie gemahnt: kämen sie heute mit der Teilung nicht zurecht, so hole morgen der Finanzminister das Ganze. Siéyès habe sich schließlich 600000 Frs genommen und Ducos mit schäbigen 200000 abgefunden. Ob die Geschichte wahr ist oder nicht, jedenfalls belegt sie authentisch die *Unbekümmertheit*, womit Napoleon dringende Staatsinteressen seinen Machtzwecken unterordnete, in diesem Fall der Korrumpierung seiner Konsularkollegen.

Diese Unbekümmertheit belastete beispielsweise seine Zusammenarbeit mit *Mollien.* Dieser schildert in seinen Memoiren sehr anziehend *Napoleons Eifer, Sachlichkeit und Verständnis* zu Beginn seiner Regierung. Mollien leitete zunächst die Amortisationskasse, seit Anfang 1806 das Schatzministerium. Sehr bald forderte er seine Entlassung, doch Napoleon gewährte sie nicht. Ihm wurde *ständig ärgerer Widersinn* zugemutet. Beispielsweise erhielt die Amortisationskasse Befehl zu Stützungskäufen für die Staatsrente, jedoch mit ganz ungenügenden Mitteln, so daß die Stützung mißlang. Napoleon betrachtete den Staatskredit als Hokuspokus, womit der zuständige Minister nach Belieben zaubern könne. Daß man *Kredit nur* hat, wenn man seine *Verbindlichkeiten pünktlich bezahlt,* wollte ihm nicht in den Kopf. Vielmehr belehrte er seinen Stiefsohn Eugen:

„Alles ist so teuer, dass man garnicht an's Bezahlen denken kann."

Nach den Friedensschlüssen beließ er seine Armee in den Gebieten besiegter oder auch „verbündeter" Staaten, die für den Unterhalt aufkommen mußten, beispielsweise Bayerns, zum ersten Mal 1805. Zu der *Erpressung von Geld- und Sachleistungen* kamen *unausgesetzte Grenzverschiebungen.* Beispielsweise mußte Bayern 1809 die Stadt Ulm an Württemberg abtreten, es behielt nur Neu-Ulm. 1812 ging die bayrische Armee in Rußland zu Grunde. Napoleon erhielt die Rechnung auf seinem Rückzug von Leipzig. Am 30. Oktober sperrte ihm bei Hanau eine bayrisch-österreichische Armee den Weg. Daß man Rücksicht auf das Interesse seiner Verbündeten nehmen muß, wenn man ihrer Treue sicher sein will, verstand er nicht, sondern klagte über Verrat.

In allen Nuancen der Grobheit bezeichnete Napoleon die Heereslieferanten als Diebe, fraglos zu Recht. Denn wie hätte sich ein korrekter Kaufmann auf die Belieferung einer Armee einlassen sollen, die nicht korrekt zahlte? *Nur durch Betrug* konnten die Lieferanten leben. Ermöglicht wurde dieser Betrug durch unfähige oder *korrupte Beamte.* Als Napoleon Ende 1799 die Macht übernahm, hätte er den Augiasstall ausschwemmen, den Lieferanten durch pünktliche Zahlung Ehrlichkeit ermöglichen, die Integrität der Verwaltung durch strenge Kontrolle und Auslese herstellen können. Wie wenig er daran dachte, belegt das Beispiel Collots.

Wie erwähnt, hatte dieser eine halbe Million für den Brumaire-Staatsstreich vorgeschossen. Als 1802 Napoleons Bruder Joseph Bargeld brauchte, verschaffte es ihm Collot, indem er gegen eine Barabfindung von 150000 Francs jährlich in Josephs Marinekontrakte eintrat. Dazu glaubte er sich in den Stand gesetzt durch die Zusage pünktlicher Zahlung, die indessen unterblieb. Collot erbat eine Audienz; Napoleon herrschte ihn an:

„Stecken Sie Decrez (Marineminister), Bourrienne (Privatsekretär) und Duroc (Generaladjudant) je 100000 Francs zu und lassen Sie mich mit Ihrer Quengelei in Ruhe!" (Bourrienne)

Napoleon pflegte gelegentlich *Heeres- und Marinelieferanten einzusperren*, beispielsweise *Ouvrard*. Das war ein Mann von weitem Horizont. Er begriff lange vor dem Brumaire die Notwendigkeit von Finanzsanierung und Währungsstabilisierung und war bereit, mit seinen beträchtlichen Möglichkeiten dazu beizutragen. Er verfügte über internationale Verbindungen, auch jenseits von Kanal und Atlantik, und *am 18. Brumaire bot er die Anleihe von 12 Millionen Livres an*, um die sich Napoleon in den folgenden vier Monaten vergeblich bei den führenden Pariser Bankiers bemühte.

Guillemin beschreibt eindrucksvoll die andauernde Demütigung, die Napoleon von diesen Bankiers erduldete, und die enormen Konzessionen, die er ihrer Privatfirma, der *Banque de France* einräumen mußte. Guillemins Darstellung leidet nur unter ein paar Schwächen. Er versteht nicht, weshalb der französische Staatskredit bei Null stand, er übersieht, wie bald Napoleon der Banque strengere Bedingungen stellte, und er verwechselt Banknoten mit Papiergeld.

Otto Wolff, der Vater des bisherigen DIHT-Präsidenten, zeigt, daß sich Napoleon sehr erhebliche Verlegenheiten und Demütigungen hätte ersparen können, wenn er Ouvrards Angebot angenommen hätte, und daß Napoleons Motiv in persönlichem Haß gelegen hat. Solche Emotionen haben Napoleon auch später irre geleitet, beispielsweise im August 1813 der Haß gegen Bernadotte. Ouvrard erklärte sich Napoleons Haß aus Eifersucht. Als Mitglied jenes Kreises von Kriegsgewinnlern, zu deren Zentren der Salon Beauharnais gehörte, *kannte er Josephine länger*, vielleicht auch besser *als Napoleon selbst*.

Otto Wolff ist voreingenommen. Daher sieht er nicht, *wieviel Anlaß Ouvrard zu Mißtrauen* bot. Es gelingt ihm auch nicht, dessen interessanteste Manöver durchsichtig zu machen. Ouvrard verachtete Napoleons Unfähigkeit, Finanzoperationen zu verstehen. Diese Unfähigkeit wurzelte darin, daß Napoleon grundsätzlich *nicht bezahlen wollte* – natürlich unterließ das auch Ouvrard, wenn er konnte, aber er versuchte nicht, Rothschild zu prellen. Beispielsweise freute sich bei späterer Gelegenheit Napoleon über die Einfuhr von Barrengold aus London. Er nahm nicht wahr, daß es durch Frankreich und Spanien in Wellingtons Kriegskasse floß, und daß Rothschild mit Ouvrards Hilfe die Transport- und Versicherungskosten über See nach Lissabon sparte.

Der Namen *Code Napoléon* könnte dazu verleiten, Napoleons Verdienst um die fünf Gesetzesbücher seiner ersten Regierungsjahre zu überschätzen. Im Grunde beschränkte es sich auf den Befehl, die zehnjährigen Vorarbeiten abzuschließen. Wie wenig er materiell erreichen konnte, zeigt *sein vergeblicher Kampf gegen das Schwurgericht*, das ihm als republikanische Einrichtung unsympathisch war. Da hatte es das deutsche Reichskabinett Marx-Stresemann 1923 leichter. Durch Notverordnung setzte es das Schöffengericht an die Stelle des Schwurgerichts.

Eine ausgesprochene Schwäche von Napoleons Reorganisation der Regierung lag in der *Zweiteilung von Innen-, Finanz- und Kriegsministerium.* Die *Trennung der Polizei (Fouché) vom Inneren (Laplace,* dann Lucien) fand Napoleon vor: sie entspricht den Erfordernissen einer Diktatur – Hitler hat es ja auch so gemacht. Dagegen *schloß die Trennung des Finanzministeriums* (lediglich für die Staatseinnahmen; doch einen wesentlichen Teil davon, die Tribute der besiegten Staaten und besetzten Gebiete, behielt Napoleon der Domaine Extraordinaire vor) *vom Schatzministerium* (lediglich für die Staatsausgaben) eine *rationelle Finanzverwaltung aus* – die wollte Napoleon eben nicht, nachdem die Finanzen 1799-1800 notdürftig saniert waren. Zu Grunde lag das *Mißtrauen des Räuberhauptmannes,* der nicht von seinen eigenen Leuten kontrolliert werden will. Aber gerade gegenüber korrekten Beamten ohne politischen Ehrgeiz wie dem Finanzminister Gaudin und dem Schatzminister Mollien war dieses Mißtrauen sinnlos – Napoleon hat ihnen ja auch immer und zu Recht vertraut. Ähnlich verfehlt war die *Ausgliederung der „Administration Militaire“* (Zahlmeisterei, Intendantur, Sanitätswesen, Train, Beschaffung von Waffen, Munition, Uniformen – eine ähnliche Behörde wie das preußische „Militär-Ökonomie-Departement“, das jedoch eine Abteilung des Kriegsministeriums blieb) *aus dem Kriegsministerium.* Die Tendenz zu *unrationeller Verwaltungsorganisation* gehört zu den Gründen von Napoleons Scheitern. Am offensichtlichsten war sie in der *Heeresverpflegung.* Dem Versagen seiner Intendantur wirkte Napoleon entgegen, indem er sich selbst um Einzelheiten der Heeresverpflegung kümmerte. Wurde er daran durch Überlastung mit anderen Aufgaben gehindert, so geschah gar nichts. Die entschiedenste Schwäche von Stendhals Entwürfen über Napoleon ist, daß Stendhal den Beitrag seiner eigenen Behörde, der Intendantur, zu Napoleons militärischer Niederlage nicht verstand.

Luciens Entlassung als Innenminister 1800 wurde notwendig, weil er kaiserlicher Prinz werden wollte und deshalb seinen Bruder auf der Bahn zur Erbmonarchie vorwärts zu stoßen versuchte. Doch Napoleon hatte den Finger am Puls der öffentlichen, insbesondere der militärischen Meinung. Als er im November 1799 die Regierung antrat, war die Umwandlung der republikanischen in diktatorische Institutionen seit fünf Jahren in Gang, aber Napoleon brauchte weitere fünf Jahre, um den Wandel zu vollenden: hierin überstürzte er nichts. Wie richtig er den demokratischen Widerstand, insbesondere des Heeres, einschätzte, belegt der *Widerspruch der Generäle Pommereul und Delmas* im März 1802 gegen das Konkordat. Gegen Napoleons Zuversicht, er könne den Klerus in den gebührenden Grenzen halten, wandte Pommereul ein:

> „Das ist nicht leicht gegenüber Leuten, die in's Ohr flüstern und aus der Wahrung des Beichtgeheimnisses eine Gewissenspflicht machen." (Thiébault)

Napoleon mußte das einräumen. Im Staatsrat hat er 1809 selbst bemerkt, solange es keinen Kaiser gibt, der zur Beichte geht, bestehe keine Gefahr.

> „Und General Delmas, der manchmal Glas zerschmiss ohne zu fragen, wer es bezahlte, hatte die Kühnheit dem ersten Konsul zu sagen: ‚Nun brauchen Sie nur noch Rosenkränze aus unserem Portepee zu machen, und Frankreich braucht sich nur noch über die Million Mann zu trösten, die sich haben totschiessen lassen, um die Heuchelei (capucinade) abzuschaffen, die Sie wieder einführen!'" (Thiébault)

In Wirklichkeit scheint Delmas seinen Protest bei einer noch zentraleren Gelegenheit geäußert zu haben: nach Napoleons Kaiserkrönung am 2. Dezember 1804. Danach wurde er auf mindestens dreißig Meilen von Paris verbannt, erhielt erst acht Jahre später wieder ein Kommando – 1813 als Divisionskommandeur im 3. Armeekorps – und fiel bei Leipzig. Stendhal und Godechot legen ihm andere Zahlen in den Mund: Stendhal zwei Millionen, Godechot 100 000 – Godechot sucht überhaupt diese mörderische Statistik nach unten zu revidieren. *Delmas dürfte von einer Million gesprochen haben.*

> „Der einzige Vorzug der Heuchelei von 1809 gegenüber der von 1834 bestand darin, daß die napoleonische Heuchelei nicht ohne Mut auskam." (Stendhal in *Lucien Leuwen)*

Daher fanden sich unter Napoleons Generälen und zivilen Ratgebern immer wieder Unbekümmerte, die ihm die Wahrheit sagten, wenn auch selten so drastisch wie Delmas. Auch ausländische Monarchen litten gelegentlich unter dieser Aufrichtigkeit, beispielsweise Zar Alexander I. Als Großfürst Konstantin dem General Vandamme nach dessen Gefangennahme bei Kulm Vorwürfe machte, erhob dieser den Gegenvorwurf: *„Ich habe meinen Vater nicht umgebracht."*

Gehalt und Nebeneinnahmen des ersten Konsuls und des Kaisers

Als erster Konsul (1800-02) bezog Napoleon ein Gehalt von 500 000 Frs, der zweite und dritte Konsul je 150 000, ferner alle drei zusammen 600 000 Frs Wohnungsgeld.

Ein Minister bezog dagegen nur 50 000 Frs, der Oberbefehlshaber einer Armee sogar nur 40 000. Die halbe Million Konsulargehalt konnte also kaum als bescheiden gelten. Dennoch reichte sie nicht; allein *Josephines Schulden* und die rückständigen *Kaufgelder für Grundstücke* betrugen ein Mehrfaches.

Dafür kam es gelegen, daß die Freie und Hansestadt Hamburg einen Iren, *Napper Tandy*, der als französischer Offizier gegen England gedient hatte, nebst drei Begleitern an dieses auslieferte. Napoleon erpreßte dafür *vom Hamburger Senat eine Buße von 4,5 Millionen Frs*, sicherlich eine stolze Genugtuung für Napper Tandy in seiner Gefangenschaft. Diese Kontribution ging *nicht an das französische Finanzministerium, sondern an Napoleons Privatkasse*, wie später alle Kontributionen dem kaiserlichen Hausvermögen zuflossen. Etwa die Hälfte der 4,5 Hamburger Millionen, mehr als 2 Millionen, verwandte Napoleon für die Deckung von Josephines Schulden, die andere Hälfte für Schenkungen außerhalb der Familie, beispielsweise an Offiziere, die sich beim Staatsstreich verdient gemacht hatten. Zusammen mit seinem Gehalt betrug das, was Napoleon aus der Hamburger Kontribution nahm, gegen 3 Millionen: So viel bezog er tatsächlich schon im Jahre 1800 an öffentlichen Geldern. Dazu kamen seine Privateinkünfte.

1801 beschränkte sich Napoleons Gehalt immer noch auf eine halbe Million Frs, dagegen erreichten seine Bezüge aus öffentlichen Kassen bereits 12,8 Millionen. Um das Mißverhältnis auszugleichen, wurde das Gehalt des ersten Konsuls für 1803 auf 6 Millionen erhöht, und als Kaiser bewilligte sich Napoleon 7 Millionen Frs Zivilliste.

Ein Drittel der Zivilliste pflegte er zurückzulegen, und soweit er die Rücklagen nicht in Grundbesitz und Wertpapieren investierte, speicherte er sie in Form von *Münzen und Edelmetallbarren im Keller der Tuilerien* zusammen mit dem nicht angelegten Überschuß der *„domaine extraordinaire“*. In den Kriegen 1808-14 wurde dieser Hort aufgezehrt. Als die Kaiserin im März 1814 beim Anmarsch der Verbündeten nach Blois floh, führte sie in ihren Kutschen Reste dieses Schatzes mit sich. Die 4 Millionen Frs Goldgeld, die Napoleon nach Elba mitnahm, stammten teils aus der Armeekasse, teils aus dem nach Blois geretteten Hausschatz.

Wieviel diese Summen in heutiger Kaufkraft darstellen, ist schwer zu sagen, zumal bei der seit 1941 ununterbrochen andauernden, internationalen Preissteigerung. Die Größenordnung des Multiplikators ergibt sich aus den damaligen Preisen. Einen Tagelohn rechnete man in Paris zu 2 Frs, außerhalb zu 1 Fr; 1 Pfund Brot kostete 10, ein Pfund Fleisch 30 Centimes, ein Pferd 300 Frs. Demnach machte in heutigen Deutschen Mark (West) Napoleons Zivilliste eine neun- bis zehnstellige Summe aus, zwischen einer halben und ganzen Milliarde DM West von 1990.

Die teure Gattin

Bis 1800 war Napoleons Hauptausgabeposten die *teure Gattin*, wenngleich diese beträchtliche *Nebeneinnahmen* hatte, die der kundige Thiébault in einem Fall auf eine halbe Million Metallgeld beziffert. Als sie sich 1799 an Fouché wandte, bewilligte dieser zunächst nur eine einmalige Zuwendung aus dem Ertrag der Spielkonzessionen, der zur Besoldung des gehobenen und höheren Lumpenproletariats diente, beispielsweise der Spitzel aus guter Gesellschaft. Die Prämien aus dem Spiel wurden an der Opernkasse ausgezahlt; dort fand sich also Josephine ein. Nach 1799 kam statt ihrer gelegentlich Madame Fourès, Napoleons Geliebte in seiner ägyptischen Zeit.

Nach dem Staatsstreich gewährte Fouché *der Gattin des ersten Konsuls* aus seinem Dispositionsfonds *ein Tagegeld von 1000 Francs* und fuhr fort, durch Josephine seinen Chef auszuspionieren. Rechnet man dieses Tagegeld mit, so bezog das Ehepaar Bonaparte schon 1800 mehr als 3 Millionen an öffentlichen Geldern.

Es entsprach auch Josephines Geschäftsgewohnheiten aus der Zeit des Direktoriums, ein Perlencollier von einem Pferdehändler anzunehmen, der 3000 Pferde an das Kriegsministerium liefern und dazu dem ersten Konsul vorgestellt werden wollte. Napoleon tobte, als er dahinter kam.

In den Wochen und Monaten nach dem November-Staatsstreich kamen dem Diktator von allen Seiten Winke über Josephines Schulden zu. Sobald die dringendsten administrativen und militärischen Arbeiten eingeleitet waren, und die Hamburger Kontribution das erforderliche Hartgeld darbot, ging er an die private Schuldenregulierung. Bei einem Teil der Schulden handelte es sich in Wirklichkeit um Kapitalanlagen: bei der *Restzahlung von 230000 Frs für Malmaison* und von *1195000 Frs für Nationalgüter.*

Jahrelang war Napoleon *gegen den Ankauf von Nationalgütern* gewesen. Robespierrist und dann Thermidorianer war er nicht aus Überzeugung gewesen, sondern um als General dieser Parteien vorwärts zu kommen und sich im Ausland zu bereichern. Aber sich an ihrem Hauptgeschäft, dem Erwerb von Nationalgütern zu beteiligen, war ihm *zu riskant*. Er rechnete mit der Möglichkeit, sich eines Tages mit den Royalisten zu verbünden und mit ihrer Hilfe an die Macht zu kommen. Erst nach dem Brumaire, als es ihm ohne die Royalisten geglückt war, *bezahlte er die Nationalgüter*, die er ausnahmsweise, entgegen seinen Geschäftsgrundsätzen erworben hatte.

Der delikate Teil der Schuldenregulierung betraf *Josephines Lieferantenrechnungen*. Damit beauftragte Napoleon seinen Privatsekretär *Bourrienne*. Dieser genoß Josephines Vertrauen. Ihm gab sie alle Rechnungen (Gesamtbetrag 1,2 Millionen Frs), weigerte sich aber, ihrem Mann mehr als die Hälfte einzugestehen. Vergebens stellte Bourrienne ihr vor, der erste Konsul tobte bei 600000 nicht weniger als bei 1,2 Millionen: Gestehe sie die ganze Summe, so sei sie den Ärger auf einmal los.

Umsonst: Mit Widerstreben meldete Bourrienne, diskret wie er war, wirklich nur die 600000, die die schöne Sünderin zu gestehen bereit war, und Napoleon stellte 600000 von den Hamburger Goldrappen für die Lieferanten bereit.

Bourrienne wußte sich zu helfen. Zunächst kürzte er alle Rechnungen um die Hälfte. Schon die flüchtige Durchsicht der Rechnungen überzeugte ihn, daß die Lieferanten dabei keinen Verlust erlitten. Beispielsweise berechnete ein Lieferant 38 Hüte, die er binnen eines einzigen Monats geliefert haben wollte. Diese Art von dummer Verschwendung trieb Josephine nun nicht, sie konnte sich natürlich nicht erinnern, dieses Hutmagazin auch nur gesehen zu haben. Bourrienne zahlte also nur 35000 von den 80000 Frs, die auf der Rechnung standen, und der Lieferant besaß die Unverfrorenheit zu erwidern: *„Dabei verdiene ich immer noch."*

Etwas später heiratete Napoleons jüngste Schwester Caroline, und zwar den Husaren Joachim Murat. Bares Geld war noch knapp, der Konsul konnte nur 30000 Frs Mitgift zusammenkratzen. Er half sich mit einem Griff in Josephines Schmuckkasten und zog daraus ein wertvolles Kollier hervor.

Josephine wollte sich entschädigen. Ihr war bekannt, daß der Juwelier Foncier einen Perlenschmuck besaß, angeblich aus dem Besitz Marie Antoinettes, den er für eine Viertelmillion zu verkaufen bereit war.

An sich hätte Josephine den Schmuck leicht aus dem Tagegeld abzahlen können, das sie von Fouché bezog, aber sie konnte ja das Geld nicht einteilen. Wie es scheint, wußte Bourrienne Rat: er stellte die Verbindung zum *Kriegsminister Berthier* her. Da sich die französische Staatsverwaltung nur allmählich aus dem finanziellen Zusammenbruch herausarbeitete, wurden Heereslieferungen nur langsam abgestottert. Berthier teilte einem Lieferanten mit, seine Rechnung werde mit Vorrang beglichen, und der Begünstigte übernahm die *Bezahlung von Josephines Perlenschmuck.*

Schon 1800 erkannte Josephine, ihr Mann werde sich zum Monarchen krönen. *Sie wirkte seiner monarchischen Neigung entgegen,* denn sie sah wohl, die Kinderlosigkeit ihrer Ehe mit Napoleon sei für ihn als Monarchen aus junger Familie ein politischer Nachteil, er werde sich deshalb von ihr scheiden lassen. Umgekehrt suchten seine Brüder den ersten Konsul auf der Bahn zur Monarchie vorwärts zu stoßen: eine neue Quelle des Zanks zwischen Josephine und der Familie Bonaparte.

Als sich Napoleon 1809 wirklich scheiden ließ, erhielt Josephine eine jährliche *Zivilliste von 2 Millionen Frs,* womit sie natürlich nicht auskam, *ferner Malmaison.* Von 1800 ab war das Schloß Malmaison ausgebaut und der anfänglich verhältnismäßig kleine Park durch Zukauf weiteren Geländes nach Süden hin zu einem Riesenpark zwischen den Ortschaften Rueil, Bougival, Vaucresson und Garches geworden, 7 km in der größten Nord-Süd- und 4 km in der größten Ost-West-Erstreckung. Die nördliche Hälfte dieses Geländes war in der Schlacht am Mont Valérien, 19. Januar 1871, das Gefechtsfeld des französischen rechten Flügels. Bereits Anfang 1804 waren mehr als 3 Millionen Frs in den Ausbau und die Erweiterung von Schloß und Park investiert worden.

Als Paris 1814 von den Verbündeten besetzt wurde, sah Josephine keinen Anlaß zu fliehen. Sie empfing in Malmaison den preußischen König und den Zaren. Der österreichische Kaiser war zu zartfühlend sich einzustellen, aber Josephine fragte: „Warum? Er stößt doch nicht mich, sondern seine Tochter vom Thron!" Im Mai 1814 starb sie an Lungenentzündung und wurde der Verlegenheit enthoben, sich auf Verhältnisse umzustellen, unter denen die regelmäßige Begleichung ihrer Etatüberschreitungen nicht mehr gesichert war.

Die „Domaine Extraordinaire"

Schon im März 1796, bei Antritt des Kommandos über die Armée de l'Italie, hatte Napoleon ein organisches Verhältnis der Kontributionen zu seiner Privatkasse hergestellt. Als Kaiser erhob er dieses Verhältnis zu altklassischer Vollkommenheit. *Wie im alten Rom fielen dem Staat Aushebung, Ausrüstung, Besoldung und Unterhalt der Truppen zu, dem Feldherren nur die Kriegsgewinne.* Eine Grenze zwischen öffentlichen und privaten Finanzen bestand demnach für Napoleon ebensowenig wie für Caesar. Nur erforderte die kapitalistische Entwicklung eine fest organisierte Verwaltung des Bonaparteschen Hausvermögens. Napoleon errichtete eine *Sonderverwaltung*, die er 1804-1810 „Trésor des Braves" und dann *„Domaine Extraordinaire"* nannte.

Für den nominellen Zweck – *„Schatz der Tapferen"* – bestimmte Napoleon 1804 18 Millionen Frs, und zwar 12 für die Mannschaft, 6 für die Offiziere. Verwundete erhielten das Dreifache der Gratifikation unverwundeter Soldaten und Unteroffiziere, für den Verlust von Händen, Armen, Füßen, Beinen wurden jährlich 500 Francs gewährt, Offiziere erhielten für ausgezeichnete Verdienste Renten bis zu 10000 Francs.

Vor allem bereicherte Napoleon aus diesem Sondervermögen seine Marschälle und Minister. Er schmückte seine Dynastie mit einem neuen Adel: dazu die Titel „Herzog von Auerstädt" und „Fürst von Eckmühl", „Herzog von Elchingen" und „Fürst von der Moskwa", dazu die Vermögen, die er den Trägern dieser Namen stiftete, nebst den damit verbundenen Repräsentationspflichten am Kaiserhof. Vermittels der vorgeschriebenen kostbaren Hofuniform sollte der darniederliegenden Lyoner Seidenindustrie aufgeholfen werden.

Unter den wertvollsten Geschenken Napoleons an die Großen seines Reiches waren polnische Domänen: Davoust erhielt das *„Fürstentum Lowicz" – Wert 4,8 Millionen Frs*, Lannes das *„Fürstentum Siewierz" – Wert 2,7 Millionen Frs*, Berthier die *Herrschaft Zielun – Wert 520000 Frs.* Den Beschenkten waren die Einnahmen aus diesem Grundbesitz erwünscht. Aber nach endlosen Kriegsjahren wollten sie endlich in Paris leben. Sich fern von den Annehmlichkeiten der Zivilisation nach Polen aufs Land zu verbannen, kam ihnen nicht in den Sinn. Gern hätten sie daher ihre polnischen Riesenbesitzungen gegen bescheidenere Dotationen in Deutschland, beispielsweise in Preußen getauscht, aber die preußische Regierung war eher bereit, die Provinz Schlesien abzutreten als auch nur einen Teil der preußischen Domänen. Diese Weigerung war für Napoleons Umgebung ein Grund, ihm mit Vorschlägen zur Einziehung der verhaßten, preußischen Monarchie in den Ohren zu liegen. Die Namen jener polnischer Latifundien korrekt zu schreiben oder gar auszusprechen, war deren neuen Herren natürlich nicht zuzumuten – brauchen doch selbst heute westdeutsche Fernsehsprecher zehn Jahre, um dic Aussprache eines Namens wie Valęsa zu erlernen; um wieviel weniger kommen Franzosen mit slawischen Namen zurecht. Lannes nannte sich „Fürst von Siève".

Theoretisch entsprach diese Sonderverwaltung etwa dem „Ministerium des königlichen Hauses" in Preußen, der praktischen Bedeutung nach war sie weit gewichtiger, denn ihr unterstanden:

1. die *kaiserlichen Schlösser;*
2. die *Staatsdomänen* der Satellitengebiete;
3. die *Kontributionen* der besetzten Gebiete und besiegten Staaten.

Die Staatsdomänen beschlagnahmte Napoleon beispielsweise in seinem Satelliten-Königreich „Westfalen", ferner im „Herzogtum Illyrien", das heißt den 1805 von Österreich abgetretenen, heute jugoslawischen Gebieten Dalmatien, Istrien und Krain. „Illyrien" wurde von Marmont verwaltet, und dieser hat in seinen Erinnerungen geschildert, wie die Landesverwaltung durch den Verlust der Domänen, insbesondere des *Quecksilberbergwerks von Idria*, ihre *finanzielle Grundlage verlor.* Die geringe Entfaltung von Handel und Gewerbe und die dürftige Landwirtschaft des verkarsteten Gebirgslandes boten keine anderen Staatseinnahmen dar, und dabei mußte Marmont unverhältnismäßig starke kroatische und slowenische Truppen unterhalten.

Ähnlich verhielt es sich im „Königreich Westfalen", so genannt, weil es außer großen hessischen, thüringischen, hannöverschen, braunschweigischen und magdeburgisch-halberstädtischen Gebieten bei Paderborn und Bielefeld auch einen kleinen Zipfel Westfalens mit umfaßte. Im Kurfürstentum Hannover bildeten die Staatsdomänen, wie in „Illyrien" und Polen, die Haupteinnahmequelle des Staates. Noch vor siebzig Jahren konnte man im ehemaligen Königreich Hannover von alten Leuten hören, vor 1866 habe es bei ihnen „keine Steuer", das heißt keine Einkommensteuer gegeben, weil der Staat von den Domänen leben konnte.

Die Wegnahme der *Domänen im „Großherzogtum Warschau"* hat *entscheidend zu Napoleons Untergang 1813 beigetragen.* Die russische Hauptarmee unter Kutusow hatte im November und Dezember 1812 durch Frost und vor allem durch Hunger kaum geringere Verluste als die fliehenden Franzosen und Rheinbündler, denn die Heerstraße war *ausgefressen*, und der Nachschub kam nicht so rasch nach, wie die Verfolger marschierten. Sie konnten ihre Offensive über die russische Westgrenze hinaus nicht fortsetzen.

Noch standen an dieser Grenze französische, Rheinbund- und verbündete Truppen, denen die russischen Verfolger nicht entfernt gewachsen waren: in Kurland das *französische Armeekorps Macdonald,* dem die 20000 Preußen Yorcks angehörten; weiter südlich das *sächsische Armeekorps unter Reynier* und das *österreichische unter Schwarzenberg.* Dazu kamen die *Trümmer der Großen Armee,* die *polnischen Depottruppen,* und diese noch immer ansehnliche Macht stützte sich auf die *Weichselfestungen Warschau, Modlin, Graudenz* und vor allem das unbezwingliche, von starken, intakten Truppen besetzte *Danzig.* Selbst nach Yorcks provisorischer Neutralitätserklärung hätte sich die Front an der polnischen Ostgrenze, spätestens aber an der Weichsel halten lassen, wäre nicht der *polnische Staat finanziell geknebelt* gewesen. *Poniatowski* hatte deshalb kein Geld, um neue polnische Truppen aufzustellen oder auch nur die vorhandenen aufzufüllen. Hätte nicht Napoleon die wichtigsten polnischen Staatseinnahmen in seine Tasche gesteckt, so hätten sich die polnischen Aufgebote von 1813 nicht auf die knapp 16000 Mann beschränkt, die als 8. Armeekorps (Poniatowski), 4. Kavalleriekorps (Kellermann) und Division Dombrowski in der französischen *Ordre de bataille* figurieren: sehr gute, aber sehr schwache Truppen.

Da aber keine frischen polnischen Truppen aufgestellt wurden, entschied sich der Weichselfeldzug durch den Abfall Yorcks, den Abmarsch Schwarzenbergs und die Niederlage sowie den hohen Krankenstand der Sachsen; das vierte, außerdem vorhandene, intakte Armeekorps unter *Rapp ließ sich in Danzig einschließen* und fiel für die Operationen aus. Die Polen zogen sich nach Tschenstochau und schließlich Krakau zurück, und sehr gegen seinen Willen wurde Kutusow durch das Vakuum, das er vor sich fand, bis an die schlesische Grenze gesogen, so daß der kleinmütige preußische König dem Entschluß zum Freiheitskampf nicht mehr ausweichen konnte.

Die Staatsdomänen der Satellitengebiete benutzte Napoleon unter anderem zur Bereicherung seiner Getreuen, wie oben dargestellt.

Der Entschluß zum Krieg und zur Fortsetzung des Krieges wurde dem Kaiser Napoleon stets dadurch erleichtert, daß die *Kontributionen seinem Hausvermögen zuflossen.* Besonders der Entschluß zum Krieg gegen Preußen 1806 dürfte durch die Aussicht auf fette Kontributionen bestärkt worden sein. Preußen war nicht entfernt so wohlhabend wie Napoleons erster Kriegsschauplatz Italien. Gleichwohl hat er in sieben Jahren *nicht weniger als 2 Milliarden Frs* (Gold) *herausgepreßt:* je eine Milliarde Barkontributionen und Sachleistungen (Requisitionen, Quartier, Vorspann und anderes).

Bei der Maßlosigkeit, mit der er gerade Preußen auspreßte, leiteten Napoleon zwei Sondermotive: ein unversöhnlicher Haß, den er keinem anderen Gegner widmete – dabei war Preußen bis 1807 der harmloseste seiner Gegner, erst Napoleons Erpressungen machten den preußischen Staat zu dem nächst England gefährlichsten seiner Feinde –, und die Berechnung, durch völlige materielle Entblößung Preußens jede nennenswerte Rüstung so unmöglich zu machen, wie ihm das unbeabsichtigt in Polen gelang. Auch in Preußen kam er seinem Ziel recht nahe. *Bernhard Schwertfegers* aktenmäßige Darstellung über *Das preußische Heer der Befreiungskriege* belegt die *unvorstellbaren Schwierigkeiten*, auf die die Ausrüstung und Versorgung der regulären Truppen und vollends der Landwehr 1813 stieß. Doch noch ungeheurer als Napoleons Erpressungen war die durch sie hervorgerufene Wut und Erbitterung. Sie entlud sich in der Erhebung von 1813 und befähigte nicht nur die Truppen und Führer zu bewunderungswürdigen Leistungen, sondern beflügelte vor allem die hinter den Truppen stehende Bevölkerung, ohne deren Opferbereitschaft die Überwindung der materiellen Mängel undenkbar gewesen wäre.

Es war kein Zufall, daß in der preußischen Armee von 1813 *Eigentumsbegriffe* herrschten, *die denen Napoleons gerade entgegengesetzt waren*. Ohne die in keiner anderen größeren Armee jemals wieder erreichte *Strenge, womit die preußische Armee von 1813 fremdes Eigentum achtete*, gleich ob im eigenen oder in Feindesland, hätte diese Armee weder aufgestellt noch im Feld erhalten werden können. Nur in *Cromwells Muster-Armee* hat die gleiche, oder sogar *größere Strenge* geherrscht. Leider ist die *Kenntnis dieser Verhältnisse* bei uns *verlorengegangen*, sowohl in Offizierkorps und Verwaltung wie bei den Historikern.

Eine Darstellung, aus der sich Napoleons gesamte Kontributionseinnahmen ersehen ließen, fehlt bezeichnenderweise. Nur für Preußen liegt eine solche Berechnung vor, und auch sie ist *erst 1871 von Duncker* aufgestellt worden, um der französischen Behauptung zu begegnen, das damalige Frankreich, das unendlich viel größer und reicher war als Preußen 1807-13, werde durch eine Kriegsentschädigung „écrasiert", die allerdings das Zweieinhalbfache der preußischen Leistungen 1806-13 ausmachte. *Bourrienne* bezeugt, allein aus den Hansestädten 100 Millionen bar herausgepreßt zu haben, und das, obgleich Lübeck 1806 von den Franzosen geplündert, und in allen drei Städten der Handel durch Napoleons Kontinentalsperre zum Stillstand gebracht war.

Für die drei Kriege 1805, 1806-07 und 1809 existiert eine überschlägige Gewinn- und Verlustberechnung der Domaine extraordinaire:

Kontributionseinnahmen und daraus bestrittene Feldzugkosten in Millionen Frs (Gold)

Feldzug	Brutto-Kontributionen	Feldzugskosten	Reingewinn
1805	75,5	27,0	48,4
1806-07	482,8	202,1	280,7
1809	164,5	76,1	88,4

Die enorme Differenz zwischen Preußens Gesamtzahlungen (1 Milliarde bar) und dem Bruttoertrag des Krieges 1806-07 erklärt sich daraus, daß Preußen nach Friedensschluß bis Anfang 1813 weiter Zahlungen und Sachleistungen aufbrachte. Allein die Requisitionen, Quartiergewährung und der Vorspann beim Durchmarsch der Großen Armee 1812 gingen in die Hunderte Millionen.

Ein Vergleich von Napoleons Kontributionsforderungen mit heutigen Größen ist kaum durchführbar. Müßte heute die Bundesrepublik 1000 Milliarden DM binnen zwei Jahren an eine auswärtige Macht zahlen, so würde das nicht so auf ihr lasten wie der Bruchteil davon, 1 Milliarde Frs, 1806-12 auf Preußen.

Den Reingewinn seiner Feldzüge speicherte Napoleon in Form von Edelmetall im Tuilerienkeller. Die von ihm entfesselten *Raubkriege*, in Spanien seit 1808, in Ost- und Mitteleuropa seit 1812, *verschlangen den Goldschatz ebensoschnell, wie er zusammengeraubt worden war,* und mit dem Schatz verschlangen sie die Militärmacht, die ihn zusammengeraubt hatte.

Der Krieg gegen England

Guillemin fühlt sich durch einige Wendungen Napoleons an einen Diktator unseres Jahrhunderts erinnert, beispielsweise durch die Weihnachtsverkündigung 1804, er habe in Europa keine Territorialforderungen mehr, oder fünf Vierteljahre später durch die Proklamation des „Grand Empire" – zu unserer Zeit *„Großdeutsches Reich"* –, „dessen Idee ihm die Vorrsähung eingegeben habe". Noch bemerkenswerter und verhängnisvoller ist die *Übereinstimmung in dem Verhalten gegenüber England* 1802-1803 bzw. 1938-1939.

Die *britische Friedensliebe* 1802 bzw. 1938 erschien den Diktatoren *lediglich als Schwäche.* Allerdings war es kein Zeichen von Stärke, daß Großbritannien im Frieden von Amiens 1802 alle Überseeeroberungen der vorangegangenen zehn Jahre herausgab außer Ceylon (bis dahin niederländisch) und Trinidad (bis dahin spanisch), aber zuließ, daß Frankreich durch seine Eroberungen an Maas und Rhein, in der Schweiz und Italien gestärkt blieb. Die Kabinette Addington und Chamberlain waren schwach. Die Diktatoren übersahen, *wie leicht sich britische Kabinette auswechseln lassen*, und daß Pitt beziehungsweise Churchill bereitstanden. 1938 wurzelte die britische Friedensliebe darin, daß man sich sehr gut an den letzten Krieg erinnerte und den nächsten nur aufnehmen wollte, *wenn der Beweis seiner Unvermeidlichkeit erbracht sei.* Die Besetzung Prags im März 1939 erbrachte den Beweis.

1802 wurzelte die Friedensliebe darin, daß das britische Kapital die *hohen Steuern* sowie die *Währungszerüttung* leid war und endlich wieder in Ruhe seine Geschäfte betreiben wollte, insbesondere die seit zehn Jahren unterbliebene Ausfuhr nach Westeuropa. Die Engländer unterstellten, der für ihre Industrie vorteilhafte Handelsvertrag von 1786 mit Frankreich („Eden-Vertrag") gelte wieder. Napoleon dachte anders. Durch *Einfuhrverbote* und hohe *Einfuhrzölle* schloß er die englische Einfuhr aus Frankreich aus und erweiterte das französische Zollgebiet durch Annexion der Schweiz und eines norditalienischen Gebietes nach dem anderen. Der City wurde klar, daß sie dem Frieden von Amiens unter unzutreffenden Voraussetzungen zugestimmt hatte. Den *endgültigen Beweis* dafür erbrachte Napoleon durch die *Annexion Piemonts im September 1802.*

Einen länger dauernden Frieden kann Napoleon nicht vorgesehen haben. *Einige Friedensjahre* wären indes für seine Überseeprojekte *erforderlich* gewesen. Es waren

1. die *Wiederversklavung* der Neger auf Haiti und Santo Domingo;
2. die *Wieder-Inbesitznahme von Louisiana:* daraus sollte eine für England unangreifbare Militärbasis Französisch-Westindiens werden;
3. die *Wieder-Inbesitznahme der französischen Faktoreien* in Ostindien: Decaen sollte sie zu einer Militärbasis ausbauen und dann von ihnen aus den Subkontinent erobern;
4. Kolonialgründungen in *Südaustralien und Tasmanien.*

Die französische Kriegsflotte war verfallen. Ihr vortreffliches Personal von 1791 hatte sich zerstreut, viele Schiffe waren verloren, die vorhandenen verkommen. Sie hatten jahrelang im Hafen gelegen, Führern und Besatzungen fehlten seemännisches und kriegerisches Können. Bei Abukir hatte die französische Schiffsartillerie noch zwei britische Linienschiffe außer Gefecht gesetzt; bei Trafalgar tat Nelson ungestraft, als habe der Gegner überhaupt keine Artillerie. Er fiel nicht durch einen Artillerietreffer, sondern durch die Flintenkugel eines französischen Scharfschützen.

Jahre angespannter Friedensarbeit auf den Werften und der Flotte *wären nötig gewesen*, um wieder den Leistungsstand zu erreichen, dem die französische Flotte ihre Erfolge im nordamerikanischen Unabhängigkeitskrieg verdankte. Beides setzte eine *korrekte, tüchtige Verwaltung* voraus, widersprach also Napoleons Neigungen. Seine Infanterierekruten kamen unausgebildet vor den Feind und wurden im Lauf eines Feldzuges zu Soldaten. Die Heeresverwaltung stahl, dennoch siegte das Heer. Was zu Lande möglich war, verlangte er auch zur See.

Wollte Napoleon den Frieden auch nur ein Jahr wahren, so hätte er seinen Charakter ändern müssen. Er hätte nicht in der Schweiz und Norditalien „jeden Tag das Haus auf den Kopf stellen" dürfen, er hätte seinen Protektionismus und seine Annexionslust zügeln müssen. Das konnte er nicht. *Mithin verlor der Friede seinen Sinn für das englische Kapital*. Umgekehrt *verlor* nach fünf Jahren *der Krieg seinen Sinn für das französische Kapital*, trotz Ulm, Austerlitz, Jena, Friedland, Wagram. Napoleon wollte das nicht verstehen. Er stand dem französischen Kapital als Außenseiter gegenüber – das belegen ja seine Privatgeschäfte. Das französische Kapital fand, für seine Geschäfte sei Napoleon nicht so nötig wie der Frieden. *Das war der eigentliche Grund seines Sturzes.*

Stehen Diktatoren am Kanal, und sind sie gerade an keiner anderen Front beschäftigt, so dressieren sie *Seelöwen*. Den Diktator unseres Jahrhunderts beschäftigte seine „Operation Seelöwe" nur sechs Wochen lang; dann zog ihn „Operation Barbarossa" nach Moskau. Im Gegensatz zu seinem Kollegen kam er nicht ganz dorthin – dem historischen Barbarossa war ja auch die Unterwerfung der Lombardei mißlungen. Hingegen widmete Napoleon seinem Seelöwen zweieinhalb Jahre und erbaute *Flachboote mit Ruderantrieb*, die eine *erste Welle von* 100000 und womöglich eine zweite von 30000 *nach Dover und Folkestone übersetzen* sollten.

Die Deckung dieser Transporter gegen die in und nahe der Meerenge stationierten britischen Kriegsschiffe dachte Napoleon französischen und spanischen Linienschiffen zu. Unter Befehl des Vizeadmirales Villeneuve sollten das französische Geschwader *aus Toulon* und das spanische *aus Cadiz ausbrechen*, die dummen Engländer nach Westindien locken, unvermutet von dort zurückkehren, die französischen Atlantikgeschwader *aus Ferrol, Rochefort und vor allem Brest herausholen und mit ihnen den Kanal heraufsegeln.*

Wie gewöhnlich unterschätzte Napoleon den Gegner. Er traute der englischen Flottenführung nicht zu, sie durchschaue seinen Plan. Dabei war ihre Strategie der „inneren Linie“ gerade darauf berechnet, ein solches Vorgehen wie das seinige zu vereiteln, und die Geschwaderchefs auf den Stationen kannten ihre Aufgabe in diesem System. Es waren fast ausnahmslos ausgezeichnete Admirale – der hervorragendste war Nelson. Aus der harten Schule der Niederlage im amerikanischen Unabhängigkeitskrieg war die englische Kriegsflotte mit einem Höchstmaß seemännischen und kriegerischen Könnens hervorgegangen, in den Fehlschlägen 1793–1796 waren die unfähigen Admirale größtenteils ausgesiebt. Als Seestratege war *Napoleon ebenso Dilettant wie Hitler*, und wie dieser erzielte er *überraschende Anfangserfolge*.

Villeneuve gelangte wirklich mit seiner französisch-spanischen Flotte nach Westindien und von dort, mit wenigen Tagen Vorsprung vor Nelson, in die Biscaya. Der britische Geschwaderchef vor Ferrol, Calder, war als einziger nicht auf der Höhe seiner Aufgabe, sondern gab nach einem unentschiedenen Gefecht seinem Gegner den *Weg zum Kanal* frei. Villeneuve war auf der Fahrt dorthin, da sprang am 15. August der Wind um auf Nordost. Nur bei östlicher Windrichtung konnte das Hauptgeschwader aus Brest auslaufen. Hielt Villeneuve durch, so geriet das englische Blockadegeschwader vor Brest zwischen zwei Feuer; im ungünstigen Fall wäre wenigstens eines der beiden französischen Geschwader in die Meerenge von Calais gelangt. Nur kannte Villeneuve zu gut die Ungeübtheit und Unzuverlässigkeit seiner Besatzungen und Kommandanten. Er glaubte nicht, ihnen bei Gegenwind in Sturmstärke die Entscheidungsschlacht zumuten zu können, sondern *hielt ab auf Cadiz*.

Die Nachrichtenübermittlung arbeitete bemerkenswert rasch. Napoleon hatte mit so etwas gerechnet und wußte: Dies war das Ende seines Seelöwen. Bereits am 24. August befahl er den *Abmarsch* seiner Invasionsarmee *von Boulogne nach Ulm*.

Villeneuves Flotte war durch das Mißverhältnis ihrer ungeheuren Mängel und ihrer ungeheuren Aufgabe zum Untergang verurteilt. Sie fand ihn neun Wochen später beim Auslaufen aus Cadiz, *bei Kap Trafalgar* (21. Oktober 1805).

Der Krieg gegen den englischen Handel

Sofort nach Aufgabe seines Invasionsplans faßte Napoleon den Plan einer indirekten Blockade Großbritanniens, durch *Schließung der kontinentaleuropäischen Häfen* für britische Schiffe und Ladungen. Der Plan war nicht so undurchführbar, wie es nachträglich scheint. Napoleon hat im Jahre 1807 Großbritannien wirklich an den *Rand der Niederlage* gebracht, ebenso wie der *unbeschränkte U-Boot-Krieg* 1917. Indessen hatte Napoleon zunächst anderweitig zu tun, bei Ulm, Austerlitz, Jena, Auerstädt, Danzig, Friedland. Erst dreizehn Monate nach der Katastrophe von Trafalgar, von Berlin aus, in der Zuversicht, sogar die Ostsee für den britischen Handel sperren zu können, proklamierte er die *Kontinentalsperre* (21. November 1806). Ihren direkten Zweck hat sie nicht bewirkt. Ihre indirekte Wirkung hat darin bestanden, die *britische Weltwirtschaftsvormacht für 110 Jahre zu vollenden.*

Herkömmlich wird die Welthandelsverfassung der Epoche 1840–1930 (Gold- bzw. Goldkernwährung und relativer Freihandel), die den Rahmen eines bis dahin beispiellosen wirtschaftlichen Fortschritts bildete, auf *Peels Freihandels- und Bankgesetz* zurückgeführt. Aber sie ist älter. Wollte man sie überhaupt mit einem Namen verbinden, so wäre es derjenige *Nelsons.* Seine Siege haben diese Ordnung begründet; Peel brauchte sie lediglich noch zu regeln. Der Seekrieg 1793–1814, der in Nelsons Sieg bei Trafalgar gipfelte, fegte für ein Jahrzehnt *nicht nur die französische Flagge von den Weltmeeren, sondern auch die niederländische und spanische*, kurz die namhaften Konkurrenten Englands in den vorangegangenen beiden Jahrhunderten. Denn die Niederlande und Spanien waren damals französische Vasallen; das spanische Geschwader bildete die Hälfte der bei Trafalgar vernichteten Flotte.

Als zehn Jahre später der korsische Ruhestörer ausbruchsicher auf St. Helena verwahrt war, lag in den meisten *europäischen* und *Überseehäfen* ein maßgebender Teil des Handels in den Händen *britischer Kaufleute*, wurde auf *britischen Fahrzeugen* verschifft, durch das *Akzept britischer Banken* wie Baring Bros oder Barclays' finanziert, hinter denen die Bank of England mit ihrem Rediskont stand, *bei Lloyds versichert*, für Stapelwaren über britische Märkte wie die *Liverpooler Baumwollbörse* abgewickelt, wurden die Preise in *Pfund Sterling* und die Mengen in *britischen Maßen* notiert, die *Zahlung in britischer Währung* geleistet.

Großbritannien war Fabrikant, Frachtführer, Bankier, Versicherer und *Makler* seiner Handelspartner, bezog von ihnen Rohstoffe, Lebens- und Genußmittel. Peels Freihandelsgesetz von 1846 beseitigte den systemwidrigen britischen Getreidezoll. Ausländische Kaufleute und Waren verkehrten seitdem auf dem britischen Markt ebenso ungehindert wie britische, der Weltmarkt war zu einer Abteilung des britischen Marktes aufgestiegen.

Heute, eindreiviertel Jahrhunderte später, ist von der damaligen wirtschaftlichen Vormachtstellung Großbritanniens nur noch eines übrig: internationale Meisterschaft im Wirtschaftsjournalismus. Anderthalb Jahrhunderte internationale Führung Londons als Finanzplatz und dessen traditionelle Vertrautheit mit allen namhaften Wirtschaftszentren außerhalb der britischen Inseln, zusammen mit den unersetzlichen Erfahrungen aus drei Vierteljahrhunderten relativem wirtschaftlichem Niedergang, verleihen dem *Economist* und den *Financial Times* eine Weite und Klarheit des Blicks wie keiner anderen Redaktion. Lesen wir dennoch im Economist Urteile, die uns unhaltbar scheinen, so trösten uns Goethes Warnung: „Einem Klugen widerfährt keine geringe Torheit", und das eigene Eingeständnis des Verlages: „Not even those who write for The Economist know everything."

Motor der britischen Vormacht in der internationalen Arbeitsteilung war die *britische Industrie*. Ihr Produktivitätsvorsprung vor jeder anderen war bedeutender und dauerhafter als der nordamerikanische Produktivitätsvorsprung 1918 und 1945. Er beruhte auf der *„industriellen Revolution"*: Die *Dampfmaschine* übernahm den Antrieb von Arbeitsmaschinen, beispielsweise mechanischen Webstühlen, und diese leisteten *hundert- und tausendmal so viel* wie bisherige Handwerker oder Manufakturarbeiter. Die Dampfkraft ließ sich in so gut wie allen britischen Städten anwenden, denn Wasser war allenthalben ausreichend vorhanden, der britische Bergbau förderte Steinkohlen, und die Küstenschiffahrt sowie, dank des Ausbaus der Binnenwasserstraßen, auch die Binnenschiffahrt lieferte sie überall hin. Zudem waren *Arbeitskräfte* ausreichend vorhanden und überaus *billig*, dank Einhegungen, Armengesetz und irischer Einwanderung. Die Arbeitsbedingungen von Armenhäuslern, insbesondere Kindern, unterschieden sich von Sklaverei höchstens zu ihrem Nachteil. Denn wer Geld in einen Sklaven steckte, war daran interessiert, daß dieser nicht vorzeitig starb. Dagegen ging britischen Fabrikanten kein Kapital verloren, wenn sie ihre Armenhäusler schon in einem Alter von weniger als zehn Jahren zu Tode schunden. Als Spiegel der damaligen britischen Lohnverhältnisse ist *Malthus' Theorie* gar nicht schlecht. Natürlich lügt sie deren Ursachen um. Aus dem Raub von Bauernland auf beiden Inseln und dem Polizeiterror im Armenhaus machte Malthus ein ewiges, gleichsam ein Naturgesetz. Nicht umsonst war er Geistlicher.

Lohndruck war ein ebenso hohes politisches Ziel wie der Sieg über das revolutionäre und kaiserliche Frankreich. Die gerichtliche *Verfolgung von Arbeiter-Zusammenschlüssen* unterschied sich nicht von der auf dem Festland. Außerdem aber ging *Pitt* dagegen mit einer Art *Sozialistengesetz* vor wie nachmals Bismarck; der Jakobinerkrieg lieferte den Vorwand. Andere Länder erlangten die Vorbedingungen der großen Industrie erst ein halbes Jahrhundert später durch den Eisenbahnbau.

Napoleons Kampf gegen die britische Ausfuhr war ein *Kampf gegen Windmühlen*. Da er nie in England gewesen war und sich infolge seiner Vorurteile nicht über die dortigen Verhältnisse unterrichten konnte, verstand er

weder Wesen und Tragweite der *industriellen Revolution*

noch das durch sie in Gang gebrachte *Wirtschaftswachstum*

noch die auf ihr beruhende *Arbeitsteilung* Großbritanniens mit Kontinentaleuropa und Übersee.

Daher glaubte er, der französischen Industrie durch Protektionismus – Hochschutzzoll, Einfuhrverbote, Kontinentalsperre – den Absatz der britischen zuwenden zu können, obwohl sie noch auf dem Manufakturstadium verharrte. Als er 1810 weite Gebiete Nordwestdeutschlands, bis hinauf nach Lübeck, an Frankreich annektierte, ließ er sie außerhalb der französischen Zollgrenzen: *stillschweigendes Eingeständnis*, daß seine Handelspolitik ein unmögliches Ziel verfolgte.

Sein *wirtschaftlicher Erfahrungshorizont* blieb der des *italienischen Feldzugs* 1796. Dort holte er aus einem wirtschaftlich hochentwickelten Land Requisitionen für ein Heer von 40000 Mann und Kontributionen in der Größenordnung von 120 Millionen Livres. Ein gewisser Teil dieser Kontributionen ließ sich durch *Auflösung vorhandener Edelmetall-Reserven* aufbringen, ohne Rückgriff auf die laufende Produktion.

Der Appetit kommt beim Essen. Was einmal in bescheidenem Maßstab gelungen war, betrieb Napoleon 1800–1812 in ständig wachsender Größenordnung. Den preußischen Unterhändlern 1807 sagte sein Oberexekutor Daru: „Vous n'avez pas d'idee de ce qu'un peuple peut souffrir" – Sie ahnen ja nicht, was ein Volk alles aushält. Die spanische und preußische Erhebung zeigte, daß ein Volk eben nicht alles aushält. Napoleon beging einen Doppelfehler: Ständig erhob er Maximalforderungen – er übersah den *„Umschlag der Quantität in die Qualität"* – und *unterbrach die internationale Warenzirkulation*. Infolgedessen stockte der Handel, das Geld verschwand, die Wirtschaft wurde zahlungsunfähig.

Die europäische Wirtschaft beiderseits des Kanals wehrte sich gegen

Napoleons Kontinentalsperre durch *Schmuggel*. Entsprechend dem Umfang und der Vielgestaltigkeit des Austauschs zwischen Großbritannien und Kontinent nahm der Schmuggel denkbar vielgestaltige Formen an. Die Zollbehörden konnten seiner unmöglich Herr werden. Vielerorts wollten sie es auch nicht, namentlich in Gebieten wie Spanien, die Napoleon nur indirekt kontrollierte. Der *Schmuggel war wirtschaftliches Existenzerfordernis*, also unwiderstehlich. Napoleon selber machte sich die Gewinnmöglichkeiten des Schmuggels vermittels *„Lizenzen"* zunutze, deren Ertrag bezeichnenderweise nicht dem Schatzministerium, sondern der „Domaine Extraordinaire" zufloß. *Seine eigenen Organe ließen sich bestechen*: die Marschälle Bernadotte und Brune, Bourrienne in den Hansestädten, der französische Generalkonsul in Königsberg, Clérambault. Der unbestechliche Davoust war ein weißer Rabe.

Vor allem griff Napoleon zwecks Durchsetzung der Kontinentalsperre immer gewalttätiger, immer schikanöser, in immer ausgedehnteren Gebieten, in das tägliche Leben der gequälten Kontinentaleuropäer ein.

Wo die einheimischen Zollbehörden mit dem Schmuggel nicht fertig wurden, schickte er französische Zöllner. Eine Einzelbehörde hängt in der Luft; sie braucht den Rückhalt des ganzen Staatsapparats, dessen Teil sie ist. Folgerichtig annektierte Napoleon 1810 *Holland, Oldenburg, die Hansestädte*; um das annektierte nordwestdeutsche Küstengebiet nach Süden administrativ zweckmäßig abzurunden, annektierte er auch gleich den *Norden des Kurfürstentums Hannover*, das er drei Jahre zuvor zu dem *„Königreich Westfalen"* seines Bruders Jérôme geschlagen hatte. Napoleons Prokonsul in den Hansestädten, *Davoust*, quartierte französische Truppen in Nachbarteilen „Westfalens" ein, deren Unterhaltung dem „westfälischen" Fiskus zur Last fiel, beispielsweise eine Munitionskolonne von 475 Mann mit 1049 Pferden in Rinteln.

„Wer in Westfalen eine noch so geringe kaiserliche Dienststellung bekleidet, nimmt sich gegen die westfälische Verwaltung jedes Recht heraus, schreibt bei Androhung militärischer Exekution Lieferungen aus, und wenn sich Jérôme mit noch so unbestreitbarer Berechtigung beklagt, wird der Kaiser wütend, droht und beleidigt." (Masson)

Am 5. Dezember 1811 warnte *Jérôme*:

„Wenn Ihre Generäle und Beamten hier nur Unterwerfung und Schwäche sehen, täuschen sie sich und Sie. Die Gärung hat den höchsten Grad erreicht. Man begeistert sich an den verrücktesten Hoffnungen. Spanien dient als Vorbild. Sollte es zum Kriege (scil.

mit Rußland) kommen, so wird das ganze Gebiet zwischen Rhein und Oder Schauplatz einer allgemeinen Erhebung.

Den Hauptgrund ... bildet nicht so sehr Franzosenhaß ... als der völlige Ruin aller Klassen, die ständig zunehmenden Steuern und Kontributionen, der Unterhalt durchmarschierender Truppen und die unausgesetzte Wiederkehr einer Unzahl Bedrückungen aller Art ... In Hannover, Magdeburg und den wichtigsten Städten meines Königreichs geben die Hausbesitzer ihre Häuser auf und bieten sie zum niedrigsten Preise an. Überall herrscht Elend in den Familien. Edelleute, Bürger, Bauern sind mit Schulden ... überladen und hoffen mit allen Fasern auf Vergeltung."

Der Krieg in Spanien

Schon zwei Jahre, ehe Napoleon Nordwestdeutschland annektierte, um den Schmuggel zu unterdrücken und es auszufouragieren, hatte er in Spanien dasselbe getan, mit dem Erfolg, den Jérôme ihm 1811 für Norddeutschland prophezeite. Vergessen war die *Warnung des Brigadegenerals Bonaparte* vom Juli 1794:

„Ein Angriffskrieg gegen Spanien, gegen eine große, von Stolz und Aberglauben beherrschte Volksmasse, ist militärisch sehr schwierig."

Auf St. Helena hat Napoleon selbst sein spanisches Abenteuer als Fehler bezeichnet, und schon 1810

„denkt er zu klar, um sich die Bilanz zu verhehlen: 1800–1808 hat ihm Spanien Hunderte Millionen gezahlt und hat ihm viele Kriegschiffe und Soldaten gestellt; dagegen hat es ihn 1808–1810 300 Millionen Francs und 300000 Mann gekostet.

Er hat dort noch immer 160000 (in Wirklichkeit 300000, Ktzl) Mann stehen und verschleißt seine besten Generäle, ohne Aussicht auf Geldertrag, denn Spanien ist abgeschnitten von der nahezu einzigen Quelle seines Reichtums: seinen amerikanischen Kolonien" (Masson),

und zwar 1800 bis 1808 durch die britische Blockade, dann auch noch durch den beginnenden Abfall der spanischen Kolonien in Südamerika.

Seit Drake machten britische Kaper und Seeräuber Jagd auf spanische Schatzschiffe, England war Hauptrivale der spanischen Seegeltung und Kolonialmacht, der Union Jack über Gibraltar beleidigte den spanischen Nationalstolz. Das bewog Spanien 1796 zum Bündnis mit Frankreich, und noch 1808 hielt es daran fest. Die spanische Königsfamilie war wirklich so dumm und so niederträchtig, wie Goya sie porträtiert hat. In beiden Generationen war sie Napoleon unbedingt ergeben, ebenso der leitende Minister Godoy, abgesehen von einer kurzen Schwankung Ende 1806. Napoleon hatte sich in Italien und Deutschland angewöhnt, regierende Häuser kurzweg abzusetzen und ihre Gebiete entweder zu französischen Departements zu machen oder sie Vasallenfürsten – je nachdem aus dem Hause Bourbon oder Bonaparte – zu übergeben. Im Frühjahr 1808 kam die Reihe an Spanien, und zwar versetzte er seinen Bruder Joseph als König von Neapel nach Madrid.

Die Intervention in Spanien entwickelte sich schrittweise aus der gegen *Portugal*. Dieses stand seit über einem Jahrhundert in nahezu *ausschließlichem Handelsaustausch mit Großbritannien. Daher konnte es sich nicht der Kontinentalsperre unterwerfen*, um so weniger, als der Regent dem „Moniteur" vom 7. November 1807 entnahm:

> „Der Regent von Portugal verliert den Thron. Der Sturz des Hauses Braganza ist ein neues Beispiel für den Untergang derer, die sich England anschließen."

Schon vorher hatten 28000 Mann französischer Truppen unter Junot den *Marsch nach Lissabon* angetreten und erreichten es am 30. November. Dort waren sie gefährdet. Britische Truppen konnten jederzeit landen und ihnen den Rückzug abschneiden. Das geschah auch wirklich im August 1808. *Junot mußte in Cintra kapitulieren*, übrigens ehrenvoll, auf freien Abzug an Bord britischer Schiffe nach Quiberon und Lorient.

Junots Vormarsch nach Portugal hatte sich weit mühseliger erwiesen als die bisherigen französischen Operationen in Italien und Mitteleuropa. Es stellte sich heraus, daß die vorgeschobene Abteilung in Lissabon ohne eine wohlorganisierte, stark besetzte Etappe in Nordwestspanien in der Luft hing. Im Verlauf eines halben Jahres *vermehrten sich die französischen Truppen* auf dieser Etappe und in Neukastilien, und *im Mai 1808 erfolgte Josephs Erhebung zum spanischen König*. Darauf erhob sich die Bevölkerung von Madrid.

Napoleon war das erwünscht. In Italien und Ägypten hatten ihm solche Aufstände den Vorwand zu drastischem Durchgreifen geboten. Murat warf den Madrider Aufstand mühelos nieder – Goya hat den Kampf gemalt. Doch der *Madrider Aufstand war der Funke*, der ins Pulverfaß fiel. *Einen Monat später war ganz Spanien im Aufstand*, allerdings nicht einheitlich, sondern *jede Provinz für sich* unter Leitung einer Provinz-„Junta", in der nicht mehr aufgeklärte Hofaristokraten den Ton angaben, sondern der klerikale, reaktionäre Provinzadel. Der Klerus feuerte die Bevölkerung zu wildem Fanatismus an.

Südlich trockenes Klima, strenge Winter, schroffe Gebirge, tief eingeschnittene, mitunter cañonartige Flußtäler, die nicht Verkehrswege bildeten, sondern Hindernisse, wirtschaftliche Unterentwicklung, mangelhafte, bei schlechtem Wetter unpassierbare Straßen, partikularistische Abschließung der Provinzen voneinander behinderten die Kriegführung beider Parteien.

Die weitgespannte Etappe von Bayonne über Burgos, Valladolid, Salamanca nach Portugal war ständig an manchen Stellen durch *Partisanen* gesperrt. Sie bekämpften die Eindringlinge ebenso erbittert, hartnäckig, verschlagen und wirksam wie im zweiten Weltkrieg in Jugoslawien und den sowjetischen Westgebieten. Wie die Deutschen 1941–1944 längs der jugoslawischen Eisenbahnen alle halbe Kilometer ein Blockhaus bauten, so mußten die Franzosen an ihren Etappenstraßen *Blockhäuser* errichten, *Garnisonen in jede Stadt und jedes Kloster* legen, ihre *Proviantkolonen* durch *Infanteriebrigaden*, ihre *Kuriere* mindestens durch *Kompanien*, mitunter durch Bataillone und Schwadronen schützen. Gleichwohl kam es vor, daß Napoleon die Meldungen seiner Untergebenen nicht im Original erhielt, sondern sie englischen Zeitungen entnahm. Die *französischen Garnisonen kamen nicht ohne Gefecht aus den Toren*; den mittelalterlichen Mauern der Städte und Klöster verdankten sie eine prekäre Sicherheit.

Die Bewegung größerer Verbände in Gegenwart des Feindes war unter diesen Bedingungen mitunter so schwierig, daß der Halbinselkrieg mit der *Kapitulation zweier französischer Armeekorps* begann: Am 22. August 1808 schloß Junot seine *„Konvention" von Cintra*, wie erwähnt auf freien Abzug; sechs Wochen zuvor hatte Dupont bei *Baylen* kapituliert. Auch ihm war Schiffstransport nach Südfrankreich zugesichert, jedoch verweigerte ihn die Junta von Sevilla. Duponts Generalstabschef berief sich auf den zugesagten Rücktransport und machte geltend: „Wir wollten die Artillerie retten." Napoleon: *„Ach was, nicht die Artillerie, sondern die Proviantwagen, das heißt Ihren Raub."* Er wußte, wovon er sprach. Vier Jahre später, *beim Ausmarsch aus Moskau* am 19. Oktober 1812, sah er, daß viele Proviantwagen mit *geraubten Wertgegenständen* statt Proviant beladen waren. Napoleon schritt nicht ein, obwohl ihm völlig klar war, wie ungesichert die Verpflegung war. Junot und seine Offiziere haben bei der Evakuierung aus Portugal einen Teil ihres Raubes retten können.

Die Kapitulationen von Baylen und Cintra machten auf dem Kontinent ungeheuren Eindruck: Zum ersten Mal seit fünfzehn Jahren wurden auch die Franzosen von solchen Katastrophen betroffen. Die Bedenken gegen eine Erhebung schwächten sich ab. Einerseits war Napoleons *Anwesenheit in Spanien nötig,* um weiteres Unheil zu verhüten. Andererseits erforderte die drohende Erhebung Österreichs seine *Rückkehr nach Paris.* Napoleon mußte seinen Spanienaufenthalt auf das letzte Vierteljahr 1808 beschränken. Er stabilisierte die französische Stellung in Nordwest- und Mittelspanien, aber das nach Altkastilien und Leon vorgedrungene britische Expeditionskorps unter Sir John Moore abzufangen, mißlang ihm. Moore entkam nach Corunna.

In Spanien gab es keine feindliche Hauptmacht, die durch einen Hauptschlag wie bei Ulm, Austerlitz, Jena und Auerstädt, Friedland, Wagram niederzuwerfen war. Das in Italien und Mitteleuropa erprobte Verfahren Napoleons war in Spanien nicht anwendbar. Seine strategischen Grundsätze stimmten. Er hätte sein strategisches Verfahren in Spanien entsprechend den dortigen Bedingungen abwandeln müssen. Aber das hätte *geduldige Fürsorge für Verpflegung und rückwärtige Verbindungen, Schonung von Bevölkerung und Landeskultur, korrekte Verwaltung* erfordert, widersprach also seinen Neigungen.

Nach dem erneuten Sieg über Österreich 1809 unternahm er zwar eine wohlvorbereitete Offensive gegen die Hauptwurzel des Widerstandes auf der iberischen Halbinsel, Lissabon, und zwar mit so bedeutenden Kräften, daß sie als ausreichend gelten durften, mit systematischem Vormarsch und jeder nur möglichen Fürsorge für den Nachschub. Aber als seine Hauptaufgabe betrachtete er die Kontrolle der besiegten europäischen Mächte, die *Leitung der Kontinentalsperre* sowie die *Gründung und Befestigung seiner Dynastie:* Heirat mit einer Erzherzogin, Taufe des „Königs von Rom", Ausbau der Familienbindungen zu Bayern, Württemberg, Baden, den zur Durchführung der Kontinentalsperre für erforderlich gehaltenen Territorialumsturz in Holland und Nordwestdeutschland. Für all das schien ihm seine *Anwesenheit in Paris unerläßlich.*

Also übertrug er die Operation gegen Lissabon demjenigen seiner Marschälle, der soeben erst, nach der Niederlage bei Aspern, seine Elastizität und Unbeugsamkeit bewiesen hatte: *Masséna.* Dieser brachte wirklich nach halbjährigem, siegreichem Vormarsch noch fast 65 000 Mann vor die Linien von *Torres Vedras,* aber bei deren Anblick, am 10. Oktober 1810, gelangte er zu dem gleichen Urteil wie ihr Erbauer Wellington: mit weniger als 100 000 Mann sei der Angriff darauf aussichtslos. Zu Wellingtons Staunen behauptete er sich länger als zwei Monate vor diesen Linien, trotz verbrannter Erde und unzureichendem Nachschub. Er setzte voraus, die Marschälle Soult und Bessières würden ihm Verstärkungen senden, denn in seinem Frontabschnitt fiel die Entscheidung. Das sah keiner von beiden ein. Kameradschaftliche Hilfe kannten Napoleons Marschälle nicht. Von der Niederlage des Nebenmanns erhofften sie einen Karrierevorteil für sich selbst.

In seinem Kommentar zu der Schlacht auf den Spicherer Höhen, 6. August 1870, wundert sich Moltke, daß keines der drei französischen Armeekorps, die dicht hinter dem angegriffenen 2. Armeekorps standen, diesem zu Hilfe kam, während die preußischen Truppen auf den Kanonendonner marschierten. Für deren Kommandeure war kameradschaftliche Hilfe selbstverständlich. Bei ihren französischen Gegnern hingegen herrschte noch die *napoleonische Tradition.* 1813-1814 wurde *Soult von Suchet ebenso im Stich gelassen,* wie er selber 1810 Masséna im Stich gelassen hatte. Napoleon hielt an Soult fest, trotz dessen Treulosigkeit.

Er brach das Rückgrat seiner Heere in Spanien durch Zersplitterung des Kommandos. Fürchtete er, ein siegreicher Marschall könne ihm zum Rivalen werden wie Bernadotte und Murat? Diese beiden begünstigte er dennoch – sie gehörten ja zur Familie. Napoleon errichtete in Spanien *sechs Militärgouvernements:* das an Streitkräften schwächste („Zentrum“) unter seinem Bruder Joseph, die anderen fünf unter französischen Marschällen oder Generälen, die von Joseph keine Befehle annahmen und sogar die *Staatseinnahmen selbst erhoben.*

> „Wie in früheren Feldzügen glaubte Napoleon, die laufenden Ausgaben durch Kontributionen der besetzten Gebiete decken und darüber hinaus der Domaine Extraordinaire Sondereinnahmen verschaffen zu können ... Aber er mußte auf das Schatzministerium zurückgreifen und erschöpfte es ...
>
> (König Joseph) ist beschränkt auf Neukastilien ... In seinen Provinzen schalten die Generäle, geben Gesetze, erheben die Staatseinnahmen ... und nutzen ihre Stellung aus (scil. zur eigenen Bereicherung). Ebenso auf allen Stufen der Hierarchie, sobald einem Offizier auch nur ein Zipfelchen der Macht übertragen wird ... Zwar bemühen sich einige Gouverneure um gute Verwaltung, stellen den inneren Frieden her, führen nützliche Einrichtungen ein. Aber die meisten fröhnen ihrer Willkür und abstossenden Habgier, einer vor keinem Verbrechen zurückschreckenden Genussucht, völliger Verachtung menschlichen Lebens, blindem Hass auf alles, was nicht französisch ist“,

wie die Nazi-Generalgouverneure, nur ohne die Verwüstung und die Millionenmorde der SS.

„Wird ein aus den Listen gestrichener Offizier wieder eingestellt, so überträgt man ihm ein ... Kommando in Spanien. Diese Leute sind der Abschaum der Armee ...

In dem weitgespannten Gebiet klappen die Nachrichtenverbindugnen nicht. Die Operationen werden durch widersprechende Befehle gelähmt ... In Gebieten, die schon nahezu befriedet sind, lebt der Partisanenkrieg wieder auf. Die französischen Garnisonen werden eingeschlossen, keine Abteilung kommt mehr ohne Gefecht heraus ...“ (Masson)

Napoleons Oberleitung aus der Ferne war unwirksam. Er wurde spät und unvollständig informiert. Eine *wirksame Kontrolle hatte er nicht*. Die Militärgouverneure wußten das, es paßte ihnen. Entscheidende Informationen enthielten sie ihm vor. Die französischen Teilstreitkräfte in Spanien waren wiederholt dem Endsieg nahe, aber infolge der Kräftszersplitterung entging er ihnen, obwohl die *spanischen und britischen Führer mit ähnlichen Schwierigkeiten zu kämpfen* hatten. Letzten Endes aber standen hinter den spanischen Aufständischen die britische Flotte, das britische Schatzamt – obwohl dessen Möglichkeiten überaus beschränkt waren, nicht zum wenigsten infolge der Kontinentalsperre – und vor allem das britisch-portugiesische Expeditionskorps unter *Wellington*, der sich durch die verlorenen Feldzüge 1809 und 1811 nicht entmutigen ließ, sondern durchhielt.

Den Gipfel seines spanischen Widersinns erklomm Napoleon im Januar 1812. Er erließ ein Dekret mit dem Einleitungssatz *„Katalonien wird mit dem französischen Kaiserreich vereinigt“*, unterteilte diese spanische Provinz in vier französische Departments und ernannte deren Verwaltungsbeamte. Bei der Publikation des Dekrets strich er den Einleitungssatz, so daß die neu ernannte Zivilhierarchie nicht dem Pariser Innenministerium, sondern den beiden Militärgouverneuren unterstand, *Decaen* für den Nordosten (Gerona, Puigcerda), *Graf Reille* für den Südwesten (Barcelona, Lerida).

„Die Beamten wurden von den Katalanen mit offenen Armen und dem Ausdruck der Verachtung für die Generäle aufgenommen ... Aber sofort eröffneten die Kriegskommissare ... die Feindseligkeiten ...

Der neue Präfekt von Gerona, Roujoux, hatte Klage geführt über Ausschreitungen der Artillerie. General Prost kam in Roujoux' Amtszimmer mit gezogenem Säbel und drohte ihn niederzumachen, falls er noch einmal seine Soldaten denunziere ... Danach gab es gegen den allseits verübten Raub keine Abhilfe mehr ... Dörfer wurden geplündert, friedliche Einwohner verhaftet und gehängt ...

Die Stadt Olot (NW Gerona) war völlig ruhig ... Dort fiel ein Schuss, angeblich auf einen Marodeur. Nach Angabe der Zivilbehörden hatte der Marodeur den Schuß selbst abgegeben. General Decaen nahm diesen Schuss zum Vorwand, um mit 10 000 Mann einzumarschieren, die Stadt für eine Stunde zur Plünderung freizugeben und ihr eine Sonderkontribution von 60 000 Francs nebst Lieferung von 120 000 Rationen aufzuerlegen. Als Decaen nach Puigcerda zurückkehrte, protestierte bei ihm der Intendant Gérando ... Decaen antwortete ‚so grob und beleidigend, dass nur die Selbstbeherrschung dieses klugen Beamten eine verhängnisvolle Wendung verhinderte.' Der ... Präfekt meldete, ‚er sehe keine Möglichkeit, seine Funktionen wahrzunehmen. Er wolle nicht der Spott der Armee sein, sondern reise ab.'

Solche Obstruktion leistet das Militär einer vom Kaiser eingesetzten Verwaltung, deren leitende Beamte ... sich unmittelbar an den Monarchen wenden können. Danach kann man sich vorstellen, wie die Generäle mit der Verwaltung König Josephs umgehen. Sind dessen Beamte Franzosen, so werden sie von den französischen Offizieren mit Verachtung behandelt. Sind sie Spanier, so betrachtet man sie als Besiegte. Ihre Beschwerden finden in Paris ebensowenig Gehör wie die ihres Monarchen." (Masson)

Wie erinnert das an

„das Rudel der Reichsleiter und Gauleiter, die alle danach strebten, sozusagen ‚exempt' und keinem anderen als Hitler verantwortlich, also ... unabhängig zu sein,"

sowie an ihr

„brutales Auftreten bei Fehlen klarer Grundvorstellungen; Ahnungslosigkeit ..., dass nur der ‚Herr' sein kann, der auch etwas zu geben, nicht nur auszuplündern hat!" (Markull)

Napoleon verdrängte zweierlei:

1. die Unausweichlichkeit, mit der die von ihm in Spanien installierte Anarchie *zur Niederlage führte*,

2. daß er *einen Ausweg hatte*, bei dem er das Gesicht wahrte: die Übergabe der spanischen Krone an den bourbonischen Thronfolger Ferdinand VII., den er auf Talleyrands Schloß Valençay interniert hielt, und der nichts Besseres verlangte als eine Bonaparte-Prinzessin zur Frau und die Krone von Napoleons Gnaden.

Napoleon und Joseph erwogen diese Alternative ständig, konnten sich jedoch nicht entschließen: Joseph wegen Pech am Hintern, Napoleon weil er sich bereits als Herr über Spanien sah: sein Sieg über Rußland werde die Kontinentalsperre wasserdicht machen und Englands wirtschaftlichen Zusammenbruch herbeiführen. Dann falle die britische Finanzhilfe für die spanische Erhebung fort, und der spanische Widerstand werde ausgezehrt.

Wellington urteilte richtiger. Anfang 1809 meldete er, *mit 30000 Mann britischer Truppen könne er sich in Lissabon halten,* falls es von nicht mehr als 100000 Franzosen angegriffen werde. Daß Napoleon eine derartige Masse gegen Lissabon vereinigen könne, war höchst unwahrscheinlich. Je weiter er seine Okkupation auf der Halbinsel ausdehnte, desto schwächer wurde er an jedem einzelnen Punkt, und die Erfahrung lehrte: *„Auf der Halbinsel waren starke Heere zum Verhungern, schwächere zur Niederlage verurteilt."*

Statt Lissabon hätte auch Cadiz als unangreifbare Basis der britischen Expeditionsarmee dienen können. Nur war auf gedeihliches Zusammenwirken mit damaligen spanischen Militär- und Zivilbehörden nicht zu rechnen, wie die Erfahrung von 1809 bestätigte. Es wurde erst möglich, als die britischen Hilfsgelder für die spanischen Behörden ausschließlich durch Wellingtons Kriegskasse flossen. Dagegen konnte *Wellington* – trotz widerstrebender portugiesischer Minister – die *portugiesische Verwaltung kontrollieren* und *portugiesische Truppen aufstellen.* Es waren

1. 30000 Mann *reguläre Truppen:* Diese mischte er unter seine britischen Verbände, und nach einiger Zeit waren sie ebenso zuverlässig wie britische Truppen;

2. 20000 Mann zweiten Aufgebots *(„Miliz"):* diese legte er als Besatzung in die *„Schanzen von Torres Vedras".* Mit der Feldarmee beabsichtige er eine *bewegliche Verteidigung* – seine Schanzen bei Torres Vedras waren Einzelwerke, keine starre Maginotlinie;

3. hinter den französischen Linien der nicht uniformierte *Landsturm* („ordenanza"); dieser wurde im letzten Vierteljahr 1810 der Armee Massénas sehr lästig durch Störung des Nachschubs sowie Aufhebung von Versprengten und kleineren Kommandos. Er hat *Scharnhorst* das Vorbild zu dessen *Landsturmverordnung* geliefert.

Die dünne Besiedlung gestattete Wellington, nördlich und vor allem nordöstlich der Linien von Torres Vedras „die Erde zu verbrennen". In diesen Linien sperrte er den Zugang zu seiner *Operationsbasis*: der *Halbinsel von Lissabon.*

Ihre in den napoleonischen Kriegen einmalige Widerstandskraft verdankten die britischen Truppen ihrer *menschensparenden, defensiven Fechtweise.* Die britische Linieninfanterie focht in *„Linie"* zu zwei Gliedern. Sie wählte gut gedeckte Stellungen und lag dort, beispielsweise bei Waterloo hinter einer kilometerlangen Geländewelle, hinter der die überwältigende französische Artillerie nur zufällig etwas traf. Griffen die französischen Sturmkolonnen an, und schwieg das französische Geschützfeuer, so stellte sich die britische Infanterie auf, das hintere Glied stehend, das vordere kniend, wartete schweigend, bis der Gegner auf hundert Schritt oder weniger heran war, und schleuderte mehrere Salven in das nicht mehr zu fehlende Ziel. Dann drei Cheers! Nach dem dritten saß Tommy dem weichenden Gegner mit dem Bajonett in den Rippen. Denn in der Regel wartete die französische Infanterie den Zusammenstoß nicht ab. Waterloo war die Ausnahme. Dort bestand sie aus freiwilligen Veteranen von bewundenrungswürdigem Durchhaltevermögen. Dort gab es mörderischen Nahkampf auf engstem Raum. Stendhals Schilderung der Schlacht in der *Kartause von Parma* trifft auf die Schlacht bei Bautzen zu, die Stendhal mitgemacht hat, aber nicht auf Waterloo.

Die französischen Generäle leiteten den Angriff von hinten. Daher sahen sie die Griffe der britischen Infanterie undeutlich, wenn überhaupt. *Reynier* im Gefecht bei *Maida* (Calabrien) 1806 war der erste französische Kommandeur, der in dieser Weise abgewiesen wurde. Die fluchtartige Umkehr seiner Sturmkolonnen schob er auf deren schwächere „Moral"; der britischen Infanterie schrieb er festere „Moral" zu. Das blieb sechzig Jahre hindurch feststehende französische Militärmeinung.

Zwar ritten bei Waterloo Ney selbst und seine Generäle an der Spitze ihrer Kolonnen. Aber sie hatten die Bataillone nicht nebeneinander gestellt, sondern divisionsweise hintereinander: Jede Division bildete einen Block von 180 Mann Frontbreite und 36 Gliedern Tiefe. Im Augenblick des Zusammenstoßes mußten sie die Truppe aus dieser unbehilflichen Formation entwickeln, hatten also kein Auge für Tommys Exerziergriffe.

Daraus erklärt sich das scheinbar Unbegreifliche, daß die militärische Öffentlichkeit Frankreichs erst durch *Trochus* Buch *Die französische Armee im Jahre 1867* über die Fechtweise der britischen Infanterie in den napoleonischen Kriegen unterrichtet wurde. Trochu versetzte ihr einen – übrigens zunächst verdrängten – Choc, indem er den damaligen Verfall der französischen Armee nachwies. Er veröffentlichte aus dem Nachlaß des Marschalls *Bugeaud* dessen Darstellung des britischen Infanteriereglements im Halbinselkrieg. Bugeaud hatte diesen Krieg als französischer Bataillonskommandeur mitgemacht. Aus Trochus Buch ist Bugeauds eindrucksvolle Schilderung in die britische Militärliteratur übergegangen; man findet sie beispielsweise in der *Cambridge Modern History*. Das hinhaltende Gefecht bis zum französischen Sturmangriff „nährte" die britische Armee mit verhältnismäßig starker leichter Infanterie und der Feldartillerie. Für ihre vorwiegend defensive Aufgabe brauchte diese nicht stark zu sein. Die *geringe Stärke von Feldartillerie und Kavallerie* hielt den Bedarf an Fourage niedrig: ein strategischer Vorteil auf dem armen spanischen Kriegsschauplatz. Natürlich hatte die Schwäche der britischen Artillerie auch Nachteile. 1811 wurde Wellington selber vor der Festung Ciudad Rodrigo, sein Stellvertreter Beresford vor Badajoz in Ermangelung eines ausreichenden Belagerungsparks abgewiesen. Daher versammelte er Ende 1811 unauffällig in Almeida einen genügenden Belagerungspark. Der ihm gegenüberstehende Divisionskommandeur Thiébault erfuhr es, aber dessen Vorgesetzte, Marmont und Dorsenne, hielten die Meldung darüber für Wichtigtuerei. Anfang 1812 näherte sich Wellington überraschend, und ehe Marmont dessen Vormarsch erfuhr, nahm er *Ciudad Rodrigo* durch *abgekürztes Belagerungsverfahren*, bald darauf in gleicher Weise *Badajoz*.

Dann machte sich Wellington die Eifersucht zunutze, womit Soult die ihm unterstellten französischen Truppen in seinem Vizekönigreich Andalusien festhielt. In der zutreffenden Erwartung, sie werde nicht von Süden unterstützt, führte er alles Verfügbare gegen die französische Nordwestfront. Sein Sieg bei *Salamanca* schwächte die französischen Heere in Nordwest- und Mittelspanien entscheidend, so daß sich Soult nicht mehr im Süden halten konnte.

Bis zur Schlacht bei Salamanca zählten die Franzosen in Spanien rund 300000, danach noch etwa 250000 Mann. Anfang 1813 zog Napoleon ungefähr 50000 Mann zur Neuaufstellung seiner „Großen Armee" in Deutschland ab. Mit nur noch rund 200000 Mann waren seine Heere auf der Halbinsel den allgegenwärtigen spanischen Partisanen, den kleineren spanischen Korps in Katalonien, Valencia, Aragon, Navarra, Galicien, Asturien sowie der, durch reguläre spanische Truppen auf 80000 verstärkten, Armee Wellingtons nicht mehr gewachsen. Durch seinen Sieg bei *Vitoria* (21. Juni 1813) fegte Wellington die Franzosen endgültig von der Halbinsel. Daß sich Ende 1813 *Suchet* noch in der äußersten Nordostecke Spaniens hielt, war für die Franzosen höchstens ein Nachteil. Denn so schwach sein Armeekorps war: jedenfalls fehlte es bei den Entscheidungskämpfen in den Westpyrenäen, am Adour und bei Toulouse. Die ihm gegenüberstehenden Streitkräfte waren spanischer Landsturm, der nur zum kleinsten Teil außer Landes hätte geführt werden können.

1812 bei seinem Zug nach Rußland ließ *Napoleon den unbesiegten britischen Gegner im Rücken:* ebenso *Hitler* 1941. Hitler war blind dafür, daß der zweite Weltkrieg die im ersten begründete imperialistische *Vormacht der USA vollendete*. Ebenso entging Napoleon, *daß er die britische Vormachtstellung vollendete*, und daß sein Einfall nach Spanien dazu wesentlich beitrug: er bewirkte den *Abfall der spanischen Kolonien in Lateinamerika* und trieb sie unter britische Handelskontrolle. Zunächst einmal hörte die Zufuhr amerikanischer Kolonialwaren und Edelmetalle nach Spanien auf. Infolgedessen war *für Napoleons „Domaine Extraordinaire" dort nichts zu holen* – im Gegenteil: Sie mußte für den Spanienkrieg Zuschüsse leisten. *Ouvrards größter Schwindel* beruhte auf der Vorspiegelung, dank seiner Londoner Verbindungen könne er mexikanisches Silber durch die britische Blockade bringen.

Zwist im Hause Bonaparte

Cromwell ist wiederholt geraten worden, er solle sich zum König krönen. Aber anders als Napoleon war Cromwell als revolutionärer Führer emporgekommen und versuchte das zu bleiben; erst dann war er militärischer Führer geworden. Die Diktatur war ihm gegen seinen Willen zugefallen, weil das Presbyterianer-Parlament den Kompromiß mit der Armee und dem von ihr vertretenen revolutionären Kleinbürgertum verweigerte. Napoleon sagte voraus, in fünfzig Jahren werde Europa *republikanisch oder kosakisch* sein, wußte also, daß die *Monarchie zum Anachronismus* wurde. Doch als *Parvenu* konnte er der Versuchung nicht widerstehen.

Bei der Begründung der Dynastie Bonaparte bildete die *real existierende Familie Bonaparte* ein Haupthindernis. Noch als Konsul sagte Napoleon zu Roederer:

> „Bei Marengo fürchtete ich vor allem: einem meiner Brüder könne meine Nachfolge zufallen, falls ich fiele."

Ihm war bekannt, daß man sich für den Fall seines Todes verschwor, und daß ihm die ernsteste Gefahr nicht einmal von österreichischen Kanonenkugeln drohte, sondern von den Pistolenkugeln und Bomben royalistischer Verschwörer. Er wußte auch, daß von seinen Geschwistern lediglich seine Schwester Elisa, die er nachmals zur Großherzogin von Toskana machte, das Zeug zum Monarchen hatte; seinen Schwägern Murat und Bernadotte mißtraute er vollends. Parvenustreben und korsischer Familiensinn siegten indes über seine Einsicht.

Über das *falsche Spiel seiner Brüder* während seines Ägyptenfeldzuges war er unterrichtet. Gleichwohl machte er *Lucien* nach dem Staatsstreich zum Innenminister; denn dieser hatte als Parlamentspräsident Anteil am Staatsstreich gehabt. Jedoch war Lucien zu kontruktiver Mitarbeit an dem Riesenwerk der staatlichen Reorganisation außerstande, sondern widmete sich vornehmlich der Agitation, und zwar so tolpatschig, daß ihn Napoleon auf einen Botschafterposten nach Spanien abschieben mußte, den er übrigens verschwenderisch dotierte. Lucien machte sich auch in Spanien unmöglich.

Joseph fungierte zunächst als gleichfalls wohldotierter Grüßgottdiplomat. Er durfte die Friedensverträge mit den USA, Österreich, England und der Kirche unterzeichnen, den amerikanischen auf seinem Schloß Mortefontaine, das Konkordat mit der Kirche in seinem Stadthaus, dem Hôtel Marbeuf. Damals erhielten die Unterzeichner von der Gegenpartei Geschenke im Wert von 20000 bis 50000 Francs – ein angenehmes Zubrot zu Josephs dienstlichen Bezügen.

Diese scheinen dennoch nicht gereicht zu haben. Da Joseph von seinen Verhandlungen mit Östereich in Lunéville ein Steigen der französischen Staatsrente erwartete, spekulierte er auf Kredit. Leider hatte es auch andere Haussiers gegeben, und als man die Gewinne realisieren wollte, fiel der Kurs. Joseph verlangte vom ersten Konsul, aus der Staatskasse saniert zu werden. Napoleon fand, das gehe zu weit, und fragte *Talleyrand* um Rat. Der fragte: „Was weiter?" und schlug eine kleine Sonderzahlung an die Amortisationskasse vor. Dann würden die Kurse steigen und Joseph glattstehen.

Bei seiner Kaiserkrönung 1804 erhob Napoleon seine Brüder, Schwestern und Schwäger zu kaiserlichen Prinzen und Prinzessinnen mit je einer Million Francs jährlich, Joseph außerdem zum Grand Electeur und Louis zum Connétable mit je einer zusätzlichen Drittelmillion.

Von 1805 an beförderte er Brüder, Schwestern und Schwäger zu Vasallenkönigen, mindestens Großherzögen, zuerst *Murat* zum Großherzog von Berg; 1808 stieg Murat weiter auf zum König von Neapel, als Nachfolger *Josephs*, der als König nach Madrid versetzt wurde, Louis wurde *König von Holland*, *Jérôme* trennte sich befehlsgemäß von seiner nordamerikanischen Frau und erhielt als zweite eine württembergische Prinzessin *nebst dem Königreich „Westfalen"*. *Lucien* verweigerte die auch ihm befohlene Trennung von seiner zweiten Frau und *disqualifizierte* sich dadurch als König von Spanien, wozu er ausersehen war – statt seiner erhielt Joseph dieses dornige Diadem. Vor Annahme seiner ersten Königsstelle in Neapel hatte Joseph so viel Schwierigkeiten gemacht, daß sein Kriegsminister von Napoleon zu hören bekam:

„Brüderliche Gefühle muß ich der Staatsräson unterordnen. Als Verwandten kann ich nur anerkennen, wer mir dient. Joseph darf sich nicht einbilden, wir stünden noch wie in unseren Kindertagen miteinander. Er muß sich Achtung und Ruhm verschaffen. Wenn ihm ein Bein abgeschossen wird, hat er meinen Respekt. Notfalls darf er auch Strapazen nicht scheuen. Nur dadurch wird er etwas, nicht wenn er in Mortefontaine Hasen schießt." (Zitiert nach Masson)

1808 wurde Joseph nach Bayonne befohlen und dort zu seiner Überraschung zum König von Spanien erhoben. In dieser aussichtslosen Stellung reichte er von Zeit zu Zeit seine Demission ein, meinte sie allerdings nicht ernst – Napoleon auch nicht. Napoleons willkürliche Eingriffe in die von ihm geschaffenen Königreiche Spanien, Holland und „Westfalen" ließen keine ordnungsgemäße Verwaltung zu. Er verlangte von diesen Königen Verzicht auf Selbstachtung, als bescheidene Bedingung ihrer Zwangsbeglückung. *Louis* war zu diesem Opfer nicht bereit, sondern *floh* 1810 *nach Österreich.*Im gleichen Jahr *floh auch Lucien.* Er wollte in die USA; da ihn die Engländer nicht dorthin ließen, wählte er England als zweitbestes Exil.

Ferner betrieb Napoleon die eheliche Verbindung der Dynastie Bonaparte mit den europäischen Fürstenhäusern. Das Projekt einer Heirat des spanischen Thronfolgers Ferdinand mit einer Tochter Luciens haben wir erwähnt. *Jérômes Verbindung mit einer Württembergerin* war nicht so wichtig wie eine Heirat mit der wichtigsten Rheinbunddynastie, dem Hause Wittelsbach. Dafür griff Napoleon in Ermangelung eines heiratsfähigen Bonaparte auf seinen Stiefsohn *Eugen Beauharnais* zurück; auf kaiserlichen Befehl verzichtete *Prinzessin Augusta von Bayern* auf ihren badischen Verlobten und heiratete Eugen. *Der verlassene Badener* wurde gleichfalls *mit einer Beauharnais abgefunden,* Eugens sehr entfernter Cousine Stephanie. Deren und Napoleons unehelicher Sohn war mit größter Wahrscheinlichkeit *Kaspar Hauser.* Als Lucien noch Botschafter in Madrid war, hatte er seinen großen Bruder Napoleon mit einer Infantin verheiraten wollen – das wäre ein schöner Trick gewesen, um Josephine loszuwerden. Zur Trennung von dieser entschloß sich Napoleon indessen erst 1808-1809 und faßte zunächst eine sächsische Braut ins Auge, dann eine Großfürstin. Zar und Zarenmutter behandelten Napoleons Antrag dilatorisch, aber Napoleon brauchte einen legitimen Sohn sofort und *heiratete* 1810 *felicem Austriam*, die ihm denn auch 1811 den *Thronerben* gebar. Der politische Wert dieser Familienverbindung kam dem kriminellen Wert der badischen Verbindung gleich. Sobald die militärische Lage es gestattete, erklärten *sämtliche verschwägerten Häuser Napoleon den Krieg, von Schwe-*

den bis Neapel. Marie Louise hielt sich seit April 1814 von ihm fern, mitsamt dem kleinen „König von Rom".

Murat sagte 1812 zu Bourrienne:

„Gegen wen ist er denn nicht undankbar? Seine Ungnade ist besser als seine Gunst; die muss man zu teuer erkaufen. Er sagt, er habe uns zu Königen gemacht. Aber wer hat ihn zum Kaiser gemacht, wenn nicht wir? ... Mein Degen, mein Blut, mein Leben für den Kaiser! Auf dem Schlachtfeld ... gegen seine und Frankreichs Feinde, da bin ich wieder Marschall des Kaiserreichs.

Mehr darf er aber nicht verlangen. In Neapel will ich König von Neapel sein. Ich gebe mich nicht dazu her, seinen Rechenfehlern das Leben, den Wohlstand, die Interessen meiner Untertanen aufzuopfern. Mich darf er nicht wie Louis behandeln! Nötigenfalls verteidige ich auch gegen ihn die Rechte des Volkes, dessen Regierung er mir übertragen hat."

Napoleon kannte die Gedankenrichtung seines Schwagers. Er sagte, ebenfalls zu Bourrienne:

„Warum freut er sich nicht, dass er König ist? Er ist selber schuld! Warum betrachtet er sich als Neapolitaner? Warum nicht als Franzose? Ist er in seinem Königreich, so macht er nur Dummheiten. Er will den Handel mit England, aber daraus wird nichts."

Zu den gröbsten Mißgriffen in Napoleons Familienpolitik gehörte, daß er *Murat den Oberbefehl* übertrug, als er am 5. Dezember 1812 in Smorgonj die Trümmer seiner Armee verließ. Die Aufgabe erforderte eine Charakterfestigkeit, die er nicht bei Murat voraussetzen durfte. Die ohnehin verzweifelte Lage der täglich zusammenschwindenden Armee wurde durch die Entmutigung ihres Führers noch trostloser. Fünf Wochen später floh Murat nach Neapel und übergab das Kommando dem Vizekönig von Italien, *Eugen Beauharnais.*

Dies war der einzige Verwandte Napoleons, der nach Charakter und Begabung den ihm gestellten Aufgaben gewachsen war. Als Vizekönig von Italien hatte er sich loyal, praktisch, gelassen und umsichtig erwiesen. Er war ein anständiger Mann. Seine Aufgabe im Januar bis April 1813 war extrem schwierig. Die moralisch wie gesundheitlich und materiell erschütterten Trümmer der Großen Armee waren von Kosaken umschwärmt. Stärke und Marschrichtung der dahinter marschierenden russischen, dann auch preußischen Truppen zu erkennen, war nicht leicht. Die Bevölkerung war in Polen gleichgültig, in Preußen feindlich. Der strenge Winter, in Polen außerdem die mangelhaften Wege behinderten alle Verbindungen. Den Fouragekommandos drohte Aufhebung. Jeden Tag konnte Preußen losschlagen. Verstärkungen kamen zunächst nur tropfenweise. Erst Ende April bei Magdeburg verfügte Eugen wieder über drei frische Armeekorps von je etwa 20000 Mann und die ersten 2500 Reiter des 1. Kavalleriekorps, die „Elbarmee", mit der er in der Schlacht bei Großgörschen, am 2. Mai 1813, den linken Flügel bildete. Eine Woche später, am 9. Mai, wurde Eugen von seinem Stiefvater nach Italien zurückgeschickt, um dort neue Truppen aufzustellen und es gegebenenfalls gegen Österreicher, Engländer und Murat zu verteidigen.

Diese Aufgabe war nicht ganz so undankbar wie die in Ostdeutschland Anfang 1813. Im Herbst 1813 wurde Eugen in Kärnten, Krain und Istrien von Stellung zu Stellung zurückgedrängt. Die Bevölkerung betrachtete auf dem östlichen Teil dieses Kriegsschauplatzes das Haus Österreich als angestammten Herren, die österreichischen Truppen und Führer waren dort zu Hause, sie waren im Gegensatz zu ihren französischen und italienischen Gegnern Gebirgsbewohner, sprachen Deutsch und, wenn nicht Slowenisch oder Kroatisch, doch verwandte südslawische Sprachen. Zudem wurden sie geschickt und entschlossen geführt. Auf diesem Kriegsschauplatz war noch die österreichische Tradition der Türkenkriege lebendig. Ende 1813 umgingen die Österreicher die Armee Eugens durch das Pustertal und griffen an Etsch und Mincio an. Dort hielt sich Eugen noch bei Kriegsende 1814. Die Anerbietungen der Verbündeten, ihm sein bisheriges Vizekönigtum als Königreich zu überlassen, wenn er sich gegen Napoleon erkläre, *wies er höflich ab.*

Napoleons Erfahrungen mit dem Vasallen-Königreich „Westfalen" waren ähnlich ungünstig wie mit Neapel. Während 1813 die übrigen Rheinbundtruppen den König von Sachsen, Bayern und Württemberg, den Großherzog von Baden und Hessen-Darmstadt als angestammten Herrn betrachteten, auch wenn sie ihnen erst seit 1805, 1807 oder 1809 gehörten, und Napoleon folgten, solange das ihre Fürsten taten, wußte Napoleon, daß er *den westfälischen Truppen nicht trauen* konnte. Als die 16000 Mann starke „westfälische" Division in Dresden Mitte Mai 1813 zur Großen Armee stieß, verteilte er sie auf die Festungsbesatzungen Torgau und Dresden (7 Bataillone, 1 Batterie) – da konnten sie nicht desertieren –, das 2. (6 Schwadronen), 11. (5 Bataillone), 12. Armeekorps (4. Schwadronen) und die Division Girard (4. Bataillone). Bei Ablauf des Waffenstillstands Mitte August ging wirklich Oberst v. Hammerstein mit vier von seinen sechs Schwadronen zu den Österreichern über; *Napoleon nahm den verbliebenen* sechs „westfälischen" Schwadronen *die Pferde weg.* Anfang Okotober 1813 erschien Tschernytschew mit 2000 Kosaken vor Kassel. Die Garnison bestand aus Depottruppen. Sie war den Kosaken überlegen, aber der Führer traute ihr nicht, sondern führte sie nach Marburg. Auf dem Weg dorthin *verkrümelte sie sich.* Tschernytschew war längst wieder fort. Auch Jérôme mied seine abfallverdächtige Hauptstadt.

Napoleons inniges korsisches Familienleben gipfelte darin, daß seine Brüder *Louis und Lucien im feindlichen Ausland* waren, und seine Schwäger *Bernadotte und Murat* seit Frühjahr 1813 beziehungsweise Anfang 1814 *gegen ihn unter Waffen standen. Einzig an Eugen Beauharnais* hatte er einen Rückhalt; den hat er entsprechend schlecht behandelt.

Massenheere

Die Kontributionen, die Napoleon erhob, wuchsen nach 1800 von neun auf zehn Stellen, *von Hunderten Millionen auf Milliarden.* Zugleich *wuchs die Größenordnung seiner Operationsarmeen von fünf auf sechs,* die Gesamtheeresstärke 1813 *sogar auf sieben Stellen.* Das erforderte *neue Formen der militärischen Organisation.*

Die vom Marschall von Sachsen begründete Fechtweise des achtzehnten Jahrhunderts wies jedem Bataillon und Kavallerieregiment einen festen Platz im ersten oder zweiten Treffen zu. Der Troß stand zwischen beiden Treffen. In dieser Ordnung lagerte die Armee. Der Feldherr übersah sie mit einem Blick. Befahl er den Abmarsch, so machte sie rechts- oder linksum und schob sich schwerfällig „über Stock und Block", wie Clausewitz reimte.

Die 80000 Österreicher bei Leuthen waren in dieser Formation unbeweglich. Friedrich der Große schlug sie mit 32000 Mann. Zwar focht seine kleine Armee in der gleichen Formation, aber der König hatte ihr durch systematisches Exerzieren in größeren Verbänden höchste Beweglichkeit verliehen. Seine Methode blieb jedoch künstlich und riskant. Seine Katastrophe bei Kunersdorf war ebenso vollständig wie sein Triumph bei Leuthen.

Zur gleichen Zeit gliederte Herzog Ferdinand von Braunschweig sein Heer in Westdeutschland in fünf, später sieben *„permanente Abteilungen* (französisch: divisions) *aus kombinierten Waffen".* Diese Form der Organisation vereinfachte sowohl Marsch, Unterbringung und Verpflegung wie die Leitung des Gefechts. Das revolutionäre Frankreich übernahm sie.

Spätestens bei Morgengrauen mußte jede Division den Marschbefehl haben; er wurde abends oder im Lauf der Nacht durch Adjutanten zugestellt. Für die Ausarbeitung und Ausfertigung der Befehle bedurfte der Kommandierende eines *Generalstabs.* Herzog Ferdinand hatte nicht nur die Divisionen erfunden, sondern, als Instrument zu ihrer Leitung, auch den Generalstab. Generalstäbler gab es schon vor ihm, nur unter anderem Namen, aber der *erste sachgemäß arbeitende Generalstab* war der seinige. Dessen *Tradition* lebte fort in der *hannöverschen Armee,* die den Kern seiner „verbündeten" Armee gebildet hatte, und wurde durch den hannöverschen Generalstäbler *Scharnhorst nach Preußen verpflanzt.*

Das revolutionäre *Frankreich bot Hunderttausende* auf, konnte sie aber mangels ausreichender Steuereinnahmen nicht im Feld erhalten. Das wurde erst möglich durch *Napoleons Verwaltungs- und Finanzreform 1799-1800.* Alsbald hatte Frankreich *Massenheere.* Diese erforderten eine *Zwischeninstanz zwischen Oberkommando und Division.* Zu diesem Zweck faßte Napoleon zwei bis fünf, in der Regel drei Infanteriedivisionen, zwei oder mehr Regimenter leichter Kavallerie („Reservekavallerie"), mehrere Feldbatterien („Reserveartillerie") sowie ein paar Pionierkompanien (in Frankreich getrennt nach Sappeuren, Pontonnieren und Mineuren) zu *„Armeekorps",* mehrere Kavalleriedivisionen, denen reitende Artillerie beigegeben war, zu *„Kavalleriekorps"* zusammen. Auf Einzelschauplätzen des Halbinselkrieges – namentlich in Andalusien und gegen Portugal – wurde es notwendig, *mehrere Armeekorps zu „Armeen"* zu vereinigen, unter den Marschällen *Soult, Masséna, Suchet, Marmont, Bessières.* Als Napoleons „Große Armee" 1812 und 1813 die Größenordnung von 300000 und 400000 Mann Ist-Stärke erreichte, mußte auch sie in Armeen gegliedert werden. Deren Oberkommandos blieben jedoch mehr oder weniger improvisiert. Napoleons Marschälle waren Kerle, die unter seinen Augen ein Armeekorps führen konnten, aber strategisch befähigt waren die wenigsten. Zudem stiftete Napoleon gelegentlich Verwirrung, indem er über die Oberkommandos hinweg direkte Befehle an die Armeekorps gab.

Bis 1800 verfügte Napoleon auf keinem Schlachtfeld auch nur über 40000 Mann und verfuhr nach dem Grundsatz: *„On s'engage partout, et puis on voit":* Er „engagierte sich auf der ganzen Front" mit Schützenlinien und ein paar leichten Geschützen, „erkannte" im hinhaltenden Gefecht den nach feindlicher Aufstellung, Gelände und strategischem Rahmen entscheidenden Punkt, ballte gegen ihn eine (anfangs noch bescheidene) Artilleriemasse zusammen und bahnte mit ihr seiner Schlachtkavallerie und den Sturmkolonnen seiner Infanterie den Weg.

Wenn möglich hatte er vorher den Gegner umgangen und lieferte die

Schlacht *„mit verkehrter Front“:* Dann hatte der Gegner keinen Rückzug wie nach *Marengo* und *Ulm,* oder der Sieger konnte parallel verfolgen wie nach *Jena und Auerstädt.* Bei direkter Verfolgung wird der Verfolger vor jedem kleinen Hindernis von schwachen Nachhuten aufgehalten, bei paralleler Verfolgung kann er den Besiegten sogar überholen wie Napoleon 1806 und Blücher 1815 nach *Waterloo.* Bei *Leipzig* wurde Napoleon selber die Schlacht mit verkehrter Front aufgezwungen, dank Blücher und Gneisenau. Selbst sein Sieg bei *Hanau* kostete ihn 10000 Gefangene, weil er die Schlacht mit verkehrter Front liefern mußte, um sich nach Mainz durchzuschlagen. Daher brachte er bei Mainz nur noch ein Drittel der Heeresstärke über den Rhein, mit der er die Schlacht bei Leipzig angenommen hatte.

Von 1806 ab wurde die Strategie für Napoleon schwieriger. Denn Hunderttausende lassen sich nicht so leicht bewegen und verpflegen wie Zehntausende. Mit der Quantität wandelte sich die Qualität. *Erfahrungen mit der neuen Dimension fehlten:* daher selbst bei einem Genie wie Napoleon unbegreiflich scheinende Mißgriffe, die namentlich Schlieffen herausgearbeitet hat. So hatte Napoleon am Morgen des 16. Oktober 1813 bei *Wachau* 138000 gegen 72000 Mann, hielt aber gewohnterweise seine Reserven zurück – puis on voit. Infolgedessen gewannen die Gegner Zeit, Verstärkungen heranzuziehen, und aus dem Vernichtungsschlag wurde das unentschiedene, frontale Abringen annähernd gleicher Kräfte. Aus Napoleons voreilig proklamiertem Sieg wurde sein Rückzug in die Stellung östlich um Leipzig herum, die er am 18. Oktober *(„Völkerschlacht“)* im wesentlichen hielt. Nur auf dem linken Flügel wurde sie eingedrückt. Das ermöglichte 3000 Mann sächsischer Infanterie und der württembergischen Kavalleriebrigade Normann – vielleicht noch 200 Reitern –, die Front zu wechseln und sich neutral zu erklären, was den Gefechtsverlauf nicht nennenswert beeinflußt hat, der Legende zuwider. Jedenfalls drangen auch dort die Verbündeten nicht in Leipzig ein.

Engagiert man sich in der Schlacht mit Hunderttausenden und will dann erst sehen, so ist es zu spät. *Man muß vorher die einzelnen Armeekorps in der entscheidenden Richtung angesetzt haben;* am Gefechtstag ist dazu keine Zeit mehr.

Bei Leipzig und Waterloo scheiterte Napoleon an denjenigen feindlichen Führern, die seine Strategie übernommen hatten: *Blücher und Gneisenau*. Sie führten im Herbst 1813 das schwächste von drei feindlichen Teilheeren, und auch 1815 nur eines von zweien, wenngleich das stärkere und bessere. *Napoleon gewährte ihnen eine Chance, indem er seine* oft gepredigten, richtigen *strategischen Grundsätze mißachtete*. 1797 hatte er den österreichischen Unterhändlern in Leoben gesagt:

„Es gibt in Europa viele gute Generäle, aber sie begehen sämtlich einen Fehler: sie sehen zu viel. Ich, ich sehe nur eines: die Massen. Sie suche ich zu schlagen. Fallen sie, so fällt alles." (zitiert nach Kuhl)

1813 war er heruntergekommen zu einem *„guten General, der zu viel sieht"*. Die Entscheidung lag in Deutschland, und er wußte das. Dorthin gehörten die Hauptkräfte. Daher nahm *Wellington* an, er werde Spanien räumen und die Viertelmillion krieggewohnter Truppen, die er dort hatte, nach Mitteleuropa führen. Statt dessen holte er nur 50000 Mann an die Elbe: zu wenig für den definitiven Sieg in Sachsen und Schlesien, den er vor allem brauchte; und die in Spanien zurückgebliebenen 200000 Mann waren dort erst recht unzureichend. *Entsprechend seiner eigenen Lehre unterlag er auf beiden Kriegsschauplätzen.*

Denselben Fehler beging er im August 1813: Statt seine „Große Armee" in Sachsen und der Lausitz zusammenzuhalten, zersplitterte er sie in drei Richtungen. Die Quittung bekam er bei Leipzig.

„Was er damals tat, hat er auch früher, in seiner besten Zeit getan. 1800 ging er mit 36000 Mann über den Grossen und Kleinen St. Bernhard, zog noch 15000 Mann über den St. Gotthard, und brachte doch von diesen 51000 Mann nach Marengo nur 22800, die erst nach beinahe verlorener Schlacht durch 5000 verstärkt wurden. Mit 205000 beginnt er den Feldzug von 1805, und nur mit 75000 schlägt er bei Austerlitz ... Der Vereinigung (aller) Kräfte verdankt er seine zwei glänzendsten Siege nicht.

(Es handelt sich um) zwei gänzlich entgegengesetzte Systeme: Moltke schlägt Königgrätz und erscheint vor Wien mit der gesamten Armee, Napoleon verfügt bei Austerlitz nur noch über ein Drittel seiner Streitkräfte." (Schlieffen)

1796 hatte er nie mehr als 40000 Mann, und sie waren nie weiter voneinander entfernt als zwei bis höchstens drei Tagesmärsche. Offensichtlich ist unter solchen Verhältnissen *der Entschluß leichter,* notfalls die Belagerungsartillerie vor Mantua zu opfern, aber die Entsatzarmee im Gebiet von Verona mit Übermacht anzugreifen. Später handelte es sich nicht um ein paar Belagerungsgeschütze, sondern um weite Gebiete, die er hätte entblößen müssen, um an der entscheidenden Stelle die Übermacht zu gewinnen. Er *war eben Eroberer* und nicht gewillt, seine – wie er wußte prekäre – Herrschaft über eroberte Provinzen zu riskieren.

Im August 1813 hatte Napoleon zwischen Magdeburg, Dresden und Liegnitz eine Operationsarmee von 365 000 Mann Ist-Stärke – ungerechnet 37 000 Mann mobile Truppen unter *Davoust* in Hamburg sowie die Besatzungen der Elbfestungen Dresden, Torgau, Wittenberg, Magdeburg und Hamburg. Die Verbündeten umstanden ihn im Halbkreis mit 455 000 Mann, ungerechnet die 30 000 Mann unter *Wallmoden* bei Wittenberge („Deutsche Legion").

Jedoch brauchte Napoleon die 130 000 Mann starke verbündete Nordarmee bei Berlin nicht zu beachten. Sie stand unter dem Befehl seines Schwagers *Bernadotte.* Über den sagte Napoleon treffend zu dem österreichischen General Bubna: *„Il ne fera que piaffer"* – er wird lediglich mit viel Geräusch auf der Stelle trappeln. Somit zählten auf verbündeter Seite lediglich

1. die *„schlesische Armee"* – 100 000 Russen und Preußen unter *Blücher* in Niederschlesien

2. die *„Hauptarmee"* – 124 000 Russen und Preußen unter *Barclay de Tolly* sowie 127 000 Österreicher unter *Schwarzenberg,* der auch den Oberbefehl führte, jedoch nur nominell sowie als ausführendes Organ. Die wirkliche Leitung hatte ein *Kriegsrat,* und dessen maßgebende Stimme der *Zar.*

Diesen beiden Gegnern zusammengenommen war Napoleon um 40 000 Mann überlegen. Nach seinen Antezedenzien war zu erwarten, er werde Blücher und Schwarzenberg nacheinander abfertigen. Das Problem Bernadotte werde sich dann von selbst erledigen.

Doch Napoleon wurde nicht mehr durch strategisches Kalkül geleitet, sondern

1. durch maßlose *Unterschätzung seiner Gegner,*

2. *blinde Leidenschaften;* im Januar durch die Gier des Eroberers, der sich nicht eingestehen wollte, daß die spanische Beute nicht mehr zu halten war, und sie nicht freiwillig fahren ließ; im August durch Familienhaß gegen den „Verräter Bernadotte" sowie durch Haß gegen Preußen, dessen Hauptstadt er zurückerobern, und dessen Landwehr – er meinte das aus-

schließlich aus Landwehr bestehende preußische IV. Armeekorps Tauentzien – er auseinandertreiben wollte. Aus diesen unsachlichen Motiven ließ er Bernadotte nicht piaffieren, sondern zog ihn gegen dessen Willen in den Entscheidungskampf.

Und zwar entsandte er gegen Bernadottes „Nordarmee" die 72000 Mann schwache „Berlin-Armee" unter *Oudinot.* Er dachte sich Oudinot unterstützt durch *Davoust* sowie durch die 11000 Mann starke Division *Girard* bei Magdeburg, *stellte jedoch deren Mitwirkung nicht sicher.* Infolgedessen kam Girard zwar in die Gegend von Potsdam, jedoch zu spät, und zog sich nicht weit genug zurück, weil er ohne Nachricht über Oudinot blieb. So konnte die verachtete preußische Landwehr seine Division bei *Hagelberg* (27. August) überfallen und vernichten. Davoust hatte sich gar nicht in Bewegung gesetzt.

Oudinot selber hatte Glück im Unglück. Bei *Grossbeeren* (23. August) wurden lediglich zwei seiner neun Infanteriedivisionen geschlagen. Nahezu intakt konnte er seine kleine Armee *nach Wittenberg retten,* sehr zu Napoleons Unzufriedenheit. Ihm zufolge hätte der Marschall die doppelte Übermacht einfach über den Haufen rennen sollen.

Den *Hauptschlag* dachte Napoleon der *verbündeten Hauptarmee* in Nordböhmen zu. Seiner Meinung nach sollte sie ihn zwecks dessen Entgegennahme zwischen Görlitz und Bautzen aufsuchen. Falls sie indes westlich der Elbe angriffe, wollte er Dresden nur mit schwachen Kräften verteidigen, ihr aber mit seiner Hauptmacht von Pirna und Königstein aus in rechte Flanke und Rücken fallen, sie aufrollen. In dem wegearmen Erzgebirge hätte das Vernichtung bedeutet. Für diesen *Flankenstoß* erbaute er östlich von Pirna Straßen und schlug Brücken über die Elbe.

Blücher warf diese Pläne über den Haufen. Er griff am 17. August an. Die vor ihm stehenden 130000 Mann entbehrten einheitlicher Leitung und wichen hinter den Bober bei Löwenberg und Bunzlau. Napoleon kam mit 76000 Mann heran (Garden 60000, 1. Kavalleriekorps 16000 Mann). Die Marschälle schlugen vor, weiter zurückzugehen, Blücher über den Fluß zu lassen und ihn dann hineinzuwerfen. Statt dessen nahm Napoleon *bei Löwenberg am 20. August* einen Vorbeimarsch ab. Das donnernde „Vive l'empereur!" belehrte Blücher über die Gefahr. Er wich aus, jedoch mit 80000 Mann auf der einzigen Straße Löwenberg-Goldberg: auch sein Generalstab war noch ungeübt in der Bewegung großer Massen. Daher wäre ein entscheidender Sieg über ihn sicher gewesen, wenn Napoleon nach dem 22. August die Verfolgung fortgesetzt hätte. Doch den Kaiser rief die *Bedrohung Dresdens* durch die Hauptarmee dorthin. Außer Garden und 1. Kavalleriekorps nahm er das 6. Armeekorps mit (28000 Mann unter Marmont), insgesamt etwa 105000 Mann.

Dresden war besetzt vom 14. Armeekorps, nach Abgabe einer Infanteriedivision an Vandamme noch 20000 Mann unter dem Marschall Gouvion St. Cyr. Dem ursprünglichen Plan entgegen führte Napoleon seine 105000 Mann nicht zum Vernichtungsschlag nach Pirna, sondern – in einem vielbewunderten Eilmarsch – *zur bloßen Abwehr nach Dresden.*

„Was Napoleons Kopf ersonnen, war gross und einfach. Es auszuführen fehlte ihm das Herz. Durch die Vorstellungen ängstlicher Generale (ein Clausewitzscher Terminus, Ktzl) liess er sich gern bestimmen, auf dem rechten Elbufer zu bleiben, wie ein gewöhnlicher, philisterhafter General nach Dresden zu eilen, nicht um den Feind zu vernichten, sondern um die sächsische Hauptstadt, den Stützpunkt seiner Operationen und was dergleichen Dinge mehr sind, zu retten." (Schlieffen)

Schlieffen übersieht eine Kleinigkeit. In Dresden befand sich zwar nicht das einzige, aber immerhin das *Hauptmagazin für den Unterhalt einer halben Million Menschen* – außer den Operationstruppen auch die Kranken in den Lazaretten, die Festungsbesatzungen und Nichtkombattanten. Es durfte keinen Tag in Feindeshand fallen. Bekam es die verbündete Hauptarmee, so hätte es ihr wenig geschadet, wenn Napoleon auf ihrer Rückzugslinie stand. Im Gegenteil, sie hätte, gemeinsam mit der Nord- und schlesischen Armee, seine mitteldeutsche Etappe umgestürzt und möglicherweise die Berlin- und Boberarmee vernichtet.

Nur insofern hat Schlieffen recht, als es genügt hätte, das 14. Armeekorps durch das 6. zu verstärken. Dann hätten immer noch 115000 Mann bei Pirna versammelt werden können, ausreichend für den geplanten Vernichtungsstoß. Jedoch

„nur Vandamme sollte mit 40000 Mann von Pirna und Königstein aus den grossgedachten Plan kleinlich auszuführen suchen. Ja, wenn nicht sechs Korps fortgeschickt worden wären –" (Schlieffen)

je drei Armeekorps gegen Bücher und Bernadotte, dazu noch je ein Kavalleriekorps.

Die Operation von Dresden wirkt versöhnend. Endlich, nach achtzehn Jahren napoleonischer Siege, zeigte der Krieg das gewöhnliche Gesicht, bei dem *die Fehler beider Parteien einander aufheben.* Zwar hatte Napoleon auch vorher Fehler begangen, sie bleiben aber für die

Geschichte unsichtbar, denn sie wurden durch die unvergleichlich schwereren Fehler seiner Gegner verdeckt. Bei Dresden glichen beide einander aus, und zwar stellten Napoleon und Barclay de Tolly jeder dieselbe Fehlrechnung an.

Die verbündete Hauptarmee stand mit einer Viertelmillion Mann an der unteren Eger. Man erfuhr, der Feind weiche in Niederschlesien vor Blücher. Der österreichische Generalstab, immun gegen Napoleons strategische Lehren trotz ihrer Handgreiflichkeit, schloß daraus, Napoleon befinde sich im Rückzug nach Leipzig. Dorthin brach die Hauptarmee am 22. August auf.

Doch schon am ersten Marschtag erkannte der Kriegsrat das Unsinnige dieser Marschrichtung und beschloß: *rechtsum nach Dresden.* Leicht gesagt. Zwar waren es von dem glücklich erreichten Marschziel des linken österreichischen Flügels, Marienberg, nach Dresden nur 60 km Luftlinie, für die weiter rechts stehenden Preußen und Russen, bei Saida und Frankenstein, entsprechend weniger. Aber der Nordabhang des Erzgebirges bildet eine sanft geneigte Fläche, in welche die Flüsse tief eingeschnitten sind. In der Nordostrichtung führten keine Straßen, nur Holzwege, *quer über Berg und Tal.* Als die Armee am 25. August nachmittags auf den Höhen SW Dresden ankam, hatte die österreichische Heeresleitung ihre Truppen in nur vier Märschen kleingekriegt; wenigstens behauptete sie das, mangels eines ernsthafteren Arguments fürs Ausreißen – österreichischer Generalstabschef war Oberst Graf Radetzky – und forderte sofortigen Rückzug; Russen und Preußen gingen natürlich nicht darauf ein. Immerhin erfand der russische Generalstab ein anderes Bedenken: Dresden sei unangreifbar, seine Befestigungen sturmfrei.

Derjenige höhere Führer beider Parteien, der es besser wußte, war der Erbauer dieser Befestigungen, *Gouvion St. Cyr:* Er hatte zu wenig Zeit gehabt. In ihrem unfertigen Zustand waren die Dresdener Befestigungen kein ernsthaftes Hindernis. Am Mittag des 26. August entschlossen sich denn auch die Verbündeten zum Sturm. Da aber traf Napoleons Heeresreserve ein und schlug ihn ab. Die Verbündeten gingen in eine unangreifbare Höhenstellung SW Dresden zurück und führten aus ihr am 27. August ein *ergebnisloses Artillerieduell.*

Nordwestlich dieser Stellung verläuft eine Schlucht, der Plauensche Grund. Nördlich von ihm waren 24000 Österreicher unter Meczko als linker Flügel herausgeschoben. Sie wurden in der Schlacht am 27. August vernichtet. Das gefährdete die verbündete Hauptmacht in keiner Weise, war also an sich belanglos. Aber es verhalf im Kriegsrat dem österreichischen

Kleinmut zur Oberhand. In der Nacht auf den 28. August traten die Verbündeten den Rückzug an: *Selbstmord aus Angst vor dem Tode.*

In den zwei Tagen des Stillstands war der Verpflegungstrain nachgekommen und *versperrte die Straßen.* Seit mehr als vierundzwanzig Stunden goß es, *die Straßen waren grundlos.* Die österreichische Regierung hatte bis zuletzt gehofft, zwischen den Kriegführenden zu vermitteln. Sie rechnete nicht im Ernst mit Krieg und hatte ihre Truppen zwar aufgestellt, aber *nicht kriegsmäßig ausgerüstet.* Namentlich das Schuhzeug löste sich auf – übrigens auch bei der preußischen Landwehr. Ohnehin pflegten österreichische Truppen in der ersten Feldzugswoche ein Zehntel bis Fünftel ihres Bestandes an Deserteuren, Überläufern und Gefangenen zu verlieren. Noch 1866 war das so. Bei Dresden kamen dazu die *Gefechtsverluste des linken Flügels.* Der *Stau auf der Hauptrückzugsstraße* über Dippoldiswalde wurde hoffnungslos, als sich dort am Nachmittag des 29. August von Osten her die russisch-preußischen „Garden und Reserven" eindrängten. Der rechte Heeresflügel setzte sich eigenmächtig auf die Straße des Zentrums.

Der gegebene Weg für den Rückzug der rechten preußisch-russischen Heereshälfte war die verhältnismäßig günstig gezogene, verkehrsreiche und gut ausgebaute „neue Straße" von Pirna über Peterswalde, *Nollendorf und Kulm nach Teplitz.* Aus der Stellung vor Dresden war sie zu erreichen *über Dohna,* und von dort auf der „alten Straße", die in Peterswalde von Westen her in die neue einmündete. Dieser Weg war *der russisch-preußischen Heereshälfte* durch den Rückzugsbefehl *vorgeschrieben.*

Mißlicherweise gingen, wie erwähnt, 40 000 Mann unter *Vandamme* bei Pirna über die Elbe und *suchten sich dieser Straße zu bemächtigen.* Ihnen gegenüber stand *Herzog Eugen von Württemberg mit* der Hälfte des russischen I. Armeekorps, etwa 18 000 Mann. Vandamme war den Südausgängen des Erzgebirges näher als die russisch-preußischen Truppen bei Dresden. Erreichte er sie vor ihnen, so drohte ihnen im Gebirge die Vernichtung.

Barclay verstand das nicht. Er befahl den ihm unterstellten Truppen vor Dresden, *nicht über Dohna* zu marschieren, sondern *weiter westlich über Maxen und von dort,* wie erwähnt, *über Dippoldiswalde:* auf den Marschweg der Österreicher. *Dem Herzog Eugen befahl er,* die neue Straße aufzugeben und gleichfalls *westlich auszuweichen.*

Hätte der Herzog diese Anordnung befolgt, und Napoleon seine anfänglichen Verfolgungsbefehle aufrechterhalten, so wären die russisch-preußischen Truppen höchstwahrscheinlich vernichtet, mindestens entscheidend geschlagen worden. Abgewandt wurde diese Katastrophe durch den Ungehorsam des Herzogs Eugen – er machte Vandamme jeden Schritt vorwärts streitig –, vor allem aber, weil Napoleon noch am 28. August mittags seine zweckmäßigen Verfolgungsbefehle vom Vormittag aufhob: Vom Standpunkt der napoleonischen Strategie ist die Aufhebung der Verfolgungsbefehle unbegreiflich. Das Motiv lag darin, daß die unmittelbare Gefahr bei Dresden abgewendet war, und Napoleon zu dem Motiv zurückkehrte, das ihn im August 1813 mehr beherrschte als der Vernichtungsgedanke: der Rache an Bernadotte. Dazu kam am Abend des 28. August die Nachricht von Blüchers Sieg an der Katzbach. Aber Blücher war noch mehr als zwölf Tagemärsche entfernt, brauchte also vorerst nicht berücksichtigt zu werden.

An den Kämpfen längs der Straße Pirna-Teplitz vom 28. bis 30. August ist bewundernswert die Klarheit, womit die drei kommandierenden Generäle – *Herzog Eugen, Kleist* (preußisches II. Armeekorps) *und Vandamme* – ihre strategische Aufgabe begriffen, die Umsicht und Hartnäckigkeit, womit sie sie durchführten, sowie die Tapferkeit und Disziplin der Truppen aller drei Nationen, die das von ihnen Verlangte leisteten, auch unter verzweifelten Bedingungen. Ebenso erstaunlich ist die Blindheit, mit der sowohl Barclay wie Napoleon verkannten, wie nahe Barclays Heeresmacht der Vernichtung war, und daß, als Vandamme isoliert gegen die Rückzugsstraße der Russen und Preußen vordrang, umgekehrt ihm die Vernichtung drohte.

Am Vormittag des 28. August hatte Napoleon die Junge Garde (24000 Mann unter Mortier), Alte Garde (12000 Mann unter Lefèvre) und 2. Gardekavalleriedivision (Lefèvre-Desnoëttes) der Gruppe Vandamme nachgeschickt und das 14. Armeekorps angewiesen, Vandamme rechts zu begleiten: zusammen mit der Gruppe Vandamme ungefähr *100000 Mann für die Parallelverfolgung.* Zur direkten Verfolgung schickte Napoleon das 6. Armeekorps (Marmont) nebst 1. Gardekavalleriedivision (Ornano) auf Dippoldiswalde, die Gruppe Murat (1. Kavalleriekorps und 2. Armeekorps, zusammen 40000 Mann) über Freiberg auf Marienberg vor. Drängten beide nachdrücklich, und brachen, wie vorauszusehen, die 100000 den Widerstand längs der neuen Straße, so war binnen drei Tagen ein entscheidender Sieg sicher.

Napoleon verschenkte ihn. Noch am 28. August hielt er Junge Garde und 2. Gardekavalleriedivision in Pirna, die Alte Garde in Dresden an und schob das 14. Armeekorps weiter rechts zur direkten Verfolgung. *Vandamme wurde nicht verständigt.*

„Die viel gepriesene ‚Energie der Kriegführung', aus dem Dresdener Palais verjagt, hatte an Blüchers Biwakfeuer Aufnahme gefunden." (Schlieffen)

Im Bewußtsein der ungeheuren Siegeschance ging Vandamme unbeirrbar drauf. Am 28. August umging er ständig die rechte Flanke des Herzogs von Württemberg, schnitt Teile von dessen Truppen ab, brachte ihnen schwere Verluste bei und drängte sie bis Peterswalde zurück. Am Vormittag des 29. stand er westlich von Kulm und warf sich auf die dort aufgestellten russischen Truppen. Sie verstärkten sich. Er konnte sie an diesem Tag nicht mehr überwältigen, zweifelte aber nicht, daß es am 30. gelingen werde. Er durfte ja auf die Junge Garde rechnen.

Im Lauf des 29. August waren die russischen und österreichischen Kolonnenspitzen von Dippoldiswalde her aus dem Gebirge herausgetreten. Mit diesen Verstärkungen gingen die Verbündeten am Vormittag des 30. August *bei Kulm zum Gegenangriff* über. Vandamme hielt die Kolonne, die in seinem Rücken von Nollendorf herabkam, für die Junge Garde. *Es waren die Preußen.* Ehe sie sich entwickeln konnten, machte er kehrt mit seiner Infanterie und Kavallerie, *um sich durchzuschlagen;* in der Front opferte sich seine Artillerie, um den Durchbruch zu decken. Die Infanterie seines rechten Flügels (Division Mouton-Duvernet vom 14. Armeekorps) rettete sich intakt den Abhang hinauf, nur ohne Geschütze und Fahrzeuge, die Kavallerie (Division Corbineau vom 1. Kavalleriekorps) schlug sich durch, das Getümmel auf dem dicht bewaldeten Gebirgshang war wild und wechselvoll, kostete *den Preußen schwere Verluste,* endete aber mit der *Vernichtung von Vandammes eigenem Armeekorps.* Geschütze und Fahrzeuge gingen sämtlich verloren.

Abends zuvor war die Lage des preußischen II. Armeekorps bei Fürstenwalde verzweifelt gewesen. Es konnte *weder vorwärts noch zurück.* Hinter ihm stand das französische 14. Armeekorps. Der Weg vorwärts, über den Geyersberg-Paß, war durch russische Bagage verfahren. Der einzige Ausweg führte auf dem Gebirgskamm *östlich über Nollendorf.* Kleist nahm an, dort werde sein Korps zwischen die französischen Reserven geraten und *vernichtet werden.* Aber es war der *einzige Ausweg* und eröffnete die *Möglichkeit eines* – wenn auch seiner Meinung nach unwahrscheinlichen – *Sieges.* So entschloß er sich dazu.

Am gleichen Vormittag überschritten auf Napoleons Befehl die Brigade Piré vom 1. Kavalleriekorps in Meißen, die Alte Garde und zwei Divisionen der Jungen Garde, zusammen 24000 Mann, in Dresden die Elbe, um sich *bei Großenhain für den Marsch nach Berlin* bereitzustellen. Zwar setzte Napoleon noch am gleichen Tag die beiden verbliebenen Divisionen der Jungen Garde nebst der zweiten Gardekavalleriedivision unter Mortier von Pirna nach Kulm in Marsch, aber schon bei Berggießhübel kamen ihnen die Flüchtlinge von Kulm entgegen; *Mortier kehrte wieder um.*

Napoleon klagte, überall wo er nicht sei, begingen seine Unterführer „Dummheiten", und noch heute beten das französische Autoren nach. Falls „Dummheit" vorlag, war es diejenige Napoleons. *Er allein hat den Untergang der Gruppe Vandamme bei Kulm,* die *Niederlage der Berlin-Armee bei Großbeeren* und ihre *Zertrümmerung bei Dennewitz herbeigeführt.* Ihn trifft auch die *Hauptverantwortung* für die Katastrophe an der *Katzbach.*

Als er am 23. August von Löwenberg nach Dresden umkehrte, hatte er die *„Bober-Armee"* zurückgelassen, *100000 Mann unter Macdonald:* zu wenig, um Blüchers schlesische Armee zu vernichten, zu viel für deren Abwehr. Zudem erhielt Macdonald einen *Doppelauftrag* – in aller Regel die Quelle von Fehlschlägen: er sollte Blücher über Jauer hinaus zurückwerfen und dann dort stehen bleiben, also erst Offensive, dann Defensive. Infolge mißverständlichen Befehls des Kaisers mußte der stärkste Truppenteil der Bober-Armee, *das 3. Armeekorps* (fünf Infanteriedivisionen, 40000 Mann mit 90 Geschützen, bis dahin unter Ney) am 24. August nördlich der Katzbach *von Liegnitz nach Goldberg und am 25. August zurückmarschieren.* Infolgedessen beteiligte sich nur eine seiner Divisionen an der Schlacht am 26. August; die anderen gelangten nur verspätet und bruchstückweise auf das Schlachtfeld. Das Zentrum, das sie verstärken sollten, war bereits vom Schlachtfeld vertrieben, sie selbst mußten in zwei Gruppen exzentrisch *nördlich über die Katzbach ausweichen.*

Taktisch war die *Niederlage an der Katzbach* unerheblich. Von den elf Infanferie- und drei Kavalleriedivisionen der Bober-Armee wurden in dem Entscheidungskampf *auf der Hochfläche von Eichholz* nur anderthalb Infanterie- und zwei Kavalleriedivisionen geschlagen. Aber weiter rechts war Macdonald selbst bei *Seichau* mit dem Gros des 5. und 11. Armeekorps zurückgedrückt worden, und das 3. Armeekorps war abgedrängt; er mußte also seine Armee *rückwärts konzentrieren.*

Ohne Blüchers Verfolgung wäre das hinter der Katzbach bei Goldberg geschehen, einen halben Tagemarsch rückwärts. Blüchers Verfolgung, der Dauerregen und die bei dieser Wetterlage noch heute übliche Überschwemmung der niederschlesischen und Lausitzer Flüsse *machten den*

Rückzug zur Katastrophe. Bis Ende August verlor die Boberarmee mehr als 30000 Mann von 100000, davon 18000 Gefangene, Anfang September noch mehr, hauptsächlich Deserteure. Von ihren etwa 235 Geschützen ließ sie 103 stehen – davon nur 28 in der Schlacht –, ferner natürlich einen erheblichen Teil der Munitionskolonnen und Proviantwagen. Auch lagen an den Straßen gefallene und kranke Pferde, Waffen und Ausrüstungsgegenstände, kurz dem Sieger lachten die Anzeichen der *Auflösung bei dem weichenden Gegner* entgegen.

Natürlich litt auch der Sieger unter der Wetterkatastrophe, besonders die preußische Landwehr, die nach Marwitz' nicht sehr übertriebenem Ausdruck „nackt" ausgerückt war. Ihre nicht gewalkten Röcke waren schon nach dem ersten Regen zusammengeschnurrt, die Stiefel lösten sich auf. Am 3. Oktober bei Wartenburg trat die *schlesische Landwehr nur noch mit einem Sechstel* ihrer ausrückenden Stärke an – dieser Rest „schlug sich" allerdings, nach *Yorcks* Zeugnis, *„wie alte Grenadierbataillons"*. Manche Landwehrmänner wanderten von Katzbach oder Bober heim nach Oberschlesien, kleideten sich neu ein und stießen an der Elbe wieder zum Korps. Andere – leider nicht zu leugnen – plünderten in der Etappe, ebenso die Kosaken. Wenigstens die regulären Truppen hielten zusammen, nicht zum wenigsten unter der hinreißenden *persönlichen Einwirkung Blüchers*. Auch sie hungerten, denn die Proviantkolonnen kamen infolge Überschwemmung und grundloser Wege nicht nach, und das Land war ausgesogen. Seine russischen Truppen verliehen Blücher den Beinamen *„Marschall Vorwärts"*. Yorck klagte ihn als *Heerverderber* an. Aber die fliehenden französischen Truppen waren am Rande der Auflösung, wie Macdonald meldete.

Unter günstigeren Bedingungen hat Blücher 1815, *nach Waterloo, eine noch wirksamere Verfolgung* durchgeführt, diesmal parallel. Der preußische Vormarsch 1815 führte längs der Oise, also auf dem Bogen; die Besiegten hatten den näheren Weg auf der Sehne, über Laon. Dennoch, und obwohl *„die Besiegten die längeren Beine haben"*, waren die Preußen schneller. Vandamme hatte von Grouchy den Befehl über die Truppen übernommen, die nicht am 18. Juni bei Waterloo besiegt worden waren, sondern am 19. Juni bei Wavre gesiegt hatten. Ein solches Marschtempo wie das der Preußen hielt er für unmöglich, glaubte die Nachrichten über deren Vormarsch nicht und marschierte zu spät von Soissons ab. Schon bei Villers Cotterets sperrte ihm preußische Infanterie den Weg. Das waren nicht einmal die vordersten preußischen Truppen: Die standen bei Senlis schon viel näher an Paris. Vandamme mußte südlich über Château Thierry ausweichen. Die *Hast des Rückzuges* brach die Haltung seiner Truppen. Am 16. Juni bei Ligny hatten sie eine Überzahl geschlagen. Bei Issy, südlich von Paris, am 2. und 3. Juli hielten sie nicht mehr stand.

Zurück zu Blüchers Verfolgung im August-September 1813. Am 4. September stand sein Gros bereits westlich von Görlitz. Seine Vorhut hoffte, abends Bautzen zu erreichen. Da trat ihr bei Hochkirch Napoleon mit intakten Truppen entgegen. Belehrt durch die Erfahrung von Löwenberg, 20.–23. August, *wich Blücher großzügig aus*, hinter den Queis bei Lauban. Wieder konnte Napoleon seinen gefährlichsten Gegner nicht zur Schlacht stellen. Schon am 21. Mai bei Bautzen hatte sich ihm der Eindruck aufgedrängt: „*Ces animaux ont appris quelque chose.*" Seine Siege bis 1809 verdankte er eben nicht nur seiner außerordentlichen Befähigung, sondern auch den außerordentlichen Fehlern seiner Gegner. „ Man übertreibt die Klugheit des Fuchses, wenn man ihr auch die Dummheit der Hühner zugute schreibt."

Als Napoleon am Nachmittag des 28. August seine Gardeinfanterie bei Dresden und Pirna anhielt und sie am 30. August zu zwei Dritteln nach Osten über die Elbe schickte, wollte er mit ihr nach *Hoyerswerda*, um Blücher durch Bedrohung seiner rechten Flanke zum Stillstand zu bringen und sich dann gegen Bernadotte zu wenden – der alte Rachedurst. Hinreichende Kräfte wurden dafür verfügbar, als nach der Niederlage von Kulm die Verfolgung der verbündeten Hauptarmee hinfällig wurde. Napoleon zog das 6. Armeekorps (Marmont) von Altenberg, das Gros des 1. Kavalleriekorps (Latour-Maubourg) von Freiberg an sich und brach am 2. September von Dresden auf. Am gleichen Tag unterstellte er die Berlin-Armee dem Marschall Ney und wies ihn an, sie am 6. September bei Dahme für den Marsch über Baruth nach Berlin bereitzustellen.

Noch am gleichen Tag *zwangen ihn aber Blüchers Vormarsch* und Macdonalds Hilferufe, *rechts abzumarschieren, um die völlige Auflösung der Boberarmee zu verhindern.* Blücher wich aus, die Boberarmee gewann die nötige Atempause, aber auch dann konnte Napoloen weder nach Hoyerswerda noch nach Dahme, denn *Barclay griff bei Nollendorf das 14.* Armeekorps an und bedrohte Dresden. Napoleon mußte am 7. September mit der Heeresreserve dorthin umkehren. *Ney wurde* von dem Abbruch der Operation gegen Berlin *ebensowenig verständigt wie* in der Woche zuvor *Vandamme.*

Die Berlin-Armee zählte am 5. September, als sie aufbrach, noch etwa 58000 Mann. Ihr Marschziel Dahme konnte sie nur durch einen Flankenmarsch erreichen, *dicht vor der Front eines doppelt überlegenen Gegners.*

Auf dem Weg „nach Luckau, dem Kaiser entgegen" (Neys Armeebefehl) wurde sie am 6. September bei *Dennewitz* zertrümmert.

In dem Bulletin darüber wälzte Napoleon die Schuld auf die Sachsen, zu Unrecht. Denn *die beiden sächsischen Infanteriedivisionen hatten* auf dem linken Flügel *standgehalten*, während auf dem rechten Flügel, bei Dennewitz und Rohrbeck, das 4. Armeekorps ständig weiter zurückgedrängt wurde. *Zweimal eroberten die Sachsen das Dorf Göhlsdorf zurück.* Erst als sich die Preußen durch die Ankunft der Brigade Borstell verdoppelten, und die französische Korpsartillerie des 7. Armeekorps aus ihrer Sperrstellung auf der Windmühlenhöhe von Göhlsdorf vertrieben wurde, wichen auch die Sachsen. Der Dank für ihre Aufopferung war eine verleumderische Beschimpfung.

Ständiges Lügen bestraft sich. Die Gegner fallen nicht darauf herein, nur der Lügner selbst, denn einen gewissen Teil der eigenen Lügen glaubt selbst der Gerissenste und Kaltblütigste, beispielsweise Bismarck. Wankend werden dagegen diejenigen eigenen Anhänger, auf die es in Krisen ankommt: das kritische Element mit eigener Initiative. Jüngstes Beispiel: die Implosion der DDR 1989-1990. Nur Honecker glaubte den eigenen Schwindel bis zuletzt.

Napoleons Lüge von der Feigheit der Sachsen bei Dennewitz wurde ein *Hauptmotiv ihres sogenannten Verrats* bei Leipzig. Gerade weil sie bei Dennewitz so hartnäckig ausgeharrt hatten, bedeutete diese Niederlage in ihren Augen das Ende der napoleonischen Herrschaft in Deutschland. Sich noch länger für ihn aufzuopfern hatte für sie keinen Sinn mehr. Die Überlegenheit der Preußen und derer Verbündeten stand ihnen nunmehr fest. Die Fortsetzung des aussichtslos gewordenen Krieges bedeutete für sie

1. Beschimpfungen durch Napoleon,
2. die Verheerung ihrer Heimat durch die französischen „Bundesgenossen".

Nicht Napoleon hatten sie Treue geschworen, sondern ihrem König. Was nützte es diesem, wenn sie fortfuhren, sich um den Lohn von Beschimpfungen für Napoleon aufzuopfern? Der König war in ihrer Nähe. Da er gleichwohl keinen Kontakt zu seinen Truppen hielt, zweifelten sie, ob er freier Herr seiner Entschlüsse sei: war er etwa Napoleons Gefangener wie der Infant von Spanien? Fällt es ihnen zur Last, daß dieser Verdacht so nahelag? Die Ankläger, die den sächsischen Truppen „Verrat" vorwerfen, haben zweierlei Maß: Napoleon sehen sie jeden Eid- und Treubruch nach, ihm gegenüber fordern sie rückwirkend aufopfernde Treue.

Das Gesamtergebnis von Katzbach, Kulm und Dennewitz war für

Napoleon *ein verlorener Feldzug*, weniger wegen der Verluste: Die waren auch bei den Siegern empfindlich. Dresden und Kulm zusammengenommen hatten ihnen sogar mehr gekostet als ihm. Aber statt fern im Norden bei Berlin zu piaffieren, stand die Nordarmee nun dicht heran bei Dessau, fast schon in Napoleons Rücken, und Blücher war nicht mehr weit weg in Niederschlesien, sondern in gefährlicher Nähe bei Bautzen. *Siegesbewußtsein und Initiative gehörten jetzt seinen Gegnern.* In der ersten Septemberhälfte pendelte Napoleon zwischen Bautzen, wo ihm Blücher, und Nollendorf, wo ihm Barclay mit russisch-preußischen Truppen die Schlacht anbot. Aber *gegen keinen von beiden war er mehr stark genug.*

Er hatte gehofft, auf dem Vormarsch in Feindesland seine Truppen besser zu verpflegen. Statt dessen störte der Feind seinen Nachschub durch Thüringen und sogar über Magdeburg. Innerhalb seines Operationsgebiets verlor er die Elbe als Transportweg. Denn bei Dessau und oberhalb Wittenberg stand an ihr die Nordarmee. *Beide Flanken waren umgangen.* Um sie zu decken, mußte Napoleon sich an der Elbe schwächen und zog Ende September auch bei Torgau und Dresden seine Truppen über den Strom zurück. Der Besitz der Festungen Dresden, Torgau und Wittenberg gewährte ihm die Illusion, jederzeit auf das östliche Ufer zurückkehren zu können.

Nach der Schlacht bei Kulm hatte die Hauptarmee österreichische und russische *Reiterei an die Saale und Elster* geschickt, die dort den *Proviantnachschub abfing.* Sie nahm bei Altenburg die ihr entgegengesandte 2. Gardekavalleriedivision (Lefèvre-Desnoëttes) gefangen, konnte sie allerdings mangels Bewachungsmannschaften nicht abführen. Zur *Sicherung der Transportwege* mußte Napoleon weitere Streitkräfte aus der Elbfront herausziehen. *Je enger* infolgedessen die „Grande Armée" zusammengedrängt wurde, *desto knapper* wurde die *Verpflegung von Mensch und Pferd.*

„Die Hauptarmee bei Chemnitz, – so weit wollte sie sich doch vorwagen –, und die Nordarmee bei Rosslau hätten sich ... auf recht geringe Entfernung gegenübergestanden. Mit zwei bis drei Märschen hätten sie sich zusammengefunden. Der Feind, der sich dazwischen geworfen hätte, wäre erdrückt worden."

Nur waren *Schwarzenberg und Bernadotte dafür zu „ängstliche Generale":*

„Napoleon wartete den Angriff ab, die Verbündeten wollten nicht angreifen ... Blücher fand die Lösung ... Er wollte unterhalb Dresden über die Elbe gehen (bei Wartenburg am 3. Oktober, Ktzl) ... Der Kronprinz vermochte dann ungehindert über die

Elbe zu gehen ... (Dann) beabsichtigte Blücher, ihn an die Hand zu nehmen und weiter vorwärts zu führen.

Zweitens hätte sich Napoleon auf denjenigen Gegner gestürzt, welcher ... seine Pläne durchkreuzte. Sobald aber Napoleon von Dresden flußabwärts marschiert war, vermochte Schwarzenberg die geringen feindlichen Kräfte ... zu vertreiben. Von Norden und Süden konnte in Richtung Leipzig vormarschiert werden.

Die Gefahren, die Blücher der Nord- und Hauptarmee zumutete, waren kaum von Bedeutung, desto beträchtlicher diejenigen, welche er selbst auf sich nahm." (Schlieffen)

Diese Gefahren überstiegen alles, was Napoleon je gewagt hatte. Sie auf sich zu nehmen erforderte außer einer strategischen Einsicht, die derjenigen Napoleons gleichkam, eine Eigenschaft, die ihm fremd war, und die in Koalitionen überhaupt zu fehlen pflegt: *hochherzige Aufopferungsbereitschaft*, ein Hauptmerkmal der preußischen Reform und Erhebung. Durch sie hatte schon *Scharnhorst* März 1813 in Kalisch die russischen Führer gewonnen und eine russisch-preußische Waffenbrüderschaft begründet, wie es sie zuvor in Koalitionen nie gegeben hatte. Auch in dieser Aufopferungsbereitschaft liegt *das Außerordentliche an Blüchers und Gneisenaus Strategie.* Sie ist von der militäischen Kritik weder in Österreich, noch Frankreich oder England verstanden worden. Daß sie im Oktober 1813 zu einem unvergleichlichen Siege führte, war vier Umständen zu verdanken:

1. Nach Blüchers Elbübergang bei Wartenburg am 3. Oktober wandte sich Napoleon von Dresden her gegen ihn mit so schmaler Front, daß die schlesische Armee *westlich an die Saale ausweichen* konnte. Das Land dort war von Napoleon noch nicht ausgesogen. Die schlesische Armee war nur noch 60000 Mann stark. Da sie dort zu leben fand, konnte sie ihre rückwärtigen Verbindungen aufgeben.

2. Hinter der Saale stand sie *auf der Vormarschlinie der Nordarmee* und konnte diese *hinter sich her nach Leipzig schleppen.*

3. Blücher und Gneisenau hatten in der Führung der Hauptarmee *einen Verbündeten, den Zaren.* Dieser hatte bessere Berater als in früheren Feldzügen, namentlich Toll und Diebitsch, und überwand Schwarzenbergs passiven Widerstand.

4. *Der Schwächung der französischen Armee* durch Krankheit und Desertion *infolge des Hungers.*

Dank dieser Umstände führte Blüchers und Gneisenaus Initiative dazu, Napoleon bei Leipzig zur Schlacht mit verkehrter Front zu stellen. Nur zitterten dem österreichischen Oberkommando die Knie; es öffnete ihm die Rückzugstrasse nach Westen. Anderenfalls wäre er schon bei Leipzig gefangen worden wie nachmals sein Neffe bei Sedan. Statt dessen bedurfte es noch eines halben Jahres und furchtbarer Blutopfer, um ihn zu fangen.

Denn ohne seine Gefangennahme gab es keinen Frieden. *Für das Wiener Kabinett war nicht er der Hauptfeind, sondern Preußen.* Dieses war für Metternich noch immer der Staat Friedrichs des Großen, der zudem 1795–1805 und 1809 durch sein Fernbleiben den Kampf gegen Frankreich gelähmt hatte. *Metternich* und dessen englischen Gesinnungsfreunden, *Wellington und Castlereagh,* war überdies der revolutionäre Ludergeruch der preußischen Reform und Erhebung zuwider. Durch Drohung mit Austritt aus der Koalition erzwang Österreich die Ermächtigung, Napoleon überaus vorteilhafte Friedensbedingungen anzubieten.

Im Sommer 1813 sollte er danach *lediglich auf den Rheinbund verzichten;* sein eigentliches Reich von Emden bis Neapel sollte ihm bleiben. Er besaß noch die Grande Armee und war des Sieges sicher: begreiflich, daß er nicht darauf einging. Im November 1813 hatte er nur noch den Schatten einer Armee, dennoch wurde ihm immer noch *das linke Rheinufer in Deutschland und Belgien* geboten, nur auf Italien und Holland sollte er verzichten.

Da er nicht darauf einging, mußte sich Österreich dem verbündeten Einfall in Frankreich fügen, *sabotierte jedoch den Feldzug* und verschaffte Napoleon, trotz seiner lächerlichen Unterlegenheit, die Gelegenheit zu kleinen, teilweise sogar siegreichen Gefechten. Dank ihrer zahlenmäßigen Schwäche hatte seine kleine Armee den Vorteil höchster Beweglichkeit. Als aber der Schrecken über seinen Zug in den Rücken der verbündeten Hauptarmee die beiden Hauptbremser, Metternich und Kaiser Franz, aus dem Hauptquartier vertrieb, konnte Fürst Schwarzenberg nicht mehr den Forderungen des gesunden Menschenverstandes widerstehen und sabotierte nicht mehr den Marsch auf Paris. Dieses fiel. Napoleon wollte auch dann noch mit wenigen Zehntausenden weiterkämpfen, kaum besser als ein Räuberhauptmann, aber zu diesem Unsinn gaben sich seine Marschälle und Generäle nicht mehr her, sondern zwangen ihn zur Abdankung. Wie Ludendorff 1918 und Hitler 1945 klagte er über *Dolchstoß.* „Oh Frankreich! Ein paar Elende weniger, und du wärest noch die Große Nation!“ Der französische Imperialismus hat nicht den Segen einer so vollständigen Niederlage genossen wie der deutsche 1945. Daher findet diese Albernheit in Frankreich immer noch Gläubige.

Die gleiche *Kräftezersplitterung* wie im August 1813 brachte Napoleon *auch im Juni* 1815 um den Sieg. Sein überfallartiger Vormarsch am 15. Juni 1815 über Charleroi drohte, die preußische Armee von derjenigen Wellingtons zu trennen. Deren Nachschublinien divergierten: Wellingtons Basis war Antwerpen, die preußische Lüttich. Wie 1796 hoffte Napoleon, seine Gegner *in divergierenden Richtungen auseinanderzutreiben* und einzeln zu schlagen.

Er selbst hatte etwa 127000 Mann (± 3000) mit 375 Geschützen. Seine Soldaten waren ausnahmslos Veteranen von vorzüglicher Ausbildung und ausdauernder Tapferkeit, allerdings von fragwürdiger Disziplin. Hingegen waren Ausbildung und Ausrüstung der 120000 Preußen (mit 304 Geschützen), vollends der 98000 Engländer, Westdeutschen und Niederländer unter Wellington (mit 200 Geschützen) höchst ungleichmäßig. Für Wellington milderten sich die Nachteile, da er bei Waterloo in der Defensive focht, und das Gelände für sein taktisches Verfahren denkbar günstig war.

Die beiden verbündeten Armeen brauchten je anderthalb Tage für ihre Versammlung. Die preußische hatte Napoleon selbst gegenübergestanden und kannte den Wert der Minuten. Daher befahl Gneisenau die Versammlung der preußischen Armee noch am 14. Juni, kurz vor Mitternacht, und zwar nach dem rechten Flügel bei Sombreffe, nur 12 km von Quatre Bras, der Nahtstelle der beiden Armeen. Dort wollte *das preußische Oberkommando* die Schlacht annehmen und war, wie im Oktober 1813, *bereit, seine rückwärtige Verbindung* – nach Lüttich – *aufzugeben, um das Zusammenwirken mit Wellington zu sichern.* Weder Wellington noch Napoleon trauten ihm das zu. Noch zwanzig Stunden, nachdem es tatsächlich geschehen, und die Rückkehr auf die Straße nach Lüttich unmöglich geworden war, meldete Wellingtons Bevollmächtigter beim preußischen Oberkommando, Oberst Sir Charles Hardinge, am Nachmittag des 17. Juni aus Wavre, Gneisenau fordere Rückzug nach Lüttich, aber Blücher wolle nicht. Da die britischen Kriegshistoriker nicht Deutsch können, schreiben sie diese unbegreifliche Falschmeldung immer noch nach.

Wellington erfuhr den französischen Vormarsch über Charleroi auf Quatre Bras erst am späteren Nachmittag des 15. Juni, ordnete aber nicht einmal die Versammlung seiner Divisionen in sich an.

> „Augenscheinlich machte man sich im englischen Hauptquartier ganz falsche Vorstellungen von der Kriegführung Napoleons ... man erwartete die Schlacht erst für den 17. ... Da Wellington bei der großen Wichtigkeit, die er ... Gent als Sitz Ludwigs XVIII. beilegte, von Napoleon ... ein gleiches annahm" (Lettow-Vorbeck),

hielt er dessen Vormarsch über Charleroi für einen Scheinangriff und *erwartete den Hauptstoß weiter nördlich über Mons und Nivelles.* Daran hielt er auch fest, als ihm Blücher die Versammlung der preußischen Armee bei Sombreffe anzeigte. Am 16. Juni, gegen 1 h morgens auf einem Ball in Brüssel, erfuhr er, daß die Franzosen bereits unmittelbar vor Quatre Bras standen. Auch dann noch brauchte er eine volle Stunde, um die Versammlung seiner Armee nach dem linken Flügel bei Quatre Bras anzuordnen, jedoch immer noch inkonsequent: Den überwiegenden Teil der Truppen vorderster Linie befahl er einen halben Tagemarsch weiter rechts nach Nivelles. Glücklicherweise kommandierten dort nicht Untergebene, denen er in Spanien die Initiative ausgetrieben hatte, sondern *niederländische Offiziere*. Diese folgten ihrer besseren Kenntnis und *vereinigten die verfügbaren Truppen bei Quatre Bras*, so daß er trotz seiner falschen Maßnahmen dort am 16. Juni siegen konnte. Sein Verdienst war dieser Sieg nicht.

An dem Phantom eines französischen Angriffs über Mons-Nivelles hielt er dennoch fest und entsandte am 18. Juni 17000 Mann unter Prinz Friedrich der Niederlande nach Halle (Hal) an der Straße Brüssel-Nivelles. Daß es für ihn am 18. Juni bei Waterloo so kritisch wurde, lag nicht nur an den Marschverzögerungen der Preußen, sondern auch daran, daß er *ein Fünftel seiner Armee weggeschickt hatte* und es heranzuholen vergaß. Zeit genug wäre dafür gewesen.

Erst am Vormittag des 16. Juni *begriff er, daß die Schlacht binnen weniger Stunden bevorstand*, und sein Zusammenwirken mit den Preußen durch seine Verspätung in Frage gestellt war. Er unterstellte, sie würden nach Lüttich zurückgehen, wenn ihnen das klar würde. Um sie davon abzuhalten, schrieb er um 10 1/2 h bei Frasnes einen *irreführenden Brief an Blücher*, demzufolge seine Hauptkräfte bereits ziemlich heran seien. Im Vertrauen darauf nahmen die Preußen die Schlacht an, vorwärts von Sombreffe in der Stellung von Ligny und der Dörfergruppe St. Amand, die das Zusammenwirken mit Wellington erleichtert hätte, sonst aber nachteilig war, und wurden geschlagen.

Nach seinem Sieg bei Ligny handelte Napoleon wieder *als „guter General"* und zersplitterte seine Armee. Er vermutete die Preußen im Rückzug nach Lüttich und sandte ihnen *unter Grouchy fast ein Drittel seiner Armee* nach: Truppen, die am 15. Juni mehr als 40000 Mann gezählt hatten und am 17. noch 33000 Mann stark waren. Er selbst wandte sich gegen Wellington mit Truppen, die am 15. Juni über 80000 Mann stark gewesen waren und am 17. noch etwa 72000 zählten. *Die 7. Infanteriedivision vergaß er* auf dem Schlachtfeld von Ligny. Sie war allerdings sehr mitgenommen. Ihr Kommandeur, *Girard*, war in St. Amand la Haye *tödlich verwundet* worden, von den beiden Brigadekommandeuren war *der eine* bereits *tot, der andere schwer verwundet.* Vor der Schlacht hatte sie mehr als 5500 Mann gezählt, danach noch etwas mehr als 3000. Napoleon dachte:

„Der Feind, der verschwunden ist, muss mit einem Drittel meiner Armee verfolgt, der andere, der eben Neys Angriff (bei Quatre Bras, Ktzl) abgewiesen hat, muß mit der verbliebenen, ungenügenden Minderheit geschlagen werden.

Ein Gesetz schrieb vor: ein geschlagener Feind muss ... verfolgt werden. Ein anderes sagte: man muss zur Schlacht so stark wie möglich sein. Beide Gesetze liessen sich nur in Übereinstimmung bringen, indem Napoleon Blücher mit dem grössten Teil seiner Streitkräfte folgte, ihn noch einmal zu schlagen ... suchte und sich erst dann gegen Wellington wandte, der inzwischen durch ein Minimum an Truppen ... beschäftigt worden war.

Wollte aber Napoleon durchaus sofort gegen Wellington vorgehen, so musste er die Mehrzahl ... mitnehmen, für die Verfolgung des geschlagenen Blücher nur einen sehr kleinen Teil verwenden." (Schlieffen)

Am Abend des 16. Juni war Blücher nicht aufzufinden. Er war 72 Jahre alt, hatte unter dem Pferd gelegen und stand unter Schock. Unbeirrt durch die Verwirrung der Niederlage, *befahl Gneisenau den Rückzug des geschlagenen I. und II. Armeekorps nach Tilly,* dicht nördlich des Schlachtfelds, so daß anderen Tags die Schlacht hätte wieder aufgenommen werden können. Indessen war Tilly auf den vorhandenen Karten nicht eingetragen; es blieb nur übrig, die *„Richtung nach Wavre"* zu befehlen. Infolgedessen marschierten die Truppen die Nacht hindurch dorthin; erst gegen Morgen gelang es, sie kurz vor Wavre anzuhalten.

Damit hatte die preußische Armee ihre Rückzugslinie nach Lüttich aufgegeben und das Zusammenwirken mit Wellington sichergestellt, falls er vorwärts von Brüssel standhielt. Wavre liegt etwa drei Marschstunden entfernt in der linken Flanke der Stellung von Mont St. Jean, vorwärts von Waterloo, wo Wellington am 18. Juni die Schlacht annahm. Da seit dem Abend des 16. Juni ein Wolkenbruch auf den anderen folgte und die Wege in dem tiefgründigen Lehm aufweichte, verdoppelte sich die Marschdauer, übrigens auch für die Franzosen: ihr Angriff bei Waterloo verspätete sich um den ganzen Vormittag.

Die geschlagene preußische Armee fand sich nach und nach im Lauf des 17. Juni bei Wavre zusammen, aber erst abends das IV. Armeekorps, das bei Ligny gefehlt hatte, sowie die Munitionskolonnen des I. und II. Armeekorps. Da die preussische Armee noch nicht versammelt war, konnte Gneisenau an diesem Tag nichts mehr für die Vereinigung mit Wellington tun. Am Morgen des 18. setzte er nur das IV. Armeekorps in Marsch nach Plancenoit, hinter den französischen rechten Flügel. Die Hauptmacht hielt er noch zurück, denn er fürchtete, von Wellington ein zweites Mal getäuscht zu werden. Für Sir Charles Hardinge waren diese Verhältnisse zu verwickelt.

Erst als am Mittag des 18. Juni der Kanonendonner von Mont St. Jean herüberschallte, war Gneisenaus Mißtrauen behoben. Nun mußte es schnell gehen. Daher erteilte Gneisenau die Befehle an das I. bis III. Armeekorps mündlich. Nach Lettow-Vorbecks Vermutung sind dabei die Befehle für das I. und III. Armeekorps verwechselt worden. Das I. stand westlich Wavre im Biwak bei Bierges, also auf dem linken Flügel. Durch seinen – offensichtlich irrtümlichen – Marschbefehl wurde das I. Armeekorps rechts geschoben, vor die beiden anderen Korps, und die Verspätung vermehrt, die ohnehin durch die verspätete Befehlsausgabe und die Grundlosigkeit der Wege verursacht war. Das II. Armeekorps brach mit mehr als einstündiger Verspätung auf, weil vor ihm das I. seinen Weg von links nach rechts kreuzte, erst dann konnte das III. folgen. Das Oberkommando ritt mit der vordersten Infanteriebrigade des IV. Armeekorps, bemerkte also nichts von der Verwirrung hinten.

Als die vorderste Brigade des III. Armeekorps abmarschiert war, wurde dessen Gros durch den Angriff der französischen Heeresabteilung Grouchy bei Wavre festgehalten. Infolgedessen haben sich von den 100000 Mann, mit denen Blücher und Gneisenau bei Waterloo eingreifen wollten – die Verluste bei Ligny einschließlich der Versprengten betrugen etwa 20000 Mann –, nur wenig mehr als 80000 in Marsch gesetzt, und *nur etwa* 40000 haben sich *an der Schlacht beteiligt:* das IV. Armeekorps und je die vorderste Brigade des I. und II. Aber *weitere* 40000 *waren dicht* heran und hätten am 19. Juni die Entscheidung gebracht, wäre sie nicht schon am Abend des 18. gefallen. Napoleon dagegen hatte längst seine letzten drei Bataillone eingesetzt: die Brigade Cambronne.

Denn schon die 40000 Preußen, die an der Schlacht teilnahmen, verwandelten Napoleons geringfügige Überzahl über Wellington in *anderthalbfache Überzahl seiner Gegner.* Noch entscheidender war die preußische Anmarschrichtung *gegen seine Rückzugstrasse.* Als sich abends der preußische linke Flügel der Straße Brüssel-Charleroi näherte, flohen die dort aufgefahrenen französischen Train- und Munitionskolonnen ungeordnet und verfuhren nicht nur die Straße, sondern auch das freie Feld beiderseits, so daß später die französische Artillerie nicht mehr durchkam und 200 von ihren 254 Geschützen stehen ließ.

Ganze Bibliotheken sind zusammengeschrieben worden in der Voraussetzung, Napoleon habe bei Waterloo eine Chance gehabt. War die Frage nicht vielmehr, ob die Preußen ihre ganze Kraft heranbrächten? Dann hätten sie dank ihrer Anmarschrichtung die französische Rückzugstrasse gesperrt. Den Geschlagenen wäre nur der Umweg über Nivelles geblieben, ihre Niederlage wäre – kaum vorstellbar – noch vollständiger geworden. Erörtert man diese Wenns, so darf man allerdings nicht vergessen, daß es am 16. Juni auf französischer Seite ähnliche Mißverständnisse und Marschverzögerungen gegeben hat, und daß Napoleon durch sie die Chance verlor, das preußische I. und II. Armeekorps zu vernichten, statt sie nur zurückzuwerfen.

Schon so verdankten die Preußen ihrer Anmarschrichtung die Möglichkeit einer *nächtlichen Verfolgung,* der gegenüber Friedrichs des Großen berühmte Verfolgung nach der Schlacht bei Leuthen verblaßt. Napoleon hat dergleichen nie versucht, *nur Cromwell,* der allerdings wiederholt und mit ungeheurem Erfolg. Erst um 4 Uhr morgens machte Gneisenau Halt bei Mellet, 20 km Luftlinie vom Schlachtfeld. Die ersten 6 km, bis Mitternacht in Genappe, ging es nur mühselig und im Schritt vorwärts. In Genappe kam es noch zum Nahkampf. Bis dorthin ritt Blücher selbst noch mit, trotz Sturz und Alter.

Die Dyle ist tief eingeschnitten. Sie bildet bei Genappe – übrigens auch bei Wavre – einen starken, leicht zu verteidigenden Abschnitt. Ohne die nächtliche Verfolgung hätte sich die geschlagene Armee hinter Genappe notdürftig gesammelt und hätte am Vormittag des 19. Juni stundenlangen Widerstand geleistet. Unter dessen Schutz hätte Napoleon die Armee hinter der Sambre bei Charleroi gesammelt und Grouchy herangezogen.

Das wurde unmöglich durch die nächtliche Verfolgung. Infolgedessen konnte sich die geschlagene Armee *erst bei Laon* sammeln, mit weniger als einem *Drittel der Mannschaft,* einem *Fünftel* der Geschütze, völlig ohne Train und Munitionskolonnen, also *nicht mehr operationsfähig.*

In den folgenden beiden Wochen bewirkte die ungestüme preußische *Parallelverfolgung,* daß selbst *Grouchys Truppen* – nunmehr unter Vandamme –, die noch am 19. Juni bei Wavre gesiegt hatten, *ihren inneren Halt verloren,* wenngleich sie sich nicht derart auflösten wie die Unterlegenen von Waterloo.

Gneisenaus Fehler 1813-1815 sind nicht zu bestreiten; aber schwerer als diejenigen Napoleons in dessen besten Jahren waren sie nicht. Man denke nur an Jena und Auerstädt. Dort war Napoleon zu früh links eingeschwenkt. Ohne die maßlosen Fehler der preußischen Führung wäre Jena ein Luftstoß und Auerstädt eine Niederlage geworden. Dagegen übertrafen Blücher und Gneisenau Napoleons kühnste Unternehmungen. Wie er selbst in seinem klassischen Feldzug 1796-1797 hatten auch sie nur verhältnismäßig schwache Kräfte. Aber während er seine Siege über mittelmäßige, zum Teil sogar unfähige Generäle erfocht, errangen sie die ihrigen *gegen den Schlachtenmeister der Epoche,* noch dazu in Gemeinschaft mit Verbündeten von fragwürdiger Zuverlässigkeit. An der Spitze der beiden stärkeren, verbündeten Armeen 1813 standen „ängstliche Generale", und wenn Wellington von diesem Fehler frei war, so war doch auch auf ihn nur bedingter Verlaß, wenngleich die britischen Kriegshistoriker das nicht einsehen wollen.

Die Neuordnung Deutschlands

Zurück blieben die von Napoleon begründeten Institutionen. In Frankreich sind Recht und Verwaltung noch heute annähernd, wie er sie hinterlassen hat. Die Verfassungen von 1791, 1793 und 1795 gewährten in Gemeinde und Departement den Bürgern – 1791 und 1795 den besitzenden Männern, 1793 allen erwachsenen Männern – Selbstverwaltung in direkter Demokratie, nach nordamerikanischem Vorbild. Diese Selbstverwaltung hatte allerdings kaum je befriedigend arbeiten können. Sie wurde gestört durch den permanenten sozialen Umsturz, durch den Krieg samt Inflation, durch die diktatorischen Eingriffe der Pariser Zentrale, durch Geldnot und nicht zum wenigsten durch den zwergenhaften Umfang vieler Landgemeinden.

Napoleon hatte die *zentralistische Reaktion* auf dieses anarchische Verwaltungssystem gebracht. Über Gemeinden, Arrondissements und Departements warf er das Netz seiner Diktatur: Missi Dominici („Präfekten") der Zentralregierung, die sich nicht, wie heute die Kommunalaufsicht westdeutscher Länderregierungen, mit Kontrolle begnügen, sondern weitgehend die Exekutivgewalt ausüben und die – bis 1800 freie – Selbstverwaltung auf einen engen Bereich zurückgedrängt haben, den seit einem Jahrzehnt die Verwaltungsreform in Gemeinden und Regionen auszudehnen sucht.

Wie Napoleon junge Offiziere zu leitenden Stellungen beförderte, so auch junge Beamte, die in seinem Auftrag *rasch und wirksam durchgriffen.*

Der gleiche Geist raschen, wirksamen Durchgreifens erfüllte auch den napoleonischen Prozeß: *Strombeck* hat in seinen Lebenserinnerungen geschildert, wie er als Präsident des „westfälischen" Appellationsgerichts in Einbeck diese rasch durchgreifende Rechtsprechung in Deutschland heimisch machte. Heutige deutsche Rechtsuchende und Juristen können Strombecks Erinnerungen nur mit Neid und Bewunderung lesen.

Nur einmal hat es in Frankreich eine Regierung gegeben, welche die Diktatur des napoleonischen Staatsapparates aufzuheben und zu der *direkten Demokratie* und freien Selbstverwaltung der Verfassung von 1793 zurückzukehren suchte: die *Pariser Commune von* 1871.

In Deutschland lassen sich die napoleonischen Institutionen nicht mehr erkennen. Napoleon hat sie nicht unmittelbar aufgezwungen, sondern indirekt: durch seine *Satrapen*, die Rheinbundfürsten; *in Preußen* gleichfalls indirekt, *durch den furchtbaren Druck seiner Tribute. Goethe, Hegel, Marx* und viele andere intelligente Deutsche wußten, daß er bei uns den bürgerlichen Staat begründet hat, haben indessen nicht gefragt, wie mephistophelisch er dabei zu Werke gegangen ist.

Ihn leiteten zwei Interessen: er forderte *Geld und Truppen.* Zur alten Reichsarmee Roßbacher Angedenkens hatte dieses freie Reichsstift anderthalb Kürassiere, jener Reichsfreiherr einen Kanonier, diese freie Reichsstadt einen Viertelfähnrich und dreizehn Musketiere gestellt. Der beste Reichsfeldherr konnte daraus keine schlagfähige Armee schmieden, und der Ehrgeiz dieser Armee verstieg sich nicht höher als zu der fragwürdigen Behauptung: bei Roßbach seien die Franzosen noch behender fortgelaufen.

Napoleon dagegen brauchte einheitlich nach französischem Modell organisierte und ausgerüstete *Infanteriedivisionen und Kavalleriebrigaden.* Diese konnten nicht von fränkischen, schwäbischen oder sonstigen Reichsstiften oder Reichsfreiherren (lies Reichsdörfern) gestellt werden, sondern *nur von arrondierten Mittelstaaten:* dazu der Reichsdeputationshauptschluß und die unaufhörlich daran anschließenden Grenzverschiebungen bis 1811.

Mit der territorialen Arrondierung und Konsolidierung war es nicht getan. Die neuen Mittelstaaten bedurften einer *napoleonischen Bürokratie*, um auf den Wink des Gebieters binnen einiger Wochen, allenfalls Monate neue Infanteriedivisionen und Kavalleriebrigaden aufzustellen, die er dann nach der Rate 30000 Mann pro Monat „ausgab". Damit diese Bürokratie nivellierend über das ganze Gebiet und die verschiedenen Klassen und Stände der Bevölkerung hinweghobeln konnte, ohne Rücksicht auf territoriale, ständische oder sonstige hergebrachte Wehrdienst- und Steuerbefreiungen – außer soweit sie mit dem neuen Staatszweck napoleonischer Satrapien vereinbar waren –, brauchte sie ein modernes, das heißt *bürgerliches Recht.* Dieses war fertig gedruckt aus Frankreich zu beziehen in Gestalt des *Code Napoléon.* Es war allerdings nicht möglich, ihn unbearbeitet in völlig veränderter Umgebung, unter halbfeudalen Bedingungen, anzuwenden. In Deutschland war das Bürgertum nicht, wie im Code Napoléon vorausgesetzt, reich, selbstbewußt und herrschende Klasse, vielmehr befand sich der Adel noch im ungebrochenen Besitz seiner Liegenschaften, Vorrechte und staatlich-kirchlichen Sinekuren. Dem mußten die deutschen Juristen bei der Anwendung des Code Rechnung tragen. Immerhin wurde er *in weiten Gebieten zur neuen Rechtsgrundlage.*

In Frankreich war die neue Rechtsordnung von der Revolution geschaffen, sie verlor bei ihrer Konsolidierung durch Napoleon nicht den Freiheitshauch, mit dem sie auf die Welt gekommen war. Anders die napoleonische Staats- und Rechtsordnung in Deutschland: ihr war keine freiheitliche Umwälzung vorhergegangen, vielmehr wurde durch sie eine der reaktionärsten Klassen der deutschen Gesellschaft vollendet: das *Territorialfürstentum.* Als dessen Werkzeug war bereits seit Jahrzehnten die despotisch-pedantische Schreiberbürokratie entstanden, die Schiller in Kabale und Liebe verewigt hat; diese Bürokratie wurde von Napoleon mitsamt den Territorialfürsten vollendet und hat sie überlebt, sie ist wenigstens in Bayern noch heute das tragende Element der Landesregierung.

Napoleon forderte auch sehr bedeutende Geld- und Sachleistungen. Im Dezember 1806, bei der Illumination zur Königskrönung des bisherigen Kurfürsten Friedrich August, hängte ein Dresdner das Transparent heraus:

„Vivat Friedrich August Rex!
Wer noch Geld hat, der versteck's!"

Napoleon selbst befolgte diesen Rat, indem er vor der Abreise nach Rußland 1812 anderthalb Millionen auf dem Landsitz seines Postministers Lavalette deponierte. Seine Finanzerpressungen gegenüber Bayern beim Friedensschluß 1809 entrissen dem *König Maximilian Joseph* den Verzweiflungsschrei, *„er werde den Schlüssel auf die Schwelle legen und fortgehen müssen".* Seitdem war der bayrische König fest entschlossen, bei günstiger Gelegenheit von Napoleon abzufallen. Daß dieser im Herbst 1813, auf der Flucht von Leipzig, auf eine bayrisch-österreichische Armee stieß, die ihm den Weg zu sperren suchte, war eine von vielen Quittungen für seine Erpressungen.

Besonders gilt dies für die preußische Erhebung. *In Preußen* hatte er, ohne es zu wollen, nicht nur bürgerliche, sondern sogar *freiheitliche Insti-*

lutionen erzwungen. Der friderizianische Staatsapparat war so undurchsichtig und unrationell aufgebaut, die Wirksamkeit seiner Bürokratie wurde auf Schritt und Tritt derart durch die Allmacht des Adels behindert, daß Napoleon auf einen Blick erkannte: zur Aufbringung der von ihm geforderten Kontributionen sei das friderizianische Preußen außerstande. Daher zwang er dem preußischen König den Freiherrn vom Stein auf, der, wie er wußte, wegen seiner vernünftigen Vorschläge zur Verwaltungsreform fortgejagt worden war. Napoleon glaubte, das Nützliche – Gewähr für die Aufbringung seiner Kontributionen – mit dem Angenehmen – einer neuen Demütigung des preußischen Königs – zu verbinden. Hinsichtlich des letzteren Punktes dachte Stein ebenso: *„Es ist gut, daß der König mich fürchtet!"*

Eine starke Quislingpartei in Preußen, geführt von dem Minister Fürst Wittgenstein und dem Feldmarschall Kalckreuth, war für unbedingten Anschluß an Napoleon. Die Quislinge waren wütende Gegner von Steins Agrar- und Scharnhorsts Heeresreform, sie hatten den ostelbischen Adel geschlossen hinter sich. Daß die Reform gegen so überwältigenden Widerstand, ohne Rückhalt an einem revolutionären Bürgertum oder einer revolutionären Bauernschaft, durchgeführt werden konnte, *verdankte Preußen ausschließlich der Habgier,* durch die Napoleon seinen Anhängern die politische Wirkungsmöglichkeit versperrte und seinen fähigsten, entschlossensten Gegnern die Bahn freisprengte.

Denn die preußischen Reformer beschränkten sich nicht auf die ihnen zugedachte Rolle napoleonischer Gerichtsvollzieher. *Vom ersten Augenblick an bereitete Stein die Erhebung gegen Napoleon vor:* dafür die *Aufhebung der bäuerlichen Unfreiheit,* dafür die *Selbstverwaltung* und das Streben, jeden, auch den kleinsten Besitzer am Gemeinwesen zu interessieren. Man sah voraus, die Anforderungen an Gut und Blut der Untertanen würden bei der erhofften Erhebung alles übersteigen, was eine noch so pflichttreue und tüchtige Bürokratie herausholen könne: *nur durch Freiwilligkeit* war es aufzubringen, und die Freiwilligkeit sollte organisiert werden *in der Selbstverwaltung.* Für den Freiheitskampf sollten nur die regulären Truppen von den Staatsbehörden aufgestellt und ausgerüstet werden, dagegen *die Landwehr von der Selbstverwaltung in Stadtgemeinden, Landkreisen und Provinzen.*

1813 hat die von Stein und Scharnhorst begründete Organisation geleistet, was ihre Begründer von ihr nur irgend erwarteten. Stein selber war seit vier Jahren außer Landes. Der König befand sich, wie Stein vorausgesehen, in Potsdam unter französischer Kontrolle. Aber gemäß der Stein-

Scharnhorstschen Organisation machte *die Provinz Preußen auf eigene Faust mobil* unter der gemeinsamen *Führung des Oberpräsidenten, des kommandierenden Generals und des Provinziallandtags,* sie *stellte sogar die Landwehr auf* und gab sich, da ein für die ganze Monarchie gültiges Gesetz noch nicht existierte, zu diesem Zweck *ein eigenes Landwehrstatut,* ausgearbeitet von dem damals kaiserlich russischen Obersten v. Clausewitz. Seit dieser stolzen Bewährung gehört die Selbstverwaltung zu den wenigen freiheitlichen Institutionen, die in Deutschland eingewurzelt sind. Sie war die Grundlage des freiheitlichen Rausches, der über Preußens Grenzen hinaus die Illusion begründete, die bürgerliche Freiheit sei in Deutschland errungen – diese Illusion lag beispielsweise der Gründung von Ludens Zeitschrift Nemesis zugrunde. *Goethe* bestritt sie in seinem *Gespräch mit Luden* am 13. Dezember 1813, aber wenn er auch an sich recht hatte, so verkannte er doch, daß der deutsche Untertan seit 1813 *unvergleichlich mehr Ellenbogenfreiheit* hatte als zuvor.

Mit seiner *Napoleon-Verehrung stand Goethe keineswegs allein,* nur war er neben Hegel der einzige unter den bedeutenden deutschen Napoleon-Anhängern, der noch 1813 an ihr festhielt. Dies lag in der Hauptsache daran, daß Thüringen von Napoleons Anforderungen an Gut und Blut nicht so hart getroffen wurde wie die anderen deutschen Landschaften.

Ein typisches Gegenbeispiel bietet *General v. Thielmann,* einer der gebildetsten und aktivsten deutschen Parteigänger Napoleons. Als Kommandeur der sächsischen Kürassierbrigade auf dem Zug nach Moskau wurde Thielmann Zeuge, wie Napoleon seine Truppen verhungern ließ, und gehörte seitdem zu Napoleons glühendsten Feinden. Als der sächsische König sich nach der Schlacht bei Großgröschen wieder Napoleon anschloß, trat Thielmann in russische Dienste über und wurde nach der Schlacht bei Kulm als russischer Streifscharführer nach Ostthüringen und Westsachsen entsandt, wo er den Nachschub der „Großen Armee" drastisch störte. Nach der Schlacht bei Leipzig organisierte er als russischer General das neue sächsische Aufgebot und führte 1815 das preußische III. Armeekorps, wenn auch weniger ruhmvoll. Ein gleichartiges Beispiel bietet der bayrische *Feldmarschall Wrede.*

Von den deutschen Staaten blieb *nur Österreich von Napoleons reformierendem Einfluß verschont.* Erst nach 1848 holte es unter dem Innenminister Bach mit Rheinbundmethoden nach, was das außerösterreichische Deutschland vier Jahrzehnte zuvor vollbracht hatte. Dies war einer der Hauptgründe für die Entfremdung zwischen Österreich und dem später Bismarckschen Kleindeutschland. Der andere Hauptgrund lag in dem österreichischen Protektionismus: es schloß sich aus dem deutschen Nationalmarkt aus.

Wer sich heute über die Umgestaltung Deutschlands durch Napoleon unterrichten will, muß auf *Häussers* mehr als 130 Jahre alte „Deutsche Geschichte 1786–1815" zurückgreifen. Häusser referiert nur chronologisch, arbeitet das Grundsätzliche nicht explizit heraus, läßt es aber nicht im Unklaren. Er war zwar Historiker, aber ein ehrlicher Mann.

Im Gegensatz zu ihm hat *Meinecke* nur einmal, in der Biographie des Feldmarschalls Boyen, eine historisch entscheidende Tatsache aufgedeckt: *daß es 1819,* nach zwölfjähriger Not gelang, *die preußischen Staatsfinanzen zu stabilisieren,* und *alsbald die Reformer gestürzt wurden: Humboldt, Boyen, Grolmann* wurden entlassen – Stein war schon 1808, Gneisenau 1816 ausgeschieden, Scharnhorst 1813 gefallen. Die Reaktion bekam Oberhand, Friedrich Wilhelm III. konnte den preußischen Staatsdienst wieder wie bis 1806 auf die kleinliche Engherzigkeit herabdrücken, die damals die gesamteuropäische Verachtung hervorrief, über die seit 1815 das rheinische Bürgertum höhnte, die *Fontane* in seinen Briefen als „poplig" bezeichnet, und die er fälschlich auch der Erhebung von 1813 anlastet. Wäre es Meinecke auf historische Erkenntnis angekommen, so hätte er herausgearbeitet, daß Napoleon indirekt, durch seinen Kontributionsdruck, die preußische Reform erzwungen hat. Daß die Rheinbundfürsten ihre bürgerlichen Reformen als Napoleonischen Satrapen vollzogen hatten, stand implizit bereits bei *Häusser* und explizit bei *Treitschke.*

Meinecke hatte sich indes die höhere Aufgabe gestellt, *Napoleon aus der deutschen Geschichte in der napoleonischen Epoche zu eliminieren.* Bei ihm erklären sich Deutschlands damalige Fortschritte aus der deutschen Geistesgeschichte – wie, bleibt unbeantwortet –, und diese war bereits durch die irrationalistische „Lebensphilosophie" von dem anstößigen Einfluß der Aufklärung, der französischen Revolution und Napoleons gereinigt. Die deutschen Geschichtsprofessoren verstanden Meinecke zwar nicht ganz, aber sein Illusionstheater erfüllte ihren Verdrängungswunsch, und so machten sie ihn zu ihrem Zunftmeister – Obermeister der wilhelminischen Professorenzunft waren Gustav v. Schmoller und Adolf v. Harnack, beide demgemäß geadelt.

Kein Zufall, daß die einzige ernstzunehmende Napoleon-Biographie in deutscher Sprache von einem Österreicher stammt, August *Fournier.* Übrigens leiden alle Napoleon-Biographien an einer gewissen Philistrosität. *„Der Mann ist euch zu groß".* (Goethe)

Die Napoleonlegende gehört zur Ideologie des französischen Imperialismus, lebt also unausrottbar in der französischen Geschichtsschreibung weiter, gerade auch in der linken. Reziprok dazu stand der deutsche Imperalismus unter dem Impuls, die *napoleonische Erinnerung zu verdrängen*. Hervorragend gelang das den Juristen. Die älteren westdeutschen Juristen der Vorkriegszeit 1900–1914 hatten noch nach dem *Code Napoléon* Recht gesprochen, aber in den Lehrbüchern der deutschen Rechtsgeschichte von Schröder und Brunner wird der Code *nicht einmal erwähnt*. Walter Mannzen vermutete vor dreißig Jahren, Forschungsergebnisse über dessen Einfluß auf das deutsche Recht finde man vielleicht in lokalgeschichtlichen Zeitschriften; heute gibt es Ansätze von Elisabeth Fehrenbach.

Nur zwei materialistische Schulen hielten in Deutschland noch nach 1870 die napoleonische Erinnerung aufrecht: die *Marxisten* – beispielsweise unterstrich Friedrich Engels die verjüngende Wirkung des Code Napoléon auf das deutsche Recht – und der *preußisch-deutsche Generalstab*. Dessen Weltanschauung war zwar idealistisch, aber sein wissenschaftliches Verfahren in der Kriegsgeschichtsforschung war materialistisch, wenngleich ihm das nicht bewußt war.

Das Fortleben von Napoleons militärischer Tradition

Napoleons militärische Tradition blieb in Preußen lebendiger als in Frankreich selbst. Das moderne Massenheer litt in seiner napoleonischen Originalfassung an gewissen Inkonsequenzen. Dank seiner ungeheuren Übermacht konnte es damit leben. Hingegen war Preußen, ohnehin die kleinste der europäischen Großmächte, 1807–1813 auf den Umfang eines Mittelstaates reduziert und auf's äußerste ausgesogen. Es mußte seine letzten menschlichen und materiellen Hilfsmittel aufbieten und gab sich zu diesem Zweck durch *Scharnhorst* die rationellste, damals mögliche Heeresverfassung. 1815 erhielt sie durch Gneisenau und Boyen ihre Friedensform. Dank ihrer widerstand die preußische Armee der allgemeinen Verknöcherung 1815–1860 besser als die anderen Großmachtheere und errang nach ihrer Modernisierung 1860–1866 sowie dem pannenreichen Probekrieg von 1864 die Siege von 1866 und 1870–1871.

Grundlage war die *allgemeine Wehrpflicht*. In Frankreich war sie nie streng durchgeführt worden. Vielmehr durften dort die Wohlhabenden Stellvertreter stellen und sich so von der „Blutsteuer“ loskaufen. Auch *Scharnhorst* gewährte *Wohlhabenden ein Privileg:* rüsteten sie sich selber aus, so durften sie als *„freiwillige Jäger“* statt als gewöhnliche Gemeine eintreten. Die regulären Truppen errichteten kleine Kommandos freiwilliger Jäger; diese dienten vornehmlich als Pflanzschulen für den Nachwuchs an Landwehroffizieren. Boyen machte aus den „freiwilligen Jägern" die *„Einjährig-Freiwilligen"*.

Allgemeine Wehrpflicht im Frieden setzt *kurze Dienstzeit* voraus. In Frankreich nach 1815 betrug die Dienstzeit sieben Jahre oder ein Mehrfaches davon, *in Preußen* nominell drei, die sich indes durch vorzeitige Beurlaubung bald auf *durchschnittlich zwei* verkürzten. Nach seinem „aktiven" Dienst trat der Soldat für vier bzw. fünf Jahre zur *„Reserve"*, dann für weitere sieben Jahre zur *„Landwehr"* über. Im Kriegsfall diente die „Reserve" zur Auffüllung der „aktiven" Truppe auf Kriegsstärke, die Landwehr in eigenen Formationen.

Der Theorie nach entsprach die preußische Landwehr der französichen *Nationalgarde*. Doch war diese nur 1789 Militär, und selbst damals nur der Fiktion nach. In Wirklichkeit war sie 1790–1866 lediglich eine *Schützengilde*, auch insofern die Minderbemittelten ausgeschlossen waren. Dagegen war *die preußische Landwehr* seit ihrer Gründung stets *Teil des Heeres*. Im August 1813 war sie erst seit wenigen Monaten, teilweise sogar nur Wochen aufgeboten, nahezu unausgebildet – nur die Bataillonskommandeure waren verabschiedete ehemalige Offiziere; es gab sogar vier ungediente Bataillonskommandeure, darunter die Königsberger Oberlandesgerichtsräte Friccius und Grolmann, der Bruder des Generals. Auch war ihre Ausrüstung kläglich: daher die außerordentlich schweren Marschverluste der Landwehr des I. (Yorck) und II. (Kleist) Armeekorps bei dem entsetzlichen Wetter Ende August.

Trotz dieser Mängel stellte die Landwehr im Herbst 1813 70000 von den etwa 160000 Mann des Feldheeres; weitere 100000 Mann Landwehr bildeten Besatzungen und andere Sicherungstruppen, schlossen Festungen ein und machten sämtliche regulären Truppen für das Feldheer frei. Ein erheblicher Teil der siegreichen Armee von 1815 war Landwehr, zum Teil sogar westdeutsche, die erst nach der Schlacht bei Leipzig aufgestellt war. Im Juni 1815 stand sie teils knapp zwei Jahre, teils anderthalb Jahre unter Waffen, aber da weder Subaltern- noch Unteroffiziere vorher ausgebildet waren, blieb das taktische Können dieser improvisierten Truppen entschieden hinter dem von Napoleons Veteranen zurück. Gegen diese hatten sie bei Ligny und Waterloo nur dann eine Chance, wenn sie in merklicher, etwa anderthalbfacher Überzahl waren. *Desto überlegener war ihre Disziplin.* Die französischen Truppen plünderten im eigenen Land und desertierten nach der Niederlage. Die Division des gefallenen Generals Girard war nicht in die Katastrophe von Waterloo verwickelt. Auf seiner nächtlichen Flucht sandte ihr Napoleon den Befehl, nach Quatre Bras zu marschieren und dort eine Nachhut zu bilden. Der Überbringer dieses Befehls fand sie nicht mehr in ihrem Biwak bei Ligny. Sie scheint einfach auseinandergelaufen zu sein. Dagegen litt die Disziplin der preußischen Truppen weder unter der Niederlage bei Ligny noch unter dem nächtlichen Rückzug, dem Biwak bei Wavre in Schmutz und Regen bei ausbleibender Verpflegung, dem Marsch am 18. Juni nach Mont. St. Jean auf aufgeweichten Lehmwegen. Es waren wirklich *„unübertreffliche Soldaten"* (Blüchers Heeresbefehl vom 19. Juni). Vandamme, der von seinen Truppen beträchtliche Anstrengungen verlangte und erlangte, hielt Marschleistungen wie die ihrigen für unmöglich. Wenn Wellington wegen der Nachzügler, die sie unvermeidlich bei ihren Gewaltmärschen zurückließen, zwei Jahrzehnte später ihre Disziplin für mangelhaft erklärte, so war das veranlaßt durch die Unordnungen, die von diesen Rückzüglern allerdings verübt wurden, belegt aber vor allem seine Borniertheit und seinen Mangel an Fairness.

Nach 1815 war die Mannschaft der preußischen Landwehr zu einem erheblichen Teil durch den aktiven Dienst gegangen, der Rest wenigstens kurz ausgebildet; Offiziere und Unteroffiziere hatten sämtlich „aktiv" gedient. Bei den Herbstübungen rückte regelmäßig ein Teil der Landwehr ein, bei den Mobilmachungen 1831, 1850 und 1859 die gesamte Landwehr.

Dagegen mißtrauten Napoleon und die auf ihn folgenden Monarchen den *republikanischen Neigungen* der Pariser und sonstigen *Nationalgarde*. Tatsächlich hat die Pariser Nationalgarde den Sieg der *Julirevolution* 1830, der *Februarrevolution* 1848 und des *Commune-Aufstands* März 1871 entschieden. Daher beliess man sie bis 1867 auf dem Stand einer Schützengilde und verwandte sie 1812–1815 lediglich als Festungsbesatzungen, 1870 als Reservoir unausgebildeter Rekruten und Subalternoffiziere für die „Mobilgarde". Diese sollte nach den Vorstellungen des Marschalls Niel der preußischen Landwehr 1815–1859 entsprechen, aber nach dem Tod des Marschalls 1868 wurde mit der Aufstellung und notdürftigen Ausbildung ihrer Kader nicht Ernst gemacht. Infolgedessen entsprach die *Mobilgarde von 1870* lediglich der *unausgebildeten preußischen Landwehr von 1813*. Da Frankreich 1870 unendlich reicher war als Preußen 1813, war die Mobilgarde von 1870 leidlich ausgerüstet, aber weder bei der Nord- und Loire-Armee noch bei der Pariser Ausfallarmee hatte sie den erforderlichen Rückhalt an gut ausgebildeten regulären Truppen. Denn die vorhandenen Linientruppen waren fast nur „Marschbataillone", selbst mangelhaft ausgebildet und ohne ausreichende, zuverlässige Offiziere.

Zur Grundlage der infanteristischen Ausbildung machte Scharnhorst das ruhige Zielen. *Kein ungezielter Schuß wurde geduldet.* Zwar erzielte nur die mit gezogenen „Büchsen" ausgerüstete „leichte" Infanterie eine größere Trefferzahl, aber auch bei den mit glatten Vorderladern ausgerüsteten „Musketieren" bewirkte die durch die Ausbildung eingeübte Schießdisziplin Ruhe schon bei der „Feuertaufe". Nach 1830 verzichteten die anderen europäischen Heere auf den gezogenen Hinterlader, denn man war überzeugt, eine damit ausgerüstete Infanterie werde ihre Munition verpulvern und dann wehrlos sein, wie es schlecht ausgebildete Musketiere in den napoleonischen Kriegen oft genug getan hatten, beispielsweise die Landwehr der preußischen Division Dobschütz in der ersten Gefechtsphase bei Dennewitz. Nur Preußen mit der strengen Schießausbildung seiner Infanterie führte das *„Zündnadelgewehr"* ein. Dessen Erfolg 1866 zwang auch den anderen europäischen Armeen den gezogenen Hinterlader auf. Dank ihrer Schießdisziplin gab die preußische Infanterie 1866 je Mann nur sieben Schuß ab, aber diese sieben Schuß waren *„treffende Argumente"*.

Eine andere rationelle Einrichtung Scharnhorsts war die ständige Zuteilung jedes Truppenteils zu einem *größeren Verband schon im Frieden:* 1807–1812 zur Brigade, seit 1813 zu Armeekorps, Division und Brigade, und im Zusammenhang damit die *organische Verbindung der Militär- mit der Zivilverwaltung und der einzelnen Truppenteile mit der Landschaft*, die sich schon 1813 so ruhmvoll bewährt hatte.

Dagegen wechselten die *französischen* – übrigens auch die *österreichischen* – Truppenteile alle zwei Jahre die Garnison, damit sich Truppe und Bevölkerung nicht allzusehr miteinander befreunden konnten. Beide Armeen waren 1815–1870 in erster Linie zum Kampf *gegen den inneren Feind* bestimmt. Infolgedessen sank das französische Offizierkorps zu einer bespitzelten, verachteten Negativauslese herab und konnte die napoleonische Tradition – mit Ausnahme ihrer bedenklichen Seiten wie Schluderei und Diebstahl in der Heeresverpflegung – um so weniger pflegen, als der Generalstabsdienst im Bürokratismus erstarrte, und der kleine Krieg in Algerien den Grundsatz zur Geltung brachte: „on se débrouillera" – sich *durchzuwursteln*, statt Operationen überlegt vorzubereiten.

Zwar hatte auch das preußische Offizierkorps im Ganzen keinen weiten Horizont. Aber zu *Auswahlkriterien für den Generalstab* machte *Gneisenau* 1815

1. unbedingte *Achtung vor fremdem Eigentum* – wenig napoleonisch –,
2. *universale Bildung.*

Damit stand er nicht allein. Der Feldjäger, der am Vorabend der

Schlacht bei Laon zum Generalkommando des I. Armeekorps kommandiert wurde, fand Yorck und dessen Offiziere bei der Lektüre „Heinrichs IV." von Shakespeare mit verteilten Rollen. Wilhelm v. Humboldt scheiterte an Hegels vertrackter Sprache. Hegels Philosophie wurde ihm erklärt von einem Generalstäbler, dem General *Rühle v. Lilienstern.* Hegels Dialektik bleibt über weite Strecken gezwungen, nicht frei von Willkür. Dagegen erwächst die Dialektik bei *Clausewitz* zwingend aus konkreter, nüchterner Analyse, beispielsweise die Dialektik von Offensive und Defensive. Die *universale Bildung,* die solche Früchte zeitigte, hat den preußischen Generalstab von Gneisenau bis Moltke geprägt. Erst unter dessen Nachfolgern wich sie sturem Spezialistentum. Hindenburg, Ludendorff, Hitlers Feldmarschälle waren universaler Bildung unverdächtig. *Seeckt und Baudissin waren nur noch Ausnahmen.*

Die militärische Kritik

Am 4. Oktober 1866 meldete der französische Oberst v. Stoffel:

> „Marmont sagt von Napoleons Memoiren: ‚Wer sie sich zu eigen macht, hat den Instinkt des Krieges.' Wie viele französische Offiziere haben sie studiert? ... Sehr wenige haben sie überhaupt gelesen; die sich mit ihnen auseinandergesetzt haben, lassen sich an den Fingern einer Hand aufzählen. Dagegen bekenne ich ohne Übertreibung: in meinen zwei Monaten bei der preussischen Armee (er wurde nach der Schlacht bei Königgrätz als Militärattaché entsandt, Ktzl) habe ich mehr preussische Offiziere gefunden, die das getan haben, als in fünfundzwanzig Jahren französische."

Napoleons schriftstellerische Werke, von denen Stoffel spricht, sind lehrreich durch den Horizont und die außerordentlichen Kenntnisse des Verfassers, aber die in ihnen verfolgte Beweisführung wird vielfach durch seine Verlogenheit entwertet. Das gilt nicht von der *Correspsondance de Napoléon I.,* 32 Bände, Paris 1858–1870. Diese war seit ihrem Erscheinen im preußischen Generalstab Pflichtlektüre, unschätzbares Hilfsmittel zur Beantwortung historischer wie praktischer Fragen und *Quelle vielseitigster, keineswegs nur militärischer Belehrung.* Ein bezeichnendes Beispiel bietet *Stosch.*

Dieser begründete seinen militärischen Ruhm als Generalquartiermeister der II. Armee 1866, unter anderem indem er die „strategische Auszehrung" vermied, so weit sie durch Zurücklassung von Etappengarnisonen entsteht. Er machte sich zunutze, daß zahlreiche Nachzügler einer vormarschierenden Armee folgen: Rekonvaleszenten, Kommandierte, Beurlaubte, Ersatz. Solche Nachzügler verwandte er als Etappenbesatzungen. Den Trick hatte er bei Napoleon gelesen.

Unter dem *überwältigenden Eindruck* der „Correspondance" sahen die preußisch-deutschen Kriegshistoriker mit Napoleons Augen, beispielsweise Rudolf Friederich in seiner wundervollen „Geschichte der Befreiungskriege". Daher versteht Friederich nicht das Treffende von Marmonts und Schlieffens Kritik an Napoleons Heeresverpflegung und Kräftezersplitterung 1813. Deutsche Autoren wie Friederich werden Napoleon in höherem Maße gerecht als französische: sie halten sich an diejenigen Äußerungen Napoleons, in denen sich seine für praktische Zwecke entscheidende, also wirkliche Auffassung niedergeschlagen hat. Deren Fortentwicklung verfolgen sie von Stunde zu Stunde, von Tag zu Tag, von Monat zu Monat und begründen darauf ein *faires Urteil*. Die napoleonische Legende, von deren Einfluß sich kaum ein französischer Autor frei zu halten weiß, lassen sie unbeachtet. Im Zweifelsfall irren sie sich zu Napoleons Gunsten. Ihnen ist nicht immer gegenwärtig, welch einseitige Auswahl die *Correspondance de Napoléon I.* bietet; das für den Imperator Abträgliche haben die Herausgeber diskret unterdrückt.

Napoleon überblickte die Einzelheiten überaus genau. Ebenso ungewöhnlich waren seine *Arbeitskraft* und *Umsicht*, sein *rascher Entschluß*. Das hatte dieselbe *schädliche Nebenwirkung* wie bei Friedrich dem Großen: es verhinderte eine rationelle Organisation. Sie ist unmöglich, wenn der Höchstkommandierende und Regierungschef sich ständig mit Aufgaben beschäftigt, die einem Major im Generalstab oder einem Ministerialrat zukommen.

Einer der verhängnisvollsten Tage in Napoleons Laufbahn war der 28. August 1813, als er die Garde bei Pirna und Dresden anhielt, statt sie auf den unmittelbar vor der Front befindlichen Gegner loszulassen und ihn zu vernichten. Für diesen Tag, übrigens auch für den Vormittag des 18. Juni 1815 bei Waterloo, hat man Napoleons zögerndes Verhalten mit Krankheit entschuldigen wollen.

Zu Unrecht. Bis zum Ende seiner militärischen Laufbahn blieben seine *körperliche Ausdauer*, seine *guten Nerven*, seine *blitzschnelle Auffassung*, seine *unglaublich scheinende Arbeitskraft* erhalten. Friederich zeigt, welch ungeheure Arbeit Napoleon am 28. August 1813 geleistet hat. Er erließ vielfältige, eingehende Weisungen an die Regierung in Paris sowie an seine geschlagenen Marschälle bei Wittenberg und Löwenberg. Sein *Urteilsver-*

mögen und seine *Arbeitskraft* waren auf alter Höhe. Aber er war *mit Funktionen überlastet:* als Regierungschef, als oberster Kriegsherr, dem auch die Heimatarmee in Frankreich sowie Italien, die französischen Armeen auf den entfernten Kriegsschauplätzen in Kärnten und Spanien unterstanden, als Höchstkommandierender auf dem deutschen Kriegsschauplatz von Bayern bis Hamburg, und schließlich als Oberkommandierender der Armee im Raume Dresden. Selbst er war dadurch überfordert und *vergriff sich in den Prioritäten.*

Daß Napoleon trotz dieser Überlastung solche militärischen Mißgriffe wie am 28. August 1813 nur selten beging, verdankte er seinem Generalstabschef Berthier. Dieser war mit Napoleon so vertraut und besaß ebenfalls eine so außerordentliche Arbeitskraft, daß er die üblen Folgen von Napoleons Über-Aktivität meist ausgleichen konnte. Anders 1815. Da fehlte nicht nur Berthier, sondern Napoleon erschwerte die Aufgabe von dessen Nachfolger Soult auch unnötig durch *Zerreissung der Verbände.* Am 17. Juni zersplitterte er nicht nur die Armee im Ganzen, sondern nahm dem 2. und 6. Armeekorps je eine Infanteriedivision, dem 3. Armeekorps und 1. Kavalleriekorps je eine Kavalleriedivision fort. Das waren *nicht weniger als vier Divisionskommandos,* die von diesem Tage an ihre Befehle unmittelbar vom Kaiser, beziehungsweise von den beiden Armee-Oberkommandierenden (Ney und Grouchy) erhielten, oder vielmehr erhalten sollten; denn infolge des Befehls-Wirrwarrs blieb die Division Girard ohne Befehle.

Napoleon erledigte dank seiner Arbeitskraft und seines scharfen Gedächtnisses wichtige Aufgaben des Generalstabs selber; das führte zu dessen *Verkümmerung. Dagegen bot Blücher* dem *preußischen Generalstab ideale Entfaltungsmöglichkeiten,* gerade weil er selbst zur Vorbereitung seiner Entschlüsse und zur Redaktion der Anordnungen zu ihrer Durchführung unfähig war. Dafür war er auf gleichgestimmte Gehilfen angewiesen. Er besaß aber einen viel schärferen Verstand, als ihm die allgemeine Vorstellung zubilligt, faßte seine Entschlüsse in klarem Bewußtsein ihrer Tragweite und seiner Verantwortung, hielt unbeirrbar an ihnen fest, übertrug seine eigene Kühnheit und Unbeugsamkeit auf seine Umgebung und seine Armee, fragte ausschließlich seinen Generalstabschef um Rat und gewährte ihm unbedingtes Vertrauen. Er gab das Rätsel auf: „Ich küsse meinen Kopf. Wie mache ich das?“ und bezeichnete die Lösung, indem er *Gneisenau auf die Stirn küßte.* Umgekehrt schrieb ihm sein Generalstabschef vom Oktober – November 1806, Scharnhorst:

„Sie sind unser Anführer und Held, und müssten Sie auch auf der Sänfte uns vor- und nachgetragen werden. Nur mit Ihnen ist Entschlossenheit und Glück."

Ein so hochgezüchteter Generalstab wie der preußische seit Gneisenau, besonders aber seit Moltke pflegt die kriegsgeschichtliche Forschung. Scheinbar geringfügige Einzelheiten können für das militärische Urteil entscheidend sein, beispielsweise die Uhrzeit von Gneisenaus Befehl an das I. bis III. Armeekorps zum Marsch nach Plancenoit (Waterloo). Überhaupt ist nicht selten der Zeitpunkt eines militärischen Schriftstücks wichtiger als der Inhalt. Zur Ermittlung der Einzelheiten halten sich die Forscher möglichst an die Akten: *Meldungen, Befehle, Denkschriften;* dagegen werden die Erinnerungen der Mitkämpfer nur mit Vorsicht benutzt, denn das Gedächtnis ist vielfältig getrübt, und ihm zufolge war der andere schuld.

In Frankreich gilt *Gouvion St. Cyr* als Begründer dieser Forschungsmethode. Für Stendhal war dessen Stil ein Vorbild von Nüchternheit und Präzision. Um sich auf das Schreiben einzustimmen, las er vorzugsweise den Code Civil oder die Memoiren Gouvion St. Cyrs. Mit dessen Tod starb seine Methode in Frankreich für ein halbes Jahrhundert aus, infolge der bürokratischen Erstarrung des französischen Generalstabs.

Kriegshistoriker bearbeiten vorzugsweise die Geschichte der eigenen Armee und sind ihr gegenüber selten unparteiisch. Dennoch hat in den beiden Jahrzehnten 1895–1914 in dieser Disziplin zwar nicht deutsch-französische Zusammenarbeit, aber doch *bemerkenswerte Übereinstimmung* geherrscht. Beispielsweise stimmt *Foucarts* Darstellung der Feldzüge 1806–1807 und Frühjahr 1813 mit den entsprechenden deutschen Arbeiten von *Lettow-Vorbeck, Holleben und Cämmerer* überein. Dazu hat *Stoffel* durch sein Ansehen auf beiden Seiten und seine Stellung als Archivdirektor – also als Anlaufstelle für die deutschen Forscher – wesentlich beigetragen. Beide Armeen hatten 1806–1807, 1813–1815 und 1870–1871 gegeneinander Kriege geführt, deren historische Erforschung von höchstem wissenschaftlichem wie praktischem Interesse war. Sie erheischte Wahrheitsliebe und Fairness, also *Selbstkritik auf beiden Seiten.*

Am aktuellsten war für beide Parteien der letzte Krieg, der von 1870–1871. Er bot modernere Verhältnisse als die Kriege Napoleons, und in *Moltke* einen Führer, der die *Arbeitsweise des Generalstabs besser beherrschte* und *Napoleons strategische Grundsätze konsequenter beachtete* als dieser selbst. Allerdings begann die wirklich generalstabsmäßige, das heißt kritische Bearbeitung dieses Krieges eigentlich erst nach 1890, denn in Frankreich mußte zuvor der Generalstab ein halbes Jahrhundert des Verfalls überwinden, in Deutschland dagegen patriotische Tabus, vor denen sich selbst Moltke beugte:

„Was in einer Kriegsgeschichte publiziert wird, ist stets nach dem Erfolg appretiert; es ist aber eine Pflicht der Pietät und der Vaterlandsliebe, gewisse Prestigen nicht zu zerstören, welche die Siege unserer Armeen an bestimmte Persönlichkeiten knüpfen."

Daher ist es kein Zufall, daß deutscher Bahnbrecher der generalstabsmäßigen Kritik am Kriege 1870–1871 ein *Außenseiter* war: Hönig. 1871 hatte er wegen eines im Krieg erworbenen Leidens als Hauptmann seinen Abschied genommen. Nach 1895, unter Schlieffen als Generalstabschef und Friederich als Leiter der kriegsgeschichtlichen Abteilung II, hat der deutsche Generalstab *Hönigs Forschungsansätze aufgenommen* und durchgeführt.

Dagegen sind *Hönigs* grundlegende *Forschungen über Cromwell* unbeachtet geblieben. Wie er nachwies, hatte Cromwell wesentliche kavalleristische Neuerungen Friedrichs des Großen und Napoleons vorweggenommen, aber das wurde nach 1900 durch die Wirkung der modernen Feuerwaffen und durch das Größenwachstum der Heere unaktuell. Ferner schwand das Interesse an der englischen Revolution. Für die britischen Offiziere begann die Geschichte ihrer Armee mit Marlborough. Die von Cromwell geführten, kleinbürgerlichen Independenten beleidigten ihr Standesbewußtsein, Cromwell selber war ihnen peinlich als Königsmörder, zudem konnten sie kein Deutsch. Umgekehrt waren den kontinentalen Armeen die britische Armee und ihre Geschichte gleichgültig. Diese Vereinigung ungünstiger Umstände *verurteilte Hönigs Werk zur Vergessenheit.*

In Frankreich hat *B. E. Palat* (Pseudonym *Lehautcourt)* in den fünfzehn Jahren 1893–1907, in seinen fünfzehn Einzelbänden über die einzelnen Feldzüge des deutsch-französischen Krieges, und dann in der abschließenden Monographie über Moltkes Strategie in diesem Kriege etwas geliefert, was mit den Arbeiten der preußisch-deutschen Generalstäbler über Napoleon, hauptsächlich über dessen Feldzüge in Deutschland verglichen werden kann. Während sich aber französische Kriegshistoriker das Verständnis für Moltke mühsam erarbeiten mußten, *brachten die deutschen das Verständnis für Napoleon mit,* spätestens seit ihrem Studium auf der Kriegsakademie. Übrigens beschränkte sich ihr Verständnis auf diejenigen militärischen Sachgebiete, auf denen Napoleons Stärke lag. Sie *teilten sein Unver-*

ständnis für die britische Seemacht. Die wirtschaftlichen, maritimen, selbst militärischen Vorteile Großbritanniens vor Napoleon lagen außerhalb ihres Gesichtskreises.

Beispielsweise arbeitet Lettow-Vorbeck zutreffend, und zwar besser als die britischen Historiker, die Unzulänglichkeit von Wellingtons Führungsmethode 1815 heraus, übersieht indes, daß es sich um die Kehrseite eines Verfahrens handelte, das *unter den speziellen Verhältnissen des Halbinselkrieges am Platz gewesen war* und Wellington durch die anachronistische Organisation der britischen Heeresverwaltung aufgezwungen wurde. Wie Friederich die Fairness gegenüber Napoleon übertreibt, so Lettow-Vorbeck gegenüber Wellington. Ihm entgeht, daß jene Unzulänglichkeit auch mit den Schattenseiten in Wellingtons Charakter und sozialer Stellung zusammenhängt, die ihn nach 1815 zum bestgehaßten Mann im Königreich, und selbst für seine eigene Partei unerträglich machten.

Angesichts der zentralen Stellung des Generalstabs im wilhelminischen Deutschland darf man von seinen Historikern auch keine Einsicht in Napoleons Stellung zur französischen Revolution erwarten. *Schlieffen* hat *Gneisenaus strategische Leistung herausgearbeitet.* Aber ihm als preußischem Gardeoffizier war *der revolutionäre Charakter der preußischen Reform so peinlich*, daß er über Gneisenaus Anteil daran mit ein paar nichtssagenden Worten hinweggleitet. Noch weniger verstand er das, was in England als *„grand strategy"* bezeichnet wird. Dieses Unverständnis war eine der Wurzeln des „Schlieffen-Plans".

Jeder kontinentaleuropäischen Armee war in den Kriegen der letzten Jahrhunderte die strategische Aufgabe mehr oder weniger eindeutig vorgezeichnet. Hingegen *stand der britischen Armee frei*, sich an *kontinentalen Feldzügen zu beteiligen oder nicht*, und wenn ja, zu welchem politischen und militärischen Zweck, *wie, wo, mit wie starken oder schwachen Streitkräften*. Diese Fragen sind Gegenstand der „grand strategy". Eine anerkannte, befriedigende Lehre darüber fehlt. *Liddell Hart* hat sie auszuarbeiten versucht. Es ist ihm nicht gelungen. Gleichwohl war das Bewußtsein dieser Problematik in England stets lebendig.

Demgemäß wurde im ersten Weltkrieg um zwei entgegengesetzte Lösungen gestritten. Gegen den *militärischen Masseneinsatz in Frankreich* setzte *Churchill* das *periphere Eingreifen mit schwächeren Kräften.* Dieser an sich richtige Gedanke lag dem Dardanellen-Unternehmen zu Grunde. Es scheiterte, weil es nicht von vornherein sachgemäß angepackt wurde – nicht der letzte Fehlschlag durch Churchills Dilettantentum. Im Grunde blieb er zeitlebens Husarenleutnant ohne Verständnis für Generalstab und

Kriegsflotte. Das hat als Hypothek sowohl auf seinen praktischen Leistungen als nationaler Führer im zweiten Weltkrieg wie auf seinen literarischen Leistungen als Kriegshistoriker gelastet.

Dagegen bieten die Strategie des älteren Pitt *im siebenjährigen Krieg* und *der Halbinselkrieg* 1808-1814 *klassische Beispiele,* wie Großbritannien den strategisch richtigen Einsatz seiner Seemacht mit *beschränktem, aber durchdachtem Einsatz* eigener sowie hannöverscher Truppen *auf dem Kontinent* verbinden und dadurch die militärische Entscheidung auf dem Kontinent bestimmen konnte.

Die *Blindheit des Schlieffenschen Generalstabs* dafür ist erklärlich. Selbst in Großbritannien blieben Heer und Flotte einander fremd. Erst im zweiten Weltkrieg wurde dieses gegenseitige Unverständnis überwunden. Zudem war *Nicht-Seeleuten* außerhalb Großbritanniens die *maritime Literatur unverständlich,* mindestens in der Segel-Epoche. Nur ein maritimes Buch erreichte ein breiteres, auch nicht-seemännisches Publikum: *Mahans* Werk von 1890-1892 über den *Einfluß der Seemacht auf die Geschichte* der europäisch-nordamerikanischen Kriege 1660-1815, also der Kriege Ludwigs XIV. bis XVI., der französischen Revolution und Napoleons gegen Großbritannien. Mahan zeigt, warum *die französische Schlachtflotte unter Ludwig XIV., dem Wohlfahrtsausschuß und Napoleon* im Kampf um die Seeherrschaft *unterlag,* wie die französische Seekriegsleitung nach der Niederlage beide Male ihre Zuflucht zum *Handelskrieg* („guerre de course") nahm, und warum *dieser erst recht scheitern* mußte. Damit nahm Mahan sechs Jahre vor dem Beginn von *Tirpitz' Flottenbau* das *Scheitern* sowohl *dieses selbstmörderischen Abenteuers* wie des zweimaligen *deutschen U-Boot-Krieges* vorweg. Die deutschen Seeoffiziere lasen Mahan fleißig, und zwar wie seit zwei Jahrtausenden die Christen die Bergpredigt: ohne Folgerungen für die eigene Praxis. Wenn schon die deutschen Seeoffiziere nicht von Mahan lernten, daß die britische Seemacht, unterstützt von der nordamerikanischen, den ersten Weltkrieg entscheiden werde, so durfte man diese Voraussicht erst recht nicht vom deutschen Generalstab erwarten.

Es ist kein Trost für die Deutschen, daß die französische „jeune école" – Admiral Aube und als politischer Arm Camille Pelletan – in dem Jahrzent 1896-1906 gleichfalls eine Schlacht- und Kreuzerflotte für den Kampf gegen die britische Seemacht baute, mit gleicher Verachtung für die Lehren der Geschichte wie Tirpitz, nur ohne dessen seemännisches, technisches, organisatorisches und lügnerisches Können. Sie hatte mehr Glück: die praktische Probe blieb ihr erspart.

Mahans Werk behält seine grundlegende Bedeutung für das Verständnis des britisch-französischen Seekrieges 1793-1814, und insofern Napoleons. Eine aktuelle Ergänzung bietet Roskills *Strategy of Sea Power – its Development and Application* von 1962. Aus der Seekriegsgeschichte von Drake bis zum zweiten Weltkrieg leitet Roskill deren strategische Lehren ab. In beiden Weltkriegen hat er auf der britischen Flotte gedient, hat neben anderen, bedeutenden historischen Arbeiten *(Churchill and the admirals)* die offizielle Geschichte der britischen Flotte im zweiten Weltkrieg verfaßt und als stellvertretender „Director of Naval Intelligence" einem Stabe angehört, in dem seit Admiral Godfrey *universale Bildung ebenso vorausgesetzt wurde wie im preußischen Generalstab* von Gneisenau bis Moltke. Aus seiner seemännischen Betrachtungsweise ergeben sich ungesucht, ungezwungen und um so zwingender die maritimen *Parallelen zwischen Napoleon und Hitler*, die wir referiert haben.

Die generalstabmäßige Erforschung der napoleonischen Epoche fand im August 1914 ein jähes Ende. Als Offiziere widmeten sich die Forscher der praktischen Seite ihres Berufs, und so weit sie nach 1918 die historische Forschung wieder aufnahmen, bearbeiteten sie ein aktuelles Thema: das praktische Interesse, das der generalstabsmäßigen Kriegsgeschichte zu Grunde liegt, galt nun vornehmlich dem ersten Weltkrieg.

Nur ein wichtiges, vor 1914 begonnenes Werk zur napoleonischen Kriegsgeschichte wurde nach 1918 wieder aufgenommen: *Sir Charles Omans* Darstellung des Halbinselkrieges. So weit es außerhalb Großbritanniens noch Forschung über Napoleons Kriege gab, betraf sie deren soziale, wirtschaftliche, finanzielle und administrative Aspekte. Nur in Großbritannien sind der Halbinselkrieg und der Feldzug von 1815 noch Gegenstand seriöser kriegsgeschichtlicher Forschung, jedoch unter Ignorierung deutschsprachiger Quellen und Forschung – ebensowenig wird die deutsche Literatur zur Skagerrakschlacht beachtet.

Politische Bilanz

Auch das soziale und politische Urteil über Napoleon und seine Stellung in der französischen Revolution wird durch praktische Interessen und Erfahrungen bestimmt. 1989 feierte Frankreich die *Zweihundertjahrfeier der französischen Revolution.* Was sollte an ihr gefeiert werden? Die Menschenrechte oder ihre Abschaffung? Der Bastille- und Tuileriensturm oder der Brumaire? Der Rote Hahn auf den Schlössern und Klöstern oder der Code Napoléon? Das Zensuswahlrecht von 1791 und 1795 oder das gleiche

Wahlrecht aller erwachsenen Männer von 1793 nebst direkter Demokratie? Die Guillotinierung des Königspaares oder Robespierres? Mirabeau oder Marat? Oder noch besser Danton – der war so schön korrupt, und zwar nicht so offenkundig wie Mirabeau.

Die politischen und militärischen Veranstaltungen am 18./19. Brumaire waren das Vordergrund-Theater, etwa wie eine Aktionärs-Versammlung von VW. *Das eigentliche Stück spielte hinter den Kulissen.* Dort bestellte die *französische Geschäftswelt* (mit Fremdworten „die Bourgeoisie“ oder „das Kapital“), vertreten durch Siéyès und dessen parlamentarisch-administrativen Stab, *Napoleon als ihren Geschäftsführer.*

In dem folgenden Jahrzehnt gab sich die französische Geschäftswelt eine weniger zufällige Verfassung. Die *Pariser Hochfinanz* wurde *gewissermaßen zu ihrem Aufsichtsrat,* und *Talleyrand* zu dessen informellem Vorsitzenden. Ende 1808 kam dieser Aufsichtsrat zu der Überzeugung, die Interessen der französischen Geschäftswelt *erforderten einen anderen Geschäftsführer.* Denn den Verlusten, die der Krieg verursachte, und deren Zunahme mit Sicherheit vorauszusehen war, standen keine entsprechenden Vorteile mehr gegenüber. Von dem derzeitigen Geschäftsführer war aber kein Ende des unerträglichen Kriegszustandes zu erwarten.

Merkwürdigerweise wird das offizielle französische Urteil über Napoleon nicht durch diesen Gegensatz bestimmt. Denn die *auf ihn folgenden Regierungen* forderten allzusehr *zur Kritik* heraus. Es lag nahe, ihnen *Napoleon als glänzende Folie* entgegenzuhalten. Sie vertraten einzelne Besitz-Oligarchien, *er hingegen die Klassen-Solidarität aller Besitzenden.*

1830-1873 war *Thiers* Hauptsprecher der französischen Geschäftswelt und als solcher wiederholt Finanzminister oder Ministerpräsident. War er gerade nicht Minister, so schrieb er nach und nach die zwanzig Bände seiner „Geschichte des Konsulats und des Kaiserreichs“ als umfassend dokumentiertes, literarisch wirkungsvolles *Manifest der Napoleon-Legende.* Noch heute ist diese Legende ideologisches Fundament des französischen Imperialismus. Ihn vertreten auch „sozialistische“ Minister- beziehungsweise Staatspräsidenten wie Léon Blum, Guy Mollet, François Mitterand und „kommunistische“ Minister wie Maurice Thorez. Demgemäß hat sich auch die *französische Linke* nicht von der Napoleon-Legende befreit. Eine so vollständige Katastrophe, wie sie der deutsche Imperialismus 1945 erlitten hat, und deren geistig befreiende Wirkung sind dem französischen Imperialismus erspart geblieben.

Die Geschäftswelt bezeichnet sich verhüllend als *Bürgertum;* dadurch sichert sie sich die Solidarität der bürgerlichen Intelligenz, die ihr als exekutives, wissenschaftlich-technisches und ideologisches Offizierkorps dient, und des Kleinbürgertums, das sich zwar von ihr niederkonkurrieren und an der Börse sowie durch Besteuerung ausplündern läßt, ihr aber gleichwohl in ruhigen Zeiten als Puffer, in revolutionären Krisen als Knüppelgarde gegen die Lohnarbeiter dient.

Die Herrschaft über Frankreich verdankte die Geschäftswelt zwei, miteinander parallelen, *plebejischen Erhebungen:* der *„Jacquerie“* – in ihr kündigten die bis dahin leibeigenen Bauern die Fronpflichten auf und illuminierten deren Abschaffung durch brennende Adelssitze und Klöster – und den *Straßenaufständen der „Sansculotten“*, das heißt, der kleinen Leute in der Stadt. Beide Erhebungen erreichten 1793 den Höhepunkt, beide waren *Napoleon tief zuwider.* Als Unterleutnant kartätschte er am 17. Juli 1789 in Seurre sur Saône einen Brotkrawall der *„canaille“* nieder. Am 10. August 1792 war er in Paris widerwilliger Zeuge des Tuileriensturms. Seiner Meinung nach war der König zu feige („que coglione!“), um zu Pferde zu steigen und an der Spitze seiner Schweizer durch die Straßen zu paradieren. Hätte er das getan, so wäre er nach Napoleons Überzeugung mit dem Aufstand fertig geworden. Nur wenn die revolutionären Plebejer unter Napoleons Führung kämpften – als korsische Sansculotten 1789-1792 und als französische Soldaten seit 1793 – waren sie in seinen Augen nicht „canaille“.

Demokratische Gegenmanifeste zu Thiers bildeten die Revolutionsgeschichten von *Edgar Quinet* und vor allem von *Jules Michelet.* Sie wirkten weder so stark noch so nachhaltig wie die von Thiers. Michelets Vater war selbständiger Buchdrucker gewesen und hatte eine Zeitung verlegt; durch Napoleons Pressezensur 1800 wurde er ruiniert. Also war Michelet durch Familientradition *mit den Sansculotten verbunden,* rechnete aber zu ihnen weder die städtischen noch gar die ländlichen Lohnarbeiter. In dieser *bürgerlichen Einstellung* stimmte er mit Napoleon überein, nur vertrat dieser nicht das *Kleinbürgertum,* sondern die *bürgerlichen Unternehmer.*

In deren Interesse bedrohte der Code Pénal Lohnabreden der Arbeiter mit mindestens einem Monat Gefängnis, für Rädelsführer mit zwei bis fünf Jahren (Artikel 415). Die Verfolgung von Gewerkschaften stammte schon von der Konstituante („Loi Chapelier“); nicht einmal der Konvent von 1793-1794 hatte sie aufgehoben. Ferner genießt im Streitfall der Arbeitgeber

> „Glauben hinsichtlich
> 1) der Lohnhöhe,
> 2) der Lohnzahlung für das abgelaufene Jahr,

3) der Abschlagszahlungen für das laufende Jahr." (Artikel 1781 Code Civil, zitiert nach dem zweisprachigen Exemplar, nach dem ein Ur-Urgrossvater des Verfassers erst als kaiserlich französischer, dann als königlich preussischer Richter in Koblenz Recht gesprochen hat)

Zwar wollte Michelet es nicht wahrhaben, aber lebendig war die *Sansculottentradition* seit den dreißiger Jahren *nur noch unter den Industriearbeitern.* In seinen Pariser Reportagen bezeichnet *Heinrich Heine* als deren Aktionsprogramm – gewissermaßen den Kontrapunkt – die *Verfassung von 1793,* und als Weltanschauung – gewissermaßen die Oberstimmen – den „*Kommunismus*", zu dem er sich in *Deutschland, ein Wintermärchen* (1844), den *Geständnissen* (1854) und dem *Vorwort von 1855* für die französische Ausgabe seiner Frankreich-Reportagen (*Lutetia*) ausdrücklich bekennt. Marx und Engels (Heine: „*diese Doctoren der Revolution* . . . sind . . . die fähigsten Köpfe und die energievollsten Charaktere Deutschlands") rubrizierten den damaligen französischen Kommunismus als „utopischen Sozialismus".

Der Eingangssatz des *Kommunistischen Manifestes:* „Ein Gespenst geht um in Europa" könnte als Motto vor *Stendhals* bedeutendstem Roman stehen. Dessen Held, Lucien Leuwen, beobachtet in den bürgerlichen wie adligen Salons, im Offizierkorps, in kaufmännischen wie Behördenbureaus:

„Die Franzosen beschäftigen sich damit, Angst zu haben"

vor den Industriearbeitern. Denn von denen war eine Neuauflage des Jahres 1793 zu gewärtigen. Sie kam auch wirklich im Februar 1848, und dann wieder im März 1871 („Pariser Commune").

Ihren wissenschaftlich konsequentesten Ausdruck hat die Sansculottentradition in der *Geschichte der Französischen Revolution* des Anarchisten Peter *Kropotkin* gefunden (deutsche Übersetzung von Gustav *Landauer*). Seit achtzig Jahren werden die sozialgeschichtlichen Tatsachen der Revolutionsepoche von robespierristischen Historikern erforscht, die an *Jaurès'* monumentale *Histoire Socialiste* anknüpfen und sich um die *Annales Historiques de la Révolution Française* (anfänglich *Annales Révolutionnaires*) gruppieren. Sie identifizieren sich mit der revolutionären Demokratie, mit dem Vorbehalt: daß sich die revolutionären Massen den Führern beziehungsweise Parteiapparaten unterordnen.

Trotzki war frei von diesem Vorbehalt. 1905 war er Vorsitzender des Petersburger Arbeiterrats, 1917 des Petrograder Arbeiter- und Soldatenrats;

beide Male erwies er sich praktisch als *Meister in der Mechanik revolutionärer Massen.* Seine historischen Werke über beide Revolutionen beweisen, daß seine intuitive Beherrschung dieser Mechanik auf ihrer *wissenschaftlichen Analyse* beruhte. In dem Kapitel *„Doppelherrschaft"* seiner *Geschichte der Russischen Revolution* (Originalausgabe 1932 bei Samuel Fischer; in den vergangenen Jahrzehnten beging der Verlag an diesem Werk das Verbrechen der Kindesaussetzung; seit 1991 ist wenigstens die Taschenbuchausgabe wieder im Handel) skizziert er genial die Rolle der revolutionären Massen in der englischen und französischen Revolution.

Die Fruchtbarkeit von Kropotkins und Trotzkis Betrachtungsweise erweist sich an *Daniel Guérins* Untersuchung über die Jakobiner und die Pariser Sansculotten 1793-1794 (mit Fortsetzung bis zu Babeufs Scheitern 1797). Sie liegt unserer Darstellung von Napoleons Verhältnis zu den Jakobinern zu Grunde. Es war sehr nützlich, daß Kropotkins Geschichte der Französischen Revolution (in Landauers Übersetzung) in Ostberlin ständig neu herausgegeben wurde. Daß aber in den Anmerkungen Jaurès nicht nach dem französischen Original zitiert wurde, sondern nach der russischen Übersetzung, und daß bei den Hinweisen auf die neuere Forschung Trotzki und Guérin unerwähnt blieben, ist lächerlich.

Mindestens so aktuell wie die Napoleon-Legende, die ja auf Frankreich beschränkt bleibt, ist der *„Bonapartismus"* (Marx) als Methode, den bürgerlichen Staat in revolutionären Krisen aufrecht zu erhalten, indem der Diktator vorgibt, über den Klassen zu stehen. Das bedeutendste Beispiel dafür bleibt die Diktatur Napoleons I. selber. Nachahmungen waren die offene Diktatur *Napoleons III.* und die verhüllte Diktatur *Bismarcks.* Zu Trotzkis bemerkenswertesten Einsichten gehört, daß die Regierung *Kerenskis* in Rußland 1917 sowie die Regierungen *Brünings, Papens und Schleichers* in Deutschland 1930-1932 gleichfalls bonapartistische Versuche waren. Der Faschismus ist eine grundsätzlich andere, vom Bonapartismus streng zu unterscheidende Methode. Beide deutsche Arbeiterparteien haben durch ihr Verhalten zum deutschen Bonapartismus 1930-33 zu Hitlers Sieg beigetragen: die SPD durch Unterwerfung und verschleierte Mitarbeit, die KPD, indem sie die bonapartistischen Regierungen als faschistisch hinstellte, dadurch den Unterschied zwischen beiden, und damit das wirkliche, verhängnisvolle Wesen des Faschismus verschleierte, beide indem sie die deutsche Arbeiterschaft kampfunfähig machten: die SPD absichtlich, die KPD unabsichtlich, aber nicht weniger schuldhaft.

Wie wir gezeigt haben, lag eine der unmittelbaren Ursachen für Napoleons Untergang in seiner Überlastung mit untergeordneten Funktionen.

Dagegen waren die Eingriffe in die Verwaltung, die er als erster Konsul beging, anderer Art. Sie beeinträchtigten nicht die Initiative der unteren Organe, sondern dienten umgekehrt dazu, deren Selbsttätigkeit auf das Höchstmaß zu spannen. Dagegen ensprangen in den späteren Jahren seine Eingriffe in die unteren Verwaltungs- und Kommandoebenen auch dem mißtrauischen Gefühl, als Parvenu keine so unbedingte Loyalität zu geniessen wie „angestammte" Monarchen. Auf diesem Umweg drang in sein Bewußtsein, daß er allerorten, auch in Frankreich selbst, die Geduld der Unterworfenen beziehungsweise der Untertanen durch seine wahnwitzigen Erpressungen an Gut und Blut erschöpfte. Als erster Konsul war er wohlunterrichtet über die Intrigen seiner Umgebung und die royalistischen Mordverschwörungen, aber sie konnten ihn nicht beirren. Vielmehr gewährte er damals seinen Untergebenen das hohe Maß an Vertrauen, Initiative und Selbständigkeit, das ihre Leistung auf das Höchstmaß steigerte.

Diese *inneren Widersprüche* sind von den Historikern kaum verstanden worden. Eindrucksvoll dargestellt sind sie dagegen beispielsweise in den Erinnerungen *Bourriennes.* In dessen Leben bildete die Funktion als Napoleons Privatsekretär den Höhepunkt, dem ersten Konsul bewahrte er lebhafte Zuneigung, aber als französischer Vertreter in den Hansestädten wurde Bourrienne zum Vertreter hansischer – wie Murat in Neapel zum Vertreter neapolitanischer – Interessen. Bei seiner Rückkehr nach Paris 1810 konnte er sich dank seiner weitverzweigten Verbindungen leicht ein Bild der weit fortgeschrittenen Zersetzung in Napoleons Kaiserreich machen, er bekam heraus, daß Finanzerpressung, Kontinentalsperre und willkürliche Grenzverschiebungen in Holland, in den Rheinbundstaaten, in den von Frankreich einverleibten Gebieten Nordwestdeutschlands, in Oberitalien die gleiche Verzweiflung und Erbitterung hervorgerufen hatten, und daß es wenigstens einen Mann gab, der Napoleon 1812 klaren Wein darüber einschenkte: *Rapp* als Gouverneur von Danzig.

Rapp sagte Napoleon, infolge ihrer maßlosen Übergriffe seien die Franzosen bei ihren Verbündeten verhaßter als der ärgste Feind; die Rheinbundfürsten, so meldete er zutreffend, warteten nur auf den Augenblick zum Abfall, lediglich den König von Sachsen ausgenommen, aber der werde von seinem Volke zur Parteinahme gegen die Franzosen gezwungen werden. Rapp war überzeugt, der Rückschlag in Rußland sei unvermeidlich und werde zum Zusammenbruch der ganzen napoleonischen Herrlichkeit führen. Aus diesem Pessimismus heraus hat er die Verteidigung von Danzig so gründlich und wirkungsvoll vorbereitet. Ähnliche Belehrungen spendete Napoleons Bruder *Jérôme.*

Uwarow hat in seiner Schrift über *Stein und Pozzo di Borgo* davon gesprochen, man habe sich überall in Europa *auf offener Straße verschworen; Bourrienne schildert das Wie.* Er hegte keineswegs die Absicht, gegen Napoleon zu arbeiten. Aber *wie im Dritten Reich der bloße Austausch von Kritik und Informationen,* gewollt oder ungewollt, *den Charakter des Widerstandes annahm, so unter Napoleon* in den letzten Jahren seiner Herrschaft. Daher war es kein Zufall, daß Napoleon über so viele Dolchstöße zu klagen fand, daß ihn 1814 seine Marschälle zur Abdankung zwangen, daß damals zwei seiner Schwäger gegen ihn unter Waffen standen. Auch in Frankreich war den Einsichtigen klar, daß Napoleons Maßlosigkeit zu seinem Sturz führen müsse. In gewissen Einzelheiten ist Bourrienne wenig glaubwürdig, aber das Gesamtbild, das er im siebten und achten Band seiner Erinnerungen entwirft, ist richtig und zwingend, es hat durch unsere Erfahrungen im Dritten Reich ein hohes Maß an Aktualität gewonnen: auch das ein praktischer Gesichtspunkt zu Napoleons Beurteilung.

9
BISMARCK

Bismarcks bürgerliche Anfänge

Der Riese in weißer Paradeuniform und Kürassierpanzer auf Anton von Werners Gemälde von der Kaiserproklamation in Versailles 1871: Das ist die deutsche Normalvorstellung von Bismarck. Er ist für uns *„der eiserne Kanzler"*, der das Deutsche Reich *„mit Blut und Eisen"* zusammengeschweißt, dann zwanzig Jahre lang als *„ehrlicher Makler"* zwischen den kriegslüsternen europäischen Mächten vermittelt und den Weltfrieden erhalten hat. Durch die obligatorische Sozialversicherung hat er die *Grundlagen des heutigen Sozialstaates* gelegt. Dieser Normal-Bismarck ist geradlinig und widerspruchslos.

Der wirkliche Bismarck war komplizierter. *Die Reichsgründung, die er 1866-71 durchführte, hatte er 1848-50 leidenschaftlich bekämpft.* Solche Widersprüche kennzeichnen seine Laufbahn, und sie wurzeln teils in seinem Geschäftssinn, teils in seiner Verbundenheit mit den beiden rivalisierenden Klassen: *Adel und Bürgertum.* Die nationale Einigung war eine bürgerliche Forderung. Als Vorkämpfer des ostelbischen Adels trat ihr Bismarck 1848-50 entgegen, als Vertreter eines adlig-bürgerlichen Kompromisses führte er sie zwanzig Jahre später durch.

Der adlig-bürgerliche Widerspruch herrschte schon in Bismarcks Elternhaus. Seine *Mutter Wilhelmine* vertrat das *bürgerliche Element.* Ihr Vater, A. L. Mencken (1752-1801), war ein aufgeklärter Jurist und hat als Diplomat, dann als Kabinettsrat Friedrich dem Großen, Friedrich Wilhelm II. und Friedrich Wilhelm III. gedient. Er galt, wie sein Enkel mißbilligend berichtet, als *„königlich preußischer Jakobiner"* und wurde deshalb in Friedrich Wilhelms II. späteren Jahren den Geschäften ferngehalten. Als Friedrich Wilhelm III. die Regierung antrat, riet ihm Mencken, den *Ministern Verantwortlichkeit* zu übertragen und sich vom Verwaltungsdetail zu entlasten: genau die Ratschläge, derentwegen *Stein* 1806 *fortgejagt* wurde.

Beim Tode ihres Vaters war Wilhelmine Mencken erst zwölf Jahre alt. Siebzehnjährig heiratete sie kurz vor Kriegsausbruch 1806 den *Rittergutsbesitzer Ferdinand von Bismarck.* Sie verfocht, wenn auch nicht konsequent, die aufgeklärte Weltanschauung ihres Vaters und hoffte, ihre Söhne Bernhard (geb. 1810) und Otto (geb. 1815) würden dereinst im Sinn A. L. Menckens in der inneren Verwaltung wirken.

In dieser Hoffnung, und weil *der Hof ihre Heimat* war, verlegte sie 1821 den Hauptwohnsitz der Familie nach Berlin, an den Opernplatz neben der Hedwigskirche. Mit einer ausgedehnten Geselligkeit verband sie den Nebenzweck, ihren Söhnen Verbindungen für späteres Vorwärtskommen im Staatsdienst zu verschaffen. In Berlin ist denn auch Bismarck zur Schule gegangen, dort belegte er sein viertes, letztes Semester, dort arbeitete er anschließend zwei Jahre als Auskultator (Referendar) am Stadtgericht. Mutter, Schule, Justiz vermittelten ihm *überwiegend bürgerliche Einstellungen.* Daran knüpfte er später die Hintergedanken und Erinnerungen:

> „Ich darf es darnach für eine ungerechte Einschätzung meiner Auffassung in jüngeren Jahren erklären, wenn mir die „Vorurteile meines Standes" angeheftet werden und behauptet wird, daß Erinnerung an Bevorrechtigung des Adels der Ausgangspunkt meiner innern Politik gewesen wäre ... Es ist eine Verleumdung, wenn selbst wohlwollende Publizisten mich beschuldigen, daß ich je für ein Adelsregiment eingetreten wäre."
> *(Gedanken und Erinnerungen,* Kapitel I)

Unter Bismarcks „wohlwollenden Verleumdern" war er selbst. 1849 sagte er zu seinem Landtagskollegen Unruh: *„Ich bin ein Junker und will auch Vorteil davon haben."* Unruh „glaubte ihn richtig zu verstehen, daß er nicht sowohl pekuniäre Vorteile als solche der Stellung und des Einflusses meinte."

Bismarcks Übergang von einer mehr bürgerlich-liberalen Einstellung mit zwanzig Jahren zu einer junkerlich-konservativen zehn Jahre später läßt sich in seinen Briefen verfolgen. Bis etwa 1847 befand er sich in *Auflehnung gegen den Einfluß seiner* Anfang 1839 gestorbenen *Mutter* und trug den Konflikt durch treffende Kritik an der staatlichen Bürokratie aus, in der er nach ihrem Willen Karriere machen sollte. Noch als Referendar entlief er dem Verwaltungsdienst, aus angeborenem Unabhängigkeitssinn und Verachtung für die

> „insipide und leeres Stroh dreschende Schreiberei unserer Verwaltung (und) die krähwinklige Anmaßung oder lächerliche Herablassung der Vorgesetzten" (an Scharlach, 9. Januar 1845)

sowie aus finanziellen Gründen: Der Bismarcksche Haushalt in Berlin war zu einem Teil durch Aufnahme von Kredit bestritten worden. 1838 ging es nicht mehr weiter. Ferdinand von Bismarck beschloß, nach Schönhausen zu gehen und selbst zu wirtschaften, seine Söhne sollten seine pommerschen Güter übernehmen, um sie zu halten und *sie womöglich zu entschulden.* Gelang das, so war der Gewinn allerdings weit größer als das höchste, Otto von Bismarck in absehbarer Zeit und mit einiger Wahrscheinlichkeit erreichbare Staatsamt als Regierungspräsident mit etwa 2000 Talern Gehalt (6000 Mark nach deutscher Währung von 1871). Durch den Rückzug aufs Land wurde Bismarck „Junker" und machte sich das Standesinteresse der „Junker", das heißt des ostelbischen Kleinadels, zu eigen. Reste bürgerlicher Einstellungen hafteten ihm jedoch an. Durch sie und durch seinen Übermut wurde er seinen Standesgenossen verdächtig, ja unheimlich. Er spottete darüber und füllte seine Briefe, beispielsweise an Scharlach, mit Junkerkarikaturen:

> „Mein Umgang besteht in Hunden, Pferden und Landjunkern, und bei letzteren erfreue ich mich einigen Ansehns, weil ich Geschriebenes mit Leichtigkeit lesen kann, mich zu jeder Zeit wie ein Mensch kleide, und dabei ein Stück Wild mit der Akkuratesse eines Metzgers zerwirke, ruhig und dreist reite, ganz schwere Zigarren rauche und meine Gäste mit freundlicher Kaltblütigkeit unter den Tisch trinke." (9. Januar 1845)

Die veränderte Umgebung nötigte Bismarck zwar wenig Achtung ab, gewährte ihm aber Ellenbogenfreiheit. Dagegen hatte ihn *in der Verwaltung* Unselbständigkeit, Öde, Zopfigkeit, ja Unvernunft *abgestoßen.* Aus Widerspruch dagegen hatte er *noch 1838 parlamentarische Einrichtungen gefordert* und selbst im Parlament emporzukommen gehofft. Von 1848 bis 1890 hat niemand so viel wie er dazu beigetragen, *die deutschen Parlamente* zu beugen und sie *zur bloßen Fassade auszuhöhlen.* Ein weiterer Widerspruch: So hart er den preußischen Bürokratismus verurteilte, so hat er ihm doch 1866-71 die Länder Schleswig-Holstein, Hannover, Hessen-Nassau und Elsaß-Lothringen unterworfen und dadurch das Deutsche Reich mit Konflikten belastet, die noch über den Sturz der preußischen Monarchie und den Verlust Elsaß-Lothrigens 1918 gedauert haben.

Studentenleben und Spielschulden

Der Weg zum zivilen höheren Staatsdienst ging über das Rechtsstudium, und so absolvierte Bismarck drei Semester in Göttingen und eines in Berlin, worauf er das Referendarexamen ablegte. Die Hörsäle mied er;

die erforderlichen Examenskenntnisse ließ er sich von einem Repetitor einpauken. Statt dessen widmete er sich in Göttingen der Landsmannschaft (heute Korps) „Hannovera", in Berlin sonstiger Geselligkeit; als Auskultator ging er zu Hofe.

„Ich kam noch jung auf die Universität; ich war kaum siebzehn Jahre alt. Dort entschädigte ich mich ungeschickt für den lange erduldeten Zwang." (8. April 1895)

„Wenn ich an mein Korpsverhältnis zurückdenke, so muß ich doch sagen, daß die schwarzen Punkte, die ich beim Zurückdenken in die Jugend finde, in meinem Korpsverhältnis liegen. Ich hätte mehr gearbeitet, wenn ich nicht im Korps gewesen wäre, und hätte weniger Schulden gemacht. Heute kommt der Korpsstudent mit dem Mehrfachen nicht aus; das ist eine sehr betrübte Sache, daß sie in Luxus ausarten.

Wie ich in Göttingen war, da hatten die meisten wenig über 300 Taler Wechsel, 400 war schon über dem Mittelstand, und 600, 800 war das Allerhöchste ... Wer dachte zu unserer Zeit an stilvolle Korpshäuser ... Mich haben die wenigen Schulden, mit denen ich Göttingen verließ, jahrelang in üble Laune gebracht, und wenn ich mit derselben Vergnügungsfähigkeit heute studierte, so glaube ich, würde ich im Leben nicht los werden, was mich damals drückte." (Zu alten Korpsstudenten, 27. April 1895)

Die Höhe seines eigenen Wechsels gibt Bismarck nicht an. Die 300, 400, 600 und 800 Taler, die er erwähnt, sind der Parität nach heute 900, 1200, 1800 und 2400 Mark, der Kaufkraft nach allerdings ein Vielfaches. Mit 900 Mark im Jahre zu studieren, wäre heute selbst bei der äußersten Sparsamkeit unmöglich, vielmehr liegt 1990 der unerläßliche Jahresbedarf oberhalb von 12 000 DM und wird in der Regel teilweise durch Lohnarbeit gedeckt, beispielsweise als TaxifahrerIn. Denn der/die heutige deutsche StudentIn ist ProletarierIn; der damalige gehörte den besitzenden Ständen beziehungsweise Klassen an, und selbst bei bescheidenster kleinbürgerlicher Herkunft mußte er entprechend auftreten – Grund schiefer Situationen, Gegenstand von Verlegenheit und Witzen.

Übrigens kam man damals mit Geld von gleicher Kaufkraft weiter als heute, denn die Naturalwirtschaft ragte noch tief in den bürgerlichen Haushalt: vieles an Nahrung und Kleidung, was man heute kaufen muß, wurde damals noch im Haushalt hergestellt; insbesondere war die Kleidung dauerhafter, zudem wechselte die Mode langsamer. Vieles, was heute Geldwert hat, mußte damals nicht bezahlt werden – nur der Durst war größer. Zum Vergleich: Fontane hat 1850-54, als der Lebensunterhalt bereits mehr erforderte als in den dreißiger Jahren, in Berlin mit 420 Talern im Jahr gelebt, sehr beengt, aber verheiratet, mit Frau, Kindern und selbstverständlich Dienstmädchen. Die Wanderungen durch die Mark Brandenburg, die in dem bekannten Werk beschrieben sind, wurden ihm durch ein zehn Jahre laufendes Stipendium von 300 Talern jährlich ermöglicht. Daß die Studenten mit ihrem Wechsel nicht auskamen, schrieb Bismarck später gedankenloser Arroganz zu:

„Wie entrüstet bin ich als Student über Schneider und Schuster gewesen, wenn sie ihre Rechnungen bezahlt verlangten; es schien mir die empörendste Zumutung, anstatt daß ich dankbar für den gewährten Credit gewesen wäre." (An die Braut, 7. März 1847)

Daher die Redensart: *„Herein, wenn's kein Schneider ist!"* Die solcherart angesammelten Schulden waren in den ersten Berufsjahren überaus drückend. Denn die Verarmung der napoleonischen Zeit wirkte nach, die Gehälter waren niedrig, ein Verwaltungsjurist brauchte im Durchschnitt Jahre, bis er Regierungsrat geworden und ein Jahresgehalt von 800 Talern erreicht hatte. Von Gehältern, die oft weit niedriger waren, Hunderte von Talern abzustottern war ärgerlich. Erst wenn die Schulden abgetragen waren und er beispielsweise als Regierungsrat 1000 Taler Jahresgehalt erreicht hatte, lebte er

„in der Stadt auf elegantem Fuß mit Frau und Kind ... und muß Wohnung, Holz, Licht, Kost und Unterhalt für sich, seine Leute, Pferde – wenn er welche hat – bar bezahlen, was wir hier umsonst haben." (An die Braut, 13. Februar 1847)

Bismarck beließ es nicht bei ein paar hundert Talern Studentenschulden, sondern belud sich als Referendar bei der Aachener Regierung mit 3500 Talern *»aes alienum«*, denn

„eine bildschöne Engländerin (hatte) mich verleitet, den Kurs zu ändern und 6 Monate lang ohne den geringsten Urlaub in ihrem Kielwasser zu fahren. Ich nötigte sie endlich zum Beilegen, sie strich die Flagge, doch nach zweimonatlichem Besitz ward mir die Prise von einem einarmigen Obristen mit 50 Jahren, 4 Pferden und 15000 Pfund Sterling Revenüen wieder abgejagt. Arm im Beutel, krank im Herzen kehrte ich nach Pommern heim." (An Scharlach, 9. Januar 1845)

Trotz dieser Abwesenheit ohne Urlaub flog Bismarck nicht aus dem Staatsdienst. Die Grenze von 15000 £ (= 300000 M) Revenüen hat er erst in den siebziger Jahren erreicht und überschritten: Als Referendar konnte er mit dem englischen Obersten nicht konkurrieren. Seiner Braut gegenüber macht sich Bismarck zehn Jahre später diese Schulden zum Vorwurf und klagte: hätte er ehedem sein Geld zusammengehalten, so brauchte er jetzt nicht Kniephof zu verpachten und seine Gutsarbeiter einem hartherzigen Pächter auszuliefern.

Bismarck als Landwirt

Ferdinand v. Bismarck und seine Söhne entschlossen sich im Juli 1838 zur Rückkehr auf ihre Güter, konnten aber den Entschluß nicht sofort verwirklichen. Bismarcks Mutter war krebskrank. Sein Vater wollte ihr den Abschied von Berlin ersparen und pflegte sie dort bis zu ihrem Tode. Erst Anfang 1839 löste er den Berliner Haushalt auf und zog nach Schönhausen.

Auch seine Söhne waren nicht sofort abkömmlich. Bernhard war Regierungsrat in Stettin und konnte nicht kurzfristig austreten. Otto war Einjährig-Freiwilliger bei den Gardejägern in Potsdam. Die Einjährig-Freiwilligen wurden damals nicht nennenswert mit militärischen Pflichten geplagt. Studierten sie, so wurde ihnen in Universitätsstädten in der Regel der Vormittag zum Kollegbesuch freigelassen, oft ging die Freiheit noch weiter. Der Potsdamer Regierungspräsident von Meding setzte voraus, Bismarcks Arbeiten als Referendar würden durch den Militärdienst nicht beeinträchtigt werden.

Indessen wechselte der Herr Referendar den Beruf, und um die Militärzeit zu seiner landwirtschaftlichen Fortbildung zu benutzen, ließ er sich zu den 2. Jägern nach Greifswald versetzen und hörte auf der dortigen landwirtschaftlichen Akademie Eldena. Dann setzte er sich

> „mit der vollen Unwissenheit eines schriftgelehrten Stadtkindes in eine sehr ausgedehnte und verwickelte Wirtschaft. Ich fand mich hinein, rettete den größten Teil meines zu erwartenden Vermögens, und die Beschäftigung gefiel mir zwei Jahre lang bis 41", (An Scharlach, 9. Januar 1845)

das heißt: solange sie neu war. Marcks behauptet, Bismarck sei „in vollem Sinne Landwirt" geworden und rühmt

> „die riesige Kenntnis des Bodens und aller Dinge, die auf und unter ihm sind ..., mit der er noch als Achtziger die Städter verblüffte."

Das ist eine kluge Einschränkung; *Landwirte hielten Bismarck mehr für einen Getreidehändler.* Sein langjähriger Varziner Verwalter Westphal belegt, daß er *kein eigenes landwirtschaftliches Urteil hatte,* infolgedessen von Sachverständigen abhängig blieb, in deren Auswahl er mitunter keine glückliche Hand hatte, und dadurch bedeutende Schäden erlitt. Als Westphal einen Acker, auf dem Roggen gesät werden sollte, tief pflügen ließ, kam Bismarck dazu und befahl dem Gespannführer, den Pflug flach zu stellen – aber der hatte mehr Angst vor Westphal als vor Bismarck. Ein andermal protestierte Bismarck gegen die Verwendung von Kunstdünger. Beide Male ließ er sich durch den Erfolg überzeugen, aber von sich aus ging er nicht mit den Fortschritten der Landwirtschaft.

„In vollem Sinne Landwirt" zu werden, wäre schon deshalb für Bismarck schwierig gewesen, weil er spät aufstand. Nur ausnahmsweise war er dabei, wenn morgens auf dem Hof die Arbeit eingeteilt wurde. Das Spätaufstehen war ihm nicht nur in der Landwirtschaft hinderlich. In *Gedanken und Erinnerungen* beschuldigt er die „Halbgötter" des Generalstabs, sie hätten ihn 1870/71 „von den militärischen Beratungen ausgeschlossen". Diese Beratungen – der „militärische Vortrag" – fanden von zehn bis elf Uhr beim König statt, aber Bismarck pflegte erst nach elf Uhr aufzustehen.

Auf seinen Gütern zu leben, über die Felder zu reiten, seine Betriebsleiter zu beaufsichtigen, Betriebsverbesserungen, insbesondere Meliorationen anzuordnen und ihre Durchführung zu kontrollieren, zu jagen, mit seinen Gutsnachbarn zu bechern, seine Produkte zu verkaufen, darüber Buch zu führen oder wenigstens die Buchhaltung genau nachzuprüfen: das hat immer Reiz für ihn behalten. Aber *der Absatz seiner Produkte interessierte ihn* weit *mehr als der landwirtschaftliche Betrieb.* Bei der Einführung der agrarischen Schutzzölle 1879 war er sein eigener Referent für die Holztarife, denn er wußte in seinen Forsten Bescheid und kannte die Holzarten, an deren Preiserhöhung für ihn zu verdienen war. Nie in seinen Reichstagsreden hat er mit so viel Kenntnis und Interesse über landwirtschaftliche Gegenstände gesprochen wie am 21., 24. und 27. Mai 1879 über den mittel- und osteuropäischen Holzhandel; auch stilistisch gehören diese Reden zu seinen besten Leistungen.

Die drei Güter Kniephof, Külz und Jarchelin liegen östlich der Kreisstadt Naugard in der pommerschen Grundmoränenlandschaft, das heißt in einem Gelände mit erheblichen Boden- und Niveauunterschieden. Der schwere Boden in Kniephof hatte Wilhelmine von Bismarck den Plan zu einer Zuckerfabrik eingegeben. Auf dem leichten Boden stand Wald, oder er diente als Kartoffelacker, dessen Erzeugnisse zu Schnaps gebrannt wurden. Durch eine mit Staatskredit erbaute Berieselung entnahm Ferdinand von Bismarck dem Zampel-Flusse Wasser für Rieselwiesen. Das *Interesse für Wasserbau* erbte Otto von Bismarck. So berichtete er in einem Brief an seinen Vater, daß er im Sommer 1845 als stellvertretender Landrat die Stellungnahme seiner Kreisgenossen zu dem neuen Wassergesetz erforschte. Im Jahre 1846 war er für die Leitung einer größeren Melioration bei Wartenburg, östlich von Allenstein ausersehen, und 1846 bis 1848 hat er das Amt des Deichhauptmanns in Schönhausen mit Umsicht und Energie wahrgenommen.

Das vierte der Bismarckschen Güter, Schönhausen I, liegt in der Talaue der Elbe, Dorf und Gut wie üblich auf einer Geestinsel, die Feldflur dagegen im Überschwemmungsgebiet, das heißt in der Marsch; es ist Weizenboden. Der Wald beschränkte sich einerseits auf die tiefsten Stellen der Flur, wo stauende Nässe keinen Ackerbau zuließ, andererseits auf höher gelegene, sandige Parzellen, die weiter vom Schloß entfernt lagen. Als *Jäger und Baumnarr* fühlte sich Bismarck in Schönhausen nie so heimisch wie in Kniephof und später auf den Gütern Varzin und Friedrichsruh, wo der Wald unmittelbar am Gutshaus anfing.

Als Bernhard und Otto von Bismarck die drei pommerschen Güter übernahmen, vertrugen sie sich ausgezeichnet. Sie wirtschafteten gemeinsam, nur fand das Otto ungerecht, weil er selber mehr ausgab als sein Bruder. 1841 wurde Otto der Posten des Landrats von Naugard angeboten. Indessen saß ihm der Widerwille gegen Akten und Bürokratie noch zu tief, er verzichtete zugunsten seines Bruders und wurde nur dessen Stellvertreter.

Neben dem Landratsamt die beiden Güter Külz und Jarchelin zu bewirtschaften, war für Bernhard zu viel. Er beschränkte sich daher auf das größte der Güter, Jarchelin, zumal es der Kreisstadt Naugard am nächsten lag. Otto übernahm Kniephof und Külz. Beide zusammen waren wesentlich größer und wertvoller als Jarchelin. Um Bernhard zu entschädigen, übernahm Otto bei der Auseinandersetzung einen größeren Teil der Schulden und zahlte überdies einen Barbetrag in der Größenordnung von 8000 oder 10000 Talern.

Bei dieser ersten Auseinandersetzung legten die Brüder einen Gesamt-Bruttowert von 150000 Talern für die drei Güter zugrunde. 1844 wurden ihnen von einem seriösen Käufer 200000 Taler geboten; diesen Wert legten sie einer erneuten Auseinandersetzung zugrunde, wobei sie Jarchelin mit 80000, die beiden anderen Güter zu je 60000 Talern ansetzten. Seiner Braut bezifferte Bismarck 1847 den wirklichen Wert von Kniephof mit 80000 bis 90000 Talern – allerdings habe er 20000 Taler hineingesteckt.

Diese 20 000 Taler Investitionen deckte Bismarck aus den laufenden Erträgen, ohne Aufnahme neuer Schulden, allerdings auch ohne Abtragung alter. Ferner hatte er von Ostern 1839 bis Ostern 1847, acht Jahre lang, erst aus den Erträgen von Kniephof und Külz, dann von Kniephof und Schönhausen flott gelebt, war im Sommer nach Norderney gefahren und hatte eine große Reise von Schottland bis Italien gemacht.

Durch eine dritte Auseinandersetzung nach dem Tode des Vaters (gestorben November 1845) gab Otto v. Bismarck Külz ab und übernahm dafür Schönhausen, so daß seitdem er und Bernhard je zwei von den vier Familiengütern besaßen. Bernhard war dabei insofern günstiger daran, als er auf Jarchelin saß und das nahe benachbarte Külz durch einen Verwalter selbst bewirtschaften konnte. Otto dagegen war durch die *Übersiedlung nach Schönhausen* genötigt, *Kniephof zu verpachten*. Daß er nach Schönhausen ging, ergab sich aus der Notwendigkeit, die dortige *Deichhauptmannschaft* zu übernehmen. Sie war seiner Meinung nach in schlechten Händen. Anfang 1846 war der Deich gebrochen und die Schönhauser Flur unter Wasser gekommen; er wollte Wandel schaffen, um neue Katastrophen zu verhindern.

Bismarck und die Bauernbefreiung

Bismarcks Sachkenntnis reichte aus, um in den Jahren 1839-47 seine Güter in die Höhe zu bringen, aber nicht, die Grundlage des allgemeinen landwirtschaftlichen Fortschritts seiner Zeit und seines Landes zu verstehen.

Vor der *Steinschen Bauernbefreiung* hatte der ostelbische Rittergutsbesitzer oft nur Kutsch- und Reitpferde, aber weder Ackerpferde noch sonstiges Zugvieh gehalten. Vielmehr kamen die „spannfähigen Bauern“ mit eigenem Gespann zum Pflügen und sonstiger Feldarbeit, während die nicht-spannfähigen Bauern die erforderlichen Handdienste leisteten. Beide lieferten überdies Feldfrüchte und Vieherzeugnisse als Fronabgabe. Tagelöhner und gutseigenes Zugvieh waren nicht die Regel.

Guts- und Bauernland lagen im Gemenge. Die Bewirtschaftung war durch Flurzwang und Dreifelderwirtschaft festgelegt. Die Erträge waren kläglich. Denn die Frondienste für das Rittergut ließen den Bauern nicht genügend Zeit, sich um die eigene Wirtschaft zu kümmern. Mit den Arbeiten auf dem eigenen Acker verspäteten sie sich oft. Soweit der Bauer seine Erträge nicht dem Rittergut abliefern mußte, legte der Steuereinnehmer die Hand darauf. Friedrichs des Großen „Bauernschutz“ bezweckte nicht, die Ausbeutung des Bauern zu mildern, sondern lediglich die Bauernstelle gegen Einziehung durch den Rittergutsbesitzer zu schützen.

Die *hoffnungslose Armut der Bauern* erstickte jedes eigene Streben. Starb der Bauer, so verfiel seine bewegliche Habe dem Herrn. Diese Einrichtung, das „Laudemium“, hat in Teilen des ostelbischen Preußen, hauptsächlich Schlesien, bis 1848 fortgedauert. Nicht einmal der Hof war dem Erben sicher. Der Rittergutsbesitzer konnte den Erben ab- und einen anderen Bauern einsetzen. Der Hauptunterschied zum indischen Bauern vor 1947 war, daß diesen der Grundherr kaltblütig verhungern ließ. Friedrich der Große hingegen brauchte seine Bauern als Steuerzahler und Rekruten. Daher sprang er ihnen in schlechten Jahren mit Saat-, ja Brotgetreide bei. Aber am Rande des Verhungerns lebten sie ständig.

Bei solcher Wirtschaft leidet das Vieh womöglich noch mehr als der Bauer. Es konnte also nicht gut, jedenfalls nicht tief pflügen. Schlechtgehaltenes Vieh liefert nicht einmal genügend Mist, so daß oft nur ein Zehntel der Ackerfläche gedüngt werden konnte. Das ganze System war *ebenso fortschrittsfeindlich* wie nach *Washingtons Erfahrungen* die *amerikanische Sklaverei.* Alle Übelstände wurden dadurch verschärft, daß die Kartoffel, die gleichbleibend gute Erträge liefert, noch nicht durchgesetzt war, und Getreide auf schlechtgedüngtem Boden häufig Mißernten erleidet.

Als Stein die Bauernbefreiung anordnete, hatte er nicht mehr die Bedingungen regeln können, unter denen die Bauern von ihren Fronpflichten befreit werden sollten. In einem vom Adel beherrschten Staat wie Preußen verstand es sich, daß die Bauern diese *Befreiung teuer zu erkaufen* hatten – entschädigungslose Befreiung wie in Frankreich (1789-93) kann nur das Ergebnis einer Bauernerhebung sein. Steins Nachfolger gingen davon aus, die Bauern seien eigentlich Landarbeiter, die unter Gewährung von Deputatsland auf dem Rittergut angesetzt seien. Falle ihre Arbeitsverpflichtung fort, so müsse das Bauernland an das Rittergut heimfallen. Eine Ausnahme wurde nur zugunsten der spannfähigen Bauern gemacht, sofern ihre Höfe schon vor 1763, dem Anfangsjahr des friderizianischen Bauernschutzes, im Kataster gestanden hatten. Diese bevorzugten Bauern durften ihre Fronpflichten durch eine Geldrente oder durch Hergabe von etwa der Hälfte ihres Landes ablösen.

Die Ablösung („Regulierung“) war in das Belieben der Parteien – Rittergutsbesetzer und Bauern – gestellt. Sie bot den Rittergutsbesitzern so außerordentliche Vorteile, daß sie sie in der Regel bald beantragten. Nur in erheblichen Teilen Schlesiens unterblieb sie bis 1848.

Wo die Fronpflichten „reguliert“ wurden, vergrößerten sich die Rittergüter

1. um das Land der „gelegten“ Bauern;
2. um die Landabgabe der spannfähigen Bauern „mit gutem Besitzrecht“, soweit diese nicht eine Geldrente zahlten.

Die so *vergrößerten Rittergüter* waren befreit vom Flurzwang und konnten den *Betrieb rationell gestalten*, indem sie nur noch mit Tagelöhnern wirtschafteten, die sie nach wirklicher Leistung entlohnten, Zug- und Nutzvieh selber hielten, es durch planmäßige Zucht verbesserten und seine Leistung durch vernünftige Pflege hoben. Nunmehr konnte, wo erforderlich, tief gepflügt werden, das Nutzvieh lieferte steigende Erträge an Fleisch, Häuten, Wolle, Milch, nicht zuletzt an Stalldung. Ertragreiche Kulturen wie die Zuckerrübe, die intensive Düngung und tiefes Pflügen voraussetzen, wurden möglich, die Brache wurde durch Klee und andere Stickstoffsammler ersetzt, und in seiner Brennerei verwandelte der Rittergutsbesitzer seine Kartoffeln zu Schnaps, der sich bequem absetzen ließ. Die dabei als Nebenprodukt abfallende Schlempe war ein geschätztes Rinderfutter und ermöglichte intensivere Rinderhaltung.

Es ist also um Jahrzehnte vordatiert, wenn Fontane den Rittmeister v. Schach im Frühjahr 1806 meditieren läßt:

> „Ich quittiere den Dienst, übernehme wieder Wuthenow, ackre, melioriere, ziehe Raps und Rüben und befleißige mich einer allerehelichsten Treue.“

Hier klafft eine *Lücke in Fontanes und auch Bismarcks Geschichtsbild*. Wenn *Gneisenau* 1830 seiner Frau und seinem ältesten Sohn die Vorteile vorrechnete, die er von der Bauernbefreiung gehabt hatte, so stieß er auf Unglauben und stand allein unter den ostelbischen Rittergutsbesitzern. Um 1840 hatte sich die Einsicht Bahn gebrochen, allerdings fast nur in Ostpreußen. Die pommerschen und brandenburgischen Junker waren immun gegen solche Einsicht, auch Bismarck, der sonst die geringe Intelligenz seiner Standesgenossen zu verspotten pflegte. Bis 1851 schimpft er in seinen Briefen über die Bauernbefreiung als rechtswidrigen Eingriff in die Rechte des Adels.

Während sich diese gewaltige Umwälzung vollzog und die Einkünfte der ostelbischen Rittergüter stetig stiegen, lebte Ferdinand v. Bismarck absentistisch in Berlin, verbrauchte seine wachsenden Revenüen und darüber hinaus ein Leihkapital, das sich 1838 der Grenze von 100 000 Talern, und damit der Gefahr des Bankrotts näherte. Nur ein geringer Teil des aufgenommenen Kapitals dürfte in der Brennerei und Berieselung von Kniephof investiert worden sein.

Man sieht an seinem Beispiel, was es mit der *„notleidenden Landwirtschaft“* auf sich hat. Sie konnte ausgezeichnet bestehen. Nur überstieg der *„standesgemäße Lebensunterhalt“* oft den Ertrag, weil der Rittergutsbesitzer seine jüngeren Söhne als Offiziere versorgen oder als Verwaltungsjuristen ausbilden lassen, seine Töchter versorgen und zudem das Dilemma lösen mußte, das Schlieffen so formulierte: ob er Sekt sparen und dafür Burgunder trinken solle. Angesichts der standesgemäßen Versuchungen zu leichtsinnigem Schuldenmachen balancierte der Durchnitts-Ostelbier ständig am Rand des Bankrotts. Um den Staatssäckel anzuzapfen, erfanden die Ostelbier „die Not der Landwirtschaft“, und da sie die Verwaltung kontrollierten, konnten sie bewirken, daß von der so erbettelten Agrarhilfe nur wenig der westdeutschen Landwirtschaft und den Bauern zufloß.

Bismarck in der ländlichen Selbstverwaltung

Die preußische Staatsverwaltung des Vormärz arbeitete, nicht nur nach Bismarcks Urteil, papieren, schwerfällig, pedantisch, bevormundend und warb durch Grobheit um die Gunst des Publikums. Bismarck stand unter dem begründeten Eindruck, „die Geschäfte seien erfunden, um die vorhandenen Beamten zu beschäftigen“.

Die lokale Verwaltung stand jedoch überwiegend den Gemeinden und Landkreisen zu, in denen *Selbstverwaltung*, und damit die Möglichkeit *unbürokratischer Arbeitsweise* bestand. Die Kreistage wurden durchschnittlich zu fünf Sechsteln von Vertretern des eingesessenen Adels gebildet, nur je ein Zwölftel der Kreistagsmitglieder vertraten die Kreisstädte und die Bauern. Die Kreistage nominierten den Landrat; in den ostelbischen Provinzen Preußens vertrat dieser praktisch den Landadel, nur in den eroberten Provinzen (seit 1815 Rheinland und Westfalen, seit 1866 auch Schleswig-Holstein, Hannover und Hessen-Nassau) den Innenminister. 1845 hatte Bismarck die Aktenscheu, die ihm bis dahin noch von seiner Referendarzeit an den Regierungen in Aachen und Potsdam anhaftete, überwunden und stürzte sich als stellvertretender Landrat des Kreises Naugard, dann 1846-48 als Deichhauptmann des rechten Elbufers von Jerichow bis Sandau, in die Verwaltungsarbeit mit einem Eifer und einer Freude, die noch heute den Leser der Briefe an seine Schwester und seine

Braut anweht. Er regierte unbürokratisch aus dem Sattel oder dem Wagen. Was an Ort und Stelle in direkter Auseinandersetzung mit den Betroffenen erledigt werden konnte, machte er auf Lokalterminen ab und zählt mitunter in Briefen seine vielfältigen Amtsgeschäfte auf. Einmal hatte er in der Woche zuvor einen zweitägigen Vorfluttermin bei Gollnow, dann montags einen Termin wegen Schulbau in Kiekow, dienstags in Trutzlatz wegen Feuerschadens, mittwochs einen Wasserbautermin in Wolkow, donnerstags eine schwierige Auseinandersetzung mit „eigensinnigen Bauern" im Zampelhagen, ferner tagelang den Besuch der militärischen Ersatzkommission. In den folgenden Wochen klagt er über „viel Termine mit schmutzigen Bauern bei starker Hitze"; infolge „vieler Reisen in sandigen Kieferheiden" sei er des Landratspielens überdrüssig, und seine Pferde auch.

In den Briefen aus Schönhausen über seine Arbeiten als Deichhauptmann erfährt der Leser auch etwas von den verfahrenen Verhältnissen, die er dort zurechtzurücken hatte. Dem zuständigen Regierungsbaurat in Magdeburg und dem bis 1846 amtierenden Deichhauptmann warf er vor, durch rechtlich und technisch fehlerhafte Maßnahmen und Unterlassungen den Deichbruch verschuldet zu haben, durch den zu Ostern 1846 die Schönhauser Flur unter Wasser kam. Er selber korrigierte diese Fehler und erwirkte eine zweckmäßigere Ordnung der administrativen Zuständigkeiten.

Als alter Mann hätte sich Bismarck gewundert über Sätze, die er seiner Braut am 17. Februar 1847 geschrieben hatte: Er habe in der benachbarten Stadt Jerichow Leute gefunden,

> „die vor Mangel und Frost krank sind, in meiner nächsten Nähe, deren Betten und Kleider in Versatz sind, so daß sie nicht ausgehen können, um zu arbeiten: Verkaufe was du hast, gieb es den Armen und folge mir! Wie weit . . . soll das aber führen? . . . Wenn ich bedenke, wie 1 Taler einer solcher hungernden Familie über Wochen hinweghilft, so ist es mir fast wie ein Diebstahl an den Armen, wenn ich 30 ausgebe, um die Reise *(zu seiner Braut)* zu machen . . ., ein sehr kitzliges Thema",

das er freilich im nächsten Brief als „sentimentale Tiraden" abtut.

Als Rittergutsbesitzer von Schönhausen war Bismarck *Polizei- und Gerichtsherr.* Als Polizei bezeichnete man damals die gesamte innere Verwaltung, der Gutsherr hatte also beispielsweise die Armen-„Polizei". Arme waren nur in ihrer Heimatgemeinde unterstützungsberechtigt; als Ortspolizeibehörde hatte also der Rittergutsbesitzer die Entscheidung, ob ein

Antragsteller das Heimatrecht habe, und wenn ja, die Festsetzung und Zahlung der Unterstützung. Mithin war die Macht des Rittergutsbesitzers über die Einwohner außerordentlich, und die Revolutionen von 1848 und 1918 haben sofort die „Gutsbezirke", das heißt die Polizeigewalt der Rittergutsbesitzer, für aufgehoben erklärt – freilich stellte die Gegenrevolution Ende 1848 die Gutsbezirke alsbald wieder her, und die von der SPD geführte preußische Regierung brauchte nach 1918 volle zehn Jahre, um die Aufhebung der Gutsbezirke wirklich durchzuführen. Severing, als Innenminister bis 1928, mauerte.

Mit dem *Gutsbezirk* war das *„Patrimonialgericht"* verbunden; als Gerichtsherr hatte der Rittergutsbesitzer den Richter des Bezirks zu ernennen, dem Richter und Aktuar Gehalt zu zahlen, das Gefängnis instand zu halten, andererseits flossen ihm die Gerichtsgebühren zu. Wie die Patrimonialgerichtsbarkeit in den Zeiten ihrer Blüte aussah, kann man noch heute bei Beaumarchais *(Figaros Hochzeit)* und Kleist *(Der zerbrochene Krug)* nachlesen; der Freiherr vom Stein teilte diese Kritik. Er war 1808 gerade mit der Abschaffung der Patrimonialgerichtsbarkeit beschäftigt, da wurde er selber abgeschafft.

In den vierziger Jahren war die Patrimonialgerichtsbarkeit in völligem Verfall. In der Regel ernannten die Gerichtsherren den nächsten Amtsrichter als ihren Patrimonialrichter, die Richter erlangten daher gegenüber den Gerichtsherren eine Unabhängigkeit, die im achtzehnten Jahrhundert unbekannt war. Die vier romantischen Doktrinäre, Friedrich Wilhelm IV., Savigny, Ludwig v. Gerlach und Bismarck wollten die Patrimonialgerichtsbarkeit wiederbeleben; Bismarck versuchte, Schönhausen mit den benachbarten Rittergütern Wust, Hohengören, Libars, Neuermark, Scharlibbe und anderen zusammenzuschließen. Die Besitzer sollten gemeinsam einen Richter bestellen, der lediglich Patrimonialrichter und als solcher „ritterschaftlicher Beamter", nicht Angehöriger der verhaßten staatlichen Bürokratie sein sollte. Bismarcks Versuch scheiterte an der *Interesselosigkeit* der „kornbauenden Ritterschaft".

1848 wurde die Patrimonialgerichtsbarkeit beseitigt. Da sie keinerlei praktische Bedeutung für den ostelbischen Adel mehr hatte, rührte nicht einmal Bismarck einen Finger für ihre Wiederherstellung. Er war vollauf beschäftigt, die *realen Machtpositionen* seines Standes *zu verteidigen,* in die er seit 1845 als stellvertretender Landrat, Deichhauptmann, Polizei- und Gerichtsherr sowie als Landwehroffizier hineingewachsen war.

Seit Ostern 1845 trat in Bismarcks täglicher Arbeit die Landwirtschaft mehr und mehr hinter der Tätigkeit in seinen Wahl- und Geburtsämtern zurück. Der Ausbruch der Revolution 1848 hob diese Tätigkeit von der lokalen Ebene auf die politische, er kämpfte seitdem im Rahmen des preußischen Staates und darüber hinaus ganz Mittel- und Osteuropas um die *Verteidigung der Standesvorrechte*, denen er seinen Aufstieg verdankte. Das Zentrum seiner Tätigkeit lag seitdem in der *Umgebung des Königs*, 1847 („Vereinigter Landtag") und 1849-51 („Zweite Kammer" und Erfurter „Unionsparlament") außerdem *im Parlament*.

Ein Hauptgrund für den Sieg des französischen Bürgertums 1789-92 hatte in der „Jacquerie" gelegen: auch die Bauern erhoben sich und brachen die Adelsmacht auf dem flachen Lande. Dagegen blieben die deutschen Bauernunruhen sowohl 1793 wie 1848 schwächlich und isoliert. Den deutschen bürgerlichen Führern fehlte das Verständnis dafür, daß sie ohne bäuerlichen Rückhalt nicht siegen konnten; der ehemalige pommersche Patrimonialrichter Lothar Bucher stand in dieser Hinsicht allein. Die bürgerliche Normalauffassung oder vielmehr den Mangel einer solchen vertrat Gustav Freytag mit seinem billigen Spott über die Unbildung des schlesischen Bauernvertreters, des Freigärtners Michael Mros. Richtige Einsicht besaß dagegen die preußische Regierung, mindestens der Innenminister, Otto v. Manteuffel.

Dieser erkannte, daß die Aufrechterhaltung der Fronpflichten in erheblichen Teilen Ostelbiens, hauptsächlich in Schlesien, zu unerträglichen Verhältnissen führte, und daß sich die schlesischen Bauernerhebungen jederzeit wiederholen und steigern konnten. Durch seine Reform von 1850 wurde die *„Regulierung" der Fronpflichten*, die bis dahin im Belieben der Parteien lag, *zwingend vorgeschrieben*, und Manteuffel setzte durch, daß die *Ablösungsrenten* nicht mehr „ewig" weiterliefen, sondern *amortisiert* wurden. Zu diesem Zweck ordnete das Gesetz von 1850 an, daß die bäuerlichen Ablösungsrenten nicht mehr direkt an den Rittergutsbesitzer, sondern an Rentenbanken entrichtet wurden, die ihrerseits nur 4/5 an den Rittergutsbesitzer zahlten und aus dem letzten Fünftel ein Kapital ansammelten, aus dem alle Ablösungsrenten amortisiert werden sollten.

Bismarck, dessen Bauern zufrieden und konservativ waren, verstand den Sinn dieser Gesetzgebung nicht, sondern schalt über

„Plünderungen, die unser ‚reaktionäres' Ministerium über das Rüstzeug der Reaktion verhängt in Gestalt von Rentenbanken, Grundsteuer, Befreiung des Eigentums usw." (An Scharlach, 4. Juli 1850)

Die liberale Mehrheit der preußischen Nationalversammlung war nur an einer Reform interessiert: Sie hob die Grundsteuerfreiheit der Rittergutsbesitzer auf, so daß Bismarck diesen unglücklichen Stand als „die Paria des Jahrhunderts" (Kammerrede vom 18. Februar 1850) beklagen mußte.

Dem gleichen *engstirnigen Adelsinteresse* entsprang Bismarcks Widerstand *gegen Verfassung und Nationaleinheit.* Die deutschen Staaten waren mit Ausnahme der Freien Städte absolute Monarchien, das heißt vom Adel beherrscht. Dieser war *landschaftlich organisiert.* Da die ländlichen Wirtschafts- und Standesverhältnisse von Provinz zu Provinz und von Landschaft zu Landschaft differierten, genügten dem Adel Provinzialstände und landschaftliche Adelskorporationen; er war an keiner nationalen Vertretung interessiert. *Verfassung und Nationaleinheit waren bürgerliche Forderungen;* Bismarck hat sie bis 1851 leidenschaftlich bekämpft. Er erklärte das Budgetrecht für englische Importware, seine Anwendung für eine Erpressung am König, die von der Paulskirche ausgearbeitete Verfassung für „octroyiert", die schleswig-holsteinische Erhebung für eine Meuterei gegen den rechtmäßigen Landesherren und rühmte der preußischen Armee nach, leider zu Recht, sie sei frei von deutschem Nationalgefühl und betrachte die schwarzrotgoldenen Farben als das Feldzeichen ihrer Feinde.

Die Heilige Allianz von 1815 war ein Kartell Rußlands, Österreichs und Preußens zur Aufrechterhaltung des Absolutismus, d.h. der Adelsherrschaft, und zur Niederhaltung revolutionärer Ausbrüche auf dem europäischen Kontinent, von Cadiz bis zum Ural. Als im März–April 1848 in Berlin und Wien liberale Kabinette an die Macht kamen, blieb die Heilige Allianz als Solidarität der Monarchen und ihrer konservativen Ratgeber intakt. In ihrem Sinne entsandte der Zar eine russische Armee unter Paskiewitsch, um Ungarn niederzuwerfen, als dieses der österreichischen Übermacht erfolgreich widerstand. Und als Preußen 1850 zaghafte Schritte zur Begründung der deutschen Nationaleinheit unternahm, die es selber 1848/49 verhindert hatte, war niemand erfreuter als die preußischen Konservativen, daß sich Rußland und Österreich widersetzten.

Dennoch sahen die preußischen Konservativen nicht, wie sie dem Krieg gegen Rußland und Österreich ausweichen könnten. Denn in allzu übermütigen Formen forderten der Zar und Fürst Schwarzenberg die Unterwerfung Preußens, und das militärische Kräfteverhältnis war für

Rußland und Österreich entschieden ungünstig. Die zuverlässigen Teile der österreichischen Armee waren in Oberitalien gefesselt, die Operationsarmee, die in Böhmen aufgestellt wurde, war immobil, sie bestand zu einem erheblichen Teil aus gefangenen Honveds, denen man sich nicht getraute, Waffen in die Hand zu geben, und wie lange Zeit Rußland brauchte, um mobile Truppen in ausreichender Stärke zu versammeln, hatte sich seit 1830 wiederholt bei polnischen Aufständen sowie im Kampf gegen Ungarn gezeigt. Auch die preußische Armee litt an beträchtlichen Mängeln, besonders die beiden westdeutschen Armeekorps; den Mängeln der russischen und österreichischen Armee kamen sie jedoch nicht gleich. Bismarck allein von den konservativen Rednern brachte es fertig, die schmachvolle *Unterwerfung von Olmütz* als staatsmännische Tat und politische Notwendigkeit zu rechtfertigen (durch seine Kammerrede vom 3. Dezember 1850). Seine Belohnung mit einem maßgebenden Amte war danach unvermeidlich.

Diese Rede war der Höhepunkt von Bismarcks parlamentarischem Auftreten; aber schon vier Jahre lang hatten sich bei schwierigen Debatten die Blicke der konservativen Abgeordneten in die Ecke gerichtet, wo Bismarck saß: wenn sich gegen die Grundsätze der Liberalen nichts einwenden ließ, war er doch nicht verlegen um herausfordernde, ja beleidigende argumenta ad hominem und stärkte die oftmals schwankende Zuversicht der Seinigen. Wesentlicher noch war sein praktischer Einfluß im Beratungszimmer. Hier kam die *administrativ-organisatorische Begabung* zum Ausdruck, die schon den Vorgesetzten des Regierungsreferendars von Bismarck aufgefallen war und ihm immer wieder Entschuldigung für seine Eskapaden verschafft hatte, ferner seine Rechts- und Geschäftskenntnis, seine Initiative und Betriebsamkeit. Daß er im November 1848 nicht Minister wurde, lag nicht an seiner Jugend, sondern daran, daß er dem König zu weit ging – gerade das verschaffte ihm die Sympathie des Königs und machte seine Berufung zu einem späteren Zeitpunkt desto gewisser.

Beim Ausbruch der Revolution hatte zwar der durchschnittliche ostelbische Landadelige geschworen, man müsse die Verbrecher aufknüpfen und mit eisernem Besen auskehren. Bismarck hatte sich nicht mit Schwören, Fluchen und Verzweiflungsausbrüchen aufgehalten, sondern seine *Bauern bewaffnet*. Dann suchte er die kommandierenden Generäle des Garde-, II. und IV. Armeekorps auf, Prittwitz, Wrangel, Hedemann, um mit ihnen den *konterrevolutionären Gegenschlag zu organisieren.* Angesichts der Konfusion in der Umgebung des Königs war das ein phantastischer Gedanke. Anders acht Monate später: Da war die konservative Partei organisiert, nicht zum wenigsten durch Bismarcks Betriebsamkeit, vor allem waren Regierung und Heer für die Gegenrevolution bereit. Zudem wollte das Bürgertum nicht kämpfen.

Seine Führer hatten das unzweideutig dargetan. Nie hatte sich eine bürgerliche Revolution unter günstigeren Bedingungen abgespielt. Es existierte eine in ihrer Mehrheit liberale, dem bürgerlichen Parlament ergebene Armee, die nur aufgeboten zu werden brauchte: die *preußische Landwehr*. Deren Offizierskorps war zum größten, die Mannschaft zu einem erheblichen Teil liberal, ja demokratisch, aber keinem revolutionären Führer in Preußen kam der Gedanke, die Landwehr einzuberufen und dadurch die Revolution gegen die Armee zu sichern, an deren gegenrevolutionärer Gesinnung kein Zweifel bestand.

Der uneingestandene Grund dieser liberalen Selbstaufgabe war die *Angst vor der roten Gefahr:* Die Pariser Februarrevolution hatte begonnen als parallele Erhebung der bürgerlichen Nationalgarde und der Pariser Arbeiterschaft. Auch in Berlin wurde der Aufstand hauptsächlich von Industriearbeitern ausgefochten; das Bürgertum war auf den Barrikaden lediglich durch Studenten vertreten. Die Angst vor den Arbeitern veranlaßte die Liberalen, Schutz hinter den Bajonetten der regulären Armee zu suchen. Infolgedessen genoß die Regierung im Augenblick der Konterrevolution, November 1848, wieder *unbegrenzten Kredit bei den Banken*, die 1847 durch Verweigerung des Kredits die politische Krise ausgelöst hatten.

Bismarcks durchschaute als einer der ersten in seiner Partei, daß die Liberalen einen ernsthaften Kampf nicht wollten:

> „Die Elemente der Gesundheit sind bei uns noch vorhanden; das Offizierskorps und somit die Armee gehört uns; der Grundbesitz darf nur aus seiner trägen Ruhe aufgestört werden, sogar der Bauer hat doch so viel Einsicht gewonnen, daß er sich aus dem demokratischen Eldorado in vormärzliche Ruhe zurücksehnt. Die materielle Macht ist noch da, die Revolution steckt nur in unsern Beamten und dem angeblich gebildeten Mittelstande der größren Städte. Sie ist machtlos, sobald man dem Spuk dreist ins Gesicht leuchtet." (An Scharlach, 4. Juli 1850)

Eben dies machte sich Bismarck zur Aufgabe.

Statt der Landwehr, die rasch den Wert einer regulären Truppe erlangt hätte, hatte man in Berlin, nach dem Vorbild der französischen Nationalgarde, eine Bürgerwehr aufgestellt, die von niemandem ernst genommen wurde und ihre Tapferkeit nur gegen die Arbeiter bewies, insbesondere gegen die unruhigen Notstandsarbeiter am Kanalbau in den „Rehbergen" am Lehrter Bahnhof. Die offene Gegenrevolution vollzog sich am 10. November als Operette, mit Musik. An den Toren war die Bürgerwehr aufmarschiert, um die Stadt gegen die Armee zu verteidigen. Diese marschierte sternförmig von allen Seiten heran, Musik voran. Jeder Marschkolonne ritt der an dem betreffenden Tor befehligende Bürgerwehrmajor entgegen und warnte den Kommandierenden, nicht weiter zu marschieren; er werde schießen. Da die Truppe aber mit ohrenbetäubender Janitscharenmusik weitermarschierte, erklärte der Bürgerwehrmajor schließlich: „Dann weiche ich der Gewalt." Von den Toren ab marschierten die Truppen zwischen zwei Spalieren sauer blickender Bürgerwehr. An der Spitze einer seiner Kolonnen ritt der Oberkommandierende, Wrangel, bis auf den Gendarmenmarkt und lieferte dem Oberbefehlshaber der Bürgerwehr, Major Rimpler, ein homerisches Schimpfduell, bis Rimpler mit seinen Tapferen abzog. Im Schauspielhaus tagte die preußische Nationalversammlung. Wrangel umringte das Schauspielhaus mit Truppen und ließ dem Präsidenten sagen: er lasse jeden Abgeordneten aus dem Gebäude heraus, aber keinen wieder hinein. Übrigens könnten sie so lange beraten, wie sie wollten: er habe Zeit.

Bismarck hielt noch nach fünfzig Jahren in *Gedanken und Erinnerungen* (Kapitel 2) Wrangels unblutiges Verfahren

> „für einen Fehler; wenn es zum kleinsten Gefecht gekommen wäre, so wäre Berlin nicht durch Kapitulation, sondern gewaltsam eingenommen, und dann wäre die politische Stellung der Regierung eine ganz andere gewesen."

Daß Wrangels Witze für die Revolution tödlich waren, während vergossenes Blut ihr einen heroischen Abgang verschafft hätte, konnte Bismarck noch nach einem halben Jahrhundert nicht einsehen.

Bismarcks nationale Wendung

Als im Dezember 1850 die Olmützer Kapitulation bestätigt und damit die Revolution zu Grabe getragen wurde, nahmen die nachrevolutionären Verhältnisse ihre scheinbar endgültige Gestalt an, und Bismarck mußte mit einem ansehnlichen Amt belohnt werden – Regierungspräsident war nicht mehr genug. Da ein so begabter und unbekümmerter Bewerber bei den Maßgebenden Konkurrenzangst erweckte, mußte Bismarck erst eine kleine Komödie aufführen und drohen, er werde Berlin verlassen und

Minister in Anhalt werden; seine wirtschaftliche Lage zwinge ihn dazu. Daraufhin übertrug man ihm einen diplomatischen Posten von zentraler Bedeutung, die preußische Bundestagsgesandtschaft in *Frankfurt*.

Am 11. Mai 1851 kam Bismarck in Frankfurt an; für eine kurze Einarbeitungszeit war er noch Legationsrat. Am 22. Juni, sechs Wochen später, hatte er die Schwenkung zur deutschen Nationalpolitik vollzogen. Noch am 3. Dezember 1850 hatte er mit seiner Olmützrede den Zweck verfolgt, die Heilige Allianz wiederherzustellen, und war in dieser Absicht nach Frankfurt gegangen. Aber wenige Wochen Umgang mit der österreichischen Diplomatie überzeugten ihn, Preußen könne dieses Ziel nur durch völlige Selbstaufgabe erreichen.

Der *preußisch-österreichische Gegensatz* war ein *sozialer*. Der *Kleinadel der preußischen Monarchie* in ihren östlichen Provinzen, die „Junker", war im Durchschnitt *wenig vermögend* und darauf angewiesen, die *jüngeren Söhne im militärischen oder zivilen Staatsdienst zu versorgen*, wo sie in den unteren Rangstufen kläglich bezahlt und zu einer unstandesgemäß *angespannten Tätigkeit* gezwungen waren.

Dagegen war der *österreichische Hochadel sehr reich*, die leitenden militärischen und zivilen Staatsstellungen fielen seinen Angehörigen zu, ohne daß sie sich anzustrengen brauchten. Dieser Hochadel sah mit tiefer Verachtung auf den hart arbeitenden preußischen Kleinadel und mithin auf den preußischen Staat herab.

Manche preußischen Aristokraten teilten diesen Standpunkt, beispielsweise der General und Botschafter von Schweinitz, der in seinen *Denkwürdigkeiten* die preußischen Siege von 1866 beklagt, denn es gab

> „damals in allen Staaten eine österreichische Partei aus denjenigen, welche von althergebrachten Mißbräuchen Nutzen zogen, angenehm lebten und Reformen im preußischen Sinn, also durch Arbeit und Sparsamkeit, fürchteten ... Alles was die Revolution noch verschont hatte, alles was vornehm war durch Geburt, Besitz und Sitte, erblickte im Wiener Hofe und der österreichischen Aristokratie den letzten Hort für Adel, Kirche und Nepotismus ... Unbewußt wurde man beängstigt durch den Zusammenbruch eines Systems, bei welchem man ohne Examina, ohne vieles Wissen und anstrengenden Dienst zu hohen Stellungen gelangen konnte." (Bd. I S. 238 f.)

Aus dieser Mentalität entsprang die Überzeugung des Wiener Hofes, Preußen dürfe keine eigenen Interessen verfolgen, sondern habe bedingungslos und ohne Gegenleistung jeden österreichischen Wunsch zu erfüllen.

Bismarck war nicht der einzige preußische Konservative, der sich durch praktischen Umgang mit der österreichischen Diplomatie von der

Unmöglichkeit preußisch-österreichischer Zusammenarbeit überzeugte. Ebenso rasch wie er 1851 gelangte 1854 der preußische Militärattaché in Wien, Prinz Kraft zu Hohenlohe-Ingelfingen, zu der Überzeugung,

„daß wir nicht eher von einer österreichischen Regierung ... für voll und gleichberechtigt angesehen werden würden, als bis wir den Österreichern noch einmal ‚die Jacke vollgehauen hätten'. (*Aufzeichnungen,* Bd. I S. 267)

Weder Bismarck noch Hohenlohe und die anderen, die die gleiche Erfahrung machten, forderten den Krieg aus Haß, sondern lediglich als die leider unerläßliche Voraussetzung für das ersehnte freundschaftliche Verhältnis zu Österreich, als eine interne Auseinandersetzung des preußischen und österreichischen Adels. Bismarck als einziger sah, daß die Wendung gegen Österreich innenpolitische Konsequenzen nach sich zog: das Einlenken Preußens in die Zusammenarbeit mit dem Bürgertum, kleindeutsche Nationalpolitik, liberale Wirtschaftspolitik. Schon am 22. Juni 1851 zog er die für den Adressaten, Leopold von Gerlach, verblüffende Folgerung:

„Für sehr nützlich würde ich es halten, wenn man sich bei Zeiten mit den deutsch-materiellen Fragen befaßte. Diejenige Stelle, die darin die Initiative ergreift ..., wird einen großen Vorsprung in den Sympathien der Beteiligten haben, denn die Sachen, quae numero et pondere dicuntur, sind der Mehrzahl der Deutschen wichtiger als Ihnen und mir, und wenn ich auch eine Gleichheit von Maß, Gewicht, Wechselrecht und andern derartigen Schnurrpfeifereien nicht sehr hoch anschlage und für schwer ausführbar halte, so sollte man doch den guten Willen zeigen und zu Ehren des Handwerks etwas damit klappern ..."

In diesen „Schnurrpfeifereien" dokumentiert sich der Unterricht, den Bismarck seit sechs Wochen von Amschel Rothschild und anderen Chefs der *Frankfurter Geschäftswelt* genoß. Worum es ging, das hat ein bekannter Elberfelder Kaufmann, Mitinhaber der Baumwollfabrik Ermen & Engels, folgendermaßen beschrieben:

„In Wirklichkeit aber ... war das Bürgerum, namentlich Deutschlands, mächtig aus dem ... Schlendrian aufgerüttelt. Es hatte einen ... bescheidenen Anteil an der politischen Macht bekommen ... Infolge des kalifornischen und australischen Goldregens und anderer Umstände trat eine Ausdehnung der Weltmarktverbindungen und ein Aufschwung der Geschäfte ein wie nie zuvor ... Die Anfänge großer Industrie, die seit 1830 und namentlich seit 1840 am Rhein, in Sachsen, in Schlesien, in Berlin und einzelnen Städten des Südens entstanden, wurden jetzt ... erweitert, der Eisenbahnbau beschleunigt ... Mehr als je setzten sich deutsche Kaufleute in allen überseeischen Handelsplätzen fest, vermittelten einen immer größeren Teil des Welthandels und fingen allmählich an, den Absatz nicht nur englischer, sondern auch deutscher Industrieprodukte zu vermitteln.

Dieser sich mächtig hebenden Industrie und dem sich an sie knüpfenden Handel aber mußte die deutsche Kleinstaaterei mit ihren vielfachen, verschiedenen Handels- und -Gewerbegesetzgebungen bald eine unerträgliche Fessel werden. Alle paar Meilen weit ein anderes Wechselrecht, andere Bedingungen bei Ausübung eines Gewerbes, überall, aber überall andere Schikanen, bürokratische und fiskalische Fußangeln, ja oft noch Zunftschranken, gegen die nicht einmal eine Konzession half! Und dazu noch die verschiedenen Heimatgesetzgebungen und Aufenthaltsbeschränkungen, die es den Unternehmern unmöglich machten, disponible Arbeitskräfte in genügender Zahl auf die Punkte zu werfen, wo Erz, Kohle, Wasserkräfte ... die Anlage von industriellen Unternehmungen gebot! ... Überall aber, wo der ... Fabrikant Arbeiter ... zusammenzog, stemmten sich Polizei und Armenverwaltung gegen die Niederlassung der Zuzügler. Ein deutsches Reichsbürgerrecht und volle Freizügigkeit ..., eine einheitliche Handels- und Gewerbegesetzgebung, das waren ... jetzt notwendige Lebensbedingungen der Industrie.

Dazu in jedem Staat und Stätchen anderes Geld, anderes Maß und Gewicht, oft genug zweierlei und dreierlei in demselben Staat. Und von allen diesen zahllosen Gattungen von Münze, Maß und Gewicht keine einzige auf dem Weltmarkt anerkannt! Was Wunder also, daß Kaufleute und Fabrikanten, die auf dem Weltmarkt verkehrten oder mit importierten Artikeln zu konkurrieren hatten, zu all den vielen Münzen, Maßen und Gewichten auch noch ausländische anwenden mußten ...? Und wie sollten große Kreditinstitute zustande kommen auf diesen beschränkten Währungsgebieten, mit Banknoten in Gulden hier, in preußischen Talern dort, daneben Taler Gold, ‚Taler neue Zweidrittel', Mark Banko, Mark Courant, Zwanzig-Guldenfuß, Vierundzwanzig-Guldenfuß, bei endlosen Kursberechnungen und Kursschwankungen? ...

Man sieht hieraus, wie das Verlangen nach einem einheitlichen ‚Vaterland' einen sehr materiellen Hintergrund besaß ... Und die Leute, die (es) jetzt forderten, wußten was sie wollten. Sie waren im Handel und zum Handel auferzogen, verstanden zu handeln und ließen mit sich handeln ... Sie sangen von des Deutschen Vaterland, darin auch Steirerland, Tirol und das Österreich, an Ehren und an Siegen reich ..., aber sie waren bereit, auf dieses ... Vaterland einen recht beträchtlichen Rabatt für bare Zahlung, 25-30% zu bewilligen. Ihr Einheitsplan war ... praktikabel."

Bismarck tritt in seinen Briefen für diese Forderungen zunächst noch etwas unentschieden ein, sei es, daß er sich noch nicht voll von ihrer Notwendigkeit überzeugt hatte, sei es, daß er sich den entgegengesetzten Anschauungen seiner Freunde durch konziliante Formulierung anzubequemen sucht. Beispielsweise schreibt er (27. April 1853) über die Gewerbefreiheit an Hermann Wagener:

„Ich habe mir viel von der Wiederaufhebung der Gewerbefreiheit versprochen; daß es aber damit allein nicht getan ist, beweisen die hiesigen Zustände. Das Zunftwesen ist hier bisher intakt, und man vermißt keinen der Nachteile, die es mit sich führt: übermäßige Teuerung des Fabrikats, Gleichgültigkeit gegen Kundschaft und deshalb nachlässige Arbeit, langes Warten auf Bestellung, spätes Anfangen, frühes Aufhören ..., Zurückbleiben in technischer Hinsicht und viele andere von den Mängeln, die ich stets zu tragen entschlossen gewesen bin, wenn ich dafür einen befriedigten, konservativen Handwerkerstand haben kann.

Diese Entschädigugn für jene Übel fehlt aber hier in noch höherem Maße als in Berlin. Man trifft kaum einen Handwerksburschen von anderer als entschieden demokratischer Richtung, und selbst die Meister ... gehören der Bewegungspartei an ... Ich suche die Ursache ... in dem neidischen Gleichheitsgefühl, welches den wohlhabenden Handwerker antreibt, mit dem Handelsherrn und Bankier an Luxus, oder mit den Studierten der hiesigen Republik an Einfluß zu wetteifern. Wenn man ... die Seide der Handwerkerfrauen, die elegante Einrichtung der Wohnungen sieht, so wird man leicht klar über die Quelle der Unzufriedenheit ... Die korporativen Verbände ... dienen nur zum Tummelplatz untergeordneter politischer und persönlicher Zänkereien und als Mittel, die Ausbeutung des Publikums und den Ausschluß der Konkurrenz ... zu betreiben."

Schließlich aber hat Bismarck in Frankfurt das Programm entwickelt, das er als preußischer Ministerpräsident und als Reichskanzler durchführte:

1. Kleindeutscher Nationalstaat.
2. Dessen Ausbau zum nationalen Markt durch einheitliche, liberale Wirtschaftseinrichtungen.
3. Wirtschaftliche Gesetzgebung durch ein liberales, also bürgerliches Parlament.
4. Das Parlament sollte jedoch nicht das Budgetrecht erhalten, anders ausgedrückt: der preußische Absolutismus, das heißt die Junkerherrschaft, sollte aufrechterhalten werden.
5. Weiterhin Leitung durch eine Gesandtenkonferenz, künftig ‚Bundesrat' statt ‚Bundestag'; deren Verlegung nach Berlin; Personalunion des preußischen Bundesratsgesandten – künftig ‚Reichskanzler' – und Ministerpräsidenten, der somit diktatorische Macht erlangte.

Kurz ein *adlig-bürgerlicherKompromiß:* Die wirtschaftlichen Erfordernisse der Industrie, anders ausgedrückt der bürgerlichen Unternehmer, sollten durch ein bürgerliches Parlament verwirklicht werden, die politische Macht jedoch dem ostelbischen Adel verbleiben, personifiziert durch den preußischen König und vertreten durch Bismarck als Diktator. Er gelangte zu diesem Programm durch die beiden Seiten seiner Frankfurter

Tätigkeit: die ständige Auseinandersetzung mit den anderen deutschen Staaten als preußischer Bundestagsgesandter und seine Geschäftsbeziehung zum Hause Rothschild. Diese kam naturgemäß auch seinen Privatgeschäften zugute.

Bismarcks Privatfinanzen bis 1866

Als Junggeselle schlug Bismarck wieder und wieder über die Stränge. Schon auf der Rückkehr von seiner wilden Brautfahrt durch süddeutsche Bäder und die Schweiz 1837 konnte er nicht, wie beabsichtigt, auf der Durchreise in Göttingen bei seinem Corpsbruder Scharlach Station machen, denn er war völlig von Geld entblößt und mußte sich deshalb nach dem Fahrplan eines liquideren Mitreisenden richten. Noch 1844 konnte er nicht von Norderney über Hannover zurückreisen, denn

> „ich hatte den dortigen Spieler, Herrn Hartog, wider meinen Willen so freigebig unterstützt, daß mir nur eben so viel Geld übrig blieb, in Gesellschaft eines Bekannten über Hamburg, als den wohlfeilsten Weg, heimzukehren, und erreichte meines Vaters Hof mit Müh und Not, d.h. ich kam mit 25 Silbergroschen auf seinem Gute an der Elbe an und war froh, daß ich durch mein unverdächtiges Aussehen der Bezahlung eines Passes an der Grenze entging." (An Scharlach, 9. Januar 1845)

Seit Anfang 1847 nimmt Bismarcks Finanzgebarung den entgegengesetzten Charakter an: Spielkarten nahm er nicht mehr in die Hand, er wurde *sparsam, tilgte Schulden* und *sparte ein Effektenvermögen* zusammen.

Auf seiner Hochzeitsreise übte er keine kleinliche Sparsamkeit und dachte ersichtlich nicht mehr an die Armen von Jerichow. Andererseits hielt er sein Geld zu Rate:

> „Um Dich, meine liebe Mutter, über die Kosten der Reise etwas zu beruhigen, will ich Dir auch genau sagen, wie hoch sie sich belaufen werden. Wir sind nun 15 Tage unterwegs, heut ist der 16te, und haben 170 Taler oder 30 Friedrichsdor ausgegeben, dabei mitunter sehr teure Gegenden gehabt, Wien, Dampfboot, Linz. Ich denke nun, daß wir noch 2 bis 3 Wochen ausbleiben, wonach also die Sache nicht viel über 400 Taler zu kosten verspricht, und uns Freude für das Leben gewährt." (An die Schwiegermutter, 25. oder 26. August 1847)

Die Gegenwartskaufkraft dieser 400 Taler mag bei 30000 DM West nach dem Stand von 1990 liegen – genau ist dergleichen nie zu sagen. Die Beförderung, überwiegend noch mit der Postkutsche, war verhältnismäßig teurer als heute mit der Eisenbahn, und erst recht mit dem Auto. Zwar blieb es nicht bei vier bis fünf Wochen und 400 Talern, denn

„da meine Reise 4 Wochen länger dauerte, als ich wollte, so haben sich meine *(Deich-)* Arbeiten sehr aufgesummt, und unzählige Exzitatorien *(Mahnungen)* das Kaminfeuer genährt. Ich dachte eigentlich nur bis Meran zu gehen. Der erste Teil unserer Reise war aber so wohlfeil, daß ich von meinen 100 Frdor, die ich dazu ausgesetzt, fast noch die Hälfte in Meran übrig hatte. In Italien und der Schweiz kam aber das dicke Ende hinten nach, und mußte Johanna schließlich zu den 100 Friedrich fast noch 200 Taler zulegen, die sie zur Anschaffung von Silber bekommen hatte, was kein Unglück ist, da hier plattierte Leuchter genug sind der Tee aus Wedgwood ebenso gut schmeckt und wir alles übrige reichlich geschenkt bekommen haben. So kostet die ganze Reise 750 Taler für uns beide, also bei 57 Tagen etwa 13 Taler auf den Tag. Ich finde es verhältnismäßig wohlfeil, und die Ausgabe tut mir nicht leid." (An den Bruder, 24. Oktober 1847)

Nach heutigen westdeutschen Maßstäben kann die Reise in der Tat nicht üppig gewesen sein.

1848 wurde Bismarck *Berufspolitiker*, mußte seinen *Hauptwohnsitz nach Berlin* verlegen und 1849 auch Schönhausen verpachten. Seitdem hatte er an Privateinnahmen nur etwa 8000 Taler jährlich, hauptsächlich die Pacht für Kniephof und Schönhausen, ferner bäuerliche Ablösungsrenten für Schönhausen und eine Anzahl kleinerer Beträge. Nach und nach kamen dazu Erträge aus Wertpapieren, bei deren Erwerb und Verwaltung er sich sachverständigen Rats bei Amschel Rothschild in Frankfurt erfreute.

Seinen *Lebensaufwand in Berlin* 1849-51 deckte Bismarck, seit seiner Wahl zum Abgeordneten für Brandenburg für die zweite Kammer im Februar 1849, zu einem erheblichen Teil *aus Abgeordnetendiäten:*

„Daß wir Wilhelmstr. 71 wohnen, weißt Du – etwas teuer, aber dafür kneipt man nicht so viel in Gasthöfen, und ich lebe vielleicht im Ganzen etwas wohlfeiler als früher im Junggesellen- oder Strohwitwerstande; 1 Taler über die Diäten werde ich jetzt doch brauchen, früher wohl 2." (An den Bruder, 18. April 1849)

Bekanntlich verweigerte Bismarck später hartnäckig dem Reichstag Abgeordnetendiäten; er wollte dadurch die Sozialdemokratie behindern.

Als Diplomat und später als Ministerpräsident pflegte Bismarck an Geselligkeit zu sparen. *Umfangreiche Geselligkeit* galt als *Vorbedingung erfolgreicher diplomatischer Tätigkeit,* erhebliches eigenes Vermögen war dafür Voraussetzung. Solches *Vermögen besaß Bismarck nicht*, vielmehr sparte er, offensichtlich nicht nur die Einkünfte seines Vermögens, sondern auch unverbrauchte Gehaltsspitzen. Zu Beginn seiner diplomatischen Tätigkeit, in Frankfurt, beschnitt er seine Geselligkeit noch nicht so wie später; daher noch 1853 seine Klage über

> „etwas zu viel dîners und Bälle ... Mein Trost ist, daß ich die daraus folgenden Indigestionen als dienstliche betrachten darf, und von dem dereinstigen Schlagfluß infolge amtlicher Trüffelvertilgung werde gerührt werden." (An Leopold v. Gerlach, 21. Januar 1853)

Die auf ein solches Ende hindeutenden klinischen Beobachtungen machte er weniger an sich selbst als an seinen Kollegen, da er fleißig jagte und ritt:

> „Die Zeit dazu habe ich dadurch gewonnen, daß ich sehr viel fauler bin als im vorigen Jahr, weil mein Fleiß in Berlin kein Echo oder Resultat findet. Auch sozial bin ich sehr viel zurückhaltender geworden, nachdem man mir diverse, allen Vorgängern gewährte Kanzlei-Emolumente entzogen und mich genötigt hat, 1000 Taler auf meine Tasche zu übernehmen, die früher der Staat trug. Sogar die Pensionierung eines entbehrlichen Kanzleigreises hat mir Fra Diavolo (der Ministerpräsident v. Manteuffel) abgeschlagen, so daß ich täglich mit mir kämpfe, ob ich diesen, seit einem Menschenalter als preußischer Kanzleidiener bekannten Ehrenmann hülflos auf den Bettel schicken, oder ferner auf eigene Kosten unterstützen soll." (An die Schwester, 22. Dezember 1853)

Die Unterstützung des Frankfurter Kanzleigreises sticht von Bismarcks späterer Härte gegen Untergebene und Filzigkeit wesentlich ab. Seine pommerschen Freunde aus den Jahren bis 1846 bezeugen, nie habe er in Gegenwart Dritter seine Arbeiter oder Angestellten unhöflich behandelt, und die Teilnahme an ihren Geschicken in seinen Briefen scheint echt zu sein. Auch die „Tiraden" über die Not in Jerichow waren doch nicht nur „sentimental". Noch Ende 1863 als preußischer Ministerpräsident übte er eine ausgedehnte privatte Wohltätigkeit. Sein persönlicher Referent, von Keudell, mußte auf Bettelbriefe hin recherchieren und in Fällen wirklicher Not Unterstützungen bis zu 25 Talern im Einzelfall (vielleicht 1000 DM entsprechend) überbringen. Keudells Einwände gegen eine solche systemlose Wohltätigkeit wehrte Bismarck ab: „Wer sich in Not bittend an mich wendet, dem helfe ich, soweit ich es mit meinen bescheidenen Mitteln vermag."

Aus diesen bescheidenen Mitteln hat Bismarck 1851-66, also innerhalb von sechzehn Jahren, die auf Kniephof und Schönhausen lastenden *Schulden* in der Größenordnung von 50000 Talern *abgetragen* und ein *Effekten-*

vermögen gebildet, das um 1866-1867 die Größenordnung von 150000 Talern erreichte und überschritt. Er legte also im Jahresdurchschnitt mehr als 12000 Taler zurück.

Nur 1860 war er dazu außerstande, mußte vielmehr seine Rücklagen angreifen. Denn er wurde von Frankfurt nach Petersburg versetzt, und von 13000 Talern Umzugskosten wurden ihm nur 3000 erstattet; heutige westdeutsche Diplomaten werden kulanter behandelt, während Bismarck damalige Diplomatenversetzungen als Zwangsanleihe des Ministeriums bei den Gesandten bezeichnete. Das Gehalt für den Posten in Petersburg betrug zwar 30000 Taler, aber um nicht zu sehr in das Vermögen zu greifen, schränkte Bismarck seine Geselligkeit rigoros ein. Er nahm *in Petersburg nicht einmal Einladungen an,* da er sie nicht erwidern könne.

1866 hatte Bismarck nicht nur seine politischen Ziele in der Hauptsache erreicht, sondern auch die privaten, derentwegen er 1838 aus der Verwaltungslaufbahn ausgeschieden war: die Entschuldung seiner Güter. Sein Effektenvermögen lag bei 150000 Talern, Schönhausen war sicherlich 90000 Taler wert, Kniephof kaum weniger: sein Gesamtvermögen erreichte etwa 330000 Taler, also nach der Währungsumstellung von 1871 (1 Taler = 3 Mark) in Mark gerechnet eine Million.

Durch die Dotationen, die 1866 und 1871 hinzukamen, wurde er auch in Talern Millionär: 1866 erhielt er 400000 Taler, für die er Varzin erwarb, 1871 erhielt er den Sachsenwald, dessen Wert 1 Million Taler betrug.

Bismarcks Grundvermögen seit 1866

Einem Klagebrief an seinen Bruder vom 23. Juli 1871 zufolge war Bismarck durch die 1,4 Millionen Taler (4,2 Millionen Mark) Dotationen zum notleidenden Landwirt geworden:

> „In meinen Geldangelegenheiten habe ich kein Glück, vielleicht kein Geschick, jedenfalls nicht die Zeit, mich darum zu bekümmern. Ich war in guter Lage, bevor ich die erste Dotation erhielt; jetzt geht alles in Varzin auf. Ich habe außer meinem Gehalt *(48000 Mark)* und der Pacht von Schönhausen *(mit Nebeneinnahmen etwas über 3500 Taler, also nicht ganz 11000 Mark)* nicht einen Groschen Einnahme, nur Zuschüsse zu Selitz, Mosdow *(zu Varzin gehörige Gutsbetriebe),* der Forst und den Bauten; die ganzen Pachterträge bleiben hier und reichen nicht. Die Zukunft wird das alles wohl ins Geleise bringen; ob zu richtigen Zinsen, weiß ich nicht.
>
> Diese neue Dotation ist, wie ich denke, sehr wertvoll, bisher aber brachte sie mir nur eine Ausgabe von 85000 Talern, die ich aufgenommen habe, um eine Parzelle mitten

darin zu kaufen *(Friedrichsruh)*, den einzigen Fleck, wo man sich etablieren kann ... Die Einnahmen waren bisher 34 000 Taler netto, darunter 3500 Taler Jagdpacht und 2 000 bis 3000 Taler für Mahl-, Brau- und Brennzwang. Beides fällt künftig fort, letzteres durch die Gesetzgebung, und die Jagd kann ich doch nicht dauernd den Hamburgern lassen.

Die Einnahmen stehen mir erst vom 1. Januar 1872 zu. Bis dahin mache ich Schulden. Immer wären 30 000 Taler eine schöne Revenüe, nur muß man nicht Fürst dabei sein. Auf diesen Schwindel werde ich mich wohl nicht mehr recht einleben. Wenn Herbert mit Gottes Hülfe lebt und mehr Talent dafür hat, so ist die Revenüe für eine fürstliche doch von der Art, daß sie sehr zu Rate gehalten sein will ...“

Wir können Bismarck unser Mitleid nicht versagen. Als er Varzin übernahm, waren die dazugehörigen *Wälder devastiert;* von vornherein stand fest, daß er ein Jahrzehnt hindurch weiteres Geld hineinstecken müsse. Zudem stand er seit dem Erwerb von Varzin und Friedrichsruh unter dem, wie es scheint, unabweisbaren Zwang, beide Herrschaften durch *Zukauf von Tausenden Hektar* abzurunden, so daß er sich verschuldete, nachdem er sich in den vorangegangenen, glücklichen Jahren entschuldet hatte.

Varzin umfaßte 1867, als es in Bismarcks Besitz kam, 5625 ha, darauf 2750 ha Wald, sieben Ortschaften und mehrere Vorwerke.

Die Ortschaften waren in Wahrheit Rittergüter mit je einer Arbeitersiedlung, nur Varzin und Wussow waren echte Dörfer, in denen als Relikte aus dem Mittelalter einige Bauernhöfe übriggeblieben waren. Für diese Herrschaft gab Bismarck 500 000 Taler: seine 400 000 Taler Dotation und 100 000 Taler, die die Preußische Seehandlung durch Verkauf von etwa zwei Drittel seiner Wertpapiere erlöst hatte.

Noch im gleichen Jahr, in dem er Varzin gekauft hatte, erwarb er für 70 000 Taler das östlich angrenzende Rittergut Seelitz; das Kaufgeld beschaffte er sich, indem er Kniephof an Philipp von Bismarck, den ältesten Sohn seines Bruders, verkaufte, „aber doch nicht viel wohlfeiler, als ich überhaupt dafür erhalten kann.“ (An den Bruder, 6. Juli 1867)

Das heißt: Für einen Verkauf innerhalb der Familie forderte er sehr viel, gezwungen durch die permanente Geldnot des notleidenden Landwirts.

Etwas später kaufte Bismarck noch die Fuchsmühle zwischen Varzin und Seelitz, und 1874 für 120 000 Taler das rings von Varziner Gebiet umschlossene Rittergut Chorow. Demnach wuchs Varzin auf etwa 8 125 ha, und der Erwerb des Grund und Bodens kostete Bismarck etwa 700 000 Taler, mehr als 2 Millionen Mark. Etwas mehr als die Hälfte der Gesamtfläche, 4250 ha, war Wald.

Der Boden bei Varzin ist überwiegend leicht; daher die große Ausdehnung der Wälder. Bei Bismarcks Besitzantritt war die Landwirtschaft bis auf eine Reservatwirtschaft von 30 ha in Varzin selber verpachtet. In den folgenden Jahrzehnten brach ein Pächter nach dem anderen zusammen; Oberförster Westphal, der anfangs nur den Wald und die 30 ha Reservatwirtschaft geleitet hatte, übernahm nach und nach den größten Teil der heruntergewirtschafteten Landwirtschaft in Bismarcksche Regie und brachte sie zu *bedeutenden Reinerträgen.* Das erforderte *jahrzehntelang angespannte Mühe.*

An den leichter zugänglichen Stellen des Varziner Waldes hatten Bismarcks Vorgänger gedankenlos abgeholzt, aber nicht nachgepflanzt. Er mußte im ersten Jahrzehnt 2000 ha, etwa die Hälfte der Waldfläche, neu anschonen: nur zum kleineren Teil Flächen, die er selbst geschlagen hatte:

„Wo der Wald leicht zugänglich ist, hat man nach Bedarf herausgehauen, in steilen Schluchten und Bergen hat man den Bestand nicht gekannt ... Gestern habe ich den Weg da fortgesetzt, wo wir in den Bergen an der Chaussee umkehrten; ich entdeckte da noch eine Provinz, die mich einen stellenweise gemsenartigen Ritt von 3 Stunden kostete, aber auch sehr befriedigende Bestände neben kindischer Verwüstung zeigte." (An den Bruder, 30. Juni 1867)

„Es gibt doch sehr dicke Buchen hier, auch Balken und Blöcke, Wüsteneien, Schonungen, Bäche, Nööre, Heiden, Ginster, Rehe, Auerhähne, undurchdringliche Buch- und Eichenaufschläge und andere Dinge, an denen ich meine Freude habe, wenn ich dem Terzett von Taube, Reiher und Weihe lausche oder die Klage der Pächter über die Untaten der Säue höre...

Bernhard war nicht so unterhaltend wie gewöhnlich, er grübelt und rechnet innerlich zu viel" (An die Gattin, 30. Juni 1867)

wegen des gesalzenen Preises für Kniephof.

Ebenso verwahrlost wie der Wald waren die Gebäude. Bismarck konnte aus seinem Bett im Erdgeschoß durch die Decke bis unter das Dach sehen, und Oberförster Westphal weigerte sich, das Verwalterhaus zu beziehen, da es unbewohnbar war.

Bismarck begnügte sich nicht, die Waldungen durch Neupflanzung wieder hochzubringen; er meliorierte auch das, wie es scheint, sehr umfangreiche Unland, beispielsweise füllte er einen Sumpf von 30 ha durch Abtragung benachbarter Hügel aus. Daß die Pachteinnahmen für den Wiederaubau nicht reichten, ist danach verständlich.

Wenn Bismarck von „Bergen und Schluchten" spricht, darf sich der

Leser keine alpinen oder Mittelgebirgsvorstellungen machen. Die wenig erodierten End- und Seitenmoränen der letzten Vereisung haben indessen mitunter wirklich steile Böschungen, namentlich wo sie durch nachdrückendes Eis gestaucht worden sind oder von einem Küstenfluß durchbrochen werden. In diesem Gelände wechselt die Bodenbeschaffenheit jäh. Unvorteilhaft war, daß der Varziner Park gerade auf einer der wenigen Flächen ausgesprochen guten Bodens angelegt war; alle Landwirte, voran sein Bruder Bernhard, rieten Bismarck, den Park zu roden, aber er erwiderte: wolle er sich die Weizenähren ins Schlafzimmer hängen lassen, so könne er auch nach Schönhausen ziehen. Er liebe ja eben den Park und den Wald. Dieser *„Baumnarrheit"* opferte er einen Teil der Zuschüsse für Varzin.

Im Lauf der siebziger Jahre wurde Varzin vom Zuschuß- zum Gewinnbesitz. Zwar traten mehrfach Pachtausfälle und andere Verluste in der Landwirtschaft ein, aber die Landwirtschaft kam schließlich doch auf guten Fuß, und durch den Bau der Varziner *Papierfabrik* gelangte Bismarck zu festen Einnahmen, sowohl aus der Pacht für die Fabrik wie aus dem Holzverkauf an sie.

Der Sachsenwald umfaßte Anfang 1871, als ihn Bismarck bekam, 6800 ha. In seinen ersten fünfzehn Jahren dort kaufte Bismarck etwa 1040 ha hinzu; heute rangiert der dortige Bismarcksche Besitz mit 8900 ha an dreizehnter Stelle unter den *großen Grundvermögen der Bundesrepublik* – damals blieb er natürlich *weit hinter den ostdeutschen,* insbesondere den schlesischen *Latifundien zurück.* Die Zukäufe bis 1885 erforderten rund 2 Millionen Mark, wovon Bismarck etwas weniger als die Hälfte bar aufbrachte, während er gut eine Million von Bleichröder gegen Hypotheken erhielt. Zu den Zukäufen gehörten einige landwirtschaftliche Betriebe, mit deren Erwerb und Verwaltung der Friedrichsruher Verwalter, Oberförster Lange, angeblich keine so glückliche Hand hatte wie Westphal in Varzin. Lange wurde späterhin von Bismarcks Erben derjenige Teil der Pension vorenthalten, der auf seine staatliche Dienstzeit, vor Eintritt in Bismarcksche Dienste entfiel. Er klagte, und das Gericht schob Fürst Herbert und Graf Wilhelm Bismarck den Eid zu, Lange habe beim Eintritt in Bismarcksche Dienste ausdrücklich darauf verzichtet, daß Bismarck die Pension für seine staatlichen Dienstjahre übernähme. *Die Herren von Bismarck leisteten den Eid.* Kommentar unnötig.

Kurz nach der Schenkung des Sachsenwaldes, 1871, erbte Bismarck das *Rittergut Reinfeld* im östlichen Hinterpommern (Kreis Bütow) von seinem Schwiegervater.

Ende 1871 besaß also Bismarck vier landwirtschaftliche Komplexe: die

Herrschaften Sachsenwald und Varzin, die Rittergüter Reinfeld und Schönhausen I. Das letztere hatte zwar nur einen Bruchteil der Fläche des Sachsenwaldes oder von Varzin – durch Ankauf dreier Bauernstellen brachte es Bismarck bis 1877 auf 700 ha (225 ha Acker, 150 ha Wiesen und Weiden, 325 ha Wald). 1885 gelangte Bismarck durch Schenkung auch in den Besitz von Schönhausen II. Die beiden vereinigten Rittergüter machten zusammen 2000 ha aus und bildeten wahrscheinlich den wertvollsten landwirtschaftlichen Besitz Bismarcks.

Das Gesamtgut Schönhausen war 1767 bei einer Erbteilung geteilt worden. Das einer Seitenlinie zugefallene Schönhausen II war dreifach so groß wie Schönhausen I. Infolge Überschuldung hatte Schönhausen II 1830 verkauft werden müssen; seit den vierziger Jahren gehörte es dem Magdeburger Stadtrat Gärtner, der in Bismarcks Schönhauser Briefen oft als Nachbar erwähnt wird. 1866 war Bismarcks erster Gedanke, seine Dotation zum Ankauf von Schönhausen II zu verwenden. Indessen forderte Gärtner, der gar nicht verkaufen wollte, 150 000 Taler über den Wert, und Bismarck wollte nur 50 000 Taler über den Wert gehen.

Zu Bismarcks siebzigstem Geburtstag 1885 wurde eine Spende veranstaltet und erbrachte, da er sich seit 1881 sehr unbeliebt gemacht hatte, nur 2 174 000 Mark. Davon wurden 1 150 000 Mark verwendet, um Schönhausen II für ihn zu kaufen. Der Gesamtpreis betrug 1,5 Millionen M; 350 000 M wurden von Mendelsohn und Bleichröder gegen Hypothek zur Verfügung gestellt. Bismarck war sehr unwillig, daß ihm das Gut mit einer hypothekarischen Belastung geschenkt wurde und man ihm zumutete, nahezu die Hälfte der Spende für einen gemeinnützigen Zweck zu stiften.

Dies machte sehr böses Blut. Er war bereits vielfacher Millionär. Die Spender waren überwiegend kleine Leute, die nicht einen reichen Mann noch reicher machen, sondern ihm die Förderung irgendeines, ihm am Herzen liegenden kulturellen oder sonst gemeinnützigen Zwecks ermöglichen wollten. Anscheinend gab es solche Zwecke nicht. Höchst widerwillig stimmte er zu, daß 1 024 000 M zu einer Stiftung für Oberschul-Lehrer verwandt wurden.

Die 1849 abgeschlossene Verpachtung von Schönhausen I war 1872 abgelaufen. Bismarck nahm damals Schönhausen I und 1885 das wiedervereinigte Gesamtgut in eigene Regie. 1890-98 wirtschaftete dort Graf Herbert Bismarck, dann fiel es, zusammen mit Varzin, an dessen jüngeren Bruder Wilhelm.

Daß die Zuschüsse und Verluste in Varzin aufhörten, verdankte Bismarck zu einem entscheidenden Teil der Papierfabrik. Der nach Norden fließende Küstenfluß, die Wipper, hat so erhebliches Gefälle, daß es 1869 und in den folgenden Jahren möglich war, drei Staustufen zu errichten und durch Mühlwerke eine Holzschleiferei und Papierfabrik zu betreiben. Die Kösliner Papierfabrikanten *Brüder Behrend* bauten die ganze Anlage und zahlten für die erste Staustufe etwa 13650, für die zweite 21750 M Jahrespacht. Die Gesamtpacht betrug in späteren Jahren 87900 M. Bismarck konnte an die Papierfabrik die *Fichten aus seinem Forst* frachtgünstig *absetzen.* Zu den 87000 M Varziner Pacht kamen später noch 12000 M Jahrespacht für die auf Bismarckschem Grund an der Elbe, oberhalb Geesthacht erbaute *Pulverfabrik Düneberg.*

Zu der hohen Pacht von nahezu 90000 M scheinen die Brüder Behrend nicht zum wenigsten durch einen vorteilhaften Dauerabschluß imstande gewesen zu sein, der ihnen die *Belieferung der Reichspost mit Formularpapiere* sicherte. Bismarcks Kritiker bedauerten, daß er nicht den Anschein vermieden habe, als wende er seinen amtlichen Einfluß zur Begünstigung seiner Pächter an. Wegen Düneberg, das von den Köln-Rottweiler Pulverfabriken betrieben wurde und noch unbedingter auf öffentliche Aufträge angewiesen war, sind solche Vorwürfe nicht erhoben worden, denn in Varzin wurde der Blick der Kritiker durch die jüdische Herkunft der Brüder Behrend geschärft.

Bismarcks Fürsorge für die beiden Fabriken beschränkte sich nicht auf die Zuwendung öffentlicher Aufträge; er hielt ihnen auch *Kosten aus dem Arbeitsschutz von der Hand.* In einem von Helmuth von Gerlach überlieferten Fall hatte die Regierung Schleswig in Düneberg eine Schutzvorrichtung angeordnet. Unterzeichnet war die Verfügung von dem Abteilungsleiter, Oberregierungsrat von Franck; diesem widerfuhr nichts. Dezernent war Regierungsassessor Beckhaus; dieser wurde fristlos an die Regierung in Kassel versetzt. Der nur kommissarisch angestellte Techniker, der die Verfügung abgefaßt hatte, wurde fristlos entlassen *(Meine Erlebnisse in der preußischen Verwaltung,* S. 61 f.).

Entsprechendes erfuhr Gerlach über Varzin von dem Oberverwaltungsgerichtsrat Hahn. Dieser hatte an einem Urteil mitgewirkt, wodurch den Brüdern Behrend der Einbau einer Schutzvorrichtung auferlegt wurde. Als Hahn einmal in die Varziner Gegend kam, wollte er sich durch den Augenschein von der Ausführung des Urteils überzeugen und fand, daß nichts geschehen war; man sagte ihm: auf Bismarcks ausdrückliche Anordnung.

Einem Vertrauensmann von Friedrich Engels erzählte einer der Brüder Behrend:

„Einem Fabrikinspektor, der *(Bismarck)* auf Befragen sagte, sein Gehalt sei 1000 Taler, antwortete er: ‚Nun, *dann sind Sie auf Bestechung angewiesen*'." (Engels an Bebel, 11. Oktober 1884)

Rothschild

Besonders irreführend in Bismarcks Klagebrief vom 23. Juli 1871 war die Behauptung, in seinen Geldgeschäften habe er kein Glück. Es traf zwar zu, daß er nicht die Zeit hatte, sich so darum zu kümmern, wie er gewollt hätte, aber statt seiner tat dies der Geheime Kommerzienrat *Gerson von Bleichröder.* Die Verbindung mit ihm verdankte er dem Hause *Rothschild.* Dieses war in Berlin nicht vertreten, denn sein Aufstieg bis 1830 hatte auf den Anleihen beruht, die es den Großstaaten vermittelte, Preußen nahm jedoch 1815-48 keine Anleihen auf. Berliner Korrespondent der Rothschilds war Bleichröder.

Der Kontakt mit Rothschild stammte aus Bismarcks ersten Frankfurter Wochen.

„Einliegende Blättchen habe ich im Garten des alten Amschel Rothschild für Dich gepflückt, der mir gefällt, weil er eben ganz Schacherjude ist und nichts anderes vorstellen will; dabei ein streng orthodoxer Jude, der bei seinen *dîners* nichts anrührt und nur Gekauschertes isst. ‚Johann, nimm Dir epps Brot, vor die Rehcher', sagte er zu seinem Diener, als er ging mir den Garten zu zeigen, in dem zahmes Dammwild ist.

‚Herr Beraun, die Pflanze koscht mich 2000 Gülden, uf Ehre 2000 bare Gülden, lass se Ihne vor 1000, oder wolle Se se geschenkt, so soll er se Ihnen bringe in Ihr Haus. Waiss Kott, ich schätze Se aufrichtig, Herr Beraun, Se sind a scheener Mann, e braver Mann.'

Dabei ist er ein kleines, mageres, eisgraues Männchen, der Älteste seines Stammes, aber ein armer Mann in seinem Palast, kinderlos, Witwer, betrogen von seinen Leuten und schlecht behandelt von seinen vornehm französierten und englisierten Neffen und Nichten, die seine Schätze erben, ohne Dank und Liebe." (An die Gattin, 26. Juni 1851)

Auch Bismarck widmete ihm nicht durchweg Dank und Liebe, beispielsweise am 2. Februar 1854 bei Eingang eines Telegramms, demzufolge der Ausbruch des Krimkrieges unabwendbar schien:

„Ich war gerade auf dem Club und besann mich, wen ich wohl am besten damit erschrecken könne. Mein Auge fiel auf Rothschild; er wurde kreidebleich, als ich es ihm zu lesen gab. Sein erster Ausruf war: ‚Hätte ich das heut früh gewußt,' sein zweiter: ‚Wollen wir morgen ein Geschäftchen zusammen machen? Excellenz riskieren nichts dabei.'

Ich lehnte freundlich dankend ab und überließ ihn seiner erregten Stimmung." (An Leopold v. Gerlach, 3. Februar 1854)

Rothschild war Bankier der preußischen Bundestagsgesandtschaft in Frankfurt. Mithin lag es für Bismarck nahe, ihn auch für private Börsengeschäfte in Anspruch zu nehmen. Am 2. Dezember 1881 sagte er zu Moritz Busch:

„Ich habe aber als Minister niemals mit Rothschild Geschäfte gemacht, und als Gesandter wenig. Er zahlte mir meinen Gehalt aus, und einmal tauschte ich bei ihm Rentenbriefe gegen österreichische Papier aus."

Diese Rentenbriefe waren Obligationen der zuständigen Rentenbank, die Bismarck als Ablösung bäuerlicher Ablösungsrenten für Schönhausen bekommen hatte. Sie gegen österreichische Anleihen einzutauschen, also ein ausgesprochenes „Spielpapier", war ein Spekulationsgeschäft, bei dem sich Bismarck auf seine diplomatischen Informationen stützte, und verstieß gegen den Grundsatz, den er selber 1879 aufstellte: ein Diplomat dürfe keine ausländischen Papiere haben. Damals war sein russischer Vertrauensmann, Graf Peter Schuwalow, entlassen worden; Bismarck gab daraufhin Bleichröder Auftrag, seine russischen Papiere zu verkaufen. Bleichröder kam aufgeregt nach Friedrichsruh und glaubte den Krieg vor der Tür. Bismarck aber

„hat seitdem an dem Grundsatz festgehalten, keine auswärtigen Papiere zu kaufen. So etwas trübe den ... Blick eines Ministers des Auswärtigen und sollte eigentlich nicht sein." (Zu seinem Hausarzt Dr. Eduard Cohen, 22. Oktober 1880)

Bekanntlich hielt Holstein nichts von diesem Grundsatz, aber Bismarck selbst war auch erst nach drei Jahrzehnten als Diplomat dahin gekommen.

Bismarcks Äußerungen zu Gerlach 1853 und zu Busch 1881 erwecken den Eindruck, er habe sich, mindestens in seiner Frankfurter Zeit, mit Effektenanlagen zurückgehalten, insbesondere habe er keinen Bankkredit dafür genommen und nicht eigentlich spekuliert. Wie *Fritz Stern* 1977 gezeigt hat, täuscht dieser Eindruck. Offensichtlich gewährte ihm vielmehr Rothschild Kredit und vermittelte ihm vorteilhafte Kapitalanlagen; Rothschild lief dabei kein Risiko, kam zu wichtigen Informationen und präparierte seinen morgigen Markt, Bismarck verband den Privatvorteil der Bereicherung mit dem amtlichen Vorteil wichtiger Informationen. Denjenigen Teil seines Effektenvermögens, den er 1867 für den Ankauf von Varzin verwendete, hielt er bei Berliner Banken, daneben jedoch ein weiteres Effektendepot bei Rothschild in Frankfurt. Einer zufällig erhalten gebliebenen Abrechnung zufolge betrug dessen Nettowert am 30. Juli 1863 82247 Gulden (Stern, Gold and Iron, S. 99, deutsche Ausgabe S. 136) Das entspräche nicht ganz 49 Millionen Taler.

Erst 1867 löste Bismarck dieses Frankfurter Depot auf und übertrug es an Bleichröder. Bis Juni 1866 bildete es eine Art privater Versicherung gegen politisches Scheitern, denn Frankfurt gehörte noch nicht zu Preußen. Der Krieg von 1866 entschied Bismarcks politischen Sieg, Frankfurt fiel an Preußen, das dortige Effektendepot verlor seinen Sinn für Bismarck. Seitdem war es zweckmäßiger für Bismarck, sein Effektenvermögen bei Bleichröder zu vereinigen. Bleichröder stand in ständiger Verbindung mit Bismarck, wurde jederzeit unangemeldet vorgelassen, konnte also rascher disponieren. Stern zufolge scheint es, als habe Bleichröder für Kredite an Bismarck keinen Zins berechnet. Jedenfalls kam er dennoch auf seine Kosten. Beispielsweise deutet Stern an, Bleichröder habe seit 1868 oder 1869 seine Verbindung mit Bismarck zugunsten der Gründung von *„Central-Boden"* benutzt: *Bismarcks bestbelegtem und bestignoriertem Börsengeschäft.*

Central-Boden

Etwa seit der Jahreswende 1868-1869 oder schon etwas länger bereiteten Bleichröder und die Disconto-Gesellschaft in Berlin, Rothschild in Frankfurt und Oppenheim in Köln die Gründung einer Hypothekenbank vor, die dann im März 1870 als „Preußische Central-Boden-Credit-AG" ins Leben trat. Bis zu der Aktienrechtsnovelle vom Juni 1870 war für jede Gründung einer AG in Preußen ein Spezialgesetz erforderlich. Dasjenige über Central-Boden war mit heißer Nadel genäht. Einzelne seiner Bestimmungen widersprachen denen der Konkursordnung. Daher *bestritt Graf zur Lippe,* bis 1868 preußischer Justizminister, unter dem Pseudonym Leo Sternberg *die Gültigkeit der Satzung* von Central-Boden. Er machte geltend: Wenn beabsichtigt war, diese Bank von den Vorschriften der KO auszunehmen, hätte dies ausdrücklich im Gesetz gesagt werden müssen. Auch die zuständigen Herren in Finanz- und Landwirtschaftsministerium, Wollny und Graf Königsmark, legten sich quer. Stern bestätigt:

„Es gab viel bureaukratischen Widerstand ..., aber ein Jahr später erwies sich Bismarcks unwandelbare Unterstützung entscheidend für die Gründung einer deutschen Hypothekenbank, der Preussischen Central-Boden-Credit-AG!" (S. 103 der englischen, S. 141 der deutschen Ausgabe).

Nach dem siebenjährigen Krieg war das Grundeigentum des Adels im Königreich Preußen infolge der Zerstörungen und Kontributionen dieses Krieges in Gefahr. Zu dessen Sicherung gründete Friedrich der Große Kreditgenossenschaften des Landadels, die Provinz-„Landschaften". Um Betrug und Mißbrauch auszuschließen, wurden sie mit einengenden Vorschriften umgeben. Von manchen dieser einengenden Vorschriften wurde Central-Boden befreit, konnte also Kreditgesuche schneller bearbeiten und leichter Leihkapital beschaffen, also auch eine höhere Verzinsung fordern. Zudem waren die Hypotheken der Landschaften unkündbar, die von Central-Boden jederzeit kündbar. Mithin lebten die Hypothekenschuldner von Central-Boden gefährlich. Dazu *Strousberg* (in *Dr. Strousberg und sein Wirken, von ihm selbst geschildert,* Berlin 1876, S. 403 f.):

„Pupillengelder sowie die Mittel anständiger Privatleute sind fast sämtlich von Hypotheken-Instituten in Anspruch genommen, und diese treiben den *ruchlosesten Wucher.* Für die ersten ... Hypotheken werden quasi Pfandbriefe gegeben, die nicht geliefert werden, sondern wofür eine geringere Summe als pari ausgezahlt wird, und wehe dem, der Hypotheken verkaufen muss, die nicht in die erste Kategorie gehören ... Das Fell wird ihm über die Ohren gezogen ... denn ... seit Einführung unserer neuen Hypotheken-Gesetze ... hat man jeden Hypothekenbesitz, der nicht die erste Stelle einnimmt ... absolut unsicher gemacht ...

Weil für ein Haus oder Gut nicht immer gleich Käufer ... gefunden werden können, darum muss in einem Lande, wo die Verhältnisse einen verschuldeten Grundbesitz bedingen, Zeit vorhanden sein, um im Notfalle die gekündigten Gelder zu suchen ... Früher (ist) nicht immer der Gläubiger gleich zum Äussersten geschritten, weil er viel Zeit verlieren musste, während welcher er nur einfach Zinsen liquidieren konnte. Wenn es aber doch dazu kam, so hatte der Schuldner, oder der Besitzer späterer Hypotheken meistens Zeit genug, um sich das Geld anderweitig zu beschaffen. Heute wird kurzer Prozess gemacht, Subhastationen herbeigeführt, die den Besitzer runieren und die Hypothekengläubiger schädigen ...

Ich kenne scheinbar anständige Leute, die nur gute Hypotheken auf kurze Zeit kaufen und dann kündigen, um von neuem ein ... Damno zu fordern ... Der Wucher frisst Haus- und Grundbesitzer ... auf ... Wenn sie Kinder haben, ihr Vermögen teilen, und die Kinder verschuldete Güter übernehmen müssen, so wird es nur eine Zeitfrage sein, wie bald letztere vermögenslos dastehen werden ..."

Mir haben Hausbesitzer gesagt, was ich auch bestätigt fand, dass bei ihrem Hausbesitz, obgleich derselbe viel mehr wert als die darauf liegenden Hypotheken, für Damnos ... mehr als die Einnahmen erforderlich seien."

Für diese Art Wucher machte das Central-Boden-Gesetz die Bahn frei, forderte also den Widerstand der Konservativen heraus. Um deren Führer zu gewinnen oder zu neutralisieren, berief sie Central-Boden in ihren – geschäftlich einflußlosen – Verwaltungsrat. Bismarcks Lehrherr in Aachen 1836-1837, *Graf Arnim-Boitzenburg*, trat alsbald wieder aus, weil ihm die Sache nicht honorig schien. Andere Verwaltungsrats-Mitglieder, beispielsweise Herr *v. Heyden-Cartlow*, blieben und benutzten ihre Zugehörigkeit zur Firma, um sich selbst und ihre Bekannten zu informieren. Daher erhielten beispielsweise *Robertus-Jagetzow*, *Rudolph Meyer*, *Diest-Daber* und praktisch jeder Interessierte Einblick in Geschäftsvorgänge bei Central-Boden, insbesondere in solche, die für Bismarck belastend waren. Die Prozesse gegen Diest-Daber, die jedermann in dessen Broschüren verfolgen kann, die indes von den Historikern peinlich ingnoriert werden, noch 1990 von *Ernst Engelberg*, lassen nur den Schluß zu, daß seine Angaben zutreffen.

Durch ihre Satzung wurde Central-Boden befreit von
1. der damals noch vorgeschriebenen, vollen Einzahlung des Aktienkapitals,
2. der für andere Hypothekenbanken geltenden Beschränkung des Pfandbriefumlaufs auf das Zehnfache des Grundkapitals,
3. den für andere Hypothekenbanken geltenden, strengen Bewertungsvorschriften für beliehene Grundstücke,
4. der damals noch geltenden Beschränkung der Zinshöhe.

In ihren ersten 25 Geschäftsjahren hat Central-Boden eine durchschnittliche Realverzinsung von 6% gefordert, fraglos eine für die Landwirtschaft bedenkliche Höhe. Neben Aufsichtsrats- und sonstigen Tantiemen, in deren Bemessung man damals nicht zimperlich war, erwirtschaftete Central-Boden ein Vierteljahrhundert lang eine Durchschnittsdividende von 9%. Ein Blick in die Satzung verriet dem Kundigen, daß die Aktien alsbald einen hohen Kurs erreichen würden.

Das Aktienkapital betrug 12 Millionen Taler. Die vier Gründerbanken behielten sich 11 Millionen vor, die zwölfte Million legten sie zur Zeichnung auf, ermöglichten die Zeichnung indessen nur politisch einflußreichen Persönlichkeiten. Den Löwenanteil erhielt Bismarck. Bleichröder zeichnete für ihn auf Kredit eine Summe, die nicht sicher bekannt ist, wahrscheinlich 400000 (nach den bekanntgewordenen Zahlen 415000) Taler. Seine Gegenleistung bestand nach unwiderlegter, von Fritz Stern andeutungsweise bestätigter Annahme seiner Kritiker darin, das prekäre Gesetz rasch durch die Klippen der Ministerialbürokratie und der Landtagsberatung zu bringen.

Die Aktien wurden zu 40% eingezahlt. Aufgelegt wurden sie zu 106%, jedoch nur nominell. Den bevorzugten Zeichnern wurden sie zu 108-118% überlassen. Nach der Börsenzulassung stiegen sie rasch auf 126-128% und pendelten sich um 130% ein. Bleichröder zeichnete für Bismarck
1. Central-Boden Aktien zu 108%,
2. verkaufte sie zu 128% (diesen Kurs erreichten sie am vierten Börsentag),
3. brachte Bismarck dafür 83000 Taler (=249000 Mark) gut.

Die Beweise dafür liefern Diest-Dabers *Klarstellung* von 1878 und sein *Lebensbild* von 1901.

U.a. schreibt Moritz v. Blankenburg unter dem 7.3.1875 an Diest, Bismarck habe ihm schriftlich versichert, keine Central-Boden-Aktien zu pari erhalten zu haben (Klarstellung S. 29). Unter dem 19.3.1876 schreibt Blankenburg an Diest, Bismarck habe ihm den Erwerb der genannten Papiere zu 108% mündlich zugegeben (ebenda S. 18), und Blankenburgs Mittelsmann v. Eisenhart hat Diest bereits unter dem 6.3.1876 mitgeteilt:

> „Blankenburg hat sich bereits anderweitig über die Sachlage (z.B. aus dem Coursbuch der qu. Bank) informiert." (S. 19)

Mit der „qu. Bank" war Central-Boden gemeint. Für Diest bestätigte Blankenburg lediglich, was er bereits durch seinen 1875 verstorbenen Freund v. Wedemeyer, den Unterstaatssekretär im Auswärtigen Amt v. Thile und andere, von ihm z.T. namhaft gemachte Gewährsleute wußte. Umstritten war nur, ob die Zeichnung zu 108% von Bleichröder auf Kredit vorgenommen oder von Bismarck bar beglichen worden war, wie Moritz v. Blankenburg und Philipp v. Bismarck-Kniephof als einzige und gegen alle Wahrscheinlichkeit behaupteten (Klarstellung S. 9 f.). Die Sache war zahlreichen Interessenten bekannt, z.B. Diests Gesprächspartner Bergell (S. 15), und wurde von ihnen im Mai 1876 in Privatgesprächen mit Diest diskutiert. In diesen Gesprächen äußerte sich Diest nicht feindselig gegen Bismarck, insbesondere nicht in Formen, die für diesen beleidigend waren; das haben Diests Gesprächsteilnehmer bezeugt, teil 1877 vor Gericht, teils in ostensiblen Briefen an ihn. Vielmehr hatte Diest seit 1863 mit Bismarck in ständigem, jahrelang freundlichem Kontakt gestanden, wie der Briefwechsel zwischen Bismarck und Diest sowie Diests, durchweg unmittelbar danach angefertigte Gedächtnisprotokolle über seine Gespräche mit Bismarck belegen, die z.T. in die Friedrichsruher Ausgabe von Bismarcks Werken, Abteilung Gespräche aufgenommen worden sind. 1874 gründete Diest auf seine persönliche Bekanntschaft mit Bismarck noch die Hoffnung, den Kanzler „von den Geldmächten zu trennen" – er meinte hauptsächlich Bleichröder (Klarstellung u.a. S. 6); hierin war er mit dem Feldmarschall Moltke einig (Lebensbild S. 43 f.). Keinesfalls handelte es sich, wie die Staatsanwaltschaft im Prozeß gegen Diest behauptete, um „Verbreitung von Tatsachen", denn sie waren zahlreichen Interessierten, insbesondere Diests Gesprächspartnern – und auf die kam es an – bekannt.

Zum Prozeß kam es, als die *Eisenbahnzeitung*, die sich kurz zuvor in *Deutsche Reichsglocke* umgetauft hatte, die Sache im Herbst 1876 aufgriff und daraus auf Bismarcks korrupte Verwicklung in das Gründertum schloß.

> „Das Blatt erklärte offen, eine Verleumdungsklage des Fürsten zu provozieren, um den Wahrheitsbeweis zu liefern" (Meyer *Politische Gründer* S. 154).

In der Tat wurde Anklage erhoben gegen den Redakteur der Reichsglocke, Joachim-Gehlsen sowie dessen Mitarbeiter Dr. Rudolph Meyer. Diese waren bereits 1875 durch v. Wedemeyer unterrichtet worden. Da Wedemeyer noch im gleichen Jahr gestorben war, benannten sie Diest als Zeugen, und nachdem dieser in einem Termin vor dem Berliner Stadtgericht, Februar 1877, ausgesagt hatte, wurde auch gegen ihn Anklage erhoben.

Moritz v. Blankenburg, der noch am 19 März 1876 für Diest eine briefliche Ehrenerklärung ausgestellt hatte, fragte brieflich bei Diests Gesprächspartnern vom Mai 1876 nach, um Beweismittel für die Anklage zu gewinnen, und Philipp von Bismarck-Kniephof zeigte der Staatsanwaltschaft ein von ihm mitgehörtes Eisenbahngespräch an, das Diest im Nebenabteil mit den Herren Bergell, Major v. Jena II und v. Hammerstein-Schwartow geführt hatte (Klarstellung S. 15).

Gerichtsort für eine Anklage gegen Diest war dessen Kreisstadt Naugard. Da er indes als Zeuge an dem *Prozeß Gehlsen-Meyer* beteiligt war, und möglicherweise bekannt war, daß ihm der Naugarder Staatsanwalt Flenk mit Sympathie gegenüberstand, schob die Berliner Staatsanwaltschaft die Zuständigkeit dem Berliner Stadtgericht zu. Übrigens betrug die Verjährungsfrist ein Vierteljahr. Diest verwies darauf, doch erwiderte die Staatsanwaltschaft, „dieser Einwand sei lediglich zum Verschleif der Sache vorgebracht“, und kam damit bei den Gerichten durch.

In der Verhandlung erster Instanz trat Diest den Wahrheitsbeweis nicht an, „weil er einen öffentlichen Eklat gegen den ersten Diener des Kaisers möglichst vermeiden wollte“ (Lebensbild S. 58). Das Berliner Stadtgericht verurteilte Diest am 15. Mai 1877 zu drei Monaten Gefängnis wegen Verbreitung von Tatsachen, „die nicht erweislich wahr,“ ja sogar „erwiesenermaßen unwahr“ seien. Dagegen trat Diest in der zweiten Instanz, vor dem Kammergericht, den Wahrheitsbeweis an; er verlangte die Vernehmung des Fürsten Bismarck sowie dreier Zeugen, die von dem verstorbenen Herrn v. Wedemeyer als besonders gut unterrichtet bezeichnet worden waren, ferner Vorlegung der Bücher Bleichröders, der Discontogesellschaft und anderer Banken und ihre Begutachtung durch einen vereidigten Buchprüfer. Das Kammergericht lehnte den Wahrheitsbeweis als „unerheblich“ ab und hielt das Urteil erster Instanz aufrecht (22. November 1877). Unmittelbar bevor sich das Gericht zur Beratung zurückzog, verlas der Vertreter der Staatsanwaltschaft ein, wie er erklärte, von hoher, unanfechtbarer Stelle herrührendes, anonymes Schreiben, worin wesentliche *Angaben Diests im Prozeß*, insbesondere über seinen Briefwechsel mit Bismarck und seine wiederholten Unterhaltungen mit diesem, *als erlogen bezeichnet* wurden. Im Sitzungssaal, vor dem Gerichtsgebäude und daran anschließend nochmals im Sitzungssaal kam es zwischen Diest und seinem Sohn, der als aktiver Offizier in Uniform war, einerseits, dem Staatsanwaltschaft Feige andererseits zu mehreren Wortwechseln, in denen die Herren v. Diest den Verfasser des anonymen Schreibens zu erfahren wünschten. Der Staatsanwalt lehnte diese Forderung ab, teils mit Hinweis auf die Anweisungen seiner Vorgesetzten, teils mit einem persönlichen Grunde:

> „Ich bitte ... zu bedenken, in welche Lage ich komme, wenn ich Ihnen den Namen des Mannes nenne ... Ich bin nicht Oberstaatsanwalt, wie Sie mich ... genannt haben, sondern nur Staatsanwalt, und zwar schon 15 Jahre. Mein Gehalt beträgt nur 1500 Taler ...“

Darauf Diest:

> „Ich bedauere recht sehr, Herr Staatsanwalt, daß ich mich nicht in der Lage befinde, weder Sie avancieren zu lassen, noch Ihr Gehalt zu erhöhen ...“

Diest bemerkt, die Genauigkeit der Zahlen „15 Jahre" und „1500 Taler" könne er nicht mehr verbürgen; die Größenordnung stimme aber jedenfalls. Weiter Diest:

„Wie der Abgeordnete v. Ludwig später im Abgeordnetenhaus mitteilte, hat der Staatsanwalt Feige unmittelbar darauf und noch vor dem Ordensfeste den roten Adlerorden erhalten" (*Lebensbild* S. 60 f., insbesondere S. 64)

als Trost an Stelle vorenthaltener Beförderungen und Gehaltserhöhungen.

Daß die von Diest „verbreiteten" Tatsachen „erwiesenermaßen unwahr" seien, folgerte das Berliner Stadtgericht aus einer *Aussage Bleichröders*, die *erwiesenermaßen Meineid* war. In dem Termin gegen Gehlsen und Rudolph Meyer am 14. Februar 1877 hatte Bleichröder beeidet, bei den von ihm für Bismarck gekauften Papieren habe es sich um russische Bodencreditobligationen gehandelt; deren Kurs betrug zu der fraglichen Zeit 85%, während die 108% durch Bismarcks eigene Aussage gegenüber Moritz v. Blankenburg feststehen. In dem Termin gegen Diest am 25. Mai 1877 brachte Bleichröder, wieder unter Eid, eine zweite, derjenigen vom 14. Februar widersprechende Version vor: es habe sich um Preußische Central-Boden-Credit-Obligationen gehandelt, die indessen erst anderthalb Jahre später, Herbst 1871, zum Kurs von 99% emittiert worden sind. In einer Petition an den Reichstag vom 10. Juli 1878, veröffentlicht unter dem Titel *Drei Monate Gefängnis*, Berlin Oktober 1878, hat Diest Herrn Bleichröder in sechs Punkten für meineidig erklärt. *Bleichröder ließ den Vorwurf auf sich sitzen* (*Lebensbild* S. 66 f.).

Diest hatte beim Preußischen Obertribunal Berufung eingelegt. Es beraumte die Verhandlung auf den 3. April 1878 an, machte den Termin jedoch erst am 31. März durch Aushang bekannt. Diest wurde durch seinen Verteidiger nur brieflich, nicht telegraphisch benachrichtigt. Den Brief erhielt er in Daber am 2. April abends, und da er bei den damaligen Eisenbahnverbindungen nicht mehr rechtzeitig nach Berlin kommen konnte, beantragte er telegraphisch Vertagung. Diese wurde abgelehnt und Diest in Abwesenheit in letzter Instanz abermals verurteilt. Er verkündete in seinen Schriften, daß er danach dem Verteidiger das Honorar für die Verteidigung in zweiter Instanz entzogen habe, weil dieser mitschuldig daran sei, daß er den Termin zu spät erfuhr. Die Strafe saß er von Juli bis September 1878 in Stargard ab und richtete *aus dem Gefängnis* die Petition „Drei Monate Gefängnis" *an den Reichstag;* dieser hat sie nicht verhandelt.

Das anonyme Schreiben, das der Staatsanwalt vor dem Kammergericht nach Schluß der Verhandlung, aber bevor sich das Gericht zur Beratung zurückzog, verlesen hatte, stammte offensichtlich von Bismarck, sei es daß dieser es selbst verfaßt oder durch einen Untergebenen hatte verfassen lassen. In diesem Schreiben wurde Diest der Unverschämtheit und Lüge geziehen; also erhob er *Beleidigungsklage gegen Bismarck.* Dieser vermied den Prozeß, indem er dem Gericht sein Patent als General der Kavallerie einreichte, die *Zuständigkeit der Zivilgerichtsbarkeit bestritt* und ein *militärisches Ehrengericht* für sich verlangte. Das Berliner Stadtgericht trat dem bei und krönte seine *absurde Rechtschöpfung* mit der Begründung,

> „daß der Fürst Bismarck, obwohl im Zivildienste fest angestellt, doch nicht als ein Offizier zu betrachten sei, der zum Beurlaubtenstand gehöre, daß vielmehr ganz außer Zweifel vorkommenden Falls die Übertragung aktiver militärischer Funktionen an ihn vorbehalten sei." (*Bismarck und Bleichröder* S. 61, *„Lebensbild"* S. 69)

„Ganz außer Zweifel".

Auch Diest war Offizier. Er hatte die Kriege 1866 und 1870-71 als Rittmeister der Landwehr mitgemacht. 1870-71 war er Kommandeur der Feldgendarmerie des II. Armeekorps und atmete namentlich in der Schlacht bei Champigny vor Paris, 30. November und 2. Dezember 1870, eisenhaltige Luft. Mithin war er berechtigt, das Offiziersehrengericht anzurufen, und beantragte die Einsetzung eines solchen für seine Ehrenklage gegen Bismarck beim Generalkommando des III. Armeekorps (Mark Brankenburg), das für die in Berlin wohnhaften Offiziere zuständig war, außer soweit sie zum Gardekorps gehörten. Das Generalkommando gab Diests Antrag an das *Militärkabinett* weiter. Dessen Chef, *General v. Albedyll,* dachte nicht daran, ein Ehrengericht gegen Bismarck einzusetzen, sondern benutzte die stillschweigende Drohung damit als Waffe gegen den Kanzler.

Daß Wilhelms I. militärische Umgebung seinem militaristischen Herzen näher stand als der Zivilist Bismarck und diesen Vorteil ausnutzte, um Bismarck zu einer militaristischeren Politik zu zwingen, als dieser mutmaßlich für sinnvoll hielt, ist altbekannt und hat bislang als wenigstens teilweise Erklärung für die Heeresvermehrungen in Bismarcks letzten 15 Amtsjahren samt den erforderlichen Reichstagsauflösungen und chauvinistischen Wahlcampagnen gegolten. Darüber hinaus war Bismarck aber von Albedyll abhängig. Dieser konnte jederzeit das von Diest beantragte Ehrengericht bezeichnen und dadurch *Bismarck stürzen. Natürlich war er zu klug, offen damit zu drohen.* Schweigen ist Gold.

In dieser stillschweigenden Drohung liegt möglicherweise die Erklärung, weshalb Bismarck die Absicht aufgab, das preußische Kriegsministerium der zivilen Verwaltungsspitze, das heißt sich selber, zu unterwerfen – parlamentarischer Kontrolle war es ohnehin entzogen. Die gleiche Abhängigkeit mag Bismarcks Mitwirkung daran herbeigeführt haben, 1883 wesentliche Zuständigkeiten vom Kriegsministerium auf das Militärkabinett und den Generalstab zu übertragen. Der Kriegsminister, General v. Kameke, wollte sich nicht zu einem „Minister zweiter Klasse" degradieren lassen, sondern trat zurück, mit ihm aus politischer Solidarität der Chef der Admiralität, Stosch.

Man sagte: „Wie Gott will und Albedyll", ahnte aber nicht, daß nicht nur Gottes, sondern sogar Bismarcks Wille durch Albedyll vorprogrammiert war. Seit Diests Ehrenklage war Bismarck nicht mehr consul sine collega, und die Macht seines geheimen Kollegen war um so bedeutender, als kaum ein Außenseiter sie ahnte – die Historiker wissen ja auch heute nichts von ihr, nicht einmal englische wie Taylor und DDR-Historiker wie Engelberg. Dank ihrer Diskretion wird Diest immer noch totgeschwiegen, obwohl doch Bismarcks Negativreklame für ihn die Wißbegier hätte reizen sollen. Gemeinsam haben Bismarck und Albedyll zwar weder nach außen hin noch für die unteren Dienstgrade, wohl aber auf den leitenden Ebenen des Staatsdienstes die preußische Integritätstradition von 1813 außer Kurs gesetzt.

Nach Wilhelms II. Regierungsantritt nahm Diest den Kampf um ein ehrengerichtliches Verfahren gegen Bismarck wieder auf, und zwar durch Immediateingabe Anfang 1889. Das Militärkabinett, nunmehr unter General v. Hahnke, erwiderte ihm, Se. Majestät geruhe ihm zu überlassen, welche Schritte er tun wolle. Darauf beantragte er beim Militärkabinett eine ehrengerichtliche Untersuchung „gegen den General der Kavallerie v. Bismarck", wurde jedoch belehrt, diesen Antrag müsse er „bei der zuständigen Behörde stellen". Bei dem für ihn zuständigen Bezirkskommando Naugard erfuhr er, die Akten lägen beim Generalkommando des II. Armeekorps in Stettin, aber dieses antwortete, Bismarcks Wohnsitz Varzin gehöre nicht mehr zum II., sondern zu dem neu errichteten XVIII. Armeekorps (Danzig). Das Generalkommando des XVIII. Armeekorps erklärte sich ohne Begründung für nicht zuständig und verwies Diest an das Bezirkskommando Naugard, wo er angefangen hatte. Eine erneute Anfrage in Naugard erschien aussichtslos; mithin wandte sich Diest an den preußischen Kriegsminister, erhielt jedoch trotz wiederholter Erinnerungen keine Antwort. 1895 unternahm er zivilrechtliche Schritte, um die Vernehmung Bismarcks und zweier an den Strafverfahren gegen ihn beteiligter Berliner Beamter zu erzwingen, wurde aber kostenpflichtig abgewiesen; das Verhalten der zivilen und militärischen Justiz gegen ihn seit der Ignorierung seines Antrags auf ein Offiziersehrengericht und seiner Petition an den Reichstag bezeichnet Diest zutreffend als „Rechtsverweigerung" (Lebensbild S. 79 f.).

Diest-Daber hatte den eng-partikularistischen Horizont der preußischen Konservativen, sah aber innerhalb dieses Horizonts sehr scharf. Ferner war er Jurist. In seinen ersten Schriften ist er nicht Schriftsteller, sondern publiziert Aktenstücke, wobei die Gegenpartei – z.B. Lasker – ebenso zu Worte kommt wie der Herausgeber selbst. Seine Lektüre ist also kein Vergnügen, gewährt aber desto zuverlässigere Information. *Franz Mehring* kannte die preußischen Gerichte aus eigener Erfahrung und ihrem Verhalten bei Sozialistenprozessen. Anläßlich Diests *Bismarck und Bleichröder* schrieb er 1897:

> „Er weist in seiner Broschüre überzeugend nach, daß ihm bitteres Unrecht geschehen ist. Zwar ist ihm nichts Schlimmeres passiert als Tausenden von Sozialdemokraten, ja lange nichts so Schlimmes wie Hunderten von Sozialdemokraten, aber während diese wissen, was die Justiz eines Klassenstaates bedeutet, glaubt Herr v. Diest an sein Recht und kämpft mit zähester Hartnäckigkeit darum. Das ist die tragische Ader an diesem Don Quixote" (*Neue Zeit*, Band XV, Nr. 50, in den *Gesammelten Schriften* nicht abgedruckt).

Mehring begegnete sich mit dem ehemaligen Justizminister *Grafen zur Lippe*, der zwanzig Jahre früher Diest ausrichten ließ:

> „Sagen Sie doch Herrn v. Diest, er sieht . . . das, was er mit den Gerichten ausrichten kann, viel zu kindlich an! . . Die Gerichte machten mit ihm, was sie wollen« (Lebensbild S. 67).

Graf Lippe mußte es wissen. In der Konfliktzeit hatte er es Anfang 1866 als Minister fertiggebracht, die liberalen Abgeordneten Twesten und Frentzel wegen Äußerungen, die sie im Abgeordnetenhaus unter parlamentarischer Immunität getan hatten, vor Gericht zu ziehen und von dem Gericht letzter Instanz, dem Obertribunal, das dazu ermächtigende Urteil zu erlangen, indem er den erkennenden Senat mit „Hilfsarbeitern" „vollpackte". Diest hatte zwar selbst als Strafrichter angefangen, aber an Fehlurteilen gegen Liberale und Sozialdemokraten fand er kein Arg.

Wie erwähnt, setzten sich Moltke und mehrere andere der angesehensten Generäle von 1870 für Diest ein, aber wie aus Moltkes Schreiben an

Diest zu Weihnachten 1878 und Diests Kommentar dazu hervorgeht (Lebensbild S. 75), wurden beide durch Loyalität gegenüber dem alten Kaiser gehemmt. Auch der Kronprinz beschränkte sich darauf, Diest anonyme Spitzelberichte über ihn zu übersenden. Mehring spottet über den „rein platonischen Charakter" dieser Sympathieerklärungen:

„Don Quixote wäre nicht Don Quixote, wenn er nicht in seiner Klasse einsam stünde. Herr v. Diest erzählt viel von seinen einflußreichen und hohen Verbündeten im Kampf gegen die ‚Geldmächte', aber meistens sind es Nikodemusse" *(Neue Zeit)*.

Mehring hat nicht ganz recht. Zuständig waren Bismarck und Albedyll, und als altgediente Militärs fanden Moltke und dessen gleichgestimmte Kameraden – keiner in geringerer Stellung als derjenigen eines kommandierenden Generals, Kameke war Kriegsminister, Manteuffel Gouverneur von Elsaß-Lothringen – weder eine Form, um in die Kompetenz des Militärkabinetts einzugreifen, noch als Hofleute zum Kaiser zu sprechen, ohne von diesem aufgefordert zu sein. Ein dafür bezeichnendes Beispiel berichtet Prinz Kraft zu Hohenlohe-Ingelfingen aus dem militärischen Vortrag beim König am 31. Dezember 1870 in Versailles (*Aufzeichnungen* Bd. IV S. 371 f.). Hohenlohe beantragte den Befehl zum Beginn der Beschießung von Paris für den 3. Januar 1871 und bat den König, daraus ein Geheimnis zu machen, insbesondere gegenüber den in Versailles anwesenden Fürsten. Diese würden bei ihrem täglichen Diner von französischen Kellnern bedient, von denen sie belauscht werden könnten. Fände sich unter den Kellnern ein entschlossener Patriot, so könne dieser die Nachricht nach Paris vermitteln, und dann bestünde die Möglichkeit eines Überfalls auf die Batterien in der Nacht vor Feuerbeginn, bevor sie sich hätten einschließen können.

„Moltke sagte zu mir: ‚so etwas bringe ich ihm nicht zur Sprache; wenn Sie es für nötig halten, können Sie es tun.' ... Beim Hinausgehen sagte mir (der Generaladjutant) Boyen lachend ...: ‚Daß Sie der gröbste Kerl der Welt sind, das weiß ich lange. Aber daß Sie so viel Courage ... hätten, das habe ich ihnen nicht zugetraut.' Ich ... wußte nicht, wobei ich Courage gezeigt. ‚Nun', sagte er, ‚um dem Könige und dem Kronprinzen in unser aller Gegenwart zu sagen, daß viele in ihrer Umgebung Plappermäuler sind ..., dazu gehört mehr Courage als sich totschießen zu lassen."

In seinem Buch *Das Volk in Waffen* hat der nachmalige Feldmarschall Colmar v. d. Goltz auseinandergesetzt, weshalb Männer von Diests Geradheit nie in leitende militärische Stellungen kommen: Unfehlbar scheitern sie an der Majorsecke. Bezeichnenderweise war es keiner der mit Diest befreundeten Feldmarschälle und Generäle, sondern ein Major a. D. des 2. Garderegiments zu Fuß, der drei Vierteljahre nach Wilhelms II. Regierungsantritt Paradeuniform anzog, Schärpe umband und sich zur Audienz beim Kaiser anmeldete, um diesem über Diests Ehrenklage Vortrag zu halten. Er kam natürlich nicht weiter als bis zum Chef des Militärkabinetts, General v. Hahnke. Deshalb war es Moltke und seinen Gesinnungsgenossen doch durchaus ernst.

Kurz vor seinem Tod hat Moltke die Aufhebung eines fehlerhaften Ehrengerichts-Urteils gegen Diest und damit dessen Wiederaufnahme in das Offizierkorps durchgesetzt.

Diest-Dabers sämtliche Broschüren, ausgenommen lediglich seine Kontroverse mit Lasker, sind umfassend referiert in *Otto von Diest-Daber, Lebensbild eines mutigen Patrioten, zu seinem 80. Geburtstage dargestellt von einem Deutschen*, Berlin 1901, und auf dem Titelblatt aller seiner zahlreichen Publikationen nennt er sich gleichfalls Otto. Gleichwohl wird ihm im Register zu A. O. Meyer, *Bismarck, der Mensch und der Staatsmann*, um ein repräsentatives Erzeugnis deutschen Gewerbefleißes herauszugreifen, der Vorname Gustav beigelegt, und Erich Eyck gibt ihm denn auch im Register seiner Bismarck-Biographie die Lebensjahre seines fünf Jahre jüngeren Bruders Gustav, 1826-1911. Vermutlich hat der Urheber dieser Verwechslung in das Register zu Bismarcks „Gesprächen" in der Friedrichsruher Ausgabe geblickt und darin den Namen Diest gesucht. Er fand ihn auch, merkte aber nicht, daß er den verkehrten hatte, und las nicht weiter. Der nächste Autor hat die Verwechslung abgeschrieben, und dann immer einer vom anderen. Man hat nicht einmal bei *Dahlmann-Waitz* nachgeschlagen, wo die Titel aller Broschüren von Diest-Daber korrekt und mit richtigem Vornamen wiedergegeben sind, allerdings nur bis zur achten Auflage, bearbeitet von Günther Franz. In der neunten sind die Titel von Diests Schriften getilgt: *Endlösung*. Im historischen Seminar haben A. O. Meyer und seine Kollegen an anderen Universitäten uns Studenten eingeprägt: „Audiatur et altera pars", aber gegenüber Diest-Daber schien ihnen „Diskretion" der bessere Teil von „Valour".

Beschränkt sich diese Endlösung auf Dahlmann-Waitz? Indirekt, durch einen Dritten in der Schweiz, stand der Verfasser dieses Buches zu Ende der sechziger Jahre dieses Jahrhunderts im Austausch mit einem Bleichröder-Angehörigen in New York. Von diesem wurde unsere Annahme als unzutreffend bezeichnet, die Belege über Bismarcks Central-Boden-Engagement seien in dem Friedrichsruher Bismarck-Archiv und dem New Yorker Bleichröder-Archiv zu finden. Indirekt bestätigt wird das Fehlen dieser Belege durch Fritz Stern. Dessen Buch ist aus den beiden Archiven gearbeitet. Seine Angaben über Diests Prozesse stützen sich lediglich auf Aktenstücke und Veröffentlichungen aus dem Jahre 1877. Man darf daher vermuten, daß *Bismarck und Bleichröder selbst* noch in den siebziger Jahren des vorigen Jahrhunderts *die betreffenden Akten aus dem Jahre* 1870 *vernichtet haben.* Darin läge ein Eingeständnis.

Fünf Bemerkungen zum Abschluß:

1. Wir referieren Diests Version vollständig und ohne Vorbehalt. Sie ist wesentlich zu Bismarcks Beurteilung und wird bislang ignoriert.

2. Sie darf als bewiesen gelten. Abgesehen von zwei durchsichtigen Meineiden ist ihre Widerlegung nie auch nur versucht worden. Man hat sich begnügt, Diest mundtot zu machen.

3. Ein kreditpolitisches Urteil über die Berechtigung von Central-Boden ist damit nicht ausgesprochen. Diese Frage steht auf einem anderen Blatt.

4. Charakteren wie Diest-Daber begegnen derartige Konflikte regelmäßig. Es widerspräche der Lebenserfahrung, wenn sie jedesmal im Recht wären. Den Konflikt mit Bismarck hat Diest nicht gesucht, Bismarck gegenüber war er voll im Recht. Anders anderthalb Jahrzehnte früher gegenüber dem Handelsminister v.d. Heydt. Ihn hatte Diest unprovoziert angegriffen, und v.d. Heydt hat nachgewiesen, daß Diests Vorwürfe ihn nicht trafen.

5. Diests Isolierung hing zusammen mit dem anachronistischen Charakter seiner politischen Richtung: des preußischen Partikularismus.

Die Gründerjahre

Seit den siebziger Jahren des vorigen Jahrhunderts plauderte *Bismarck* mit gewohnter Unbefangenheit von *seinem Effektenvermögen.* Woher stammte es?

1867 hatte die Preußische Seehandlung – so nannte sich die preußische Staatsbank – für insgesamt 100000 Taler fast alle Wertpapiere verkauft, die Bismarck in Berlin hielt. Varzin, und seit 1871 der Sachsenwald fraßen Hunderttausende für laufende Verluste, Instandsetzung, Meliorationen und vor allem Erweiterungskäufe. Das zweite Effektendepot, das Bismarck bis 1867 in Frankfurt bei Rothschild gehalten hatte und 1867 an Bleichröder übertrug, hatte im Februar 1870 den verhältnismäßig bescheidenen Stand von netto 86023 Talern (Stern, englische Ausgabe S. 104). Gleichwohl kam Bismarck seitdem zu einem namhaften Effektenvermögen. Für dessen Herkunft gibt es nur eine mögliche Erklärung: Bleichröder muß für seinen Kunden Bismarck Wertpapiere billig gekauft und teuer verkauft haben wie bei Central-Boden, und hat ihm dafür erheblichen Kredit eingeräumt. Daß Bleichröder dies getan hat, ist durch Fritz Stern bewiesen. Dessen Urteil zufolge könnte es auch nur *„sehr naive Beobachter oder deutsche Historiker"* verwundern (S. 105 der englischen, S. 143 der deutschen Ausgabe). Demnach hätte Bismarck zu den *Nutznießern des Gründerschwindels* gehört. Jedenfalls trug er die *politische Verantwortung* dafür.

Sieht man ab von der mutmaßlichen Vernichtung der erwähnten Belege, so wird man den Nachweis von Bismarcks Effektengeschäften in den Faszikeln „Bleichröder" des Friedrichsruher Bismarck-Archivs voraussetzen. Der Ordinarius für neuere Geschichte einer westdeutschen Universität, Otto Becker, hielt sie in den fünfziger Jahren in der Hand, ließ sie aber uneröffnet und wahrte so seine wissenschaftliche Unschuld.

Eine andere, vorerst noch gesperrte Quelle sind die Tagebücher des Geheimen Kommissionsrats Emil Pindter, 1872-94 Chefredakteur der *Norddeutschen Allgemeinen Zeitung.* Wie dessen Enkel Joachim Pindter in einem Leserbrief an den *Spiegel* (30. Oktober 1957) mitteilte, erhellt aus ihnen unter anderem, daß Bismarck für Bleichröders Geschäftsinteressen den Apparat des Auswärtigen Amtes einzuspannen pflegte. (Die im Spiegel beigefügte Photographie Emil Pindters stellt in Wirklichkeit Bismarcks Sohn Herbert dar.) Auch das kann „nur sehr naive Beobachter oder deutsche Historiker" in Erstaunen setzen. Daß Holstein auf Grund seiner diplomatischen Informationen an der Börse spekulierte, ist wohlbekannt.

Auch ohne Archivbelege über Ursprung und Entwicklung von Bismarcks Effektenvermögen ist offensichtlich, daß es aus der ungeheuren Vermögensumschichtung der „Gründerjahre" stammte. Die Durchsetzung kapitalistischer, vollends hochkapitalistischer Verhältnisse war und ist stets mit einer solchen Vermögensumschichtung innerhalb der besitzenden Klassen verbunden. Sie ist Teil eines umfassenderen Vorgangs, der *„ursprünglichen Akkumulation"*. Deren Hauptphänomen ist das Bauernlegen, ihre Hauptergebnisse sind einerseits eine besitzlose Arbeiterschaft („Proletariat"), andererseits das industrielle und landwirtschaftliche Kapital sowie dessen Konzentration.

Hauptmotor der Industrialisierung war etwa seit 1830 der *Eisenbahnbau.* Bau und Betrieb der Eisenbahnen brachte Massennachfrage nach den

Erzeugnissen von Steinkohlenbergbau, Eisenhütten, Maschinen- und Waggonfabriken und begründete so die „Kohlenpötte" von Glasgow bis Oberschlesien, von Pennsylvania bis Michigan und Alabama.

Einzig angemessene Unternehmungsform für Eisenbahnen ist der Staatsbetrieb. Doch nur Belgien wählte sogleich diese Lösung, in Preußen kämpfte um sie vergeblich seit 1850 der Handelsminister v.d. Heydt. Überall sonst witterten die privaten Unternehmer eine einzigartige Bereicherungs-Chance und stellten durch ihre Ideologie, den Liberalismus, die private Eisenbahn-Aktiengesellschaft als einzig mögliche Lösung hin. Bis dahin wurde an Wertpapierbörsen fast ausschließlich mit öffentlichen Schuldtiteln gehandelt, hauptsächlich mit *Staatsanleihen*, in Frankreich mit Staatsrenten. Erst mit den *Eisenbahnaktien* wurden Aktien zu einem gleich wichtigen Gegenstand des Börsenhandels und Hauptgegenstand der Spekulation. Zusammen mit den Eisenbahngesellschaften wurden Aktiengesellschaften auch für den Betrieb von Banken, Versicherungen, Bau- und Terraingesellschaften, Berg- und Hüttenwerken, Maschinen-, Waggon-, chemischen und vor allem Textilfabriken gegründet, beispielsweise in den deutschen Gründerjahren Deutsche Bank und Reichsbank, beide Schöpfungen Bambergers. Dementsprechend stieg in den „Gründerjahren" 1871-1873 das erklärte Kapital der deutschen Aktiengesellschaften von etwas über 2 auf nahezu 5 Milliarden Mark, etwa zur *Hälfte Eisenbahnaktien.*

Die historisch berühmten Eisenbahnstrecken von Stockton nach Darlington, von Liverpool nach Manchester, von Nürnberg nach Fürth waren an sich bedeutungslos. Gedacht waren sie vor allem als Demonstrationsobjekte zu dem Nachweis, daß Eisenbahnen erstens möglich, zweitens und hauptsächlich: gewinnbringend seien. Es kam auf nationale Eisenbahnnetze an. Deren Schaffung wäre Aufgabe einer zentralen Verkehrsplanung gewesen. Es gab Leute, die das verstanden, beispielsweise Friedrich List. Dessen Scheitern und Selbstmord kennzeichnen die *Blindheit der liberalen öffentlichen Meinung.* Sie erwartete die Eisenbahnnetze von privater Geschäftemacherei. Doch selbst die größten damaligen Privatgesellschaften konnten nur Teilstrecken errichten, aus denen durch Fehler und Treffer, mehr schlecht als recht, mit viel Betrug, Verlust und Verschwendung die nationalen Eisenbahnnetze hervorgegangen sind. Der mit dieser Zufallsmethode verbundene Schaden wird durch die vom Liberalismus beherrschte, offizielle Geschichts- und Wirtschaftswissenschaft ignoriert. Erst jetzt hat Winfried Wolf die Grundfragen der Eisenbahngeschichte klargelegt und die aktuelle Nutzanwendung über *Eisenbahn und Auto-*

wahn (Hamburg und Zürich 1986) gezogen. Insbesondere hat er den *Widerspruch zwischen Marktanarchie und der Notwendigkeit zentraler Verkehrsplanung herausgearbeitet.*

In dem Institut der *Aktie* liegen *ungeheure Betrugsmöglichkeiten.* Erst in unserem Jahrhundert sind sie wirksam eingeschränkt worden. Dabei sind Gesetzgebung und Verwaltung der USA bahnbrechend vorangegangen. Wer heute eine AG gründet, bezweckt damit eine bleibende wirtschaftliche Stellung. Im vorigen Jahrhundert ging die Absicht vielmehr dahin, die AG, und durch sie die *Minderheitsaktionäre auszuplündern.* Heute sind Unternehmer wie Esch, die so verfahren, die Ausnahme; damals waren sie eher die Regel. Man hing der neugegründeten AG Grundstücke, Betriebe, Patente, Baurechte zu Phantasiepreisen auf und machte auf ihrem Rücken Privatgeschäfte wie Viëtor bei der Neuen Heimat oder Otto bei co-op, bewilligte ungerechtfertigt hohe Direktorengehälter und Aufsichtsratstantiemen und schüttete ungerechtfertigt hohe Dividenden aus. Das trieb die Kurse hoch, so daß man die Makulatur *dem kleinen Anleger zu Phantasiepreisen anschmieren* konnte. Nach dem Krach erwies sich die AG als ausgeplündert, machte bankrott oder war auf Jahre notleidend. Je nachdem waren die kleinen Anleger ihr Kapital ganz oder größtenteils los und hatten zum Schaden noch den Spott, beispielsweise am 4. April 1873 im Reichstag vom Leiter des Reichskanzleramtes, Rudolf v. *Delbrück*. In der Antwort auf *Laskers* Rede über den Eisenbahn-Gründerschwindel sagte dieser:

> „Man hat hier ... mit dem Faktor zu rechnen, gegen welchen nach dem Worte des Dichters selbst die Götter vergebens kämpfen, und ich glaube: es liegt ausserhalb der Macht einer jeden Gesetzgebung, Leute, die nun einmal ihr Geld los sein wollen, daran zu hindern." (Heiterkeit)

Lasker ließ sich damit abspeisen. Darin lag stillschweigende Zustimmung zu Delbrücks Zynismus. In der enormen Spannung des Auftritts, der durch Unvorsichtigkeit eines Mitschuldigen oder durch Verteidigung eines zu Unrecht Angegriffenen zu unvorhersehbaren Folgen für viele der anwesenden Abgeordneten und Beamten hätte führen können, kam das Lasker nicht zu Bewußtsein, obwohl er als Jurist hätte wissen müssen: Qui tacet, consentire videtur.

Die Reaktion des deutschen Spießers war der Antisemitismus. Auch in Westeuropa beschränkte sich die Abwehr auf die Bilanzkritik der damals noch wenig entwickelten, seriösen Wirtschaftspresse, etwa des Londoner

Economist. Nur in den USA gab es eine breite, kleinbürgerliche Bewegung gegen die Ausplünderung der kleinen Kapitalanleger an der Börse. Dort enthüllten *„Muckraker"* – Nestbeschmutzer – die Bereicherung der Eisenbahnen aus öffentlichem Eigentum und den Spar-Dollars der kleinen Leute, den Aktienbetrug, Börsenschwindel und die Monopoltricks der Standard Oil Co. Auf Grund dieser Enthüllungen erkämpften die Radikalen vor hundert Jahren den *Sherman Antitrust Act.* Dieser zeitigte mehr Illusionen als reale Wirkung. Desto wirkungsvoller war der *Securities Exchange Act,* das Börsenkontrollgesetz von 1934.

Es war die Antwort auf die ungeheuerste Betrugsorgie, die es überhaupt bis dahin gegeben hatte: die Wallstreet-Hausse 1924-1929. Neben ihr wirken die europäischen Börsen-Fischzüge des vorigen Jahrhunderts altfränkisch-bescheiden: der Londoner Börsen-„Wahnsinn" 1841-1846, die Spekulation des Crédit Foncier und Mobilier unter Napoleon III., Lesseps' Panamaschwindel oder der deutsche Gründerschwindel 1871-1873. Zudem war die zyklische Wirtschaftskrise, die auf den Wallstreet-Krach vom September 1929 folgte, unvergleichlich schwerer als je eine zyklische Krise zuvor, denn der Umsturz der internationalen Kapitalbeziehungen 1914-1929 hatte weltwirtschaftliche Widersprüche angehäuft, welche die zyklische Krise zu einer Strukturkrise, einer sozialen Katastrophe machten. Sie führte *in den USA zum New Deal,* einer höchst widerspruchsvollen, aber im Ganzen fortschrittlichen Bewegung, *bei uns zum „Dritten Reich".*

Durchgeführt wurde das Börsenkontrollgesetz von derjenigen New-Deal-Behörde, der ein noch dauerhafterer Erfolg beschieden war als der Tennessee Valley Authority: der *Securities Exchange Commission.* Neuerdings verschafft sie sich auch in Europa Respekt, sogar in der Schweiz. Ihr Gründer, *Joseph Kennedy,* hatte in der Hausse vor 1929 ein namhaftes Vermögen zusammenspekuliert. Er durchschaute die betrügerischen Tricks der Emissionshäuser und Dachgesellschaften und stieg rechtzeitig aus. Wie die Gangster, denen im vorigen und vorvorigen Jahrhundert die Leitung der Pariser und Londoner Kriminalpolizei übertragen wurde – wir erinnern an *Glanz und Elend der Courtisanen* und besonders an die *Dreigroschenoper,* genauer: an die beggars' opera – kannte er die Mißbräuche, deren Abstellung ihm 1934 übertragen wurde, und bewies ungewöhnliches administratives Können. Seine Söhne, mindestens John und Robert, haben es geerbt. Sein Vermögen ermöglichte ihnen einen politischen Start ohne gravierende Konzessionen an die allgegenwärtige Korruption, die jede andere politische Carrière in den USA schon im Keim verkrüppelt: daher das Minderwertigkeitsgefühl, aus dem die nordamerikanischen Politiker und ihre publizistischen Verbündeten auf die Kennedy-Tradition herabsehen. Die Kennedys, am unbedingtesten Robert, standen für Gerechtigkeit und Menschenrechte, gegen organisiertes Verbrechen, gegen den Mißbrauch politischer und wirtschaftlicher Macht. Umgekehrt übten Bismarck und seine Partner in den Gründerjahren – einerseits Bleichröder, andererseits Delbrück, Camphausen und deren Hintermann Hansemann – eben diesen Mißbrauch.

Die politische Bewegung, die den *Sherman* und *Securities Exchange Act* erkämpfte, war eng verbunden mit der Tradition sozialkritischer Forschung, die in Gustavus Myers' *Geschichte der großen amerikanischen Vermögen*, Ferdinand Lundbergs *America's 60 families* und *The rich and the super-rich*, vor allem aber Scott Nearings und Joseph Freemans *Dollar diplomacy* von 1925 gipfelte. Dagegen lebte und lebt der deutsche Mittelstand einschließlich unserer offiziellen Geschichts- und Wirtschafts-Wissenschaft, seit 1914 auch der sozialdemokratischen Partei und der freien Gewerkschaften, im Bewußtsein seines beschränkten Untertanenverstandes, war und ist also außerstande zur Kritik an staatlichen Autoritäten und wirtschaftlicher Macht. Die deutschen Muckraker vor 115 Jahren, *Otto Glagau, Joachim Gehlsen, Rudolph Meyer* waren journalistische Einzelgänger und wurden rasch *mundtot gemacht*. Die Opposition des Zentrums blieb innerhalb der von Bismarck gesteckten Grenzen. Aufdeckung der Korruption in Bismarcks Regierungssystem hätte gegen das Schicklichkeitsgefühl der Zentrumsführer verstoßen – „wo kommen wir da hin!" Als der Zentrumsabgeordnete *v. Ludwig* sich von Rudolph Meyer informieren ließ, um den Kampf für die preußische Korrektheit von 1813 aufzunehmen, wurde er aus der *Zentrumspartei ausgeschlossen*. Windthorst beschränkte sich darauf, diskret mit Enthüllungen zu drohen, und gab dadurch zu verstehen, er werde Bismarck schonen, wenn dieser im Kulturkampf zurückstecke. Das lief heraus auf Bismarcks Trennung von den Hauptmatadoren des Gründerschwindels und Kulturkampfes: den Nationalliberalen. Dieses bescheidene Ziel hat Windthorst erreicht, wenn auch nicht durch eigenes Verdienst.

Marx und Engels beurteilten den Gründerschwindel nicht anders als Meyer sowie – bis zu einem gewissen Grade – Glagau und Gehlsen. Sie mußten Deutschland seit 1849 meiden, waren also über die hiesigen Verhältnisse nicht ebenso eingehend unterrichtet wie Meyer. Desto genauer kannten sie die entsprechenden Verhältnisse in England, Frankreich, den USA, erforschten sie aber nicht systematisch. Denn anders als die nordamerikanischen Muckraker und Radikalen vertraten sie nicht *das kleine bürgerliche Eigentum.* Sie wußten, daß und wie es *vom großen gefressen wird,* aber das war nicht ihr Problem: sie vertraten die Arbeiterschaft.

Dieser war ein anderer Kampf aufgezwungen: um Arbeitsbedingungen, welche die physische, und darüber hinaus die soziale Existenz der Arbeiter sicherten. Denn die industriellen Arbeitsbedingungen in und seit der *industriellen Revolution* waren *Massenmord,* keineswegs nur in England. Im ersten Band des *Kapital* wird exakt dargestellt, wie die moderne Industrie in England während der zwei Jahrhunderte bis 1867 schrittweise aus Handwerk und Manufaktur hervorgegangen ist, indem jeder Arbeitsvorgang in einzelne Handgriffe zerlegt und vom Arbeiter auf eine Arbeitsmaschine übertragen wurde, die ihrerseits durch Pferde – über Göpelwerke –, dann durch Wasser- und schließlich Dampfkraft angetrieben wurde, ferner wie jeder industrielle Entwicklungsschritt die Arbeitsbedingungen umwälzte, und welche soziale Gesetzgebung damit einherging: *Armenpflege und Koalitionsverbot.* Dadurch wurde *das Kapital* zum Lehrbuch derjenigen Arbeiterparteien und Gewerkschaften, die ihre Aufgabe ernst nahmen. (Marx' historische Ableitung ist reproduziert in Adolf Helds posthumen *Zwei Büchern zur socialen Geschichte Englands,* Leipzig 1881. Von den deutschen Professoren der „historischen Schule" wurde dieses Buch sehr geschätzt. Der geistige Ursprung entging den Herren, obwohl Held ihn nicht verheimlicht hatte.)

Das war praktisch und theoretisch für den Marxismus die Hauptsache. Im Vergleich damit hatten für ihn der Kampf der besitzenden Klassen gegeneinander und ihre gegenseitige Beraubung nur sekundäre Bedeutung. Daraus erklären sich Mehrings Herablassung gegenüber Diest-Daber und Bebels anfängliche Ahnungslosigkeit, daß Bismarcks Eisenbahnverstaatlichung *„Sozialisierung der Verluste"* war, welche die Eisenbahnen und ihre Aktionäre sowie das Reich und Preußen durch die Gründer, aber unter Bismarcks politischer Verantwortung, erlitten hatten – ähnlich wie die Verstaatlichung des britischen Steinkohlenbergbaus 1946 „Sozialisierung der Verluste" war, welche die Zechen durch betriebliche und technische Unfähigkeit ihrer Leitungen erlitten hatten.

Auch beim bösesten Willen konnten die besitzenden Klassen nicht völlig am Elend der Arbeiterschaft vorbeigehen, mindestens in England und Frankreich, wo Chartismus, Februarrevolution, Juniaufstand und Pariser Commune handgreiflich bewiesen, daß die proletarische Revolution eine reale Kraft war. In Preußen setzten sich damit am ernstesten die „Sozialkonservativen" Rodbertus, Hermann Wagener und Rudolph Meyer auseinander. Meyers *Emancipationskampf des vierten Standes* belegt die Wissenschaftlichkeit, womit wenigstens Meyer sowohl die industriellen wie landwirtschaftlichen Arbeitsbedingungen untersuchte, und wie ernst er Marx nahm. Schon der Titel des Buches stellt die Arbeiterbewegung in Parallele mit dem französischen revolutionären Bürgertum von 1789, drückt also aus, daß sie neuartige politische Bedingungen begründet. Auch die Sozialkonservativen forderten, wie Marx, den *Normal-Arbeitstag*, nur hatten sie nicht wie dieser die große Industrie im Auge, sondern die unterentwickelten deutschen Verhältnisse. Ebenso forderten sie Verbot der Kinder- und Einschränkung der Frauenarbeit. Für sie als Konservative waren die Liberalen der Hauptgegner. Diesen Gegner durchschauten sie. Daher war ihnen die Servilität und Halbherzigkeit der „Kathedersozialisten“ oder – mit ihrer anderen Firma – „historischen Schule der Volkswirtschaftslehre“ keine Überraschung.

Als *Lassalle* den „Allgemeinen Deutschen Arbeiterverein“ gründete und im Programm Staatshilfe für die Gründung von Arbeiter-Produktiv-Genossenschaften (Fabriken im Eigentum der Beschäftigten) forderte, sahen die Sozialkonservativen darin die Grundlage einer *Koalition der Ostelbier* und ihrer politischen Organisationen – preußischer Staat und konservative Partei – *mit der beginnenden Arbeiterbewegung*, gegen Bürgertum und Liberale. *Wagener brachte Lassalle mit Bismarck zusammen*, und dieser drohte den Liberalen:

> „Flectere si nequeo superos, Acheronta movebo!“

Mit dem *allgemeinen, gleichen, direkten Wahlrecht* zum Reichstag verschaffte er sich 1867 – nur für den Norddeutschen Bund, nicht für Preußen – die parlamentarische Möglichkeit dazu.

Die beiden Ziele der Sozialkonservativen waren *unvereinbar*. Marx, Engels und Bebel einerseits, Bismarck andererseits wußten es von vornherein. Daß Lassalle vom Bündnis mit Bismarck reale Vorteile für die Arbeiterbewegung erhoffte, war für *Marx* Illusion und selbstmörderischer *Opportunismus;* in Bismarcks Vorspiegelung eines Bündnisses mit der Arbeiterbewegung sah er *Bonapartismus*. Bismarck brauchte diese Karte übrigens nicht auszuspielen, denn die Nationalliberalen wurden 1866 für ein Jahrzehnt seine Regierungspartei – wozu jetzt noch das Bündnis mit den Lassalleanern, zumal Lassalle tot war?

Wie unwirklich der Gedanke der agrarisch-proletarischen Koalition war, hat zehn Jahre später Rudolph Meyer selbst formuliert:

„Abgesehen vom Zentrum haben wir zwei Interessenklassen: Besitzende und Besitzlose. Letztere sind nicht mehr überwiegend indifferent. Die Denkenden sind entweder auswanderungslustig oder sozialdemokratisch. Erstere scheiden sich in zwei Gruppen: Kapital-Liberale oder Agrar-Konservative. Der Kampf beider ist ... der des verschuldeten Grundbesitzers gegen seine Hypotheken- und Wechselgläubiger. Der Erfolg kann nicht zweifelhaft sein ...

Herr v. Subhastanski auf und zu Klein-Bankerotten zankt sich mit seinem Gläubiger Itzig und ruft den Staat um Schutz an. Wird ihm wenig nutzen. Itzig subhastiert ihn fort und schickt seinen Sohn als Besitzer nach Klein-Bankerotten. Natürlich lässt sich der nun taufen und wird als Herr v. Hitzig in den Adelsstand erhoben. Dessen Sohn erhält die Redaktion der ... Kreuzzeitung, die er ... zwischen Jagd, Diner und ähnlichen ernsten Arbeiten redigiert. Die Tagelöhner, Knechte und Hofgänger ... denken: ‚Es ist uns ganz gleichgültig, ob der gnädige Herr v. Subhastanski oder Itzigsohn im Schlosse wohnt. Arbeiten müssen wir für beide gleich lange, und Lohn gibt der eine keinen Groschen mehr als der andere ...' (Sie) denken an die Auswanderung. Auf dem benachbarten Gross-Bankerotten sagen sie ... wäre doch die Zeit da, in der wir das Schloss anstecken, Herrn v. Subhastanski neben Itzigsohn an die beiden Türpfosten aufhängen und uns in das Land teilen könnten, wie ... die Franzosen vor 80 Jahren. Wir haben dort im Jahre 1870-71 wohl viele Bauern gesehen, aber keine Rittergüter ...

Wir hatten die Absicht, zwischen Herrn v. Subhastanski und den Arbeitern auf Klein-Bankerotten ... ein Bündnis gegen den Herrn Itzig herzustellen. Aber der Pleite-Baron ist dazu noch zu vornehm ... Wollen ... die Agrarier sich mit der Masse des Volkes nicht gegen das Grosskapital ... verbünden, so müssen sie sich mit den Kapitalisten zusammentun und vereint die Masse in Unterwerfung und Arbeit zu halten suchen. Itzigsohn lässt dann gewiss Herrn v. Subhastanski als seinen Inspektor auf Klein-Bankerotten." (Politische Gründer, S. 192 f.)

Für Wagener und seine Freunde war Langzeitprogramm das Bündnis mit der Arbeiterbewegung, für Bismarck mit den bürgerlichen Unternehmern. Dabei vertrat Bismarck die in den besitzenden Klassen politisch entscheidenden Interessen: das hinter den Liberalen stehende Unternehmertum, und innerhalb des agrarischen Grundbesitzes die unverschuldete, geschäftlich erfolgreiche, finanziell bewegliche Fraktion.

Eisenbahnen und Finanzen in den Gründerjahren

Bei flüchtiger Betrachtung der deutschen Eisenbahnkarte von 1870 könnte man glauben, das heutige Bahnnetz sei bereits im wesentlichen fertig gewesen. Doch waren *die meisten Strecken erst eingleisig, wichtige Hauptstrecken fehlten noch* oder waren erst in Vorbereitung. So war die Strecke Wanne-Eickel-Osnabrück-Diepholz erst im Bau, ihre Fortsetzung Bremen-Harburg erst projektiert, die Eisenbahnbrücken zwischen Harburg und Hamburg noch nicht einmal das. Die Strecke Kassel-Hagen-Köln führte erst bis Warburg, die Fortsetzung war bis Schwerte im Bau. Zweigleisig waren in Süddeutschland fast nur die Strecken Frankfurt-Basel und Karlsruhe-Stuttgart-Ulm, in Norddeutschland die wichtigeren Strecken im Königreich Sachsen, die meisten von Berlin und Hannover ausgehenden Strecken – das zweite Gleis endete aber z.T. bereits nach wenigen Kilometern – sowie die Strecke am linken Rheinufer von Mainz nach Duisburg; die Rechtsuferbahn war eingleisig und nördlich von Neuwied erst im Bau. Eifel und Mosel waren von Bahnen entblößt. Für den militärischen Aufmarsch 1870 hatte der rechte Flügel keine Bahn.

Daher liess sich zwar der wichtigste und schwierigste Teil des *deutschen Aufmarschs* 1870 *in der Pfalz – der Transport der entfernteren Armeekorps aus Bayern, Ost-, Nord- und Mitteldeutschland* – rasch und nahezu reibungslos auf den *durchgehenden Ost-West-Strecken bewirken,* aber die beiden Armeekorps des rechten Flügels, Nr. VII (Westfalen) und VIII (Rheinland) mußten zu Fuß an die mittlere Saar marschieren, wo sie am 6. August die Schlacht auf den Spicherer Höhen schlugen.

Auf dem Weg dorthin waren Teile des VIII. Armeekorps durch Trier gekommen. Die Nachricht davon gelangte ins Ausland, wo man naheliegender Weise unterstellte, die durch Trier marschierten Truppen gingen moselaufwärts: daher am 7. August die Befürchtung, links umfaßt zu werden, die das französische 4. Armeekorps zur Flucht nach Metz bewog – am gleichen Tag floh im Oberelsaß die Division Liébert nach Belfort, wie in Zolas *la débacle* beschrieben –, und im fernen Manchester Friedrich Engels' Kombination, „Moltke wolle rechts überflügeln", die ihm noch heute von törichten Herausgebern als genial nachgerühmt wird. In Wirklichkeit wollte Moltke links überflügeln, und das ist ihm gelungen, sogar zweimal: am 18. August gegen die „Rheinarmee" unter Bazaine, am 1. September gegen die Entsatzarmee unter Mac Mahon. Beide mußten die Waffen strecken, die eine in Metz, die andere in Sedan.

Nachdem die zyklische Wirtschaftskrise von 1866 ausgestanden war, bildete der Ausbau des deutschen, vor allem norddeutschen Eisenbahnnetzes die dringlichste wirtschaftliche Aufgabe, nächst der politischen Organisierung des Norddeutschen Bundes. Bei jeder Eisenbahnstrecke kämpften Städte, Grundbesitzer und andere Interessenten um eine für sie günstige Trasse. Mithin mußten die Mitglieder des Gründungscomités angesehene Persönlichkeiten sein, welche die rivalisierenden Interessen ausgleichen, von den Begünstigten Bauland, Baurechte, womöglich auch Kapital, und vom preußischen Handelsministerium die Konzession erlangen konnten. Daher darf es nicht überraschen, daß etwa ein Viertel der Abgeordneten in den drei Berliner Parlamenten – Reichstag, preußisches Abgeordneten- und Herrenhaus – Gründer waren, hauptsächlich von Eisenbahnen, ferner daß auch höhere Beamte gründeten wie Bismarcks Stellvertreter im Auswärtigen Amt, der Unterstaatssekretär v. Bülow, der Vater des späteren Reichskanzlers, und Bismarcks Freund, der Sozialkonservative Hermann Wagener. Wenn Lasker so tat, als sei das skandalös, bewies er nur seinen Mangel an Sachkenntnis. Der *Skandal lag anderswo.*

Die Gründer verteilten sich sehr ungleichmäßig auf die politischen Parteien. Die *Freikonservativen* („Reichspartei") waren gewissermaßen eine Armee von Generälen ohne Soldaten, aber sehr reich: großenteils oberschlesische Magnaten, die mit Ausnahme des nachmaligen Reichskanzlers Fürst Chlodwig zu Hohenlohe-Schillingsfürst sämtlich Gründer waren, ferner Bleichröders parlamentarischer und gründerischer Agent Wilhelm v. Kardoff sowie Herr v. Stumm. Unter den beiden anderen konservativen Fraktionen waren nur wenige Gründer: unter den *preußischen Konservativen* hauptsächlich Wagener im Reichstag, Fürst Putbus und Prinz Biron im Herrenhaus; beim *Zentrum* Schröder / Lippstadt im Abgeordnetenhaus.

Beim „Fortschritt" traten die Gründer nicht namentlich hervor, waren aber maßgebend für die Haltung der Partei. Die *national-liberalen Führer* waren sämtlich Gründer, nur *Lasker* ausgenommen, aber der stand als Rechtsanwalt im Dienst der größten Gründerfirma: der Disconto-Gesellschaft, speziell ihrer Tochtergesellschaft Central-Boden.

Die Disconto-Gesellschaft war 1850 gegründet als Kommanditgesellschaft auf Aktien von dem rheinischen Bankier *David Hansemann*, der im Frühjahr 1848 preußischer Finanzminister war und berühmt geworden ist durch den Satz: „In Geldsachen hört die Gemütlichkeit auf". Seit 1860 stand an ihrer Spitze sein Sohn Adolf. Dieser berief hohe Beamte in die Leitung seiner vielen Tochtergesellschaften, die er bei Bedarf auf maßgebende Posten im Staats- und Reichsdienst zurückdelegierte: die ehemaligen Minister v. Bonin und v. Bernuth, vor allem aber die vortragenden Räte, Wirklichen Geheimen Finanzräte usw. Wehrmann, Schumann, Scheele, Wilckens. Seit 1867 waren auch die Parlamente, namentlich der Reichstag wirtschaftspolitische Schlüsselstellungen. Also warb Hansemann auch Parlamentarier an, vor allem den nationalliberalen Führer *Miquel*, den er 1869 zum Komplementär machte, jedoch ohne Einfluß auf die Geschäftsleitung.

Nachdem der Mohr in den Gründerjahren seine Schuldigkeit getan hatte, wurde Miquel 1873 im Aufsichtsrat versorgt. Zwei andere nationalliberale Führer, *Bennigsen* und *Adickes*, wurden parlamentarische Agenten der Disconto-Gesellschaft, als diese die Aktienmehrheit der von Bennigsen und Adickes gegründeten Eisenbahnen Hannover-Altenbeken und Löhne-Vienenburg erwarb.

Damals war der deutsche Kredit- und Kapitalmarkt derjenige eines Entwicklungslandes, und die meisten Bankiers entstammten einem Gebiet, das wirtschaftlich noch unterentwickelter war als Deutschland insgesamt: Ostdeutschland, insbesondere der überwiegend polnischen Provinz Posen: sie waren Juden. Ohne Kenntnis von deren wirtschaftlichen Verhältnissen und Methoden läßt sich das damalige deutsche Geschäftsleben nicht verstehen, aber wer sie sachgemäß darstellt, zieht sich den Vorwurf des Antisemitismus zu.

Der Verfasser dieses Buches scheut diesen Vorwurf nicht. Einer seiner Vorfahren war vor 200 Jahren Vertrauensmann der jüdischen Gemeinden im Königreich Preußen. Durch andere Vorfahren (von Hameln), vor 300 Jahren in Hannover, ist er mit Heinrich Heine verwandt – eine etwas entfernte Verwandtschaft, Heine kann nichts dafür – und hofft keine Zeile geschrieben zu haben, der sich Heine schämen würde. Er selbst verdankt das Wesentlichste seiner wissenschaftlichen Ausbildung jüdischen Universitätslehrern in Frankfurt vor 1933, kannte als politisch Verfolgter Hitlers Gefängnisse von innen und hat nach wie vor jüdische Freunde. Auch entnimmt er das, was zu diesem Thema zu sagen ist, einem jüdischen Autor, dessen Schilderung des deutschen Hypothekenwesens in den sechziger und siebziger Jahren wir bereits zitiert haben, *Bartel Heinrich Straussberg* aus Neidenburg, der als Dreizehnjähriger nach England auswanderte und sich seitdem Bethel Henry *Strousberg* nannte:

> „Es gibt noch viele, die sich erinnern, dass in früheren Zeiten Adel und nicht Geld bei den Juden die Hauptrolle spielte, dass verarmte vornehme Geschlechter in den Synagogen die ersten Plätze hatten, und dass Reiche ... es sich zur Ehre schätzten, durch Heirat mit solchen Familien verwandt zu werden ... Von guter Herkunft unter den jetzt bedeutenden jüdischen Familien sind nur diejenigen, deren Vorfahren zur Zeit der Emancipation schon in grösseren Städten grosse Geschäftshäuser hatten ...
>
> Von dem Augenblicke, wo den Juden das Bürgerrecht eingeräumt wurde, zogen aus den dicht gedrängten und verkommenen Gemeinden der Provinzen Posen, Schlesien und Westpreussen zahllose Familien in die Gegenden, wo ihre Glaubensgenossen früher ein freies Feld für ihre Tätigkeit hatten und daher ohne Wucher und in ehrlicher, anständiger Weise dem kaufmännischen Beruf nachgehen konnten. Mit weniger Ansprüchen und Bedürfnissen, und ungeniert von Skrupeln jeder Art, war es den neuen Leuten leicht zu bestehen, Vermögen zu erwerben und die Alten zu verdrängen ... Der kleine Pro-

dukten-, Fell- und Talghändler, wohlhabend geworden, zog nach einer grösseren Stadt und wurde der Kommissionär seines früheren Kollegen in der Provinz ... Das kleine Geschäft in der Provinz war ... mit kleineren oder grösseren Vorschüssen verbunden, es entwickelten sich daraus kleine Wuchergeschäfte und die ... Usancen im Produkten-, Börsen- und Bankwesen, die sich jetzt auch in das grosse Geschäft übertragen haben. Der Berliner Kommissionär wurde des kleinen Wucherers Wucherer, und allmählich verwandelte sich das Kommissionsgeschäft in das Bank- und Kommissionsgeschäft und brachte aus seinem faulen Ursprung weitere Usancen mit sich ..., denen heute ... gleichmässig von Juden und Christen gehuldigt wird." *(Dr. Strousberg und sein Wirken S.12 f.)*

Halten wir fest: von *Juden und Christen.* Strousbergs weitere Darstellung ist motiviert durch Verleumdungen in der Tagespresse, deren Berichterstattung und Urteile ja auch heute in vielen Boulevard- und Lokalzeitungen unseriös sind, vor allem aber im Parlament: Er hat hauptsächlich *Lasker* im Auge.

„Dem Drange nach geistiger Bildung ist es zuzuschreiben, daß so viele aus den ärmsten Ständen des Judentums die wissenschaftliche statt der kaufmännischen Carriere ergreifen ... Der Erfolg ist ... auch von Nachteilen begleitet ... Diese Nachteile treten zwar bei den Juden besonders hervor, weil ... so viele derselben aus den ärmsten Klassen sich in unseren Gymnasien und Universitäten emporhungern ... Bei Christen ist aber diese Erscheinung unter gleichen Verhältnissen in gleichem Maße wahrnehmbar ... Der jüdische Politiker, dessen Verwandte und Eltern vielleicht Wucherer und Gauner in der Provinz Posen waren, hält im Bewusstsein seiner edleren Ziele sich für etwas ganz besonders Erhabenes, weil er sich so ausnahmsweise als ehrlicher Mann sieht. Er fühlt sich als Schwan, von Gänsen ausgebrütet ... Aus solchen Anschauungen entwickeln sich mehr oder weniger gemeinschädliche Theorien; krankhafte, wenn auch edle Gefühle herrschen beim Auftreten der Juden als überzeugungstreue Führer in allen Nuancen politischer und sozialer Bewegung – vom Nationalliberalen bis zum Ultrasozialisten. Selbstverständlich bieten die Demagogie und das Literatentum den weniger edel gesinnten und oberflächlich Gebildeten, Juden wie Christen, ein reiches Feld der Tätigkeit und wird von Ersteren nur häufiger ausgebeutet, weil, wie gesagt, die Zahl der armen Studierenden bei ihnen eine grössere als bei den Christen ist."

Soweit der Kredit über normalen Wechselkredit hinausging, war er *weitgehend Wucher.* Auf dem deutschen Kapitalmarkt herrschte die Jagd nach „dem schnellen Geld", grob gesagt Schwindel. Daher war die korrekte Finanzierung von Eisenbahngründungen, vorsichtig ausgedrückt: sehr schwierig. Während des Baus warfen Eisenbahnen keinen Gewinn ab. Die Börse bewertete Aktien weder nach dem zu erwartenden Gewinn noch nach dem Substanzwert. Der war auch schwer zu ermitteln, denn die Bilanzen waren in aller Regel gefälscht, und die Aktienrechtsnovelle vom Juni 1870 stellte diesen *Betrug praktisch straffrei.* Vielmehr bemaß die Börse

Aktienkurse in Spielerart nach dem sofortigen Ertrag. Daher erreichten Eisenbahn-Aktien während des Baus der Linie, für die sie emittiert wurden, oft nicht einmal 50 %. Zwar pflegten sich Grundbesitzer und andere Interessenten zur Aktienzeichnung zu verpflichten, hätten es aber bei derartigen Kursverhältnissen als unbillig betrachtet, in Anspruch genommen zu werden. Lediglich das preußische Handelsministerium tat, als nehme es die Zeichnerlisten ernst. Den Eisenbahngründern blieben zwei Möglichkeiten:

1. *„Prioritäts"-Aktien* mit festem Dividendenanspruch schon vor Betriebsbeginn – praktisch Zinspapiere;
2. Übertragung des Baus an einen *„General-Entrepreneur"*, den man nicht in Geld, sondern in Aktien honorierte. Er mußte kapitalstark sein und lief ein hohes Risiko, vor allem wegen der langen Fristen, mit denen er rechnen mußte; sie überschritten in der Regel die Dauer eines Konjunkturzyklus, und die Wirtschaftskrise war für ihn gefährlicher als für durchschnittlicher Industrielle. In der Regel baute er die vorletzte Eisenbahn aus dem Kapital, das für die letzte aufgenommen war. *Alle General-Entrepreneure* haben früher oder später *bankrott* gemacht.

Um überhaupt zu bestehen, mußte der General-Entrepreneur einen, nach korrektem Maßstab überhöhten Baupreis fordern. Sparsame Lebens- und Geschäftsführung hätten seinen Kredit geschädigt. Brach er zusammen, so wurden ihm unweigerlich Verschwendung und Betrug vorgeworfen.

Der General-Enterpreneur, der die 1868-1872 neugegründeten deutschen Eisenbahnen mit wenigen, hauptsächlich Bleichröderschen Ausnahmen baute, war *Strousberg:* zwar ein prahlerischer Parvenu, aber ein gebildeter Mann mit weiterem Horizont als seine meisten deutschen Zeitgenossen in Eisenbahnen, Banken, Politik und Journalismus: seine geschäftliche *Grundlage* hatte er in *England* gelegt, dem damals wirtschaftlich führenden Land. Er baute Bahnen hauptsächlich im Königreich Preußen, aber leider auch in Rumänien, Österreich-Ungarn und Russisch-Polen. Infolgedessen kam zu dem, gewissermaßen normalen Krisen-Risiko für ihn das zusätzliche Risiko des Baus in Entwicklungsländern mit unberechenbarer Bürokratie und Korruption sowie wucherischem Kreditgewerbe. Sein Zusammenbruch wurde herbeigeführt durch die Geschäftsstockung nach Kriegsausbruch 1870. Sie bewirkte den Ruin seiner Deutsch-Rumänischen Eisenbahn und brachte ihn in eine Verlegenheit, die vorübergehend geblieben wäre, hätte sie ihn nicht zwei Wucherbanken mit langem politischem Hebelarm ausgeliefert: Bleichröder und vor allem der Disconto-Gesellschaft.

Beispielsweise war die Disconto-Gesellschaft Mehrheitsaktionär in Strousbergs Linie *Berlin-Görlitz* und zwang dieser Tochergesellschaft eine Anleihe auf, deren Realverzinsung 5 % über dem Satz lag, den Strousberg auf dem freien Markt hätte erlangen können. Sein Protest im Aufsichtsrat wurde vom Vorsitzenden, Geheimrat Wilckens, durch Aufhebung der Sitzung abgeschnitten. Von der Berliner Handelsgesellschaft, an der Bleichröder maßgebend beteiligt war, wurde Strousbergs Linie *Lyck-Grajewo-Brest Litowsk* für einen Kredit ein Jahreszins von 60 % abverlangt. Einzelheiten dieser Art sucht man umsonst in Fritz Sterns Buch über *Bismarck und Bleichröder.*

Disconto und Bleichröder hatten Strousberg geknebelt, aber da sie nicht an Bauruinen interessiert waren, zogen sie die Schlinge erst um die Jahreswende 1872-1873 zu, als die Bahnen fertig waren. Dann wurde Lasker auf ihn losgelassen und machte Strousberg zum Sündenbock für die Ausplünderung der kleineren Kapitalanleger vermittels hochgetriebener Aktienkurse sowie durch Ausplünderung der Aktiengesellschaften. Der Ruin der Eisenbahn-Aktiengesellschaften lag zu einem erheblichen Teil an dem Wucher, den neben Bleichröder gerade derjenige Bankkonzern begangen hatte, in dessen Diensten Lasker als Rechtsanwalt stand: die Disconto-Gesellschaft. Da Strousberg Jude war, machten antisemitische Journalisten wie Glagau daraus antisemitische Verallgemeinerungen. Dagegen wies Rudolph Meyer nach, daß die Disconto-Gesellschaft mehrheitlich nicht-jüdisch war, insbesondere ihr Leiter Adolf Hansemann bzw. v. Hansemann, und daß von dessen parlamentarischen und administrativen Agenten lediglich Lasker Jude war. Disconto war, wie Meyer zeigte, größter Eisenbahngründer. In zweiter Linie der Eisenbahngründer standen, seinem Nachweis zufolge, die oberschlesischen Magnaten. Damit hat Meyer in der Hauptsache die antisemitische Legende widerlegt, derzufolge es sich bei dem Gründerschwindel hauptsächlich um jüdischen Betrug gehandelt habe. Auch hat er in seinen Büchern *Emancipationskampf des vierten Standes* und *Kapitalismus fin de siècle* den Antisemitismus ausdrücklich bekämpft. Allerdings nennt er einen jüdischen Gründer einen jüdischen Gründer und Bleichröder Bismarcks Hausjuden. Doch dabei handelt es sich um Tatsachen, zu deren Kennzeichnung sich ein jüdischer Autor wie Strousberg derselben Ausdrücke bedient. Ein heutiger Leser kann Meyer allenfalls vorwerfen, er habe sich vorsichtiger ausdrücken sollen und habe den Antisemitismus nicht so ernst genommen, wie wir ihn nach den Verbrechen des Nationalsozialismus nehmen müssen.

Kamen Vertreter orthodoxer jüdischer Gemeinden aus dem Posenschen oder anderen östlichen Gebieten nach Berlin, so holten sie sich juristischen Rat bei Hermann Wagener. Dem mißtrauten sie weniger als „ihren eigenen Leuten"; denn die jüdischen Rechtsanwälte waren in der Regel liberal, mindestens in der Hauptstadt. Offensichtlich galt Wagener nicht als Antisemit. Der Ton, in dem Rudolph Meyer dies berichtet, ist auch nicht derjenige eines Antisemiten.

> „Die Juden teilen sich wieder ein
> In zwei verschiedne Parteien:
> Die alten gehn in die Synagog
> Und in den Tempel die neuen.
>
> Die neuen essen Schweinefleisch,
> Zeigen sich widersetzig,
> Sind Demokraten; die alten sind
> Vielmehr aristokrätzig."

Dagegen widerspricht es den Tatsachen, wenn Fritz Stern in dem erwähnten Buch über *Bismarck und Bleichröder* Rudolph Meyer als Antisemiten hinstellt. Er kann das nur beweisen, indem er dessen Äußerungen über Bleichröder aus dem Zusammenhang reißt, und durch die absurde Argumentation:

> „Meyers Vermischung von Tatsachen und Mißdeutung, gewürzt mit Angst und Bosheit, erscheint als Vorbote späterer Angriffe von rechts; auf seine Weise nahm er schon das Bündnis der radikalen Rechten und Linken vorweg. Nicht umsonst war Meyer mit Marx bekannt und schrieb in den neunziger Jahren wiederholt Artikel für die marxistische ‚Neue Zeit'. Der damalige Antisemitismus war das unmoralische Äquivalent des Sozialismus – umgekehrt war der Sozialismus ... der Antisemitismus-Ersatz der Arbeiterschaft. Kein Zufall, daß den Antisemiten Marx als eine Zentralfigur der jüdischen Verschwörung erschien: er habe eine Lehre begründet, die den proletarischen Widerwillen von seinem eigenen Volke abwendete" (S. 508 der englischen, S. 616 der deutschen Ausgabe) –

eine originelle Umkehrung von Bebels Kernsatz: „der Antisemitismus ist der Sozialismus des dummen Kerls". Stern wendet sich an Leser, deren antisozialistische Vorurteile ebenso reaktionär sind wie die antijüdischen Vorurteile der Antisemiten. Marx zu verstehen erfordert allerdings eine gewisse Unvoreingenommenheit und Intelligenz; Meyer hatte sie in hohem Maße. Wie ein Antisemit es fertig bringen konnte, mit Marx und Engels zu diskutieren, ihre wissenschaftlichen Leistungen zu rühmen und an einer marxistischen Zeitschrift wie der *Neuen Zeit* mitzuarbeiten, bleibt Sterns Geheimnis. Auch ist Stern immun gegen Tatsachen, die seiner Voreingenommenheit für Bleichröder widersprechen. Über die deutsche Wirtschaft und Bleichröders Stellung in ihr erfahren seine Leser sehr wenig, beispielsweise verschiedene Einzelheiten über Erwerb und Verkauf von Wertpapieren von 1867 bis Frühjahr 1870, jedoch ohne diejenigen Angaben, aus denen der Sinn dieser Börsenoperationen verständlich würde: einerseits über die Bonität der Berliner Aktienbrauerei Tivoli, andererseits über die Konjunktur. Nur dem wirtschaftsgeschichtlich unterrichteten Leser ist bekannt, daß 1866 eine zyklische Krise stattgefunden hatte. Die Stockung dauerte bis 1869, der Aufschwung 1870-1872, und die zyklische Krise vom Frühjahr 1873 hatte verheerendes Ausmaß und infolgedessen weitreichende wirtschaftliche und soziale Folgen, die auch für Bismarcks Politik bestimmend wurden. Stern weiß all das dank seiner Einsicht in das Bleichröder-Archiv, versteht aber nicht, daß er es dem Leser mitteilen muß, wenn dieser seine Darstellung verstehen soll. Schade! Denn was er dem Bleichröder- und Bismarck-Archiv über Bismarcks Diplomatie entnommen hat, ist neu und instruktiv.

Zu einem mächtigen Motor des deutschen Kapitalmarkts wurde die französische Kriegsentschädigung: 4 Milliarden Mark. Sie flossen großenteils in die Taschen betrügerischer Gründer, auf dem Umweg über die Börse. Denn sie wurden in der Hauptsache zur Tilgung von Staatsanleihen benützt. Den bisherigen Eigentümern dieser mündelsicheren Papiere wurden faule Aktien angeschmiert. Fast ein Fünftel, 759 Millionen Mark, wurden der Disconto-Gesellschaft direkt zur Plünderung übergeben, durch Stiftung des preußischen Provinzial- sowie des Reichstagsbau-, Festungsbau- und Invalidenfonds. Der letztgenannte war der bedeutendste; nach ihm taufte die Börse alle vier *„die invaliden Fonds"*.

Zwar wurden die Gesetze über diese Fonds erst im April und Mai 1873 beschlossen, doch kaufte die Disconto-Gesellschaft schon im Februar 1872 für den Invalidenfonds nominell etwa 65 Millionen Bergisch-Märkische und Magdeburg-Halberstädter „Prioritäten", brauchte indes vierzehn weitere Monate, um die Gesetze durch Regierung und Parlamente zu bringen. Dabei bediente sie sich alter Familienbeziehungen. Die miteinander befreundeten rheinischen Bankiers *Ludolf Camphausen* und *David Hansemann* hatten im Frühjahr 1848 die preußische Regierung geführt, Camphausen als Ministerpräsident, Hansemann, wie erwähnt, als Finanzminister. Zwanzig Jahre später standen ihre jüngeren Verwandten *Otto Camphausen* an der Spitze der „Preußischen Seehandlung" – der Staatsbank –

Adolf Hansemann der Disconto-Gesellschaft. Ende 1869 verdarb der Finanzminister v. d. Heydt der Disconto-Gesellschaft den Plan einer Prämienanleihe. Dafür drückte sie durch Massenverkäufe den Kurs der Staatsanleihen. Infolgedessen mußte v. d. Heydt zurücktreten und wurde durch Otto Camphausen ersetzt. Bald darauf machten sich Otto v. Camphausen und Adolf v. Hansemann um die preußische Krone verdient, indem sie Strousbergs notleidende Deutsch-Rumänische Eisenbahn sanierten. Dafür wurden sie geadelt. Denn in dieser Bahn stak das Geld oberschlesischer Magnaten: hochgeschätzter Mitglieder des Berliner Königshofes.

Eine noch nützlichere Freundschaft lief über das Bankhaus Delbrück, Leo & Co, später Delbrück & Schickler, und verband Adolf v. Hansemann mit dem gleichfalls frisch geadelten Leiter des Reichskanzleramts, *Rudolf v. Delbrück.* Dieser war aus der Zollvereins-Bürokratie hervorgegangen. Camphausen und Delbrück waren damals Bismarcks wirtschafts- und finanzpolitische rechte Hände und förderten die „invaliden Fonds". Ende 1872 war alles fertig, da trat eine Panne ein: Der zum Disconto-Clan gehörige *Geheimrat Wehrmann erkrankte.* Er hatte den *Vortrag beim König. Nächstältester* Beamter, dem der Vortrag zufiel, war Wagener,

> „der alle Geschäfte der Disconto-Gesellschaft durchschaute ... und man hatte gerade ein Geschäft vor, wobei man auf das Herz Sr. Majestät wirken musste, die Gründung eines Fonds für die ruhmvollen Invaliden, den die Disconto-Gesellschaft plündern wollte ... Im März 1873 brachte Delbrück die Vorlage im Reichstage ein. Vorher aber wurde Wagener beseitigt, der jedenfalls Sr. Majestät ‚den eigentlichen Zweck' dieser Fonds enthüllt haben würde" (Rudolph Meyer),

und zwar durch *Laskers Rede* im Abgeordnetenhaus über den *Schwindel bei Eisenbahngründungen.*

In dem Forum, vor dem Lasker sprach, waren die maßgebenden Abgeordneten der Regierungsmehrheit – die nationalliberalen Führer und die Freikonservativen – selbst Gründer, denen der betrügerische Bankrott drohte. Vor ihnen brachte Lasker es fertig, drei konservativen Außenseitern den ganzen Skandal aufzubürden: Wagener, dem Fürsten Putbus und dem Prinzen Biron. Den Unterstaatssekretär v. Bülow, der mit Putbus und Biron bei der Berliner Nordbahn (Oranienburg-Neubrandenburg-Stralsund) zusammengegangen war, ließ er taktvollerweise unerwähnt. Statt dessen fiel er über Strousberg her, der sich nicht wehren konnte. Ihm warf er unter anderem Bestechung von Ministerialbeamten vor, ohne Schatten eines Beweises und gegen alle Wahrscheinlichkeit.

Die Abgeordneten waren entweder mit der Materie nicht vertraut oder allzu vertraut, schwiegen also. Der Handelsminister Itzenplitz, der indirekt mit getroffen war, hätte sich selbst, aber mindestens seine Räte verteidigen sollen. Daß er sich nicht dazu aufraffte, machte seine Stellung unhaltbar. Eine *königliche Kommission zur Untersuchung der Mißstände bei Eisenbahngründungen* bestand bereits. Auf Grund des Prestiges, das Lasker durch seine unwidersprochene „Enthüllung" erworben hatte, wurde auch er in diese Kommission berufen. Sie erstattete ihren *Bericht* Ende 1873. Zwar nicht formell, aber moralisch gehörte ihr Lasker als Mandatar des Abgeordnetenhauses an, brachte den Bericht jedoch erst zweieinhalb Jahre später zu dessen Kenntnis. Bennigsen als dessen Präsident war mitverantwortlich für diese Verschleppung. Am 29. März 1876 wurde der Bericht kurz im Plenum besprochen und kam dadurch in die Landtagsdrucksachen. Dort ist er allgemein zugänglich, wird jedoch von den Historikern ignoriert. Anderenfalls wüßten sie, daß der Bericht *Wagener entlastet, Lasker widerlegt und Bennigsen belastet.*

Wagener erweist sich als weißer Rabe, als einziger Eisenbahngründer, der nahezu korrekt vorgegangen ist. Das Kapital seiner *„Pommerschen Centralbahn"* betrug 7,36 Millionen Taler (1 Taler = 3 Mark). Wagener bewilligte sich selbst ein Gründerhonorar von 22000 Talern, seinen beiden Partnern je 11.000. Als sie in die Kasse zu greifen versuchten, hat er das – dem Bericht zufolge – verhindert. Ferner beanspruchte er zur Deckung seiner Unkosten eine einmalige Zahlung von 3700 Talern. Den Bau vergab er nicht in Generalentreprise, sondern führte ihn selber durch, den Kilometer für 50000 Taler. Hingegen hatte – dem Bericht zufolge – Laskers Parteifreund Bennigsen den Bau von Hannover-Altenbeken an Strousberg vergeben, der bei dieser Strecke 112000 Taler pro Kilometer berechnete. Wageners einzige Unkorrektheit: Die von ihm eingereichten Zeichnerlisten waren auch Luft.

Die Börse spottete, Wagener geschehe ganz recht mit seiner politischen Verfolgung. Warum verderbe er das Geschäft durch seine Bescheidenheit! Denn andere Gründer beanspruchten bei vergleichbarem Kapital Hunderttausende und Millionen Gründerhonorar.

Lasker entrüstete sich besonders darüber, daß Wagener die Konzession seiner Eisenbahn durch korrupte Ausnutzung seiner amtlichen Stellung erschlichen habe. Der Sachverhalt war folgender: Hinterpommern wurde hauptsächlich durch die *Strecke Stettin-Danzig* erschlossen. Sie verlief über Stargard (dort Abzweigung über Kreuz nach Posen) – Köslin-Stolp. Weiter südlich verlief die *Hauptstrecke Berlin-Königsberg* über Küstrin-Kreuz (dort Abzweigung nach Posen) – Schneidemühl (dort Abzweigung nach Thorn) – Dirschau (dort Abzweigung nach Danzig) – Elbing. Das zentrale Hinterpommern – die Landkreise *Neustettin*, für den Wagener im Reichstag saß, und *Dramburg* – war von beiden Strecken weit entfernt.

> „Seit einem Dutzend Jahren bemühten sich die Kreise Dramburg und Neustettin um eine Eisenbahn, verhandelten mit allen möglichen Finanziers ... bombardierten ihren Reichstagsabgeordneten, Wagener, unausgesetzt, ihnen ... zu einer Bahn zu verhelfen. Endlich teilten ihm die zwei Landräte mit, dass er auf keine Wiederwahl zu rechnen habe, wenn er nicht für eine Bahn sorge. Da entschloss er sich 1870, ... eine Aktiengesellschaft zum Bau zu gründen ... Die Konzession war schon vor einem Jahrzehnt an ein Konsortium erteilt, in dem Graf Kleist-Juchow sass ... Es konnte damit nicht fertig werden und übertrug gern und ohne Entschädigung die Vorarbeiten an Wagener, als der Aussicht hatte, das Geld ... aufzubringen." (Meyer, Politische Gründer S. 116 und 119)

Das Disziplinarverfahren gegen Wagener ergab denn auch nichts Belastendes. Ohnehin wollte ihn Bismarck halten. Kurz zuvor hatte er ihm geschrieben, Wagener sei der einzige, mit dem er offen sprechen könne. Falls aber Wagener bliebe, drohte Camphausen mit dem Rücktritt – es ging ja nur zum Schein um gründerische Mißbräuche, sondern in Wirklichkeit um den Invalidenfonds: deswegen mußte Wagener weg. *Vor Camphausens Drohung wich Bismarck zurück.* Ebenso hat im folgenden Jahr, 1874, Camphausen durch Rücktrittsdrohung die Berufung Moritz v. Blankenburgs als preußischer Landwirtschaftsminister verhindert. Bismarck mußte sich auf einen Besuch in Uniform bei Wagener beschränken. *Wagener* wurde als Beamter *entlassen*, legte sein Reichstagsmandat nieder, *seine Bahngesellschaft* wurde von der preußischen Regierung (Camphausen) und den Banken *in den Bankrott getrieben*, obwohl sie die einzige geschäftlich gesunde war – auch Bleichröder beteiligte sich an ihrem Kreditboykott –, ihre Anlagen erwarb derselbe preußische Staat zum Abbruchwert, der die anderen Strecken weit über Wert bezahlte.

Das lag nicht nur an dem Widerstand gegen den Invalidenfonds, den man bei Wagener voraussetzte, sondern auch an wohlverdientem Haß. An den politischen Verfolgungen der fünfziger Jahre, unter Otto v. Manteuffel als Ministerpräsident und Karl v. Westphalen als Innenminister, hatte Wagener fleißig mitgewirkt; 1873 wurde ihm das heimgezahlt. Unter den Schikanierten war der damalige Prinz von Preußen und nunmehrige Kaiser gewesen. Schwerlich wird er das Ausscheiden seines damaligen Quälgeistes bedauert haben. Alsbald wurde die *Anlage der „invaliden Fonds" in faulen Eisenbahnaktien der Disconto-Gesellschaft legalisiert* – illegal war sie schon vorher durchgeführt. Im Gegensatz zu Rudolph Meyer war Hermann Wagener zu loyal gegen Bismarck, um den Schwindel aufzudecken. Er hätte es in der Hand gehabt, Bismarck zu stürzen.

Indem die Disconto-Gesellschaft wertlose Eisenbahnmakulatur für die „invaliden Fonds" lieferte, setzte sie sich dem Vorwurf des Betruges aus; indem Camphausen und Delbrück sie entgegennahmen, noch dazu ehe die betreffenden Gesetze auch nur eingebracht waren, dem der Untreue. Aber die *politische Verantwortung* trug *Bismarck.* Er verdeckte den Verlust durch Sanierung der Eisenbahnen, und zwar sanierte er sie durch Verstaatlichung: der preußische Staat erwarb die Eisenbahnen weit über Wert, zuerst diejenigen, deren Aktien in den „invaliden Fonds" lagen wie Hannover-Altenbeken.

Im Offizierkorps, vor allem dessen älterer Generation, war noch die Tradition von 1813 verbreitet; diese Tradition verpönte eine solche Verquickung von Staatsdienst und bedenklichem Geschäft, wie sie Bismarck von dem damaligen Enthüllungs-Magazin, der *Reichsglocke,* nachgewiesen wurde. Zudem hatten zahlreiche Offiziere ihr Vermögen im Gründerkrach verloren. Bekannt wurden namentlich die Verluste jüngerer Herren, deren Heirat dadurch verhindert wurde; der *„Heiratskonsens"* war an den Nachweis eines Mindestvermögens gebunden. Daher der Rückhalt, den die *Reichsglocke* im Kriegsministerium und Generalstab fand. An diese Instanzen konnte Bismarck nicht heran, ebensowenig an das preußische Hausministerium und die Umgebung der Kaiserin Augusta. Er machte sich Luft in Wutausbrüchen, beispielsweise gegen *„Politiker in langen Röcken";* neben der Kaiserin hatte er vornehmlich evangelische Geistliche im Auge, deren orthodoxer Flügel von dem konservativen ostelbischen Landadel und der von diesem beherrschten preußischen Staatsverwaltung geistig abhängig war und sich an einer konservativen Kundgebung für die *„Aera-Artikel"* der *Kreuzzeitung* („Declaranten") beteiligte.

Es ist nicht anzunehmen, daß Bismarck privatim Verluste an Eisenbahnaktien gehabt hat. Wohl aber hat er in den achtziger Jahren, als die Verstaatlichung im Gange war, *privatim Eisenbahnaktien gekauft* – man darf unterstellen: in Erwartung steigender Kurse, die er vermittels seines administrativen Einflusses herbeizuführen hoffte. Im ganzen trog diese Hoffnung infolge der Korrektheit des Ministers für öffentliche Arbeiten, Maybach. Immerhin erzielte Bismarck bei der rechten Oder-Ufer-Bahn mehr als 10 % Kursgewinn, wie Fritz Stern mitteilt. *(Gold and Iron S. 216, deutsche Ausgabe S. 274).*

Während die Disconto-Gesellschaft den „invaliden Fonds" faule Eisenbahnpapiere in der Größenordnung von 800 Millionen Mark aufhängen durfte, war Bleichröder für diesen Zweck auf die bescheidenen 48 Millionen Mark des Welfenfonds beschränkt. Auch wird ihn die *antisemitische Tendenz der „Aera-Artikel"* in der Kreuzzeitung verdrossen haben. Sie waren ein ähnlich verlogenes, aber noch undurchsichtigeres Ablenkungsmanöver der Disconto-Gesellschaft als Laskers Enthüllungsreden. In ihnen wurde behauptet, Bismarck habe einem „Konsortium Bleichröder-Delbrück-Camphausen" die Wirtschafts- und Finanzpolitik gewissermaßen in General-Entreprise gegeben; insbesondere seien die „invaliden Fonds" eine Erfindung Bleichröders – ein offensichtlicher Widersinn. Aber solange Camphausen und Delbrück an der Spitze der preußisch-deutschen Wirtschafts- und Finanzpolitik standen, mußte Bleichröder den Schaden und dazu den Spott erdulden. Sie waren überzeugte Freihändler, ihm hingegen war Zollschutz erwünscht. Denn Bleichröder hatte die oberschlesische Laura- und Königshütte fusioniert und ihnen, während der Überschuß der Aktiva über die Passiva vermutlich 6, allenfalls 9 Millionen Mark betrug, 9 Millionen Taler Aktienkapital aufgebürdet („Kapitalverwässerung"), so daß sich die *Reichsglocke* teilnahmsvoll erkundigte: „Wie hoch muß der Eisenzoll sein, damit ‚Laura' bei 9 Millionen Talern Aktienkapital rentiert?"

Die Schutzzölle

Der Interessenkreis der Disconto-Gesellschaft war weit umfassender als derjenige Bleichröders; er umfaßte auch Handel, Verkehr und die verarbeitende Industrie. Mithin war sie an Schutzzöllen nicht interessiert. Bleichröders Chance, Schutzzölle durchzusetzen, kam durch die Getreidebaisse 1875. Sie drückte Bismarcks landwirtschaftliche Erträge und lieferte Bleichröder das überzeugende Argument für den Zollschutz von Korn und Stahl und damit für den Sturz seiner angeblichen Konsortialgenossen Camphausen und Delbrück.

Bis Mitte der Siebziger Jahre war Ostdeutschland ein führendes Getreide-Ausfuhrland; die Danziger Getreide-Notierung war etwa so wichtig wie heute die von Chicago oder Winnipeg. Als Einfuhrland für Gewerbeerzeugnisse war Ostelbien freihändlerisch, ebenso der Zollverein und anfangs noch das Bismarck-Reich. Aber um 1875 wurde Europa mit dem billigen Weizen des Mississippi-Beckens überschwemmt, und da sich

Deutschland zugleich zum Industrieland wandelte, entstand hier ein Binnenmarkt für Getreide, dessen Preise sich durch Einfuhrzölle heben ließen. Als „kornbauender Ritter“ wurde Bismarck Schutzzöllner für Getreide, als Forstbesitzer betrieb er auch Holzzölle, und da bloße Getreide- und Holzzölle nicht durch den Reichstag zu bringen gewesen wären, führte er außerdem den Zollschutz für Stahl ein und begründete so das politische Bündnis der Ostelbier mit der Schwerindustrie, das in gewandelter Form noch heute die deutsche Politik beherrscht.

Den Beurteilungsmaßstab für Bismarcks Agrarpolitik liefert *Dänemark*. Dessen Landwirtschaft hatte keinen Binnenmarkt, der sich durch Einfuhrzölle hätte schützen lassen. Sie machte aus der Not eine Tugend, *importierte billiges Überssegetreide* als Futter, *„veredelte es durch den Viehmagen“* und belieferte den britischen Markt mit „Bacon“, Butter, Käse und Eiern.

Vermittelt wurde die Ausfuhr nach England durch „Verwertungsgenossenschaften“. Die Bauern lieferten ihnen Eier, Milch und Schlachttiere, beaufsichtigten ihren technischen und kaufmännischen Betrieb, debattierten und entschieden darüber auf den Generalversammlungen und lernten dabei Demokratie.

Für die Ausfuhr eigneten sich nur *Standarderzeugnisse*. Um zu ihnen zu gelangen, wurden einheitliche Fütterungsmethoden und hygienische Verfahren der Viehhaltung wissenschaftlich entwickelt und von den Genossenschaften mittels Aufsicht über die Mitgliedsbetriebe durchgesetzt. Der reichlich anfallende Stallmist ermöglichte *intensive Düngung* und dadurch Höchsterträge auf dem Acker. Mithin wurden die dänischen Bauern bald nahezu unabhängig vom Zukauf überseeischen Futtergetreides und anderen Kraftfutters. Da reichlich *Humusdünger* in den Acker kam, wurde dieser mit Humus angereichert. Infolgedessen wurde der schwere Marschboden leichter, der leichte Geestboden schwerer: *vorbildliche Umweltpflege*. Die hohen Hektarerträge erforderten nur wenig Kunstdünger.

Ermöglicht wurde dieser Fortschritt durch die hohe Volksbildung und wirkte seinerseits auf deren Hebung zurück. Getragen wurde sie von den Heimvolkshochschulen. Sie entspechen ihrem Namen: Das ganze Volk besucht sie.

Bei durchschnittlicher Hofgröße von 40 ha erforderte der einzelne Hof außer der Bauernfamilie in der Regel eine „Häusler“-, das heißt Arbeiterfamilie. Die Häusler hatten in der Regel 3 ha eigene Betriebsfläche, hielten eine Milchkuh und Geflügel, machten ein Schwein halbfett und erzeugten ihren Eigenbedarf an Gemüse, Kartoffeln und Viehfutter. In Deutschland betrachten sich solche Zwergbesitzer als Bauern, treten wirtschaftlichen und politischen Organisationan bei, die von Großlandwirten beherrscht werden, und lassen sich, gemeinsam mit den Klein- und Mittelbauern, von diesen das Fell über die Ohren ziehen: bis 1944 von den Ostelbiern, heute den Großmästern. Außerdem fungiert der deutsche Bauer als Agent der chemischen Industrie zur Vergiftung von Boden und Lebensmitteln. Im Fernsehen wird die Societas Leonina kleiner und großer Besitzer eindrucksvoll veranschaulicht durch den gebieterischen Vorsitzenden des zu Unrecht so genannten Bauernverbandes, den vielfachen Aufsichtsratsvorsitzenden und Bezieher chemischer Dividenden, Constantin Freiherr von Heeremann, und den Ritter von der traurigen Gestalt, den bayrischen Kleinbauern und Minister für die Ernährung der Landwirtschaft, Ignaz Kiechle. Kiechles Erscheinung erinnert allerdings weniger an Don Quixote als an Sancho Pansa.

Anders die dänischen Häusler. Sie kennen ihren Interessengegensatz gegen die Bauern und haben ihren Häuslerverband.

Viele deutsche Sommerurlauber besuchen Dänemark, freuen sich an den schmucken Häusern und der gepflegten Landschaft, verstehen aber mangels Kenntnis der Landessprache nichts von den dahinter steckenden landwirtschaftlichen, sozialen und kulturellen Verhältnissen.

Natürlich ist das dänische Vorbild bei uns nicht ganz unbemerkt geblieben. Wissenschaftlich wirkte in seinem Sinn der Betriebswirtschafts-Forscher *Friedrich Aereboe*, praktisch die bäuerlichen Verwertungsgenossenschaften, vornehmlich in *Ostfriesland* und *Oldenburg*. Im oldenburgischen Landtag saßen bis 1933 auch bäuerliche Vertreter dieser Richtung. Sie gehörten zur Deutschen Demokratischen Partei, und in ihr zu den wenigen wirklichen Demokraten: Wilhelm Wittje und der Ministerpräsident Theodor Tantzen. Der Verfasser ist bei beiden auf dem Hof gewesen.

Ihnen und ihren Mitkämpfern war traurig bewußt, wie sehr ihr Erfolg hinter dem dänischen Vorbild zurückblieb, infolge der sozialen Reaktion, die das von Bismarck begründete Kartell von Roggen und Stahl bedeutete; es wurde durch die halbe Revolution von 1918 mehr scheinbar als wirklich gemildert. Die Demokratie, die den Lebensatem echter Genossenschaften bildet, wurde 1933 durch das „Führerprinzip" außer Betrieb gesetzt. Faktisch war sie bereits durch die Sonderverhältnisse seit 1914 untergraben. Heute wird bei uns das dänische Vorbild in vorerst bescheidenem Umfang von den *Bio-Bauern* wieder aufgenommen.

Auch in dem Staat der Bauern und Arbeiter ist das flache Land hinter Dänemark zurückgeblieben. Chruschtschow verkündete bei seinem Besuch in Dänemark, die sowjetische Landwirtschaft könne von der dänischen nichts lernen, denn diese sei kleinbäuerlich. Daß die dänischen Klein-, in Wirklichkeit damals Mittelbetriebe Glieder einer vorbildlichen Großorganisation, und dadurch – wenn man will – dem Sozialismus näher sind als Kol- und Sowchosen, war zu hoch für einen Sowjetbürokraten.

Dagegen haben die holländischen und schwedischen, nach 1918 auch die finnischen, estnischen, lettischen und litauischen Bauern dem dänischen Vorbild nachgeeifert. Für die drei „baltischen" Republiken liegt heute die Hoffnung in der Wiederanknüpfung an diese Tradition. Indem wir diese Hoffnung aussprechen, erinnern wir uns an den litauischen Agronomen, mit dem wir 1944 im Gerichtsgefängnis Landsberg zusammen saßen.

Zugleich mit dem Wandel zum Schutzzoll wandte sich Bismarck auch von seiner liberalen Innenpolitik ab. Seit dem Ausscheiden seiner liberalen Ratgeber Delbrück und Camphausen ließ er sich wieder, wie in jungen Jahren, durch den Widerwillen gegen die preußische Bürokratie leiten, diesmal vor allem gegen die Ministerialbürokratie, und nicht mehr wegen ihres Bürokratismus – der hatte sich gemildert –, sondern wegen der ihr innewohnenden *Tendenz zu liberalen Wirtschaftsgesetzen.* Hatte er 1850 (30. Juni) an Wagener geschrieben:

> „Die Bürokratie ist krebsfräßig an Haupt und Gliedern, nur ihr Magen ist gesund, und die Gesetzexcremente, die sie von sich gibt, sind der natürlichste Dreck der Welt",

so erhebt er in *Gedanken und Erinnerungen* (Kapitel 27) den Vorwurf, daß, wenn nicht die Minister selbst,

> „so doch ihre Räte die Gesetzesmacherei übertreiben, und daß so manche vortragende Räte der inneren Ressorts seit dem Examen her Projekte in ihren Fächern haben, durch die sie die Untertanen des Reiches zu beglücken suchen, sobald sie einen Chef finden, der darauf eingeht."

Bei der damaligen „Gesetzesmacherei" handelte es sich nicht wie heute darum, das unentwirrbare Paragraphendickicht noch undurchdringlicher zu machen, sondern umgekehrt darum, die zahllosen, schwer zu überschauenden landschaftlichen Sonderregelungen und den überlebten Feudal- und Zunftkehricht durch klare, einheitliche, zweckmäßige Regelungen zu ersetzen. *Bismarcks Vorwurf gereicht den Vortragenden Räten nur zur Ehre.*

Indem er ihren Tatendrang 1877 stoppte, verursachte er einen legislativen Stillstand, der es ihm ermöglichte, nicht weniger als vier Ministerämter in seiner Hand zu vereinen – er war Reichskanzler, Staatssekretär des Äußeren, preußischer Ministerpräsident und preußischer Handelsminister – und sich trotz dieser Ämterkumulierung aufs Land zurückzuziehen. Er lebte wieder wie bis 1848 auf seinen Rittergütern und widmete sich hauptberuflich der Verwaltung, allerdings nicht wie damals der ländlichen, sondern er leitete die preußische und Reichsregierung absentistisch von Varzin oder Friedrichsruh, wo er bis zu elf Monaten jählich verweilte. Schulze-Gävernitz pflegte daher unter dem Scharren seiner Studenten zu sagen, „Bismarck habe das Deutsche Reich wie einen ostelbischen Gutshof regiert".

1874 taten sich Diest-Daber und der Feldmarschall Moltke zusammen, um Bismarck „von den Geldmächten" (lies Bleichröder) zu trennen und ihn zur konservativen Politik zurückzuführen. Drei Jahre später war er zur konservativen Politik zurückgekehrt, jedoch anders als die beiden wünschten: er arbeitete noch enger und unbedingter mit Bleichröder zusammen.

Bismarcks Sozialpolitik

Zwei Lehrsätze sind bei uns anerkannt: Bismarck habe durch Einführung der obligatorischen Sozialversicherung die Sozialpolitik im Sinne des heutigen Wohlfahrtsstaates begründet; Marx hingegen habe behauptet, unter dem Kapitalismus sei eine solche Sozialpolitik unmöglich. Die steigenden Reallöhne in den industriellen Hauptländern seit dem zweiten Weltkrieg gelten als faktische Widerlegung von Marx.

Der Arme! Hartnäckig hat er gegen das ihm untergeschobene Dogma gekämpft, er hat dagegen die Vorträge über *Lohn, Preis und Profit*, vor allem aber den ersten Band des *Kapital* geschrieben und darin bewiesen, daß durchgreifende materielle Verbesserungen zugunsten der Arbeiterschaft unter dem Kapitalismus durchaus möglich sind, und zwar unter zwei Voraussetzungen: *Koalitionsrecht und Arbeitsschutz,* insbesondere Arbeitszeitbeschränkung.

Damit hat er das Kriterium zur Beurteilung von Bismarcks Sozialpolitik geliefert: Bismarck hat erbittert *gegen Koalitionsrecht wie Arbeitsschutz* gekämpft und ist *im Kampf dagegen gestürzt worden.*

Bismarck betrachtete den Arbeitsschutz vom Standpunkt des Arbeitgebers, insbesondere des Rittergutbesitzers. Er war gegen jede Lohnerhöhung, sein Sozialistengesetz richtete sich in Wirklichkeit gegen die Anfänge der gewerkschaftlichen Organisation. Arbeiten wie das Rübenverziehen wurden von Frauen- und Kinderkolonnen billig erledigt, also war er gegen die Einschränkung von Frauen- und Kinderarbeit, ferner natürlich gegen jede Arbeitszeitbeschränkung. Behördlich und sogar gerichtlich angeordnete Schutzvorrichtungen in Düneberg und Varzin verhinderte er vermittels seiner Herrschaft über die preußische Verwaltung, und als sich Wilhelm II. Ende 1889 die allgemeine Überzeugung von der Notwendigkeit eines wirksamen Arbeitsschutzes zu eigen machte, suchte er dessen Durchführung, wie er selbst im *dritten Band* der *Gedanken und Erinnerungen* darlegt, zu sabotieren und wurde deshalb entlassen.

Die *positive Sozialpolitik,* die merkwürdigerweise als Bismarcks Verdienst betrachtet wird, *begann* in Wirklichkeit *mit seiner Entlassung.* Bereits 1891 erhielt Deutschland eine für damalige Zeit vernünftige Arbeitszeit *(Elfstundentag)* und den überfälligen *Ausbau der Gewerbeinspektion,* die vom Druck der Sozialistengesetzes befreiten Gewerkschaften erkämpften in dem Jahrzehnt 1890-1900 durchgreifende Reallohnverbesserungen: Man begann die barbarischen Zustände der industriellen Revolution endlich auch bei uns zu überwinden.

Gleichwohl war Bismarcks Sozialpolitik *nicht frei von fortschrittlichen Elementen,* beginnend mit der Einführung der *Freizügigkeit* 1868. Bis dahin war die Heimatgemeinde Unterstützungswohnsitz. Die Hauptmasse der rasch wachsenden Industriearbeiterschaft stammte vom Lande. Wurde ein Arbeiter in einer Industriegemeinde, beispielsweise Bochum, invalide und unterstützungsbedürftig, so schob man ihn in seine Heimatgemeinde ab, beispielsweise nach Schönhausen. Die Gemeinde, die von der Arbeit des erwachsenen Mannes Nutzen gehabt hatte, wälzte seine Unterstützung auf die sehr viel ärmere Landgemeinde ab, aus der er stammte. 1868 wurde die Wohngemeinde Unterstützungswohnsitz. Dies war notwendig und vernünftig, aber Bismarck dürfte auch durch seinen Privatvorteil für diese Reform gewonnen worden sein.

Unbedingt war dies der Fall bei der *obligatorischen Sozialversicherung.* Bei der Debatte über die Lex Tiedemann hatte er gezeigt, wie weh ihm jeder Pfennig Kommunalsteuer tat, und die Sozial-, insbesondere die

Alters- und Invalidenversicherung lief darauf hinaus, Unterstützungen, die bis dahin von den Gemeinden getragen worden waren, den Arbeitgebern und Arbeitern gemeinsam aufzubürden. Dies war sinnvoll und gerecht – *alle Industrienationen haben es nachgeahmt* –, aber die Gerechtigkeit fiel mit Bismarcks Vorteil zusammen, um so mehr, als er sie mit einer sozialen Verschlechterung zu verbinden wußte. Denn die nach der Gesetzgebung der achtziger Jahre zu erwartende Rentenhöhe lag in der Mehrzahl der Gemeinden, und jedenfalls in den größeren, unter dem Unterstützungssatz, und soweit die Gemeinden nicht zuschossen, verschlechterte sich noch die Versorgung der Invaliden, die doch schon vorher nicht luxuriös gewesen war. Wenn Bismarck trotzdem die obligatorische Sozialversicherung für das Zuckerbrot hielt, das zusammen mit der Peitsche des Sozialistengesetzes die Arbeiter vom Sozialismus entwöhnen würde, so zeigt das, wie sehr *kurzsichtige Berechnungen seines Privatvorteils die Klarheit seines Urteils trübten.*

Aus dem gleichen Grund, aus dem Bismarck für die Sozialversicherung war, waren *die Liberalen dagegen:* Bis dahin war den Unternehmern jede *Fürsorge für ihre invalide gewordenen Arbeiter von der Kommunalverwaltung abgenommen* worden, *nun sollten sie dazu beitragen.*

Dies war das wirkliche Motiv des liberalen Widerstandes gegen die Sozialversicherung. Erich Eyck kennt es nicht. Ihm zufolge lag das Motiv in der Forderung nach Selbstverantwortung, auf Deutsch: Die Industriearbeiter sollten selbst sparen, zur Vorsorge gegen das Alter und Notfälle. Das war Mutterns Ressort. Bei ihr lieferte Vater ab, was noch übrig war, wenn er zahltags aus der Kneipe kam – denn der Suff ist bei solcher Not unvermeidlich; Gorbatschow hat ja auch im Kampf gegen das Wässerchen (russisch Wodka) seine erste Niederlage erlitten. Mutter teilte das Geld ein und legte auch etwas zurück. Doch *die Rücklagen gingen* spätestens *für den nächsten Kindersarg drauf* – wenige Arbeiterkinder erreichten das siebente Lebensjahr, in Chemnitz betrug die Kindersterblichkeit allein im ersten Lebensjahr fast 30 %. Solche elementaren Tatsachen sind Erich Eyck unbekannt, und nicht nur ihm.

Der Welfenfonds

Dem 1866 entthronten König Georg V. von Hannover gewährte der preußische Staat eine Entschädigung von 16 Millionen Talern = 48 Millionen Mark, legte sie in preußischen Staatspapieren an und zahlte ihm die Zinsen aus. Sein Vorgänger Ernst August und er selber hatten sich im Lande unbeliebt gemacht. In der Emigration setzte er seine Torheiten fort, und zwar warb er eine *Welfenlegion* – der Name erinnerte an die ruhmreiche The Kings's German Legion 1806-1815 – aus ehemaligen hannöverschen Soldaten und anderen Freiwilligen. Sie sollte in dem bevorstehenden deutsch-französischen Krieg auf französischer Seite kämpfen und ihm sein Königreich zurückerobern. In ihren besten Zeiten war sie zwischen 900 und 1600 Mann stark, stand erst in Holland, dann in Frankreich, war jedoch auch dort nur geduldet, durfte nur ohne Waffen üben, wurde von preußischen Spitzeln unterwandert und löste sich vor Kriegsbeginn 1870 in Lächerlichkeit auf – das Beste, was sie tun konnte. Dadurch blieb Georg V. frei von dem Odium, 1870 gegen Deutschland gekämpft zu haben. Hannöversche Truppen nahmen an dem Kriege 1870-71 nur als preußisches X. Armeekorps (kommandierender General v. Voigts-Retz, Generalstabschef Oberst v. Caprivi) teil und fochten bei Mars la Tour, Beaune la Rolande und Le Mans nicht weniger ehrenvoll als ehedem unter Herzog Ferdinand bei Krefeld und Minden oder unter Wellington bei Salamanca und Waterloo.

Genutzt hat die Legion nur Bismarck. Dank ihrer erlangte er 1869 vom preußischen Landtag die gesetzliche Ermächtigung, die Zinsen des Welfenfonds zu beschlagnahmen und als Dispositionsfonds zu verwenden, mit dessen Hilfe er „bösartige Reptilien bis in ihre Höhlen verfolgen" wollte. Seitdem hieß der Fonds nur noch *„Reptilienfonds"*.

Bismarck verwandte ihn hauptsächlich zur Pressekorruption. Also wurden die von ihm gekauften Presseorgane als *„Reptilienpresse"* bezeichnet. Der Großvater des Verfassers nannte die Berliner „Nationalzeitung" schlicht „das Reptil". Ein anderes Reptil war jenes Witzblatt „Kladderadatsch", das einen Teil seiner Witze zu erläutern pflegte – Eingeständnis ihrer Saftlosigkeit, und das in Berlin. Die deutsche Presse der Reichsgründungszeit war ebenso kläglich wie die liberalen und sonstigen Parteien. Die Reptilienkorruption trug bei, ihr Niveau schäbig zu halten. Kein Zufall, daß auch Bismarcks Hausjournalisten, Moritz Busch und Rudolf Lindau, nicht von erstem Range waren.

Daneben fanden Welfenzinsen auch „nützliche Verwendungen" verschiedener Art, beispielsweise für Schloß und Park Herrenhausen in Hannover sowie zu privaten Unterstützungen. Deren nach Rang und Geldbetrag hervorragendster Empfänger war *König Ludwig II.* von Bayern. Diesen beherrschte sein Stallmeister *Graf Holnstein.* Auf dessen Anweisung schrieb er im November 1870, nach eigenhändiger Vorlage Bismarcks, einen Brief an den preußischen König nach Versailles, worin er ihn zur Annahme der Kaiserkrone aufforderte. Der arglose Adressat ahnte nichts.

Das Honorar für diese königliche Schreibübung war eine *Jahresrente von 100 000 Talern* = 300 000 Mark nach der Währungsumstellung von 1871. Alljährlich fuhr Graf Holnstein nach Berlin, um sie bei Bismarck abzuheben, brachte diesem ein Faß Hofbräu mit und zog für sich selber 10 % ab. Der Gesamtbetrag dieser Rente erreichte 1886 (Tod des Königs) beziehungsweise 1888 (damals hob Graf Holnstein seinen Zehnten für 1886 ab) 5,2 Millionen Mark, davon für den König selber 4,7 Millionen. Auf ihnen „baut sich nicht mehr und nicht minder auf als das geeinigte Deutschland unter einem Kaiser Wilhelm“, so der preußische Gesandte in München, Graf (später Fürst) Philipp Eulenburg 1892, als er diese interessante Transaktion erfuhr. Von den 270 000 Mark, die König Ludwig alljährlich erhielt, zweigte er vorweg 20 000 Mark für seinen Friseur und seinen Zahnarzt ab; die verbliebenen 250 000 dienten dem Schloßbau und der Wagnerei.

Nächstbegünstigter war der deutsche Staatssekretär des Inneren und stellvertretende preußische Ministerpräsident v. Bötticher. Bismarck konnte absentistisch von Varzin oder Friedrichsruh aus regieren, denn ihn vertrat Bötticher „jahrelang bereitwillig und mit Geschick“ und verfolgte „eigene Ansichten gegenüber seinem Herren und Meister nur mit größter Zurückhaltung“ (Bismarck in *Gedanken und Erinnerungen* Band III).

Böttichers Schwiegervater Berg war Filialdirektor der Reichsbank in Stralsund. Dort fehlte 1886 ein mindestens sechsstelliger Betrag, anscheinend von Direktor Berg unterschlagen. Herr v. Bötticher hatte für seinen Schwiegervater gebürgt, da dieser zu seinem Berliner Aufwand beigetragen hatte, und wurde mit seinem gesamten Vermögen in Anspruch genommen. Doch blieb ein Restbetrag ungedeckt, angeblich 350 000 Mark. Bötticher entlieh ihn von einem Bankier-Konsortium, dessen Führer Bleichröder war. Als Bleichröder Rückzahlung verlangte, hätte Bötticher von seinen Ministerämtern zurücktreten müssen. Bismarck aber konnte ihn nicht entbehren und zahlte den Fehlbetrag aus dem Welfenfonds. Bötticher will geglaubt haben, das Geld sei Geschenk des Kaisers und stamme aus dessen Privatschatulle. Bismarck hingegen glaubte, Böttichers Nibelungentreue mit Welfengold erkauft zu haben:

„Auf eine Enttäuschung war ich umso weniger gefasst, als ich imstande gewesen war, ihm in seinen, durch die Schulden und Vergehen seines Schwiegervaters, eines Bankdirektors in Stralsund, bedenklich gefährdeten Familieninteressen wesentliche Dienste zu leisten."

Diese Enttäuschung erlitt Bismarck, als er in seinem sozialpolitischen Konflikt mit dem Kaiser im Januar–März 1890 Bötticher an dessen Seite fand. Bismarck enttäuschte seinerseits Herrn v. Bötticher, indem er dessen Sanierung aus dem Welfenfonds in die Presse brachte. Die darin liegende *Selbstanklage war Bismarck gleichgültig,* wenn er nur einem Gegner schaden konnte.

Der Generaladjudant Graf Wedel war ein vorbildlicher Vertreter altpreußischer Korrektheit. Er hatte „zwischen Kaiser und Kanzler" zu vermitteln und nach Bismarcks Sturz wenigstens dessen Sohn Herbert zu halten versucht. In der Übernahme einer Bürgschaft durch Bötticher, die seine Mittel so weit überstieg, sah er eine Unredlichkeit, die ihn als Minister unmöglich mache. Auch habe ein Mann in Böttichers Stellung über die Herkunft der Mittel zu seiner Sanierung nicht im Zweifel sein können.

„Wohl läßt sich nicht verkennen, daß Bismarcks selbstherrliches System ... korrumpierend gewirkt hat – trotzdem aber hielt ich den preußischen Beamtenstand bisher gegen solche Korruption gefeit." *(Zwischen Kaiser und Kanzler,* S. 165)

Der Kaiser verschloß sich diesen Argumenten, hielt Bötticher und akzeptierte damit „Bismarcks korrumpierende Wirkung". Einer von zahlreichen kleineren Welfengold-Empfängern war Lother Bucher. Holsteins *Geheimen Papieren* zufolge erhielt er 2 000 Mark Reptilienzuschuß zu seiner Pension.

Die Affäre Bötticher führte zur Auflösung des Welfenfonds. Akten waren über ihn nicht geführt worden. Der Reichskanzler Caprivi unterrichtete sich daher nachträglich durch persönliche Vernehmung der Eingeweihten; seine Aktenvermerke haben beispielsweise die Aufklärung der Pension für König Ludwig II. ermöglicht. Für die meisten „Reptilien"-Geschäfte fehlt indessen jede aktenmäßige Unterlage.

Daher sind wir auf eine Angabe zweiter Hand für dasjenige „Reptilien"-Geschäft angewiesen, bei dem Bismarcks Vermischung von Privat- und Amtsgeschäften am befremdlichsten wirkt: Holstein zufolge hat er *bei seiner Entlassung die 231000 M,* die gerade im Welfenfonds vorhanden waren, *mitgenommmen:*

„Humbert lieferte das Geld ab, und Rottenburg nahm es in Empfang. Es geschah dies in den allerletzten Tagen, zwischen dem 17. und 20. März. Dies hat mir Humbert mitgeteilt ...

Als ... in der Zeit, wo die Bismarcks in der Presse gegen mich schreiben ließen, der Kaiser ... zu mir schickte, um mich zu fragen, ob es wahr sei, daß Fürst Bismarck Geld aus dem Welfenfonds mitgenommen habe, erwiderte ich ..., daß ich immer, auch als stellvertretender Staatssekretär, abgelehnt hätte, Kenntnis von den Welfenfondsverwendungen zu nehmen. Damals ... lebten Humbert und Rottenburg beide noch, die Sache wäre also leicht zu ergründen gewesen...

Weil Fürst Bismarck nicht Rechnung gelegt hat, ist die Annahme schwer zurückzuweisen, daß diese Gelder zu publizistischen Zwecken verwandt wurden." *(Geheime Papiere,* Bd. I, S. 149)

Da Holstein den Kern der Sache selbst in den wenigen Fällen erfaßt hat, in denen seine Informationen oder sein Gedächtnis ungenau waren, wird man nicht leicht dem deutschen Herausgeber zustimmen, der diese Angabe Holsteins als Ausfluß persönlicher Gehässigkeit abtun möchte; auch nicht Nöll v. d. Nahmer, dem sie zu ungeheuerlich ist – umso weniger, als Holstein sie korrekter Weise nicht als bewiesene Tatsache hinstellt, sondern nur als „schwer zurückzuweisende Annahme".

Nöll v. d. Nahmer urteilt am Schluß seines Buches über den Welfenfonds:

„Die Annahme, daß vor 1914 ... alles gut und schön war, ist ein Märchen ... Der leitende Staatsmann ... scheute vor keiner Bestechung zurück ... Wer hat den Mut, noch von Sauberkeit zu sprechen angesichts der jahrzehntelang betriebenen Korruption mit den Geldern des Reptilienfonds? Am traurigsten aber ist die Tatsache, daß diese Politik von großen Teilen der deutschen Presse und ... des ... Parlaments gedeckt wurde. Bismarck ist nicht der Alleinschuldige.

Gerade die Nutznießer ... der Reptilienfondskorruption konnten sich später nicht genug tun in Beschimpfungen der Weimarer Republik. Auch in der Zeit von 1919 bis 1933 sind bedauerliche Unkorrektheiten vorgekommen. Sie wurden von den Gegnern der Demokratie maßlos übertrieben. Gegenüber den Reptilienfondsaffären, wie sie erst jetzt nach Öffnung der Archive in vollem Umfang bekannt geworden sind, stellen die wenigen Verfehlungen leitender Politiker ... aus der ... Weimarer Republik unbedeutende Verstöße dar, die schwer gesühnt wurden. Erst das nationalsozialistische Regime hat den ... traurigen Ruhm, an Korruptheit alles übertroffen zu haben ..."

Wer die Geschichte der Weimarer Republik miterlebt hat, kann dem nur zustimmen.

Im Winter 1880/81 beantragte die Reichsregierung, die Dienstwohnungen von Reichsbeamten für die Mietsteuer mit höchstens 10 % des Gehalts zu veranlagen. Die Mietsteuer war eine in wenigen Städten, hauptsächlich in Berlin erhobene Kommunalsteuer. Die Annahme des Antrags ohne Änderung hätte die Steuereinnahmen Berlins um etwa 1000 M verkürzt und insgesamt drei Reichsbeamten Steuerersparnisse von mehr als 10 M verschafft: dem Totengräber Lupitz, dem Unterstaatssekretär in der Reichskanzlei v. Tiedemann (daher der Name des Gesetzes „Lex Tiedemann") und Bismarck selbst. Dessen Steuerbetrag wurde von ihm selbst auf 743, vom Berliner Oberbürgermeister v. Forckenbeck, der dem Reichstag angehörte, auf 679 M beziffert. Die Reichstagsdebatte läßt wenig Zweifel, daß Forckenbecks Angaben zuverlässiger sind.

Der Reichstag nahm die Vorlage an, begrenzte die Veranlagung jedoch auf 15 % des Gehalts. Daraus erwuchsen Bismarck 115 M jährlich Steuerersparnis. Für eine solche, rein persönliche Lappalie spannte er die Maschinerie der Gesetzgebung an.

Eugen Richter hielt ihm seine goldenen Worte gegen überflüssige Gesetzesfabrikation vor und meinte, Bismarck habe einfacher zu der ersehnten Ersparnis kommen können: „Wir hätten ja alle gern zusammengeschossen" (Heiterkeit des ganzen Hauses). Daß das Reichskanzlerpalais zu einer finanziellen Last für seine Bewohner werden könne, sei schon bei seinem Ankauf im Reichstag zur Sprache gekommen. Damals habe Bismarck erwidert: „Für mich fällt das nicht ins Gewicht. Ich bin durch die Gnade Sr. Majestät mit Glücksgütern gesegnet worden, die mir eine Ausnahmestellung vor anderen Ministern geben."

In der Begründung der Vorlage beschuldigte Bismarck die Stadt Berlin, sie besteuere ihn zu hoch, weil sie von der Fortschrittspartei beherrscht werde. In Wirklichkeit wurde er nur mit 20380 M (Bismarck: 22380 M) veranlagt, während der Vorbesitzer des Gebäudes, Fürst Pless, mit 65700 M veranlagt gewesen war.

Einen weiteren Beweis überhöhter Besteuerung durch die Stadt Berlin erblickte Bismarck in „einer Art Pferdesteuer" von 3,50 M. Obgleich er in Berlin keine Pferde halte, habe sie ihn für zehn oder elf Pferde veranlagt. Es handelte sich um die amtliche, von den Gemeinden eingezogene Viehseuchenumlage.

Einmal im Zuge, erhob er den Vorwurf überhöhter Besteuerung aus politischer Schikane auch gegen die Kreisverwaltung Schlawe, die in Händen der Altkonservativen sei und ihn deshalb für Varzin zu hoch besteuert habe. Aber

„ich habe die Klinke zur Gesetzgebung in der Hand und bewirkte, daß ich aus dem Kreis Schlawe ausgeschieden und in den duldsameren Kreis Rummelsburg überführt wurde."

Über diese Rede schrieb Theodor Fontane an den Grafen (nachmals Fürsten) Philipp Eulenburg:

„Gegen Bismarck braut sich allmählich im Volk ein Wetter zusammen. In der Oberschicht der Gesellschaft ist es bekanntlich lange da ... Seine Popularität ... war einmal kolossal, aber ... es fallen täglich Hunderte, mitunter Tausende ab ...

Die Hochachtung vor seinem Chrakter ist in einem starken Niedergehen. Was ihn einst so populär machte, war das in jedem lebendige Gefühl: ‚Ah, ein großer Mann'. Aber von diesem Gefühl ist nicht mehr viel übrig ...

Dadurch daß er seine mehr und mehr zu Tage tretenden, kleinlichen Eigenschaften mit einer gewissen Großartigkeit in Szene setzt, werden die kleinlichen Eigenschaften noch lange nicht groß. Wenn ich einen um einen Sechser verklage und nicht eher ruhe, als bis ich ihn im Zuchthaus habe, ist der Apparat zwar sehr groß, aber der Sechser bleibt ein Sechser."

Vierzehn Jahre später, zu Bismarcks achtzigstem Geburtstag, kommentierte Fontane die gleiche Rede:

„Diese Mischung von Übermensch und Schlauberger, von Staatengründer und Pferdestall-Steuerverweigerer (er glaubte die Stadt Berlin wolle ihn zugleich ärgern und bemogeln), von Heros und Heulhuber, der nie ein Wässerchen getrübt hat ..., läßt eine reine, helle Bewunderung in mir nicht aufkommen." (An Martha Fontane, 1. April 1895)

Zum „Abfall Hunderter, ja Tausender" beiderseits des Atlantischen Ozeans kam es beispielsweise bei *Bismarcks Totengericht über Lasker.* Dieser war in New York gestorben. Daher hatte das Repräsentantenhaus dem Reichstag kondoliert, und der Berliner US-Gesandte übergab die Beileidsresolution dem auswärtigen Amt zur Weiterleitung an den Reichstag. Bismarck verweigerte die Annahme, denn der Verstorbene habe

„jede Unterstützung, die die Regierung ... von der (nationalliberalen) Fraktion erwarten konnte, nach Möglichkeit abgeschwächt, verwässert, sozusagen die Suppe versalzen ... Dafür soll ich dem Herrn dankbar sein, oder soll mich amtlich zum Organ seines Lobes machen?" (Bismarck im Reichstag, 13. März 1884)

Das blieb nicht ohne finanzielle Folgen. Daß als „Bismarck-Spende" zu seinem siebzigsten Geburtstag noch nicht einmal 2,2 Millionen zusammenkamen, lag an seinen unausgesetzten Entgleisungen, wie bei der Lex Tiedemann und Laskers Tod. Bezeichnend ist Holsteins Tagebucheintrag über eine Unterhaltung mit dem Komitee-Vorsitzenden der Bismarck-Spende, dem Herzog von Ratibor:

„Ich sagte ihm, daß es mir unpassend schiene, wenn Menschen in meiner Stellung eine Gabe von vielleicht 100 Mark zeichnen wollten, Ratibor war jedoch anderer Meinung, redete zu. Gestern hatte Rottenburg dasselbe getan. Ich habe infolgedessen heute ... 100 Mark ... geschickt.

Gneist hatte sehr geraten, sich an den ‚patriotischen Instinkt' der Deutschamerikaner zu wenden ... Statt dessen sei aber von dort die Antwort gekommen, ach nein, die vorjährige Laskeraffäre habe für längere Zeit ... böses Blut gemacht, und außerdem sei man ... mit der jetzigen schutzzöllnerischen Wirtschaftspolitik nicht einverstanden." *(Geheime Papiere,* Bd. II S. 186 f.)

„Herbert Bismarcks Tragödie"

Unter diesem sentimentalen Stichwort berichtet Fürst Philipp Eulenburg die finanziellen und sonstigen Maßregeln, durch die Bismarck die Heirat seines Sohnes mit der Fürstin Elisabeth Carolath, geb. Hatzfeld verhinderte. Bismarck haßte die Fürstin, denn sie war mit drei Männern verschwägert, die er als Todfeinde betrachtete: dem preußischen Hausminister von Schleinitz, dem nachmaligen Feldmarschall Walter von Loë und dem Legationsrat Otto von Loë, der sich als Verfasser der Broschüre *Pro Nihilo* bekannte, als deren angeblicher Verfasser Graf Harry Arnim zu fünf Jahren Zuchthaus verurteilt worden war.

Wie Bismarck den alten Kaiser durch Rücktrittsdrohungen unter Druck zu setzen pflegte, so seinen Sohn durch Selbstmorddrohungen. Ferner ließ er die Fürstin durch seine Reptilienpresse angreifen und machte dann vor seinem Sohn den üblen Ruf der Fürstin geltend. In der Tat war sie geschieden, und das war damals in den Augen vieler ein Makel.

Sein Grundvermögen hatte Bismarck auf zwei Majorate verteilt: den Sachsenwald für den älteren, Varzin und Schönhausen für den jüngeren Sohn. In die Statuten jedes der beiden Majorate setzte er die Klausel, kein mit einer geschiedenen Frau verheirateter Agnat dürfe es antreten.

Sein Sohn konnte sich nicht rühren. Er konnte nicht zweifeln, daß er vollständig enterbt würde, ohne Vermögen konnte er eine verwöhnte Aristokratin kaum heiraten, zumal er auch seine berufliche Stellung hätte opfern müssen. Als Beamter konnte er nicht ohne königlichen Konsens heiraten, auf diesen Konsens hatte er keine Aussicht, er hätte die Fürstin im Ausland unter Verzicht auf Vermögen und amtliche Stellung heiraten und sich nach amerikanischer Art durch eigene Arbeit eine neue wirtschaftliche Stellung schaffen müssen, wenn er nicht von der Rente mitleben wollte, die Fürst Carolath seiner geschiedenen Frau zahlte. In diese Lage brachte Bismarck denjenigen Menschen, den er nächst seiner Frau am meisten liebte.

Zeuge Gerlach

Helmut von Gerlach war 1890 bis 93 Regierungsreferendar in Schleswig und dann Assessor am Landratsamt des Kreises Herzogtum Lauenburg in Ratzeburg. In seinen *Erlebnissen in der preußischen Verwaltung* (1910) hat er Einzelheiten mitgeteilt, nach denen sich Bismarck auch praktisch so verhielt, wie nach der Begründung für die Lex Tiedemann zu erwarten war. Der Kreis Lauenburg hatte bis in die achtziger Jahre keine Kreissteuer benötigt, da er sehr bedeutende Domänen besaß. Deren größter Teil war indessen 1871 an Bismarck gefallen, und da die Zunahme der öffentlichen Aufgaben nicht vor Lauenburg haltmachte, mußte der Kreis eine Kreissteuer einführen. Bismarck beschwerte sich sofort beim Innenminister von Puttkamer, und auf dessen Betreiben setzte die Kreisverwaltung die Amortisationsquote der Kreisschuld unter den gesetzlich vorgeschriebenen Mindestsatz herab, so daß die Kreissteuer vorerst unnötig wurde.

Die Höchstzahl der Schüler je Dorfschullehrer betrug nach dem Gesetz achtzig. Die Schule in Aumühle bei Friedrichsruh hatte bereits über hundert Schüler, und der Landrat wollte den Schulvorstand zur Anstellung eines zweiten Lehrers veranlassen. Bismarck erschien in der Vorstandssitzung und *verhinderte die Anstellung eines zweiten Lehrers.*

Dabei wäre Bismarck durch den zweiten Lehrer nicht allzusehr mit Steuern belastet worden. Denn unmittelbar ehe das Herzogtum Lauenburg 1876 in den preußischen Staat eingeschlossen wurde, hatte er ein lauenburgisches Gesetz veranlaßt, wodurch die Waldbesitzer von den Schulbeiträgen befreit wurden. Bis 1876 zahlte Bismarck für den Sachsenwald auch keine Grundsteuer; die Zahlungsaufforderung ließ er einfach unbeantwortet.

An Bismarcks Besitz stieß ein See, der dem Kreis gehörte. In diesem See bildete sich ein Insel. Bismarck wollte sie stillschweigend in Besitz nehmen, wurde aber vom Kreis daran gehindert. Darauf drohte er, der Stadt Mölln die Artilleriegarnison zu entziehen. Der Kreis schenkte Bismarck die Insel; Mölln verlohr später doch seine Garnison, weil es immer liberal wählte.

Auf dieselbe Weise erpreßte Bismarck vom Kreis die Schenkung eines Hauses mit einem Brandkassenwert von 40 000 M, das im Sachsenwald lag, und das er als Forsthaus benutzen wollte.

Zur Zeit des Sozialistengesetzes arbeitete in dem Sägewerk in Friedrichsruh ein Sozialdemokrat. Die Regierung glaubte Bismarck einen Gefallen zu tun, indem sie den Mann auswies. Er zog nach Schwarzenbeck, fand aber keine Arbeit, mußte von der Gemeinde unterstützt werden, und da Friedrichsruh sein Unterstützungswohnsitz war, ließ sich die Gemeinde Schwarzenbeck den Unterstützungsbetrag von der Gutsverwaltung Friedrichsruh erstatten. Bismarck fand diesen Posten bei der monatlichen Nachprüfung der Gutsrechnung und ließ die Ausweisung sofort rückgängig machen.

Schriftstellerhonorare

„Er ist der glänzendste Bildersprecher und hat selbst vor Shakespeare die Einfachheit und vollkommenste Anschaulichkeit voraus ... Hast Du vielleicht gelesen, daß er neulich gesagt hat: ‚der Kaiser wolle fernliegende Dinge beständig in der Luftlinie erreichen; das ginge aber nicht, und der Weg unten sei mühsam und voller Hecken und Gräben‘?“

So schreibt der für literarische und sprachliche Form gewiß sachverständige Fontane an Paul Heyse (8. Januar 1891). In der Tat gehört Bismarck zu den größten Meistern deutscher Prosa. Leider wird er kaum mehr gelesen, da die Deutschen seit 1914 zu viel „große Zeiten“ erlebt haben und selten mehr die aristokratische Welt verstehen, die er vertrat.

Dagegen waren die *Gedanken und Erinnerungen* und die *Briefe an Braut und Gattin* zwei Jahrzehnte lang, 1898 bis 1918, Bestseller und einige weitere Sammlungen Bismarck-Briefe ziemlich verbreitet, namentlich die an Leopold von Gerlach und an seine Schwester. Bismarck kannte seinen literarischen Zauber. Daher gab er schon 1869 und 1876 Auszüge aus seinen Privatbriefen zur Veröffentlichung frei und ließ – etwas völlig Ungewohntes – 1882-91 neun Bände seiner Akten und Reden durch Poschinger herausgeben, die beiden Sammlungen *Preußen im Bundestag* und *Bismarck als Volkswirt.* Die amtlichen und privaten Schreiben aus Frankfurt 1851-58, an Manteuffel und Gerlach, haben mehr als andere Dokumente das historische Urteil zugunsten Bismarcks beeinflußt, wozu der menschlich anziehende Eindruck beiträgt, den Bismarck bis 1866 machte. Seine Freude an den Aktenveröffentlichungen war übrigens nicht ungemischt. Er fand auszusetzen, daß er selbst der Autor sei, Poschinger aber das Honorar beziehe.

Dafür entschädigte ihn das Honorar der *Gedanken und Erinnerungen.* Als das zweite Viertel des Jahrhunderts begann, zahlte *Cotta* seinem Autor *Goethe das höchste Gesamthonorar,* das es bis dahin in Deutschland gegeben hatte. Als das Jahrhundert zu Ende ging, zahlte derselbe Verlag *Bismarck* das *höchste* bis dahin in Deutschland vorgekommene *Bandhonorar:* 100 000 M je Band. Vorgesehen waren sechs Bände. Bismarck hätte leicht eine halbe Million zusammenschreiben können. Indessen verlor das Schreiben für ihn an Reiz, seit er aus der Politk ausgeschieden war. Widerwillig und nur in großen Abständen ließ er sich herbei, Lothar Bucher zu diktieren, und dieser starb schon 1892. So sind nur drei schmale Bände zustande gekommen, und wenn die beiden ersten nicht ganz so schmal sind wie der dritte, so liegt das an den vielen eingeschalteten Briefen und Dokumenten.

Cotta ist sicherlich auf seine Kosten gekommen, denn die beiden ersten Bände erschienen sofort nach Bismarcks Tod 1898, wurden in einer bedeutenden Auflage abgesetzt, und zwar zu einem für damalige Zeit exorbitanten Preis: 20 M in „elegantem Leinenband" und 30 M in „hocheleganten Halbfranzband" – die „hochelegante" Aufmachung dürfte allerdings wenig gegangen sein. Nicht so lohnend war für den Verlag der dritte Band, den er unter Vertragsbruch schon 1919 veröffentlichte; Sekretierung bis zum Tode Wilhelms II. war vorgeschrieben. Daß dieser Band die Unterlage für Felix von Eckardts Drehbuch zu dem Film *Bismarcks Entlassung* bildete, ist unbemerkt geblieben – so unbekannt war Bismarck als Autor schon vierzig Jahre nach seinem Tod.

Von der Parteien Gunst und Haß verwirrt ...

In den Jahren 1920-30 wurde Bismarck im Sinn der Stresemannschen Außenpolitik gedeutet. Er habe vorausgesehen, der nächste Krieg europäischer Mächte werde ein Weltkrieg und für Deutschland ein Zweifrontenkrieg sein, den es nicht gewinnen könne, und der Europa in eine Katastrophe stürzen müsse. Daher habe er als „ehrlicher Makler" auf Ausgleich zwischen den Mächten hingearbeitet und gute Beziehungen zu allen gesucht. Seine Nachfolger hätten das nicht verstanden und die Fehler begangen, die zum Ersten Weltkrieg führten.

Etwas Wahres ist an dieser Auffassung, aber sie läßt unerklärt, weshalb Bismarcks weise Mäßigung seinen Zeitgenossen verborgen blieb. Ihnen ist kein Vorwurf zu machen, denn sie sahen, wie der Reichsgründer seine Macht ständig mißbrauchte, wie er seine Rußlandpolitik dem Drang unterordnete, den russischen Kanzler Gortschakow zu demütigen, wie er im Innern seine Feinde mit kleinlicher Rachsucht verfolgte und sogar gegen Dienstmädchen Beleidigungsprozesse führte, wie er Steuerhinterziehung öffentlich als sein gutes Recht in Anspruch nahm. Fontane bekannte sich als sein Bewunderer und war immer wieder hingerissen von der Genialität, die aus seinen Reden sprach, zugleich aber auch abgestoßen von der List und Verlogenheit, die sich – in Fontanes Augen – gelegentlich bis zur „völligen Konfusion" steigerte:

„Bismarck hat keinen größeren Anschwärmer gehabt als mich ... Aber eines war ihm versagt geblieben: Edelmut. Das Gegenteil davon, das zuletzt die Form kleinlichster Gehässigkeit annahm, zieht sich durch sein ganzes Leben ..., und in diesem Nicht-Edelmut steckt die Wurzel der wenigstens relativen Gleichgültigkeit, mit der ihn selbst seine Bewunderer haben scheiden sehen." (An Friedlaender, 1. Mai 1890)

„Wo ich Bismarck als Werkzeug der göttlichen Vorsehung empfinde, beuge ich mich vor ihm; wo er einfach er selber ist, Junker und Deichhauptmann und Vorteilsjäger, ist er mir gänzlich unsympathisch." (An Martha Fontane, 29. Januar 1894)

„Das ewige sich auf den Waisenknaben und Biedermeier hin Ausspielen ist gräßlich, und man muß sich immmer wieder all das Riesengroße zurückrufen, das er genialisch zusammengemogelt hat, um durch diese, von den krassesten Widersprüchen getragenen Mogeleien nicht abgestoßen zu werden...

Bei ihm ist alles mit so viel Persönlichem und geradezu Häßlichem vermischt, mit Beifallsbedürftigkeit, unbedingtem Glauben an das Recht jeder Laune und kolossaler Happigkeit...

Andererseits trifft er in seiner Kritik meistens den Nagel auf den Kopf und hat sicherlich darin recht, daß wir an unsicheren Zuständen laborieren ... Der Zusammenbruch der ganzen, 1864 bis 1870 aufgebauten Herrlichkeit wird offen diskutiert, und während immer neue hunderttausend Mann ... bewilligt werden, ist niemand – auch wenn die Sache mit den Bewilligungen so fort ginge – im geringsten von der Sicherheit unserer Zustände überzeugt." (An v. Heyden, 5. August 1893)

Auf einen Bewunderer, der nicht ganz kritiklos war, konnte Bismarck nicht anders wirken. Unrichtig war nur Fontanes Eindruck, „das Gegenteil von Edelmut ... ziehe sich durch sein ganzes Leben"; Bismarcks

Finanzen zeigen vielmehr, daß ihn solche Vorwürfe vor 1866 nicht trafen. Sie liefern überdies eine Erklärung der Widersprüche, die Fontane auffielen.

Ähnlich, nur positiver urteilte *Stosch.* Dabei kannte er Bismarcks Willkür, Schikanen und Verleumdungen nicht, wie Fontane, aus der Zeitung, sondern aus mehr als anderthalb Jahrzehnten dienstlichen Verkehrs. Im Nachwort zu Stoschs Denkwürdigkeiten schreibt dessen Sohn:

„Die Niederschriften meines Vaters haben eine Menge persönlichen Grolles freigemacht ... namentlich bei all denen, die das alte Feldgeschrei ‚Stosch gegen Bismarck' wieder auf ihre Fahnen schreiben ... Wer jetzt den vorliegenden Band durchliest, der wird darin genau das finden, was mein Vater weit später in einem Brief an v. Normann vom 8. Februar 1888, nach der berühmten Reichstagsrede des Kanzlers ausspricht: ‚Ich kann ihn nicht lieben, aber ich muss ihn bewundern mit allen meinen geistigen Kräften.' ... Wer kann von einem Mann, dem sein Amt viele und tägliche persönliche Reibungen mit dem grossen Kanzler brachte, eine andere Liebe erwarten? Wer aber wollte nicht das hohe Gerechtigkeitsgefühl und die ganz freie Hingabe an den Geist des Gewaltigen in einer so intimen Äusserung anerkennen?"

Stoschs amerikanischer Biograph resümiert:

„Stosch unterlag dem Zauber von Bismarcks Genie, aber nicht seinen Diktaten. In ihrem langen Kampf miteinander hatte der Kanzler alle Vorteile: die Masse seiner Anhänger, die Herrschaft über öffentliche Meinung und Staatsapparat, vor allem aber die völlige Rücksichts- und Skrupellosigkeit. Dass sich der General dennoch so lange in seiner Stellung behauptete, bezeugt seine Willensstärke, Selbstbeherrschung und fachliches Können. Sein uninteressiertes Eintreten für Bismarcks Politik, namentlich beim (Kronprinzen und späteren) Kaiser Friedrich III. bildet einen grotesken Kontrast zu dem Hass, der Furcht, Wut und Brutalität, womit ihn der Kanzler verfolgte. Stosch mag die verhängnisvolle Wirkung von nationaler Machtpolitik und Imperialismus weniger klar gesehen haben als Bismarck, beurteilte aber um so treffender die Folgen, die sich aus der Unterdrückung von Initiative, Unabhängigkeitsgefühl und Verantwortungsbewußtsein ... ergaben." (Holloway, S. 285 f.)

Stosch war Verwaltungsvirtuose. Mithin durchschaute er die von Bismarck begründete Organisation der Reichs- und preußischen Regierung, wußte also, daß sie *Bismarcks Machtstellung unangreifbar* machte, solange der alte Kaiser lebte. Ebenso durchschaute er die *Charakterschwäche des Kronprinzen* und späteren Kaisers Friedrich III., wußte also, daß man sich nicht auf dieses schwankende Rohr stützen konnte, schon gar nicht gegen Bismarck. Vor allem war er so sachlich, daß ihn Bismarcks Feindschaft nicht in der *Überzeugung* irre machen konnte, *dessen Gesamtpolitik sei rich-*

tig und seine Gegenwart an der Spitze der Regierung unersetzlich, so treffend er die Verkehrtheit und Aussichtslosigkeit beispielsweise des Kulturkampfes und der preußischen Polenpolitik beurteilte.

Das Fazit, das *Friedrich Engels* vom sozialen und politischen Gegenpol zog, stimmte im einzelnen vielfach mit dem Urteil selbständig denkender Bismarckianer wie Fontane und Stosch überein:

„Die Eingriffe Dänemarks in die holsteinische Verfassung, die gewaltsamen Dänisierungsversuche in Schleswig entrüsteten den deutschen Bürger. Von den Großmächten geschurigelt zu werden, das war er gewohnt; aber von dem kleinen Dänemark Fusstritte zu erhalten, das entflammte seinen Zorn. Der Nationalverein wurde gebildet; die Bourgeoisie gerade der Kleinstaaten bildete seine Stärke. Und *der Nationalverein,* durch und durch liberal wie er war, *verlangte* vor allen Dingen *nationale Einigung unter Führung Preussens,* eines liberalen Preussen womöglich, eines wie immer beschaffenen Preussen im Notfall. Dass ... die elende Stellung der Deutschen auf dem Weltmarkt als Menschen zweiter Klasse beseitigt, dass Dänemark gezüchtigt, den Grossmächten in Schleswig-Holstein die Zähne gezeigt würden – das war es vor allem, was der Nationalverein forderte.

Und dabei war jetzt die Forderung der preussischen Spitze *von allen Unklarheiten* und Duseleien *befreit,* die ihr bis 1850 noch angehaftet hatten. *Man wusste ganz genau, dass sie die Hinauswerfung Oesterreichs* aus Deutschland, die tatsächliche *Beseitigung der kleinstaatlichen Souveränität* bedeutete, und dass beides *ohne den Bürgerkrieg* und ohne die Teilung Deutschlands *nicht zu haben war. Aber man fürchtete den Bürgerkrieg nicht mehr,* und *die Teilung zog nur das Fazit aus der oesterreichischen Zollabsperrung.*

Die Industrie und der Handel Deutschlands hatten sich zu einer Höhe entwickelt, das Netz deutscher Handelshäuser, das den Weltmarkt umspannte, war so ausgebreitet und so dicht geworden, dass die *Kleinstaaterei zu Hause* und die *Recht- und Schutzlosigkeit im Ausland nicht länger zu ertragen waren.* Und während die stärkste Organisation, die die deutsche Bourgeoisie je besessen, ihnen dieses tatsächliche Misstrauensvotum gab, feilschten die Berliner Abgeordneten an der Dienstzeit herum! Das war die Lage, als Bismarck sich anschickte, in die äussere Politik ... einzugreifen.

Bismarck ist Louis Napoleon, übersetzt aus dem französischen abenteuernden Kronprätendenten in den preussischen Krautjunker ... Ganz wie Louis Napoleon ist Bismarck *ein Mann von grossem praktischem Verstand* und grosser Schlauheit, ein geborner und geriebner Geschäftsmann ..., wie er denn auch *sein Privatschäfchen hübsch ins Trockene gebracht* hat ... Sein Geschäftsverstand lehrte ihn, *seine Junkergelüste zurückzudrängen,* wo es sein musste; als dies nicht mehr nötig schien, traten sie wieder grell hervor – *es war dies freilich ein Zeichen des Niedergangs* ...

Wenn aber Louis Napoleon oft in entscheidenden Momenten unsicher wurde, ..., so muss man Bismarck nachsagen, dass ihm das nie passiert ist. Den hat *seine Willenskraft nie im Stich gelassen; viel eher schlug sie in offene Brutalität um.*

Und hierin liegt vor allem das Geheimnis seiner Erfolge. Sämtlichen in Deutschland herrschenden Klassen, Junkern wie Bourgeois, ist der letzte Rest von Energie so sehr abhanden gekommen, es ist im ‚gebildeten' Deutschland so sehr Sitte geworden, keinen eigenen Willen zu haben, dass der einzige Mann unter ihnen, der wirklich noch einen Willen hat, eben dadurch zu ihrem größten Mann geworden ist ...

Allerdings im ‚ungebildeten' Deutschland ist man noch nicht so weit. *Das Arbeitervolk hat gezeigt, daß es einen Willen hat, mit dem auch der starke Wille Bismarcks nicht fertig wird.*" *(Die Rolle der Gewalt in der Geschichte – Gewalt und Ökonomie bei der Herstellung des neuen Deutschen Reichs, Manuskript von 1877-78)*

Vom selben Standpunkt, aber mit weiterem internationalem und historischem Horizont resümiert Trotzki in seiner Geschichte der Russischen Revolution (Band II, Kapitel Kerenski und Kornilow):

Die Hauptaufgabe Russlands – die Agrarfrage – ist vom Zarismus noch diebischer und engherziger gelöst worden als später im selben Jahrzehnt die Hauptaufgabe Deutschlands – dessen nationale Einigung – von der preussischen Monarchie. Dass die Aufgabe einer Klasse von einer anderen gelöst wird, ist eine der „kombinierten Methoden", die für rückständige Länder kennzeichnend sind ...

Damit sich der kleine Korse über die ... Nation erheben konnte, musste die Revolution ihre Hauptaufgabe gelöst haben – Zuteilung von Land an die Bauern –, und auf der neuen sozialen Grundlage eine siegreiche Armee erstanden sein. Danach konnte die Revolution nur zurückfluten, und das brachte ihre Errungenschaften in Gefahr: sie mussten um jeden Preis gerettet werden. Zwar war der Konflikt von Bourgeoisie und Proletariat noch unentwickelt; dennoch erschütterte er die Nation bis in ihre Tiefen. Diese Umstände erforderten einen Schiedsrichter. Napoleon sicherte der Bourgeoisie die Möglichkeit zur Bereicherung, den Bauern ihren Grundbesitz ... Der Schiedsrichter hatte den Säbel in der Faust und fungierte als Gerichtsvollzieher. Sein Bonapartismus war solide fundiert ...

Auch Bismarcks Politik erhob sich über die Klassen; sie benutzte den Deckmantel der Legitimität, hatte aber bonapartistische Züge. Sie war stabil, denn sie hatte die nationale Einigung bewerkstelligt, woran die ohnmächtige Revolution gescheitert war, hatte in drei kurzen Kriegen Siege und Kontributionen errungen und einen mächtigen Industrieaufschwung herbeigeführt. Das reichte für Jahrzehnte ...

Bismarck nutzte zwar geschickt die Angst des Bourgeois vor dem Arbeiter aus, blieb aber bei seinen politischen und sozialen Reformen stets Geschäftsführer der besitzenden Klassen; nie wurde er ihnen untreu. Richtig ist, daß ihm der wachsende Druck des Proletariats gestattete, sich über Junkertum und Kapital als ... bürokratischer Schiedsrichter zu erheben: darin bestand seine Funktion."

Unsere Darstellung richtet sich nicht gegen Bismarck. *Wir suchen ihm nur gerecht zu werden.* Seine Anhänger haben das nie versucht; dazu war ihnen seine Politik *zu verwickelt und zu widerspruchsvoll.* Wir haben gezeigt, daß ihre Widersprüche, und damit ihre Kompliziertheit in seinen geschäftlichen und allgemein wirtschaftlichen Interessen wurzeln, ferner daß man diese nicht befriedigend erfassen kann, wenn man sich um die

Auseinandersetzung mit zwei Bismarck-Kritikern drückt: *Diest-Daber und Rudolph Meyer.* Künftig wird man deren Ignorierung nicht verstehen. Wir selbst können die Fragen nur andeuten, die sich bei dieser Auseinandersetzung stellen.

Die unfreien Verhältnisse Deutschlands haben sich an Bismarck gerächt: Ohne diese Einsicht kann man ihm nicht gerecht werden. Gewiß war er nicht unschuldig an der Unfreiheit unserer Verhältnisse, aber die Hauptschuld daran liegt doch an der Feigheit des deutschen Bürgertums und seiner liberalen Führer im Jahre 1848. Durch deren Versagen ist Bismarcks Politik notwendig geworden.

Wie sich unsere unfreien Verhältnisse an ihm gerächt haben, zeigt der *Vergleich mit Churchill.* Dessen Charakter war nach Vorzügen und Schwächen ähnlich angelegt. Churchill lebte aber unter einer freien Verfassung. Er konnte sich nie solche Übergriffe erlauben wie Bismarck. Dessen Macht war seit 1866 absolut, und der Versuchung absoluter Macht ist kein Mensch gewachsen. Sie korrumpiert absolut.

10

GANDHI

„Es kostet ziemlich viel, Gandhi sein Leben in Armut zu ermöglichen."

Über diesen Ausspruch der in langjähriger Frotzelei mit ihm verbundenen Frau Sarojini Naidu lachte niemand vergnügter als Gandhi selbst. Er fühlte sich nicht getroffen, denn was ihm an *Spenden* zufloß, wurde für seine *Reformbestrebungen* auf dem Gebiete der Erziehung, der Ernährung, des Dorfhandwerks, des Kampfes gegen die Unberührbarkeit verwandt und öffentlich abgerechnet. Nur wenig sammelte und verwandte er für den *Ashram*, die klosterartige Wohn- und Lebensgemeinschaft, die seinen Haushalt bildete: Bescheidener als er konnte man nicht leben.

Dennoch gestand er 1942 dem amerikanischen Schriftsteller Louis Fischer: „Wir könnten in unserem Ashram billiger leben, tun es aber nicht, und unsere reichen Freunde stiften das Geld."

Berechtigt war diese Selbstkritik nicht. Gandhi mag zu ihr gekommen sein, indem er seine Lebenshaltung mit derjenigen der halbverhungerten indischen Bauern verglich. In der europäischen Normalvorstellung von Indien stehen zwei Bilder nebeneinander: der *Filmreichtum der Maharadschas* und die *zum Skelett abgemagerten Büßer und Pilger* an den heiligen Stätten Indiens. Leider beschränken sich diese lebenden Skelette nicht auf die heiligen Stätten, vielmehr bevölkern sie das ganze Land: Die Mehrheit der Einwohner lebt ständig am Rande des Verhungerns – Gandhi nicht. *Er aß wenig, aber nicht zu wenig.* Anderenfalls hätte er nicht noch mit achtundsiebzig Jahren wochenlange Märsche in sengender Tropenhitze zurücklegen, in Kalkutta und den Dörfern Nordindiens gegen den Konfessionsmord predigen, sogar fasten und daneben schwierige politische Verhandlungen führen können.

Den Millionenmassen Indiens wäre Gandhis Selbstanklage wegen aufwendigen Lebenswandels unverständlich gewesen. In ihm hatte eine alte indische Tradition wieder Gestalt gewonnen: die Erlösung durch Abtötung des Fleisches, aber nicht in der gewohnten Weise der Meditation, sondern in angespannter Arbeit, in tätiger Menschenliebe, ohne Rast, aber auch ohne Hast, in innerer Ruhe und nie versagender Selbstbeherrschung. Der Eindruck der Bescheidenheit, Schlichtheit, Klarheit, Güte, der Liebe für Freund und Feind, der vollkommenen Geistesgegenwart, Selbstbeherrschung, Unerschrockenheit und Energie, den er auf die einzelnen Menschen wie auf die Menschenmassen machte, hatte ihm von Rabindranath Tagore den Titel des Mahatma („Große Seele") eingetragen, und dieser Titel ging ihm überall voran. Ohne durch Zeitungen, Telephon oder Rundfunk angekündigt zu sein, fand er auf den Versammlungsplätzen der Dörfer stets Zehntausende vor, und er enttäuschte sie nicht, denn dem *Mahatma*-Titel entsprachen seine Lebenshaltung, sein Äußeres, sein Auftreten. Die fremde, feindliche Welt der großen Städte und des Staatsapparates hatte er hinter sich gelassen, die städtische, westliche Art der Kleidung und Wohnung aufgegeben, seine Wohnung unter den Bauern in einer strohgedeckten Lehmhütte aufgeschlagen und ähnlich einfache Kleidung angelegt wie sie: baumwollenes Hüfttuch, baumwollenen Schulterumhang, baumwollenes Kopftuch, Sandalen, einen Wanderstecken, das Ganze vervollständigt durch eine billige Drahtbrille. So durchwanderte er Indien, so präsentierte er sich auch dem englischen König *(„Er hatte genug für uns beide an")*. Auch verschmähte er die Fleischkost, die alkoholischen Getränke und den Tabak der englischen Herren und der anglisierten indischen Oberschicht, begnügte sich mit vegetarischer Kost wie die Mehrheit der Hindus; nur war seine Nahrung von besserer Qualität und sorgfältiger zubereitet.

„Geld regiert die Welt." Diesem Lehrsatz zuwider führte Gandhi als nahezu mittelloser Asket die Hunderte Millionen Inder in den Kampf gegen die britische Weltmacht. Das ging zwar nicht ganz ohne Geld, aber Gandhi machte die gleiche Erfahrung wie jede revolutionäre Bewegung: *„Keine Bewegung scheitert an Geldmangel* – nicht daß sie ohne Geld auskäme, aber wenn ihre Führer treu und gut sind, *fließen ihr stets die erforderlichen Gelder zu."*

Je länger Gandhi im politischen Kampfe stand, desto vollständiger ging sein Privatvermögen in dem Zweckvermögen seiner Stiftungen und Kampffonds auf, und desto mehr galt von ihm, was er von der indischen Nationalbewegung sagte: Er hatte stets, was er brauchte.

Die britische Verwaltung in Indien

Die britische Herrschaft in Indien war begründet von Konquistadoren wie Clive und Hastings, im Dienst der *East India Company*, also einer Handelsfirma: nach Adam Smith die *übelste aller Regierungen*. Die Konquistadoren raubten sowohl für die Company wie für eigene Rechnung. Ungeregelte Plünderung läuft sich eines Tages tot, und so trat nach dem Sepoy-Aufstand die britische Regierung an die Stelle der Company, der Raub wandelte sich zu gesetzlich geregelter Besteuerung, die erhoben wurde von hochbezahlten und hochanständigen Gentlemen – die Korruption ihrer indischen Bediensteten und Untergebenen stand auf einem anderen Blatt.

Es herrschten Recht und Gesetz. Die Führer der indischen Nationalbewegung waren als Juristen in den Fiktionen des britischen Rechts erzogen und brauchten Jahrzehnte, um zum wirtschaftlichen Kern der Sache vorzudringen. Zwar durchlöcherten die sinnlosen Greuel des Jahres 1919 den Schleier der britischen Gesetzlichkeit, aber es blieben doch bis zu dem Zweiten Weltkrieg die Rechtsformen; erst der letzte Zusammenstoß mit der indischen Nationalbewegung im Zweiten Weltkrieg, 1942-45, korrumpierte und zersetzte den britisch-indischen Herrschaftsapparat unreparierbar.

Der staatsrechtlichen Fiktion nach gehörte ein erheblicher Teil Indiens nicht zu „Britisch Indien“: die Fürstenstaaten. In ihnen fehlte jeder Schein von Recht und Gesetzlichkeit. Vielmehr entschied das Belieben des Fürsten, und was diesem beliebte, entschied der britische „Agent“.

Die britische Herrschaft über Indien ragte als frühkapitalistische Versteinerung in die moderne Weltwirtschaft, ihr primitiv erpresserischer Charakter zeigte sich an den drei ursprünglich wichtigsten Steuern: Akzise, Boden- und Salzsteuer. Im Frühkapitalismus bestanden auf dem Land meist noch feudale Zustände: Dann bezog der Rittergutsbesitzer Fronabgaben und Frondienste, der Monarch nahm, was übrig blieb. Seine Steuer bemaß sich nicht nach festen Sätzen, sondern danach, wieviel der Steuereinnehmer aus dem Bauern herauszupressen verstand. Solche Steuern waren die „Kontribution“ im friderizianischen Preußen und die indische Bodensteuer. Sie unterschied sich von der preußischen Kontribution dadurch, daß der preußische König den Bauern auch als Soldaten brauchte und ihn deshalb vor dem Verhungern und Bauernlegen schützte.

In den zuerst eroberten Provinzen, vornehmlich Bengalen, erhoben die Engländer die Bodensteuer durch die vorgefundenen, erblichen Steuerpächter, die *Samindare*. Sie erklärten diese zu Grundherren, die an sie gezahlten Steuern zu Grundzins und erlegten ihnen drückende Abgaben auf, gestatteten ihnen aber, aus den Bauern das Doppelte herauszuholen.

Das wäre bis dahin unmöglich gewesen. Bis zur britischen Eroberung hatte der indische Gläubiger nur moralischen Druck: Er konnte sich auf der Schwelle des in Verzug befindlichen Schuldners niederlassen und dort fasten. *Wucher* war *undurchführbar*. Aber die neuen Herren führten *Zwangsvollstreckung* ein. Mit ihrer Hilfe holte der Samindar aus dem Bauern heraus, was da war, ja noch mehr: Denn um nicht von Haus und Hof gejagt zu werden, nahm der Bauer seine Zuflucht zum Wucherer. Unter der Sonne des britischen Rechts erblühte eine breite Schicht *indischer Wucherer*. Leutnant Churchill, von dem sie nur 2% Zinsen monatlich nahmen, „fand sie immer ganz nett, sehr umgänglich, ziemlich anständig und von unbarmherziger Habgier". Brailsford beschreibt einen Dorfwucherer, der von einem Handweber 75% Jahreszins nahm, so daß das Nominalkapital binnen 16 Monaten wieder herein war und der Schuldner nie das Kapital abtragen konnte.

Behielt der Samindar die Hälfte dessen, was der Bauer zahlte, so bedeutete das 50% Erhebungskosten. Um sie zu senken, gründeten die Engländer in den später eroberten Provinzen eine Bürokratie, welche die Bauern direkt besteuerte, und zwar nach festen, nur von Zeit zu Zeit erhöhten „settlements". Dem Gesetz nach sollte die Erhebung bei Mißernten suspendiert werden, aber Gandhi machte in Kheda die Erfahrung, daß auch die offensichtlichste Mißernte von der britischen Bürokratie nicht zur Kenntnis genommen wurde.

Diese Steuerbürokratie brauchte zweisprachiges Personal. Dessen Schulung in englischer Sprache und Kultur wurde Aufgabe der seit 1835 aufgebauten höheren und Hochschulen. Die Zahl der Verwaltungsposten blieb hinter der der Schüler und Studenten weit zurück, und da die industrielle Entwicklung von den Engländern niedergehalten wurde, entstand eine Schicht *zahlreicher arbeitsloser Intellektueller*. Zog ein College-Absolvent aber das große Los, wurde er in der Verwaltung angestellt, so blieb er in einer Stellung stecken, die der eines deutschen Steuerinspektors entsprach, nur daß der Inhaber von seinen Vorgesetzten verachtet wurde. Allenfalls in Fürstenstaaten mochte das College zur höheren Verwaltungslaufbahn führen, aber ungefähr zu der Zeit, als Gandhi die Hochschule bezog, wurde das Rechtsstudium für sie zur Normalbedingung.

Es führte, außer zur Verwaltung in den Fürstenstaaten, zu dem wichtigsten, für Inder zugänglichen, freien Beruf: zur *Anwaltschaft*. Vorteilhafterweise studierte man Jura nicht in Indien, sondern in England. Ein Cambridge-Alumnus wie Jawaharlal Nehru galt bei britischen Richtern und Beamten als Gentleman; viele, sonst unvermeidliche Erniedrigungen blieben ihm erspart. Natürlich war die Anwaltschaft überfüllt, es gab ein zahlreiches Anwaltsproletariat, dem 1891-93 auch Gandhi angehörte. Trotzdem zog die Anwaltslaufbahn viele gute Köpfe an, fast alle Führer der Nationalbewegung sind aus ihr hervorgegangen.

Angeblich trugen die Mutterländer – besser Stiefmutterländer – für ihre Kolonien eine schwere Last, „the white man's burden". Indien bietet den schlagendsten Gegenbeleg. Ehe die Engländer dorthin kamen, gehörte es zu den Ländern mit höchstentwickeltem Handwerk, an der Schwelle zur Manufaktur. Unter den in Europa hochgeschätzten Waren, in denen die Ausplünderung realisiert wurde, standen – nach dem ersten Gold- und Juwelenrun – die feinen indischen Baumwollgewebe an erster Stelle.

Mit Hilfe der Dampfmaschine wurde das indische Gewerbe von der englischen Industrie niederkonkurriert, und durch administratives Verbot die Begründung einer indischen Industrie verhindert. Die Handwerker flüchteten auf das flache Land und hungerten sich dort durch, so gut es ging; die bisherigen großen Städte verödeten. Indien wurde das einzige Land, in dem die Landbevölkerung im Verhältnis zur Stadtbevölkerung wuchs. Erst gegen Ende des 19. Jahrhunderts wurden industrielle Anfänge geduldet, im Ersten Weltkrieg gelangten sie zu bescheidener Bedeutung. Auch dann wurde jedoch die *Unternehmerinitiative verkrüppelt*, durch Zwangsberater (managing agents), so daß noch heute der linke Flügel der Kongreßpartei wenig von der Unternehmerinitiative erwartet. Für die industrielle Rückständigkeit ist bezeichnend, daß es 1948 in Indien noch Textilmanufakturen ohne Dampf- oder Elektroantrieb gab.

Die künstlich geschaffene Arbeitslosigkeit verursachte die Auswanderung indischer „Kontraktarbeiter" zur Plantagenarbeit in britische Kolonien, beispielsweise nach Natal, wo Gandhi im Kampf für die indischen Einwanderer Gandhi wurde.

Gandhis Jugend und Studium

Mohandas Karamchand Gandhi wurde im Oktober 1869 in der Hafenstadt Porbandhar auf der Halbinsel Kathiawar geboren. Seine Familie gehörte zu der dritten von den vier Kasten, den Vaishya (Bauern, Handwerker, Kaufleute), und zwar zu der in Gujarat verbreiteten Kaufmanns-Unterkaste Modhe. Ursprünglich hatten sich die Gandhis mit Obst-, Gemüse- und Getreidehandel befaßt. Gandhis Großvater und Vater stiegen auf zum Diwan von Porbandhar, das heißt zum Minister eines der dreihundert Zaunkönige, die unter britischer Anleitung über Kathiawar

„herrschten". Dafür waren beide Gandhis nur bedingt geeignet, denn sie waren zwar geschäftstüchtig, aber zu rechtsliebend, als daß Zusammenstöße mit dem absoluten Herrscher und dem noch absoluteren britischen „Agenten" hätten ausbleiben können. Der Mahatma erbte sowohl ihre geschäftliche Gewandtheit wie ihre unerschütterliche Korrektheit und Gerechtigkeit.

Als Gandhis Großvater in Ungnade fiel, zog er sich auf den angestammten Gemüsehandel zurück. Sein Vater hatte mehr Glück. Er verbat sich respektlose Bemerkungen des britischen Agenten über den Herrscher von Porbandhar, wurde zwecks Belehrung über das wirkliche Machtverhältnis eingesperrt, kam aber am anderen Tag wieder frei und wurde später Beisitzer eines Gerichtshofes in Rajkot, vor dem die Fürsten von Kathiawar ihre Erbauseinandersetzungen und sonstigen Zänkereien austrugen. In dieser *deprimierenden Umgebung* wuchs Gandhi auf. Als Student und junger Anwalt wurde er wiederholt von britischen Agenten hochmütig abgefertigt, einmal sogar durch den Diener hinausgeworfen. Der Zutritt zu ihnen führte häufig über die Bestechung ihrer indischen Flunkys, und dazu wollte sich Gandhi nie verstehen.

1847 war Gandhis Vater Minister geworden, obwohl sein Schulwissen äußerst bescheiden war. Noch in den achtziger Jahren versuchte das auch Gandhis älterer Bruder Lakshmidas, blieb aber nach vorübergehender Beschäftigung als Ratgeber des Kronprinzen von Porbandhar in der Stellung eines Rechtskonsulenten stecken. Schulbildung war für künftige Diwans in Porbandhar nötig, und da die Gandhis diese Stellung in der Familie erhalten wollten, wurde Gandhi auf die höhere Schule in Rajkot und dann auf das indische College von Bhavnagar geschickt.

Noch während seines ersten Semesters entdeckten die Gandhis, daß der Abschluß eines indischen Colleges auch nicht weit half, daß das Rechtsstudium weit bessere Aussichten eröffnete und daß sich zwei volle Studienjahre sparen ließen, wenn man *in England studierte.* Die Prüfung war dort so leicht, daß viele Studierende nicht einmal die empfohlenen Lehr- und Handbücher durcharbeiteten. Gandhi studierte diese Werke gründlich, trotzdem blieb ihm viel Zeit. Er benutzte sie, um sich noch nachträglich ein umfassendes Allgemeinwissen zu verschaffen, und zwar, indem er sich auf die *London Matriculation* vorbereitete, die etwa dem deutschen Abitur entsprach.

Gandhis Mutter sowie entferntere Verwandte und die Oberalten der Unterkaste Modhe protestierten gegen Gandhis Englandstudium. Denn viele der aus England zurückgekehrten Juristen lebten wie Engländer und nicht wie fromme Hindus, frönten alkoholischen Getränken, tierischen Speisen und fleischlichen Lüsten. Erst als Gandhi feierlich gelobte, sich all dessen zu enthalten, gab seine Mutter ihren Widerspruch auf. Der Modhe stieß ihn aus, er fuhr trotzdem. Ungeklärt war nur: *Wer soll das bezahlen?*

Gandhi rechnete mit 5000 Rupien für die Hin- und Rückreise sowie drei Jahre London. Etwa die Hälfte dieser Summe hoffte er, für den *Schmuck seiner Frau* zu erhalten. Denn schon mit dreizehn Jahren war er verheiratet worden. Sein Vater war damals krank, fühlte sein Ende nahen und betrachtete es als seine Pflicht, vorher seinen zweiten und dritten Sohn, Mohandas und Karsandas, zu verheiraten. Schmuck diente als Vermögensreserve.

Als *hochgestellter Beamter mit 300 Rupien Monatsgehalt* war Gandhis Vater Patriarch seiner Wohngemeinschaft. Solange man nach Landesart lebte, barfuß ging, vegetarisch aß und auch sonst die Bedürfnisse einschränkte, war damit gut auszukommen. Für Mohandas Gandhi, 1891-93, als europäisch gekleideten und möblierten Rechtsanwalt, *reichten 300 Rupien nicht mehr weit.*

Gandhis Frau, Kasturbai, war etwa gleichaltrig mit ihm und verbrachte mehr als die Hälfte ihrer ersten fünf Ehejahre bei ihren Eltern. Sie gebar das erste, nicht lebensfähige Kind, als sie erst sechzehn Jahre alt war. Zwei Jahre später, vor seiner Abreise nach England, wurde sein ältester Sohn, Harilal, geboren. Zwischen 1888 und 1896 verbrachte Gandhi je drei Jahre in London und Südafrika, getrennt von seiner Familie; diese wuchs also nur langsam weiter. Nach 1896 kamen noch zwei Söhne, und 1906 schob er weiterem Kindersegen durch sein Keuschheitsgelübde einen Riegel vor.

Jahrzehntelang betrachtete sich Gandhi dem Herkommen gemäß als unbedingten Herrn über seine Frau; daher lag es nahe, sein Studium aus ihrem Schmuck zu bestreiten. Sein ältester Bruder, Lakshmidas, der nach des Vaters Tod als Familienoberhaupt fungierte, wollte davon indes nichts wissen, sondern hoffte, auf Grund der väterlichen Verdienste in Porbandhar ein Stipendium zu erlangen. Gandhi reiste dorthin, um sich zu bewerben, wurde aber vom britischen Agenten auf der Treppe abgefertigt: Er solle in Bhavnagar zu Ende studieren und dann wiederkommen.

Lakshmidas verfügte über einen weiten Bekanntenkreis und hatte sich manche Persönlichkeiten verpflichtet. So wurden ihm private Kredite versprochen, die für Gandhis Studium ausreichen würden. Für den Anfang hatte *Lakshmidas genug eigene Einnahmen,* später wurde es schwierig, denn die verheißenen Kredite blieben aus. Gandhi verbrauchte trotz strenger Sparsamkeit 13000 Rupien. Lakshmidas' laufende Einnahmen reichten nicht, er mußte Sachwerte verkaufen, darunter, wie es scheint, auch Kasturbais Schmuck.

In seinen Lebenserinnerungen *Experimente mit der Wahrheit* schildert Gandhi, welch komische Figur er in London und auf der Reise dorthin machte. Mit seinem mangelhaften Englisch wagte er sich nicht in Gesellschaft. Aus Schüchternheit fragte er die Stewards nicht, welche Gerichte fleischlos seien, ernährte sich also von mitgebrachten Trockenfrüchten und Süßigkeiten in seiner Kajüte. In dem Londoner Hotel und der Pension, wo er anfangs wohnte, aß er lediglich morgens den Haferbrei, mittags und abends dagegen nur die zwei oder drei Scheiben trockenes Brot, die zum Gedeck gelegt wurden. Erst als er ein möbliertes Zimmer bezog, sich selbst verköstigte und vegetarische Restaurants entdeckte, nahm das Hungern ein Ende.

Zwar war Gandhi vegetarische Lebensweise und Fasten von zu Hause gewöhnt, wenn auch nicht so streng wie in seinen ersten Londoner Wochen. Dort war sie ihm um so lästiger, als er den Fleischgenuß für hygienisch und politisch richtig hielt, gemäß dem gujaratischen Couplet:

> „Der Riesenkerl aus Engelland
> Scheucht den kleinen Inder ins Loch.
> Denn er ißt Fleisch und wächst darum
> Ein' Meter neunzig hoch."

Für ihn war es ein befreiendes Erlebnis, daß die vegetarischen Restaurants nicht nur vegetarische Speisen, sondern auch Broschüren feilboten, die ihn über den Sinn der *vegetarischen Lebensweise* aufklärten. Er begann alsbald Ernährungsexperimente durchzuführen, die er sein ganzes Leben lang zu den verschiedensten Zwecken fortsetzte: die Tötung, Quälerei und Ausbeutung von Tieren zu vermeiden, gesünder und billiger zu leben, im Zweiten Weltkrieg die indische Hungersnot zu mildern, indem er Wege zu rationellerer Ausnutzung der vorhandenen Lebensmittel fand und wies, endlich eine Kost zu finden, die den Geschlechtstrieb nicht reizt.

Gandhi sollte in London nicht nur zum Juristen, sondern auch zum Gentleman ausgebildet werden. Er stürzte sich in Frack und Zylinder und nahm Tanzunterricht, freilich ohne Erfolg, denn ihm fehlte der Sinn für den Rhythmus europäischer Musik. Um dem abzuhelfen, beschloß er, Musik zu lernen, und zwar richtig: Er kaufte eine Geige, nahm Violinunterricht, erkannte das aber als Versuch am untauglichen Objekt und verkaufte die Geige wieder. Auch daß er keinen Alkohol trank, hemmte seine gesellschaftlichen Erfolge.

Die Vegetarier boten Ersatz. Er trat dem Vorstand der Londoner *Vegetarischen Gesellschaft* bei, entwarf deren Anstecknadel und trug sie noch nach anderthalb Jahrzehnten in Südafrika. In ihrer Zeitschrift erschienen seine ersten journalistischen Arbeiten über Indien und Südafrika. In seinem Wohnbezirk gründete er einen vegetarischen Klub und verfuhr dabei wie später in den zahlreichen Organisationen, die er zu verschiedenen Zwecken in Südafrika gründete: Für den Vorstand suchte er prominente Persönlichkeiten, *selbst übernahm er den Posten des unbezahlten Sekretärs,* das heißt die Arbeit. Nach der gleichen Methode drang er 1902 in die Interna des Indischen Nationalkongresses in Kalkutta ein: Er erbot sich, im Sekretariat jede beliebige Arbeit auszuführen. Man übertrug dem unscheinbaren Jüngling technische Hilfsarbeiten. Als der Leiter des Sekretariats schließlich gewahr wurde, welch ungewöhnliche Kraft sich da mit subalternen Arbeiten mühte, hatte Gandhi buchstäblich *das Herz der Organisation erobert.*

Rechtsanwalt Gandhi

Im Juli 1891 kam Gandhi nach Indien zurück und ging zunächst nach Rajkot. Lakshmidas hatte den Haushalt halb anglisiert, auf daß er eines Mitgliedes der Londoner Anwaltsgilde vom Inneren Tempel würdig sei; man trank Kaffee und Tee, die Herren trugen Schuhe. Gandhi führte europäische Möbel und für die Herren europäische Kleidung ein, ferner Haferbrei und Kakao zum Frühstück. Ohne Dekorum kein Erfolg als Anwalt.

Wenn es ihm für den forensischen Erfolg nicht an Aufmachung fehlte, so doch an anderen Bedingungen: an praktischer Erfahrung, ferner an Kenntnis von Zivil- und Strafprozeß sowie von indischem Recht. Angesichts derartiger Lücken konnte Gandhi um so weniger gegen die eingesessenen Rechtskonsulenten konkurrieren, als sie nur ein Sechstel der Gebühren erhoben, die einem Rechtsgelehrten zustanden. Es schien für Gandhi ratsam, sich in Bombay am „High Court" niederzulassen, wo keine Rechtskonsulenten zugelassen waren, wo er in Ruhe die Lücken seiner Kenntnisse ausfüllen und durch kleinere Prozesse seinen Lebensunterhalt bestreiten konnte.

Diese Rechnung war ohne seine Schüchternheit gemacht. Unter vier Augen hatte er sich beredt erwiesen, aber nicht einmal bei den Vorstandssitzungen der Vegetarier hatte er sprechen können, öffentlich schon gar nicht. Als er in seinem ersten Prozeß aufstand, um einen Zeugen zu befragen, brachte er kein Wort heraus, verließ die Stätte seiner Niederlage und ersetzte seinem Mandanten die Gebühren. Es blieb nur übrig, bei Lakshmidas unterzukriechen und Schriftsätze zu verfassen. Darin erwies er sich als gewandt. Lakshmidas verschaffte ihm laufend Aufträge von gutbeschäftigten Anwaltsfirmen, und er verdiente 300 Rupien monatlich: So viel wie ein Jahrzehnt zuvor sein Vater, also kein schlechter Anfang, aber nicht genug, um europäisch zu leben und die Schulden an den Bruder abzutragen.

Eine Lösung bot sich Gandhi durch einen Auftrag als *Hilfsanwalt in Südafrika*. Eine namhafte Firma, Dada Abdulla & Co in Durban, hatte in Johannesburg einen Rechtsstreit gegen eine andere indische Firma um 40000 £ und engagierte durch ihren Partner in Porbandhar Gandhi als Assistenten, um ihren Johannesburger Vertreter durch genaue Feststellung der Tatsachen zu unterstützen. Zugesagt wurde ihm ein Nettohonorar von 105 £, das heißt, da die Arbeit nahezu ein Jahr erforderte, daß er weniger verdiente als in Rajkot. Indessen konnte er das Honorar fast restlos an Lakshmidas für den Unterhalt seiner Familie überweisen, denn alle Spesen wurden ihm bezahlt. Als europäischer Anwalt hatte er Anspruch auf Unterkunft in den besten Hotels sowie auf Erstattung der Fahrkarten I. Klasse zu Schiff und auf der Bahn.

Dieser Anspruch erwies sich als fiktiv. Südafrikanische Hotels nahmen „Farbige“ in der Regel nicht auf; kam Gandhi dennoch unter, so wurde er nicht in den Speisesaal gelassen. Fahrkarten I. Klasse für Bahnfahrten wurden ihm zwar meist verabfolgt, aber die Zugführer pflegten ihn aus dem Abteil zu werfen, und da er als Mitglied des Inneren Tempels nicht freiwillig ging, wurde Polizei geholt und die Faust gebraucht. Nur einmal, auf der Fahrt von Johannesburg nach Pretoria, konnte er im Abteil bleiben, weil ein weißer Mitreisender es verlangte.

In dem Rechtsstreit, für den Gandhi berufen war, mußte der Beweis aus den Büchern geführt werden. Also lernte er Buchhaltung und sah dann so klar, daß er in Johannesburg die Leitung der Verhandlungen an sich reißen und einen Vergleich zustande bringen konnte, durch den sein Mandant 37000 von den eingeklagten 40000 £ erhielt, noch dazu ohne nennenswerte Gerichts- oder Anwaltskosten. Eine bessere Zukunft tat sich auf, denn Gandhi durfte erwarten, der Erfolg werde seiner Praxis in Indien aufhelfen.

Da kam, im Frühjahr 1894, eine Vorlage der Regierung von Natal an das Parlament heraus, wonach den Indern das Wahlrecht vorenthalten werden sollte, außer soweit sie es schon besaßen. Das Wahlrecht stand bis dahin jedem zu, der Grundeigentum im Wert von 50 £ hatte oder 10 £ Miete oder Pacht zahlte. Diese Bedingung war von 9300 weißen und 250 indischen Wählern erfüllt worden. Da aber die weiße und indische Volksgruppe ungefähr gleich stark waren – je etwas 50000 Köpfe –, fürchteten die Weißen von den Indern majorisiert zu werden und gingen an deren *politische Entrechtung.*

Gandhi erfuhr von dieser Gesetzesvorlage auf dem Abschiedsdiner, das ihm Dada Abdulla in Durban am Vorabend seiner Abreise gab. Er sah sofort, daß der Schlag gegen die soziale Existenz der Inder in Natal gerichtet war, und daß weitere Schläge folgen würden. Die auf dem Diner versammelten indischen Kaufleute waren seiner Meinung, trauten sich aber nicht zu, den Kampf selber aufzunehmen. Vielmehr bewogen sie Gandhi, dies zu tun, und er sagte zu, seine Abreise um einen Monat, notfalls noch länger, zu verschieben. Aus dem Monat wurden zwanzig Jahre.

Nachträglich ist das nicht überraschend. Denn es handelte sich um den *Beginn der südafrikanischen Rassengesetzgebung,* deren Zusammenbruch heute, ein Jahrhundert später, Mord, Totschlag und eine furchtbare soziale und politische Krise entfesselt. Ihr Beginn bezeichnete nicht den Beginn der Rassenkonflikte – die hatten mit der Landung der ersten weißen Siedler begonnen –, sondern die Erreichung eines komplizierteren Stadiums, in dem die bisherigen, einfachen Gewaltmethoden nicht mehr ausreichten. Die Komplikation lag darin, daß neben die Eingeborenen als zweiter farbiger Bevölkerungsteil die Inder traten, und daß den Indern als britischen Untertanen die Wohltaten des englischen Rechts zustanden. Gandhi machte diese Rechte bei den zuständigen Parlamenten – in London, Pietermaritzburg und Pretoria – sowie den örtlich zuständigen Gerichten und Verwaltungsbehörden geltend.

Er kämpfte anfangs nur für die Inder in Natal, aber sein *Wirkungskreis erweiterte sich,* denn die Burenrepubliken wurden durch den Burenkrieg in das britische Empire eingegliedert, sie erlangten 1904 die Selbstregierung als britische Kolonien, und als 1910 die Südafrikanische Union gegründet wurde, fiel den Burenführern Botha und Smuts deren politische Führung zu. Seit 1904 war Smuts Gandhis wichtigster Gegenspieler.

Die weißen Siedler in Südafrika nahmen den Negerstämmen das Land und drückten die Neger zu halbfreien, gering entlohnten Arbeitern für ihre Pflanzungen, später auch für Bergwerke und Industrie herab. In den Burenrepubliken war dies schon vor 1890 vollständig durchgeführt. Dort bestand daher kein Bedarf an indischen Arbeitern, der Oranjefreistaat schloß die indische Einwanderung aus. In Transvaal wurde sie erschwert und die schwache indische Volksgruppe vielfältig schikaniert. Die britische Regierung verteidigte die Rechte der Inder in Transvaal und erklärte deren ständige Verletzung beim Ausbruch des Burenkrieges für einen ihrer Kriegsgründe.

Dagegen behaupteten im Norden von Natal die *Zulus* bis nach 1900 ihren *Stammeszusammenhalt,* die Pflanzer in der Mitte und im Süden der Kolonie *importierten daher indische „Kontraktarbeiter".* Diese verpflichteten sich gegen freie Überfahrt auf fünf Jahre zu einem sklavenähnlichen Arbeitsverhältnis mit Höchstlohn, der im ersten Jahr 10 sh monatlich betrug und jedes Jahr um 1 sh im Monat stieg, im fünften Jahr bis auf 14 sh. Daß sich die Behandlung der Kontraktarbeiter gewöhnlicher Sklaverei näherte, ist durch Gandhis Prozesse belegt. Es erhellt aus den zahlreichen Selbstmorden unter den Kontraktarbeitern, vor allem aber aus den schikanösen Kontrollen und Beschränkungen, denen die freien Inder in Südafrika unterworfen wurden.

Die freien Inder in Natal waren überwiegend ehemalige Kontraktarbeiter, die teils in Zwergbetrieben Obst und Gemüse für den Binnenmarkt der Kolonie produzierten, teils Kleinhandel trieben; ferner war der *indische Kaufmann* dem indischen „Kuli" gefolgt. Die indischen Kaufleute begegneten den Eingeborenen nicht mit dem Hochmut der weißen Kaufleute, jagten diesen also einen erheblichen Umsatz ab. Daher drosselte man die indische Konkurrenz in Natal durch *Niederlassungsverbot* in den neu entstehenden Gemeinden, in Transvaal durch Erschwerung und später durch Verbot der Einwanderung, in beiden Kolonien durch Verbot des Grunderwerbs. Ferner drängte man die Inder in ghetto-artigen, engen und ungesunden *„Locations"* zusammen.

Darüber hinaus versuchte Natal, die zur Freiheit aufgestiegenen, ehemaligen Kontraktarbeiter in Kontraktarbeit von unbestimmter Dauer zurückzuzwingen. Es verhängte zu diesem Zweck eine *Kopfsteuer* von 3 £ jährlich, und zwar 1895 für jeden erwachsenen ehemaligen Kontraktarbeiter, 1903 auch für Ehefrau und Töchter vom dreizehnten, Söhne vom sechzehnten Lebensjahre an. Gandhi schätzte das Durchschnittsjahreseinkommen eines indischen Gärtners auf 30 £; der Mann hatte also nach der Regelung von 1895 10%, nach der von 1903 40% seines Einkommens an

Kopfsteuer zu zahlen – die Familien umfaßten durchschnittlich zwei Kinder im steuerpflichtigen Alter. Die Regierung in Pietermaritzburg hielt diese Belastung für ausreichend, um die Besteuerten zur Rückwanderung nach Indien oder zu „freiwilliger" Ergebung in Kontraktarbeit zu zwingen. Indessen waren die Verhältnisse in Indien wie in Kontraktarbeit so trostlos, daß die ehemaligen Kontraktarbeiter sich nicht unterwarfen, sondern lieber die äußersten Entbehrungen auf sich nahmen. Nach zwanzigjährigem Kampf setzt Gandhi 1914 die Aufhebung der Kopfsteuer durch.

Damit entlaufene Kontraktarbeiter bequem ergriffen werden konnten, mußten freie Inder in Natal ständig ihren Paß bei sich tragen und durften nach 21 h nicht auf die Straße. Beide Vorschriften dienten als Vorwand für Mißhandlungen und *willkürliche Verhaftungen.* Als Transvaal 1907 die Registrierungspflicht für indische Einwohner einführte, ging es so weit, Polizeiorganen zu jeder Tages- und Nachtzeit das Betreten indischer Wohnungen zu gestatten, zu keinem anderen Zwecke, als die Registrierungsausweise nachzuprüfen. Auf Nicht-Vorzeigen des Ausweises stand je nach Belieben des Richters Gefängnis, Geldstrafe oder Deportation. Gegen dieses Gesetz entwickelte Gandhi seine Methode des gewaltlosen – aber keineswegs passiven – Widerstandes oder *„zivilen Ungehorsams"*, Satyagraha (satya = Wahrheit, agraha = Festigkeit).

Gandhis Methoden beschränkten sich bis 1907 auf diejenigen des Rechts und der demokratischen Öffentlichkeitsarbeit. Er organisierte die Inder in Natal, später auch in Transvaal. Der 1894 von ihm begründete *„Natal Indian Congress"* war formell nur ein Verein der indischen Kaufleute mit entsprechend hohem Mitgliedsbeitrag – 3 bis 24 £ jährlich –, fungierte aber von vornherein als Schutzverband der ganzen Volksgruppe und gründete in Durban eine Schule, eine Bücherei, einen Jugendverband und ein Krankenhaus, in dem Gandhi regelmäßig als Krankenpfleger arbeitete. Bei einer Pestepidemie in Durban 1899 übernahm er mit Billigung der Stadtverwaltung auch die hygienische Inspektion der indischen Wohnviertel, nicht zuletzt weil die angebliche Schmutzigkeit der Inder ein Argument der antiindischen Hetze war. Gandhi fand dabei heraus, daß wirklich manche Inder von höherer Kaste nicht nur den Straßenfeger, sondern auch dessen Werkzeuge als unberührbar ansahen und in unvorstellbarem Schmutz lebten – die gleiche Erfahrung machte er später auch in Indien selbst.

Wie schon in dem vegetarischen Klub, den er in London gegründet hatte, warb Gandhi angesehene Männer für den Vorstand und reservierte für sich selbst den Posten des Sekretärs, das heißt die Arbeit. Die allmonatlichen Mitgliederversammlungen vollzogen sich nach *parlamentarischen Regeln*, sie bildeten formell und inhaltlich die *politische Schule* der ganzen Volksgruppe. Verhandlungssprachen waren Hindi und Gujarati, denn die indischen Kaufleute stammten fast ausnahmslos aus den nordwestlichen Landschaften, wo diese Sprachen heimisch sind, während die Kontraktarbeiter überwiegend aus östlichen Landesteilen um Kalkutta und Madras kamen. In Volksversammlungen, namentlich später in Johannesburg, waren stets Dolmetscher zugegen, die in Bengali und Tamil, die Sprachen von Kalkutta und Madras, übersetzten. Gandhi selber beherrschte diese Sprachen nicht; noch in seinem Todesjahr beschäftigte er sich damit, Bengali zu lernen. Die Unterdrückung in Südafrika wirkte einigend, so daß die Konfessionsgegensätze innerhalb der indischen Volksgruppe kaum empfunden wurden, und die Kastengegensätze sich milderten. Die gleiche Aufhebung und Milderung der Gegensätze suchte Gandhi später in Indien selber durchzusetzen, jedoch vergeblich.

Als sich bei Ausbruch des *Burenkrieges* viele britische Einwohner von Natal freiwillig zu den Fahnen meldeten, rief Gandhi den indischen Einwohnern zu, sie machten ihre Rechte als britische Untertanen geltend, müßten also auch ihre Untertanenpflichten auf sich nehmen. Freiwilliger Dienst mit der Waffe komme für sie zwar nicht in Frage, wohl aber als Sanitäter. Er stellte wirklich ein freiwilliges Korps von 1100 *indischen Krankenträgern* auf, ein Drittel davon Kontraktarbeiter, die mit Einwilligung ihrer Herren eintraten. Für die Familien der Sanitäter sammelte Gandhi unter den vermögenden Indern. Die britischen Truppen hatten bei Beginn des Feldzuges schwere Verluste, auf die der britische Sanitätsdienst in keiner Weise vorbereitet war. Die Hilfe der indischen Sanitäter war daher sehr erwünscht. Zwar wurde angeordnet, die indischen Krankenträger sollten nicht bis in die Feuerlinie vorgehen, sie taten es aber doch und hatten Verluste. Beispielsweise hielten sie sich nicht zurück, als die Brigade Woodgate auf dem Spionkop zusammengeschossen wurde. Churchill hat in seiner Schilderung dieses Gefechts Gandhi nicht erwähnt und hat ihn auch wohl nicht bemerkt, denn die beiden verfolgten verschiedene Interessen: *Churchill als Kriegsberichterstatter* kümmerte sich um das Gefecht, *Gandhi als Sanitätsfeldwebel* um die Verwundeten. Er half selbst, den tödlich verwundeten General Woodgate zurückzutragen.

Das indische Sanitätsaufgebot milderte die anti-indische Stimmung in Natal, auch in Transvaal schien sich die Lage zugunsten der Inder zu wandeln. Gandhi hielt daher seine Aufgabe für gelöst, kehrte Ende 1901 nach Indien zurück und eröffnete wieder seine Praxis in Bombay. Aber schon

Ende 1902 wurde er zurückgerufen und blieb *weitere elfeinhalb Jahre* in Südafrika.

Bei der Gründung des „Natal Indian Congress" wurde vogeschlagen, Gandhi solle als Sekretär Gehalt beziehen. Das lehnte er ab. Er glaubte für seine Volksgruppe mehr zu erreichen, wenn er den staatlichen Instanzen als unabhängiger Mann, womöglich als angesehener Anwalt, gegenübertrat. Daher ließ er sich als Anwalt in Durban nieder, verpflichtete die indischen Kaufleute, ihm ihre Rechtsgeschäfte zu übertragen und ließ sich von ihnen 300 £ Vorschuß als Starthilfe geben. Seine Praxis entwickelte sich günstig. Von 1903 ab umfaßte sie auch Transvaal und warf in den besten Zeiten nahezu 5000 £ (100000 damalige Mark, der heutigen Kaufkraft nach kaum weniger als 3 Millionen DM) jährlich ab.

Gandhis politische Methoden entsprachen der englischen Verfassung: persönliche *Fühlung* des Sekretärs, möglichst auch des Vorstands und anderer Mitglieder, *mit Behörden, Parlamenten und Presse; Eingaben an die zuständigen Behörden und Parlamente,* bei Abweisung Eingaben an die nächsthöhere Instanz; *ständige Unterrichtung der Öffentlichkeit* durch Versammlungen – er trat auch in weißen Versammlungen als Referent auf –, durch Briefe an Zeitungen und Interviews. Der britischen und indischen Presse übersandte er laufend seine Denkschriften, Broschüren, Reden und sonstiges Informationsmaterial. Die Tatsachen gab er peinlich korrekt wieder, meist stark untertrieben, unterließ persönliche Angriffe, widmete vielmehr seinen Gegnern ein meist ganz unverdientes Wohlwollen und hatte wiederholt die Genugtuung, seine Sachlichkeit und Fairneß von den Londoner *Times* anerkannt zu sehen. Die Dokumente seiner südafrikanischen Wirksamkeit, wie sie in den ersten Bänden seiner Gesammelten Werke vorliegen, sind ein *Lehrbeispiel der Öffentlichkeitsarbeit* unter liberaler oder demokratischer Verfassung.

Trotz seines methodischen Vorgehens erreichte er zwei Jahrzehnte lang kaum etwas gegen die südafrikanische Rassenpolitik. Bis zur Gründung der Südafrikanischen Union bedurften die Gesetze von Natal, seit dem Burenkrieg auch von Transvaal, *königlicher Unterschrift.* Gandhi bearbeitete daher auch in England Öffentlichkeit und gesetzgebende Instanzen, um die Genehmigung der Rassengesetze zu hintertreiben. Gleichwohl erlangten die meisten die köngliche Unterschrift, ausgenommen das erste: das Gesetz gegen das Inder-Wahlrecht in Natal. Jedoch wurde im folgenden Jahr, 1895, ein Nataler Gesetz genehmigt, das Einwanderern aus Ländern ohne parlamentarische Einrichtungen das Wahlrecht versagte, was materiell aufs gleiche herauskam.

Dieses Gesetz entsprach dem Empire-Modell. Grundsätzlich duldete die Lonodoner Regierung im Empire keine Gesetze, welche die *Hautfarbe* zum Kriterium einer Diskriminierung machten, hatte aber nichts gegen Gesetze, welche *materiell* die Farbigen *entrechteten.* Nur widerstrebend, und nicht ohne Smuts ein der Form nach milderes Vorgehen nahezulegen, machte sie 1906-10 in Transvaal zu Lasten der Inder eine Ausnahme von dieser Regel.

Die *Rechtsgleichheit britischer Untertanen im ganzen Empire*, auf die sich Gandhi stützte, erwies sich als Fiktion, sein Kampf schien aussichtslos. Aber er erreichte, daß sich der Indische Nationalkongreß 1902 hinter ihn stellte, und daß die indische Regierung, die bis 1903 die anti-indischen Gesetze in Südafrika gebilligt hatte, 1904 die Front wechselte. In London mußte man sich sagen, man beherrsche Indien nur durch indische Soldaten und Polizisten, und deren Zuverlässigkeit werde unter einer offen anti-indischen Politik in anderen Teilen des Empire leiden. Schon 1906 konnte Gandhi öffentlich drohen, England müsse zwischen Indien und Südafrika wählen.

Diese Drohung machte in London einen gewissen, aber keinen entscheidenden Eindruck, denn wie die Dinge lagen, war sie fiktiv. Sie wurde aber wirklich in dem Maß, in dem Gandhi seit dem Sommer 1907 den *zivilen Ungehorsam* eröffnete und steigerte. Damals trat in Transvaal das *„Schwarze Gesetz"* (Registrierung der Inder, weitgehende Polizeivollmachten zur Prüfung der Registrierungsausweise) in Kraft. Namentlich für einen Mohammedaner war die Vorstellung unerhört, ein Polizist dürfe sein Haus betreten und den Ausweis seiner Frau fordern. Ein mohammedanischer Vertreter sagte wörtlich zu Smuts, in diesem Fall werde er den Polizisten niederstoßen. Zugleich verstieß diese Polizeivollmacht gegen den Grundsatz habeas corpus und damit gegen englisches Rechtsgefühl, noch dazu ohne Not. Gandhis taktische Stellung gegenüber dem „Schwarzen Gesetz" war also sehr vorteilhaft.

Bei Inkrafttreten des Gesetzes ließen sich nur wenige Inder registrieren. Ein halbes Jahr später wurden Gandhi und seine Mitarbeiter ins Gefängnis geworfen. Als er seinen Gegner dort hatte, ging Smuts auf die von Gandhi angebotene Unterhandlung ein und erzielte ein Übereinkommen: Gandhi mit seinen Mitgefangenen wurde freigelassen und sagte zu, sich freiwillig registrieren zu lassen und auch seine Volksgenossen dazu zu überreden. Natürlich verpflichtete sich Gandhi dazu nur, weil er Smuts dahin verstand, dieser werde auf die Aufhebung des „Schwarzen Gesetzes" hinwirken. Smuts gab auch zu, sich in diesem Sinn geäußert zu haben, bestritt aber, die Verpflichtung dazu ausdrücklich übernommen zu haben, glaubte vielmehr, Gandhi zu überlisten.

Das war eine Selbsttäuschung, der er noch mehrmals verfiel. Als sich herausstellte, daß die Regierung nicht an die Hellerfärbung des Gesetzes dachte, berief Gandhi eine Volksversammlung und illuminierte sie durch ein Feuer, worin die indische Volksgruppe ihre *Ausweispapiere verbrannte*, ein Ritus, den seit 1919 auch die südafrikanischen Neger *übernommen haben.* Darauf wurden Gandhi und Massen seiner Mitkämpfer zum zweiten Male in *„König Eduards Hotel"* – Gandhis Bezeichnung für das Gefängnis – aufgenommen.

Sechs Jahre zog sich Smuts' Kampf gegen seine „Hotelgäste" hin. Er hatte Mittel, sie mürbe zu machen, beispielsweise Deportation nach Indien, bis ihm Gandhi das gerichtlich verbieten ließ. Die am Kampf beteiligten indischen Kaufleute sahen ihre Mittel schwinden, Gandhis Praxis schrumpfte, die indische Kampforganisation gelangte an den Punkt, an dem sie keine Unterstützungen mehr an die Familien der Häftlinge zahlen konnte. 1910 drohte der Widerstand zusammenzubrechen. 25000 Rupien von dem indischen Hüttenunternehmer Tata halfen über den bedenklichsten Augenblick hinweg, und weitere, erhebliche Spenden folgten, insgesamt mehr als 5000 £, aber Gandhi zweifelte, ob sich die unerläßlichen Unterstützungszahlungen auf die Dauer würden aufbringen lassen.

Endgültig rettete er den gewaltlosen Widerstand vermittels der *Genossenschaftsfarm „Tolstoi"*, 34 km von Johannesburg. Dort wohnten die Satyagraha-Familien in Wellblechbaracken, deckten einen Hauptteil ihres Nahrungsbedarfs durch eigene Arbeit im Garten, wurden aus einer Gemeinschaftsküche billig ernährt, kurz, ihre Unterstützung erforderte nur noch geringe Geldausgaben, und diese wurden zum Teil durch Verkauf des auf „Tolstoi" gezogenen Obstes gedeckt. Auf dieser Grundlage ließ sich der Widerstand beliebig lange aufrechterhalten. Die Satyagraha-Kämpfer *pendelten zwischen „Tolstoi" und „König Eduards Hotel"* hin und her. Ihre Zahl schrumpfte zwar, 1913 rechnete Gandhi nur noch mit „mindestens sechzehn, höchstens sechsundsechzig". Eine so geringe Anzahl gilt bei einem Streik gleich Null, aber sie reichte hin, um der Öffentlichkeit zu beweisen: Der Kampf wurde fortgesetzt.

Georgs V. Königskrönung 1911 bot den Anlaß für den ersten Waffenstillstand. Die Satyagraha-Kämpfer wurden aus der Haft entlassen, die Aufhebung des „Schwarzen Gesetzes" in Aussicht gestellt. Um die Verhandlungen darüber zu fördern, veranstaltete die britische Regierung 1912 eine Südafrika-Reise des indischen Politikers Gokhale, der als Mitglied des indischen Kronrats eine offizielle Persönlichkeit und zugleich Gandhis väterlicher Mentor war. Smuts und Botha verhandelten mit Gokhale in dem konzilianten Ton, durch den sich schon Gandhi 1908 hatte täuschen lassen. Gokhale verkündete, die Regierung habe ihm die Aufhebung des „Schwarzen Gesetzes“ in Transvaal und der Kopfsteuer in Natal zugesagt, aber prompt stritten die Minister diese Zusage ab. Der Konflikt wurde zugespitzt durch eine Entscheidung des südafrikanischen Obersten Gerichtshofs, der *indischen Ehen die Rechtskraft aberkannte,* außer soweit sie nach christlichem Ritus geschlossen und standesamtlich registriert waren, was auf nahezu keine indische Ehe zutraf.

Gandhi nutzte die Beleidigung der indischen Frauen aus, die in diesem Urteil lag. Bis dahin hatte er die Frauen aus dem Kampf herausgehalten, jetzt setzte er sie ein. Sechzehn Inderinnen, darunter Gandhis Frau, überschritten die Grenze von Natal nach Transvaal, zeigten beim Grenzübertritt ihre Ausweise nicht vor und landeten, wie beabsichtigt, im „Hotel“. Eine zweite Gruppe Frauen wanderte in umgekehrter Richtung und führte, ehe sie verhaftet wurde, die indischen Bergleute des Steinkohlenreviers von Newcastle in den *Streik gegen die Kopfsteuer.*

Allerdings fehlte ein Streikfonds, und die Grubendirektion machte die Bergmannshütten durch die Abschaltung von Strom und Wasser unwohnlich. Gandhi suchte die Schwierigkeit durch Umzug ins „Hotel“ zu lösen. 1200 Köpfe stark marschierten die Bergleute mit Frauen und einigen Kindern von Newcastle nach „Tolstoi“ und erwarben beim Grenzübertritt das Anrecht auf behördliche Unterkunft. Kurz vor ihrem Marschziel wurden sie verhaftet, auf einen Güterzug verladen, nach Newcastle zurücktransportiert, dort zu Gefängnis verurteilt, und nachdem die *Gruben zu Gefängnis-Außenstellen erklärt* waren, zur Arbeit vor Ort gebracht. Da sie weiterstreikten, regte man ihre Arbeitslust mit Peitschen an.

Gandhi wurde für sich allein verhaftet und zu Gefängnis verurteilt. Auf die Nachricht davon traten 20000 indische Arbeiter in Natal in den Streik. Dagegen wurde Militär eingesetzt und geschossen. Es muß ziemlich viel Blut geflossen und *ein das Übliche übersteigendes Maß an Brutalität* zusammengekommen sein. Gandhi sorgte dafür, daß die Tatsachen in der Presse nicht, wie gewöhnlich, unterdrückt wurden, und so machten sie im ganzen Empire den peinlichsten Eindruck. Die britischen Vizekönige von Indien waren routinierte, kühle Beamte und neigten nicht zu impulsiven Ausbrüchen, aber die Ausschreitungen der Regierung Botha-Smuts provozierten das unmöglich Scheinende: Der Vizekönig Lord Hardinge ließ sich zu einem leidenschaftlichen Protest hinreißen und forderte eine *unpartei-*

ische Untersuchung. Dem konnten sich Smuts und Botha nicht entziehen, setzten sich aber erneut ins Unrecht, indem sie die Untersuchungskommission einseitig aus Gegnern der Inder zusammensetzten und keinen Inder hineinberiefen. Sofort erklärte Gandhi, kein Inder werde vor dieser Kommission aussagen, und kündigte einen neuen Massenmarsch an, um eine wirklich unparteiische Untersuchung zu erzwingen.

Diesen Marsch verbot er, denn ein Streik des weißen Eisenbahnpersonals bereitete der Regierung Verlegenheiten, und *anders als Streikende dürfen Satyagraha-Kämfer solche Verlegenheiten des Gegners nicht ausnutzen.* Ferner verzichtete Gandhi auf die unparteiische Untersuchung, weil ihm Smuts zu verstehen gab, eben durch ihre parteiische Zusammensetzung solle die Untersuchungskommission die Regierung vor ihren weißen Wählern decken. Durch diese Konzessionen schuf er eine günstige Verhandlungsatmosphäre, und nunmehr fand sich Smuts zu einem schriftlichen, keiner nachträglichen Ableugnung ausgesetzten Abkommen bereit, wodurch sich die Regierung verpflichtete, ein Gesetz mit folgenden Bestimmungen durch das Parlament zu bringen:

1. *Aufhebung* des *„Schwarzen Gesetzes“* von Transvaal, vernünftige Einreise- und Paßbestimmungen;
2. *Aufhebung* der *Kopfsteuer* in Natal;
3. *Anerkennung* der in Indien geschlossenen *Ehen;*
4. *Beendigung* der Einfuhr *indischer Kontraktarbeiter* im Jahre 1920.

Gandhis Sieg war vollständig. Zwar war die völlige Rechtsgleichheit der Inder nicht erreicht, aber um ihretwillen in Südafrika zu bleiben, war nicht Gandhis Absicht gewesen. Die konkreten Diskriminierungen, gegen die er zwanzig Jahre gekämpft hatte, fielen, und damit waren die Bedingungen erfüllt, die er sich für die *Heimkehr nach Indien* gestellt hatte. Er kehrte zurück mit dem Ansehen, das ein solcher Sieg verleiht, mit dem *Mahatma*-Titel, den ihm Tagore für die sittliche Größe und Reinheit seines Kampfes verlieh, mit seiner, nach welthistorischem Maßstab neuen, für den Kampf gegen die britische Herrschaft in Indien sehr geeigneten Kampfesweise, lauter Vorteilen, denen nur ein Nachteil gegenüberstand: Die durch seinen Sieg in Südafrika verstärkte Illusion, durch Appell an das britische Rechtsgefühl auch die Mißstände in Indien überwinden zu können.

Als sich Gandhi 1894 wegen einer politischen Aufgabe in Südafrika niederließ, interessierte ihn das Geldverdienen, wenn auch nur als Vorbedingung seiner eigentlichen Aufgabe. Als er zwanzig Jahre später Südafrika verließ, trug er zwar noch europäische Kleidung, aber seine Einstellung war diejenige eines Asketen, und seine Absicht ging nicht mehr dahin, in Indien seine Anwaltspraxis wieder zu eröffnen, sondern einen Ashram. Seit 1915 machte er diese Gemeinschaftssiedlung, statt wie ursprünglich den Anwaltsberuf, zur Grundlage seines Anteils am Kampf um ein freies Indien.

Sein innerer Wandel fällt in das Jahrzehnt 1900-1910. Er verfügte zu Beginn dieses Jahrhunderts über eine *lukrative Praxis,* die ihm, falls er ihren Umfang aufrechterhalten hätte, den europäisch-großbürgerlichen Lebenszuschnitt seiner Berufskollegen Jinnah oder Motilal Nehru ermöglicht hätte. Gandhi kündigte zwar 1894 an, er müsse und werde repräsentativ auftreten. In Wirklichkeit trieb er von Anfang an *keine Repräsentation,* insbesondere beteiligte er seine Familie nicht daran. Er bezog eine anständig eingerichtete, geräumige, sanitärer Einrichtungen allerdings entbehrende Villa in Durban, und als er 1896 Frau und Kinder aus Indien holte, zwang er sie zwar, Schuhe und Strümpfe anzuziehen sowie – qualvoller noch – mit Messer und Gabel zu essen, ersparte ihnen aber europäische Kleidung; sie trugen parsische. Auch die Ausgaben für die eigene Kleidung maß Gandhi an strengerem Maßstab als demjenigen des Dekorums. Beispielsweise verdroß ihn die Unpünktlichkeit der Wäscherei, weil er infolgedessen ein Mehrfaches des eigentlich Erforderlichen an Hemden und Kragen halten mußte, auch kostete das *Waschen und Bügeln* eines Kragens fast so viel wie ein neuer. Ein Amerikaner würde in einem sochen Fall die schmutzigen Kragen fortwerfen und neue kaufen. Gandhi kaufte auch etwas, und zwar, da Kasturbai europäischer Wäscherkünste unkundig war, ein Buch über Wash it Yourself. Eines Tages freuten sich Gandhis Kollegen bei Gericht, weil ihm die Stärke vom Kragen blätterte, denn er hatte zuviel davon genommen und, um den Kragen nicht zu versengen, das Eisen nicht heiß genug gemacht.

Noch inniger war die Anteilnahme der Kollegen, als ihm eines Tages ein weißer Friseur in Pretoria den Dienst verweigerte und er selbst zur Schere griff. Man fragte ihn, ob er von Ratten angeknabbert sei. Mit der Zeit wurde er perfekt, sowohl im Waschen und Bügeln wie im Haareschneiden.

Auch die Dienste von *Müllern* und *Bäckern* sowie von *Hauspersonal* schienen Gandhi *entbehrlich:*

„Den letzten Koch entließen wir, weil ich ihm nicht erlaubte, roten Pfeffer zu verwenden. Kochen, Kleiderwäsche, Toilettenreinigung, Korn mahlen, alles wurde von Familienmitgliedern verrichtet. Wir hatten für 6 £ eine stählerne Handmühle gekauft, ihre Bedienung erforderte zwei Menschen. Das Mahlen war morgens meine erste Arbeit, ich nahm als Gehilfen, wer gerade zur Hand war... In einer Viertelstunde mahlten wir den Tagesbedarf, feines oder grobes Mehl je nach Wunsch." (Zu Mahadev Desai, 2. April 1932)

Gandhi sparte auch, indem er auf das Frühstück verzichtete. Er hatte von einer „No Breakfast Association" in Manchester gehört, die der Überernährung des europäischen Bürgertums durch Vormittagsfasten begegnen wollte. Gandhi, obzwar kein überernährter Bürger, trat der neuen Manchester-Schule bei und wurde zu seiner Überraschung den chronischen Kopfschmerz los, der ihn bis dahin gepeinigt hatte.

Dafür verteuerte er seinen Haushalt durch Aufnahme von Dauergästen, vornehmlich von Mitarbeitern. Im Büro beschäftigte er vier Schreiber. Man fragt sich, wozu, denn Maschineschreiben konnte oder lernte keiner, das durfte der Chef selber tun. Jedenfalls lebten alle vier in seinem Haushalt, einer von ihnen war ein Unberührbarer. Kasturbai als kastenbewußte Inderin wollte dessen Nachttopf nicht leeren, und Gandhi, empört über diesen Aberglauben, wollte sie aus dem Hause werfen, wie er in seinen Lebenserinnerungen beichtet.

Die Gandhis gehörten zu einer Kaufmanns-Unterkaste. Dennoch ging *Sparen gegen ihre Tradition*, für Gandhi selbst sogar gegen die Religion. Sein Vater hatte, solange er mehr verdiente als er brauchte, Sachwerte angeschafft, hauptsächlich Häuser und Schmuck. Er hatte aber Bargeld oder sonstige liquide Werte nicht hinterlassen. Für Gandhi war Schmuck *weltlicher Tand* und verwerflich. Da er nicht in Südafrika bleiben wollte, kam ihm Erwerb dortigen Grundeigentums nicht in den Sinn, abgesehen von den 42 ha für seine Farm „Phoenix", die er aber nicht als Kapitalanlage, sondern als Betriebsstätte seiner Zeitschrift *Indian Opinion* erwarb. Die 60000 Rupien *Überschuß*, die er 1894-1906 erübrigte, überwies er *seinem Bruder Lakshmidas*. Seine Einstellung war: Man unterstützt, wenn möglich, den Familienverband und wird, wenn nötig, von diesem unterstützt – Gandhis Studium war ja auch von Lakshmidas finanziert worden. Lakshmidas führte von Gandhis Überweisungen ein angenehmes Leben.

Der edle Spender ging zu Fuß oder radelte allenfalls, Lakshmidas hingegen hielt Pferd und Wagen. Gandhi tadelte das nicht. Eher mißfiel ihm, daß der Polizist Karsandas Gandhi und die verwitwete Schwester Ratlibehn nichts abbekamen, daß Lakshmidas seine Töchter noch als Kinder und mit fürstlichem Pomp verheiratete, schließlich, daß er Ausgaben machte, die Gandhi als „unsittlich" empfand.

Ein Anlauf zu mehr europäisch-bürgerlichem Geschäftsgebahren war es, daß Gandhi 1902 in Bombay bei einer amerikanischen Gesellschaft eine *Lebensversicherung* über 10000 £ abschloß. Den Anlaß bot eine Pestepidemie, die jeden Einwohner gefährdete, Gandhi aber besonders, weil er sich, wie vor- und nachher in Rajkot, Durban und Johannesburg, als Krankenpfleger und „Scheuerfrau" unmittelbar der Ansteckungsgefahr aussetzte. Falls er dabei den Tod fände, sollte Lakhmidas vor der Fürsorgepflicht für Kasturbai und deren Söhne – und diese vor der Abhängigkeit von Lakshmidas – geschützt sein. Lakshmidas erhob später den Vorwurf, was Gandhi der Versicherung gezahlt habe, wäre viel zweckmäßiger für Lakshmidas' Haushalt verwendet worden. Ihm entging, daß Gandhi schon 1903 diesem Standpunkt Rechnung getragen, das für die Versicherungsprämie nötige Geld für andere Zwecke einschießlich Lakshmidas verwendet und die Versicherung gekündigt hatte. Gandhis Hauptmotiv, die Versicherung zu kündigen: In der Lebensversicherung liege ein *Mangel an Gottvertrauen.*

Mit mehr Recht als über die Lebensversicherung hätte sich Lakshmidas über den Kredit entrüsten können, den Gandhi einer englischen Theosophin gewährte, damit sie in Johannesburg ein vegetarisches Speisehaus eröffnen konnte. Leider war sie schwächer in der Geschäfts- als in der Gottesweisheit, die ihr geliehenen 1000 £ waren verloren, und Gandhi sah ein, solche Streiche dürfe er nicht wiederholen. Ein wohlgesinnter Inder hielt ihm vor, er sei der Hauptrückhalt der indischen Volksgruppe und dürfe sein Geld nicht so vertun.

Als das freiwillige indische Sanitätskorps im April 1900 entlassen wurde, stellte Gandhi den siebenunddreißig Unterführern seine Anwaltsdienste bis zum Gebührenwert von 5 £ für die nächsten zwölf Monate unentgeltlich zur Verfügung. Ein ähnliches Anerbieten scheint er auch den indischen Krankenträgern gemacht zu haben.

Erhebliche Anforderungen an seine Kasse stellte die von einem seiner Mitarbeiter in Durban gegründete Wochenschrift *Indian Opinion.* In manchen Monaten stieg Gandhis verlorener Zuschuß für das Blatt, seinen Lebenserinnerungen zufolge, auf 75 £, was ihn nicht abhielt, seinem

Freund, dem englischen Buchdrucker Albert West, zu erzählen, es werfe einen Gewinn ab. Gandhi bestritt nicht nur den größten Teil der finanziellen, sondern auch der geistigen Kosten der Zeitschrift. Die ersteren dürften bis 1904 am größten gewesen sein: Damals aber wurde der bis dahin verkehrt organisierte Verlag von Albert West reorganisiert. Gandhi gab dem reorganisierten Betrieb die endgültige, den Stürmen der Zeit gewachsene Gestalt, indem er ihn auf die zu diesem Zweck gegründete Farm „Phoenix“ bei Verulam, nördlich von Durban an der Küste, verlegte.

Einem Rechenschaftsbericht vom 25. April 1910 zufolge hat Gandhi insgesamt 6200 £ in *Indian Opinion* und „Phoenix“ investiert, und zwar 5000 £ aus eigenem Vermögen, 1200 £ aus einem persönlichen Kredit, den er bei Freunden aufgenommen hatte und Anfang 1910 zurückzahlte. Die Rückzahlung bestritt er aus dem Ertrag von *Sammlungen,* die hauptsächlich in Indien für seinen „gewaltlosen Ungehorsam“ gegen Smuts durchgeführt wurden und bis Ende April 1910 nicht ganz 5270 £ erbrachten, wahrscheinlich weniger, als Gandhi an eigenen Geldern für den Kampf um die Rechte der südafrikanischen Inder gegeben hatte. Hätte er seine Anwaltspraxis einigermaßen aufrechterhalten, so hätte er wahrscheinlich alle Kosten seines politischen Kampfes decken können, ohne auf Sammlungen zurückgreifen zu müssen. Offensichtlich lag ihm aber nichts mehr am Geldverdienen, vielmehr verlegte er schrittweise seinen Aufenthalt aus der Stadt in klosterartige *Ashrams* auf dem Lande, die zwar einen Teil ihres Nahrungsbedarfs im eigenen Garten erzeugten, sich aber in der Hauptsache aus *Spenden* erhielten, die Gandhi, wie es scheint, vornehmlich *von indischen Industriellen* erhielt. Die Sammlung vom Winter 1909/10 war mit 25000 Rupien von dem indischen Hüttenunternehmer Tata eröffnet worden. Von 1915 ab wurde Gandhi vornehmlich von Textilindustriellen in Ahmedabad unterstützt, in späterer Zeit scheint der Bombayer Textilunternehmer *Birla,* neben Tata der namhafteste indische Industrielle, sein Hauptgeldgeber gewesen zu sein.

Gandhis erster, jedoch noch nicht typischer Ashram war „Phoenix“. Dort produzierte man die Zeitschrift, ferner den Eigenbedarf an Obst, Gemüse, wohl auch an Milch und sonstigen Lebensmitteln. Alle erhielten den gleichen Barlohn, 3 £ Gesamtaufwand je Kopf und Jahr wurden veranschlagt, man lebte aus einer Gemeinschaftsküche und leistete hauptsächlich Handarbeit. In seinen späteren Ashrams in Indien legte Gandhi außerordentliches Gewicht auf Handwerk, vornehmlich Handspinnen, nachdem er durch jahrelange Nachforschungen Geräte und Lehrmeister dieser vergessenen Kunst aufgetrieben und sie selbst erlernt hatte. In

„Phoenix“ kam das nicht in Betracht, dann dort war die Zeitschrift das Haupterzeugnis, dem sich alles andere unterordnen mußte. Der Tag begann und endete mit einem gemeinsamen Gebet. Gandhi gestaltete diesen Gottesdienst vierzig Jahre lang weiter aus, konfessionsfrei, mit hinduistischen, christlichen und mohammedanischen Texten.

Als Gebäude wünschte Gandhi für „Phoenix“ Lehmhütten, indessen riefen ihn Anwaltspraxis und politische Routinearbeit nach Johannesburg zurück. Mehr als zwei Wochen hatte er nicht, um Verlag und Druckerei von Durban nach „Phoenix“ zu überführen, und so blieb keine Wahl, als die Gebäude aus Wellblech aufzuführen, das einer der HauptheIden aus Gandhis südafrikanischer Epopöe, Parsi Rustomji, billig aus zweiter Hand lieferte.

Als Klient hatte Rustomji *Gandhis ethischen Rigorismus* erfahren. Rustomji war bei einer kleinen Schmuggelei gefaßt worden und wollte sich wie gewohnt von Gandhi verteidigen lassen. Dieser nahm ein Mandat nur an, wenn er von der völligen Unschuld des Mandanten überzeugt war und ihm die volle Wahrheit eingestanden wurde. Es ist vorgekommen, daß er im Gerichtssaal dahinterkam, daß der Mandant ihn belogen hatte, und er mitten in der Verhandlung das Mandat niederlegte. Rustomji trieb seit langem einen ausgedehnten, lukrativen Schmuggel; Gandhi ruhte nicht, bis Rustomji es als seine Pflicht ansah, seinen ganzen bisherigen Schmuggel einzugestehen und die entsprechende, empfindliche Strafe auf sich zu nehmen. Er schmuggelte hinfort nicht mehr.

Gandhis *Spesenrechnungen* waren extrem *bescheiden*. Diejenige für seine Indienreise 1896 ist im zweiten Band seiner Gesammelten Werke abgedruckt und schon dadurch niedrig, daß er in Indien dritter Klasse fuhr. In die dritte Klasse wurden die Menschen wie Vieh hineingepfercht, die einfachsten Vorkehrungen für Sauberkeit fehlten, aber Gandhi war zu allen Opfern bereit, um die Entbehrungen der Armen zu teilen und sie zu belehren, wie sie durch gemeinsame Initiative die ihnen aufgezwungene Not mildern konnten. *Jeder Liter Waschwasser* auf Stationen, wo es das gab, ist in seiner Spesenrechnung aufgeführt, ebenso später auf dem Schiff, 1906 und 1909, jedes Glas Sodawasser, „sonstige Ausgaben“ fehlen völlig.

Diese Zurückhaltung gegenüber anvertrauten Geldern überrascht nicht, da er nicht einmal von denen, die ihm Dank schuldeten, Geschenke annehmen wollte. Bei seinem ersten, vorläufigen Abschied von Südafrika, in Durban 1901, schenkten ihm die indischen Kaufleute

„Gold- und Silbersachen, auch kostbaren Diamantenschmuck. Durfte ich das annehmen? Konnte ich mir dann noch vormachen, der Gemeinschaft unentgeltlich zu dienen? ... Unter den Geschenken war eine goldene Halskette im Wert von 50 £ für meine Frau ... Ich hatte eine schlaflose Nacht ...

Wie sollten sich meine Frau und meine Kinder verhalten? Sie waren an ein Leben selbstlosen Dienstes gewöhnt ... Wir hatten unser Leben möglichst einfach gestaltet; wie konnten wir da goldene Uhren, Ketten oder Diamantringe tragen, zumal ich gegen den Juwelenfimmel predigte?"

Gandhi bestimmte den ganzen Schmuck zu einer Stiftung für die indische Volksgruppe. Schwierig war nur, Kasturbais Zustimmung zu erlangen:

„Gut, ich verstehe, weshalb Du nicht willst, daß ich den Schmuck trage. Aber meine künftigen Schwiegertöchter? ... Und was ist morgen? ... Meinen eigenen Schmuck hast Du mir weggenommen ... Aus den Jungen machst Du Asketen ... Und welches Recht hast Du auf meine Halskette? Gewiß, sie ist ein Geschenk für das, was Du geleistet hast, aber habe ich daran keinen Anteil? Habe ich nicht Tag und Nacht für Dich geschuftet? ... Für all und jeden hatte ich da zu sein. Du weißt, wie bitter ich oft geweint habe, und wie ich für sie alle Sklavendienste leisten mußte!"

Das half ihr alles nichts, und später *„sah meine Frau selbst ein, daß es gut so war.* Viele Versuchungen blieben uns dadurch erspart".

Zweifel hegte Gandhi allerdings, ob er den Erlös zweckmäßig verwandt habe, denn die Stiftung wurde zum Selbstzweck, die Treuhänder prozessierten darum, während die Zinsen bei Gericht aufliefen. Gandhi entdeckte, jedes derart festgelegte Vermögen werde der Sache, für die es geschaffen sei, auf die Dauer entfremdet, der Sache sei mit laufenden Sammlungen besser gedient.

1906 tat Gandhi den Schritt von der spartanischen Lebensweise *zur völligen Askese*, zur Keuschheit auch in der Ehe. Primäres Motiv war das altindisch-religiöse: Erlösung durch Abtötung des Fleisches. Dazu kamen *praktische Erwägungen* und Erfahrungen: Als Asket glaubte Gandhi den bevorstehenden *Gefängnisaufenthalten und sonstigen Leiden besser gewachsen* zu sein, und von der Triebstauung durch Askese erwartete er die *Vervielfachung seiner Kräfte*. Anders hätte er nach seiner Meinung aus seinem kleinen, schwächlich scheinenden Körper nicht die Kräfte für seinen Kampf herausholen können. Übrigens wußte er, daß geschlechtliche Enthaltsamkeit nur wenigen Menschen möglich ist, und forderte sie in seinen späteren Ashrams nur von den Mitgliedern auf Lebenszeit.

Lakshmidas war peinlich überrascht, als er im Winter 1906/07 erfuhr, daß sich die politische Lage in Südafrika zuspitze und seines Bruders Einkünfte abnähmen. Er forderte als Mindestleistung 100 Rupien monatlich. Gandhi schrieb ihm im Sinne von Markus 3, 35: – *„Wer ist meine Mutter, wer sind meine Brüder?“* –, er erkenne die Pflicht zur Unterstützung des Familienverbandes zwar an, begreife aber darunter alle Lebewesen und bemesse seine Unterstützung nicht nach dem Grade der Blutsverwandtschaft, sondern nach der Dringlichkeit der Bedürfnisse. Und da habe den nächsten Anspruch seine engere Familie in Johannesburg, an zweiter Stelle komme die indische Volksgruppe in Südafrika. Lakshmidas vermochte diesen Standpunkt nicht zu teilen, sondern brach die Beziehungen zu seinem Bruder ab.

Den nächsten Schritt zu Gandhis endgültiger Lebensform bedeutete die Errichtung der Satyagraha-Farm „Tolstoi“. Inder konnten in Transvaal kein Grundeigentum erwerben. Der deutsche Architekt Kallenbach sprang ein und erwarb 460 ha Obstplantage, noch vor dreißig Jahren die Gemarkungsfläche eines wohlhabenden deutschen Bauerndorfs. Die „Tolstoianer“ führten das harte Leben von Mönchen, sie arbeiteten angespannt im Obst- und Gemüsegarten, im Viehstall, beim Bau ihrer Wohngebäude, beim Verkauf ihrer Erzeugnisse in Johannesburg, beim Küchen-, Stuben-, Toiletten- und sonstigen Innendienst. Sie *lernten* die für den Eigenbedarf wichtigsten Handwerke, zunächst *Zimmerei* und *Tischlerei*, dann *Schusterei*. Kallenbach, der vormittags in seinem Johannesburger Architekturbetrieb zu arbeiten pflegte, teilte im übrigen das Leben der „Tolstoianer“. Er ging bei den deutschen Trappisten von Marianhill bei Durban in die Schusterlehre und unterwies dann die „Tolstoianer“ in der Schusterei, so daß Gandhi das berühmte Paar *Sandalen für Smuts* anfertigen konnte. Zwei Jahre später, 1912, wurde die stark verminderte „Tolstoi“-Gemeinschaft nach „Phoenix“ verlegt, und 1914 wanderte der Kern der Gruppe nach Indien zurück, fand vorübergehend Unterkunft in Rabindranath Tagores Schulheim Shantiniketan und ließ sich dann endgültig in Gandhis Satyagraha-Ashram bei Ahemedabad nieder.

Wie in Gandhis späteren, indischen Ashrams gab es in „Tolstoi“ zahlreiche Kinder, für die Unterricht vorgesehen war. Auf der Farm herrschte ständiger Wechsel, und die einzigen Lehrer waren Gandhi selbst und Kallenbach, die aber vormittags ihren Berufsgeschäften in Johannesburg nachgehen mußten, nachmittags also müde waren. Noch müder waren ihre Schüler.

Die harten Bedingungen, unter denen „Tolstoi“ stand, brachten es mit sich, daß die Kinder mitarbeiteten, doch fand ihre Mitarbeit eine Grenze in Gandhis Grundsatz, Arbeit dürfe von ihnen nur verlangt werden, solange sie ihnen Freude mache. So hatte die Arbeit erzieherischen Wert, und Gandhi hat darauf später seine Schulreform aufgebaut.

Gandhis Söhne haben nicht den Unterricht erhalten, auf den sie bei der Lebensstellung ihres Vaters Anspruch gehabt hätten. Die beiden älteren scheinen sich beklagt zu haben, daß er ihnen eine akademische Ausbildung vorenthielt, während er mehreren seiner Neffen zu einem Hochschulstudium verhalf. Sein Hauptmotiv dürfte in der gewandelten Einstellung zu seinem eigenen akademischen Beruf gelegen haben, den er anscheinend schon 1907 nicht mehr intensiv betrieb und 1914 ganz aufgab, um als Asket zu wirken. Die Erziehung durch das Gemeinschaftsleben in „Tolstoi" scheint er für ideal gehalten zu haben, zudem gab er seinen Söhnen Unterricht auf gemeinsamen Spaziergängen und auf Märschen nach Johannesburg, wobei der Unterricht freilich oft durch dringliche geschäftliche Erörterungen unterbrochen wurde. Das Ansinnen, seine Söhne auf höheren Schulen in Südafrika unterzubringen, wies Gandhi mit der Begründung zurück, diese Schulen seien grundsätzlich für Inder gesperrt, und er als Führer der Inder könne nicht als persönliche Gunst erbitten, was seinen Volksgenossen verwehrt werde. Höhere Schulen in Indien kamen für Gandhi nicht in Frage, denn er kannte sie aus eigener, trauriger Erfahrung und hielt sie für Instrumente geistiger Verkrüppelung, zur Abrichtung ergebener Diener für die englische Herrschaft. Seine Söhne schienen ihm gute Produkte seiner Erziehung, sie standen nach seinem Urteil keinem Akademiker nach.

In Indien 1915-48

Von Südafrika aus hatte Gandhi das *britische Rechtsgefühl* anrufen können, denn dort kämpfte er *gegen Auswüchse*. Anders *in Indien* seit 1919: Dort kämpfte er *gegen die Sache selbst*: die Ausbeutung von 300 (heute für Indien und Pakistan mehr als 900) Millionen Menschen. An diesem bedeutenden Objekt bestanden *angestammte Rechte*: das der englischen Baumwollindustrie auf ihren indischen Absatz, das der britischen Wertpapierbesitzer auf indische Anleihezinsen, das der jüngeren Söhne aus besserer Familie auf wohlbezahlte Beschäftigung im indischen Zivil- und Heeresdienst.

Im Ersten Weltkrieg wurden Reformen verheißen. Sie beschränkten sich darauf, daß eingeborene Beamte bis zum Ministeramt in den Provinzregierungen aufsteigen sollten, jedoch nicht in der Polizei- und Finanzverwaltung; auch sollte der Provinzgouverneur jede Anordnung eingeborener Minister aufheben können. Die indische Nationalbewegung war noch so bescheiden, daß Gandhi und der Indische Nationalkongreß an der Durchführung dieser Reform mitgearbeitet hätten ohne die „Rowlatt-Gesetze".

Diese verhängten Anfang 1919 einen außerordentlich verschärften *Belagerungszustand.* Indien hatte dazu nicht den mindesten Anlaß geboten, aber die englischen Herren waren *durch die russische Revolution erschreckt* und steckten einander mit ihrer Hysterie an. Den Höhepunkt bildete das *Blutbad von Amritsar,* wo General Dyer am 13. April 1919 auf eine Versammlung von 10000 bis 20000 Menschen 1650 Schüsse abgeben ließ. Die Strecke betrug 380 Tote und dreimal so viel Verwundete. Auf einer bestimmten Straße in Amritsar befahl General Dyer, Inder müßten dort auf allen Vieren kriechen; wer es nicht tat, wurde ausgepeitscht.

Das offizielle England schwankte zwischen widerstrebenden Impulsen: Es schämte sich, General Dyer wurde pensioniert. Aber zur Wiederherstellung von Recht und Ordnung konnte es sich nicht entschließen, es desavouierte die vielen kleinen Dyers nicht. Auch Gandhi schwankte. Sein revolutionärer Instinkt trieb ihn vorwärts zur Auflehnung gegen die britische Kolonialherrschaft, aber er wurde zurückgehalten durch die anerzogene Anhänglichkeit an das britische Empire, durch seine Neigung, auch die schroffsten Konflikte durch freundliche Einigung, durch Kompromiß beizulegen, durch das Bewußtsein seiner *Meisterschaft in der Ausnutzung britischer Rechtsstaatlichkeit.*

Denn diese Meisterschaft hatte sich auch in Indien selbst bewährt. 1917 hatte er in dem Bezirk *Champaran* (nördlich von Patna) durchgesetzt, daß den Bauern die Anbaupflicht für Indigo erlassen wurde, und 1918 hatte er durch einen Steuerstreik im Bezirk *Kheda* (Provinz Bombay) erreicht, daß das gesetzliche Recht der Bauern auf Steuererlaß nach einer Mißernte anerkannt wurde. Beide Male hatten die Behörden an Ort und Stelle hartnäckigen Widerstand geleistet, in Kheda fünf Monate lang, aber die höheren Instanzen kannten die Verlegenheiten, die Gandhi den Regierenden in Südafrika bereitet hatte.

1919/20 lenkten die britischen Behörden aber nicht ein. Sie führten Bürgerkrieg; Gandhi und der Nationalkongreß überzeugten sich zögernd und widerwillig, daß sie den Kampf aufnehmen mußten und daß es für sie *nur ein mögliches Kampfziel* gab: die volle *Unabhängigkeit* des Landes.

Es blieb die Frage: Wie die Engländer entfernen? Der Indische Nationalkongreß hatte darauf keine Antwort. Er war durch englische Beamte gegründet worden, als Blitzableiter, um gewaltsamere Bewegungen zu verhüten, und war eine *harmlose Intellektuellenversammlung* geblieben, die alljährlich ein paar Tage zusammentrat, einige imponierende Entschließungen annahm und, wie Gandhi fand, *das übrige Jahr schlief*. Die Ereignisse von 1919/20 verwandelten ihn in eine echte *Nationalbewegung*. Unter Gandhis Anleitung wurde er, wenn auch nur äußerlich, eine Massenpartei mit 4 Annas (etwa 30 Pfennige) Jahresbeitrag, die Mitgliedschaft stand jedermann offen, Gandhi war der anerkannte Führer.

Gleichwohl blieb zwischen Gandhi und dem Kongreß stets eine Spannung, die sich auch finanziell ausprägte. Gandhi pflegte in den Organen des Kongresses nicht mitzuarbeiten, abgesehen von dem ständigen Ausschuß, an dessen Sitzungen er sich beteiligte. Nur für das Jahr 1925 machte er eine Ausnahme; von Dezember 1924 bis Dezember 1925 fungierte er als Kongreßpräsident. Die Wandlung zur Massenpartei veränderte nicht den *bürgerlichen Charakter* des Personenkreises, der auf den Kongreßtagungen zusammenkam und die Organisation leitete. Es waren überwiegend Rechtsanwälte, gewohnt, rational zu diskutieren und praktisch zu handeln, mithin kritisch gegenüber Gandhi, der intuitiv, *aus seinen Eingebungen heraus* handelte, infolgedessen selbst für seine nächsten Freunde unberechenbar blieb, sich weniger an den Verstand wandte, sondern hauptsächlich an das Gefühl, und seiner Agitation den, beispielsweise für Nehru befremdlichen, Charakter der „Evangelisation“ (revivalism) verlieh. Dennoch ordneten sich die Kongreßführer fast ausnahmslos Gandhis Parolen unter, denn

1. gab es keine andere Kampfesweise als seinen *„zivilen Ungehorsam“*,
2. hatte er die *Massen hinter sich.*

Ein auf intimer materieller Kenntnis des indischen Dorfes beruhendes, geniales Feingefühl verriet ihm, wie die Millionen empfanden, und gab ihm die Losungen ein, die ihre Einbildungskraft fesselten und unter denen sie zu kämpfen und zu sterben bereit waren. Daher hielt beispielsweise Jawaharlal Nehru bei aller scharfen Kritik unbeirrbar an dem politischen Bündnis und der persönlichen Freundschaft mit Gandhi fest, zumal dieser eine unnachahmliche, von Nehru warm empfundene Gabe hatte, sachliche Konflikte durch die zarteste, persönliche Rücksicht zu entschärfen.

Der für bürgerliche Gemüter verblüffende Zauber Gandhis zeigte sich beispielsweise bei seinem Salzmarsch, März/April 1930. Auf manche Rechtsanwälte im Kongreß und vollends auf die britischen Beamten wirkte seine Ankündigung erheiternd, er werde mit etwa achtzig Begleitern von seinem Ashram bei Ahmedabad an die See nördlich von Bombay marschieren, etwas von dem Salz aufheben, das nach jeder Flut auf dem sonnendurchglühten Strand auszukristallisieren pflegt, und damit dem indischen Volk das Signal geben, selbst Salz zu sieden, selbstgesottenes Salz zu kaufen und das britische Salzmonopol zu boykottieren.

Die Zeitungen meldeten Gandhis Marschetappen, die britischen Beamten längs seines Wanderweges berichteten über seine Wanderung und betrachteten sie als harmlose Volksbelustigung, ihre Vorgesetzten harrten geduldig des Augenblicks, in dem er lächerlich geworden sei und ohne schädliche Nebenwirkungen verhaftet werden könne. Aber wie er dem Vizekönig vorgerechnet hatte, kostete die Salzsteuer den armen Inder etwa drei Tagelöhne im Jahr, war also für die Wohlhabenderen gleichgültig, für die Massen aber so drückend, daß sie überall längs der Küste zum Salzsieden übergingen und ein gewaltiger, wenngleich gewaltloser Aufstand begann, als Gandhi am 6. April bei Dandi die berühmte Handvoll Salz aufhob.

Der absolute Ertrag der Salzsteuer war unerheblich. Aber Gandhis Angriff auf sie machte den *Wuchercharakter* der britischen Herrschaft transparent. Ebenso wirkte sein Aufruf zu völliger *Enthaltung von Rauschgiften*, denn der Ertrag der *Akzise* floß *hauptsächlich aus Alkohol und Opium* – jawohl Opium! Es diente massenhaft den Fabrikarbeiterinnen zur Beruhigung ihrer Säuglinge, und Gandhi unterstrich den *„genialen" Finanzausgleich* von 1919, den Ertrag der Akzise den von indischen Ministern geleiteten Ressorts zuzuweisen, die also vor dem Dilemma standen, gegen eine so mörderische Steuer zu kämpfen oder die Reste des Volksschulwesens zu erhalten.

Gandhis Aufruf zur *Verweigerung der Grundsteuer* hob nicht nur deren *wucherischen Charakter* in das allgemeine Bewußtsein, sondern traf die Verwaltung empfindlich durch Erschwerung des Steuereingangs und verwickelte sie in einen zermürbenden Kampf gegen die gesamte indische Bauernschaft.

Sein wirksamster Schlag war der *Boykott englischer Baumwollfabrikate*. Er belebte die in Vergessenheit geratene *Handspinnerei*, ermöglichte dadurch den indischen Dörflern, ihren Bedarf an Kleidung aus eigener Ernte selbst zu spinnen und zu weben, sich von den für sie drückend teuren englischen Fabrikaten unabhängig zu machen. Er gab selbst das Vorbild, indem er täglich spann und auf seinen Agitationsreisen wie im Gefängnis stets sein transportables Spinnrad mitführte. Er trieb die Spinnerei so weit, eine tägliche halbe Stunde Handspinnen als Mitgliedschaftsbedingung für den Kongreß vorzuschlagen und Nehru zum Spinnen aufzufordern. Nehru wies das zurück, denn die anderen Kongreßführer konnten weder so vollständig wie Gandhi auf andere als Zeitungslektüre verzichten noch ihre Büroarbeit so ausschließlich wie er auf sofortige Beantwortung von Briefen und Abfassung von Zeitungsartikeln beschränken.

Nehru hat das Unwirkliche in Gandhis Spinnereiprogramm hervorgehoben, aber die damit erzielten Vorteile anerkannt. Die Handspinnerei milderte die ungeheure, verdeckte und offene Arbeitslosigkeit. Zwar produzierte der Handspinner täglich nur den Wert von Pfennigen, bestenfalls von Groschen, aber bei der indischen Armut schlug schon das zu Buch. Noch wesentlicher war die moralische Wirkung. Der Bauer, der einen erheblichen Teil des Jahres ohne Arbeit war, und vollends der arbeitslose Lohnarbeiter wurden vom demoralisierenden Nichtstun befreit, gewannen eine sinnvolle Beschäftigung, wenn auch mit überaus bescheidenem Ertrag, und das stolze Bewußtsein, am Freiheitskampf der Nation teilzunehmen.

Vor allem wurde *Khadi* – handgewebtes Tuch aus handgesponnenem Baumwollgarn – zum *nationalen Symbol*. Die Mitglieder des Kongresses trugen nur noch Khadi. Das wandelte schon äußerlich den Charakter des Kongresses: In Khadi gab es keinen sichtbaren Unterschied von Arm und Reich. Die eleganten Rechtsanwälte Motilal und Jawaharlal Nehru, vor 1920 in eleganten Maßanzügen und seitdem in Khadi, gehörten verschiedenen Gesellschaften an: vorher der britischen, seither der indischen, die im Freiheitskampfe stand. Es war auch ein Bekenntnis, daß der Moslemführer *Jinnah weiter englische Maßanzüge* trug.

Im Kampf gegen die britische Herrschaft suchte Gandhi zugleich die Grundlagen des neuen Indien zu legen. Ob die Handspinnerei daher die Bedeutung haben kann, die er ihr zuschrieb, mag man bezweifeln. Seine sonstigen Reformprogramme waren desto realistischer, beispielsweise seine *Schulreform*. In seinen Ashrams hatte er Handarbeit, namentlich Spinnerei, für die im Ashram lebenden Kinder zur Unterrichtsgrundlage gemacht. Seine auf handwerkliche Arbeit aufgebaute Unterrichtsmethode forderte er auch für die öffentlichen Schulen; die höheren Klassen sollten sich nach seiner Vorstellung aus dem Erlös ihrer Erzeugnisse finanzieren, wodurch die Schulen, wie er hoffte, *von der Akzise unabhängig* werden konnten.

Von noch größerer Bedeutung waren Gandhis Bemühungen für die *Gleichberechtigung der Frau*. Am verhängnisvollsten für deren Lage schien ihm die *Kinderehe*: Durch sie werde die Frau von aller Bildung ausgeschlossen. Der britischen Bürokratie warf er vor, sie hemme den Kampf gegen diese Unsitte; sie stütze sich auf Maharadschas und Samindare, schone also deren Mißbräuche.

Am erfolgreichsten war Gandhi in seinem Eintreten für die *Unberührbaren*. Die Initiative dazu wurde ihm von den Engländern aufgenötigt. Lange ehe diese den indischen Vertretungskörperschaften einen Zipfel realer Macht einräumten, suchten sie schon die indische Nation zu spalten, indem sie den Mohammedanern den Status einer völkischen Minderheit mit unverhältnismäßig hohem Anteil an den Parlamentssitzen gewährten. Um 1930 schien es aber, als spiele die Moslemliga die ihr zugedachte Spalterrolle nicht, sondern schließe sich der Politik konfessionellen Friedens und nationaler Einheit an, die von Gandhi und dem Kongreß vertreten wurde. Daher produzierte der britische Ministerpräsident MacDonald eine neue Minderheit mit bevorzugter Zuteilung von Parlamentssitzen und getrenntem Wählerkollegium: die Unberührbaren.

Diesen Spaltungsversuch parierte Gandhi durch eines seiner erfolgreichsten Massenaufgebote. Die Lage war kritisch: der gewaltlose Aufstand von 1930 war durch jahrelangen Terror gebrochen, die meisten Führer und aktiven Kämpfer des Kongresses hinter Schloß und Riegel, die Initiative bei der Regierung. Gandhi riß die Initiative wieder an sich, indem er durch eine Aktion von außerordentlicher Breite und Wirkung den Unberührbaren zum erstenmal freien und gleichen Zutritt zu den Tempeln, öffentlichen Straßen und Brunnen verschaffte. Das gab den Unberührbaren die Gewähr, daß er und der Kongreß aktiv für sie eintraten, während ihnen die Engländer einen fiktiven Anteil an einer Macht gewährten, die noch gar nicht vorhanden war. Als Gegenleistung forderte Gandhi, daß die Unberührbaren in den künftigen indischen Parlamenten zwar eine feste, verhältnismäßig hohe Zahl von Vertretern haben, daß aber ihre Vertreter von Unberührbaren und Kastenindern gemeinsam gewählt werden sollten. Als der Unberührbarenführer Dr. Ambedkar darauf nicht eingehen wollte, kündigte Gandhi ein *Fasten bis zum Tode* an, und da weder Ambedkar noch die Regierung Gandhis Tod riskieren konnten, wurde seine Forderung angenommen und die indische Nationaleinheit gewahrt.

Die *konfessionelle Spaltung* der Nation ebenso zu überwinden, ist

Gandhi bekanntlich nicht gelungen. Im August 1946 begann ein förmliches Pogrom der Mohammedaner gegen die Hinduminderheit in zahlreichen mohammedanischen Gebieten, und alsbald eine ebenso furchtbare Vergeltung gegen mohammedanische Minderheiten. Es war ein *Bürgerkrieg*, durch den die Moslemliga die *Abspaltung Pakistans* erzwang. Seine letzten anderthalb Jahre wanderte Gandhi in den Pogromgebieten umher und suchte dem Morden ein Ende zu machen. In diesem Kampf ist er gefallen. Nach seinem alten Grundsatz, der Stärkere solle nachgeben, forderte er Entschädigungen der Indischen Union für die aus den Aufstandsgebieten geflohenen Mohammedaner, gleich ob Pakistan diese Entschädigung erwidere oder nicht. Dafür wurde er von Hindu-Fanatikern ermordet.

Gandhi verhehlte sich keineswegs, daß der Kongreß nicht wie er aus religiösen Gründen für die Gewaltlosigkeit war, sondern nur aus dem praktischen Grund, daß es *keine andere, mögliche Kampfesweise* gab. Er selber wollte dagegen seine Hände und die der nationalen Gemeinschaft unbedingt rein von Blut und Gewalt halten. In Transvaal, wo er jeden Kämpfer persönlich kannte und beeinflußte und wo es keinen zweiten Führer mit nennenswerter Autorität gab, gelang ihm das; in Indien mit seinen 300 Millionen Menschen und mehr als zehn Hauptsprachen mochte es unmöglich scheinen. Wirklich blieb der Widerstand weder 1919 noch 1920-22 gewaltlos, wenngleich die Gewalttaten keinen erheblichen Umfang hatten. Beide Male brach Gandhi den Widerstand unvermittelt ab. Er erreichte das Erstaunliche: Selbst nach seinem strengen Maßstab war Indien 1930 reif für *Satyagraha*, es kam damals seitens der Nationalbewegung zu keiner nennenswerten Gewalttat.

Gandhis Privatfinanzen 1915-48

Vor Antritt seines Salzmarsches 1930 erläuterte Gandhi seinem „lieben Freund“, dem Vizekönig Lord Irwin (dem späteren Lord Halifax), brieflich, wieso die britische Herrschaft „ein Fluch“ für Indien war. In maßvollen, aber deutlichen Ausdrücken kennzeichnete er Akzise, Boden- und Salzsteuer und wandte sich dann der Ausgabenseite des Staatshaushalts zu:

> „Diese Ungerechtigkeiten dienen dazu, die ... kostspieligste Verwaltung der Welt zu unterhalten. Nehmen Sie Ihr eigenes Gehalt! Ungerechnet die erheblichen Neben-

einkünfte übersteigt es monatlich 21000 Rupien. Der britische Premierminister bezieht jährlich 5000 £, also nach dem derzeitigen Kurs nur 5400 Rupien monatlich. Bei dem britischen Einkommensdurchschnitt von 2 Rupien täglich ist dies das 90fache, Ihre 700 Rupien dagegen bei dem indischen Einkommensdurchschnitt von weniger als 2 Annas das 5000fache des Durchschnittseinkommens ... Ich achte Sie persönlich, wünsche Sie nicht zu verletzen und weiß, daß Sie nicht auf Ihr Gehalt angewiesen sind – aber das System, worunter so etwas möglich ist, muß verschwinden. Die notwendige, durchgreifende Steuererleichterung ist nur durch radikale Senkung der Verwaltungskosten ..., und diese nur durch die politische Unabhängigkeit zu erreichen ..."

Gandhi sah nicht nur *den Balken im Auge des Vizekönigs*, sondern auch *den Splitter im eigenen*. Vier Wochen nach diesem Brief, auf dem Salzmarsch, in einem Dorf bei Surat hielt er den Seinen eine Bußpredigt, weil die Helfer die Ziegenmilch für ihn per Kraftwagen aus Surat geholt und andere Luxusausgaben getätigt hatten:

„Darf ich nach dieser Verschwendung noch dem Vizekönig vorhalten, daß er das 5000fache des Durchschnittseinkommens bezieht ..., der ich selbst einen enormen Zoll vom Volk erhebe? ... Wir geben vor, für die Hungrigen, Nackten, Arbeitslosen zu marschieren, aber nach der Abrechnung, die ich mir habe vorlegen lassen, beziehen wir 50mal so viel wie das Durchschnittseinkommen von 7 Pice täglich ... Unsere Helfer schaffen um jeden Preis die erlesensten Apfelsinen und Trauben heran, sie geben mir drei Pfund Milch, wenn ich eines brauche, und 120 Apfelsinen, wenn 12 genügen. Weisen wir die Leckereien zurück, die sie uns aufdrängen, so sind sie beleidigt ...

Stellt Euch vor, ich schriebe dem Vizekönig auf glänzendem Papier und mit einem Füllfederhalter, den ich mir von einem netten Freund habe schenken lassen! ... Könnte ein solcher Brief die mindeste Wirkung tun? ... Bewirtet uns lieber schäbig als zu großzügig! Ich werde nie klagen, wenn etwas nicht zu beschaffen ist."

Auch als Staatsgefangener wünschte Gandhi, nur den unbedingt notwendigen Aufwand zu verursachen. Bei seiner Internierung im Palast des Aga Khan in Poona 1942 erschien ihm

„das große Gebäude, worin ich zusammen mit einer starken Wachmannschaft untergebracht bin, als Verschwendung öffentlicher Gelder. Ich wäre einverstanden, in ein beliebiges Gefängnis gebracht zu werden."

Der Presse zufolge hatte die Regierung die monatlichen *Kosten für Gandhi* und dessen Mitgefangene auf *550 Rupien* beziffert,

„... aber sie sind höher. Hinzu kommen die Miete dieses Riesengebäudes ..., die Kosten für die starke Wache davor, das zahlreiche Aufsichtspersonal darin und endlich ein starkes Sträflingskommando aus dem Gefängnis Yeravda für unsere Bedienung und die Pflege des Gartens. Fast diese ganze Ausgabe ist ... unnötig ... und wird aus den Steuern der stummen Millionen gedeckt."

Das empörte Gandhi besonders, weil gerade eine furchtbare *Hungersnot* herrschte. Sie traf nicht, wie gewöhnlich, einen einzelnen Landstrich und konnte nicht als Naturkatastrophe entschuldigt werden. Die Japaner hatten Burma besetzt und dessen Reisausfuhr nach Indien abgeschnitten. Vor allem aber war unter den Engländern eine Panik ausgebrochen, und infolgedessen die *Verwaltung zusammengebrochen*; ihr Zusammenbruch steigerte die Reisknappheit zur Katastrophe. Die Hilfsorganisation des Kongresses war in solchen Katastophen bewährt. Daher forderte der *Kongreß*, als Vorbedingung wirksamer Kriegführung gegen Japan, ihm die *Verwaltung in Indien zu übertragen*, und zwar wirklich, nicht bloß zum Schein. Der britische Oberbefehlshaber in Indien, Feldmarschall *Wavell*, und die *amerikanische Regierung* unterstützten dieses Verlangen. *Churchill* indes „wollte nicht der Liquidierung des Empire präsidieren" – unter „Empire" verstand er vornehmlich die Herrschaft über Indien –, vielmehr hielt er den Augenblick für sein altes Programm gekommen, „*Gandhi und das, was er vertritt, zu vernichten* (crush)".

Gandhi und der Kongreß wünschten den Sieg der Alliierten, sie taten nichts, was ihn behindern konnte. Churchill ließ sie gefangensetzen. Sein Terror rief Gegenterror hervor, und da der britische Terror von 1942 ebenso hemmungslos und unprovoziert war wie der von 1919, wurde der Gegenterror desto energischer und wirkungsvoller: Züge wurden zum Entgleisen gebracht, Polizeistationen und Postämter überfallen, und es war nicht Churchills Verdienst, daß ein allgemeiner Aufstand ausblieb, wie er hinter der deutschen Ostfront tobte und die deutsche Kriegführung gegen Rußland lähmte. Wären Gandhi und die Kongreßführer in Freiheit gewesen, so hätten sie den Gegenterror verhindert oder gemildert.

„Gandhi und das, was er vertrat" waren nicht zu „vernichten". Durch sein *blindes Umsichschlagen* hat *Churchill* die „Liquidierung des Empire" keinen Tag verzögert, er hat sie nur erschwert. Zum Glück für beide Länder, England wie Indien, wurde er 1945 abgewählt, und die beiden letzten Vizekönige, Feldmarschall Wavell und Admiral Mountbatten, vollzogen die Liquidierung so anständig, wie die Hinterlassenschaft ihrer Vorgänger irgend zuließ.

Die gleiche *Sparsamkeit*, die Gandhi von der Regierung forderte, wenn es um seine Person ging, *übte er selbst*, beispielsweise mit Schreibmaterial. Eingegangene Telegramme, soweit sie nicht abgelegt wurden, verarbeitete er zu „Patent-Briefumschlägen", seine Briefe schrieb er mit Vorliebe auf die Rückseite von Briefen oder vervielfältigten Korrespondenzen, und nach Möglichkeit sandte er Postkarten statt Briefe.

Für den Bürobetrieb in industriell entwickelten Ländern scheint derartige Sparsamkeit kaum rationell, aber die Schwierigkeiten der Entwicklungsländer wären geringer, wenn dort mehr Sparsamkeit in Gandhis Sinne und weniger Statusstreben herrschte.

> „Der Ashram ist gelegentlich von Dieben heimgesucht worden. Einer wurde von einem Ashram-Mitglied gefesselt ... Ich redete dem Dieb ins Gewissen und ließ ihn frei ... Aber wir müssen Wege finden, dem Stehlen überhaupt ein Ende zu machen: indem wir unsere Habe so beschränken, daß sie niemanden in Versuchung bringt; zweitens indem wir in den Nachbardörfern eine Reform durchführen, drittens indem wir künftig so viel für die Umgegend leisten, daß Böse und Gute dahin kommen, den Ashram als ihre Angelegenheit zu betrachten." (Die Ashram-Regel in der Praxis)

Dies gelang mindestens hinsichtlich der Guten. Gandhis Sekretär Krishnadas vermerkt in seinem Tagebuch:

> „Seit der Mahatma zurück ist, kommen Besucher, eine Gruppe nach der anderen ... Und jeden Tag erhält er Spenden, von kleinen Beträgen wie 2 Annas bis zu einer, ja fünf und zehn Rupien auf einmal; die Tageskasse ergibt oft eine hohe Summe."

Selbst 2 Annas waren im allgemeinen nicht die Gabe eines einzelnen, sondern einer Gruppe; eine oder mehrere Rupien aufzubringen, war nur Wohlhabenden möglich, und die bildeten nicht die Masse der Besucher. Übrigens brachten die Besucher möglicherweise noch mehr Sachspenden, namentlich Lebensmittel. Aus ihren Spenden, aus den äußerst bescheidenen Erlösen von selbstgesponnenem und -gewebtem Khadi, vor allem aber aus den laufenden und einmaligen *Zuwendungen von Industriellen* wurde Gandhis Ashram unterhalten. Deren Zahlungen waren entscheidend, wie Gandhi selbst wiederholt hervorgehoben hat (in seinen Schriften wie in einer Unterhaltung mit Louis Fischer).

Verschiedene Landschaften luden Gandhi 1915, als er heimkehrte, zur Gründung seines Ashrams ein. Er entschied sich für seine Heimat, vornehmlich, weil er in der Gujarati-Sprache heimisch war, ferner weil ihm die Textilfabrikanten von *Ahmedabad* finanzielle Unterstützung zusagten, endlich weil er von der dortigen Industrie technischen Vorteil für seine Handspinnerei und Weberei erhoffte.

Der Finanzbedarf war anfänglich bescheiden, denn die Ashram-Gemeinschaft umfaßte zunächst nur dreißig Köpfe und kam in der Landvilla eines Ahmedabader Rechtsanwalts unter. Die *erste Krise* trat ein, als Gandhi *eine unberührbare Familie* aufnahm. Die Ashram-Mitglieder waren nicht einverstanden. Gandhis Vetter Maganlal Gandhi, dessen Verdienste sowohl um den südafrikanischen Ashram „Phoenix" wie um den bei Ahmedabad Gandhi in seinen Schriften hervorhebt, zog sich ein halbes Jahr nach Madras zurück. Die Ahmedabader Fabrikanten stellten ihre Geldzuschüsse ein. Gandhi war finanziell wieder einmal nahe am Nullpunkt, da fuhr eines Tages ein Unbekannter vor, fragte, ob Gandhi Geld brauche (Gandhi: „Ja, dringend"), und übergab anderen Tages Wechsel über 13 000 Rupien. Es war der Webereibesitzer Ambalal Sarabhai, der in dem Lohnkonflikt 1918 an der Spitze der Arbeitgeber stand, während sein Schützling Gandhi und seine Schwester Anasuyabehn die Arbeiter führten.

1917 wurde die Villa durch einen Pestausbruch in der Nähe unbewohnbar. Gandhi benutzte das als Anlaß zum Ortswechsel. Er bezog ein freies Gelände von 65 ha auf dem Westufer des Sabarmati-Flusses, *gegenüber von Ahmedabad,* eine Meile flußabwärts vom Sabarmati-Gefängnis. Er sagte sich, die indischen Gefängnisse zeichneten sich sämtlich durch gesunde Lage aus, auch sei es vorkommenden Falls angenehm, das „Hotel" so nahe zu haben. Nach achtjähriger Existenz des Sabarmati-Ashrams, Ende 1925, bezifferte Gandhi den Wert von Boden und Gebäuden auf mehr als 200 000 Rupien und den jährlichen Zuschuß seiner Finanzgönner auf 18 000 Rupien. Als er nach weiteren sieben Jahren der Regierung das Anwesen anbot (Juli 1932), bezifferte er das unbewegliche Vermögen auf 350 000, das bewegliche auf 300 000 Rupien. Inzwischen war die Ashram-Gemeinschaft zeitweise bis auf 230 Köpfe gewachsen; im Juli 1932, als Gandhi sie bis auf weiteres auflöste, hatte sie sich auf 107 vermindert. Die 78 Begleiter Gandhis auf seinem Salzmarsch, März-April 1930, waren größtenteils Ashram-Mitglieder.

Über die Finanzierung von Gandhis späterem, 1933 begründetem *Ashram Sevagram bei Wardha* (westlich von Nagpur) schreibt *Louis Fischer*, hauptsächlich auf Grund mündlicher Mitteilungen Gandhis:

„Das meiste Geld für Gandhis Ashram und seine Organisationen zur Hebung der Unberührbaren, zur Hebung der Dörfer und zur Durchsetzung einer einheitlichen Nationalsprache stammt von dem Textil-Millionär G.D. Birla ... Dieser hat Vorbehalte gegenüber manchen politischen Bestrebungen Gandhis, aber ... er betrachtet

Gandhi als ‚Vater'. Seit 1933 ... hat Gandhi in Delhi wiederholt bei Birla gewohnt, oft allerdings auch in der Unberührbaren-(‚Banghi')-Kolonie ... Gandhis Unterhalt dort kostet Birla täglich 50 Rupien ...

Für die Unterhaltung des Ashram einschließlich Krankenhaus und Molkerei zahlt Birla jährlich 50 000 Rupien, er unterhält ihn seit 1935. Über seine Zahlungen an Gandhi führt er nicht Buch. Gandhi reicht ihm selbstgeschriebene Rechnungen über die geringfügigsten Ausgaben ein, aber Birla zerreißt sie vor Gandhis Augen, ohne sie zu prüfen. Da er auch zu Gandhis sozialen Bestrebungen beiträgt, geht seine Gesamtausgabe für ihn in die Millionen ..."

Fischer will auch von Gandhi gehört haben, die pünktliche Aufbringung des jährlichen Kongreß-Mitgliedsbeitrags von 4 Annas sei gescheitert, der Kongreß sei daher auf die Unterstützung der Industriellen und sonstiger Geldleute angewiesen, werde jedoch politisch nicht von ihnen beeinflußt. Ob Gandhi sich wirklich so geäußert hat, muß man bezweifeln. Jedenfalls ist es unzutreffend, und wenn er dies gesagt hat, würde es belegen, daß er wenig Einblick in die Geschäftsführung des Kongresses besaß. Für den tatsächlichen Zustand der Kongreßfinanzen haben wir das Zeugnis des langjährigen Sekretärs und Präsidenten, Jawaharlal Nehru:

„Nach einer Behauptung, die in britischen Kreisen als so gut wie bewiesen ... gilt, erhält der Kongreß bedeutende Zuwendungen seitens der großen *(indischen)* Industriellen. Das ist völlig unwahr ... Einige Industrielle haben von Zeit zu Zeit zu den sozialreformerischen Bestrebungen Gandhis und des Kongresses finanziell beigetragen, so zur Förderung des Dorfhandwerks, zur Abschaffung der Unberührbarkeit und sozialen Hebung der Unberührbaren, zur Werkschulbewegung. Aber zu den politischen Kämpfen des Kongresses haben sie Abstand gewahrt, sogar in normalen Zeiten, und erst recht wenn wir im Konflikt mit der Regierung waren. Sie mögen gelegentlich mit uns sympathisieren, aber wie die meisten nüchternen Leute mit fester, bürgerlicher Stellung gehen sie auf Sicherheit. Die Arbeit des Kongresses wird fast ausschließlich aus den bescheidenen Mitgliedsbeiträgen und außerordentlichen Spenden der Mitglieder finanziert. Der größte Teil der Arbeit wird freiwillig und unbezahlt geleistet. Gelegentlich gewähren die Kaufleute in den Städten bescheidene Zuschüsse.

Die einzige nennenswerte Ausnahme ... bildeten die allgemeinen Wahlen 1937; damals haben einige große Industrielle zu unserem Wahlfonds beigesteuert. Verglichen mit dem Umfang unserer Arbeit war dieser Fonds jedoch unerheblich."

Den *Ashram* am Sabarmati-Fluß beschreibt Gandhis Sekretär Krishnadas im Jahre 1921 folgendermaßen:

„Auf freiem Feld liegt eine Anzahl neuer Häuser beiderseits der Straße . . . In einer ziemlich geräumigen Hütte unmittelbar am Fluß lebt der Mahatma selbst. Auf der Nordseite der Hütte befindet sich eine überdachte Veranda, auf der er zu schlafen pflegt . . . Sieht er den Himmel nicht, so kann er nicht einschlafen, nachts pflegt er die Sterne zu beobachten. In dem Zimmer hinter der Veranda sitzt er tagsüber (auf dem Fußboden) und arbeitet. Außerdem sind in der Hütte noch vier Zimmer . . .

Nordwestlich seiner Hütte, gleichfalls am Flußufer, liegt der Gebetsplatz . . . Östlich der Straße liegen außer seiner Hütte noch weitere Wohnhütten, ferner Spinnerei- und Weberei-Werkstatt sowie der Kuhstall und die Äcker, die damals überwiegend mit Baumwolle bestellt waren.

Westlich der Straße fällt ein imponierendes Gebäude ins Auge, die Schule. Als der Mahatma die Nicht-Kooperations-Bewegung eröffnete, schaffte er das reine Buchlernen ab . . . Auch die Schüler mußten mit Hand und Fuß arbeiten, am Spinnrad und Webstuhl . . . Der Schulbesuch sank erheblich, aber das focht ihn nicht an . . .

Noch weiter nach Westen liegen die Bücherei und andere zum Schulkomplex gehörige Gebäude, so eine Speisehalle für die Knaben . . . und vier Reihen von Wohnhütten für ein Dutzend Lehrer nebst deren Familien. Weiter nördlich . . . liegt die Hütte des Imam Saheb, eines Mohammedaners, der als Kaufmann in Südafrika lebte und sich am dortigen Kampf des Mahatma beteiligte . . . Dieser nahm ihn hierher mit, um zu zeigen, daß Hindus und Mohammedaner sehr wohl als Freunde zusammen leben und dabei ihrem Glauben treu bleiben können . . .“

Im Juli 1932 bot Gandhi diesen Besitz der Provinzialregierung von Bombay an. Seine Begründung: Er verwerfe jede Steuerzahlung, solange die derzeitige Ungehorsamskampagne andauere. Die Regierung habe in den letzten zwei Jahren die verweigerten Steuern des *Ashram* durch Zwangsvollstreckung beigetrieben. Schenke er den *Ashram* Freunden, so verfielen diese dadurch der Steuerzahlung. Er selbst könne ihn aus dem gleichen Grunde nicht behalten. Vielleicht habe die Regierung nützliche Verwendung dafür. Dies war anscheinend nicht der Fall, hingegen hatte die Regierung für den Urheber dieser Herausforderung ein „Hotelzimmer“ frei. Seit dem Sommer 1933 befindet sich in Gandhis ehemaligem *Ashram* ein Unberührbaren-*Ashram*.

Honorar für seine Bücher beanspruchte Gandhi nicht. Seinen hochentwickelten Erwerbssinn betätigte er ausschließlich zugunsten seiner kulturellen und sozialen Reformbestrebungen. *Khadi* aus eigener Produktion, aber gewöhnlich aus der Produktion von Kampfgenossen, pflegte er auf seinen Agitationsreisen zu *versteigern* und trieb die Preise oft zu schwindelnden Liebhaberhöhen hinauf. Er versteigerte, was ihm in den Griff kam. Zu Beginn seiner Bewegung begrüßte man ihn vielerorts mit Begrüßungsansprachen, deren Text in *Silberkassetten* überreicht wurde; sofort versteigerte er die Kassetten. Zu einem zehnjährigen Mädchen namens Ranibala sagte er im Spaß, ihre Handgelenke seien doch zu schwach für ihre sechs goldenen Armreifen; sie nahm das für Ernst, und obwohl er ablehnte, schenkte sie ihm die Armreifen, und ihr Großvater bestand darauf, Gandhi müsse sie annehmen. Dies tat er denn, und zwar unter der Bedingung: Sie dürfe sich keine neuen wünschen. Alsbald kam er auf den Geschmack, und wenn er Frauenversammlungen abhielt, hatte er es auf den bei solchen Gelegenheiten zur Schau getragenen Schmuck abgesehen, den er ebenso wie denjenigen seiner Frau in Fonds für das Dorfhandwerk, für die kulturelle Hebung des Dorfes, die Schulreform und so weiter investierte. Er

> „benachrichtigte alle jungen Mädchen sowie deren Eltern und Großeltern, er nehme alle als Liebchen an, die ihm ihr Herz auf Ranibalas Bedingungen schenkten. Der Gedanke wird sie verschönen, daß sie ihren Schmuck für die Armen gegeben haben."

Selbstverständlich sammelte er auch Geld, wo er konnte, und einem Engländer erwiderte er auf die Frage, ob nicht arbeitsfähigen Männern das Betteln gesetzlich verboten werden solle: *„Einverstanden. Leuten wie mir muß es natürlich erlaubt sein."*

Auf seinen Reisen suchte Gandhi nach Möglichkeiten eine bescheidene Unterkunft, in Dörfern also irgendeine Hütte, wenn sie nur sauber war. In Delhi bevorzugte er ein Wohnviertel unberührbarer Straßenfeger *(Banghi)*, aber weder dort noch in anderen Städten konnte er sein Quartier immer frei wählen. In Allahabad blieb er im Hause Nehru, und als er im September 1947 nach Delhi kam, war seine gewohnte Unterkunft im *Banghi*-Viertel von Hinduflüchtlingen aus dem Pandschab belegt, so daß ihm keine andere Wahl blieb als die Birla-Residenz. Er wollte in das Pandschab, um dort Frieden zu stiften, aber die Ereignisse hielten ihn in Delhi fest, bis zu seiner Ermordung am 30. Januar 1948.

Auch *in London 1931* zog es ihn zu den Armen. Er kam dorthin als Delegierter des Kongresses für die „Round-Table"-Konferenz, indessen konnten weder er selbst noch seine Mandanten von dieser Konferenz positive Ergebnisse erwarten. Ihm kam es mehr darauf an, mit möglichst vielen Engländern aller Lebenskreise Kontakt zu gewinnen, und bei seiner Einstellung war es das Gegebene, die ihm angebotene Unterkunft in *Kingsley Hall* anzunehmen, einer Art Arbeiterklub in einem östlichen Stadtteil. Man muß sich erinnern, daß es damals noch nicht die heutige Wohlfahrtskonjunktur gab, daß vielmehr Arbeitslosigkeit herrschte, daß damals ein

Arbeiterviertel wirklich ein Armenviertel war. Die Unbequemlichkeit der weiten Entfernung zum Sitzungslokal focht Gandhi nicht an.

Aus dem gleichen Grund war Gandhi seit 1896 dazu übergegangen, *in der billigsten Eisenbahnklasse* zu reisen, in Indien also in der III. Etwa 1920 kam er davon ab, denn er verwendete Eisenbahnfahrten für Korrespondenz und journalistische Arbeit, und das war in dem Gedränge dieser Klasse selbst für einen Menschen von seiner Konzentrationsfähigkeit undurchführbar.

Ein gutes Zehntel seines erwachsenen Lebens – insgesamt sechs Jahre und zehn Wochen – verbrachte Gandhi bekanntlich im Gefängnis. Eine der anziehendsten Schilderungen seines Humors und seiner liebenswürdigen Rücksicht findet sich denn auch in dem Gefängnistagebuch seines Sekretärs Mahadev Desai von 1932. Sir Henry Lawrence hatte erzählt, er habe Gandhi zehn Jahre zuvor im Gefängnis besucht und ihn bei der Lektüre von Gibbons *Niedergang und Untergang des Römereichs* sowie beim Spinnen angetroffen. Gandhi habe in Glück und Bequemlichkeit gelebt, seine Gemächer seien auf einen blühenden Obstgarten hinausgegangen. Einer Dame, der dies wie ein Märchen klang, hatte er anheimgestellt, bei Gandhi nachzufragen, doch sei dieser schon zweiundsechzig Jahre alt, sein Gedächtnis sei vielleicht nicht mehr zuverlässig.

„Gandhis Antwort erweckte den Eindruck, als ziehe er Sir Henrys Wahrhaftigkeit in Zweifel. Gandhi erwiderte, dann müsse der Brief neu geschrieben werden ... Vallabhai Patel schlug vor zu antworten, Obstgärten gebe es hier nicht, nur Gefangene; an schwachem Gedächtnis leide wohl Sir Henry, der sei ja auch älter als Gandhi ... Ich wandte ein, das sei eine Antwort für Bernhard Shaw ... Gandhi diktierte:

‚... Ich erinnere mich sehr wohl an Sir Henrys Besuch in diesem Gefängnis 1922 oder 1923. Es trifft zu, daß ich meine Zeit hauptsächlich mit Gibbon ... und mit Spinnen verbrachte. Es trifft auch zu, daß er mich ganz glücklich fand. Ein blühender Obstgarten war und ist hingegen nicht vorhanden. Einige große Bäume haben wir allerdings. Daß mich mein Gedächtnis hinsichtlich meiner Umgebung täuscht, ist ausgeschlossen, denn ich bewohne die gleichen Räume, in denen mich damals Sir Henry sah. Wenn die Beschreibung, die er davon gibt, auf Sie wie ein Märchen wirkt, liegt sicherlich ein Irrtum vor. Glück ist ein Gemütszustand, und da ich seit mehr als einem Menschenalter an ein hartes Leben gewöhnt bin, habe ich gelernt, meine Stimmung nicht von meiner Umgebung bestimmen zu lassen.'"

Mit welchem Recht bezeichnet sich die „westliche" Welt als christlich? Sie weist gewiß nur sehr wenige Menschen auf, die wie Gandhi aus einer Religiosität heraus leben, die derjenigen der Evangelien, insbesondere der

Bergpredigt, nahekommt. Auch in seiner wirtschaftlichen Lebensführung veranschaulicht Gandhi eine der frühchristlichen ähnliche Welt. Er hätte von sich sagen können: „In der Welt habt ihr Angst. Aber seid getrost, ich habe die Welt überwunden."

Das Fehlen politischer Nachwirkung

Gandhis Erfolg als nationaler Führer im Befreiungskampf war ungeheuer, aber *als Friedensstifter* zwischen Hindus und Muselmanen nach dem Krieg und als Bewahrer der Nationaleinheit ist er *gescheitert* – wie sehr, zeigt der Chauvinismus Indiens und Pakistans gegeneinander, der in beider Atomrüstung den furchtbarsten Ausdruck findet.

Gandhi hat keine politische Nachwirkung.

Kein Zufall. Der Name seiner Genossenschaftsfarm bei Johannesburg – Tolstoi – bezeichnet die Herkunft seiner politischen Einstellung. Über *Tolstoi* und *Gandhi* schreibt *Trotzki:*

> „Das Streben, die ersten Schritte der Erhebung durch Gesetzlichkeit zu decken, kennzeichnet seit je den Kampf jeder revolutionären Klasse, ehe sie genügend Kraft und Zuversicht gewonnen hat, um die Nabelschnur zu zerreissen, die sie mit der alten Gesellschaft verbindet. Für die Bauernschaft gilt das in noch höherem Mass als für jede andere Klasse . . .
>
> Aus der Mitte des Adels selber erstehen Prediger der Versöhnung. Leo Tolstoi hat tiefer als irgendein anderer in die Seele des russischen Bauern geblickt. Seine Lehre, *„dem Übel nicht zu widerstreben"*, verallgemeinert diese erste Stufe der Bauernrevolution. *Tolstoi träumte, alles solle sich ohne Raub vollziehen,* in beiderseitigem Einverständnis. Diese Politik unterbaute er mit einem religiösen Fundament, in Form eines geläuterten Christentums.
>
> In Indien hat *Gandhi dieselbe Rolle* gespielt, *nur viel praktischer"* (Geschichte der russischen Revolution, Kapitel Bauernschaft) –

kollegiale Anerkennung eines Meisters in der Mechanik revolutionärer Massen und zugleich exakte Bestimmung von *Gandhis Grenzen.*

Nach 1949 hat es nur noch einen Versuch mit Gandhis Methoden gegeben, aber nicht mehr als Aufgebot der Massen. Vielmehr wandte sich Gandhis Schüler Vinobha Bhave an die Grundeigentümer und sammelte bei ihnen Bodenspenden für landlose Bauern. Indessen waren die Flächen, die er zusammenbekam, wertloser Boden.

Die britischen Eroberer hatten ihre Kolonialherrschaft über Indien auf den Wucher begründet, die indische Industrie unterdrückt, das Städtewachstum abgeschnitten. Mithin lag nach 1949 die Entscheidung, ob die wirtschaftliche Unterentwicklung überwunden wurde, wesentlich auf dem Dorf und setzte die Aufhebung des Dorfwuchers voraus. Das hätte revolutionäre, und zwar demokratische Gewalt erfordert – undenkbar, daß die Wucherer freiwillig auf ihren legalen Raub verzichteten. Also hätten die Ausgebeuteten und Unterdrückten auf dem Dorf ihre Interessen und Ziele erkennen, den Kampf darum aus eigener Initiative aufnehmen und sich dafür demokratisch organisieren müssen. Gandhi war Anwalt der Ausgebeuteten und Unterdrückten, aber daß sie ihren Kampf aus eigener Initiative führen könnten oder gar müßten, lag außerhalb seines Gesichtskreises. Er führte durch einsame Entschlüsse, ethische Argumente, ethisches Vorbild und ging auf Versöhnung aus.

Analog vertrat der Kongreß zwar das indische Bürgertum, aber anders als im liberalen Europa und Nordamerika nicht die kapitalistischen Unternehmer. Denn die indischen Unternehmer wurden durch die britischen „managing agents" in Vormundschaft gehalten, sie sympathisierten nur unverbindlich mit der Kongreßpartei. Daher traute diese den indischen Industriellen nicht die für den industriellen Neuaufbau erforderliche Initiative zu, sondern setzte auf Planung nach sowjetischem Vorbild. Sie duldete die Fortdauer des Wuchers; infolgedessen blieb das indische Kapital in höherem Maß als das europäische, nordamerikanische oder japanische schlicht parasitisch. Nur gegen die Maharadschas übte die Kongreßpartei revolutionäre Gewalt und gliederte deren Staaten den neuen indischen Provinzstaaten ein. Seit Erringung der Unabhängigkeit stagniert die wirtschaftliche Expansion, aber die Bevölkerung hat sich verdreifacht.

Die „Entwicklungshilfe" Nordamerikas und Europas trägt nach André Gunder Franks treffendem Ausdruck lediglich bei, „die Unterentwicklung zu entwickeln".

Die Andauer der Unterentwicklung auf dem Indischen Subkontinent – außer der Indischen Union auch Pakistan und Sri Lanka – findet überzeugenden Ausdruck in den Pogromen gegen Andersgläubige und Andershäutige, die dort weiter toben, wenngleich in bescheidenerem Maßstab als 1947-49, als Gandhi darin umkam.

Nachwort

Die Idee zu diesem Buch hatte mein Verteidiger Dr. Alfred Apfel. Im Winter 1932/33 arbeitete ich in seiner Kanzlei in einer Sache, in der er Carl v. Ossietzky und mich vertrat. Seine Ermittlungen wurden zu wichtigen Unterlagen meiner Dissertation über *die Tabaksteueränderungen 1925-30 und die Vertrustung der deutschen Zigarettenindustrie als Spiegel der deutschen Wirtschafts- und Finanzgeschichte unter dem Dawes- und Youngplan.* Der Titel, unter dem der erste, ökonomische Teil dieser Arbeit 1937 der Leipziger philosophischen Fakultät eingereicht worden ist, war nicht so deutlich. Der zweite, soziologische Teil ist unveröffentlicht. Er klärt unter anderem die, wie Apfel bewiesen hat, unberechtigten Korruptionsvorwürfe, die sich auch Ossietzkys *Weltbühne* zu eigen gemacht hatte.

Apfel plante ein Buch über die Finanzen berühmter Männer, eine journalistische Plauderei ähnlich wie *das Geld und die Politik* seines Freundes Morus; ich sollte ihm die Tatsachen sammeln. Apfel starb 1942 im Wartezimmer des amerikanischen Generalkonsulats in Marseille, an Herzschlag beim vergeblichen Warten auf das Visum.

Ich selbst überlebte das Dritte Reich. Mithin gehörte mir das Thema. 1953 schlug ich Axel Eggebrecht vor, er möge Apfels Anteil an dem Projekt übernehmen. Wir begannen damit; Eggebrecht schrieb ein Rundfunk-Feature *der Ruhm und das Geld.* Aber kein auf regelmäßige Einnahmen angewiesener Schriftsteller kann sich auf solch weit aussehendes Unternehmen einlassen. Eggebrecht mußte seine Mitarbeit einstellen, und kein anderer trat an seine Stelle. Mir blieb nur übrig, das geplante Buch selbst zu verfassen. Das änderte den Charakter der Arbeit, denn ich bin Gelehrter. Sie behält indes die Spuren ihres journalistischen Ursprungs, zu Vor- wie Nachteil. Ständig finde ich Stellen, die präziser formuliert und / oder exakter belegt werden müßten. Zeit und Arbeitskraft eines Überlebenden vom Jahrgang 1904 lassen es leider nicht zu.

Als Autor mußte ich schreiben lernen. Das und die Sammlung der Tatsachen kostete Zeit. Dank eines Bandscheibendefekts, der mir jahrelang Berufsarbeit unmöglich machte, hatte ich sie. Dieser Krankheit ist das Buch abgerungen. Nach zeitraubenden Versuchen, in deren Verlauf fertig ausgearbeitete Kapitel über Wallenstein, Voltaire, Balzac und Richard Wagner meinen Papierkorb nährten, kamen die neun Kapitel von Odysseus bis Bismarck als Entwurf zustande.

„Abgeschlossen konnte das Werk nicht werden als in der Fülle der Zeiten, da es denn jetzt seine vollen dreitausend Jahre spielt, von Trojas Untergang bis zur Einnahme von Missolunghi."

Dem Econ-Verlag gefiel das Ganze als Rohstoff, woraus sich ein Bestseller machen ließ. In einjähriger Zusammenarbeit mit mir verpaßte sein Lektor Roland Fleissner dem Ungetüm eine ansprechende Form.

Econ wünschte ein aktuelles Schlußkapitel, etwa über Albert Schweitzer, Churchill oder Gandhi. Mit dem indischen Unabhängigkeitskampf und Gandhis Stellung in ihm hatte ich mich bereits beschäftigt. 1942 hatte der Hamburger Wirtschaftsdienst meine statistische Arbeit über *die finanziellen Methoden der britischen Herrschaft in Indien* gebracht. Ich hatte darin gezeigt, daß das britische Empire durch Verkrüppelung der indischen Industrie seine militärische Abwehr gegen Japan selber lähmte. Dabei hatte ich Hitlers Selbstlähmung durch die Verheerung Osteuropas im Auge. Die Abfassung des Schlußkapitels über Gandhi wurde mir daher leicht: Die wirtschaftliche und soziale Problematik war mir bereits vertraut, Fleissner hatte mir einigermaßen das Schreiben beigebracht, und die Bonner Indische Botschaft stellte bereitwillig die Literatur zur Verfügung.

Das Ergebnis der ersten beiden Kapitel ist für den Uneingeweihten paradox. Dank ihrer epischen Anschaulichkeit lassen sich den homerischen Epen die statistischen Relationen entnehmen, in denen sich der Wirtschaftsbetrieb homerischer Helden bewegt haben muß, beispielsweise des listenreichen Odysseus, obwohl er lediglich Held einer Dichtung ist. Hingegen ist die historische Existenz des Sokrates sicher bezeugt, er hat in Athen eine auffallende Rolle gespielt, die Schriftsteller, die über ihn berichten, kannten ihn persönlich und hätten seine Lebensumstände korrekt schildern können, bezweckten aber etwas ganz anderes. Ihre Sokrates-Schriften sind Dichtung, und das wenige, was an sicheren Nachrichten darin steckt, gibt sein Geheimnis erst her, wenn jede einzelne Angabe sorgfältig auf ihre präzise Bedeutung hin abgewogen wird. Lediglich eine schattenhafte, eigentlich nur schematische Bestimmung von Sokrates' wirtschaftlicher und sozialer Stellung bleibt übrig.

Dagegen sind die Quellen für Caesar und Columbus reich, vielseitig und doch noch zu übersehen. Die Übersicht über sie ist zudem bequem zu gewinnen, denn sie sind für Caesar von Drumann, für Columbus von Vignaud lückenlos und gewissenhaft aufbereitet. Nicht durch Erschließung neuer Quellen, sondern fast ausschließlich durch speziellere Fragestellung ist die Forschung über Drumann und Vignaud hinausgelangt. Für Caesar bietet meine eigene Darstellung ein Beispiel dafür, für Columbus hat Kirkpatrick Sale während der Drucklegung meines eigenen Buches ein besonders lehrreiches Beispiel geliefert. Die katastrophale Verschlimmerung der Umweltzerstörung in den letzten vierzig Jahren hat ihn zu einer Neuinterpretation der altbekannten Columbus-Quellen veranlaßt, und er beweist: Für Amerika – er könnte auch sagen: für die ganze dritte Welt – hat Columbus die Umweltzerstörung eröffnet.

Als mein Buch 1964 in erster Bearbeitung erschien, fragte mich ein Studienfreund: „Woher hast Du die Gabe einer so lebendigen Darstellung?" Das Geheimnis liegt in der praktischen Fragestellung. Stellt man praktische Fragen, so erlangt man oft auch von langweiligen Menschen hochinteressante Auskünfte. Um wie viel interessanter wird das Ergebnis, wenn man die praktischen Fragen an interessante Menschen wie Caesar oder Shakespeare richtet.

Von Shakespeare ab ist die Fülle der historischen und biographischen Nachrichten so überwältigend, daß selbst für Spezialisten ein vollständiger Überblick unmöglich ist. Dennoch hoffe ich, das Richtige getroffen zu haben: dank meiner praktischen Fragestellung.

Zu den persönlichen Erfahrungen, die für dieses Buch nützlich waren, gehörten die als Sklave in Hitlers Gefängnissen. Odysseus, Sokrates, Caesar, Columbus, Washington lebten in Gesellschaften mit Massensklaverei. Bei voll entfalteter Warenwirtschaft tendiert die Produktivität von Sklavenarbeit zur Stagnation oder zum Rückgang. Dazu folgende Statistik:

Im Juli 1944 gehörte ich im Gerichtsgefängnis Landsberg/Warthe zu einer Kolonne, die Luftschutzgräben für einen Fabrikneubau der IG Farben aushob. Zwei von uns, Andreas Jensen aus Jübeck und August Storbeck aus Krauel, waren von Beruf Tiefbauarbeiter und berechneten:

Tarifliche Tagesleistung eines freien Erdarbeiters bei mittlerem Erdreich =	7 cbm
Soll eines Gefängnisinsassen =	4 cbm
Unsere Istleistung =	2 cbm

Vier Wochen später war unsere Leistung noch geringer, denn zur Zeit dieser Berechnung war nur ich bereits vier Monate in Haft, die anderen dagegen frisch eingefangen und noch leidlich leistungsfähig. Als richtigen deutschen Arbeitern ging es ihnen gegen die Natur, langsam zu arbeiten. Daher waren sie nach einem Monat ebenso ausgemergelt und von Ödemen heimgesucht („Muselmänner") wie ich.

Die von uns ausgehobenen Gräben hätten ausgemauert werden müssen. Das unterblieb; infolgedessen wurden sie von dem nächsten Wolkenbruch wieder eingeebnet: Das Produkt so schäbig entlohnter Arbeiter war der Bauleitung gleichgültig. Auch diese Gleichgültigkeit ist typisch und trägt entscheidend bei, die Produktivität von Sklavenarbeit zu senken. Washingtons Erfahrungen damit waren im einzelnen anders, aber im Ergebnis gleich.

Andere meiner Erfahrungen betreffen die Landwirtschaft. Ich bin nicht Landwirt, war aber 1947 in der Landesregierung Schleswig-Holstein und 1950/51 am Kieler Institut für Weltwirtschaft mit der Frage beschäftigt, wie wenigstens einem kleinen Teil der nach Schleswig-Holstein verschlagenen ostdeutschen Landwirte wieder zu Arbeit in ihrem Beruf verholfen werden könnte. Ich hielt mich an die landwirtschaftlichen Betriebsberater und lernte von ihnen landwirtschaftliche Betriebswirtschaftslehre, soweit einem Nicht-Landwirt möglich. Nach fachmännischem Urteil habe ich sie auf Bismarck, Washington und namentlich Odysseus korrekt angewandt. Der Plöckenwirt in Mauthen (Kärnten) sagte mir: „Ich treibe am Plöckenpaß Gebirgsviehzucht unter ähnlichen Bedingungen wie Odysseus und kann bestätigen: Ihre Betriebsanalyse des Odysseus stimmt."

Die USA kennen seit dem ersten Weltkrieg in der Hauptsache nur noch die industrieartige landwirtschaftliche Monokultur. Einen Betrieb vom bisherigen europäischen Zuschnitt wie denjenigen Washingtons, mit Vereinigung verschiedener tierischer und pflanzlicher Kulturen, können daher nordamerikanische Historiker kaum mehr verstehen; mir ist er verständlich. Aus der landwirtschaftlichen Betriebswirtschaftslehre hatte ich zudem gelernt, daß Raubbau am Boden und an der menschlichen Substanz zusammengehen. Wir sehen es heute an der Landwirtschaft der ehemaligen DDR; es war bereits eine Grundüberzeugung Washingtons. Auch dessen militärische Leistungen verstand ich besser als die nordamerikanischen Forscher, dank meiner Vertrautheit mit generalstabsmäßiger Kriegsgeschichtsschreibung.

Diese Vertrautheit verdanke ich der Arbeitslosigkeit, zu der ich im Dritten Reich bis 1940 verurteilt war. Meine „innere Emigration" bestand aus einer Forschungsarbeit über *Heer und Kriegführung 1870-71 in ihrem Zusammenhang mit den gesellschaftlichen Verhältnissen in Frankreich und Deutschland*. Mein Vater hatte als Beamter und Reserveoffizier in der preußischen Tradition von 1813 gelebt. Das erschloß mir den Zugang zur Sache und zur Verständigung mit den Militärs, unter deren Kontrolle ich meine Arbeit stellte, insbesondere mit dem besten Kenner der preußisch-deutschen Heeresgeschichte, den es in diesem Jahrhundert gegeben hat: Karl *Linnebach*. Dieser durchschoß meinen Entwurf mit kritischen Anmerkungen, erörterte ihn eingehend mit mir im April 1939 und sagte:

„Sie haben richtig erkannt, dass 1870-71 durch die preussische höhere Führung ein Generationengegensatz ging. Wissen Sie auch, woran er am präzisesten zu erkennen ist?"

Ich wußte nicht, worauf er hinauswollte. Daher gab er selbst die Antwort:

„An der Einstellung zu Privateigentum in Feindesland. Die preussische Armee von 1813 rührte auch in Feindesland Privateigentum nicht an. Der einzige Offizier, der eine Ausnahme machte, war Blücher.

In dessen erstem Quartier auf französischem Boden 1815, Merbes le Château an der Sambre, war eine goldene Tabaksdose verschwunden, und Gneisenau wie der Teufel hinter der armen Seele hinter dem Dieb her. Blücher zitterte, sein Generalstabschef könne ihn erwischen."

In Delbrücks Gneisenau-Biographie wird ein ähnliches Vorkommnis aus dem Jahre 1814 berichtet. Linnebach weiter:

„Als Voraussetzung für die Aufnahme in den Generalstab stellte Gneisenau zwei Bedingungen auf:

1. universale Bildung,
2. unbedingte Achtung vor fremdem Eigentum.

1870 hielt die ältere, um 1800 geborene Generation der höheren Führer an strenger Achtung vor fremdem Eigentum fest. Ein kennzeichnendes Beispiel gab Fransecky als kommandierender General des II. Armeekorps.

Auf dem Marsch über die Côte d'Or im Januar 1871 revidierte er ein Requisitionskommando. Er ließ einen Wagen abladen und fand darauf Champagner. Auf die Frage, ob der Champagner bezahlt oder requiriert sei, meldete der Oberleutnant der Reserve, der das Kommando führte, er sei requiriert. Fransecky befahl, diesen Offizier in die Garnison zurückzuschicken, als untauglich zum Felddienst. Er habe wissen müssen: Wein ist Lebensmittel und darf requiriert werden, Champagner ist Genußmittel und muß bezahlt werden.

Dagegen wären die jüngeren Generäle und die Generalstäbler in bequemeren Verhältnissen aufgewachsen und ließen schon eimal etwas mitgehen.

Charakteristisch prägte sich das aus im Oberkommando der deutschen Besatzungsarmee in Frankreich 1871. Der Oberkommandierende, Manteuffel, gehörte zur älteren Generation und teilte deren Strenge. Hätte sein Generalstabschef Stosch freie Bahn gehabt, so wäre die deutsche Frankreichbesetzung 1871-73 zum Vorspiel der französischen Rheinlandbesetzung 1918-30 geworden."

Als Literatur dazu nannte mir Linnebach sein eigenes, offiziöses Buch von 1924 über den Vergleich der deutschen Frankreichbesetzung 1871-73 mit der französischen Rheinlandbesetzung seit 1918 und Gustav *Freytags* Artikel *Retten und Rollen* in Freytags Zeitschrift *Im Neuen Reich*, Ende Januar 1871. Der unkundige Leser findet jedoch an keiner von beiden Stellen eine Bestätigung.

Gleichwohl darf man sich auf Linnebachs Angaben und Urteile verlassen. Er war aus der Intendantur hervorgegangen, hatte den 1913 erschienenen, letzten Band der *Studien zur Heeresgeschichte und Taktik: Heeresverpflegung* bearbeitet (ich habe das erst später herausbekommen), war 1914 als Intendant einer Infanteriedivision ausgerückt und nach dem Krieg in das Reichsarchiv bei dessen Gründung eingetreten. Dank seiner Dienst- und Aktenkenntnis las er zwischen den Zeilen. Ein Uneingeweihter wie ich kann das nicht.

Daß in seinem eigenen Werk jede Anspielung fehlt, ist natürlich: Als Mitglied der militärischen Hierarchie mußte er schweigen. Gustav Freytag bespricht in dem genannten Artikel Verhältnisse vor Paris, die mit Beginn der Beschießung am 5. Januar 1871 begonnen hatten. Indem die Pariser Festungsartillerie das Feuer des Angreifers erwiderte, schoß sie zahlreiche Häuser auf dem Gelände des Angriffs in Brand. Die Deutschen „retteten" daraus Gegenstände, die sonst verbrannt wären, insbesondere schnitten sie Gemälde aus den Rahmen und „rollten" sie. Freytag schrieb deshalb an Stosch, und dieser machte in einem der Briefe an seine Frau, die ihm als Tagebuch dienten, und die er auszugsweise in seine *Denkwürdigkeiten* aufgenommen hat, eine Bemerkung über Freytags Auffassung: Sie sei zu streng:

Linnebachs Schlußurteil mir gegenüber:

„1914 stahl jeder deutsche General."

Natürlich hat er damit nicht sagen wollen, es habe 1914-18 in der deutschen Armee keinen General, höheren Offizier oder Heeresbeamten gegeben, der wie er selbst die Integritätstradition verteidigt hätte, sondern daß Privateigentum in Feindesland für die höheren Stäbe nicht mehr sakrosankt war, daß der Griff danach nicht mehr als ehrenrührig galt und vielfach geübt wurde. Dagegen war der Truppe keinerlei Übergriff gestattet. Viele meiner älteren Bekannten und Freunde haben den ersten Weltkrieg als Reserveoffiziere mitgemacht. Sie dienten nahezu sämtlich in Fronttruppen, betrachteten die Achtung fremden Eigentums als selbstverständlich und haben großenteils die veränderte Einstellung der höheren Stäbe nicht bemerkt. Das gilt beispielsweise für ein so kritisches Buch wie den Roman *Hauptmann Latour* von Karl Federn, in dem mein Freund Albert Grote seine eigenen Kriegserfahrungen wiederfand. Der Held ist als u. U. (schwieriger Untergebener) aus dem Generalstab zur Truppe zurück versetzt worden. Als eigentlicher Verfasser gilt H. E. Gilbert; *Hauptmann Latour* dürfte dessen autobiographischer Roman sein. Das Thema war tabu. Nur unter vier Augen machte Linnebach seinem Herzen Luft.

Sein Leidenschaftsausbruch mir gegenüber erfolgte, wie erwähnt, im April 1939. Der September 1939 sah in jeder neubesetzten polnischen Stadt den Wettlauf von Offizieren und Mannschaft nach den Juwelierläden. Im Oktober 1939 gab es in Leipzig bereits Häuser, deren Käufer den Erwerb aus der polnischen Beute bezahlt hatten.

Daß Gneisenau universale Bildung zur Voraussetzung für die Aufnahme in den Generalstab gemacht hatte, hat Linnebach möglicherweise auch *Craig*, *Gooch* und *Rosinski* gesagt. Jedenfalls fällt mir bei ihnen die wörtliche Übereinstimmung mit Linnebach auf. Daß sie ihn auch nach 1945 nicht zitierten, – falls sie es von ihm hatten –, ist kein Vorwurf; es wäre indiskret gewesen. Die Bundeswehr ist aus der nationalsozialistischen Reichswehr hervorgegangen, mit deren Untugenden, und Linnebach gehörte zum Korps. Daher haben die drei geschwiegen, auch ich noch 1984 in der Taschenausgabe meines Buches. Erst jetzt, nach 52 Jahren, breche ich dieses Schweigen in einer völlig veränderten Welt.

Möglicherweise hat er den drei Genannten nichts über die Eigentumsbegriffe der höheren Führer gesagt, mit mir aber deshalb darüber gesprochen, weil ich in meinem Manuskript darauf eingegangen war; übrigens hatte er in diesem Punkt an meiner Darstellung nichts auszusetzen. Ich stützte mich auch auf französische Autoren wie den Freikorpsführer Cathélineau und den kommandierenden General des französischen 15. Armeekorps, des Pallières.

Meine soziale und wirtschaftliche Fragestellung schien ihm fruchtbar. Dazu bemerkte er, in Moltkes ursprünglicher Fassung der *Instruktion für die höheren Truppenführer* von 1869 habe der Abschnitt über Verpflegung vorn gestanden und sei unter Schlieffen ans Ende gerutscht. Daß in Schlieffens Einstellung ein Fehler steckt, zeigt dessen Kritik an Napoleons Verfahren in der Schlacht bei Dresden. Ich habe sie zitiert (S. 482) und meinen Vorbehalt angemerkt.

Es war gut, daß Linnebach nichts von meiner Verschwägerung mit Stosch ahnte; es hätte seine Mitteilsamkeit gehemmt. Für mich steht die historische Wahrheit vor verwandtschaftlichen Rücksichten, mindestens in einer Frage von solcher grundsätzlichen Bedeutung. Linnebach war eine Persönlichkeit von solchem Rang, daß es mir als wissenschaftliche Pflicht erscheint, seine Kritik an Stosch zu referieren. Um so mehr ist es mir ein Gebot der Gerechtigkeit, Stosch gegen Bismarcks Verleumdungen zu verteidigen, zumal sie sich immer noch durch unsere historische Literatur fortschleppen.

Daß Albedyll als Chef des Militärkabinetts von Ende 1870 bis zu Wilhelms II. Regierungsantritt die seitdem geltende Eigentumsauffassung endgültig durchgesetzt hat, ist mir erst später klar geworden. Linnebach wußte es. Daher ist mir wahrscheinlich, daß er auch über Diest-Daber unterrichtet war. Denn in der Verteidigung der Grundsätze von 1813 war Diest mit Moltke, Manteuffel, Werder, Kameke verbündet. Mithin liegt die Vermutung nahe, daß Linnebach die Akten über Diests Ehrenklage gegen Bismarck kannte.

In den Kapiteln über Caesar, Washington, Napoleon mußte ich deren Strategie erörtern. Ich war dazu imstande, denn in ihrem handwerklichen Teil – heute mit barbarischer Etymologie „Logistik" genannt – ist Strategie eine wirtschaftliche, in erster Linie eine Verkehrsaufgabe: Bewegung und Versorgung von Streitkräften. Vor Fehlern hatte mich Linnebachs strenge Kritik bewahrt.

Der Gegenstand meines Buches ist in vieler Hinsicht verfänglich. Im Dritten Reich hatte ich mir einen harmlosen Ton angewöhnt, in dem sich auch Verfängliches sagen ließ, ohne Anstoß zu erregen. Leider las der Verleger den Text während der Drucklegung 1964 ganz genau.

In dem Kapitel Washington hatte ich geschrieben:

„... die fehlende Arbeitslust wird durch brutale Antreiberei ersetzt, die nicht nur die Arbeiter, sondern mehr noch die Antreiber degradiert, beispielsweise das SS-Personal der Konzentrationslager."

Aus der letzten Zeile machte der Verleger:

„... degradiert, wie dies die Konzentrationslager aller Zeiten beweisen."

In dem Napoleonkapitel hatte ich geschrieben:

„Es war kein Zufall, daß in der preußischen Armee von 1813 Eigentumsbegriffe herrschten, die denen Napoleons gerade entgegengesetzt waren. Ohne die in keiner anderen Armee jemals wieder erreichte Strenge, womit die preußische Armee von 1813 fremdes Eigentum achtete, gleich ob im eigenen oder in Feindesland, hätte diese Armee weder aufgestellt noch im Feld erhalten werden können. Leider ist die Kenntnis dieser Verhältnisse bei uns abhanden gekommen, besonders im Offizierkorps."

Aus dem Schlußsatz machte Econ:

> Leider ist die Kenntnis dieser Verhältnisse später in vielen Armeen der Welt, bis in die jüngste Zeit, abhanden gekommen."

Durch die erste dieser Verböserungen wurde die SS, durch die zweite das Offizierkorps von Reichs- und Bundeswehr in Schutz genommen, und zwar nicht gegen Kritik, sondern gegen die schlichte Feststellung einer Tatsache. Ich sah diese Verböserungen nicht bei den Korrekturen, sondern erst im fertigen Buch. Schon während der Korrekturen war der entscheidende Schlußabschnitt des Goethe-Kapitels unterdrückt und im Shakespeare-Kapitel der Schlußabschnitt über den Grafen Oxford so knapp gehalten worden, daß er kaum jemanden überzeugen konnte. Ferner war ich genötigt worden, im Bismarck-Kapitel die Abschnitte über Central-Boden und den Ursprung von Bismarcks Effektenvermögen derart zu kürzen, daß sie unverständlich wurden. In der Taschenausgabe von 1984 (S. 475 f) habe ich dazu bemerkt:

> „Vermutlich hat von den Lesern dieses Buches vor zwanzig Jahren nur einer, ein ehemaliger Ministerialrat am Bundesrechnungshof, den Abschnitt „Central-Boden" verstanden. Die beiden Forscher des letzten Jahrzehnts, zu deren Gegenstand die Sache gehörte, haben unterstellt, unsere Beweise seien ungenügend. Vagts übersandte dem Verfasser seinen Aufsatz mit dem Kompliment, „er habe mit meinem Kalbe gepflügt", wunderte sich aber, „dass Küntzel der Version von Bismarcks Feinden folgt" (S. 279), anscheinend ohne diese „Version" wirklich zu kennen. Offensichtlich hat er von seinem Lehrer Albrecht v. Mendelssohn-Bartholdy, und dieser aus der Tradition des Berliner Bankhauses Mendelssohn die Bismarcksche Ausstreuung übernommen, derzufolge die altkonservativen Angriffe auf Bismarck dem Neid von Krautjunkern auf den hochgestiegenen ehemaligen Standesgenossen entsprangen. Das mochte eine für Bismarcks Anhänger plausible Ausrede sein. Aber gegenüber einer Persönlichkeit von Moltkes Bescheidenheit und vornehmer Gesinnung war es geschmacklos, und Diest-Daber mochte mit Kohlhaas verglichen werden, jedoch zu allerletzt mit einem kleinlichen Neidhammel."

Vagts' Aufsatz *Bismarck's Fortune* ist erschienen in *Central European History* 1/1968 S. 203 f und liegt jetzt auf deutsch vor in Vagts, *Bilanzen und Balancen*, Frankfurt 1979, S. 112 f. Meinen Spott, daß die deutschen Historiker Diest-Daber Vornamen und Lebensdaten seines jüngeren Bruders andichten, hat Vagts nicht beherzigt.

In dem fortgeschrittenen Stadium der Drucklegung, in dem der Verleger jene Verböserungen zugunsten von SS und Reichswehr vornahm, konnte er nicht mehr aussteigen, entledigte sich des unerwünscht gewordenen Objekts jedoch unauffällig. Beabsichtigt hatte er mehrjährigen Absatz und sechsstellige Auflage, richtete es aber so ein, daß mein Buch mit der dritten Auflage und dem zwölften Tausend stoppte. In den folgenden siebenundzwanzig Jahren nahm kein bundesdeutscher, österreichischer oder schweizerischer Verlag die heiße Kartoffel auf, die Econ hatte fallen lassen.

Lediglich eine Taschenausgabe erschien, bei Ullstein 1984; erst vor wenigen Monaten ist sie ausverkauft worden. Für mich liegt ihre Hauptbedeutung darin, daß mich meine Ullstein-Lektorin, Frau Marita Gleiss, der geschlossenen Ablehnung der deutschen Verlage zum Trotz, zu der Neubearbeitung ermutigt hat, die ich hier vorlege. Ohne sie hätte ich nicht mit achtzig Jahren nochmals angefangen.

In den bisherigen Ausgaben hatte das Buch den falschen Namen *„Finanzen großer Männer"*. Für Econ war er griffiger als mein Titel *„Finanzen berühmter Männer"*. Größe ist eine subjektive Wertung und oft fragwürdig. War Columbus ein „großer Mann"? Ruhm hingegen ist eine statistisch verifizierbare Tatsache; an Columbus' Ruhm besteht kein Zweifel. Jetzt spricht der Titel wieder ehrlich von berühmten Männern.

Der geänderte Titel ist sachlich richtiger. Er soll auch ausdrücken, daß es ein neues Werk ist, das hier vorgelegt wird. Zwar ist die literarische Form die gleiche, und mehr als die Hälfte des Textes unverändert. Aber in den drei schwierigsten Kapiteln – Shakespeare, Napoleon, Bismarck – ist jetzt eine Konsequenz der Darstellung erreicht, die mir 1964 noch nicht erreichbar war: einmal weil mein wissenschaftlicher Horizont namentlich für Napoleon noch nicht umfassend genug war, dann weil ich namentlich für Shakespeare den Rahmen der Darstellung noch zu konventionell angelegt hatte, endlich durch die Selbstzensur, die ich damals als unbekannter Autor vor allem bei Bismarck üben mußte, wenn die Verlegersuche nicht aussichtslos werden sollte. Auch ändert es den Charakter des Buches, daß für Columbus, Washington und Gandhi auf ihre Aktualität für drei zentrale Gegenwartsprobleme hingewiesen wird, die Gegenstand meiner nächsten Arbeiten sein werden, falls ich am Leben und arbeitsfähig bleibe: Gleichberechtigung der „Farbigen" in den USA, Unterentwicklung der „Dritten Welt" und Umweltzerstörung. Diese drei Grundübel hängen ursächlich eng miteinander zusammen.

In diesem Buch haben sich die Erfahrungen eines mehr als achtzigjährigen Lebens niedergeschlagen, in dessen Lauf sich Erde und Menschheit tief verändert haben. Entsprechend vielfältig sind meine Erfahrungen. Daher sei hier toter und lebender Freunde gedacht, denen ich sie zu entscheidenden Teilen verdanke:

Aus meinen Göttinger Studienjahren vor allem Albert Grote in Vienenburg.

Eine befreiende, in vieler Hinsicht grundlegende Erfahrung war ein Studienjahr in den USA 1926/27. Besonders danke ich dem Hause Hoffmann in Baltimore, namentlich Juliane Weigel und ihrem Vater, Pastor Hoffmann. Mit ihm war ich darin einig, entweder Deutsch oder Englisch zu sprechen, aber beide Sprachen rein. Heute herrscht in Deutschland das Kauderwelsch, gegen das Julius Hoffmann kämpfte. Ebenso bleibende Dankbarkeit schulde ich den damaligen Austauschstudenten Anneliese Schröder geb. v. Halle und Herbert Schröder.

Den entscheidenden Rippenstoß, der mich zu der praktischen Lebensauffassung führte, aus der dieses Buch geschrieben ist, hat Gottfried Wiebel, damals Reading / Pa, heute Hamburg, im November 1926 geführt, einen zweiten meine Kameraden, die deutschen Öler und Heizer des Tankers SS Mevania / Wilmington im Mai 1927. Einer von ihnen führte Tagebuch über die Meinungen und Torheiten des närrischen Studenten.

In die nordamerikanische Gesellschaft und Geschichte führten mich die Professoren und Kommilitonen an St. John's College, Annapolis Md, besonders der Historiker Clarence Stryker und der Anglist Stanley Aulden.

Nach der Rückkehr studierte ich hauptsächlich in Frankfurt; es war damals die in ihrer Einstellung westlichste deutsche Universität, die Stadt hatte etwas von einem Pariser Vorort. Dort hat mir Eugen Altschul wissenschaftliches Arbeiten beigebracht. Von meinen Freunden aus seinem Konjunkturseminar lebt noch Werner Treuherz in Manchester (Rochdale). Den Soziologen Gottfried Salomon erheiterte ich durch das Aperçu: „In Frankfurt sind die Leute entweder Juden oder dumm; ich bin die einzige Ausnahme." Darauf erzählte er die schönste jüdische Geschichte, die ich kenne: Ein Rabbiner wird vierzehn Tage nach der Hochzeit gefragt, wie es in der Ehe sei. Antwort: „Wenn ich de Wahrheit sagen sollt', müßt' ich lügen." Salomons Kommentar: „Das ist Dialektik." Pollocks Proseminar über das *Elend der Philosophie* öffnete mir den Zugang zur klassischen Ökonomik, die mir bis dahin in der Hauptsache unverständlich geblieben war.

Bleibendes verdanke ich den Kampfgefährten gegen den Nationalsozialismus, vor allem Uwe Coordes aus Oldenburg, Georg Sacke und Lieselotte Möller-Löwe am Hamburgischen Welt-Wirtschafts-Institut 1940-45 und den Leidensgefährten in nationalsozialistischen Gefängnissen: Ernst Weinhold von der Kleinen Freiheit, St. Pauli, der 1922-23 Zögling meines Bundesbruders Walter Hermann in dem hamburgischen Jugendgefängnis Hahnöfersand gewesen war – die Welt ist eng –, wieder Georg Sacke, dann Plotnikow – leider weiß ich weder Vor- noch Vatersnamen oder Herkunft, erinnere mich aber noch teilweise wörtlich unserer russisch-deutschen Unterhaltung im Transportgefängnis Thorn am 4. Juli 1944 –, ferner Jonas Stačiunas aus Kaunas, mit dem ich im August-September 1944 im Gerichtsgefängnis Landsberg / Warthe zusammen war. Er ist nach Australien ausgewandert, durch meine Schuld habe ich die Verbindung mit ihm verloren. Mit besonderer Achtung erinnere ich mich an die litauische Intellektuellengruppe, zu der er gehörte – er war der klügste von ihnen: Kommunist, aber nicht Stalinist, sondern frei nicht nur von stalinistischen Vorurteilen, sondern auch von den liberalen Vorurteilen seiner Kameraden. Diese waren überzeugt, auf Grund der Atlantik-Charta von 1942 würden die baltischen Republiken frei nicht nur von Hitler-Deutschland, sondern auch von der Sowjetunion; ich riß sie aus diesem Wahn. Er allein von der litauischen Gruppe teilte ihn nicht. Als ihn die Gestapo verhaftete, erwartete seine Frau ein Kind. Dennoch machte er keinen Versuch zur Rückkehr; ihn hätte das Gulag erwartet.

Die landwirtschaftlichen Kenntnisse, die ich für Odysseus, Washington und Bismarck verwertet habe, verdanke ich hauptsächlich Günther Schlewski und Siegfried Graf Schlieffen. Die Arbeitsgemeinschaft mit ihnen war besonders fruchtbar. Ihr früher Tod hat mich sehr getroffen, sie fehlen mir schmerzlich bei der Neubearbeitung dieses Buches. Einzelne ihrer Bemerkungen habe ich wörtlich verwertet.

Vielseitige Anregungen gaben mir in Kiel von 1947 an Max Biehl, Georg Keil und Fritz Markull. Dessen Verwaltungserfahrungen unter Hitler, besonders in den besetzten Ostgebieten, entsprachen merkwürdig der napoleonischen Verwaltung in Spanien und sind bei deren Besprechung verwertet. Witram Plaas wies mich auf Mahans *Einfluß der Seemacht auf die Geschichte* hin.

Das Buch verdankt seine Anfänge Alfred Apfel und Axel Eggebrecht. Walter Mannzen hat es mit vielfältigen Anregungen begleitet. Insbesondere verdanke ich ihm den Hinweis auf die Shakespeare-Forschungen von Lilian Winstanley und Gustav Rümelin. An der Textgestaltung hat, wie erwähnt, Roland Fleissner entscheidenden Anteil. Die Verbindung mit dem Econ-Verlag hat mir Frank Benseler verschafft, er hat auch meine Arbeiten über die Kapitalausfuhr der USA von 1968 und 1974 herausgegeben.

Das Buch von 1964 hat Arsen Jovanović in's Serbokroatische übersetzt. Ich wünschte, es gäbe viele Deutsche, die unsere Sprache so gut beherrschen wie er. Die Feinheit seines Sprachgefühls zeigte sich daran, daß er die Kurzfassung des Abschnitts „Central-Boden", wie sie in der Ausgabe von 1964 steht, nicht verstand; ich hatte sie unter Zeitdruck bei einem Kurzbesuch in Düsseldorf verfassen müssen, empfinde selber aber keinen sprachlichen Bruch. Der Verlag, für den er die Übersetzung anfertigte, hat sich aufgelöst. Andere Verlage waren nicht zu gewinnen. Sie argumentierten, das Buch sei in Deutschland gescheitert, habe also auch in Jugoslawien keine Chance.

Daß ich jetzt die Neubearbeitung vorlegen kann, verdanke ich Marita Gleiss' und Karl Heinz Sibers Ermutigung und Hilfe sowie meinen Freunden von den internationalen sozialistischen publikationen.

Den Toten mein dankbares Gedenken, den Lebenden meinen freudigen Gruß!

Göttingen, Mai 1991 — Ulrich Küntzel

Odysseus erzählt, er habe als Gastgeschenk – neben anderen substantiellen Gaben – ein Goldtalent (zwischen 8,3 und 8,7 g) erhalten. Caesar zahlte jedem seiner Soldaten bei der Entlassung 20 000 Silbersesterzen. Was bedeuten diese Summen in DM?

Leider gilt der heutige Wert voraussichtlich nicht lange, denn seit dem 1. August 1914 herrscht auf dem Erdrund Inflation, von verhältnismäßig kurzen Zwischenspielen abgesehen.

In den zweieinhalb Jahrtausenden bis 1914 herrschte Edelmetall-, und zwar in der Regel Silberwährung. Gold stammt hauptsächlich aus Golderzen; bauwürdige Vorkommen sind beschränkt. Silber kommt dagegen primär als Beimengung von Buntmetallerzen vor. Wird viel Kupfer, Blei und Zink produziert, so vermehrt sich auch die Silberproduktion. Der industrielle Aufschwung des vorigen Jahrhunderts vermehrte verhältnismäßig die Menge des Silbers und untergrub dessen Wert. Es wurde daher demonetisiert, zuerst im Deutschen Reich 1873. In den Jahren 1871-73 galten

	1 kg	Feingold	=	2790 Mark
nicht ganz	0,36 g	Feingold	=	1 Mark
	5 g	Silber	=	1 Mark

Bei diesem Wertverhältnis stand Silber zum Gold etwas günstiger als 15 : 1. Das Wertverhältnis beider Metalle hat in der Geschichte etwa zwischen 10 : 1 und 15 : 1 geschwankt. Wir werden also historische Preise auf die deutschen von 1871-1873 beziehen. Die damaligen deutschen Preise mögen durchschnittlich ein Fünfzehntel derjenigen von 1990 betragen haben.

Rechnen wir in dieser Weise, und unterstellen wir, Odysseus' Goldtalent sei Feingold gewesen, so bedeutete es in deutschem Geld von 1871-1914 38,26 Mark und heute rund 180 DM. Die 20 000 Silbersesterzen hätten 1871 3900 Mark bedeutet. Offensichtlich konnten aber Odysseus mit seinem Talent und der caesarische Veteran mit 20 000 Sesterzen unverhältnismäßig mehr kaufen als ein Reichsdeutscher 1871 mit 38 beziehungsweise 3900 Mark.

Näher an die wirtschaftliche Bedeutung führt uns die Gleichung 1 Goldtalent = 1 ausgewachsenes Rind, mutmaßlich von 7 Zentnern. Der Wert von 20 solchen Rindern, ein Eikosaboion, war der Vermögenswert, der bei sehr bedeutenden Bussen übertragen wurde; ein einzelnes Stück Rindvieh bedeutete demnach bereits einen erheblichen Wert, so wie heute vielleicht ein Scheck über 20000 DM oder auch mehr, womit man einem Geschäftsfreund aus der Bredouille hilft. Der im Meer umhergetriebene edle Dulder Odysseus konnte damit vielleich ein Boot nebst Bemannung chartern. Auf heutigen deutschen Viehmärkten erbringt seit dreißig Jahren ein Zehnzentnerrind ziemlich gleichbleibend 1000 DM. Für den heutigen Züchter und Mäster ist es nicht entfernt so gefahrvoll und mühsam durchzubringen wie für Odysseus, auch ist seine Qualität seit dreißig Jahren schmählich gesunken. Der Kleinbauer, der sich damit abmüht, geht selbst vor die Hunde. Hingegen konnte Odysseus mit dem Siebenzentnerrind, wenn es in gutem Futterzustand war, seine fünfzig teuren Gefährten eine Woche lang standesgemäß bewirten. Beim Schlachten und der Zubereitung griffen sie selber zu, ein Metzger oder Koch wurde nicht benötigt.

Analog ließen sich die 3900 Mark Abfindung caesarischer Veteranen über das für sie und auch heute noch wichtigste Lebensmittel, Weizen, in heutiger Kaufkraft umrechnen. Je nachdem, ob man den heutigen Preis in einem Erzeugerland ohne Preisstützung wie Australien oder einem Einfuhrland mit hoher Preisstützung wie Deutschland zugrunde legt, käme man für den Sesterz auf eine Kaufkraft von 4 oder 10 DM. Legt man andererseits die Mietzinse in der Stadt Rom zu Caesars Zeiten zugrunde, so käme der Sesterz noch unter der DM zu stehen. Auf dem flachen Land reichten die 20000 Sesterzen sicherlich als Anlaufkapital eines Siedlers.

In Italien außerhalb Roms mochte man mit einem Sesterz doppelt soweit kommen wie in Rom, und in Lusitanien (Portugal) doppelt soweit wie in Italien. Auch innerhalb der heutigen Welt gibt es ähnliche Unterschiede. Im Bayerischen Wald braucht man halb soviel oder weniger als in Düsseldorf zum Leben – der Vergleich der Lebenshaltungskosten zwischen beiden Gebieten schwankt von einer sozialen Schicht zur anderen –, und obgleich die Rupie an Kaufkraft etwa der gleichzeitigen Mark entsprach und entspricht, bestritt Gandhi mit 13000 Rupien oder nicht viel mehr die Kosten eines Haushalts von 50 bis 150 Menschen in den Jahren 1915/16 und danach: In Deutschland hätten davon zur gleichen Zeit allenfalls drei Arbeiterfamilien bestehen können, die, ebenso wie Gandhis Hausgenossen, im Schrebergarten ihren Bedarf an Obst und Gemüse selbst erzeugten.

Dennoch haben Preis- und Währungsvergleiche über Ozeane und Jahrtausende hinweg ihren Sinn. Man kann fragen: Welche wirtschaftliche Stellung gewann ein caesarischer Veteran, wenn er Ackerland als bäuerlicher Siedler erhielt und seine 20000 Sesterzen Abfindung als Betriebskapital verwandte? Konnte er bei wirtschaftlich sinnvollem Verhalten damit ebensoweit kommen wie ein heutiger bäuerlicher Siedler in Deutschland mit 100000 oder 200000 DM? Die Antwort auf solche Fragen wechselt rapide. Vor dreißig Jahren fiel sie anders aus als heute, denn heute weiß jeder Verständige, daß der landwirtschaftliche Kleinbetrieb in der Regel bei uns keinen Sinn mehr hat – in Mexico oder Indien liegt die Frage wieder anders.

Trotz des jähen Wechsels, der allein wegen der Preisvergleiche eigentlich alle fünf Jahre die Neubearbeitung dieses Abschnitts erforderlich macht, können unsere Preisvergleiche als Signale dienen. Freilich ist der Unsicherheitsfaktor hoch. Die Fehlergrenze beträgt nach unten mehr als die Hälfte, nach oben mehr als das Doppelte. Nur als Faustzahlen, mit allen Vorbehalten gegenüber dem kritischen Leser, sind unsere Preisvergleiche gedacht.

Die Währung des klassischen Athen

Die Münzen des klassischen Griechenland beruhen auf dem homerischen Gold-Talent (*talanton* = Gewicht) zu 8,3-8,8 g, und zwar in der verhältnismäßig schweren Einheit von 8,7 g.

8,7 g Gold =	1 Statér oder Dareikós,
8,7 g Silber =	1 Doppeldrachme.

Athen besaß auf dem Laureion ein bedeutendes Silberbergwerk, hatte also Silberwährung, beruhend auf der Drachme zu 1/2 Doppeldrachme = 4,35 g. 100 Drachmen bildeten 1 Mine. Lateinisch *mina*, griechisch *mna* ist dasselbe Wort wie hebräisch *Mene*, Gewicht, in Menetekel. Es galt also

1 Mine =	100 Drachmen =	87 Mark	= 435 g	Silber
1 Drachme =	6 Oboloi =	0,87 Mark	= 4,35 g	Silber
1 Obolos =		14,5 Pfg.	= 0,72 g	Silber

Nach Böckhs Angaben hätte sich die Kaufkraft des Silbergeldes, in Getreide gemessen, folgendermaßen entwickelt:

in Athen, 400 vor Christo	100
in Rom, 50 vor Christo	85
in Frankreich um 1520	137
in Frankreich um 1830	37

Die Drachme ist in neuerer Zeit wieder aufgetaucht als französisches Livre zu 4,33 g Silber.

Römische Währung zu Caesars Zeit

1 Denar	=	4 Sesterzen	=	78 Pfennige	=	3,9 g	Silber,
		1 Sesterz	=	19,5 Pfennige	=	0,975 g	Silber.

Der Name des Denar lebt noch heute fort als Abkürzung (d) für den englischen Pence. Daß das Wertverhältnis des Denar zur deutschen Mark im französischen Franc, der italienischen Lira und den mit ihnen verbundenen Währungen 1871-1914 wieder aufgelebt ist, beruht nicht auf dem Silber-, sondern auf dem Goldgehalt.

Spanische Währung zu Columbus' Zeit

Der Maravedi war eine Recheneinheit, 1-Maravedi-Stücke wurden nicht mehr ausgeprägt. Größere Maravedi-Einheiten kursierten als kupferne Scheidemünzen, sie repräsentierten folgende Edelmetallgewichte:

1 Maravedi	=	0,115 g Silber	=	2,3 Pfennig	(1871)
1 Maravedi	=	0,0093 g Gold	=	4,2 Dpf	(West von 1961)

Deutsche Währungen der Goethezeit

Das Gewicht an Silber, das der Mehrzahl der europäischen Währungen im Mittelalter und der frühen Neuzeit zugrunde lag, war die kölnische Mark zu etwa 233,5 g. In manchen Teilen Deutschlands, zu denen Frankfurt gehörte, wurden sie in 24 Gulden ausgeprägt („24-Gulden-Fuß" im Gegensatz zum „20-Gulden-Fuß" anderer Gebiete), in Kursachsen und den sächsischen Herzogtümern zu 13,5 sächsischen Thalern, in Frankreich zu 54 Livres. Demnach galten

1 sächs. Thaler = 1 7/9 Gulden = 4 Livres = 3,46 Mark = 17,3 g Silber,
9/16 sächs. Thaler = 1 Gulden = 2 1/4 Livres = 1,96 Mark = 9,74 g Silber
1/4 sächs. Thaler = 4/9 Gulden = 1 Livre = 0,87 Mark = 4,33 g Silber.

Der preußische Thaler des vorigen Jahrhunderts entsprach annähernd dem sächsischen. 1871 wurde der Thaler = 3 Mark gesetzt und sein Silbergehalt auf 15 g vermindert. Bestimmend für den Wert der neuen Währung war jedoch ihr Verhältnis zum Gold. Dem wurde 1873 durch „Demonetisierung" des Silbers Rechnung getragen, das heißt, Gold wurde alleiniges Währungsmetall, mit dem Verhältnis: 1 kg Gold = 2790 Mark. Dieses Verhältnis wurde 1923 wiederhergestellt.

Französische Währung

Das französische Livre enthielt 4,33 g Silber. An seine Stelle trat 1795 der Franc mit anfangs 4,5, seit 1803 5 g Silber-Feingehalt. Für praktische Zwecke wurde längere Zeit kein Unterschied zwischen Livre und Franc gemacht, beide Termini wurden als gleichbedeutend gebraucht. Das Paritätsverhältnis des Franc zur Mark (1871-1914 = 100 : 81) beruhte nicht auf dem Silber-, sondern dem Goldgehalt der beiden Währungen.

Indische Währung

Britisch-Indien hatte bis 1873 Silberwährung, seit 1873 Goldkernwährung. Es liefen ausschließlich Silbermünzen um, deren Wert war jedoch durch ein festes Umtauschverhältnis zum britischen Pfund Sterling bestimmt und betrug gegen 1914 nahezu das Doppelte des Silbergehalts. Die Parität betrug seit 1873

1 Rupie = 1 sh 4 d = 1,36 Mark.

Nach dem ersten Weltkrieg wurde der Wert der Rupie im Verhältnis zum Pfund erhöht auf

1 Rupie = 1 sh 6 d = 1,53 Mark.

Die Parität betrug bis 1931 1 £ Sterling = 20,429 Mark. Bei den britischen Abwertungen von 1931 und 1949 wurde das Wertverhältnis Rupie: Pfund beibehalten.

LITERATURVERZEICHNIS

Zu Kapitel 1

Bradford, Ernle, *Ulysses found*, London 1963.

Finley, M.I., *The world of Odysseus*, London 1956.

Kirk, G.S., *The songs of Homer*, Cambridge 1962. Dort weitere Literatur.

Schuchhardt, Carl, *Alteuropa*, 2. Aufl. Berlin und Leipzig 1926.

Schadewaldt, Wolfgang, *Von Homers Welt und Werk*, 3. Aufl. Stuttgart 1959.

Thomson, George, *Studies in Ancient Greek Society* Bd. I: *The Prehistoric Aegean*, London 1949; deutsch Berlin Ost 1960.

Zu Kapitel 2

Böckh, August, *Die Staatshaushaltung der Athener*, 1. Aufl. Berlin 1817, 3. Aufl. besorgt von Max Fränkel, Berlin 1886.

Gigon, Olof, *Antike Philosophie*, Bibliographische Einführungen in das Studium der Philosophie Bd. 5, Bern 1948.

--, *Sokrates, sein Bild in Dichtung und Geschichte*, Bern 1947 (Sammlung Dalp).

--, *Kommentar zum ersten Buch von Xenophons Memorabilien*, Basel 1953.

--, *Kommentar zum zweiten Buch von Xenophons Memorabilien*, Basel 1956.

Seltmann, Charles, *Greek Coins*, London 1955.

Thomson, George, *Studies in Ancient Greek Society* Band II: *The First Philosophers*, London 1955 und III: *Æschylus and Athens*, London 1942.

Zu Kapitel 3

Beloch, Julius, *Die Bevölkerung der griechisch-römischen Welt*, Leipzig 1886.

Drumann, Wilhelm, *Geschichte Roms in seinem Übergang von der republikanischen zur monarchischen Verfassung, oder Pompeius, Cicero und ihre Zeitgenossen nach Geschlechtern mit genealogischen Tabellen*, 1. Aufl. Königsberg 1834-44, 2. Aufl. besorgt von Paul Gröbe Leipzig 1899-1929.

Friedländer, Ludwig, *Darstellungen aus der Sittengeschichte Roms in der Zeit von August bis Ausgang der Antonine*, Leipzig 1861, zahlreiche Neuauflagen.

Holmes, Thomas Rice, *The Roman republic and the founder of the empire*, 3 Bände, Oxford 1923. Band 2 (über den Gallischen Krieg) in 1. Aufl. 1899.

Mattingly, Harold, *Roman coins from the earliest times to the fall of the western empire*, 2. Aufl. London 1960.

Napoléon III., *Histoire de Jules César*, 2 Bände Paris 1865-66.

Parrain, Charles, *Jules César*, Paris 1959 (Club du livre français). Dort Hinweise auf die neueste Literatur.

Stoffel, Eugène de, *Histoire de Jules César, guerre civile*, 2 Bände, Paris 1887.

--, *Guerre de César et d'Arioviste et premières opérations en l'an 702*, Paris 1890. (Stoffel war der bedeutendste Mitarbeiter Napoléons III. bei dessen Caesar-Werk.)

Veith, Georg, *Geschichte der Feldzüge C. Julius Caesars*, 2 Bände, Wien 1906.

Zu Kapitel 4

Frank, André Gunder, *Latin America: Underdevelopment or revolution,* New York 1969, Monthly Review Press.

––, *Lumpen-Bourgeoisie and Lumpen-Development,* New York 1972, Monthly Review Press.

Friederici, Georg, *Der Charakter der Entdeckung und Eroberung Amerikas durch die Völker der Alten Welt,* 3 Bände, Stuttgart 1925-36.

Galeano, Eduardo, *Open veins of Latin America – five centuries of the pillage of a continent,* New York 1973, Monthly Review Press.

Harrisse, Henry, *Christophe Colomb, son origine, sa vie, ses voyages, sa famille et ses descendants,* in *Recueil des voyages pour servir à l'histoire de la géographie,* Bd. 6-7, Paris 1884.

Humboldt, Alexander v., *Kritische Untersuchungen über die historische Entwicklung der geographischen Kenntnisse der Neuen Welt,* aus dem Französischen übersetzt von Ideler, Berlin 1835-52.

Humboldt, A. v. und Bonpland A., *Reise in die Aequinoctialgegenden des neuen Continents 1799-1804,* Stuttgart und Tübingen 1815-29.

Jacob, E.G., *Christoph Columbus, Bordbuch, Briefe, Berichte, Dokumente,* Bremen 1956 in Sammlung Dieterich. Dort Angabe der neuen Literatur.

Leibovici, Sarah, *Christophe Colomb juif,* Paris 1991. War mir vor der Drucklegung noch nicht zugänglich.

Madariaga, Salvador de, *Christoph Columbus, Das Leben des sehr hochmögenden Senũor Don Christobal Colón,* Stuttgart 1951.

Miller, Townsend, *The castles and the crown,* London 1963. Die Geschichte des Königreichs Spanien im 15. und 16. Jahrhundert.

Morison, Samuel Eliot, *Admiral of the ocean sea, a life of Christoph Columbus,* Boston 1941. Eine zweibändige, wissenschaftliche Ausgabe erschien in Boston 1942.

Ruge, Sophus, *Columbus,* in *Geisteshelden,* Bd. 5, Berlin 1892.

Sale, Kirkpatrick, *the conquest of paradise – Christopher Columbus and the Columbian legacy,* New York 1990.

Soetbeer, Adolf, *Edelmetallproduktion und Wertverhältnis zwischen Gold und Silber seit der Entdeckung Amerikas bis zur Gegenwart,* Gotha 1879.

Schoenrich, Otto, *The legacy of Christopher Columbus, the historical litigations involving his discoveries, his will, his family, and his descendants,* 2 Bände, Glendale (California) 1949-50.

Thacher, John Boyd, *Christopher Columbus, his life, his works, his remains,* 3 Bände, New York 1903/04. Zahlreiche Faksimiles.

Vignaud, Henry, *Etudes critiques sur la vie de Colomb avant ses découvertes,* Paris 1905.

––, *Histoire critique de la grande entreprise de Christophe Colomb,* Paris 1911. (In diesen beiden Werken ist die gesamte bis 1911 erschienene Columbus-Literatur aufbereitet und nachgewiesen.)

Wiesenthal, Simon, *Segel der Hoffnung: die geheime Mission des Christoph Columbus,* Gerlingen 1984

Zu Kapitel 5

Björnson, Björnsterne, *Maria Stuart in Schottland,* deutsch in Ausgewählte Werke, hrsg. von Thomas Schäfer, Verlag Oestergaard, Berlin 1910. Eine historisch natürlich nicht korrekte Dichtung, die jedoch dem nicht-schottischen Leser einen Begriff der damaligen schottischen Herrschaftsschicht gibt.

Boas, Frederick Samuel, *Christopher Marlowe, a biographical and critical study,* Oxford University Press, Oxford 1949.

Chambers, Edmund K., *William Shakespeare, a study of facts and problems,* 2 Bände, Oxford 1932.

--, *The Elizabethan stage*, 4 Bände, Oxford 1923.
Clark, Eve Turner, *Shakespeare's plays in the order of their writing (hidden allusions in Shakespeare's plays)*, New York und London 1930, Neudruck Kennikat Press, Port Washington/NY und London 1974.
Cross, Claire, *the Puritan earl: the life of Henry Hastings, third earl of Huntingdon, 1536-1595*, Verlag MacMillan, London 1967. Als Lord President of the North war Huntingdon eine politisch und militärisch maßgebende Persönlichkeit des elisabethanischen England. Cross arbeitet vorbildlich seine privaten Finanzen heraus. Ähnlich müßten Graf Oxfords Finanzen dargestellt werden, um eine unanfechtbare, gegen subjektive Vorurteile gesicherte Grundlage seiner Biographie zu gewinnen.
Erlanger, Philippe, *24 août 1572: le massacre de la Saint-Barthélemy*, Verlag Gallimard, in der Reihe Trente journées qui ont fait la France, Paris 1960.
--, *l'affaire Marie Stuart*, Verlag Perrin, Paris 1967.
Fraser, Antonia Lady Pakenham, *Mary Queen of Scots*, Weidenfeld & Nicolson, London 1959.
Fraser, Russell, *the war against poetry*, Princeton University Press, Princeton 1970.
Greenwood, George Granville, *the Shakespeare problem restated*, London und New York 1908.
Halliwell-Philipps, John, *Outlines of the life of Shakespeare*, 2 Bände, 10. Aufl. London 1898.
Hoffman, Calvin, *the murder of the man who was Shakespeare*, Verlag Julian Messner, New York 1955.
Howell, Roger, *Sir Philip Sidney, the shepherd knight*, Verlag Hutchinson, London 1968.
Hume, Martin, *the great Lord Burghley*, London 1898.
Hurstfield, Joel, *freedom, corruption and government in Elizabethan England*, Verlag Jonathan Cape, London 1973.
Lewis, Roland B., *the Shakespeare documents*, 2 Bände, Stanford University Press and Oxford University Press, Oxford 1940.
Looney, Thomas John, *Shakespeare identified in Edward de Vere, 17th earl of Oxford*, London 1920, 3. Aufl. bei Kennikat Press, Port Washington/NY und London 1975, 2 Bände, davon der zweite mit Nachträgen der Herausgeber.
Marannon, Gregorio, *Antonio Perez, der Staatssekretär Philipps II.*, übersetzt von D. Deinhard, Insel-Verlag, Wiesbaden 1959.
Marion, Denis, *Guillaume le Taciturne*, Club du livre Français Paris 1963.
Mattingly, Garrett, *the Armada*, Verlag Houghton & Mifflin, Boston 1959.
Phillips, Owen Hood, *Shakespeare and the lawyers*, Verlag Methuen, London 1972.
Raleigh, Sir Walter, *Shakespeare's England*, 2 Bände, Oxford 1917.
Read, Conyers, *Mr. Secretary Cecil and Queen Elizabeth*, Jonathan Cape, London 1955.
--, *Lord Burghley and Queen Elizabeth*, London 1960.
Rothe, Hans, *Shakespeare als Provokation*, Verlag Langen-Müller, München 1961.
Rümelin, Gustav, *Shakespeare-Studien eines Realisten*, Stuttgart 1965.
Shakespearean Authorship Society, 1922 als Shakespeare Fellowship gegründet, gibt heraus *Shakespearean Authorship Review*, nunmehriger Titel *the bard*.
Sheavyn, Phoebe, *the literary profession in the Elizabethan age*, in Manchester University studies, Manchester 1909.
Slater, Gilbert, *seven Shakespeares*, Verlag Cecil Palmer, London 1931.
Stone, Lawrence, *family and fortune: aristocratic finance in the 16th and 17th centuries*, Oxford University Press, Oxford 1973.
Sutherland, Nicola Mary, *the massacre of the St. Bartholomew and the European conflict 1559-1572*, Macmillan, London 1973.
Tannenbaum, Samuel A., *the assassination of Christopher Marlowe, a new view.* Shoe String Press, Hamden/Conn 1928, photostatischer Neudruck 1962.
Thompson, Sir Edward Maunde, *Shakespeare's handwriting*, Oxford University Press, Oxford 1916.

Ward, Bernard Mordaunt, *the 17th earl of Oxford 1550-1604, from contemporary documents,* London 1928, Neudruck bei Kennikat Press, Port Washington/NY und London 1975.
Wilson, John Dover, *life in Shakespeare's England,* Cambridge 1921, jetzt auch als Pelican book.
Winstanley, Lilian, *Hamlet and the Scottish succession,* Cambridge 1921, deutsch von Anima Schmitt unter dem Titel *Hamlet, Sohn der Maria Stuart,* Pfullendorf 1956.
--, *Macbeth, King Lear, and contemporary history,* Cambridge 1922.
--, *Othello as the tragedy of Italy,* London 1924.
Wyndham, George, Herausgeber: *the poems of Shakespeare,* Methuen, London 1898.

Zu Kapitel 6

Beard, Charles Austin, *An economic interpretation of the constitution of the United States,* New York 1913.
--, *Economic origins of Jeffersonian democracy,* New York 1915.
Bellamy, F.R., *The private life of George Washington,* New York 1951.
Decatur, Stephen, *Private affairs of George Washington from the records and accounts of Tobias Lears, his secretary 1789-92,* Cambridge (Massachusetts) 1933.
Edwards, Everett El., *George Washington and agriculture,* Washington D.C., department of agriculture 1931. Bibliographie.
Freemann, D.S., *George Washington, a biography,* 6 Bände New York 1948-54. Dort Nachweis aller wichtigen Literatur.
Frothingham, Thomas G., *Washington, commander in Chief,* Boston und New York 1930.
Haworth, Paul Leland, *George Washington, farmer,* Indianapolis 1915. Zweite Auflage unter dem Titel *George Washington, country gentleman,* Indianapolis 1925.
Holdt, Jacob, *American Pictures – Bilder aus Amerika,* Frankfurt 1984.
Mahan, Alfred Thayer, *The influence of sea power upon history, 1660-1783,* New York 1890.
Prussing, Eugene Ernst, *The estate of George Washington,* Boston 1927.
Ritter, Halstead Lockwood, *Washington as a business man,* New York 1931.
Writings of George Washington from the original manuscript sources, ed. by J.C. Fitzpatrick, 39 Bände, Washington 1931-44.
The diaries of George Washington 1748-1799, ed. by. J.C. Fitzpatrick, 4 Bände, Boston und New York 1925.
General George Washington's accounts and expenses 1775-1783, ed. by J.C. Fitzpatrick, Boston und New York 1917.
Letters from his Excellency George Washington to Arthur Young and Sir John Sinclair, containing an account of his husbandry with his opinion on various questions in agriculture and many particulars of the rural economy of the United States, Alexandria and Fredericksburg (Virginia) 1803. Diese landwirtschaftlichen Briefe reichen von 1786 bis Juli 1797 und sind heute allgemein zugänglich in der Gesamtausgabe von Fitzpatrick, Bd. 27-37.
Washington's map of Mount Vernon, reproduced from the original in the Huntington Library, Chicago 1932.

Zu Kapitel 7

Beutler, Ernst, *Essays um Goethe,* Bd. I 3. Aufl. Wiesbaden 1946, Bd. II Wiesbaden 1947.
Bode, Wilhelm, (fortgesetzt von V. Tornius), *Goethes Leben,* 9 Bände, Berlin 1921-27.
Bode, Wilhelm, *Neues über Goethes Liebe,* Berlin 1921; die letzte einer Reihe wertvoller Monographien über Goethe und Weimar.
Böhm, Albert, *Goethe und der Bergbau,* in Zeitschrift für das Berg-, Hütten- und Salinenwesen im preußischen Staat, Bd. 79, S. 507 f. und Bd. 80, S. 257 f., Berlin 1931-32.

Bürgin, Hans, *Der Minister Goethe vor der Römischen Reise, seine Tätigkeit in der Wegebau- und Kriegskommission,* Weimar 1933.

Engels, Friedrich, *Rezension über Karl Grün, Über Goethe vom menschlichen Standpunkte,* u.a. wieder abgedruckt in Karl Marx, Friedrich Engels, Werke Band 4, Berlin 1983.

Eissler, Kurt R., *Goethe. A Psychoanalytic Study. 1775-1786,* Detroit 1963, deutsch unter dem Titel *Goethe, eine psychoanalytische Studie;* Zwei Bände, Basel und Frankfurt am Main 1983-1984.

Fuchs, Johannes, *Advokat Goethe,* Weimar 1932.

Glaser, Rudolf, *Goethes Vater, sein Leben nach Tagebüchern und Zeitberichten,* Leipzig 1929.

Goethes Amtliche Schriften, Bd. I: *Goethes Tätigkeit im Geheimen Consilium,* hrsg. von Willy Flach, Weimar 1950.

Goethes Briefwechsel mit Christian Gottlieb Voigt, 4 Bände, in Schriften der Goethe-Gesellschaft, Bd. 53-56, Weimar 1949-62.

Goethes Gespräche, neu hrsg. von Flodoard Freiherr v. Biedermann, 5 Bände, 2. Aufl. Berlin 1921-27.

Goethe-Kalender 1925, darin Hünich, *Goethe und seine Verleger,* Leipzig 1924.

Hartung, Fritz, *Das Großherzogtum Sachsen unter der Regierung Carl Augusts 1775-1828,* Weimar 1923.

Heine, Heinrich, *Geschichte der Religion und Philosophie in Deutchland,* zuerst Paris 1834.

Houben, H.H., *Der polizeiwidrige Goethe,* Berlin 1932.

--, *Johann Peter Eckermann, ein Leben für Goethe,* 2 Bände, 2. Aufl. Leipzig 1925-28.

Juristische Wochenschrift, Jahrgang 1932 Heft 12, *Goethe-Sondernummer.*

Krieg, Walter, *Materialien zu einer Entwicklungsgeschichte der Bücherpreise und des Autorenhonorars,* Wien, Bad Bocklet und Zürich 1953.

Kriegk, G.L., Deutsche Kulturbilder aus dem *18.* Jahrhundert, nebst einem Anhang: Goethe als Rechtsanwalt, Frankfurt 1869.

--, *Die Brüder Senckenberg, mit einem Anhang: Goethes Jugendzeit in Frankfurt a.M.,* Frankfurt 1874.

Lewes, G.H., *Life and works of Goethe,* Cambridge 1856.

Lorenz, Ottokar, *Goethes politische Lehrjahre,* Berlin 1893.

Luden, Heinrich, *Rückblicke in mein Leben,* Jena 1847.

Lukács, Georg v., *Goethe und seine Zeit,* Berlin 1950, jetzt in Werke Bd. 7, Neuwied 1964.

Mehring, Franz, *Schiller, ein Lebensbild für deutsche Arbeiter,* Leipzig 1909.

Nager, Frank, *der heilkundige Dichter – Goethe und die Medizin,* Zürich und München 1990.

Schubart-Fikentscher, Gertrud, *Goethes Straßburger Thesen,* Weimar 1949.

Stern, Adolf, *Goethe als Kriegsminister,* in Die Grenzboten, Jahrgang 1898, Bd. II, S. 333 f. und 371 f.

Vaternahm, O.F., *Goethe und seine Verleger,* Frankfurt 1916 (Heidelberger Dissertation).

Veil, W.H., *Goethe als Patient,* Jena 1939, 2. Aufl. Jena 1946.

Walther, Johannes, *Goethe als Seher und Erforscher der Natur,* Halle 1930.

Witkowski, Georg, *Miniaturen,* Leipzig, 1922.

Zu Kapitel 8

Becke, Archibald Frank, *Napoleon and Waterloo,* London 1914.

Bernhardi, Theodor v., *Denkwürdigkeiten aus dem Leben des kaiserl. russ. Generals von der Infanterie Carl Friedrich Grafen von Toll,* 2. Aufl. Leipzig 1866-1867. Besonders wichtig ist Band III, Herbstfeldzug 1813, durch die sorgfältige Stärkeberechnung beider Parteien.

Beyle, Henri (Deckname Frédéric de Stendhal), *Lucien Leuwen,* Roman. Beste deutsche Übersetzung von Otto Frh. v. Taube, Leipzig 1929. Stendhals Napoleon-Fragmente sind belanglos für die Kenntnis und Beurteilung ihres Helden. Der Beitrag seines eigenen Dienstzweigs – der Heeresverpflegung – zu Napoleons Untergang ist Stendhal nie klar geworden.

de Bourrienne, Louis Antoine Fauvelet, *Mémoires.*

Brandt, Heinrich v., *Aus dem Leben des Generals d.I. v. Brandt*, 3 Bände, Berlin 1869-1882. Von besonderem Interesse ist Brandts Dienst in der polnischen Armee 1807-1814, u.a. in Spanien.
Cambridge Modern History, hauptsächlich Bd. VIII: 1763-1793, Cambridge 1965, Bd. IX: 1793-1830, Cambridge 1965, und der Modern History Atlas, Cambridge 1970.
Chuquet, Arthur, *La jeunesse de Napoléon*, 3 Bände Paris 1897-1899.
Clausewitz, Karl v., Hinterlassene Werke, 10 Bände Berlin 1832-1837. Band 1-3: *„Vom Kriege"*; Bd. 4: *die Feldzüge in Italien 1796 und 1797*; Bd. 7: *die Feldzüge 1812, Frühjahr 1813* UND *1814*.
Karl und Marie von Clausewitz – ein Lebensbild in Briefen und Tagebuchblättern, herausgegeben von Karl Linnebach, Berlin 1916.
Cochenhausen, Friedrich v., *Von Scharnhorst zu Moltke*, Berlin 1933.
Craig, Gordon Alexander, *The Politics of the German Army*, Oxford 1955.
Crefeld, Martin van, *Supplying War – Logistics from Wallenstein to Patton*, Cambridge 1977.
Crouzet, François, *L'économie britannique et le blocus continental 1806-1813*, Paris 1958.
Davies, Godfrey, *Wellington and his army*, Oxford 1954.
Duncker, Max, *Die Milliarde, welche Preussen zahlen musste*, in Zeitschrift für Preussische Geschichte und Landeskunde, Berlin, Jahrgang 1871.
Feuerbach, Ludwig, *Anselm Ritter v. Feuerbachs Leben und Werke*, 2 Bände, Leipzig 1852. Belegt die Rezeption des Code Napoléon in Deutschland.
Fisher, Herbert Albert Laurens, *Studies in Napoleonic Statesmanship: Germany*, Oxford 1903. Fußt auf Thimme.
Forrest, Alan, *déserteurs et insoumis sous la révolution et l'empire*, Paris 1988. Die englische Originalausgabe war mir nicht zugänglich.
Foucart, Paul Jean, *la campagne de Prusse (1806)* 2 Bände, Paris 1887-1890.
––, *la campagne de Pologne (1806-1807)*, 2 Bände Paris 1882.
––, *la campagne de Bautzen*, 2 Bände Paris 1897, 1901.
Fournier, August, *Napoleon I., eine Biographie*, 3 Bände Leipzig 1886-1889, 2. Aufl. Wien und Leipzig 1904-1906.
Friederich, Rudolf, *Die Befreiungskriege 1813-1815*, 4 Bände Berlin 1911-1913.
Fugier, André, *Napoléon et l'Italie*, Paris 1947.
Furet, François, et Mona Ozouf, *Dictionnaire critique de la révolution française*, Paris 1988.
Geschichte der Befreiungskriege 1813-1815 in vier Einzelwerken, Berlin 1903-1909: *Der Frühjahrsfeldzug 1813*, 2 Bände von A. v. Holleben und R. v. Cämmerer; *der Herbstfeldzug 1813*, 3 Bände von R. Friederich; *der Feldzug in Frankreich 1814*, 2 Bände von A. v. Janson; *Napoleons Untergang 1815*, 2 Bände von O. v. Lettow-Vorbeck und W. v. Voss.
Geyl, Pieter, *Napoleon, for and against*, London 1957.
Godechot, Jacques, *Les institutions de la France sous la révolution et l'empire*, Paris 1951.
––, *Les révolutions 1770-1799*, Paris 1963.
––, *L'Europe et l'Amérique à l'époque napoléonienne*, Paris 1967. Enthält wertvolle bibliographische Hinweise.
––, *Napoléon*, Paris 1969. Enthält wertvolle bibliographische Hinweise.
––, *la vie quotidienne en France sous le directoire*, Paris 1977.
––, (Herausgeber), *Les constitutions de la France depuis 1789*, Paris 1979.
Gooch, John, *armies in Europe*, London 1980.
Gregorovius, Ferdinand, *Corsica*, Stuttgart 1854, 3. Aufl. 1878.
Guérin, Daniel, *la lutte de classes sous la première république, bourgeois et bras nus.* Paris 1946.
Guillemin, Henri, *Napoleon tel quel.* Paris 1969.
Guilleminault, Gilbert, et Yvonne Singer-Lecocq, *la France des gogos, trois siècles de scandales financières*, Paris 1975.
Häusser, Ludwig, *Deutsche Geschichte vom Tode Friedrichs des Großen bis zur Gründung des Deutschen Bundes*, 4 Bände, 3. Auflage Berlin 1861-1863.

Held, Adolf, Zwei Bücher zur socialen Geschichte Englands, aus dem Nachlaß herausgegeben von Georg Friedrich Knapp, Leipzig 1881.
Hönig, Fritz, *Oliver Cromwell*, 3 Bände, Berlin 1887-1889.
Prinz zu Hohenlohe-Ingelfingen, Kraft, Strategische Briefe, 2 Bände Berlin 1887. In Bd. I S. 14 f. eine sehr instruktive Darstellung der Marschanordnungen Napoleons vom 8. bis 13. Oktober 1806, beim Anmarsch zu den Schlachten bei Jena und Auerstädt.
Jaurès, Jean, *Histoire socialiste*, 12 Bände Paris 1902-1908. Eine Geschichte Frankreichs 1789-1900. Jaurès hat das Gesamtwerk herausgegeben und Band 1-4 *(Constituante, Législative, Convention)* sowie Band 12 *(la conclusion: le bilan social du 19ème siècle)* selbst verfaßt. Die Originalausgabe enthält viele zeitgenössische Illustrationen. Sie haben sehr unter dem schlechten Papier gelitten. Einen Neuabdruck der ersten vier Bände, ohne Illustrationen, hat Albert Soboul Paris 1969-1971 veranstaltet.
Kircheisen, Friedrich Max, *Bibliographie Napoleons*, Berlin und Leipzig 1902.
--, *Bibliographie des napoleonischen Zeitalters einschließlich der Vereinigten Staaten von Nordamerika*, Band I Berlin 1908, Band II Teil 1 Berlin und Leipzig 1912.
Fürst Kropotkin, Peter Alexandrovič, *la grande révolution*, 2 Bände Paris 1909, deutsche Übersetzung von Gustav Landauer Leipzig 1909. Neuausgabe Weimar 1848, jetzt in der Rixdorfer Verlagsanstalt.
Kuhl, Hermann, *Bonapartes erster Feldzug 1796, der Ausgangspunkt moderner Kriegführung*, Berlin 1902. K. war im Ersten Weltkrieg Generalstabschef beim Kronprinzen Ruprecht von Bayern.
Larevellière-Lépeaux, Louis Marie, *Mémoires publiées par son fils*, 3 Bände, Paris 1895.
Laufenberg, Heinrich, *Hamburg und die französische Revolution*, Hamburg 1913.
Lettow-Vorbeck, Oskar v., *der Krieg von 1806 und 1807*, 4 Bände Berlin 1891-1896.
Mahan, Alfred Thayer, *the influence of sea power upon history 1660-1783*, New York und London 1890.
--, *the influence of sea power upon the French revolution and empire*, New York und London 1892.
--, *der Einfluss der Seemacht in der Geschichte*, 2 Bände Berlin 1896-1899, deutsch von Admiral Batsch, der letzte Bogen von Admiral Paschen. Der literarische Zauber des Originals fehlt der Übersetzung, gleichwohl muß sich der nicht-seemännische deutsche Leser an sie halten, wenn er Irrtümer vermeiden will. Admiral Batsch hatte in der deutschen Flotte eine angesehene Stellung.
Marion, Marcel, *Histoire Financière de la France depuis 1715* Band IV: 1797-1818, Paris 1925, zweimal wieder aufgelegt.
de Marmont, Auguste Frédéric Louis Viesse, duc de Raguse, *Mémoires du duc de Raguse*, 9 Bände Paris 1857.
Marx, Karl, *Das Kapital* Band I, Hamburg 1867. Unersetzlich für das Verständnis der englischen Industrie im napoleonischen Zeitalter.
Masson, Frédéric, *Napoléon et sa famille*, 11 Bände Paris 1897-1914
Mollien, Nicolas François, *mémoires d'un ministre du trésor public 1780-1815*, 3 Bände Paris 1898.
Naylor, John, *Waterloo*, London 1960.
Oman, Sir Charles, *a history of the peninsular war*, 9 Bände Oxford 1902-1930. Das abschließende Werk über diesen Krieg.
Pfister, Albert, *Aus dem Lager des Rheinbundes 1812 und 1813*, Stuttgart und Leipzig 1897. Behandelt aufschlußreich die württembergischen Truppen.
Rose, John Holland, *the life of Napoleon*, London 1902, 7. Aufl., London 1919
Rosinski, Herbert, *the German army*, herausgegeben und eingeleitet von Gordon Alexander Craig, London 1966, deutsche Ausgabe Düsseldorf und Wien 1970.
Roskill, Stephen Wentworth, *the strategy of sea power – its development and application*, London 1962.
Rude, Fernand, *Stendhal et la pensée sociale de son temps*, Brionne 1983.
Scharnhorst, Gerhard Johann David v., *Entwicklung der allgemeinen Ursachen des Glücks der Fran-*

zosen in dem Revolutionskriege, zuerst erschienen in Scharnhorsts „Neuem militärischen Journal", Hannover 1797, zuletzt wieder abgedruckt in Scharnhorst, *Militärische Schriften,* herausgegeben von Colmar v. d. Goltz, Berlin 1881.

––, *Scharnhorsts Briefe,* erster Band: *Privatbriefe,* herausgegeben von Karl Linnebach, München und Leipzig 1914. Der zweite Band ist nicht erschienen, weil der erste Band infolge der schon damals herrschenden Gleichgültigkeit gegen Scharnhorst keinen Absatz fand, sondern verramscht werden mußte (Mitteilung des Herausgebers).

Scharfenort, Louis v., *Quellenkunde der Kriegswissenschaften für den Zeitraum 1740-1910,* Berlin 1910.

Graf Schlieffen, Alfred, *Gesammelte Schriften,* 2 Bände, Berlin 1913.

Sherwig, John, *Guineas and gunpowder: British foreign aid in the wars with France, 1793 to 1815,* London and Cambridge (Mass.) 1969.

Simiot, *De quoi vivait Bonaparte,* Paris o.J.

Stoffel, Eugène v., *Rapports militaires, écrits de Berlin 1866-1870,* Paris 1871.

Strombeck, Friedrich Carl, *Darstellungen aus meinem Leben und meiner Zeit,* Band 1-2, Braunschweig 1833.

Studien zur Kriegsgeschichte und Taktik, herausgegeben vom Generalstab, kriegsgeschichtliche Abteilung I, Band IV: *die Festung in den Kriegen Napoleons und der Neuzeit,* Berlin 1906. Für unsere Betrachtungen besonders wichtig Mantua 1796, Ciudad Rodrigo und Badajoz 1812. Band VI: *Heeresverpflegung,* Berlin 1913. Von uns zitiert als: Linnebach.

Thiébault, Paul, *Mémoires du général Thiébault,* 1769-1820, 5 Bände Paris 1893-1895.

Thimme, Friedrich, *Die inneren Zustände des Kurfürstentums Hannover 1806-13.* 2 Bände Hannover und Leipzig 1893-95. Die beste Einzeldarstellung der napoleonischen Verwaltung in Deutschland.

Thompson, James Mathew, *Napoleon Bonaparte, his rise and fall,* Oxford 1952.

Trochu, Jules, *L'armée française en 1867,* Paris 1867

Urkundliche Beiträge und Forschungen zur Geschichte des Preussischen Heeres, Band 5-7: *das Preussische Heer der Befreiungskriege,* bearbeitet von Bernhard Schwertfeger, Berlin 1912-1915.

Uwarow, Sergej S. (Ouvaroff), *Esquisses politiques et littéraires,* Paris 1848. Der Aufsatz über *Stein und Pozzo di Borgo* ist deutsch übersetzt in *Aus den Papieren des Ministers Theodor v. Schön,* Band 2 Berlin 1875.

Vandal, Albert, *L'avènement de Bonaparte,* 2 Bände Paris 1902-1903.

Ward, Stephen George Peregrine, *Wellington's headquaters, Oxford 1957.*

Weller, Jac, *Wellington in the peninsula,* London 1963.

Zeyss, Richard, *die Entstehung der Handelskammern am Niederrhein,* Leipzig 1907

Zu Kapitel 9

Balder, U.K.S., *Die Wahrheit über Bismarck,* Leipzig 1892.

Bamberger, Ludwig, *Erinnerungen,* hrsg. von Paul Nathan, Berlin 1899

Bebel, August, *Das Gesetz über die Alters- und Invalidenversorgung,* in *Neue Zeit* Jahrgang VII S. 385 f. und 454 f., Stuttgart 1889.

Bergengrün, Alexander, *Staatsminister August Freiherr von der Heydt,* Leipzig 1908.

Bismarck, Otto v., *Gesammelte Werke,* Berlin 1924-1935. Bismarcks amtliche und persönliche Schreiben aus Frankfurt an den Ministerpräsidenten v. Manteuffel sind in diese Sammlung nicht, die amtlichen diplomatischen Erlasse 1871-90 nur zum kleineren Teil aufgenommen. Sie finden sich in den Sammlungen *Preußen im Bundestag, Publikationen aus den Preußischen Staatsarchiven,* Band 12, 14, 15 und 23, Leipzig 1882-84, und *Die große Politik der europäischen Kabinette 1871-1914, Die diplomatischen Akten des Auswärtigen Amtes 1871-1914,* Band I-VI, Berlin 1922-27.

Otto v. Diest-Daber, Lebensbild eines mutigen Patrioten, zu seinem 80. Geburstage dargestellt von einem Deutschen, Berlin 1901.

Diest-Daber, Otto v., *Entgegnungen auf die Angriffe der Herren Lasker, v. Bennigsen u.a.,* Berlin 1876.

--, *Zur Klarstellung des anonymen Schriftstücks ... und der Angriffe des Abgeordneten Lasker. Einige Worte der vorläufigen Abwehr,* Daber 1878.

--, *Drei Monate Gefängnis,* Berlin 1878.

--, *Bismarck und Bleichröder,* München 1897.

Engelberg, Ernst, *Bismarck – Urpreusse und Reichsgründer,* Berlin 1985.

--, *Bismarck – das Reich in der Mitte Europas,* Berlin 1990.

Engels, Friedrich, *Gewalt und Ökonomie bei der Herstellung des neuen deutschen Reiches,* nachgelassenes Manuskript aus dem Jahre 1874, abgedruckt unter anderem in: Marx-Engels-Lenin-Stalin, *Zur Deutschen Geschichte,* Bd. II, S. 1051 f., Berlin (Ost) 1954.

Fürst zu Eulenburg-Hertefeld, Philipp, *Aus fünfzig Jahren, Erinnerungen,* hrsg. von Johannes Haller, Berlin 1925.

Eyck, Erich, *Bismarck, Leben und Werk,* 3 Bände, Erlenbach und Zürich 1941-44.

Fontane, Theodor, *Briefe an seine Familie,* 2 Bände, Berlin 1910.

--, *Briefe,* 2. Sammlung, 2 Bände, Berlin 1910.

--, *Briefwechsel mit Paul Heyse,* Berlin 1929.

--, *Briefe an Georg Friedlaender,* Heidelberg 1954.

Gerlach, Helmuth v., *Meine Erlebnisse in der preußischen Verwaltung,* 2. Aufl. Berlin 1919.

Glagau, Otto, *Der Börsen- und Gründungsschwindel in Berlin,* Leipzig 1876.

Prinz zu Hohenlohe-Ingelfingen, Kraft, *Aufzeichnungen,* 4 Bände, Berlin 1897-1906.

Holstein, Friedrich v., *Die geheimen Papiere,* Bd. I-II, Göttingen, Berlin und Frankfurt 1956-57.

Keudell, Robert v., *Fürst und Fürstin Bismarck, Erinnerungen aus den Jahren 1846 bis 1872,* Berlin und Stuttgart 1901.

Knapp, G.F., *Die Bauernbefreiung und der Ursprung der Landarbeiter in den älteren Teilen Preußens,* 2 Bände, Leipzig 1887.

Lange, Hermann, *Erinnerungen an den Sachsenwald,* Halle 1909.

Lasker, Eduard, *Berichtigung und einige Worte an unbefangene Leser,* Berlin 1876 (vollständig wieder abgedruckt in Diest-Daber, *Entgegnungen*).

Marcks, Erich, *Bismarck, eine Biographie,* Band 1 Bismarcks Jugend 1815-1848, 17. Aufl. Stuttgart 1915.

Mehring, Franz, *Geschichte der deutschen Sozialdemokratie,* 4 Bände, 2. Aufl. Stuttgart 1903-04, wieder abgedruckt in *Gesammelte Schriften,* Bd. I-II, Berlin (Ost) 1960.

Meyer, Arnold Oskar, *Bismarck, der Mensch und der Staatsmann,* Stuttgart 1949.

Meyer, Rudolph, *Politische Gründer und die Corruption in Deutschland,* Leipzig 1877.

Nöll. v.d. Nahmer, Robert, *Bismarcks Reptilienfonds – Aus den Geheimakten Preußens und des Deutschen Reiches,* Mainz 1968.

Ohlsen, Manfred, *Der Eisenbahnkönig Bethel Henry Strousberg – eine preußische Gründerkarriere,* Berlin 1987.

Oldekop, Henning, *Topographie des Herzogtums Holstein,* 2 Bände Kiel 1908.

Oldenburg, Karl, *Aus Bismarcks Bundesrat,* hrsg. von Wilhelm Schüssler, Berlin 1929.

Rönne, Ludwig v., *Das Staatsrecht der Preußischen Monarchie,* Bd. II, 3. Aufl. Leipzig 1872.

Schmidt, Georg, *Schönhausen und die Familie von Bismarck,* 2. Aufl. Berlin 1898.

--, *Das Geschlecht von Bismarck,* Berlin 1908.

Schweinitz, Hans Lothar v., *Denkwürdigkeiten,* Bd. I, Berlin 1927.

Stern, Fritz, *Gold and Iron – Bismarck, Bleichröder and the Building of the German Empire,* London 1977, (deutsch Frankfurt 1978 unter dem Titel: *Gold und Eisen – Bismarck und sein Bankier Bleichröder).*

Graf zu Stolberg-Wernigerode, Albrecht, *Bismarck-Lexikon,* Stuttgart und Berlin 1936.

Trotzki, Leo, *The War Correspondence of Leon Trotsky – The Balkan Wars 1912-13,* New York 1980 (Pathfinder Press).

Unruh, Hans Viktor v., *Denkwürdigkeiten,* hrsg. von Poschinger, Stuttgart, Berlin, Leipzig und Wien 1895. Ein besonders wichtiges, meist ignoriertes Werk.
Vagts, Alfred, *Bilanzen und Balancen – Aufsätze zur internationalen Finanz und internationalen Politik,* herausgegeben von H.U. Wehler, Frankfurt 1979 (Syndikat).
Graf v. Wedel, Carl, *Zwischen Kaiser und Kanzler,* Leipzig 1943.
Westphal, Ernst, *Bismarck als Gutsherr, Erinnerungen aus Varzin,* Leipzig 1922.
Wolff, Wilhelm, *Die schlesische Milliarde,* Artikelreihe aus der Neuen Rheinischen Zeitung, 17. März 1849 f., beste Buchausgabe von Mehring, Berlin 1909, Neudruck Berlin (Ost) 1954.
Wolf, Winfried, *Eisenbahn und Autowahn, Personen- und Gütertransport auf Schienen, Straße, zu Wasser und in der Luft, 3. erw. Aufl. Hamburg 1991 (Rasch und Röhring)*

Zu Kapitel 10

In deutscher Sprache ist kaum etwas Nennenswertes über Gandhi und das moderne Indien veröffentlicht, in den deutschen Bibliotheken fehlt auch die fremdsprachige Literatur nahezu völlig. Nur die Bücherei der Indischen Botschaft in Bonn bietet einen Ersatz. Glücklicherweise liegt fast alles Wichtige auf Englisch vor, insbesondere Gandhis Einzelschriften, und diese sind beim Gandhi-Verlag Navajivan Publishing House, Ahmedabad (europäische Auslieferung: Housmans Bookshop, 5 Caledonian Road, London), billig zu erwerben.

Gandhis sämtliche Werke, *The collected works of Mahatma Gandhi,* Delhi seit 1958, erscheinen chronologisch geordnet in drei Parallelausgaben auf Englisch, Hindi und Gujarati. Da die in den beiden anderen Sprachen geschriebenen Originale in die Sprache der betreffenden Ausgabe übersetzt werden, schreitet die Herausgabe nur langsam fort. Die hier vorgelegte Darstellung ist 1963 abgefaßt. Für sie konnten erst Band I-VI benutzt werden, die zeitlich bis Mai 1907 reichen.

Eine zeitlich fortlaufende Serie umfassender Auszüge aus Gandhis Schriften, Reden und Briefen, jedoch erst von 1919 ab in nennenswerter Breite, gibt die reich illustrierte achtbändige Gandhi-Biographie von

Tendulkar, *Mathama, Life of Mohandas Karamchand Gandhi,* Bombay 1953.

Daneben existieren Sammlungen von Gandhis Briefen an einzelne Personen wie Mirabehn und Vallabhai Patel sowie an Personengruppen, ferner Schriften über sachliche Themen. Überwiegend sind dies Artikelreihen aus seinen Zeitschriften, verfaßt von ihm selbst oder seinen Mitarbeitern. Indem er viele von deren Artikelserien nachträglich selbst als Broschüren herausgab, hat er sie für authentische Wiedergaben seiner eigenen Anschauungen erklärt.

Im Verlag Navajivan sind bereits mehr als 100 Titel von Gandhis eigenen Schriften und Briefsammlungen erschienen, ferner nahezu 100 Schriften seiner Mitarbeiter. Es sei auf den Verlagskatalog verwiesen.

Birla, G.D., *In the shadow of the Mahatma,* Bombay 1953.
Brittain, Vera, *Pethick-Lawrence, a portrait,* London 1963.
Condition of India, being a report of the delegation sent to India by the India Leaque, London 1933. Verfasser sind Monica Whateley, Ellen Wilkinson, Leonard Matters, Krishna Menon, das Vorwort ist von Bertrand Russell.
Desai, Mahadev, *Diary,* Band I, Ahmedabad 1953 (Gespräche mit Gandhi im Gefängnis 1932).
Dutt, Romesh Chandra, *Economic History of India,* 7. Aufl. London 1950.
Fischer, Louis, *Life of Mahatma Gandhi,* New York 1950. Dort umfassende bibliographische Hinweise.

Gandhi: *Experimente mit der Wahrheit, eine Autobiographie,* Ahmedabad 1927, englisch von Mahadev Desai, deutsch von Hans Reisiger, Leipzig 1930. Das Buch reicht zeitlich bis 1920.
--, *Satyagraha in South Africa,* Ahmedabad 1928.
--, *Hind Swaraj,* Ahmedabad 1938.
--, *Constructive Programme,* Ahmedabad 1938.
--, *Ashram observances in action,* Ahmedabad 1932.
--, *The law and the lawyers,* Ahmedabad 1961.
--, *Basic education,* Ahmedabad 1951.
--, *Diet and diet reform,* Ahmedabad 1949.
--, *Food shortage and agriculture,* Ahmedabad 1949.
--, *Rebuilding our villages,* Ahmedabad 1952.
--, *Women and social injustice,* Ahmedabad 1942.
--, *Correspondence with the government 1942-44,* Ahmedabad 1945.
--, *Correspondence with the government 1944-47,* Ahmedabad 1959.
--, *Letters to Vallabhai Patel,* Ahmedabad 1957.
Gandhi, Prabhudas, *My Childhood with Gandhi,* Ahmedabad 1957.
Hancock, W.H., *Smuts, the sanguine years 1870-1919,* Cambridge 1962.
Kalarthi, Mukulbhai, *Ba and Bapu,* Ahmedabad 1962. Anekdoten über Gandhi und seine Frau.
Krishnadas, *Seven months with Gandhi,* Ahmedabad 1951. Erlebnisse als Gandhis Sekretär 1921-22.
Kumarappa, J.C., *Public finance and our poverty,* Ahmedabad 1930.
Luthuli, Albert, *Let my people go,* London 1961. Der Versuch, die von Gandhi in Südafrika begründete Tradition für den Freiheitskampf der dortigen Neger nutzbar zu machen.
Nanda, *Mahatma Gandhi, a biography,* London 1958. Eine knappe, auf westliche Leser berechnete Biographie, arbeitet die Zusammenhänge besonders klar heraus und gibt umfassende bibliographische Hinweise.
--, *The Nehrus, Motilal and Jawaharlal,* Bd. I, London 1962.
Nayar, Sushila, *Kasturba,* Ahmedabad 1960.
Neale, Walter C., *Economic change in rural India: land tenure and land reform in Uttar Pradesh 1800-1955,* Yale University Press 1962.
Nehru, Jawaharlal, *Autobiography,* London 1936.
--, *Discovery of India,* London 1946.
Parvate, T.V., *Jamnalal Bajaj,* Ahmedabad. Bajaj war einer der Industriellen, die mit Gandhi zusammenarbeiteten.
Patel, M.S., *The educational philosophy of Mahatma Gandhi,* Ahmedabad.
Prasad, Rajendra, *Satyagraha in Champaran,* Ahmedabad.
Pyarelal, *Mahatma Gandhi, the last phase,* Ahmedabad 1956/58. Biographie Gandhis für die Jahre 1942-48 von seinem Sekretär.
Radhakrishnan (Herausgeber), *Mahatma Gandhi, essays and reflections on his life and work,* zu seinem siebzigsten Geburtstag, London 1939, 2. erweiterte Auflage London 1949. Die Mehrzahl der Beiträge stammt von Engländern, die interessantesten von politischen Gegnern wie J.C. Smuts und Edward Thompson.
Marquess of Reading, *Rufus Isaacs, First Marquess of Reading 1914-1935,* London 1945.
Rendsburg, Patrick van, *Guilty Land,* London 1961. Eine Ergänzung zu Albert Luthuli vom Standpunkt der weißen Südafrikaner.
Roy, Manabendra Nath, *Indien,* Hamburg 1922.
Sharma, J.S., *Mahatma Gandhi, a descriptive bibliography,* Delhi 1955.
Ward, Barbara, *India and the West.* Indischer Nachdruck, Delhi 1948 (das englische Original ist bibliographisch nicht nachzuweisen). Eine ausgewogene Darstellung der Probleme Indiens zur Zeit von Gandhis Tod.
Wood, Edgar, Lord Halifax, *Fullness of Days,* London 1957.

NAMENSREGISTER

Ernest Mandel

Der Zweite Weltkrieg

Dieses neue Buch von Ernest Mandel bringt eine unkonventionelle Interpretation des Zweiten Weltkriegs. Für ihn ist der Charakter des Zweiten Weltkriegs als ganzer als Kombination fünf verschiedener Konflikte zu verstehen:

1. eines innerimperialistischen Kriegs um die Welthegemonie, den die Vereinigten Staaten gewonnen haben (obgleich ihre Herrschaft durch die Ausdehnung des nichtkapitalistischen Sektors in Europa und Asien territorial beschnitten werden sollte);
2. eines gerechten Selbstverteidigungskriegs der Sowjetunion gegen einen imperialistischen Versuch, diesen Staat zu kolonisieren und die Errungenschaften der Revolution von 1917 zu zerschlagen;
3. eines gerechten Kriegs des chinesischen Volkes gegen den Imperialismus, der sich dann zu einer sozialistischen Revolution weiterentwickelte;
4. eines gerechten Kriegs asiatischer Kolonialvölker gegen verschiedene Militärmächte, für nationale Befreiung und Souveränität, der in einigen Fällen (z. B. in Indochina) zur sozialistischen Revolution hinüberwuchs;
5. eines gerechten Kriegs für nationale Befreiung, den die Bevölkerungen der besetzten Länder in Europa führten und der in eine sozialistische Revolution (Jugoslawien, Albanien) oder einen offenen Bürgerkrieg (Griechenland, Norditalien) überging. In Osteuropa brach die alte Ordnung unter dem doppelten, ungleichmäßigen Druck der Bestrebungen der Völker und des sowjetischen Agierens zusammen, während die bürgerliche Ordnung im Westen und Süden – vielfach gegen die Hoffnungen der Massen – durch die westlichen alliierten Truppen restauriert wurde.

Hermann Weber

»Weiße Flecken« in der Geschichte

Die KPD-Opfer der Stalinschen Säuberungen und ihre Rehabilitierung

Die SED zählt in ihren »Thesen zum 70. Gründungstag der KPD« zehn prominente Parteiführer namentlich auf, die alle von »ungerechtfertigten Repressalien in der Sowjetunion betroffen« waren, was im Klartext heißt, daß diese deutschen Kommunisten in den Stalinschen Säuberungen ermordet wurden. Damit ging nun auch endlich die SED öffentlich auf ein Thema ein, über das in der Sowjetunion bereits seit einiger Zeit diskutiert wird: die offizielle Rehabilitierung der Stalin-Opfer.
In der Sowjetunion sind inzwischen selbst die Verurteilten der Schauprozesse von 1935 bis 1938 rehabilitiert, Bucharin ist sogar wieder posthum in die KPdSU aufgenommen worden. Die Frage nach der Rehabilitierung deutscher Kommunisten führte in der DKP zu heftigen Diskussionen, die SEW versuchte abzulenken, und die SED übt weiter größte Zurückhaltung und entwickelt neue Legenden.
Dieser Band will nun sowohl die Säuberungen nachzeichnen als auch die Grenzen und Probleme der Rehabilitierungen thematisieren. Der ganze Umfang der vom Stalin-Regime verfolgten und ermordeten deutschen Kommunisten ist bis heute nur annähernd zu ergründen. Die bisher vollständigste Liste der Opfer ist in diesem Band erstmals zusammengetragen, deren Biographien werden – soweit möglich – geschrieben. Hermann Weber, der sich seit Jahrzehnten mit der Geschichte des deutschen Kommunismus beschäftigt und darüber zahlreiche Werke veröffentlicht hat, kann seine Darstellung der Säuberungen und Rehabilitierungen durch zahlreiche Dokumente ergänzen.
Die schreckliche Bilanz der Stalinschen Säuberungen zeigt sich bereits in einer für die KPD tragischen Tatsache: Von ihrem obersten Führergremium, dem Politbüro, wurden mehr Mitglieder unter Stalin ermordet als unter Hitler.

Winfried Wolf

Sackgasse Autogesellschaft

Höchste Eisenbahn für eine Alternative

»Winfried Wolf . . . widerlegt . . . in seinem spannenden und gut lesbaren Sachbuch die gut genährte Mär, daß der Transport von Menschen und Gütern über Straßen die ökonomisch überlegene Technologie ist.« So die Bilanz des »Spiegel« zu Winfried Wolfs 1987 erschienenem und bereits in zwei Auflagen vertriebenem Buch »Eisenbahn und Autowahn«.

Mit Verständnis dafür, daß nicht jeder an einer umfassenden Kritik der Autogesellschaft Interessierte sich durch ein wissenschaftliches 600-Seiten-Buch »durcharbeiten« will, präsentiert Winfried Wolf diese neue Veröffentlichung zum Thema Geschichte und Perspektive des Transportsektors. Die Leserin und der Leser werden in einem kurzen Streifzug durch die internationale Geschichte der Eisenbahnen und des Automobils geführt.

Die entscheidenden Gründe für den historischen Sieg des Straßen- über den Schienenverkehr werden herausgearbeitet. Auf Grundlage einer gesamtgesellschaftlichen Berechnung der Kosten der Autogesellschaft bis zum Jahr 2000 entwickelt der Autor das Konzept einer alternativen Verkehrsorganisation.

Diese Kritik der Autogesellschaft und diese Plädoyers für eine alternative Verkehrsorganisation konkretisiert der Autor an fünf Beispielen: dem Mittleren Schussental (Region Ravensburg / Weingarten), der DB-Hochgeschwindigkeitsstrecke Köln—Frankfurt, der geplanten neuen Elbtunnelröhre in Hamburg-Altona, der Magnetbahntechnologie des Transrapid und der Bundesbahnfahrt mit Tempo 300 in die Pleite.

ISBN 3-88332-158-3, 3. erw. Auflage, isp-pocket 35, 160 Seiten, 17,80 DM

ISP-Verlag
Postfach 11 10 17, D-6000 Frankfurt am Main 1